FUNDAMENTOS DO DIREITO CIVIL
VOLUME 5

DIREITOS REAIS

O GEN | Grupo Editorial Nacional – maior plataforma editorial brasileira no segmento científico, técnico e profissional – publica conteúdos nas áreas de concursos, ciências jurídicas, humanas, exatas, da saúde e sociais aplicadas, além de prover serviços direcionados à educação continuada.

As editoras que integram o GEN, das mais respeitadas no mercado editorial, construíram catálogos inigualáveis, com obras decisivas para a formação acadêmica e o aperfeiçoamento de várias gerações de profissionais e estudantes, tendo se tornado sinônimo de qualidade e seriedade.

A missão do GEN e dos núcleos de conteúdo que o compõem é prover a melhor informação científica e distribuí-la de maneira flexível e conveniente, a preços justos, gerando benefícios e servindo a autores, docentes, livreiros, funcionários, colaboradores e acionistas.

Nosso comportamento ético incondicional e nossa responsabilidade social e ambiental são reforçados pela natureza educacional de nossa atividade e dão sustentabilidade ao crescimento contínuo e à rentabilidade do grupo.

GUSTAVO **TEPEDINO**
CARLOS EDISON DO RÊGO **MONTEIRO FILHO**
PABLO **RENTERIA**

FUNDAMENTOS DO DIREITO CIVIL

VOLUME 5

DIREITOS REAIS

6ª edição revista, atualizada e ampliada

- Os autores deste livro e a editora empenharam seus melhores esforços para assegurar que as informações e os procedimentos apresentados no texto estejam em acordo com os padrões aceitos à época da publicação, e todos os dados foram atualizados pelos autores até a data de fechamento do livro. Entretanto, tendo em conta a evolução das ciências, as atualizações legislativas, as mudanças regulamentares governamentais e o constante fluxo de novas informações sobre os temas que constam do livro, recomendamos enfaticamente que os leitores consultem sempre outras fontes fidedignas, de modo a se certificarem de que as informações contidas no texto estão corretas e de que não houve alterações nas recomendações ou na legislação regulamentadora.

- Fechamento desta edição: *05.02.2025*

- Os autores e a editora se empenharam para citar adequadamente e dar o devido crédito a todos os detentores de direitos autorais de qualquer material utilizado neste livro, dispondo-se a possíveis acertos posteriores caso, inadvertida e involuntariamente, a identificação de algum deles tenha sido omitida.

- **Atendimento ao cliente: (11) 5080-0751 | faleconosco@grupogen.com.br**

- Direitos exclusivos para a língua portuguesa
  Copyright © 2025 by
  Editora Forense Ltda.
  Uma editora integrante do GEN | Grupo Editorial Nacional
  Travessa do Ouvidor, 11 – Térreo e 6º andar
  Rio de Janeiro – RJ – 20040-040
  www.grupogen.com.br

- Reservados todos os direitos. É proibida a duplicação ou reprodução deste volume, no todo ou em parte, em quaisquer formas ou por quaisquer meios (eletrônico, mecânico, gravação, fotocópia, distribuição pela Internet ou outros), sem permissão, por escrito, da Editora Forense Ltda.

-
- Capa: Aurélio Corrêa

CIP-BRASIL. CATALOGAÇÃO NA PUBLICAÇÃO
SINDICATO NACIONAL DOS EDITORES DE LIVROS, RJ

T292f
6. ed.

    Tepedino, Gustavo
        Fundamentos do direito civil : direitos reais / Gustavo Tepedino, Carlos Edison do Rêgo Monteiro Filho, Pablo Renteria. - 6. ed., rev., atual. e reform. - Rio de Janeiro : Forense, 2025.
        584 p. ; 24 cm.   (Fundamentos do direito civil ; 5)

    Inclui bibliografia
    ISBN 978-85-3099-675-8

    1. Direitos reais - Brasil. I. Monteiro Filho, Carlos Edison do Rêgo. II. Renteria, Pablo. III. Título. IV. Série.

25-96295   CDU: 347.2(81)

Meri Gleice Rodrigues de Souza - Bibliotecária - CRB-7/6439

SOBRE OS AUTORES

Gustavo Tepedino

Professor Titular de Direito Civil e ex-diretor da Faculdade de Direito da Universidade do Estado do Rio de Janeiro (UERJ). Livre-Docente pela mesma Universidade. Doutor em Direito Civil pela Universidade de Camerino (Itália). Membro Titular da Academia Internacional de Direito Comparado. Membro da Academia Brasileira de Letras Jurídicas (ABLJ). Presidente do Instituto Brasileiro de Direito Civil (IBDCivil). Sócio fundador do Escritório Gustavo Tepedino Advogados.

Carlos Edison do Rêgo Monteiro Filho

Professor Titular de Direito Civil e Diretor da Faculdade de Direito da Universidade do Estado do Rio de Janeiro (UERJ). Procurador do Estado do Rio de Janeiro. Doutor em Direito Civil e Mestre em Direito da Cidade pela UERJ. Sócio fundador do Escritório Carlos Edison do Rêgo Monteiro Filho Advogados.

Pablo Renteria

Professor do Departamento de Direito da Pontifícia Universidade Católica do Rio de Janeiro (PUC-Rio). Doutor e Mestre em Direito Civil pela Universidade do Estado do Rio de Janeiro (UERJ). Mestre em Direito Internacional pela Universidade Paris II – *Panthéon-Assas*. Secretário-geral do Comitê Brasileiro da *Association Henri Capitant*. Sócio fundador do Escritório Renteria Advogados.

AGRADECIMENTOS

Os autores agradecem a todos os que, com pesquisas e trabalhos de revisão, generosamente contribuíram para a elaboração desta obra. Em especial, agradecem aos Professores Danielle Tavares Peçanha, Diana Paiva de Castro, Diego Brainer de Souza André, Gustavo Azevedo, Rodrigo Freitas e Vinicius Rangel Marques.

APRESENTAÇÃO GERAL DA OBRA

Diante de uma biblioteca jurídica repleta de manuais, cursos, compilações, esquemas didáticos impressos e eletrônicos, o leitor se perguntará qual a justificativa para mais uma obra sistematizadora como estes *Fundamentos do Direito Civil*.

Fruto de longos anos de pesquisa e de experiência didática de seus autores, os *Fundamentos* se contrapõem a dois vetores que ameaçam, constantemente, o mercado editorial. O primeiro deles é a repetição acrítica da dogmática tradicional, haurida dos postulados históricos do direito romano, com cosméticas adaptações, em suas sucessivas edições, à evolução legislativa. O segundo é a aderência casuística a soluções jurisprudenciais de ocasião, que aparentemente asseguram feição prática e abrangente aos manuais, sem aprofundar, contudo, a justificativa doutrinária dos problemas jurídicos e a forma de solucioná-los.

A coleção ora trazida a público, em sentido oposto, encontra-se inteiramente construída a partir do sistema instaurado pela Constituição da República de 1988, que redefiniu os modelos jurídicos com os princípios e valores que se incorporam às normas do Código Civil e à legislação infraconstitucional, estabelecendo, assim, novas bases dogmáticas que, unificadas pelo Texto Constitucional, alcançam coerência sistemática apta à compreensão dos problemas jurídicos e de seus alicerces doutrinários.

Para os estudantes e estudiosos do direito civil, pretende-se oferecer instrumento de conhecimento e de consulta a um só tempo didático e comprometido com o aprofundamento das teses jurisprudenciais mais atuais, voltado para a interpretação e aplicação do direito em sua contínua transformação.

No sentido de facilitar a leitura, as ideias-chave de cada capítulo encontram-se destacadas na margem das páginas. Ao iniciar cada capítulo, o leitor terá acesso a um *QR Code* que o conduzirá ao vídeo de apresentação do capítulo. Adicionalmente, também foram incluídos, ao final de cada capítulo, problemas práticos relacionados aos temas estudados, acompanhados por um *QR Code* para acesso a vídeos com comentários dos autores sobre alguns dos temas mais emblemáticos, bem como o acesso a material jurisprudencial e bibliográfico de apoio ao debate e aprofundamento teórico.

O leitor perceberá, certamente, que a metodologia do direito civil constitucional se constitui na mais genuína afirmação do direito civil, revitalizado em suas possibilidades aplicativas mediante a incorporação dos valores e normas da Constituição Federal à totalidade dos institutos e categorias, na formulação da legalidade constitucional.

VOLUMES DA COLEÇÃO
Coleção
Fundamentos do Direito Civil

Vol. 1 – Teoria Geral do Direito Civil
Autores: Gustavo Tepedino e Milena Donato Oliva

Vol. 2 – Obrigações
Autores: Gustavo Tepedino e Anderson Schreiber

Vol. 3 – Contratos
Autores: Gustavo Tepedino, Carlos Nelson Konder e Paula Greco Bandeira

Vol. 4 – Responsabilidade Civil
Autores: Gustavo Tepedino, Aline de Miranda Valverde Terra e Gisela Sampaio da Cruz Guedes

Vol. 5 – Direitos Reais
Autores: Gustavo Tepedino, Carlos Edison do Rêgo Monteiro Filho e Pablo Renteria

Vol. 6 – Direito de Família
Autores: Gustavo Tepedino e Ana Carolina Brochado Teixeira

Vol. 7 – Direito das Sucessões
Autores: Gustavo Tepedino, Ana Luiza Maia Nevares e Rose Melo Vencelau Meireles

APRESENTAÇÃO DO
VOLUME 5 – DIREITOS REAIS

Neste volume, os Fundamentos prosseguem com os Direitos Reais, denominação amplamente difundida na dogmática civilista, não obstante a designação "Direito das Coisas" ter sido acolhida no Código Civil de 2002, assim como no Código de 1916, sob a influência do BGB, o Código Civil Alemão de 1896.

Os direitos reais correspondem a relações jurídicas patrimoniais que regulam a apropriação e a utilização dos bens jurídicos, compreendendo institutos jurídicos fundamentais, tais como a posse, a propriedade, o condomínio, o usufruto, a servidão, o penhor, entre outros. Embora esse ramo do direito civil por vezes seja equivocadamente estigmatizado como antiquado e avesso à inovação, doutrina e jurisprudência vêm empreendendo, desde a promulgação da Constituição da República de 1988, a importante tarefa de revitalização da dogmática tradicionalista, de modo a compatibilizar os seus alicerces teóricos com os valores do ordenamento jurídico e as demandas da sociedade contemporânea.

De outra parte, observa-se, na prática, a vivacidade da atividade econômica privada, que, mesmo sem previsão legal específica, vem desenvolvendo, no âmbito dos diferentes tipos reais, novos negócios destinados a regular o aproveitamento dos bens jurídicos. Atento a essa realidade em constante mutação, o legislador tem procurado modernizar a legislação, disciplinando as figuras que emergem da prática negocial, como sucedido em relação à multipropriedade imobiliária, ou criando novos instrumentos, de que são exemplos o direito de laje e o condomínio urbano simples. Tudo isso faz dos direitos reais campo extraordinariamente rico, complexo e desafiador, a exigir do intérprete esforço redobrado na construção de hermenêutica jurídica capaz, ao mesmo tempo, de atender ao dinamismo econômico e de manter a coerência do sistema jurídico.

Seguindo a estrutura consagrada na tradição doutrinária brasileira, inicia-se este volume com o estudo da posse e de suas intermináveis controvérsias dogmáticas, examinando-se em seguida o direito de propriedade, direito real por excelência, central para a regulação das atividades econômicas, para, na sequência, passar-se ao estudo dos diferentes direitos reais limitados, incidentes na coisa alheia, os quais se desdobram em direitos reais de fruição, garantia e aquisição. Em cada página deste volume, procura-se conciliar o rigor técnico com a linguagem didática, proporcionando ao leitor acesso facilitado às discussões mais atuais sobre os direitos reais, por meio da análise de exemplos e casos concretos.

SUMÁRIO

Capítulo I – Introdução: Teoria dos Bens e Situações Subjetivas Reais 1

1. Direito das Coisas e situações subjetivas reais 1
2. Situações jurídicas patrimoniais e não patrimoniais 2
3. Situações jurídicas reais e situações jurídicas de crédito 3
4. Poder imediato e caráter absoluto do direito 4
5. Ambulatoriedade 8
6. Direito de Sequela 9
7. Publicidade 9
8. Especialidade 9
9. Preferência 10
10. Sistema do *numerus clausus*: taxatividade e tipicidade................... 10
11. Tipicidade e autonomia privada 12
    Problemas práticos.. 14

Capítulo II – Posse: Conceito, Configuração e Fundamentos........................ 15

1. Conceito... 15
2. Natureza... 16
3. Elementos 18
4. Configuração da posse no direito brasileiro 21
5. Detenção 22
6. Transformação da detenção em posse 23
7. Objeto... 25
8. Fundamentos da tutela possessória.. 28
    Problemas práticos 32

Capítulo III – Classificação da Posse.. 33

1. Posse exclusiva e composse 33
2. Desdobramento da posse em direta e indireta 36
3. Posse justa ou injusta.. 39

4. Posse de boa ou má-fé	43
5. Posse com justo título	45
6. Manutenção do caráter da posse	48
Problemas práticos	51

CAPÍTULO IV – AQUISIÇÃO E PERDA DA POSSE 53

1. Momento da aquisição da posse	53
2. Fontes da aquisição da posse	56
3. Transmissão da posse	59
4. Perda da posse	61
Problemas práticos	62

CAPÍTULO V – EFEITOS DA POSSE 63

1. Ações possessórias	63
2. Aspectos processuais das ações possessórias	65
3. Desforço pessoal	69
4. Percepção dos frutos	72
5. Indenização por benfeitorias	74
6. Responsabilidade por deteriorações	78
Problemas práticos	81

CAPÍTULO VI – PROPRIEDADE 83

1. Estrutura do direito de propriedade	83
2. A constitucionalização do conteúdo funcional da propriedade	86
3. O significado constitucional da função social da propriedade	91
4. A propriedade como relação jurídica complexa	96
5. O abuso do direito de propriedade	98
6. A propriedade resolúvel	100
7. A descoberta	102
Problemas práticos	105

CAPÍTULO VII – MODOS DE AQUISIÇÃO DE BENS IMÓVEIS 107

1. Introdução	107
2. Registro de Título	108
3. Usucapião	114
3.1. A usucapião: noções preliminares e conceito	114
3.2. Fundamento da usucapião	116
3.3. Objeto da usucapião	117
3.4. Modalidades de usucapião	120
3.5. A posse *ad usucapionem*	121
3.6. O tempo	123

3.7.	Acessão de posses..	125
3.8.	Causas impeditivas, interruptivas e suspensivas da usucapião...............	126
3.9.	Natureza declaratória da sentença na ação de usucapião......................	127
	3.9.1. Retroatividade dos efeitos da sentença.............................	128
3.10.	A usucapião extraordinária..	130
3.11.	Usucapião especial rural..	132
3.12.	A usucapião especial urbana, *pro moradia*, *pro habitatio* ou *pro morare*....	134
3.13.	A usucapião familiar...	137
3.14.	Usucapião ordinária...	139
	3.14.1. A usucapião tabular..	139
3.15.	Usucapião especial coletiva..	140

4.	Acessão..	142
	4.1. Formação de ilhas...	143
	4.2. Da aluvião...	145
	4.3. Da avulsão..	147
	4.4. Do álveo abandonado..	147
	4.5. Das construções e plantações..	148
	4.6. Exceção de posse socialmente qualificada e acessão invertida social......	155
📝	Problemas práticos	160

Capítulo VIII – Modos de Aquisição de Bens Móveis 161

1.	Tradição	161
2.	Usucapião..	168
	2.1. Noções gerais..	168
	2.2. Usucapião ordinária..	169
	2.3. Usucapião extraordinária..	170
	2.4. Aplicação do regime da usucapião de bens imóveis aos bens móveis.....	170
3.	Ocupação...	171
4.	Achado do tesouro...	172
5.	Especificação	173
6.	Da confusão, da comistão e da adjunção..	177
📝	Problemas práticos	180

Capítulo IX – Perda da Propriedade.. 181

1.	Introdução	181
2.	Alienação...	182
3.	Renúncia	182
4.	Abandono	183
5.	Perecimento do objeto..	188
6.	Desapropriação	189
📝	Problemas práticos	194

Capítulo X – Direito de Vizinhança 195

   1.   Introdução 195

   2.   Características e classificações do direito de vizinhança 196

   3.   Parte geral do direito de vizinhança 197

       3.1. Principais teorias do direito de vizinhança 198

       3.2. A disciplina legislativa da parte geral 200

   4.   Parte especial do direito de vizinhança 201

       4.1. Árvores limítrofes 202

       4.2. Passagem forçada 202

       4.3. Passagem de cabos e tubulações 204

       4.4. Águas comuns 204

       4.5. Direito de tapagem e direito de demarcação 207

       4.6. Direito de construir 208

     📝 Problemas práticos 213

Capítulo XI – Condomínio Geral 215

   1.   Introdução 215

   2.   Condomínio Voluntário 216

       2.1. Direitos dos condôminos no condomínio voluntário 217

       2.2. Deveres dos condôminos no condomínio voluntário 221

       2.3. Administração do condomínio voluntário 225

       2.4. Extinção do condomínio voluntário 226

   3.   Condomínio necessário 229

     📝 Problemas práticos 231

Capítulo XII – Condomínios Especiais 233

   1.   Condomínio edilício 233

       1.1. Constituição do condomínio edilício 238

       1.2. Convenção de condomínio 239

       1.3. Direitos dos condôminos no condomínio edilício 242

       1.4. Deveres dos condôminos no condomínio edilício 246

       1.5. Administração do condomínio edilício 251

       1.6. Extinção do condomínio edilício 263

   2.   Condomínio de lotes e condomínio urbano simples 265

   3.   Condomínio em multipropriedade 270

   4.   Fundos de investimento 273

     📝 Problemas práticos 281

Capítulo XIII – Servidão 283

   1.   Conceito 283

   2.   Características 285

3. Classificação 289

4. Constituição 291

5. Exercício 300

6. Indivisibilidade 309

7. Tutela 311

8. Extinção 314

📝 Problemas práticos 319

Capítulo XIV – Usufruto, Uso e Habitação 321

1. Direito real de usufruto 321

   1.1. Origem e função do instituto 322

   1.2. Características 323

   1.3. Espécies, modos de constituição e objeto 325

   1.4. Direitos do usufrutuário 329

   1.5. Deveres do usufrutuário 332

   1.6. Extinção do usufruto 337

2. Direito real de uso 339

3. Direito real de habitação 342

📝 Problemas práticos 345

Capítulo XV – Concessão de Direito Real de Uso e Concessão de Uso Especial para os Fins de Moradia 347

1. Concessão de direito real de uso 347

2. Concessão de uso especial para fins de moradia 350

📝 Problemas práticos 353

Capítulo XVI – Superfície e Laje 355

1. Origens e evolução legislativa da superfície 355

2. Conceito de superfície 357

3. Constituição 358

4. Objeto 360

5. Propriedade superficiária 361

6. Encargos do imóvel 362

7. Transmissão do direito de superfície e do solo 362

8. Extinção 363

9. Direito real de laje 364

📝 Problemas práticos 370

Capítulo XVII – Direito Real do Promitente Comprador 371

📝 Problemas práticos 376

Capítulo XVIII – Direitos Reais de Garantia 377

1. Conceito e função 377
2. Espécies e características 386
3. Qualificação jurídica 390
4. Constituição 394
5. Efeitos da garantia real antes do vencimento 401
6. Efeitos após o vencimento 406
7. Vedação à cláusula comissória e tutela do pacto marciano 408
8. Indivisibilidade 413
   📝 Problemas práticos 414

Capítulo XIX – Penhor 415

1. Noções gerais 415
2. Constituição do penhor comum 416
3. Efeitos do penhor comum 418
4. Extinção do penhor comum 423
5. Penhor sem entrega da coisa ao credor 427
   5.1. Penhor rural 432
   5.2. Penhor industrial e mercantil 441
   5.3. Penhor de veículos 446
6. Penhor de direitos e títulos de crédito 448
7. Penhor de segundo grau 453
8. Penhor legal 455
   📝 Problemas práticos 459

Capítulo XX – Hipoteca 461

1. Noções gerais 461
2. Objeto da hipoteca 464
3. Constituição da hipoteca convencional 469
4. Duração da hipoteca convencional 470
5. Efeitos da hipoteca 472
6. Hipoteca de segundo grau 477
7. Remição hipotecária 480
8. Abandono do imóvel hipotecado 486
9. Indivisibilidade e fracionamento da hipoteca 488
10. Hipoteca legal 489
11. Extinção da hipoteca 493
    📝 Problemas práticos 496

Capítulo XXI – Anticrese 497

  1. Conceito e elementos configuradores 497

  2. Constituição 499

  3. Direitos do credor anticrético 501

  4. Limites do direito anticrético 503

  5. Deveres do credor anticrético 503

  6. Direitos do proprietário 505

  7. Extinção 505

  📝 Problemas práticos 506

Capítulo XXII – Alienação Fiduciária em Garantia 507

  1. Noções gerais 507

  2. Qualificação da alienação fiduciária em garantia 510

  3. Alienação em garantia de coisa móvel infungível 513

  4. Efeitos da propriedade fiduciária antes do vencimento 520

  5. Efeitos da propriedade fiduciária depois do vencimento 525

  6. Efeitos da propriedade fiduciária perante a falência e a recuperação judicial 530

  7. Extinção da propriedade fiduciária em garantia 531

  📝 Problemas práticos 533

Capítulo XXIII – Bens Comuns 535

  1. Bens comuns e superação da lógica proprietária 535

  2. A contestação da "tragédia dos comuns" 537

  3. A água 539

  4. A saúde 541

  5. Conflitos urbanos, a cidade democrática e o patrimônio cultural 542

  6. Desafetação de bens públicos e proteção dos bens privados de interesse público 544

  7. Instrumentos de atuação no Judiciário: novas funções para as ações coletivas 546

  8. A teoria dos bens comuns 547

  📝 Problemas práticos 548

Referências Bibliográficas 549

Capítulo I

INTRODUÇÃO: TEORIA DOS BENS E SITUAÇÕES SUBJETIVAS REAIS

Acesse o *QR CODE* e assista ao vídeo sobre o tema.

> https://uqr.to/1pc7n

SUMÁRIO: 1. Direito das coisas e situações subjetivas reais – 2. Situações jurídicas patrimoniais e não patrimoniais – 3. Situações jurídicas reais e situações jurídicas de crédito – 4. Poder imediato e caráter absoluto do direito – 5. Ambulatoriedade – 6. Direito de sequela – 7. Publicidade – 8. Especialidade – 9. Preferência – 10. Sistema do *numerus clausus*: taxatividade e tipicidade – 11. Tipicidade e autonomia privada – Problemas práticos.

1. DIREITO DAS COISAS E SITUAÇÕES SUBJETIVAS REAIS

Por direito das coisas ou direitos reais designa-se tradicionalmente a categoria das relações jurídicas que regula a apropriação e a utilização dos bens jurídicos. O Livro III da Parte Especial do Código Civil Brasileiro de 2002, assim como o Livro II do Código Civil de 1916, adota a expressão *direito das coisas*, na esteira do Código Civil Alemão – o BGB (*Bürgerliches Gesetzbuch*) –, ao contrário de outras legislações que preferem a designação *direitos reais*.

Direito das coisas

A categoria foi concebida, pela dogmática tradicional, com base na distinção estabelecida entre os direitos subjetivos reais e os pessoais (ou de crédito). Enquanto o direito das obrigações cuida dos direitos de crédito, o direito das coisas se ocupa dos direitos subjetivos reais, particularmente da propriedade, o direito real por excelência.[1]

Distinção entre direitos reais e pessoais

---

[1] Cfr. F. C. von Savigny, *Traité de Droit Romain*, vol. I, Paris: Librairie de Firmin Didot Frères, 1855, p. 359. Observa, a propósito, José Carlos Moreira Alves que somente no direito intermédio formulou--se a classificação entre direito real e pessoal, alvitrada, pelos romanos, apenas no plano processual, a distinguir a *actio in rem* (ação real), em que o autor afirmava o seu direito sobre a coisa contra

Condicionantes históricas e ideológicas

A classificação traduz a relevância social e política da propriedade privada ao longo dos séculos, a avocar disciplina jurídica e princípios diferenciados e a influenciar toda a dogmática do direito civil, embora, nos dias de hoje, tenha perdido, em grande parte, a sua validade científica.[2] Do mesmo modo, o grau de intensidade do poder conferido pelo ordenamento aos titulares das situações subjetivas reais, notadamente no caso da propriedade privada, depende da realidade política, social e econômica, historicamente determinada.

Vitoriosa a burguesia na Revolução Francesa, compreende-se que a propriedade, símbolo máximo da capacidade de assenhoramento dos bens, seja considerada como expressão da personalidade do homem.[3] Esse entendimento, contudo, ainda hoje é professado, com a fé de verdadeira religião, tendo sido a dogmática dominante elaborada com base no individualismo e no patrimonialismo que retratam as codificações do Século XIX.[4]

2. SITUAÇÕES JURÍDICAS PATRIMONIAIS E NÃO PATRIMONIAIS

Situação subjetiva e direito subjetivo

A rigor, todas as relações jurídicas são formadas por situações jurídicas subjetivas, centros de interesse juridicamente protegidos, cujos titulares são os sujeitos de direito. O direito subjetivo nada mais é do que uma espécie importantíssima de situação jurídica subjetiva e, como tal, deve ser associado necessariamente à noção de interesse e de titularidade. Em razão disso, deve ser preferida a expressão *situação jurídica subjetiva* a *direito subjetivo*, de modo a se evitar o equívoco de se reduzir o tema à problemática dos direitos subjetivos, sublinhando-se, de outra parte, a inserção das situações subjetivas reais em relações jurídicas entre sujeitos, ou *intersubjetivas*.

Relações patrimoniais e não patrimoniais

Cuidando-se de categorias relativas e dinâmicas, isto é, vinculadas à política legislativa de cada sociedade, tal partição, elaborada em outro contexto histórico, pouco a pouco vai perdendo importância, à luz do vigente ordenamento brasileiro. A classificação central, que deve ser estabelecida para a interpretação e aplicação das normas jurídicas, é a que estrema as *relações jurídicas patrimoniais*, constituídas por situações jurídicas economicamente mensuráveis, e as *relações jurídicas não patrimo-*

---

todas as outras pessoas (*erga omnes*), e a *actio in personam* (ação pessoal), em que o autor exigia o cumprimento da obrigação contra determinado devedor (José Carlos Moreira Alves, *Direito Romano*, vol. I, São Paulo: Borsoi, 1969, 2ª ed., p. 285).

[2] Cfr. Pietro Perlingieri, *Perfis do Direito Civil – Introdução ao Direito Civil Constitucional*, Rio de Janeiro: Renovar, 2002, 2ª ed., pp. 202-206: "não existe, portanto, uma precisa separação entre situações creditórias e reais" (p. 204).

[3] Para uma análise das influências ideológicas de formação da dogmática dos direitos reais, v. Angelo Belfiore, *Interpretazione e dommatica nella teoria dei diritti reali*, Milano: Giuffrè, 1979, pp. 472-477.

[4] Como destaca Eroulths Cortiano Junior: "(...) a nova forma de organização social, baseada na racionalidade econômica, faz com que a propriedade privada passe a ocupar não somente o lugar de centro da ordem social, mas que a ordem social passe a girar em torno da propriedade privada" (Eroulths Cortiano Junior, *O Discurso Jurídico da Propriedade e suas Rupturas – Uma análise do Ensino do Direito de Propriedade*, Rio de Janeiro: Renovar, 2002, p. 81).

niais, formadas por situações jurídicas insuscetíveis de avaliação econômica, caracterizadas por interesses não patrimoniais.[5]

A distinção assume posição proeminente na medida em que diversos são os valores que informam ambas as categorias de situações jurídicas.[6] A Constituição Federal considera a dignidade da pessoa humana como fundamento da República (art. 1º, CF/1988), alçando as situações jurídicas não patrimoniais ou existenciais ao vértice da hierarquia dos interesses juridicamente tutelados. Para expressar a tábua axiológica (conjunto de valores) estabelecidos no direito positivo brasileiro, pode-se dizer, em linguagem comum, que, para o constituinte, o *ser* é mais importante que o *ter*.

Proeminência dos valores existenciais

Dito de outra forma, nas situações jurídicas patrimoniais, o interesse protegido, sendo economicamente mensurável, recebe tutela correspondente e limitada ao montante pecuniário que representa. Nas situações jurídicas existenciais ou não patrimoniais, ao revés, reúnem-se bens insuscetíveis de avaliação econômica, os quais, por tangerem a pessoa humana e a sua personalidade, são inidôneos à conversão em pecúnia, devendo ser mantidos, prioritariamente, em sua integridade.

No âmbito das relações jurídicas patrimoniais é que se deve procurar compreender, de todo modo, a distinção, elaborada com base na estrutura de poderes conferidos aos seus titulares, entre as situações jurídicas reais e as situações jurídicas de crédito ou pessoais.

3. SITUAÇÕES JURÍDICAS REAIS E SITUAÇÕES JURÍDICAS DE CRÉDITO

As situações jurídicas subjetivas e os direitos subjetivos, em particular, têm sempre o elemento objetivo. Os bens jurídicos se constituem precipuamente nas coisas que podem ser objeto das relações jurídicas, devendo ser considerados aptos, por isso mesmo, a satisfazer uma necessidade humana merecedora de tutela por parte do ordenamento.[7]

Situações jurídicas e bens jurídicos

Com a evolução científica e tecnológica, novas coisas passam a ser incluídas no mundo jurídico, em número impressionante, tornando-se objeto de situações subjetivas. O *software*, o *know-how*, a informação veiculada pela mídia, os títulos financeiros, os valores mobiliários, os elementos utilizados na fertilização assistida, os recursos do meio ambiente, incluindo o ar – mais e mais protegido como interesse difuso. A cada dia surgem novos bens jurídicos, e ganha significativa importância a distinção entre os

---

[5]   Cuida-se de distinção amplamente acolhida na dogmática civilista. Cf. Caio Mário da Silva Pereira, *Instituições de Direito Civil*, vol. I, Rio de Janeiro: Forense, 2016, 29ª ed., p. 39; Henri Mazeaud, Léon Mazeaud e Jean Mazeaud, *Leçons de Droit Civil*, t. 1, Paris: Montchrestien, 1963, 3ª ed., p. 187; e Roberto de Ruggiero, *Istituzioni di diritto civile*, vol. I, Messina – Milano: Casa Editrice Giuseppe Principato, 1934, pp. 205-206.

[6]   Para análise minuciosa sobre o tema, v. Pietro Perlingieri, *O direito civil na legalidade constitucional*, Rio de Janeiro: Renovar, 2008, pp. 760-765.

[7]   Pietro Perlingieri, *Manuale di diritto civile*, Napoli: ESI, 1997, p. 170.

bens materiais, formados por coisas corpóreas, e os bens imateriais, constituídos por coisas incorpóreas que passam a integrar, quotidianamente, o patrimônio das pessoas.

Direitos reais e coisas apropriáveis

Por regularem o aproveitamento econômico dos bens, os direitos reais têm por objeto as coisas apropriáveis ou as suas utilidades (bem jurídico da relação real), postas à disposição do seu titular. Já os direitos de crédito têm por objeto (bem jurídico da relação obrigacional) a prestação a ser cumprida pelo devedor, de cujo desempenho resultará a coisa pretendida pelo credor (bem jurídico que almeja incorporar ao seu patrimônio).[8] Daí, inclusive, a etimologia da palavra crédito, vindo da síntese latina *creditum* (de *credere*), a indicar a confiança depositada no devedor com vistas à satisfação do vínculo obrigacional.

4. PODER IMEDIATO E CARÁTER ABSOLUTO DO DIREITO

Poder imediato e eficácia erga omnes

Dessa circunstância decorrem, segundo o entendimento amplamente difundido na doutrina, as duas diferenças centrais que fundam a distinção. Em primeiro lugar: nos direitos reais o poder do credor é exercido imediatamente sobre a coisa, ao contrário do direito de crédito, exercido de maneira mediata, isto é, com a intermediação do devedor. Daqui a *inerência* ou *aderência* do vínculo jurídico à coisa. Em segundo lugar: os direitos reais têm caráter absoluto, ou seja, são exercidos em face de toda a coletividade, que deverá respeitar o aproveitamento econômico exercido pelo titular. O direito real prevalece, conseguintemente, contra todos – *erga omnes*. Em contrapartida, os direitos pessoais seriam relativos, sendo exercidos exclusivamente em face de determinado devedor.

Aderência do vínculo jurídico real

Tais são os traços fisionômicos usualmente reconhecidos nos direitos reais. *O poder imediato do seu titular sobre a coisa traduz uma aderência do vínculo jurídico a uma coisa determinada* e se constitui na característica peculiar do direito real. São duas faces da mesma moeda: o *caráter imediato* expressa a estrutura do poder conferido ao titular, seu *modus operandi*, enquanto a inerência ou aderência (expressões equivalentes na origem latina *inhaerente*) focaliza o vínculo entre o poder do titular e a coisa – poder decorrente do próprio bem sobre o qual incide. O titular exerce o seu poder jurídico diretamente sobre o bem de cujas utilidades se aproveita, sem a intermediação de qualquer outro sujeito, o que se explica pela aproximação íntima do titular com a coisa, uma verdadeira aderência entre o vínculo jurídico e o seu objeto.

Teoria clássica ou realista

A ideia de que o direito real confere ao titular um poder imediato deita suas raízes na chamada teoria realista ou clássica, que é oriunda do jusnaturalismo do

---

[8] Sobre o ponto, v., por todos, Lafayette Rodrigues Pereira, *Direito das Coisas*, vol. I, Rio de Janeiro: Rio, 1977, edição histórica, pp. 22 e ss.: "os direitos pessoais (obrigações) têm por objeto imediato, não coisas corpóreas, senão atos ou prestações de pessoas determinadas. Um grande número destes atos (*obligatines dandi*), uma vez realizados, dão em resultado um direito real ou conduzem ao exercício desse direito, efeito, que suposto argúa intimidade entre uns e outros direitos, todavia não lhes destrói a diferença".

século XVII.[9] De acordo com essa corrente de pensamento, o poder (*potestas*) do indivíduo sobre as coisas traduz predicado da personalidade humana, constituindo extensão natural da liberdade individual.[10] A formulação mais bem-acabada da teoria clássica é atribuída à Escola Histórica Alemã, que propôs a construção do direito privado a partir do dogma da autonomia individual e do primado do direito subjetivo.[11] Nessa esteira, o direito real constituiria espécie de direito subjetivo que vincularia o sujeito à coisa, a qual se submeteria ao poder imediato daquele.[12]

Tão intenso é o vínculo entre sujeito e coisa que muitos autores, fautores das teorias chamadas realistas, desconsideram o sujeito passivo na relação jurídica de direito real, entrevendo aqui uma relação constituída simplesmente pelo titular e o objeto do direito. Ao contrário do direito de crédito, em que ao credor se contrapõe o devedor da relação obrigacional, no direito real ter-se-ia uma relação jurídica formada por um único centro de interesse, incidindo diretamente sobre a coisa que lhe serve de objeto. Destaca-se, nessa direção, a opinião de Darcy Bessone, para quem "no direito real, há um sujeito *ativo*, mas não há um sujeito *passivo*. No direito *pessoal*, ao contrário, aparecem, sempre, duas figuras, a do sujeito *ativo* (credor) e a do sujeito *passivo* (devedor)".[13]

Relação entre sujeito e coisa

A tal entendimento as teorias personalistas (também denominadas modernas), fundadas na ética kantiana,[14] objetaram, contudo, que todas as relações jurídicas se estabelecem entre pessoas, ainda que indeterminadas. Em sua célebre crítica às teorias realistas, o jurista francês Marcel Planiol afirma que "não pode existir relação jurídica entre uma pessoa e uma coisa, porque atribuir ao homem um direito sobre a coisa corresponderia a impor à coisa uma obrigação perante o homem, o que seria absurdo."[15]

Teorias personalistas

Nessa ordem de ideias, o conteúdo do direito subjetivo não teria relevância para a sua classificação, uma vez que consubstanciaria elemento meramente econômico, desprovido de significado jurídico. Cumpriria examinar o direito subjetivo apenas a partir do seu perfil externo, qual seja, a proteção reconhecida ao titular do direito

Tutela jurídica e eficácia absoluta

---

[9]   V. nesse sentido Giovanni Pugliese, *Diritti reali*. In: *Enciclopedia del Diritto*, vol. 12, Giuffrè, p. 764; Marco Comporti, *Contributo allo studio del diritto reale*, Milano: Giuffrè, 1977, pp. 10-11; e António Menezes Cordeiro, *Direitos Reais*, Lisboa: Lex, 1979, reimpressão de 1993, p. 224.

[10] V. Marco Comporti, *Contributo allo studio del diritto reale*, cit., pp. 10-11.

[11] Sobre essa corrente de pensamento, que se desenvolveu na primeira metade do século XIX, veja-se António Manuel Hespanha, *Panorama Histórico da Cultura Jurídica Europeia*, Lisboa: Publicações Europa-América, 1997, pp. 181-185. V. ainda Franz Wieacker, *História do Direito Privado Moderno*, Lisboa: Fundação Calouste Gulbenkian, 1980, trad. de António Manuel Hespanha da 2ª edição de 1967, pp. 397-491.

[12] V. Marco Comporti, *Contributo allo studio del diritto reale*, Milano: Giuffrè, 1977, p. 12.

[13] Darcy Bessone, *Direitos Reais*, São Paulo: Saraiva, 1996, p. 4.

[14] Como ressalta Marco Comporti: "De fato, criticando a doutrina jurídica então dominante, Kant nega que as coisas possam ser fonte de direitos e deveres e sustenta que a relação jurídica, na qual estão entrelaçados direitos e deveres, se constitui sempre entre pessoas, formulando, nesses termos, a primeira configuração da teoria personalista do direito real." (Marco Comporti, *Contributo allo studio del diritto reale*, cit., p. 18, tradução livre).

[15] Marcel Planiol, *Traité Élémentaire de Droit Civil*, t. 1, Paris: LGDJ, 1950, 5ª ed. rev. e atualizada por Georges Ripert e Jean Boulanger, p. 879, tradução livre.

frente aos demais sujeitos do ordenamento.[16] Desse modo, direitos pessoais e reais não se diferenciariam em razão de seu conteúdo, mas em virtude da diversa fisionomia da relação jurídica na qual se inserem. Enquanto nas relações pessoais o direito de crédito se contrapõe ao dever imposto a determinados sujeitos, nas relações reais, e particularmente no exemplo da propriedade, admite-se um dever genérico atribuído a toda coletividade no sentido de não impedir o exercício do direito real por parte de seu titular. Cuida-se de dever negativo, de abstenção, que decorre usualmente da publicidade conferida aos direitos reais, caracterizado pela obrigação de não ingerência na esfera jurídica do domínio alheio e que vem a expressar o segundo característico atribuído aos direitos reais: o caráter de oponibilidade *erga omnes*.[17]

Deveres negativos de abstenção e tolerância

Essa característica, quanto à eficácia, encontra-se presente não apenas nos direitos reais, sendo comum a todos os chamados direitos absolutos, como os direitos da personalidade.[18] Ao contrário da obrigação creditícia, que pode consistir em dar, fazer ou não fazer, nos direitos reais, em regra, o dever jurídico imposto à coletividade se expressa no dever de não fazer. Delineiam-se, então, duas espécies de comportamentos negativos exigidos dos terceiros frente ao titular do direito real: a *abstenção*, consistente no dever de não realizar alguma atividade, em respeito ao direito real (a ingerência na propriedade alheia, por exemplo); e a *tolerância*, caracterizada pelo dever de permitir que o titular do direito real faça algo que, em situação normal, não lhe seria lícito fazer (tolerar que o proprietário vizinho utilize sua estrada particular, na servidão de passagem, por exemplo).

Em suma, segundo a doutrina tradicional, os direitos reais apresentariam dois elementos típicos: (i) o elemento interno, que se identifica com o poder imediato conferido ao titular, e (ii) o externo, associado à eficácia *erga omnes*.[19]

---

[16] V. Giovanni Pugliese, *Diritti reali*. In: *Enciclopedia del Diritto*, vol. 12, cit., pp. 768-769.

[17] Por isso, alguns autores consideram que, a rigor, o poder direto e imediato sobre a coisa decorre do dever geral de abstenção imposto à coletividade, já que o titular do direito real resulta ser o único autorizado pela ordem jurídica a tirar proveito da coisa. Assim, na doutrina portuguesa, Manuel Domingues de Andrade ressalta: "Se o proprietário pode exigir de todas as outras pessoas que não se intrometam na coisa sobre que incide o seu direito, se todas as outras pessoas devem abster-se duma tal intromissão, resulta daí para o proprietário um verdadeiro *domínio* sobre a coisa, um poder direto e imediato sobre ela." (Manuel Domingues de Andrade, *Teoria Geral da Relação Jurídica*, vol. I, Coimbra: Almedina, 1983, p. 18). Cfr., na doutrina italiana, Lodovico Barassi, *I diritti reali nel nuovo codice civile*, Milano: Giuffrè, 1943, p. 28 e ss.

[18] Assim ensina San Tiago Dantas: "Qual é a diferença entre o direito subjetivo absoluto e o direito subjetivo relativo? A diferença reside no dever jurídico que corresponde ao direito. Quando o dever jurídico toca exclusivamente a certas pessoas que interferem na relação, que seja a uma, a duas, ou a mais pessoas, temos o direito relativo. Porém, quando o dever jurídico toca a todas as pessoas que se encontram na sociedade, temos o direito subjetivo absoluto. (...) Dividimos nós o direito absoluto em dois grupos: direitos da personalidade e direitos reais. E dividimos os relativos, por sua vez, em direitos pessoais ou de crédito, e de família" (San Tiago Dantas, *Programa de Direito Civil*, Rio de Janeiro: Forense, 2001, 3ª ed. atualizada por Gustavo Tepedino et al., pp. 125-126).

[19] Segundo Eduardo Espínola: "É corrente em doutrina a afirmação de que, no conceito ou na definição do direito real, entram dois elementos de capital importância: *a)* um elemento interno, que é o poder (*la signoria*, na doutrina italiana) imediato sobre a coisa; *b)* um elemento externo, que é faculdade de se opor a qualquer outra pessoa" (Eduardo Espínola, *Posse, Propriedade, Compriedade*

No entanto, tal concepção não escapou a críticas. De uma parte, observou-se que o poder imediato não constitui, a rigor, atributo característico da situação subjetiva real, haja vista estar presente em determinados direitos pessoais, como a locação e o comodato, que atribuem ao titular a posse direta da coisa, e faltar a certos tipos reais, como a servidão negativa, a hipoteca e o direito do promitente comprador, nos quais "os instrumentos para a satisfação do interesse do titular são diferentes".[20]

Crítica ao poder imediato

Na hipótese acima mencionada da servidão negativa, o interesse do titular do prédio dominante realiza-se por meio do cumprimento, pelo possuidor do prédio serviente, do dever de abstenção – de não erguer construção, por exemplo – aproximando-se, desse modo, da obrigação de não fazer, em que o direito do credor se satisfaz com o adimplemento do débito.[21]

Tal observação faz desvanecer a rígida contraposição que se concebia entre direitos reais e de crédito. Em seu lugar, firma-se a compreensão de que o fenômeno da cooperação social é comum a todas as relações patrimoniais, encontrando campo fértil de atuação nas relações jurídicas reais, notadamente naquelas estabelecidas entre titulares de direitos reais incidentes sobre a mesma coisa, a justificar, portanto, a incidência das normas típicas do direito das obrigações, em particular do princípio da boa-fé objetiva.[22]

Cooperação como fenômeno comum às situações patrimoniais

De outra parte, reprovou-se a identificação do direito real com o dever geral de abstenção, já que tal elemento seria a expressão do princípio maior de respeito à integridade da esfera jurídica alheia – *alterum non laedere* – a ser observado em todas as situações subjetivas, inclusive nos direitos de crédito,[23] como evidencia a admissão da tutela externa do crédito frente ao terceiro, estranho ao contrato, que tenha contribuído conscientemente para o inadimplemento de uma das partes.[24] A própria ideia de um *poder absoluto que obriga a todos* foi criticada por seu excessivo abstracionis-

Crítica à eficácia erga omnes

---

ou *Condomínio, Direitos autorais*, Campinas: Bookseller, 2002, ed. atualizada por. Ricardo Gama, p. 13).

[20] Michele Giorgianni, *Contributo alla Teoria dei Diritti di Godimento su Cosa Altrui*, Milano: Giuffrè, 1940, p. 149, tradução livre.

[21] Michele Giorgianni, *Contributo alla Teoria dei Diritti di Godimento su Cosa Altrui*, cit., p. 150. Confira-se, na mesma direção, Marco Comporti, *Contributo allo studio del diritto reale*, cit., p. 99.

[22] Cf. Pietro Rescigno, *Proprietà, Diritto Reale e Credito*. In: *Jus – Rivista di Scienze Giuridiche*, 1965, p. 472 e seguintes; Marco Comporti, *Contributo allo studio del diritto reale*, cit., pp. 243-244; Pietro Perlingieri, *O Direito Civil na Legalidade Constitucional*, Rio de Janeiro: Renovar, 2008, pp. 758 e 892-893; e Aquila Villella, *Per un Diritto Comune delle Situazioni Patrimoniali*, Napoli: ESI, 2000, p. 15 e seguintes e 82 e seguintes.

[23] V. sobre o ponto, com ampla referência à doutrina pátria e estrangeira, Roberta Mauro Medina Maia, *Teoria Geral dos Direitos Reais*, São Paulo: Revista dos Tribunais, 2013, pp. 54-57; 162-164 e 182-191. De acordo com a autora, "a obrigação passiva universal nada mais representa que o respeito genérico aos direitos alheios, sendo esta uma regra comum, extensível a todos os direitos subjetivos. Trata-se, na verdade, do mecanismo pelo qual o ordenamento jurídico garante a inviolabilidade de tais direitos" (p. 184).

[24] Cf., por todos, sobre o tema Carlos Edison do Rêgo Monteiro Filho e Luiza Lourenço Bianchini, Breves considerações sobre a responsabilidade civil do terceiro que viola o contrato (tutela externa do crédito). In: Gustavo Tepedino e Luiz Edson Fachin (coord.), *Diálogos sobre Direito Civil*, vol. 3, Rio de Janeiro: Renovar, 2012, pp. 460-461.

mo, uma vez que não se poderia conceber uma pretensão contra "todos os homens vivos sobre a terra", fazendo dele "um homem sozinho frente a um exército interminável e em permanente renovação".[25]

Releitura da eficácia absoluta e da aderência

Diante disso, a doutrina contemporânea procedeu à reformulação da dogmática dos direitos reais, em termos renovados que evitassem as deficiências e imprecisões das teorias realistas e personalistas. Nessa direção, afastando-se do dever geral de abstenção, o caráter absoluto do direito real passa a designar, mais precisamente, "o reflexo da relação jurídica, variável de acordo com o conteúdo desta última, sobre qualquer pessoa que venha a ocupar alguma situação subjetiva (de direito ou de fato) atinente à coisa".[26] Tais reflexos se manifestam, por exemplo, na reivindicatória que move o proprietário para reaver a coisa de quem a possua injustamente, e ainda no poder que tem o credor hipotecário de promover a excussão do bem recebido em hipoteca, ainda que se encontre no patrimônio do terceiro adquirente. Por sua vez, a aderência, antes associada ao caráter imediato do poder atribuído ao titular do direito real, denota o vínculo especialmente intenso que se forma entre o direito real e a *res*, capaz de sobrepor-se aos direitos pessoais incidentes sobre a mesma coisa.[27]

A aderência e a eficácia absoluta constituem, portanto, os dois elementos que identificam a categoria do direito real, a qual traduz, no estágio atual da experiência jurídica, expediente técnico de que se vale o legislador para dotar de maior estabilidade certas relações jurídicas atinentes ao aproveitamento econômico dos bens. A esses atributos somam-se todas as demais características dos direitos reais apontadas de maneira acrítica pela manualística: *a ambulatoriedade, a sequela, a publicidade, a especialidade, a preferência* e *a tipicidade*.

5. AMBULATORIEDADE

A *ambulatoriedade* decorre diretamente da aderência do vínculo à coisa. Afirma-se que o dever jurídico correspondente ao direito real caminha com a relação jurídica e é, por isso mesmo, ambulante ou ambulatório. Qualquer que seja o destino do imóvel dado em hipoteca, por exemplo, migre ele das mãos do antigo proprietário ou do devedor que lhe ofereceu em garantia para quem quer que seja, aos novos proprietários, aos quais sucessivamente é transferido o imóvel, vincula-se o gravame da hipoteca.[28]

---

[25] Santi Romano, *Doveri-Obblighi*. In: *Frammenti di uno dizionario giuridico*, apud Marco Comporti, *Contributo allo studio del diritto reale*, cit., p. 20, nota 41.

[26] Michele Giorgianni, *Contributo alla Teoria dei Diritti di Godimento su Cosa Altrui*, cit., p. 166, tradução livre.

[27] V. Michele Giorgianni, *Contributo alla Teoria dei Diritti di Godimento su Cosa Altrui*, cit., p. 164.

[28] Assim, de acordo com Ebert Chamoun: "o dever jurídico que têm as pessoas em relação ao direito real se caracteriza pelo fato de acompanhar a coisa que está no seio da relação jurídica. A esta característica suprema dos direitos reais dá-se o nome de *ambulatoriedade do dever jurídico*." (Ebert Chamoun, *Direito Civil*: *Aulas do 4º Ano*, Rio de Janeiro: Aurora, 1955, p. 8. Grifos do original).

6. DIREITO DE SEQUELA

A *sequela* é o corolário da *ambulatoriedade* aplicado ao direito subjetivo real. Assim como os deveres jurídicos, nas relações reais, são ambulatórios, diz-se que o titular do direito subjetivo tem o direito de sequela, caracterizado pelo poder de perseguir a coisa sobre a qual exerce o seu direito, nas mãos de quem a possua. No exemplo acima configurado, o direito de sequela do credor hipotecário se verifica no poder que lhe é conferido de excussão do bem, para a satisfação da dívida garantida pela hipoteca, em face do proprietário atual, sem importar se o imóvel já fora vendido a terceiros. Ao contrário do titular do direito de crédito, a quem não é dado obter a execução de seu direito senão contra o próprio devedor, oferece-se ao titular do direito real a prerrogativa de exercer o seu direito sobre a coisa a ele vinculada.

7. PUBLICIDADE

A *publicidade* constitui-se, igualmente, em um dos atributos já enumerados, decorrente da segurança pretendida pelo ordenamento para as relações jurídicas de direito real. Sem a publicidade, com efeito, torna-se frágil a oponibilidade *erga omnes* dos direitos reais.[29] Significa o princípio a ampla divulgação de todos os atos concernentes à constituição e à transferência dos direitos reais, de molde a que todos possam conhecer a relação jurídica a que estão adstritos a respeitar. A principal finalidade da publicidade é tornar segura a circulação dos direitos reais no mercado.[30]

Publicidade como pressuposto da eficácia absoluta

Não raro, a própria eficácia dos direitos reais se restringe aos terceiros que tenham tido a possibilidade de conhecimento do direito, justificando-se, assim, a disciplina dos modos de transferência dos direitos reais, baseada nos atos de registro público, em se tratando de bens imóveis, e na tradição, em se tratando de bens móveis. Daí a distinção da doutrina portuguesa entre publicidade espontânea, que resulta da posse, e a racionalizada, que deriva do serviço prestado por órgãos cartorários.[31]

Publicidade espontânea e racionalizada

8. ESPECIALIDADE

A *especialidade* consiste na necessidade de que o objeto do direito real recaia sobre coisa certa e determinada, não se concebendo o objeto indeterminado, como no direito das obrigações. Considera-se essencial a individuação precisa do objeto do direito diante da oponibilidade ampla do direito subjetivo. Sabe-se, de antemão, os confins de cada direito de propriedade e os precisos limites do bem oferecido em garantia, por exemplo.[32]

---

[29] Cfr., nesta perspectiva, Roberta Mauro Medina Maia, *Teoria Geral dos Direitos Reais*, São Paulo: Revista dos Tribunais, 2013, p. 202 e seguintes; San Tiago Dantas, *Programa de Direito Civil: Direito das Coisas*, vol. III, Rio de Janeiro: Rio, 1979, p. 193; e no direito italiano, Lodovico Barassi, *I diritti reali nel nuovo codice civile*, cit., p. 44.

[30] V. Hedemann, *Tratado de Derecho Civil: Derechos Reales*, vol. II, trad. ed. alemã, Madrid: Editorial Revista de Derecho Privado, 1955, p. 36.

[31] Cf. Menezes Cordeiro, *Direitos Reais*, Lisboa: Lex, 1993. pp. 264-265.

[32] "O objeto do direito real é sempre determinado, ao passo que o do direito de crédito basta seja determinável" (Caio Mário da Silva Pereira, *Instituições de Direito Civil*, vol. I, cit., p. 3).

9. PREFERÊNCIA

Preferência da hipoteca e do penhor

A *preferência*, outra característica considerada típica dos direitos reais, assume duplo significado, espacial e temporal.[33] Apresenta contornos de ordem espacial ao representar a preferência conferida ao titular do direito real de garantia em relação aos credores ordinários ou quirografários, desprovidos de privilégio.[34] O titular de uma hipoteca, ainda no exemplo acima delineado, terá preferência na satisfação do seu crédito, diante do devedor insolvente, preferindo-se-lhe na apuração dos haveres em relação aos titulares dos demais direitos de crédito, ressalvados aqueles que gozam de prioridade na legislação vigente. No entanto, trata-se de característica exclusiva dos direitos reais de hipoteca e de penhor.

Preferência temporal

O direito de preferência, de outro lado, possui significado de ordem temporal ao consagrar o princípio, válido no sistema dos registros públicos, segundo o qual a prioridade do registro oferece preferência no direito – *prius in tempore potior in iure*. Entre dois sujeitos que disputam a titularidade de um direito real, prevalece aquele que demonstra o registro anterior de seu direito.[35]

10. SISTEMA DO *NUMERUS CLAUSUS*: TAXATIVIDADE E TIPICIDADE

Oponibilidade erga omnes e numerus clausus

A última das características dos direitos reais, que os contrapõe aos direitos de crédito, refere-se ao sistema do *numerus clausus* em matéria de relações jurídicas reais. Ao contrário dos direitos de crédito, submetidos ao princípio da liberdade da autonomia privada para a sua criação, costuma-se fundamentar na oponibilidade *erga omnes* dos direitos reais a necessidade de que seus contornos sejam estipulados por lei. Tem-se, aqui, a taxatividade normativa, como princípio de ordem pública.[36]

---

[33] Cfr. Miguel Maria de Serpa Lopes, *Curso de Direito Civil: Direito das Coisas*, vol. VI, Rio de Janeiro: Freitas Bastos, 1996, p. 33: "a primeira diretiva da *preferência* é, por assim dizer, de *ordem espacial*, pois ocupa uma posição de superioridade sobre os demais créditos; ao passo que a segunda é de *ordem temporal*, pois os direitos reais ficam fixados em prol do título com a prioridade do registro" (grifos do original).

[34] V. Orlando Gomes, *Direitos Reais*, Rio de Janeiro: Forense, 2012, 21ª ed. rev. e atualizada por Luiz Edson Fachin (1ª ed., 1958), p. 20. Confira-se ainda, no direito francês, Henri Capitant, *Introduction à L'étude du Droit Civil – Notions Générales*, Paris: A. Pedone Éditeur, 4ª ed., p. 121).

[35] V. Lafayette Rodrigues Pereira, *Direito das Coisas*, vol. I, cit., pp. 204-205; Miguel Maria de Serpa Lopes, *Curso de Direito Civil: Direito das Coisas*, vol. VI, cit., p. 33. Na doutrina estrangeira, confira-se Baudry-Lacantinerie, *Trattato teorico-pratico di diritto civile: dei beni*, vol. único, Milano: Francesco Vallardi, p. 9.

[36] Conforme adverte Ebert Chamoun: "a legislação, neste particular, é taxativa: o número dos direitos reais é apenas aquele consignado pela lei e isto porque existindo muitos titulares de deveres jurídicos, não seria lícito que uma só pessoa, com seu arbítrio fosse criar em todas as outras os deveres jurídicos correspondentes ao novo direito real. É, pois, a ordem pública que aí interfere" (Ebert Chamoun, *Direito Civil: Aulas do 4º Ano*, cit., p. 9). Na mesma direção, Darcy Bessone ressalta que, "destinando-se o direito real a operar contra todos, não deve ter origem na vontade das partes, recomendando-se, por isso mesmo, que tenha base legal" (Darcy Bessone, *Direitos Reais*, cit., p. 10). V., ainda, San Tiago Dantas, *Programa de Direito Civil: Direito das Coisas*, vol. III, cit., pp. 18-19.

O sistema do *numerus clausus* se exprime de dois modos. Significa a taxatividade das figuras típicas, quando examinado do ponto de vista da reserva legal para a criação dos direitos subjetivos. Traduz-se, ao revés, no princípio da tipicidade propriamente dito, quando analisado sob o ângulo de seu conteúdo, significando que a estrutura do direito subjetivo responde à previsão legislativa típica. A taxatividade refere-se à sua fonte e a tipicidade às modalidades do exercício dos direitos, uma e outra conforme a dicção legal.[37] Os alemães distinguem, o *numerus clausus* (*Typenzwang*) e o conteúdo do direito típico (*Typenfixierung*), embora tal distinção tenha sido criticada, ao argumento de que os direitos reais têm a sua criação e o seu conteúdo inteiramente condicionados à estipulação legal, o que absorveria ambos os aspectos.[38]

Taxatividade e tipicidade dos direitos reais

No Brasil, a doutrina dominante, de maneira acrítica, invoca o princípio do *numerus clausus* em matéria de direitos reais,[39] parecendo mesmo se tratar de questão vetusta e já superada, não obstante o aceso debate doutrinário levado a cabo, no estrangeiro, em torno da matéria.[40]

O legislador brasileiro, de maneira inegável, enuncia taxativamente os direitos reais, enumerados, em sua maioria, no art. 1.225 do Código Civil Brasileiro: "São direitos reais: I – a propriedade; II – a superfície; III – as servidões; IV – o usufruto; V – o uso; VI – a habitação; VII – o direito do promitente comprador do imóvel; VIII – o penhor; IX – a hipoteca; X – a anticrese; XI – a concessão especial para fins de moradia; XII – a concessão de direito real de uso; XIII – a laje; e XIV – os direitos oriundos da imissão provisória na posse, quando concedida à União, aos Estados, ao Distrito Federal, aos Municípios ou às suas entidades delegadas e a respectiva cessão e promessa de cessão". [41]

Enumeração legal

---

37 V. Mario Bessone *et alii*, *Lineamenti di diritto privato*, Torino: Giappichelli, 2001, p. 219.

38 Cfr. Antonio Menezes Cordeiro, *Direitos reais*, Lisboa: Lex, 1993, p. 336, que, a seu turno, critica a distinção sob o argumento de que "a existência do *numerus clausus* resulta, precisamente, da fixação do conteúdo do direito típico, pela lei, incompatível com a existência de 'tipos abertos'. O que é dizer: a fixação dos 'contornos' do direito é a fixação do próprio conteúdo".

39 Sustentam, dentre outros, a vigência do sistema do *numerus clausus* no direito brasileiro: Lafayette Rodrigues Pereira, *Direito das Coisas*, vol. I, cit., p. 25; Clovis Bevilaqua, *Código Civil dos Estados Unidos do Brasil Comentado*, vol. III, Rio de Janeiro: Paulo de Azevedo, 1958, 11ª ed. (1ª ed., 1956), p. 181; Eduardo Espínola, *Posse, Propriedade, Compropriedade ou Condomínio, Direitos Autorais*, cit., p. 22; San Tiago Dantas, *Programa de Direito Civil: Direito das Coisas*, vol. III, cit., pp. 18-19; Ebert Chamoun, *Direito Civil: Aulas do 4º Ano*, cit., p. 9; Pontes de Miranda, *Tratado de Direito Privado*, t. 18, São Paulo: Revista dos Tribunais, 1983, 3ª ed., p. 7; Orlando Gomes, *Direitos Reais*, cit., p. 21; Miguel Maria de Serpa Lopes, *Curso de Direito Civil: Direito das Coisas*, vol. VI, cit., p. 36; Caio Mário da Silva Pereira, *Instituições de Direito Civil*, vol. IV, Rio de Janeiro: Forense, 2016, p. 5; e Darcy Bessone, *Direito Civil*, cit., p. 9. Em sentido oposto, a favor do *numerus apertus* de direitos reais, destaca-se J. M. Carvalho Santos, *Código Civil Brasileiro Interpretado*, vol. IX, Rio de Janeiro: Freitas Bastos, 1963, 11ª ed., pp. 14-16.

40 Cfr. José de Oliveira Ascensão, *A Tipicidade dos Direitos Reais*, Lisboa: Livraria Petrony, 1968; Alessandro Natucci, *La tipicità dei diritti reali*, Padova: Cedam, 1988, *passim*.

41 As quatro últimas figuras passaram a figurar no rol em virtude de leis posteriores à promulgação do Código Civil. A concessão de direito real de uso e a concessão de uso especial para fins de moradia foram acrescentadas pela Lei n. 11.481, de 2007, o direito real de laje, pela Lei n. 13.465, de 2017. Já os direitos oriundos da imissão provisória na posse, quando concedida à União, aos Estados, ao

Classificação dos direitos reais

Os direitos reais classificam-se, em primeiro lugar, em direitos na coisa própria (*jus in re propria*) e na coisa alheia (*jura in re aliena*).[42] Nos ordenamentos contemporâneos, o único direito real na coisa própria é a propriedade, ao passo que os demais direitos reais se estabelecem na coisa alheia, onerando ou limitando o direito do respectivo dono. Ademais, a propriedade constitui direito real máximo, sendo o único capaz de reunir, em seu conteúdo, todos os poderes de dominação da coisa, diferentemente do que se observa nos outros direitos reais, por isso mesmo designados de direitos reais limitados ou menores.

De acordo com a função que são chamados a desempenhar, os direitos reais na coisa alheia são classificados em direitos reais de gozo, de garantia ou de aquisição.[43] Os primeiros, entre os quais se compreendem o usufruto e a servidão, destinam-se a proporcionar ao seu titular o aproveitamento de utilidades materiais de certa coisa, ao passo que os segundos vinculam determinado bem jurídico à satisfação de um direito de crédito. No direito brasileiro, contam-se três direitos reais de garantia sobre coisa alheia: o penhor, a hipoteca e a anticrese.

Àquelas duas categorias acrescenta-se a dos direitos reais de aquisição, que visam a proteger, por meio da eficácia absoluta típica da realidade, o direito do titular em tornar-se proprietário do bem. São exemplos o direito de preferência do condômino, o direito de retrovenda e o direito real do promitente comprador de bem imóvel.

11. TIPICIDADE E AUTONOMIA PRIVADA

Taxatividade e política legislativa

Conforme se pode verificar no direito comparado, o sistema do *numerus clausus* constitui-se em orientação afeta à política legislativa, não se configurando elemento ontologicamente vinculado à teoria dos direitos reais.[44] Como já se observou argutamente, o problema da segurança do tráfego jurídico, diante da eficácia *erga omnes* dos direitos reais, resolve-se com o sistema de registro, não sendo imprescindível, para o sistema, a taxatividade.[45]

Distrito Federal, aos Municípios ou às suas entidades delegadas e a respectiva cessão e promessa de cessão foram introduzidos pela Lei n. 14.620, de 2023.

[42] Orlando Gomes, *Direitos Reais*, Rio de Janeiro: Forense, 2007, 19ª ed. atualizada por Luiz Edson Fachin, p. 17.

[43] Cf. Antonio Menezes Cordeiro, *Direitos Reais*, Lisboa: Lex, 1993, pp. 354-356.

[44] Nessa direção, observa José Puig Brutau que "*el criterio de numerus clausus a rajatabla que proclama el código argentino no responde a una convicción teórica sino a una conveniencia práctica; es decir, no se trata de un resultado alcanzado como una consecuencia lógica sino que se trata de un disposición que trata de encauzar una política jurídica*" (José Puig Brutau, *Fundamentos de Derecho Civil*, t. 3, vol. I, Barcelona: Bosch, 1994, p. 32). Trata-se, com efeito, de noção que surgiu em contexto histórico e político, hoje superado. Embora tenha origem remota no direito romano, incorpora-se definitivamente à cultura jurídica européia com a promulgação do *Code Napoléon*, como consectário da ordem liberal triunfante. A este respeito, v. Marco Comporti, Diritti reali in generale. In: Antonio Cicu e Francesco Messineo (orgs.), *Trattato di diritto civile e commerciale*, vol. 8, t. I, Milano: Dott. A. Giuffrè Editore S.p.A., 1980, p. 209.

[45] Antonio Menezes Cordeiro, *Direitos Reais*, cit., p. 338.

De outra parte, na experiência brasileira, a despeito do silêncio doutrinário a respeito do assunto, foram-se elaborando, no âmbito dos tipos taxativamente previstos pelo legislador, negócios jurídicos que provocam profunda evolução dos direitos reais, passando-se ao largo da discussão acerca da vigência do princípio do *numerus clausus*. Não se pode negar que as servidões prediais e as grandes incorporações imobiliárias se constituíram numa espécie de *tipos abertos*, cujo conteúdo foi sendo fixado, não sem ousadia, pelo operador econômico, delineando-se um quadro riquíssimo de servidões rurais, condomínios com dimensões fabulosas, empreendimentos de *shopping centers*, multipropriedade imobiliária[46] e condomínios de fato, utilização de espaços em cemitérios, tudo isso sem que houvesse previsão legal específica. *{Direitos reais e tipos abertos}*

Conforme observado anteriormente, ao lado das regras imperativas, que definem a existência e o conteúdo de cada tipo real, coexistem preceitos dispositivos, atribuídos à autonomia privada, que permitem moldar o interesse dos titulares à situação jurídica real pretendida. Assim, se é inegável que a constituição de um novo direito real sobre coisa alheia ou de uma forma proprietária com características exóticas depende do legislador – que, por sua vez, deve se ater aos limites de utilidade social definidos pela Constituição –, certo é que, no âmbito do conteúdo de cada tipo real, há um vasto território em que atua a autonomia privada e que carece de controle quanto aos limites (de ordem pública) permitidos para esta atuação.[47] *{Conteúdo essencial e secundário do direito real}*

Dessa forma, deve-se redimensionar a discussão quanto ao princípio do *numerus clausus*, mesmo se admitindo, desde logo, que a reserva legal para a predisposição de uma nova figura real é inderrogável, por traduzir princípio de ordem pública.

Muito mais fértil, todavia, será investigar, na dinâmica da atividade econômica privada, os negócios jurídicos e as cláusulas que, inseridos nos tipos reais predispostos pelo Código Civil, possam ser estabelecidos sem a reprovação do sistema. Trata-se de um número formidável de negócios destinados a regular, por exemplo, servidões, mútuos garantidos por cédulas rurais, vendas condicionais, pactos antenupciais, locações com cláusula de vigência em caso de alienação, vendas condicionais, além dos já aludidos empreendimentos de *shopping centers*, utilização de espaços em cemitérios e os chamados condomínios de fato, cujo conteúdo varia, com frequência impressionante, no curso do tempo e das relações que, concretamente, se estabelecem, alterando, significativamente, o conteúdo de situações reais ou com eficácia real.[48] Se tais *{Direitos reais e merecimento de tutela}*

---

46   Cujo desenvolvimento se deu na prática imobiliária mesmo antes da promulgação da Lei n. 13.777, de 2018, que introduziu a regulamentação do "Condomínio em Multipropriedade" nos artigos 1.358-B e seguintes do Código Civil.

47   V. na direção do texto, relativamente ao direito português, José de Oliveira Ascensão: "A tipologia taxativa não impede que se admitam modificações dos direitos reais. Efectivamente, o direito real tem todo um conteúdo acessório, que é vastamente moldável pelas partes, mediante a substituição de disposições supletivas. (...) Em conclusão, a tipologia taxativa dos direitos reais não exclui que estes sejam na ordem jurídica portuguesa tipos abertos" (José de Oliveira Ascensão, *A Tipicidade dos Direitos Reais*, cit., p. 332).

48   V. Gustavo Tepedino, *Multipropriedade Imobiliária*, São Paulo: Editora Saraiva, 1993, pp. 82 e ss., de onde se extraíram os últimos parágrafos, observando-se, criticamente (p. 83): "Sabe-se que o princípio da autonomia privada e o princípio do *numerus clausus* têm a mesma matriz liberal que

negócios, absorvidos pelo legislador, em geral, bem posteriormente à sua implementação prática, constituem-se, por um lado, em sinal eloquente da vitalidade e da inteligência do operador econômico – a merecer, indiscutivelmente, tutela jurídica –, de outro lado hão de ser controlados de modo a responderem, não às pressões do mercado, mas aos princípios e valores do sistema civil-constitucional.

PROBLEMAS PRÁTICOS

1. Pode o juiz, ao julgar determinado caso, reconhecer a existência de um direito real que não tenha previsão legal?
2. Sustenta-se, na ordem constitucional, a identificação do direito real enquanto poder absoluto e imediato conferido ao titular, associado a um dever geral de abstenção?

Acesse o *QR Code* e veja a Casoteca.

> *https://uqr.to/1pc8a*

---

pretendeu, no regime jurídico revolucionário, franquear o tráfego jurídico, fomentando a celebração de negócios criados pelas partes e com força de lei entre elas, expressão da filosofia individualista cujo consectário lógico, do ponto de vista histórico (embora possa parecer contraditório nos dias de hoje), era justamente a supressão dos ônus que gravavam os imóveis, impedindo sua livre circulação. A propriedade, como expressão da inteligência e liberdade humana, não comportava vínculos impostos plurilateralmente pelos diversos centros de poder".

Capítulo II

POSSE: CONCEITO, CONFIGURAÇÃO E FUNDAMENTOS

SUMÁRIO: 1. Conceito – 2. Natureza – 3. Elementos – 4. Configuração da posse no direito brasileiro – 5. Detenção – 6. Transformação da detenção em posse – 7. Objeto – 8. Fundamentos da tutela possessória – Problemas práticos.

1. CONCEITO

Na base da posse encontra-se a ideia de uma situação de fato, em que se reconhece o exercício autônomo de alguma das faculdades inerentes ao domínio. Assim ocorre em relação ao dono que utiliza o que é seu; ao terceiro (usufrutuário, locatário, comodatário etc.) autorizado a fruir coisa alheia; ou a quem se incumbiu o dever de zelar por sua conservação (depositário); e ainda em relação àquele que se apropriou da coisa injustamente, contra a vontade do proprietário. <small>Situação de fato</small>

Em toda posse há, portanto, uma coisa e uma vontade, que se traduz no exercício de poder de fato, protegido pela ordem jurídica independentemente do título que o possuidor tenha sobre a coisa. Assim é que até mesmo o ladrão, desprovido de qualquer título, pode valer-se das ações possessórias para defender a sua posse das agressões de terceiros.

No entanto, nem todo estado de fato corresponde à posse, pois em alguns casos não passa de mera *detenção*, à qual a ordem jurídica não estende a proteção jurídica privativa da posse. Da conceituação da posse advêm intermináveis controvérsias. De uma parte, indaga-se se a posse se afigura como direito ou mero fato. De outra, disputam-se os elementos que permitem caracterizar a posse e extremá-la da detenção. Mas, de todos os dissensos o maior diz respeito à razão que leva o legislador a con- <small>Posse e detenção</small>

ferir à posse tutela autônoma, capaz de se sobrepor, por vezes, ao interesse do proprietário. De tais problemas essenciais ocupa-se o presente capítulo.

2. NATUREZA

Posse como fato ou direito

Desde o Direito Romano, não chegam os juristas a consenso quanto à natureza da posse, que para alguns constitui simples estado de fato ao passo que outros a consideram um direito.[1] As fontes romanas são, nesse tocante, imprecisas, referindo-se ora a um fato, ora a um direito, ora a um fato e um direito simultaneamente.[2]

No direito moderno, a controvérsia não se dissipou, dividindo-se os autores em três correntes. Entre os fautores da primeira, mencione-se Windscheid, para quem a posse é um fato.[3] Do lado oposto, situa-se Jhering, que, a partir de sua consagrada definição de direito subjetivo, como interesse juridicamente tutelado, sustenta que a posse traduz interesse protegido juridicamente por meio dos interditos possessórios. Tratar-se-ia, pois, de um direito.[4]

Posse como fato e direito

Enfim, há quem identifique na posse tanto um fato como um direito. Nessa direção, Savigny afirma que a posse, em sua origem, é um fato, mas por suas consequências, assemelha-se a um direito.[5] A construção de Savigny impressiona por sua atualidade ainda nos dias de hoje. Na dicção do artigo 1.196 do Código Civil, a posse é definida como *exercício de fato*, de modo que, independentemente do título que a pessoa tenha sobre a coisa, o mero exercício de qualquer das faculdades inerentes ao domínio configura a posse. Já em relação aos efeitos que produz, a posse traduz-se como direito. Isso porque o possuidor tem legitimidade para defender diretamente sua posse contra quem quer que o ameace (CC, art. 1.210) e recuperá-la por meio de ação própria (CPC, arts. 554 a 568). Além disso, tratando-se de posse de boa-fé (CC, art. 1.214), tem direito aos frutos percebidos, caso o titular do direito real reivindique a coisa. Diga-se ainda que, assim como o faz em relação ao direito de propriedade, o Código disciplina a transmissão da posse por ato *inter vivos* e *causa mortis* (CC, arts. 1.206 e 1.207).

A arguta construção, todavia, em seus efeitos práticos, não difere substancialmente da formulação de Jhering, segundo o qual, como visto, a posse configura

---

[1] V. Ebert Chamoun, *Instituições de Direito Romano*, Rio de Janeiro: Forense, 1951, p. 220.

[2] V. Caio Mário da Silva Pereira, *Instituições de Direito Civil*, vol. IV, Rio de Janeiro: Forense, 2016, 24ª ed., pp. 19-20.

[3] Bernhard Windscheid, *Diritto delle pandette* (trad. italiana de C. Fadda e P. E. Bensa), vol. I, 2ª parte, Torino: UTET, 1925, p. 44. Na doutrina pátria, cf. Eduardo Espínola, *Posse: Propriedade, Compropriedade ou Condomínio, Direitos Autorais*, Campinas: Bookseller, 2002, p. 24; e Pontes de Miranda, *Tratado de Direito Privado*, t. 10, São Paulo: Revista dos Tribunais, 1983, 4ª ed., pp. 5-7.

[4] Na lição de Rudolf von Jhering: "Se se parte desta definição: 'os direitos são os interesses juridicamente protegidos', não pode haver a menor dúvida de que é necessário reconhecer o caráter de direito à posse" (Rudolf von Jhering, Teoria Simplificada da Posse. In: *Clássicos do Direito Brasileiro*, vol. VI, São Paulo: Saraiva, 1986, p. 96).

[5] F. C. von Savigny, *Traité de la Possession en Droit Romain*, Paris: Auguste-Durand Libraire Editeur, 1866, p. 25.

interesse juridicamente protegido. Nas palavras do jurista, "se a posse como tal não fosse protegida, não constituiria, na verdade, senão uma relação de puro fato sobre a coisa; mas, desde o momento em que é protegida, reveste o caráter de relação jurídica, o que vale tanto como direito".[6]

Abre-se caminho, assim, ao reconhecimento de que, no direito brasileiro, a posse ostenta dupla natureza, como situação a um só tempo fática e jurídica. Com efeito, a posse manifesta-se como situação fática, aparência do domínio, sendo protegida, contudo, pelo ordenamento jurídico como direito subjetivo.[7]

Caracterizada a posse como direito, discute-se então a natureza real ou pessoal do direito possessório. Na construção de Jhering, a posse foi concebida como direito real, a significar "uma relação imediata da pessoa com a coisa".[8] Savigny, por sua vez, defende que o direito possessório é pessoal, mas com isso pretendeu dizer que o seu fundamento é a proteção da *pessoa* do possuidor contra a violência do esbulhador. Desta feita, emprega o termo *pessoal* em acepção diversa daquela adotada no direito das obrigações, que designa o direito do credor de exigir a prestação *pessoal* do devedor.[9]

Posse como direito real ou pessoal

No direito pátrio, predomina o entendimento da posse como direito real. Argumenta-se nessa direção que, tal como os demais direitos reais, a posse é exercida sem intermediários, atribuindo ao titular poder direto e imediato sobre a coisa, que todos devem respeitar.[10] O fato de não estar prevista na enumeração de direitos reais contida no artigo 1.225 do Código Civil não impede a sua caracterização como direito real, já que o requisito da taxatividade exige previsão legal, mas não necessariamente a inclusão no mencionado dispositivo. Basta, para tanto, a identificação no regime legal da posse das características de uma situação subjetiva real.[11]

Posição do direito brasileiro

Contra tal entendimento, argumenta-se, todavia, que a posse não se reveste das notas típicas dos direitos reais.[12] Falta-lhe a sequela, visto que o possuidor não tem

Crítica à opinião predominante

---

[6]   Rudolf von Jhering, Teoria Simplificada da Posse. In: *Clássicos do Direito Brasileiro*, vol. VI, cit., p. 96.

[7]   Cf. nessa direção San Tiago Dantas, *Programa de Direito Civil: Direito das Coisas*, vol. III, Rio de Janeiro: Rio, 1979, p. 22; Caio Mário da Silva Pereira, *Instituições de Direito Civil*, vol. IV, cit., pp. 20-21; e Rubens Limongi França, *A Posse no Código Civil: Noções Fundamentais*, São Paulo: José Bushatsky, 1964, pp. 19-20. Antes mesmo da vigência do Código Civil de 1916, assim já sustentava Lafayette Rodrigues Pereira, *Direito das Coisas*, vol. I, Rio de Janeiro: Rio, 1977, pp. 39-40.

[8]   Rudolf von Jhering, Teoria Simplificada da Posse. In: *Clássicos do Direito Brasileiro*, vol. VI, cit., p. 81.

[9]   É a advertência que faz Darcy Bessone, *Direitos Reais*, São Paulo: Saraiva, 1988, p. 463.

[10]   V. Orlando Gomes, *Direitos Reais*, Rio de Janeiro: Forense, 2008, 19ª ed., p. 43. Também defendem a natureza real do direito possessório, entre outros, Caio Mário da Silva Pereira, *Instituições de Direito Civil*, vol. IV, cit., p. 22; San Tiago Dantas, *Programa de Direito Civil: Direito das Coisas*, vol. III, cit., pp. 22-23; Miguel Maria de Serpa Lopes, *Curso de Direito Civil: Direito das Coisas*, vol. VI, Rio de Janeiro: Freitas Bastos, 2001, 5ª ed., p. 45; Marco Aurélio Bezerra de Mello, *Direito das Coisas*, Rio de Janeiro: Lumen Juris, 2008, 2ª ed., p. 30. Em sentido diverso, contudo, v. Darcy Bessone, *Da Posse*, São Paulo: Saraiva, 1996, pp. 18 e 20.

[11]   V. Miguel Maria de Serpa Lopes, *Curso de Direito Civil: Direito das Coisas*, vol. VI, cit., p. 45.

[12]   V. Luiz Edson Fachin, *A Função Social e a Propriedade Contemporânea: Uma Perspectiva da Usucapião Imobiliária Rural*, Porto Alegre: Fabris, 1988, p. 45.

ação contra o terceiro senão mediante a prova de que este recebeu a coisa sabendo que era proveniente de esbulho (CC, art. 1.212). Cuida-se, portanto, de pretensão condicionada à prova da má-fé do terceiro, que, desse modo, difere da tutela usualmente assegurada aos direitos reais, que, sendo dotados de sequela, autorizam o respectivo titular a perseguir a coisa independentemente da boa ou má-fé do terceiro.

Também se objeta ao entendimento predominante que as limitações reais à propriedade sobre bem imóvel, pelo sistema adotado pela Lei de Registros Públicos (Lei n. 6.015, de 31 de dezembro de 1973), devem estar todas inscritas à margem da respectiva matrícula. Logo, sem previsão legal para o seu registro, não poderia ser a posse considerada direito real.[13]

A discussão, a rigor, perde substância com a superação, aludida anteriormente (v. Capítulo I), da contraposição entre as categorias de direito real e obrigacional. A posse constitui-se como situação de fato, suscita a proteção jurídica como direito autônomo de seu titular e se exerce direta e imediatamente sobre a coisa, embora, por sua origem fática, faltem-lhe alguns atributos próprios dos direitos reais. Tais circunstâncias conferem à posse posição autônoma e *sui generis*. O mais importante, na atualidade, parece ser não tanto a inclusão da posse no rol dos direitos reais ou obrigacionais, senão sua fundamentação do ponto de vista funcional, o que lhe assegura legitimidade como direito patrimonial, voltado para a promoção da dignidade da pessoa humana e de interesses existenciais e sociais constitucionalmente tutelados.

3. ELEMENTOS

A ausência de consenso quanto ao conceito e aos elementos integrantes da posse, provavelmente, decorre da diversidade de tais categorias nas diversas épocas e respectivas fontes do direito romano. De fato, a disciplina da posse alterou-se profundamente em mais de mil anos de direito romano,[14] de modo que os romanistas, conforme o período histórico investigado, chegam a posições diversas – e até mesmo inconciliáveis – sobre a natureza e a configuração da posse.

Autonomia
da posse

O único ponto em comum nas diversas etapas e fontes do direito romano parece consistir na ausência de similitude entre as noções de posse e de propriedade: *nihil commune habet proprietas cum possessione*, eis a dicção do Digesto, repisada em outro passo: *separata esse debet possessio a proprietate*. Porém, se é certo que não se discute a autonomia conceitual da posse com relação à propriedade,[15] o debate a respeito de

---

[13] V. Darcy Bessone, *Da Posse*, São Paulo: Saraiva, 1996, pp. 18 e 20.

[14] Como ressaltado por San Tiago Dantas, chegaria a ser absurdo imaginar que o conceito de posse tenha se mantido imutável em mil anos de história do direito romano. O autor divide em três fases principais o estudo da posse no Direito Romano: a fase pré-clássica, a fase clássica, e a pós-clássica (San Tiago Dantas, *Programa de Direito Civil: Direito das Coisas*, vol. III, cit., pp. 36 e 38).

[15] Cf., sobre o tema, Gustavo Tepedino; Danielle Tavares Peçanha, A autonomia da posse no Código Civil. In: Heloisa Helena Barboza (coord.), *20 anos do Código Civil*: perspectivas presentes e futuras, Rio de Janeiro: Processo, 2022, pp. 331-360.

seus elementos configuradores se mostra extremamente controvertido, dando alento ao vibrante embate entre as diversas teorias possessórias.

A principal dificuldade conceitual, da qual surgem intermináveis disputas, liga-se à distinção entre posse e detenção. Ambas as figuras designam o estado de fato no qual se identifica o exercício de um poder de fato sobre a coisa. No entanto, a ordem jurídica diferencia o detentor do possuidor, conferindo, apenas ao último, a tutela possessória. Em termos simplificados, o debate pode ser reconduzido a duas grandes correntes doutrinárias. De um lado, encontram-se as teorias subjetivistas e, de outro, as objetivas da posse.

Disputa sobre o conceito de posse

A doutrina subjetiva mais conhecida é aquela exposta por Savigny. De acordo com o jurista, em toda posse há dois elementos: um objetivo, chamado de *corpus*, e outro subjetivo. O *corpus* traduz a detenção material da coisa, a possibilidade real e imediata de dispor fisicamente da coisa, e de defendê-la contra agressões de terceiros.[16] Já o elemento subjetivo corresponde à intenção do possuidor de ser dono da coisa (*animus domini* ou *animus sibi habendi* ou ainda *animus rem sibi habendi*),[17] ainda que não tenha a convicção de ser efetivamente o proprietário (*opinio domini*). O ladrão, por exemplo, tem o *animus*, mesmo ciente de não ser o proprietário.

Teorias subjetivistas

A doutrina de Savigny procura distinguir a posse da mera detenção com base em critério psíquico, exigindo do possuidor a intenção de ser dono do bem. Dessa forma, reputa-se detentora a pessoa que guarda a coisa em seu poder, mas sem a intenção de apropriar-se dela. No entanto, tal tentativa se depara com a dificuldade de justificar o porquê da extensão da proteção possessória a certas pessoas que não almejam ter a coisa como proprietárias. Já no Direito Romano, o sequestrário, o precarista e o credor pignoratício eram considerados possuidores, muito embora não conservassem a coisa com a intenção de apropriá-la. Savigny procura superar o embaraço, sustentando a existência, nessas hipóteses, da posse derivada excepcional, transferida por livre disposição do proprietário ao possuidor. Na posse derivada, o elemento subjetivo já não seria o habitual *animus domini*, mas, antes disso, o *animus possidendi*. Ou seja, a intenção do possuidor derivado não seria *sibi habendi*, mas *possidendi*, vez que não teria o ânimo de possuir a coisa como seu proprietário.[18]

A verdade é que Savigny não resolveu por completo a questão, já que não explica por que figuras relevantes, como o locatário e o usufrutuário, eram, no direito romano, consideradas detentoras, e não possuidores derivados. Além disso, o autor se afasta de suas premissas fundamentais ao não mais exigir o *animus domini* para a caracterização da posse.

Como mencionado, às teorias subjetivas contrapõem-se as concepções objetivas da posse, cuja maior expoente é Jhering. O jurista também identifica, na posse, um

Teorias objetivistas

---

16   José Carlos Moreira Alves, *Direito Romano*, vol. I, São Paulo: Borsoi, 1969, 2ª ed., p. 290.
17   F. C. von Savigny, *Traité de la Possession en Droit Romain*, cit., §§ 20º e 49º, pp. 221-222 e 476-481.
18   V. San Tiago Dantas, *Programa de Direito Civil: Direito das Coisas*, vol. III, cit., p. 32.

elemento objetivo, o *corpus*, e um subjetivo, ligado à vontade do possuidor, porém afasta-se das ideias de Savigny na maneira de conceber ambos os elementos.

Em relação ao *corpus*, Jhering julga que a doutrina de Savigny privilegia excessivamente o poder físico da pessoa em detrimento das demais formas de aproveitamento econômico da coisa.[19] Em seu lugar, propõe que o chamado *corpus* seja identificado a partir de sinais exteriores pelos quais se ateste que a coisa, onde se encontra, cumpre sua destinação econômica, o que pode (ou não) implicar a sua apreensão material. Conclui, portanto, que "a posse não é o poder físico, mas a exteriorização da propriedade".[20]

Posse e destinação econômica

Jhering ilustra o raciocínio com o gado que anda solto no pasto. O produtor rural é possuidor dos animais, posto que não exerça poder físico sobre eles. A isso Caio Mário da Silva Pereira acrescenta que "um homem que deixa um livro num terreno baldio, não tem a sua posse, porque ali o livro não preenche a sua finalidade econômica. Mas aquele que manda despejar adubo em um campo destinado à cultura tem-lhe a posse, porque ali cumprirá o seu destino. Se o caçador encontra em poder de outrem a armadilha que deixou no bosque, pode acusá-lo de furto, porque mesmo de longe, sem o poder físico, conserva a sua posse; mas se encontra em mãos alheias a sua cigarreira deixada no mesmo bosque, não poderá manter a acusação, porque não é ali o seu lugar adequado, por não ser onde cumpre a sua destinação econômica."[21]

Causa *possessionis* e causa *detentionis*

Quanto ao *animus domini*, Jhering dirige critica ainda mais áspera à doutrina de Savigny. Afirma, em primeiro lugar, que nunca se exigiu do possuidor a prova de seu *animus* para manejar o interdito adequado: quando esbulhado em sua coisa, basta provar que a tinha consigo para obter a tutela possessória. O *animus*, portanto, afigura-se ocioso para a compreensão da posse. Para a distinção entre posse e detenção, segundo sustenta Jhering, faz-se necessário, ao reverso, uma análise da "disposição legal que, conforme a diversidade da relação (*causa possessionis*), faz nascer ora a posse, ora a detenção ou a apreensão".[22] Quando indefere a proteção possessória, o juiz o faz porque o adversário, contestando, demonstra que o autor tem a coisa em virtude de uma causa jurídica que impede a caracterização da posse (*causa detentionis*), e não em razão da falta de *animus domini*.[23]

Jhering não exclui a vontade como elemento da posse. Esta é concebida como querer a coisa para si – chamada de *affectio tenendi*. Mas adverte o jurista que a vontade do possuidor é igual à do detentor e, por isso, deixa de ter qualquer influência na

---

[19]   Rudolf von Jhering, Teoria Simplificada da Posse. In: *Clássicos do Direito Brasileiro*, vol. VI, cit., p. 107.

[20]   Rudolf von Jhering, Teoria Simplificada da Posse. In: *Clássicos do Direito Brasileiro*, vol. VI, cit., p. 107.

[21]   Caio Mário da Silva Pereira, *Instituições de Direito Civil*, vol. IV, cit., p. 21.

[22]   Rudolf von Jhering, Teoria Simplificada da Posse. In: *Clássicos do Direito Brasileiro*, vol. VI, cit., pp. 105-106.

[23]   San Tiago Dantas, *Programa de Direito Civil: Direito das Coisas*, vol. III, cit., pp. 33-34.

diferenciação das duas figuras.[24] O que importa, para esse fim, é a identificação dos casos em que o legislador nega ao sujeito a proteção possessória, desnaturando-se a posse em mera detenção.

Vê-se, por conseguinte, que tanto pelas teorias subjetivas como pelas objetivas, o simples contato do homem com a coisa não basta para configurar a posse, já que se exige sempre, para esse efeito, a concorrência de vontade do possuidor com relação à coisa. A diferença primordial reside, contudo, no modo pelo qual se distingue a posse da simples detenção. Enquanto para as primeiras, possuidor e detentor se diferenciam em virtude de cultivarem diversa intenção em relação à coisa apropriada, para as segundas é a lei que traça os limites entre as duas figuras, sendo detentor aquele que, a despeito de querer a coisa para si, se encontra legalmente impedido de possuí-la e, consequentemente, de receber a tutela possessória. Em última análise, a teoria de Jhering é chamada de objetiva por vincular a distinção entre a posse e a detenção a critérios de conveniência legislativa, não já a elemento psíquico.

4. CONFIGURAÇÃO DA POSSE NO DIREITO BRASILEIRO

No direito brasileiro contemporâneo, não se discute a influência decisiva que a doutrina de Jhering exerceu sobre a disciplina legal da posse. Antes da entrada em vigor do Código Civil de 1916, alguns autores sustentavam a adoção da teoria subjetiva pelo ordenamento pátrio.[25] No entanto, os inconvenientes práticos dessa teoria eram evidentes, pois, ao exigir o *animus sibi habendi* para a configuração da posse, não admitia o fenômeno do desdobramento da posse, o qual, todavia, revelou-se de grande importância na economia moderna para o melhor aproveitamento dos bens. Além disso, conduzia à indesejável consequência de considerar como simples detentores, privados da tutela possessória, o locatário, o comodatário e o depositário, os quais, para remediar a turbação ou esbulho na posse da coisa, precisariam recorrer ao verdadeiro proprietário para que este, na qualidade de possuidor, tomasse as providências adequadas.[26]

Influência da doutrina de Jhering

Depois da entrada em vigor do Código Civil de 1916, sustentou-se que o direito brasileiro havia, definitivamente, incorporado a doutrina objetiva, a exemplo do Código Civil alemão (BGB).[27] O Código Civil de 2002 manteve a mesma orientação, seguindo de perto a lição de Jhering ao considerar possuidor "todo aquele que tem de fato o exercício, pleno ou não, de algum dos poderes inerentes à propriedade" (CC, art. 1.196).

---

[24] V. Fernando Luso Soares, Ensaio sobre a Posse. In: Manuel Rodrigues, *A Posse: Estudo de Direito Civil Português*, Coimbra: Almedina, 1996, 4ª ed., p. 74.

[25] V. Lafayette Rodrigues Pereira, *Direito das Coisas*, vol. I, cit., p. 36.

[26] V., sobre o ponto, Orlando Gomes, *Direitos Reais*, cit., pp. 33, 41, 60 e 61.

[27] O próprio autor do projeto do Código Civil destaca que "o Código Civil brasileiro foi o primeiro a consagrar, inteira e francamente, a doutrina de Jhering sobre a posse" (Clovis Bevilaqua, *Código Civil dos Estados Unidos do Brasil Comentado*, vol. III, Rio de Janeiro: Paulo de Azevedo, 1958, 11ª ed., p. 5).

Vale pôr em destaque o emprego, pelo legislador, da expressão "tem de fato o exercício". Vê-se que o codificador se fez deliberadamente redundante, já que todo exercício de direito traduz situação fática, suficiente a expressar a posse. Pretendeu o Código, todavia, ressaltar o aspecto factual em que se revela a posse: a situação meramente de fato, em que se constitui o exercício de qualquer uma das faculdades do domínio, que a ordem jurídica protege independentemente do título que o possuidor tenha sobre a coisa.

A doutrina de Jhering também se faz sentir no modo pelo qual o Código Civil concebe a detenção. Sem qualquer referência à ausência de *animus domini*, o artigo 1.198 estabelece, em termos objetivos, que detentor é "aquele que, achando-se em relação de dependência para com outro, conserva a posse em nome deste e em cumprimento de ordens ou instruções suas." Cuida-se de definição que segue de perto a proposta de Jhering acima examinada, no sentido de distinguir o detentor do possuidor com base na relação jurídica (*causa possessionis*) que dá origem ao estado de submissão da coisa ao poder da pessoa.

Por tais circunstâncias, pode-se dizer que a doutrina objetiva de Jhering permanece a principal referência teórica para a configuração da posse no direito brasileiro, muito embora a constitucionalização do direito civil tenha tornado imperiosa a tarefa de reler a dogmática da posse à luz dos valores existenciais e sociais consagrados na Constituição da República. Abre-se, assim, caminho para a investigação de novos fundamentos teóricos para a compreensão do instituto, afinados com o momento histórico experimentado pelo direito pátrio.

5. DETENÇÃO

Conceito de detenção

Na esteira do já mencionado artigo 1.198 do Código Civil, define-se o detentor como aquele que "em razão de dependência relativamente a outra pessoa, exerce sobre a coisa, não um poder próprio, mas o poder de fato dessa outra pessoa".[28] Desse modo, se alguém exerce poder sobre a coisa em nome de terceiro, em razão de relação jurídica de dependência, torna-se instrumento da posse alheia, isto é, detentor da coisa.

O detentor encontra-se a serviço da posse de outra pessoa, segue suas ordens e, por essa razão, é chamado de *criado* ou *fâmulo da posse*. Exemplos de detentor são o empregado que conserva sob sua custódia e guarda os objetos do patrão; o mandatário que recebe a coisa do mandante para entregá-la a outra pessoa; o operário que recebe do dono da obra os materiais necessários para prestar determinado serviço.[29] Vale lembrar, ainda, o caseiro que cuida da casa de verão do proprietário, o motorista em relação ao veículo que dirige, e a bibliotecária em relação aos livros.[30] Em todos

---

[28] Astolpho Rezende, *A Posse e a sua Proteção*, São Paulo: Lejus, 2000, 2ª ed., p. 139.

[29] Clovis Bevilaqua, *Código Civil dos Estados Unidos do Brasil Comentado*, vol. III, cit., p. 11.

[30] Silvio Rodrigues, *Direito Civil: Direito das Coisas*, vol. V, São Paulo: Saraiva, 2007, 28ª ed., p. 23.

esses casos, uma vez identificada a relação de dependência com o legítimo possuidor, configura-se a detenção.

A distinção entre posse e detenção tem relevantes efeitos práticos, visto que o detentor não tem direito aos interditos possessórios. Além disso, somente ao possuidor se reconhece a possibilidade de adquirir a propriedade da coisa por meio da usucapião. Com efeito, o detentor, por agir em nome alheio, convive com a posse do proprietário, que, dando ordens, exerce os poderes inerentes ao domínio, decidindo acerca do destino do bem. Por isso, o detentor, sendo necessariamente desprovido de posse, não adquire o domínio por usucapião, para a qual é indispensável posse ininterrupta e contínua em nome próprio.

Discute-se, ademais, se o detentor poderia utilizar o desforço imediato (art. 1.210) em nome do possuidor. A despeito da ausência de previsão legal, tem-se acolhido a solução positiva.[31] Argumenta-se, a seu favor, que, não sendo o desforço efeito propriamente da posse, mas consequência do princípio da legítima defesa, poderia ser exercido pelo detentor.[32] Além disso, em apoio a esse ponto de vista, aduz-se que o direito de autoproteção do detentor, em relação às coisas confiadas ao seu cuidado, decorre do dever de vigilância.[33] Nessa direção, o Enunciado n. 493 da V Jornada de Direito Civil do CJF (2011) aduz que "o detentor (art. 1.198 do Código Civil) pode, no interesse do possuidor, exercer a autodefesa do bem sob seu poder".

6. TRANSFORMAÇÃO DA DETENÇÃO EM POSSE

A detenção pode se transformar em posse se o detentor deixar de seguir ordens e instruções do legítimo possuidor, exteriorizando, de forma efetiva, poderes sobre a coisa em nome próprio. Nessa direção, assim dispõe o Enunciado n. 301 da IV Jornada de Direito Civil do CJF (2006): "É possível a conversão da detenção em posse, desde que rompida a subordinação, na hipótese de exercício em nome próprio dos atos possessórios".

A questão revela-se de especial importância para a configuração da usucapião, pois, como visto, esse modo de aquisição do domínio contempla tão só o possuidor. Estabelecida a detenção, e enquanto esta se mantiver como tal delineada, não há que se falar em usucapião, da qual só se pode cogitar caso o detentor se torne possuidor (em nome próprio), ao arrepio da vontade do proprietário. Nesse caso, doutrina e jurisprudência admitem, a partir do momento em que o detentor deixa de deter para

---

[31] V., sobre o tema, Orlando Gomes, *Direitos Reais*, cit., pp. 47-48.

[32] V. Lafayette Rodrigues Pereira, *Direito das Coisas*, vol. I, cit., p. 94; e ainda Arnaldo Rizzardo, *Direito das Coisas*, Rio de Janeiro: Forense, 2006, 2ª ed., p. 100.

[33] V. nessa direção Caio Mário da Silva Pereira, *Instituições de Direito Civil*, vol. IV, cit., p. 22. Contra tal posicionamento, sustenta-se que, como exceção ao princípio da apreciação da lesão ou ameaça aos direitos subjetivos pelo Poder Judiciário (CF, art. 5º, XXXV), o desforço imediato deve ser interpretado de forma estrita. Se o instituto do desforço *incontinenti* é concedido somente ao possuidor, não fazendo a lei referência ao detentor, aquele que exerce mera detenção não poderia defender a posse de outrem pela própria força. V., nesse sentido, Tito Fulgêncio, *Da Posse e das Ações Possessórias*, vol. I, Rio de Janeiro: Forense, 1994, 8ª ed., p. 145.

outrem e se torna, ele próprio, possuidor, a contagem do prazo para usucapião: "Mutação da natureza jurídica da posse originária. (...) nada impede que o caráter originário da posse se modifique, (...) a partir de um determinado momento, essa mesma mudou de natureza e assumiu a feição de posse em nome próprio, sem subordinação ao antigo dono e, por isso mesmo, com força *ad usucapionem*".[34]

Distribuição da carga probatória

No entanto, inúmeras dificuldades se afiguram no que concerne à comprovação da transmutação da detenção em posse. A esse respeito, o parágrafo único do artigo 1.198 do Código Civil estabelece a presunção de que, começando a comportar-se como detentor, o sujeito conserva esta qualidade por todo o período em que mantiver a coisa, até que prove o contrário. Desse modo, basta ao autor, que pretenda excluir o detentor, provar que a coisa fora confiada ao réu a título de detenção para que, a partir daí, se presuma que o vínculo não se alterou posteriormente. A presunção poderá, então, ser afastada, caso o detentor comprove que passou a exercer, de fato e com autonomia, poder sobre a coisa.

A propósito, em matéria possessória, o Código Civil estabelece o seguinte sistema probatório. A princípio, a posse presume-se exercida em nome próprio. Entretanto, diante da prova da detenção decorrente do comportamento de quem, ao menos inicialmente, porta-se como detentor, agindo, pois, em nome, sob as ordens e instruções de outrem, presume-se que tal situação fática se mantenha inalterada ao longo do tempo. Cabe então ao detentor provar que deixou de sê-lo e que, a partir de certo momento, por circunstâncias fáticas irretorquíveis, transformou-se em possuidor em nome próprio.

Sublinhe-se que, para a conversão da detenção em posse, não basta a simples alegação por parte do detentor, uma vez que não lhe é dado alterar, por sua exclusiva vontade, a índole da sua relação com a coisa.[35] Somente atos objetivos e exteriores,

---

[34]   STJ, 4ª T., REsp. 154.733/DF, Rel. Min. César Asfor Rocha, julg. 5.12.2000, publ. *DJ* 19.3.2001. No mesmo sentido: "Desde quando se desligou da instituição recorrida, rompendo sua subordinação e convertendo a sua detenção em posse, fez-se possível, em tese, a contagem do prazo para fins da usucapião – diante da mudança da natureza jurídica de sua apreensão." (STJ, 4ª T., REsp 1.188.937/RS, Rel. Min. Luis Felipe Salomão, julg. 11.3.2014, publ. *DJe* 2.4.2014).

[35]   "Usucapião de bem móvel. Automóvel deixado na oficina para conserto pelo proprietário, nunca mais retornando. Mecânico (Autor) efetivou os reparos no veículo e quitou os impostos pendentes. Situação que representa mera detenção da coisa. Exegese do artigo 1.198 do Código Civil. *Inviável uma mera detenção se transformar em posse ad usucapionem por vontade do detentor*. Prova testemunhal colhida nos autos revela que o Agravante jamais se comportou como se fosse dono da coisa. Pagamento dos impostos incidentes sobre o automóvel que se ultimou pouco antes da propositura. Não demonstrada a posse sobre o bem, o Usucapião postulado carece de amparo legal" (TJRJ, 4ª C.C., Ap. Cív. 200600162405, Rel. Des. Reinaldo P. Alberto Filho, julg. 9.1.2007, grifou-se). Na mesma direção: "1. Inexiste animus domini daquele que ingressa no imóvel por força de relação de emprego, cujo vínculo com o imóvel é de mero fâmulo da posse. 2. Manutenção do caráter inicial da detenção, salvo prova da inversão do título da posse, não demonstrada no caso. 3. Impossibilidade da mera detenção se transformar em posse ad usucapionem, tão somente, pela vontade do detentor" (TJRJ, 15ª C.C., Ap. Cív. 0002018-59.2014.8.19.0014, Rel. Des. Gilberto Clóvis Farias Matos, julg. 9.10.2018, publ. *DJ* 11.10.2018); TJSP, 19ª Câm. Dir. Priv., Ap. Cív. 1001337-79.2020.8.26.0495, Rel. Des. Nuncio Theophilo Neto, julg. 18.7.2023, publ. *DJe* 18.7.2023; e TJMT, 2ª Câm. Dir. Priv.,

em oposição ao direito do antigo possuidor, caracterizam a transformação do título de aproveitamento da coisa, que deixará de ser detenção para se transmutar em posse.

7. OBJETO

Admitia-se, inicialmente, no Direito Romano, que a posse tivesse por objeto somente coisas corpóreas.[36] Em seguida, estendeu-se a proteção possessória ao exercício dos direitos de uso, usufruto, habitação e, ainda, às servidões de passagem e águas. Denominou-se a posse desses direitos de *possessio iuris* ou *quasi possessio* (quase posse).[37] No Direito Canônico, ampliou-se novamente o instituto da posse para alguns direitos da jurisdição eclesiástica ligados ao solo. Desse modo, a expulsão do bispo em relação à sua diocese caracterizaria esbulho não apenas do solo e dos bens, mas da jurisdição episcopal.[38]

Evolução histórica

Na Modernidade, utilizou-se essa analogia para se estender a todos os direitos patrimoniais, inclusive aos obrigacionais, a proteção possessória. Discutia-se, com efeito, à época da promulgação do Código Civil de 1916, se a posse poderia ter por objeto direitos pessoais.[39] Fundava-se a tese da posse dos direitos pessoais no artigo 485 do Código Civil de 1916, segundo o qual "considera-se possuidor todo aquele que tem de fato o exercício, pleno, ou não, de alguns dos poderes inerentes ao *domínio, ou propriedade*". Entendia-se que as palavras propriedade e domínio não poderiam ser tidas como sinônimas. Propriedade significaria o conjunto dos direitos reais e pessoais. Logo, a lei, ao estender a posse a todos os bens que fazem parte do patrimônio, estaria determinando que os direitos pessoais seriam protegidos, também, por ações possessórias.

Doutrina da posse de direitos pessoais

Na época, tal construção se relevou utilíssima, uma vez que permitia o manejo das ações possessórias em defesa dos chamados direitos subjetivos públicos em face do Poder Executivo, os quais não contavam então com remédio processual apropriado. Atualmente, contudo, com o desenvolvimento do mandado de segurança, remédio constitucional mais adequado para esse tipo de demanda (CF/1988, art. 5º, LXIX), bem como de uma série de medidas cautelares específicas e inominadas, a tese da

---

  Ap. Cív. 0001137-29.2005.8.11.0044, Rel. Des. Clarice Claudino da Silva, julg. 16.3.2016, publ. *DJe* 21.3.2016.

[36] Diziam os jurisconsultos: *possideri autem possunt quae sunt corporalia* – "podem possuir-se as coisas que são corpóreas" – e *nec possideri intelligitur ius incorporale* – "nem se compreende que se possua um direito" (Digesto, Liv. XLI, Tít. 2, fr. 3, traduzido por José Carlos Moreira Alves, *Direito Romano*, vol. 1, São Paulo: Borsoi, 1969, 2ª ed., pp. 296-297).

[37] Ebert Chamoun registra que, na época pós-clássica, admitia-se o exercício do usufruto, uso, habitação e servidões no âmbito da posse. Assim, surge a noção de *quasi possessio* para explicar a posse de tais direitos (Ebert Chamoun, *Instituições de Direito Romano*, cit., p. 228).

[38] V. Lafayette Rodrigues Pereira, *Direito das Coisas*, vol. I, cit., p. 75.

[39] Antes mesmo do Código Civil de 1916, Ruy Barbosa foi o precursor da proteção possessória dos direitos pessoais, tendo sustentado a tese na ação célebre que patrocinou em defesa de professores da Escola Politécnica do Rio de Janeiro, suspensos por ato do presidente da República, em 1896. V. Rui Barbosa, *Posse dos Direitos Pessoais*, Rio de Janeiro: Olympio de Campos, 1900.

posse dos direitos pessoais emprego das ações possessórias já não desperta o interesse prático que outrora lhe foi reconhecido.[40]

Crítica à posse de direitos pessoais

A tese, de outra parte, foi alvo de críticas doutrinárias contundentes, que destacaram a artificialidade da distinção entre propriedade e domínio, bem como a incongruência ínsita à concepção da posse sobre direitos pessoais.[41] Nessa direção, objetou-se que, sendo a posse o exercício de uma das faculdades do domínio, somente poderia incidir nos bens jurídicos passíveis de serem objeto da propriedade, entre os quais não se incluem os direitos pessoais.[42] A construção, a rigor, parece confundir a posse com o exercício de qualquer direito subjetivo, embora, tecnicamente, se restrinja ao exercício de uma das faculdades inerentes ao domínio. Desta feita, como já se observou, "não pode possuir-se, por exemplo, um direito de crédito, embora se aja por forma correspondente ao exercício deste direito, cobrando-se juros, concedendo-se moratórias, usando-se os meios preventivos da violação do direito à prestação".[43]

Superação da posse de direitos

A doutrina e jurisprudência acabaram, portanto, por afastar a posse dos direitos pessoais, entendimento este que parece ter sido acolhido pelo Código Civil.[44] Assim, o artigo 1.196 considera possuidor aquele que exerce de fato os poderes inerentes à propriedade, e não se refere, ao contrário do diploma anterior, ao domínio, justamente para evitar a confusão estabelecida entre as duas locuções. Além disso, diferentemente do observado no Código de 1916, não há referência expressa no Código vigente à posse de direitos.

Posse e quase posse

Em definitivo, a posse é instituto que se restringe às coisas corpóreas e a alguns direitos reais limitados, como o usufruto, as servidões e o penhor, sobre os quais se mostra possível exercer um poder dominial.[45] À posse associada a esses direitos reserva-se, no sistema jurídico atual, a denominação quase posse. Note-se que, a rigor, o objeto da posse é sempre a coisa corpórea, e não já o direito real que sobre ela incide. A confusão advém do caráter dúctil da posse, que, traduzindo-se na exteriorização do domínio, pode assemelhar-se tanto ao exercício do direito de propriedade como à

---

[40] V. Caio Mário da Silva Pereira, *Instituições de Direito Civil*, vol. IV, cit., pp. 23-24.

[41] V. nessa direção Ebert Chamoun, *Direito Civil: Aulas do 4º Ano Proferidas na Faculdade de Direito da Universidade do Distrito Federal*, cit., pp. 21-22. Cf. também Antunes Varela e Pires de Lima, *Código Civil Anotado*, vol. III, Coimbra: Coimbra Editora, 1987, 2ª ed., pp. 1-3.

[42] Essa a lição que se extrai da teoria objetiva de Jhering, como esclarece Miguel Maria de Serpa Lopes, *Curso de Direito Civil: Direito das Coisas*, vol. VI, cit., pp. 178-179.

[43] Antunes Varela e Pires de Lima, *Código Civil Anotado*, vol. III, cit., p. 1.

[44] Na Exposição de Motivos do anteprojeto de Código Civil assim justifica Ebert Viana Chamoun: "Eliminamos qualquer referência à posse de direito por entender que a posse não pode ter direitos por objeto. As razões que tornam inconcebível a posse de uma coisa incorpórea militam em desfavor da admissão de uma posse de direitos". A jurisprudência também se orientou nesse sentido, a partir de julgado do STF, de cuja ementa se extrai: "Transferência de quotas de sociedade. Nulidade por incapacidade absoluta do cedente. Impossibilidade de aquisição de frutos pelo cessionário como possuidor de boa fé (...). No direito privado brasileiro, não há posse de direitos pessoais. Quota é mera participação do sócio no capital social, não se consubstanciando, sequer, em cártula, para que se possa pretender que sobre esta haveria propriedade ou posse de coisa" (STF, 2ª T., RE 85.271/MG, Rel. Min. Leitão de Abreu, julg. 6.4.1984).

[45] Caio Mário da Silva Pereira, *Instituições de Direito Civil*, vol. IV, cit., p. 24.

conduta do titular de direito real que exerce de fato poder sobre a coisa alheia.[46] Por essa razão, afirma-se não existir posse do "proprietário, de usufrutuário ou de locatário, mas sim uma posse em que os atos praticados são os normalmente exercidos pelo proprietário, usufrutuário ou locatário, podendo tal posse pertencer ou não aos respectivos titulares do direito, pois a aparência pode coincidir ou não com a realidade".[47] Posse de coisa e posse de direito (quase posse) "têm ambas a coisa como objeto, mas diversos são seus conteúdos em face do conteúdo dos direitos a que correspondem".[48]

Sem embargo da orientação avessa à posse de direitos, acolhida pelo Código Civil, o debate em torno do objeto da posse permanece aceso haja vista a crescente importância dos bens incorpóreos na atual era de "desmaterialização das atividades humanas".[49] Sensível ao fenômeno, a jurisprudência tem acolhido, ainda que de maneira pontual, a tutela possessória de bens incorpóreos, sendo exemplo a admissão de usucapião de linha telefônica, consagrada na Súmula 193 (1997) do Superior Tribunal de Justiça.[50] Cumpre mencionar, também, a viva discussão enfrentada nos tribunais a respeito proteção possessória dos bens intelectuais, como os direitos autorais e a propriedade industrial.[51] Nessa direção, o STJ já decidiu que "a proteção do direito de propriedades, decorrente de patente industrial, portanto, bem imaterial, no nosso direito, pode ser exercida através das ações possessórias. O prejudicado, em casos tais, dispõe de outras ações para coibir e ressarcir-se dos prejuízos resultantes de contrafação de patente de invenção. Mas tendo o interdito proibitório índole, eminentemente, preventiva, inequivocamente, é ele meio processual mais eficaz para fazer cessar, de pronto, a violação daquele direito".[52]

Posse de bens incorpóreos

---

[46] Remeta-se novamente à Exposição de Motivos do anteprojeto de Código Civil formulada por Ebert Chamoun: "A extensão e a natureza do aproveitamento econômico da coisa, vale dizer, da sua utilização e fruição, é que determinam o enquadramento da posse nas categorias de direitos reais existentes, fazendo que a posse 'corresponda' a esse direito, enseje o surto desse direito através do usucapião".

[47] Arnoldo Wald, *Direito Civil: Direito das Coisas*, vol. IV, São Paulo: Saraiva, 2009, 12ª ed., pp. 44-45. A propósito, José Carlos Moreira Alves ressalta que "no direito moderno, abandona-se a concepção romana que considerava coisas incorpóreas os direitos que não o de propriedade, que era coisa corpórea, porque coisa é objeto de direito e por isso este não pode enquadrar-se nela. Assim, a expressão *possessio iuris* passou a ser imprópria, uma vez que deixou de significar que o objeto dessa posse era uma coisa incorpórea como alguns dos direitos reais limitados, para tomar o sentido de o possuidor, na *possessio iuris*, somente poder utilizar-se da coisa possuída na medida do conteúdo do direito real limitado correspondente à sua situação de fato, ou seja, a *possessio iuris* não é mais a posse que tem por objeto um direito subjetivo, mas a que tem por conteúdo, no tocante à utilização da coisa, o do direito real limitado a ela correspondente" (José Carlos Moreira Alves, Posse de direitos no Código Civil brasileiro de 2002. In: *V Jornada de Direito Civil*, Brasília: Conselho de Justiça Federal, Centro de Estudos Judiciários, 2012, p. 14).

[48] José Carlos Moreira Alves, Posse de direitos no Código Civil brasileiro de 2002. In: *V Jornada de Direito Civil*, Brasília: Conselho de Justiça Federal, Centro de Estudos Judiciários, cit. p. 19.

[49] Pietro Perlingieri, *O Direito Civil na Legalidade Constitucional*, Rio de Janeiro: Renovar, 2008, p. 967.

[50] Eis a ementa da Súmula 193: "O direito de uso de linha telefônica pode ser adquirido por usucapião".

[51] Cf. sobre o tema Pedro Marcos Nunes Barbosa, *Direito Civil da Propriedade Intelectual: O caso da usucapião de patentes*, Rio de Janeiro: Lumen Juris, 2012, *passim*.

[52] STJ, 3ª T., REsp 7.196/RJ, Rel. Ministro Waldemar Zveiter, julg. 10.6.1991, *DJ* 5.8.1991. V. ainda STJ, REsp 1407523/DF, decisão monocrática do Min. Rel. Luis Felipe Salomão, julg. 3.4.2018, *DJ* 3.5.2018; TRF da 2ª Região, 2ª Turma Especializada, AI 149676 2006.02.01.011058-4, Des. Rel. Messod Azulay Neto, julg. 4.12.2006.

8. FUNDAMENTOS DA TUTELA POSSESSÓRIA

Autonomia da tutela da posse

Como visto, o possuidor tem direito a que seja protegida a sua posse, ainda que desprovida de título jurídico que a justifique. Tão intensa é a proteção possessória que o possuidor tem direito a conservar a posse independentemente ou até mesmo contra a vontade do proprietário do bem.[53] Na jurisprudência brasileira, reconhece-se a tutela autônoma da posse. Conforme já se pronunciou o STJ, "a posse deve ser analisada de forma autônoma e independente em relação à propriedade, como fenômeno de relevante densidade social, em que se verifica o poder fático de ingerência socioeconômica sobre determinado bem da vida".[54] Em uma palavra, a tutela da posse é autônoma.[55] A propósito, o Enunciado n. 492 da V Jornada de Direito Civil do CJF (2011) consagrou o entendimento de que "a posse constitui direito autônomo em relação à propriedade e deve expressar o aproveitamento dos bens para o alcance de interesses existenciais, econômicos e sociais merecedores de tutela".[56]

Teorias absolutas

No entanto, as razões dessa autonomia são controvertidas. As teorias sobre os fundamentos da tutela possessória podem ser divididas em dois grupos, as absolutas e as relativas, a partir da compreensão de sua defesa *per se* ou com base em outro instituto jurídico.[57] Dentre as teorias absolutas, que explicam a posse por si mesma, alcançou maior repercussão a teoria da vontade. Na esteira de tal entendimento, fortemente influenciado pelas doutrinas voluntaristas oitocentistas, considera-se a posse como a

---

[53] Sobre o tema, Gustavo Tepedino; Danielle Tavares Peçanha. Autonomia da posse no Código Civil. *In*: Guilherme Calmon, Rose Meireles e Gisela Sampaio (coords.). *20 anos do Código Civil*: perspectivas presentes e futuras, no prelo.

[54] STJ, 4ª T., REsp 1.296.964/DF, Rel. Min. Luis Felipe Salomão, julg. 18.10.2016. Na mesma direção: STJ, 3ª T., REsp 1.739.042/SP, Rel. Min. Nancy Andrighi, julg. 8.8.2020.

[55] O raciocínio é desenvolvido pelo Professor Ebert Chamoun, em suas insuperáveis aulas (*Direito Civil: Aulas do 4º Ano* Proferidas na Faculdade de Direito da UERJ (sem responsabilidade de cátedra), 1978): "O exercício autônomo das faculdades inerentes ao domínio, mas independentemente do domínio, até mesmo sem o domínio, até mesmo contra o domínio, nisso consiste a posse".

[56] O enunciado encontra acolhida na jurisprudência. Ilustrativamente, o Tribunal de Justiça de São Paulo, citando o enunciado, decidiu conflito possessório argumentando a prevalência do interesse do possuidor que utilizava o bem para erigir sua moradia e de sua família, independentemente do domínio: "não se pode olvidar da função social da posse, estando demonstrado nos autos que o réu ocupava o local para erigir moradia para si e para sua família, enquanto a finalidade pela qual o autor pretendia utilizar o imóvel não foi esclarecida nos autos com efeito, aduz que tinha a posse da área desde 2003, mas, desde então, teria erigido apenas pequena construção e mantido residência em outro local" (TJSP, 10ª Câm. Dir. Priv., Ap. Cív. nº 0016144-42.2012.8.26.0127, Rel. Marcelo Semer, julg. 12.9.2016). Na mesma direção, o Tribunal de Justiça do Rio de Janeiro analisou situação em que se discutia a suposta nulidade da promessa de recompensa e venda de certo bem, considerando a Corte que, uma vez que tenha sido devidamente comprovado o exercício da posse anterior, afasta-se a discussão em torno do direito de propriedade, "já que a proteção possessória goza de autonomia e não tem relação direta com a prova do domínio". (TJRJ, 27ª C.C., Ap. Cív. 0000470-15.2014.8.19.0041, Rel. Des. Marcos Alcino de Azevedo Torres, julg. 8.5.2019, publ. *DJ* 10.5.2019). V., ainda, TJBA, 5ª C.C., Ap. Cív. 0531383-62.2016.8.05.0001, Rel. Des. José Edivaldo Rocha Rotondano, publ. *DJ* 20.3.2019, em que se reitera que "no âmbito das ações possessórias, não é conferido às partes, de regra, debaterem aspectos da propriedade, visto que a posse é instituto diverso a ser analisando no plano fático".

[57] V. Rudolf von Jhering, *O Fundamento dos Interdictos Possessórios*, Rio de Janeiro: Francisco Alves, 1908, 2ª ed., p. 11.

própria vontade humana realizada sobre as coisas, de tal sorte que a tutela possessória se justifica na necessidade de proteger a autonomia da vontade, mostrando-se, por isso mesmo, infensa a qualquer controle sobre a legitimidade social de seu exercício.[58]

De outra parte, dentre os autores que sustentam a concepção relativa, ou seja, fundamentam a tutela possessória em outro instituto jurídico, destacam-se as obras de Savigny e de Jhering. De acordo com Savigny, o objetivo das ações possessórias consiste em proteger a pessoa do possuidor, no sentido de evitar a violência, a chamada "justiça privada", ainda que realizada pelo proprietário. A finalidade dos interditos possessórios residiria, portanto, em impedir que o possuidor fosse atingido em sua pessoa.[59]

Teorias relativistas

Jhering foi quem formulou a principal crítica à teoria de Savigny. Objeta que se o fundamento da posse consistisse, de fato, na proteção da pessoa do possuidor e na repressão à violência, não haveria razão para se recusar a proteção possessória ao possuidor em nome alheio.[60] Sendo assim, a construção de Savigny não seria apta a explicar "o motivo porque o detentor deve depender do possuidor para ser protegido contra uma injustiça que lhe é pessoal".[61]

Doutrina de Jhering

Para Jhering, a razão da proteção possessória estaria na defesa da propriedade. Em razão das dificuldades inerentes à prova da propriedade e da morosidade da ação reivindicatória em atender aos anseios do proprietário, a ordem jurídica dota-o dos interditos possessórios, meios de ação mais ágeis e simples, uma vez que exigem apenas a demonstração da situação fática da posse, a prescindir da prova do domínio.[62]

Logo se vê, todavia, que essa concepção tem por consequência indesejável proteger a posse do invasor e do ladrão, ao mesmo título que a do proprietário, mas a isso Jhering retruca que o inconveniente é inevitável por ter a posse a finalidade de disciplinar um estado de fato, cuja constituição não depende de título jurídico. Conclui, por essa razão, que as vantagens da tutela possessória para o proprietário superam, em muito, as desvantagens, de tal sorte que lhe parece mais do que justificado afirmar que a posse é o complemento (e garantia do exercício) da propriedade.[63]

---

[58] V. Rudolf von Jhering, *O Fundamento dos Interdictos Possessórios*, cit., p. 11.

[59] Rudolf von Jhering, *O Fundamento dos Interdictos Possessórios*, cit., p. 19: "Não constituindo a posse por si mesma um direito, a sua perturbação não é em rigor um ato contrário ao direito; não sê-lo-ia senão quando violasse a posse e um direito qualquer. Ora, isso mesmo é o que acontece quando a perturbação da posse é o resultado da violência; com efeito sendo injusta toda violência, é contra esta injustiça que se dirige o interdito. Os remédios possessórios supõem um ato que, por sua própria forma, é ilegal. O possuidor tem o direito de exigir que ninguém lhe perturbe violentamente".

[60] Rudolf von Jhering, *O Fundamento dos Interdictos Possessórios*, cit., p. 21.

[61] Rudolf von Jhering, *O Fundamento dos Interdictos Possessórios*, cit., p. 22.

[62] Ilustra a dificuldade de se provar cabalmente o domínio, a questão, suscitada por Darcy Bessone, concernente às terras devolutas: "Na legislação brasileira, referente às terras devolutas, por exemplo, está estabelecido que um imóvel só perde o caráter de devoluto quando, na filiação dos títulos, se possa remontar até a data da Lei n. 601, de 18 de setembro de 1850. A propriedade somente se torna limpa, isenta de qualquer dúvida, filiando-se os respectivos títulos até o ano de 1850" (Darcy Bessone, *Direitos Reais*, cit., p. 250).

[63] Rudolf von Jhering, *O Fundamento dos Interdictos Possessórios*, cit., p. 71: "A proteção da posse, como exterioridade da propriedade, é um complemento necessário da proteção da propriedade, uma facilidade de prova em favor do proprietário, que necessariamente aproveita ao não proprietário".

Influência de Jhering no direito brasileiro

Predomina na doutrina o entendimento de que a teoria formulada por Jhering foi acolhida pelo ordenamento jurídico pátrio.[64] De fato, na tradição brasileira, especialmente pela importância econômica atribuída à propriedade, o mero exercício, a simples exteriorização do domínio, por si só, deflagra a proteção possessória. No entanto, ao consagrar a posse como a "posição avançada da propriedade",[65] a teoria objetiva acaba por restringir a defesa possessória ao âmbito da tutela dominical, associando-a, irremediavelmente, ao exercício do domínio.

Autonomia da proteção da posse

A circunstância de a posse ter o mesmo conteúdo que a propriedade não significa que a ordem jurídica proteja a posse em razão da propriedade. A posse não é o exercício da propriedade ou de qualquer outro direito. É simplesmente estado de fato que se assemelha ao exercício do domínio, vez que o possuidor se comporta em relação à coisa de modo análogo ao proprietário. Mas as semelhanças não passam disso, pois que a proteção da posse prescinde de título jurídico sobre a coisa e pode até mesmo voltar-se contra o proprietário.

Em definitivo, a defesa da propriedade não absorveu completamente o instituto da posse, preservando-se sua autonomia. Nessa direção, ressalta Manuel Rodrigues, em lição aplicável ao direito brasileiro, que a posse é defendida "porque o exercício de um poder sobre as coisas, quando repetido, constitui um facto que o público se acostuma a considerar e por isso mesmo inspirador de relações e produtor de interesses, que tem, portanto, um valor econômico e que, como tal, deve ser disciplinado e protegido".[66] Na mesma linha, Ebert Chamoun esclarece que "a lei salvaguarda a posse como simples estado de fato porque aparenta uma situação jurídica regular, e a aparência é juridicamente digna de proteção."[67]

Estrutura e função da posse

A assimilação imprópria dos fundamentos da posse com os da propriedade mostra-se recorrente na dogmática tradicional, que examina os institutos jurídicos exclusivamente sob o perfil estrutural, ou seja, na perspectiva da estrutura de poderes conferida a seu titular, sem atentar para o aspecto funcional, prioritário àquele, que procura identificar a função desempenhada pelas situações jurídicas subjetivas. Do ponto de vista da sua estrutura, a posse se identifica com qualquer situação fática que exteriorize o direito de propriedade, consubstanciada no exercício das faculdades decorrentes do domínio. Entretanto, como todo direito subjetivo, a posse também se reveste de aspecto funcional, associado à destinação conferida ao bem jurídico pela titularidade possessória. Como a função da posse não se vincula necessariamente à do domínio, torna-se objeto de valoração (e, conseguintemente, de disciplina jurídica) autônoma por parte do ordenamento.

---

[64] Cf. Astolpho Rezende, *A Posse e a sua Proteção*, cit., p. 104; Caio Mário da Silva Pereira, *Instituições de Direito Civil*, vol. IV, cit., p. 22; Silvio Rodrigues, *Direito Civil: Direito das Coisas*, vol. V, São Paulo: Saraiva, 2007, 28ª ed., p. 20; Orlando Gomes, *Direitos Reais*, cit., p. 39; Arnoldo Wald, *Direito Civil: Direito das Coisas*, vol. IV, cit., p. 49.

[65] Rudolf von Jhering, *O Fundamento dos Interdictos Possessórios*, cit., p. 71.

[66] Manuel Rodrigues, *A Posse: Estudo de Direito Civil Português*, cit., p. 32.

[67] Exposição de Motivos do anteprojeto de Código Civil.

Tal como no direito de propriedade, a estrutura da posse revela o aspecto estático do direito subjetivo, traduzido no conjunto de poderes atribuídos ao possuidor. Já a função da posse traduz seu aspecto dinâmico, os efeitos do direito subjetivo na relação jurídica em que se insere. Se a estrutura do direito determina os poderes do possuidor, a função estabelece sua legitimidade e seus limites, isto é, a justificativa finalística desses poderes em razão das exigências suscitadas, na concreta utilização dos bens jurídicos, por outros interesses tutelados pelo ordenamento. Nada obstante, não se pode cuidar de um aspecto para apenas depois tratar do outro. Isso significa que a análise dos perfis estrutural e funcional deve ser levada a cabo concomitantemente, uma vez que se define a estrutura a partir da função a que se pretende atender. Sendo assim, impõe-se partir da função do instituto para fazer incluir, em sua estrutura, também os deveres necessários à sua realização. Supera-se, desse modo, a análise estática da estrutura da posse, que passa a se constituir não só pelos poderes atribuídos ao possuidor, mas também pelos deveres indispensáveis ao atendimento da função social da posse.

Na esteira de tal construção, os princípios constitucionais da dignidade da pessoa humana, da solidariedade social e da igualdade, informadores da normativa referente à moradia e ao trabalho, servem de referência axiológica a justificar a disciplina dos interditos possessórios e da usucapião dos bens imóveis, e encerram o fundamento para a tutela possessória na ordem civil-constitucional. Tem-se, portanto, nesse conjunto de valores, o critério interpretativo para a solução de conflitos de interesse entre as situações jurídicas proprietárias e as situações jurídicas possessórias.[68]

Posse na axiologia constitucional

Nessa perspectiva, é de se rever o debate em torno da posse e de sua função social. O fato de a propriedade ter sua função social expressamente prevista no rol das garantias constitucionais não lhe confere qualquer precedência hierárquica em relação à posse. Tampouco serviria essa circunstância a reforçar a ideia de que a posse só se justifica no âmbito e associada à propriedade. A opção do constituinte, ao incluir a função social da propriedade no elenco dos direitos fundamentais, indica a determinação constitucional em condicionar a tutela das relações jurídicas patrimoniais aos interesses não proprietários. Como a dizer: se o direito subjetivo do proprietário é garantido constitucionalmente, a função desempenhada pelo domínio também o é, a instrumentalizar, assim, a propriedade aos valores existenciais reconhecidos pela sociedade.

Função social da posse

Já com relação à posse, a técnica empregada pelo constituinte se mostra diversa, em razão da peculiaridade da tutela possessória. Cuidando-se de situação eminente-

---

[68] Sob essa renovada perspectiva, "aproxima-se a posse da vida, e por isso, no entrechoque de direitos, a 'constitucionalização' dos conflitos possessórios coletivos não permite outra conclusão senão a de que o bem imóvel, rural ou urbano, que descumpra sua função social, não tem mais tutela possessória. O Juiz do conflito fundiário não é mais o Juiz do velho Código Civil e sim o magistrado da Constituição" (Luiz Edson Fachin, O Estatuto Constitucional da Proteção Possessória. In: Cristiano Chaves de Farias (org.), *Leituras Complementares de Direito Civil: o direito civil-constitucional em concreto*, Salvador: JusPodivm, 2007, p. 271).

mente fática,[69] o interesse nela contido só se legitima e se torna digno de proteção jurídica na medida em que se vincula aos valores merecedores de tutela constitucional. A justificativa da posse se encontra, portanto, diretamente na função social que desempenha o possuidor, direcionando o exercício de direitos patrimoniais a valores existenciais.

Sendo assim, eventual controvérsia entre a posse e a propriedade não pode ser dirimida *a priori*. Diante de tal confronto, assistirá razão ao titular que demonstrar atender à função imposta ao exercício de sua respectiva titularidade, nos termos constitucionais: a função social da propriedade, segundo o conteúdo definido pelo art. 5º, XXIII, da Constituição da República, e a função social da posse, verificada a partir da correspondência do exercício possessório aos interesses jurídicos constitucionalmente tutelados, no âmbito das garantias fundamentais, como trabalho, moradia e saúde, todos expressões da dignidade da pessoa humana.

PROBLEMAS PRÁTICOS

1. Admite-se, no direito brasileiro, a posse de bens incorpóreos? Mostra-se possível a defesa possessória de patente industrial?
2. Diferencie detenção de posse, abordando os principais efeitos da distinção.

Acesse o *QR Code* e veja a Casoteca.

> https://uqr.to/1pc8b

---

[69] Segundo decidiu a 3ª Turma do STJ, em interessante caso, é admissível, em ação de inventário, a partilha de direitos possessórios sobre bens imóveis que não se encontrem devidamente escriturados, quando pertencentes a pessoa falecida. Isso porque, de acordo com o entendimento da Corte, o acervo partilhável em função do falecimento do autor da herança não é composto apenas de propriedades formalmente constituídas, de modo que existem igualmente bens e direitos com expressão econômica que, por vícios de diferentes naturezas, não estão legalmente regularizados ou formalmente constituídos sob a titularidade do falecido, os quais devem igualmente compor o acervo partilhável. Da decisão, extrai-se a autonomia da posse perante a propriedade, "bem como a expressão econômica do direito possessório como objeto lícito de possível partilha pelos herdeiros, sem que haja reflexo direto nas eventuais discussões relacionadas à propriedade formal do bem" (STJ, 3ª T., REsp 1.984.847, Rel. Min. Nancy Andrighi, julg. 21.6.2022, publ. *DJ* 26.6.2022).

Capítulo III

CLASSIFICAÇÃO DA POSSE

Sumário: 1. Posse exclusiva e composse – 2. Desdobramento da posse em direta e indireta – 3. Posse justa ou injusta – 4. Posse de boa ou má-fé – 5. Posse com justo título – 6. Manutenção do caráter da posse – Problemas práticos.

A disciplina da posse encontra-se organizada no Código Civil por meio de diferentes classificações – posse exclusiva ou composse; direta ou indireta; justa ou injusta; de boa ou má-fé – que traçam o chamado *caráter* da posse, isto é, a síntese dos atributos normativos que qualificam juridicamente o exercício possessório e delimitam a tutela a ser reconhecida, no caso concreto, em favor do possuidor. Tais classificações revelam-se, portanto, de fundamental importância para a resolução de conflitos possessórios, uma vez que se prestam a determinar o direito do possuidor à proteção interdital, à usucapião, aos frutos e às benfeitorias que tenha realizado na coisa.

1. POSSE EXCLUSIVA E COMPOSSE

No Direito Romano não se admitia a pluralidade de possuidores *in solidum*, ou seja, cujas posses incidissem, ao mesmo tempo, sobre o mesmo objeto por inteiro.[1] Uma vez firmada a existência de nova posse, a antiga se extinguia. Caso houvesse dúvida quanto a quem cabia a coisa, afirmavam os jurisconsultos a prevalência da posse mais antiga, da posse melhor ou da posse fundada em melhor título.[2] Tal entendimento, segundo a doutrina majoritária, podia ser explicado a partir da noção

<small>Exclusividade da posse no direito romano</small>

---

[1] Digesto de Justiniano, Liv. XLI, Tít. 2, fr. 3, § 5.
[2] V. Lafayette Rodrigues Pereira, *Direito das Coisas*, vol. I, cit., p. 41.

de posse como poder de dispor fisicamente da coisa, concepção que supõe a relação de exclusividade entre a pessoa e a coisa, que, contudo, falta à composse.[3]

Composse e condomínio

A dificuldade em aceitar a concomitância de um segundo exercício possessório sobre o mesmo bem é superada, no entanto, pela compreensão da posse como exercício das faculdades do domínio, pois, "se o domínio pode ser comum, também a posse pode ser *pro indiviso*".[4] De fato, essa posse simultânea *pro indiviso*, dita *composse*, vem geralmente associada aos casos de condomínio,[5] em que todos os condôminos possuem direitos qualitativamente iguais sobre a coisa objeto do direito de propriedade, porém limitados quantitativamente no seu exercício pela proporção da fração ideal que lhes é atribuída.

Embora seja inegável a estreita relação histórica com o condomínio, certo é que, no direito vigente, a composse (também denominada *compossessão* ou *posse em comum*) traduz estado de fato, no qual se reconhece o exercício simultâneo da posse por mais de uma pessoa, com iguais faculdades, sobre a mesma coisa tomada em sua integralidade – e, por isso mesmo, tecnicamente reputada *indivisa*. Desse modo, dada a sua natureza fática, a composse não se restringe à comunhão de proprietários, podendo existir também entre dois ou mais locadores, comodatários ou até mesmo entre possuidores desprovidos de título sobre a coisa. Nesses casos, qualquer compossuidor, por si, pode defender a posse da coisa inteira por meio dos interditos possessórios.

A jurisprudência, nessa esteira, vem reconhecendo a composse do casal em relação ao imóvel que lhes serve de moradia, ainda que pertença exclusivamente a um deles. Por isso que, vindo o dono a falecer, o outro tem direito a ser mantido na posse do imóvel, valendo-se, se necessário, dos interditos possessórios.[6]

Coisa indivisa e bem indivisível

Note-se que, de acordo com a dicção do artigo 1.199 do Código Civil, a composse tem por objeto a *coisa indivisa*, expressão que não se confunde, a rigor, com a categoria dos bens indivisíveis, referidos nos arts. 87 e 88 do Código Civil.[7] *Coisa indivisa* refere-se a todos os bens que, divisíveis ou indivisíveis, encontram-se em *estado de indivisão*, vale dizer, não divididos de fato, de tal modo que nenhum com-

---

[3] Cf. Clovis Bevilaqua, *Direito das Coisas*, cit., p. 44.

[4] Orlando Gomes, *Direitos Reais*, cit., p. 48.

[5] Como aduz José Carlos Moreira Alves: "É hoje opinião corrente a de que a composse – cuja existência, no período clássico, é indubitável – teve como modelo o condomínio" (*Posse*, vol. I, Rio de Janeiro: Forense, 1985, p. 46).

[6] Nessa direção, confira-se o seguinte julgado do Tribunal de Justiça do Estado do Rio de Janeiro: "Ação de reintegração de posse. Direito civil e processual civil. Demanda proposta por filha do autor da herança em face da viúva. (...) Comprovação da posse direta exercida pela parte ré por longos anos. Imóvel utilizado como residência do casal. Possibilidade de garantia da tutela possessória ao possuidor direto em face do possuidor indireto" (TJRJ, 1ª C.C., Ap. Cív. 0003325-57.2010.8.19.0024, Rel. Des. Sergio Ricardo de Arruda Fernandes, julg. 14.3.2017). V. também TJRJ, 12ª C.C., Ap. Cív. 0000884-35.2016.8.19.0205, Rel. Des. Cherubin Helcias Schwartz Júnior, julg. 20.2.2018.

[7] Reputam-se indivisíveis os bens que não podem ser fracionados sem alteração na sua substância, diminuição de seu valor, ou prejuízo do uso a que se destinam. Para caracterizar a divisibilidade da coisa, cada fração há de formar um todo perfeito, de modo a preservar sua utilidade.

possuidor exerça sua posse sobre uma parte distinta ou delimitada do objeto, mas sobre a coisa por inteiro.[8]

Tem-se, portanto, que um bem divisível pode ser usado por inteiro por diversos possuidores simultaneamente, caso em que se verifica a composse. Nada impede, contudo, que os possuidores acordem entre si a delimitação de suas respectivas posses, caso em que a composse desaparece, cedendo espaço à posse exclusiva de cada possuidor sobre a parcela da coisa que lhe foi cabe nos termos convencionados.[9]

Em definitivo, verifica-se, na composse, o exercício simultâneo da posse por mais de uma pessoa, sem que nenhuma delas possua, com exclusividade, parte da coisa indivisa. A lei assegura a todos igual direito à utilização do bem na sua integralidade, podendo cada um deles exercer sobre ele todos os atos possessórios, contanto que não exclua a posse dos demais (CC, art. 1.199).[10] Vale dizer, portanto, que a compatibilização do exercício da posse por todos os possuidores exige respeito mútuo na composse, de modo a não ser excluído ou sacrificado o aproveitamento da coisa por qualquer um deles.

Respeito mútuo na composse

Por essa razão, qualquer compossuidor, por si, pode invocar a tutela possessória em face dos demais compossuidores, sempre que privado ou ameaçado em sua posse.[11] Nessa direção, a jurisprudência admite, amplamente, a ação possessória intentada em face do compossuidor que, sem a anuência dos demais, delimita fisicamente determinada área do imóvel, erguendo divisórias com o fim de torná-la objeto de posse exclusiva.[12] Tal conflito surge notadamente nas glebas comuns, isto é, nas áreas rurais indivisas destinadas à atividade agropecuária desenvolvida em comum por diversos produtores rurais.[13]

Tutela possessória entre compossuidores

---

[8] V. nessa direção, Arnaldo Rizzardo: "O bem há de ser indiviso, mas não indivisível. Indiviso é aquilo ainda não dividido, mas sujeito à divisão, ou à indivisibilidade. Daí a conclusão da possibilidade da composse tanto em bens divisíveis como em indivisíveis" (*Direito das Coisas*, cit., p. 37).

[9] Esclarece Sílvio de Salvo Venosa: "Nada obsta que seja ajuizada ação declaratória para delimitar o âmbito da posse ou posse localizada. Nesse caso, distingue-se a posse *pro diviso* da posse *pro indiviso*. Se o possuidor tem posse delimitada sobre a coisa, sua posse é *pro diviso*, exercitada sobre parte certa e determinada" (*Código Civil Comentado*, vol. XII, cit., p. 49). V. ainda Fábio Caldas de Araújo, *Posse*, Rio de Janeiro: Forense, 2007, p. 194.

[10] V. por todos Caio Mário da Silva Pereira, *Instituições de Direito Civil*, vol. IV, cit., p. 35.

[11] V. Silvio Rodrigues, *Direito Civil: Direito das Coisas*, vol. V, cit., p. 27.

[12] Confira-se, nessa direção, o seguinte acórdão do Tribunal de Justiça do Estado de São Paulo: "não tendo havido divisão do imóvel, todos os condôminos têm direito de acesso às áreas comuns. Não pode um dos condôminos cercar alguma área, impedindo acesso a imóvel indiviso (TJSP, 14ª Câm. Dir. Priv., Ap. Cív. 2008819.62.2018.8.26.0000, Rel. Des. Melo Colombi, julg. 23.2.2018). V., ainda, TJ-SP, 19ª Câm. Dir. Priv., Ap. Cív. 0002584-05.2010.8.26.0450, Rel. Des. João Camillo de Almeida Prado Costa, julg. 16.9.2013; TJMG, 11ª C.C., Ap. Cív. 10319130029618002, Rel. Des. Mariza Porto, julg. 25.11.2015; TJRJ, 6ª C.C., Ap. Cív. 00487161220128190203, Rel. Des. Nagib Slaibi Filho, julg. 12.5.2021; e TJES, 4ª C.C., Ap. Cív. 0008419-17.2014.8.08.0035, Rel. Des. Arthur José Neiva de Almeida, julg. 6.6.2022.

[13] Nessa direção, confira-se a seguinte decisão do Superior Tribunal de Justiça: "É cabível ação possessória intentada por compossuidores para combater turbação ou esbulho praticado por um deles cercando fração de gleba comum" (STJ, REsp. 136.922/TO, 4ª T., Rel. Min. Ruy Rosado de Aguiar, julg. 18.12.1997). Em outros casos, a disputa surge entre coerdeiros, que, com a abertura da sucessão, se tornam condôminos e compossuidores do acervo hereditário, considerado como todo unitário.

Vale observar, por fim, que a composse não é a única hipótese de incidência de duas posses sobre o mesmo objeto. Existe também a figura do desdobramento da posse em direta e indireta, que não se confunde com a composse, como se verá a seguir.

2. DESDOBRAMENTO DA POSSE EM DIRETA E INDIRETA

Desdobramento e teoria objetiva da posse

Uma das virtudes da teoria objetiva da posse, acolhida pelo direito brasileiro, consiste na admissão do desdobramento da posse em direta e indireta. Com efeito, sendo a posse o exercício, pleno ou não, de alguma das faculdades inerentes ao domínio, não há óbice a que sejam considerados possuidores, ao mesmo tempo, tanto o proprietário como o terceiro autorizado por aquele a tirar proveito da coisa.[14]

Posse direta e indireta

Porque munido de poder sobre a coisa, é dado ao possuidor transferir, consensualmente, parte do aproveitamento econômico a terceiro. A autorização, só por si, traduz o poder de dispor sobre o destino da coisa, caracterizando manifestação inequívoca da posse. Por isso mesmo, em tal hipótese, esta se desdobra em posse direta, exercida por quem diretamente se utiliza da coisa, e posse indireta, reconhecida a quem, mesmo sem contato direto, continuar a exercer poder de fato sobre a coisa.

Título autorizador

Posse indireta é a do possuidor que, como expressão do poder sobre a coisa, transfere o exercício de alguma das faculdades inerentes ao domínio a outrem, considerado possuidor direto porque, encontrando-se em contato direto com a coisa, exerce faculdade inerente ao domínio, nos termos estabelecidos pelo título autorizador concedido pelo possuidor indireto. Os poderes do possuidor direto encontram-se, sempre, delimitados no título autorizador, que é a *causa possessionis* da posse direta. A posse decorrente de comodato, por exemplo, por transferir gratuitamente *o exercício* da faculdade de uso, confere ao possuidor poderes mais restritos do que os atribuídos ao usufrutuário, cujas *faculdades de uso e de fruição* lhe são assegurados pelo direito real assim constituído.[15]

Coexistência da posse direta e da indireta

Tal título afigura-se peculiar, por autorizar outro possuidor ao exercício direto da posse sem desconstituir, contudo, a posse anterior, cuja preservação, de modo indireto, legitima a posse dela decorrente. Tal mecanismo caracteriza, precisamente, o desdobramento da posse. Nessa esteira, o Código Civil, em seu art. 1.197, reconhece que "a posse direta, de pessoa que tem a coisa em seu poder, temporariamente, em virtude de direito pessoal, ou real, não anula a indireta, de quem aquela foi havida".

Desdobramento convencional

O título autorizador tem origem convencional ou legal. De ordinário, decorre de contrato, sendo fruto de estipulação consensual. A relação daí decorrente é de

---

Enquanto não se fizer a partilha para pôr fim à situação de indivisão, assiste a qualquer deles o direito de manejar os interditos possessórios quando outro estiver excluindo a sua posse sobre determinado bem integrante do acervo. V. STJ, REsp 1244118/SC, 3ª T., Rel. Min. Nancy Andrighi, julg. 22.10.2013, *DJe* 28.10.2013; STJ, AgInt no AREsp 998.055/SP, 3ª T., Rel. Min. Ricardo Villas Bôas Cueva, julg. 18.5.2017, *DJe* 1.6.2017; e STJ, REsp 1.548.846/SP, Rel. Min. Moura Ribeiro, julg. 1.8.2018, publ. *DJe* 8.8.2018.

[14] V. nesse sentido Caio Mário da Silva Pereira, *Instituições de Direito Civil*, vol. IV, cit., p. 32.

[15] Miguel Maria de Serpa Lopes, *Curso de Direito Civil: Direito das Coisas*, vol. VI, cit., p. 131.

natureza real ou obrigacional. Configura exemplo da primeira hipótese a constituição de direito real limitado, como o usufruto, e da segunda, os contratos de locação ou de comodato. Nos exemplos citados, os possuidores diretos serão o usufrutuário, o locatário e o comodatário. Os indiretos, por sua vez, o nu-proprietário, o locador e o comodante, que preservam a qualidade de possuidores do bem dado em usufruto, locação ou comodato. Nessa mesma linha, a posse pode sujeitar-se a sucessivas gradações,[16] na hipótese de o possuidor direto transferir sua posse a outro, que afinal possuirá diretamente a coisa, transformando a posse do primeiro em indireta. Basta pensar na sublocação, em que o locatário se torna, ele próprio, possuidor indireto.[17]

Embora a origem consensual seja a mais usual, a bipartição da posse em direta e indireta pode resultar de relações jurídicas definidas em lei. Assim, no direito de família, tem-se a posse dos pais em relação aos bens dos filhos sob sua autoridade parental, e no direito sucessório, verifica-se a posse do inventariante sobre os bens do espólio.[18] Em todo caso, o desdobramento da posse é temporário, conforme expressa disposição do art. 1.197 do Código Civil. Cabe ao possuidor direto, ao cabo de certo prazo, devolver a coisa ao possuidor indireto. A temporariedade decorre do fato de a posse direta se fundar em "relação de direito transitória".[19]

Desdobramento legal

Em outras palavras, o desmembramento da posse decorre de relação jurídica definida em negócio jurídico ou em lei em virtude da qual o possuidor direto é autorizado a usar a coisa nos limites indicados no título (convencional ou legal), devendo restituí-la ao possuidor indireto ao final de certo período. A bipartição, como se vê, pressupõe a autorização de quem possuía a coisa originalmente. Por isso que na hipótese do ladrão que toma a coisa violentamente não há desdobramento, mas esbulho possessório, do qual resulta a perda da posse pela vítima e a sua aquisição pelo agressor.

Sublinhe-se que o desdobramento constitui noção afeta à relação interna entre os possuidores, sendo irrelevante para disciplinar o exercício possessório em face de terceiros, para os quais a posse se apresenta como estado de fato, a ser respeitado independentemente do título (que lhe tenha dado origem). Na defesa da posse contra estranhos, portanto, pouco importa se o possuidor é direto ou indireto, bastando que se lhe possa reconhecer, faticamente, a qualidade de possuidor.[20] Cuida-se de impor-

Desdobramento e terceiros

Extensão da tutela possessória

---

16 J. M. Carvalho Santos, *Código Civil Brasileiro Interpretado*, vol. VII, cit., p. 26.

17 Conforme leciona San Tiago Dantas, o desdobramento da posse pode ocorrer "*ad infinitum*". E exemplifica: "Suponha-se uma coisa sobre a qual se constitui um usufruto. O nu-proprietário é possuidor, o usufrutuário também. O nu-proprietário é possuidor indireto; o usufrutuário é possuidor direto e, por isso mesmo que é usufruturário, pode dar a coisa em locação. Dando-se em locação, ele se torna possuidor indireto e possuidor direto fica sendo locatário e este, pela índole do contrato, pode dar uma sublocação. Novamente se desdobra a posse e já se tem, aí, quatro graus, sem que haja desaparecido em qualquer deles" (*Programa de Direito de Civil: Direito das Coisas*, vol. III, cit., p. 54).

18 Orlando Gomes, *Direitos Reais*, cit., p. 62.

19 Clovis Bevilaqua, *Código Civil dos Estados Unidos do Brasil Comentado*, vol. III, cit., p. 10.

20 Nessa direção ressalta San Tiago Dantas: "Essa nomenclatura, posse direta e indireta, visa a exprimir a relação em que esses possuidores se acham entre si. Perante terceiros não tem nenhuma significação. Quando o possuidor se apresenta perante terceiros ou tem um dos poderes inerentes

tante consequência jurídica da bipartição da posse na medida em que estende a ambos os possuidores – direto e indireto – a proteção possessória. Ambos, portanto, encontram-se legitimados, por si, a manejar os interditos possessórios caso sejam molestados ou tenham justo receio de sê-lo.

Defesa da posse entre possuidor direto e indireto
Admite-se, inclusive, o ajuizamento de ações possessórias entre os dois possuidores.[21] Embora o art. 1.197 do Código Civil mencione apenas a possibilidade de o possuidor direto defender a sua posse contra o indireto, consolidou-se o entendimento segundo o qual o possuidor indireto também dispõe da proteção possessória contra o direto.[22] Nessa esteira, dispõe o enunciado interpretativo n. 76, aprovado na I Jornada de Direito Civil, promovida pelo Centro de Estudos Judiciários do Conselho de Justiça Federal, de 11 a 13 de setembro de 2002: "o possuidor direto tem direito de defender a sua posse contra o indireto, e este, contra aquele (art. 1.197, *in fine*, do novo Código Civil)". Sendo assim, tanto o possuidor direto quanto o indireto podem recorrer aos interditos para assegurar sua posse em face do outro.

A bipartição da posse – em direta e indireta – não se confunde com o fenômeno da composse, visto acima, em que há também coexistência de posses. Na composse, divide-se a posse entre os copossuidores no plano horizontal,[23] isto é, todos a exercem no mesmo grau, tendo sobre a coisa poderes qualitativamente iguais.[24] No desdobramento da posse, ao contrário, cada possuidor ocupa posição diversa na relação possessória, aproveitando a coisa de maneira distinta, ainda que receba igual proteção por parte do ordenamento jurídico. Assim, "os graus da posse são diversos, pois um dos possuidores fica privado da utilização imediata da coisa".[25] Pode-se dizer que, neste caso, os possuidores se encontram situados em plano vertical.[26]

---

ao domínio ou não tem; não há que indagar do contrato ou do direito real, em virtude do qual a coisa se encontra em seu poder. De forma que, essa nomenclatura refere-se especialmente à relação desses dois possuidores entre si. Está claro que tanto um como o outro tem posse" (*Programa de Direito Civil: Direito das Coisas*, vol. III, cit., p. 56).

[21] Ao tempo da vigência do Código Civil de 1916, a questão, inicialmente, não era pacífica, registrando-se a opinião de autores como Espínola e Orosimbo Nonato Caio contrária à proteção possessória entre os dois possuidores. No entanto, a posição favorável acabou prevalecendo, reunindo em torno de si número expressivo de adeptos. V. sobre o ponto Mário da Silva, *Instituições de Direito Civil*, vol. IV, cit., p. 66.

[22] Nessa direção, por exemplo, o seguinte acórdão do Tribunal de Justiça do Estado do Rio de Janeiro, em cuja ementa se lê: "I- A proteção possessória independe da apresentação de título e decorre da situação fática existente, podendo dela recorrer todos os possuidores diretos ou indiretos. II- No caso, demonstradas relações locatícias firmadas pela Autora, bem como a contratação de imobiliária para intermediar a venda do bem, restando, portanto, comprovada a posse indireta da Autora sobre o imóvel nos últimos anos. III- Comprovado o esbulho, bem como a existência de posse anterior e a perda desta, presentes estão os requisitos para a procedência da ação reintegratória" (TJRJ, Ap. Cív. 0050786-80.2010.8.19.0038, 7ª C.C., Rel. Des. Ricardo Couto de Castro, julg. 31.1.2018).

[23] Miguel Maria de Serpa Lopes, *Curso de Direito Civil: Direito das Coisas*, vol. VI, cit., p. 127.

[24] Orlando Gomes, *Direitos Reais*, cit., p. 49.

[25] Orlando Gomes, *Direitos Reais*, cit., p. 49.

[26] Miguel Maria de Serpa Lopes, *Curso de Direito Civil: Direito das Coisas*, vol. VI, cit., p. 127.

Não se confunde, evidentemente, o possuidor direto com o detentor. Como já visto, este é chamado de *servidor* ou *fâmulo da posse*, por se encontrar em contato material com a coisa em nome ou a serviço do possuidor. Nessa direção, observa-se em doutrina que "a posse do fâmulo exclui qualquer possibilidade de posse direta, de vez que aí não se exerce direito próprio, mas uma simples detenção".[27] A detenção, em uma palavra, exclui a posse. O detentor não exerce os poderes inerentes ao domínio, já que age em nome do possuidor e subordinado às suas orientações.

3. POSSE JUSTA OU INJUSTA

Na tradição romano-germânica, o conceito de *posse justa* assume conotação eminentemente técnica, e alude aos modos de aquisição do domínio, cujas faculdades são exteriorizadas pelo possuidor.[28] Assim, deixa de lado o legislador outras valorações ideológicas que, mercê da relevância social dos interesses perseguidos, poderiam dar legitimidade ao exercício possessório e merecer tutela jurídica. Nessa esteira, o art. 1.200 do Código Civil reputa justa a posse que não for violenta, clandestina ou precária. Considera-se, portanto, posse justa aquela desprovida de vício no momento de sua aquisição. Ao revés, é injusta a posse cuja aquisição contenha, em sua origem, um dos três vícios possessórios mencionados pelo dispositivo: violência, clandestinidade ou precariedade.

Posse justa e aquisição do domínio

Convém desde logo esclarecer que os vícios da posse assumem caráter relativo, isto é, só podem ser alegados pelo possuidor agredido em face do agressor (*ad adversarium*), de sorte que não produzem efeitos *erga omnes*.[29] Desse modo, impõe-se aos terceiros o respeito à posse do esbulhador, ao qual será concedida a tutela possessória, a despeito da injustiça de sua posse.[30] Dito diversamente, o esbulhador, ainda que se sujeite aos interditos possessórios propostos pelo possuidor esbulhado, poderá defender judicialmente a sua posse em face de terceiro que viesse a ameaçar a sua posse.

Caráter relativo da posse injusta

Na posse violenta (*possessio vi*) a coisa é tomada pela força contra a vontade de quem a possuía anteriormente.[31] Exemplo paradigmático de posse violenta é aquela resultante de roubo. A violência, para macular a posse e torná-la injusta, deve ser inicial, incidindo na origem da posse. Se praticada posteriormente, com o objetivo de proteger a posse justa, não constitui vício possessório,[32] embora possa configurar, conforme o caso, ato ilícito, abusivo ou exercício regular de direito. Assegura-se ainda ao possuidor a defesa da posse por sua própria força (desforço pessoal), sempre

Posse violenta

---

27 J. M. Carvalho Santos, *Código Civil Brasileiro Interpretado*, vol. VII, cit., p. 26.

28 A respeito do tema, vejam-se: Miguel Maria de Serpa Lopes, *Curso de Direito Civil: Direito das Coisas*, vol. VI, cit., p. 135, e Orlando Gomes, *Direitos Reais*, cit., p. 52.

29 Ebert Chamoun, *Direito Civil: Aulas do 4º Ano...*, cit., p. 27.

30 Caio Mário da Silva Pereira, *Instituições de Direito Civil*, vol. IV, cit., p. 28.

31 V. Orlando Gomes, *Direitos Reais*, cit., p. 53.

32 Clovis Bevilaqua, *Código Civil dos Estados Unidos do Brasil Comentado*, vol. III, cit., p. 12.

que realizada de forma imediata, razoável e proporcional à ameaça sofrida (CC, art. 1.210, § 1º).

Violência e coação moral

A caracterização da posse violenta não supõe, sempre, a agressão física. A coação moral também vicia a posse.[33] Pode ocorrer, por exemplo, que o possuidor, ameaçado de sofrer retaliação por parte do esbulhador, abandone a coisa antes de sofrer agressão física, o que se mostra suficiente a rotular a posse assim adquirida como violenta.[34] O meio violento pode ser empregado pelo próprio espoliador ou por terceiros que ajam sob sua ordem e em seu nome, mesmo se utilizado sem sua autorização, mas desde que, em seguida, seja por ele aprovado ou ratificado.[35]

Vítima da violência

Por outro lado, a violência não há de ser dirigida, necessariamente, à pessoa do espoliado; pode recair sobre aquelas pessoas que exercem a posse em seu nome. Além disso, não se impõe que o despojado seja o proprietário, tendo em vista a tutela autônoma da posse em relação ao direito da propriedade (CC, art. 1.196). O esbulhado, aliás, pode ser o ladrão ou invasor de quem o dono procura retomar pela força a coisa que lhe foi subtraída injustamente. Nessa hipótese, "ainda que o autor da violência seja o proprietário, deve a vítima ser reintegrada, porque não pode o esbulhador fazer justiça com as próprias mãos".[36]

Cessação da violência

Enquanto persistir a violência, não há aquisição de posse, pois inexiste exercício autônomo da posse em face do possuidor primitivo (CC, art. 1.208). Somente depois de cessada a violência, considera-se adquirida a posse do esbulhador, embora qualificada como injusta (por ter como origem a violência).

Violência e negócio jurídico

Sublinhe-se que a violência diz respeito, precisamente, ao meio utilizado para arrematar a coisa do possuidor anterior, e não ao título que dá causa à aquisição da posse. Por conseguinte, a celebração de contrato mediante coação não vicia a posse adquirida por seu intermédio, desde que sua transferência se dê espontaneamente, em obediência ao contrato.[37] Trata-se de posse fundada em negócio jurídico válido e eficaz, embora anulável, cujos efeitos prevalecem enquanto não declarada, judicialmente, sua invalidade. Em outros termos, mesmo que o negócio se afigure anulável por defeito na manifestação de vontade, não se considera, por esse só motivo, o apossamento viciado. Consoante adverte San Tiago Dantas, "o que se tem a fazer é anular o ato jurídico e, depois, recuperar a coisa, cuja posse é insubsistente, não tem causa".[38]

Posse clandestina

Por sua vez, a posse clandestina é aquela que se adquire por meio insidioso, sem que o antigo possuidor se dê conta do ato aquisitivo. Clandestina, a rigor, não é a

---

[33]   Caio Mário da Silva Pereira, *Instituições de Direito Civil*, vol. IV, cit., p. 28.

[34]   J. M. Carvalho Santos, *Código Civil Brasileiro Interpretado*, vol. VII, cit., p. 49.

[35]   Tito Fulgêncio, *Da Posse e das Ações Possessórias*, vol. I, cit., p. 38. V. ainda: Caio Mário da Silva Pereira, *Instituições de Direito Civil*, vol. IV, cit., p. 28.

[36]   Silvio Rodrigues, *Direito Civil: Direito das Coisas*, vol. V, cit., p. 27.

[37]   Ebert Chamoun, *Direito Civil: Aulas do 4º Ano...*, cit., p. 27.

[38]   San Tiago Dantas, *Programa de Direito Civil: Direito das Coisas*, vol. III, cit., p. 61.

posse, mas a sua origem, que se caracteriza no momento em que a atividade do novo possuidor se exterioriza, cessando o estado de clandestinidade.[39] Não basta, contudo, a mera ignorância do legítimo possuidor para caracterizá-la, exigindo-se, ao revés, que o possuidor tenha procedido à sorrelfa, de modo a ocultar o ingresso na posse. Desse modo, "aquele que, à noite, muda a cerca divisória de seu terreno, apropriando--se de parte do prédio vizinho",[40] adquire a posse por meio clandestino,[41] assim como se passa com o ladrão que subtrai a coisa furtivamente.

O ardil impede o antigo possuidor de utilizar os meios adequados para sua defesa. Por mais diligente que seja, a ausência de publicidade não permite a ciência do ocorrido e obsta, consequentemente, qualquer reação em defesa da posse. Desse modo enquanto os atos praticados pelo esbulhador forem clandestinos, não há exteriorização do domínio e, portanto, a posse não se adquire (CC, art. 1.208). Todavia, ao se tornar pública, ostensiva, restando perceptível o exercício de alguma das faculdades dominicais, como a construção de casa, a exploração agrícola ou a colocação de cercas, cessa a clandestinidade e, a partir de então, configura-se a posse nova que, com o passar do tempo, como é próprio da técnica possessória, adquire progressivamente proteção jurídica crescente.

Momento de aquisição da posse clandestina

O terceiro e último vício da posse é a precariedade. A posse precária se caracteriza pelo abuso de confiança daquele que recebe a coisa, como detentor ou possuidor direto, para restituí-la posteriormente, mas não o faz no momento oportuno, retendo-a de maneira indevida. O abuso de confiança e o descumprimento da obrigação de restituir constituem, precisamente, as bases dessa modalidade de posse injusta.

Posse precária

Como se vê, a posse precária se assemelha à figura tipificada, pelo direito penal, como crime de apropriação indébita. A propósito, o professor Ebert Chamoun aponta que "existe uma espécie de paralelismo entre os vícios acima referidos, inquinadores da posse, e os crimes contra o patrimônio: a violência é paralela ao roubo; a clandestinidade, paralela ao furto; e a precariedade, à apropriação indébita".[42] Imagine-se o detentor que recebe a coisa sem autorização para a prática de qualquer ato possessório em nome próprio, apreendendo-a para dar-lhe o destino determinado

Transmudação de detenção em posse precária

---

[39]   San Tiago Dantas, *Programa de Direito Civil: Direito das Coisas*, vol. III, cit., p. 61.

[40]   Orlando Gomes, *Direitos Reais*, cit., p. 53.

[41]   Como exemplo de posse clandestina, destaca-se decisão do Tribunal de Justiça do Rio de Janeiro, assim ementado: "Reintegração de Posse – Mandado Liminar de Reintegração em audiência de justificação – Invasão do imóvel – Posse injusta, eis que clandestina – Art. 1.200 do Código Civil. Impossibilidade de argumentação de posse velha *in casu*. Patente a posse injusta, eis que clandestina, face invasão derrubando a parede lateral do imóvel vizinho. Impossibilidade de se argumentar tratar--se de posse velha, até mesmo porque clandestina, não havendo como se falar em início do prazo de ano e dia, da antiga disposição do art. 507 do Código Civil de 1916, a qual não foi repetida pelo atual Código, pelo que se entende como revogada" (TJRJ, Ap. Cív. 200400221170, 17ª C.C., Rel. Des. Mario Guimarães Neto, julg. 16.2.2005). V. também TJRJ, 2ª C.C., A.I. 0011180-13.2020.8.19.0000, Rel. Des. Paulo Sérgio Prestes dos Santos, julg. 1º.6.2020, publ. 3.6.2020.

[42]   *Direito Civil: Aulas do 4º Ano...*, cit., p. 27.

pelo proprietário. No entanto, abusa da confiança que lhe foi depositada e a utiliza segundo seu próprio alvedrio, tornando-se, assim, possuidor precário.[43]

Transmudação de posse direta em posse precária

Também no desdobramento da posse pode ocorrer quebra da fidúcia e, em consequência, posse precária. Assim, o depositário que se recusa a devolver a coisa depositada dá ensejo à posse precária.[44] O mesmo ocorre quando o locatário ou o comodatário não devolver a coisa recebida em virtude da locação ou do empréstimo.[45]

Ônus da prova da transmudação

A transmudação da detenção ou da posse direta (justa) em posse precária (injusta) deverá ser apreciada no campo probatório. Aquele que exerceu a posse da coisa em nome alheio terá o ônus de provar que passou a exercer o poder de fato sobre o bem por si próprio (CC, art. 1.198, parágrafo único). Ao mesmo tempo, o locatário e o comodatário (CC, art. 1.197) que eram possuidores diretos do bem, titulares apenas da posse *ad interdicta*, terão o ônus de provar que o caráter da posse foi alterado (CC, art. 1.203).

Momento de verificação da precariedade

Sublinhe-se que, ao contrário do que ocorre na posse violenta e na clandestina, a posse não se torna precária no momento em que o detentor ou possuidor direto recebe a coisa, ou seja, no início de sua apreensão material, mas apenas quando, verificado o abuso de confiança, deixa de restituí-la ao possuidor e passa, por conseguinte, a possuir em seu próprio nome e segundo seu exclusivo alvedrio.[46]

Efeitos jurídicos da posse precária

Alguns autores, sem razão, sustentam que a posse precária não produz qualquer efeito jurídico.[47] Afirmam que, enquanto as posses violentas e clandestinas podem convalescer pela cessação da violência e da clandestinidade, a teor do art. 1.208, a precariedade não cessa em razão de se originar de abuso de confiança. Chegam a dizer, nessa direção, que a posse precária não convalesce porque o dever de restituir a coisa recebida não se extingue jamais. Tal entendimento, todavia, incorre em confusão conceitual, assimilando indevidamente a noção de posse à de posse justa. A partir do momento em que ocorre a mudança do caráter da posse, quando o possuidor direto se nega a restituir a coisa ao possuidor indireto, a posse torna-se injusta. Mas de posse ainda se trata, como outra qualquer, e se afigura possível, inclusive, a aquisição da propriedade por meio da usucapião extraordinária (CC, art. 1.238), que dispensa a boa-fé do possuidor.

Posse precária e o precário

Importante distinguir, ainda, a noção de posse precária, como posse injusta e decorrente do abuso de confiança, do caráter precário que muitas vezes a transmissão

---

[43]   Caio Mário da Silva Pereira, *Instituições de Direito Civil*, vol. IV, cit., p. 29.

[44]   San Tiago Dantas, *Programa de Direito Civil: Direito das Coisas*, vol. III, cit., p. 62.

[45]   Tito Fulgêncio, *Da posse e das Ações Possessórias*, vol. I, cit., p. 39.

[46]   Serpa Lopes, *Curso de Direito Civil: Direito das Coisas*, vol. VI, cit., p. 137.

[47]   Nessa direção Silvio Rodrigues sustenta que "o vício da precariedade macula a posse, não permitindo gere ela efeitos jurídicos. Aliás, o já referido art. 1.208 proclama não induzirem posse os atos de mera permissão ou tolerância, o que, decerto, abrange a posse precária" (Silvio Rodrigues, *Direito Civil: Direito das Coisas*, vol. V, cit., pp. 28-29). O autor arremata afirmando que "o dever do comodatário, do depositário, do locatário etc., de devolverem a coisa recebida, não se extingue jamais, de modo que o fato de a reterem e de recalcitrarem em não entregá-la de volta, não ganha jamais foros de juridicidade, não gerando, em tempo algum, posse jurídica" (*Ibid.*, p. 29).

da posse adquire. Tal confusão, bastante frequente, decorre, provavelmente, do diverso significado assumido pelo vocábulo "precariedade" no Direito Romano. O "precário" era o pacto pelo qual o proprietário de um bem cedia seu uso, ou permitia o exercício de uma servidão, mas se reservava a faculdade de revogar a autorização (que não assumia a forma de um contrato) quando assim o desejasse. Uma vez revogado o pacto, se a pessoa que houvesse recebido a coisa a título precário se recusasse a devolvê-la, sua posse se tornava viciosa, ou seja, contaminava-se do vício da precariedade.[48]

Nota-se, portanto, que, no Direito Romano, a posse precária se afigurava, na maioria das vezes (exceto no caso do servidor da posse), justa, decorrente de autorização do proprietário da coisa,[49] embora assumisse caráter eminentemente revogável e transitório. Cuidava-se de desdobramento da posse, pelo qual se transferia a terceiro a posse transitória da coisa, cuja devolução poderia ser imediatamente exigida. No direito atual, ao revés, posse precária denota, tão somente, a posse maculada pelo vício da precariedade, isto é, a posse daqueles que, tendo recebido a coisa do proprietário por título que os obriga a restituí-la em prazo certo ou incerto, recusam-se injustamente a devolvê-la, e passam a possuí-la em sua plenitude.

4. POSSE DE BOA OU MÁ-FÉ

Nos termos do art. 1.201 do Código Civil, reputa-se de boa-fé a posse se "o possuidor ignora o vício, ou o obstáculo que impede a aquisição da coisa." Trata-se, como se vê, de noção de boa-fé subjetiva, assim designada por se relacionar ao estado psicológico do agente, que desconhece a irregularidade que macula a posse. Dito diversamente, possuidor de boa-fé é aquele que "está na convicção que a coisa possuída de direito lhe pertence. Ao contrário, de má-fé diz-se o possuidor que sabe não lhe assistir direito para possuir a coisa".[50]

Boa-fé subjetiva

O indivíduo que adquire um bem de quem imagina ser o proprietário age de boa-fé. Nessa hipótese, supõe o possuidor ter o título que legitime a sua posse. Caso contrário, se tem ciência da inexistência do título que serve de causa *possessionis*, é considerado possuidor de má-fé.

O legislador submete o possuidor de má-fé a tratamento mais severo do que o reservado ao de boa-fé, restringindo sobremaneira os direitos daquele no que diz

Boa-fé subjetiva e proteção do domínio

---

[48]   Lafayette Rodrigues Pereira, *Direito das Coisas*, vol. I, cit., p. 46.

[49]   Relata Serpa Lopes: "A denominação *precarium* decorre do fato de se tratar de uma forma de posse comumente originária de uma súplica, meio pelo qual se obtinha a autorização para a sua atribuição" (*Curso de Direito Civil: Direito das Coisas*, vol. VI, cit., p. 137).

[50]   Lafayette Rodrigues Pereira, *Direito das Coisas*, vol. I, cit., p. 47. Como exemplo de posse de má-fé, transcreve-se a seguinte decisão: "Ação de imissão de posse. Direito de retenção. Descabimento. Ausência de posse de boa fé dos ocupantes que, confessadamente, tinham conhecimento da natureza precária dessa. Benfeitorias que foram realizadas para que pudessem ter proveito próprio do bem, do qual desfrutaram, por permissão do titular, por quase vinte anos. Interpretação dos artigos 490 e 516, ambos do código civil de 1916. Apelo provido" (TJRS, Ap. Cív. 70012328811, 20ª C.C., Rel. Des. José Aquino Flores de Camargo, julg. 14.9.2005).

respeito, notadamente, à: (i) aquisição da propriedade por usucapião (CC, arts. 1.242 e 1.260); (ii) percepção dos frutos (CC, arts. 1.214 a 1.218); e (iii) indenização das benfeitorias realizadas na coisa possuída (CC, arts. 1.219 a 1.222).[51] O rigor a que se sujeita o possuidor de má-fé explica-se, em larga medida, pelo intuito do legislador de desestimular a usurpação consciente e deliberada da propriedade alheia.

Assim como na disciplina da posse injusta, acima examinada, o critério, estritamente técnico, para o estabelecimento da boa-fé subjetiva associa-se à inconsciência, por parte do possuidor, acerca da não correspondência do exercício possessório ao título dominical.[52] Cuida-se, a rigor, de expediente legal de proteção do domínio, e não da posse, na medida em que subordina a maior tutela do exercício possessório ao desconhecimento, por parte do possuidor, da origem da propriedade, a despeito da função que desempenha o possuidor ou de sua intenção quanto ao destino da coisa. A noção de posse de boa-fé, portanto, tem por referência a propriedade.

Vício possessório e conduta do possuidor — Daqui decorrem duas consequências fundamentais. Em primeiro lugar, a análise da boa-fé pressupõe o vício possessório. Se a posse é justa, não se cogita da fé do possuidor. Em segundo lugar, para a caracterização da boa-fé subjetiva valora-se, necessariamente, a conduta do possuidor, no sentido de verificar se, na aquisição da posse, tomou as cautelas necessárias para se convencer da inexistência de vício possessório. Discute-se, então, se o possuidor, nas circunstâncias concretas do exercício possessório, sabia ou teria condições de se informar acerca da origem viciada da posse. Desse modo, "se o possuidor adquiriu a coisa possuída de menor impúbere e de aparência infantil, não pode alegar ignorância da nulidade que pesa sobre o seu título. Como também não pode ignorá-la se comprou o imóvel sem examinar a prova de domínio do alienante".[53]

Afirma-se, na esteira de tal reflexão, ser necessária, para a caracterização da má-fé, a conduta culposa do possuidor, de quem se espera diligência quanto à investigação da titularidade dominical, razão pela qual sua negligência é suficiente a desacreditar sua boa-fé.[54] Por conseguinte, não se considera de boa-fé a posse de quem desconhece o vício possessório por erro inescusável ou ignorância grosseira. Ao intérprete

---

[51] Miguel Maria de Serpa Lopes, *Curso de Direito Civil: Direito das Coisas*, vol. VI, cit., pp. 138-139.

[52] Segundo Serpa Lopes, "pelo sistema vigente em nosso direito, a aquisição da propriedade (...) exige, para sua perfectibilidade jurídica, um título, e mais ainda uma publicidade. Por conseguinte, ninguém pode-se dizer possuidor de boa-fé, sem estar amparado por uma causa jurídica, a qual, na quase totalidade das vezes, consiste no título legítimo. A ignorância do possuidor que produz o seu estado de boa-fé assenta no não conhecimento do vício ou obstáculo decorrente do título, quer quanto à substância, quer quanto à forma" (*Curso de Direito Civil: Direito das Coisas*, vol. VI, cit., p. 143).

[53] Silvio Rodrigues, *Direito Civil: Direito das Coisas*, vol. V, cit., p. 31.

[54] Para Orlando Gomes, *Direitos Reais*, cit., p. 55, a configuração da má-fé do possuidor subordina-se à demonstração de culpa grave: "O erro, de que resulta a posse de boa-fé, há de ser invencível, sendo evidente que 'erro oriundo de culpa não tem escusa'. Mas, se a boa-fé é simplesmente a ignorância de vícios, somente a culpa grave deve ser equiparada à má-fé, nos seus efeitos". No mesmo sentido, Serpa Lopes, *Curso de Direito Civil: Direito das Coisas*, vol. VI, cit., p. 145.

incumbe definir o padrão de comportamento a ser exigido do possuidor, à luz das peculiaridades sociais, culturais, econômicas e regionais.

Ainda a respeito da boa-fé subjetiva, discute-se se o erro de direito afastaria a má-fé na aquisição da posse, assim como o erro na percepção fática do possuidor. Como se sabe, o art. 3º da Lei de Introdução às Normas do Direito Brasileiro determina que ninguém pode se escusar de cumprir a lei alegando seu desconhecimento. Daí por que, tradicionalmente, se afirmava que a "crença que serve de fundamento à boa-fé repousa em erro de fato, erro que se resume em ignorar o obstáculo que se opõe à transferência do domínio, como se a coisa não era do alienante ou este não tinha o poder de aliená-la. O erro de direito nunca pode servir de fundamento de boa-fé porque ninguém se presume ignorar a lei".[55]

Erro de direito e boa-fé do possuidor

Alguns autores, contudo, desde a vigência da codificação de 1916, sustentam que o erro de direito não afasta a boa-fé.[56] Assim já decidiu, inclusive, o Supremo Tribunal Federal.[57] Em apoio a tal entendimento, pode-se aduzir que a admissão do erro de direito não desafia o art. 3º da LINDB, pois não se pretende, afinal, tornar lícito o ato ilícito. No caso da posse, o desconhecimento da lei, uma vez comprovado, serve, simplesmente, a demonstrar a não ciência do possuidor quanto à ilicitude, de modo a atrair a incidência do regime legal (justamente previsto pelo codificador) para o caso de desconhecimento do vício. Desse modo, tem-se que a boa-fé pode subsistir mesmo quando haja erro de direito, mas incumbe ao possuidor demonstrar desconhecer a disposição legal que tornou viciosa a posse.[58]

5. POSSE COM JUSTO TÍTULO

Considera-se justo título o ato jurídico, em tese, hábil a transferir o domínio ou a posse, mas que, em concreto, não produz esse efeito em razão de algum vício em

Justo título

---

55 San Tiago Dantas, *Programa de Direito Civil: Direito das Coisas*, vol. III, cit., p. 158. Pontes de Miranda, seguindo o mesmo entendimento, assevera que o erro de direito não caracteriza boa-fé: "Se se conhecem todos os elementos, menos o direito, não há erro que sirva à formação da boa-fé. Todos têm, nos sistemas jurídicos como o brasileiro, de conhecer a lei" (*Tratado de Direito Privado*, t. 10, 1983, p. 126).

56 Tito Fulgêncio, *Da Posse e das Ações Possessórias*, vol. I, cit., p. 41. V., ainda, na doutrina mais recente, Luiz Edson Fachin, *A Função Social e a Propriedade Contemporânea: Uma Perspectiva da Usucapião Imobiliária Rural*, cit., p. 69: "Discute-se se o erro de direito ou o erro de fato podem integrar o conceito de boa-fé. A nosso ver, sim. (...) A rigor, ambos conduzem à mesma realidade".

57 Veja-se a íntegra da ementa do referido acórdão: "Usucapião. Bens públicos dominicais. Boa-fé. Erro de direito. Retroatividade da lei. Os bens públicos, ainda dominicais, não são sujeitos a usucapião, por força dos motivos que lhes determinaram a inalienabilidade. O bem dominical pode, mediante certas formalidades, ser alienado, mas não pode ser usucapido. No regime anterior ao Cód. Civil os bens dominicais poderiam ser adquiridos pela prescrição extraordinária de 40 anos que exigia o elemento da boa-fé. A boa-fé pode existir mesmo quando há erro de direito ou erro de fato, pois o erro de direito influi psicologicamente tanto quanto o erro de fato. A lei nova não tem influência sobre a prescrição consumada" (STF, RE 9348, 2ª T., Rel. Min. Orosimbo Nonato, julg. 24.9.1948).

58 J. M. Carvalho Santos, *Código Civil Brasileiro Interpretado*, vol. VII, cit., p. 45. Orlando Gomes também ressalta que a alegação de desconhecimento da norma jurídica tem sido admitida para a determinação da boa-fé, eis que a "máxima '*nemo jus ignorare consentur*' é incompatível com a natureza de boa-fé" (*Direitos Reais*, cit., p. 55).

sua constituição. Vale dizer que o ato jurídico não se reveste dos elementos ou requisitos necessários à produção do efeito translativo, sendo imprestável ao fim a que se destina, embora aquinhoado, ironicamente, com a designação de justo título.[59]

Justo título e presunção de boa-fé

O justo título, porque potencialmente eficaz, reveste a posse de aparente legitimidade e o legislador, em atenção a essa aparência, presume de boa-fé o possuidor com justo título (CC, art. 1.201, parágrafo único). Como, na maioria das vezes, mostra-se difícil, quando não impossível perquirir se o possuidor conhecia ou desconhecia a irregularidade que macula a aquisição da posse, a presunção legal acaba tendo, na prática, papel decisivo na instrução probatória das ações possessórias.

Assim, por exemplo, presume-se de boa-fé o herdeiro ou legatário que haja recebido quota maior do que aquela que efetivamente lhe tocava, por erro de cálculo para o qual não colaborou. Por outro lado, o título que, em tese, não seja hábil a transferir o domínio, por não ser justo, não tem o condão de gerar a *praesumptio bonae fidei*.[60] Além disso, o legislador favorece a aquisição do domínio pelo possuidor de boa-fé e munido de justo título, prevendo, a seu favor, a modalidade ordinária de usucapião (CC, art. 1.242), que se consome em prazo inferior ao da usucapião extraordinária.

Registro do título aquisitivo de imóvel

Cuidando-se de bem imóvel, o Superior Tribunal de Justiça, na esteira de entendimento jurisprudencial por muito tempo prevalente, considerava indispensável à caracterização do justo título o registro do instrumento de promessa de compra e venda: "Justo título, aludido no artigo 551 do Código Civil, é o título válido, em tese, para transferir o domínio, mas ineficaz, na hipótese, por não ser o transmitente o titular do direito ou faltar-lhe o poder de alienar. Abonada doutrina e precedentes jurisprudenciais exigem esteja o título registrado. Não seria assim justo título, para os efeitos da usucapião de breve tempo, o compromisso de venda por instrumento particular não registrado e não registrável, embora o preço integralmente pago".[61]

A convicção de que a exigência do registro se mostra excessiva, sobretudo em classes sociais menos favorecidas, espraiou-se, gradualmente, pela doutrina: "Tem-se referido que o título justo deve revestir as formalidades externas e estar transcrito no registro imobiliário. Mas não nos parece que se possa levar ao extremo a exigência,

---

[59]   De acordo com a erudita definição de Ebert Chamoun, justo título é "ato jurídico que, embora ilegítimo, serve de fundamento à aquisição de um direito real, porque corresponde a um tipo de atividade cujas consequências jurídicas constituem afinal nessa aquisição (causa habilis ad dominium transferendum), criando a obrigação de transferir o direito real ou constituindo, por si só, um modo de transferência", *Justo Título*, in Rubens Limongi França (org.), *Enciclopédia Saraiva do Direito*, vol. XLVII, São Paulo: Saraiva, 1977, p. 380. Confira-se, ainda, a jurisprudência: "Configura justo título o documento que se ostenta apto, ao menos em tese, a transferir o domínio, ou seja, é o ato translativo ou constitutivo da propriedade ou da posse, que só não tem eficácia para tanto em virtude de algum vício na sua constituição" (TJRS, Ap. Cív. 70009969809, 17ª C.C., Rel. Des. Jorge Luís Dall´Agnol, julg. 22.2.2005). Na mesma direção: "Por justo título, para efeito da usucapião ordinária, deve-se compreender o ato ou fato jurídico que, em tese, possa transmitir a propriedade, mas que, por lhe faltar algum requisito formal ou intrínseco (como a venda a *non domino*), não produz tal efeito jurídico" (STJ, 3ª T., REsp 652449/SP, Rel. Min. Massami Uyeda, julg. 15.12.2009, publ. *DJe* 23.3.2010).

[60]   Caio Mário da Silva Pereira, *Instituições de Direito Civil*, vol. IV, cit., p. 32.

[61]   STJ, REsp. 12/SP, 4ª T., Rel. Min. Athos Carneiro, julg. 8.8.1989.

pois que se destina o instituto da usucapião precisamente a consolidar *tractu temporis* a aquisição fundada em título que apenas em tese era hábil a gerar a aquisição".[62] Do mesmo evoluiu a jurisprudência do Superior Tribunal de Justiça, que, nos dias atuais, reconhece tranquilamente como justo título, hábil a ensejar a declaração da usucapião ordinária, o instrumento de promessa de compra e venda, ainda que desprovido de registro.[63]

Emblemática da flexibilização do conceito de justo título mostra-se a decisão proferida pela Terceira Turma do Superior Tribunal de Justiça, no sentido de que a posse de lote situado em loteamento irregular deve integrar a partilha de bens no divórcio. Na ocasião, sob relatoria da Ministra Nancy Andrighi, reconheceu-se, em posição marcadamente evolutiva, a autonomia da posse, cujos conteúdos jurídico e econômico não se confundem com o direito de propriedade, o qual, no caso, se encontrava em situação registral irregular. No caso concreto, entendeu-se que não estaria configurada a má-fé dos possuidores, considerando-se que serve de justo título, com presunção de boa-fé, o título aquisitivo do lote pelo promitente comprador, a despeito da ausência de registro do loteamento no RGI, concluindo-se pela inclusão daquela posse no conjunto de bens a ser partilhado.[64]

Embora a boa-fé decorra, de ordinário, do justo título que ostenta o possuidor, sua presunção não é absoluta, eis que as figuras não se confundem. A primeira encerra noção genérica de ignorância da ilegitimidade, e a segunda se associa à usucapião, indicando a presença de título teoricamente hábil à transferência do domínio, não fosse a irregularidade que o macula. Por conseguinte, é possível que exista justo título sem boa-fé, como se passa se o possuidor obtém a coisa por doação, apesar de saber que o bem não pertence ao doador, ou se o herdeiro aparente recebe sua

Presunção relativa de boa-fé

---

[62]   Caio Mário da Silva Pereira, *Instituições de Direito Civil*, vol. IV, cit., p. 149.

[63]   Nessa direção, confira-se o seguinte acórdão do STJ: "Civil e processual – Ação reivindicatória – Alegação de usucapião – Instrumento particular de compromisso de compra e venda – Justo título – Súmula 84-STJ – Posse – Soma – Período necessário à prescrição aquisitiva atingido. I. Ainda que não passível de registro, a jurisprudência do STJ reconhece como justo título hábil a demonstrar a posse o instrumento particular de compromisso de compra e venda. Aplicação da orientação preconizada na Súmula 84. II. Se somadas as posses da vendedora com a dos adquirentes e atuais possuidores é atingido lapso superior ao necessário à prescrição aquisitiva do imóvel, improcede a ação reivindicatória do proprietário ajuizada tardiamente. III. Recurso especial conhecido e provido" (STJ, REsp 171.204/GO, 4.ª Turma, Rel. Min. Aldir Passarinho Junior, j. 26.06.2003, *DJ* 01.03.2004). V. também STJ, REsp 941.464/SC, 4.ª Turma, Rel. Min. Luis Felipe Salomão, julg. 24.4.2012, *DJe* 29.6.2012. Ainda nesse sentido: "A falta de registro de compromisso de compra e venda não é suficiente para descaracterizar o justo título como requisito necessário ao reconhecimento da usucapião ordinária" (STJ, 3.ª T., REsp 1584447/MS, Rel. Min. Ricardo Villas Bôas Cueva, julg. 9.3.2021, publ. *DJe* 12.3.2021).

[64]   STJ, 3ª T., REsp 1.739.042/SP.Rel. Min. Nancy Andrighi, julg. 8.9.2020, publ. *DJ* 16.9.2020. Na ocasião, afirmou-se que: "Dada a autonomia existente entre o direito de propriedade e o direito possessório, a existência de expressão econômica do direito possessório como objeto de partilha e a existência de parcela significativa de bens que se encontram em situação de irregularidade por motivo distinto da má-fé dos possuidores, é possível a partilha de direitos possessórios sobre bem edificado em loteamento irregular, quando ausente a má-fé, resolvendo, em caráter particular, a questão que decorre da dissolução do vínculo conjugal, e relegando a segundo momento a discussão acerca da regularidade e formalização da propriedade sobre o bem imóvel."

quota hereditária já ciente da revogação do testamento. Por tudo isso, forçoso concluir que a presunção legal serve, tão somente, a transferir o ônus da prova àquele que alega a má-fé.

Ausência de justo título e ônus probatório da boa-fé

De outra parte, não raro a boa-fé do adquirente se apresenta desacompanhada do justo título, a exemplo da hipótese em que o mandante, confiando em seu mandatário, pensa adquirir, por meio deste, posse justa, sem conferir, contudo, a proveniência do título aquisitivo, que supôs cuidadosamente verificado por seu representante, ou mesmo sem ter tomado ciência da invalidade do mandato. Sendo assim, embora o título, frequentemente, fundamente a boa-fé, admitem-se outros meios de prova acerca da fé do possuidor.

6. MANUTENÇÃO DO CARÁTER DA POSSE

Caráter da posse

Entende-se por caráter da posse a modalidade pela qual se apresenta, sendo legítima ou ilegítima, viciosa ou isenta de vícios, direta ou indireta, de boa ou de má--fé, a título de propriedade ou autorizada pelo titular do domínio. Diz respeito também ao título pelo qual é adquirida, ou seja, ao título de propriedade, de servidão, usufruto, arrendamento, penhor.[65] Via de regra, a posse mantém o mesmo caráter

Manutenção do caráter da posse

com o que foi adquirida (CC, art. 1.203). Desse modo, a posse adquirida de maneira violenta, clandestina ou precária, manterá, em regra, essas mesmas características. Do mesmo modo, a "posse adquirida de boa ou de má-fé, direta ou indireta, a título de propriedade ou de exercício de algum poder elementar do domínio, entende-se permanecer com o mesmo caráter".[66]

Interversão da posse

No entanto, o art. 1.203 do Código Civil, ao admitir a *prova em contrário*, permite a inversão do título da *causa possessionis*, fenômeno também conhecido como inversão do título da posse, pela qual se atribui novo fundamento jurídico à posse.[67] O locatário poderá, por exemplo, comprar o bem, objeto de seu aluguel, possuindo--o, a partir de então, a título de proprietário. Igualmente, o usufrutuário, ao possuir o bem como titular de um direito real limitado, exerce posse *ad interdicta* e não *ad usucapionem*. Por esse motivo, não poderia usucapir o terreno sobre o qual recai o direito de usufruto, na medida em que usa e frui por força de posse direta, decorrente do negócio celebrado com o proprietário. Todavia, se seu comportamento for contrário ao direito do nu-proprietário, deixando de restituir o bem conforme o título aquisitivo de seu direito, poderá ocorrer a mudança no caráter de sua posse, que se torna injusta, deflagrando-se a contagem do prazo para a prescrição aquisitiva. Em

---

[65] Clovis Bevilaqua, *Código Civil dos Estados Unidos do Brasil Comentado*, vol. III, cit., p. 15.

[66] J. M. Carvalho Santos, *Código Civil Brasileiro Interpretado*, vol. VII, cit., p. 51.

[67] Leciona Carvalho Santos: "Mas se essa vontade é impotente para transformar o caráter da posse, pois prevalece o seu título primitivo, claro está que pode o possuidor mudar o título dela, se se opera a mudança desse título, por fundamento jurídico. Aí está a razão da ressalva do texto – salvo prova em contrário" (*Código Civil Brasileiro Interpretado*, vol. VII, cit., p. 52).

consequência, se o nu-proprietário não se opuser a essa situação, decorrido o lapso de tempo previsto em lei, poderá ser adquirida a propriedade pela usucapião.[68]

Importa sublinhar que a ninguém é dado mudar, por sua própria e exclusiva vontade, a causa ou o título de sua posse (*nemo si ipsi causam, possessionis mutare potest*).[69] Evita-se, desse modo, que o detentor, por puro arbítrio, transforme sua detenção em posse, e a posse precária em legítima; ou o possuidor que tinha apenas direito aos interditos passasse a ter posse qualificada para efeito de usucapião.[70] Em definitivo, não basta a vontade do possuidor para a alteração do caráter da posse, sendo necessário verificar a inversão de seu título, com base em circunstâncias concretas que possam ser comprovadas, que afastem a presunção legal da manutenção do caráter originário da posse.[71]

> *Análise objetiva da interversão da posse*

Hipótese específica de alteração do caráter da posse é a transformação de posse de boa-fé em posse de má-fé, se o possuidor passar a conhecer o vício possessório. Para se evitar excesso de subjetivismo na aferição da transformação do caráter da posse, importa investigar não o momento em que o possuidor toma consciência da existência de obstáculos à sua aquisição, mas sim a partir de que momento as circunstâncias permitem presumir que não mais os ignora (CC, art. 1.202).[72] Desloca-se o foco de análise, portanto, da intenção do possuidor para o exame objetivo do cenário fático, capaz de comprovar a conversão da posse.[73]

> *Transformação de posse de boa-fé em posse de má-fé*

Assim, por exemplo, a propositura de ação judicial para disputar a coisa autoriza a presunção de que o possuidor passou a ter conhecimento do vício que pesa sobre a sua posse, transformando-se, desse modo, em possuidor de má-fé. No entanto, a identificação do exato momento em que ocorre a alteração do caráter

> *Propositura de ação judicial e transformação em posse de má-fé*

---

[68] Miguel Maria de Serpa Lopes, *Curso de Direito Civil: Direito das Coisas*, vol. VI, cit., p. 163. A respeito da possibilidade de modificação do caráter da posse, veja-se esta decisão do STJ: "Usucapião extraordinária. Promessa de venda e compra. Transmutação da posse, de não própria para própria. Admissibilidade. 'O fato de ser possuidor direto na condição de promitente-comprador de imóvel, em princípio, não impede que este adquira a propriedade do bem por usucapião, uma vez que é possível a transformação do caráter originário daquela posse, de não própria, para própria'" (REsp. 143.976, 4ª T., Rel. Min. Barros Monteiro, julg. 6.4.2004).

[69] J. M. Carvalho Santos, *Código Civil Brasileiro Interpretado*, vol. VII, cit., p. 51; Eduardo Espínola, *Posse, Propriedade, Compropriedade ou Condomínio, Direitos Autorais*, cit., p. 73. Na mesma direção, destaca-se o seguinte trecho da ementa da decisão proferida pelo Tribunal de Justiça do Rio de Janeiro, Ap. Cív. 200200129667, 6ª C.C., julg. 1.4.2003: "Não se presume a interversão, isto é, a mudança do título ou fundamento da posse, por ato ou vontade da própria parte". Confira-se, ainda, a seguinte decisão do Tribunal de Justiça do Rio Grande do Sul: "(...) nos termos do disposto no artigo 492, do CC de 1916, se entende que a posse mantém o mesmo caráter com que foi adquirida, admitindo-se, porém, a mudança do caráter desde que produzida prova contundente em contrário, o que constitui ônus daquele que alega a mudança (...)" (Ap. Cív. 70008205825, 17ª C.C., Rel. Des. Alzir Felippe Schmitz, julg. 18.5.2004).

[70] Tito Fulgêncio, *Da Posse e das Ações Possessórias*, vol. I, cit., p. 45.

[71] Caio Mário da Silva Pereira, *Instituições de Direito Civil*, vol. IV, cit., p. 22.

[72] Esse o entendimento manifestado pela 1ª Turma do STJ: "A posse de boa-fé só perde este caráter no caso e desde o momento em que as circunstâncias façam presumir que o possuidor não ignora que possui indevidamente (...), como, *v.g.*, a decisão judicial que declara a nulidade do título que a embasa" (STJ, 1ª T., REsp 298.368/PR, Rel. Min. Luiz Fux, julg. 10.11.2009, publ. *DJe* 4.12.2009).

[73] Orlando Gomes, *Direitos Reais*, cit., p. 56.

da posse suscita controvérsia na doutrina, e despontam três posicionamentos a respeito do tema.

Sustenta-se, por um lado, que a propositura da ação, por si só, já transmudaria o caráter da posse.[74] De outra parte, afirma-se que esse momento apenas se verifica a partir da citação, quando, então, o possuidor passa a ter ciência dos argumentos contrários à sua posse, assim como dos documentos que os fundamentam; daí não poder mais ignorar os vícios que maculam a sua posse.[75] Por fim, terceira corrente defende ser a contestação o marco da conversão da posse, por representar o momento em que o possuidor oferece contrariedade à pretensão deduzida.[76]

Na jurisprudência prevalece, com razão, o segundo entendimento[77] – embora despontem, aqui e ali, decisões que, com base na valoração das circunstâncias do caso concreto, vislumbrem a configuração de má-fé do possuidor antes mesmo do ajuizamento da ação ou depois da citação.[78] Desse modo, tem-se que, vencido o

---

[74] Nessa direção, confira-se julgado do Supremo Tribunal Federal: "Benfeitorias. Cessação da boa fé com a instauração de ação possessória" (RE 52.760/SP, 1ª T., Rel. Victor Nunes, julg. 12.12.1966).

[75] Assim, Silvio Rodrigues: "Ora, a maioria dos autores, bem como a jurisprudência dominante, entendem que o estabelecimento de uma relação controvertida serve para infirmar, no espírito do possuidor, a convicção da legitimidade de sua posse. De maneira que, se posteriormente a sentença acolhe a reivindicação, seus efeitos retroagem à data da citação, e desde esse momento o possuidor é considerado de má-fé" (*Direito Civil: Direito das Coisas*, vol. V, cit., p. 34). V., ainda, Fábio Ulhoa Coelho, *Curso de Direito Civil*, vol. IV, São Paulo: Saraiva, 2006, p. 23. Em sentido contrário, Lafayette Rodrigues Pereira: "É falsa a opinião dos que pensam que a citação induz sempre o possuidor em má-fé. Bem pode o possuidor, sem embargo dos fundamentos da citação, continuar, por julgá-los improcedentes, na crença de que a coisa lhe pertence" (*Direito das Coisas*, vol. I, cit., p. 252). Segundo Pontes de Miranda, "a citação, com o conhecimento que passa a ter da demanda o possuidor, marca momento em que, se não cessou antes, a boa-fé *pode* cessar, para o vencido (...). A afirmação de que, com a citação, se estabelece a má fé do possuidor (...) é de repelir-se (...)" (*Tratado de Direito Privado*, t. 10, cit., pp. 135-136).

[76] Nesta direção, dentre outros, Carvalho Santos: "Ora, no momento da contestação da lide, o possuidor fica conhecendo as alegações apresentadas pela parte contrária e mais do que isso fica conhecendo os documentos em que se estriba o direito de quem com ele consente. De sorte que, sem forçar a conclusão, é possível admitir-se, desde então, a presunção de que o possuidor, do *momento da contestação da lide*, não mais podia ignorar que possuía indevidamente" (*Código Civil Brasileiro Interpretado*, vol. VII, cit., pp. 49-50. Grifos do original). Veja-se, também, Tito Lívio Pontes, *Da Posse*, São Paulo: EUD, 1977, 2ª ed., p. 74. Embora Orlando Gomes se filie a esse entendimento, reconhece que o critério segundo o qual a boa-fé cessa, para os efeitos legais, com a citação também se afigura "defensável em face do princípio de que a boa-fé cessa quando as circunstâncias fazem presumir que o possuidor não ignora que possui indevidamente" (Orlando Gomes, *Direitos Reais*, cit., p. 57).

[77] É ver-se: "Embora possam ser os requeridos considerados possuidores de boa-fé, visto que esta é presumida, uma vez citados para a presente ação reivindicatória, não mais podem ser tidos como tal a partir desta data, visto que a coisa possuída se tornou litigiosa, não lhes sendo desconhecido possível óbice à sua posse" (TJMG, Ap. Cív. 2.0000.00.481429-1, 11ª C.C., Rel. Des. Selma Marques, julg. 3.8.2005). Confira-se, ainda: TJRS, Ag. Instr. 70017068123, 18ª C.C., Rel. Des. André Luiz Planella Villarinho, julg. 29.9.2006; e TJRS, Ap. Cív. e Reexame Necessário 70002426898, 20ª C.C., Rel. Des. Rubem Duarte, julg. 5.11.2003.

[78] Para um panorama acerca das opiniões doutrinárias, v. José Rogério Cruz e Tucci, *Da Posse de Boa-fé e os Embargos de Retenção por Benfeitorias*, in Yussef Said Cahali (coord.), *Posse e Propriedade: doutrina e jurisprudência*, São Paulo: Saraiva, 1987, *passim*. Observa o autor: "Na verdade, a boa-fé pode desaparecer, surgindo a má-fé, até mesmo antes de aforada a ação, ou muito depois desse

possuidor, os efeitos específicos da posse de má-fé são produzidos desde a formação da relação processual, uma vez que a sentença, no seu efeito declaratório, retroage.[79] Por conseguinte, impõe-se-lhe tanto a restituição dos frutos percebidos quanto a responsabilidade pelas deteriorações que a coisa sofrer, ainda que não as tenha causado, desde a citação, bem como a perda das benfeitorias úteis e voluptuárias, a teor do que dispõem os arts. 1.216, 1.218 e 1.220 do Código Civil.

PROBLEMAS PRÁTICOS

1. Considera-se justo título o instrumento de promessa de compra e venda de imóvel desprovido do registro imobiliário?
2. Explique como se dá o desdobramento da posse em direta e indireta e se é possível o ajuizamento de ações possessórias entre os dois possuidores.

 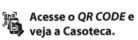

Acesse o *QR CODE* e veja a Casoteca.
> https://uqr.to/1pc8c

Acesse o *QR CODE* e assista ao vídeo do Problema n. 1.
> https://uqr.to/owl5

---

momento, da ação ou da contestação. Esse, exatamente esse, o princípio que começa a orientar nossa jurisprudência" (*Ibid.*, p. 617).

[79] Orlando Gomes, *Direitos Reais*, cit., p. 56.

Capítulo IV
AQUISIÇÃO E PERDA DA POSSE

SUMÁRIO: 1. Momento da aquisição da posse – 2. Fontes da aquisição da posse – 3. Transmissão da posse – 4. Perda da posse – Problemas práticos.

1. MOMENTO DA AQUISIÇÃO DA POSSE

A definição do momento em que se adquire a posse se mostra extremamente relevante em razão dos efeitos dali decorrentes, especialmente no que tange à contagem do prazo para a aquisição da propriedade por usucapião (CC, arts. 1.238 e 1.242), à deflagração dos mecanismos processuais de tutela possessória (CC, art. 1.210), e à disciplina da percepção de frutos (CC, art. 1.214).

Definição do momento de aquisição

Por se tratar de situação eminentemente fática, "adquire-se a posse desde o momento em que se torna possível o exercício, em nome próprio, de qualquer dos poderes inerentes à propriedade" (CC, art. 1.204). Trata-se de critério consentâneo com a noção de possuidor prevista no art. 1.196, preferível à enumeração descritiva dos modos de aquisição da posse adotada pelo codificador de 1916 e duramente criticada pela doutrina.[1] Afinal, se a posse consiste no estado de fato correspondente ao exercício das faculdades inerentes ao domínio, não há, a rigor, necessidade de previsão específica dos modos de aquisição da posse.

---

[1] V., entre outros, Silvio Rodrigues, *Direito Civil: Direito das Coisas*, vol. V, São Paulo: Saraiva, 2007, 28ª ed., p. 38; Orlando Gomes, *Direitos Reais*, Rio de Janeiro: Forense, 2008, 19ª ed., p. 65; e Ebert Chamoun, *Direito Civil: Aulas do 4º Ano Proferidas na Faculdade de Direito da Universidade do Distrito Federal*, Rio de Janeiro: Aurora, 1955, p. 30.

Aquisição da posse por meio do detentor

Ao ressaltar que a faculdade dominial deve ser exercida em nome próprio, o art. 1.204 do Código Civil estrema as figuras da posse e da detenção. O detentor (CC, art. 1.198) que, cumprindo ordens, apreende uma coisa, não adquire a posse para si, mas para quem emitiu a instrução.[2] Este é, com efeito, o possuidor da coisa, capaz de tirar proveito econômico dela em nome próprio, ainda que por intermédio de atos materiais praticados por preposto sob seu comando.

Aquisição por representante e terceiro sem mandato

Admite-se, assim, que a posse seja adquirida "pela própria pessoa que a pretende ou por seu representante" legal ou convencional, podendo este último ser o preposto a quem se confiou a tarefa de apoderar-se de determinado objeto (CC, art. 1.205, I). Também se mostra lícita a aquisição "por terceiro sem mandato, dependendo de ratificação" (CC, art. 1.205, II). Neste caso, verifica-se a gestão de negócios, em que o gestor age espontaneamente no interesse alheio sem que, para tanto, tenha recebido autorização.[3] O gestor deve conduzir os negócios com toda sua diligência habitual e, enquanto o dono não ratificar os atos de sua administração, responde perante este e terceiros com quem tratar. Ao ratificar o ato aquisitivo, tudo se passa como se de mandato se tratasse desde o início, respondendo o dono do negócio pessoalmente pelas obrigações que o gestor, em seu interesse, contraiu.

Em razão disso, a pessoa que adquire a posse de determinado objeto, no interesse de outrem mas sem mandato, reputa-se possuidor até o momento da ratificação. Uma vez realizada a ratificação, os efeitos da representação aí outorgada retroagem, considerando-se, portanto, que a posse do bem foi adquirida pelo próprio interessado, em nome de quem atribui-se a aquisição.

Atos de mera permissão ou tolerância

Por cuidar-se de situação eminentemente fática, a configuração da aquisição da posse pode ser sutil em situações limítrofes em que não se identifica, com nitidez, o exercício autônomo de alguma das faculdades do domínio. Nesse tocante, o Código Civil estabelece regras destinadas a auxiliar o intérprete a averiguar se a relação do sujeito com a coisa traduz, efetivamente, relação possessória.

Assim, de acordo com o art. 1.208 do Código Civil, "não induzem posse os atos de mera permissão ou tolerância". Consideram-se atos de tolerância ou permissão aqueles provenientes, em regra, das relações de boa vizinhança, cordialidade ou familiaridade. Assim, por exemplo, o proprietário que autoriza ao vizinho o ingresso em sua fazenda, como atalho para reunir o gado, ou para a utilização de nascente. Tais atos não implicam cessão da posse, nem da fonte, nem do campo.[4] Com efeito, a

---

[2] "Portanto, quem quiser adquirir a posse de um objeto que se ache distante, pode chamar um empregado e mandar que vá buscar o objeto e, no momento em que, cumprindo a ordem, apreender o objeto, será o momento da aquisição da posse, e ele não a adquire para si, adquire-a para quem emitiu a ordem" (San Tiago Dantas, *Programa de Direito Civil: Direito das Coisas*, vol. III, Rio de Janeiro: Rio, 1979, p. 68).

[3] V. Caio Mário da Silva Pereira, *Instituições de Direito Civil*, vol. III, Rio de Janeiro: Forense, 2003, 11ª ed., p. 422.

[4] Clovis Bevilaqua, *Código Civil dos Estados Unidos do Brasil Comentado*, vol. III, Rio de Janeiro: Paulo de Azevedo, 1958, 11ª ed., p. 19.

análise fática será de fundamental importância para determinar se a situação configura posse ou se se trata de mera permissão ou tolerância.

Há de se distinguir, portanto, os atos de mera tolerância e permissão, que, por serem fugazes e precários, não atraem a tutela possessória, dos negócios jurídicos que servem de título ao desdobramento da posse entre o proprietário possuidor indireto e o possuidor direto, que, autorizado por aquele, utiliza diretamente o bem. Diferentemente do que se verifica no desdobramento, a mera tolerância ou permissão não importa em transferência do exercício de alguma das faculdades inerentes ao domínio a outrem. Tais atos, para efeitos possessórios, são irrelevantes.

O art. 1.208 do Código Civil estabelece ainda que não autorizam a aquisição da posse os atos violentos, ou clandestinos, senão depois de cessar a violência ou a clandestinidade. A violência, além de caracterizar ilicitude gravemente reprovada pelo ordenamento, é a negação do exercício pacífico de qualquer das faculdades do domínio. Prova a disputa possessória, não já a posse de qualquer um dos contentores. Do mesmo modo, a clandestinidade também impede que se visualize o exercício público e inconteste de um dos poderes inerentes ao domínio. Dessa forma, enquanto há violência ou a posse não se tornou pública, portanto, inexiste (definição e) aquisição da posse.

Violência e clandestinidade

Finda a clandestinidade ou a violência, manifesta-se desde já a posse, evidentemente injusta do ponto de vista técnico, por ter sido adquirida por meio vicioso (v. Capítulo III). Vale sublinhar que a injustiça da posse não significa ausência de proteção legal. Mesmo injusta, a posse deflagra o direito aos interditos possessórios e a contagem de prazo para usucapião.[5]

Como se vê, a regra enunciada na parte final do art. 1.208 do Código Civil visa a definir o momento em que se opera aquisição da posse por meio de atos violentos ou clandestinos. Estabelece, a esse respeito, que a aquisição só se verifica uma vez cessada a violência ou clandestinidade e, por conseguinte, consolidada a posse na pessoa do esbulhador. Enquanto perdurar o estado de violência ou clandestinidade, o esbulhado ainda é tido como possuidor, sendo-lhe lícito, inclusive, defender a sua posse por força própria (v. Capítulo V).

A regra, contudo, tem suscitado diferentes interpretações na doutrina contemporânea, que obscurecem a compreensão da matéria. Assim, por vezes, aponta-se possível antinomia entre o presente dispositivo e aquele do art. 1.203, segundo o qual se presume que a posse mantém o mesmo caráter com que foi adquirida (V. Capítulo III).[6] Vale esclarecer, porém, que o art. 1.203 se refere à alteração do caráter da posse, enquanto o preceito em análise refere-se ao próprio início da posse adquirida mediante atos violentos ou clandestinos. Esse dispositivo, com efeito, não trata da conversão da posse adquirida injustamente em posse justa – o que só poderia ocorrer

Início da posse e a alteração do caráter da posse

---

[5] J. M. Carvalho Santos, *Código Civil Brasileiro Interpretado*, vol. VII, Rio de Janeiro: Freitas Bastos, 1961, p. 77.

[6] Silvio Rodrigues, *Direito Civil: Direito das Coisas*, vol. V, cit., pp. 29-31.

com o decurso do tempo (prescrição aquisitiva) ou com a superação do conflito com o possuidor esbulhado ou turbado. Em outras palavras, no direito brasileiro, o vício possessório pode convalescer em determinadas situações, tornando-se justa a posse, e temperando o rigor do brocardo latino incorporado ao art. 1.203 do Código Civil.

De outra parte, há quem associe o início da posse ao lapso de um ano e um dia a partir do final da ação violenta ou clandestina que permitiu a aquisição.[7] Entretanto, esse prazo anual, embora relevante para a defesa possessória (v. CPC, art. 558), não se confunde com o momento do início da posse – circunstância fática que se identifica com o mero exercício de uma das faculdades dominicais – nem é capaz de convertê-la em posse justa. A posse adquirida mediante violência ou clandestinidade reputa-se injusta e assim permanece mesmo após o transcurso do prazo de ano e dia. O termo é relevante apenas no que concerne à possibilidade de recuperação liminar da posse, pois que, uma vez decorrido o lapso temporal, o esbulhado não faz mais jus a ser reintegrado liminarmente na posse (v. Capítulo V).[8]

Presunção da posse dos móveis contidos no imóvel Ainda de maneira a auxiliar o intérprete a identificar a titularidade do exercício possessório, o art. 1.209 do Código Civil estabelece que "a posse do imóvel faz presumir, até prova contrária, a das coisas móveis que nele estiverem". Em outras palavras, presume-se que o possuidor do imóvel seja também possuidor dos móveis que nele se encontrarem. Não importa aqui se o bem móvel se caracteriza como acessório, pois a posse do imóvel faz presumir, por justa opção legislativa, a posse dos bens móveis nele contidos.

A lei não distingue a natureza ou o título da posse do imóvel. Trata-se de presunção *iuris tantum*,[9] a admitir prova em contrário de que, mesmo estando na posse do imóvel, não existe relação possessória sobre as coisas móveis, pelo fato, por exemplo, de ser o possuidor imobiliário mero detentor dos bens ali contidos, isto é, fâmulo da posse do mobiliário, detendo-o em nome de outrem.

2. FONTES DA AQUISIÇÃO DA POSSE

Aquisição *ope legis* A aquisição da posse pode resultar da lei, do ato lícito de conduta (também denominado ato jurídico em sentido estrito),[10] do negócio jurídico e do ato ilícito. O exemplo mais importante de aquisição *ope legis* é a transmissão da posse dos bens do *de cujus* aos herdeiros, que, por força de lei, ocorre no momento da abertura da sucessão.

Ato lícito de conduta Por ser a posse eminentemente fática, admite-se igualmente a sua aquisição mediante ato lícito de conduta que exterioriza o exercício, em nome próprio, de algum

---

[7]   Silvio Rodrigues, *Direito Civil: Direito das Coisas*, vol. V, cit., pp. 29-31.

[8]   Marcus Vinicius Rios Gonçalves, *Dos Vícios da Posse*, São Paulo: Juarez de Oliveira, 2003, 3ª ed., pp. 59-60.

[9]   J. M. Carvalho Santos, *Código Civil Brasileiro Interpretado*, vol. VII, cit., pp. 80-81.

[10] Sobre as diferenças entre os atos jurídicos *stricto sensu* e os negócios jurídicos, v. Gustavo Tepedino, Heloisa Helena Barboza, Maria Celina Bodin de Moraes, *Código Civil Interpretado conforme a Constituição da República*, vol. I, Rio de Janeiro: Renovar, 2007, 2ª ed., pp. 210-216.

dos poderes inerentes ao domínio. O exemplo mais usual é a apreensão da coisa. Cuida-se de ato jurídico em sentido estrito, desprovido dos caracteres definidores do negócio jurídico, ao qual a ordem jurídica atribui efeitos jurídicos.[11] A sua eficácia, a saber, o efeito aquisitivo da posse, não se subordina às exigências legais de validade do negócio jurídico (CC, art. 104). Daí decorre que o ato lícito de conduta não depende, para produzir efeitos, da capacidade de exercício do agente. Basta que tenha consciência do seu querer. Com efeito, a vontade que se manifesta na aquisição da posse não é a vontade negocial, mas a "vontade natural",[12] que pressupõe "a consciência da aquisição da posse".[13]

Por esse motivo, até mesmo o incapaz pode adquirir, por si próprio, a posse, desde que tenha consciência de seu comportamento. O menor, por exemplo, pode adquirir a posse do brinquedo mediante a sua apreensão, independentemente da representação ou assistência de outra pessoa.[14] No entanto, já não se admite a aquisição da posse por recém-nascido.[15]

Aquisição da posse por incapaz

A posse também pode ser adquirida por meio de negócio jurídico, sendo exemplo comum o contrato no qual se estipulou a cláusula denominada *constituto possessório*. O Código Civil prevê o constituto possessório como espécie da chamada tradição *ficta*, que opera a transmissão da propriedade das coisas móveis (CC, art. 1.267, parágrafo único). Nada obstante, tal instituto mantém-se como modo de aquisição da posse,[16] conforme foi destacado no Enunciado interpretativo n. 77, aprovado na I Jornada de Direito Civil promovida pelo Centro de Estudos Judiciários do Conselho de Justiça Federal, com a seguinte dicção: "A posse das coisas móveis e imóveis também pode ser transmitida pelo constituto possessório".

Aquisição mediante negócio jurídico

---

[11] Ebert Chamoun, *Direito Civil: Aulas do 4º Ano*, cit., p. 31. De acordo com Rose Melo Vencelau: "os atos jurídicos em senso estrito são aqueles cujo fator volitivo se dirige à produção de certos efeitos previstos em lei, imodificáveis pelo mero consentimento. Os negócios jurídicos são atos em que o elemento volitivo possui uma direção certa, a dos efeitos jurídicos reconhecidos pelo ordenamento, mas cujo conteúdo tem um âmbito de livre disposição" (Rose Melo Vencelau, O negócio jurídico e suas modalidades. In: Gustavo Tepedino (org.), *A Parte Geral do Novo Código Civil: Estudos na Perspectiva Civil-Constitucional*, Rio de Janeiro: Renovar, 2003, 2ª ed., p. 184).

[12] Caio Mário da Silva Pereira, *Instituições de Direito Civil*, vol. IV, Rio de Janeiro: Forense, 2016, 24ª ed. p. 45.

[13] José Carlos Moreira Alves, O problema da vontade possessória. In: *Revista do Tribunal Regional Federal*, vol. 8, out-dez/1996, p. 22.

[14] Silvio Rodrigues, *Direito Civil: Direito das Coisas*, vol. V, cit., pp. 43-44: "Todavia o incapaz pode adquirir a posse por seu próprio comportamento, pois é possível ultimar a aquisição da posse por outros meios que não atos jurídicos, como, por exemplo, por apreensão".

[15] José Carlos Moreira Alves, *O problema da vontade possessória*, cit., p. 22.

[16] A previsão do constituto possessório no Código Civil de 1916 era alvo de críticas por parte da doutrina. Afirmava-se que o instituto era mais adequado aos sistemas que adotavam a teoria subjetiva da posse: "Esse conceito (constituto possessório), justo na concepção tradicional que se estribava na teoria de Savigny apresenta-se imperfeito dentro de um sistema que, por adotar a teoria de Ihering, distingue a posse direta da posse indireta. O alienante que se mantém na detenção da coisa, conserva a posse direta, embora perca a posse indireta, que é adquirida pelo novo proprietário" (Silvio Rodrigues, *Direito Civil: Direito das Coisas*, vol. V, cit., p. 44).

Constituto possessório

Tal disposição contratual tem por efeito a aquisição da posse sem a apreensão material da coisa. Vale dizer, o proprietário, que tinha a posse, torna-se detentor, transferindo-se a posse ao novo proprietário, que se torna possuidor sem contato material com a coisa adquirida.[17] Registre-se que, embora o constituto possessório se faça simultaneamente ao ato de alienação, "tem eficácia ainda que não valha o negócio jurídico sobre a propriedade; porque somente diz respeito à posse".[18]

O constituto possessório é empregado, sobretudo, nas hipóteses nas quais não se mostra conveniente a tradição real, e, ao mesmo tempo, não há interesse em que o alienante continue no *status* de possuidor. É o que se passa, por exemplo, quando o comprador de certo livro raro, em razão de condições específicas necessárias à conservação da obra, convenciona com o vendedor que, a despeito da imediata transferência da posse, permanecerá – ele, vendedor – com a apreensão material da coisa, na qualidade de detentor, guardando-a por certo período de tempo até a entrega efetiva do livro ao comprador.

Cláusula *constituti* ou constituta

Frequentemente inserido nos contratos de compra e venda de imóveis, com o nome de cláusula *constituti* ou constituta, o constituto deverá estar expresso nos contratos,[19] não sendo possível a sua presunção.[20] Observe-se, porém, que, mediante a aposição de cláusula *constituti*, utilizada pelo tabelionato, costuma-se prever mais do que o simples modo de aquisição e perda da posse: autoriza-se contratualmente novo apossamento pelo vendedor, estipulando-se o desdobramento da posse, de modo que o adquirente se torna possuidor indireto e o vendedor (que se tornaria detentor, por conta do constituto possessório, ato contínuo passa a) possuidor direto, munido de autorização contratual para o uso da coisa vendida – seja como locatário, como comodatário ou por outra espécie contratual –, projetando-se tal situação por prazo indeterminado ou pelo período de tempo convencionado para a desocupação do imóvel.

---

[17] Miguel Maria de Serpa Lopes, *Curso de Direito Civil: Direito das Coisas*, vol. VI, Rio de Janeiro: Freitas Bastos, 2001, 5ª ed., pp. 191 e 192. Assim, Getúlio Targino Lima lembra que "o objetivo da cláusula *constituti* é manifestar o constituto possessório, ou seja, a intenção das partes referente à transferência da posse" (Getúlio Targino Lima, Cláusula Constituti. In: Rubens Limongi França (org.), *Enciclopédia Saraiva do Direito*, vol. XV, São Paulo: Saraiva, 1977, p. 27).

[18] Pontes de Miranda, *Tratado de Direito Privado*, t. 10, São Paulo: Revista dos Tribunais, 1983, 4ª ed., p. 208.

[19] "Constituto possessorio. A cláusula, que o estabelece, deve ser desambígua, límpida e induvidosa" (STF, 2ª T., RE 24.708/SP, Rel. Min. Orosimbo Nonato, julg. 8.1.1954).

[20] Observa Ebert Chamoun (*Direito Civil: Aulas do 4º Ano*, cit., p. 33): "É importante notar que o constituto possessório não se presume. É indispensável a transação da posse sempre que na escritura de venda não se insira a cláusula constituta (pois é assim que a denomina a linguagem dos tabeliães), designando o constituto possessório". Na jurisprudência: "O constituto possessório não se presume, constituindo-se através da cláusula *constituti*, em que o vendedor transfere imediatamente a posse do bem para o comprador" (TJRJ, 3ª C.C., Ap. Cív. 0019023-78.2015.8.19.0202, Rel. Des. Renata Machado Cotta, julg. 21.10.2020, publ. *DJ* 26.10.2020). V., ainda, TJRS, 19ª C.C., Ap. Cív. 70006796312, Rel. Des. Mário José Gomes Pereira, julg. 4.5.2004; e TJRS, 13ª C.C., Ag. Instr. 70000961771, Rel. Des. Roberto Carvalho Fraga, julg. 14.12.2004.

CAPÍTULO IV | AQUISIÇÃO E PERDA DA POSSE 59

A doutrina reconhece nessas cláusulas a presença do constituto possessório,[21] com a aquisição da posse pelo comprador e a correspondente perda da posse, pelo vendedor. Entretanto, com a cláusula constituti agregada à avença, o vendedor, simultânea e imediatamente, adquire a posse direta por outro título, transferida convencionalmente pelo comprador, mediante o desdobramento da posse.[22] Dessa forma, vendedor e comprador, ambos possuidores, poderão fazer uso dos interditos possessórios.[23]

Assinale-se, por fim, que a posse pode ser adquirida por meio de ato ilícito, a que se denomina *esbulho possessório*. O esbulhador toma a posse da coisa para si contra a vontade do antigo possuidor. Embora injusta, por ter sido adquirida de modo viciado, a posse é legalmente protegida, dando ensejo ao direito aos interditos possessórios e à contagem de prazo para usucapião.

Aquisição mediante esbulho

3. TRANSMISSÃO DA POSSE

Diferenciam-se, em razão dos efeitos, a aquisição originária e a derivada. É originária a aquisição que se produz independentemente de relação entre o adquirente e o titular anterior do direito. Adquire-se, desse modo, direito novo, ainda que já existisse direito de igual conteúdo em favor de outrem. Não há, neste caso, transmissão, isto é, mudança de titularidade do direito (que se mantém inalterado), mas sequência de direitos, uma vez que o direito adquirido substitui-se ao preexistente. Em outras palavras, surge o novo direito e, por conseguinte, extingue-se o direito anterior.[24]

Aquisição originária e derivada

---

[21] Veja-se a lição de Getúlio Targino Lima: "Embora a interligação entre o constituto possessório e a cláusula constituti, um e outro não se confundem. Esta é o instrumento daquele. Por ela opera-se a transferência da posse independentemente da efetiva tradição da coisa. Manifesta-se, assim, o constituto possessório como meio de aquisição e de perda de posse da coisa" (Getúlio Targino Lima, *Cláusula Constituti*, cit., p. 28).

[22] Eduardo Espínola, *Posse, Propriedade, Compropriedade ou Condomínio, Direitos autorais*, Campinas: Bookseller, 2002, p. 76.

[23] "Possessória – Reintegração. A aquisição da posse pode se dar pela cláusula *constituti* inserida em escritura pública de compra-venda do imóvel, o que autoriza o manejo dos interditos possessórios pelo adquirente, mesmo que nunca tenha exercido atos de posse direta sobre o bem, pois a Caixa Econômica Federal adquiriu o domínio do imóvel pela via da adjudicação e adquiriu também a posse indireta do bem" (TJRJ, 14ª C.C., Ap. Cív. 200400118081, Rel. Des. Walter D'Agostino, julg. 1.3.2005). V. ainda os seguintes julgados: TJRJ, 18ª C.C., Ap. Cív. 200400127728, Rel. Des. Cássia Medeiros, julg. 22.2.2005; TJRJ, 13ª C.C., Ap. Cív. 200300110177, Rel. Des. Jose de Samuel Marques, julg. 29.10.2003; TJRJ, 3ª C.C., Ap. Cív. 200200116190, Rel. Des. Antônio Eduardo F. Duarte, julg. 6.2.2003.

[24] Na lição de lição de Andreas Von Tuhr: "A aquisição pode ser originária, mesmo que já exista um direito de igual conteúdo em favor de outro sujeito de direito; a aquisição é, apesar disso, originária se o direito atual não deriva do anterior, mas tem um fato constitutivo próprio. Não há, então, sucessão, mas uma sequência de direitos que se pode chamar de suplantação ou substituição de direitos, conforme o nascimento do novo ou a extinção do antigo direito se apresente como o *prius* lógico. A suplantação ocorre quando o direito anterior se extingue porque sua subsistência seria incompatível com a existência do direito novo. O caso mais importante das incompatibilidades de direitos se apresenta na propriedade. O exemplo típico de suplantação é a usucapião; (...). O efeito primário da usucapião é a aquisição da propriedade, e dele decorre a extinção da propriedade anterior, porque

Por sua vez, a aquisição derivada opera-se por meio da transmissão do direito, justificada em relação existente entre o adquirente e o titular precedente.[25] Nesta hipótese, não há direito novo nem extinto, mas um mesmo direito que muda de titular, deslocando-se de um patrimônio para outro. Vale dizer diversamente que o adquirente sucede o transmitente na titularidade do direito.

Aquisição derivada e manutenção do caráter da posse

Disso resultam duas importantes consequências. A primeira é que a aquisição derivada tem como pressuposto de eficácia que o direito pertença ao transmitente. A segunda é a incidência do princípio segundo o qual não se pode transmitir a outrem mais direito do que se tem (*nemo plus iuris ad alium transferre potest quam ipse haberet*). Vale dizer, o possuidor transfere a posse que tem, nem mais nem menos do que seu direito: se a posse é injusta, assim será a de seu sucessor. Tal orientação, além de respeitar o princípio acima mencionado, também se encontra em sintonia com a regra, tradicional em matéria possessória, de que ninguém pode alterar, somente por sua vontade, a própria posse. Com efeito, a alteração do caráter da posse deve resultar objetivamente das circunstâncias fáticas, e nunca em razão da mera vontade do possuidor. Assim, por exemplo, a posse adquirida com o caráter de injusta torna-se justa quando o possuidor celebra acordo com o terceiro prejudicado pelo esbulho, adquirindo definitivamente a propriedade da coisa.

Manutenção do caráter da posse na aquisição mortis causa e inter vivos

Em vista dessas considerações, convém advertir que a linguagem do art. 1.206 pode induzir o intérprete a erro, uma vez que se limita a mencionar as hipóteses de sucessão *mortis causa*: "a posse transmite-se aos herdeiros ou legatários do possuidor com os mesmos caracteres". Dessa forma, parece autorizar a conclusão de que, na aquisição derivada *inter vivos*, não haveria a continuidade das características da posse.

No entanto, como já esclarecido, a posse injusta, isto é, violenta, clandestina ou precária, mantém-se viciosa. O possuidor transfere a posse que tem, nem mais nem menos do que seu direito. A vontade do adquirente não se mostra apta a tornar justa a posse injusta. Em definitivo, não só aos herdeiros e legatários a posse se transmite com os mesmos caracteres, mas aos sucessores em geral, por ato *mortis causa* ou *inter vivos*.[26] Nessa direção, aprovou-se na V Jornada de Direito Civil (2012) o Enunciado n. 494, segundo o qual "a faculdade conferida ao sucessor singular de somar ou não o tempo da posse de seu antecessor não significa que, ao optar por nova contagem, estará livre do vício objetivo que maculava a posse anterior".

---

duas propriedades não podem coexistir sobre a mesma coisa" (Andreas Von Tuhr, *Derecho Civil: teoria general del derecho civil aleman*, Buenos Aires: Depalma, 1946, p. 46-47, tradução livre).

[25] Como esclarece Emilio Betti: "(...) se a aquisição é justificada por meio de uma relação do adquirente com outra pessoa legitimada, por intermédio da qual a transmissão necessariamente se opera, ela tem caráter derivada. Se, pelo contrário, a aquisição é justificada por uma relação imediata com o objeto de cuja aquisição se trata, sem passar pelas mãos de outra pessoa, nem depender da relação com outra pessoa, então ela tem caráter originário" (Emilio Betti, *Teoria Geral do Negócio Jurídico*, Campinas: Servanda, 2008, p. 26).

[26] Ebert Chamoun, extraído de apostila contendo transcrições das aulas de Direito Civil do 3º Ano, proferidas na Universidade do Estado da Guanabara em 1972.

4. PERDA DA POSSE

Assim como para a aquisição, o Código Civil estabelece, no art. 1.223, regra geral de perda da posse consentânea com o conceito de posse desenvolvido no art. 1.196, ou seja, como mero exercício de alguma das faculdades inerentes à propriedade. É, portanto, a partir dessa noção que se estabelece o momento em que o possuidor é privado da autoridade sobre a coisa, o que se verifica, portanto, com a perda de visibilidade do exercício do domínio.[27]

Definição do momento da perda da posse

O possuidor pode deixar de exercer o poder de fato sobre a coisa seja por negligência ou desinteresse (abandono), seja por sua vontade de transferir a posse (tradição propriamente dita).[28] Ademais, como ressaltado no art. 1.223 do Código Civil, pode perdê-la, ainda, por algum fato que caracterize o exercício do *ius possessionis* por terceiro, sem concorrer, para tanto, com sua vontade, em circunstâncias que deflagram, normalmente, os conflitos possessórios. Também cessa a posse em razão da perda da coisa, entendida não apenas como o perecimento total do bem, mas também como o seu extravio definitivo.[29]

Razões da perda da posse

O art. 1.224 do Código Civil traz regra específica para a definição do momento da perda da posse quando o possuidor não presencia o esbulho. Nessa hipótese, "só se considera perdida a posse para quem não presenciou o esbulho, quando, tendo notícia dele, se abstém de retornar a coisa, ou, tentando recuperá-la, é violentamente repelido". A regra prestigia o direito do proprietário, em detrimento do possuidor. Entretanto, não pode ser interpretada de modo a descaracterizar o momento aquisitivo da posse, que se dá quando há exteriorização fática do domínio pelo novo possuidor. Assim sendo, a posse se configura, por seu próprio modo de aquisição, no momento em que o adquirente, cessada a clandestinidade, violência ou precariedade, torna-se efetivamente possuidor (CC, art. 1.208).

Ausência temporária do possuidor

O aludido preceito limita-se a oferecer ao legítimo possuidor, para todos os efeitos legais, a possibilidade de, encontrando-se ausente no momento em que se deu o esbulho, retomar a sua posse como se nunca a houvesse perdido, desde que o faça tão logo retorne ao local. A retomada, contudo, há de ser pacífica, não podendo o proprietário se valer do desforço pessoal, uma vez que a sua reação não seria imediata à ofensa sofrida em sua posse (CC, art. 1.210, § 1º). Em contrapartida, se lograr retomar pacificamente a coisa, o esbulhador, que manteve temporariamente poder material sobre ela, sequer é considerado possuidor.

Retomada pacífica da coisa esbulhada

---

[27] Caio Mário da Silva Pereira, *Instituições de Direito Civil*, vol. IV, cit., p. 50.

[28] Clovis Bevilaqua explica que "a tradição só importa em perda da posse, quando feita com esse intuito". Exemplifica o autor: "Podemos entregar a coisa a outrem por efeito de um contrato, sem perder a posse. Assim é no caso da posse indireta, como, ainda, na posse derivada. O arrendatário, por exemplo, a quem a coisa é entregue, adquire a posse imediata, sem que o proprietário perca a sua posse indireta. O dono, que entrega a coisa ao preposto, para administrá-la segundo as suas instruções, não perde a posse" (Clovis Bevilaqua, *Código Civil dos Estados Unidos do Brasil Comentado*, vol. III, cit., p. 38).

[29] Tito Fulgêncio, *Da Posse e das Ações Possessórias*, vol. I, Rio de Janeiro: Forense, 1994, 8ª ed., p. 193.

Preservação da estabilidade de relação possessória

Em outras palavras, o dispositivo tem alcance limitado, e não serve a alterar nem o momento da aquisição nem o da perda da posse. A aquisição da posse se dá quando o novo possuidor exerce algum dos poderes inerentes à propriedade, nos termos do art. 1.196 do Código Civil, momento em que, forçosamente, dá-se também a perda da posse pelo possuidor esbulhado. O preceito destina-se tão somente a preservar a estabilidade da situação possessória na hipótese específica de controvérsias fugazes, que se resolvem com a simples presença do proprietário. Nesses casos, o Código estabelece ficção legal, considerando a posse como não violada, sem reconhecer os efeitos de uma nova posse. Em outros termos, se o esbulho ocorre sem a presença do proprietário que, ao retornar ao contato material com a coisa, depara-se com o conflito e recupera imediatamente a posse, pela desistência espontânea do esbulhador, o ordenamento considera a posse como ininterrupta e desconhece, do ponto de vista jurídico, o vício possessório.

PROBLEMAS PRÁTICOS

1. Admite-se a presunção do constituto possessório nos contratos de compra e venda?
2. É possível cogitar da aquisição de posse por pessoa incapaz?

Acesse o *QR Code* e veja a Casoteca.
> *https://uqr.to/1pc8d*

Capítulo V
EFEITOS DA POSSE

SUMÁRIO: 1. Ações possessórias – 2. Aspectos processuais das ações possessórias – 3. Desforço pessoal – 4. Percepção dos frutos – 5. Indenização por benfeitorias – 6. Responsabilidade por deteriorações – Problemas práticos.

A posse, como visto, traduz situação fática que a ordem jurídica protege como direito subjetivo autônomo em relação à propriedade. À posse se reconhece, portanto, a produção de determinados efeitos jurídicos. O principal é a proteção interdital, abrangendo as ações possessórias e o desforço possessório, de que pode se valer qualquer possuidor independentemente do caráter da sua posse. Basta que exista posse para que seja admitida sua defesa em caso de turbação, esbulho ou ameaça.[1]

A posse tem, ainda, outras implicações que, contudo, pressupõem a presença dos requisitos adicionais estabelecidos pelo legislador. Trata-se dos efeitos da posse juridicamente qualificada. Contam-se, nessa direção: i) a condução à usucapião, ii) a percepção de frutos, iii) a responsabilidade pelas deteriorações, e iv) a indenização por benfeitorias. Destes efeitos ocupa-se o presente capítulo, com exceção da usucapião, que será examinada mais adiante a propósito do estudo dos modos de aquisição da propriedade dos bens móveis e imóveis.

1. AÇÕES POSSESSÓRIAS

Para a compreensão da tutela possessória, há que se distinguir o *ius possessionis* do *ius possidendi*. O primeiro denota o próprio exercício da posse, isto é, o fato da

Ius possessionis e ius possidendi

---

[1] Caio Mário da Silva Pereira, *Instituições de Direito Civil*, vol. IV, Rio de Janeiro: Forense, 2016, 24ª ed. p. 59.

posse, enquanto o *ius possidendi* significa o direito à posse derivado da titularidade de algum direito real (propriedade ou direito real limitado) ou obrigacional (comodato, locação, depósito etc.). O proprietário que exerce algum dos poderes inerentes ao domínio sobre coisa sua ostenta tanto o *ius possessionis* como o *ius possidendi* – ele tem a posse e o direito à posse. Já o ladrão, que tomou a coisa contra a vontade do dono, tem a seu favor o *ius possessionis* (vez que se encontra em poder da coisa), mas não o *ius possidendi*, pois a relação de fato não se justifica em algum título jurídico.

Juízo possessório e petitório

O possuidor tem a faculdade de intentar ação possessória como decorrência do *ius possessionis*. É possuidor legitimado para ajuizar os interditos possessórios quem prova o fato da posse, independentemente do exame da relação jurídica que sirva de causa (título) a essa situação. Em outras palavras, no juízo possessório, protege-se o possuidor, ainda que ele não tenha direito à posse da coisa disputada (*ius possidendi*). Se o possuidor invoca o título que fundamenta a sua posse, desloca a controvérsia do *ius possessionis* para o *ius possidendi*. A proteção de quem invoca o *ius possidendi* há de ser conferida no juízo petitório, onde se discute o título do qual deriva a posse. Assim, se alguém pretende reaver determinada coisa alegando ser seu dono deve ingressar com a respectiva ação petitória, a saber, a reivindicatória.

Descabimento da exceção de domínio

Do mesmo modo, não se admite no curso das ações possessórias que o réu se defenda com base na alegação de propriedade ou de outro direito sobre a coisa (CC, art. 1.210, § 2º). No direito vigente, não há espaço nas ações possessórias para a exceção de domínio (*exceptio dominii*), dada a absoluta separação entre o juízo possessório e o petitório. Ainda que demonstre ser o dono da coisa, o réu sairá derrotado, "pois não lhe assiste, sob a alegação de propriedade, molestar a posse alheia".[2] Solução diversa abalaria a própria autonomia da posse em relação à propriedade, pois que abriria as portas do juízo possessório à apuração do domínio e às dificuldades que lhe são inerentes, aniquilando, dessa forma, a efetividade e a celeridade que se espera da tutela possessória. Em definitivo, a proteção possessória deve ter em vista a posse em si mesma (*ius possessionis*), sem levar em consideração o título subjacente (*ius possidendi*).

Ação de reintegração de posse

O art. 1.210 do Código Civil, no que foi seguido pelo Código de Processo Civil (arts. 560 e 567), prevê a ação de reintegração de posse, a ação de manutenção de posse e o interdito proibitório como espécies de ação possessória. A ação de reintegração de posse visa devolver a posse que foi esbulhada do possuidor. Entende-se como esbulho "a injusta e total privação da posse, sofrida por alguém que a vinha exercendo".[3] Assim, a finalidade principal da ação de reintegração é a recuperação da posse da coisa pelo esbulhado e, se ela não mais existir, o seu valor.

Ação de manutenção de posse

A ação de manutenção de posse se destina aos casos em que houve turbação, ou seja, moléstia à posse, não já a completa exclusão do possuidor. Portanto, no caso de

---

[2]   Caio Mário da Silva Pereira, *Instituições de Direito Civil*, vol. IV, cit., p. 58.

[3]   Humberto Theodoro Júnior, Ações Possessórias. In: *Revista Brasileira de Direito Processual*, vol. 44, 1984, pp. 103-104.

turbação, o possuidor legítimo ainda conserva o exercício do poder de fato sobre a coisa. O ato de turbação se configura com a violência praticada contra a vontade do possuidor, perturbando o exercício das faculdades do domínio sobre a coisa possuída, sem acarretar, entretanto, a perda da posse.[4] Verifica-se turbação, por exemplo, no caso de o vizinho impedir o possuidor de ingressar com seu veículo automotor em sua garagem ou, ainda, no caso de parte do imóvel ser ocupado por grupo de invasores sem que o legítimo possuidor seja expulso.[5]

Registre-se, contudo, que tais "atos correspondem não apenas à moléstia ao normal exercício da posse, mas também à diminuição do uso, gozo, eficácia ou disposição do bem, da tranquilidade, e, em geral, são todos aqueles capazes de interferir negativamente na consecução dos fins sociais e econômicos do bem manutenido".[6] O resultado almejado por meio da tutela mantenedora de posse é a cessação da moléstia, inclusive a demolição das obras realizadas pelo turbador.[7]

Para a concessão da tutela de reintegração ou manutenção, cumpre ao autor comprovar: i) a sua posse, ii) a turbação ou o esbulho praticado pelo réu, iii) a data da turbação ou do esbulho, iv) a continuação da posse, embora turbada, na ação de manutenção, ou a perda da posse, na ação de reintegração (CPC, art. 561).

Por sua vez, na ação proibitória, não há esbulho ou turbação e sim ameaça grave e atual de que a posse seja efetivamente violada. Assim, o remédio possessório contra a violência iminente se denomina interdito proibitório. A concessão da tutela proibitória requer do autor a comprovação da sua posse e da existência de ameaça iminente e grave, não bastando o mero receio de violência futura (CPC, art. 567). Ressalte-se, a propósito, que a violência ainda não é real, do contrário, se estaria diante de turbação. Identifica-se aqui, ao revés, a ameaça iminente, ou seja, em que a violência se afigura em futuro próximo.[8] Assim se verifica, por exemplo, no caso do grupo de pessoas que convoca protesto público a ser realizado, proximamente, dentro de determinado imóvel privado.

Interdito proibitório

2. ASPECTOS PROCESSUAIS DAS AÇÕES POSSESSÓRIAS

Mostra-se imprescindível à compreensão da proteção possessória o exame dos principais dispositivos da lei processual a respeito das ações interditais. Nessa direção, cumpre abordar, em primeiro lugar, a extensão da tutela jurisdicional na reintegração ou manutenção de posse.

Extensão da tutela nas ações possessórias

De acordo com o art. 555 do Código de Processo Civil, ao pleito principal, consistente na concessão do mandado de reintegração ou de manutenção, o autor pode

---

4   Lígia Cristina de Araújo Bisogni, Turbação e esbulho. In: *Revista de Direito Civil Imobiliário, Agrário e Empresarial*, nº 43, São Paulo: Revista dos Tribunais, 1988, p. 45.

5   Marco Aurélio Bezerra de Melo, *Direito Civil: Coisas*, Rio de Janeiro: Forense, 2018, 2ª ed., p. 69.

6   Joel Dias Figueira Júnior, *Liminares nas Ações Possessórias*, São Paulo: Revista dos Tribunais, 1999, p. 74.

7   Caio Mário da Silva Pereira, *Instituições de Direito Civil*, vol. IV, cit., p. 56.

8   Joel Dias Figueira Júnior, *Liminares nas Ações Possessórias*, cit., pp. 74-75.

cumular o pedido de condenação do réu ao pagamento de indenização das perdas e danos decorrentes do esbulho ou da turbação, que compreenda o valor dos frutos gerados pela coisa que deixou de perceber enquanto privado da posse ou molestado no pleno gozo da coisa. O autor pode ainda requerer ao juízo a imposição de medida necessária e adequada, como, por exemplo, a cominação de multa, para assegurar o efetivo cumprimento do mandado possessório, bem como para evitar nova turbação ou esbulho.

Posse nova e velha

Outro aspecto processual relevante é o cabimento do mandado liminar. O passar do tempo, no direito assim como na vida cotidiana, consolida a aparência de titularidade dominical em favor do possuidor, ampliando-se, com isso, a tutela possessória. Com efeito, o tempo da posse ganha relevo no âmbito processual em caso de turbação ou esbulho. Considera-se posse nova aquela de até um ano e um dia. Posse velha, em contrapartida, é aquela persistente há mais de ano e dia. Posses velha e nova, por conseguinte, são as posses do esbulhador e turbador, não as da vítima do esbulho ou da turbação.

Ação de força nova e ação de força velha

Nos termos do Código de Processo Civil, a ação possessória ajuizada dentro de ano e dia da moléstia à posse, conhecida como ação possessória de força nova, segue o procedimento especial (CPC, art. 558).[9] Ao reverso, a ação intentada após o termo de ano e dia, denominada ação de força velha, segue o procedimento comum.

Cabimento do mandado liminar

A peculiaridade do procedimento especial consiste na concessão de mandado liminar em favor do autor. Se a inicial se encontrar devidamente instruída, o mandado é expedido sem que o réu seja ouvido (CPC, 562). Caso contrário, o juiz manda intimar o autor para que justifique o alegado esbulho ou turbação e o réu para que compareça à audiência a ser designada. Sendo considerada suficiente a justificação apresentada pelo autor, o mandado liminar é então deferido (CPC, art. 563). Em seguida, abre-se a oportunidade para contestar a ação (CPC, art. 564), aplicando-se daí em diante as regras do procedimento comum (CPC, art. 566).

Natureza do mandado liminar

Esclareça-se que a liminar concedida nas ações possessórias não tem natureza cautelar e sim de tutela antecipada, por não visar a assegurar bens jurídicos disputados no processo principal, mas à "entrega provisória e antecipada do pedido",[10] satisfazendo a pretensão (a respeito da manutenção ou reintegração da posse) no plano fático, ainda que de forma não definitiva, dependente de provimento jurisdicional final. O termo *liminar* se refere ao tempo em que é concedido e não à natureza do

---

[9] Caio Mário da Silva Pereira lembra a possibilidade de terem sido praticados vários atos de turbação da posse, o que dificultaria a contagem de prazo para a propositura da ação possessória e consequente liminar. O autor explica que, "se, na cadeia de fatos, um houver que importe em privação da posse, daí decorrerá o prazo; se houver vários atos distintos, sem nenhuma relação de causalidade, cada um constitui turbação autônoma para efeito da contagem; se, ao contrário, forem ligados entre si pela mesma causação, formará toda a cadeira uma só moléstia, e do último deles contar-se-á o lapso para efeito de ser admitido o rito sumário" (Caio Mário da Silva Pereira, *Instituições de Direito Civil*, vol. IV, cit., p. 68).

[10] Joel Dias Figueira Júnior, *Liminares nas Ações Possessórias*, cit., p. 166.

provimento.[11] É nessa acepção, por ser deferida a reintegração ou manutenção da posse no início do processo, que o art. 562 do Código de Processo Civil se refere a mandado liminar.

De outra parte, ajuizada após o prazo de ano e dia da violação da posse, a ação possessória de força velha segue o procedimento comum, não assistindo ao autor o direito de requerer a concessão do mandado liminar de reintegração ou manutenção na posse. Nada obstante, é lícito ao autor solicitar, na petição inicial, o deferimento da tutela antecipada de modo a ser reintegrado ou mantido provisoriamente na posse da coisa litigiosa, desde que satisfeitos os requisitos exigidos pela lei processual.

Tutela provisória de urgência da posse

Tais requisitos são mais rigorosos do que os exigidos para a concessão do mandado possessório liminar. Além da probabilidade do direito alegado, compete ao autor comprovar o perigo de dano irreversível (ou de difícil reparação) ou o risco ao resultado útil do processo (CPC, art. 303). Justifica-se, por exemplo, a tutela antecipada na hipótese de o esbulhador passar a praticar atos que possam destruir o bem cuja posse é disputada, fundando, desse modo, o justo receio do autor de que irá sofrer dano irreparável.

No sistema do Código de Processo Civil, cabe o deferimento da tutela provisória, ainda que não demonstrado o perigo de dano ou o risco ao resultado útil do processo, se o juiz considerar evidente a procedência da ação possessória, não tendo o réu logrado em sua defesa gerar dúvida razoável acerca dos fatos constitutivos do direito alegado pelo autor. Com maior razão, cabe a tutela provisória se a defesa for abusiva ou manifestamente protelatória (CPC, 311, I).

Tutela provisória de evidência da posse

Também merece destaque a natureza fungível e dúplice das ações possessórias. Em razão da fungibilidade se admite que o juiz aceite uma ação pela outra, outorgando o mandado possessório correspondente àquela cujos pressupostos estejam provados (CPC, art. 554). Dada a sutil diferença que pode existir entre a situação de esbulho e a de turbação, a propositura equivocada de uma ação possessória em vez da outra não obsta a que o juiz conheça do pedido e defira o mandado possessório pertinente e idôneo à solução da ofensa sofrida pelo autor em sua posse. Também pode ocorrer de o estado de fato modificar-se no curso do processo, transformando-se a ameaça iminente em violência real, cabendo ao juiz, nessa hipótese, deferir o mandado de reintegração ainda que o autor tenha pleiteado, na inicial, a concessão do interdito proibitório.

Fungibilidade das ações possessórias

A ação possessória, ademais, tem índole dúplice, pois que "nela o autor pode se tornar réu, e o réu autor".[12] Desse modo, é lícito ao réu, na contestação, alegando que foi o ofendido em sua posse, demandar a proteção possessória e a indenização pelos

Natureza dúplice das ações possessórias

---

[11]   Nessa direção esclarece José Joaquim Calmon de Passos: "Liminar é o nome que damos a toda providência judicial determinada ou deferida *initio litis*, isto é, antes de efetivado o contraditório, o que pode ocorrer sem citação do réu ou com sua ciência para acompanhar a justificação exigida para apreciação da liminar" (José Joaquim Calmon de Passos, *Comentários ao Código de Processo Civil*, vol. III, Rio de Janeiro: Forense, 2005, p. 73).

[12]   Tito Fulgêncio, *Da posse e das ações possessórias*, vol. I, Rio de Janeiro: Forense, 2000, 9ª ed., p. 210.

prejuízos resultantes da turbação ou do esbulho cometido pelo autor (CPC, 556). Caso consiga provar que em relação a ele a posse do autor é viciosa, terá o réu, nesse caso, ganho de causa.

Autonomia do juízo possessório

A lei processual cuidou ainda da preservação da autonomia do juízo possessório frente ao petitório. Nessa direção estabelece que, na pendência de ação possessória, é vedado, tanto ao autor quanto ao réu, propor ação de reconhecimento do domínio, exceto se a pretensão for deduzida em face de terceira pessoa (CPC, art. 557). A propósito, já se esclareceu que "inutilizada estaria a tutela da posse se possível fosse ao proprietário esbulhador responder ao possuidor esbulhado com a ação petitória. O máximo que conseguiria o possuidor seria a medida liminar do interdito, pois, propondo o proprietário, em seguida, a reivindicatória, os dois feitos seriam reunidos por conexão e o julgamento da lide forçosamente seria em favor do proprietário".[13]

Litígios coletivos pela posse de imóvel

Em matéria possessória, a principal inovação do Código de Processo Civil de 2015, em relação ao diploma anterior, diz respeito ao regramento dos litígios coletivos pela posse de imóveis, nos quais, de acordo com a dicção do art. 554, § 1º, figurem "no polo passivo grande número de pessoas". Diante da ausência de definição legal, caberá ao Judiciário uniformizar entendimento quanto à caracterização do "grande número" de possuidores.[14] Tais conflitos, não raro, geram repercussões sociais dramáticas, vez que envolvem a remoção de núcleos inteiros de habitação, afetando, assim, relevantes interesses existenciais e o direito social à moradia de numerosas famílias. Por isso mesmo, nesses casos, o cumprimento do mandado liminar de reintegração é usualmente acompanhado de forte tensão social, dada a resistência ao cumprimento da ordem judicial, que tem levado o Poder Público a agir, em determinadas situações, com violência excessiva.

Em face disso, a lei processual estabelece regras específicas para a condução dos litígios coletivos pela posse de imóveis, que tratam, entre outros aspectos, (i) da regularização da relação processual face à presença de grande número de pessoas no polo passivo (CPC, art. 554, §§ 1º, 2º e 3º),[15] (ii) da participação, nos feitos, do Ministério Público, da Defensoria Pública e dos órgãos responsáveis pela política agrária e pela política urbana da União, de Estado ou do Distrito Federal e de Município (CPC, art.

---

[13] Humberto Theodoro Júnior, *Curso de Direito Processual Civil*, vol. III, Rio de Janeiro: Forense, 2007, 38ª ed., p. 139.

[14] Como observa a doutrina especializada, o legislador empregou de forma atécnica a expressão "litígio coletivo", que, a rigor, deve se reservado às ações coletivas de tutela de direitos coletivos *stricto sensu* ou direitos individuais homogêneos. No caso dos conflitos possessórios, a dimensão coletiva resulta da presença de grande número de pessoas no polo passivo. V. Adroaldo Furtado Fabrício *in* Teresa Arruda Alvim Wambier *et alli* (coord.), *Breves comentários ao novo código de processo civil*, São Paulo: Editora Revista dos Tribunais, 2016, p. 1.536; e Fernando da Fonseca Gajardoni, Luiz Dellore, Andre Vasconcelos Roque e Zulmar Duarte de Oliveira Jr., *Processo de Conhecimento e Cumprimento de Sentença: comentários ao CPC de 2015,* Rio de Janeiro: Forense, 2016, p. 951.

[15] A propósito do que dispõe o art. 554 do CPC, em especial, o seu parágrafo 1º, a 3ª Turma do STJ já registrou que nas ações possessórias, é necessária citação por edital dos ocupantes não encontrados no local (STJ, 3ª T., REsp 1.996.087, Rel. Min. Nancy Andrighi, julg. 24.05.2022, publ. *DJ* 30.05.2022).

554, § 1º, e art. 565, § 4º), (iii) da audiência de mediação previamente à concessão de medida liminar (CPC, art. 565, *caput*), e (iv) da audiência de mediação quando a medida liminar, embora concedida, resta descumprida por mais de ano (CPC, art. 565, § 1º).

Nessa nova disciplina processual, a audiência de mediação desponta como importante instrumento para a composição de interesses nos litígios coletivos pela posse de imóveis. De acordo com o disposto no art. 565, *caput*, do CPC, quando a turbação ou o esbulho afirmado na petição inicial tiver ocorrido há mais de ano e dia, o juiz, antes de apreciar o pedido de concessão da medida liminar, deverá designar audiência de mediação, a realizar-se em até 30 (trinta) dias. A regra, como se vê, tem aplicação restrita às ações possessórias de força velha, nas quais, contudo, como já visto, não cabe mandado liminar de reintegração. Desse modo, a expressão "medida liminar" está a designar a concessão da tutela antecipada de urgência ou evidência (CPC, arts. 300 e 311), que, por força do dispositivo legal em análise, não pode ser apreciada antes de realizada audiência de mediação.[16]

3. DESFORÇO PESSOAL

A autotutela na salvaguarda da posse, também chamada legítima defesa posses- Legítima defesa sória (v. art. 188, I, do Código Civil) ou desforço imediato, consubstancia possibili-possessória dade conferida ao possuidor turbado, ou esbulhado, para manter-se ou restituir-se por sua própria força (CC, art. 1.210, § 1º).

Como sabido, no Estado de Direito, cabe ao Estado, via de regra, prestar tutela jurisdicional, sendo certo que nenhuma lesão ou ameaça a direito será excluída da apreciação do Poder Judiciário (CF/1988, art. 5º, XXXV). Nesse viés, nada obstante a eventual legitimidade da pretensão, o particular que resolve fazer justiça pelas próprias mãos comete crime de exercício arbitrário das próprias razões (CP, art. 345). Em hipóteses excepcionais, todavia, o ordenamento prevê a faculdade de autodefesa por parte do titular da situação subjetiva violada ou ameaçada.[17] O desforço pessoal, assim, constitui modalidade de defesa direta admitida pela legislação civil, desde que a reação seja imediata e que sejam utilizados dos meios proporcionais à ofensa.[18] Nesse caso, logrando o possuidor, por sua própria força, repelir a turbação ou o esbulho, não precisará recorrer ao Judiciário para defender a sua posse.

---

[16] Nessa direção, cf. Humberto Theodoro Júnior, *Curso de Direito Processual Civil*, vol. II, Rio de Janeiro: Forense, 2019, 53ª edição, p. 128.

[17] A respeito da legitimidade do desforço imediato, v. STF, Tribunal Pleno, RE 102.490/SP, Rel. Min. Moreira Alves, julg. 17.9.1987.

[18] "A legítima defesa foi concebida como uma faculdade de proteção à pessoa da vítima de uma agressão injusta. Entretanto, terminou por ser estendida também à proteção dos bens do indivíduo, permitindo que, nos casos de turbação ou esbulho o possuidor fizesse uso da força para se manter na posse dos seus bens" (Gustavo Tepedino, Heloisa Helena Barboza, Maria Celina Bodin de Moraes, *Código Civil Interpretado conforme a Constituição da República*, vol. I, Rio de Janeiro: Renovar, 2007, 2ª ed., p. 188).

Caráter imediato do desforço

O primeiro requisito para que o desforço seja lícito é que os atos de defesa sejam realizados em seguida, ato contínuo, à agressão.[19] Nessa direção, o Enunciado n. 495 da V Jornada de Direito Civil do CJF (2011), segundo o qual "no desforço possessório, a expressão 'contando que faça logo' deve ser interpretada restritivamente, apenas como a reação imediata ao fato do esbulho ou da turbação, cabendo ao possuidor recorrer à via jurisdicional nas demais hipóteses".

Inadmissibilidade do desforço não imediato

Algumas vozes têm sustentado, em desmedido favor ao proprietário, que o desforço pessoal não deve necessariamente ser imediato à agressão, podendo ocorrer apenas no momento em que o possuidor toma conhecimento da lesão feita à sua posse.[20] O fundamento desse entendimento seria o art. 1.224 do Código Civil pelo qual somente se considera perdida a posse para quem não presenciou o esbulho quando, mesmo tendo notícia da moléstia à posse, a pessoa se abstém de retomar a coisa, ou, é repelida ao tentar recuperá-la.

Todavia, o fato de o legislador, a despeito da realidade fática, desconsiderar a perda da posse quando o possuidor distante a retoma assim que toma conhecimento do esbulho, tendo-a nesse caso por não perdida, não pode projetar para o futuro o expediente excepcional da autotutela aqui analisado. A conexão interpretativa entre tais dispositivos acabaria por oferecer interpretação extensiva a dois preceitos excepcionais: o da legítima defesa e o da continuidade da posse de quem, a rigor, a perdera. A legítima defesa há de ser interpretada comedida e restritivamente, sendo admitida somente na presença dos pressupostos da excludente penal,[21] quando, portanto, é exercida imediatamente.[22] Se consolidada a turbação ou o esbulho, resta ao possuidor recorrer aos interditos possessórios.

Desforço proporcional à agressão

Já o segundo requisito do desforço exige do possuidor que a defesa da posse seja efetuada somente com a utilização dos meios indispensáveis. O excesso da defesa acarretará responsabilidade civil e punição na esfera criminal. Torna-se, pois, relevante estabelecer quais meios podem ser admitidos. Costumava-se autorizar o uso de armas de fogo por quem teve sua posse turbada ou esbulhada.[23] Contudo, à luz

---

[19] Na lição de Clovis Bevilaqua: "O desforço deve ser em ato contínuo, imediato. Se se trata de coisa móvel, o esbulhado pode perseguir o esbulhador, que procura fugir com o objeto, e retomar-lho. Se é um prédio o objeto da espoliação, a ação particular do espoliado deve ser iniciada sem demora, no caso de violência e logo que lhe conste o esbulho, no caso de clandestinidade" (Clovis Bevilaqua, *Código Civil dos Estados Unidos do Brasil Comentado*, vol. III, Rio de Janeiro: Paulo de Azevedo, 1958, 11ª ed., p. 24).

[20] Assim, J. M. Carvalho Santos (*Código Civil Brasileiro Interpretado*, vol. VII, Rio de Janeiro: Freitas Bastos, 1970, p. 141), em comentário ao art. 502, *caput*, parágrafo único, do Código Civil de 1916. No mesmo sentido, v. Arnoldo Wald, *Direito Civil: Direito das Coisas*, vol. IV, São Paulo: Saraiva, 2009, 12ª ed., pp. 99-100; Sílvio de Salvo Venosa, *Código Civil Comentado*, vol. XII, São Paulo: Atlas, 2003, pp. 89-91.

[21] Uma vez que não há, na legislação civil, conceito de legítima defesa, faz-se uso da noção extraída do art. 25 do Código Penal: "Entende-se em legítima defesa quem, usando moderadamente dos meios necessários, repele injusta agressão, atual ou iminente, a direito seu ou de outrem".

[22] Sobre o ponto, Pontes de Miranda, *Tratado de Direito Privado*, t. 10, São Paulo: Revista dos Tribunais, 1983, 4ª ed., pp. 348-349.

[23] J. M. Carvalho Santos, *Código Civil Brasileiro Interpretado*, vol. VII, cit., p. 140.

dos valores constitucionais, não se vislumbra legítima a autodefesa de bens patrimoniais com sacrifício da integridade psicofísica do agressor, a menos que se trate de legítima defesa intentada para a proteção da vida do proprietário ou de seus familiares. Assim, para a apreciação da legitimidade da autodefesa, juízo de proporcionalidade deverá ser efetuado pelo magistrado, levando em conta a supremacia das relações existenciais sobre as patrimoniais.[24]

A despeito de o dispositivo reclamar interpretação restritiva, admite-se que não apenas o possuidor tenha a faculdade de levar a efeito a medida, mas também o servidor da posse, como consequência do dever de guarda da coisa decorrente da relação jurídica estabelecida com o legítimo possuidor. É o caso do caseiro, fâmulo da posse, que conserva a coisa, sob as ordens e instruções do titular, zelando por sua propriedade, a quem se mostra possível o desforço. A doutrina prestigia esse entendimento, consagrado no Enunciado n. 493 da V Jornada de Direito Civil do CJF (2011), do qual se depreende que o "detentor (art. 1.198 do Código Civil) pode, no interesse do possuidor, exercer a autodefesa do bem sob seu poder".

Desforço com o apoio de terceiros

Cogita-se, ademais, sem prejuízo da expressão *força própria* adotada pelo dispositivo legal, da permissibilidade da utilização de apoio de empregados ou prepostos, na retomada do bem, desde que, igualmente, não ultrapassem o imprescindível para a recuperação da posse. Em havendo excesso por parte dos funcionários, haverá responsabilização civil também do empregador ou comitente, objetivamente, ou seja, independentemente da existência de culpa (v. art. 932, III, do Código Civil).

Descabimento do desforço diante de medida judicial

Frise-se que não se deve considerar moléstia à posse, autorizando o desforço imediato, o ato decorrente de medida judicial ou de "diligência de caráter para a descoberta de um delito ou apuração de uma denúncia, quanto à prática de um delito".[25] Não haverá, ainda, a possibilidade de desforço, se há exercício regular de direito ou estado de necessidade. Nesses casos, encontra-se ausente o elemento essencial à caracterização do desforço *incontinenti*: a injustiça da agressão à posse, ou seja, contrariedade da conduta à ordem jurídica.

Desforço e responsabilidade civil

Por não se tratar de ato ilícito, a ordem jurídica não imputa ao possuidor o dever de ressarcir os danos causados que advierem da defesa da posse.[26] No entanto, caso a

---

[24] Sobre o ponto, v., por todos, Pietro Perlingieri, *Perfis do Direito Civil: Introdução ao Direito Civil Constitucional*, Rio de Janeiro: Renovar, 2007, 3ª ed., pp. 33 e ss.

[25] Miguel Maria de Serpa Lopes, *Curso de Direito Civil: Direito das Coisas*, vol. VI, Rio de Janeiro: Freitas Bastos, 2001, 5ª ed., p. 204.

[26] Em relação aos limites do desforço possessório, cfr. a jurisprudência: "O desforço para ser legítimo deve ser imediato e não pode extravasar o necessário para o afastamento do esbulho. Constitui exercício arbitrário das próprias razões o ato que não é imediato e ainda é violento, quando o interessado procura fazer justiça pelas próprias mãos, para satisfazer pretensão, embora legítima, se não observa os limites estabelecidos no parágrafo único do art. 502 do Código Civil de 1916. O ato torna-se ilícito e impõe a devida indenização dos danos causados" (TJMG, 1ª C.C., Ap. Cív. 2.0000.00.391937-9, Rel. Des. Vanessa Verdolim Hudson Andrade, julg. 23.9.2003). V. também: "Parte requerida que confessa ter colocado na calçada todos os pertences e bens do autor – Atitude que extrapolou o mero aborrecimento, a ensejar indenização, não podendo ser tolerada, não se admitindo o exercício arbitrário das próprias razões, como se sabe, sendo que o próprio artigo

reação não seja imediata e proporcional à agressão, restará descaracterizada a legítima defesa da posse, tratando-se, ao revés, de ato ilícito, a ensejar reparação pelas perdas e danos.[27]

4. PERCEPÇÃO DOS FRUTOS

Frutos da coisa

O direito aos frutos constitui-se em efeito da posse de boa-fé (CC, art. 1.214). Frutos configuram utilidades que a coisa periodicamente produz sem desfalque da sua substância.[28] Reputam-se bens acessórios, uma vez que supõem a existência do principal. Dividem-se em naturais, industriais e civis. São naturais os frutos gerados sem intervenção humana, ainda que sejam empregados métodos para sua melhoria qualitativa ou quantitativa. Já os frutos industriais decorrem do trabalho humano, como o trigo e os cereais. Por sua vez, os frutos civis constituem os rendimentos e benefícios pecuniários provenientes da utilização econômica da coisa, a exemplo dos juros e aluguéis.[29] Em relação ao vínculo com o bem principal, consideram-se pendentes os frutos que estiverem ainda unidos à coisa; percebidos ou colhidos os

---

1.210, § 1º do Código Civil ao disciplinar os atos de defesa ou de *desforço* para proteção da posse, prevê que tais atos não podem 'ir além do indispensável à manutenção ou restituição da posse', sendo desnecessária e reprovável a conduta do requerido no caso concreto, que podia se valer dos meios legais disponíveis para solucionar o impasse" (TJSP, 2ª Câm. de Dir. Priv., Ap. Cív. 1023768-87.2018.8.26.0007, Rel. Des. José Carlos Ferreira Alves, julg. 4.11.2021, publ. 4.11.2021). E ainda: "2. O desforço imediato praticado nos limites do indispensável para a restituição da posse configura-se exercício regular de um direito, não constitui ato ilícito e não gera dano moral indenizável" (TJTO, 2ª C.C., Ap. Cív. 510572-78.2011.8.27.2729, Rel. Des. Eurípedes do Carmo Lamounier, julg. 23.6.2021, publ. 2.7.2021).

[27] Ainda a jurisprudência: "1. A legitimidade da defesa direta da posse subordina-se à presença de alguns requisitos objetivos: ocorrência de esbulho ou turbação violenta ou clandestina; reação imediata à violência ou clandestinidade e restrita ao alcance da sua finalidade. 2. Nesse aspecto, a conduta de simplesmente usar a própria força para entrar na área ocupada e impedir o ingresso do antigo ocupante, quando a reação não é imediata e ocupação também não foi violenta ou clandestina, afasta-se da legítima defesa direta da posse e apresenta-se ilícita" (TJRJ, 5ª C.C., Ap. Cív. 200200116908, Rel. Des. Milton Fernandes de Souza, julg. 3.9.2003). V. também: "Ainda que o comodatário de imóvel haja extrapolado os limites contratuais de seu direito de uso, colocando cerca e construindo casa sem autorização do comodante, a este não assiste o direito de desfazer a cerca e demolir a casa por seus próprios meios, ao largo de controle judicial e sem prévia interpelação formal do comodatário, pois a autodefesa da posse, embora prevista no artigo 1.210, § 1º, do CPC – que também se aplica à defesa da posse indireta do comodatário –, não deixa de constituir uma exceção no Estado de Direito, tanto que a lei só a admite quando se trata de reação imediata e limitada ao estritamente necessário para a manutenção ou restituição da posse molestada" (TJMG, 18ª C.C., Ap. Cív. 1.0704.11.002206-5/001, Rel. Des. Fernando Lins, julg. 21.10.2020, publ. 26.10.2020). Não sendo hipótese de legítima defesa, caberá indenização pelos danos causados: "Promessa de compra e venda. Rescisão. Posse justa. Desforço próprio injustificado. Indenização. Danos morais. Posse justa do promitente comprador. Conhecimento do promitente vendedor. Cumprimento parcial do contrato. Indenização por benfeitorias (art. 516, CCB/1916). Retomada da posse que não se amolda ao art. 502, CCB/1916. Danos morais. Negaram provimento" (TJRS, 19ª C.C., Ap. Cív. 70005446489, Rel. Des. Carlos Rafael dos Santos Junior, julg. 13.5.2003).

[28] Clovis Bevilaqua, *Direito das Coisas*, vol. I, Rio de Janeiro: Freitas Bastos, 1942, p. 96.

[29] J. M. de Carvalho Santos, *Código Civil Brasileiro Interpretado*, vol. II, Rio de Janeiro: Freitas Bastos, 1982, 11ª edição, p. 74.

que já foram dela destacados; e percipiendos os que não foram colhidos embora já devessem tê-lo sido.[30]

Em regra, os frutos pertencem ao dono da coisa, ou àquele a quem foi transferido o direito de fruí-la (CC, art. 1.232). O direito aos frutos se estende ao possuidor de boa-fé, como forma de favorecer aquele que propiciou ou, ao menos, permitiu a produtividade do bem sobre o qual pensava exercer posse legítima.[31] O possuidor de boa-fé, como já examinado no momento oportuno (v. Capítulo III), é aquele que ignora o vício ou obstáculo que impede a aquisição de direito sobre a coisa e, desse modo, acredita ser o legítimo possuidor. Trata-se, portanto, de tutelar a situação do possuidor que utilizou o bem em detrimento do proprietário negligente ou, ao menos, desatento em relação à utilização do bem objeto do domínio.[32]

Direito aos frutos do possuidor de boa-fé

Em contrapartida, a lei não confere ao possuidor de má-fé, consciente de que sua posse é ilegítima, direito algum aos frutos gerados pela coisa. Em vez disso, é responsabilizado como agente de ato ilícito.[33] Desse modo, os frutos de que tiver se apropriado devem ser restituídos ao proprietário ou legítimo possuidor. Tem direito, contudo, a ser compensado pelas despesas de produção e custeio com a coisa, desde que tal investimento haja sido proveitoso, evitando assim o legislador o enriquecimento sem causa do legítimo possuidor (CC, art. 1.216).[34] Em relação aos produtos, ou seja, as qualidades que se retiram da coisa, diminuindo-lhe a quantidade, sustenta-se que a lei impõe ao possuidor de má-fé o dever de restituição.[35]

Restituição dos frutos pelo possuidor de má-fé

Também responde pelos frutos que deixaram de ser percebidos por sua culpa (CC, art. 1.216), uma vez que constituem espécie de lucros cessantes, que integram a verba indenizatória. Assim, se deixar de cuidar da produção agrícola, ou se deixar de cobrar aluguel pelo imóvel que está em sua posse, o proprietário ou legitimo possuidor tem direito de exigir do possuidor de má-fé aquilo que razoavelmente deixou de perceber.

Responsabilidade pelos frutos não percebidos

---

[30] Caio Mário da Silva Pereira, *Instituições de Direito Civil*, vol. I, Rio de Janeiro: Forense, 2016, 29ª ed., pp. 367-368.

[31] Caio Mário da Silva Pereira afirma que a faculdade de perceber os frutos advindos da coisa não é apenas efeito da posse, mas também exceção ao princípio segundo o qual pertencem ao proprietário os frutos da coisa: "Nem pelo fato de somente beneficiar ao *possessor bonae fidei* se negará ser efeito da posse, pois que sem esta não se perfura a regra *fructus rei frugifearae pars est*" (Caio Mário da Silva Pereira, *Instituições de Direito Civil*, vol. IV, cit., p. 60).

[32] Silvio Rodrigues anota: "O possuidor de boa-fé tem direito, enquanto ela durar, aos frutos percebidos (CC, art. 1.214). Aqui o legislador se defronta com dois interesses antagônicos: de um lado, o do possuidor de boa-fé, que, na sua persuasão de ser sua a coisa, a explorou, dando-lhe o destino econômico a que estava afetada, indiretamente concorrendo para o aumento da riqueza social; e, de outro, o interesse do proprietário negligente, que permitiu a subtração daquilo que lhe pertencia e levou mais de ano e dia para reagir" (Silvio Rodrigues, *Direito Civil: Direito das Coisas*, vol. V, São Paulo: Saraiva, 2003, 28ª ed., p. 68).

[33] J. M. Carvalho Santos, *Código Civil Brasileiro Interpretado*, vol. VII, cit., p. 207.

[34] San Tiago Dantas, *Programa de Direito Civil: Direito das Coisas*, vol. III, Rio de Janeiro: Rio, 1979, p. 90; Silvio Rodrigues, *Direito Civil: Direito das Coisas*, vol. V, cit., pp. 68-69.

[35] Orlando Gomes, *Direitos Reais*, cit., p. 67; Tupinambá Miguel Castro do Nascimento, *Posse e Propriedade*, Porto Alegre: Livraria do Advogado, 2003, p. 83. Verifica-se, contudo, posicionamento em sentido contrário. V. Darcy Bessone, *Da posse*, São Paulo: Saraiva, 1996, p. 95.

Pode ocorrer, em termos práticos, que o possuidor, tendo adquirido a posse de boa-fé, passe a ter conhecimento, em momento posterior, do vício ou do obstáculo legal que macula a sua posse. Nesse caso, de acordo com o art. 1.214 do Código Civil, o possuidor faz jus aos frutos enquanto perdurar a sua boa-fé, de modo que aqueles percebidos depois de configurada a má-fé devem ser restituídos ao proprietário ou legítimo possuidor. "Os frutos naturais e industriais reputam-se colhidos e percebidos, logo que são separados" da coisa principal ao passo que "os civis se reputam percebidos dia por dia" (CC, art. 1.215).

Restituição dos frutos pendentes O possuidor também deve restituir os frutos naturais ou industriais pendentes no momento em que se constituiu de má-fé (CC, art. 1.214, parágrafo único). A regra se justifica pelo fato de que, como parte integrante da coisa, os frutos pendentes pertencem ao proprietário. Tornam-se bens móveis, com a colheita, integrando-se ao patrimônio do possuidor apenas nesse momento. Mesmo que tenham sido vendidos a terceiro, persiste o direito do proprietário aos frutos. O direito do terceiro comprador é oponível tão somente ao possuidor que lhe os vendeu, não prevalecendo, todavia, em face do direito de propriedade.[36] No entanto, de modo a evitar o enriquecimento sem causa do proprietário, a lei assegura ao possuidor a compensação pelas despesas incorridas com a produção e o custeio dos frutos pendentes.

Frutos colhidos com antecipação Em relação aos frutos colhidos por antecipação (ou seja, aqueles percebidos antes de atingirem a maturidade, no caso de frutos naturais ou industriais), entrevê-se certa desconfiança, por parte do legislador, a respeito da boa-fé do possuidor.[37] Além disso, mesmo agindo de boa-fé, se o possuidor não tivesse se antecipado, os frutos ainda estariam unidos à coisa no momento em que cessa a boa-fé. Por isso também devem ser restituídos ao proprietário ou legítimo possuidor (CC, art. 1.214, parágrafo único).

5. INDENIZAÇÃO POR BENFEITORIAS

Espécies de benfeitorias As benfeitorias podem ser definidas como tudo aquilo acrescentado ao bem móvel ou imóvel para "melhorá-lo, para lhe dar nova utilidade ou aprazimento".[38] Nos termos do art. 96 do Código Civil, as benfeitorias podem ser necessárias, úteis ou voluptuárias. Consideram-se benfeitorias necessárias as despesas com a manutenção do imóvel, como, por exemplo, a troca de fiação elétrica por motivos de segurança ou "o pagamento de foros e impostos, a construção de cercas e muros, que impedem as depredações, a defesa judicial do imóvel".[39] As benfeitorias úteis, por sua vez, têm por finalidade aumentar a utilidade da coisa, enquanto as voluptuárias destinam-se a fins estéticos ou recreativos.

---

[36] Tito Fulgêncio, *Da Posse e das Ações Possessórias*, vol. I, Rio de Janeiro: Forense, 2000, 9ª ed. p. 173.

[37] Clovis Bevilaqua, *Código Civil dos Estados Unidos do Brasil Comentado*, vol. III, cit., p. 32.

[38] San Tiago Dantas, *Programa de Direito Civil: Teoria Geral*, vol. I, Rio de Janeiro: Forense, 2001, 3ª ed., p. 198.

[39] Clovis Bevilaqua, *Código Civil dos Estados Unidos do Brasil Comentado*, vol. III, cit., p. 35.

A lei concede ao possuidor de boa-fé, além dos frutos percebidos, indenização pelas benfeitorias úteis e necessárias (CC, art. 1.219).[40] Justifica-se a indenização pelas benfeitorias necessárias em razão de sua natureza imprescindível e de sua finalidade, de preservação do bem. Inclusive o proprietário haveria de fazê-las caso estivesse na posse do bem, devendo, por isso mesmo, indenizar o possuidor que as efetuou em seu lugar.[41] Quanto às benfeitorias úteis, se não visam a evitar a deterioração do bem, aumentam sua utilidade, beneficiando o proprietário. No entanto, na medida em que não se afiguram indispensáveis, sendo lícito imaginar que o proprietário teria preferido não as realizar, sua indenização só é devida ao possuidor de boa-fé.[42]

Em relação às benfeitorias necessárias e úteis, o possuidor de boa-fé pode reter a coisa em seu poder até o pagamento do reembolso devido. Trata-se do direito de retenção, comumente utilizado nas relações obrigacionais, por meio do qual o credor visa garantir a satisfação do seu crédito, retendo o bem do devedor que esteja em sua posse em virtude de fato associado à dívida.[43] No que tange às relações possessórias,

Compensação das benfeitorias necessárias e úteis

Direito de retenção do possuidor de boa-fé

---

[40] O STJ considerou que o possuidor de boa-fé não está isento de pagar pelo uso do imóvel enquanto exerce direito de retenção por benfeitorias. O Tribunal, diante do inadimplemento do promitente comprador de imóvel em que realizou benfeitorias necessárias e úteis, garantiu seu direito de retenção, como possuidor de boa-fé, nos termos do artigo 1.219, do Código Civil. Ao mesmo tempo, determinou a compensação do valor equivalente ao aluguel do imóvel durante o período da retenção e, ainda, do valor das perdas e danos pelo inadimplemento culposo (STJ, 3ª T., REsp 1.854.120/PR, Rel. Mina. Nancy Andrighi, julg. 9.2.2021, publ. *DJ* 11.2.2021). Em interessante caso, aplicando consequentemente o disposto no art. 1.219 do Código Civil, a mesma Corte decidiu que o desfazimento da venda de um terreno vazio, ainda que o comprador nele tenha levantado uma obra, não dá direito ao vendedor de exigir a taxa de fruição ou de ocupação. A relatora, Min. Nancy Andrighi, afirmou que não houve proveito indevido por parte das compradoras, pois elas arcaram com as despesas da edificação, nem empobrecimento da vendedora, que retomará o terreno com as benfeitorias já realizadas, após justa indenização, conforme o artigo 1.219 do Código Civil (CC). Embora o ordenamento jurídico contemple o pagamento de indenização pela ocupação do imóvel enquanto ele estiver na posse do comprador (artigo 884 do CC), a relatora assinalou que, no caso em julgamento, no ato da assinatura do contrato, não havia nenhuma edificação que pudesse ser usufruída pelas compradoras (STJ, 3ª T., REsp 2.113.745, Rel. Min. Nancy Andrighi, julg. 14.5.2024, publ. *DJe* 17.5.2024).

[41] Como leciona Orlando Gomes, deve-se incluir no ressarcimento das benfeitorias necessárias "tudo quanto foi gasto pelo possuidor, que o seria, necessariamente, pelo proprietário, se aquele não se houvesse antecipado no pagamento" (Orlando Gomes, *Direitos Reais*, cit., p. 85).

[42] Afirma, ainda, Orlando Gomes: "Sustentam alguns que o direito à indenização das benfeitorias úteis deve ser estendido ao possuidor de má-fé, porque, sendo melhoramentos que aumentam ou facilitam o uso da coisa, valorizam-na para o proprietário reivindicante, o qual, em consequência, obtém proveito à custa de outrem. (...) O direito pátrio retomou a tradição romana, ao estatuir que ao possuidor de má-fé serão ressarcidas somente as benfeitorias necessárias. Exclui categoricamente, por conseguinte, as benfeitorias úteis. A orientação seguida pelo legislador brasileiro merece aprovação. Os mesmos melhoramentos introduzidos pelo possuidor de má-fé para facilitar o uso da coisa, não sendo estritamente indispensáveis, poderiam não ter sido feitos pelo proprietário, se não estivesse privado da posse, inclusive, pela razão decisiva de não os suportar financeiramente. Por outro lado, ficaria obrigado a pagar, de uma só vez e de imediato, o que poderia ter gasto parcimoniosa e paulatinamente. Demais disso, não se justifica o ressarcimento de benfeitorias úteis ao possuidor de má-fé, porque, sabendo que não pode possuir a coisa, age culposamente em lhe introduzindo melhoramentos que o proprietário poderia dispensar" (Orlando Gomes, *Direitos Reais*, cit., pp. 85-86).

[43] Para uma análise ampla do direito de retenção no Direito brasileiro, cfr.: Arnoldo Medeiros da Fonseca, *Direito de Retenção*, Rio de Janeiro: Forense, 1957; Olavo de Andrade, *Notas sobre o Direito de Retenção*, São Paulo: Saraiva, 1922.

o direito de retenção constitui o principal meio de garantia de que dispõe o possuidor de boa-fé para constranger a pessoa a quem deva entregar o bem a pagar a indenização devida pelas benfeitorias necessárias e úteis efetuadas no próprio bem.[44]

Benfeitorias voluptuárias

Quanto às benfeitorias voluptuárias, o reivindicante pode optar por indenizar o possuidor que as realizou de boa-fé. Mas, como se trata de melhorias supérfluas, feitas para fins estéticos ou recreativos, a lei reconhece que o proprietário poderia ter optado por não as realizar e, por isso mesmo, não exige dele que indenize o possuidor. O proprietário, em outras palavras, tem o direito e não o dever de ficar com elas, reembolsando o possuidor.

Direito de levantar as benfeitorias voluptuárias

Caso não lhe seja oferecida indenização, o possuidor de boa-fé tem então o direito de retirar as benfeitorias voluptuárias, configurando-se assim o *ius tollendi*. No entanto, tal direito somente pode ser exercido se não causar dano à coisa. Com efeito, a coisa não pode ser destruída ou sofrer qualquer tipo de deterioração com o levantamento das benfeitorias, o que poderá ser avaliado mediante perícia, no caso concreto. Sustenta-se, entretanto, ser possível que o possuidor exerça o *ius tollendi* mesmo havendo deterioração da coisa, desde que se proponha a pagar pelos estragos. Com efeito, pode ser conveniente ao possuidor utilizar a benfeitoria em outro bem, evitando construí-la novamente, ainda que tenha que pagar por eventuais despesas de reparação com a retirada da coisa.[45]

Possuidor de má-fé

O possuidor de má-fé, por seu turno, tem direito apenas ao ressarcimento das benfeitorias necessárias que tenha efetuado na coisa. Afinal, se o proprietário ou legítimo possuidor estivesse na posse da coisa, também estaria obrigado a realizar tais despesas para evitar a deterioração do bem. Por isso, impõe-se o ressarcimento dessas despesas independentemente da qualidade da posse.[46] Ao contrário do possuidor de boa-fé, o possuidor de má-fé não pode reter a coisa até o pagamento do ressarcimento devido.[47] A diferença de tratamento é justificada pela doutrina pelo fato de o

---

[44] Ressalta Silvio Rodrigues: "O direito de retenção é um dos vários direitos de defesa do credor, no sentido de que atua como elemento compulsivo, incidente sobre o espírito do devedor, pois a recuperação da coisa só lhe será possível se efetuar o pagamento do débito" (Silvio Rodrigues, *Direito Civil: Direito das Coisas*, vol. V, cit., p. 70). V., ainda, sobre o ponto: Tito Fulgêncio, *Da Posse e das Ações Possessórias*, vol. I, cit., p. 184.

[45] Cfr., nesta direção: J. M. Carvalho Santos, *Código Civil Brasileiro Interpretado*, vol. VII, cit., pp. 219-220; San Tiago Dantas, *Programa de Direito Civil: Direito das Coisas*, vol. III, cit., p. 91.

[46] Na lição de San Tiago Dantas, "quanto ao possuidor de má-fé, apenas tem direito a uma espécie de indenização: a indenização pelas benfeitorias necessárias, porque, quando as fez, defendeu os interesses do evincente, defendeu aquilo que, certamente, seria do interesse do verdadeiro dono e, por conseguinte, merece ser compensado" (San Tiago Dantas, *Programa de Direito Civil: Direito das Coisas*, vol. III, cit., p. 91).

[47] Na dicção peremptória do STJ: "A posse do recorrente era de má-fé, o que lhe retira o direito de retenção, conforme preceitua o art. 1.220 do Código Civil (art. 517 do Código Civil de 1916)" (STJ, 4ª. T., REsp. 260.228/ES, Rel. Des. Jorge Scartezzini, julg. 3.8.2004, publ. *DJ* 30.8.2004). V. também as seguintes decisões: STJ, 4ª T., AgInt nos EDcl nos EDcl no AgInt no AREsp 540151/SP, Rel. Min. Marco Buzzi, julg. 27.5.2019; TJRJ, 7ª C.C., Ap. Cív. 200500107864, Rel. Des. Maria Henriqueta Lobo, julg. 31.5.2005; TJRJ, 2ª C.C., Ap. Cív. 200400120306, Rel. Des. Maurício Caldas Lopes, julg. 7.12.2004; e TJRS, 18ª C.C., Ap. Cív. 70006148886, Rel. Des. Pedro Luiz Pozza, julg. 23.9.2004.

possuidor de má-fé ter a obrigação de restituir ao proprietário o valor corresponden-te aos frutos percebidos indevidamente. Desse modo, encontra-se em condições de reter dessa quantia o quanto lhe deve o proprietário pelas benfeitorias necessárias. A isso se acrescenta que o possuidor de má-fé age em relação à coisa com a consciência de que pratica ato ilícito e, por isso, não merece a mesma proteção que se concede ao possuidor de boa-fé.[48]

O possuidor de má-fé não tem direito ao ressarcimento das benfeitorias úteis e voluptuárias. As benfeitorias úteis, posto valorizarem a coisa, dando-lhe maior utili-dade, não são indispensáveis. O proprietário poderia, se estivesse na posse do bem, deixar de efetuá-las. Não há, no caso, enriquecimento sem causa, já que não neces-sariamente seriam aproveitadas pelo legítimo possuidor, sendo razoável atribuir os riscos por sua realização e perda ao possuidor de má-fé, que obra ilicitamente com consciência de que a coisa não lhe pertence. O tratamento diverso em favor do pos-suidor de boa-fé se justifica porque este último realiza as benfeitorias úteis com a convicção de que era o verdadeiro dono da coisa e, por isso, a lei não lhe impõe o risco de nada receber pelos os investimentos destinados a aumentar a utilidade da coisa que acreditava ser sua.

Indenização das benfeitorias necessárias

Quanto às benfeitorias voluptuárias, não são compulsoriamente indenizáveis, como se viu, nem mesmo ao possuidor de boa-fé, ao qual o ordenamento jurídico confere somente a possibilidade de levantá-las. Com maior razão, não há qualquer direito à indenização em favor do possuidor de má-fé. O artigo 1.220, *in fine*, do Có-digo Civil também lhe nega a possibilidade de levantar as benfeitorias voluptuárias.

Como tal dispositivo faz referência apenas à proibição de retirar as voluptuárias, há quem sustente que as benfeitorias úteis, embora não sejam indenizáveis ao pos-suidor de má-fé, poderiam ser por ele levantadas.[49] No entanto, não parece ser esta a melhor solução, pois, se lhe é vedado o levantamento das benfeitorias voluptuárias, que trazem somente aformoseamento, com maior razão inexiste direito à retirada das benfeitorias úteis, geradoras de utilidade ao bem.

Com efeito, no sistema do Código, o possuidor de má-fé não tem direito a rece-ber indenização pelas benfeitorias úteis, tampouco a levantá-las.[50] O artigo 1.220 do Código Civil vedou ao possuidor de má-fé tão somente o levantamento das benfei-torias voluptuárias (não porque implicitamente pretendia autorizar o levantamento das benfeitorias úteis, mas) porque ao possuidor de boa-fé havia sido permitida, de maneira expressa, apenas o levantamento das benfeitorias voluptuárias.

---

[48] V. Tito Fulgêncio, *Da Posse e das Ações Possessórias*, vol. I, cit., p. 186.

[49] Ernane Fidélis dos Santos, *Comentários ao Novo Código Civil*, vol. XV, Rio de Janeiro: Forense, 2007, p. 202. O entendimento, nesses termos, encontra guarida no ordenamento jurídico português, que a prevê no art. 1.273º.

[50] J. M. Carvalho Santos, *Código Civil Brasileiro Interpretado*, vol. VII, cit., p. 226. Em orientação aná-loga, Clovis Bevilaqua assevera que "as benfeitorias úteis e voluptuárias, que o possuidor não pode levantar, compensam o dono do tempo em que esteve, injustamente, privado do seu bem" (Clovis Bevilaqua, *Código Civil dos Estados Unidos do Brasil Comentado*, vol. III, cit., p. 36). Também nesta direção, Darcy Bessone, *Direitos Reais*, cit., p. 303.

Indenização das benfeitorias existentes ao tempo da evicção

O art. 1.221, *in fine*, do Código Civil determina que o reivindicante indenize o valor das benfeitorias existentes ao tempo da evicção. A evicção, disciplinada nos arts. 447 a 457 do Código Civil, ocorre "quando o adquirente vem a perder a propriedade ou posse da coisa em virtude de sentença judicial que reconhece a outrem direito anterior sobre ela".[51] Por outras palavras, o evictor deve apenas indenizar as benfeitorias feitas pelo possuidor existentes ao tempo em que retomar a posse do bem.[52] Desse modo, indenizam-se as benfeitorias que importem em melhoria evidente da coisa e que ainda possam ser identificadas quando for restituído o bem. Todavia, certos gastos com a coisa, como o pagamento de tributos, embora não acarretem vestígios materiais, devem igualmente ser indenizados, pois constituem benfeitorias necessárias, que traduzem medidas de conservação efetiva do bem.[53]

Cálculo do valor das benfeitorias

Por outro lado, o art. 1.222 do Código Civil permite que o reivindicante escolha como indenizará as benfeitorias ao possuidor de má-fé, podendo optar entre o seu valor atual e o seu custo. Ao possuidor de boa-fé, porém, deve indenizar necessariamente pelo valor atual. O Código Civil, com efeito, acolheu as críticas formuladas pela doutrina ao tempo da vigência do Código Civil de 1916,[54] estabelecendo sistema diferenciado de indenização das benfeitorias com base na boa-fé ou má-fé do possuidor. No caso do possuidor de má-fé, o reivindicante pode optar entre os dois valores, o atual ou o de custo, e muito provavelmente escolherá o que for menor. Já com relação ao possuidor de boa-fé, a indenização é calculada, obrigatoriamente, com base no valor atual das benfeitorias, de tal modo que as valorizações supervenientes à sua realização aproveitam ao possuidor. Em todo caso, convém lembrar que "as situações estampadas na lei cuidam, evidentemente, de valores monetariamente atualizados, tanto se for levado em consideração apenas o valor atual, como se for computado o valor atual e o custo".[55]

6. RESPONSABILIDADE POR DETERIORAÇÕES

Responsabilidade do possuidor de boa-fé

A posse não confere apenas direitos ao possuidor, mas também deveres. Conforme estabelece a parte final do art. 1.217 do Código Civil, haverá responsabilidade

---

[51] Orlando Gomes, *Contratos*, Rio de Janeiro: Forense, 2007, p. 115.

[52] Nesta direção, Eduardo Espínola: "Só deve ser indenizadas as benfeitorias que existam quando for restituída a posse" (Eduardo Espínola, *Posse, Propriedade, Compropriedade ou Condomínio, Direitos Autorais*, Campinas: Bookseller, 2002, p. 131).

[53] V. nesse sentido Clovis Bevilaqua, *Código Civil dos Estados Unidos do Brasil Comentado*, vol. III, cit., p. 36.

[54] O Código Civil de 1916 determinava que o reivindicante obrigado a indenizar as benfeitorias poderia escolher entre o seu custo e o seu valor atual, mesmo que o possuidor estivesse de boa-fé. Os autores denunciavam a injustiça da regra, na medida em que o proprietário sempre optaria pelo menor valor. Desse modo, ocorrendo valorização das benfeitorias, o possuidor nunca adquiriria esse valor, pois o reivindicante escolheria fatalmente o valor de custo. Por outro lado, havendo desvalorização da benfeitoria, pagar-se-ia o seu valor atual. Assim, o possuidor sempre teria prejuízo. V. nessa direção J. M. Carvalho Santos, *Código Civil Brasileiro Interpretado*, vol. VII, cit., p. 233.

[55] Sílvio de Salvo Venosa, *Código Civil Comentado*, vol. XII, cit., p. 140.

do possuidor de boa-fé se deu causa à perda ou deterioração da coisa. Seguindo entendimento consolidado no regime anterior, o possuidor de boa-fé só responderá se obrou com negligência, imperícia ou imprudência: "a restrição final do artigo, *a que não der causa*, deve ser entendida como equivalente a – *que não proceder de culpa ou dolo seu*".[56] Cuida-se, portanto, de hipótese de responsabilidade subjetiva por ato ilícito, que se associa à cláusula geral prevista no *caput* do art. 927 do Código Civil.[57] O preceito reproduz o disposto no art. 514 do Código anterior, mantendo orientação diversa da que prevalecia no Direito Romano, que inadmitia exceção à regra segundo a qual o possuidor de boa-fé não respondia pela perda ou deterioração da coisa.[58]

O legislador foi bem mais severo com o possuidor de má-fé, que responde mesmo na hipótese de acidente. Assim, o possuidor de má-fé responde pela perda ou deterioração da coisa, ainda que decorrente do caso fortuito, o qual, em regra, excluiria o dever de indenizar. Justifica-se a amplitude do dever de reparar em função da consciência, por parte do possuidor, da ilicitude de sua posse: "porque a má-fé importando em um ato ilícito, o possuidor que nela incide deve responder por qualquer prejuízo que, como resultado de sua falta, causar ao proprietário".[59] Equipara-se, portanto, o possuidor de má-fé ao devedor em mora, aplicando-se a regra da perpetuação da obrigação prevista no art. 399 do Código Civil.[60]

Responsabilidade do possuidor de má-fé

A regra, contudo, não tem propriamente caráter punitivo,[61] alocando-se ao possuidor de má-fé os riscos pela produção do evento danoso, com base na consta-

Assunção de riscos pelo possuidor de má-fé

---

[56] Clovis Bevilaqua, *Código Civil dos Estados Unidos do Brasil Comentado*, vol. III, cit, p. 34.

[57] Sob perspectiva diversa, Silvio Rodrigues sustenta que o possuidor de boa-fé deva apenas responder pela deterioração ou perda da coisa na hipótese de ter agido com dolo ou culpa grave. Segundo o autor: "Não me parece justa tal restrição, pois se o possuidor de boa-fé houvesse que se responsabilizar por todas as deteriorações oriundas de sua culpa, ainda que fosse esta *levíssima*, a lei não estaria dando qualquer consideração a sua boa-fé, o que discrepa da atitude do legislador em casos análogos" (Silvio Rodrigues, *Direito Civil: Direito das Coisas*, vol. V, cit., p. 69. Grifo do original). Sublinhe-se, entretanto, que, em princípio, o sistema brasileiro desconsidera a gradação da culpa na caracterização do ilícito. Desta feita, mostra-se mais adequado o entendimento segundo o qual há responsabilidade do possuidor de boa-fé pela perda ou deterioração da coisa, desde que caracterizada a culpa.

[58] V. Ebert Chamoun, *Instituições de Direito Romano*, Rio de Janeiro: Forense, 1951, p. 262.

[59] J. M. Carvalho Santos, *Código Civil Brasileiro Interpretado*, vol. VII, cit., p. 214. O autor acrescenta, ainda, que "se o possuidor sabia, tinha a convicção de que a coisa não lhe pertencia, e quando muito só poderia agir como um mero administrador da coisa alheia, é evidente que não lhe seria lícito dispor desta, nem abandoná-la, nem deixar de cuidar dela com aquele zelo que se exige no trato das próprias coisas e, com mais rigor, das de outrem" (*Ibid.*, p. 214).

[60] Assim, Clovis Bevilaqua, *Direito das Coisas*, vol. I, cit., pp. 102-103. Na mesma direção, hodiernamente, Flávio Tartuce e José Fernando Simão, *Direito Civil: Direito das Coisas*, vol. IV, São Paulo: Método, 2009, p. 68: "O Código Civil, assim, traz tratamento muito próximo entre o devedor em mora e o possuidor de má-fé. A comparação se justifica, pois a má-fé tem o condão de induzir à culpa, justificando-se a ampliação de responsabilidades".

[61] A jurisprudência acentua que a responsabilidade ampliada do possuidor de má-fé não dispensa, evidentemente, a prova do prejuízo: "São reparáveis, mediante indenização, os prejuízos causados pelo esbulhador, impondo-se, contudo, a prova dos mesmos, que se não presumem" (STJ, 3ª T., REsp. 9.151/SP, Rel. Min. Dias Trindade, julg. 13.5.1991, publ. *DJ* 10.6.1991). E ainda: "Apelação. Reintegração de posse. Máquinas de ar condicionado central. Prova da propriedade. Perdas e danos. Incabimento. Sucumbência. Apelo do réu que não deve prosperar ante a comprovação da

tação de que, apesar de inevitáveis e involuntários, os fatos danosos, em regra, não ocorreriam se a coisa estivesse em poder do proprietário, hipótese que alteraria inteiramente seu destino econômico – e os riscos daí decorrentes. Desse modo, há, na hipótese em apreço, assunção de riscos pelo possuidor de má-fé, que manteve injustamente a coisa consigo.

Fortuito inevitável

Consequentemente, assim como o devedor em mora, o possuidor de má-fé exime-se da responsabilidade pela destruição da coisa se provar que o evento teria lugar independentemente de sua posse, ou seja, mesmo se estivesse a coisa na posse do proprietário. Para isso, atribui o legislador ao possuidor de má-fé o ônus da prova da força maior e, ainda, que a coisa seria vulnerável ao fortuito mesmo se estivesse em poder do proprietário.[62] A excludente evita o enriquecimento sem causa do proprietário, uma vez demonstrado que a coisa se teria igualmente perdido, inevitavelmente, se estivesse em seu poder.

Compensação dos danos com as benfeitorias

O art. 1.221 do Código Civil prevê a compensação dos danos com as benfeitorias. A compensação constitui modalidade de extinção das obrigações que se opera no encontro de dois créditos recíprocos entre as mesmas partes. Sendo os créditos de igual valor, desaparecerão de forma integral; se de valores diversos, o maior subsistirá, deduzida a importância do menor.[63] O objetivo da compensação é impedir gastos com demandas contrapostas entre as mesmas partes e obrigações fungíveis.

O possuidor de boa-fé tem direito à indenização das benfeitorias necessárias e úteis (CC, art. 1.219), mas responde pela perda e destruição da coisa a que der causa (CC, art. 1.217). Desse modo, pode operar-se a compensação entre o crédito do possuidor (em relação às benfeitorias) e o do reivindicante (a indenização pelos prejuízos advindos na coisa). Como os valores das benfeitorias e da destruição ou perda da coisa são ilíquidos, fazem-se necessárias avaliação e perícia para apuração da compensação.[64] Apurando-se os valores das benfeitorias e dos danos à coisa, opera-se

---

propriedade e do esbulho. Apelo pela parte autora pretendendo receber indenização por perdas e danos. A indenização a que faz jus o possuidor esbulhado depende de prova quanto aos prejuízos suportados, não bastando a simples caracterização do esbulho, por si só, para que nasça a obrigação de indenizar. Desta forma, sem a comprovação do efetivo prejuízo patrimonial, não há fundamento para o ressarcimento do alegado dano material. Aplicação correta da sucumbência recíproca, posto que decaiu a parte autora parcialmente dos pedidos. Desprovimento de ambos os apelos" (TJRJ, 12ª. C.C., Ap. Cív. 200100100794, Rel. Des. Alexandre H. Varella, julg. 15.2.2005). V. também nessa direção: STJ, Decisão Monocrática, Ag. Em Resp. 266.374/SP, Min. Luis Felipe Salomão, julg. 3.4.2014, publ. *DJe* 23.4.2014.

[62] J. M. Carvalho Santos, *Código Civil Brasileiro Interpretado*, vol. VII, cit., p. 215. Ressalta Sílvio Venosa que não basta ao possuidor de má-fé "provar caso fortuito ou coisa maior, pois mesmo perante esses fatores sua prova é mais profunda. Assim, por exemplo, numa inundação, se não tomou os cuidados necessários para evitar os efeitos da intempérie" (Sílvio Venosa, *Código Civil Comentado*, vol. XII, cit., pp. 130-131).

[63] Gustavo Tepedino, Heloisa Helena Barboza, Maria Celina Bodin de Moraes, *Código Civil Interpretado conforme a Constituição da República*, vol. I, cit., p. 676.

[64] Sílvio de Salvo Venosa, *Direito Civil: Direitos Reais*, vol. V, São Paulo: Atlas, 2004, 4ª ed., p. 103.

o ajuste de contas, remanescendo o pagamento do saldo líquido em favor de quem detinha o crédito de maior valor.

Em relação ao possuidor de má-fé, verifica-se que terá direito a ser indenizado apenas pelas benfeitorias necessárias. Entretanto, indenizará o proprietário ou legítimo possuidor no caso de perda ou destruição da coisa, ainda que acidental (CC, 1.218). Também haverá compensação desses créditos.

PROBLEMAS PRÁTICOS

1. Assiste ao possuidor de má-fé o direito de reter a coisa até o pagamento do ressarcimento das benfeitorias necessárias que tenha realizado?
2. Responde o possuidor de boa-fé pela perda ou deterioração da coisa a que tenha dado causa? E o possuidor de má-fé?

Acesse o *QR Code* e veja a Casoteca.

> https://uqr.to/1pc8e

Capítulo VI
PROPRIEDADE

Sumário: 1. Estrutura do direito de propriedade – 2. A constitucionalização do conteúdo funcional da propriedade – 3. O significado constitucional da função social da propriedade – 4. A propriedade como relação jurídica complexa – 5. O abuso do direito de propriedade – 6. A propriedade resolúvel – 7. A descoberta – Problemas práticos.

1. ESTRUTURA DO DIREITO DE PROPRIEDADE

O direito de propriedade deve ser compreendido pela interação entre sua estrutura e função, aspectos indissociáveis. A estrutura do direito de propriedade é formada por dois núcleos de poderes atribuídos ao proprietário, que compõem os conteúdos econômico e jurídico do domínio.[1] Assim é que o *caput* do artigo 1.228 do Código Civil[2] descreve o conteúdo econômico, ou seja, o núcleo interno do domínio, consistente nas faculdades de usar, gozar e dispor; e indica o conteúdo propriamente jurídico ou núcleo externo do domínio, consubstanciado na faculdade de repelir, mediante ações próprias, a ingerência alheia.[3]

---

[1] Sobre o ponto, v. Gustavo Tepedino, Contornos Constitucionais da Propriedade Privada. In: *Temas de Direito Civil*, t. I, Rio de Janeiro: Renovar, 2004, 3ª ed. (1ª ed., 1999), pp. 321-349.

[2] CC, art. 1.228: "O proprietário tem a faculdade de usar, gozar e dispor da coisa, e o direito de reavê-la do poder de quem quer que injustamente a possua ou detenha".

[3] San Tiago Dantas, *Programa de Direito Civil: Direito das Coisas*, vol. III, Rio de Janeiro: Rio, 1979, p. 16. Confira-se, ainda, Marco Aurélio Bezerra de Melo, *Direito das Coisas*, Rio de Janeiro: Lumen Juris, 2009, 2ª ed., (1ª ed., 2007) p. 87. Na Italia, v., por todos, Lodovico Barassi, *La proprietà nel nuovo codice civile*, Milano: Giuffrè, 1943, 2ª ed. (1ª ed., 1941), pp. 1 e ss., que se refere ao elemento

Faculdades inerentes ao direito de propriedade

A faculdade de usar (*ius utendi*) consiste em dar à coisa a destinação econômica que lhe é própria, isto é, utilizar-se dela sem alteração de sua substância. Assim, por exemplo, o titular usa o imóvel quando o habita, permite que terceiro o faça ou, simplesmente, o mantém em seu poder.[4] No entanto, o uso há de ser *civiliter*, "uma vez que o uso se subordina às normas da boa vizinhança e é incompatível com o abuso do direito de propriedade".[5]

A faculdade de gozar ou usufruir (*ius fruendi*) consiste em extrair benefícios econômicos da coisa, traduzindo-se na percepção, pelo titular, de frutos naturais, civis ou industriais da coisa, além de seus produtos.

A faculdade de dispor (*ius abutendi*), por sua vez, "é a mais viva expressão dominial, pela maior largueza que espelha", a significar o poder de decidir quanto ao destino a ser dado à coisa.[6] Consiste na faculdade de aliená-la a qualquer título, gravá-la, alterá-la ou mesmo destruí-la, quando isso não configure conduta antissocial.[7]

Já o poder de reaver a coisa de quem quer que injustamente a possua ou detenha (*rei vindicatio*) configura a defesa desse direito,[8] que é exercido por meio de ação reivindicatória.

Delimitação do objeto da propriedade

No que se refere ao objeto da propriedade, quando se está diante de bem móvel (CC, art. 82) sua delimitação mostra-se, de modo geral, simples, na medida em que o domínio se identifica visualmente, recaindo sobre cada partícula da coisa. Quando se trata, porém, de bem imóvel (CC, art. 79), os sinais exteriores, como paredes, muros e cercas, não se mostram confiáveis, porque podem ter sido instalados em local indevido, por erro ou malícia de um dos proprietários confinantes. Faz-se necessário, portanto, recorrer a critérios legislativos[9]. Os limites horizontais se definem segundo o princípio da especialidade do registro imobiliário, resultando da descrição contida no livro fundiário, que permite a perfeita identificação do imóvel.

Critérios de delimitação vertical da propriedade imóvel

De outra parte, quanto aos limites verticais, o Código Civil estabelece que a propriedade do solo abrange a do espaço aéreo e do subsolo correspondentes, essen-

---

estático ("*facoltà di utilizzazione diretta della cosa*") e ao elemento dinâmico ("*facoltà di utilizzazione indiretta o di disposizioni, nonché azioni miranti alla tutela del diritto*").

[4] Sílvio de Salvo Venosa, *Código Civil Comentado*, vol. XII, São Paulo: Atlas, 2003, p. 186.

[5] Caio Mário da Silva Pereira, *Instituições de direito civil*, vol. IV, Rio de Janeiro: Forense, 2016, 24ª ed. rev. e atualizada por Carlos Edison do Rêgo Monteiro Filho (1ª ed., 1970), p. 77.

[6] Caio Mário da Silva Pereira, *Instituições de Direito Civil*, vol. IV, cit., p. 76.

[7] "O Direito Romano empregava o verbo *abutere* para traduzir este atributo, o que conduziu muitos escritores, traduzindo-o literalmente, a reconhecer no proprietário o poder extremo de abusar da coisa. Mas é certo que o Direito Romano não concedia tal prerrogativa, fazendo ao revés conter o domínio em termos compatíveis com a convivência social. Muito mais patente é no direito moderno, este propósito de contenção, não só pela repressão ao mau uso da propriedade, como ainda pelas restrições em benefício do bem comum". (Caio Mário da Silva Pereira, *Instituições de direito civil*, vol. IV, cit., p. 78).

[8] Clovis Bevilaqua, *Código Civil dos Estados Unidos do Brasil Comentado*, vol. III, Rio de Janeiro: Paulo de Azevedo, 1958, 11ª ed. (1ª ed., 1956), p. 45.

[9] Eduardo Espínola, *Posse, propriedade, compropriedade ou condomínio, direitos autorais*, Rio de Janeiro: Conquista, 1956, pp. 137-138.

ciais ao seu aproveitamento.[10] Limita-se sua extensão, assim, a altura e profundidade úteis ao seu exercício, impedindo que o proprietário se oponha a atividades que sejam realizadas, por terceiros, a uma altura ou profundidade tais, que não tenha ele interesse legítimo em impedi-las (CC, art. 1.229). A legislação brasileira, portanto, a fim de limitar o alcance vertical da propriedade imóvel, recorre a critérios flexíveis – utilidade e interesse.[11]

O critério da utilidade associa-se a aspecto econômico, por meio do qual se estabelece que o domínio se finda a partir de altura e profundidade incompatíveis com a capacidade de exploração do proprietário. O interesse, por seu turno, diz respeito a aspecto jurídico da limitação, vez que o proprietário terá legitimidade para afastar eventual interferência de terceiro que esteja explorando atividade aérea ou subterrânea apenas na hipótese de essa atividade afetar sua propriedade.

Trata-se, portanto, de dois critérios complementares, pois, naturalmente, sem utilidade, não há qualquer interesse por parte do proprietário.[12] Dito de outra forma, o *dominus* "tem direito a excluir tudo que interfira com o aproveitamento da coisa, assim atual como futuro, se efetivamente ameaça restringir a condição jurídica do proprietário".[13] Nota-se que o conceito teórico de propriedade imóvel e seus limites verticais correspondem à noção prática de utilidade que o bem possui para seu proprietário,[14] razão pela qual o início e o fim da propriedade imóvel, em sentido vertical, variam a depender das possibilidades técnicas de exploração existentes.[15]

> Complementariedade entre os critérios da utilidade e do interesse

Para além da dicção do Código Civil, diversas são as normas administrativas que dispõem sobre gabaritos de construções como mecanismos de limitação da propriedade. Do mesmo modo, o interesse social pode justificar a instituição de ser-

---

[10] "O que o Código quer dizer com isso é que o solo forma um todo, no qual entram como elementos componentes o sôbre e o subsolo. Não se podendo conceber o solo destacado do que lhe fica acima ou abaixo, porque isso equivaleria a admitir que o solo fôsse uma espécie de superfície geométrica sem nenhuma espessura, uma mera abstração, para usarmos da expressão de Pacifici-Mazzoni". (J. M. de Carvalho Santos, *Código Civil brasileiro interpretado*, principalmente do ponto de vista prático, vol. VII, Rio de Janeiro: Freitas Bastos, 1987, p. 299).

[11] No passado, doutrina medieval pregava que o domínio se estenderia desde as estrelas no céu até as profundezas do inferno: "Os vários códigos contemporâneos ocupam-se da matéria com a preocupação de estabelecer um critério limitativo dos direitos do proprietário do imóvel sobre o subsolo e o espaço aéreo. Segundo o velho e conhecido adágio medieval – *qui dominus est soli, dominus est usque ad coelum et usque ad ínferos*. Exagerado no direito antigo, é inteiramente inaplicável no direito moderno". (Eduardo Espínola, *Posse, propriedade, compropriedade ou condomínio, direitos autorais*, Rio de Janeiro: Conquista, 1956, p. 138).

[12] J. M. de Carvalho Santos, *Código Civil brasileiro interpretado*, principalmente do ponto de vista prático, vol. VII, Rio de Janeiro: Freitas Bastos, 1987, p. 301.

[13] Caio Mário da Silva Pereira, *Instituições de direito civil*, vol. IV, Rio de Janeiro: Forense, 2016, 24ª ed. rev. e atualizada por Carlos Edison do Rêgo Monteiro Filho (1ª ed., 1970), p. 84.

[14] San Tiago Dantas, *Programa de Direito Civil: Direito das Coisas*, vol. III, Rio de Janeiro: Rio, 1979, p. 189.

[15] No julgamento do REsp 1.233.852, a Terceira Turma do Superior Tribunal de Justiça observou que "o legislador adotou o critério da utilidade como parâmetro definidor da propriedade do subsolo, limitando-a ao proveito normal e atual que pode proporcionar, conforme as possibilidades técnicas então existentes". (STJ, REsp 1.233.852, 3ª T, Rel.ª Min.ª Nancy Andrighi, julg. 15.12.2011).

vidões administrativas para instalação de redes elétricas ou de dutos subterrâneos.[16] A questão tratada nesses regramentos, porém, consiste não já na delimitação vertical da propriedade, mas no modo de exercício do direito.

A prosseguir na delimitação do objeto da propriedade imóvel, o Código Civil, em seu artigo 1.230, retira do proprietário do imóvel o domínio sobre "as jazidas, minas e demais recursos minerais, os potenciais de energia hidráulica, os monumentos arqueológicos e outros bens referidos por leis especiais", que interessam essencialmente à economia nacional.[17] Essas riquezas, desde a Constituição de 1934, são consideradas bens distintos do solo e, para serem explorados, faz-se necessária autorização federal.[18] Na Constituição Federal de 1988, o artigo 20, incisos VIII, IX e X, estabelece como bens de propriedade da União os potenciais de energia hidráulica, os recursos minerais e as cavidades naturais subterrâneas e os sítios arqueológicos e pré-históricos. A exploração dessas riquezas somente poderá ser efetuada mediante autorização ou concessão da União, no interesse nacional, por brasileiros ou empresa constituída sob as leis brasileiras e que tenha sua sede e administração no país (CR, art. 176, § 1º). O Código de Mineração (Dec.-Lei 227/1967) regulamenta a autorização ou concessão para a exploração de jazidas, ao passo que a Lei n. 9.433/1997 faz o mesmo quanto aos recursos hídricos.

Riquezas do subsolo como bens de propriedade da União

Embora a Constituição Federal de 1988 estabeleça a separação entre as propriedades do solo e dos recursos minerais, o § 2º do artigo 176 da Constituição assegura ao proprietário do solo participação nos resultados da lavra, na forma e no valor que dispuser a lei (Dec.-Lei 227/1967, Lei n. 7.990/1989 e Lei n. 8.001/1990). Além disso, o parágrafo único do artigo 1.230 do Código Civil possibilita ao proprietário do solo explorar os recursos minerais de emprego imediato na construção civil, desde que não submetidos a transformação industrial, como são os casos, por exemplo, da argila, da areia e do cascalho.

Direito de o proprietário do solo participar dos resultados da lavra

2. A CONSTITUCIONALIZAÇÃO DO CONTEÚDO FUNCIONAL DA PROPRIEDADE

Na esteira de copiosa legislação intervencionista dirigida à compatibilização dos interesses proprietários a demandas sociais, característica do Estado assistencialista e da socialização do direito civil,[19] a Constituição de 1934 aludia aos interesses social

Evolução da função social da propriedade na experiência constitucional brasileira

---

[16] Gustavo Tepedino, Heloisa Helena Barboza, Maria Celina Bodin de Moraes, *Código Civil Interpretado conforme a Constituição da República*, vol. III, Rio de Janeiro: Renovar, 2014, p. 515.

[17] Orlando Gomes, *Direitos Reais*, 19ª ed. atualizada por Luiz Edson Fachin, Rio de Janeiro: Forense, 2007, p. 138.

[18] Darcy Bessone, *Direitos Reais*, 2ª ed., Rio de Janeiro: Saraiva, 1996, p. 130.

[19] V., para uma resenha das leis intervencionistas no Brasil, Arnoldo Medeiros da Fonseca, *Caso Fortuito e Teoria da Imprevisão*, Rio de Janeiro: Forense, 1943, 2ª ed. (1ª ed., 1932), pp. 316 e ss; e Gustavo Tepedino, A Teoria da Imprevisão e os Contratos de Financiamento à Época do Chamado Plano Cruzado. In: *Revista Forense*, vol. 301, Rio de Janeiro: Forense, 1988, pp. 6 e ss., para ulteriores referências bibliográficas.

CAPÍTULO VI | PROPRIEDADE 87

e coletivo, ao vedar o exercício do direito de propriedade que lhe fosse contrário.[20] A Constituição de 1946, por seu turno, foi ainda mais incisiva, e demonstrou efetiva preocupação com a função social da propriedade ao consignar, em seu artigo 147, que "o uso da propriedade será condicionado ao bem-estar social".[21] Na mesma direção, a Constituição de 1967 (com a Emenda n. 1, de 17.10.1969) consagrou expressamente a função social da propriedade como princípio da ordem econômica e social (art. 160, III)[22].

Nesse cenário, entra em crise o vetusto conceito que, cristalizado pelas conhecidas fórmulas dos códigos do século XIX (dos quais o Código Civil Brasileiro de 1916 não representou mais que um reflexo), identificava-se com o aproveitamento e a disposição da coisa "da maneira mais absoluta", "desde que não se fizesse um uso vedado pela lei".[23] Todavia, àquela altura, a função social, a despeito de sua previsão constitucional, não adquire eficácia jurídica propriamente dita, sendo concebida, no âmbito do direito civil, apenas como dever imposto ao Estado de legislar com preocupação social, pelo que a dogmática do direito de propriedade, apesar das intervenções legislativas, mantém-se praticamente inalterada.

A Constituição Federal de 1988, na esteira de tal evolução legislativa, atinge barreiras seculares erguidas pelo direito civil em torno do conceito de propriedade, e consagra a função social não apenas como alicerce da ordem econômica (CR, art. 170, II e III)[24], a exemplo de sua predecessora, mas como direito fundamental, nos termos do artigo 5º, inciso XXIII – ao lado, portanto, da cláusula pétrea relativa à

Função social da propriedade na vigente Constituição da República

---

[20] Art. 113, nº 17: "é garantido o direito de propriedade, que não poderá ser exercido contra o interesse social ou coletivo, na forma que a lei determinar". A respeito da importância da Constituição de 1934 nesse particular, confira-se André Osório Gondinho, Função Social da Propriedade. In: Gustavo Tepedino (coord.), *Problemas de Direito Civil Constitucional*, Rio de Janeiro: Renovar, 2000, p. 409: "A Constituição de 1934 estabelece uma inovação importante em comparação aos textos anteriores: *pela primeira vez, uma constituição brasileira afirma que a propriedade não poderá ser exercida contra o interesse social ou coletivo.* (...) Mesmo sem constituir um princípio eficaz de tutela das situações jurídicas não proprietárias, visto que sua eficácia estava subordinada à regulamentação por lei complementar, que jamais foi editada, a Constituição de 1934 absorveu os ventos da modificação do capitalismo que então sopravam e cujas primeiras brisas foram sentidas nas Constituições Mexicana (1917) e Alemã (1919)" (grifos do original).

[21] "Art. 147. O uso da propriedade será condicionado ao bem-estar social. A lei poderá, com observância do disposto no art. 141, § 16, promover a justa distribuição da propriedade, com igual oportunidade para todos".

[22] O art. 160, III, da Emenda Constitucional de 1969, dispunha: "Art. 160. A ordem econômica e social tem por fim realizar o desenvolvimento nacional e a justiça social, com base nos seguintes princípios: (...) III – função social da propriedade". A respeito, cfr. Pontes de Miranda, *Comentários à Constituição de 1967*, t. VI, Rio de Janeiro: Revista dos Tribunais, 1987, 3ª ed. (1ª ed., 1967), pp. 27 e ss. Para uma retrospectiva crítica em tema de propriedade, v. Ricardo Pereira Lira, *Campo e Cidade no Ordenamento Jurídico Brasileiro*, Rio de Janeiro: Gráfica Riex Editora, 1991.

[23] L. Ammannanti, Proprietà. In: Donati (coord.), *Dizionario critico del diritto*, Milano: Savelli, 1980, p. 331.

[24] CR, art. 170. "A ordem econômica, fundada na valorização do trabalho humano e na livre-iniciativa, tem por fim assegurar a todos existência digna, conforme os ditames da justiça social, observados os seguintes princípios: (...) II – propriedade privada; III – função social da propriedade".

garantia fundamental de proteção da propriedade privada, prevista no inciso XXII[25]. Paralelamente, são inseridos, no texto constitucional, dispositivos que conferem conteúdo específico à função social da propriedade.

Os artigos 182 e 183 da Constituição Federal de 1988[26] disciplinam a utilização da propriedade urbana no âmbito bem mais amplo da política territorial das cidades. Na mesma linha, os artigos 184[27] e 185 regulam a propriedade rural no capítulo dedicado à Política Agrícola e Fundiária e à Reforma Agrária. Ali estão previstas diversas disciplinas da propriedade, de acordo com sua potencialidade econômica e levando-se em conta sua destinação. Assim, por exemplo, são postas a salvo da desapropriação, para fins de reforma agrária, a pequena e a média propriedade, quando o titular não possuir outra (CR, art. 185, I), bem como a propriedade produtiva (CR, art. 185, II);[28] veda-se a penhora da pequena propriedade familiar rural por débitos derivados da atividade produtiva; e autoriza-se a criação de meios específicos de financiamento para o desenvolvimento da propriedade familiar (CR, art. 5º, XXVI).[29]

No sentido de ampliar ainda mais a proteção à pequena propriedade, a Constituição instituiu a chamada usucapião especial, que se configura a partir da posse continuada por cinco anos de imóvel rural, não superior a 50 hectares, tornado produtivo pelo possuidor, ou, no caso de propriedade urbana destinada à habitação familiar, não superior a 250 m²[30] (CR, arts. 183 e 191)[31].

---

[25] CR, art. 5º. "Todos são iguais perante a lei, sem distinção de qualquer natureza, garantindo-se aos brasileiros e aos estrangeiros residentes no País a inviolabilidade do direito à vida, à liberdade, à igualdade, à segurança e à propriedade, nos termos seguintes: (...) XXII – é garantido o direito de propriedade; XXIII – a propriedade atenderá a sua função social".

[26] CR, art. 182. "A política de desenvolvimento urbano, executada pelo Poder Público municipal, conforme diretrizes gerais fixadas em lei, tem por objetivo ordenar o pleno desenvolvimento das funções sociais da cidade e garantir o bem-estar de seus habitantes"; CR, art. 183. "Aquele que possuir como sua área urbana de até duzentos e cinquenta metros quadrados, por cinco anos, ininterruptamente e sem oposição, utilizando-a para sua moradia ou de sua família, adquirir-lhe-á o domínio, desde que não seja proprietário de outro imóvel urbano ou rural".

[27] CR, art. 184. "Compete à União desapropriar por interesse social, para fins de reforma agrária, o imóvel rural que não esteja cumprindo sua função social, mediante prévia e justa indenização em títulos da dívida agrária, com cláusula de preservação do valor real, resgatáveis no prazo de até vinte anos, a partir do segundo ano de sua emissão, e cuja utilização será definida em lei".

[28] CR, art. 185. "São insuscetíveis de desapropriação para fins de reforma agrária: I – a pequena e média propriedade rural, assim definida em lei, desde que seu proprietário não possua outra; II – a propriedade produtiva".

[29] CR, art. 5º, XXVI – "a pequena propriedade rural, assim definida em lei, desde que trabalhada pela família, não será objeto de penhora para pagamento de débitos decorrentes de sua atividade produtiva, dispondo a lei sobre os meios de financiar o seu desenvolvimento". Nessa linha, o Enunciado n. 507 da V Jornada de Direito Civil do CJF (2011): "Na aplicação do princípio da função social da propriedade imobiliária rural, deve ser observada a cláusula aberta do § 1º do art. 1228 do Código Civil, que, em consonância com o disposto no art. 5º, inciso XXII, da Constituição de 1988, permite melhor objetivar a funcionalização mediante critérios de valoração centrados na primazia do trabalho".

[30] Sobre o tema, cfr. Carlos Edison do Rêgo Monteiro Filho, Usucapião urbana independente de metragem mínima: uma concretização da função social da propriedade. In: *Revista Brasileira de Direito Civil*, vol. 2, out-dez/2014, pp. 9-27.

[31] CR, art. 191. "Aquele que, não sendo proprietário de imóvel rural ou urbano, possua como seu, por cinco anos ininterruptos, sem oposição, área de terra, em zona rural, não superior a cinquenta

CAPÍTULO VI | PROPRIEDADE   89

O Texto Constitucional determinou, ainda, que a aquisição e arrendamento de propriedade rural por parte de estrangeiros devem ser regulamentados por procedimento específico, e, em certos casos, dependem de autorização do Congresso Nacional (CR, art. 190).[32]

É possível identificar, portanto, a existência de diversas "situações proprietárias" na Constituição da República, cada qual com sua disciplina específica, identificadas de acordo com a destinação do bem (rural ou urbano), sua potencialidade econômica (produtiva ou improdutiva) ou sua titularidade (adquirente estrangeiro ou brasileiro). A propriedade assume, assim, formas variadas, não redutíveis a um único estatuto jurídico.[33]

Diferentes estatutos proprietários no texto constitucional

Além disso, pode-se mesmo dizer que o constituinte inovou de forma significativa, ao funcionalizar a propriedade aos valores sociais e existenciais. No que tange à propriedade urbana, por exemplo, o cumprimento da função social se condiciona à observância das exigências fundamentais de ordenação da cidade, expressas no plano diretor. A regra corrobora os princípios gerais da tutela da pessoa, do trabalho e da dignidade humana, a demonstrar a preocupação do legislador constituinte com os dramáticos conflitos sociais.

Direito de propriedade funcionalizado a valores existenciais e sociais

Mas não é tudo. Tratou também o constituinte de traçar parâmetros para a configuração da função social da propriedade. Nessa esteira, o artigo 186 da Constituição Federal de 1988 elenca alguns requisitos necessários ao atendimento da função social da propriedade rural: "I. aproveitamento racional e adequado; II. utilização adequada dos recursos naturais disponíveis e preservação do meio ambiente; III. observância das disposições que regulam as relações de trabalho; IV. exploração que favoreça o bem-estar dos proprietários e dos trabalhadores". O preceito, como se vê, condiciona

---

hectares, tornando-a produtiva por seu trabalho ou de sua família, tendo nela sua moradia, adquirir-lhe-á a propriedade".

[32] CR, art. 190. "A lei regulará e limitará a aquisição ou o arrendamento de propriedade rural por pessoa física ou jurídica estrangeira e estabelecerá os casos que dependerão de autorização do Congresso Nacional".

[33] Eis a brilhante e precursora construção de Salvatore Pugliatti: "*Si prima si poteva pensare: le proprietà sono sempre (rami di quel tronco che si dice) la proprietà; quando si parla di statuti diversi dell'appropriazione dei beni, è lecito dubitare almeno della possibilità che alcuni di tali statuti siano così differenti tra loro, da rendere non solo illegitimo, ma addirittura inopportuno qualsiasi accostamento, anche soltanto terminologico: specie se i detti statuti possono variare assai, poichè la differenza può raggiungere e superare il limite oltre il quale si realizza una trasformazione qualitativa. Il problema permane, anzi si pone più decisamente, quando si afferma che, allo stato delle attuali concezioni e discipline positive dell'istituto, non si può parlare di un solo tipo, ma si deve parlare di tipi diversi di proprietà, ciascuno dei quali assume un suo aspetto caratteristico*" (Salvatore Pugliatti, La proprietà e le proprietà. In: *La proprietà nel nuovo diritto*, Milano: Giuffrè, 1954, pp. 148-149). Na doutrina brasileira, observa o Ministro Eros Grau: "a propriedade, afirmada pelo texto constitucional, reiteradamente, (...) não constitui um instituto jurídico, porém um conjunto de institutos jurídicos relacionados a distintos tipos de bens. Assim, cumpre distinguirmos, entre si, a propriedade de valores mobiliários, a propriedade literária e artística, a propriedade industrial, a propriedade do solo, *v. g.* Nesta última, ainda, a propriedade do solo rural, do solo urbano e do subsolo. Uma segunda distinção, ademais, há de ser procedida, entre propriedade de bens de consumo e propriedade de bens de produção" (Eros Grau, *A Ordem Econômica na Constituição de 1988: Interpretação e Crítica*, São Paulo: Revista dos Tribunais, 1990, p. 248).

a fruição individual pelo proprietário ao atendimento dos múltiplos interesses não proprietários. A proteção ambiental, a utilização racional das reservas naturais, as relações de trabalho derivadas da situação proprietária, o bem-estar desses mesmos trabalhadores são interesses tutelados constitucionalmente, e passaram a integrar o conteúdo funcional da situação proprietária.[34]

Por conseguinte, os requisitos insculpidos no artigo 186 e indicados pelos artigos 1º, 3º[35] e 5º, incisos XXII e XXIII, da Constituição Federal de 1988 oferecem ao legislador – em particular no que concerne aos planos diretores das cidades e à reforma agrária – e ao intérprete, o conteúdo constitucional da disciplina da propriedade: a situação proprietária somente será merecedora de tutela se atender à função social preestabelecida na Constituição, sistematicamente interpretada.[36]

Todavia, a eficácia do projeto constitucional – e, consequentemente, a correta concepção da função social da propriedade – pressupõe que se compreenda a relação entre Constituição e legislação infraconstitucional, de tal modo que a primeira se erija como fundamento interpretativo da segunda. Além disso, condiciona-se ao reconhecimento, em definitivo, do triunfo da "despatrimonialização" do direito privado, a significar a superação do individualismo e da patrimonialidade como um fim em si mesmo, em favor da pessoa e de sua plena realização existencial.[37]

Hierarquia dos valores constitucionais

---

[34] No tocante à proteção do ecossistema, também os mais críticos reconhecem a notável tutela constitucional. Ressalta Pinto Ferreira que "a nova Constituição fez um bom trabalho para a proteção do ambiente (natural) criando a figura delituosa do crime ecológico e pretendendo defender a floresta amazônica, o pantanal matogrossense e tudo que resta da mata atlântica" (Pinto Ferreira, *Comentários à Nova Constituição Brasileira*, vol. I, São Paulo: Atlas, 1989, p. 26).

[35] CR, art. 1º. "A República Federativa do Brasil, formada pela união indissolúvel dos Estados e Municípios e do Distrito Federal, constitui-se em Estado Democrático de Direito e tem como fundamentos: I – a soberania; II – a cidadania; III – a dignidade da pessoa humana; IV – os valores sociais do trabalho e da livre-iniciativa; V – o pluralismo político"; CR, art. 3º. "Constituem objetivos fundamentais da República Federativa do Brasil: I – construir uma sociedade livre, justa e solidária; II – garantir o desenvolvimento nacional; III – erradicar a pobreza e a marginalização e reduzir as desigualdades sociais e regionais; IV – promover o bem de todos, sem preconceitos de origem, raça, sexo, cor, idade e quaisquer outras formas de discriminação".

[36] De acordo com Luiz Edson Fachin, "a função social da propriedade corresponde a limitações fixadas no interesse público e tem por finalidade instituir um conceito dinâmico de propriedade em substituição ao conceito estático, representando uma projeção da reação anti-individualista. O fundamento da função social da propriedade é eliminar da propriedade privada o que há de eliminável" (Luiz Edson Fachin, *A Função Social e a Propriedade Contemporânea*: Uma Perspectiva da Usucapião Imobiliária Rural, Porto Alegre: Fabris, 1988, pp. 19-20).

[37] Pietro Perlingieri, *Perfis do Direito Civil – Introdução ao Direito Civil Constitucional*, Rio de Janeiro: Renovar, 2002, 2ª ed. (1ª ed., 1997), p. 33: "Com o termo, certamente não elegante, 'despatrimonialização', individua-se uma tendência normativa-cultural; se evidencia que no ordenamento se operou uma opção, que, lentamente, se vai concretizando, entre personalismo (superação do individualismo) e patrimonialismo (superação da patrimonialidade fim a si mesmo [...])". Em doutrina, utiliza-se, também, a expressão "repersonalização", para designar o movimento que "coloca no centro as pessoas e as suas necessidades fundamentais, tais como habitação minimamente digna" (Luiz Edson Fachin, *Teoria Crítica do Direito Civil*, Rio de Janeiro: Renovar, 2000, p. 75). Deve-se a expressão despatrimonialização do direito civil, hoje amplamente difundida, a Carmine Donisi, Verso la 'depatrimonializzazione' del diritto privato. In: *Rassegna di diritto civile*, n. 80, 1980.

3. O SIGNIFICADO CONSTITUCIONAL DA FUNÇÃO SOCIAL DA PROPRIEDADE

Com a promulgação da Constituição de 1988, o definitivo ocaso do binômio propriedade-liberdade[38] se impõe como conclusão necessária para quem se dispõe a "lastrear sua investigação em dados oferecidos pelo ordenamento legislativo" em cotejo com as peculiaridades da realidade social brasileira contemporânea, refutando, justamente, "uma metodologia falsamente generalizante".[39]

Noção pluralista da propriedade

De fato, a variedade e a relatividade da noção de propriedade,[40] conquistas inderrogáveis de processo evolutivo secular, corroboram a rejeição, há muito intuitivamente proclamada, da propriedade como noção abstrata.[41] Chega-se, por este caminho, à

---

[38] Ainda hoje, boa parte da doutrina permanece ancorada a tal concepção. V., por todos, Washington de Barros Monteiro, *Curso de Direito Civil: Direito das Coisas*, vol. III, São Paulo: Saraiva, 2003, 37ª ed. (1ª ed., 1952), p. 79: "Com efeito, a exata concepção é a de que a propriedade é inerente à própria natureza humana; ela representa condição de existência e de liberdade de todo o homem"; e, na Itália, Alberto Trabucchi, *Istituzioni di diritto civile*, Padova: Cedam, 1985, 27ª ed., (1ª ed., 1945), pp. 406 e ss. Quanto à tríade "propriedade-liberdade-realização da personalidade", v., por todos, a página clássica de Francesco Santoro Passarelli, Proprietà e lavoro in agricoltura. In: *Justitia*, 1953, p. 7, segundo o qual a propriedade privada "è 'riconosciuta' e 'garantita' per la tutela della personalità umana del soggetto nella sua proiezione nel mondo economico".

[39] Stefano Rodotà, Proprietà (diritto vigente). In: *Novissimo digesto italiano*, vol. XIV, Diretto da Antonio Azara e Ernesto Eula, Torino: UTET, 1967, p. 129. Conforme observa Antonio Menezes Cordeiro, "o primeiro óbice que se põe ao formalismo reside na natureza histórico-cultural do Direito. Numa conquista da escola histórica contra o jusracionalismo antecedente, sabe-se que o Direito pertence a uma categoria de realidades dadas por paulatina evolução das sociedades. A sua configuração apresenta-se, pelo menos ao actual estádio dos conhecimentos humanos, como produto de uma inabarcável complexidade causal que impossibilita, por completo, explicações integralmente lógicas e racionais. Assim sendo, o Direito deve ser conhecido de modo directo, tal como se apresenta; uma sua apreensão apriorística resulta impossível. O segundo obstáculo reside na incapacidade do formalismo perante a riqueza dos casos concretos. Na verdade, todas as construções formais assentam num discurso de grande abstracção, e, como tal, marcado pela extrema redução das suas proposições. Quando invocadas para resolver casos concretos, tais proposições mostram-se insuficientes: elas não comportam os elementos que lhes facultem acompanhar a diversidade de ocorrências e, daí, de soluções diferenciadas" (Antonio Menezes Cordeiro, Os Dilemas da Ciência do Direito no Final do Século XX. In: Claus-Wilhem Canaris, *Pensamento Sistemático e Conceito de Sistema na Ciência do Direito*, Lisboa: Fundação Calouste Gulbenkian, 1996, 2ª ed., (1ª ed., 1989), pp. XIX-XX).

[40] A respeito da relatividade do conceito de propriedade, Caio Mário da Silva Pereira afirma que "cada época, em função de fatores políticos e sociais, imprime ao direito dominial uma feição própria. Ora predomina a comunicação de todas as coisas, em que nada é de ninguém; ora sobressai a individuação delas; ora o direito de propriedade conserva-se profundamente subordinado à religião doméstica, representando a necessidade de proteger o altar consagrado, de qualquer intromissão de elementos estranhos à família; ora todo o regime político se constrói com base no poder concedido aos súditos como contraprestação ao fato deles estarem protegidos; ora a abolição do esquema de suserania democratiza a sociedade. (...) Dentro de um mesmo sistema legal a propriedade sofre mutações ao influxo da oscilação provinda de fatores políticos ocasionais" (Caio Mário da Silva Pereira, *Direito civil: alguns aspectos de sua evolução*, Rio de Janeiro: Forense, 2001, pp. 75-76).

[41] Giuseppe Capograssi, Agricultura, diritto, proprietà. In: *Opere*, V, Milano, 1959, p. 301: "*Il problema della proprietà in termini generali e astratti non esiste, benchè non si cessi di trattarlo cosí fastidiosamente e ostinatamente facendogli perdere le sue originalità. Il problema della proprietà è sempre il problema della proprietà come hic et nunc si pone*".

configuração da noção pluralista do instituto,[42] de acordo com a disciplina jurídica que regula, no ordenamento positivo, cada estatuto proprietário.[43]

A construção, fundamental para a compreensão das inúmeras modalidades contemporâneas de propriedade, reflete, na realidade, a superação da própria concepção tradicional de direito subjetivo, entendido como o poder reconhecido pelo ordenamento ao sujeito para realização de interesse próprio, finalizado em si mesmo. A atribuição de direito é acompanhada da imposição de deveres e obrigações, cuja observância se erige como condição de tutela daquele direito. Com efeito, a categoria de direito subjetivo é substituída pela de situação jurídica subjetiva complexa, composta de direitos e deveres, e por meio da qual se realizam os interesses individual e coletivo, de modo a concretizar, assim, a função da solidariedade constitucional.[44]

Superação da propriedade como simples direito subjetivo

Referida construção aplicada à propriedade permite concebê-la não mais como situação de poder, por si só e abstratamente considerada, o direito subjetivo por excelência, mas como *"situazione giuridica soggettiva tipica e complessa"*, necessariamente em conflito ou coligada com outras, que encontra a sua legitimidade na concreta relação jurídica na qual se insere.[45]

Cuida-se de tese que altera, radicalmente, o entendimento tradicional que identifica na propriedade uma relação entre sujeito e objeto, característica típica da noção de direito real absoluto (ou pleno), expressão da *"massima signoria sulla cosa"* – formulação incompatível com a ideia de relação intersubjetiva.

Centros de interesse extra-proprietários e o conteúdo da propriedade

A propriedade, portanto, não seria mais aquela atribuição de poder tendencialmente plena, cujos confins são definidos externamente[46], ou, de qualquer modo, em

---

[42]   V., por todos, Salvatore Pugliatti, *La proprietà nel nuovo diritto (com riguardo particolarmente alla proprietà terriera)*. In: *La proprietà nel nuovo diritto* (1954), Milano: Giuffrè, 1954, rist., pp. 145 e ss. A análise, todavia, não deve subestimar ou, pior, desconsiderar as inúmeras vozes contrárias à teoria da pluralidade de estatutos proprietários. Cfr., por todos, a específica crítica a Pugliatti conduzida por Luigi Cariota Ferrara, Crisi della proprietà privata?. In: *Riv. Giur Edil.*, vol; II, 1961, pp. 299 e ss.

[43]   Cfr., Stefano Rodotà, La logica proprietaria tra schemi ricostruttivi e interessi reali. In: *Quad. Fiorentini*, 1976-77, p. 893, para o qual *"la presenza di riferimenti unitari nel sistema attuale non necessariamente entra in contraddizione con la constatata esistenza di più proprietà: così sarebbe se da quei riferimenti si traesse spunto per tornare ad eludere i problemi posti daí diversi statutti o, addirittura, per ignorare una volta di più l'esistenza"*.

[44]   Consoante leciona Pietro Perlingieri, o direito subjetivo "nasceu para exprimir um interesse individual e egoísta, enquanto a noção de situação subjetiva complexa configura a função de solidariedade presente ao nível constitucional" (Pietro Perlingieri, *Perfis do Direito Civil – Introdução ao Direito Civil Constitucional*, cit., p. 121).

[45]   Pietro Perlingieri, *Introduzione alla probematica della proprietà*, Napoli: Scuola di perfezionamento in diritto civile dell'Università di Camerino, 1970, p. 91. Significativa mudança de orientação é manifestada por Pietro Rescigno, *Introduzione in Crisi dello statuto sociale e contenuto minimo della proprietà*, Atti del Convegno, Camerino, 27-28 maggio 1982, Napoli, 1983, pp. XIII e XIV. Sobre o impacto da função social na dogmática da propriedade, v., também, sob outra perspectiva metodológica, Judith Martins-Costa, *Diretrizes teóricas do novo Código Civil brasileiro*, São Paulo: Saraiva, 2002, pp. 148-149.

[46]   Em sentido contrário, defendendo a concepção da função social como limite externo, confira-se Marco Aurélio S. Viana, *Comentários ao novo Código Civil*, vol. XVI, Rio de Janeiro: Forense, 2003, p. 40: "O titular do domínio pode dele dispor, obtendo-lhe os serviços que lhe são próprios, mas

caráter predominantemente negativo[47], de tal modo que, até um certo ponto, o proprietário teria espaço livre para suas atividades e para a emanação de sua senhoria sobre o bem. A determinação do conteúdo da propriedade, ao contrário, dependerá de centros de interesses extraproprietários, os quais vão ser regulados no âmbito da relação jurídica de propriedade.

Por outras palavras, no panorama constitucional, a propriedade privada deixa de atender apenas aos interesses proprietários, convertendo-se em instrumento para proteção da pessoa humana, de tal sorte que o exercício do domínio há de respeitar e promover situações jurídicas subjetivas existenciais e sociais por ele atingidas.[48] Consequentemente, os poderes concedidos ao proprietário só adquirem legitimidade na medida em que seu exercício concreto desempenhe função merecedora de tutela. Daí decorre que, quando certa propriedade não cumpre sua função social, não pode ser tutelada pelo ordenamento jurídico.[49]

Tal constatação oferece suporte teórico para a correta compreensão da função social da propriedade, que terá, necessariamente, configuração dúctil, refutando-se, mais uma vez, os apriorismos ideológicos em favor do dado normativo. A função social modificar-se-á de estatuto para estatuto, sempre em conformidade com os preceitos constitucionais e com a concreta regulamentação dos interesses em jogo.

> *Caráter plural da função social da propriedade*

Pode-se mesmo dizer, com apoio na doutrina mais atenta, que a função social parece capaz de moldar o estatuto proprietário na sua essência, constituindo o título

> *Função social molda a estrutura da propriedade*

---

não se legitima qualquer ação pela qual ele pretenda ou venha violar a finalidade econômico-social da coisa. (...) Observemos bem: a intervenção se faz no *exercício* do direito, não no direito em si. Respeita-se a propriedade privada, ela é garantida, mas o seu exercício deve estar voltado para o bem comum" (grifo do original).

[47] Ugo Natoli, *La proprietà: appunti delle lezioni*, I, Milano: Giuffrè, 1980, 2ª ed., (1ª ed., 1976), pp. 187-202.

[48] "A qualificação da propriedade como situação jurídica abrangente de direitos, obrigações e ônus não é suficiente, contudo, para a definição do princípio consubstanciado no conceito de função social, necessário, que é, para possibilitar a sistematização de suas virtualidades. Importa, para mais, encontrar o seu significado, como se propôs Rodotà através de análise separada e sucessiva dos termos da expressão – função e social. (...) Esclarece o citado professor que o termo função contrapõe-se a estrutura e serve para definir a maneira concreta de operar de um instituto ou de um direito de características morfológicas particulares e notórias. A partir do momento em que o ordenamento jurídico reconheceu que o exercício dos poderes do proprietário não deveria ser protegido tão somente para satisfação do seu interesse, a função da propriedade tornou-se social. (...) Já o adjetivo que qualifica a função tem significado mais ambíguo. Desaprovando a fórmula negativa de que social é equivalente a não individualístico, aplaude o emprego, para defini-lo, como critério de avaliação de situações jurídicas ligadas ao desenvolvimento de determinadas atividades econômicas, para maior integração do indivíduo na coletividade. Em substância: como um 'parâmetro elástico' por meio do qual se transfere para o âmbito legislativo ou para a consciência do juiz certas exigências do momento histórico, nascidas como antítese no movimento dialético da aventura da humanidade". (Orlando Gomes, *Direitos Reais*, Rio de Janeiro: Forense, 2012, 21ª ed. rev. e atualizada por Luiz Edson Fachin (1ª ed., 1958), p. 120).

[49] Pietro Perlingieri, *Note sulla crisi dello stato sociale e sul contenuto minimo della proprietà*. In: *Legal. e giust.*, 1983, pp. 449-450.

justificativo, a causa de atribuição dos poderes do titular,[50] ou seja, o fator de legitimidade do exercício da própria liberdade, qualificando-a e justificando a atuação do proprietário. A função social torna-se, assim, "a própria razão pela qual o direito de propriedade foi atribuído a determinado sujeito".[51]

A despeito, portanto, da disputa em torno do significado e da extensão da noção de função social[52], poder-se-ia assinalar, como patamar de relativo consenso, sua inserção no *"profilo interno"*[53] do domínio, atuando como critério de valoração do exercício do direito, o qual deverá ser direcionado para um *"massimo sociale"*[54]. Daí, portanto, a capacidade de o elemento funcional alterar a estrutura do domínio,[55] fazendo nela incluírem-se os deveres necessários ao atendimento da função social do instituto. Supera-se, assim, a análise estática da estrutura da propriedade, que passa a se constituir não só pelos poderes de usar, gozar e dispor, mas também pelos

---

[50] Pietro Perlingieri, *Note sulla crisi dello stato sociale e sul contenuto minimo della proprietà*, cit., p. 449.

[51] Pietro Perlingieri, *Perfis do Direito Civil – Introdução ao Direito Civil Constitucional*, cit., p. 226.

[52] Não se poderia, nesta sede, nem ao menos tangenciar os intensos debates interpretativos suscitados pela expressão função social, ora considerada uma *"formula ellitica e polisensa"* (Guido Alpa, *Crisi dello statuto sociale e contenuto minimo della proprietà*, Atti del Convegno, Camerino, 27-28 maggio 1982, Napoli, 1983, p. 3), *"l'approdo ad un'ultima spiaggia"* (Pietro Rescigno, Disciplina dei beni e situazioni della persona. In: *Quad. fiorentini*, 1976-77, II, p. 877, referindo-se ao *"aggancio che cercano la proprietà e le situazioni 'reali' nella tutela della persona"*) para o direito de propriedade, ou ainda uma espécie de *"camicia di forza imposta alla proprietà individuale"* (como entendia a doutrina tradicional examinada por Anna De Vita, in *Crisi dello stato sociale e contenuto minimo della proprietà*, Atti del Convegno, Camerino, 27-28 maggio 1982, Napoli, 1983, p. 169); ou ainda, ao reverso, focalizada exclusivamente do ponto de vista econômico. É significativa, a propósito, a mudança de orientação de Stefano Rodotà, o qual, desenvolvendo fórmula de Vincenzo Spagnuolo Vigorita, identificava o adjetivo "social" como *"benessere economico e collettivo"* (cfr. Proprietà (diritto vigente). In: *Novissimo digesto italiano*, vol. XIV, cit., p. 137, e já em *Note critiche in tema di proprietà*, p. 1275). Posteriormente (*Il terribile diritto: studi sulla proprietà privata*, Bologna: Il Mulino, 1981, pp. 405-407), todavia, admite que no afã de evidenciar a *"rottura ormai consumata con la concezione della proprietà come diritto inviolabile e attributo della personalità"*, deixava-se de lado *"l'intreccio tra finalità d'ordine economico e altri obiettivi riscontrabili nella stessa disciplina costituzionale dei rapporti economici"*, *"non tenendo in nessun conto le ulteriori finalità indicate nella parte iniziale della Costituzione"*. Sobre a discussão acerca da extensão da função social da propriedade no Direito brasileiro, veja-se, por todos, Orlando Gomes, *Direitos Reais*, Rio de Janeiro: Forense, 2008, 19ª ed., rev. e atualizada por Luiz Edson Fachin, (1ª ed., 1958), pp. 123 e ss.

[53] Pietro Perlingieri, *Introduzione alla problematica della proprietà*. Napoli: Scuola di perfezionamento in diritto civile dell'Università di Camerino, 1970, pp. 121 e ss.

[54] A eloquente expressão é repetidas vezes utilizada por Stefano Rodotà (cfr. *Proprietà (diritto vigente)*. In: *Novissimo digesto italiano*, vol. XIV, cit., p. 137). Sobre as consequências da função social no âmbito interno do direito de propriedade, indispensável transcrever o trecho de Salvatore Pugliatti (*La proprietà e le proprietà*, cit., p. 278): *"Si può dire che la proprietà (se già non è tuttavia) si avvia ad essere (strumento di realizzazione di una complessa e poliedrica) funzione sociale, e che l'impulso a tale radicale trasformazione della sua struttura e della sua natura opera già nel cuore del nostro ordinamento e come forza in atto"*.

[55] Sobre o ponto, Salvatore Pugliatti, *La proprietà e le proprietà*, cit., p. 281, o qual observa (releve-se que a 1ª edição da obra é de 1954), que *"il nucleo interno del diritto di proprietà è ormai aperto alle influenze trasformatrici. La struttura stessa del diritto viene ad essere intaccata e muta la natura di esso"*.

deveres indispensáveis à realização do aspecto funcional do domínio, identificados na concreta relação jurídica.

Assim é que, por exemplo, ao modificar a estrutura do domínio, a função social em concreto poderá fazer com que o não uso da propriedade implique a perda da proteção possessória por parte do seu titular ou torne a propriedade suscetível à desapropriação para fins de reforma agrária.[56] A função social, assim delineada, importa na compreensão da propriedade, a um só tempo, como *garantia* patrimonial, vinculada a ditames sociais, e como *acesso* a bens fundamentais relativos à moradia, ao trabalho e a valores existenciais.[57]

Propriedade como garantia e acesso

Não há, portanto, bem jurídico que não desempenhe função social, ainda que se trate de bens que possam parecer insignificantes. Vale dizer: não somente os bens de produção, mas também os de consumo possuem uma função social, sendo por esta conformados em seu conteúdo – modos de aquisição e de utilização.[58] Mais ainda:

---

[56] "Usucapião e reintegratória. Vizinhos de terreno vazio que, durante anos o mantiveram limpo para evitar acúmulo de lixo e trânsito de animais indesejados. Situação que não caracteriza posse *ad usucapionem*, uma vez que a função social da propriedade está ligada à sua destinação. Exegese dos preceitos constitucionais que privilegiam a posse qualificada pelo decurso do tempo diante da propriedade registral. – As provas testemunhais colhidas em audiência revelam que os autores/apelados residem ao lado do terreno que pretendem usucapir e que, com o decorrer dos anos, passaram a cuidar do mesmo, de forma que não se tornasse uma área de depósito de lixo e criadouro de animais. – A carta magna privilegiou a usucapião urbana (artigo 183), permitiu a desapropriação de terras para atender a interesse social (artigo 184) e a expropriação quando houver plantio de plantas psicotrópicas (artigo 243), tudo a demonstrar sua real intenção de que toda terra possua uma função social. – Na hipótese dos autos, nenhuma das partes deu ao terreno uma destinação. O proprietário registral se manteve inerte e o possuidor apenas o manteve limpo. Sendo assim, mostra-se por demais danoso retirar a propriedade registral para entregá-la àqueles que não utilizam efetivamente o bem, parecendo não ser esta a exegese da norma que permite a aquisição pela usucapião. – Permitir tal fato seria criar perigoso precedente, autorizando que vizinhos passassem a limpar terreno alheio para após ajuizarem ação de usucapião. Recurso provido." (TJ/RJ, 17ª C.C., Ap. Cív., 0005182-74.2006.8.19.0026, Rel. Des. Flavia Romano de Rezende, julg. 29.10.2014, publ. *DJ* 4.11.2014).

[57] Sobre essa dúplice perspectiva da propriedade como acesso e como garantia, v. Roberta Mauro, *A Propriedade na Constituição de 1988 e o Problema do Acesso aos Bens*. In: Gustavo Tepedino e Luiz Edson Fachin (orgs.), *Diálogos sobre Direito Civil*, vol. II, Rio de Janeiro: Renovar, 2008. Adverte a autora: "Na verdade, quando se afirma que a propriedade conforme delineada pela Constituição garante não apenas o direito de propriedade, mas também o direito à propriedade, isso não conduziria necessariamente à ideia de um título dominial para todos os cidadãos. O que o acesso aos bens deve refletir é a utilização de seus frutos em benefício de todos, e não o direito a um papel para guardar no fundo da gaveta" (p. 49).

[58] De acordo com Pietro Perlingieri, "a afirmação generalizada de que a propriedade privada tem função social não consente discriminações e obriga o intérprete a individuá-la em relação à particular ordem de interesses juridicamente relevantes. Assim, tem função social não somente a propriedade da empresa mas também a da casa de habitação e dos bens móveis que ela contém, a da oficina artesã e da propriedade do pequeno produtor, a dos utensílios profissionais e dos animais e dos instrumentos de trabalho da empresa. Cada uma com uma diversa intensidade de utilidade geral e individual, sem que entre elas devam encontrar-se lacerantes contrastes, com a consciência de que pode-se realizar função social, como em todas as hipóteses de propriedade ditas pessoais, ao satisfazer exigências merecedoras de tutela, não necessariamente e exclusivamente do mercado e da produção, mas também somente pessoais e existenciais, individuais ou comunitárias." Entender de forma diversa, segundo o autor, importaria em "reservar à função social uma interpretação pela qual o social se contrapõe ao pessoal-individual, prevalecendo assim uma postura econômica e

até mesmo um *"cono gelato"*, no dizer de autorizada doutrina, não pode deixar de cumprir uma precisa função social.[59]

Diante de tais constatações, não se pode objetar que a função social, como elemento interno do domínio, restringiria a liberdade individual, visto que, a rigor, as liberdades constitucionais não podem ser tomadas isoladamente, já que inseridas na legalidade constitucional. Consoante advertiu Pietro Perlingieri, "a autonomia não é livre arbítrio: os atos e as atividades não somente não podem perseguir fins antissociais ou não sociais, mas, para terem reconhecimento jurídico, devem ser valorados como conformes à razão pela qual o direito de propriedade foi garantido e reconhecido".[60]

4. A PROPRIEDADE COMO RELAÇÃO JURÍDICA COMPLEXA

Função social e conteúdo da propriedade

Uma das mais intrincadas questões da dogmática proprietária contemporânea reside em identificar de que maneira a função social repercute no conteúdo do direito de propriedade. A rigor, trata-se de verificar de que maneira se relacionam os interesses proprietários e os não proprietários.

Para que a tarefa frutifique impõe-se reconhecer, preliminarmente, que, se é verdade que a certeza do direito não se obtém desconsiderando o dado normativo, este, por sua vez, não há de ser tomado pelo intérprete como elemento estático, mas deve ser reconstruído continuamente, na dinâmica própria da tensão dialética fato-norma. Ambos os elementos são indispensáveis ao processo interpretativo e o predomínio de um em detrimento do outro representaria a perda de contato com a chamada norma viva.[61]

Inexistência de um núcleo egoístico e intocável da propriedade

Disso decorre, por conseguinte, a inviabilidade de se partir do tradicional conceito de propriedade, construído à época do *laissez-faire*, e, adaptando-o aos atuais princípios constitucionais, reelaborar uma falsa ideia de propriedade que se apresentaria como que "corroída", isto é, "mutilada" por meros limites externos. Sob essa ótica, seria possível reconhecer ao proprietário uma espécie de salvo-conduto (*ius plenum dominii*) no interior do território (*meum esse*) que lhe restou, no âmbito do qual estaria resguardado das ingerências do legislador. Haveria, portanto, um "conteúdo mínimo da propriedade", núcleo inatacável de poderes remanescentes (*rectius*,

---

produtivista, ainda que atenuada, relativamente àquela codicística, pela referência à atuação das equânimes relações sociais e à noção de solidariedade social" (Pietro Perlingieri, *Perfis do Direito Civil – Introdução ao Direito Civil Constitucional*, cit., p. 230). Favoravelmente, ainda, à função social dos bens de consumo, Marco Aurélio Bezerra de Melo, *Legitimação de posse dos imóveis urbanos e o direito à moradia*, Rio de Janeiro: Lumen Juris, 2008, p. 120. Em sentido contrário, pontifica Orlando Gomes: "só os bens produtivos são idôneos à satisfação de interesses econômicos e coletivos que constituem o pressuposto de fato da função social" (Orlando Gomes, *Direitos Reais*, cit., p. 125).

[59] M. Costantino, Intervento. In: *Crisi dello stato sociale e contenuto minimo della proprietà*, Atti del Convegno, Camerino, 27-28 maggio 1982: Napoli, 1983, p. 55.

[60] Pietro Perlingieri, *Perfis do Direito Civil – Introdução ao Direito Civil Constitucional*, cit., p. 228.

[61] Sobre a imprescindibilidade de ambas as referências leciona Pietro Rescigno, *Disciplina dei beni e situazioni della persona*, cit., p. 862: "*Accanto alla 'rivolta dei fatti' vi è dunque il sistema positivo considerato nella sua interezza, anche nell'emergere di figure che nascono con carattere temporaneo od eccezionale, e nell'avvertita sopravvivenza di fenomeni che sembravano ridotti in esili margini*".

liberdade remanescente!), verdadeiro confim além do qual o direito não poderia mais ser "violado", ou "reduzido" por leis ordinárias[62]. Desse modo, a relação de propriedade se apresentaria como uma disputa entre o interesse egoístico, tendencialmente pleno (previsto no Código Civil, nos termos do *caput* do art. 1.228), e o interesse social (mesmo se em vantagem deste último, de acordo com intervenções legislativas autorizadas pelo § 1º do art. 1.228, Código Civil).[63]

A propriedade constitucional, todavia, não se traduz numa redução quantitativa dos poderes do proprietário, a transformá-la em uma "minipropriedade", como alguém, com fina ironia, a cunhou.[64] Ao reverso, revela determinação conceitual qualitativamente diversa, na medida em que a relação jurídica da propriedade, compreendendo interesses não proprietários (igualmente ou predominantemente) merecedores de tutela, não pode ser examinada *"se non costruendo in una endiadi le situazioni del proprietario e dei terzi"*[65]. Desse modo, (não já o conteúdo mínimo, mas) o preciso conteúdo da situação jurídica de propriedade, inserida na relação concreta, deriva da compatibilidade da (situação jurídica de) propriedade com situações não proprietárias. Assim considerada, a propriedade (deixa de ser uma ameaça e) se transforma em instrumento para a realização do projeto constitucional (acesso a garantias fundamentais).[66]

Alteração qualitativa da propriedade

Diante da previsão do aspecto funcional do domínio constante do § 1º do art. 1.228 do Código Civil, novas possibilidades hermenêuticas se abrem para o intérprete. O risco de se transformar a previsão legal em letra morta (considerada mera dicção

---

[62] A crítica ao isolamento de um "conteúdo mínimo da propriedade", blindado contra qualquer ordem de ingerências externas, não se confunde com a possibilidade de identificação de "conteúdos mínimos da propriedade" de acordo com seus sujeitos, objetos, destinações, ou mesmo circunstâncias concretas. Nessa esteira, Pietro Perlingieri, referindo-se à Constituição italiana, mas em lição de todo aplicável ao Direito brasileiro, adverte que "a conclusão pela qual é preciso falar de conteúdos mínimos da propriedade deve ser interpretada não em chave jusnaturalista, mas em relação à reserva de lei prevista na Constituição, a qual garante a propriedade atribuindo à lei a tarefa de determinar os modos de aquisição, de gozo e os limites, com o objetivo de assegurar a função social e de torná-la acessível a todos (art. 42, § 2)" (Pietro Perlingieri, *Perfis do Direito Civil – Introdução ao Direito Civil Constitucional*, cit., p. 231).

[63] CC, art. 1.228, § 1º. "O direito de propriedade deve ser exercido em consonância com as suas finalidades econômicas e sociais e de modo que sejam preservados, de conformidade com o estabelecido em lei especial, a flora, a fauna, as belezas naturais, o equilíbrio ecológico e o patrimônio histórico e artístico, bem como evitada a poluição do ar e das águas".

[64] A. Tizzano, in *Crisi dello stato sociale e contenuto minimo della proprietà*, Atti del Convegno, Camerino, 27-28 maggio 1982, Napoli, 1983, p. 132.

[65] Vincenzo Cantelmo, Proprietà e crisi dello Stato sociale. In: *Democrazia e diritto*, 1983, p. 119.

[66] "Esse cenário cultural, tão conhecido dos brasileiros, não deve induzir em erro. Afinal, a funcionalização da propriedade, assegurada pela Constituição da República, ao contrário de ameaçar os direitos individuais, potencializa-os. Permite-se, mercê da axiologia constitucional, associar liberdade e solidariedade; autonomia privada e responsabilidade. De uma parte, a utilidade social legitima a utilização dos bens, justificando a garantia da propriedade privada como cláusula pétrea (art. 5º, XXVII, C.R.) e o valor social do trabalho e da livre-iniciativa (art. 1º, IV, C.R.). Além disso, a função atribuída à titularidade proprietária define a estrutura, o conteúdo, a extensão e deveres da titularidade dominical" (Gustavo Tepedino, Propriedade: um terrível direito? Editorial. In: *Revista Brasileira de Direito Civil – RBDCivil*, vol. 31, n. 1, jan./mar., 2022, pp. 11-13).

política, fruto da retórica do codificador) debela-se pela identificação dos contornos constitucionais do direito de propriedade no ordenamento brasileiro.

Na mesma linha do art. 1.228 do Código Civil, insere-se a previsão do direito à propriedade privada contida no art. 21 do Pacto de São José da Costa Rica,[67] que entrou em vigor no Brasil em 25 de setembro de 1992, com a promulgação do Decreto n. 678/1992, e se tornou um dos pilares da proteção dos direitos humanos no país, ao consagrar direitos políticos e civis, bem como os relacionados à integridade pessoal, à liberdade e à proteção judicial.[68] O dispositivo se insere no direito brasileiro de modo eloquente, evidenciando que o direito de propriedade deve ser compreendido pela interação entre sua estrutura e função, aspectos indissociáveis. Assim é que o item 1 do art. 21 da Convenção descreve parte importante do seu conteúdo econômico, ou seja, do núcleo interno do domínio, consistente nas faculdades de usar e gozar dos bens.

De outra parte, ao informar que a lei pode subordinar o uso e o gozo ao interesse social, o dispositivo se alinha com o disposto no § 1 do art. 1.228 do Código Civil, que assinala que "o direito de propriedade deve ser exercido em consonância com as suas finalidades econômicas e sociais e de modo que sejam preservados, de conformidade com o estabelecido em lei especial, a flora, a fauna, as belezas naturais, o equilíbrio ecológico e o patrimônio histórico e artístico, bem como evitada a poluição do ar e das águas."

O tema traz a lume uma das mais complexas questões da dogmática proprietária, voltada a identificar de que maneira a função social repercute no conteúdo interno do direito de propriedade. Bastaria aduzir que, se é verdade que a certeza do direito não se obtém desconsiderando o dado normativo, este, por sua vez, não há de ser tomado como elemento estático, reconstruindo-se continuamente, na dinâmica própria da tensão dialética fato-norma.[69]

5. O ABUSO DO DIREITO DE PROPRIEDADE

O Código Civil estabelece, no § 2º de seu artigo 1.228, que são defesos os atos que não tragam qualquer comodidade ou utilidade e sejam animados pela intenção de prejudicar outrem. Tem-se afirmado que o dispositivo contempla aplicação específica da teoria do abuso, vedando a prática pelo proprietário de atos que, apesar de

---

[67] Eis o teor do dispositivo: "Art. 21. Direito à Propriedade Privada 1. Toda pessoa tem direito ao uso e gozo dos seus bens. A lei pode subordinar esse uso e gozo ao interesse social. 2. Nenhuma pessoa pode ser privada de seus bens, salvo mediante o pagamento de indenização justa, por motivo de utilidade pública ou de interesse social e nos casos e na forma estabelecidos pela lei. 3. Tanto a usura, como qualquer outra forma de exploração do homem pelo homem, devem ser reprimidas pela lei".

[68] Cfr. Gustavo Tepedino, A tutela dos direitos humanos e sua tormentosa convivência com o paradigma proprietário (o art. 21 da Convenção Interamericana). In: Luis Felipe Salomão; Rodrigo Mudrovitsch. (org.). *Convenção Americana de Direitos Humanos Comentada*, Rio de Janeiro: Forense, 2024, p. 233-250.

[69] Sobre a imprescindibilidade de ambas as referências leciona Pietro Rescigno, Disciplina dei beni e situazioni della persona, In: Quad. Fiorentini, 1976-77, II, p. 862: *"Accanto alla 'rivolta dei fatti' vi è dunque il sistema positivo considerato nella sua interezza, anche nell'emergere di figure che nascono con carattere temporaneo od eccezionale, e nell'avvertita sopravvivenza di fenomeni che sembravano ridotti in esili margini".*

aparentemente lícitos, sejam movidos pela única intenção de prejudicar terceiros.[70] O entendimento, todavia, deve ser examinado com cautela.

Em primeiro lugar, embora a teoria dos atos emulativos tenha se mostrado útil no passado para construir a doutrina do abuso do direito, contemporaneamente a configuração do ato abusivo independe da intenção de prejudicar terceiros;[71] para tanto, basta que o direito seja exercido em contrariedade a seu fim econômico ou social, à boa-fé ou aos bons costumes, consoante dispõe o artigo 187 do Código Civil.[72] Sob esse aspecto, portanto, o § 2° mostra-se anacrônico, pois adota concepção ultrapassada da teoria do abuso do direito.

Insuficiência da ideia de abuso de direito de propriedade

Além disso, a teoria do abuso do direito torna-se dispensável – no que tange ao exercício contrário ao fim econômico ou social do direito –, diante da funcionalização da propriedade, em razão da qual se concebe a função social como elemento interno do domínio, seu pressuposto de legitimidade, e cujo desatendimento enseja a perda de merecimento de tutela da situação proprietária. Assim, não se faz necessário invocar a teoria do abuso do direito para reprovar o exercício do direito de propriedade contrário à função social; a propriedade perde sua legitimidade constitucional se o proprietário deixar de promover os valores funcionais associados à titularidade do domínio. Com efeito, o recurso à teoria do abuso do direito, neste particular, reveste-se de importância meramente didática, servindo apenas a reforçar a funcionalização das situações jurídicas subjetivas, sobretudo diante de autores que ainda não despertaram para a irreversível alteração não apenas metodológica, mas axiológica do direito civil.[73]

---

[70] Cfr. Marco Aurélio S. Viana, *Comentários ao Novo Código Civil*, vol. XVI, cit., pp. 45-46; Caio Mário da Silva Pereira, *Instituições de Direito Civil*, vol. IV, cit., p. 93. Na jurisprudência, o dispositivo legal tem se prestado a resolver conflitos de vizinhança em que fica caracterizada a má-fé de um dos lindeiros, como se depreende da ementa do seguinte acórdão: "Agravo de instrumento. Nunciação de obra nova. Muro divisório. Altura de 2,60m. Direito do proprietário em construir que não se sobrepõe ao do lindeiro em não se ver prejudicado com a construção realizada. Ademais, são defesos os atos que não trazem ao proprietário qualquer comodidade, ou utilidade, e sejam animados pela intenção de prejudicar outrem (art. 1.228, do C. Civil). Agravo de instrumento desprovido – unânime" (TJ/RS, 18ª C.C., A.I. 70007841430, Rel. Des. Mário Rocha Lopes Filho, julg. 18.3.2004).

[71] Nessa direção: "Apelação Cível. Direito civil. Ação indenizatória e de obrigação de fazer. Direito de vizinhança. Uso anormal da propriedade. Sentença de parcial procedência dos pedidos. Inconformismo de ambas as partes (...) 2- Haverá o abuso de direito quando a utilização da propriedade estiver divorciada de sua função social, independente do elemento anímico de querer prejudicar a outrem (arts. 187 c/c 1228, § 2°, CC)" (TJRJ, 16ª C.C., Ap. Cív. 00069863520148190208, Rel. Des. Marco Aurélio Bezerra de Melo, julg. 12.8.2021, publ. *DJ* 20.8.2021).

[72] CC, art. 187. "Também comete ato ilícito o titular de um direito que, ao exercê-lo, excede manifestamente os limites impostos pelo seu fim econômico ou social, pela boa-fé ou pelos bons costumes".

[73] No âmbito do direito de propriedade, a teoria do abuso do direito mostra-se útil e eficiente para coibir o exercício contrário à boa-fé objetiva. Para o necessário cotejo entre as noções de boa-fé objetiva e abuso do direito, confira-se Anderson Schreiber: "Diante de um direito positivo assim estruturado, faz-se necessário cotejar as noções de boa-fé e de abuso do direito, que, ao invés de se anularem, devem coexistir. E, de fato, não pode haver dúvida, ao menos à luz do ordenamento jurídico brasileiro, que a boa-fé funciona como um dos critérios axiológico-materiais para a verificação do abuso do direito. Em outras palavras, o exercício de um direito será considerado abusivo, e portanto vedado, quando se verificar ser contrário à boa-fé objetiva. Ora, aqui, nada mais se tem que aquela terceira função que a dogmática germânica atribuiu a boa-fé: a de impedir ou inadmitir o exercício de um direito que lhe seja contrário. Como se vê, o abuso do direito aparece, ao menos

6. A PROPRIEDADE RESOLÚVEL

Exceção à perpetuidade característica da propriedade

Tradicionalmente, a perpetuidade é considerada uma característica da propriedade. Nada impede, no entanto, que seja estabelecida no título de constituição da propriedade condição resolutória ou termo extintivo, hipótese em que a perpetuidade será afastada e ter-se-á uma propriedade resolúvel. Para a configuração da propriedade resolúvel é necessário que a própria causa de aquisição da propriedade encerre em si o princípio que há de resolvê-lo futuramente.[74]

Constituição da propriedade resolúvel

A propriedade resolúvel pode ser constituída a partir de negócio jurídico de qualquer natureza, gratuito ou oneroso, *inter vivos* ou *causa mortis*, em que a aquisição da propriedade seja submetida a condição resolutiva ou termo extintivo, dando-lhe caráter temporário. Essa modulação pode ser extraída de manifestação de vontade expressa ou tácita.[75]

Dentre os diversos exemplos de propriedade resolúvel encontrados no ordenamento jurídico brasileiro, destacam-se a cláusula comissória expressa levada ao Registro Geral de Imóveis (CC, art. 475),[76] a retrovenda (CC, arts. 505 e ss.),[77] a venda a contento sob condição resolutiva (CC, art. 509)[78], a doação com cláusula de reversão (CC, art. 546), o fideicomisso (CC, arts. 1.951 e ss.)[79] e, principalmente, a

---

sob este aspecto, como sinônimo do exercício de um direito tornado inadmissível por contrariedade à boa-fé. É certo que, na expressa dicção do art. 187, o exercício pode ser ainda tornado inadmissível por contrariedade aos bons costumes ou ao fim econômico ou social do direito – e também aí haverá abuso do direito. O abuso do direito é, sob este ângulo, mais amplo que a boa-fé objetiva, porque não apenas impede o exercício de um direito contrário à boa-fé, mas também em outras situações em que o confronto se dá com os bons costumes ou com o fim econômico e social do direito. Sob outro ângulo, contudo, a boa-fé é mais ampla que o abuso, porque não apenas impede o exercício do direito que lhe seja contrário, mas também impõe comportamentos e serve de critério hermenêutico-interpretativo nas relações negociais. É possível, portanto, concluir, ao menos à luz do direito brasileiro, que boa-fé objetiva e abuso do direito são conceitos autônomos, figuras distintas, mas não mutuamente excludentes, círculos secantes que se combinam naquele campo dos comportamentos tornados inadmissíveis (abusivos) por violação ao critério da boa-fé. Entre nós, portanto, é possível falar em abuso do direito por violação à boa-fé sem que aí se esgotem todas as espécies de abuso, ou todas as funções da boa-fé". (Anderson Schreiber, *A Proibição de Comportamento Contraditório: tutela da confiança e venire contra factum proprium*, Rio de Janeiro: Renovar, 2007, 2ª ed. (1ª ed., 2005), pp. 112-114).

[74] Lafayette Rodrigues Pereira, *Direito das Coisas*, vol. I, Rio de Janeiro: Rio, 1977, p. 113.

[75] Lafayette Rodrigues Pereira, *Direito das Coisas*, vol. I, cit., p. 113.

[76] CC, art. 475. "A parte lesada pelo inadimplemento pode pedir a resolução do contrato, se não preferir exigir-lhe o cumprimento, cabendo, em qualquer dos casos, indenização por perdas e danos".

[77] CC, art. 505. "O vendedor de coisa imóvel pode reservar-se o direito de recobrá-la no prazo máximo de decadência de três anos, restituindo o preço recebido e reembolsando as despesas do comprador, inclusive as que, durante o período de resgate, se efetuaram com a sua autorização escrita, ou para a realização de benfeitorias necessárias".

[78] CC, art. 509. "A venda feita a contento do comprador entende-se realizada sob condição suspensiva, ainda que a coisa lhe tenha sido entregue; e não se reputará perfeita, enquanto o adquirente não manifestar seu agrado".

[79] CC, art. 1.951. "Pode o testador instituir herdeiros ou legatários, estabelecendo que, por ocasião de sua morte, a herança ou o legado se transmita ao fiduciário, resolvendo-se o direito deste, por sua morte, a certo tempo ou sob certa condição, em favor de outrem, que se qualifica de fideicomissário".

constituição de propriedade fiduciária em garantia (CC, arts. 1.361 – 1.368-B),[80] esta última utilizada com crescente intensidade no tráfego jurídico na aquisição de bens móveis (comumente, veículos automotores) e de bens imóveis.

O artigo 1.359 do Código Civil estabelece que, resolvida a propriedade, também são resolvidos os direitos reais concedidos na sua pendência. Se, por exemplo, foi constituída uma hipoteca sobre a propriedade resolúvel sobre bem imóvel, o credor perde a garantia hipotecária ao se verificar o fato extintivo do direito de propriedade sobre o qual foi constituída a hipoteca.

Consequências da resolução da propriedade

Isso não significa que todos os direitos que decorreram da propriedade resolúvel se extingam com ela. São preservados os direitos cuja manutenção é compatível com a resolução da propriedade. Por exemplo, o proprietário resolúvel "não restitui frutos e rendimentos recebidos, muito menos indeniza aquele em favor de quem se opera a resolução pelo uso temporário da coisa",[81] assim como se respeitam os atos de administração praticados.[82]

Em síntese, é preciso apurar a compatibilidade dos atos praticados com o direito do proprietário que dependia do advento do termo para exercer a propriedade.

O proprietário diferido (aquele em favor de quem se operou a resolução da propriedade) pode reivindicar a coisa do poder de quem a possua ou detenha. Para produzir efeitos reais em relação a terceiros, é preciso que conste do registro público a causa da resolução.[83] O exercício do direito do proprietário diferido pode se dar de várias formas, segundo a hipótese de propriedade resolúvel em questão. A par disso, contra o proprietário resolúvel cabem os interditos possessórios, além da ação reivindicatória.

Trata-se, portanto, de modalidade especial de propriedade, em que o domínio não se submete à limitação em seu conteúdo senão em sua duração. "O titular do direito de propriedade resolúvel é um proprietário sem certeza do destino final da propriedade, mas é um proprietário".[84] Daí não haver contradição em considerar-se a propriedade plena quanto ao conteúdo do domínio, mas resolúvel.

O artigo 1.360 do Código Civil dispõe que "Se a propriedade se resolver por outra causa superveniente, o possuidor, que a tiver adquirido por título anterior à

---

[80] CC, art. 1.359. "Resolvida a propriedade pelo implemento da condição ou pelo advento do termo, entendem-se também resolvidos os direitos reais concedidos na sua pendência, e o proprietário, em cujo favor se opera a resolução, pode reivindicar a coisa do poder de quem a possua ou detenha"; CC, art. 1.360. "Se a propriedade se resolver por outra causa superveniente, o possuidor, que a tiver adquirido por título anterior à sua resolução, será considerado proprietário perfeito, restando à pessoa, em cujo benefício houve a resolução, ação contra aquele cuja propriedade se resolveu para haver a própria coisa ou o seu valor".

[81] Francisco Eduardo Loureiro. In: Cezar Peluso (coord.), *Código Civil Comentado*, Barueri: Manole, 2009, 3ª ed., (1ª ed., 2007), p. 1368.

[82] Orlando Gomes, *Direitos Reais*, Rio de Janeiro: Forense, 2004, 19ª ed., rev. e atualizada por Luiz Edson Fachin, (1ª ed., 1958), p. 270.

[83] Eduardo Espínola, *Posse, Propriedade, Compropriedade ou Condomínio, Direitos Autorais*, Rio de Janeiro: Conquista, 1956, p. 386; Orlando Gomes, *Direitos Reais*, cit., p. 270.

[84] Orlando Gomes, *Direitos Reais*, cit., p. 267.

sua resolução, será considerado proprietário perfeito, restando à pessoa, em cujo benefício houve a resolução, ação contra aquele cuja propriedade se resolveu para haver a própria coisa ou o seu valor". Note-se que o preceito não trata de propriedade limitada no tempo. Com efeito, mesmo a propriedade que não encerra em seu título aquisitivo qualquer causa extintiva (condição ou termo), se sujeita à resolução por causa superveniente, legalmente prevista. São exemplos disso a revogação da doação por ingratidão do donatário (CC, art. 557)[85], e a redução das doações por ocasião da colação (CC, arts. 2.003, parágrafo único e 2.007, § 2º).[86] Neste caso, a causa resolutória diz respeito a fatos externos ao título aquisitivo da propriedade.[87]

A preocupação no dispositivo estudado é com os efeitos que a superveniente resolução da propriedade acarreta na esfera jurídica de terceiros adquirentes. A aquisição por título anterior à resolução do direito de propriedade do alienante não lhes prejudica. Isto porque as causas supervenientes de resolução não se opõem a terceiros, vez que não se encontram inseridas no título.

Àquele em cujo benefício houve a resolução resta acionar o proprietário contra quem se resolveu a propriedade, não já para haver a coisa, mas o seu valor. Dito de outro modo, se não puder haver a própria coisa, porque adquirida por terceiro, só lhe cabe pedir o seu valor.[88]

7. A DESCOBERTA

Conceito de descoberta e principais deveres do descobridor

Consiste a descoberta no achado de coisa móvel e alheia perdida. Estabelece o Código Civil os direitos e deveres do descobridor, destacando-se em primeiro lugar o dever de restituir ao dono ou legítimo possuidor, vez que a ninguém é admitido apossar-se de coisa alheia, mesmo que perdida. Em se tratando de coisa perdida, que é diferente da abandonada (*res derelictae*), o *dominus* mantém o direito de propriedade sobre o bem, embora este não esteja em sua posse, razão pela qual quem quer

---

[85] CC, art. 557. "Podem ser revogadas por ingratidão as doações: I – se o donatário atentou contra a vida do doador ou cometeu crime de homicídio doloso contra ele; II – se cometeu contra ele ofensa física; III – se o injuriou gravemente ou o caluniou; IV – se, podendo ministrá-los, recusou ao doador os alimentos de que este necessitava".

[86] CC, art. 2.003. "A colação tem por fim igualar, na proporção estabelecida neste Código, as legítimas dos descendentes e do cônjuge sobrevivente, obrigando também os donatários que, ao tempo do falecimento do doador, já não possuírem os bens doados. Parágrafo único. Se, computados os valores das doações feitas em adiantamento de legítima, não houver no acervo bens suficientes para igualar as legítimas dos descendentes e do cônjuge, os bens assim doados serão conferidos em espécie, ou, quando deles já não disponha o donatário, pelo seu valor ao tempo da liberalidade"; CC, art. 2.007, § 2º. "A redução da liberalidade far-se-á pela restituição ao monte do excesso assim apurado; a restituição será em espécie, ou, se não mais existir o bem em poder do donatário, em dinheiro, segundo o seu valor ao tempo da abertura da sucessão, observadas, no que forem aplicáveis, as regras deste Código sobre a redução das disposições testamentárias".

[87] Caio Mário da Silva Pereira, *Instituições de Direito Civil*, vol. IV, cit., pp. 81-82; Clovis Bevilaqua, *Código Civil dos Estados Unidos do Brasil Comentado*, vol. III, Rio de Janeiro: Freitas Bastos, 1958, p. 1.110.

[88] Eduardo Espínola, *Posse, Propriedade, Compropriedade ou Condomínio, Direitos Autorais*, cit., p. 387.

que a ache há de restituí-la ao dono ou legítimo possuidor (CC, art. 1.233).[89] Na hipótese de o descobridor não ter conhecimento do proprietário, deverá tentar encontrá-lo e, caso não logre êxito, entregará a coisa achada à autoridade competente, que, a depender do local da descoberta, poderá ser autoridade pública ou departamento de achados e perdidos.[90]

O Código de Processo Civil prevê, em seu artigo 746, o procedimento a ser seguido pela autoridade competente a fim de encontrar o proprietário da coisa perdida, denominada, no diploma processual, de coisa vaga. Recebido do descobridor ou da autoridade policial o bem perdido, o juiz, em primeiro lugar, mandará lavrar o respectivo auto, do qual constará a descrição do bem e as declarações do descobridor. Em seguida, o juiz mandará publicar edital na rede mundial de computadores ou no órgão oficial e na imprensa da comarca, para que o dono ou o legítimo possuidor a reclame, salvo se se tratar de coisa de pequeno valor, caso em que o edital será apenas afixado no átrio do edifício do fórum. Se, após sessenta dias da divulgação da notícia pela imprensa, ou do edital, não se apresentando quem comprove a propriedade sobre a coisa, será esta vendida em hasta pública e, deduzidas do preço as despesas, mais a recompensa do descobridor, pertencerá o remanescente ao Município em cuja circunscrição se deparou o objeto perdido. Em sendo a coisa de pequeno valor, poderá o Município abandonar a coisa em favor do descobridor (CC, art. 1.237, *caput* e parágrafo único).

Procedimento para a restituição do bem

O descobridor, após restituir a coisa perdida ao proprietário, terá direito a recompensa, também denominada achádego ou alvíssaras, e que será em montante não inferior a cinco por cento do valor da coisa, devendo-se levar em consideração, em seu cálculo, fatores como o esforço desenvolvido pelo descobridor para encontrar o dono, as possibilidades que teria este de encontrar a coisa e a situação econômica de ambos. Ademais, o descobridor também fará jus à indenização pelas despesas que houver feito com a conservação e transporte da coisa. Observe-se, porém, que o artigo 1.234 do Código Civil estabelece a obrigação do proprietário pelo pagamento do achádego e da indenização como verdadeira obrigação facultativa, de modo que, se este preferir abandonar o bem perdido, estará liberado. Nessa hipótese, a coisa terá seu status modificado de perdida para abandonada, de modo a autorizar a aquisição da propriedade pelo descobridor por meio da ocupação, modo de aquisição da propriedade móvel analisada no Capítulo VIII.[91]

Direito do descobridor à recompensa e à indenização

Vale esclarecer que o achádego – ou alvíssaras – será devido somente àquele que encontra a coisa de maneira espontânea, sem ter o dever de achar. Assim, não será recompensado o policial ou o funcionário de achados e perdidos, que têm como dever de ofício encontrar objeto perdido e restituir ao dono. Nesse sentido,

---

[89] "A coisa, embora perdida, não deixa de pertencer a seu dono, não se extinguindo a propriedade pelo fato da perda". (J. M. de Carvalho Santos, *Código Civil brasileiro interpretado*, principalmente do ponto de vista prático, vol. VIII, Rio de Janeiro: Freitas Bastos, 1987, p. 237).

[90] Paulo Lôbo, *Direito civil*: coisas. São Paulo: Saraiva, 2015, p. 161.

[91] Clovis Bevilaqua, *Direito das coisas*, Rio de Janeiro: Editora Rio, 1976, pp. 233-234.

o Superior Tribunal de Justiça corroborou entendimento adotado pelo Tribunal de Justiça do Estado do Rio de Janeiro, segundo o qual não seria devida recompensa pela descoberta de obra de arte dada como perdida e encontrada no interior do Theatro Municipal do Rio de Janeiro por empregado de empresa contratada pela instituição para realização de obras de restauração.[92]

A descoberta não se confunde com a promessa de recompensa, modalidade de ato unilateral estudada no volume 3 desta obra. Quando o proprietário da coisa perdida houver realizado promessa pública de recompensas ou gratificações a quem quer que encontre o bem perdido não se aplica o instituto ora examinado, mas sim o regramento previsto nos artigos 854 a 860 do Código Civil. No caso da promessa de recompensa, o promitente estará vinculado aos termos da oferta veiculada, e não ao limite das alvíssaras previsto no artigo 1.234 do Código Civil. No que toca à responsabilidade do descobridor por danos à coisa descoberta, estabelece o artigo 1.235 do Código Civil que este responderá apenas quando tiver procedido com dolo, ao qual se equipara a culpa grave.[93] Como o descobridor não possui obrigação de fazer despesas com a conservação da coisa, não responde por eventual negligência, imprudência ou imperícia em relação ao bem achado, exceto se ficar comprovada sua intenção de causar prejuízo ao proprietário.[94] O dolo do descobridor pode manifestar-se pela recusa à restituição do bem ao proprietário, pela deterioração voluntária da coisa, pela utilização indevida, pela alienação a terceiro etc. Em todos esses casos, exerce o descobridor atos de domínio sobre coisa que sabe não lhe pertencer.[95]

> Responsabilidade civil do descobridor

Diverge a doutrina acerca da admissão do direito de retenção em favor do descobridor na hipótese de o proprietário, preferindo ficar com o bem encontrado, recusar-se a realizar o pagamento do achádego e da indenização correspondente às despesas. A questão mostra-se tormentosa tendo em vista o impasse a respeito do caráter taxativo ou não da *ius retentionis*, de modo que aqueles que advogam em favor da taxatividade do remédio retentório negam o direito de retenção ao descobridor diante da ausência de previsão legislativa nesse sentido. Não parece correto, no entanto, reputar natureza taxativa ao direito de retenção e, havendo, na hipótese da descoberta, inadimplemento de débitos relacionados à coisa a ser retida, justificar-se-ia o recurso, pelo credor, à exceção retentória como método de autotutela.[96] Já advogava por essa segunda corrente Carvalho Santos, para quem consiste o descobridor em "possuidor de boa-fé e, como tal, tem direito de retenção pela importância

> Direito do descobridor à retenção do bem

---

[92]   STJ, 2ª Turma, Rel. Min. Humberto Martins, AgRg no AREsp 364.494/RJ, julg. 17.12.2013.

[93]   Sílvio de Salvo Venosa, *Código Civil comentado*: direito das coisas, posse, direitos reais, propriedade, artigos 1.196 a 1.368, vol. XII, São Paulo: Atlas, 2003, pp. 231-232.

[94]   Gustavo Tepedino, Heloisa Helena Barboza, Maria Celina Bodin de Moraes, *Código Civil Interpretado conforme a Constituição da República*, vol. III, Rio de Janeiro: Renovar, 2014, p. 523.

[95]   J. M. de Carvalho Santos, *Código Civil brasileiro interpretado*, principalmente do ponto de vista prático, vol. VIII, Rio de Janeiro: Freitas Bastos, 1987, p. 242.

[96]   Rodrigo da Guia Silva, Notas sobre o cabimento do direito de retenção: desafios da autotutela no direito privado. In: *Civilística*, a. 6, n. 2, 2017, p. 17.

das despesas necessárias que tiver feito com a conservação da coisa", nos termos do atual artigo 1.219 do Código Civil.[97]

Não se constitui a descoberta, como se vê, em modo de aquisição de propriedade móvel, vez que sua função não se traduz na transferência da propriedade, mas sim na restituição da posse ao proprietário da coisa perdida. Assim, acertadamente o Código Civil de 2002 corrigiu equívoco de seu antecessor e alterou a topografia do instituto, retirando-o do capítulo referente às formas de aquisição da propriedade móvel para inseri-lo em capítulo destinado à propriedade geral.[98]

PROBLEMAS PRÁTICOS

1. À luz da constitucionalização de seu conteúdo funcional, o direito de propriedade afigura-se absoluto? Quais critérios devem ser utilizados pelo intérprete para ponderar, no caso concreto, os interesses conflitantes do proprietário do bem e de terceiros?

2. Descreva o conteúdo econômico e o conteúdo jurídico do domínio.

Acesse o *QR Code* e veja a Casoteca.
> https://uqr.to/1pc8f

---

[97] J. M. de Carvalho Santos, *Código Civil brasileiro interpretado*, principalmente do ponto de vista prático, vol. VIII, Rio de Janeiro: Freitas Bastos, 1987, p. 240.

[98] Darcy Bessone, durante vigência do Código de 1916, criticava a posição topográfica do instituto: "A coisa perdida não é *res nullius*, coisa sem dono; nem é *res derelictae*, coisa abandonada. Por isso mesmo, não se dá a sua apropriação. O inventor, a pessoa que acha a coisa, tem direito, apenas a uma recompensa. Por isso, compreende-se mal a razão por que o Código inclui a invenção entre os modos de adquirir, quando ele próprio declara que a coisa perdida, ou achada, não se transfere para o patrimônio do inventor". (*Direitos Reais*, 2ª ed., Rio de Janeiro: Saraiva, 1996, p. 190).

Capítulo VII
MODOS DE AQUISIÇÃO DE BENS IMÓVEIS

Acesse o *QR CODE* e assista ao vídeo sobre o tema.
> https://uqr.to/1pc7t

SUMÁRIO: 1. Introdução – 2. Registro de título – 3. Usucapião – 3.1. A usucapião: noções preliminares e conceito – 3.2. Fundamento da usucapião – 3.3. Objeto da usucapião – 3.4. Modalidades de usucapião – 3.5. A posse *ad usucapionem* – 3.6. O tempo – 3.7. Acessão de posses – 3.8. Causas impeditivas, interruptivas e suspensivas da usucapião – 3.9. Natureza declaratória da sentença na ação de usucapião – 3.9.1. Retroatividade dos efeitos da sentença – 3.10. A usucapião extraordinária – 3.11. Usucapião especial rural – 3.12. A usucapião especial urbana, *pro moradia, pro habitatio* ou *pro morare* – 3.13. A usucapião familiar – 3.14. Usucapião ordinária – 3.14.1. A usucapião tabular – 3.15. Usucapião especial coletiva – 4. Acessão – 4.1. Formação de ilhas – 4.2. Da aluvião – 4.3. Da avulsão – 4.4. Do álveo abandonado – 4.5. Das construções e plantações – 4.6. Exceção de posse socialmente qualificada e acessão invertida social – Problemas práticos.

1. INTRODUÇÃO

A aquisição da propriedade pode se dar de vários modos, conforme a natureza do bem (imóvel ou móvel), sua procedência (aquisição originária e derivada) e a extensão da transmissão (a título universal ou singular). Interessa, sobretudo, a sistematização dos modos de aquisição específicos para bens imóveis e outros para bens móveis, o que torna necessário estudar separadamente os modos de aquisição conforme a natureza do bem.

<small>Critérios de sistematização dos modos de aquisição da propriedade</small>

De modo geral, a aquisição de bens imóveis é revestida de maior solenidade, o que se baseia na premissa implícita de que os bens imóveis são os de maior valor econômico, necessitando, por isso, que sua aquisição seja cercada de formalidades que confiram maior segurança jurídica ao adquirente. Embora essa premissa nem sempre seja verdadeira, especialmente nos dias de hoje, em que ativos intangíveis relacionados à atividade empresarial assumem valores vultosos, muito superiores aos de bens imóveis, o sistema se mantém.

Modos de aquisição de imóveis

São modos de aquisição específicos de bens imóveis: (i) registro de título; e (ii) acessão. A usucapião e a sucessão também são modos de aquisição dos bens imóveis,

Modos de aquisição de móveis

assim como de bens móveis. São modos de aquisição específicos de bens móveis: (i) tradição; (ii) ocupação; (iii) especificação; (iv) confusão; (v) comistão; e (vi) adjunção.

A usucapião apresenta-se como modo de aquisição comum a bens móveis e imóveis, com diferentes requisitos para sua efetivação a depender da natureza do bem a adquirir. A sucessão, por sua vez, é comumente estudada, no caso de pessoas naturais, não no âmbito dos Direitos Reais, mas sim do Direito das Sucessões e, no caso de pessoas jurídicas, no âmbito do Direito Empresarial, especificamente no estudo das operações societárias (incorporação, fusão e cisão).

2. REGISTRO DE TÍTULO

A legislação brasileira trata de modo distinto a transferência de bens imóveis por ato entre vivos e *causa mortis*. A transferência por ato entre vivos se dá pelo registro do título translativo no Registro de Imóveis, ao passo que a transferência *causa mortis* se dá pela sucessão, considerando a ficção jurídica de que os bens do morto são transmitidos, imediatamente, para seus herdeiros (*droit de saisine*), ficção essa que tem o objetivo de não deixar o acervo de bens sem dono.

Título aquisitivo não transfere a propriedade

No sistema jurídico brasileiro, o negócio de alienação dos bens não tem eficácia real, vale dizer, não basta, só por si, para transferir o domínio. Assim sendo, não constitui o contrato modo de aquisição da propriedade, produzindo para o alienante, simplesmente, a *obrigação* de transferi-la – daí falar-se em eficácia obrigacional.[1] Dito diversamente, o contrato tem como finalidade precípua criar a obrigação de entrega da coisa, não sendo meio apto a transferir a propriedade, o que ocorrerá, em se tratando de coisa imóvel, somente com o seu registro no Registro de Imóveis.[2] No contrato de compra e venda, por exemplo, para que a transferência da propriedade se verifique, faz-se mister seja levado o título de aquisição (em regra, a escritura pública, lavrada no Cartório do Registro de Notas) ao Registro Geral de Imóveis[3] (CC, art. 1.245).[4]

Com efeito, o ordenamento brasileiro inspira-se na solução germânica,[5] que também desloca a força translatícia do domínio para o momento em que o título aquisitivo é levado a registro.[6] Diversamente do que ocorre para os bens móveis, cuja

---

[1] Contrariamente, Darcy Bessone, *Direitos Reais*, cit., pp. 127, 131 e 136.

[2] Clovis Bevilaqua, *Código Civil dos Estados Unidos do Brasil Comentado*, vol. IV, cit., p. 232.

[3] "Artigo 481. Pelo contrato de compra e venda, um dos contratantes se *obriga* a transferir o domínio de certa coisa, e o outro, a pagar-lhe certo preço em dinheiro" (grifou-se).

[4] "Art. 1.245. Transfere-se entre vivos a propriedade mediante o registro do título translativo no Registro de Imóveis."

[5] Martin Wolff *et alii*, *Tratado de Derecho Civil: Derecho de Cosas*, t. 3, vol. I, cit., p. 183.

[6] Diverso apresenta-se o sistema ítalo-francês, pelo qual o negócio aquisitivo transfere automaticamente a propriedade. Cf. Henri Mazeaud, Léon Mazeaud e Jean Mazeaud, *Leçons de Droit Civil*, t. 1, cit., p. 238. No direito italiano, vige também o chamado princípio do consensualismo, ou seja, o

transmissão se dá, via de regra, com a tradição, a transferência da propriedade dos bens imóveis decorre do registro, independentemente do próprio negócio translatício ou da tradição material anterior.[7]

Embora tenha o legislador brasileiro se inspirado no modelo alemão, há diferença considerável entre os dois sistemas. No sistema germânico a propriedade se transfere por "'acordo formal de transmissão', em que as partes manifestam *consentimento específico* para que se efetive".[8] Desse modo, além do negócio causal de alienação da propriedade, exige-se que as partes firmem outro negócio destinado à transmissão.[9] Em virtude de tal expediente técnico, a nulidade do negócio que deu origem à transmissão da propriedade não acarreta a contaminação do registro.[10] No direito brasileiro, ao contrário, não prevalece a abstração causal; consequentemente, o negócio jurídico que deu origem ao registro é indispensável para a apuração da sua validade.[11] "Dito por outras palavras, a transcrição apenas completa, ainda que necessariamente, a operação iniciada com o contrato ou qualquer outro negócio translativo. O *modus* é condicionado pelo *titulus*. Não basta que este seja eficaz, porque não possui a virtude de efetuar a transferência da propriedade, mas, se é defeituoso, o vício contamina a transcrição que nele há de se fundar, inevitavelmente".[12]

> Validade do registro depende da validade do negócio causal

Além disso, no sistema germânico o registro firma presunção *iuris et de iure* da propriedade,[13] diversamente da presunção relativa atribuída ao registro pela lei brasileira.[14] Garante-se, dessa forma, o grau máximo de segurança jurídica e estabilidade do domínio, a partir de elevado rigor formal, que se fundamenta na existência de livros fundiários onde se encontram cadastradas todas as titularidades. Já no sistema brasileiro, em que não há *acordo de transmissão* dissociado do negócio translatício, admite-se prova contrária ao título aquisitivo, capaz de desconstituí-lo e acarretar o respectivo cancelamento do registro, mediante ação anulatória.[15]

> Registro como prova *juris tantum* da titularidade da propriedade

---

contrato poderá produzir efeitos reais, como a transferência da propriedade. Cf. Lodovico Barassi, *I diritti reali nel nuovo codice civile*, cit., p. 387.

[7] Nesse sentido, cfr. Gustavo Tepedino, O retorno às categorias fundamentais do direito privado. Editorial. In: *Revista Brasileira de Direito Civil – RBDCivil*, Belo Horizonte, vol. 33, n. 1, jan./mar. 2024, p. 11-13.

[8] Orlando Gomes, *Direitos Reais*, cit., p. 166.

[9] Justus Wilhem Hedemann, *Tratado de Derecho Civil: Derechos Reales*, vol. II, cit., pp. 39-40.

[10] Martin Wolff *et alii*, *Tratado de Derecho Civil: Derecho de Cosas*, t. 3, vol. I, cit., p. 205.

[11] Arnaldo Rizzardo, *Direito das Coisas*, cit., pp. 304-305.

[12] Orlando Gomes, *Direitos Reais*, cit., p. 167.

[13] Ao tratar das consequências do sistema adotado na Alemanha, anota Ebert Chamoun: "Se o comprador adquiriu uma coisa de quem dela não era o dono, e estava de boa fé, conseguindo levar o instrumento do contrato a registro, nasce para ele a propriedade. Alguns autores alemães levam a importância do Livro Fundiário a tal ponto que admitem até que a propriedade nasça para um comprador de má fé que consegue o registro do instrumento do contrato. (...) No direito alemão a evicção dos imóveis não existe, desde que a coisa já esteja registrada no Livro Fundiário, havendo boa-fé da parte do comprador" (*Direito Civil: Aulas do 4º Ano...*, cit., p. 104).

[14] Arnaldo Rizzardo, *Direito das Coisas*, cit., pp. 304-305).

[15] Clovis Bevilaqua, *Código Civil dos Estados Unidos do Brasil Comentado*, vol. III, cit., p. 54. V., a propósito, decisão do Superior Tribunal de Justiça: STJ, REsp. 205.452/SP, 3ª T., Rel. Min. Eduardo Ribeiro, julg. 17.2.2000.

Publicidade dos direitos reais e sua oponibilidade *erga omnes*

A *publicidade* constitui-se em importantíssima característica dos direitos reais, associada à segurança pretendida pelo ordenamento. É a publicidade que legitima a oponibilidade *erga omnes* dos direitos reais, tornando-se, assim, indispensável para o sistema de titularidades.[16] Quando se trata de bens móveis, alcança-se a publicidade dos atos de transmissão *inter vivos* por meio da tradição (CC, arts. 1.226 e 1.267).[17] No caso de bens imóveis, tendo em vista a importância econômica e social que lhes é historicamente atribuída, por um lado, e a facilidade com que são materialmente individualizados, por outro, estabeleceu-se a organização de um regime de registro que proporciona maior segurança e estabilidade às relações imobiliárias.[18] Tal "objetivo foi alcançado com a instituição de um registro público no qual devem ser assentadas, obrigatoriamente, para que valham, todas as transmissões da propriedade dos bens imóveis, permitindo a quem quer que seja saber a quem pertencem".[19] Compreende-se assim o papel do Registro de Imóveis (CC, art. 1.227) como sistema especialmente destinado a assegurar publicidade aos atos *inter vivos* constitutivos ou translatícios de direitos reais.

Por meio do Registro, garante-se a publicidade para a "translação do direito real, tornando a sociedade conhecedora das suas mutações, e, assim, dando maior segurança às relações jurídicas".[20] O oficial deve dar conhecimento do registro a qualquer pessoa interessada, e entregar as certidões requeridas.[21] Além disso, o fato de o registro se realizar no cartório da circunscrição do imóvel e ser levado a efeito na sua folha de matrícula, de maneira a individuar o bem,[22] assegura estabilidade e segurança às relações patrimoniais,[23] uma vez que podem ser acompanhados todos os eventos relacionados a cada bem imóvel.[24]

Como anteriormente sublinhado, o registro do título translatício no Registro de Imóveis mostra-se indispensável à transmissão da propriedade, sem o qual o alienante continua a ser havido como dono, tal como enuncia o § 1º do artigo 1.245 do Código Civil.

São numerosas, todavia, as controvérsias decorrentes dessa distinção, no caso de negócios translativos, entre a eficácia obrigacional, que vincula as partes contratantes aos seus termos, e a eficácia real, que tem o condão de transferência do domínio.[25] Ao propósito, destaque-se decisão proferida pela 2ª Seção do STJ, no EREsp 1.866.844/SP,[26] em que se entendeu que a ausência de registro do contrato

---

[16] Walter Ceneviva, *Lei dos Registros Públicos Comentada*, cit., p. 389.

[17] Serpa Lopes, *Tratado dos Registros Públicos*, vol. I, Rio de Janeiro: Jacintho Ed., 1938, p. 26.

[18] Serpa Lopes, *Tratado dos Registros Públicos*, vol. I, cit., p. 25.

[19] Orlando Gomes, *Direitos Reais*, cit., p. 164.

[20] Clovis Bevilaqua, *Código Civil dos Estados Unidos do Brasil Comentado*, vol. III, cit., p. 54.

[21] Caio Mário da Silva Pereira, *Instituições de Direito Civil*, vol. IV, cit., p. 123.

[22] Nicolau Balbino Filho, *Direito Imobiliário Registral*, São Paulo: Saraiva, 2001, p. 45.

[23] Silvio Rodrigues, *Direito Civil: Direito das Coisas*, vol. V, cit., p. 95.

[24] Nicolau Balbino Filho, *Direito Imobiliário Registral*, cit., p. 50.

[25] Gustavo Tepedino, O retorno às categorias fundamentais do direito privado. Editorial. In: *Revista Brasileira de Direito Civil – RBDCivil*, Belo Horizonte, vol. 33, n. 1, jan./mar. 2024, p. 11-13.

[26] Nos termos da decisão: "A ausência do registro do contrato de alienação fiduciária no competente Registro de Imóveis não lhe retira a eficácia, ao menos entre os contratantes, servindo tal providência

CAPÍTULO VII | MODOS DE AQUISIÇÃO DE BENS IMÓVEIS 111

de compra e venda de imóvel com alienação fiduciária no Cartório de Registro de Imóveis, embora imprescindível à constituição da propriedade fiduciária de coisa imóvel, não afasta a validade e a eficácia do negócio entre os contratantes, incluindo a cláusula que autoriza a alienação extrajudicial do bem em caso de inadimplemento.

O Min. Ricardo Villas Bôas Cueva, cujo voto prevaleceu no julgamento, ressaltou que o registro se mostra indispensável para se promover a alienação extrajudicial do imóvel, tendo em vista que a constituição do devedor em mora e a eventual purgação da mora se processam perante o oficial do registro imobiliário, nos moldes da Lei n. 9.514/1997. Assim, somente após a realização do registro será possível ao credor fiduciário promover a alienação do bem em leilão. Tal exigência, contudo, não confere ao devedor o direito de rescindir a avença por meio diverso daquele previsto no contrato, não importando se era do credor a obrigação de registro do título. O fiduciário pode requerer tal providência ao cartório a qualquer tempo e, em seguida, dar início à alienação extrajudicial – com a venda do bem em leilão e a devolução do saldo remanescente ao devedor, descontadas a dívida e as despesas comprovadas. Andou bem a Corte, já que os efeitos entre as partes do negócio celebrado não se confundem com o procedimento próprio da natureza real alcançada pelo registro público.

Em outra ocasião, o Tribunal Superior examinou caso em que se discutiam as implicações da ausência de registro do usufruto de bem imóvel, notadamente na relação estabelecida entre usufrutuário e nu-proprietário. O usufruto configura direito real sobre coisa alheia, tendo por elemento de validade o registro da escritura constitutiva no Cartório de Registro de Imóveis, nos moldes do que dispõe o art. 1.391 do Código Civil. Nada obstante, a relação contratual estabelecida entre usufrutuário e o nu--proprietário torna-se existente, válida e eficaz pelo simples acordo de vontade. Tal foi o entendimento professado pela 3ª Turma do STJ, no âmbito do REsp 1.860.313-SP,[27] sob relatoria do Min. Marco Aurélio Bellizze, para quem a publicidade é a principal função do registro na constituição do direito real – consagrando a eficácia erga omnes própria do direito real.

Naquela controvérsia em julgamento, a usufrutuária cobrava aluguéis decorrentes do uso exclusivo dos bens pela nua-proprietária, com base no usufruto instituído por testamento lavrado em escritura pública, embora não registrado. Entendeu-se,

---

apenas para que a avença produza efeitos perante terceiros. Ainda que o registro do contrato no competente Registro de Imóveis seja imprescindível à constituição da propriedade fiduciária de coisa imóvel, nos termos do art. 23 da Lei nº 9.514/1997, sua ausência não retira a validade e a eficácia dos termos livre e previamente ajustados entre os contratantes, inclusive da cláusula que autoriza a alienação extrajudicial do imóvel em caso de inadimplência" (STJ, 2ª Seção, EREsp 1.866.844/SP, Rel. Min. Nancy Andrighi, Rel. p/ acórdão Min. Ricardo Villas Bôas Cueva, julg. 17.9.2023, publ. *DJe* 9.10.2023).

[27] STJ, 3ª T, REsp 1.860.313-SP, Rel. Min. Marco Aurélio Bellizze, julg. 22.8.2023, publ. *DJe* 29.8.2023, em cuja ementa se lê: "O art. 1.391 do CC determina que a constituição do usufruto sobre imóvel depende do registro em Cartório de Registro de Imóveis. A principal função dessa determinação legal é exatamente dar publicidade ao instituto, de maneira que possa ser oponível a terceiros, pois o registro é requisito para eficácia *erga omnes* do direito real. Contudo, na discussão envolvendo apenas a usufrutuária e a nua-proprietária, não há óbice para que a parte diretamente beneficiária do ato busque a proteção do seu direito em relação à outra, independentemente do registro".

então, que o negócio jurídico entre a usufrutuária e a nua-proprietária produz efeitos interpartes, ainda que desprovido da natureza de direito real, que seria alcançada pelo registro da escritura no RGI. No caso, inclusive, a nua-proprietária já vinha pagando parte dos valores dos aluguéis decorrentes do uso exclusivo dos bens. Por esse motivo, segundo a Corte, a alegação de ausência do registro para se esquivar do pagamento representaria enriquecimento sem causa e ofensa ao princípio do *venire contra factum proprium*.

Outro princípio fundamental do registro no direito brasileiro é o da *obrigatoriedade*, também denominado princípio da *inscrição*. Estabelece que o registro consiste em modo indispensável à constituição ou à transmissão de direitos reais sobre bens imóveis por ato entre vivos via negócio jurídico. Dessa forma, tem-se a natureza constitutiva do Registro de Imóveis que decorre do princípio da inscrição ou da obrigatoriedade e se fundamenta na previsão contida no artigo 1.245 do Código Civil, segundo o qual "transfere-se entre vivos a propriedade mediante o registro do título translativo no Registro de Imóveis".

Terceiro princípio registral relevante é o da *completude*. Significa que o Registro de Imóveis se propõe a ser completo no sentido de conter o histórico integral daquele bem com todos os direitos reais e ônus que sobre ele recaiam.

O quarto princípio a merecer destaque é o da *continuidade*, que decorre do princípio da completude. Reflete a ideia de que deve haver uma continuidade ininterrupta de causas que justifiquem a mutação da situação jurídica real. Como mencionado, o sistema brasileiro é causal, de modo que o oficial de registro, antes de registrar determinado título, deverá verificar se este se fundamenta em um título anterior e assim sucessivamente. O princípio da continuidade, todavia, não possui caráter absoluto no direito brasileiro, pois, como mencionado, ao contrário do que ocorre no sistema registral germânico, é possível haver a desconstituição do registro, o que acabará por comprometer os registros subsequentes.

Ainda em relação ao princípio da continuidade, dele decorre a relevância da prenotação. Significa que quando duas pessoas possuem título causal para aquisição de direito real sobre o mesmo imóvel, terá prioridade aquele que em primeiro lugar recebeu o protocolo de prenotação de seu título no registro de imóveis. De acordo com o artigo 191 da Lei de Registro Públicos, "prevalecerão, para efeito de prioridade de registro, quando apresentados no mesmo dia, os títulos prenotados no Protocolo sob número de ordem mais baixo, protelando-se o registro dos apresentados posteriormente, pelo prazo correspondente a, pelo menos, um dia útil".

Por fim, o quinto princípio registral a ser examinado é o da *legalidade* ou da *qualificação registral do título*. Por seu intermédio, somente poderão ingressar nos livros registrais os fatos e atos jurídicos que estiverem de acordo com a legislação; ou seja, o oficial do registro, ao realizar a prenotação, deverá analisar não apenas a cadeia registral, mas também a legalidade do título a ser registrado. O tema, todavia, gera controvérsia quanto aos limites de atuação do oficial do registro, isto é, quais espécies de inconsistências no título autorizarão a negativa de prenotação. Em caso de evidente nulidade do título ou ausência de requisito formal essencial, entende-se que o oficial poderá negar-se a registrá-lo.

Também se associa ao princípio da legalidade a controvérsia acerca dos títulos hábeis a serem registrados. Há uma primeira corrente segundo a qual apenas contratos típicos podem ser levados a registro. Esse, porém, não parece ser o melhor entendimento sobre a matéria, pois, embora os princípios da taxatividade e da tipicidade dos direitos reais indiquem que a autonomia negocial não pode criar direitos reais fora das hipóteses legalmente previstas ou alterar seu conteúdo típico para além dos limites legais, por outro lado os particulares são livres para estipular os ajustes que melhor se adaptarem aos seus interesses no que concerne à constituição, transmissão e extinção dos direitos reais.[28]

Merecem ainda destaque os impactos que a entrada em vigor da Lei Geral de Proteção de Dados Pessoais (LGPD, Lei n. 13.709/2018) e a promulgação da EC n. 115/2019 – a inserir novo inciso (LXXIX) no rol dos direitos e garantias fundamentais do art. 5º da Constituição da República – produziram na operatividade do Registro de Imóveis. Em perspectiva mais ampla, trata-se de novos desafios impostos à construção de mecanismos para a efetiva tutela dos dados pessoais na sociedade contemporânea, marcada pelo desenvolvimento tecnológico, de maneira que a "representação social é cada vez mais confiada a informações espalhadas numa multiplicidade de bancos de dados, e aos 'perfis' assim construídos, às simulações que eles permitem".[29]

Questiona-se, diante disso, a compatibilidade da publicidade registral com os princípios insculpidos na LGPD, em especial ao se considerar que os serviços registrais realizam várias das atividades listadas no inciso X do artigo 5º da LGPD e que, portanto, caracterizam tratamento de dados, como, a título de exemplo, coleta, armazenamento, utilização e transmissão das informações recebidas.

Nesse quadro, em primeiro lugar, vale indagar sobre o compartilhamento de informações, pelo cartório, com outros órgãos da Administração Pública para os mais diversos fins. Essa atividade, o particular decerto não possui pretensão de impedir, pois o compartilhamento decorre de autorização – e, por vezes, de determinação – legal específica. Contudo, a tutela dos dados pessoais impõe esclarecer ao titular que seus dados estão sendo compartilhados pelo poder público, bem como indicar-lhe a finalidade de tal compartilhamento, a fim de cumprir o disposto no art. 18, VII, da LGPD, que estabelece o direito do titular de obter "informação das entidades públicas e privadas com as quais o controlador realizou uso compartilhado de dados".

Em segundo lugar, importante avaliar a compatibilidade do artigo 17 da Lei de Registros Públicos (Lei n. 6.015/1973) com o sistema de proteção de dados que passou

---

[28] Milena Donato Oliva; Pablo Rentería. Autonomia privada e direitos reais: redimensionamento dos princípios da taxatividade e da tipicidade no direito brasileiro. In *civilistica.com*, a. 5, n. 2, 2016, p. 10.

[29] Stefano Rodotà. *Palestra Professor Stefano Rodotà*. Tradução de Myriam de Filippis. Rio de Janeiro, 11 de março de 2003. Disponível em: http://www.rio.rj.gov.br/dlstatic/10112/151613/DLFE-4314. pdf/GlobalizacaoeoDireito.pdf. Acesso em: 4.12.2021.

a vigorar com a edição da LGPD. De acordo com esse dispositivo, "qualquer pessoa pode requerer certidão do registro sem informar ao oficial ou ao funcionário o motivo ou interesse do pedido".[30] Parece questionável a existência, no estágio atual da cultura da proteção de dados, de direito subjetivo à obtenção de certidões em cartório sem a apresentação de justificativa razoável para o pedido.

A questão se torna ainda mais relevante a partir da promulgação da Lei n. 14.382/2022, fruto da conversão da Medida Provisória n. 1.085/2021, que implementou relevantes alterações nos Registros Públicos, dentre eles o Registro de Imóveis. Com o objetivo de desburocratizar a atividade registral, a legislação mencionada regulamentou o Sistema Eletrônico de Registros Públicos (Serp), previsto desde 2009 no artigo 37 da Lei n. 11.977/09, que facilitará o acesso às informações registrais em geral ao permitir a consulta eletrônica de atos e negócios jurídicos. Além disso, o artigo 6º da Lei n. 14.382/2022 possibilita o registro eletrônico de fatos jurídicos em geral ao prever que os oficiais dos registros públicos, quando cabível, receberão dos interessados, por meio do Serp, os extratos eletrônicos para registro ou averbação de fatos, de atos e de negócios jurídicos.

Ainda na tentativa de se reduzir a burocracia e modernizar o processo registral, a Lei n. 14.620/23 introduziu uma nova leva de mudanças na Lei dos Registros Públicos, de modo a compatibilizar melhor o registro com a realidade digital da sociedade atual. Além disso, buscou-se facilitar o registro de imóveis que foram objeto de usucapião[31] e a unificação de matrículas de imóveis contíguos nos quais um mesmo ente federativo tenha sido imitido provisoriamente na posse.[32]

3. USUCAPIÃO

3.1. A usucapião: noções preliminares e conceito

Definição de usucapião

A palavra *usucapião* tem origem no vocábulo latino *usucapio*, e significa tomar pelo uso, isto é, tomar alguma coisa em relação ao seu uso.[33] Define-se usucapião como "a aquisição do domínio pela posse prolongada".[34] Tal definição se atém à usu-

---

[30] Eis o inteiro teor do dispositivo, com alterações feitas pela Lei n. 14.382/2022: "Art. 17. Qualquer pessoa pode requerer certidão do registro sem informar ao oficial ou ao funcionário o motivo ou interesse do pedido. § 1º O acesso ou o envio de informações aos registros públicos, quando realizados por meio da internet, deverão ser assinados com o uso de assinatura avançada ou qualificada de que trata o art. 4º da Lei n. 14.063, de 23 de setembro de 2020, nos termos estabelecidos pela Corregedoria Nacional de Justiça do Conselho Nacional de Justiça. § 2º Ato da Corregedoria Nacional de Justiça do Conselho Nacional de Justiça poderá estabelecer hipóteses de uso de assinatura avançada em atos que envolvam imóveis".

[31] Lei n. 6.015/1973, "Art. 176-A. O registro de aquisição originária ensejará a abertura de matrícula relativa ao imóvel adquirido, se não houver, ou quando:[...]"

[32] Lei n. 6.015/1973, "Art. 235. Podem, ainda, ser unificados, com abertura de matrícula única: [...] III – 2 (dois) ou mais imóveis contíguos objeto de imissão provisória na posse registrada em nome da União, dos Estados, do Distrito Federal, dos Municípios ou de suas entidades delegadas ou contratadas e sua respectiva cessão e promessa de cessão."

[33] Benedito Silvério Ribeiro, *Tratado de Usucapião*, vol. I, São Paulo: Saraiva, 2007, 5ª ed., p. 173.

[34] Clovis Bevilaqua, *Código Civil dos Estados Unidos do Brasil Comentado*, vol. III, cit., p. 71.

capião do direito real de propriedade, embora possa ela se estender à aquisição de outros direitos reais, tais como o direito de uso, habitação, usufruto, as servidões e a enfiteuse.[35] Daí alargar-se o real significado de usucapião à "aquisição da propriedade ou outro direito real pelo decurso do tempo estabelecido, e com a observância dos requisitos instituídos em lei".[36]

A usucapião configura aquisição originária típica – ou seja, o domínio adquirido começa a existir por ato próprio, o qual não guarda relação de causalidade com o estado jurídico anterior –, na medida em que a propriedade é adquirida sem o concurso do proprietário anterior e a prescindir do respectivo título dominical.[37] A aquisição por usucapião não decorre de ato negocial, mas de fato próprio e independente.[38] O adquirente por usucapião não sucede juridicamente ao proprietário, não adquirindo *dele*, mas *contra ele*, a partir do preenchimento dos requisitos legais próprios associados ao exercício possessório.[39] Por isso mesmo, designa-se a aquisição pela usucapião como *direta*, eis que o adquirente torna seu o bem apropriado, sem que este lhe seja transmitido por outrem.[40] Dito diversamente, o direito do adquirente e o do que perdeu a propriedade não coexistem, e nem estão sujeitos à sucessão. Não há qualquer relação entre ambos.[41]

A importância de tal diferenciação encontra-se no fato de que a aquisição derivada transfere ao adquirente todos os ônus, vícios e limitações advindos do direito transmitido, ao contrário da aquisição originária, pela qual se adquire direito novo, livre das vicissitudes atinentes ao título dominical anterior.[42] Aduz-se, ainda, como aspecto distintivo, o fato de somente aos modos de aquisição derivada se aplicar o princípio que restringe as transferências aos poderes do alienante, invalidando-as se este não tinha titularidade sobre o bem alienado: *nemo plus iuris ad alium transferre potest quam ipse habet*.[43] Também como consequência prática desta distinção, afasta-se a incidência do imposto de transmissão em sede de usucapião.[44]

A aquisição de bem imóvel por usucapião, no direito brasileiro, pode se dar judicial ou extrajudicialmente. A usucapião judicial, prevista no artigo 1.238 do Código

---

[35]   J. M. Carvalho Santos, *Código Civil Brasileiro Interpretado*, vol. VII, cit., p. 427.

[36]   Caio Mário da Silva Pereira, *Instituições de Direito Civil*, vol. IV, cit., p. 138.

[37]   Orlando Gomes, *Direitos Reais*, cit., p. 163. Em posição minoritária, entendendo ser a usucapião modo de aquisição derivada, Caio Mário da Silva Pereira, *Instituições de Direito Civil*, vol. IV, cit., p. 138.

[38]   A propósito, veja-se julgado do STJ, REsp. 23/PR, 4ª T., Rel. Min. Athos Carneiro, julg. 19.9.1989, publ. *DJ* 16.10.1989, p. 15856.

[39]   Miguel Maria de Serpa Lopes, *Curso de Direito Civil: Direito das Coisas*, vol. VI, cit., p. 544.

[40]   José Carlos de Moraes Salles, *Usucapião de Bens Imóveis e Móveis*, São Paulo: Editora Revista dos Tribunais, 1999, 5ª ed., p. 38.

[41]   Pontes de Miranda, *Tratado de Direito Privado*, t. 11, cit., p. 117.

[42]   A sucessão dos ônus e direitos reais limitados que comprimiam a propriedade anterior é a questão central a ser respondida quanto à natureza originária da usucapião. Sobre a posição da doutrina brasileira, confira-se Natal Nader, *Usucapião de Imóveis*, Rio de Janeiro: Forense, 1995, 5ª. ed., pp. 12-13.

[43]   Digesto de Justiniano, Liv. L, Tít. 17, fr. 54, "ninguém pode a outrem transferir mais direitos do que possui".

[44]   TJRJ, Ap. Cív. 200200128308, 15ª C.C., Rel. Des. Sergio Lucio Cruz, julg. 28.5.2003.

Civil, consiste naquela por meio da qual a aquisição do domínio é reconhecida em sentença, que, por sua vez, servirá de título para registro no Cartório de Registro de Imóveis. O procedimento de usucapião extrajudicial, por outro lado, consta do artigo 216-A da Lei de Registros Públicos (Lei n. 6.015/1973, com alterações promovidas pela Lei n. 13.105/2015 – CPC – e pela Lei n. 13.465/2017). Nele, o pedido de reconhecimento de usucapião, formulado pelo interessado por meio de advogado, deverá ser processado diretamente perante o cartório do registro de imóveis da comarca em que estiver situado o imóvel usucapiendo. Em caso de rejeição do pedido extrajudicial, ainda poderá o possuidor recorrer à via judicial para reconhecimento da usucapião. Caso haja impugnação do requerimento por terceiro interessado, poderá o oficial do registro de imóveis remeter os autos ao juízo competente, cabendo ao requerente emendar a petição inicial para adequá-la ao procedimento comum. Todavia, se o oficial entender que a impugnação não se justifica, esta não será admitida pelo registrador, cabendo ao interessado o manejo da suscitação de dúvida nos moldes do artigo 198 da Lei de Registros Públicos, como estabelece o § 10 do artigo 216-A do mesmo diploma, com redação dada pela Lei n. 14.382/2022.

3.2. Fundamento da usucapião

Usucapião e função social da propriedade

Discute-se qual seria o fundamento da usucapião, ou seja, a razão de o ordenamento conceder o direito de propriedade àquele que apenas tinha posse sobre determinada coisa, contrariamente ao interesse do proprietário. Em uma abordagem de caráter geral, o estudo da evolução legislativa no que tange à aquisição por usucapião demonstra sua função, historicamente variável, de conferir certeza às situações de atribuição dominical.[45] Com efeito, a usucapião consolida o domínio, evitando conflitos e dúvidas que prejudicam o convívio social. Os vícios nos modos de aquisição do domínio e as incertezas de sua origem são sanados pela atribuição dominical.[46]

Ao lado desse imperativo de segurança jurídica, sustenta-se, no âmbito do pensamento de matriz liberal, que existe presunção de renúncia pelo antigo dono. Somente o seu presumido desinteresse pela utilização da coisa, durante certo lapso temporal, justificaria a perda da propriedade, autorizando-se a concluir que abandonou a coisa.[47]

Mais recentemente, consolidou-se o entendimento que associa o fundamento da usucapião à função social da propriedade, de modo a fazer prevalecer a efetiva utilização dos bens sobre o não uso. A função social da propriedade, prevista no inciso XXII do artigo 5º da Constituição da República, autoriza a medida extrema de se retirar o domínio do antigo dono e concedê-lo ao possuidor que, por sua vez, demonstrar interesse merecedor de tutela jurídica.[48]

---

[45] Antonio Gambaro, *Il diritto di proprietà*, in *Tratatto di Diritto civile e commerciale*, vol. III, t. 2, diretto da Antonio Cicu, Francesco Messineo e Luigi Mengone, cit., pp. 843-844.

[46] Orlando Gomes, *Direitos Reais*, cit., p. 188.

[47] Assim, Lafayette Rodrigues Pereira, *Direito das Coisas*, vol. I, cit., p. 220, invocando o pensamento de Grot, Kant e Hegel.

[48] Caio Mário da Silva Pereira, *Instituições de Direito Civil*, vol. IV, cit., p. 139. Posicionamento similar adota a jurisprudência: "a usucapião está claramente vinculada a função social da propriedade,

3.3. Objeto da usucapião

Em princípio, são usucapíveis todas as coisas materiais e todos os direitos reais sobre coisas prescritíveis.[49] Contudo, determinados bens não podem ser usucapidos por expressa determinação legal. Quando o Código Civil de 1916 foi promulgado, discutia-se se os bens públicos poderiam ser objeto de usucapião. Sustentava-se que, como os bens públicos patrimoniais estavam sujeitos à alienação, também poderiam ser adquiridos por usucapião, definida como forma de alienação prescrita em lei. Entretanto, os Decretos n. 19.924 de 27 de abril de 1931, n. 22.785 de 31 de maio de 1933 e o Dec.-Lei n. 9.760 de 5 de setembro de 1946 determinaram que os bens públicos não podiam ser usucapidos.[50] Atualmente, tal restrição encontra-se prevista na Constituição Federal. Nenhum bem imóvel público estará sujeito à usucapião, conforme o § 3º do artigo 183 e o parágrafo único do artigo 191 da Lei Maior, que determinam: "os imóveis públicos não serão adquiridos por usucapião".[51] O mesmo dispõe o artigo 102 do Código Civil.[52]

> **Bens usucapíveis**

> **Bens públicos não são usucapíveis**

A impossibilidade justifica-se em face do interesse social, "uma vez que os bens públicos, como patrimônio coletivo, não se devem achar expostos ao risco desta apropriação particular, tanto mais grave quanto maiores as dificuldades de fiscalização em país extremamente vasto dotado de regiões mal povoadas".[53] Por outro lado, os bens das sociedades de economia mista e empresas públicas, devido à sua natureza de direito privado,[54] são suscetíveis de serem adquiridos pela usucapião, desde que não afetados ao serviço público.[55]

---

pois reconhece a prevalência da posse adequadamente exercida sobre a propriedade desprovida de utilidade social, permitindo, assim, a redistribuição de riquezas com base no interesse público" (STJ, 2ª S., REsp 1.818.564/DF, Rel. Min. Moura Ribeiro, julg. 9.6.2021, publ. *DJe* 3.8.2021). V. ainda: TJRJ, Ap. Cív. 1991.001.05060, 8ª C.C., Rel. Des. Arruda Franca, julg. 2.6.1992; TJRS, Ap. Cív. 70020912572, 17ª C.C., Rel. Des. Elaine Harzheim Macedo, julg. 11.10.2007.

[49] Orlando Gomes, *Direitos Reais*, cit., p. 189; Menezes Cordeiro, *Direitos Reais*, Lisboa: Lex, 1993. p. 471.

[50] Caio Mário da Silva Pereira, *Instituições de Direito Civil*, vol. IV, cit., p. 142.

[51] STJ, 4ª T., REsp. 695.928/DF, Rel. Min. Jorge Scartezzini, julg. 3.3.2005, publ. *DJ* 21.3.2005, p. 403.

[52] Registre-se não haver óbice para aquisição por usucapião de bens declarados vacantes, desde que os requisitos legais tenham sido preenchidos antes da sentença de vacância. Este é o entendimento consolidado do STJ, conforme se verifica nos seguintes julgados: 3ª T., REsp. 36.959/SP, Rel. Min. Ari Pargendler, julg. 24.1.2004, publ. *DJ* 11.6.2001; 3ª T., REsp. 36.873/SP, Rel. Min. Ari Pargendler, julg. 29.3.2001, publ. *DJ* 28.5.2001; 4ª T., REsp. 253.719/RJ, Rel. Min. Ruy Rosado de Aguiar Jr., julg. 29.9.2000, publ. *DJ* 27.11.2000.

[53] Caio Mário da Silva Pereira, *Instituições de Direito Civil*, vol. IV, cit., pp. 142-143.

[54] José dos Santos Carvalho Filho, *Manual de Direito Administrativo*, Rio de Janeiro: Lumen Juris, 2012, p. 351. A jurisprudência não discrepa: TJRS, Ap. Cív. 70004513230, 19ª C.C., Rel. Des. Victor Luiz Barcellos Lima, julg. 17.5.2005; TJRS, Ap. Cív. 70008191132, 17ª C.C., Rel. Des. Alzir Felippe Schmitz, julg. 19.10.2004; TJRS, Ap. Cív. 70001641810, 18ª C.C., Rel. Des. Pedro Luiz Pozza, julg. 30.6.2003; TJRJ, Ap. Cív. 200100128878, 16ª C.C., Rel. Des. Miguel Ângelo Barros, julg. 16.4.2002.

[55] De acordo com a doutrina administrativista, a afetação ao serviço público impõe aplicação do regime de bens públicos, como se lê em Maria Sylvia Zanella Di Pietro, *Direito Administrativo Brasileiro*, cit., p. 429). O STF agasalhou a tese: STF, Pleno, RE 220.906/DF, Rel. Min. Maurício Corrêa, julg. 16.11.2000, publ. *DJ* 14.11.2002, p. 15. No mesmo sentido, confira-se o RE 225.011/MG, Pleno, Rel. Min. Marco Aurélio, Rel. p/ Acórdão Min. Maurício Corrêa, julg. 16.11.2000, publ. *DJ* 19.12.2002,

Também não estão sujeitos à usucapião os direitos pessoais, já que não podem ser objeto de posse. Assim, "é inconcebível a existência de um poder fático exercitável sobre direitos, porquanto não há poder fático sobre abstrações".[56] Não podem ser usucapidas, ainda, as coisas inadequadas à apropriação, tais como o ar atmosférico, a luz natural, as águas livres etc.

Usucapião de bens condominiais — Quanto aos bens condominiais, diverge a doutrina acerca da possibilidade de um dos condôminos usucapir a totalidade da coisa. Por um lado, nega-se tal hipótese, considerando que nenhum dos condôminos pode excluir a posse dos demais, não exercendo posse exclusiva sem que estivesse autorizado implicitamente pelos cotitulares.[57] Com efeito, o condômino que usa a coisa comum o faz em nome de todos os consortes, supondo-se autorizado pelos demais titulares do condomínio.[58] Por outro lado, admite-se excepcionalmente que o condômino se beneficie da usucapião, desde que sua posse exclua efetivamente a dos demais, em exercício possessório que desafia a posse dos consortes, pelo tempo necessário exigido por lei.[59] Consequentemente, "pode o condômino usucapir, desde que exerça posse própria sobre o imóvel, posse exclusiva".[60] Faz-se imprescindível, portanto, a transmudação do caráter da posse exercida pelo condômino, "transformando-se em posse exclusiva a que originariamente surgiu como sendo uma compossessão"[61], o que associa a questão, irremediavelmente, ao conteúdo probatório.[62]

A controvérsia se repete no que tange às áreas comuns dos condomínios edilícios, não lhe conferindo a maior parte da doutrina regime diferenciado do condomínio

---

p. 73. Ademais, em caso julgado em 2024, a Terceira Turma do STJ, por unanimidade, rejeitou o pedido de reconhecimento de usucapião de um imóvel de propriedade da Companhia de Saneamento Ambiental do Distrito Federal (Caesb). Para o colegiado, como o imóvel pertence à sociedade de economia mista e tem destinação pública, não seria possível a usucapião. Os autores da ação de usucapião extraordinária ajuizada contra a Caesb argumentaram que ocupam uma área de mais de sete mil metros quadrados há mais de 15 anos, o que seria suficiente para o reconhecimento da aquisição da propriedade pelo decurso do tempo. Por outro lado, a Relatora, Min. Nancy Andrighi, destacou que os bens de sociedade de economia mista sujeitos a destinação pública podem ser considerados bens públicos e, portanto, insuscetíveis de usucapião. O fato de o imóvel estar momentaneamente vazio ou desocupado não afasta a caracterização da destinação pública. (STJ, 3ª T., REsp 2.173.088, Rel. Min. Nancy Andrighi, julg. 8.10.2024, publ. *DJe* 11.10.2024).

[56] José Carlos de Moraes Salles, *Usucapião de Bens Imóveis e Móveis*, cit., p. 66.

[57] Orlando Gomes, *Direitos Reais*, cit., p. 188. Em sede jurisprudencial, verifica-se posicionamento semelhante em julgados do STF: AI 33.684/RJ, 1ª T., Rel. Min. Evandro Lins, julg. 27.10.1964, publ. *DJ* 19.11.1964, p. 4181; STF, 1ª T., RE 45.122/BA, Rel. Min. Ari Franco, julg. 13.7.1961, publ. *DJ* 12.9.1961, p. 1902; STF, 2ª T., RE 25.512/GO, Rel. Min. Abner de Vasconcellos, julg. 29.7.1954, publ. *DJ* 11.11.1954, p. 13849.

[58] Francisco Loureiro, Usucapião Individual e Coletivo no Estatuto da Cidade, in *Revista Trimestral de Direito Civil*, vol. IX, jan-mar/2002, p. 48.

[59] Natal Nader, *Usucapião de Imóveis*, cit., p. 66. Também Darcy Bessone admite a prescrição aquisitiva em favor do condômino (Darcy Bessone, *Direitos Reais*, cit., p. 58).

[60] STJ, REsp. 10.978/RJ, 3ª T., Rel. Min. Nilson Naves, julg. 25.10.1993, publ. *DJ* 9.8.1993, p. 15228. No mesmo sentido: STJ, REsp. 101.009/SP, 2ª T., Rel. Min. Ari Pargendler, julg. 13.10.1998, publ. *DJ* 16.11.1998, p. 40.

[61] Serpa Lopes, *Curso de Direito Civil: Direito das Coisas*, vol. VI, cit, p. 298.

[62] STF, 2ª T., RE 79.834/MG, Rel. Min. Moreira Alves, julg. 31.10.1975, publ. *DJ* 26.12.1975.

tradicional. Alguns autores, entretanto, mesmo defendendo a possibilidade de o condômino usucapir bem em condomínio, entendem não ser aceitável a prescrição aquisitiva em propriedade horizontal, já que, nesses casos, o condômino que se utilize exclusivamente das áreas comuns violaria a proibição legal contida no artigo 3º da Lei n. 4.591, de 16 de dezembro de 1964.[63] Nessa esteira, parte da jurisprudência tem se manifestado no sentido de que a ocupação exclusiva do condômino constituiria mera detenção, revogável a qualquer momento pelos demais comunheiros e cuja continuidade em oposição à vontade dos condôminos caracterizaria a precariedade da posse.[64] Os argumentos, porém, não convencem. Mais uma vez se pode perceber que a controvérsia depende de circunstâncias fáticas a serem demonstradas.[65] Afirma-se, a propósito, que o condômino somente poderia usucapir contra os demais se ocorresse a inversão na posse, e esta passasse a excluir a posse dos demais, ostensiva e publicamente.[66] Nesse caso, admitir-se-ia a alteração do título da posse, desfazendo-se a presunção de sua imutabilidade da natureza possessória: *neminem sibi ipsem causam possessionis mutare posse*, ou seja, salvo prova em contrário, entende-se manter a posse o mesmo caráter com que foi adquirida.[67] Em última análise, se o estado de condomínio termina pela posse exclusiva de um dos consortes, com intenção clara e manifesta de ter o imóvel como seu, seria possível a usucapião extraordinária do bem.[68] Além disso, o Código Civil não reproduziu a vedação antes estabelecida no referido no artigo 3º da Lei n. 4.591, de 16 de dezembro de 1964.

Os bens gravados com cláusula de inalienabilidade, por ato voluntário de testador ou doador, podem ser usucapidos. Isto porque, na usucapião, adquire-se a pro-

> Usucapião de bens gravados com cláusula de inalienabilidade

---

[63] Benedito Silvério, *Tratado de Usucapião*, vol. I, cit., pp. 300-301. No mesmo sentido, Caio Mário da Silva Pereira, *Condomínio e Incorporações*, Rio de Janeiro: Forense, 1999, pp. 115-116.

[64] TJSP, Ap. Cív. 123.294-1, 8ª C.C., Rel. Des. José Osório, julg. 8.8.1990; TJPR, Ap. Cív. 0089222-6, 1ª C.C., Rel. Des. Lauro Laertes de Oliveira, julg. 30.4.1996. Grifou-se; TJSP, Ap. c/ Rev. 994167100, 18ª Câmara de Direito Privado, Rel. Des. Rubens Cury, julg. 12.5.2007.

[65] Ressalte-se que, de acordo com julgado do Superior Tribunal de Justiça, situações há em que se torna possível reconhecer a usucapião de áreas comuns em condomínio horizontal. Assim, de acordo com Tribunal, quando a área em questão não comportar qualquer utilidade para o condomínio, torna-se usucapível (STJ, 4ª T., REsp. 214.680/SP, Rel. Min. Ruy Rosado de Aguiar, julg. 10.8.1999, publ. *DJ* 16.11.1999 p. 214). V. tb. STJ, REsp. 356.821/RJ, 3ª T., Rel. Min. Nancy Andrighi, julg. 23.4.2002, publ. *DJ* 5.8.2002, p. 334; STJ, 3ª T., REsp. 325.870/RJ, Rel. Min. Humberto Gomes de Barros, julg. 14.6.2004, publ. *DJ* 20.9.2004, p. 280).

[66] Em doutrina, alerta-se para "a excepcionalidade dessa usucapião, uma vez que se traduz tarefa árdua a prova da posse exclusiva com *animus domini*. Com efeito, no condomínio edilício as partes comuns não são usadas por todos da mesma forma, de modo que o mero uso exclusivo de determinada área por um dos condôminos pode, no caso concreto, não ter o condão de romper a posse comum. Faz-se mister, assim, separar o uso exclusivo que é inerente à própria função de determinada área comum, como no caso dos *halls* em condomínios de apenas um apartamento por andar, do uso exclusivo que, de fato, é apto a romper a posse dos demais condôminos" (Milena Donato Oliva; Vinícius Rangel Marques, Notas sobre a usucapião no direito brasileiro. In: Heloísa Helena Barboza (coord.), *20 anos do Código Civil*: perspectivas presentes e futuras, Rio de Janeiro: Processo, 2022, pp. 391-411).

[67] Miguel Maria de Serpa Lopes, *Curso de Direito Civil: Direito das Coisas*, vol. VI, cit., p. 547. A citação é do Digesto, Liv. XLI, Tít. 3, § 19.

[68] J. M. Carvalho Santos, *Código Civil Brasileiro Interpretado*, vol. VII, cit., p. 434.

priedade originariamente, não ocorrendo, dessa maneira, a transmissão da propriedade por parte do antigo proprietário.[69] No reconhecimento da usucapião em bens gravados com a referida cláusula deve-se, contudo, atentar para hipóteses em que a prescrição aquisitiva é utilizada como forma de burlar a proibição de alienação imposta, devendo o julgador coibir atos fraudulentos.[70] Assim, o legatário beneficiado com um bem gravado com cláusulas de inalienabilidade e impenhorabilidade não se pode valer da usucapião para que lhe seja conferido o poder de o alienar livremente.[71]

Usucapião de imóvel de área inferior ao módulo mínimo definido pelas posturas municipais

O imóvel pode ser usucapido mesmo que sua área seja inferior ao módulo mínimo urbano definido pelas posturas municipais, conforme reconhecido pelo Supremo Tribunal Federal no julgamento, com repercussão geral, do RE 422.349/RS, ocasião na qual restou aprovada a seguinte tese: "preenchidos os requisitos do art. 183 da Constituição Federal, o reconhecimento do direito à usucapião especial urbana não pode ser obstado por legislação infraconstitucional que estabeleça módulos urbanos na respectiva área em que situado o imóvel (dimensão do lote)".[72] Essa orientação tem em vista a necessidade de resguardo da segurança jurídica diante de situação de fato já consolidada, não só perante o antigo proprietário, mas também perante o Município, a quem cabia zelar pelas posturas municipais e prestigia o direito social à moradia (CF, art. 6º), especialmente caro às pessoas de pouca renda que normalmente se beneficiam da usucapião nessas condições, além de considerar que compete à União legislar sobre Direito Civil (CF, art. 22, I,) e, portanto, sobre os requisitos para a usucapião, sendo certo que não há lei nacional estabelecendo a obediência às posturas municipais como requisito para a usucapião.[73]

3.4. Modalidades de usucapião

Espécies de usucapião

O ordenamento jurídico consagra seis modalidades de usucapião: (i) usucapião extraordinária, (ii) usucapião ordinária e (iii) usucapião familiar, previstas no Código Civil; (iv) usucapião especial individual rural, (v) usucapião urbana, de índole cons-

---

[69] José Carlos de Moraes Salles, *Usucapião de Bens Imóveis e Móveis*, cit., p. 68. Na jurisprudência, STJ, REsp. 207.167/RJ, 4ª T., Rel. Min. Sálvio de Figueiredo Teixeira, julg. 21.6.2001, publ. *DJ* 3.9.2001, p. 226; STJ, 4ª T., REsp. 418.945/SP, Rel. Min. Ruy Rosado de Aguiar, julg. 15.8.2002, publ. *DJ* 30.9.2002, p. 268. Em sentido diverso, a lição de Ebert Chamoun, para quem: "A coisa sobre a qual pese uma cláusula de inalienabilidade não gera a usucapião. Sempre que exista uma cláusula de inalienabilidade é impossível correr o prazo de usucapião ordinário" (Ebert Chamoun, *Direito Civil: Aulas do 4º Ano...*, cit., p. 99).

[70] Vê-se na jurisprudência a preocupação com possíveis fraudes: TJMG, Ap. Cív. 1.0183.03.047359-3, 11ª C.C., Rel. Des. Maurício Barros, julg. 18.8.2006; STJ, 4ª. T., REsp. 418.945/SP, Rel. Min. Ruy Rosado de Aguiar, julg. 15.8.2002, publ. *DJ* 30.9.2002.

[71] Tal hipótese foi julgada pelo Supremo Tribunal Federal no RE 97.707/PR, 1ª T., Rel. Min. Alfredo Buzaid, julg. 3.2.1983, publ. *DJ* 8.4.1983, decidindo-se pela ineficácia de sentença que havia reconhecido a usucapião nessa situação.

[72] STF, Tribunal Pleno, RE 422.349/RS, Rel. Min. Dias Toffoli, julg. 29.04.2015.

[73] Sobre o tema, Carlos Edison do Rêgo Monteiro Filho, Usucapião imobiliária urbana independentemente de metragem mínima: uma concretização da função social da propriedade. In: *Rumos contemporâneos do direito civil*: estudos em perspectiva civil-constitucional. Belo Horizonte: Fórum, 2017.

CAPÍTULO VII | MODOS DE AQUISIÇÃO DE BENS IMÓVEIS

tucional, e também disciplinada no Código Civil; e, ainda, (vi) usucapião especial coletiva, prevista no Estatuto da Cidade. Ressalte-se que, não obstante haver requisitos específicos para a configuração de cada uma dessas espécies de usucapião, há dois requisitos de ordem geral, exigíveis, portanto, em todas as modalidades legais, quais sejam, a prova do fato da posse e o transcurso do tempo legalmente estabelecido.

3.5. A posse *ad usucapionem*

O primeiro requisito para a aquisição da propriedade por usucapião consiste no exercício possessório. No entanto, para ensejar a usucapião (*possessio ad usucapionem*), a posse deve qualificar-se por certos requisitos especiais: (i) ser exercida com intenção de dono – *cum animo domini*, traduzido no comportamento do possuidor de ter a coisa como sua;[74] (ii) ser contínua; e (iii) não sofrer oposição durante o lapso temporal necessário para o possuidor lhe adquirir a propriedade.

Conceito de posse ad usucapionem

O *animus domini*, se dispensável para a configuração da posse, que se caracteriza pelo simples exercício de fato de alguma das faculdades inerentes ao domínio, torna-se indispensável para deflagrar a prescrição aquisitiva, sendo insuscetível de usucapião o exercício possessório manifestado em consonância com o comando (posse indireta) do proprietário. Mostra-se insuficiente, portanto, o simples *animus tenendi* para a configuração da usucapião, sendo indispensável a intenção de domínio, de apropriação da coisa.[75]

Uma vez que o *animus domini* se extrai do comportamento do possuidor, objetivamente aquilatado, de ter a coisa como sua,[76] deve-se verificar a causa que deu ensejo àquela posse e a eventual inversão da causa (transmutação de sua natureza) por conta de circunstâncias fáticas que demonstrem a intenção de apropriação contrariamente à causa originária. Por um lado, se a posse é exercida em função e de acordo com um contrato – como a locação ou o comodato – não será possível declaração da usucapião.[77] Nessas hipóteses, embora se configure a posse *ad interdicta*

Mudança no título da posse

---

[74] Caio Mário da Silva Pereira, *Instituições de Direito Civil*, vol. IV, cit., p. 140 esclarece: "este requisito psíquico de tal maneira se integra na posse, que adquire tônus de essencialidade", afastando-se, por isso mesmo, "toda posse que não se faça acompanhar da intenção de ter a coisa para si – *animus rem sibi habendi*, como por exemplo a posse direta do locatário, do usufrutuário, do credor pignoratício (...)".

[75] Veja-se o entendimento dos Tribunais: "Para o reconhecimento da usucapião extraordinário é imprescindível que a posse sobre o imóvel seja sem oposição, ininterrupta, pelo prazo de vinte anos e com o ânimo de dono. Não transcorrido o lapso temporal exigido pelo artigo 550 do CC e ausente o *animus domini*, em face do reconhecimento do domínio alheio, a prescrição aquisitiva encontra óbices intransponíveis" (TJSC, Ap. 88.092505-8, 1ª Câmara de Direito Comercial, Rel. Des. Silveira Lenzi, julg. 17.8.1999). Igualmente, se manifestou o Tribunal de Justiça do Estado do Rio de Janeiro: TJRJ, Ap. Cív. 200100123106, 2ª C.C., Rel. Des. Maria Raimunda Azevedo, julg. 3.4.2002.

[76] A 4ª Turma do STJ já decidiu que, para configurar o *animus domini*, requisito da usucapião, é necessário que o autor tenha a posse efetiva do bem, e não apenas a detenção. Assim, de acordo com a Corte, a detenção ou mera tolerância do proprietário no uso do bem por outrem não levam à posse apta e legítima a ensejar a declaração de usucapião (como assim se denomina de posse *ad usucapionem*) (STJ, 4ª T., AgInt no AREsp 2.306.673-SP, Rel. Min. Maria Isabel Gallotti, julg. 2.9.2024, publ. *DJe* 4.9.2024).

[77] Benedito Silvério Ribeiro, *Tratado de Usucapião*, vol. I, cit., pp. 704-705.

(permitindo-se, portanto, ao possuidor o uso dos interditos possessórios), não há posse *ad usucapionem*. Por outro lado, se o possuidor deixa de cumprir a declaração contratual e exerce a posse contra os desígnios do proprietário, seu exercício possessório torna-se passível de prescrição aquisitiva. Nessa esteira, como reconhece a jurisprudência, ainda que o imóvel seja transferido para servir de garantia de dívida, como na alienação fiduciária, tal fato pode não constituir elemento de exclusão da intenção de ser proprietário daquele que se manteve na posse.[78] Daí a importância da análise do caso concreto para se apurar a existência do *animus domini*.

Nada obsta, portanto, a hipótese de mudança no *animus* do possuidor, que se apossa do bem por força de contrato e, ao longo do tempo, passa a possuir com intenção de ser proprietário (*cum animo domini*). Esta alteração, para que resulte na posse *ad usucapionem*, deverá caracterizar-se por atitudes externas, que demonstrem claramente a oposição ao titular do domínio, como a recusa na devolução da coisa no prazo estipulado. Afinal, mesmo que não exista a *convictio domini*, ou seja, mesmo que o possuidor tenha consciência de não ser o proprietário, portando-se de má-fé, restará configurado o *animus domini*.[79]

Caracteres da posse *ad usucapionem*

Além do ânimo de proprietário, para fins de usucapir, a posse há de ser contínua, mansa e pacífica. Entende-se por *posse contínua* aquela que não sofre solução de continuidade no seu curso por todo o prazo estatuído em lei, ou seja, aquela "exercida sem intermitências nem lacunas",[80] realizando o possuidor regularmente os atos de fruição da coisa por todo o tempo necessário à configuração da usucapião.

Considera-se a posse *mansa e pacífica*[81] quando não foi contestada pelo proprietário da coisa, a qualquer título, judicial ou extrajudicialmente, durante o decurso do prazo prescricional. Com isto, se o proprietário toma medidas com o fim de romper a continuidade da posse, opondo-se ao exercício dos poderes inerentes à propriedade pelo possuidor, impede a consumação do prazo prescricional.[82] Não se pode afirmar, no entanto, que qualquer contestação oposta à posse lhe retire este caráter, pois há atos, como a tentativa de esbulho por terceiros que, quando defendidos com êxito pelo possuidor, não terão o condão de afastar a mansidão de sua posse.[83] Do mesmo modo, se o possuidor sai vitorioso de ação que o conteste, a contagem de tempo de sua posse não foi atingida, e, conseguintemente, não restará prejudicada para fins de usucapião.[84] Logo, a

---

[78]   TJRJ, Ap. Cív. 70003829710, 2ª C.C., Rel. Des. Lúcia de Castro Boller, julg. 26.6.2002.

[79]   J. M. Carvalho Santos, *Código Civil Brasileiro Interpretado*, vol. VIII, cit., p. 429.

[80]   Miguel Maria de Serpa Lopes, *Curso de Direito Civil: Direito das Coisas*, vol. VI, cit., p. 557.

[81]   Não confundir essa qualidade da posse *ad usucapionem* com os caracteres da posse, pois também a posse sem vícios se denomina de mansa e pacífica, por ter sido adquirida sem violência, clandestinidade ou precariedade (Ebert Chamoun, *Direito Civil: Aulas do 4º Ano...*, cit., p. 27).

[82]   STJ, 4ª T., REsp. 53.800/SP, Rel. Min. Sálvio de Figueiredo Teixeira, julg. 9.12.1997, publ. *DJ* 2.3.1998.

[83]   A jurisprudência alude, ainda, à seriedade na oposição feita à posse: TJRS, Ap. Cív. 70004572426, 2ª C.C., Rel. Des. Mário Crespo Brum, julg. 25.11.2002. Com o mesmo posicionamento: TJPR, Ap. Cív. 63795-4, 3ª C.C., Rel. Des. Rosene Arão de Cristo Pereira, julg. 29.6.1999.

[84]   Benedito Silvério Ribeiro, *Tratado de Usucapião*, vol. II, São Paulo: Saraiva, 2007, 5ª ed., p. 917, em que se lê: "O efeito da litigiosidade perdura até a decisão final, e, no caso de vir a ação a ser julgada improcedente, não interferirá com o caráter da posse". Complementando a posição, afirmam Nelson

CAPÍTULO VII | MODOS DE AQUISIÇÃO DE BENS IMÓVEIS   123

posse somente deixará de se reputar mansa quando contestada por aquele que detenha legítimo interesse, não já por oposição de qualquer pessoa. E restará ainda inalterada a continuidade da posse se a ação judicial de contestação intentada contra o possuidor for julgada finalmente improcedente. Vale dizer, para que a posse se configure mansa e pacífica, não pode ter sido objeto de contestação levada a cabo pelo proprietário contra o qual se deseja usucapir,[85] desde que este seja titular de interesse juridicamente tutelado e desde que não seja vencido na ação possessória.[86]

De outra parte, a posse *ad usucapionem* não precisa necessariamente ser exercida pelo mesmo possuidor, uma vez que se autoriza a acessão da posse. A acessão do sucessor universal se opera de pleno direito, independentemente de sua vontade, ou seja, obrigatoriamente ocorrerá. Já na sucessão a título singular, o novo possuidor poderá escolher entre aceder à posse ou não, conforme melhor atenda a seus interesses.[87]

Acessão da posse ad usucapionem

3.6. O tempo

O decurso de lapso temporal previsto em lei constitui outro requisito genérico para a configuração da usucapião, exigindo-se para cada modalidade legal prazo diferenciado cuja determinação se apresenta matéria de política legislativa. O Código Civil, atendendo aos reclamos do princípio da função social da propriedade, reduziu o prazo prescricional da usucapião extraordinária de 20 anos, previsto no Código Civil de 1916, para 15 anos, conforme dispõe o atual artigo 1.238.[88] De fato, ao legislador, que concretiza normas constitucionais como a utilização adequada e racional dos bens (CF, arts. 182 e 186), repugna a inércia prolongada do proprietário. Por isso, exige, em prazos cada vez menores, a atuação positiva por parte do titular do domínio, sob pena de perder a propriedade para o terceiro possuidor. Conta-se o prazo por dias civis, com duração de vinte e quatro horas, excluindo-se da contagem o *dies a quo*, isto é, aquele em que começa a correr o prazo (vale dizer, aquele que assinala o início da posse), mas incluindo-se o *dies ad quem*. O prazo deve, por fim, ser contínuo, não se descontando feriados e considerando-se os meses como se de trinta dias cada um.[89] No tempo em que a ação for proposta, o prazo já deverá estar completo, sob pena de extinção do processo sem julgamento do mérito.[90]

Contagem do lapso temporal exigido para a usucapião

Luiz Pinto e Tereza Arruda Alvim, *op. cit.*, p. 16: "Não terá, entretanto, o condão de interromper o lapso prescricional para a usucapião, a citação de ação extinta sem julgamento do mérito".

[85]   De acordo com a lição de Caio Mário da Silva Pereira, "a contestação a que se alude é a de quem tenha legítimo interesse, ou seja da parte do proprietário contra quem se visa a usucapir" (*Instituições de Direito Civil*, vol. IV, cit., p. 140).

[86]   Marco Aurélio Bezerra de Melo, *Comentários ao Código de Processo Civil*, vol. VIII, t. 3, Rio de Janeiro: Forense, 2001, p. 643).

[87]   Clovis Bevilaqua, *Direito das Coisas*, vol. I, cit., p. 171.

[88]   A respeito das inovações do Código Civil em matéria de usucapião, cfr. Gustavo Tepedino, *Os direitos reais no novo Código Civil*, in *Temas de Direito Civil*, t. 2, cit., pp. 147-156.

[89]   Todas as regras citadas são trazidas por J. M. Carvalho Santos, *Código Civil Brasileiro Interpretado*, vol. VII, cit., p. 428.

[90]   Benedito Silvério Ribeiro, *Tratado de Usucapião*, vol. I, cit., p. 777. Nesse sentido, confira-se: "Civil. Usucapião Extraordinário. Prazo. Para efeito de usucapião extraordinário, é inadmissível o cômputo

As reduções de prazo operadas pelo Código Civil suscitam dúvidas quanto ao procedimento a ser adotado nos casos em que, na entrada em vigor no novo regime, não se verificou a consumação do período de tempo anteriormente previsto. Considera-se que "a lei nova apanha a prescrição e a usucapião em curso. Os elementos e o suporte fático da regra jurídica sobre prescrição, ou sobre usucapião, são os do dia em que vai terminar o prazo para prescrever a pretensão ou para se usucapir".[91] Desta maneira, os prazos novos deveriam aplicar-se imediatamente. O STF já havia enfrentado a questão quando a Lei n. 2.437 de 7 de março de 1955 operou a redução do prazo da usucapião extraordinária de 30 para 20 anos. Na ocasião, decidiu o Tribunal pela aplicação da nova lei aos prazos em curso, entendimento que restou sumulado no Enunciado n. 445 do STF, de 1º de outubro de 1964.[92]

Posses exercidas em parte na vigência do Código Civil revogado

O Código Civil fixou, porém, em seu artigo 2.028, critério específico para contagem dos prazos, de acordo com o qual "serão os da lei anterior os prazos, quando reduzidos por este Código, e se, na data de sua entrada em vigor já houver decorrido mais da metade do tempo estabelecido na lei revogada". A doutrina diverge acerca da correta interpretação do dispositivo. Alguns autores entendem que o artigo 2.028 não previu dois requisitos para a aplicação dos prazos da lei anterior, mas sim duas hipóteses, quais sejam, a redução do prazo pela nova codificação *ou* o transcurso de mais da metade do prazo anterior ao tempo da entrada em vigor do novo Código Civil.[93] A orientação majoritária, contudo, é a de que se trata de dois requisitos cumulativos para que se aplique o prazo anterior – isto é, que o prazo tenha sido reduzido pelo novo Código Civil *e* que mais da metade do prazo anterior já tenha transcorrido.[94]

Acrescente-se, ainda, que, no caso dos parágrafos únicos dos arts. 1.238[95] e 1.242[96] do Código Civil, independentemente do transcurso de metade do prazo anterior, e muito embora tais dispositivos cuidem de redução de prazo, não se lhes aplica a regra

---

do prazo posterior ao ajuizamento da demanda até a prolação da sentença. Recurso não conhecido" (STJ, 3ª T., REsp. 61.218/SP, Rel. Min. Castro Filho, julg. 29.10.2003, publ. *DJ* 17.11.2003).

[91] Pontes de Miranda, *Tratado de Direito Privado*, t. 11, cit., p. 119.

[92] Eis o teor da Súmula 445: "A Lei 2437, de 7/3/1955, que reduz prazo prescricional, é aplicável às prescrições em curso na data de sua vigência (1º/1/1956), salvo quanto aos processos então pendentes".

[93] Soares de Oliveira Ortolan, *Prescrição. Os prazos prescricionais e o Direito Intertemporal à luz do princípio constitucional da isonomia: interpretação do artigo 2.028 do novo Código Civil*, in *Revista Síntese de Direito Civil e Processual Civil*, n. 27, Porto Alegre: Síntese, 2004, p. 98.

[94] Humberto Theodoro Júnior, "Prescrição e Decadência no Novo Código Civil: alguns aspectos relevantes", in *Revista Síntese de Direito Civil e Processual Civil*, n. 23, Porto Alegre: Síntese, 2003, p. 145. No mesmo sentido, Antonio Jeová Santos, *Direito Intertemporal e o Novo Código Civil*, Rio de Janeiro: Revista dos Tribunais, 2004, pp. 141-143.

[95] "Art. 1.238. Aquele que, por quinze anos, sem interrupção, nem oposição, possuir como seu um imóvel, adquire-lhe a propriedade, independentemente de título e boa-fé; podendo requerer ao juiz que assim o declare por sentença, a qual servirá de título para o registro no Cartório de Registro de Imóveis".

[96] "Art. 1.242. Adquire também a propriedade do imóvel aquele que, contínua e incontestadamente, com justo título e boa-fé, o possuir por dez anos".

do artigo 2.028. Para tais hipóteses, até se completar o período de dois anos, contado a partir do início da vigência do Código Civil, os prazos ali prescritos serão aumentados em dois anos, qualquer que seja o tempo transcorrido na vigência do Código anterior, devido ao mandamento legal contido no artigo 2.029 do Código de 2002.[97] Em vez de 10 anos, conforme previsto no parágrafo único do artigo 1.238 do Código Civil, serão necessários 12 anos de exercício possessório *ad usucapionem*. Da mesma forma, quem pretendesse usucapir com base no parágrafo único do artigo 1.242 do Código Civil, dentro dos dois anos posteriores à sua vigência, deveria comprovar posse *ad usucapionem* durante 7 anos. Em ambos os casos, computa-se o tempo de posse anterior à vigência do Código. Trata-se de medida transitória, destinada a proteger o proprietário que confiava nos prazos da lei antiga para evitar a perda da propriedade e que, devido à redução dos prazos, poderia ser prejudicado.

Importante mencionar a suspensão dos prazos aquisitivos nas diversas espécies de usucapião durante a pandemia de Covid-19 – entre o dia 10 de junho de 2020, data da entrada em vigor da Lei n. 14.010/2020, e o dia 30 de outubro de 2020 – levada a efeito pelo artigo 10 da referida lei. Trata-se de medida que se fundamenta no fato de a pandemia afetar sobremaneira a posição jurídica de eventuais proprietários que, prejudicados pelos efeitos da crise sanitária e suas medidas de contenção, não logram interromper o fluxo do período aquisitivo que corre em seu desfavor. É de se supor que, de fato, a capacidade defensiva de seus interesses sofra restrições decorrentes da proibição de circulação nas cidades e da própria paralisação da atividade econômica, a influir na coleta de elementos probatórios, contratação de advogados, organização da tese jurídica, dedução de pretensões em juízo etc. Sem falar que, em meio ao surto pandêmico, acabe-se por priorizar, como natural, saúde e segurança em detrimento de relações patrimoniais.

3.7. Acessão de posses

Vigora na disciplina da usucapião o princípio da *accessio possessionis*, previsto nos arts. 1.207 e 1.243 do Código Civil. Também a posse *ad usucapionem* pode ser objeto de transmissão *inter vivos* ou *mortis causa* (CC, art. 1.206). Por meio da acessão da posse, permite-se a junção dos tempos das posses do antecessor com a do sucessor. Assim, autoriza-se que a posse de titulares diversos seja considerada única, para efeito de usucapião.[98]

Acessão de posses

A lei exige que todas as posses aderidas sejam pacíficas e contínuas. Tais requisitos, de resto, constituem pressupostos inerentes ao próprio instituto da usucapião. Além disso, em se tratando de usucapião ordinária, os possuidores também deverão

---

[97] "Art. 2.029. Até dois anos após a entrada em vigor deste Código, os prazos estabelecidos no parágrafo único do artigo 1.238 e no parágrafo único do artigo 1.242 serão acrescidos de dois anos, qualquer que seja o tempo transcorrido na vigência do anterior, Lei n. 3.071, de 1º de janeiro de 1916."

[98] TJRS, Ap. Cív. 70003069127, 18ª C.C., Rel. Des. André Luiz Planella Villarinho, julg. 5.9.2002.

estar de boa-fé,[99] e ostentar justo título, requisitos específicos dessa modalidade.[100] Para a união das posses na usucapião ordinária faz-se necessário "que o título do possuidor venha da própria pessoa, da qual quer continuar a posse. Se se recebe de uma pessoa e o título de outra, a junção não é possível".[101] Isto porque "a união da posse exige a homogeneidade das duas posses, quer material, quer juridicamente, pois, de outro modo, será impossível a sua adição para formar o todo necessário à obtenção de certos efeitos jurídicos".[102]

Em face da linguagem do dispositivo, que permite, expressamente, a acessão da posse, sem limitá-la a modalidade específica de usucapião, afigura-se insubsistente a posição doutrinária contrária à acessão da posse nos casos de usucapião especial.[103] Uma vez preservado o caráter da posse e desde que atendida a função social da propriedade, nada justifica tal restrição.[104]

3.8. Causas impeditivas, interruptivas e suspensivas da usucapião

No que se refere aos direitos reais, costuma-se afirmar que "o singelo não uso não implica perda da propriedade".[105] De fato, a inércia ostensiva contínua e ininterrupta do titular de direito real somente acarreta a sua extinção quando há lesão a seu direito subjetivo levada a cabo pelo possuidor que exerce as faculdades dominicais que lhe conferem a aparência de proprietário.

Noção de posse *ad usucapionem*

A posse *ad usucapionem* configura, portanto, forma de lesão ao direito subjetivo real, permitindo ao possuidor sua aquisição originária. Dado que o decurso do tempo, gerador da aparência do exercício do domínio, constitui um dos requisitos essenciais para todas as modalidades de usucapião, aplicam-se ao possuidor as mesmas "causas que obstam, suspendem ou interrompem a prescrição", nos termos do artigo 1.244 do Código Civil. Muito embora a prescrição aquisitiva não se confunda com a extintiva, a influência do tempo é semelhante em ambas as situações – com prevalência, na primei-

---

[99] O sucessor universal, pela transferência automática da posse do antecessor, não poderá adquirir por usucapião ordinária, ainda que esteja de boa-fé, se o *de cujus* estava de má-fé (J. M. Carvalho Santos, *Código Civil Brasileiro Interpretado*, vol. VII, cit., p. 432).

[100] Clovis Bevilaqua, *Código Civil dos Estados Unidos do Brasil Comentado*, vol. III, cit., p. 73-74.

[101] J. M. Carvalho Santos, *Código Civil Brasileiro Interpretado*, vol. VII, cit., pp. 443-444.

[102] Miguel Maria de Serpa Lopes, *Curso de Direito Civil: Direito das Coisas*, vol. VI, cit., pp. 558-559.

[103] Apresentam entendimento contrário à soma das posses, Carlos Roberto Gonçalves, *Direito Civil Brasileiro*, vol. V, cit., p. 240; Benedito Silvério Ribeiro, *Tratado de Usucapião*, vol. II, cit., p. 1066. Há, ainda, quem afirme que a regra da acessão de posses "não se aplica a todos os prazos de usucapião, indiscriminadamente, mas somente àqueles em que não se requer nenhuma qualidade específica na posse do usucapiente. Assim, havendo transmissão da posse, em qualquer de suas modalidades, a somatória do tempo de posse do possuidor atual, com os tempos de posses dos antecessores, é livremente admitida na usucapião extraordinária (art. 1.238, caput) e na ordinária (art. 1.242, caput). O mesmo não ocorre nos demais prazos de usucapião" (Karine Monteiro Prado, Usucapião imobiliária: o debate que não se esgota. Análise hermenêutica à luz da legalidade constitucional. In: *Revista Brasileira de Direito Civil – RBDCivil*, Belo Horizonte, vol. 33, n. 1, jan./mar. 2024, p. 89-125).

[104] Caio Mário da Silva Pereira, *Instituições de Direito Civil*, vol. IV, cit., p. 154; Sílvio de Salvo Venosa, *Código Civil Comentado*, vol. XII, cit., p. 250.

[105] Sílvio de Salvo Venosa, *Código Civil Comentado*, vol. XII, cit., p. 317.

ra, do direito nascente, e, na segunda, da pretensão fulminada.[106] Daí a atração de regras comuns atinentes à interrupção e à suspensão do prazo prescricional.[107]

Dessa maneira, se não corre a prescrição extintiva entre os cônjuges na constância da sociedade conjugal, entre ascendentes e descendentes durante o exercício do poder familiar, e entre tutelados e curatelados em face de seus tutores e curadores durante a tutela e curatela (CC, art. 197), não correrá igualmente o prazo da usucapião nestas mesmas hipóteses. Do mesmo modo, não corre a prescrição aquisitiva contra os absolutamente incapazes (CC, art. 198)[108] e não corre o prazo da usucapião contra os ausentes do País em serviço público da União, dos Estados ou dos Municípios; bem como contra os que se acharem servindo nas Forças Armadas, em tempo de guerra (CC, art. 198).

Evidentemente, se qualquer dessas causas ocorrer antes de iniciado o prazo da usucapião, estar-se-á diante de causa impeditiva; se depois, ter-se-á causa suspensiva. Finda a causa suspensiva, soma-se a posse anterior à subsequente. Se houver impedimento, não há prazo anterior a ser computado, de maneira que a contagem do tempo se inicia com a extinção da causa impeditiva.

As causas interruptivas da prescrição (CC, art. 202), por sua vez, têm o peculiar efeito de obstar a usucapião. Isso porque a posse *ad usucapionem* há de ser mansa e pacífica, de modo que qualquer atitude do proprietário que se oponha a tal posse desconfigurará tal requisito. Dito de outro modo, faz-se necessário que, durante todo o lapso de tempo prescrito em lei para usucapião, a posse não sofra qualquer oposição legítima. A interrupção operada por meio das hipóteses do artigo 202 do Código Civil, que couberem, rompe com a possibilidade de aquela posse ter o efeito aquisitivo da propriedade.[109] Após a interrupção, novo prazo se iniciará na hipótese de exercício possessório manso e pacífico, *ad usucapionem*.

Causas interruptivas da usucapião

Considera-se válida a renúncia à usucapião. No entanto, a renúncia antecipada não se configura propriamente renúncia. "Significa que o possuidor reconhece o direito de propriedade de outrem".[110] Com isso, novamente, descaracteriza-se a posse *ad usucapionem*, visto que falta ânimo de dono ao possuidor.

Renúncia à usucapião

3.9. Natureza declaratória da sentença na ação de usucapião

O Código Civil de 1916 estabelecia, em seu artigo 530, os modos de aquisição da propriedade imóvel, dentre os quais se encontrava a usucapião. Sem dispositivo correspondente, o Código atual prevê que a usucapião declarada por sentença cons-

---

[106] Clovis Bevilaqua, *Código Civil dos Estados Unidos do Brasil Comentado*, cit., p. 75.

[107] Caio Mário da Silva Pereira, *Instituições de Direito Civil*, vol. I, cit., pp. 680-682).

[108] Veja-se a jurisprudência, ainda no regime anterior: TAPR, Ap. Cív. 30.289, 3ª C.C., Rel. Des. Juiz Maranhão de Loyola, julg. 24.5.1988.

[109] Registre-se, ainda, que não há interrupção do prazo se a ação vier a ser julgada em favor do usucapiente. Na doutrina pátria, v. Lafayette Rodrigues Pereira, *Direito das Coisas*, vol. I, cit., p. 252; Arnaldo Rizzardo, *Direito das Coisas*, cit., pp. 259-260; Tupinambá Miguel Castro do Nascimento, *Usucapião (Comum e Especial)*, cit., p. 115.

[110] Orlando Gomes, *Direitos Reais*, cit., p. 197.

titui meio hábil para registro no Cartório de Registro de Imóveis.[111] Não é o registro, porém, que constitui a titularidade do domínio. Isso porque, uma vez preenchidos os requisitos da usucapião, genéricos e específicos, adquire-se desde logo a propriedade pelo usucapiente, antes, portanto, do provimento jurisdicional.[112]

Finalidades do registro da propriedade adquirida por usucapião

Com efeito, a sentença de usucapião mostra-se meramente declaratória, não tendo o condão de atribuir o domínio, mas de reconhecer situação jurídica preexistente.[113] A necessidade de se levar a sentença a registro tem por finalidade "dar publicidade à aquisição originária operada pela usucapião, resguardando a boa-fé de terceiros e possibilitando, por parte do usucapiente, o exercício do *ius disponendi*. Ademais, assegura--se, assim, a continuidade do próprio registro".[114] Ao mesmo tempo, adquire o usucapiente, com a sentença de usucapião, legitimidade para ingressar com ações petitórias.[115]

Usucapião como matéria de defesa em ação reivindicatória

Como a sentença se limita a declarar direito preexistente, já nascido com o preenchimento dos requisitos legais, admite-se que a usucapião seja alegada como matéria de defesa, em ação reivindicatória.[116] A Lei n. 6.969, de 10 de dezembro de 1981 é expressa neste sentido (artigo 7º), e o STF pacificou o entendimento, conforme Súmula 237, de 13 de dezembro de 1963.[117]

3.9.1. *Retroatividade dos efeitos da sentença*

Retroatividade dos efeitos da sentença ao início da posse *ad usucapionem*

Aspecto controvertido diz com a eficácia retroativa do título aquisitivo. Na medida em que a constituição do direito à usucapião se dá com o preenchimento dos requisitos legais, seria razoável que os efeitos da sentença que o declarasse retroagissem até o momento da reunião desses requisitos. Afinal, durante o período aquisitivo, é proprietário quem tem a titularidade registral, enquanto o usucapiente é ainda possuidor sem o título dominical.[118] Não é este, porém, o entendimento predominante na doutrina. Vem sendo amplamente aceita a retroatividade dos efeitos da sentença de usucapião ao início da posse.[119] Esse entendimento se ampara na proteção (da

---

[111] Sobre o ponto, a propósito, a 3ª Turma do STJ assinalou que o ajuizamento de ação de usucapião independe de pedido prévio na via extrajudicial (STJ, 3ª T., REsp 1.796.394, Rel. Min. Villas Bôas Cueva, julg. 24.05.2022, publ. *DJ* 30.05.2022).

[112] Em sentido contrário à natureza declaratória da sentença, ver J. M. Carvalho Santos, *Código Civil Brasileiro Interpretado*, vol. VII, cit., p. 431; e Silvio Rodrigues. *Direito Civil: Direito das Coisas*, vol. V, cit., p. 113.

[113] STJ: RO 10/DF, 3ª T., Rel. Min. Castro Filho, julg. 3.6.2003, publ. *DJ* 25.8.2003, p. 294. Em doutrina, ver, por todos, Pontes de Miranda, *Tratado de Direito Privado*, t. 11, cit., p. 147.

[114] José Carlos de Moraes Salles, *Usucapião de Bens Imóveis e Móveis*, cit., p. 60.

[115] Miguel Maria de Serpa Lopes, *Curso de Direito Civil: Direito das Coisas*, vol. VI, cit., pp. 560-561.

[116] A título ilustrativo, STJ, 4ª T., Ag. Rg. no Ag. 635.110, Rel. Min. Fernando Gonçalves, julg. 22.2.2005, publ. *DJ* 21.3.2005, p. 399.

[117] Eis o teor do referido enunciado: "O usucapião pode ser arguido em defesa".

[118] Benedito Silvério Ribeiro, *Tratado de Usucapião*, vol. II, cit., p. 1450: "A retroação deve caminhar até o ponto em que tenha consumado a prescrição aquisitiva, isto é, quando completados os requisitos que lhe são peculiares, como o tempo e a posse qualificada para tanto". Do mesmo modo, entende Nélson Luiz Pinto, *Ação de Usucapião*, São Paulo: Revista dos Tribunais, 1987, p. 137.

[119] Orlando Gomes, *Direitos Reais*, cit., p. 196: "A aquisição da propriedade pela usucapião opera-se *ex tunc*. Não se realiza quando expira o prazo dentro do qual a coisa deve ser possuída ininterruptamente, mas, sim, no momento em que se inicia a posse".

aparência de domínio suscitada) aos terceiros que tenham mantido relações com o possuidor, quando este já era por eles tido por proprietário.[120]

Como consequência desse entendimento, a retroatividade da eficácia da aquisição importa na plena validade de todos os atos do possuidor, inclusive aqueles que constituam direitos reais sobre o bem. Além disso, uma vez adquirida a propriedade, o possuidor não é obrigado a devolver os frutos, mesmo se caracterizada sua má-fé. Em contrapartida, consumada a usucapião, os atos praticados pelo proprietário no decurso do prazo perdem eficácia.[121]

A questão adquire dramática relevância prática, especialmente quando há direitos reais que gravam o bem usucapido, constituídos por antigo proprietário sobre o imóvel objeto de usucapião. Quanto à hipoteca em particular, o regime anterior favorecia sua extinção com a usucapião do bem dado em garantia. Isso porque na redação originária do artigo 550 do Código Civil de 1916, a usucapião extraordinária se consumava no prazo de 30 anos, mesmo prazo previsto no artigo 830 para a vigência da especialização da hipoteca legal e no artigo 817 para vigência da hipoteca convencional. Posteriormente, a Lei n. 2.437/1955 deu nova redação ao artigo 550, reduzindo o prazo da usucapião extraordinária de 30 para 20 anos, pondo fim à (feliz) coincidência entre os prazos da usucapião extraordinária e da hipoteca. No regime atual inexiste igualmente tal coincidência. O prazo da usucapião extraordinária é de 15 anos (CC, art. 1.238). Diante disso, a hipoteca não se extingue necessariamente, por decurso de prazo, no momento em que se dá a prescrição aquisitiva.

Usucapião e o problema da hipoteca anterior

Muito embora não coincidam os prazos da prescrição aquisitiva (mesmo a extraordinária) e da vigência da hipoteca, admitindo-se a retroatividade dos efeitos da declaração da usucapião até o início da posse, há quem entenda que não subsiste a hipoteca, desde que constituída no curso do período aquisitivo.[122] Ao mesmo tempo em que o possuidor *ad usucapionem* deve se submeter a ônus instituído antes de seu ingresso na posse, ainda que o desconheça; o direito real de garantia constituído após a posse *ad usucapionem* perderá efetividade ao cabo da prescrição aquisitiva. Ou seja: se há precedente *posse ad usucapionem*, a hipoteca constituída sobre o imóvel não ficará ilesa aos efeitos retroativos atribuídos à prescrição aquisitiva.[123]

Nessa linha de raciocínio, como forma de compatibilizar os interesses antagônicos, despertados pelo registro e pelo exercício possessório, Caio Mário da Silva Pereira mitiga a retroatividade da sentença, de sorte a alcançar – e tornar insubsistentes – os ônus reais nascidos após o início (do exercício de fato) da posse *ad usucapionem*: "neste último caso somente a hipoteca constituída posteriormente ao fato se invalida, pois que em relação à anterior à resolução o devedor será considerado proprietário

---

[120] Benedito Silvério Ribeiro, *Tratado de Usucapião*, vol. II, cit., p. 1449.

[121] Henri de Page, *Traité Élémentaire de Droit Civil Belge*, t. 7, vol. II, Bruxelles: Émile Bruylant, 1943, p. 1150.

[122] TARS, Ap. Cív. 195158530, 9ª C.C., Rel. Des. João Adalberto Medeiros Fernandes, julg. 19.3.1996.

[123] Benedito Silvério Ribeiro, *Tratado de Usucapião*, vol. II, cit., p. 1459.

perfeito (CC, art. 1.360)".[124] De acordo com o raciocínio, sendo a usucapião causa de extinção da propriedade,[125] mantém-se a hipoteca constituída antes da posse; cancelando-se aquela constituída durante a posse *ad usucapionem*, em homenagem à aparência de domínio do possuidor que, após o decurso do prazo legal, tornou-se efetivamente proprietário.

3.10. A usucapião extraordinária

Requisitos da usucapião extraordinária

A usucapião extraordinária distingue-se por exigir como únicos requisitos para sua verificação a posse *ad usucapionem* (ou seja, contínua, mansa, pacífica e com *animus domini*) e o lapso temporal.[126]

O Código Civil reduziu o prazo da usucapião extraordinária, de vinte para quinze anos. Desse modo, exercendo posse *ad usucapionem* pelo prazo de quinze anos, o usucapiente adquire a propriedade. Este lapso temporal faz dispensar a prova da boa-fé e o justo título do possuidor, uma vez que "esse respeito ou aquiescência de todos e a diuturnidade fazem presumir que não há direito contrário ao que se manifesta pela posse, e por isso, deve ser tratada como propriedade, e assim, inscrita no Registro de Imóveis".[127] Note-se, a esse respeito, que não se trata de presunção da boa-fé ou do justo título, como fazia parecer o artigo 550 do Código Civil de 1916, mas de verdadeira dispensa destes requisitos. Torna-se irrelevante, por isso mesmo, a prova da má-fé, pois mesmo neste caso será declarada a usucapião.[128]

Possibilidade de redução do lapso temporal para a usucapião extraordinária

Tendo em vista a submissão da propriedade privada aos valores sociais e existenciais expressos na Constituição da República, o legislador previu, no parágrafo único do artigo 1.238 do Código Civil, a possibilidade de redução do prazo da usucapião extraordinária para dez anos em duas hipóteses: (i) se o possuidor estabelecer no imóvel a sua moradia habitual, ou (ii) tiver realizado obras ou serviços de caráter produtivo.[129]

Estabelecer moradia habitual significa efetivamente residir com ânimo definitivo, isto é, firmar domicílio no imóvel a ser usucapido, ao menos durante o tempo necessário para se consumar a prescrição aquisitiva. O possuidor deve provar que

---

[124] Caio Mário da Silva Pereira, *Instituições de Direito Civil*, vol. IV, cit., pp. 407-408.

[125] Francisco Eduardo Loureiro, *in* Cezar Peluso (org.), *Código Civil Comentado*, cit., p. 1560, embora sem diferenciar o momento de constituição da hipoteca: "Alguns autores encaixam a usucapião do imóvel hipotecado no inciso III [do artigo 1.499], em estudo. O usucapiente adquire o imóvel desonerado, pois rompe a cadeia dominial, dado o modo originário de aquisição. Por isso, deve o credor hipotecário ser citado como litisconsorte necessário passivo da ação de usucapião, pois será atingido no caso de procedência".

[126] A jurisprudência não diverge a esse respeito: STJ, 4ª T., REsp. 154.733/DF, Rel. Min. Cesar Asfor Rocha, julg. 5.12.2000, publ. *DJ* 19.03.2001, p. 111; TJRJ, Ap. 1991.001.04263, 6ª C.C., Rel. Des. Laerson Mauro, julg. 14.4.1992.

[127] Clovis Bevilaqua, *Código Civil dos Estados Unidos do Brasil Comentado*, vol. III, cit., p. 72.

[128] Pontes de Miranda, *Tratado de Direito Privado*, t. 11, cit., p. 136-137.

[129] Cfr., sobre o tema, Gustavo Tepedino; Danielle Tavares Peçanha, Notas sobre a usucapião extraordinária. In: *Revista Cartório* 15, 01 jun. 2021, pp. 31-36.

habita, de fato, o imóvel. Não se faz aqui a restrição presente nos arts. 1.239 e 1.240 do Código Civil, ou seja, não se exige que o possuidor não possua outros imóveis; nesse caso, a propriedade de outros terrenos não obsta a usucapião.[130] O possuidor deverá morar no imóvel por todo o período de dez anos, de modo que "se mora por lapso de tempo menor, embora possa demonstrar atos que induzam posse, não atende ao requisito legal".[131] Assim sendo, somente poderá ter declarada a usucapião com prazo reduzido o possuidor que exerce a posse com a finalidade específica de habitação. Se apenas explorar economicamente o imóvel, alugando-o, por exemplo, não estará realizando a finalidade da norma.

A realização de obras ou serviços de caráter produtivo constitui a outra hipótese prevista no parágrafo único do artigo 1.238 do Código Civil. A posse, nesse caso, deve vincular-se à realização de trabalho que torne o imóvel produtivo, gerador de riqueza, o que se coaduna com a função social da propriedade. Trata-se aqui do imóvel rural destinado à agricultura ou à pecuária, bem como do imóvel urbano no qual se realizam atividades industriais, entre outros fins. A posse do imóvel pelo tempo de dez anos é requisito inafastável, devendo neste período ter realizado obras que, por sua relevância social, autorizem a diminuição do prazo para consumar a usucapião.

Verificado o preenchimento de um ou de ambos os requisitos, a usucapião será declarada ao cabo de dez anos. Há quem defenda que tal prazo deva ser respeitado por um único possuidor, sendo vedada a *accessio possessionis*, o que se justificaria em virtude do caráter pessoal da posse nessa modalidade de usucapião.[132] Entretanto, esse entendimento não colhe, seja porque o artigo 1.243 do Código Civil autoriza a acessão da posse em todas as espécies de usucapião de bem imóvel, seja porque a preocupação do legislador é proteger a finalidade social conferida continuamente ao imóvel, ainda que em favor de mais de um titular que o tenha efetivamente utilizado.[133]

Acessão da posse para a redução do tempo de aquisição

---

[130] Marco Aurélio S. Viana, *Comentários ao Novo Código Civil*, vol. XVI, cit., p. 90.

[131] Marco Aurélio S. Viana, *Comentários ao Novo Código Civil*, vol. XVI, cit., p. 90.

[132] Marco Aurélio S. Viana, *Comentários ao Novo Código Civil*, vol. XVI, cit., p. 91.

[133] Controvérsia interessante foi submetida à Segunda Seção do STJ, em julgamento sob o rito dos Recursos Especiais Repetitivos, em que se reconheceu a usucapião extraordinária de área inferior a módulo estabelecido em lei municipal, uma vez preenchidos os demais requisitos específicos. Na ocasião, levou-se em consideração o precedente do STF no RE 422.349, que afirma que, preenchidos os requisitos do artigo 183 da Constituição, o reconhecimento do direito à usucapião especial urbana não pode ser impedido por legislação infraconstitucional que estabeleça módulos urbanos na área em que o imóvel está situado. O acórdão esclarece que a constitucionalidade declarada pelo STF de Lei municipal que fixa o módulo urbano mínimo não impede ao particular a aquisição por usucapião do direito sobre área menor. Esclareceu, ainda, que a decisão do STF afastou a inconstitucionalidade da lei municipal que fixa o módulo urbano em área superior a 250m², desde que isso não impeça, em especial, a aquisição do direito de propriedade de área menor, no caso de o órgão de controle não questionar a aquisição no prazo legal (STJ, Tema 985, 2ª S., quando do exame dos REsp 1.667.843 e REsp 1.667.842, Rel. Min. Luis Felipe Salomão, julg. 3.12.2020, publ. *DJ* 5.4.2021). No mesmo sentido: STJ, Dec. Mon., REsp 1.834.938, Rel. Min. Moura Ribeiro, julg. 10.2.2021, publ. *DJ* 11.2.2021. Sobre o tema, ainda, cfr. Sobre o tema, cfr. Carlos Edison do Rêgo Monteiro Filho, Usucapião imobiliária urbana independente de metragem mínima: uma concretização da função social da propriedade. In: *Revista Brasileira de Direito Civil – RBDCivil*, vol. 2, out./dez. 2014, pp. 9-27.

3.11. Usucapião especial rural

Ao lado das modalidades de usucapião extraordinária e ordinária, as Constituições, desde a Carta de 1934, passaram a prever nova espécie de prescrição aquisitiva da propriedade, com prazos menores que as tradicionais: a usucapião especial. Se o fundamento ético da usucapião tradicional se encontra no trabalho e na função social da propriedade, ainda maior ênfase assumirão esses valores nessa modalidade especial.[134]

A Constituição Federal de 1934 permitia àquele que não fosse proprietário rural ou urbano e ocupasse por dez anos contínuos, sem contestação, trecho de terra de até dez hectares, tornando-o produtivo pelo seu trabalho e tendo nele sua moradia, a aquisição de seu domínio. Na Constituição de 1967 o instituto deixou de constar no Texto Maior, circunscrevendo-se à legislação infraconstitucional até que, em 1988, fosse restaurada a previsão constitucional da usucapião especial, também designada como *pro labore*, rural ou agrária.

Requisitos da usucapião especial

Nos termos do artigo 191 da Constituição da República, "aquele que, não sendo proprietário de imóvel rural ou urbano, possua como seu, por cinco anos ininterruptos, sem oposição, área de terra, em zona rural, não superior a cinquenta hectares, tornando-a produtiva por seu trabalho ou de sua família, tendo nela sua moradia, adquirir-lhe-á a propriedade". O Código Civil apenas repetiu o texto constitucional. Essa modalidade de usucapião, para se configurar, exige cinco requisitos indispensáveis, quais sejam: (i) o usucapiente não pode ser proprietário de outro imóvel; (ii) a posse deve ser exercida sobre área não superior a cinquenta hectares; (iii) a terra deve ser particular e localizada em área rural; (iv) o transcurso de lapso temporal de cinco anos; e, finalmente, (v) o usucapiente deve residir no imóvel e tê-lo tornado produtivo.

A lei exige que, durante o prazo, o usucapiente não seja proprietário de outros imóveis. Pouco importa se antes de se tornar possuidor já tenha sido proprietário, desde que não mais o seja. Após adquirir a propriedade pela usucapião, nada o impede de adquirir outras propriedades. Dada a dificuldade prática de se exigir do usucapiente a prova negativa de que não é proprietário, admite-se que tal requisito seja satisfeito com a simples declaração do interessado,[135] atribuindo-se dessa forma ao proprietário usucapido o ônus de impugnar tal declaração mediante prova em contrário.[136]

Usucapião especial quando a área ocupada for superior a 50 ha

O imóvel a ser usucapido deve ter, no máximo, cinquenta hectares. Questiona-se a possibilidade de usucapião dentro de tais limites quando a área ocupada excede essa extensão. Por um lado, sustenta-se que tal usucapião significaria violação ao texto constitucional, pois o usucapiente poderia ocupar imóvel de área maior que a prevista no artigo 191 da Constituição Federal, esperando o prazo de cinco anos para ingressar com ação de usucapião especial sobre área inferior. Ao mesmo tempo, o

---

[134] Caio Mário da Silva Pereira, *Instituições de Direito Civil*, vol. IV, cit., p. 152.
[135] Sílvio de Salvo Venosa, *Direito Civil: Direitos Reais*, vol. V, cit., p. 225.
[136] José Carlos de Moraes Salles, *Usucapião de Bens Imóveis e Móveis*, cit., p. 231. No mesmo sentido, TJRS, Ap. Cív. 70000959346, 18ª C.C., Rel. Des. Marta Borges Ortiz, julg. 26.11.2001.

proprietário poderia ter deixado de tomar providências exatamente por acreditar que a usucapião ocorreria somente com prazos maiores.[137] De outro lado, se o objetivo do constituinte é estimular o alcance da função social da propriedade, não se pode desconsiderar as áreas que, dentro das dimensões estabelecidas, atendam às finalidades constitucionalmente perseguidas. Desse modo, se o possuidor ocupa imóvel com a extensão maior do que a permitida na lei e o torna produtivo, usucapirá os cinquenta hectares, completados os cinco anos previstos no preceito em exame.[138] O restante do imóvel se sujeitará aos prazos da usucapião extraordinária, tendo-se em conta que, se antes havia boa-fé, não mais poderá alegar ignorância quanto aos vícios que maculam a posse.

O critério para determinar o tipo de imóvel a ser usucapido, adotado pela Constituição Federal de 1988, em seu artigo 191, e repetido pelo Código Civil, foi o da localização do imóvel, não o de sua destinação econômica. Somente os imóveis localizados em zona rural ficam sujeitos a esta modalidade de usucapião. O imóvel rural por destinação, localizado em área urbana, não se considera abrangido.[139]

Caracterização de imóvel rural

Exige-se, para essa modalidade de usucapião, prazo mais curto, bastando o decurso de cinco anos. A redução se justifica em face da função social da propriedade. O possuidor que explora o imóvel relegado ao abandono e por desleixo de seu verdadeiro proprietário, deve ter maior facilidade para adquirir a propriedade. Trata-se de medida incentivadora da produtividade da terra e da realização da função social da propriedade, razão pela qual se exige do possuidor que efetivamente retire da propriedade o que ela pode proporcionar, para que tenha direito ao prazo reduzido da usucapião especial.

Prazo para a usucapião especial

Discute-se se a acessão da posse se aplica integralmente à usucapião especial. De um lado, sustenta-se que, nessa modalidade de usucapião, existe a necessidade de a posse ser pessoal desde o início, o que não ocorre com o sucessor singular. Além disso, alega-se que o usucapiente deveria morar na área, tornando-a produtiva com o seu trabalho ou o de sua família, excluindo-se, novamente, o sucessor singular. Já o sucessor universal adquiriria o direito de aceder à posse caso pertencesse à família do usucapiente e morasse e trabalhasse na terra no momento da sucessão.[140] Por essa razão, apenas tendo em vista a vocação hereditária, sem colaboração direta dos sucessores ou residência no imóvel objeto da posse, não haveria que se falar em união das posses.[141]

Controvérsia sobre a possibilidade de acessão de posse na usucapião especial

Os defensores dessa corrente entendem que a usucapião especial se reveste de caráter personalíssimo, o que levaria à vedação da *accessio possessionis*. De outra parte,

---

[137] José Carlos de Moraes Salles, *Usucapião de Bens Móveis e Imóveis*, cit., p. 227. Em sentido contrário, Pontes de Miranda, *Tratado de Direito Privado*, t. 11, cit., p. 153.

[138] Pontes de Miranda, *Tratado de Direito Privado*, t. 11, cit., p. 153. Ao tratar da usucapião especial na Constituição Federal de 1946, observou sumariamente: "Se o terreno ocupado é de mais de vinte e cinco hectares a aquisição é só de vinte e cinco hectares".

[139] José Carlos de Moraes Salles, *Usucapião de Bens Imóveis e Móveis*, cit., p. 251.

[140] José Carlos de Moraes Salles, *Usucapião de Bens Móveis e Imóveis*, cit., pp. 229-230.

[141] Benedito Silvério Ribeiro, *Tratado de Usucapião*, vol. II, cit., p. 1066.

no entanto, afirma-se que a realização da função social da propriedade constitui a finalidade precípua da norma, de tal modo que, havendo continuidade da posse que atenda tal desiderato, não se poderia obstaculizar sua conversão em propriedade, mesmo que tenha havido, no período aquisitivo subsequente, mais de um titular, por meio da acessão da posse. Assim sendo, havendo transmissão da posse, a título universal ou singular, desde que o adquirente prossiga no atendimento da função social, preservando a atividade desenvolvida pelo antigo possuidor, há de se aceitar a acessão da posse no cômputo da prescrição aquisitiva.

A propósito, imagine-se a situação na qual o possuidor ergueu sua moradia em terreno abandonado pelo proprietário, transferindo-o a terceiro quando faltavam poucos meses para adquirir a propriedade. Caso não se admita, nesse caso, a acessão, o novo possuidor deveria contabilizar, novamente, cinco anos para usucapir o imóvel e o proprietário, a despeito de sua longa inércia, se beneficiaria de novo prazo para reivindicar o imóvel. A admissibilidade da *accessio possessionis* assegura, em contrapartida, a preservação da finalidade legal, permitindo a conversão da posse em propriedade no prazo estabelecido desde que a função social tenha sido alcançada durante todo o quinquênio. Tal raciocínio, de resto, mostra-se consentâneo com a amplitude da dicção do artigo 1.243, que admite a acessão da posse em todas as modalidades de usucapião previstas no Código Civil.

3.12. A usucapião especial urbana, *pro moradia, pro habitatio* ou *pro morare*

Este instituto foi introduzido pelo artigo 183 do texto constitucional de 1988, no âmbito da política urbana voltada para o pleno desenvolvimento da cidade e para o bem-estar de seus habitantes. A moradia insere-se no rol dos direitos sociais (CF, art. 6º) e a usucapião especial urbana se apresenta como um dos instrumentos de sua realização. Consectário da política urbana constitucionalmente estabelecida, o Estatuto da Cidade (Lei n. 10.257, de 10 de julho de 2001) consagrou essa modalidade de usucapião. A previsão do Código Civil não revoga ou retira eficácia do Estatuto da Cidade[142] (Lei de Introdução às Normas do Direito Brasileiro, art. 2º, § 2º), devendo-se harmonizar interpretativamente ambos os diplomas.

Requisitos específicos da usucapião especial urbana

Além dos requisitos genéricos, posse *ad usucapionem* e tempo, este especificamente de cinco anos para a configuração da usucapião especial urbana, exigem-se quatro requisitos específicos, quais sejam: (i) não ser o usucapiente proprietário de outro imóvel; (ii) localizar-se o imóvel em área urbana; (iii) não exceder a área usucapienda a duzentos e cinquenta metros quadrados; e, finalmente, (iv) utilizar-se o usucapiente do imóvel como sua moradia ou de sua família.

Uma vez que se trata de usucapião com a finalidade específica de promover o direito constitucional à moradia, não se permite que o usucapiente seja proprietário de outro imóvel, urbano ou rural, sob pena de ter frustrada sua função. Por outro lado, do ponto de vista probatório, admite-se, assim como na hipótese do artigo 1.239

---

[142] Benedito Silvério Ribeiro, *Tratado de Usucapião*, vol. II, cit., p. 958.

do Código Civil, que o possuidor evite a prova negativa (de não ser titular de outra propriedade), limitando-se a simples declaração nesse sentido. Em contrapartida, caberá ao réu a prova em contrário, de modo a, desafiando a declaração do autor de que não é titular de outro imóvel, indicar, mediante certidão do cartório competente, a titularidade obstativa dessa modalidade de usucapião.

A usucapião especial urbana recebeu essa denominação justamente porque tem por objeto área urbana.[143] O critério adotado foi o da localização e não o da destinação econômica do bem.[144] Situado o imóvel em área rural, para a usucapião especial serão exigidos os requisitos do artigo 1.239 do Código Civil, que cuida da usucapião *pro labore*.

Mais analítico que o texto constitucional, o artigo 9º do Estatuto da Cidade prevê a aquisição do domínio por aquele que possuir como sua área ou edificação urbana de até duzentos e cinquenta metros quadrados, por cinco anos, ininterruptamente e sem oposição, utilizando-a para sua moradia ou de sua família, desde que não seja proprietário de outro imóvel urbano ou rural. Não obstante o artigo 183 da Constituição da República somente se referir à área, depreende-se que o limite espacial abrange tanto a área não edificada quanto a edificada. Dito diversamente, área urbana não compreende apenas o terreno sem edificações.[145] Com efeito, não condiz com a função do instituto admitir-se a usucapião de área não superior a 250 m² que possua edificação de envergadura maior. Assim, o limite de 250 m² para a usucapião especial urbana[146] abrange tanto o terreno quanto a construção[147] – inclusive unidades autônomas vinculadas a condomínios de edifícios.[148] Trata-se de interpretação consentânea com o Texto Constitucional, corroborada pelo advento do Código Civil. Nessa linha, o Supremo Tribunal Federal reconheceu a possibilidade de usucapião de apartamento em condomínio horizontal, desde que respeitado o tamanho da unidade de 250 m².[149] No caso de bem com extensão superior, ao possuidor restam as demais modalidades de usucapião, se preenchidos seus respectivos requisitos legais.

Limite de 250 m²

---

143 TJRJ, Ap. Cív. 200400134298, 6ª C.C., Rel. Des. Rosita Maria de Oliveira Netto, julg. 10.5.2005.

144 Benedito Silvério Ribeiro, *Tratado de Usucapião*, vol. II, cit., p. 941. Em sentido oposto, v. TJSP, Ap. Cív. 327.896-4/7, 9ª Câmara de Direito Privado, Rel. Des. Antonio Vilenilson, julg. 20.12.2005.

145 Para a interpretação mais restritiva à expressão área urbana, considerando que a área construída não se subordina ao limite de 250 m², ver José Carlos de Moraes Salles, *Usucapião de Bens imóveis e móveis*, cit., p. 199.

146 A respeito da limitação da extensão do imóvel a ser objeto de usucapião especial urbano, cabe transcrever julgado do TJRJ, Ap. Cív. 200300126150, 18ª C.C., Rel. Des. Célia Meliga Pessoa, julg. 4.11.2003; TJRJ, Ap. Cív. 200400108146, 8ª C.C., Rel. Des. Letícia Sardas, julg. 24.8.2004.

147 Afirma-se a constitucionalidade da inclusão da palavra "edificação", pois o Estatuto estaria apenas expressando a vontade da norma constitucional de que o instituto da usucapião especial seja utilizado para fins sociais e não de especulação imobiliária (Francisco Loureiro, "Usucapião Individual e Coletivo no Estatuto da Cidade", cit., p. 31).

148 Este o teor do Enunciado n. 85, aprovado na I Jornada de Direito Civil, promovida pelo Centro de Estudos Judiciários do Conselho da Justiça Federal: "Para efeitos do artigo 1.240, *caput*, do novo Código Civil, entende-se por 'área urbana' o imóvel edificado ou não, inclusive unidades autônomas vinculadas a condomínios edilícios".

149 STF, Tribunal Pleno, RE 305416/RS, Rel. Min. Marco Aurélio, julg. 29.08.2020.

Acessão da posse na usucapião especial urbana

O Estatuto da Cidade restringia, no § 3º de seu artigo 9º, a acessão da posse ao herdeiro legítimo que já residia no imóvel ao tempo da abertura da sucessão. O Código Civil não reproduz a regra, permitindo ao contrário, no artigo 1.243, a acessão da posse em todas as modalidades de usucapião nele previstas, desde que pacíficas e contínuas todas as posses consideradas. Desse modo, nessa parte tem-se por revogado o Estatuto da Cidade.[150] Todavia, no sentido de se assegurar a finalidade da usucapião especial urbana, tanto o antecessor quanto o sucessor devem utilizar o bem para sua moradia ou a de sua família.[151]

O Código Civil, em seu artigo 1.240,[152] § 1º,[153] repete a regra constitucional que permite tanto ao homem quanto à mulher (ou mesmo a ambos) a aquisição do domínio. A primeira parte da regra reflete a igualdade entre homem e mulher, expressa em vários dispositivos constitucionais (CF, art. 5º, I, e art. 226, § 5º). Além disso, não só a família fundada no casamento merece amparo do constituinte, razão pela qual o domínio pode ser conferido juntamente ao homem e à mulher, independentemente do estado civil.

De forma deslocada, o mesmo § 1º do artigo 1.240 do Código Civil menciona que também a concessão de uso será conferida ao homem ou à mulher, ou a ambos, independentemente do estado civil. No texto constitucional, a referência à concessão de uso juntamente com a usucapião especial urbana se justifica por se destinarem ambos à promoção do direito à moradia.

A concessão de uso especial para fins de moradia encontrava-se prevista no projeto do Estatuto da Cidade como instrumento da política urbana (art. 4º, inc. V, *h*), tendo sido sua disciplina, regulada pelos artigos 15 a 20 do referido estatuto, objeto de veto presidencial. Em seguida, a disciplina da concessão especial de uso foi definida pela MP n. 2.220/2001, que, conforme redação dada pela Lei n. 13.465/2017, atribui a concessão a quem, até 22 de dezembro de 2016, *possuísse como seu*, por cinco anos, ininterruptamente e sem oposição, *imóvel público* de até duzentos e cinquenta metros quadrados, situado em área urbana, utilizando-o para sua moradia ou de sua família, desde que não seja proprietário ou concessionário, a qualquer título, de outro imóvel urbano ou rural. O direito de uso especial para fins de moradia foi introduzido no rol de direitos reais do artigo 1.225 do Código Civil pela Lei n. 11.481/2007.

---

[150] Nessa direção, Caio Mário da Silva Pereira, *Instituições de Direito Civil*, vol. IV, cit., p. 154 e Sílvio de Salvo Venosa, *Código Civil Comentado*, vol. XII, cit., p. 250. Em sentido contrário, sustentando a vigência do dispositivo do Estatuto da Cidade, v. TJSP, Ap. sem Rev. 5550204900, 5ª Câmara de Direito Privado, Rel. Des. Silvério Ribeiro, julg. 9.4.2008.

[151] Assim, Sílvio de Salvo Venosa, *Código Civil Comentado*, vol. XII, cit., p. 250. Na jurisprudência, TJSP, Ap. Cív. 187.340-1, 3ª C.C., Rel. Des. Silvério Ribeiro, julg. 27.4.1993.

[152] A propósito, a 3ª Turma do STJ decidiu, por unanimidade, que a aquisição de metade do imóvel não impede o reconhecimento da usucapião especial urbana. De acordo com a Corte, o fato de os moradores, autores do pedido, já terem a metade da propriedade não atrai a vedação do artigo 1.240, que impõe como condição não possuir outro imóvel urbano ou rural (STJ, 3ª T., REsp 1.909.276, Rel. Ricardo Villas Bôas Cueva, julg. 27.09.2022, publ. *DJ* 30.09.2022).

[153] Art. 1.240, § 1º. O título de domínio e a concessão de uso serão conferidos ao homem ou à mulher, ou a ambos, independentemente do estado civil.

3.13. A usucapião familiar

A Lei n. 12.424, de 16 de junho de 2011, teve por objeto alterar a Lei n. 11.977, de 7 de junho de 2009, que dispõe sobre o Programa Minha Casa, Minha Vida e a regularização fundiária de assentamentos realizados em áreas urbanas.

Como duvidoso desdobramento lógico desse objeto, a mesma lei inseriu no Código Civil o artigo 1.240-A assim redigido: "Aquele que exercer, por 2 (dois) anos ininterruptamente e sem oposição, posse direta, com exclusividade, sobre imóvel urbano de até 250 m² (duzentos e cinquenta metros quadrados) cuja propriedade divida com ex-cônjuge ou ex-companheiro que abandonou o lar, utilizando-o para sua moradia ou de sua família, adquirir-lhe-á o domínio integral, desde que não seja proprietário de outro imóvel urbano ou rural". O mesmo dispositivo dispõe, em seu § 1º: "O direito previsto no *caput* não será reconhecido ao mesmo possuidor mais de uma vez", tendo havido veto do § 2º do dispositivo. *[margem: Requisitos da usucapião familiar]*

Criou-se assim uma nova espécie de usucapião, que tem sido designada como usucapião familiar.[154] Essa espécie é semelhante à usucapião especial urbana, na medida em que exige a posse com ânimo de apropriar-se, mansa e pacífica, de imóvel com área de até 250 m², tendo como requisitos específicos um período aquisitivo menor, de apenas 2 (dois) anos, e uma propriedade da qual o adquirente já era condômino, juntamente com seu cônjuge ou companheiro, que abandonou o lar e, portanto, o imóvel.

Para posse *ad usucapionem* em curso antes da promulgação da Lei n. 12.424/2011, o lapso temporal de 2 (dois) anos para a aquisição da propriedade deve ser contado a partir do início da vigência da referida lei, que acrescentou o artigo 1.240-A ao Código Civil. Embora a lei nada disponha sobre o assunto, esta é a solução mais consentânea com o direito fundamental à segurança jurídica (CF, art. 5º, *caput*). Com efeito, pensar o contrário implicaria surpreender o condômino que pretendesse, a despeito do abandono do lar da família, exercer seu direito à partilha dos bens havidos na constância do casamento ou da união estável, especialmente do imóvel, antes do transcurso do menor lapso temporal até então existente para a aquisição da propriedade por usucapião, que era 5 (cinco) anos. *[margem: Posses* ad usucapionem *em curso antes do início da vigência da lei]*

O marco para o início do período aquisitivo é o dia em que o cônjuge abandonou o lar, não sendo necessário o reconhecimento da dissolução do casamento ou da união estável, a despeito de a lei falar em "ex-cônjuge" e "ex-companheiro". Evita-se desse modo conferir tratamento desigual a situações idênticas, uma vez que o fim da união estável não depende de formalização judicial ou extrajudicial, ao contrário do casamento. Se fosse exigida a dissolução formal da família para o início da contagem do período aquisitivo, a exigência só alcançaria o cônjuge, deixando o companheiro em *[margem: Marco inicial do período aquisitivo]*

---

[154] Sobre o tema, Carlos Edison do Rêgo Monteiro Filho, Usucapião familiar: um olhar sobre o novo instituto. In: *Rumos contemporâneos do direito civil*: estudos em perspectiva civil-constitucional. Belo Horizonte: Fórum, 2017.

situação mais favorável, pois a contagem do período aquisitivo contaria desde a data do abandono do lar no companheirismo e só em data posterior no casamento. Conferir a situações idênticas tratamento diferenciado implicaria ofensa ao direito fundamental à igualdade (CF, art. 5º, *caput* e I).

"Abandono do lar" e seu efeito no fato da posse

Lamentavelmente, o recurso da lei à figura do "abandono de lar" pode fazer ressurgir o questionamento sobre a culpa no desenlace das relações de família, em evidente retrocesso na disciplina do tema. Tendo em conta o afastamento da culpa no rompimento da relação familiar, não é o caso de questionar se houve abandono de lar "culposo", como seria o abandono material do cônjuge ou companheiro, ou abandono do lar "inocente", como a fuga do lar que era palco de violência doméstica.

Diante disso, melhor circunscrever a atenção do intérprete ao ponto de vista estritamente patrimonial. Trata-se pura e simplesmente da aquisição por usucapião por parte do condômino que, a partir de dado momento, exerceu a posse de imóvel com ânimo de tornar-se o único proprietário.[155] Nessa direção, se o cônjuge que se afastou do lar permanecer praticando atos próprios da posse indireta, como pagamento de cotas condominiais e tributos que incidem sobre o imóvel, o vínculo possessório subsiste e não restará caracterizada a posse *ad usucapionem* pelo cônjuge que mantiver a posse direta. Nesse sentido dispõe o Enunciado n. 664, aprovado na IX Jornada de Direito Civil do Conselho da Justiça Federal,[156] assinalando que o prazo previsto no art. 1.240-A, do Código Civil, só terá início caso a composse tenha cessado de forma efetiva, não sendo suficiente, para tanto, apenas o fim do contato físico com o imóvel por parte do cônjuge ou companheiro. Exige-se, portanto, para a contagem do prazo da prescrição aquisitiva, que o condômino exerça com exclusividade a posse de imóvel, com ânimo de tornar-se o único proprietário.

No intuito de agilizar a partilha de bens do casal, em decorrência do fim do casamento ou da união estável, a lei prevê prazo mais curto para a aquisição da propriedade, que, de resto, segue a mesma lógica da aquisição da propriedade por usucapião especial urbano. Por prudência, o cônjuge que deseja evitar a perda da parte que lhe caberia na partilha do imóvel deve providenciar a partilha de bens do casal antes do transcurso do lapso temporal de 2 (dois) anos.

Só se pode adquirir imóvel por usucapião familiar uma vez na vida

A usucapião familiar é espécie de aquisição da propriedade que só pode ser usada uma única vez na vida, conforme dispõe o § 1º do artigo 1.240-A do Código Civil. Por conferir posição jurídica especialíssima ao possuidor, que adquire a propriedade após curto período de tempo, mostra-se compreensível a restrição da usucapião familiar a uma única oportunidade.

---

[155] Sobre o momento a partir do qual passa a fluir o prazo para aquisição aquisitiva da usucapião familiar, o Superior Tribunal de Justiça reconheceu que é aquele no qual ocorre a separação de fato do casal, ou seja, quando o cônjuge que permanece no imóvel passa a possuí-lo com exclusividade (STJ, 3ª T., REsp 1.693.732/MG, Relª. Minª. Nancy Andrighi, julg. 05.05.2020).

[156] Eis o teor do Enunciado n. 664, da IX Jornada de Direito Civil: "O prazo da usucapião contemplada no art. 1.240-A só iniciará seu curso caso a composse tenha cessado de forma efetiva, não sendo suficiente, para tanto, apenas o fim do contato físico com o imóvel".

3.14. Usucapião ordinária

Em se tratando de usucapião ordinária, exigem-se, além da posse *ad usucapionem* e do prazo, o justo título e a boa-fé do possuidor.[157] O Código Civil, tendo em conta o possuidor com boa-fé e justo título, requer prazo menor (10 anos) para a aquisição da propriedade em relação àquele da usucapião extraordinária (15 anos). O Código Civil de 1916 estabelecia dois prazos diferentes para a usucapião ordinária: 10 (dez) anos entre presentes e 15 (quinze) anos entre ausentes. Utilizava-se a palavra ausente não no sentido técnico, mas para se referir ao proprietário que tinha residência em município diverso do local do exercício possessório *ad usucapionem*.[158] Criticava-se tal solução, pois a lei conferia prazo maior para o proprietário afastado da sua propriedade, privilegiando-o em detrimento daquele que, próximo do domínio, maior probabilidade teria de dele utilizar-se. O Código Civil descartou a alusão à ausência, estabelecendo prazo único de 10 (dez) anos para a usucapião ordinária, que exige, além dos requisitos genéricos, boa-fé e justo título.

Requisitos da usucapião ordinária

Em termos gerais, a boa-fé (subjetiva) traduz-se pela ignorância de vício que inquina o ato jurídico. Em matéria de posse, trata-se do desconhecimento do vício possessório. Para que possa beneficiar o possuidor, reduzindo-lhe o tempo necessário para a aquisição do domínio, exige-se que a boa-fé subsista por todo o prazo estabelecido pelo legislador. De fato, a má-fé, mesmo superveniente, obsta a usucapião ordinária. Como a boa-fé é elemento subjetivo, não é fácil ser demonstrada diretamente, socorrendo-se o legislador, dessa forma, de seu aspecto negativo, qual seja, a ausência de má-fé. Assim, se não houver demonstração de má-fé por parte do possuidor, considera-se que houve boa-fé.[159] Já o parágrafo único do artigo 1.201 do Código Civil atribui ao possuidor com justo título a presunção de boa-fé. Presunção relativa, que poderá ser ilidida diante de prova em contrário.

Como exposto no Capítulo III, diz-se "justo" o título hábil, em tese, a transferir a propriedade, mas incapaz de realizar tal transferência, no caso concreto, por conter vício intrínseco que impede a transferência do direito, como ocorre, por exemplo, na alienação a *non domino*.[160]

3.14.1. A usucapião tabular

O Registro de Imóveis traz presunção de propriedade em favor de quem nele consta como proprietário (CC, art. 1.245). Entretanto, essa presunção não é absoluta,

---

[157]   Francisco de Paula Lacerda de Almeida, *Direito das Coisas*, Rio de Janeiro: J. Ribeiro dos Santos, 1908, pp. 233-234.

[158]   Silvio Rodrigues, *Direito Civil: Direito das Coisas*, vol. V, cit., p. 113.

[159]   Caio Mário da Silva Pereira, *Instituições de Direito Civil*, vol. IV, cit., p. 150.

[160]   J. M. Carvalho Santos, *Código Civil Brasileiro Interpretado*, vol. VII, cit., p. 437. A título ilustrativo, destaque-se o entendimento do Superior Tribunal de Justiça, para o qual não há justo título se o documento de que se vale o possuidor não tem aptidão para, por si só, promover a transmissão do domínio (STJ, 4ª T., REsp. 6.957/PR, Rel. Min. Athos Carneiro, julg. 13.8.1991, publ. *DJ* 11.11.1991, p. 16149).

sendo possível a retificação ou anulação do registro se este não expressar a verdade (CC, art. 1.247). Portanto, caso seja cancelado o registro, o proprietário poderá "reivindicar o imóvel, independentemente da boa-fé ou do título do terceiro adquirente" (CC, art. 1.247, parágrafo único).[161]

Usucapião ordinária tabular: período aquisitivo

A ação reivindicatória, porém, encontra obstáculo na chamada usucapião ordinária tabular. O parágrafo único do artigo 1.242 do Código Civil estabelece essa modalidade de usucapião para os casos em que o imóvel foi adquirido onerosamente, com base em registro constante do cartório e cancelado posteriormente, desde que tenham sido realizados investimentos de interesse social e econômico, ou que os possuidores tenham ali fixado sua residência.

Tendo por pressuposto a confiança despertada pela publicidade registral, considera-se justo título, necessariamente, aquele levado a registro. Por isso mesmo, a aquisição legal que dispensa registro público, como se dá no casamento pelo regime de comunhão universal de bens, não propicia a usucapião tabular.[162]

Com esta modalidade de usucapião, concebida por Ebert Chamoun na redação do Anteprojeto, procurou-se compatibilizar, de um lado, o interesse daquele que teve a sua propriedade alienada indevidamente, sem sua manifestação de vontade, por força de alteração fraudulenta do registro;[163] e, por outro lado, o direito do terceiro adquirente, que no prazo de 5 (cinco) anos, caso não seja ajuizada ação de impugnação e retificação do registro, adquirirá por usucapião o imóvel comprado na confiança de que eram verdadeiras as informações registrais e no qual constituiu sua moradia ou realizou ali investimentos de caráter social e econômico.

3.15. Usucapião especial coletiva

Noção de usucapião especial coletiva

A usucapião especial coletiva é prevista no artigo 10 da Lei n. 10.257, de 2001 (Estatuto da Cidade), cujo *caput*, alterado pela Lei n. 13.465 de 2017, estabelece sua noção e disciplina, nos seguintes termos: "Os núcleos urbanos informais existentes sem oposição há mais de cinco anos e cuja área total dividida pelo número de possuidores seja inferior a duzentos e cinquenta metros quadrados por possuidor são

---

[161] Em interessante caso julgado pela 3ª Turma do STJ, entendeu-se que o legítimo proprietário de um imóvel tem o direito de reivindicá-lo, em detrimento do terceiro adquirente de boa-fé, caso o registro na matrícula tenha sido cancelado por estar amparado em escritura pública inexistente. Assim, a Corte negou provimento ao recurso especial de uma empresa que, após adquirir um imóvel com base em escritura pública de compra e venda falsa, buscava ficar com o bem invocando a proteção conferida ao terceiro adquirente de boa-fé, prevista no art. 54, § 1º, da Lei 13.097/2015. De acordo com a Relatora, Min. Nancy Andrighi, "essa norma, contudo, não regulamenta especificamente as consequências jurídicas na hipótese de ocorrer o cancelamento do registro anterior, situação tratada expressamente no artigo 1.247 do Código Civil (CC), que não foi revogado pela referida Lei 13.097/2015 e permanece vigente" (STJ, 3ª T., REsp 2.115.178, Rel. Min. Nancy Andrighi, julg. 21.5.2024, publ. *DJe* 24.5.2024).

[162] Diego Leonardo Machado de Melo, *Usucapião ordinária tabular do parágrafo único, do CC/2002: questões controvertidas, in* Mario Luiz Delgado e Jones Figuerêdo Alves (coords.), *Novo Código Civil: Questões Controvertidas: Direitos Reais*, vol. VII, São Paulo: Método, 2008, p. 334.

[163] Gustavo Tepedino, *Os direitos reais no novo Código Civil, in Temas de Direito Civil*, t. 2, cit., p. 156.

suscetíveis de serem usucapidos coletivamente, desde que os possuidores não sejam proprietários de outro imóvel urbano ou rural."

O objeto da usucapião especial coletiva é somente a área urbana de propriedade particular. Para a definição da área como urbana, interessa a localização do terreno e não sua destinação econômica, em linha com a orientação adotada para as modalidades de usucapião especial urbana e rural.

A extensão máxima a ser objeto dessa modalidade de usucapião é de duzentos e cinquenta metros quadrados por possuidor. Para o cômputo da metragem máxima, deve-se contar a área não construída e a área construída. Pode ser que a área ocupada seja um terreno por edificar ou mesmo um edifício que futuramente abrigaria um condomínio edilício, mas que, por dificuldades financeiras da construtora, não chegou a ser concluído, vindo a ser ocupado por várias famílias.

Os possuidores não podem ser proprietários de outro imóvel urbano ou rural, alinhando-se, neste ponto, a disciplina da usucapião especial urbana coletiva com a da usucapião especial urbana individual, que prevê a mesma restrição na parte final do *caput* do artigo 183 da Constituição da República.

A usucapião especial coletiva se presta somente àqueles que exercem a posse *ad usucapionem* com o fim de moradia. Naturalmente, exige-se que a posse seja contínua, isto é, sem intermitências, e que seja mansa e pacífica, ou seja, sem contestação pelo até então proprietário. O período aquisitivo é de cinco anos, em consonância com a usucapião especial urbana individual disciplinada no artigo 183 da Constituição da República.

O § 1º do artigo 10 do Estatuto da Cidade permite expressamente a acessão de posses, ao dispor que "o possuidor pode, para o fim de contar o prazo exigido por este artigo, acrescentar sua posse à de seu antecessor, contanto que ambas sejam contínuas", em linha com o que viria a dispor o artigo 1.243 do Código Civil.

Acessão de posses na usucapião especial coletiva

Conforme o § 2º do artigo 10 do Estatuto da Cidade, "A usucapião especial coletiva de imóvel urbano será declarada pelo juiz, mediante sentença, a qual servirá de título para registro no cartório de registro de imóveis". Trata-se de disposição que em nada discrepa da disciplina da usucapião individual, reconhecendo-se o caráter declaratório da sentença, de modo que a propriedade se tem por adquirida no momento em que os requisitos para a usucapião foram reunidos, prestando-se a sentença a ser levada a registro perante o Registro de Imóveis para o fim de observância do princípio da continuidade do registro em caso de alienações posteriores.

Efeitos da sentença

Como se trata de usucapião coletiva, configura-se hipótese condominial. A presunção na constituição de condomínios é a de que houve a atribuição de iguais frações ideais aos condôminos (CC, art. 1.315, parágrafo único), o que, naturalmente, cede passo à pactuação em sentido contrário pelos condôminos. Daí por que o § 3º do Estatuto da Cidade dispõe que "Na sentença, o juiz atribuirá igual fração ideal de terreno a cada possuidor, independentemente da dimensão do terreno que cada um ocupe, salvo hipótese de acordo escrito entre os condôminos, estabelecendo frações ideais diferenciadas".

Com o reconhecimento da usucapião especial urbana, constitui-se um condomínio especial

Dado o caráter social da usucapião especial coletiva, o "condomínio especial" constituído é indivisível, não sendo passível de extinção, salvo deliberação favorável tomada por, no mínimo, dois terços dos condôminos, no caso de execução de urbanização posterior à constituição do condomínio, nos termos do § 4º do artigo 10 do Estatuto da Cidade. Nesse ponto, o "condomínio especial" se distancia do condomínio comum e mais se aproxima do condomínio edilício, mas, ainda assim, tem-se claro o caráter potencialmente transitório do "condomínio especial", uma vez que o desfecho desejado para o assentamento das famílias é não apenas o reconhecimento de sua propriedade coletiva, mas a constituição de propriedades individuais como decorrência da urbanização da área, com a abertura de logradouros e a atribuição de identificação precisa a cada moradia, com o número do logradouro.

As deliberações relativas à administração do condomínio especial serão tomadas por maioria de votos dos condôminos presentes, obrigando também os demais, discordantes ou ausentes, nos termos do § 5º do artigo 10 do Estatuto da Cidade. Embora o Estatuto da Cidade nada mais disponha sobre a administração do condomínio especial, dada a natureza comunitária de que ele se reveste, deve-se aplicar analogicamente a disciplina do condomínio edilício (CC, arts. 1.347 a 1.356), no que couber.

4. ACESSÃO

Acessão: conceito

A acessão constitui modo de aquisição da propriedade representado pelo acréscimo dominial resultante da união de duas coisas, pertencentes a titulares diversos, que formam conjunto inseparável a ser atribuído à titularidade de um deles.[164-165] Bevilaqua conceitua acessão como "modo originário de adquirir, em virtude do qual fica pertencendo ao proprietário tudo quanto se une ou se incorpora ao seu bem".[166] Na sistemática do Código, a acessão aparece como modo de aquisição da propriedade imobiliária, de imóveis a imóveis, no caso dos incisos I a IV do artigo 1.248 do Código Civil, e de móveis a imóveis, na hipótese do inciso V do mesmo artigo. Do ponto de vista dogmático, trata-se de gênero que comporta também a acessão de móveis a móveis, como ocorre na confusão, comissão e adjunção, disciplinados nos

Acessão de bens imóveis e móveis

---

[164] Ebert Chamoun, *Direito Civil, Aulas do 4º Ano...*, cit., p. 92.

[165] As acessões não se confundem com as benfeitorias. Diferenciando as duas figuras, a 3ª Turma do STJ entendeu que a cláusula de contrato de locação que prevê renúncia à indenização por benfeitorias e adaptações não se estende à hipótese de acessão ou acréscimos efetuados no imóvel. A Corte diferenciou o conceito de benfeitoria, considerada uma melhoria acessória realizada na coisa, da noção de acessão, que consiste no acréscimo construído sobre a propriedade. Invocou-se ainda o art. 114 do Código Civil, para interpretar restritivamente a renúncia contratual à indenização por benfeitorias e adaptações. No caso, o locatário, devidamente autorizado pelo proprietário, construiu uma academia na propriedade alugada, ressaltando o relator, Min. Marco Aurélio Bellizze, que a obra configurou acessão, tendo em vista o valor elevado investido no imóvel, que descaracteriza o suporte fático da benfeitoria ou de simples adaptação do bem para suas atividades. Além disso, entendeu-se caracterizada edificação em terreno alheio por possuidor de boa-fé, a atrair a incidência do art. 1.255 do Código Civil, daí decorrendo a perda da construção para o proprietário, ressalvada a respectiva indenização (STJ, 3ª T, REsp 1.931.087, Rel. Min. Marco Aurélio Bellizze, julg. 24.10.2023, publ. *DJe* 26.10.2023).

[166] Clovis Bevilaqua, *Direito das Coisas*, vol. I, cit., p. 155.

CAPÍTULO VII | MODOS DE AQUISIÇÃO DE BENS IMÓVEIS

arts. 1.272 a 1.274 do Código Civil.[167] Por conta da diversidade entre tais institutos, questiona-se, todavia, a unidade da categoria.[168]

4.1. Formação de ilhas

O Código de Águas (Decreto n. 24.643, de 10 de julho de 1934), que estabelece o regime geral das águas, além de definir algumas formas de acessão, tais como a formação de ilhas, a aluvião, a avulsão e o álveo abandonado, previstas na lei civil como modos de aquisição da propriedade, ainda se mantém em vigor, seja por força do princípio da especialidade,[169] já que a lei geral não derroga a lei especial anterior (*legi speciali per generalem non abrogatur*),[170] seja porque inexiste incompatibilidade absoluta entre os dois diplomas e tampouco o Código Civil regulou inteiramente a matéria.

Código de Águas

O Código de Águas contém quatro grupos de águas: (i) águas públicas de uso comum,[171] (ii) águas públicas dominicais,[172] (iii) águas comuns[173] e (iv) águas particulares.[174] O artigo 1.249 do Código Civil se aplica às ilhas formadas em correntes comuns e particulares, assim definidas na lei especial. Ilhas ou ilhotas que se formarem em águas públicas pertencem ao domínio público (CF, arts. 23, IV; 26, II, III; Decreto 24.643/1934, art. 23).[175]

A formação de ilhas se configura "quando, por força natural, surge um trato de terra em um rio".[176] Trata-se de uma das formas de acessão natural de *imóvel a imóvel*.

O artigo 1.249 do Código Civil cuida da atribuição do domínio das ilhas surgidas em rios comuns ou particulares. O Código Civil alterou a redação do artigo 537

---

[167] Ver, por todos, San Tiago Dantas, *Programa de Direito Civil: Direito das Coisas*, vol. III, cit., p. 181.

[168] Menezes Cordeiro, *Direitos Reais*, cit., p. 491.

[169] Caio Mário da Silva Pereira, *Instituições de Direito Civil*, vol. IV, cit., p. 128.

[170] Eduardo Espínola e Eduardo Espínola Filho, *A Lei de Introdução ao Código Civil Brasileiro*, vol. I, cit., p. 66.

[171] As águas públicas de uso comum encontram-se caracterizadas no artigo 2º do Código de Águas, apresentando-se como critérios para sua identificação a navegabilidade e a flutuabilidade (artigo 2º c/c artigo 4º), além da perenidade (artigo 3º).

[172] As águas públicas situam-se em terrenos que constituam bens dominicais do Estado. Ademais, são identificadas residualmente, vale dizer, quando não forem de uso comum, nem águas comuns (artigo 6º).

[173] Águas comuns são "correntes não navegáveis ou flutuáveis e de que essas não se façam" (artigo 7º). Como anota San Tiago Dantas, "existem águas que se chamam comuns; não públicas de uso comum, mas, simplesmente, comuns, porque não se reconhece sobre elas a existência de um domínio público qualquer. Todos, sobre elas, podem praticar atos de apropriação" (*Programa de Direito Civil: Direito das Coisas*, vol. III, cit., p. 278).

[174] Trata-se das nascentes e todas as águas que não se incluam nas outras três categorias (artigo 8º). Em doutrina, observa-se tão somente que as águas particulares são aquelas que "se consideram no patrimônio de uma pessoa jurídica de direito privado ou de uma pessoa natural. (...) Quais são as águas particulares? São aquelas situadas em prédios particulares" (San Tiago Dantas, *Programa de Direito Civil: Direito das Coisas*, vol. III, cit., pp. 279-280).

[175] Artigo 23 do Código de Águas: "As ilhas ou ilhotas, que se formarem no álveo de uma corrente, pertencem ao domínio público, no caso das águas públicas, e ao domínio particular, no caso das águas comuns ou particulares".

[176] Orlando Gomes, *Direitos Reais*, cit., p. 177.

do Código de 1916, substituindo a expressão "rios não navegáveis" por "correntes comuns ou particulares". Embora os *rios navegáveis* sejam públicos e os rios *não navegáveis* águas comuns ou particulares,[177] conforme definição do Código de Águas (artigo 23), o Código Civil atual preferiu recorrer à natureza privada do domínio das correntes como critério para a atribuição da propriedade das ilhas. As ilhas formadas nos rios comuns ou particulares pertencem aos proprietários ribeirinhos. Os proprietários fronteiriços de ambas as margens adquirem, na proporção de suas testadas, as ilhas que se formarem no meio do rio, até a linha divisória do seu leito (álveo) em duas partes iguais (CC, art. 1.249, I). Se a margem apresentar mais de um proprietário, a solução é traçar duas perpendiculares da linha mediana da ilha aos pontos extremos das divisas dos terrenos que a defrontam. Ao se constatar que a ilha se situa entre as duas perpendiculares, pertencerá integralmente ao proprietário do terreno de cujos limites estas foram traçadas. Se as perpendiculares tocam a ilha em dois ou mais pontos, haverá mais de um proprietário, fazendo-se a divisão de acordo com o traçado das perpendiculares, de maneira que cada parcela da ilha ficará sob a propriedade do dono do terreno cuja testada encontra correspondência.[178]

Já se a ilha se formar entre esta linha que divide pela metade o álveo e uma das margens da corrente, considera-se acréscimo à propriedade ribeirinha fronteira a esse mesmo lado (CC, art. 1.249, II,). Finalmente, o inciso III do artigo 1.249 do Código Civil trata da hipótese de ilha formada pelo desdobramento de um braço do rio, "o que se dá quando está alterando parte de seu curso, dividindo-o em vários braços ou ramos, corta e circunda o terreno de alguém, dando-lhe forma de ilha".[179] Nesse caso, a ilha pertencerá ao proprietário do terreno à custa do qual se constituiu. Esta última regra tem sido entendida como supérflua pela doutrina, haja vista que não existe, a rigor, qualquer acréscimo de coisa acessória (ilha) à propriedade principal, logo, não se verifica hipótese de acessão propriamente dita.[180] Todavia, a regra tem sua utilidade quando o desdobramento do braço de rio o torna navegável ou flutuável, uma vez que as ilhas formadas em rios navegáveis pertencem ao domínio público, conforme antes mencionado (Código de Águas, art. 23). O dispositivo, portanto, torna-se importante para fins indenizatórios, como se verá em seguida.

As ilhas ou ilhotas que se formam no álveo de corrente pública pertencem ao domínio público (Código de Águas, art. 23). A matéria tem *status* constitucional, na medida em que se refere a bens públicos. Assim, determina a Constituição Federal que são bens da União as ilhas fluviais e lacustres nas zonas limítrofes com outros países, bem como as ilhas oceânicas e as costeiras, excluídas destas as que contenham a sede de Municípios, exceto aquelas áreas afetadas ao serviço público e à unidade ambiental federal, e as pertencentes aos Estados (CF, art. 20, IV). Aos Estados per-

---

[177]   Sílvio de Salvo Venosa, *Código Civil Comentado*, vol. XII, cit., p. 272.
[178]   J. M. Carvalho Santos, *Código Civil Brasileiro Interpretado*, vol. VII, cit., p. 361.
[179]   Marco Aurélio S. Viana, *Comentários ao Novo Código Civil*, vol. XVI, cit., p. 138.
[180]   Silvio Rodrigues, *Direito Civil: Direito das Coisas*, vol. V, cit., p. 99. V. tb. Orlando Gomes, *Direitos Reais*, cit., pp. 177-178.

tencem as áreas, nas ilhas oceânicas e costeiras, que estiverem no seu domínio, excluídas aquelas sob domínio da União, Municípios ou terceiros e as ilhas fluviais e lacustres não pertencentes à União (CF, art. 26, II, III).

As ilhas formadas em águas comuns ou particulares permanecem no domínio privado, de acordo com o artigo 23 do Código de Águas. Também as ilhas ou ilhotas que se formarem pelo desdobramento de um novo braço de corrente comum ou particular pertencem aos proprietários dos terrenos à custa dos quais se formaram (Código de Águas, art. 24). Nesse caso, porém, se a corrente for navegável ou flutuável, dar-se-á o ingresso no domínio público das ilhas formadas pelo desdobramento de novo braço do rio, mediante prévia indenização (Código de Águas, art. 24, parágrafo único). Afirma-se que o dispositivo se apresenta como hipótese de "desapropriação, independentemente de utilidade, necessidade pública ou interesse social, e apenas em virtude de o rio ser navegável ou flutuável".[181] Dessa forma, o proprietário só perde a propriedade da ilha, formada em braço de rio navegável ou flutuável, para a pessoa jurídica de direito público, se houver prévia indenização.[182]

Poder-se-ia questionar o cabimento da indenização prévia para que a ilha constituída a partir do desdobramento de novo braço de rio navegável ingresse no domínio público, pois tal característica já definiria a ilha como pública, uma vez situada em águas públicas (navegáveis). Tal circunstância encontra-se apreendida pela Súmula n. 479 (1969): "As margens dos rios navegáveis são de domínio público, insuscetíveis de expropriação e, por isso mesmo, excluídas de indenização".

Entretanto, cuida-se aqui de hipótese diversa, com ilhas formadas à custa de terreno particular, razão pela qual a indenização é devida, mesmo sendo localizadas em correntes públicas.

4.2. Da aluvião

Tradicionalmente, seguindo a orientação das Institutas de Justiniano, entende-se como aluvião a ação paulatina da natureza, pela qual "as águas de um rio, sem que se perceba, vão depositando num imóvel situado em suas margens terra retirada de outros imóveis por onde passa o rio".[183] O Código Civil de 1916 se referia à aluvião como "os acréscimos formados por depósitos e aterros naturais, ou pelo desvio das águas dos rios". A menção à forma de constituição sucessiva e imperceptível aparece no Código de Águas (artigo 16, *caput*)[184] e é considerada pela doutrina a principal

---

[181] Silvio Rodrigues, *Direito Civil: Direito das Coisas*, vol. V, cit., p. 99.

[182] Maria Sylvia Zanella di Pietro, ao tratar do tema concernente à desapropriação, explica que a indenização "é a exigência que se impõe como forma de buscar o equilíbrio entre o interesse público e o privado" e afirma que a única hipótese prevista de desapropriação sem indenização é a do artigo 243 da CF, que trata de culturas ilegais de psicotrópicos (*Direito Administrativo*, cit., pp. 157-158).

[183] José Carlos Moreira Alves, *Direito Romano*, vol. I, cit., p. 326.

[184] "Artigo 16. Constituem 'aluvião' os acréscimos que sucessiva e imperceptivelmente se formarem para a parte do mar e das correntes, aquém do ponto a que chega o preamar médio, ou do ponto médio das enchentes ordinárias, bem como a parte do álveo que se descobrir pelo afastamento das águas".

diferença em relação à avulsão, na qual uma porção de terra é deslocada "por força natural violenta, de uma só vez".[185]

Aluvião própria

A aluvião poderá ocorrer seja pela aquisição, por parte dos proprietários dos terrenos marginais (bem principal), dos depósitos e aterros naturais (coisa acessória), chamada de aluvião *própria*; seja no caso em que parte do álveo tenha se descoberto, com caráter permanente, pelo afastamento das águas, denominada de aluvião *imprópria*. Exige-se, ainda, na aluvião imprópria, que os acréscimos se façam às margens de águas correntes, de modo que não se considera terreno aluvial aquele descoberto com o afastamento de águas dormentes (lagos, lagoas, tanques, açudes e represas) que, conforme se observou, nunca perdem seus limites.[186]

Aluvião imprópria

Também não se reputa aluvião os aterros provenientes da intervenção humana, pois, nesse caso, há alteração das características do imóvel pelo proprietário, sem que haja dever de indenizar em face de seus vizinhos, a menos que se configure responsabilidade pelo dano causado.[187]

Aquisição da propriedade por aluvião independe de indenização

O artigo 1.250 do Código Civil determina que a aquisição da propriedade ocorre independentemente de indenização dos antigos proprietários dos depósitos arrastados pelo rio e deslocados para outra margem da corrente. A solução decorre da natureza da aluvião: se os acréscimos se formam de maneira imperceptível, não há como separar, nitidamente, o que originariamente constituía margem e o que provém do depósito natural, bem como a sua origem. A ausência de indenização, portanto, se "justifica, precisamente porque é do fato de não se saber de quem são tais terras, que vieram formar a aluvião, que resulta o direito de ficar a aluvião como propriedade do dono do terreno a que aderiram. Se fosse possível individuá-las, distingui-las, não sairiam elas da propriedade do seu dono, e podiam ser reivindicadas como um todo".[188]

Aluvião diante de duas propriedades ribeirinhas fronteiriças

Fiel ao mesmo raciocínio da formação das ilhas, o Código Civil determina que se a aluvião se formar diante de duas propriedades ribeirinhas fronteiriças, os acréscimos naturais serão divididos entre eles na proporção de suas testadas. Esta regra, que já se encontrava prevista no artigo 18 do Código de Águas, permite a aquisição da propriedade por cada proprietário ribeirinho de maneira proporcional aos seus terrenos, a garantir tratamento isonômico entre eles. O Código Civil de 1916, ao tratar desta hipótese em seu artigo 540, acrescentava que a divisão deveria ser feita, "respeitadas as disposições concernentes à navegação". Isso porque, conforme aduz Carvalho Santos, o Estado tem a prerrogativa de impedir a formação de terrenos aluviais, por exemplo, por técnicas de dragagem, de modo a permitir a navegação na corrente, sem que os proprietários ribeirinhos que seriam beneficiados pela aluvião façam jus a qualquer indenização.[189]

---

[185] Orlando Gomes, *Direitos Reais*, cit., p. 178.
[186] Orlando Gomes, *Direitos Reais*, cit., p. 178.
[187] Caio Mário da Silva Pereira, *Instituições de Direito Civil*, vol. IV, cit., p. 129.
[188] J. M. Carvalho Santos, *Código Civil Brasileiro Interpretado*, vol. VII, cit., p. 371.
[189] J. M. Carvalho Santos, *Código Civil Brasileiro Interpretado*, vol. VII, cit., p. 382.

4.3. Da avulsão

A avulsão constitui outra modalidade de aquisição de propriedade por acessão. Sua formação se dá de maneira abrupta, violenta, pelo destacamento de uma porção de terra de uma margem que se une à outra,[190] diferindo da aluvião, a qual consiste em acréscimo lento e insensível.[191] Segundo o Código de Águas, "verifica-se a 'avulsão' quando a força súbita da corrente arrancar parte considerável e reconhecível de um prédio, arrojando-a sobre outro prédio" (artigo 19). O Código Civil refere-se a *porção de terra* (art. 1.251, *caput*), expressão que abrange, conforme ensina a doutrina, "qualquer porção de crosta terrestre, seja grande ou pequeno o seu valor".[192]

Avulsão: conceito

Na avulsão, como existe a possibilidade de determinar a origem da porção de terra, o proprietário do prédio desfalcado poderá reclamá-la. O direito de reclamar deve ser exercido em um ano, a contar do dia em que ocorreu a avulsão. Trata-se de prazo decadencial, a partir do qual o proprietário do terreno diminuído não mais poderá agir contra o dono do terreno acrescido.[193] Caso não a reivindique neste prazo, consolidar-se-á a aquisição da propriedade do dono do prédio acrescido, independentemente de indenização.

Prazo para o proprietário da porção de terra arrancada reclamá-la

Se houver reclamação, o proprietário do terreno acrescido terá a opção de permanecer com o depósito de terra, pagando a respectiva indenização ao reclamante; ou consentir que a porção de terra seja removida. Observa-se, diante desta alternativa conferida ao proprietário do terreno acrescido, que o direito de reclamar por parte do proprietário do prédio desfalcado não se traduz em propósito reivindicatório.[194]

Anote-se, por fim, que somente se verifica a avulsão em relação a coisas suscetíveis de *aderência natural*. Na falta deste requisito, aplicam-se as normas relacionadas à descoberta (denominada, no regime anterior, de invenção), e não à avulsão, a teor do artigo 21 do Código de Águas.[195]

4.4. Do álveo abandonado

Chama-se álveo o leito do rio, que o Código de Águas define, em seu artigo 9º, como "a superfície que as águas cobrem sem transbordar para o solo natural e ordinariamente enxuto". Diferencia-se a aluvião, mesmo a imprópria, do álveo abandonado. Na aluvião imprópria, o acréscimo decorre do desvio parcial das águas da corrente. No caso do álveo abandonado, verifica-se o desvio total da corrente, o que

Álveo abandonado: noção

---

[190]   J. M. Carvalho Santos, *Código Civil Brasileiro Interpretado*, vol. VII, cit., p. 383.

[191]   Clovis Bevilaqua, *Código Civil dos Estados Unidos do Brasil Comentado*, vol. III, cit., p. 64.

[192]   Clovis Bevilaqua, *Código Civil dos Estados Unidos do Brasil Comentado*, vol. III, cit., p. 64.

[193]   Orlando Gomes, *Direitos Reais*, cit., p. 180.

[194]   Silvio Rodrigues, *Direito Civil: Direito das Coisas*, vol. V, cit., p. 101: "Note-se que a alternativa se abre em favor do proprietário do prédio acrescido, não beneficiando, por conseguinte, o dono do prédio desfalcado. A este só cabe pedir a remoção; àquele, sim, é que compete o direito ou de concordar com a remoção ou de evitá-la, pagando indenização".

[195]   Artigo 21: "Quando a avulsão for de coisa não susceptível de aderência natural, será regulada pelos princípios de direito que regem a invenção".

acarreta a aquisição da propriedade do acréscimo pelos proprietários marginais, dividindo-se o álveo pela metade. Sobre o tema, esclarece a doutrina que "na aluvião imprópria, a água não abandona seu leito, mas se dirige ora para a direita, ora para a esquerda, enquanto no álveo abandonado a água abandona o leito para correr em lugar distinto e separado do antigo lugar em que corria".[196]

Assim, os proprietários dos terrenos marginais adquirirão a propriedade do álveo abandonado, seja o rio público ou particular, na proporção de suas testadas.[197] No que tange à divisão do álveo abandonado entre os proprietários confinantes da mesma margem, deve ser observado o processo das perpendiculares tiradas dos extremos de cada terreno até a linha mediana do álveo. Já a divisão entre os proprietários dos terrenos situados nas margens opostas se faz por metade, "pois está estabelecido que os prédios marginais se estendem até o meio do álveo".[198]

Regime jurídico

Os donos dos terrenos por onde as águas abrirem novo curso não terão qualquer direito de indenização, eis que tal circunstância decorre de caso fortuito ou força maior.[199] Da mesma maneira, se o rio voltar naturalmente ao seu curso anterior, o leito então abandonado deve retornar aos antigos proprietários (Código de Águas, art. 26, parágrafo único). Todavia, nos termos do artigo 27 do Código de Águas, se a mudança da corrente se fizer "por utilidade pública, o prédio ocupado pelo novo álveo deve ser indenizado, e o álveo abandonado passa a pertencer ao expropriante para que se compense da despesa feita".[200] Isso ocorre porque a mudança de corrente por obra humana não caracteriza espécie de acessão, que pressupõe ação da natureza.[201]

4.5. Das construções e plantações

Presunção

As construções e plantações tornam-se objeto de aquisição da propriedade imobiliária pela adesão de coisa móvel construída ou plantada ao imóvel, uma vez que não se pode destacá-la sem dano ou perda.[202] Trata-se, portanto, de acessão *de móvel a imóvel.*

Nos termos do artigo 1.253 do Código Civil, presume-se pertencer ao dono do terreno qualquer construção ou plantação nele existente, como expressão de dois princípios: o de que a coisa acessória deve seguir a principal, que reside no fundamento da acessão (CC, art. 1.248) e o de que a propriedade do solo compreende a da superfície (*superficies solo cedit*).[203] Em consequência, "se outrem não possui título que

---

[196] J. M. Carvalho Santos, *Código Civil Brasileiro Interpretado*, vol. VII, cit., p. 393.
[197] V., entre outros, Silvio Rodrigues, *Direito Civil: Direito das Coisas*, vol. V, cit., p. 102; Caio Mário da Silva Pereira, *Instituições de Direito Civil*, vol. IV, cit., p. 131; Orlando Gomes, *Direitos Reais*, cit., p. 181.
[198] Orlando Gomes, *Direitos Reais*, cit., p. 181.
[199] Silvio Rodrigues, *Direito Civil: Direito das Coisas*, vol. V, cit., p. 102.
[200] Clovis Bevilaqua, *Código Civil dos Estados Unidos do Brasil Comentado*, vol. III, cit., p. 66.
[201] Orlando Gomes, *Direitos Reais*, cit., p. 181.
[202] Caio Mário da Silva Pereira, *Instituições de Direito Civil*, vol. IV, cit., p. 131; Orlando Gomes, *Direitos Reais*, cit., p. 182.
[203] Gaio, *Institutionum Commentarius*, 2: 73.

CAPÍTULO VII | MODOS DE AQUISIÇÃO DE BENS IMÓVEIS   149

lhe dê direito às construções e plantações existentes em um terreno, esses acréscimos do solo pertencem aos proprietários dele".[204]

A vinculação da propriedade à superfície não se afirma de forma absoluta. Bastaria pensar no direito real de superfície, previsto no Estatuto da Cidade (arts. 21 a 24) e no Código Civil (arts. 1.369 a 1.377), pelo qual se separam a propriedade do solo e a da obra. Além disso, em diversas hipóteses perdeu rigidez o princípio da acessão em favor de várias outras condicionantes, como a função social da propriedade, a boa-fé de quem constrói em terreno alheio e, de forma geral, os interesses econômicos e sociais de manutenção da plantação. Afirma-se, a propósito: "Mantida em sua plenitude a teoria da acessão, no que respeita às construções, o proprietário do solo seria sempre o proprietário das construções. Mas, hoje, há apenas uma presunção a favor do proprietário do solo. Mantida a noção absoluta do domínio, teria o proprietário do solo o direito de pedir a demolição de toda e qualquer construção que se fizesse em seu solo, mas o critério econômico social impede que se destruam as riquezas já criadas. O equilíbrio dos interesses privados está subordinado ao bem comum e aos interesses coletivos".[205]

Por essas razões, a presunção de que tais construções e plantações pertencem ao proprietário do imóvel encontra-se mitigada, tornando-se cada vez mais frequentes os casos em que a proposição não se mostra verdadeira.[206] Nessa esteira, os artigos 1.254 a 1.259 do Código Civil disciplinam algumas das situações que podem ser assim resumidas: (i) o dono do solo edifica ou planta em terreno próprio, com sementes ou materiais alheios; (ii) o dono das sementes ou materiais planta ou constrói em terreno alheio; (iii) terceiro planta ou edifica com sementes ou materiais alheios, em terreno igualmente alheio. Ao legislador cumpre atribuir a titularidade do domínio da coisa principal e da acessória e, além disso, tratar da indenização devida pela parte beneficiada àquela que experimentou prejuízo.[207] Como se verá, as soluções variam conforme estejam as partes de boa ou má-fé.

Considera o legislador como bens acessórios as sementes, as plantas ou os materiais (CC, arts. 79 e 92), fazendo-os seguir o destino dominical do solo, considerado bem principal. Por esta razão, o artigo 1.254 do Código Civil dispõe que, mesmo utilizando-se de materiais alheios, o proprietário do solo adquire a propriedade do material empregado, devendo reembolsar o seu valor aos antigos proprietários, com o fito de evitar o enriquecimento sem causa.[208]

Disciplina normativa

Ainda que o proprietário do solo esteja de má-fé subjetiva, ou seja, tendo a consciência de que estava se utilizando de materiais alheios, adquirirá a propriedade pela acessão. Justifica-se essa solução, pois, "por um lado, seria antieconômico e até contrário aos fins culturais humanos destruir lavouras e edifícios; e por outro, essa

---

204   Clovis Bevilaqua, *Código Civil dos Estados Unidos do Brasil Comentado*, vol. III, cit., p. 67.
205   Clovis Paulo da Rocha, *Das Construções na Teoria Geral da Acessão*, Rio de Janeiro: Jornal do Commercio, 1943, pp. 11-12.
206   Caio Mário da Silva Pereira, *Instituições de Direito Civil*, vol. IV, cit., p. 131.
207   Silvio Rodrigues, *Direito Civil: Direito das Coisas*, vol. V, cit., pp. 103-104.
208   Marco Aurélio S. Viana, *Comentários ao Novo Código Civil*, vol. XVI, cit., p. 151.

destruição resultaria inútil ao dono das sementes, que já haviam brotado, das plantas que se haviam enraizado e dos materiais transformados pela aplicação dada".[209] O proprietário do solo que age de má-fé deverá pagar, todavia, além do valor dos materiais, das plantas ou das sementes, perdas e danos.

Sustenta a doutrina que caberia, em alguns casos, a reivindicação das sementes, plantas ou materiais por parte de seu dono. Tal ocorreria, por exemplo, se ainda não se incorporaram ao solo, pois não restaria configurada a acessão;[210] ou quando os materiais conservem sua natureza de bens móveis e o reivindicante possa transportá-los sem destruir a obra ou o material.[211]

Passa-se agora a tratar da situação inversa, na qual se semeia, planta ou edifica com sementes, plantas ou materiais próprios, mas em terreno alheio. Nesse caso, o titular da propriedade do solo, considerado bem principal, adquire a construção ou plantação realizada por terceiro, devendo este ser indenizado se agiu de boa-fé.[212] Caracteriza-se a boa-fé do obreiro se este desconhecia que o terreno era alheio ou se há autorização do dono do terreno.[213]

Caso o construtor ou plantador tenha obrado de má-fé, não terá direito a indenização alguma. Vê-se que a lei civil consagrou aqui a expressão *má-fé* como oposta à *boa-fé* (subjetiva), de maneira que restará configurada se o dono das sementes, plantas ou construções sabia que o terreno era alheio e não tinha autorização para nele semear, plantar ou construir. Conforme ressaltado em doutrina, "a má-fé da parte de quem plantou, semeou ou construiu em terreno alheio resulta da prova das circunstâncias, como no caso de estar ele ciente de pertencer a outrem o terreno no qual está edificando ou plantando. A apreciação desse estado de boa-fé deve remontar ao momento da execução de tais trabalhos e não no momento do proprietário se reintegrar na posse do imóvel".[214]

Acessão invertida

A regra de que o dono das coisas incorporadas ao solo perde-as em benefício do dono do terreno é flexibilizada no parágrafo único do artigo 1.255 do Código Civil, que estabelece a chamada acessão invertida, segundo a qual se o valor da obra ou da plantação exceder o do solo, o construtor ou plantador de boa-fé adquirirá a propriedade deste, pagando indenização ao seu proprietário. Tal solução prestigia a utilidade social e econômica da obra ou construção, além de se coadunar com o princípio constitucional da função social da propriedade.

---

[209] Clovis Bevilaqua, *Código Civil dos Estados Unidos do Brasil Comentado*, vol. III, cit., p. 68.

[210] Clovis Bevilaqua, *Código Civil dos Estados Unidos do Brasil Comentado*, vol. III, cit., p. 68.

[211] J. M. Carvalho Santos, *Código Civil Brasileiro Interpretado*, vol. VII, cit., p. 405.

[212] A respeito da noção de boa-fé subjetiva e sua distinção em relação à boa-fé objetiva, v. Bruno Lewicki, *Panorama da boa-fé objetiva*, *in* Gustavo Tepedino (coord.), *Problemas de Direito Civil--Constitucional*, cit., pp. 56-57.

[213] O Código Civil português dispõe expressamente a respeito do conteúdo da boa-fé em seu artigo 1.340º, *in verbis*: "Artigo 1.340º (...) 4. Entende-se que houve boa fé, se o autor da obra, sementeira ou plantação desconhecia que o terreno era alheio, ou se foi autorizada a incorporação pelo dono do terreno".

[214] Miguel Maria de Serpa Lopes, *Curso de Direito Civil: Direito das Coisas*, vol. VI, cit., p. 496.

Se o semeador, plantador ou construtor sabe que atua em terreno alheio, com sementes, plantas ou materiais próprios, e o dono do terreno tem ciência de sua atuação, haverá aquisição imobiliária por acessão.[215] Assim, repete-se a regra geral que dá ao proprietário do terreno direito sobre as semeaduras, plantações e construções nele realizadas. No entanto, o proprietário que se beneficia da acessão terá que indenizar o dono do material empregado, evitando-se, desse modo, seu enriquecimento sem causa, em solução equânime, já que nenhuma das partes atuou de boa-fé.

Má-fé recíproca

Uma vez que não se verifica interesse preponderante, dada a má-fé de ambos, obsta a lei que o proprietário obtenha lucros com base em comportamento rechaçado pelo ordenamento.[216] A hipótese disciplinada no artigo 1.256 do Código Civil se distingue da prevista no artigo 1.255 do Código Civil porque no artigo 1.255 do Código Civil não se cogita do estado psicológico do dono do terreno, mas tão somente do dono das sementes, plantas ou materiais. Cumpre ao proprietário das sementes, plantas ou construções provar que ignorava pertencer o terreno a outrem para ser indenizado. Caso tal prova não seja feita, frustrar-se-á em princípio o direito à indenização. Consequência diversa, porém, dar-se-á caso o dono das sementes, plantas ou construções demonstre a má-fé do proprietário do terreno, consoante o artigo 1.256 do Código Civil, conferindo-lhe direito ao ressarcimento pelas acessões, ainda que tenha procedido igualmente de má-fé.

Cabe ao dono do material a prova da má-fé do proprietário. Contudo, nos casos em que este presencia inerte a construção ou a lavoura, a lei presume sua má-fé. Entende o legislador que, verificando-se tal circunstância, afigura-se razoável concluir pela intenção do proprietário em se beneficiar do comportamento alheio. Assim sendo, dispensa-se a prova da má-fé quando for possível ao dono do material demonstrar: (i) que o proprietário esteve presente ao serviço de plantação ou construção; e (ii) que a ele não fez oposição. Diante de tais circunstâncias, surge a presunção de má-fé.[217]

Prova da má-fé

Debate a doutrina sobre o comportamento apto a ensejar a presunção – relativa – de má-fé do proprietário. Por um lado, entende-se necessária a presença física do proprietário no momento da construção ou plantio.[218] Por outro, argui-se que tal exigência poderia ser utilizada pelo proprietário de má-fé para se eximir do dever de indenizar, bastando, nas situações em que tenha ciência por outros modos da plantação ou construção feita em seu terreno, permanecer ausente.[219] Registre-se, todavia, que a inexistência de presunção não exclui de *per se* o dever de indenizar, pois a má-fé do proprietário pode restar comprovada através de outros elementos.[220]

---

[215] STF, 1ª T., RE 22.570/BA, Rel. Min. Nelson Hungria, julg. 8.6.1953, publ. *DJ* 10.12.1953, p. 15.241.

[216] Caio Mário da Silva Pereira, *Instituições de Direito Civil*, vol. IV, cit., p. 132.

[217] J. M. Carvalho Santos, *Código Civil Brasileiro Interpretado*, vol. VII, cit., p. 422.

[218] Segundo magistério de Carvalho Santos, a presença deve ser o parâmetro, já que possui a vantagem de ser menos duvidosa que a mera ciência (*Código Civil Brasileiro Interpretado*, vol. VII, cit., p. 422).

[219] Pontes de Miranda, *Tratado de Direito Privado*, t. 11, cit., p. 182: "Não é preciso que o proprietário veja as semeaduras, plantações e obras; basta que saiba que se está semeando, plantando ou construindo".

[220] Caio Mário da Silva Pereira, *Instituições de Direito Civil*, vol. IV, cit., p. 132: "a apuração da má-fé no proprietário desloca-se para o plano da prova".

Sementes, plantas ou materiais de terceiros

O artigo 1.257 do Código Civil cuida da hipótese em que as sementes, plantas ou materiais empregados não pertencem nem ao agricultor ou construtor, nem ao dono do terreno. Verifica-se a presença de três sujeitos distintos, sendo necessário cogitar das diversas relações entre eles formadas: (i) o proprietário do terreno, (ii) o obreiro e o (iii) dono das sementes, plantas ou materiais.

Como nas soluções examinadas anteriormente, pouco importa a procedência das sementes, plantas ou material empregado para que o proprietário do terreno adquira a propriedade imobiliária por acessão. Na hipótese disciplinada no artigo 1.257 do Código Civil, as "relações entre o plantador, ou construtor, e o proprietário do solo não se verificam, quando as sementes, plantas ou materiais pertencem a terceiro".[221] Desse modo, cada qual tem seus direitos e obrigações delimitados nos arts. 1.254 a 1.256 do Código Civil.

Especialmente, o artigo 1.257 do Código Civil destaca o direito ao ressarcimento pelas acessões, conferindo-o ao obreiro de boa-fé, ao remeter sua situação à mesma disciplina do artigo 1.256 do Código Civil. Na hipótese de má-fé concorrente do dono do terreno, não obstante inexistir previsão específica, há de se aplicar a solução alvitrada no artigo 1.256 do Código Civil, neutralizando-se a má-fé do obreiro.[222]

O artigo 1.257 do Código Civil trata propriamente das relações entre o terceiro – dono das sementes, plantas ou materiais – com o obreiro e com o proprietário do imóvel acedido. Ao proprietário das sementes, plantas ou construções cabe reclamar a indenização devida, podendo, para tanto: (i) utilizar-se de ação direta contra aquele que construiu, semeou ou plantou em terreno alheio; ou, caso não possa obter a indenização do plantador ou construtor, (ii) obter ressarcimento diretamente do proprietário do solo.

Justifica-se a responsabilidade do proprietário do imóvel por ser devedor de quem nele trabalhou em lavoura ou construção, uma vez que a lei obriga a indenizar pelas acessões incorporadas à propriedade (CC, arts. 1.255 e 1.256). O dono do terreno é devedor do obreiro pelo ressarcimento das acessões; e o obreiro é devedor do terceiro por ter usado sementes, plantas ou materiais deste. Daí a possibilidade de o terceiro cobrar a indenização diretamente do proprietário do terreno, devedor de seu devedor.[223]

A responsabilidade do proprietário do terreno em relação ao dono das sementes, plantas ou construções, evidentemente, restringe-se às hipóteses em que é devido o ressarcimento perante o obreiro. Não poderá o dono das sementes, plantas ou construções exigir do proprietário do imóvel indenização nos casos em que, por obrar de má-fé, nada for devido ao agricultor ou construtor. Nesses casos, terá que se haver direta e exclusivamente com quem o utilizou na construção ou lavoura. Do mesmo

---

[221] Clovis Bevilaqua, *Código Civil dos Estados Unidos do Brasil Comentado*, vol. III, cit., p. 70.

[222] Caio Mário da Silva Pereira, *Instituições de Direito Civil*, vol. IV, cit., pp. 132-133.

[223] J. M. Carvalho Santos acrescenta: "Essa indenização, ele (o dono do material empregado) a poderá exigir do proprietário do solo, não nessa qualidade, mas como devedor do seu devedor" (*Código Civil Brasileiro Interpretado*, vol. VII, cit., p. 425).

modo, na medida em que o proprietário pague integralmente o valor da indenização a quem realizou a atividade produtiva, extingue-se a causa justificadora do direito do dono do material, que preserva sua pretensão exclusivamente em face de quem construiu, semeou ou plantou.

A ação contra o proprietário do solo tem por pressuposto a impossibilidade ou frustração na obtenção da indenização em face do plantador ou construtor: "a indenização deve ser paga ao dono das sementes, plantas ou materiais e somente na hipótese do construtor ou plantador não ter podido pagá-la. Se pode pagar a indenização, o construtor ou plantador terá direito regressivo contra o dono do solo".[224] Configura-se a impossibilidade se não puder haver o valor da indenização de seus bens.[225]

Trata-se de responsabilidade subsidiária, portanto, a do proprietário do solo em relação ao dono das sementes, plantas ou construções, cabendo-lhe direito regressivo contra o obreiro.[226]

O artigo 1.258 do Código Civil prevê hipótese recorrente e de grande relevância social nos centros urbanos, embora não contemplada pela codificação anterior. Certos empreendimentos imobiliários, de maior ou menor porte, embora erguidos em terreno próprio, não raro avançam parcialmente sobre o contíguo. Antepõem-se, então, de um lado, a proteção da propriedade privada do terreno invadido e, de outro, o interesse econômico e social representado pela construção.

Invasão, pela construção, do terreno contíguo

Sob a égide do Código de 1916, segundo as regras da acessão, prevalecia o direito do proprietário do terreno sobre o qual se construiu, uma vez que a construção adere ao solo. Assim, poderia o proprietário compelir o construtor a derrubar obra que invade parte de seu terreno. Entretanto, não se mostrava razoável demolir prédio de muitos andares, por exemplo, em decorrência da invasão territorial, especialmente se de pequena monta. Nessa esteira, sustenta-se que "as construções em terreno alheio, nunca poderão ser destruídas, quando houver interesse social na sua manutenção".[227] Também a jurisprudência reconheceu, ainda na vigência do Código anterior, mesmo à míngua de regra específica, a prevalência da construção sobre o solo: "Sendo insignificante a invasão de área limítrofe, não se deve destruir obra valiosa, construída de boa-fé. Nesta hipótese, cabível é a indenização".[228]

O referido artigo 1.258 do Código Civil disciplina, assim, a hipótese em que o construtor de prédio de grandes proporções invade, no empreendimento, nesga do

---

[224]   J. M. Carvalho Santos, *Código Civil Brasileiro Interpretado*, vol. VII, cit., p. 424. V. também Marco Aurélio S. Viana, *Comentários ao Novo Código Civil*, vol. XVI, cit., p. 160.

[225]   Cfr. Arnaldo Rizzardo, para quem a impossibilidade restará configurada se o construtor ou plantador não tiver revelado capacidade financeira de pagar (*Direito das Coisas*, cit., p. 358).

[226]   Tal subsidiariedade é largamente aceita pela doutrina. Cfr., sobre o ponto, Francisco Eduardo Loureiro, *in* Cezar Peluso (org.), *Código Civil Comentado*, cit., p. 1208.

[227]   Clovis Paulo da Rocha, *Das Construções na Teoria Geral da Acessão*, Rio de Janeiro: Jornal do Commercio, 1943, p. 12. Confira-se também Miguel Maria de Serpa Lopes, *Curso de Direito Civil: Direito das Coisas*, vol. VI, cit., pp. 397-398.

[228]   TJSP, Ap. Civ. 232.134, *DJ* 10.04.95 in RT 493/107; no mesmo sentido: TJSP, Ap. Civ. 286.935, *DJ* 12.11.1979 in RT 538/78.

terreno vizinho. A solução varia de acordo com a boa-fé ou má-fé do construtor, e com a extensão da invasão. Se a construção em terreno alheio se dá com boa-fé e não supera 1/20 do terreno, adquire a propriedade do solo o construtor, desde que o valor da construção exceda o valor da área invadida. Se o valor da construção não exceder o do terreno, o que não é a regra, não adquirirá a propriedade. De qualquer forma, ao adquirir a propriedade do solo, o construtor obriga-se a indenizar o proprietário prejudicado, incluindo a desvalorização da área remanescente.

Por outro lado, desde que a obra atinja valor superior ao do solo invadido e não possa ser demolida sem grave prejuízo para o conjunto da construção, a má-fé do construtor não obsta a aquisição do solo. A ciência do construtor de que invade parte do terreno vizinho poderá deflagrar a demolição da porção invasora. Mas não haverá demolição se houver grave prejuízo para a construção, quando, então, o construtor adquire a propriedade do solo, cabendo-lhe indenizar aquele que perde o terreno.[229] Registre-se que, nesse ponto, o ordenamento procura preservar os interesses sociais e econômicos da coletividade, prestigiando bens jurídicos considerados mais relevantes que a lesão individual ao direito de propriedade. Daí resulta que a má-fé do construtor, embora juridicamente coibida, torna-se menos importante – um mal menor – se a demolição da obra implicar prejuízo para um número considerável de pessoas – mal maior.[230] Desse modo, a locução "grave prejuízo para a construção" deve ser interpretada não apenas no sentido material da impossibilidade de demolição parcial, mas, também, em sentido econômico-social. Diante de tal circunstância, embora a má-fé do obreiro não impeça a aquisição da propriedade do solo invadido, a indenização devida, representativa do valor da área perdida e da desvalorização causada na área remanescente, é majorada em dez vezes.[231]

Invasão que exceda a 1/20 do terreno

No caso de invasão de significativa proporção, assim considerada aquela que exceda a vigésima parte do imóvel invadido, o artigo 1.259 do Código Civil considera inadmissível a legitimação da construção efetuada de má-fé, a despeito dos interesses sociais e econômicos em jogo. Avultam, nesse caso, a lesão ao direito de propriedade e a necessidade de coibir tais condutas, fortemente reprovadas.

Regras a depender da boa ou a da má-fé do construtor

Nos termos do dispositivo em análise, se a invasão excede a vigésima parte do solo e o invasor demonstra boa-fé, sempre que o valor da construção seja superior ao do solo, adquire o construtor a propriedade da parte do solo invadido, respondendo por perdas e danos equivalentes ao *quantum* que a invasão acresceu à sua construção, ao valor da área perdida e ao da desvalorização da área remanescente. Se, ao revés, constata-se a má-fé do construtor, exigir-lhe-á a demolição da obra, além do pagamento em dobro[232] do valor das perdas e danos. Justifica-se a prevalência do direito

---

[229] Silvio Rodrigues, *Direito Civil: Direito das Coisas*, vol. V, cit., p. 107.

[230] A propósito, confira-se Gustavo Tepedino, *Os direitos reais no novo Código Civil*, in *Temas de Direito Civil*, t. 2, cit., p. 162.

[231] A respeito da majoração em dez vezes, comenta Francisco Eduardo Loureiro: "Visa a multa a desestimular o comportamento malicioso do construtor, impondo-lhe severo ônus" (Francisco Eduardo Loureiro, *in* Cezar Peluso (org.), *Código Civil Comentado*, cit., p. 1210).

[232] Francisco Eduardo Loureiro, *in* Cezar Peluso (org.), *Código Civil Comentado*, cit., p. 1211.

do dono do terreno em virtude da proporção da invasão.[233] O legislador optou por combinar critério objetivo, consistente no tamanho da área invadida, com critério subjetivo, referente à má-fé do construtor, para estabelecer previamente o interesse prevalente. Nesse caso, portanto, o Código Civil não contornou o drama daqueles que, terceiros de boa-fé, adquirentes de unidades imobiliárias integrantes do empreendimento, são atingidos pela má-fé do construtor.[234]

4.6. Exceção de posse socialmente qualificada e acessão invertida social

O Código Civil de 2002 introduziu, no ordenamento jurídico brasileiro, novos institutos ao prever, no § 4º de seu artigo 1.228, hipótese de privação da coisa, se a ação reivindicatória movida pelo proprietário tiver por objeto imóvel que consista em extensa área, na posse ininterrupta e de boa-fé, por mais de cinco anos, de considerável número de pessoas, e estas houverem realizado no imóvel, em conjunto ou separadamente, obras e serviços considerados pelo juiz de interesse social e econômico relevante. O § 5º do mesmo dispositivo prevê, ainda, a indenização do proprietário para que o domínio sobre o imóvel se consolide em favor dos possuidores. Trata-se, em particular, de inovação que buscou garantir o acesso à propriedade "inspirada no sentido social do direito de propriedade, implicando não só novo conceito desta, mas também novo conceito de posse, que se poderia qualificar como sendo de posse-trabalho".[235]

Inovações legislativas: função social e acesso à propriedade

Não obstante o louvável objetivo que se buscou alcançar com a criação dos mecanismos, diversas foram as incertezas surgidas a seu respeito. Anteriormente à promulgação do Código Civil, em doutrina já se questionava a constitucionalidade dos dispositivos sob o argumento de que a "lei que 'priva' o proprietário do seu direito, fora dos termos constitucionais, está ofendendo o cânon que assegura aquele direito"[236], pois apenas a Constituição poderia prever as hipóteses em que o proprietário estaria obrigado a transferir seu bem a terceiro. Todavia, deve-se notar que a privação em questão encontra amparo em diversas normas constitucionais, especialmente a solidariedade social (art, 3º, I) e a função social da propriedade (art. 5º, XXIII; art. 170, III; e art. 186). Assim, ainda que haja eventual conflito entre os princípios da função social da propriedade e da solidariedade social de um lado e, de outro, o da garantia da propriedade privada, mostra-se legítima a escolha do legislador ordinário em privilegiar os primeiros caso estejam preenchidos os

Constitucionalidade dos institutos

---

[233] Washington de Barros Monteiro observa que "o artigo 1.259 prevê a invasão de área maior, sendo, por isso, o legislador mais severo na imposição da sanção" (*Curso de Direito Civil: Direito das Coisas*, vol. III, cit., p. 119).

[234] V., a esse respeito, Gustavo Tepedino, *Os direitos reais no novo Código Civil*, in *Temas de Direito Civil*, t. 2, cit., p. 162.

[235] *Novo Código Civil*: exposição de motivos e texto sancionado, Brasília, Senado Federal, Subsecretaria de Edições Técnicas, 2005, p. 50.

[236] Caio Mário da Silva Pereira, Crítica ao anteprojeto de Código Civil. In: *Revista Forense*, vol 242, Rio de Janeiro: Forense, abr.-jun./1973, p. 21.

requisitos enumerados no § 4º.[237] O Enunciado 82 das Jornadas de Direito Civil promovidas pelo Conselho da Justiça Federal, inclusive, registrou a conclusão de que "é constitucional a modalidade aquisitiva de propriedade imóvel prevista nos §§ 4º e 5º do art. 1.228 do novo Código Civil".

Natureza jurídica dos institutos

A doutrina diverge, por outro lado, a respeito da natureza jurídica da modalidade aquisitiva introduzida pelo Código Civil, havendo quem a qualifique como espécie de usucapião[238] e quem a enxergue como verdadeira desapropriação, a culminar com a proliferação de denominações não usuais, como usucapião onerosa, desapropriação privada, entre outras.[239] Nenhuma das correntes citadas, porém, parece estar com a razão, apresentando os dispositivos características que os afastam tanto da usucapião quanto da desapropriação. De usucapião não se trata, pois o § 5º do artigo 1.228 do Código Civil, que prevê o direito do proprietário à indenização pela perda do bem, mostra-se incompatível com a natureza gratuita da usucapião.[240] Com desapropriação igualmente não se confunde, na medida em que esta consiste em ato privativo da Administração Pública por meio do qual se torna proprietária do bem expropriado, ao passo que, nos termos do § 5º, o domínio do bem passa aos possuidores e não ao ente público.[241]

A rigor, bifurcam-se as previsões dos §§ 4º e 5º em análise. A modalidade aquisitiva prevista no artigo 1.228, § 5º, do Código Civil mostra-se melhor compreendida como acessão invertida social, apartando-se da hipótese disciplinada pelo § 4º, que assegura ao possuidor mecanismo de defesa, sem deflagrar a transferência do domínio.[242] Em outros termos, neste dispositivo do § 4º, o legislador prevê simplesmente a exceção de posse socialmente qualificada, a obstar a reivindicação do bem imóvel quando preenchidos os requisitos previstos para tanto.[243] Cuida-se de eficácia autônoma de dispositivo (§ 4º), que garante a permanência no imóvel da comunidade, independentemente da aquisição dominical, em razão da tutela da vulnerabilidade do grupo que, de boa-fé, reconhecidamente tenha empreendido obras de cunho social sobre extensa área por mais de cinco anos. Se, em sequência, logram pagar os possuidores ao proprietário a indenização prevista no § 5º, aí sim tem lugar nova forma

Qualificação dos institutos como exceção de posse socialmente qualificada e acessão invertida social

---

[237] Teori Albino Zawaski, A tutela da posse na Constituição e no projeto do novo Código Civil. In: *Direito e Democracia*, vol. 5, n. 1, Canoas, 1º sem. 2004, p. 18.

[238] Nesse sentido, v. Teori Albino Zawaski, A tutela da posse na Constituição e no projeto do novo Código Civil. In: *Direito e Democracia*, vol. 5, n. 1, Canoas, 1º sem. 2004, p. 17.

[239] Nesse sentido, v. Marco Aurelio S. Viana, *Comentários ao Código Civil*, vol. XVI, 2ª ed., Rio de Janeiro: Forense, 2004, p. 49.

[240] Pablo Rentería, A aquisição da propriedade imobiliária pela acessão invertida social: análise sistemática dos parágrafos 4º e 5º do artigo 1.228 do Código Civil. In: *Revista Trimestral de Direito Civil*, vol 34, abr./jun. 2008. Rio de Janeiro: Padma, 2000, p. 73.

[241] Gustavo Tepedino, *Comentários ao Código Civil*: direito das coisas, vol. 14. São Paulo: Saraiva, 2011, pp. 261-262.

[242] Pablo Rentería, A aquisição da propriedade imobiliária pela acessão invertida social: análise sistemática dos parágrafos 4º e 5º do artigo 1.228 do Código Civil, cit., p. 83 e ss.

[243] Carlos Edison do Rêgo Monteiro Filho, Usucapião imobiliária urbana independente de metragem mínima: uma concretização da função social da propriedade, In: *Rumos contemporâneos do direito civil*: estudos em perspectiva civil-constitucional, Belo Horizonte: Fórum, 2017, p. 255.

de aquisição da propriedade a ser qualificada como acessão, mais especificamente acessão invertida, à semelhança do instituto previsto no artigo 1.255 parágrafo único do Código Civil e tratado no item 4.5 deste Capítulo. Com efeito, em ambos os casos se inverte a regra geral de que o dono da coisa incorporada ao solo perde-a em benefício do dono do terreno.

A distinção entre as espécies de acessão invertida recai sobre o critério relevante, em cada uma delas, para que o responsável pelas edificações ou plantações tenha direito a adquirir o terreno mediante indenização. Enquanto na acessão invertida prevista no parágrafo único do artigo 1.255 do Código Civil o valor patrimonial da obra ou plantação deve superar consideravelmente o do terreno, na do § 5º do artigo 1.228 do Código Civil estabeleceu-se critério socioeconômico, autorizando a acessão inversa quando tiverem sido realizadas obras e serviços considerados pelo juiz de interesse social e econômico relevante.[244] Por esse motivo pode-se denominar o instituto como acessão invertida social, nomenclatura que melhor se amolda à sua natureza jurídica.

Quanto aos requisitos comuns para que ocorram a exceção de posse (§ 4º) e a acessão invertida social (§ 5º), são eles: (i) a existência de ação reivindicatória; (ii) extensa área utilizada coletivamente por grupo considerável de pessoas; (iii) posse ininterrupta e de boa-fé por mais de cinco anos; (iv) realização de obras ou serviços de interesse econômico e social relevante. A opção do legislador por recorrer a conceitos indeterminados para definir a aplicação do instituto também gerou certa aflição e incertezas. O primeiro requisito, isto é, a existência de ação reivindicatória, decorre do fato de a lei estipular que apenas o imóvel reivindicado e, portanto, objeto de ação real ajuizada pelo proprietário para a retomada da posse sobre a coisa, pode sofrer incidência da acessão invertida social. Em contrapartida, há, em doutrina, posição no sentido de que o instituto em questão seria aplicável não apenas em ações reivindicatórias, mas também em ações possessórias, "não sendo plausível negar-se, nessas situações, a utilização, pelos possuidores demandados, das prerrogativas asseguradas pelo instrumento agora proposto".[245]

Existência de ação reivindicatória

No que toca ao segundo requisito, os conceitos de "extensa área" e "grupo considerável de pessoas" igualmente desafiam o intérprete a desvelar o exato conteúdo da norma. A fim de mitigar a discricionariedade do intérprete e dar maior concretude aos enunciados normativos na unidade do sistema jurídico, devem-se buscar, dentro do próprio ordenamento, parâmetros já existentes, como, por exemplo, o artigo 191 da Constituição, que limita a usucapião rural individual a glebas até cinquenta hectares, e o artigo 10 do Estatuto da Cidade, que possibilita a usucapião especial coletiva apenas em áreas superiores a 250 metros quadrados. Assim, a garantir unidade sistêmica, pode-se considerar "extensa área", para fins do § 4º, os terrenos

Extensa área

---

[244] Pablo Rentería, A aquisição da propriedade imobiliária pela acessão invertida social: análise sistemática dos parágrafos 4º e 5º do artigo 1.228 do Código Civil, cit., p. 83-84.

[245] Teori Albino Zawaski, A tutela da posse na Constituição e no projeto do novo Código Civil. In: *Direito e Democracia*, vol. 5, n. 1, Canoas, 1º sem. 2004, p. 16.

rurais superiores a 10 (dez) hectares e os imóveis urbanos superiores a 250 (duzentos e cinquenta) metros quadrados.[246]

Grupo considerável de pessoas

O mesmo raciocínio pode ser feito com relação à exigência de "grupo considerável de pessoas", recorrendo-se, dessa vez, à Lei n. 4.132/1962, que regula os casos de desapropriação por interesse social e cujo artigo 2º inciso IV considera como socialmente relevante "a manutenção de posseiros em terrenos urbanos onde, com a tolerância expressa ou tácita do proprietário, tenham construído sua habilitação, formando núcleos residenciais de mais de 10 (dez) famílias." Desse modo, mais de dez famílias pode ser considerado, em um primeiro momento, "grupo considerável de pessoas".[247] Todavia, tal número não deve ser tomado como absoluto, variando a compreensão do que seja um grupo considerável de pessoas a depender de circunstâncias como, por exemplo, a densidade populacional da região em que o bem se encontra.[248]

Conceito de posse de boa-fé

Quanto à exigência de posse ininterrupta e de boa-fé por mais de cinco anos, uma consideração deve ser feita a fim de se garantir a efetividade do instituto. De fato, o conceito de posse de boa-fé deve ser flexibilizado, pois caracterizá-lo como desconhecimento de vício possessório (boa-fé subjetiva) criaria enormes dificuldades à comprovação, pelos possuidores, do requisito legal. Assim, deve-se expandir a noção de boa-fé, "de modo a compreender, com alguma flexibilidade, os títulos de aquisição que, nas circunstâncias sociais e culturais em que se inserem, possam assegurar o desconhecimento, por parte do adquirente, do vício possessório".[249]

Obras e serviços de interesse social e econômico relevante

Por fim, o último requisito autorizativo da exceção de posse em questão e da acessão invertida social consiste na realização, pelos possuidores, de obras e serviços considerados pelo juiz de interesse social e econômico relevante. Mais uma vez se está diante de conceito aberto, a ser analisado pelo juiz de acordo com as circunstâncias de cada caso concreto. Contudo, o recurso a outras previsões legais pode, novamente, ajudar a criar parâmetros e a impedir a desarmonia do ordenamento. Desse modo é que, para a caracterização de obras e serviços relevantes social e economicamente no âmbito de propriedade rural, salutar ter em mente a previsão da Lei n. 8.629/1993, artigo 6º, § 1º, para a qual se considera propriedade produtiva aquela que tiver grau de utilização da terra "igual ou superior a 80%, calculado pela relação percentual entre a área efetivamente utilizada e a área aproveitável total do imóvel."[250] Além disso, também deverão ser consideradas obras e serviços relevantes a abertura

---

[246]   Gustavo Tepedino, *Comentários ao Código Civil*: direito das coisas, vol. 14. São Paulo: Saraiva, 2011, p. 259.

[247]   Gustavo Tepedino, *Comentários ao Código Civil*: direito das coisas, vol. 14. São Paulo: Saraiva, 2011, pp. 259-260.

[248]   Marco Aurelio S. Viana, *Comentários ao Código Civil*, vol. XVI, 2ª ed., Rio de Janeiro: Forense, 2004, p. 50.

[249]   Gustavo Tepedino, Heloisa Helena Barboza, Maria Celina Bodin de Moraes, *Código Civil Interpretado conforme a Constituição da República*, vol. III, Rio de Janeiro: Renovar, 2014, p. 512.

[250]   Marco Aurelio S. Viana, *Comentários ao Código Civil*, vol. XVI, 2ª ed., Rio de Janeiro: Forense, 2004, p. 52.

CAPÍTULO VII | MODOS DE AQUISIÇÃO DE BENS IMÓVEIS

de estradas, a construção de casas, escolas e moradias, a instalação de praças e equipamentos urbanos, bem como qualquer outra benfeitoria realizada pelos possuidores que se destinem ao uso dos que ali residam e trabalhem.

O § 5º do artigo 1.228 estabelece, em complemento, requisito específico da acessão inversa, qual seja, o pagamento de indenização, pelos possuidores, ao proprietário do terreno. Assim, preenchidos os requisitos examinados acima, caberá aos possuidores, em adição, o pagamento da indenização para que o bem se consolide em seu domínio.[251] O arbitramento do justo valor, porém, nem sempre se mostra simples, pois, como bem observa a doutrina, o terreno se desvaloriza justamente em decorrência da ocupação irregular.[252] Além disso, as benfeitorias e construções realizadas pelos possuidores não deverão, naturalmente, ser consideradas quando do arbitramento do valor da indenização.

Justa indenização – requisito específico para a aquisição do domínio

Finalmente, preenchidos os requisitos do § 4º e paga a justa indenização prevista no § 5º, a ação reivindicatória movida pelo proprietário será julgada improcedente e a sentença valerá como título para registro do bem em nome dos possuidores, que se tornam proprietários, em condomínio e a título originário, do imóvel.[253]

Releva, ainda, analisar se se afigura possível a ocorrência da exceção de posse e da acessão invertida social sobre terrenos públicos dominicais. Nada faz supor que tais bens estariam imunes aos institutos em questão, vez que devem, igualmente, talvez até por maiores razões, cumprir sua função social. Diga-se entre parênteses que o próprio artigo 101 do Código Civil admite sejam alienados esses bens dominicais, desde que cumpridos os requisitos legais. Note-se, ainda, que as vedações constantes dos artigos 183, § 3º, e 191, parágrafo único, quanto à aquisição de bens públicos por usucapião não se aplicam justamente por não consistir a acessão invertida social em modalidade de usucapião.[254] Esse entendimento restou consagrado no Enunciado 304, aprovado na IV Jornada de Direito Civil promovida pelo Conselho da Justiça Federal e que possui a seguinte dicção: "São aplicáveis as disposições dos §§ 4º e 5º do art. 1.228 do Código Civil às ações reivindicatórias relativas a bens públicos dominicais, mantido, parcialmente, o Enunciado 83 da I Jornada de Direito

Viabilidade da exceção de posse e da acessão invertida social sobre terrenos públicos dominicais

---

251   Sobre o ponto, relevante a remissão ao Enunciado 308, aprovado na IV Jornada de Direito Civil do Conselho da Justiça Federal: "A justa indenização devida ao proprietário em caso de desapropriação judicial (art. 1.228, § 5º) somente deverá ser suportada pela Administração Pública no contexto das políticas públicas de reforma urbana ou agrária, em se tratando de possuidores de baixa renda e desde que tenha havido intervenção daquela nos termos da lei processual. Não sendo os possuidores de baixa renda, aplica-se a orientação do Enunciado 84 da I Jornada de Direito Civil". Enunciado 84: "A defesa fundada no direito de aquisição com base no interesse social (art. 1.228, §§ 4º e 5º, do novo Código Civil) deve ser argüida pelos réus da ação reivindicatória, eles próprios responsáveis pelo pagamento da indenização".

252   Sílvio de Salvo Venosa, *Código Civil comentado*: direito das coisas, posse, direitos reais, propriedade, arts. 1.196 a 1.368, vol. XII, São Paulo: Atlas, 2003, p. 218.

253   Gustavo Tepedino, *Comentários ao Código Civil*: direito das coisas, vol. 14. São Paulo: Saraiva, 2011, p. 265.

254   Gustavo Tepedino, *Comentários ao Código Civil*: direito das coisas, vol. 14. São Paulo: Saraiva, 2011, p. 265.

Civil, no que concerne às demais classificações dos bens públicos". Assim, restou superado o Enunciado 83[255] no que toca aos bens públicos dominicais, mantendo-se a negativa de aplicação da acessão invertida social em relação às demais espécies de bens públicos.

PROBLEMAS PRÁTICOS

1. A propriedade imóvel pode ser adquirida por usucapião especial urbana, se preenchidos todos os requisitos para tanto, mesmo que a posse se exerça sobre parte da unidade imobiliária que não logre alcançar a metragem mínima do módulo proprietário urbano estabelecida na legislação municipal competente?

2. Quais os efeitos produzidos pela sentença de usucapião? Qual a relevância de se levar a sentença a registro?

  Acesse o *QR CODE* e veja a Casoteca.
> htttps://uqr.to/1pc8g

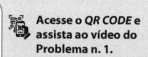 Acesse o *QR CODE* e assista ao vídeo do Problema n. 1.
> htttps://uqr.to/owl8

---

[255] Enunciado 83: "Nas ações reivindicatórias propostas pelo Poder Público, não são aplicáveis as disposições constantes dos §§ 4º e 5º do art. 1.228 do novo Código Civil."

Capítulo VIII
MODOS DE AQUISIÇÃO DE BENS MÓVEIS

Sumário: 1. Tradição – 2. Usucapião – 2.1. Noções gerais – 2.2. Usucapião ordinária – 2.3. Usucapião extraordinária – 2.4. Aplicação do regime da usucapião de bens imóveis aos bens móveis – 3. Ocupação – 4. Achado do tesouro – 5. Especificação – 6. Da confusão, da comistão e da adjunção – Problemas práticos.

1. TRADIÇÃO

Na esteira do Direito Romano, para o direito brasileiro o negócio jurídico não é suficiente à transferência da propriedade, limitando-se a produzir efeitos obrigacionais. Consequentemente, a celebração de contrato de compra e venda confere ao adquirente o direito de exigir o cumprimento da obrigação específica (dar coisa certa) contida no negócio jurídico.[1]

Conceito de tradição

A produção de efeitos reais, por sua vez, subordina-se à publicidade do negócio translativo (que deu causa à transferência), de modo a conferir segurança jurídica à relação estabelecida. Exige-se, para tanto, a prática de ato jurídico solene[2] posteriormente à realização do negócio,[3] identificado consoante a natureza do bem jurídico considerado. No caso de bens imóveis, exige-se a transcrição do título aquisitivo no cartório do registro de imóveis (CC, arts. 1.245 a 1.247); para a transferência de

---

[1] Pontes de Miranda, *Tratado de Direito Privado*, t. 15, cit., p. 241. Confira-se, ainda, J. M. Carvalho Santos, *Código Civil Brasileiro Interpretado*, vol. VIII, cit., pp. 276-277.
[2] A esse respeito, Washington de Barros Monteiro lembra que a tradição "é para os bens móveis o que a transcrição representa para os imóveis. Costuma-se dizer até, a propósito, que a transcrição constitui tradição solene" (*Curso de Direito Civil*, cit., p. 200).
[3] Ebert Chamoun, *Direito Civil: Aulas do 4º Ano...*, cit., p. 77.

propriedade bens móveis basta a tradição[4] entendida como o "ato de entrega da coisa ao adquirente, transformando a declaração translatícia de vontade em direito real".[5]

Hipóteses em que há necessidade de formalidades especiais para aquisição de bens móveis

Por tudo isso, caracteriza-se a tradição como constitutiva da propriedade móvel a título *inter vivos*[6] e derivado, uma vez que converte o direito de crédito do adquirente em direito real de propriedade. Trata-se, ainda, de ato jurídico causal, pois se vincula ao título translatício originário, e somente opera a transferência da propriedade no âmbito de suas forças, e mediante a validade formal e material do título. Constitui-se, portanto, em pressuposto fático da tradição o título hábil a operar a transferência.[7]

Por vezes, todavia, a tradição não confere a publicidade e a segurança necessárias à relação estabelecida, pelo que o ordenamento jurídico exige formalidades especiais para a aquisição de certos bens móveis. É o que se passa, por exemplo, em relação à transferência de ações nominativas, para qual se exige termo lavrado no livro de "Transferência de Ações Nominativas", consoante dispõe o § 1º do artigo 31, da Lei n. 6.404/1976 (Lei das Sociedades por Ações).[8]

Elementos da tradição

Conforme já se observou, a tradição consiste na entrega material da coisa ao adquirente do domínio. Com efeito, afigura-se elemento material da tradição, além do *tradens* e do *accipiens*, a efetiva entrega e recebimento do bem móvel. Não é, todavia, qualquer translação da posse que caracteriza a tradição, como modo aquisitivo da propriedade. O elemento material há de ser acompanhado do elemento subjetivo, consubstanciado na intenção do *tradens* e do *accipiens* de, respectivamente, transferir e adquirir o domínio.[9] Consequentemente, sem o *animus tradendi*, há o que

---

[4] Lafayette Rodrigues Pereira, *Direitos das Coisas*, vol. I, cit., pp. 161-162. No mesmo diapasão, v. também Clovis Bevilaqua, *Código Civil dos Estados Unidos do Brasil Comentado*, cit., p. 129.

[5] Caio Mário da Silva Pereira, *Instituições de Direito Civil*, vol. IV, cit., p. 170.

[6] Na transmissão *causa mortis*, os bens que compõem a herança são transferidos aos herdeiros desde a morte, em razão da *saisine*, a despeito da tradição (art. 1.784 do CC). Note-se, ainda, que mesmo no âmbito dos negócios jurídicos *inter vivos*, a lei pode criar exceções à exigência de tradição quando o ato de transferência já tenha solenidade suficiente para dar publicidade à translação do domínio, como se passa na hipótese de casamento pelo regime da comunhão universal de bens (Clovis Bevilaqua, *Código Civil dos Estados Unidos do Brasil Comentado*, vol. III, cit., p. 130).

[7] Orlando Gomes, *Direitos Reais*, cit., p. 207. Também já na lição de Lafayette: "Se o contrato ou ato que serve de título é nulo ou proibido por lei, a tradição se reduz a um puro fato material, inábil para transferir domínio" (*Direito das Coisas*, vol. I, cit., p. 172).

[8] "Art. 31. A propriedade das ações nominativas presume-se pela inscrição do nome do acionista no livro de 'Registro de Ações Nominativas' ou pelo extrato que seja fornecido pela instituição custodiante, na qualidade de proprietária fiduciária das ações. § 1º A transferência das ações nominativas opera-se por termo lavrado no livro de 'Transferência de Ações Nominativas', datado e assinado pelo cedente e pelo cessionário, ou seus legítimos representantes". A respeito, observa José Edwaldo Tavares Borba: "Estabelece a lei (art. 31) que a propriedade é presumida em função do registro, isto porque, tal como acontece com o registro de imóveis, se o título de que decorre o registro for nulo ou viciado, este também o será, podendo ser desconstituído" (*Direito Societário*, cit., pp. 250-251).

[9] Por essa razão, afirma-se que "no direito brasileiro, a tradição é fundada no acordo de transmissão da propriedade *mais* a entrega-tomada simples, ou *mais* o acordo de transmissão possessória" (Pontes de Miranda, *Tratado de Direito Privado*, t. 15, cit., p. 239).

se designa tradição nua (*nuda traditio*), isto é, mera transferência da posse, a exemplo do que se passa entre comodante e comodatário, locador e locatário.[10]

Por vezes, todavia, perfaz-se a tradição sem a efetiva transferência material da coisa pelo adquirente do domínio. Designam-se tais hipóteses *tradição ficta*, a fim de se diferenciá-las da tradição ordinária, denominada *real*.[11]

Modalidades de tradição

O Direito Romano já admitia "formas espiritualizadas" de transferência da posse, como (i) a *traditio symbolica*, pela qual se entregava ao adquirente coisa que simbolizasse aquela que, efetivamente, se desejava transferir, como as chaves de um armazém para representar a transferência das mercadorias nele depositadas; (ii) a *traditio longa manu*, utilizada para mostrar, à distância, o imóvel cuja propriedade era objeto de transferência; (iii) a *traditio brevi manu*, que ocorria quando o adquirente, que já era detentor da coisa, passava a possuí-la como proprietário pela simples vontade do alienante; (iv) o *constitutum possessorium*, pelo qual o proprietário deixava de possuir a coisa como sua e passava a detê-la em nome do adquirente; e (v) a *traditio tacita*, que tinha lugar quando, com a simples conclusão do contrato de *societas omnium bonorum* (sociedade de todos os bens), sem necessidade de entrega material, as coisas dos sócios se tornavam comuns a todos.[12]

No direito contemporâneo, parte daquela classificação perdeu importância. De fato, não se pode cogitar, por exemplo, à luz do direito civil brasileiro, de *traditio longa manu*, uma vez que a transferência de bens imóveis não se opera por simples tradição.

Com efeito, dá-se a tradição ficta nas hipóteses indicadas no parágrafo único do artigo 1.267 do Código Civil, ou seja, "quando o transmitente continua a possuir pelo constituto possessório; quando cede ao adquirente o direito à restituição da coisa, que se encontra em poder de terceiro; ou quando o adquirente já está na posse da coisa, por ocasião do negócio jurídico".

Tradição ficta

Considera-se constituto possessório a aquisição e perda da posse sem a transferência material da coisa. O alienante perde a posse embora mantenha consigo a coisa, como detentor, em nome do adquirente, o qual se torna possuidor sem a apreensão material do bem adquirido.[13] Ou seja: o vendedor passa a deter a coisa em nome do adquirente, tornando-se mero detentor, e transfere a posse ao adquirente, que passa a ser possuidor.[14] Em termos práticos, apesar da ausência de contato físico com a coisa adquirida, o *accipiens* passa a exercer plenamente a posse desde o

Constituto possessório

---

[10] J. M. Carvalho Santos, *Código Civil Brasileiro Interpretado*, vol. VIII, cit., p. 276. No mesmo sentido, v., ainda, Lafayette Rodrigues Pereira, *Direito das Coisas*, vol. I, cit., p. 166.

[11] Confira-se, a respeito da distinção entre tradição real e tradição ficta, Darcy Bessone, *Direitos Reais*, cit., p. 159.

[12] José Carlos Moreira Alves, *Direito Romano*, vol. I, cit., p. 340.

[13] Sobre o ponto, v. Darcy Bessone, segundo o qual o constituto possessório opera "a transmissão da posse por efeito de contrato, ainda que sem a substituição efetiva do transmitente pelo adquirente na posse" (*Direitos Reais*, cit., p. 158).

[14] Assim, leciona Darcy Bessone que, pelo constituto possessório, "o possuidor transfere a posse a outra pessoa, passando à condição de detentor. Continua a coisa em seu poder, porém não mais a título de *posse*, mas já a título de simples *detenção*" (*Direitos Reais*, cit., p. 282). No mesmo sentido,

momento da celebração do negócio jurídico no qual está presente o constituto possessório, daí decorrendo a percepção de frutos e a proteção possessória.[15]

O constituto possessório, que normalmente se inclui em contratos de compra e venda, configura tradição convencional,[16] pois resulta, necessariamente, de cláusula contratual, que não se presume. Há de ser, portanto, expressa, ou resultar de cláusula da qual se possa inferir implicitamente o ajuste.[17]

Distinção entre constituto possessório e cláusula *constituti*

Note-se, ainda, que, na prática do tabelionato, designa-se cláusula *constituti* avença singular e distinta do constituto possessório. Costuma-se utilizar a expressão para designar a cláusula que contempla, além do constituto possessório, em si considerado, também o desdobramento da posse, por manifestação de vontade do adquirente e novo possuidor, de modo a conferir a posse direta ao vendedor – seja a título de locação, comodato, prazo para desocupação a título gratuito ou oneroso, e assim por diante – e conservando a posse indireta com o adquirente. Trata-se, portanto, de duas previsões autônomas, posto que contidas, de ordinário, na mesma cláusula. O constituto possessório não produz, por si só, o desdobramento da posse, traduzindo ao revés a simples aquisição e perda da posse, de modo a conferir, conseguintemente, ao vendedor, despido da posse, a detenção sobre a coisa em nome do adquirente, que se torna possuidor. Já com a cláusula *constituti*, agrega-se à perda da posse suscitada pela tradição ficta o apossamento convencional do alienante, não já como proprietário, mas como possuidor direto em decorrência da autorização conferida pelo adquirente. Deixa o alienante de ser detentor e se torna possuidor direto como manifestação contratual do poder fático sobre a coisa exercido pelo adquirente.

Cessão ao adquirente do direito à restituição do bem em poder de terceiro

Prevê o parágrafo único do artigo 1.267 do Código Civil, como segunda hipótese de tradição ficta, a cessão ao adquirente do direito à restituição da coisa, que se encontra em poder de terceiro. Trata-se de situação em que a coisa se encontra na posse direta de terceiro – locatário, depositário etc. –, pelo que não se afigura possível sua entrega material ao adquirente. Por conseguinte, entende-se que a mera cessão do direito de requerê-la produz os mesmos efeitos da tradição real, a transferir ao adquirente a posse indireta da coisa. Tem-se, pois, como pressuposto desta espécie de tradição ficta a titularidade da posse indireta da coisa por parte do alienante, que

---

v. STJ, 4ª T., REsp 173.183/TO, Rel. Min. Ruy Rosado de Aguiar, julg. 1.9.1998, publ. *DJ* 19.10.1998; e TJRJ, AI 2005.002.14461, 8ª C.C., Rel. Des. José Carlos Paes, julg. 4.5.2006.

[15] Darcy Bessone, *Direitos Reais*, cit., p. 282. Cf. STJ, 3ª T., REsp. 21.125/MS, Rel. Min. Dias Trindade, julg. 11.5.1992, publ. *DJ* 15.6.1992, p. 9267.

[16] Segundo J. M. Carvalho Santos, são requisitos que caracterizam o constituto possessório: "1º) a vontade do possuidor atual de não mais possuir para ele e de possuir para outro; 2º) a vontade deste de ter a coisa para si; 3º) a relação de causalidade necessária entre esses dois fatos" (*Código Civil Brasileiro Interpretado*, vol. VII, cit., p. 66).

[17] Confira-se, ainda, Pontes de Miranda, *Tratado de Direito Privado*, t. 15, cit., p. 276, em que admite a instituição de constituto possessório por cláusula implícita, mas não tácita. Veja-se, a respeito do tema, STF, 2ª T., RE 24.708/SP, Rel. Min. Orosimbo Nonato, julg. 8.1.1954, publ. *DJ* 11.11.1954, p. 13849 e STF, 1ª T., RE 65.681/GB, Rel. Min. Aliomar Baleeiro, julg. 20.2.1973, publ. *DJ* 13.4.1973, p. 2391.

a transfere ao adquirente. Se o alienante já houvesse perdido a posse indireta, por circunstância fática, não poderia, à evidência, transferi-la ao adquirente.

Com efeito, a cessão do direito de restituição habilita o *accipiens* a reaver o bem móvel no tempo devido, caso não seja restituído segundo as normas contratuais que legitimam a posse direta do terceiro.[18] Uma vez que se trata de cessão de direito das coisas, com eficácia real, não se faz necessária qualquer notificação ao terceiro, que conserva, a seu turno, todas as objeções e exceções que poderia opor ao alienante.[19]

Subentende-se, finalmente, ter havido tradição, quando o adquirente já estiver na posse da coisa no momento da translação da propriedade. A entrega material antecede, portanto, à vontade de transferir o domínio. Por outras palavras, no momento em que se deu a transmissão da posse, o cedente não tinha a intenção de transferir o domínio, o que ocorre posteriormente. Desse modo, com o intuito de evitar que a coisa retorne às mãos do alienante para, novamente, regressar ao adquirente, o Código Civil reputa perfeita a tradição, subentendendo-a como se houvesse sido efetivamente realizada.

Traditio brevi manu

Ao lado de tais espécies de tradição ficta, admite-se, ainda, a tradição simbólica,[20] pela qual a entrega da coisa ocorre mediante a colocação à disposição do adquirente de elemento que represente a coisa transferida. A título ilustrativo, pode-se dizer que a entrega pelo alienante das chaves do armazém onde se encontra a mercadoria equivale à transferência ao adquirente do poder de fato sobre a coisa alienada. Trata-se de hipótese que, tendo caído em desuso segundo a advertência de Clovis Bevilaqua,[21] traduz a transferência material da coisa pela entrega de objeto que a simboliza.[22]

Tradição simbólica

Por tratar-se de negócio jurídico, a tradição requer, para sua validade, capacidade do agente, forma legal e licitude do objeto (CC, art. 104).[23] Como ato causal,[24] sua validade depende, ainda, da legitimidade do fato jurídico que lhe deu origem, a configurar declaração de vontade – como no contrato de compra e venda –, ou ato judicial – a arrematação ou adjudicação, por exemplo.[25] Por isso mesmo, a doutrina alude a três requisitos essenciais da tradição: capacidade do agente, transferência, e

Requisitos da tradição

---

[18] J. M. Carvalho Santos, *Código Civil Brasileiro Interpretado*, vol. VIII, cit., p. 281.

[19] Pontes de Miranda, *Tratado de Direito Privado*, t. 15, cit., p. 287.

[20] Considera-se em doutrina a tradição simbólica como terceira espécie de tradição, ao lado da real e da ficta: Caio Mário da Silva Pereira, *Instituições de Direito Civil*, vol. IV, cit., p. 171. De outra parte, autores há que situam a tradição simbólica como espécie de tradição ficta. Nesta direção, Darcy Bessone (*Direitos Reais*, cit., p. 159).

[21] Clovis Bevilaqua, *Direito das Coisas*, vol. I, cit., p. 247.

[22] Confira-se a seguinte decisão proferida pelo STF, em que se procura distinguir o constituto possessório da tradição simbólica: STF, 2ª T., RE 14.235/MG, Rel. Min. Orosimbo Nonato, julg. 8.9.1950, publ. *DJ* 12.10.1950, p. 9324.

[23] Francisco de Paula Lacerda de Almeida, *Direito das Coisas*, cit., pp. 167-168.

[24] Pontes de Miranda afirma que "a transmissão pela tradição é, pois, baseada em negócio jurídico bilateral; nem o acordo a perfaria, nem a perfaria, sozinha, a entrega (tradição, *sensu stricto*)" (*Tratado de Direito Privado*, t. 15, cit., p. 241).

[25] Lafayette Rodrigues Pereira, *Direito das Coisas*, vol. I, cit., pp. 171-172.

justa causa.[26] A justa causa significa, portanto, a validade do título subjacente à tradição, ou seja, a causa da transferência dominial. O vício eventualmente identificado no negócio jurídico comunica-se à tradição, e a torna do mesmo modo viciada. Daí por que o § 2º do artigo 1.268 do CC dispõe que a tradição não transfere a propriedade "quando tiver por título um negócio jurídico nulo". A tradição, para produzir o efeito translatício da propriedade, pressupõe a titularidade do domínio por parte do alienante. A ninguém é dado transferir mais direitos do que possui; se não é dono, o suposto alienante não poderá transferir o domínio.[27] Sob o regime anterior, considerava-se nula a venda a *non domino*, que apenas se revalidaria pela posterior aquisição da coisa pelo alienante e desde que o adquirente estivesse de boa-fé, ou seja, ignorasse a ausência de titularidade do *tradens*.[28] Na codificação atual, embora se mantenha a regra, não se cogita de *revalidação* senão de posterior produção dos efeitos da transferência anteriormente realizada por quem, àquela altura, não tinha legitimidade para tanto. Não se trata, pois, de negócio nulo, mas ineficaz para a transferência do domínio.[29]

Ineficácia da venda a non domino para transferir a propriedade

A rigor, como a tradição é ato causal, segue o mesmo destino do fato jurídico a que se vincula: feita por quem não seja proprietário, mostra-se ineficaz para a transferência da propriedade. Todavia, a posterior aquisição do domínio pelo alienante permite que a tradição produza todos os seus efeitos desde o momento em que foi realizada.[30] Embora a venda *a non domino* seja ineficaz para transferir o domínio, não se pode considerá-la inteiramente inábil à produção de efeitos. Isso porque, se há tradição, transfere-se a posse da coisa ao adquirente, efeito que não depende evidentemente da transferência da propriedade, a instaurar situação fática da qual poderá resultar, inclusive, transcorrido o prazo legal, a aquisição do domínio pelo possuidor.[31] A boa ou má-fé do adquirente apenas importará para a determinação do tempo necessário para a usucapião.[32]

Transferência da posse como efeito da venda a non domino

O Código Civil inovou em relação ao diploma civil anterior, ao ampliar a proteção ao terceiro de boa-fé que adquire coisa móvel oferecida ao público em leilão ou estabelecimento comercial. Em tal circunstância, a aquisição, posto que *a non domi-*

Hipótese de eficácia da venda a non domino

---

26. San Tiago Dantas, *Programa de Direito Civil: Direito das Coisas*, vol. III, cit., p. 152; v., ainda, Caio Mário da Silva Pereira, *Instituições de Direitos Civil*, vol. IV, cit., p. 170.

27. Tal preceito remonta ao Direito Romano, em que a venda *a non domino* era incapaz de transferir a propriedade, ainda que o adquirente desconhecesse o vício (Martin Wolff *et alii*, *Tratado de Derecho Civil: Derecho de Cosas*, t. 3, vol. I, cit. p. 402).

28. Eduardo Espínola, *Posse, Propriedade, Compriedade ou Condomínio, Direitos Autorais*, cit., pp. 386-388; Vicente Ráo, *Ato Jurídico*, São Paulo: Max Limonad, 1961, pp. 200-201.

29. Caio Mário da Silva Pereira, *Instituições de Direito Civil*, vol. III, Rio de Janeiro, Forense: 2007, pp. 179-180.

30. Pontes de Miranda, *Tratado de Direito Privado*, t. 15, cit., p. 251. V. tb. TJSP, Ap. Cív. 17.735, Rel. Des. Tácito Morbach de Góes Nobre, julg. 15.8.1942, publicada na Revista dos Tribunais nº 145, p. 19).

31. Caio Mário da Silva Pereira, *Instituições de Direito Civil*, vol. III, cit., p. 179. Assim já reconhece, há muito, a jurisprudência (v. por todos TJRS, Ap. Cív. 500419866, 2ª C.C., Rel. Des. Manoel Celeste dos Santos, julg. 15.9.1982).

32. Pontes de Miranda, *Tratado de Direito Privado*, t. 15, cit., p. 254.

no, transfere a propriedade. Trata-se de aplicação da teoria da aparência, por meio da qual se tutela a legítima confiança do adquirente e a segurança das relações jurídicas, a permitir que a venda a *non domino* produza, com o passar do tempo, os mesmos efeitos que decorreriam da alienação realizada pelo legítimo titular da coisa.

A teoria da aparência procura, assim, resolver o problema da dissonância entre a vontade e a produção de efeitos dos atos jurídicos. Isso porque, na aparência de direito, há manifestação de vontade emanada a partir de situação fática aparente que não corresponde à situação jurídica real, a provocar dissonância entre os efeitos almejados e aqueles que efetivamente poderiam ser produzidos a partir da disfarçada realidade. Todavia, em homenagem à boa-fé do adquirente e à confiança nele despertada por situação aparentemente válida, desconsidera-se o vício decorrente da falsa titularidade do alienante e se reconhece eficácia às declarações de vontade que formam o conteúdo do ato.[33]

Há, inevitavelmente, sacrifício do verdadeiro titular do direito de propriedade, que sofrerá os efeitos da conduta do titular aparente. O ordenamento jurídico optou por tutelar a justificada confiança do adquirente que se fiou na aparência em detrimento do real legitimado, a quem restará propor ação em face do alienante pelas perdas e danos que lhe causou.[34] Efeito da venda
a non domino

De toda sorte, a aplicação da teoria da aparência se subordina à verificação de três pressupostos cumulativos bem definidos. O primeiro é a própria aparência de direito: deve existir situação fática cercada por circunstâncias tais que permitam entendê-la como de direito.[35] Os dois outros se referem ao adquirente da coisa móvel, que deve estar de boa-fé e incorrer em erro escusável.[36] Pressupostos
para a aplicação
da teoria da
aparência nos
casos de venda *a*
non domino de
bem móvel

Exige-se, pois, do adquirente, boa-fé subjetiva na aquisição do bem móvel. Significa dizer a convicção que anima seu espírito quanto à titularidade do direito pelo alienante erige-se como pressuposto subjetivo para que a venda *a non domino* produza os mesmos efeitos da venda por quem de direito. Tal convicção, todavia, deve resultar de erro escusável, que não se confunde com o erro-vício disciplinado pelos arts. 138 a 144 do Código Civil, em razão dos diferentes efeitos que produzem: quando configurado como vício do consentimento, o erro tem o condão de anular o negócio jurídico, ao passo que o erro aqui considerado é invocado para sanar a ilegalidade da contratação, conferindo validade e eficácia a venda a *non domino* cujo alienante ostentava aparência de proprietário da coisa.[37]

Aponta-se, ainda, um quarto pressuposto necessário à proteção jurídica da aparência. Trata-se da conduta culposa ou omissiva do verdadeiro titular do direito que

---

[33] Vicente Ráo, *Ato Jurídico*, cit., p. 233.

[34] Carlos Nelson Konder, *A Proteção pela Aparência como Princípio, in* Maria Celina Bodin de Moraes (coord.), *Princípios do Direito Civil Contemporâneo*, Rio de Janeiro: Renovar, 2006, p. 115.

[35] Carlos Nelson Konder, *A Proteção pela Aparência como Princípio*, cit., p. 125.

[36] Vicente Ráo, *Ato Jurídico*, cit., p. 243.

[37] Carlos Nelson Konder, *A Proteção pela Aparência como Princípio*, cit., p. 126.

contribui para que a aparente titularidade pareça legítima.[38] No comum dos casos, o real titular dispõe de meios jurídicos para impedir que terceiros disponham de seus direitos, razão pela qual sua omissão em fazê-lo impõe-lhe o ônus de respeitar o negócio realizado em confiança na aparência.[39]

A confirmar tal assertiva o dispositivo em exame prevê, ainda, ulterior e específico pressuposto para a aplicação da teoria da aparência à venda *a non domino*: a coisa deve ser oferecida ao público, em leilão – não necessariamente judicial – ou estabelecimento comercial. Em tais circunstâncias, amplia-se a publicidade da venda, ampliando-se a possibilidade de controle por parte do legítimo proprietário. Tamanha publicidade sugere a omissão deste e torna mais verossímil que o alienante seja, de fato, proprietário do bem, sendo o adquirente induzido a acreditar que aquela aparente titularidade corresponda à verdadeira titularidade, a justificar, assim, a confiança do comprador em relação à legalidade da procedência da coisa.[40]

Ineficácia da tradição em razão da nulidade do negócio jurídico causal

O § 2º do artigo 1.268 do Código Civil repete a regra que constava do parágrafo único do artigo 622 do Código de 1916: se o negócio jurídico translatício da propriedade móvel é nulo, a tradição dele decorrente, como ato causal, não produz os efeitos translatícios da propriedade, apesar da transferência da posse, como acima mencionado, efeito autônomo que com aqueles não se confundem. Inexiste, nessa hipótese, a causa translatícia da propriedade, a impedir que a tradição opere a transmissão do domínio.

2. USUCAPIÃO

2.1. Noções gerais

Aquisição da propriedade de bem móvel por usucapião

A usucapião de bem móvel justifica-se pelo mesmo fundamento e submete-se aos mesmos requisitos da usucapião de bem imóvel. Trata-se do modo pelo qual se adquire a propriedade móvel em razão da manutenção, ininterrupta e sem oposição, da posse em nome próprio,[41] pelo tempo estabelecido em lei. Opera-se a aquisição, consoante o dispositivo em exame, no prazo de três anos se houver justo título e boa-fé – usucapião ordinária. Na ausência de tais requisitos, adquire-se o domínio da coisa móvel no prazo de cinco anos – usucapião extraordinária.

Como se vê, os prazos exigidos para a usucapião de bens móveis são menores do que aqueles estabelecidos para os imóveis, embora a diferença entre móveis e imóveis já não seja tão expressiva quanto o era sob a égide do Código de 1916. A exiguidade

---

[38] A respeito do referido pressuposto no âmbito da representação aparente, confira-se Gustavo Tepedino, *Comentários ao Novo Código Civil*, vol. X, Rio de Janeiro: Forense, 2008, p. 9.

[39] Vicente Ráo, *Ato Jurídico*, cit., p. 244.

[40] Marco Aurélio S. Viana, *Comentários ao Novo Código Civil*, vol. XVI, cit., pp. 183-184.

[41] Todavia, mostra-se significativa, na jurisprudência, a influência da teoria subjetiva da posse, a exigir não a posse em nome próprio, mas o *animus domini*. Confira-se, nesse sentido, os seguintes julgados: STJ, 3ª T., REsp. 247.345/MG, Rel. Min. Nancy Andrighi, julg. 4.12.2001, publ. *DJ* 25.3.2002, p. 272; TJRJ, 18º C.C., Ap. Cív. 200700165585, Rel. Des. Luis Felipe Salomão, julg. 29.4.2008; TJMG, 17ª C.C., Ap. Cív. 2.0000.00.481129-6, Rel. Des. Eduardo Mariné da Cunha, julg. 12.5.2005; TJRS, 13ª C.C., Ap. Cív. 70013234133, Rel. Des. Ângela Terezinha de Oliveira Brito, julg. 14.12.2006.

dos prazos se justifica no interesse da segurança das transações negociais,[42] tendo o legislador procurado facilitar, justamente, a convalescença das aquisições irregulares do domínio mobiliário.[43] Isso porque, ao contrário dos bens imóveis, a apreensão da coisa móvel, por parte do possuidor, mostra-se mais ostensiva, intensificando-se a visibilidade do domínio em favor de quem se encontra na posse.[44]

A propósito, vigora no Direito francês a regra contida no artigo 2.279 do *Code*: "*En fait de meubles, la possession vaut titre*". Pela letra do Código francês, portanto, o possuidor de coisa móvel é reputado proprietário, mesmo nas hipóteses de alienação *a non domino*, a menos que o proprietário tenha sido privado do bem em virtude de roubo ou perda.[45]

O Direito brasileiro afastou-se, todavia, desse modelo, e adotou orientação segundo a qual, em virtude do direito de sequela inerente à senhoria, a reivindicação alcança tanto bens imóveis como móveis que se encontrem na posse de terceiro adquirente, esteja o possuidor de boa ou má fé.[46] Desse modo, no regime anterior, a alienação de coisa móvel *a non domino* revelava-se inteiramente ineficaz para a transferência do domínio, e o terceiro adquirente, ainda que de boa-fé, apenas poderia adquirir o respectivo direito de propriedade por meio da usucapião (CC/1916, art. 622,).[47] No sistema atual, o artigo 1.267 do Código Civil amplia a proteção do adquirente de boa-fé de bens móveis, intensificando a presunção de domínio em favor do possuidor, embora não de maneira absoluta.

Assim como os bens imóveis, não podem ser objeto de usucapião os bens públicos móveis, por expressa vedação da Constituição da República (CF/1988, arts. 183 e 191). Sublinhe-se, ainda, que as coisas móveis abandonadas são adquiridas instantaneamente pelo possuidor por meio da ocupação.

Não podem ser usucapidos os bens públicos móveis

2.2. Usucapião ordinária

Conforme já se afirmou, a usucapião ordinária exige, além do decurso do prazo de três anos ininterruptos, boa-fé do possuidor e justo título. O Código Civil reproduziu substancialmente o preceito correspondente na codificação anterior. Suprimiu-se o parágrafo único do artigo 618 do Código Civil de 1916, segundo a qual "não gera usucapião a posse, que não se firme em justo título, bem como a inquinada,

Requisitos para aquisição de bem móvel por usucapião ordinária

---

[42] Como ressaltado por Lafayette Rodrigues Pereira, sob a vigência do Código Civil de 1916, submeter os bens móveis aos prazos mais longos da usucapião imobiliária sujeitaria "o tráfego da vida comum a dificuldades e incertezas injustificáveis" (*Direito das Coisas*, vol. I, cit, p. 232).

[43] San Tiago Dantas, *Programa de Direito Civil: Direito das Coisas*, vol. III, cit., p. 148.

[44] Ebert Chamoun, *Direito Civil: Aulas do 4º Ano...*, cit., p. 75.

[45] Henri Mazeaud, Léon Mazeaud e Jean Mazeaud, *Leçons de Droit Civil*, vol. II, t. 2, Paris: Montchrestien, 1994, 8e. édition, pp. 267 e ss. A regra também vigora no direito italiano, por força do disposto no artigo 1.153 do Código Civil.

[46] San Tiago Dantas, *Programa de Direito Civil: Direito das Coisas*, vol. III, cit., p. 149. No mesmo sentido, Ebert Chamoun, *Direito Civil: Aulas do 4º Ano...*, cit., p. 76.

[47] Washington de Barros Monteiro, *Curso de Direito Civil*, vol. III, cit., p. 198. Na mesma direção, no direito português, Durval Ferreira, *Posse e Usucapião*, Coimbra: Almedina, 2003, 2ª ed., p. 457.

original ou supervenientemente, de má-fé". Com efeito, a exigência de boa-fé durante todo o prazo prescritivo para a aquisição da propriedade por usucapião ordinária decorre do sistema, dispensando-se preceito específico.[48]

No que tange ao justo título, como a transmissão da propriedade mobiliária não requer a transcrição do respectivo título em registro público, identifica-se com o próprio negócio jurídico capaz, em tese, de transmitir a propriedade da coisa móvel, embora inábil, por defeito intrínseco, de produzir o efeito perseguido, tal como o contrato de compra e venda ou de doação.[49]

2.3. Usucapião extraordinária

Requisitos para aquisição de bem móvel por usucapião extraordinária

Na usucapião extraordinária, não se exige boa-fé do possuidor, tampouco justo título. Não se trata de presumir a existência desses requisitos, mas de efetivamente dispensá-los, de modo a privilegiar o maior lapso de tempo em que o bem se mantém na posse do usucapiente.

Ampliação da gama de bens móveis sujeitos à usucapião

Nos últimos tempos, ampliou-se a gama de bens móveis sujeitos à usucapião. Exemplo relevante do movimento de expansão tem-se no intenso debate travado na virada do século XXI sobre o direito de uso de linha telefônica. Contra tal possibilidade objetara-se que, por se tratar de direito pessoal, sobre o qual não se exerce posse, o direito de uso de linha telefônica não poderia ser objeto de usucapião.[50] O Superior Tribunal de Justiça, todavia, reconhecendo a natureza real do referido direito de uso de linha telefônica, encerrou a controvérsia,[51] unificando seu entendimento nestes termos: "o direito de uso de linha telefônica pode ser adquirido por usucapião".[52] A perspectiva pela qual o STJ cuidou da matéria contribuiu decisivamente para abrir caminho ao reconhecimento do exercício da posse, e de sua aquisição, sobre bens imateriais.

2.4. Aplicação do regime da usucapião de bens imóveis aos bens móveis

Aplicação à usucapião de bens móveis das regras da usucapião de bens imóveis

O artigo 1.262 do Código Civil estende, mais uma vez, o regime jurídico da usucapião de bens imóveis à usucapião de bens móveis, mantendo tratamento unitário quanto à acessão da posse e às causas de impedimento, suspensão e interrupção

---

[48] Orlando Gomes, *Direitos Reais*, cit., p. 196.

[49] Darcy Bessone, *Direitos Reais*, cit., p. 171. Consoante o Enunciado n. 86 da I Jornada de Direito Civil promovido pelo Centro de Estudos Judiciários do Conselho da Justiça Federal: "A expressão 'justo título' contida nos arts. 1.242 e 1.260 do CC abrange todo e qualquer ato jurídico hábil, em tese, a transferir a propriedade, independentemente de registro".

[50] TJRJ, Ap. Cív. 1991.001.00005, 6ª C.C., Rel. Des. Mel Serra, julg. 23.4.1991; TJRJ, Ap. Cív. 1995.001.00929, 2ª C.C., Rel. Des. Thiago Ribas Filho, julg. 6.6.1995; TJRJ, Ap. Cív. 1995.001.00071, 6ª C.C., Rel. Des. Luiz Carlos Perlingeiro, julg. 18.4.1995.

[51] STJ, 3ª T., REsp. 24.410/SP, Rel. Min. Dias Trindade, julg. 4.5.1993, publ. *DJ* 31.5.1993; STJ, 3ª T.; STJ, 4ª T., REsp. 57.110/MG, Rel. Min. Sálvio de Figueiredo Teixeira, julg.: 28.5.1996, publ. *DJ* 1.7.1996; STJ, 4ª T., REsp. 64.627/SP, Rel. Min. Ruy Rosado de Aguiar, julg. 14.8.2005, publ. *DJ* 25.9.1995.

[52] Enunciado n. 193, de 6 de agosto de 1997, da Súmula do STJ. A respeito da possibilidade de usucapião da linha telefônica, Arnaldo Rizzardo, *Direito das Coisas*, cit., p. 365.

do prazo prescricional. Por conseguinte, pode o possuidor da coisa móvel unir sua posse à do antecessor para os efeitos da usucapião, desde que as posses sejam ininterruptas e pacíficas.[53] Transferem-se ao sucessor, também aqui, as características da posse do antecessor.

3. OCUPAÇÃO

A ocupação é o modo de aquisição originária por excelência. O Direito Romano sintetizou precisamente essa ideia em conhecido brocardo: *Quod enim nullius est, id ratione naturali occupanti conceditur*,[54] ou seja, a coisa sem dono pertence, por direito natural, ao ocupante. Na lição clássica de Clovis Bevilaqua, "ocupação é a tomada de posse de uma coisa sem dono, com a intenção de adquiri-la para si. Ou, atendendo mais à linguagem da lei, é o modo original de adquirir, pelo qual alguém se assenhoreia de coisa sem dono".[55] O autor condiciona a ocupação a três pressupostos: i) agente capaz; ii) objeto sem dono; iii) ato de apreensão reconhecido como forma adequada de aquisição da propriedade.[56]

Conceito de ocupação

Entretanto, tem-se criticado a exigência da capacidade do agente, já que se mostra perfeitamente possível que alguém sem vontade juridicamente qualificada (criança ainda sem capacidade de fato, por exemplo) possa ocupar determinado bem, bastando, para tanto, o mero discernimento em relação à sua condição de possuidor, ou seja, a *vontade possessória*.[57] Não se deve perquirir, portanto, o *animus* do ocupante de incorporar a coisa ao seu patrimônio, como se tal aquisição representasse negócio jurídico, a exigir capacidade de fato do agente.[58] Melhor considerar que a essência da ocupação reside, simplesmente, "na apropriação de coisa sem dono pelo simples fato, acrescenta-se, de apreendê-la possuindo como própria".[59]

Requisitos para a ocupação

A ocupação circunscreve-se exclusivamente aos bens móveis, já que não se cogita de bens imóveis sem titularidade dominial, pública ou particular.[60] Discute-se, para além dessas hipóteses, se são passíveis de ocupação os bens de uso comum, como as águas dos rios e dos mares (*res communis omnium*), cuja titularidade recai sobre pessoa jurídica de direito público.[61] Entende-se, de um lado, que as coisas de uso comum

Possibilidade de ocupação de parte de um bem de uso comum

---

[53] J. M. Carvalho Santos, *Código Civil Brasileiro Interpretado*, vol. VIII, cit., p. 275. Tal extensão da regra da acessão da posse no caso de usucapião mobiliária acarretou críticas por parte da doutrina já na vigência do Código Civil de 1916. Assim, Virgílio de Sá Pereira, *Manual do Código Civil Brasileiro*, vol. VIII, Rio de Janeiro: Jacinto Ribeiro dos Santos Editor, 1929, p. 382.

[54] Digesto de Justiniano, Liv. XLI, Tít. 1, fr. 3, pr.

[55] Clovis Bevilaqua, *Código Civil dos Estados Unidos do Brasil Comentado*, vol. III, cit., p. 109.

[56] Clovis Bevilaqua, Código Civil dos Estados Unidos do Brasil Comentado, vol. III, cit., p. 109.

[57] Pontes de Miranda, *Tratado de Direito Privado*, t. 15, cit., p. 33.

[58] Ebert Chamoun, *Direito Civil: Aulas do 4º Ano...*, cit., p. 31; Pontes de Miranda, *Tratado de Direito Privado*, t. 15, cit., p. 33.

[59] Caio Mário da Silva Pereira, *Instituições de Direito Civil*, vol. IV, cit., p. 159.

[60] No sistema brasileiro, até 18 de setembro de 1850, o Decreto 1.865 permitia a ocupação de imóveis sem proprietários. Neste ponto, Ebert Chamoun, *Direito Civil: Aulas do 4º Ano...*, cit., pp. 81-82.

[61] Hely Lopes Meirelles, *Direito Administrativo Brasileiro*, cit., p. 524. Assim, afastam-se as águas de uso comum das águas comuns, vez que estas últimas consideram-se *res nullius*, sem titularidade pública ou privada.

poderiam ser ocupadas parcialmente, mas não no todo,[62] como se dá "quando alguém apanha um pouco d'água no rio público".[63] Afirma-se, em contrapartida, que, destacada a parte do todo, tem-se coisa distinta do bem comum, e não uma sua parte, pelo que não haveria ocupação parcial.[64] Assim, a água do balde retirada do rio para ser usada em um aquário, por exemplo, não importaria a ocupação de parte do rio, pois ao ser dele retirada, a água deixa de ser rio, e torna-se coisa diferente do todo.[65]

A rigor, a controvérsia parece mais terminológica do que conceitual. Evidentemente, não há como negar que a água em um balde difere, do ponto de vista funcional, da água de um rio. Todavia, o que importa para a análise em tela é a qualificação da coisa anteriormente à sua apropriação: se a água do balde proveio de um rio, afigura-se inquestionável, para todos os efeitos legais, que houve assenhoramento de coisa que, antes da apropriação, integrava bem de uso comum, e o regime jurídico aplicável à espécie é o da ocupação.[66]

4. ACHADO DO TESOURO

Conceito de tesouro

Considera-se tesouro o depósito antigo e oculto de coisa móvel preciosa, cujo dono se desconheça.

O preceito contido no artigo 1.264 do Código Civil tem aplicação supletiva, incidindo na hipótese em que, à míngua de convenção entre o proprietário e achador, o tesouro é encontrado por acaso, sem que o agente intencionasse descobri-lo.

Não significa, todavia, que a casualidade se constitua em elemento essencial para qualificação do tesouro; a maneira pela qual se descobre a coisa preciosa se afigura indiferente para essa finalidade. O aspecto intencional assume relevância, tão somente, para efeitos de atribuição da propriedade, suprindo a ausência de acordo entre os interessados.

Disciplina jurídica

Encontrado o tesouro pelo proprietário, ou por funcionário encarregado desse propósito, a coisa descoberta pertencerá, por inteiro, ao dono do prédio. Todavia, se aquele mesmo funcionário encontrar coisa preciosa por acaso, isto é, enquanto executava tarefa diversa da busca por tesouro, caber-lhe-á metade de seu valor, nos termos do artigo 1.264 do Código Civil.[67]

O Código se refere, no artigo 1.264, à circunstância de achar-se o tesouro casualmente, a fim de distingui-la da situação na qual o indivíduo, sem autorização do dono do terreno, procura intencionalmente por coisa preciosa, hipótese em que a nada terá direito, acedendo os bens encontrados ao patrimônio do proprietário do

---

[62] Washington de Barros Monteiro, *Curso de Direito Civil*, vol. III, cit., p. 188.
[63] Clovis Bevilaqua, *Direito das Coisas*, vol. I, cit., p. 226.
[64] Confiram-se, nesse sentido: Carvalho Santos, *Código Civil Brasileiro Interpretado*, vol. VIII, cit., pp. 211-212; Marco Aurélio S. Viana, *Comentários ao Novo Código Civil*, vol. XVI, cit., p. 171.
[65] San Tiago Dantas, *Programa de Direito Civil: Direito das Coisas*, vol. III, cit., pp. 281-282.
[66] Virgílio de Sá Pereira, *Manual do Código Civil Brasileiro*, vol. VIII, cit., pp. 331-333.
[67] Washington de Barros Monteiro, *Curso de Direito Civil: Direito das Coisas*, vol. III, cit., p. 192.

CAPÍTULO VIII | MODOS DE AQUISIÇÃO DE BENS MÓVEIS   173

terreno. Trata-se de mecanismo para desencorajar a pesquisa de tesouros, uma vez que "ninguém tem o direito de invadir propriedade alheia, para escavar o solo em busca de tesouro que supõe ali enterrado".[68] Tal solução legislativa visa a desestimular o ingresso em propriedade alheia na busca deliberada por preciosidades, a servir de medida preventiva em favor de sua inviolabilidade.[69]

Trata ainda o Código Civil do achado de tesouro em terreno aforado. Conceitua-se enfiteuse como "direito real e perpétuo de possuir, usar e gozar de coisa alheia e de empregá-la na sua destinação natural sem lhe destruir a substância, mediante pagamento de um foro anual invariável".[70] Tal modalidade de direito real, que se encontrava disciplinada nos arts. 678 e seguintes do Código Civil de 1916, tornou-se objeto de constantes críticas da doutrina, sobretudo por entendê-la obsoleta e ultrapassada, razão pela qual não foi incluída no atual rol de direitos reais constante do artigo 1.225 do Código Civil.[71] A fim de preservar direitos adquiridos (CF, art. 5º, XXXVI) e estabelecer regime de transição até que sejam completamente extintas, o artigo 2.038 do Código Civil subordinou as enfiteuses constituídas sob a égide da legislação anterior à disciplina estabelecida pelo Código Civil de 1916. Vedou-se, no entanto, cobrança de laudêmio ou prestação análoga nas transmissões do bem aforado sobre o valor das construções ou plantações, bem como constituição de subenfiteuse.

Encontrado tesouro em local objeto de enfiteuse – constituída, portanto, anteriormente à entrada em vigor do novo Código Civil – ao foreiro (enfiteuta), e não ao senhorio da coisa, cabe metade do valor do bem. A regra se justifica pelo fato de o foreiro ser o titular do domínio útil, responsável pela utilidade econômica do imóvel.

5.   ESPECIFICAÇÃO

A especificação é o modo pelo qual se adquire o domínio a partir da transformação de matéria-prima, total ou parcialmente alheia, em espécie nova, não restituível ao estado anterior[72].

Noção de especificação

Indispensável, portanto, que a manipulação de matéria-prima (ao menos) em parte de outrem resulte no desenvolvimento de espécie nova, assim considerada aquela que não existia anteriormente e que possa ser autonomamente considerada, a exemplo da escultura que se talha no mármore, da pintura que se imprime na tela e do desenho que se cria no papel. Não caracteriza espécie nova coisa reparada, consertada ou resultante da separação de partes integrantes. Tampouco o é aquela sub-

---

[68]   Orlando Gomes, *Direitos Reais*, cit., p. 203.

[69]   J. M. Carvalho Santos, *Código Civil Brasileiro Interpretado*, vol. VIII, cit., p. 253.

[70]   Caio Mário da Silva Pereira, *Instituições de Direito Civil*, vol. IV, cit., p. 258. A respeito do conceito de enfiteuse, Ebert Chamoun, *Direito Civil: Aulas do 4º Ano...*, cit., p. 171.

[71]   Orlando Gomes, *Memória justificativa do Anteprojeto de reforma do Código Civil*, in Código Civil: Anteprojetos, Brasília: Senado Federal, Subsecretaria de Edições Técnicas, 1989, p. 198.

[72]   "Art. 1.269. Aquele que, trabalhando em matéria-prima em parte alheia, obtiver espécie nova, desta será proprietário, se não se puder restituir à forma anterior."

metida a singela modificação. Em todos esses casos, falta a alteração de identidade caracterizadora da especificação,[73] vez que não ocorrem o surgimento de espécie nova e o desaparecimento da matéria que lhe deu origem.

Requisitos

Ao lado disso, exige-se que a transformação da matéria-prima resulte de ação humana, de ato real do homem – ainda que pela utilização de máquinas ou processos químicos – e não de acontecimento acidental, estranho à sua vontade.[74] Isso porque constitui função precípua do instituto tutelar prioritariamente o trabalho humano em detrimento do material utilizado, a corroborar sua destacada importância social em razão, sobretudo, da capacidade criadora do homem, suas habilidades artísticas, inventivas etc.[75]

Aduza-se, ainda, que a criação de nova espécie há de ser insuscetível de restituição à forma anterior. Desse modo, a possibilidade de desfazimento das alterações impede a aquisição da propriedade da coisa pelo especificador, que será conferida ao dono da matéria-prima. Todavia, se o valor da mão de obra exceder consideravelmente o da matéria, ao especificador se atribui a propriedade da espécie nova, ainda que redutível à forma originária e independentemente da boa ou má-fé do especificador.[76]

Por outro lado, a possibilidade de restituição à forma anterior deve ser analisada não apenas do ponto de vista material, mas também econômico. A restituição antieconômica, cujo dispêndio não possa ser recuperado pelo valor do novo bem resultante da especificação, torna inviável a recuperação da matéria-prima originária, equivalendo à impossibilidade de restituir.[77]

Natureza jurídica

Controverte-se, desde o Direito Romano, acerca da natureza jurídica da especificação.[78] Alguns chegaram a considerá-la modalidade de acessão.[79] Os institutos, todavia, não se confundem; a acessão implica incorporação de uma coisa à outra, ao passo que a especificação pressupõe a *transformação* da matéria-prima em espécie nova.[80] Entende-se por matéria-prima o conjunto de elementos empregados para elaboração da coisa nova. Assim, a cana-de-açúcar que se transforma em açúcar, o mármore em que se forja a estátua, a tela em que se pinta o quadro, o tecido com que se faz o vestido.

O artigo 1.269 do Código Civil não considera elemento do suporte fático da aquisição da propriedade a boa-fé do especificador. Vale dizer, se o especificador

---

[73]   J. M. Carvalho Santos, *Código Civil Brasileiro Interpretado*, vol. VIII, cit., p. 257.

[74]   Caio Mário da Silva Pereira, *Instituições de Direito Civil*, vol. IV, cit., p. 167.

[75]   Caio Mário da Silva Pereira, *Instituições de Direito Civil*, vol. IV, cit., p. 167.

[76]   Orlando Gomes, *Direitos Reais*, cit., p. 205. Assim também Clovis Bevilaqua, *Código Civil dos Estados Unidos do Brasil Comentado*, vol. III, cit., p. 124; Carvalho Santos, *Código Civil Brasileiro Interpretado*, vol. VIII, cit., p. 261.

[77]   Gustavo Tepedino, O Regime da Especificação e seus Reflexos na Transferência de Propriedade em Contrato de Empreitada. In: *Revista Trimestral de Direito Civil, Soluções práticas de direito: pareceres – relações obrigacionais e contratos*, 2012.

[78]   Ebert Chamoun relata que se controvertia, até mesmo, acerca do aspecto aquisitivo da propriedade que hoje se atribui ao instituto (*Instituições de Direito Romano*, cit., p. 247). No mesmo sentido, José Carlos Moreira Alves, *Direito Romano*, vol. I, cit., p. 329.

[79]   Arnoldo Wald, *Direito Civil: Direito das Coisas*, vol. IV, cit., p. 191.

[80]   Ebert Chamoun, *Direito Civil: Aulas do 4º Ano...*, cit., p. 94ª: "especificação não é acessão. Consiste antes em dar forma nova a uma matéria-prima alheia".

obrou em matéria parcialmente própria, não assume importância para atribuição da propriedade ao especificador sua ciência, ou não, acerca da titularidade alheia de parte da matéria-prima. A propriedade lhe é assegurada desde que não restituível à forma anterior, hipótese em que fica obrigado a indenizar a matéria-prima a seu anterior proprietário, nos termos do artigo 1.271 do Código Civil. Evita-se, deste modo, o enriquecimento sem causa do especificador e prestigia-se a reunião de seu esforço laboral com a propriedade de parte da matéria-prima empregada.[81]

O artigo 1.270 do Código Civil, por sua vez, estabelece regra para o caso em que a matéria-prima pertence integralmente a terceiros.[82] Ao contrário da situação anterior, em que parte da matéria-prima pertence ao especificador e sequer se cogita de sua boa-fé para lhe conferir a propriedade da espécie nova irrestituível à forma original, aqui a aquisição da propriedade se condiciona à sua ignorância acerca da titularidade alheia de toda a matéria-prima empregada. O especificador de boa-fé deverá apenas indenizar o proprietário pela utilização da matéria-prima.

Comprovada, todavia, a má-fé do especificador, configura-se provavelmente a materialidade da apropriação indébita, ou de um furto, suscetível de punição na esfera penal. Em tal hipótese, atribui-se a propriedade da espécie nova ao dono da matéria-prima, ainda que não restituível ao estado anterior.[83]

Má-fé do especificador é suscetível de punição na esfera penal

Se a coisa pode ser remodelada à forma originária, desfaz-se a controvérsia quanto à aquisição da propriedade, preservando-se as titularidades originárias. A propriedade do material empregado será do seu dono, ainda que o especificador esteja de boa-fé. O especificador será, então, indenizado se houver proveito para o proprietário dos materiais, salvo, nos termos do artigo 1.271 do Código Civil, em caso de má-fé. Aliás, mesmo nesta última hipótese, se impraticável a redução, e a despeito da literalidade do aludido artigo 1.271, não seria de se excluir a indenização em favor do especificador de má-fé para se evitar enriquecimento sem causa,[84] quando a espécie nova, embora não possuindo valor consideravelmente superior ao da matéria-prima – a invocar o § 2º do preceito em análise –, representar valor patrimonial relevante, a ser incorporado ao patrimônio do dono do material empregado.

---

[81]   Darcy Bessone, *Direitos Reais*, cit., p. 194.

[82]   "Art. 1.270. Se toda a matéria for alheia, e não se puder reduzir à forma precedente, será do especificador de boa-fé a espécie nova. § 1º Sendo praticável a redução, ou quando impraticável, se a espécie nova se obteve de má-fé, pertencerá ao dono da matéria-prima. § 2º Em qualquer caso, inclusive o da pintura em relação à tela, da escultura, escritura e outro qualquer trabalho gráfico em relação à matéria-prima, a espécie nova será do especificador, se o seu valor exceder consideravelmente o da matéria-prima."

[83]   Clovis Bevilaqua, *Código Civil dos Estados Unidos do Brasil Comentado*, vol. III, cit., p. 124. Carvalho Santos critica a solução legislativa: "Mas a razão não convence. Pois bastava fosse o especificador obrigado a pagar o valor da matéria-prima, embora de má-fé, ou ainda alguma indenização, pois, em muitos casos, isso conviria mais às exigências industriais e, pois, aos interesses econômicos e sociais" (*Código Civil Brasileiro Interpretado*, vol. VIII, cit., p. 260).

[84]   Tal entendimento se coaduna com a afirmação, encontradiça em doutrina, de que as regras enunciadas pelo legislador para as diversas hipóteses de especificação se relacionam com o princípio que veda o enriquecimento sem causa. Por todos, cite-se Clovis Bevilaqua, *Código Civil dos Estados Unidos do Brasil Comentado*, vol. III, cit., p. 124.

Análise funcional da possibilidade de restituição da obra

A possibilidade de restituição da obra à forma original não se deve restringir ao aspecto material, abrangendo, também, o aspecto funcional. De fato, o Código Civil estabelece, no § 2º do artigo em exame, que a espécie nova será do especificador, ainda que redutível à forma anterior e a despeito de sua eventual ciência acerca da titularidade do material utilizado, se seu valor for consideravelmente maior ao da matéria-prima.[85] Buscou-se, com a regra, não apenas estabelecer critério legal de atribuição da propriedade, mas garantir a preservação da espécie nova qualificada como obra de arte, a exemplo das pinturas e esculturas.[86] Prevalece, assim, o valor social do patrimônio cultural da sociedade, em detrimento do interesse econômico do proprietário da matéria-prima. Com efeito, "não é a inconveniência do dono do material ou a do especificador que se considera, mas a inconveniência que tem a coletividade, que quer a manutenção daquele objeto no seu estado atual".[87]

Valor da indenização

Preocupou-se o legislador em evitar o enriquecimento sem causa no âmbito da especificação.[88] Com efeito, caberá àquele que não ficar com a espécie nova, seja o especificador, seja o dono da matéria-prima, indenização pelo bem jurídico perdido.[89] Sendo assim, o valor da indenização há de abarcar não apenas o valor do material ou da mão de obra, mas qualquer dano decorrente da especificação. Imagine-se, como cogita Carvalho Santos, que alguém se obrigue a entregar determinadas moedas de ouro com certa margem de lucro. Suponha-se, ainda, que pela especificação efetuada por terceiro, as moedas tenham sido transformadas em joias, a provocar, assim, o descumprimento do aludido contrato. Com efeito, se a propriedade da coisa nova for transferida ao especificador, o dono das moedas deverá ser indenizado pelas moedas perdidas, pela obrigação que não pôde cumprir, e pelo lucro que deixou de ganhar.[90]

Hipóteses em que o especificador não adquire a propriedade da obra

O especificador não adquire a propriedade da obra em duas hipóteses: quando possível sua redução à forma anterior, ou se o agente obra de má-fé, ciente, portanto, da titularidade alheia da matéria-prima utilizada. De certo, se houver redução da obra à forma anterior, não haverá, propriamente, especificação. O proprietário das matérias-primas poderá recuperá-las, não devendo indenizar o especificador, eis que a forma original do bem jurídico foi restaurada.[91] Não haverá, do mesmo modo, indenização

---

[85]   Justus Wilhelm Hedemann, *Tratado de Derecho Civil: Derechos Reales*, vol. II, cit., p. 204.

[86]   Lodovico Barassi, *I diritti reali nel nuovo codice civile*, cit., p. 354.

[87]   San Tiago Dantas, *Programa de Direito Civil: Direito das Coisas*, vol. III, cit., p. 185.

[88]   "Art. 1.271. Aos prejudicados, nas hipóteses dos arts. 1.269 e 1.270, se ressarcirá o dano que sofrerem, menos ao especificador de má-fé, no caso do § 1º do artigo antecedente, quando irredutível a especificação." Pontes de Miranda, escrevendo na vigência do Código Civil de 1916, explica que se não existisse o artigo 613 da lei (dispositivo correspondente ao atual art. 1.271), o prejudicado pela especificação teria a ação de enriquecimento injusto (*Tratado de Direito Privado*, t. 15, cit., p. 140). Sob tal perspectiva, fundamentando o dispositivo no enriquecimento sem causa, veja-se, ainda, Sílvio de Salvo Venosa, *Código Civil Comentado*, vol. XII, cit., p. 308.

[89]   Clovis Bevilaqua, *Direito das Coisas*, vol. I, cit., p. 241.

[90]   J. M. Carvalho Santos, *Código Civil Brasileiro Interpretado*, vol. VIII, cit., p. 263.

[91]   Ebert Chamoun, *Direito Civil: Aulas do 4º Ano...*, cit., p. 95; Pontes de Miranda, *Tratado de Direito Privado*, t. 15, cit., p. 140; Orlando Gomes, *Direitos Reais*, cit., p. 205; Arnoldo Wald, *Direito Civil: Direito das Coisas*, vol. IV, cit., p. 192; Carvalho Santos, *Código Civil Brasileiro Interpretado*, vol. VIII, cit., p. 262, dentre outros.

CAPÍTULO VIII | MODOS DE AQUISIÇÃO DE BENS MÓVEIS 177

ao especificador, caso tenha agido de má-fé,[92] ainda que a espécie nova seja irredutível, sendo razoável presumir-se que à matéria-prima foi dado destino indesejável, o que, só por si, representa prejuízo para o seu dono. Além disso, a utilização de matéria-prima sabidamente alheia importa a prática de ilícito penal (furto ou apropriação indébita), e o ordenamento jurídico não haverá de estimular tal conduta, excluindo, em regra, a indenização pelo trabalho empregado na elaboração da coisa nova.

Entretanto, na hipótese de obra de elevado valor, a propriedade é atribuída ao especificador, conforme já se observou, independentemente da boa-fé. Nesse ponto, o legislador privilegia o valor cultural e econômico da espécie nova, a despeito da fé do especificador.[93] Uma vez estabelecida a propriedade em favor do especificador de má-fé, há que se estabelecer indenização àquele cuja matéria-prima serviu para a elaboração da obra de considerável valor artístico. E se assim é, não faria sentido excluir-se inteiramente a indenização ao especificador de má-fé cuja obra, de significativo valor, posto não tão extraordinário a ponto de deflagrar sua aquisição por quem especificou, venha a ser aproveitada pelo dono do material. A proibição do enriquecimento sem causa poderá ser invocada quando demonstrado o efetivo proveito econômico em favor do dono da matéria-prima.

Atribuição da propriedade ao especificador independentemente de boa-fé

6. DA CONFUSÃO, DA COMISTÃO[94] E DA ADJUNÇÃO

Designa-se *confusão* a mistura líquida de diferentes donos, sem possibilidade de separação. A *comistão*, por sua vez, consiste na mistura de coisas sólidas de diversos proprietários, sem que seja igualmente possível a segregação. A *adjunção*, por fim, constitui a justaposição de uma coisa à outra, também de diferentes proprietários, de tal maneira que não se possa afastá-las sem danificá-las.[95] Como exemplo de confusão, tem-se a mistura de vinhos diferentes; da comistão, a união de diversas qualidades de arroz e moedas; e de adjunção, a encadernação de livro. Tais institutos encontram-se disciplinados no artigo 1.272 do Código Civil.[96]

Conceito de confusão, comistão e adjunção

A rigor, a distinção teórica entre as três figuras carece de interesse prático, uma vez que todas se submetem à mesma disciplina.[97] Nas três hipóteses, as coisas mistu-

Disciplina

---

[92] Lafayette Rodrigues Pereira, *Direito das Coisas*, vol. I, cit., p. 147.

[93] Clovis Bevilaqua, *Direito das Coisas*, vol. I, cit., p. 242. No mesmo sentido, Melhim Namem Chalhub, *Curso de Direito Civil: Direitos Reais*, Rio de Janeiro: Forense, 2003, p. 97.

[94] A seção VI foi dedicada, por equívoco do legislador, à *comissão*, espécie contratual regulada pelos arts. 693 e ss. do Código Civil, e não ao tradicional instituto da *comistão*. A incorreção consta da publicação oficial do Código, à espera de projeto de lei que a altere. Para facilitar o leitor, o texto legal transcrito nestes Comentários refere-se à comistão, coerentemente com a disciplina aqui regulada.

[95] Orlando Gomes, *Direitos Reais*, cit., pp. 205-206.

[96] "Art. 1.272. As coisas pertencentes a diversos donos, confundidas, misturadas ou adjuntadas sem o consentimento deles, continuam a pertencer-lhes, sendo possível separá-las sem deterioração. § 1º Não sendo possível a separação das coisas, ou exigindo dispêndio excessivo, subsiste indiviso o todo, cabendo a cada um dos donos quinhão proporcional ao valor da coisa com que entrou para a mistura ou agregado. § 2º Se uma das coisas puder considerar-se principal, o dono sê-lo-á do todo, indenizando os outros." Ver J. M. Carvalho Santos, *Código Civil Brasileiro Interpretado*, vol. VIII, cit., pp. 267-268.

[97] Questiona, igualmente o interesse prático da distinção teórica entre as figuras, Orlando Gomes, *Direitos Reais*, cit., p. 205.

radas pertencem a distintos titulares, e se afigura inviável, física ou economicamente, sua separação. A rigor, se houvesse tal possibilidade, a questão não suscitaria dificuldades: separar-se-iam as coisas, que seriam devolvidas a seus respectivos titulares. Não sendo, todavia, viável a divisão dos materiais, coloca-se a questão acerca da propriedade do todo indiviso: a quem atribuí-la? Duas são as soluções possíveis: ou se estabelece sobre o bem uma espécie de condomínio entre os titulares das partes integrantes ou, sendo possível considerar uma das coisas misturadas como principal, atribui-se a seu dono a propriedade do todo.

Soluções diante da inviabilidade de divisão dos materiais

Na primeira hipótese, portanto, constitui-se um condomínio forçado, isto é, instituído por força de lei,[98] cuja disciplina consta dos arts. 1.322 e ss. do Código Civil. Aos condôminos tocará quinhão proporcional aos respectivos objetos com os quais contribuíram para a mistura.[99] Reconhece-se, todavia, ao coproprietário o direito de retirar-se do condomínio, recebendo, em contrapartida, indenização correspondente ao valor de sua quota-parte.

No segundo caso, por sua vez, adquire a propriedade da coisa indivisa, com exclusividade, o dono do bem jurídico principal. O proprietário da coisa acessória terá direito, por sua vez, à correspondente indenização. Assume especial relevância, nesse ponto, a definição do critério de determinação da coisa principal e da acessória. Em princípio, parece mais oportuno distinguir o bem principal em razão de sua maior importância. Trata-se, com efeito, de critério pouco objetivo, uma vez que a importância pode ser qualificada, também, por mecanismos diversos. Sendo assim, e à míngua de outro elemento funcional capaz de identificar a coisa de maior relevância para o todo, principal será aquela de maior valor.[100]

Confusão, comistão e adjunção como formas de acessão de móvel a móvel

Daí depreende-se, sem dificuldade, a natureza jurídica da confusão, da comistão e da adjunção: traduzem, todas elas, modos de aquisição da propriedade móvel. Costuma-se designá-las, inclusive, como formas de acessão de móvel a móvel.[101]

A lei pressupõe, ainda, que a mistura dos bens se implemente sem que para tanto concorram as vontades de seus titulares. Quer isso significar que o dispositivo "não pode ser aplicado senão quando a confusão, comistão ou adjunção é feita sem o comum acordo dos proprietários, porque, em caso contrário, a convenção é que prevalecerá entre as partes".[102]

---

[98] Esclarece Orlando Gomes, *Direitos Reais*, cit., pp. 246-247. Grifos do original.

[99] Clovis Bevilaqua, *Direito das Coisas*, vol. I, cit., p. 245. O direito francês adota sistema semelhante, conforme explica Henri Mazeaud, Léon Mazeaud e Jean Mazeaud, *Leçons de Droit Civil*, t. 1, cit., pp. 338-339.

[100] San Tiago Dantas, *Programa de Direito Civil: Direito das Coisas*, vol. III, cit., pp. 182-183.

[101] Orlando Gomes, *Direitos Reais*, p. 206. Corroborando o raciocínio, Clovis Bevilaqua qualifica a comistão, a adjunção e a confusão como espécies de acessão (*Código Civil dos Estados Unidos do Brasil Comentado*, vol. III, cit., p. 126). Em sentido contrário, J. M. Carvalho Santos argumenta que nos casos de comistão e confusão não há, propriamente, uma coisa principal e um bem acessório, mas apenas elementos misturados, um misto de coisas homogêneas em maior quantidade apenas (*Código Civil Brasileiro Interpretado*, vol. VIII, cit., p. 267).

[102] J. M. Carvalho Santos, *Código Civil Brasileiro Interpretado*, vol. VIII, cit., p. 268. No mesmo sentido, v., ainda, Washington de Barros Monteiro, *Curso de Direito Civil: Direito das Coisas*, vol. III, cit., p. 196.

CAPÍTULO VIII | MODOS DE AQUISIÇÃO DE BENS MÓVEIS

A aplicação das regras acerca da atribuição da propriedade do todo indiviso se condiciona à atuação de boa-fé dos respectivos titulares, isto é, ao desconhecimento de que se mescla, à coisa própria, coisa alheia. Por conseguinte, reconhecida a má-fé de um dos donos da parte acrescida, caberá à outra escolher entre renunciar à sua própria coisa ou adquirir a propriedade do todo, hipótese em que deverá ressarcir o agente que obrou de má-fé pelo valor da parte que lhe pertencia, sempre em homenagem à proibição do enriquecimento sem causa; qualquer que seja sua decisão, fará jus à indenização pelos danos sofridos.[103]

Regra de atribuição da propriedade na hipótese de má-fé de um dos donos da parte acrescida

Note-se, portanto, que o legislador adotou, aqui, disciplina diversa daquela prevista para a especificação: enquanto o especificador de má-fé pode perder a espécie nova sem ressarcimento, aquele que, maliciosamente, mistura o próprio com o alheio, recebe o valor correspondente à coisa que lhe pertencia, na hipótese de a outra parte optar por adquirir a propriedade do todo.[104] Desse montante, todavia, poderá a parte inocente abater eventual indenização que lhe seja devida em razão de possíveis danos decorrentes do ato malicioso.[105]

Abatimento do valor pela parte inocente

As diferentes soluções decorrem da distinção entre as noções de especificação e de acessão,[106] em cuja natureza jurídica se situam confusão, comistão e adjunção. Na especificação tem-se espécie nova diversa da matéria-prima que lhe deu origem, daí decorrendo que, em princípio, a adulteração indesejada de material alheio causa dano injusto a quem pretendia dar destino diverso ao objeto de sua titularidade, tornando por vezes inviável a sua utilização econômica. Já na acessão tem-se a ampliação da coisa por conta da agregação de material alheio, sem que de tal operação surja espécie nova. Daí parecer razoável ao legislador que o proprietário, ao optar por permanecer com a propriedade da coisa acrescida, agrega valor ao seu patrimônio, devendo ressarcir ao que perdeu a propriedade do material empregado.

Distinção entre acessão e especificação

No regime anterior, se da combinação de coisas de diversos proprietários resultasse espécie nova, previa-se a incidência das regras da especificação. Com a nova codificação, diante da remissão expressa do art. 1.274[107] aos arts. 1.272 e 1.273, imaginou-se que o legislador de 2002 houvesse preferido manter a questão no âmbito da normativa atinente à confusão, comistão e adjunção.[108] Assim, a disciplina da

---

[103] "Art. 1.273. Se a confusão, comistão ou adjunção se operou de má-fé, à outra parte caberá escolher entre adquirir a propriedade do todo, pagando o que não for seu, abatida a indenização que lhe for devida, ou renunciar ao que lhe pertencer, caso em que será indenizado."

[104] Washington de Barros Monteiro, *Curso de Direito Civil: Direito das Coisas*, vol. III, cit., p. 197.

[105] Embora o Código Civil de 1916 não fizesse menção expressa a tal redução, a ela se procedia em razão do princípio segundo o qual a indenização deve ser proporcional à extensão dos danos, atualmente previsto no artigo 944 do Código Civil.

[106] Confirma a distinção entre acessão e especificação San Tiago Dantas, *Programa de Direito Civil: Direito das Coisas*, vol. III, cit., p. 184.

[107] "Art. 1.274. Se da união de matérias de natureza diversa se formar espécie nova, à confusão, comissão ou adjunção aplicam-se as normas dos arts. 1.272 e 1.273." O legislador incorreu em erro redacional ao chamar de comissão o instituto da comistão, ora em tela.

[108] V. com este entendimento, Gustavo Tepedino. In: Antônio Junqueira de Azevedo (coord.), *Comentários ao Código Civil: direito das coisas*, vol. 14, São Paulo: Saraiva, 2011, p. 467 e Marco Aurélio S. Viana, *Comentários ao Novo Código Civil*, vol. XVI, cit., pp. 196-197.

especificação estaria circunscrita às hipóteses que lhe são próprias, em que alguém *trabalha* sobre matéria-prima parcial ou totalmente alheia, atribuindo-se especial relevância à atuação do especificador, seu labor e esforço pessoal.

Entretanto, a incidência das normas de especificação, no caso de surgimento de espécie nova, mostra-se mais consentânea com o sistema, já que, uma vez identificada espécie nova, autonomamente considerada, torna-se injustificada a incidência da disciplina da acessão, que pressupõe um todo único entre as espécies agregadas, em detrimento da especificação, a qual, por sua própria natureza, prestigia o valor laboral agregado à espécie nova, na medida em que a obra especificada se desprende do bem jurídico que lhe deu origem. Diante disso, verifica-se que o legislador do art. 1.274 incidiu em erro redacional, pretendendo se referir, a rigor, à disciplina da especificação, contida nos arts. 1.269 a 1.271, como no regime anterior.[109] De fato, se assim não fosse, restaria ociosa a norma do art. 1.274, não havendo necessidade de remissão à própria disciplina ali regulada. Além disso, ter-se-ia solução contraditória com a disciplina da especificação, cujo art. 1.269 prevê a aquisição da propriedade ao especificador desde que não se possa restituir o novo objeto à forma anterior. Vale dizer, no caso de possibilidade de restituição, aplica-se justamente as normas da confusão, comissão e da adjudicação, em absoluta coerência com a aplicação das normas da especificação no caso em que surja, da união de matérias de natureza diversa, espécie nova.

📝 PROBLEMAS PRÁTICOS

1. É possível a aquisição, por usucapião, de bens imateriais?
2. Disserte sobre os elementos e as modalidades da tradição.

---

[109] Nessa direção Francisco Eduardo Loureiro, Coisas. In: Cezar Peluso (coord.), *Código Civil Comentado: doutrina e jurisprudência*, Barueri (SP): Manole, 13ª ed., 2019, p. 1236, para quem: "Há novamente dois equívocos formais do legislador. O primeiro é mais uma vez grafar comissão o instituto da comistão. O segundo é a remissão aos arts. 1.272 e 1.273, quando, na verdade, o pretendido é a aplicação das regras da especificação, previstas nos arts. 1.269 a 1.271, anteriormente citados. É óbvio que o equívoco formal do legislador não impede a correta aplicação da lei pelo intérprete, pois a criação de coisa nova pela confusão, comistão ou adjunção caracteriza a figura da especificação, disciplinada por regras próprias. Com o mesmo entendimento, Flávio Tartuce, *Direito Civil: direito das coisas*, vol. 4, Rio de Janeiro: Forense, 2019, 11ª ed., p. 271: "Aqui, houve um erro de digitação na literalidade da norma, pois o dispositivo manda aplicar os arts. 1.272 e 1.273 da norma geral privada. Na verdade, como há o surgimento de uma espécie nova, o caso é de especificação, devendo ser aplicados os arts. 1.270 e 1.271 do CC".

Capítulo IX
PERDA DA PROPRIEDADE

Sumário: 1. Introdução – 2. Alienação – 3. Renúncia – 4. Abandono – 5. Perecimento do objeto – 6. Desapropriação – Problemas práticos.

1. INTRODUÇÃO

Acarretam a perda da propriedade a alienação, a renúncia, o abandono, o perecimento da coisa e a desapropriação, como preceitua o art. 1.275 do Código Civil[1]. Contudo, consoante o próprio dispositivo ressalva, outras causas há de perda da propriedade além daquelas aqui arroladas: a acessão, a especificação, e a usucapião, por exemplo, conduzem ao mesmo resultado. A rigor, a todas as formas de aquisição derivada da propriedade corresponde uma perda de titularidade. De qualquer modo, todas essas possibilidades hão de estar contempladas em lei, uma vez que não há perda lícita do domínio que dispense previsão legal.

Causas de perda da propriedade

No âmbito do dispositivo em exame, e no que concerne à vontade do proprietário, a alienação, a renúncia e o abandono constituem formas voluntárias de perda da propriedade, enquanto o perecimento e a desapropriação encerram formas involuntárias.[2]

---

[1] "Art. 1.275. Além das causas consideradas neste Código, perde-se a propriedade: I – por alienação; II – pela renúncia; III – por abandono; IV – por perecimento da coisa; V – por desapropriação. Parágrafo único. Nos casos dos incisos I e II, os efeitos da perda da propriedade imóvel serão subordinados ao registro do título transmissivo ou do ato renunciativo no Registro de Imóveis."

[2] Sílvio de Salvo Venosa, *Código Civil Comentado*, vol. XII, cit., p. 318.

2. ALIENAÇÃO

Conceito de alienação e elementos essenciais

Considera-se alienação a transmissão pelo proprietário em favor do adquirente de seu direito sobre a coisa. Perde o alienante, dessa forma, a título oneroso (venda, permuta) ou gratuito (doação), o direito de propriedade, mediante o exercício de uma das faculdades inerentes ao domínio, qual seja, o poder de disposição (*ius disponendi*).

Diversos são os elementos essenciais do conceito de alienação, especialmente: (i) do ponto de vista subjetivo, a coincidência entre a vontade de dispor do direito, por parte do alienante e a de se tornar seu titular, por parte do adquirente; (ii) do ponto de vista objetivo, a tradição, que pressupõe bem jurídico suscetível de transferência de domínio.

A tradição perfaz-se por meio de técnica distinta de acordo com a natureza imóvel ou móvel do bem alienado. Como os efeitos reais dos atos *inter vivos* de transferência de direitos reais sobre bens imóveis se subordinam ao registro do título no Cartório de Registro de Imóveis, e sobre bens móveis, à tradição propriamente dita, a perda da propriedade por alienação condiciona-se a tal elemento formal, para sua concretização.

3. RENÚNCIA

Conceito de renúncia e elementos essenciais

A renúncia consiste em ato pelo qual o proprietário declara, expressamente, sua determinação de despojar-se de seu direito, sem transferir a outrem sua titularidade. Por sua natureza abdicativa, é ato que não se presume. Não se exige, para sua efetivação, o abandono material da coisa. À eficácia da renúncia de bens móveis basta declaração explícita de tal propósito. No caso de imóvel, os efeitos da abdicação do exercício das faculdades inerentes ao domínio se subordinam à transcrição do ato renunciativo no respectivo Cartório de Registro de Imóveis.

Discute-se a indispensabilidade de escritura pública para a renúncia de bem imóvel. O Código Civil de 1916, em seu artigo 134, II, circunscrevia a exigência de escritura pública para os contratos constitutivos ou translativos de direitos reais. O Código de 2002, ao contrário, estabelece, no artigo 108, que, "não dispondo a lei em contrário, a escritura pública é essencial à validade dos negócios jurídicos que visem à constituição, transferência, modificação ou *renúncia* de direitos reais sobre imóveis de valor superior a trinta vezes o maior salário mínimo vigente no país" (grifou-se). Por outro lado, de ordinário, o proprietário que deseja renunciar ao bem acaba por abandoná-lo, e dificilmente formaliza sua intenção por escritura pública. Neste caso, contudo, não há renúncia, senão *abandono*, ou seja, o não uso com a intenção de não preservar a propriedade, embora sem manifestação declarada de disposição do bem. Para que se configure a *renúncia* à propriedade de imóvel, mostra-se imprescindível o elemento formal.[3]

Renúncia como ato unilateral

Diversamente da alienação, em que a perda da propriedade se correlaciona à sua aquisição por parte de outrem, na renúncia há somente abdicação do direito de pro-

---

[3]   Serpa Lopes, *Curso de Direito Civil: Direito das Coisas*, vol. VI, cit., p. 569.

CAPÍTULO IX | PERDA DA PROPRIEDADE 183

priedade, sem que haja beneficiário direto e necessário do ato renunciativo. Por conseguinte, inexiste, nessa hipótese, aceitação de quem quer que seja; o ato é unilateral.

Ainda pelo fato de perfazer-se unilateralmente, a renúncia é irrevogável e sempre admissível, a menos que dela decorram prejuízos a terceiros. A renúncia de herança em prejuízo a credores, por exemplo, torna-se ineficaz, facultando-se aos prejudicados aceitá-la (CC, art. 1.813).

4. ABANDONO

No abandono, ou derrelição, o proprietário se despoja do bem sem manifestar expressamente sua intenção. Percebe-se, pois, o abandono, a partir das circunstâncias fáticas, do comportamento do titular: afasta-se do exercício das faculdades inerentes ao domínio, desviriliza-se a posse, deixa-se de pagar os tributos que incidem sobre a coisa (§ 2º, art. 1.276, CC). Pode-se afirmar, portanto, que o abandono resulta de condutas que o indicam de maneira positiva.[4]

Conceito de abandono e elementos essenciais

No caso de bens móveis, o abandono se identifica com a derrelição, por meio da qual o proprietário se despoja do bem, com a intenção de abdicar do domínio.[5] Tratando-se de bem imóvel, por outro lado, a configuração do abandono afigura-se mais complexa.[6] Isso porque o não uso, só por si, não implica abandono do bem imóvel, sendo admissível, por exemplo, como forma especulativa de utilização do imóvel, com vistas à sua revenda em momento favorável do mercado.[7] Tal prerrogativa, todavia, não pode ser tomada como absoluta, conforme outrora se considerava; há que ser cotejada, necessariamente, com o princípio da função social da propriedade, de tal sorte que a inação apenas merecerá tutela do ordenamento jurídico se e enquanto atender à função econômica e social da propriedade.[8]

Abandono e função social da propriedade

De outra parte, sem declaração expressa de vontade, inexistirá qualquer registro da vontade declarada de abandonar no Cartório de Registro de Imóveis. Por conseguinte, não se produzem efeitos *erga omnes* no abandono de bens imóveis; diante de terceiros, proprietário continua a ser aquele que figura no registro.[9]

Assim como a renúncia, o abandono constitui ato unilateral.[10] Uma vez abandonada, a coisa permanece sem dono até que seja apossada por alguém. A apropriação de bens móveis regula-se pelo artigo 1.263 do Código Civil: "Quem se assenhorar de

---

[4]   Clovis Bevilaqua, *Código Civil dos Estados Unidos do Brasil Comentado*, vol. III, cit., p. 103.

[5]   Serpa Lopes, *Curso de Direito Civil: Direito das Coisas*, vol. VI, cit., p. 569.

[6]   A respeito do abandono da propriedade imóvel, STJ, REsp. 75.659/SP, 4ª T., Rel. Min. Aldir Passarinho Junior, julg. 21.6.2005.

[7]   Caio Mário da Silva Pereira, *Instituições de Direito Civil*, vol. IV, cit., p. 233; Carvalho Santos, *Código Civil Brasileiro Interpretado*, vol. VIII, cit., p. 201.

[8]   Francisco Eduardo Loureiro, *in* Cezar Peluso (coord.), *Código Civil Comentado*, cit., p. 1230. No mesmo sentido, Roberta Mauro, *A Propriedade na Constituição de 1988 e o Problema do Acesso aos Bens*, *in* Gustavo Tepedino e Luiz Edson Fachin (orgs.), *Diálogos sobre Direito Civil*, vol. II, cit., p. 48.

[9]   Sílvio de Salvo Venosa, *Direito Civil: Direitos Reais*, cit., p. 251.

[10]   Caio Mário da Silva Pereira, *Instituições de Direito Civil*, vol. IV, cit., p. 233.

coisa sem dono para logo lhe adquire a propriedade, não sendo essa ocupação defesa por lei". No que tange aos imóveis abandonados, qualquer pessoa pode apropriar-se; o ocupante adquire a posse, e não a propriedade, que se subordina ao transcurso do prazo prescricional. Se, todavia, remanescer abandonado o imóvel, sem que ninguém o utilize, poderá ser arrecadado pelo Estado, na forma do artigo 1.276.

Abandono de bem imóvel

A rigor, o artigo 1.276 do Código Civil disciplina, autonomamente, o abandono do bem imóvel, regulado no regime anterior no mesmo artigo referente às demais hipóteses de perda da propriedade[11]. Além da alteração topográfica, o legislador de 2002 inclui aposto reforçativo da noção de abandono, exigindo, para sua caracterização, "a intenção de não mais o conservar em seu patrimônio". De fato, não basta à sua configuração o não uso do bem pelo proprietário. A casa de praia cujo proprietário não a frequenta há mais de dois anos não há de ser considerada abandonada. Mas também não se exige manifestação expressa de vontade no sentido de se despojar do imóvel, o que encerraria, tecnicamente, renúncia. Ao abandono, portanto, faz-se necessário que o desprezo físico pela coisa seja acompanhado de sinais evidentes do ânimo de despojar-se do imóvel, isto é, de atos que indiquem de maneira inequívoca a intenção do proprietário de não ter mais o bem em seu patrimônio.[12]

Teoricamente, parece simples a configuração do abandono. Na prática, todavia, a questão torna-se complexa, dando azo a controvérsias. Com o objetivo de definir critério pragmático para a matéria, o § 2º do artigo 1.276 estabelece presunção absoluta de abandono diante de dois requisitos objetivos: cessação dos atos de posse e ausência de pagamento dos ônus fiscais relativos ao imóvel.[13]

Caracterizado o abandono e não estando o imóvel na posse de outro particular, deflagra-se o procedimento ordinário de arrecadação, com a publicação de editais para informar possíveis interessados.[14] O bem será, então, arrecadado como vago e o Estado se torna o seu possuidor. Note-se que a exigência legal de que o imóvel não esteja na posse de terceiros se justifica, uma vez que o interesse da Administração, ao arrecadar o bem, é evitar que este permaneça sem titular. A posse, como exercício de faculdade inerente ao domínio, exclui o perigo de ausência de titularidade, permitindo, após o decurso de certo período de tempo, a prescrição aquisitiva.

---

[11] "Art. 1.276. O imóvel urbano que o proprietário abandonar, com a intenção de não mais o conservar em seu patrimônio, e que se não encontrar na posse de outrem, poderá ser arrecadado, como bem vago, e passar, três anos depois, à propriedade do Município ou à do Distrito Federal, se se achar nas respectivas circunscrições. § 1º O imóvel situado na zona rural, abandonado nas mesmas circunstâncias, poderá ser arrecadado, como bem vago, e passar, três anos depois, à propriedade da União, onde quer que ele se localize. § 2º Presumir-se-á de modo absoluto a intenção a que se refere este artigo, quando, cessados os atos de posse, deixar o proprietário de satisfazer os ônus fiscais."

[12] Clovis Bevilaqua, *Código Civil dos Estados Unidos do Brasil Comentado*, vol. III, cit., pp. 102-103.

[13] Conforme aponta Francisco Eduardo Loureiro, o § 2º do art. 1.276 colaborou para a superação da "tradicional dificuldade de demonstrar o *animus abandonandi* do proprietário" (*in* Cezar Peluso (coord.), *Código Civil Comentado*, cit., p. 1229).

[14] Marco Aurélio S. Viana, *Comentários ao novo Código Civil*, vol. XVI, cit., pp. 203-205.

Se depois de três anos da arrecadação não houver reclamação por parte de qualquer pessoa, o bem imóvel, se rural, passará a integrar o patrimônio da União; se urbano, integrará o domínio do Município ou do Distrito Federal, de acordo com a circunscrição em que se encontrar. Houve, portanto, duas alterações importantes na disciplina adotada pela atual lei civil: a primeira se relaciona ao ente da Federação a adquirir a propriedade do imóvel abandonado, que passou a ser o Município, e não mais o Estado – salvo se se tratar de imóvel rural, a ser adquirido, então, pela União; a segunda diz respeito ao prazo necessário à incorporação do bem imóvel ao patrimônio público, reduzido de 10 para 3 anos.

Durante o referido período, existe tão somente expectativa de direito para a pessoa jurídica de direito público. Com efeito, nesse interregno, o bem objeto de arrecadação ainda não ingressou no patrimônio público e só será adquirido após o triênio. No entanto, discute-se em que momento ocorre a perda da propriedade pelo particular. De um lado, entende-se que o imóvel, uma vez arrecadado, torna-se *res derelicta*, ou seja, coisa de ninguém, embora possa ser tomado por terceiro, de modo a deflagrar os efeitos daí advindos, inclusive a contagem da prescrição aquisitiva.[15] De outro, sustenta-se que o proprietário original ainda mantém seu domínio sobre a coisa durante os três anos que antecedem a aquisição pelo Poder Público, podendo dar-lhe destinação econômica nesse interregno e, assim, obstar a sua perda.[16] Como os requisitos legais – a cessão dos atos possessórios e do pagamento dos tributos – não se configuram instantaneamente, exigindo, ao reverso, certo lapso temporal, o prazo de três anos serviria justamente para que consolidar o estado de abandono, que justifica a perda da propriedade.

Estabelece o § 2º do art. 1.276 do Código Civil, a presunção absoluta de abandono do imóvel quando o não uso se fizer acompanhar do não pagamento dos tributos reais. Buscou o legislador civil, por meio do dispositivo, concretizar o artigo 5º, XXIII da Constituição da República, segundo o qual toda propriedade deve atender à sua função social. O proprietário que, egoisticamente, deixa de usar seu imóvel e, ao mesmo tempo, não arca com os ônus fiscais devidos, que em última análise se destinam a políticas públicas de interesse da coletividade, não exerce a função social da propriedade e, em consequência, tem contra si estabelecida a presunção absoluta de abandono do bem.

Apesar de o dispositivo visar a conferir concretude à função social da propriedade, questiona-se, em sede doutrinária, sua constitucionalidade. Argumenta-se que a presunção absoluta estabelecida pelo legislador fere o texto constitucional por violar o princípio do devido processo legal (CF/1988, art. 5º, LIV), a vedação do

> Debate acerca da constitucionalidade do artigo 1.226, § 2º, do Código Civil

---

[15] Nessa direção, confira-se Silvio Rodrigues, *Direito Civil: Direito das Coisas*, vol. V, cit., p. 176. Assim também já entendia Lafayette Rodrigues Pereira: "A coisa abandonada se torna *res nullius* e pode ser novamente adquirida pelo primeiro ocupante" (*Direito das Coisas*, vol. I, cit., p. 297).

[16] Nesse sentido, v. Clovis Bevilaqua, *Código Civil dos Estados Unidos do Brasil Comentado*, vol. III, cit., p. 103. No mesmo sentido, Sílvio de Salvo Venosa, *Direito Civil: Direitos Reais*, cit., p. 261: "iniciado o processo de arrecadação, durante o prazo estipulado pela lei ainda pode o proprietário reivindicá-lo".

confisco (CF/1988, art. 150, IV), bem como ao princípio, decorrente da proteção da propriedade como garantia fundamental, segundo o qual somente a Constituição pode determinar a perda da propriedade sem a correspectiva indenização.[17]

A presunção afrontaria o devido processo legal na medida em que enseja a perda do domínio do imóvel sem que sejam observadas as garantias da ampla defesa e do contraditório, asseguradas constitucionalmente ao proprietário sempre que se pretenda privá-lo de seus bens.[18] Com efeito, por se tratar de presunção absoluta, o proprietário encontra-se impedido de agir em sua defesa, inclusive em juízo, uma vez que não se admite prova em contrário.[19]

A norma padeceria, também, de inconstitucionalidade por violar a regra do não confisco: como um dos pressupostos para a caracterização da situação de abandono seria o não pagamento de deveres fiscais, a norma estaria, por via indireta, estabelecendo a perda da propriedade privada para o Poder Público (sem a correlata indenização justa e prévia) com base na existência de ônus tributários, o que, em última análise, caracterizaria confisco proscrito constitucionalmente no artigo 150, IV.[20] Embora a definição da regra do não confisco não seja tarefa fácil para o intérprete, assevera-se que sua função residiria em impedir que o Poder Público violasse a propriedade privada, o que, no caso, se dá pela possibilidade de o Município – ou a União, de acordo com a hipótese – adquirir o domínio "pela simples paralisação do pagamento de tributos aliada à cessação da posse".[21] E a única e excepcional hipótese em que o ordenamento jurídico brasileiro admite o confisco encontrar-se-ia prevista no artigo 243 da Constituição da República, segundo o qual as terras onde se encontrem culturas ilegais de plantas psicotrópicas serão imediatamente expropriadas sem qualquer indenização ao proprietário.[22]

Aduz-se, ainda, que apenas a Constituição poderia criar hipóteses de perda da propriedade sem a devida retribuição. O § 2º do artigo 1.276 do Código Civil introduziria nova modalidade não contemplada pelo texto constitucional. Se o fundamento do dispositivo, consoante já se afirmou, reside na função social da propriedade, dever-se-ia, quando muito, aplicar à hipótese por ele aventada a sanção prevista pela Constituição da República para as situações em que a propriedade não é exercida

---

[17] Cristiano Chaves de Farias, "O calvário do § 2º do art. 1.276 do Código Civil: vida e morte de um malfadado dispositivo legal a partir de uma interpretação constitucional", in *Revista Trimestral de Direito Civil*, vol. XXX, abr.-jun./2007, pp. 16-24.

[18] Adolfo Mamoru Nishiyama, "A inconstitucionalidade do art. 1.276 do Novo CC e a Garantia do Direito de Propriedade", in *Revista de Direito Privado*, n. 18, São Paulo: Renovar, 2004, pp. 16-17.

[19] Com o objetivo de evitar a inconstitucionalidade do dispositivo por violação do devido processo legal, editou-se na III Jornada de Direito Civil, o Enunciado n. 242, segundo o qual "a aplicação do art. 1.276 depende do devido processo legal em que seja assegurado ao interessado demonstrar a não cessação da posse".

[20] Cristiano Chaves de Farias, "O calvário do § 2º do art. 1.276 do Código Civil", cit., p. 19.

[21] Cristiano Chaves de Farias, "O calvário do § 2º do art. 1.276 do Código Civil", cit., p. 20.

[22] A fim de compatibilizar o dispositivo em exame com o art. 150, IV da Constituição da República, editou-se, na III Jornada de Direito Civil, o Enunciado n. 243, de acordo com o qual "a presunção de que trata o § 2º do art. 1.276 não pode ser interpretada de modo a contrariar a norma-princípio do art. 150, IV, da Constituição da República".

CAPÍTULO IX | PERDA DA PROPRIEDADE 187

funcionalmente, isto é, a desapropriação (CF/1988, arts. 182, III e 184), na qual há pagamento de indenização justa e prévia ao expropriado. Ao legislador ordinário não caberia, portanto, estabelecer outros casos de perda da propriedade, sobretudo quando esta perda não se faz acompanhar de indenização ao expropriado.[23]

Adiciona-se que o dispositivo estabelece prazo menor para incorporação da propriedade particular abandonada pelo Poder Público do que aquele previsto para a usucapião constitucional.[24] De fato, o bem imóvel privado que preencha os requisitos do abandono integrará o patrimônio público após três anos de arrecadação pela Fazenda Pública. As modalidades de usucapião previstas no texto constitucional –, bens imóveis urbanos (CF/1988, art. 183) e rurais (CF/1988, art. 191) –, por sua vez, somente se concretizam após a posse qualificada (em nome próprio, ininterrupta e pacífica) por cinco anos.

Com efeito, a usucapião constitucional se subordina a pressupostos mais rigorosos do que aqueles requeridos pelo Código Civil para a configuração do abandono. Assim, além do decurso do tempo – 5 anos –, exige-se a utilização do imóvel como moradia do possuidor ou de sua família. No caso de bens imóveis urbanos, impõe-se que o possuidor o torne produtivo. Faz-se necessário, ainda, que o imóvel não tenha dimensão maior que duzentos e cinquenta metros quadrados, se for urbano, e cinquenta hectares, se for rural; tampouco pode o possuidor ter outro título de propriedade imóvel. A regra da lei civil, por sua vez, contenta-se com o não uso aliado ao não pagamento dos ônus fiscais para arrecadar o bem e, ao final de apenas três anos, adquirir-lhe a propriedade.

A legitimidade da solução normativa decorre da diversidade de efeitos dos institutos em cotejo. Se o fundamento da incorporação pelo Poder Público da propriedade particular abandonada é o mesmo que o da usucapião – qual seja, o descumprimento da função social – o certo é que a usucapião atribui a propriedade a outro particular, enquanto na arrecadação presume-se que o Estado, ao se apropriar, definirá a destinação do bem em estrita consonância com a sua função social, que corporifica e justifica sua atuação. Milita a favor do Poder Público a presunção de utilização conforme a função social.[25] Nessa esteira, a Constituição da República, em matéria de usucapião, apresenta-se mais rigorosa do que o Código Civil no tocante à perda da propriedade por abandono.

Nem se objete que a norma do Código Civil seria destoante da legalidade constitucional por estabelecer a primazia ao Poder Público na aquisição da propriedade abandonada pelo particular. Essa regra se justifica não pela supremacia do interesse

Limitações administrativas e a funcionalização da propriedade

---

[23] Adolfo Mamoru Nishiyama, "A inconstitucionalidade do art. 1.276 do Novo CC e a Garantia do Direito de Propriedade", cit., pp. 16-17.

[24] No âmbito do direito italiano, Ugo Mattei lembra a questão da propriedade abandonada pelo proprietário e o instituto da desapropriação (*I diritti reali: la proprietà*, vol. I, cit., p. 459).

[25] A respeito de tal presunção, veja-se Bárbara Almeida de Araújo, *A Proteção Funcional da Posse dos Bens Públicos*, Dissertação (mestrado). Universidade do Estado do Rio de Janeiro, Faculdade de Direito, Rio de Janeiro, 2004, p. 70. Ainda sobre a função social da propriedade pública, indispensável a lição de Pietro Perlingieri, *Introduzione alla probematica della proprietà*, cit., p. 50.

público sobre o do particular, senão pela presunção (não absoluta) de que os bens públicos se encontram destinados aos interesses da coletividade. Além disso, para aqueles que admitem que a perda da propriedade só ocorre depois de decorridos três anos da arrecadação, haveria mais um argumento para afastar as objeções baseadas na violação da ampla defesa e do devido processo legal, pois que o proprietário se encontraria em condição de agir em sua defesa, regularizando a situação fiscal do imóvel e dando-lhe destinação econômica, de modo a preservar o domínio. A legislação infraconstitucional, ao impor limitações administrativas (relacionadas à vigilância sanitária, ao zoneamento municipal, ao meio ambiente etc.) ou outras restrições de ordem pública presentes no Código Civil (como nas relações de direito de vizinhança), busca a funcionalização do instituto, reduzindo seu caráter egoístico, embora o aproveitamento econômico individual seja garantido constitucionalmente e perfeitamente legítimo. Nessa perspectiva, compreende-se a maior facilidade para que o Poder Público adquira o imóvel abandonado.

Conforme já ressaltado, o estatuto proprietário se transforma, justificando-se que o legislador crie presunções que favoreçam a vinculação do aproveitamento dos bens pelos particulares ao efetivo cumprimento de sua função social. Esta deixa de ser elemento externo limitador da propriedade e passa a integrar seu conteúdo. Com efeito, as faculdades jurídicas do titular (poderes de uso, gozo, disposição e reivindicação da coisa) se alteram, e a propriedade passa a se fundamentar nos valores constitucionais, e não apenas no interesse econômico do proprietário. Dito diversamente, a propriedade encontra, atualmente, sua justificativa no texto constitucional, e é tutelada enquanto representar a concretização de valores existenciais e patrimoniais. Assim, o interesse privado deixa de ter caráter exclusivamente egoístico para vincular-se, necessariamente, a determinado valor constitucional. Nesse cenário, compreende-se que a perda, em favor do Estado, da propriedade que não cumpre sua função social decorre não de obsoleta supremacia do interesse público, identificado com a vontade da Administração Pública,[26] mas no dever do Poder Público em recuperar e promover a funcionalização dos bens particulares aos interesses sociais dignos de tutela.

5. PERECIMENTO DO OBJETO

Conceito e causas de perecimento Se a coisa, objeto do domínio, perece, e não é substituída por outra (sub-rogação real), desaparece o direito, por lhe faltar objeto. O Código Civil de 1916 continha disposição expressa nesse sentido (art. 77), além de considerar perecido o objeto cujo valor econômico ou qualidades essenciais se perdessem (art. 78), isto é, cujos atributos normais de que se revestia no mundo exterior desaparecessem.[27]

---

[26] Para uma crítica à concepção estática da supremacia do interesse público, cf. Gustavo Binenbojm, *A constitucionalização do Direito Administrativo no Brasil: um inventário de avanços e retrocessos, in* Luís Roberto Barroso (org.), *A reconstrução democrática do direito público no Brasil,* Rio de Janeiro: Renovar, 2007, pp. 510-511.

[27] Ebert Chamoun, *Direito Civil: Aulas do 4º Ano Proferidas na Faculdade de Direito da Universidade do Distrito Federal,* Rio de Janeiro: Aurora, 1955, p. 159.

Perece o objeto: por sua destruição – como na hipótese de o prédio ser destruído por incêndio;[28] consumo – a exemplo da queima do carvão ou do desgaste das roupas; ou por sua exclusão do âmbito do poder físico do ser humano – como na hipótese do animal domesticado ou bravio que retoma a liberdade natural.[29] O perecimento da coisa não se limita, portanto, a causas naturais; haverá perda da propriedade sempre que o bem, por algum motivo, perder a capacidade de realizar as finalidades para as quais foi destinado.[30] Sob tal perspectiva funcional, constata-se que, excluídas as hipóteses de destruição ou consumo total do bem, o perecimento contém conotação objetiva e também subjetiva, levando-se em consideração os interesses do titular da coisa. Dito diversamente, é possível que, mesmo diante de significativa depreciação, o bem conserve utilidade essencial para seu dono, a afastar, assim, a perda da propriedade.[31]

6. DESAPROPRIAÇÃO

A desapropriação apresenta-se como modalidade de perda da propriedade imóvel a partir de sua transferência para o domínio do Estado, mediante indenização do titular, a fim de atender a interesse público. Declara-se, em decreto expropriatório, que determinado bem é de necessidade, utilidade pública ou interesse social. Tais circunstâncias, assim como se passa no que tange à oportunidade e conveniência da desapropriação, não podem ser questionadas judicialmente pelo proprietário; a ele cabe, tão somente, discutir o montante indenizatório,[32] cujo cálculo há de levar em conta o valor efetivo do bem expropriado – tendo em vista o preço pago pela sua aquisição e o interesse auferido pelo seu proprietário; a situação do imóvel e seu estado de segurança; o valor venal dos bens da mesma espécie nos últimos cinco anos; assim como a valorização ou depreciação da área remanescente (Decreto n. 3.365, de 21 de junho de 1941, art. 27).[33]

Conceito de desapropriação

A caracterização do interesse social autorizador da perda da propriedade merece especial atenção no caso de desapropriação para fins de reforma agrária, prevista nos arts. 184 e ss. da Constituição. Cuida-se de "modalidade específica da desapropriação por interesse social e tem o objetivo de permitir a perda da propriedade quando esta

---

[28] A respeito da perda do direito de propriedade por destruição do bem imóvel, veja-se TJRJ, Ap. Civ. 199900117537, 3ª C.C., Rel. Des. Roberto Cortes, julg. 27.6.2000.

[29] Lafayette Rodrigues Pereira, *Direito das Coisas*, vol. I, cit., pp. 296-297.

[30] Arnaldo Rizzardo, *Direito das Coisas*, cit., p. 390.

[31] Pontes de Miranda, *Tratado de Direito Privado*, t. 15, cit., p. 339. No mesmo sentido, Carvalho Santos, *Código Civil Brasileiro Interpretado*, vol. II, cit., pp. 257-258.

[32] A propósito, a 1ª Turma do STJ estabeleceu que o proprietário de imóvel desapropriado não responde mais pelo dano histórico-cultural causado no bem. Para o colegiado, o valor desembolsado pelo Estado na aquisição do imóvel já leva em consideração o passivo ambiental cultural (STJ, 1ª T., AREsp 1.886.951, Rel. Min. Gurgel de Faria, julg. 11.6.2024, publ. *DJe* 20.6.2024).

[33] "Art. 27. O juiz indicará na sentença os fatos que motivaram o seu convencimento e deverá atender, especialmente, à estimação dos bens para efeitos fiscais; ao preço de aquisição e interesse que deles aufere o proprietário; à sua situação, estado de conservação e segurança; ao valor venal dos da mesma espécie, nos últimos cinco anos, e à valorização ou depreciação de área remanescente, pertencente ao réu (...)".

não esteja cumprindo sua função social".[34] Os dispositivos constitucionais foram regulamentados pela LC 76/1993 e pela Lei 8.629/1993, tendo esta última estabelecido diversos critérios de aferição de produtividade do terreno (a partir de graus de utilização da terra e de eficiência da exploração segundo índices oficiais – art. 6º) e de cumprimento de sua função social (aproveitamento racional e adequado, utilização adequada dos recursos naturais disponíveis, preservação do meio ambiente, exploração que favoreça o bem-estar dos proprietários e dos trabalhadores etc. – art. 9º).[35]

Retrocessão

Caso "a coisa expropriada para fins de necessidade ou utilidade pública", ou para interesse social, não seja dado "o destino para que se desapropriou", ou não seja ela "utilizada em obras ou serviços públicos", confere-se ao expropriado direito à preferência na aquisição da coisa, mediante pagamento de seu preço atual (CC, art. 519). Trata-se do "direito de preempção legal, isto é, o direito de preferência que cabe ao ex-proprietário de coisa objeto de desapropriação, também chamado de retrocessão".[36]

No Código Civil anterior, tal previsão constava do artigo 1.150, segundo o qual "a União, o Estado, ou o Município, oferecerá ao ex-proprietário o imóvel desapropriado, pelo preço por que o foi, caso não tenha o destino, para que se desapropriou". Em relação às duas previsões – a do Código Civil de 1916 e a do atual –, nota-se, em primeiro lugar, que o valor a ser pago pelo expropriado deverá ser o atual, e não mais aquele desembolsado pelo Poder Público na época da desapropriação.[37] A segunda inovação promovida pelo dispositivo vigente foi a exclusão do direito de retrocessão na hipótese em que tenha sido conferido ao bem imóvel destinação pública diversa daquela prevista no decreto expropriatório, entendimento esse que já vinha sendo seguido pela doutrina e jurisprudência.[38] Ou seja, ainda que não se atenda à finalidade

---

[34] José dos Santos Carvalho Filho, *Manual de Direito Administrativo*, cit., p. 729.

[35] O Supremo Tribunal Federal, a corroborar a importância conferida à caracterização do interesse público na desapropriação, entendeu, com a edição das referidas leis em 1993, que não subsistiriam os decretos expropriatórios do Executivo que, editados sob a égide da Constituição de 1988, fossem anteriores às normas regulamentadoras previstas pela Lei Maior (STF, MS 21.348/MS, Pleno, Rel. Min. Celso de Mello, julg. 2.9.1993). No mesmo sentido: STF, MS 20.960/DF, Pleno, Rel. Min. Sepúlveda Pertence, julg. 2.3.1994.

[36] Gustavo Tepedino, Heloisa Helena Barboza, Maria Celina Bodin de Moraes, Código Civil Interpretado conforme a Constituição da República, vol. II, Rio de Janeiro: Renovar, 2006, pp. 187-188.

[37] Gustavo Tepedino, Heloisa Helena Barboza, Maria Celina Bodin de Moraes, *Código Civil Interpretado conforme a Constituição da República*, vol. II, cit., p. 188.

[38] Assim, Hely Lopes Meirelles explica que "o desvio de finalidade ocorre, na desapropriação, quando o bem expropriado para um fim é empregado noutro sem utilidade pública ou interesse social. (...) Mas deve-se entender que a finalidade pública é sempre genérica e, por isso, o bem desapropriado para um fim público pode ser usado em outro fim público sem que ocorra desvio de finalidade" (*Direito Administrativo Brasileiro*, cit., p. 623). A esse respeito, v., também, Maria Sylvia Zanella di Pietro, *Direito Administrativo Brasileiro*, cit., p. 173; José dos Santos Carvalho Filho, *Manual de Direito Administrativo*, cit., pp. 755-756. Na jurisprudência, STJ, REsp. 662.664/DF, 1ª T., Rel. Min. Denise Arruda, julg. 20.6.2006; STF, RE 91.621/PR, 2ª T., Rel. Min. Djaci Falcão, julg. 13.5.1980; STF, RE 91.508/SP, 1ª T., Rel. Min. Rafael Mayer, julg. 9.10.1979; STF, RE 88.699/SP, 2ª T., Rel. Min. Cordeiro Guerra, julg. 12.9.1978; STJ, REsp. 847.092/SP, 1ª T., Rel. Min. Denise Arruda, julg. 17.8.2006; STJ, REsp. 819.772/SP, 1ª T., Rel. Min. Franciso Falcão, Rel p/ Acórdão Min. Luiz Fux, julg. 29.6.2006.

específica contida no decreto expropriatório, afasta-se o direito de retrocessão caso o bem seja empregado em obras ou serviços públicos diversos.

Encerra objeto de acirrada discussão doutrinária a natureza jurídica da retrocessão. De uma parte, sustenta-se a natureza de *direito real* do instituto, uma vez que seu fundamento residiria na proteção constitucional à propriedade.[39] Afirma-se, assim, que a desapropriação tem lugar apenas quando o exercício do direito de propriedade não atender à sua função econômica ou social ou existir interesse social, utilidade ou necessidade pública que a justifique. Consequentemente, se inexistir ou deixar de ser observada a finalidade pública que ensejou a expropriação, a Constituição da República imporia seu retorno ao patrimônio do particular, sob pena de caracterizar-se venda compulsória,[40] instituto que, não adotado pelo ordenamento jurídico pátrio, importaria restrição indevida ao direito de propriedade.[41] Por conseguinte, o particular teria a faculdade de propor perante o Poder Público tanto ação de retrocessão, de natureza real, com o objetivo de reivindicar o bem, quanto ação indenizatória, de caráter pessoal.[42]

De outro lado, afirma-se a natureza *pessoal* do instituto. Segundo observa o professor Ebert Chamoun, em tese de cátedra apresentada à Faculdade de Direito da Universidade do Estado do Rio de Janeiro, uma vez desapropriado o bem, já não se pode mais reconhecer ao particular qualquer direito de propriedade, que passa a ser da titularidade do Poder Público.[43] A desapropriação importa na perda definitiva do domínio por parte do expropriado, a quem, a partir de então, não se reconhece direito real algum. Com efeito, a tutela constitucional da propriedade há de ser dirigida ao titular legítimo atual – Poder Público –, e não ao proprietário de outrora, já completamente desvinculado do bem.[44] O direito de retrocessão não poderia, portanto, conferir ao particular o direito de reivindicar o imóvel, mas apenas o direito pessoal de preferência para sua aquisição caso o mesmo fosse empregado em finalidade que não atendesse ao interesse público.

---

[39] Nesta direção, Carlos Mário da Silva Velloso, *Da Retrocessão nas Desapropriações*, in Arnoldo Wald (org.), *O Direito na Década de 80: Estudos jurídicos em homenagem a Hely Lopes Meireles*, São Paulo: Revista dos Tribunais, 1985, p. 262). No mesmo sentido, v., ainda, José Carlos de Moraes Salles, *A desapropriação à luz da doutrina e da jurisprudência*, São Paulo: Revista dos Tribunais, 2000, p. 835.

[40] Agostinho Alvim, *Da Compra e Venda e da Troca*, Rio de Janeiro: Forense, 1961, p. 190.

[41] Vicente Ráo, *O Direito e a Vida dos Direitos*, São Paulo: Revista dos Tribunais, 2004, pp. 907-908.

[42] Celso Antônio Bandeira de Mello, *Curso de Direito Administrativo*, cit., p. 883. Outros autores não incluem na natureza real do instituto a possibilidade de pedir perdas e danos, entendendo cabível apenas a reivindicação do bem (nesse sentido, José dos Santos Carvalho Filho, *Manual de Direito Administrativo*, cit., p. 783).

[43] Ebert Chamoun, *Da Retrocessão nas Desapropriações: Direito Brasileiro*, Rio de Janeiro: Forense, 1959, pp. 32-39.

[44] Ebert Chamoun, *Da Retrocessão nas Desapropriações: Direito Brasileiro*, cit., pp. 32-39. Ao sustentar, também, o caráter pessoal do direito de retrocessão já diante do atual Código Civil, Leonardo Mattietto, Preempção do expropriado (art. 519 do Código Civil): direito de preferência e caráter pessoal da retrocessão, in *Revista Trimestral de Direito Civil*, n. 20, Rio de Janeiro: Padma, out/dez- 2004, pp. 122-123. No mesmo sentido, v., ainda, Hely Lopes Meireles, *Direito Administrativo Brasileiro*, cit., p. 624. Embora defenda que, de *lege ferenda*, a retrocessão deveria ser tratada como direito real, José Santos Carvalho Filho reconhece que, diante do sistema jurídico atual, trata-se de instituto com caráter pessoal (*Manual de Direito Administrativo*, cit., p. 755).

Os Tribunais brasileiros tampouco se mostram uniformes quanto ao tema. O Supremo Tribunal Federal já adotou ambas as orientações, posicionando-se inicialmente a favor da natureza pessoal[45] e, posteriormente, a favor da natureza real da retrocessão.[46] Oscila igualmente o Superior Tribunal de Justiça, ora acolhendo a tese da pessoalidade,[47] ora sustentando – em posição que aos poucos se consolida na Corte –, a realidade do instituto, mas preferindo, sempre que possível, a resolução em perdas e danos à retomada do bem.[48] O Tribunal de Justiça do Rio de Janeiro, por sua vez, tem reconhecido a natureza real do instituto em sua jurisprudência mais recente.[49]

Natureza pessoal da retrocessão

A rigor, a natureza pessoal da retrocessão parece, de fato, a melhor orientação à luz do ordenamento jurídico brasileiro, por todas as razões já aventadas.[50] Além disso, o próprio Código Civil, nos arts. 519 e 520, prevê o direito de preferência do expropriado, a indicar tratar-se a retrocessão de direito pessoal, e não real.[51] Aliás, antes mesmo da entrada em vigor do Código Civil de 2002, o artigo 35 do Dec.-Lei 3.365/1941 já determinava não caber reivindicação dos bens que haviam sido adquiridos pela Fazenda Pública, mas apenas ação indenizatória, a corroborar, desde então, tal entendimento.[52]

---

[45]   STF, RE 93.073/DF, 1ª T., Rel. Min. Cunha Peixoto, julg. 31.3.1981; STF, RE 18.711/SP, 1ª T., Rel. Min. Nelson Hungria, julg. 3.12.1951; STF, RE 88.699/SP, 2ª T., Rel. Min. Cordeiro Guerra, julg. 12.9.1978.

[46]   "(...) a jurisprudência predominante deste Tribunal evoluiu e fixou-se no sentido de consagrar a eficácia real da retrocessão" (STF, RE 104.591/RS, 1ª T., Rel. Min. Octavio Gallotti, julg. 18.4.1986). Encerram precedentes da referida decisão, dentre outros: Ag.Rg. 1.098/MG, Rel. Min. Soares Muñoz, Pleno, julg. 10.12.1981; RE 81.151/MG, 1ª T., Rel. Min. Antônio Neder, julg. 14.12.1976. Em decisão proferida no RE 113.593/PR, embora não conhecido o recurso pela Corte, o voto do Min. Sepúlveda Pertence invocou a posição adotada no julgamento do mencionado RE 104.591/RS.

[47]   "(...) viola os artigos 1.150 do Código Civil e 35 do Dec. 3.365/41, o acórdão que, em ação de retrocessão determina o retorno dos bens expropriados ao patrimônio do ex-proprietário" (Ag. Rg. 769/CE, 1ª S., Rel. Min. Humberto Gomes de Barros, julg. 10.12.2003). Na mesma direção, sustentando que "resolve-se em perdas e danos o conflito surgido com o desvio de finalidade do bem expropriado", STJ, REsp. 43.651/SP, 2ª T., Rel. Min. Eliana Calmon, julg. 7.12.1999.

[48]   STJ, 1ª T., AgInt no REsp 1.706.290/PR, Rel. Min. Sérgio Kukina, julg. 27.3.2023, publ. *DJe* 3.4.2023; STJ, REsp. 868.655/MG, 2ª T., Rel. Min. Eliana Calmon, julg. 6.3.2007; STJ, REsp. 819.772/SP, 1ª T., Rel. Min. Luiz Fux, julg. 29.6.2006; STJ, REsp. 623.511/RJ, 1ª T., Rel. Min. Luiz Fux, julg. 19.5.2005; STJ, REsp. 570.483/MG, 2ª T., Rel. Min. Franciulli Netto, julg. 9.3.2004. No REsp. 647.340/SC, 2ª T., Rel. Min. João Otávio de Noronha, julg. 6.4.2006, reconheceu-se a natureza real da retrocessão, mas se acolheu o pedido alternativo de perdas e danos, por se desconhecer, àquela fase recursal, a atual situação do bem. V., ainda, STJ, REsp. 816.251/SP, 1ª T., Rel. Min. Francisco Falcão, julg. 14.3.2006, com solução semelhante, dando preferência à indenização.

[49]   TJRJ, 2ª C.C., Remessa Necessária 00065892620178190028, Rel. Des. Alexandre Freitas Câmara, julg. 5.10.2020; TJRJ, Ap. Cív. 2007.001.56945, 13ª C.C., Rel. Des. Sirley Abreu Biondi, julg. 19.12.2007; TJRJ, Ap. Cív. 2000.001.21419, 2ª C.C., Rel. Des. Leila Mariano, julg. 30.8.2001.

[50]   Gustavo Tepedino, Heloisa Helena Barboza, Maria Celina Bodin de Moraes, *Código Civil Interpretado conforme a Constituição da República*, vol. II, cit., p. 189.

[51]   Leonardo Mattietto, "Preempção do expropriado (art. 519 do Código Civil)", cit., p. 122.

[52]   Leonardo Mattietto, "Preempção do expropriado (art. 519 do Código Civil)", cit., p. 113. A propósito, o texto do art. 35: "Os bens expropriados, uma vez incorporados à Fazenda Pública, não podem ser objeto de reivindicação, ainda que fundada em nulidade do processo de desapropriação. Qualquer ação, julgada procedente, resolver-se-á em perdas e danos".

Por fim, especial destaque deve ser dado à Lei n. 14.620/23, que alterou alguns dispositivos do Decreto-Lei n. 3.365/41. A nova legislação inovou a matéria ao prever a possibilidade de dispensa de lei prévia autorizando a desapropriação de bem público quando existente acordo entre os entes federativos nela envolvidos.[53] Além disso, ampliou o rol de particulares que podem promover a desapropriação mediante autorização, que pode ter caráter meramente contratual.[54]

Também deve ser dado destaque à imissão provisória na posse. A Lei n. 14.620/23 acrescentou os direitos oriundos da imissão provisória na posse, quando concedida a entes federativos ou às suas entidades delegadas, ao rol taxativo do art. 1.225 do Código Civil, sacramentando, assim, a natureza real de tais direitos.

Direitos oriundos da imissão provisória na posse

A rigor, a imissão provisória na posse é instituto atinente à desapropriação, disciplinado no Decreto-Lei n. 3.365, de 1941. Em caso de declarada urgência, o ente desapropriante pode adquirir de forma antecipada, antes de consumada a desapropriação, a posse do imóvel, mediante o depósito em juízo de determinada importância em favor do expropriado.

Embora na dicção do Decreto-Lei n. 3.365, de 1941, a imissão tenha por objeto a aquisição provisória da posse do bem, em verdade, o seu efeito se revela mais amplo, uma vez que, por meio dela, o ente desapropriante passa a ser titular de direito real que absorve praticamente todo o domínio, assegurando-lhe, de forma definitiva, a plena fruição do imóvel. Isso porque a imissão é irreversível e o desapropriado, ainda que continue a figurar como proprietário, não mais ostenta poder sobre a coisa, fazendo jus apenas ao recebimento da indenização devida em razão da desapropriação.

Por meio da reforma promovida pela Lei n. 14.273, de 2021, o legislador já havia reconhecido que o direito decorrente da imissão provisória na posse pode ser livremente negociado, por meio de alienação, locação, concessão ou parceria. Aprofundando tal perspectiva, com vistas a promover o pleno aproveitamento econômico do imóvel, mesmo antes de consumada a desapropriação, a Lei n. 14.620, de 2023, atribuiu a tal direito a qualidade de direito real, bem como autorizou que, com base nele, seja requerido, junto ao registro de imóveis, o registro de aquisição originária e a consequente abertura de matrícula relativa ao imóvel. Além disso, tal direito real pode ser outorgado em garantia por meio da constituição de hipoteca ou da sua alienação fiduciária (Lei n. 9.514, de 1997, art. 22, § 1º, V).

---

[53] Decreto-Lei n. 3.365/41, com redação dada pela Lei n. 14.620/23: "Art. 2º, § 2º-A. Será dispensada a autorização legislativa a que se refere o § 2º quando a desapropriação for realizada mediante acordo entre os entes federativos, no qual serão fixadas as respectivas responsabilidades financeiras quanto ao pagamento das indenizações correspondentes."

[54] Decreto-Lei n. 3.365/41, com redação dada pela Lei n. 14.620/23: "Art. 3º Poderão promover a desapropriação mediante autorização expressa constante de lei ou contrato: I – os concessionários, inclusive aqueles contratados nos termos da Lei nº 11.079, de 30 de dezembro de 2004 (Lei de Parceria Público-Privada), permissionários, autorizatários e arrendatários; (...) IV – o contratado pelo poder público para fins de execução de obras e serviços de engenharia sob os regimes de empreitada por preço global, empreitada integral e contratação integrada."

📝 PROBLEMAS PRÁTICOS

1. O não uso, por si só, configura abandono da propriedade imóvel? Quais critérios devem ser levados em consideração para determinar que a inação caracterize eventual abandono?
2. Qual a natureza jurídica da retrocessão?

Capítulo X
DIREITO DE VIZINHANÇA

Sumário: 1. Introdução – 2. Características e classificações do direito de vizinhança – 3. Parte geral do direito de vizinhança – 3.1. Principais teorias do direito de vizinhança – 3.2. A disciplina legislativa da parte geral – 4. Parte especial do direito de vizinhança – 4.1. Árvores limítrofes – 4.2. Passagem forçada – 4.3. Passagem de cabos e tubulações – 4.4. Águas comuns – 4.5. Direito de tapagem e direito de demarcação – 4.6. Direito de construir – Problemas práticos.

1. INTRODUÇÃO

O direito de vizinhança se ocupa dos conflitos de interesses causados pelas recíprocas interferências entre propriedades imóveis próximas. Note-se que, para a configuração de uma situação de vizinhança, não há necessidade de serem as propriedades contíguas; basta serem próximas.[1] Será considerado vizinho, assim, todo aquele que sofre interferências causadas pelo uso anormal da propriedade.[2]

Conceito de vizinhança e disciplina legal

O Código Civil trata do tema nos artigos 1.277 a 1.313, dividindo-o em uma parte geral (CC, arts. 1.277 a 1.281) e uma parte especial (CC, arts. 1.282 a 1.313), que se ocupará do estudo das árvores limítrofes (CC, arts. 1.282 a 1.284), da passagem forçada (CC, art. 1.285), da passagem de cabos e tubulações (CC, arts. 1.286 e 1.287), das águas (CC, arts. 1.288 a 1.296), dos limites entre prédios e do direito de

---

[1] Carlos Edison do Rêgo Monteiro Filho, O direito de vizinhança no novo Código Civil., In: *Revista da EMERJ*, número especial 2004. Anais dos Seminários EMERJ Debate o Novo Código Civil, parte II, julho/2002 a abril/2003, p. 158.

[2] Paulo Lôbo, Direitos e conflitos de vizinhança, In: *Revista Brasileira de Direito Civil*, vol. 1, jul/set./2014, p. 62.

tapagem (CC, arts. 1.297 e 1.298) e do direito de construir (CC, arts. 1.299 a 1.313), como se passa a ver.

2. CARACTERÍSTICAS E CLASSIFICAÇÕES DO DIREITO DE VIZINHANÇA

Natureza jurídica de limitação ao direito de propriedade

A primeira característica do direito de vizinhança se relaciona ao estabelecimento de limitações ao uso do imóvel por meio da criação de deveres aos proprietários e aos possuidores.[3] De fato, a natureza jurídica do instituto é a de limitação ao direito de propriedade, com base em normas "que visam a impedir a prática de atos que causem dano ou incômodo ao morador do prédio vizinho", estabelecidas "no interesse geral, tendo cunho de reciprocidade".[4]

Distinções entre direito de vizinhança e direito de servidão

A segunda característica consiste na finalidade (não já de criar vantagens para os proprietários, mas) de evitar prejuízos, configurando *restrições defensivas*. As restrições, no direito civil, podem decorrer também da autonomia privada. Como exemplo de restrição negocial, têm-se as servidões, que, ao contrário do direito de vizinhança, objetivam conferir maiores vantagens para os prédios dominantes. A servidão, portanto, se distingue do direito de vizinhança, seja pela fonte, seja pela finalidade. Isso porque as servidões têm fonte convencional e se voltam à criação de vantagem para a propriedade dominante, enquanto a vizinhança surge da lei, por meio da imposição de normas imperativas que buscam evitar prejuízos.[5]

Interferência indireta ou mediata

A terceira característica do direito de vizinhança se relaciona ao objetivo de coibir as interferências *indiretas ou mediatas*, decorrentes, portanto, da própria utilização do imóvel. Não há aqui interferência direta; caso contrário, se estará em sede de ato ilícito. Se, por exemplo, o particular atira pedra em imóvel vizinho, esta situação independe das regras de vizinhança para a sua composição, vez que se trata de ato ilícito, que será sancionado como tal. Por outro ângulo, se, da exploração de uma pedreira, voam fragmentos para a propriedade próxima, incidirão as normas do direito de vizinhança.[6]

Primeira classificação: deveres positivos, deveres de abstinência e deveres de tolerância

Por outro lado, San Tiago Dantas classifica os direitos de vizinhança em (i) deveres positivos, (ii) deveres de simples abstinência e (iii) deveres de tolerância. Os primeiros impõem prestações que o proprietário deve fazer, como no caso de proceder à demarcação quando chamado pelo vizinho (CC, art. 1.297). Os segundos se referem a privações que o proprietário se impõe ao seu próprio poder de uso, a exemplo da proibição da abertura de janela com visão direta a menos de metro e meio do vizinho em zona urbana (CC, art. 1.301). Os terceiros se relacionam a obrigações impostas ao vizinho para permitir que outros interfiram em sua esfera jurídica, rea-

---

3   San Tiago Dantas, *Programa de direito civil,* vol. III, Rio de Janeiro: Editora Rio, 1984, p. 249.

4   Orlando Gomes, *Direitos reais,* Rio de Janeiro: Forense, 2010, p. 205.

5   San Tiago Dantas, *O conflito de vizinhança e sua composição.* 2. ed. Rio de Janeiro: Forense, 1972, pp. 219-220.

6   San Tiago Dantas, *O conflito de vizinhança,* cit., p. 22.

lizando atos que ele estaria em condições de repelir, como na hipótese de direito de ingresso no imóvel vizinho em determinadas hipóteses (CC, art. 1.313).[7]

Além disso, os direitos de vizinhança se classificam em onerosos e gratuitos. Constitui-se direito de vizinhança oneroso aquele que se inspira na supremacia do interesse público, obrigando o seu titular ao pagamento de indenização, como ocorre, ilustrativamente, na disciplina da passagem forçada (CC, art. 1.285). Já os direitos de vizinhança gratuitos se relacionam à convivência necessária entre diversos direitos de propriedade, e podem ser exercidos sem contraprestação. Eventualmente, poderá haver direito à indenização, nos casos em que o exercício do direito de vizinhança gratuito acarretar dano, a exemplo do já referido direito de ingressar em prédio vizinho (CC, art. 1.313, § 3º).[8]

Segunda classificação: direitos de vizinhança onerosos e gratuitos

Sublinhe-se ainda que o tema se vincula diretamente à função social da propriedade, de índole constitucional, que permeia toda a estrutura do direito de propriedade. Como visto anteriormente, a propriedade apresenta – ao lado do seu *aspecto estrutural*, formado por seus elementos econômico e jurídico (o elemento econômico ou interno diz com a senhoria: a possiblidade de usar, fruir e dispor do bem; o elemento jurídico ou externo se traduz na possibilidade de repelir eventuais ingerências alheias sobre o bem) – *aspecto funcional*, por força de ditame constitucional, que deve permear os aspectos econômicos e jurídicos do instituto.[9]

Interpretação-aplicação dos direitos de vizinhança à luz da função social da propriedade

Nesse contexto, o fenômeno da urbanização e do desenvolvimento de grandes cidades torna mais vasto o campo de incidência dos conflitos de vizinhança, sobretudo em edifícios de apartamentos, regulamentados pela Lei n. 4.591/1964 e pelo Código Civil. A esse propósito, aliás, o Código, em passagem cuja importância deve ser destacada, erigiu como dever do condômino "dar às suas partes a mesma destinação que tem a edificação, e não as utilizar de maneira prejudicial ao sossego, salubridade e segurança dos possuidores, ou aos bons costumes" (art. 1.336, IV, do Código Civil).

3. PARTE GERAL DO DIREITO DE VIZINHANÇA

A parte geral do direito de vizinhança, contemplada nos artigos 1.277 a 1.281 do Código Civil, disciplina a possibilidade de uso da propriedade, os limites a esse uso e as interferências que devem ser coibidas. Busca-se definir quais interferências devem ser tolhidas, demarcando a diferença para com as atividades que devem ser toleradas.[10]

Com efeito, o simples fato do convívio entre propriedades próximas acaba por gerar conflitos. As interferências são consequências naturais da vida em sociedade, cabendo ao intérprete distinguir as que são consideradas aceitáveis e podem ser praticadas daquelas que, ao contrário, não apresentam este caráter e devem ser reprimidas pelo ordenamento jurídico. Nessa esteira, define-se a relação de vizinhança como

Configuração dos conflitos de vizinhança

---

[7]   San Tiago Dantas, *O conflito de vizinhança*, cit., pp. 230-231.

[8]   Orlando Gomes, *Direitos reais*, cit., pp. 206-207.

[9]   Luiz Edson Fachin, *Comentários ao Código Civil*, vol. 15, Rio de Janeiro: Saraiva, 2003, p. 10.

[10]   Paulo Lôbo, *Direitos e conflitos de vizinhança*, cit., p. 62.

relação de confronto e não de cooperação, em que a satisfação do interesse de um proprietário implica restrições ao interesse do proprietário vizinho.[11]

Por tal razão, o direito de vizinhança não tolera soluções unilaterais, sob pena de se aniquilar o direito de uma das partes – ou se tolhe a atividade e se priva o titular da propriedade de sua utilização, que consiste em elemento integrante do conteúdo econômico da propriedade, ou, por outro lado, se permite a atividade e esta afeta a propriedade próxima, comprometendo sua utilização. Logo, em tema de direito de vizinhança, a solução deve ser, preferencialmente, bilateral.[12]

Para responder à pergunta de quais interferências devem ser coibidas e quais devem ser toleradas, surgiram, ao longo das décadas, diversas teorias, que serão apresentadas a seguir.

3.1. Principais teorias do direito de vizinhança

A primeira teoria que se propôs a cuidar da questão foi a teoria de Spangenberg, que, em 1826, com base na experiência do Direito Romano, sustentava a vedação das chamadas *imissões corpóreas*. Permitia-se ao proprietário vizinho qualquer atividade, contanto que o incômodo não produzisse interferência materialmente perceptível. Inseriam-se no conceito de imissão corpórea, por exemplo, a água, a fumaça e a poeira, consideradas interferências palpáveis nocivas à propriedade.[13]

A essa teoria opôs-se a crítica de que, por apenas alcançar as imissões corpóreas, excluía os rumores, os barulhos e os maus cheiros, que frequentemente interferem na propriedade vizinha. Exemplo emblemático da insuficiência da teoria tem-se no famoso caso do vizinho afetado pelos odores de fábrica de laticínios, na cidade de Minturno, na Itália.[14] Assim, a tese da imissão material acabou sendo completamente refutada, já no século XIX, "em especial por excluir a proteção contra uma série de atos que, embora nocivos, são incorpóreos", como foi caso do aludido estabelecimento de caseificação, impedido de funcionar pelo pretor romano.[15-16]

A segunda teoria que se propôs a solucionar a questão foi a *teoria do uso normal*, de Ihering, em 1862. Ihering procurava diferenciar os casos em que a interferência deveria ser suportada daqueles em que deveria ser repelida. Para tanto, propôs um *standard* do uso normal da propriedade, que se subdividia em aspectos ativo e passivo. Sob o aspecto ativo, dever-se-ia perquirir se a utilização dada à propriedade se adequava aos parâmetros já consagrados em determinada região. Por outro lado, sob

---

[11] San Tiago Dantas, *Programa*, cit., p. 249.

[12] Carlos Edison do Rêgo Monteiro Filho, O direito de vizinhança no novo Código Civil, In: *Revista da EMERJ*, número especial 2004. Anais dos Seminários EMERJ Debate o Novo Código Civil, parte II, julho/2002 a abril/2003, p. 159. Ver, no mesmo sentido, Caio Mário da Silva Pereira, *Instituições de direito civil*, vol. IV, Rio de Janeiro: Forense, 2016, p. 186.

[13] San Tiago Dantas, *O conflito de vizinhança*, cit., p. 137.

[14] San Tiago Dantas, *Programa*, cit., p. 257.

[15] Gustavo Tepedino... Código Civil... vol. IV, p. 583.

[16] San Tiago Dantas, *O conflito de vizinhança*, cit., p. 138.

o aspecto passivo, caberia avaliar a receptividade abstrata do homem médio. Em outras palavras, buscar-se-ia o *grau médio de tolerabilidade*, em determinada época e localidade, considerando-se os *standards* sempre relativos.[17]

Tal teoria, consagrada pelo Código Civil Alemão (BGB), influenciou bastante o ordenamento jurídico brasileiro desde o Código de 1916. O Código Civil de 2002, ainda sob a mesma influência, alterou a denominação da seção destinada aos direitos de vizinhança, abandonando a expressão *uso nocivo da propriedade* para empregar a expressão *uso anormal da propriedade*. Adotou, ainda, a terminologia *interferência*, para se afastar da noção de imissão que, vinculada ao aspecto corpóreo, exclui da tutela jurídica os prejuízos imateriais, restringindo o alcance da disciplina do direito de vizinhança.[18]

Como desdobramento da teoria de Ihering, surgiu a *subteoria do desequilíbrio*, de Ripert, em 1902. Para Ripert, o conflito de vizinhança estaria baseado em ruptura do equilíbrio que vigorava em dada região. Esse rompimento seria causado pelo proprietário ou possuidor que iniciava atividade não ajustada aos parâmetros das atividades normalmente desenvolvidas naquela localidade. Sobre aquele, então, que rompia o equilíbrio, pesava a correspondente responsabilidade. Desse modo, Ripert se valia do *standard* do uso normal da propriedade para considerar normal a utilização que se fazia naquela região, localidade e vizinhança.[19] *Subteoria do desequilíbrio*

A terceira teoria consiste na *teoria da necessariedade*, de Bonfante, que surge como contraposição à *teoria do uso normal*. O romanista italiano, na esteira da onda desenvolvimentista do início do Século XX, considerava que o parâmetro do uso normal, não atentava para o interesse social no desenvolvimento das indústrias em progresso crescente, razão pela qual sua teoria foi considerada uma defesa da propriedade industrial. Segundo o autor, ainda que causasse interferência indevida nas propriedades vizinhas, a atividade, em razão de sua utilidade social, poderia ser mantida por força de uma *necessidade geral do povo*. Desse modo, a fumaça originada da atividade de uma fábrica teria diferente valoração daquela causada por uma lareira.[20] *Teoria da necessariedade*

Finalmente, San Tiago Dantas, em sua tese de cátedra apresentada à Faculdade Nacional de Direito, em 1939, denominada "O conflito de vizinhança e sua composição", propôs uma *teoria mista*, que aliava os principais subsídios das teorias de Ihering e de Bonfante. Com efeito, a teoria mista se baseia em dois princípios fundamentais. O primeiro é o da *coexistência de direitos*, e se destina à situação em que vigore o interesse particular, ou seja, a orientar a vizinhança comum. O segundo princípio é o da *supremacia do interesse público*, que governa a vizinhança industrial. Na hipótese de conflito, deve o magistrado, em primeiro lugar, perquirir se o uso *Teoria mista*

---

[17]   San Tiago Dantas, *O conflito de vizinhança*, cit., pp. 150-151.
[18]   Gustavo Tepedino, Heloisa Helena Barboza, Maria Celina Bodin de Moraes, *Código Civil interpretado conforme a Constituição da República* vol. III, Rio de Janeiro: Renovar, 2014, pp. 597-598.
[19]   San Tiago Dantas, *O conflito de vizinhança*, cit., pp. 152-153.
[20]   San Tiago Dantas, *O conflito de vizinhança*, cit., p. 165.

daquela propriedade se afigura normal ou anormal. Se o uso for considerado normal, a partir dos *standards* de Ihering, dos aspectos passivo e ativo do uso normal, as interferências deverão ser toleradas. Se o uso, no entanto, for considerado anormal dentro dos *standards* examinados, passa-se a perquirir se a atividade é necessária socialmente ou se é, ao contrário, desnecessária. Se a supremacia do interesse público legitimar esse uso excepcional, o juiz manterá os incômodos inevitáveis, ordenando, no entanto, que se faça cabal indenização ao prejudicado, correspondente, aqui, a uma espécie de expropriação de direito privado.[21]

3.2. A disciplina legislativa da parte geral

Código Civil adotou a teoria mista nos artigos 1.277 e 1.278

O Código Civil incorporou a *teoria mista* em seus artigos 1.277 e 1.278. Enquanto o primeiro dispositivo regula o *estatuto da vizinhança comum*, estando presente em seu teor a *teoria do uso normal*, de Ihering, o artigo 1.278 cuida da vizinhança industrial, em que prevalece o interesse público, com base na *teoria da necessariedade*, de Bonfante.

Uso normal deve ser tolerado

Com efeito, prevê o artigo 1.277 o direito do vizinho (proprietário ou possuidor) de fazer cessar interferências prejudiciais à segurança, ao sossego e à saúde. No parágrafo único do dispositivo, adota-se como parâmetro para a aferição de normalidade a natureza da utilização, a localização do prédio (de acordo com o zoneamento urbano) e os limites ordinários de tolerância dos moradores, em adoção da referida teoria do desequilíbrio de Ripert.[22] A cláusula geral de vizinhança prevista nessa regra terá seu conteúdo preenchido sob os ditames da carga axiológica constitucional. Nesse sentido, destaca-se o Enunciado n. 319 da IV Jornada de Direito Civil do CJF (2006), segundo o qual "A condução e a solução das causas envolvendo conflitos de vizinhança devem guardar estreita sintonia com os princípios constitucionais da intimidade, da inviolabilidade da vida privada e da proteção ao meio ambiente". O artigo 1.278, por sua vez, afasta o direito de fazer cessar a atividade quando esta for justificada pelo interesse público, hipótese em que será devida indenização que abarque toda a extensão do dano.

Consequências do uso anormal

Desse modo, da leitura dos dispositivos extrai-se a caracterização do uso anormal como aquele que supera o limite de tolerância razoável para o caso concreto, considerando-se a região, a destinação econômica do bairro, as peculiaridades capazes de definir um *standard* de conduta tolerável para a vizinhança. Diante de utilização considerada como anormal, o magistrado indagará se há ou não interesse público no uso em questão. Não havendo interesse público, o juiz manda cessar a imissão indevida, considerada intolerável, de acordo com a dicção do art. 1.277 do Código Civil. Se, ao contrário, há interesse público, como ocorre com frequência em zonas industriais, por exemplo, mantêm-se as imissões, mas indeniza-se cabal-

---

[21]   San Tiago Dantas, *O conflito de vizinhança*, cit., p. 264.

[22]   Gustavo Tepedino, Heloisa Helena Barboza, Maria Celina Bodin de Moraes, *Código Civil interpretado*, vol. III, cit., p. 602.

mente o vizinho pelo prejuízo que lhe foi causado, conforme estabelece o art. 1.278 do Código Civil.[23]

Finalmente, quando se percebe a possibilidade de se preservar a atividade, desde que estabelecidos mecanismos de diminuição das repercussões da atividade nociva na vizinhança, o Código autoriza ao juiz determinar obrigações de fazer para o vizinho incômodo, para que o uso se torne tolerável, resguardando-se, assim, o interesse de ambos os vizinhos em conflito. Evita-se a solução mais drástica, que seria a indenização cabal ou a peremptória cessação da atividade. Tal solução, que já vinha sendo adotada sem norma específica, encontra-se prevista no art. 1.279 do Código.[24]

Adoção de mecanismos de redução das interferências

Em seguida, contemplam os artigos 1.280 e 1.281 as medidas de que dispõe o vizinho prejudicado no caso de dano iminente, isto é, dano futuro, mas certo e inevitável.[25] Na hipótese de ruína do prédio vizinho, expressão que deve ser interpretada ampliativamente para abarcar qualquer obra realizada no prédio alheio que ameace a estabilidade do prédio próprio, o proprietário ou o possuidor poderá exigir: (i) demolição; (ii) reparação; ou (iii) caução, conforme o artigo 1.280. Trata-se da denominada ação de dano infecto. Já no caso de obras realizadas por um vizinho no prédio do outro, por força de direito de vizinhança assegurado por lei, como o direito de passagem forçada (CC, art. 1.285), de passagem de cabos e tubulações (CC, art. 1.286) e de construção de aqueduto (CC, art. 1.293), terá o vizinho prejudicado o direito de exigir do autor caução, como garantia contra o dano iminente, consoante o artigo 1.281 do Código Civil.[26]

Ação de dano infecto

4. PARTE ESPECIAL DO DIREITO DE VIZINHANÇA

Passa-se agora ao estudo da parte especial do direito de vizinhança, composta por regras específicas que dizem respeito, como visto, aos seguintes temas: (i) árvores

---

[23] Caio Mário da Silva Pereira, *Instituições,* cit., pp. 189-190.

[24] Na jurisprudência, v. "Tudo o que consta nos autos deixa patente que o réu violou as regras do direito de vizinhança, eis que o funcionamento de uma capela mortuária durante a madrugada produz ruído ininterrupto, considerando a dor e o desespero daqueles que perderam seus entes queridos. O funcionamento do estabelecimento do réu deve ser limitado ao período compreendido entre 07h e 22h, todos os dias da semana, sendo vedada a prática de qualquer atividade fora deste período, devendo as imediações serem mantidas limpas e livres do lixo produzido" (TJ/RJ, Ap. Cív. 0008677-73.2010.8.19.0063, 16ª C.C., Rel. Des. Lindolpho Morais Marinho, julg. 9.11.2015); "O direito de vizinhança é hipótese de restrição ao direito de propriedade consagrado no art. 1.277, do Código Civil, ao dispor que o proprietário, ou inquilino de um prédio tem o direito de impedir que o mau uso da propriedade vizinha possa prejudicar a segurança, o sossego e a saúde dos que o habitam, podendo exigir a demolição e reparação que se fizer necessária, bem como reclamar os danos suportados – Existente a ultrapassagem e caimento de galhos e folhas, privação a passagem de luz solar e circulação de ar nas propriedades vizinhas, além do perigo de rompimento do muro, em razão do porte das árvores limítrofes, impõe-se a obrigação de fazer do proprietário a realizar a poda vertical e horizontal das árvores para cessar as interferências prejudiciais" (TJ/MG, 18ª C.C., Ap. Cív. 1.0000.22.109003-8/001, Rel. Des. Marco Antônio de Melo, julg. 11.10.2022).

[25] Marco Aurélio da Silva Viana, *Comentários ao novo Código Civil,* vol. XVI, Rio de Janeiro: Forense, 2003, p. 225.

[26] Gustavo Tepedino, Heloisa Helena Barboza, Maria Celina Bodin de Moraes, *Código Civil interpretado,* vol. III, cit., pp. 606-608.

limítrofes, (ii) passagem forçada, (iii) passagem de cabos e tubulações, (iv) águas comuns, (v) direito de tapagem e direito de demarcação e (vi) direito de construir.

4.1. Árvores limítrofes

Presunção relativa de co-propriedade da árvore-meia

Com relação à árvore limítrofe, cujo tronco se encontra na linha divisória de dois imóveis, estabelece o artigo 1.282 do Código presunção relativa de condomínio, que poderá ser afastada por prova em contrário. Como consequência da copropriedade, serão partilhados os frutos e as despesas relativos à árvore comum. Note-se que será considerada comum a árvore que se enraíza nos dois terrenos, ainda que o tronco esteja mais em um imóvel do que em outro. Por outro lado, não haverá condomínio se o tronco se enraizar apenas em um imóvel e se inclinar sobre o outro.[27]

Direito de cortar e podar as raízes e os ramos que ultrapassam a linha divisória

Em seguida, o artigo 1.283 do Código Civil assegura ao proprietário do imóvel vizinho em que se deitam os ramos ou raízes o direito de corte e poda da árvore, que deverá observar as normas ambientais e administrativas aplicáveis à espécie. Para o exercício do direito, não se exige prévia notificação do vizinho ou comprovação de danos.[28] Diante da legitimidade conferida ao possuidor pelo artigo 1.277 para fazer cessar as interferências prejudiciais, este também terá o direito de corte e poda, qualquer que seja o título que fundamenta a posse (posição defensiva de direito).

Propriedade dos frutos caídos naturalmente

Em relação aos frutos, dispõe o artigo 1.284 do Código Civil que, enquanto na árvore estiverem, pertencerão ao proprietário onde ela deite raízes; porém, se caírem naturalmente, pertencerão ao proprietário do solo em que caírem. Se o proprietário ou possuidor do imóvel vizinho de alguma forma interferir para que os frutos caiam, e essa queda se consumar de forma não natural, perderá o direito a esses frutos. Com relação ao possuidor, a este pertencerão os frutos caso o título que fundamenta a posse autorize o uso e gozo do bem, a exemplo do locatário e do usufrutuário. Já no caso em que o título não autoriza a fruição da coisa, como no caso do contrato de comodato, os frutos que caem naturalmente deverão ser entregues pelo possuidor ao proprietário. Por fim, se o fruto cair em propriedade pública, pertencerá ao dono da árvore.[29]

4.2. Passagem forçada

Distinções entre passagem força-da e servidão de passagem

O direito de passagem forçada, previsto no artigo 1.285 do Código Civil, visa a permitir ao proprietário encravado pela propriedade vizinha o acesso à via pública, nascente ou porto. Tal figura não se confunde com a servidão de passagem que, como visto, possui fonte convencional e visa a criar vantagem a determinado imóvel, denominado prédio dominante. A passagem forçada, por outro lado, constitui matéria de

---

[27]   Paulo Lôbo, *Direitos e conflitos de vizinhança*, cit., p. 68.

[28]   Gustavo Tepedino, Heloisa Helena Barboza, Maria Celina Bodin de Moraes, *Código Civil interpretado,* vol. III, cit., p. 609.

[29]   Luiz Edson Fachin, *Comentários ao Código Civil*, cit., p. 85.

direito de vizinhança, com fonte na lei e finalidade de evitar prejuízo.[30] Trata-se de direito de vizinhança oneroso, assegurando-se ao vizinho direito à indenização cabal.

O artigo 1.285 do Código Civil, *caput*, fixa importante requisito ao instituto da passagem forçada: o encravamento, isto é, a ausência de saída. Há amplo debate nos tribunais pátrios, a fim de apurar qual a solução correta em hipóteses muito próximas à do encravamento, quando há alguma passagem, mas essa é quase inacessível. Questiona-se se nessas hipóteses se considera ou não viável a utilização da passagem forçada. Classicamente, doutrina e jurisprudência se inclinaram pela resposta negativa, considerando que a passagem forçada impõe uma restrição à propriedade privada do vizinho. Somente na medida em que o prédio não encontre qualquer possibilidade de saída é que haveria o direito de passagem. Apenas, portanto, quando literalmente encravada é que teria direito à passagem forçada.[31]

> Controvérsia acerca do caráter absoluto ou relativo do encravamento

Tal entendimento, no entanto, tem sido relativizado para fazer abarcar, no espectro da passagem forçada, situações em que o acesso se revele insuficiente.[32] Nesse sentido, o Superior Tribunal de Justiça analisou caso concreto em que, embora o encravamento não fosse absoluto, o acesso existente exigia a construção de duas pontes e a realização de obras de aterro e drenagem. Concluiu a Corte pelo direito à passagem forçada na hipótese.[33] Demais disso, o STJ examinou caso em que a saída existente para a via pública se dava por escada extremamente íngreme, reconhecendo à vizinha, pessoa de idade avançada e com grave problema de saúde que ocasionava dificuldade de locomoção, o direito à passagem forçada, em virtude das necessidades existenciais do sujeito concreto.[34] Registre-se, por fim, o teor do Enunciado n. 88 da I Jornada de Direito Civil do CJF (2002): "o direito de passagem forçada, previsto no art. 1.285 do CC, também é garantido nos casos em que o acesso à via pública for insuficiente ou inadequado, considerada, inclusive, a necessidade de exploração econômica".

Nessa hipótese, o magistrado fixará o rumo da passagem, buscando minimizar o ônus daquele que deve suportar a passagem do vizinho; e, tão logo cesse a situação de encravamento, seja pela abertura de novas vias, seja pela aquisição de novas terras, cessará para o vizinho o dever de franquear a passagem. Além disso, ainda na lógica de menor onerosidade, o parágrafo 1º do artigo 1.285 cuida da hipótese em que o imóvel encravado pode alcançar a via pública por várias propriedades confinantes. Nessa situação, sofrerá constrangimento o vizinho cujo imóvel mais natural e facilmente se prestar à passagem. Estabelece o legislador regra de importância prática para a definição de qual imóvel que suportará a passagem forçada.[35]

> Princípio da menor onerosidade e direito à indenização

---

30 San Tiago Dantas, *Programa*, cit., p. 270.

31 Orlando Gomes, *Direitos reais*, cit., p. 219; Caio Mário da Silva Pereira, *Instituições*, cit., p. 193.

32 Gustavo Tepedino, Heloisa Helena Barboza, Maria Celina Bodin de Moraes, *Código Civil interpretado*, vol. III, cit., p. 609; Luiz Edson Fachin, *Comentários ao Código Civil*, cit., p. 89; Paulo Lôbo, *Direitos e conflitos de vizinhança*, cit., pp. 70-71.

33 STJ, REsp 316.336/MS, 3ª T., Rel. Min. Ari Pargendler, julg. 18.8.2005.

34 STJ, REsp 1.370.210/RJ, 3ª T., Rel. Min. Nancy Andrighi, julg. 27.8.2013.

35 Paulo Lôbo, *Direitos e conflitos de vizinhança*, cit., p. 70.

Além disso, os §§ 2º e 3º do artigo 1.285 afastam o dever de tolerância do vizinho na hipótese de encravamento artificial. Assim, se o imóvel for alienado parcialmente e uma das partes restar sem acesso à via pública, nascente ou porto, o direito à passagem forçada deverá ser exigido do proprietário da outra parte do terreno, não já dos vizinhos. A mesma solução será dada se antes da alienação o terreno era encravado e o proprietário se valia da passagem forçada pelo imóvel do confinante. Nesse caso, ocorrendo a alienação e restando uma das partes do bem sem saída, o vizinho que dava a passagem não pode ser constrangido a dar outra passagem.[36]

4.3. Passagem de cabos e tubulações

Contemplam os artigos 1.286 e 1.287 do Código Civil o direito à passagem de cabos e tubulações, que visa assegurar o acesso a serviços de utilidade pública, tais quais energia elétrica, saneamento básico e telefonia. Trata-se de direito de vizinhança oneroso, obrigando o vizinho beneficiado a indenização que atenda à utilidade subtraída e também à desvalorização da área remanescente. Além disso, não se exige aqui encravamento, isto é, que o acesso aos serviços seja impossível, assegurando-se o direito à passagem se o acesso existente se afigurar excessivamente oneroso (CC, art. 1.286, *caput*).[37]

Por outro lado, a passagem deverá ocorrer de forma menos gravosa à propriedade prejudicada, nos termos do parágrafo único do artigo 1.286 do Código Civil, que guarda coerência com a linha traçada pelo legislador em todas as passagens de vizinhança: o referido enfrentamento bilateral dos conflitos (que se consubstancia aqui no princípio da menor onerosidade). Prevê-se ainda o direito do proprietário de remover posteriormente os cabos e tubulações para outro local mais conveniente do imóvel, desde que arque com as despesas.[38]

Por fim, se a passagem de cabos ou tubulações oferecer grave risco, como no caso das tubulações de gás e dos cabos de energia elétrica, pode-se exigir, a teor do artigo 1.287 do Código Civil, a realização de obras de segurança. O dano iminente será interpretado aqui como risco grave e o ônus de sua prova recairá sobre o vizinho prejudicado.[39]

4.4. Águas comuns

Na esteira dos direitos de passagem forçada e de passagem de cabos e tubulações, os artigos 1.293 e 1.294 asseguram o direito de construção de aqueduto através do

---

[36] Gustavo Tepedino, Heloisa Helena Barboza, Maria Celina Bodin de Moraes, *Código Civil interpretado,* vol. III, cit., pp. 612-613.

[37] Gustavo Tepedino, Heloisa Helena Barboza, Maria Celina Bodin de Moraes, *Código Civil interpretado,* vol. III, cit., pp. 614-615. Na jurisprudência, cf. "(...) embora o imóvel do apelante tenha acesso frontal à rede pública coletora da SABESP, ficou comprovado nos autos que a estrutura topográfica do terreno, em acentuado declive, torna a utilização de outras soluções excessivamente onerosas, pois demandaria, por exemplo, a instalação de bombas hidráulicas" (TJSP, Ap. Cív. 0005466-09.2013.8.26.0005, 36ª C.D.Priv., Rel. Des. Milton Carvalho, julg. 6.12.2016).

[38] Caio Mário da Silva Pereira, *Instituições,* cit., p. 194.

[39] Luiz Edson Fachin, *Comentários ao Código Civil,* cit., pp. 98-99.

imóvel vizinho para as finalidades de: (i) consumo para as primeiras necessidades de vida, (ii) escoamento de águas supérfluas ou acumuladas e (iii) drenagem de terrenos. Nesse ponto, o Código Civil de 1916 se referia ao direito de fazer passar canais para captar águas necessárias às atividades de agricultura e indústria. Embora o Código Civil de 2002 tenha suprimido a referência, a construção de aqueduto para tais funções continua a ser admitida. A título ilustrativo, o STJ já assegurou o direito de aqueduto para irrigação de plantação de arroz.[40] Sublinhe-se, nessa direção, o Enunciado n. 245 da III Jornada de Direito Civil do CJF (2004), segundo o qual "embora omisso acerca da possibilidade de canalização forçada de águas por prédios alheios, para fins industriais ou agrícolas, o art. 1.293 não exclui a possibilidade da canalização forçada pelo vizinho, com prévia indenização aos proprietários prejudicados" e o Enunciado n. 598 da VII Jornada de Direito Civil do CJF (2015), que dispõe: "na redação do art. 1.293, 'agricultura e indústria' não são apenas qualificadores do prejuízo que pode ser causado pelo aqueduto, mas também finalidades que podem justificar sua construção".

De acordo com o artigo 124 do Código de Águas, haverá direito de construir canais através de prédios alheios quando a condução de águas pelo prédio próprio se afigurar impossível ou muito mais dispendiosa. Além disso, constitui o aqueduto direito de vizinhança oneroso, assegurando-se ao vizinho prejudicado prévia indenização. Por outro lado, no curso do funcionamento do aqueduto, será o vizinho reparado pelos danos decorrentes "da infiltração ou irrupção das águas, bem como da deterioração das obras que se destinam a canalizá-las" (CC, art. 1.293, § 1º).[41]

Direito à prévia indenização e ao ressarcimento de danos causados pelo funcionamento do aqueduto

Também no direito de aqueduto vigora o princípio da menor onerosidade, assegurando-se que a passagem dos canos não prejudique as atividades de agricultura e indústria do vizinho, podendo este exigir que a canalização que atravessa áreas edificadas, pátios, hortas, jardins ou quintais seja subterrânea (CC, art. 1.293, § 2º). Demais disso, o aqueduto deverá ser construído de modo menos oneroso aos vizinhos, arcando o dono do aqueduto com as despesas de construção e conservação (CC, art. 1.293, § 3º).[42]

Princípio da menor onerosidade

De mais a mais, na já referida solução de bilateralidade, o artigo 1.294 do Código Civil faz incidir ao direito de aqueduto o disposto nos artigos 1.286 e 1.287, de modo a assegurar ao vizinho que suporta a passagem: (i) o direito à indenização prévia que abarque também a desvalorização da área remanescente, (ii) o direito a

Direitos do vizinho que suporta a passagem

---

[40] "Ação de obrigação de fazer, consistente em tolerar a passagem de água por meio de aqueduto, com pedido de antecipação dos efeitos da tutela, ajuizada por empresa em face da vizinha, por meio da qual objetiva o reconhecimento do direito de usar de parte da propriedade da recorrente para passar aqueduto e assim obter águas para a irrigação de lavoura de arroz em sua propriedade, mediante indenização. Na hipótese vertente, conforme verificado pelo Tribunal de origem, a transposição do imóvel da recorrente é o único meio pelo qual a primeira poderia ter acesso à água, o qual é imprescindível para a irrigação do plantio de arroz" (STJ, REsp 1.616.038/RS, 3ª T., Rel. Min. Nancy Andrighi, julg. 27.9.2016).

[41] Gustavo Tepedino, Heloisa Helena Barboza, Maria Celina Bodin de Moraes, *Código Civil interpretado,* vol. III, cit., p. 628.

[42] Luiz Edson Fachin, *Comentários ao Código Civil,* cit., p. 115.

exigir a ulterior remoção para outro local do imóvel e (iii) o direito de exigir a realização de obras de segurança na hipótese de grave risco.[43]

Direitos do proprietário vizinho em tema de águas

Complementando tais disposições, o artigo 1.295 garante a esse vizinho o direito de cercar e construir no imóvel, desde que respeitada margem para segurança e conservação dos canais, bem como de utilizar as "águas para as primeiras necessidades da vida". Para além dessas primeiras necessidades, o artigo 1.296 contempla o direito de canalizar as águas que sobram do aqueduto, com preferência aos proprietários dos terrenos que suportam a passagem dos canais. Nesse caso, aquele que pretende canalizar as águas supérfluas, deverá pagar ao dono do aqueduto e aos vizinhos prejudicados valor equivalente às despesas que seriam necessárias para conduzir as águas até o seu destino.[44]

Obrigação do prédio inferior de receber águas naturais

Por outro lado, as águas comuns são disciplinadas nos artigos 1.288 a 1.292 do Código Civil. Segundo a sistemática legal, distinguem-se as águas naturais daquelas artificiais. Assim, o dono do prédio inferior é obrigado a receber as águas que correm naturalmente para seu imóvel (CC, art. 1.288). Dito diversamente, o proprietário a jusante é obrigado a receber as águas que correm do proprietário a montante, de maneira natural. O proprietário ou possuidor do prédio superior, por seu turno, não pode agravar, mediante a execução de obras, a condição natural e anterior do prédio inferior. Do mesmo modo, tratando-se de águas pluviais, o proprietário do prédio superior poderá usá-las para consumo, não já alterar seu curso (CC, art. 1.290).[45]

Direito do prédio inferior na hipótese de águas artificiais

Tratando-se de águas artificiais, ao revés, o vizinho do prédio inferior não será obrigado a recebê-las. Assim, o *caput* do artigo 1.289 do Código Civil garante o direito de indenização pelas águas que correrem do prédio a montante. Fixa o legislador a onerosidade, de modo que o vizinho obrigado a suportar essas águas terá o direito à indenização, sempre que o outro não puder desviá-las. O parágrafo único do artigo 1.289 dispõe ainda que, quanto à essa indenização, será abatido eventual benefício que a água venha por eventualidade a conceder ao prédio inferior. A mesma solução será dada se as águas invadirem o prédio inferior em virtude de represamento efetuado pelo proprietário do prédio superior (CC, art. 1.292).[46]

Poluição das águas

Por fim, trata o legislador, no artigo 1.291, da poluição das águas. Embora o artigo se refira à proibição de poluição das "águas indispensáveis às primeiras necessidades de vida", não há, naturalmente, direito de poluir águas que não sejam indispensáveis. O dispositivo deve ser interpretado conforme a Constituição da República, em especial ao direito ao meio ambiente, de modo a disciplinar o direito dos vizinhos à reparação dos danos causados pela poluição, sem prejuízo das sanções ad-

---

[43]   Gustavo Tepedino, Heloisa Helena Barboza, Maria Celina Bodin de Moraes, *Código Civil interpretado,* vol. III, cit., pp. 628-629.

[44]   Paulo Lôbo, *Direitos e conflitos de vizinhança*, cit., p. 77.

[45]   Caio Mário da Silva Pereira, *Instituições*, cit., p. 195.

[46]   Paulo Lôbo, *Direitos e conflitos de vizinhança*, cit., p. 75.

CAPÍTULO X | DIREITO DE VIZINHANÇA   207

ministrativa e penal aplicáveis à espécie.[47] A esse respeito, cumpre ressaltar o Enunciado n. 244 da III Jornada de Direito Civil (2004): "o art. 1.291 deve ser interpretado conforme a Constituição, não sendo facultada a poluição das águas, quer sejam essenciais ou não às primeiras necessidades da vida".

4.5. Direito de tapagem e direito de demarcação

A primeira parte do artigo 1.297 do Código Civil versa sobre o direito de tapagem. Se inexistem dúvidas acerca da demarcação da propriedade, tem o proprietário o direito de evidenciar as linhas divisórias, cercando, murando, valando ou tapando seu terreno (CC, art. 1.297, *caput*), podendo, ainda, constranger o confinante a concorrer com parte proporcional das despesas de construção e manutenção dos marcos (CC, art. 1.297, § 1º). Só haverá obrigação de concorrer para as despesas, contudo, se o tapume, na análise do caso concreto, for considerado comum. Enquanto o tapume comum se volta à fixação do limite entre os prédios, o tapume especial se relaciona a finalidade específica a que deu causa o vizinho. Nesse sentido, constitui tapume especial aquele que visa a impedir a passagem de animais de pequeno porte, devendo arcar com sua construção e conservação o dono dos animais (CC, art. 1.297, § 3º). De mais a mais, fixa o legislador, no § 1º do artigo 1.297, presunção relativa de copropriedade dos tapumes. Como consequência, as sebes vivas, árvores ou plantas que se encontram na linha divisória e dividem os terrenos não podem ser cortadas ou arrancadas por ação exclusiva de um dos confinantes, exigindo-se, ao revés, comum acordo (CC, art. 1.297, § 2º).[48] {.margin-note: Regime jurídico}

Cabe mencionar, ainda, prática comum de colocar objetos de proteção à propriedade com o objetivo de repelir e causar danos a eventual invasor, como lanças e cacos de vidro em cima de muros, cercas elétricas etc. Denominam-se tais mecanismos *ofendículas* e, mesmo consideradas em princípio práticas legítimas, subordinam-se a controle funcional de abusividade para averiguar se a ameaça à integridade física alheia não se revela excessiva, nas circunstâncias do caso concreto.

A segunda parte do artigo 1.297, por sua vez, trata do direito de demarcação, assegurando ao vizinho o direito de constranger o confinante a proceder à definição de limite entre os prédios quando estes são desconhecidos, a realçar rumos apagados ou a renovar marcos destruídos ou arruinados com o passar dos anos. Se há dúvida quanto ao delineamento da linha divisória, faz-se a busca de títulos de propriedade para determinar os lindes entre os prédios. {.margin-note: Direito de demarcação}

Se não for possível, com base nos títulos de propriedade, fixar-se-á a linha divisória, demarcando-se as fronteiras entre os dois prédios como prevê o artigo 1.297 do Código Civil, lançando-se mão dos critérios previstos no artigo 1.298. O primeiro critério é o da comprovação da posse justa, isto é, da ausência de violência, clan- {.margin-note: Critérios para a demarcação dos limites}

---

47   Gustavo Tepedino, Heloisa Helena Barboza, Maria Celina Bodin de Moraes, *Código Civil interpretado*, vol. III, cit., p. 625.

48   Gustavo Tepedino, Heloisa Helena Barboza, Maria Celina Bodin de Moraes, *Código Civil interpretado*, vol. III, cit., pp. 632-637.

destinidade ou precariedade (CC, art. 1.200). Não provada a posse de nenhum dos dois disputantes quanto aos limites ou, ao contrário, provada a composse, ou seja, não sendo possível definir a questão com base na posse, lança-se mão do segundo critério: a repartição em partes iguais. Enquanto o Código anterior falava em repartição proporcional, o que suscitava os maiores problemas em se encontrar o critério de proporcionalidade (seria proporcional às respectivas áreas dos imóveis? Ao número de vizinhos interessados no pedaço de terra?), o Código de 2002, em boa hora, simplifica – ou tenta simplificar – estabelecendo a divisão em partes iguais, restaurando enfim o que já constava do próprio Projeto de Clóvis Bevilaqua, que deu origem ao Código de 1916. O terceiro critério, também já consagrado, é aplicado na hipótese de não ser viável essa divisão em partes iguais, por não ser cômoda. Explica-se: na eventualidade de a divisão conduzir a resultados incompatíveis com o critério da igualdade, como no caso da existência de mina (de água, de petróleo ou de metais preciosos etc.), o juiz irá determinar a adjudicação da propriedade a um dos imóveis, estabelecendo indenização justa ao proprietário vizinho.[49]

O Código de Processo Civil regulamenta, entre os artigos 574 e 587, o procedimento da ação demarcatória, por meio da qual o proprietário busca, em face dos imóveis confinantes, a definição dos limites de sua propriedade.[50] O CPC permite, ainda, seja a demarcação feita por escritura pública, a bem da desjudicialização, desde que maiores, capazes e concordes todos os interessados (CPC, art. 571).

4.6. Direito de construir

Limitações ao direito de construir O direito de construir fixa, no artigo 1.299 do Código Civil, como regra geral, a possibilidade de o proprietário levantar a construção que lhe aprouver, desde que respeitadas as normas do direito de vizinhança e também os regulamentos administrativos, geralmente emitidos pelo Poder Público Municipal no controle de zoneamento e de definição de utilização daquela propriedade imóvel. No caso da violação dessas normas do direito de vizinhança, o artigo 1.312 assegura ao vizinho prejudicado o direito à demolição das construções e à indenização por perdas e danos.[51]

Limitação relativa às águas Retomando-se a disciplina das águas, o direito de construir também sofre limitações quanto a este aspecto. Nesse sentido, a construção não (i) poderá despejar águas diretamente sobre prédio vizinho (CC, art. 1.300), podendo ser necessário, a depender das circunstâncias, o uso de calhas ou de qualquer mecanismo congênere a fim de evitar tal transtorno; (ii) poluir ou inutilizar, para uso corriqueiro, o uso preexistente das águas do poço ou nascente (CC, art. 1.309); ou (iii) reduzir o volume de água de poço ou nascente de outrem, impedindo o acesso às águas indispensáveis às necessidades normais (CC, art. 1.310).

---

[49] Caio Mário da Silva Pereira, *Instituições,* cit., p. 198.

[50] Na jurisprudência: STJ, 3ª T., REsp 1.984.013, Rel. Min. Ricardo Villas Bôas Cueva, julg. 27.09.2022, publ. *DJ* 30.09.2022.

[51] Luiz Edson Fachin, *Comentários ao Código Civil,* cit., p. 161.

Outra limitação ao direito de construir se refere às distâncias legais. O proprietário pode construir no seu imóvel urbano até a linha divisória, mas a lei impede que se abra janela ou se faça eirado, terraço ou varanda a menos de um metro e meio do terreno vizinho, com vistas à proteção do direito de intimidade (CC, art. 1.301, *caput*). Se, contudo, a visão da janela não incidir sobre a linha divisória, ou for perpendicular, a distância mínima será de setenta e cinco centímetros (CC, art. 1.301, § 1º). Diferencia-se, assim, a visão direta da visão oblíqua, em superação ao entendimento antes consolidado pelo Supremo Tribunal Federal na Súmula 414.[52] Continua em vigor, contudo, a Súmula 120 do STF que dispõe: "parede de tijolos de vidro translúcido pode ser levantada a menos de metro e meio do prédio vizinho, não importando servidão sobre ele". Isso porque o vidro translúcido impede a visão, não importando em violação à intimidade. Note-se, ainda, que tais distâncias são medidas (não já entre as edificações, mas) da edificação até a linha divisória.[53]

Por outro lado, o parágrafo segundo do art. 1.301, trata das aberturas menores, que não são consideradas janelas, limitadas a dez centímetros de largura sobre vinte de comprimento e construídas a mais de dois metros de altura de cada piso, para evitar que se devasse o prédio vizinho. A esse respeito, cabe "alertar contra o fato de se colocarem as pequenas aberturas tão contíguas que o seu conjunto se converta em vão de maiores proporções". Nesse caso, "se forem burladas as dimensões previstas em lei, cabe ao prejudicado fazê-las fechar".[54]

Além disso, cabe analisar as medidas de que dispõe o vizinho na hipótese de desrespeito às distâncias legais pelo confinante. Diante de construção de janela a menos de um metro e meio da linha limítrofe, o vizinho poderá propor ação de nunciação de obra nova. Concluída a obra, caberá a propositura de ação demolitória no prazo de ano e dia, nos termos da primeira parte do art. 1.302 do Código de 2002.

Expirado este prazo de ano e dia, o proprietário prejudicado encontra-se obrigado a tolerar a permanência da janela, não lhe assistindo mais o direito de exigir o seu desfazimento da obra. Também não pode abrir janela, terraço, varanda ou eirado a uma distância inferior à legal, sob o pretexto de que a norma não foi observada pelo vizinho. Nesse particular, o art. 1.302 do Código Civil, em sua parte final, dispõe que "escoado o prazo, não poderá, por sua vez, edificar sem atender ao disposto no artigo antecedente, nem impedir, ou dificultar, o escoamento das águas da goteira, com prejuízo para o prédio vizinho".

De outra parte, discute-se se o proprietário prejudicado pode levantar sua edificação, ou contramuro, de maneira a proteger-se do devassamento causado pela janela, ainda que dessa forma prejudique a claridade do imóvel vizinho. Ao tempo da codificação anterior, prevalecia o entendimento de que lhe era lícito construir a

---

[52] Súmula 414 do STF: "Não se distingue a visão direta da oblíqua na proibição de abrir janela, fazer terraço, eirado ou varanda, a menos de metro e meio do prédio de outrem".

[53] Gustavo Tepedino, Heloisa Helena Barboza, Maria Celina Bodin de Moraes, *Código Civil interpretado*, vol. III, cit., pp. 644-645.

[54] Caio Mário da Silva Pereira, *Instituições*, cit., p. 200.

qualquer tempo para preservar a sua privacidade, mas parte da doutrina sustentava que, nesse caso, instituía-se espécie de servidão de janela, de modo que o vizinho prejudicado não poderia erguer construção capaz de comprometer a sua utilidade. Tal opinião baseava-se no § 2º do art. 573 do CC/1916 (atual art. 1.302, parágrafo único, do Código Civil), pelo qual o legislador afirmava que vãos e aberturas de luz não prescreviam contra o vizinho, que poderia construir a qualquer tempo ainda que vedando sua claridade. Para o saudoso prof. Ebert Chamoun, no entanto, se o legislador determinava que as pequenas aberturas prescreviam para o vizinho, poder-se-ia afirmar, *a contrario sensu*, que prescreveriam, constituindo-se servidões em favor do construtor irregular, as janelas, estruturas de dimensões maiores que aquelas, em relação às quais a aposição de contramuro representaria grave dano econômico e social para a vizinhança.[55]

Sob a vigência do Código Civil de 2002, persiste a discussão, que reflete interessante caso de colisão entre a função social da propriedade e o direito à privacidade. Argumenta-se, de um lado, que, por opção legislativa, o vizinho prejudicado, que deixou de tomar as providências para paralisar a construção de janela a menos de metro e meio ou demoli-la, no prazo de ano e dia contado da conclusão da obra, deve respeitar a servidão de janela então constituída, não podendo, por meio de contramuro ou de outra estrutura ali erguida, retirar todo o valor da construção efetuada à sua revelia. Nessa direção, apenas seria lícito ao prejudicado levantar muros que vedem pequenas aberturas, de menor potencial lesivo à função social da propriedade (CC, art. 1.301, § 2º), como consignado no parágrafo único do art. 1.302: "em se tratando de vãos, ou aberturas para luz, seja qual for a quantidade, altura e disposição, o vizinho poderá, a todo tempo, levantar a sua edificação, ou contramuro, ainda que lhes vede a claridade".[56] Em direção oposta, poder-se-ia argumentar que a redação do referido dispositivo é genérica, não fazendo distinção entre pequenas ou grandes aberturas. Também se pode alegar que, na atual ordem jurídica, em que se reconhece a prioridade dos valores existenciais sobre os patrimoniais, deveria ser reconhecida tutela prioridade à privacidade do proprietário prejudicado, que procura preservar-se do devassamento causado pela janela irregularmente construída.[57] Se ele pode defender-se de pequenos vãos, com maior razão, deveria lhe ser reconhecido o direito de levantar

---

[55] Ebert Chamoun, *Apostila do Curso de Direito Civil* ministrado na Faculdade Nacional de Direito da Universidade do Brasil, em 1972, p. 225.

[56] Nessa direção, Gustavo Tepedino, Heloisa Helena Barboza, Maria Celina Bodin de Moraes, *Código Civil interpretado,* vol. III, cit., p. 648; Paulo Lôbo, *Direitos e conflitos de vizinhança,* cit., pp. 81-82; Washington de Barros Monteiro, *Curso de Direito Civil: direito das coisas,* São Paulo: Saraiva, 2003, 37ª edição, p. 163.

[57] Nesse sentido, Luiz Edson Fachin, *Comentários ao Código Civil,* vol. 15, cit., pp. 143-144, segundo o qual: "em se tratando de vãos, ou aberturas para luz, seja qual for a quantidade, altura e disposição, o vizinho poderá, a todo tempo, alçar a sua edificação, ou contramuro, ainda que lhes interdite a luminosidade. (...) Vê-se, pois, que o direito de edificar não é (nem poderia ser) absoluto, já que condicionado aos direitos subjetivos de vizinhança". V. também Francisco Eduardo Loureiro, *Código Civil Comentado,* Barueri, Manoli, 2019, p. 1.266.

muro para proteger-se de janelas, que causam danos maiores à sua privacidade. Na jurisprudência, encontram-se decisões em ambos os sentidos.[58]

Ainda quando o regime de distâncias entre paredes e janelas vizinhas, aduza-se que, em se tratando de zona rural, definida pelo critério da localização do imóvel (não já da destinação), a distância mínima, consoante o artigo 1.303 do Código Civil, será de três metros para a construção de qualquer tipo de edificação.[59]

Em seguida, cuida o Código Civil da disciplina das paredes divisórias. De acordo com o artigo 1.304, havendo prédio urbano sujeito a alinhamento, o vizinho poderá madeirar na parede divisória que pertence ao vizinho do prédio contíguo, desde que a parede suporte a edificação, mediante o pagamento de metade do valor da parede e do chão correspondente.[60]

Limitações relativas às paredes divisórias

De outra parte, cuidando da hipótese em que o vizinho estreia a construir, autoriza o artigo 1.305 do Código Civil que a edificação da parede divisória ocorra até meia espessura no terreno contíguo, sem que o construtor tenha de indenizar o outro vizinho. Além disso, o que primeiro construiu terá direito à metade do valor da parede se o vizinho a utilizar de qualquer modo, e fixará a largura e a propriedade do alicerce. Por fim, se não for possível travejar a parede divisória sem risco à construção, o vizinho não poderá fazer alicerce a seu pé enquanto não prestar caução ao proprietário da parede.[61]

O artigo 1.306 do Código Civil, por sua vez, contempla o direito dos condôminos de usar a parede divisória até o meio da espessura, desde que não haja risco à segurança e à separação entre os prédios. Na hipótese de realização de obras, deverá o condômino informar o outro. O consentimento será exigido apenas na hipótese de escavações

---

[58] Na jurisprudência, particular atenção é dirigida ao controle de atos abusivos: "(...) a r. decisão "a quo", embora negue aos requeridos o direito de exigir dos autores que fechem as janelas lindeiras a menos de metro e meio de seu terreno, posto transcorrido mais de ano e meio do término da construção, no mesmo ato, permite que os requeridos ergam colunas de tijolos que, longe de constituir uma construção que lhes reverta qualquer comodidade, foram concebidas com o único propósito de tamponar as indigitadas janelas. 2. Como expressado em precedente parelho, janelas e vitrôs (art. 1301, *caput* e § 1º, CC) não se confundem com vãos ou aberturas (art. 1301, § 2º, CC) 3. A hipótese, pois, até porque passa por abuso de direito por parte dos requeridos em, por vias oblíquas, obterem o mesmo efeito prático de prescrita ação demolitória, com consequente abuso à função social da propriedade, é de procedência da ação para condená-los ao desfazimento da obra" (TJSP, 2017.0000041015, 25ª C.D.Priv., Rel. Des. Artur Marques, julg. 6.2.2017). Em sentido oposto, contudo: "Construção de muro divisório realizada pelo vizinho. Alegação de que a parede edificada está obstruindo a janela do imóvel da autora, prejudicando iluminação e ventilação. Ausência de direito de servidão de iluminação e ventilação. Direito de construir que deve ser respeitado, ainda que vede a claridade do outro imóvel. Exegese dos artigos 1.302 e 1.297 do CC. Recurso desprovido, com observação. A abertura de janela no imóvel da autora, há mais de ano e dia, sem observância da distância prevista em lei, não caracteriza servidão aparente capaz de impedir o direito de construir do vizinho, desde que observados os limites de sua propriedade, e ainda que vede a claridade do outro imóvel" (TJSP, Ap. Cív. 0002838-15.2014.8.26.0457, julg. 23.3.2017).

[59] Paulo Lôbo, *Direitos e conflitos de vizinhança*, cit., p. 81.

[60] Orlando Gomes, *Direitos reais*, cit., pp. 217-218.

[61] Gustavo Tepedino, Heloisa Helena Barboza, Maria Celina Bodin de Moraes, *Código Civil interpretado*, vol. III, cit., p. 651.

correspondentes a outras já feitas no lado oposto, em virtude do maior risco a que se expõe a construção.[62] Ainda disciplinando o condomínio da parede-meia, o artigo 1.307 autoriza que o condômino aumente a altura da parede divisória em toda sua extensão, e não apenas em metade da espessura, inclusive se implicar reconstrução, desde que arque com os custos de construção e conservação. Se o confinante adquirir meação também na parte alteada, deverá repartir proporcionalmente as despesas.[63]

Já o artigo 1.308 do Código Civil veda o uso anormal da parede divisória, proibindo que se encoste equipamentos que possam produzir infiltração ou interferências prejudiciais ao vizinho, tais quais chaminés, fogões e fornos. A utilização de chaminés ordinárias e fogões de cozinha é presumida como adequada ao grau médio de tolerabilidade, presunção esta que poderá ser afastada por prova em contrário.[64]

Direito de exigir a realização de obras acautelatórias

O artigo 1.311, a seu turno, assegura ao vizinho o direito de exigir a realização de obras acautelatórias na hipótese de "qualquer obra ou serviço apto a atrair desmoronamento ou deslocação de terra, ou que afeta a estabilidade, firmeza ou solidez do prédio vizinho".[65] No entanto, conforme prevê o parágrafo único, a realização de tais obras não tem o condão de afastar o dever de reparar danos que ainda assim sejam causados, configurando-se aqui hipótese de responsabilidade objetiva.

Auxílio mútuo ou direito de ingresso no prédio vizinho

Por fim, cuida o artigo 1.313 do instituto do auxílio mútuo ou direito de ingresso no prédio vizinho. As hipóteses autorizadoras estão previstas nos incisos I e II e no parágrafo 1º do dispositivo, quais sejam, reparação, construção, reconstrução, limpeza de sua casa, do muro divisório, de esgotos, goteiras, aparelhos higiênicos, poços, nascentes e aparo de cerca viva e recuperação de coisas suas, inclusive animais, que se encontram casualmente no imóvel vizinho.

Exige-se, para a incidência do dispositivo, a presença dos seguintes requisitos: (i) temporariedade, (ii) prévio aviso e (iii) imprescindibilidade. Quanto ao primeiro, deverá o vizinho deixar o imóvel alheio tão logo cesse a causa do ingresso. Nesse sentido, o parágrafo 2º do artigo 1.313 permite que a entrada do vizinho seja impedida tão logo este recupere suas coisas que se encontravam casualmente ali. Além disso, exige o legislador prévio aviso (CC, art. 1.313, *caput*), que não se confunde com autorização. No entanto, deverá o vizinho "acordar com o proprietário os horários de entrada e saída, esclarecê-lo acerca de eventuais medidas de segurança para as obras, dentre outras informações relevantes", vez que "não é razoável supor que alguém tenha o direito de entrar em prédio alheio, na hora em que bem entenda, apenas porque avisou com antecedência".[66] Exige-se, ainda, que a entrada no imóvel seja imprescin-

---

[62] Gustavo Tepedino, Heloisa Helena Barboza, Maria Celina Bodin de Moraes, *Código Civil interpretado,* vol. III, cit., p. 652.

[63] Gustavo Tepedino, Heloisa Helena Barboza, Maria Celina Bodin de Moraes, *Código Civil interpretado,* vol. III, cit., p. 653.

[64] Gustavo Tepedino, Heloisa Helena Barboza, Maria Celina Bodin de Moraes, *Código Civil interpretado,* vol. III, cit., p. 654.

[65] Luiz Edson Fachin, *Comentários ao Código Civil,* cit., p. 159.

[66] Gustavo Tepedino, Heloisa Helena Barboza, Maria Celina Bodin de Moraes, *Código Civil interpretado,* vol. III, cit., pp. 661-662.

dível, não havendo outra forma de realizar o reparo, a construção, a limpeza, o aparo ou a recuperação de coisas suas que ali se encontram. Aduza-se ainda que, de acordo com o parágrafo 3º do artigo 1.313, se o ingresso gerar dano ao vizinho, há que se fazer acompanhar da devida reparação, que será apurada conforme a disciplina da responsabilidade objetiva.[67]

PROBLEMAS PRÁTICOS

1. É possível recorrer à passagem forçada, prevista no artigo 1.285, *caput*, do Código Civil, em hipótese em que, embora não haja efetivo encravamento, o acesso existente ao imóvel mostre-se insuficiente?

2. Em matéria de auxílio mútuo, em que hipóteses se autoriza o ingresso no prédio vizinho? Quais os requisitos para tanto?

 Acesse o *QR CODE* e veja a Casoteca.
> https://uqr.to/1pc8j

 Acesse o *QR CODE* e assista ao vídeo do Problema n. 1.
> https://uqr.to/owl9

---

[67] Luiz Edson Fachin, *Comentários ao Código Civil*, cit., p. 167.

Capítulo XI
CONDOMÍNIO GERAL

SUMÁRIO: 1. Introdução – 2. Condomínio voluntário – 2.1. Direitos dos condôminos no condomínio voluntário – 2.2. Deveres dos condôminos no condomínio voluntário – 2.3. Administração do condomínio voluntário – 2.4. Extinção do condomínio voluntário – 3. Condomínio necessário – Problemas práticos.

1. INTRODUÇÃO

O fenômeno da comunhão, como concorrência de interesses sobre uma mesma relação jurídica, ocorre nos mais diferentes ramos do direito civil, como no direito das obrigações, por meio da solidariedade e, no direito de família, em certos regimes de bens.[1] Nos direitos reais, constitui-se o condomínio pela presença de cotitularidade na mesma relação de domínio.[2] Dito em outros termos, o condomínio constitui-se em espécie de comunhão no âmbito dos direitos reais, em que concorrem na mesma situação jurídica de propriedade mais de uma titularidade dominical.

Condomínio como espécie de comunhão de interesses jurídicos

A conceituação do condomínio como comunhão de direitos de propriedade sobre um mesmo bem indivisível faz surgir aparente contradição com a exclusividade do domínio. Isso porque o condomínio pressupõe a existência de vários sujeitos igualmente donos da totalidade de um mesmo bem indiviso, o que pareceria, à primeira vista, incompatível com a ideia de que ao proprietário cabe a exclusividade do aproveitamento econômico da coisa objeto de domínio.

Aparente contradição entre o condomínio e a exclusividade do domínio

---

[1] Gustavo Tepedino, Heloisa Helena Barboza, Maria Celina Bodin de Moraes, *Código Civil interpretado conforme a Constituição da República*, vol. III, Rio de Janeiro: Renovar, 2014, p. 665.
[2] Orlando Gomes, *Direitos Reais*, Rio de Janeiro: Forense, 2012, p. 226.

Resolve-se essa aparente contradição pela técnica empregada na cotitularidade dominical, em que o interesse de cada proprietário é estabelecido por sua respectiva fração ideal, que exprime a medida do aproveitamento econômico de cada um dos condôminos sobre a integralidade da coisa.

Quotas ou frações ideais

Assim sendo, com a divisão em quotas ideais, permite-se que cada condômino tenha direitos qualitativamente iguais sobre a totalidade da coisa, mas limitados quantitativamente por sua fração ideal.[3] Isso significa que, nas relações externas, cada condômino, independentemente de sua fração ideal, tem o direito de usar, fruir e reivindicar a coisa de quem a possua injustamente,[4] bem como pode recorrer a ações possessórias para garantir a sua posse em face de outro condômino que pretenda excluir os demais, conforme dispõe o artigo 1.199 do Código Civil.[5] É na relação interna entre condôminos, principalmente no que concerne a atos de gestão, que ganha relevo a divisão em cotas, pois cada coproprietário terá direitos e deveres na proporção de suas frações ideais.[6] Nas palavras do professor Caio Mário da Silva Pereira, "*somente assim se justifica a coexistência de direitos sobre uma dada coisa, exercidos comunitariamente e sem conflito por uma pluralidade de donos e com exclusão de todos quantos sejam estranhos à comunhão.*"[7]

A partir dessa primeira análise do condomínio, pode-se concluir que suas principais características são (i) a pluralidade de sujeitos; (ii) a indivisão material da coisa; e (iii) a divisão intelectual da coisa por meio de frações ideais.

Gêneros e espécies de condomínios no direito brasileiro

O Código Civil Brasileiro prevê dois gêneros de condomínios, o geral e o especial. O condomínio geral se subdivide em condomínio voluntário – regido pelos artigos 1.314 a 1.326 do Código Civil – e condomínio necessário – regido pelos artigos 1.327 a 1.330 do Código Civil. O condomínio especial, por sua vez, pode ser condomínio edilício – regido pelos artigos 1.331 a 1.358 do Código Civil – condomínio de lotes – regulado pelo artigo 1.358-A do Código Civil –, ou condomínio em multipropriedade – regulamentado pelos artigos 1.358-B a 1.358-U do Código Civil. Passa-se a analisar cada uma dessas espécies detidamente.

2. CONDOMÍNIO VOLUNTÁRIO

Condomínio voluntário e condomínio legal

O condomínio voluntário, como se infere pelo próprio nome, é aquele que se origina da vontade de sujeitos de direitos e constitui-se ou por um negócio jurídico *inter vivos* ou *mortis causa*, quando um testador deixa um único bem para duas ou mais pessoas[8]. Ao condomínio voluntário, opõe-se o condomínio legal, que se cons-

---

3   Carlos Maximiliano, *Condomínio*, Rio de Janeiro: Freitas Bastos, 1961, p. 8.

4   Gustavo Tepedino, Heloisa Helena Barboza, Maria Celina Bodin de Moraes, *Código Civil interpretado conforme a Constituição da República*, vol. III, Rio de Janeiro: Renovar, 2014, p. 666.

5   "Se duas ou mais pessoas possuírem coisa indivisa, poderá cada uma exercer sobre ela atos possessórios, contanto que não excluam os dos outros copossuidores."

6   Eduardo Espínola, *Posse*, Rio de Janeiro: Conquista, 1956, p. 337.

7   Caio Mário da Silva Pereira, *Instituições de Direito Civil*, vol. IV, Rio de Janeiro: Forense, 2016, p. 158.

8   Gustavo Tepedino, Heloisa Helena Barboza, Maria Celina Bodin de Moraes, *Código Civil interpretado conforme a Constituição da República,* vol. III, Rio de Janeiro: Renovar, 2014, p. 667.

tui por determinação da lei e se divide em condomínio incidente ou fortuito – como a estabelecida pela sucessão hereditária legítima até o momento da partilha – e condomínio necessário – como o estabelecido pelos muros, valas e cercas divisórios.

No entanto, o regime previsto na seção do Código Civil que trata do condomínio voluntário não se aplica apenas ao condomínio que se origina da vontade das partes ou do testador, mas se aplica também ao condomínio incidente, no que couber. Nesse sentido, o condomínio oriundo da sucessão legítima, por exemplo, é tratado como condomínio voluntário pelo Código Civil Brasileiro.[9]

O condomínio voluntário, por ser, nas palavras de Clóvis Bevilaqua, *"uma forma anormal da propriedade"*[10] justamente por contrariar a exclusividade característica do direito de propriedade,[11] tende a ser transitório. Nesse sentido, qualquer condômino tem, em regra, o direito potestativo[12] de exigir a divisão da coisa e alienar a sua cota parte a qualquer tempo e sem justificativa, exceto em situações excepcionais que serão devidamente abordadas mais adiante.

Transitoriedade do condomínio

2.1. Direitos dos condôminos no condomínio voluntário

O artigo 1.314, *caput*, do Código Civil estabelece os principais direitos dos condôminos. Desde logo, deve-se atentar que este dispositivo trata dos direitos relacionados tanto às frações ideais quanto à coisa material. No que concerne propriedade comum, todos os condôminos podem, independentemente da anuência dos demais: (i) usá-la conforme sua destinação e exercer todos os direitos compatíveis com a indivisão; (ii) reivindicar de terceiro a coisa comum; e (iii) defender a posse contra outrem.

Principais direitos dos condôminos em relação à propriedade comum

Quanto ao exercício do conteúdo econômico do direito de propriedade, isto é, o uso e a fruição da coisa comum, observe-se que eles são limitados pela pluralidade de sujeitos, uma vez que todos os condôminos têm igual *jus utendi* sobre a coisa comum. Portanto, tais direitos não podem ser exercidos de modo a excluir os demais condôminos ou a prejudicar o interesse da comunhão.[13]

A reforçar a ideia de igualdade qualitativa de direitos entre os condôminos, o parágrafo único do artigo 1.314 do Código Civil prescreve que "nenhum dos condôminos pode alterar a destinação da coisa comum, nem dar posse, uso ou gozo dela a estranhos, sem o consenso" dos demais.[14] Portanto, muito embora as decisões sejam

---

[9]   Luiz Edson Fachin, *Comentários ao Código Civil,* vol. 15, Rio de Janeiro: Saraiva, 2003, p. 173.

[10]   Clovis Bevilaqua, *Código Civil dos Estados Unidos do Brasil Comentado,* vol. III, São Paulo: Ed. Paulo de Azevedo, 1950, p. 172.

[11]   Miguel Maria de Serpa Lopes, *Curso de Direito Civil,* vol. VI, Rio de Janeiro: Freitas Bastos, 1996, p. 350.

[12]   Luiz Edson Fachin, *Comentários ao Código Civil,* vol. 15, Rio de Janeiro: Saraiva, 2003, p. 195.

[13]   Clovis Bevilaqua, *Código Civil dos Estados Unidos do Brasil Comentado,* vol. III, São Paulo: Ed. Paulo de Azevedo, 1950, p. 173.

[14]   A 3ª Turma do STJ, todavia, fixou o entendimento de que, ainda que o Código Civil exija a anuência dos coproprietários para dar posse de imóvel a terceiros, eventual inexistência desse consentimento não gera a nulidade do contrato de locação, tornando-o incapaz de produzir efeitos jurídicos. Com isso, a Corte declarou a rescisão de contrato de aluguel e determinou o despejo do locatário – o qual firmou o contrato com apenas um dos proprietários do imóvel. O Relator, Min. Ricardo Villas Bôas Cueva, afirmou que, no caso concreto, não foi demonstrada a ocorrência de nenhum dos vícios

tomadas por meio da maioria das frações ideais, uma vez determinada a sua destinação, nenhum condômino terá mais direitos do que outro sobre a coisa comum, irrelevante sua porcentagem de quotas ideais.

O caput do artigo 1.314 do Código Civil também prevê o exercício do conteúdo jurídico do direito de propriedade pelos condôminos, isto é, o direito de todos os condôminos reivindicarem perante terceiros a coisa comum. Ressalte-se que terceiro, aqui, refere-se a qualquer um alheio ao condomínio.[15] Uma vez que todos os condôminos, como proprietários da coisa que são, têm igual direito de sequela, a ação reivindicatória – que se baseia justamente no direito do proprietário de perseguir aquilo que é seu – não pode ser manejada em face de outro condômino.[16]

O direito de defender a posse, por outro lado, pode ser exercido contra qualquer um que tenha ameaçado, turbado ou esbulhado a posse do autor da ação, inclusive outros condôminos. Observe-se, porém, que, diferentemente do que ocorre na ação reivindicatória, a condição de coproprietário não se presta a fundamentar a ação possessória, sendo necessário que o autor da ação demonstre que tem a posse da coisa.[17] Além de poder ajuizar ação possessória, o Superior Tribunal de Justiça também admite que o condômino impossibilitado de exercer a posse sobre o bem cobre valores equivalentes ao aluguel da coisa comum em face do coproprietário que a usou com exclusividade.[18-19]

[margin note: Exercício de ações reivindicatórias e possessórias]

capazes de gerar a nulidade do negócio jurídico, como aqueles descritos no Código Civil. Por isso mesmo, entendeu que não poderia ser acolhida a tese de nulidade do contrato, de modo a exonerar o locatário de qualquer obrigação (STJ, 3ª T., REsp 1.861.062, Rel. Min. Ricardo Villas Bôas Cueva, julg. 15.12.2020, publ. *DJe* 18.12.2020).

[15] João Manuel de Carvalho Santos, *Código Civil Brasileiro Interpretado*, v. VIII, Rio de Janeiro: Freitas Bastos, 1977, p. 295.

[16] João Manuel de Carvalho Santos, *Código Civil Brasileiro Interpretado*, v. VIII, Rio de Janeiro: Freitas Bastos, 1977, p. 295: "Não só porque, em havendo copropriedade, todos os condôminos têm domínio no todo e não se pode reivindicar de quem tem domínio, mas ainda porque o objeto da reivindicação é, não só a restituição da coisa corpórea, senão também o abandono forçado da posse por parte daquele que nela injustamente se mantém; o que não é possível entre coproprietários porque se, por um lado, não pode o autor discriminar a parte em que se pretenda restituir, por outro, não é o réu obrigado a abrir mão da posse em que se acha."

[17] Gustavo Tepedino, Heloisa Helena Barboza, Maria Celina Bodin de Moraes, *Código Civil interpretado conforme a Constituição da República*, vol. III, Rio de Janeiro: Renovar, 2014, p. 669.

[18] STJ, 3ª T., REsp 622.472/RJ, Rel. Min. Nancy Andrighi, julg. 19.08.2004, publ. *DJ* 20.09.2004. Em situação diversa, no caso de medida protetiva por violência doméstica, o STJ rejeitou pedido de arbitramento de aluguel por homem que, impedido judicialmente de fazer uso do imóvel comum em razão de agressões praticadas contra sua mãe e irmã, pretendeu ressarcir-se na proporção de sua cota ideal no imóvel. O autor alegava que a decretação do afastamento físico não poderia restringir seus direitos, como coproprietário excluído do imóvel. O Relator, Min. Marco Aurélio Bellizze, reconheceu que o uso ou fruição da coisa comum indivisa com exclusividade por um dos coproprietários enseja, em regra, o pagamento de indenização. Ponderou, entretanto, que o arbitramento de aluguel em tal caso representaria penalidade imputada à vítima e acabaria por violar os direitos constitucionais de igualdade e da dignidade da pessoa humana; representando aviltamento da medida protetiva e desestímulo para a busca de amparo do Estado contra a violência sofrida. Daí a legitimidade da restrição do direito do coproprietário, afastando-se a alegação de enriquecimento sem causa (STJ, 3ª T., REsp n. 1.966.556, Rel. Min. Marco Aurélio Bellizze, julg. 08.02.2022, publ. *DJe* 17.02.2022).

[19] Em interessante caso julgado pela 3ª Turma do STJ, admitiu-se, por maioria, a penhora de bem de família por falta de pagamento dos aluguéis devidos pelos condôminos que residem no imóvel a

No que se refere aos direitos dos condôminos sobre as respectivas frações ideais, o *caput* do artigo 1.314 do Código Civil prevê o direito de aliená-la ou gravá-la sem que seja necessário o consentimento dos demais coproprietários. Esse direito de alienar a sua quota parte sem justificativa e a qualquer tempo decorre do direito de propriedade exclusivo e incontestável que o condômino tem sobre a sua fração ideal.[20]

O *caput* do artigo 504 do Código Civil,[21] no entanto, prevê que o condômino, ao alienar a sua fração ideal, deve respeitar o direito de preferência dos demais coproprietários de adquirir aquela quota nos mesmos termos da oferta feita a terceiro dentro do prazo decadencial de 180 (cento e oitenta) dias. Nessa direção, o legislador privilegiou a manutenção da propriedade dentre aquele ou aqueles que já a possuíam em detrimento de inclusão de um terceiro, alheio à comunhão, na relação condominial.

Direito de preferência dos condôminos na aquisição da fração ideal

O parágrafo único do artigo 504 do Código Civil[22] estabelece a ordem de preferência entre os condôminos para a hipótese de haver mais de um interessado em adquirir a fração ideal posta à venda. Assim, prevê que terá prioridade o condômino que tiver benfeitorias de maior valor e, na falta de benfeitorias, preferirá aquele que tem a maior quota parte. Tal escolha legislativa se justifica pelo já mencionado caráter transitório e anômalo do condomínio, sendo, portanto, natural que a lei busque a concentração das quotas nas mãos de um dos condôminos.[23]

Questão relevante refere-se à venda de frações ideais entre condôminos. Segundo o entendimento firmado pelo STJ no REsp 1.137.176 e, posteriormente, adotado pelo Enunciado n. 623 da VIII Jornada de Direito Civil da Justiça Federal, "ainda que sejam muitos os condôminos, não há direito de preferência na venda da fração de

---

outra condômina. No julgamento, prevaleceu o entendimento da Min. Nancy Andrighi, para quem a obrigação de indenizar os demais condôminos pelo uso exclusivo equivale a obrigação *propter rem*, diante da qual se admite a penhora do bem de família, nos termos do artigo 3º, IV, da Lei n. 8.009/1990. A magistrada destacou que os moradores que fazem uso exclusivo do imóvel têm a obrigação de remunerar os demais pelos frutos obtidos individualmente, sob pena de enriquecimento sem causa. Assim, não pode um dos condôminos se valer da proteção do bem de família para prejudicar os outros, que têm os mesmos direitos reais sobre o imóvel, na medida de suas frações ideais. Segundo a ministra, há no caso concorrência de pretensões e poderes sobre a coisa. Assim, "Adquire-se e perde-se pelos modos de aquisição e perda da propriedade em geral para cada sujeito", rejeitando-se, por isso mesmo, que haja desequilíbrio entre os ônus e os benefícios atribuídos aos consortes. (STJ, 3ª T., REsp 1.888.863, Rel. Min. Nancy Andrighi, julg. 09.08.2022, publ. *DJ* 12.08.2022).

[20] Miguel Maria de Serpa Lopes, *Curso de Direito Civil*, vol. VI, Rio de Janeiro: Freitas Bastos, 1996, p. 364.

[21] Art. 504, *caput*. "Não pode um condômino em coisa indivisível vender a sua parte a estranhos, se outro consorte a quiser, tanto por tanto. O condômino, a quem não se der conhecimento da venda, poderá, depositando o preço, haver para si a parte vendida a estranhos, se o requerer no prazo de cento e oitenta dias, sob pena de decadência."

[22] Art. 504, parágrafo único. "Sendo muitos os condôminos, preferirá o que tiver benfeitorias de maior valor e, na falta de benfeitorias, o de quinhão maior. Se as partes forem iguais, haverão a parte vendida os coproprietários, que a quiserem, depositando previamente o preço."

[23] Gustavo Tepedino, Heloisa Helena Barboza, Maria Celina Bodin de Moraes, *Código Civil interpretado conforme a Constituição da República*, vol. II, Rio de Janeiro: Renovar, 2012, p. 171.

um bem entre dois coproprietários, pois a regra prevista no art. 504, parágrafo único, do Código Civil, visa somente a resolver eventual concorrência entre condôminos na alienação da fração a estranhos ao condomínio". Conforme fundamentou o STJ, tal entendimento estaria de acordo com a função exercida pelo direito de preferência no ordenamento brasileiro: a manutenção da propriedade dentre aqueles que já a possuíam em detrimento de inclusão de pessoas alheias à comunhão. Nesse sentido, não haveria razão para se preferir um determinado condômino quando a intenção do alienante já era manter a sua quota parte dentre os comunheiros.[24] Ademais, entendeu o Superior Tribunal de Justiça que o artigo 504 do Código Civil, por restringir a autonomia privada, sujeita-se a interpretação restritiva, de modo que, se seu texto faz referência apenas à venda a estranhos, não se deve estendê-lo para que alcance alienações entre condôminos. Importante destacar, ainda, que o direito de preferência do condômino prevalece sobre o do locatário, por força da previsão do artigo 34 da Lei n. 8.245/1991.[25]

Registre-se ainda importante divergência doutrinária e jurisprudencial a respeito do termo "coisa indivisível" presente na dicção do artigo 504 do Código Civil. Alguns autores, mais apegados à literalidade do dispositivo, sustentavam que, para haver direito de preferência dos demais condôminos quando da alienação da fração ideal, a coisa objeto do condomínio deveria ser indivisível – seja natural ou juridicamente –, de modo que não haveria tal direito se a coisa, embora indivisa por força do condomínio, fosse em si divisível.[26]

Esse entendimento, no entanto, não prevalece. O condômino, ao alienar sua fração ideal, não está alienando uma parte material da coisa comum, mas sim a sua participação intelectual naquele condomínio, pouco importando se a coisa em si é divisível ou indivisível. Nesse sentido, a lógica é a mesma em ambas as hipóteses: o coproprietário deve ter direito de preferência para a aquisição de uma fração ideal, uma vez que, em vez de se incluir um terceiro estranho à relação condominial, a lei prefere que a coisa comum permaneça apenas na propriedade daquele ou daqueles que já compunham a comunhão originalmente. Por esse e outros motivos, o Superior Tribunal de Justiça pacificou entendimento no sentido de que o coproprietário tem direito de preferência na aquisição de fração ideal seja o bem em si divisível ou indivisível.[27]

---

[24] STJ, 4ª T., 1.137.176/PR, Rel. Min. Marco Buzzi, julg. 16.02.2016, publ. *DJ* 24.02.2016: "A alienação/cessão de frações ideais entre condôminos refoge à finalidade intrínseca ao direito de preferência, uma vez que não se trata de hipótese de ingresso de terceiro/estranho à comunhão, mas de manutenção dos consortes (à exceção daquele que alienou integralmente a sua parcela), apenas com alterações no percentual da parte ideal daquele que adquiriu a parte de outrem."

[25] "Art. 34. Havendo condomínio no imóvel, a preferência do condômino terá prioridade sobre a do locatário".

[26] Neste sentido, veja-se Pontes de Miranda, *Tratado de Direito Privado*, tomo XII, São Paulo: Revista dos Tribunais, 2012, p. 119.

[27] STJ, 3ª T., REsp 1.628.478/MG, Rel. Min. Marco Aurélio Bellizze, julg. 3.11.2020, publ. *DJ* 17.11.2020; STJ, 4ª T., REsp 1.207.129/MG, Rel. Min. Luis Felipe Salomão, julg. 16.06.2015, publ. *DJ* 26.06.2015 e STJ, 2ª S., REsp 489.860/SP, Rel. Min. Nancy Andrighi, julg. 27.10.2004, publ. *DJ* 13.12.2004.

No que concerne ao segundo direito do condômino sobre a sua respectiva fração ideal previsto no *caput* do artigo 1.314 do Código Civil, é permitido gravar a sua quota parte independentemente do consentimento dos demais coproprietários. Ressalte-se, no entanto, que, embora tal direito se refira à fração ideal exclusiva do condômino, ele também é limitado pela pluralidade subjetiva própria do condomínio. Isso porque, só é permitido ao condômino instituir sobre sua quota parte gravame compatível com o estado de indivisão da coisa comum. Nesse sentido, embora a hipoteca possa ser instituída sobre a fração ideal sem afetar os demais coproprietários – de modo que concordância deles não é necessária –, o usufruto não poderá ser instituído sem a anuência dos demais condôminos, vez que a sua instituição acabaria por afetar os seus direitos.[28]

Na vigência do Código Civil de 1916, houve divergência em doutrina a respeito da possibilidade de o condômino gravar sua fração ideal sem o consentimento dos demais consortes se a coisa, em si, fosse indivisível. Tal celeuma decorreu da redação do artigo 757 do diploma revogado,[29] que estabelecia que cada coproprietário poderia, individualmente, dar em garantia real a parte que fosse sua, se divisível a coisa e levou autores, como Carvalho Santos, a concluir que seria essencial a divisibilidade da coisa comum para que o condômino pudesse gravar sua fração ideal sem a anuência dos demais[30]. O § 2º do artigo 1.420 do Código Civil atual[31], no entanto, solucionou a questão no sentido de autorizar o gravame da fração ideal independentemente da anuência dos demais ao suprimir a referência à divisibilidade da coisa comum.

2.2. Deveres dos condôminos no condomínio voluntário

Por força da igualdade qualitativa existente entre os condôminos, o *caput* do artigo 1.315 do Código Civil[32] estabelece que o consorte é obrigado a concorrer para as despesas de conservação ou divisão da coisa e a suportar os ônus a que estiver sujeita a coisa comum, sempre na proporção de sua quota parte. O parágrafo único[33] desse dispositivo esclarece que, na falta de previsão expressa a respeito da porcenta-

---

[28] Luiz Edson Fachin, *Comentários ao Código Civil*, vol. 15, Rio de Janeiro: Saraiva, 2003, p. 177.

[29] "Art. 757. A coisa comum a diversos proprietários não pode ser dada em garantia real, na sua totalidade, sem o consentimento de todos; mas cada um pode individualmente dar em garantia real a parte que tiver, se for divisível a coisa, e só a respeito dessa parte vigorará a indivisibilidade da hipoteca."

[30] João Manuel de Carvalho Santos, *Código Civil Brasileiro Interpretado*, v. VIII, Rio de Janeiro: Freitas Bastos, 1977, p. 297: "Por ora, convém apenas esclarecer que o direito de gravar a coisa comum, em sua totalidade, depende do consentimento de todos os condôminos, só sendo dispensado este se o condômino grava apenas a sua cota-parte. Neste caso, é essencial que a coisa seja divisível".

[31] Art. 1.420, § 2º. "A coisa comum a dois ou mais proprietários não pode ser dada em garantia real, na sua totalidade, sem o consentimento de todos; mas cada um pode individualmente dar em garantia real a parte que tiver."

[32] Art. 1.315, *caput*. "O condômino é obrigado, na proporção de sua parte, a concorrer para as despesas de conservação ou divisão da coisa, e a suportar os ônus a que estiver sujeita."

[33] Art. 1.315, parágrafo único. "Presumem-se iguais as partes ideais dos condomínios."

gem da fração ideal de cada condômino, presume-se que todas são iguais. Trata-se, pois, de presunção relativa que pode ser afastada por prova em contrário.

Por despesas de conservação entende-se qualquer benfeitoria necessária ou outra despesa sem a qual a existência ou integridade da coisa comum ficaria em risco. Justamente por isso, qualquer condômino está autorizado a realizá-las sem a anuência dos demais consortes, o que não se admite para a realização de benfeitorias úteis ou voluptuárias.[34]

Os ônus aos quais tal dispositivo se refere compreendem os ônus reais, isto é, os deveres contrapostos a direitos reais sobre coisa alheia, e também os tributos que incidem sobre a coisa tendo como fato gerador a titularidade de um direito real.[35] Em ambos os casos todos os condôminos devem suportar o ônus na medida de sua quota parte. Isso não ocorre, contudo, se este ônus recair apenas sobre uma fração ideal, hipótese em que só o proprietário desta fração ideal deverá suportá-lo.

Obrigações *propter rem* e ônus reais Por se tratar de dever decorrente da titularidade do direito real – a propriedade comum, no caso – ao qual todos os condôminos estão vinculados, a obrigação de conservar a coisa comum prevista neste artigo tem natureza *propter rem*. Essa figura, embora próxima do ônus real, com este não se confunde. Isso porque as obrigações *propter rem*, não obstante nasçam em razão da relação do sujeito com a coisa, adquirem autonomia e passam a compor a totalidade do patrimônio daquele sujeito – tal qual prescreve o artigo 502 do Código Civil[36] –, o que não acontece com os ônus reais. Estes são deveres ambulatórios que gravam a coisa e dela não se desprendem.[37] Não por outro motivo, a alteração do titular da relação jurídica real modifica o sujeito passivo a suportar o ônus real[38], mas não é capaz de modificar o responsável pela obrigação *propter rem*.[39]

Renúncia da fração ideal e liberação do dever de pagar a respectiva parte nas dívidas e despesas comuns Esse esclarecimento a respeito da obrigação *propter rem* e das consequências da alteração da titularidade da situação jurídica subjetiva real é relevante para a interpretação do artigo 1.316 do Código Civil.[40] O *caput* desse dispositivo estabelece que o condômino pode liberar-se das despesas e dívidas relativas à coisa comum caso renuncie à sua fração ideal. No entanto, como estas são obrigações de natureza *propter rem*, autônomas, portanto, em relação ao bem, as quais aderem ao patrimônio do titular do

---

34   Gustavo Tepedino, Heloisa Helena Barboza, Maria Celina Bodin de Moraes, *Código Civil interpretado conforme a Constituição da República,* vol. III, Rio de Janeiro: Renovar, 2014, pp. 671-672.

35   Milena Donato Oliva, Apontamentos acerca das obrigações propter rem. In: *Revista de Direito da Cidade*, vol. 9, n. 2, Rio de Janeiro, 2017, p. 595.

36   "Art. 502. O vendedor, salvo convenção em contrário, responde por todos os débitos que gravem a coisa até o momento da tradição."

37   Milena Donato Oliva, Apontamentos acerca das obrigações *propter rem*. In: *Revista de Direito da Cidade*, vol. 9, n. 2, Rio de Janeiro, 2017, p. 595.

38   Milena Donato Oliva, Apontamentos acerca das obrigações *propter rem*. In: *Revista de Direito da Cidade*, vol. 9, n. 2, Rio de Janeiro, 2017, p. 595.

39   Milena Donato Oliva, Apontamentos acerca das obrigações *propter rem*. In: *Revista de Direito da Cidade*, vol. 9, n. 2, Rio de Janeiro, 2017, p. 588.

40   Art. 1.316, *caput*. "Pode o condômino eximir-se do pagamento das despesas e dívidas, renunciando à parte ideal."

domínio, o simples abandono da fração ideal não acarreta a liberação do condômino do dever de pagar as dívidas e despesas pretéritas, mas apenas as vindouras.

Para que o condômino se exima também das obrigações pretéritas, é essencial que algum dos outros consortes assuma a sua parte nas dívidas e despesas e, neste caso, a sua quota parte será incorporada à daquele ou daqueles que a assumiram, na proporção dos pagamentos que fizerem, conforme dispõe o § 1º do artigo 1.316 do Código Civil[41].

Se, porém, nenhum outro condômino assumir a parte nas dívidas e despesas comuns daquele que pretende abandonar a sua fração ideal, então haverá a divisão da coisa comum, tal qual prevê o § 2º do artigo 1.316 do Código Civil.[42]

Diante do regime estipulado pelo *caput* do artigo 1.316 e seus parágrafos, pode-se concluir que tal renúncia da fração ideal pelo condômino está submetida à condição resolutiva. Com efeito, se após a renúncia algum dos outros consortes assume a parte do renunciante nas dívidas e despesas comuns, essa parcela se consolida e a fração ideal abandonada adentra o patrimônio daquele ou daqueles que assumiram as dívidas. Por outro lado, caso nenhum dos coproprietários se interesse em assumi-las, a renúncia deixa de produzir efeitos e a consequência será a divisão do condomínio.[43] *(margem: Renúncia da fração ideal submetida à condição resolutiva)*

Anote-se, ainda, que o artigo 1.316 do Código Civil representa importante inovação em relação ao regime do Código Civil de 1916. O diploma revogado, no parágrafo único de seu artigo 624,[44] determinava a divisão do condomínio logo que um dos condôminos se recusasse a pagar a sua parte nas dívidas e despesas comuns. Não havia, portanto, a possibilidade de abandono da fração ideal e a assunção das dívidas por outro condômino. Como visto, o artigo 1.315 do Código Civil trata das obrigações internas entre condôminos, estabelecendo que cada um é responsável, perante o condomínio, por assumir as despesas de sua conservação na proporção das respectivas frações ideais. Os artigos 1.317[45] e 1.318,[46] por outro lado, regulam a relação entre os condôminos e terceiros que realizam negócios com a comunhão.[47] *(margem: Responsabilidade dos condôminos em face de terceiro)*

O artigo 1.317 trata da hipótese em que a dívida é contraída por todos os condôminos em conjunto em favor da coisa comum. Admite este dispositivo que os consortes acordem entre si a divisão da responsabilidade pelo pagamento da dívida,

---

[41] Art. 1.316, § 1º. "Se os demais condôminos assumem as despesas e as dívidas, a renúncia lhes aproveita, adquirindo a parte ideal de quem renunciou, na proporção dos pagamentos que fizerem."

[42] Art. 1.316, § 2º. "Se não há condômino que faça os pagamentos, a coisa comum será dividida."

[43] Luiz Edson Fachin, *Comentários ao Código Civil*, vol. 15, Rio de Janeiro: Saraiva, 2003, p. 186.

[44] Art. 624, parágrafo único. "Se com isso não se conformar algum dos condôminos, será dividida a coisa, respondendo o quinhão de cada um pela sua parte nas despesas da divisão."

[45] "Art. 1.317. Quando a dívida houver sido contraída por todos os condôminos, sem se discriminar a parte de cada um na obrigação, nem se estipular solidariedade, entende-se que cada qual se obrigou proporcionalmente ao seu quinhão na coisa comum."

[46] "Art. 1.318. As dívidas contraídas por um dos condôminos em proveito da comunhão, e durante ela, obrigam o contratante; mas terá este ação regressiva contra os demais."

[47] Luiz Edson Fachin, *Comentários ao Código Civil*, vol. 15, Rio de Janeiro: Saraiva, 2003, p. 187.

sendo possível que estabeleçam responsabilidade solidária ou mesmo que cada um responderá por uma parte não necessariamente proporcional às respectivas frações ideais. A regra subsidiária, aplicável quando não houver estipulação específica, no entanto, é a mesma já indicada no artigo 1.315 do Código Civil, ou seja, cada um responde na proporção de sua fração ideal.

O artigo 1.318, por sua vez, trata de hipótese diversa, em que a dívida foi contraída por apenas um dos condôminos, mas em favor da comunhão. Nesse caso, a solução dada pelo Código é no sentido de que o condômino que contraiu a dívida responde individualmente pelo seu cumprimento, ressalvando-se, porém, ação de regresso em face dos demais consortes. Cumpre aqui frisar, no entanto, que a ação de regresso apenas existirá se ficar comprovado que a dívida foi contraída para a realização de uma benfeitoria necessária,[48] isto é, que se trata de despesa de conservação da coisa comum que, conforme previsto no *caput* do artigo 1.315 do Código Civil, deve ser arcada por todos. Isso porque, tal qual já mencionado, o condômino pode realizar por conta própria apenas essa espécie de benfeitoria, sendo fundamental a concordância dos demais consortes para que fiquem obrigados a arcar com benfeitorias úteis ou voluptuárias.

Responsabilidade do condômino pelos frutos auferidos e pelos danos causados à coisa comum

Ainda quanto aos deveres dos condôminos, o artigo 1.319 do Código Civil, em sua primeira parte, trata da divisão dos frutos originados da coisa comum e estabelece que o condômino que os colher deverá responder aos demais.[49] Afinal, como todos são donos do objeto do condomínio, por força do princípio de que o acessório segue o principal, também os são de seus frutos, de modo que não se admite que apenas um dos consortes amealhe os frutos. Por isso, o condômino que percebe os frutos deve partilhá-los com os demais na proporção das respectivas frações ideais,[50] caso não haja disposição de forma diversa, tal qual prescreve o artigo 1.326 do Código Civil.[51] Pode ocorrer, porém, que os frutos sejam oriundos do trabalho exclusivo de um dos condôminos e, neste caso, conforme leciona Clovis Bevilaqua, considera-se que este consorte age como mandatário dos demais.[52]

A segunda parte do artigo 1.319 do Código Civil trata da responsabilidade do condômino pelos danos causados à coisa comum. Essa singela regra decorre, em primeiro lugar, do fato de o condomínio ser um direito de propriedade limitado pela pluralidade subjetiva, de modo que o condômino pode usar a coisa comum desde que não prejudique os demais; e, em segundo lugar, da regra básica de direito segundo a qual aquele que gera prejuízo a outrem tem a obrigação de reparar.

---

[48] Gustavo Tepedino, Heloisa Helena Barboza, Maria Celina Bodin de Moraes, *Código Civil interpretado conforme a Constituição da República*, vol. III, Rio de Janeiro: Renovar, 2014, p. 674.

[49] "Art. 1.319. Cada condômino responde aos outros pelos frutos que percebeu da coisa e pelo dano que lhe causou."

[50] Paulo Lôbo, *Direito Civil: coisas*, São Paulo: Saraiva, 2015, p. 205.

[51] "Art. 1.326. Os frutos da coisa comum, não havendo em contrário estipulação ou estipulação de última vontade, serão partilhados na proporção dos quinhões."

[52] Clovis Bevilaqua, *Código Civil dos Estados Unidos do Brasil Comentado*, vol. III, São Paulo: Ed. Paulo de Azevedo, 1950, p. 177.

2.3. Administração do condomínio voluntário

No condomínio, faculta-se o convívio dos condôminos no uso e na fruição da coisa comum, sempre limitados pela igualdade qualitativa existente entre os condôminos. Nesse caso, haverá a administração comum do objeto do condomínio com a participação de todos os consortes e as decisões serão tomadas conforme o estabelecido no artigo 1.325 do Código Civil, isto é, de acordo com a vontade da maioria absoluta das frações ideais (CC, art. 1.325, § 1°[53]), ou seja, é necessário mais da metade das quotas-parte para se tomar uma decisão. O cálculo da maioria, portanto, não se faz com base no número de consortes, mas sim no valor das respectivas frações ideais (CC, art. 1.325, *caput*[54]).

Administração comum do condomínio pelos consortes

Não sendo possível se alcançar a maioria absoluta, o § 2° do artigo 1.325 do Código Civil estabelece que qualquer condômino pode requerer a intervenção judicial para resolver o impasse.[55] A respeito de dispositivo semelhante existente no Código Civil de 1916, Clóvis Bevilaqua lecionava que, ao tomar a decisão, deve o juiz observar "a maior vantagem dos condôminos e o uso a que a coisa é destinada."[56]

Intervenção judicial para resolver impasse na administração do condomínio

O § 3° do artigo 1.325 do Código Civil[57] também prescreve a intervenção do Judiciário, desta vez para avaliar os valores das frações ideais quando pairar dúvida sobre eles. Neste caso, deve o juiz sempre ter em mente a presunção relativa estabelecida no já mencionado parágrafo único do artigo 1.315 do Código Civil, segundo a qual as quotas-parte dos condôminos presumem-se iguais.

Não são raras as vezes, entretanto, em que a administração comum do objeto do condomínio se torna impraticável, surgindo como alternativas a administração individual ou a locação da coisa comum[58]. Essas são as opções dadas pelo legislador aos condôminos no artigo 1.323 do Código Civil[59], cuja escolha se submeterá à maioria absoluta das frações ideais, nos termos do mencionado artigo 1.325.

Optando-se pela administração individual do condomínio, será escolhido, novamente por maioria, o administrador, que atuará como mandatário dos condôminos, razão pela qual a sua responsabilidade pelos atos praticados na gestão do condomínio é regida pelas regras do mandato. A nomeação de administrador é vantajosa, pois dispensa a realização de uma deliberação para cada ato de gestão a ser praticado[60].

Administração do condomínio por um administrador escolhido pelos condôminos

---

[53] Art. 1.325, § 1°. "As deliberações serão obrigatórias, sendo tomadas por maioria absoluta."

[54] Art. 1.325, *caput*. "A maioria será calculada pelo valor dos quinhões."

[55] Art. 1.325, § 2°. "Não sendo possível alcançar a maioria absoluta, decidirá o juiz, a requerimento de qualquer condômino, ouvidos os outros."

[56] Clovis Bevilaqua, *Código Civil dos Estados Unidos do Brasil Comentado*, vol. III, São Paulo: Ed. Paulo de Azevedo, 1950, p. 188.

[57] Art. 1.325, § 3°. "Havendo dúvida quanto ao valor do quinhão, será este avaliado judicialmente."

[58] Eduardo Espínola, *Posse*, Rio de Janeiro: Conquista, 1956, p. 351-352.

[59] "Art. 1.323. Deliberando a maioria sobre a administração da coisa comum, escolherá o administrador, que poderá ser estranho ao condomínio; resolvendo alugá-la, preferir-se-á, em condições iguais, o condômino ao que não o é."

[60] Gustavo Tepedino, Heloisa Helena Barboza, Maria Celina Bodin de Moraes, *Código Civil interpretado conforme a Constituição da República,* vol. III, Rio de Janeiro: Renovar, 2014, p. 680.

Faculta-se a atribuição ao administrador de poderes limitados a determinados atos, de modo a reservar outros para a deliberação da maioria.[61]

Administrador presumido

Importante observar, ademais, que o administrador – remunerado ou não – pode ser tanto um dos condôminos quanto um terceiro alheio à comunhão, e a sua escolha levará igualmente em consideração as regras do artigo 1.325 do Código Civil. Ocorre, contudo, que há a possibilidade de o administrador não ser eleito, na hipótese de um dos condôminos assumir a administração ostensiva da coisa comum sem a oposição dos demais consortes, tal qual prescreve o artigo 1.324 do Código Civil[62]. Tal dispositivo tem como principal objetivo tutelar a boa-fé de terceiros que contratam com o administrador aparente acreditando estar lidando com o representante do condomínio[63] e se funda na presunção de que os demais condôminos concordaram tacitamente com aquela administração.[64]

Locação da coisa comum

De acordo com o artigo 1.323 do Código Civil, os condôminos podem, ainda, optar pela locação da coisa comum e, neste caso, os consortes, em condições iguais, têm preferência sobre os estranhos ao condomínio. Se houver mais de um condômino interessado na locação da coisa comum, aplica-se o critério de desempate previsto no artigo 1.322 do Código Civil, isto é, tem prioridade o condômino que possuir benfeitorias mais valiosas e, se não as houver, o de maior fração ideal[65].

Uso exclusivo da coisa e dever de pagar aluguel

Ainda quanto à locação da coisa comum, não se pode deixar de relembrar o já citado dever de pagar aluguel decorrente do uso exclusivo do bem comum por apenas um ou alguns dos condôminos, excluindo-se os demais. Nestes casos, o aluguel é devido independentemente de se ter ajustado a locação, uma vez que se devem assegurar aos demais coproprietários as faculdades inerentes ao domínio e, portanto, se não podem usar a coisa comum, ao menos têm direito aos frutos.[66]

2.4. Extinção do condomínio voluntário

Direito potestativo do condômino de requerer a extinção do condomínio

Conforme já observado, a transitoriedade é característica própria do condomínio voluntário, uma vez que o direito de propriedade tende sempre a ser exclusivo. Não por outro motivo, o condômino pode, a qualquer tempo e injustificadamente, requerer a divisão da coisa comum (CC, art. 1.320, *caput*)[67] – se for divisível – ou a

---

[61] Luiz Edson Fachin, *Comentários ao Código Civil,* vol. 15, Rio de Janeiro: Saraiva, 2003, p. 210.

[62] "Art. 1.324. O condômino que administrar sem oposição dos outros presume-se representante comum."

[63] Luiz Edson Fachin, *Comentários ao Código Civil,* vol. 15, Rio de Janeiro: Saraiva, 2003, p. 210.

[64] Paulo Lôbo, *Direito Civil: coisas,* São Paulo: Saraiva, 2015, p. 205.

[65] Gustavo Tepedino, Heloisa Helena Barboza, Maria Celina Bodin de Moraes, *Código Civil interpretado conforme a Constituição da República,* vol. III, Rio de Janeiro: Renovar, 2014, p. 680.

[66] Gustavo Tepedino, Heloisa Helena Barboza, Maria Celina Bodin de Moraes, *Código Civil interpretado conforme a Constituição da República,* vol. III, Rio de Janeiro: Renovar, 2014, p. 680.

[67] A 3ª Turma do STJ decidiu que o fato de um dos ex-companheiros residir com os filhos no antigo imóvel do casal, por si só, não é causa suficiente para afastar o direito do outro à extinção do condomínio (STJ, 3ª T., REsp 1.852.807, Rel. Min. Paulo de Tarso Sanseverino, julg. 10.05.2022, publ. *DJ* 13.05.2022).

sua venda (CC, art. 1.322) – se for indivisível –, em ambas as hipóteses provocando a extinção da comunhão. Trata-se de verdadeiro direito potestativo e, por isso, não há deliberação para se decidir a respeito da sua extinção, bastando a vontade de um dos consortes nesse sentido.

Os §§ 1º e 2º do artigo 1.320, contudo, preveem que um acordo entre os condô-minos bem como a vontade do testador ou doador podem tornar a coisa comum indivisa por período não superior a cinco anos. Note-se que a deliberação neste sentido não se faz por maioria, sendo essencial a anuência de todos os condôminos para que a coisa fique temporariamente indivisa.[68] Ademais, vale observar que, embora o *caput* do artigo 1.320 se referida à divisão material da coisa, os parágrafos deste dispositivo se aplicam igualmente à divisão indireta da coisa indivisível por meio da sua venda. Assim sendo, nada impede que condôminos de um bem em si indivisível estipulem um prazo de cinco anos no qual não será possível a venda da coisa comum.

Havendo-se estipulado prazo maior do que a previsão legal, dá-se automatica-mente a redução para se conformar à previsão legal. O que a lei admite, no entanto, é a renovação do prazo de cinco anos por novos cinco anos. Há quem admita apenas uma prorrogação, tendo em vista a "racionalidade individualista que informa a codificação".[69] Carvalho Santos, por outro lado, à luz de dispositivo semelhante no Código Civil de 1916, ponderava que "se perduram os motivos para uma segunda prorrogação, não há razão que impeça seja ela feita"[70]. Em qualquer caso, porém, o § 3º do mesmo artigo 1.320 do Código Civil[71] admite que o magistrado, a requerimento de qualquer interessado, determine a divisão da coisa mesmo antes de findo o período estipulado para a indivisão, caso julgue, à luz dos princípios e valores constitucionais, que há razões graves o suficiente a ponto de tornar necessária a imediata extinção do condomínio.

No que se refere ao procedimento de divisão da coisa comum, o artigo 1.321 do Código Civil[72] estabelece que sejam aplicadas, no que couber, as regras de partilha de herança. Neste sentido, a divisão pode ser ou amigável, ou litigioso, quando o juiz deverá solucionar os conflitos existentes a respeito da divisão.

É entendimento clássico no direito brasileiro que a divisão do condomínio não é constitutiva de propriedade, mas apenas declaratória, conforme dispunha expressamente o artigo 631 do Código Civil de 1916.[73] Isso porque cada fração

---

[68]   Luiz Edson Fachin, *Comentários ao Código Civil*, vol. 15, Rio de Janeiro: Saraiva, 2003, p. 195.

[69]   Luiz Edson Fachin, *Comentários ao Código Civil*, vol. 15, Rio de Janeiro: Saraiva, 2003, p. 196.

[70]   João Manuel de Carvalho Santos, *Código Civil Brasileiro Interpretado*, v. VIII, Rio de Janeiro: Freitas Bastos, 1977, p. 317.

[71]   Art. 1.320, § 3º. "A requerimento de qualquer interessado e se graves razões o aconselharem, pode o juiz determinar a divisão da coisa comum antes do prazo."

[72]   "Art. 1.321. Aplicam-se à divisão do condomínio, no que couber, as regras de partilha de herança (arts. 2.013 a 2.022)."

[73]   "Art. 631. A divisão entre condôminos é simplesmente, declaratória e não atributiva da propriedade."

ideal se torna uma parte material da coisa, "o que era abstrato torna-se concreto"[74] e passa-se a considerar que cada ex-condômino é proprietário apenas daquela parte material desde a formação do título aquisitivo, como se nunca tivesse havido condomínio.[75]

Se, porém, a coisa objeto do condomínio for, em si, indivisível, não se aplicam os artigos 1.320 e 1.321 do Código Civil, mas sim o artigo 1.322, *caput*,[76] segundo o qual, caso não haja mais interesse na manutenção do condomínio, a coisa comum será ou adjudicada por um dos condôminos, que indenizará os demais, ou será vendida, repartindo-se o que for apurado. A indivisibilidade do bem, aqui, é material e pode ser tanto natural, como o é a de um cavalo, como econômica ou jurídica, na hipótese em que a divisão da coisa significaria redução drástica em seu valor ou violação de norma jurídica.[77]

No caso de a coisa ser, portanto, indivisível em si, o que esse artigo propõe é a extinção do condomínio por meio da divisão indireta, repartindo-se o seu valor econômico.[78] Para tanto, o primeiro método previsto na lei é a adjudicação da coisa por um dos condôminos, que comprará as frações ideais dos demais consortes, tornando-se proprietário exclusivo do bem. Apenas se nenhum dos coproprietários se interessar ou se não houver acordo entre eles a respeito da adjudicação é que, subsidiariamente, a coisa será vendida e, neste caso, será dada preferência ao condômino em detrimento do estranho, se iguais as ofertas.

Veja-se que a adjudicação da coisa não se confunde com a sua aquisição por um dos condôminos, utilizando-se de seu direito de preferência. Na primeira hipótese, os condôminos, antes mesmo de oferecem a coisa a terceiros, chegam a um acordo para que apenas um deles se torne seu proprietário exclusivo. Na segunda, por outro lado, a coisa é oferecida a terceiros e, após alguém alheio ao condomínio mostrar-se interessado em adquiri-la, um dos condôminos exerce seu direito de preempção para comprá-la nas mesmas condições oferecidas pelo terceiro.[79] Neste caso, a anuência dos demais consortes é irrelevante, por se tratar de determinação legal, sendo certo que estará eivada de nulidade a venda da coisa comum a terceiro sem que seja respeitado o direito de preferência de um dos condôminos.[80]

---

[74] Orlando Gomes, *Direitos Reais*, Rio de Janeiro: Forense, 2012, p. 232.

[75] Caio Mário da Silva Pereira, *Instituições de Direito Civil*, vol. IV, Rio de Janeiro: Forense, 2016, p. 162.

[76] Art. 1.322, *caput*. "Quando a coisa for indivisível, e os consortes não quiserem adjudica-la a um só, indenizando os outros, será vendida e repartido o apurado, preferindo-se, na venda, em condições iguais de oferta, o condômino ao estranho, e entre os condôminos aquele que tiver na coisa benfeitorias mais valiosas, e, não as havendo, o de quinhão maior."

[77] Gustavo Tepedino, Heloisa Helena Barboza, Maria Celina Bodin de Moraes, *Código Civil interpretado conforme a Constituição da República*, vol. III, Rio de Janeiro: Renovar, 2014, p. 678.

[78] João Manuel de Carvalho Santos, *Código Civil Brasileiro Interpretado*, v. VIII, Rio de Janeiro: Freitas Bastos, 1977, p. 334.

[79] Luiz Edson Fachin, *Comentários ao Código Civil*, vol. 15, Rio de Janeiro: Saraiva, 2003, p. 203.

[80] Luiz Edson Fachin, *Comentários ao Código Civil*, vol. 15, Rio de Janeiro: Saraiva, 2003, p. 206.

CAPÍTULO XI | CONDOMÍNIO GERAL

O artigo 1.322 do Código Civil estabelece, ainda, ordem de preferência entre os condôminos para a compra da coisa comum, preferindo-se, em primeiro lugar, aquele que tiver benfeitorias mais valiosas na coisa comum, e em segundo lugar, caso não haja benfeitorias, aquele que possuir a maior fração ideal. Observe-se que tais critérios de preferência serão utilizados apenas se todas as ofertas forem iguais; não sendo o caso, deve-se sempre preferir aquele que fizer a oferta mais vantajosa.[81]

Ordem de preferência entre os condôminos para a aquisição da coisa comum

O parágrafo único do artigo 1.322 do Código Civil, por sua vez, trata da hipótese em que, havendo mais de um condômino interessado em adquirir a coisa comum, não há benfeitorias e as frações ideais são idênticas. Nesse caso, será realizada a alienação judicial do bem, havendo, inicialmente, a licitação entre estranhos para se averiguar a melhor oferta. Antes, porém, de a coisa ser adjudicada pelo terceiro, deverá ser realizada a segunda licitação, desta vez entre os condôminos interessados. Se a melhor oferta, dentre os coproprietários, for igual ou superior à do vencedor da licitação entre estranhos, então será exercido o direito de preferência; caso contrário, o terceiro poderá adjudicar a coisa. Tal alienação judicial deverá seguir o procedimento previsto pelo Código de Processo Civil, em seus artigos 879 a 903.

Procedimento para a alienação judicial da coisa comum

3. CONDOMÍNIO NECESSÁRIO

Conforme mencionado, o condomínio necessário é espécie de condomínio legal, cuja existência é prevista em lei. O Código Civil de 2002 prevê hipótese específica de condomínio necessário, decorrente da comunhão de direitos de propriedade dos vizinhos confrontantes sobre tapumes divisórios, isto é, "condomínio por meação de paredes, cercas, muros e valas", tal qual dispõe o artigo 1.327 do Código Civil.[82]

Qualificação do condomínio necessário

Repare-se que tal espécie de condomínio não é denominada necessária por ser imposta pela lei. Com efeito, embora o Código Civil estimule a sua existência ao presumir a copropriedade sobre os tapumes divisórios e ao conceder direito potestativo aos vizinhos confrontantes de adquirir a meação, fato é que, se um dos confrontantes comprovar que o tapume foi edificado exclusivamente às suas expensas e se o outro não exercer seu direito potestativo de aquisição, aquele que o construiu terá propriedade exclusiva sobre o muro, parede, cerca ou valado. Sendo assim, a sua caracterização como necessário decorre do fato de, após constituído, não poder ser dividido, sendo inadmissível a sua partilha. Nessa perspectiva, diferenciando-se do condomínio voluntário, o condomínio necessário caracteriza-se pela perenidade e não pela transitoriedade, e sua fração ideal não pode ser alienada isoladamente. Ressalve-se, porém, que embora a regra seja a permanência, o condomínio necessário pode ser extinto, como ocorre quando dois terrenos contíguos passam à propriedade de um único proprietário.

Diferenças entre condomínio voluntário e condomínio necessário

---

[81] Gustavo Tepedino, Heloisa Helena Barboza, Maria Celina Bodin de Moraes, *Código Civil interpretado conforme a Constituição da República,* vol. III, Rio de Janeiro: Renovar, 2014, p. 679.

[82] "Art. 1.327. O condomínio por meação de paredes, cercas, muros e valas regula-se pelo disposto neste Código."

O artigo 1.327 do Código Civil faz remissões aos artigos 1.297 e 1.298, bem como aos artigos 1.304 a 1.307 do Código, todos já abordados quando se referiu aos direitos de vizinhança. Tais dispositivos regulam os tapumes divisórios, especificamente o direito de tapagem e o direito de utilizar tais tapumes.

Presunção relativa

Como mencionado, a lei estipula presunção relativa em relação à existência do condomínio sobre os tapumes divisórios (CC, art. 1.297, § 1º). Ademais, quando tal presunção é afastada, o Código confere direito potestativo tanto ao proprietário exclusivo do tapume de constranger o seu confinante a adquirir a meação (CC, art. 1.297, *caput*) quanto ao confinante, de adquiri-la, caso o proprietário exclusivo do tapume se recuse a vendê-la (CC, art. 1.328[83]). Observe-se que, conforme o artigo 1.328 do Código Civil, o valor a ser pago pelo vizinho que adquire a meação é metade do valor atual do tapume divisório – e não do que foi desembolsado na época da construção – e do terreno por ele ocupado.

Observe-se que, de acordo com a previsão legal, apenas o proprietário do prédio contíguo tem o direito de adquirir a meação. Para que qualquer outro que esteja na posse do imóvel exerça tal direito, é essencial o consentimento do proprietário.[84]

Arbitramento do valor do tapume divisório

Na hipótese de os vizinhos confinantes não chegarem a acordo a respeito do valor do tapume divisório, o artigo 1.329 do Código Civil[85] determina que ele será arbitrado por peritos a serem pagos às expensas de ambos, a não ser que haja estipulação em contrário. Trata-se, nesse caso, de um procedimento extrajudicial de solução de conflitos, não sendo possível às partes recorrer ao Judiciário se antes não tentaram solucionar a questão pelo método previsto no dispositivo legal.[86]

Faculdade de usar o tapume divisório condicionada ao pagamento do valor da meação

Por fim, o artigo 1.330 do Código Civil[87] estabelece que o exercício da faculdade de usar o tapume divisório pelo vizinho confinante depende do pagamento do valor da meação. Tal previsão é relevante no que toca ao direito de construir no tapume divisório, regulado nos artigos 1.304 a 1.307 do Código Civil, que apenas existirá após o pagamento de metade do tapume e do solo correspondente. Ressalve-se, no entanto, que há a possibilidade de aquisição por usucapião da meação, caso o vizinho confinante exerça a posse *ad usucapionem* pelo período definido em lei.[88]

---

[83] "Art. 1.328. O proprietário que tiver direito a estremar um imóvel com paredes, cercas, muros, valas ou valados, tê-lo-á igualmente a adquirir meação na parede, muro, valado ou cerca do vizinho, embolsando-lhe metade do que atualmente valer a obra e o terreno por ela ocupado (art. 1.297)."

[84] João Manuel de Carvalho Santos, *Código Civil Brasileiro Interpretado*, vol. VIII, Rio de Janeiro: Freitas Bastos, 1977, p. 378.

[85] "Art. 1.329. Não convindo os dois no preço da obra, será este arbitrado por peritos, a expensas de ambos os confinantes."

[86] Luiz Edson Fachin, *Comentários ao Código Civil*, vol. 15, Rio de Janeiro: Saraiva, 2003, p. 221.

[87] "Art. 1.330. Qualquer que seja o valor da meação, enquanto aquele que pretender a divisão não o pagar ou depositar, nenhum uso poderá fazer na parede, muro, vala, cerca ou qualquer outra obra divisória."

[88] Gustavo Tepedino, Heloisa Helena Barboza, Maria Celina Bodin de Moraes, *Código Civil interpretado conforme a Constituição da República*, vol. III, Rio de Janeiro: Renovar, 2014, p. 684.

PROBLEMAS PRÁTICOS

1. Aplica-se o direito de preferência, previsto no artigo 504, parágrafo único, do Código Civil, na hipótese de venda de frações ideais de um coproprietário a outro?

2. Qual a natureza da obrigação de conservar a coisa comum e quais são as suas implicações em matéria de alteração da titularidade da situação jurídica real?

Acesse o *QR Code* e veja a Casoteca.
> https://uqr.to/1pc8k

Capítulo XII
CONDOMÍNIOS ESPECIAIS

Sumário: 1. Condomínio edilício – 1.1. Constituição do condomínio edilício – 1.2. Convenção de condomínio – 1.3. Direitos dos condôminos no condomínio edilício – 1.4. Deveres dos condôminos no condomínio edilício – 1.5. Administração do condomínio edilício – 1.6. Extinção do condomínio edilício – 2. Condomínio de lotes e condomínio urbano simples – 3. Condomínio em multipropriedade – 4. Fundos de investimento – Problemas práticos.

1. CONDOMÍNIO EDILÍCIO

O Código Civil de 2002, ao reservar um capítulo para tratar do condomínio edilício, inovou em relação ao diploma de 1916. Este, seguindo a tradição dos grandes códigos oitocentistas, não tratou do assunto, seja por conta de seu excessivo zelo tecnicista, seja porque esta espécie de condomínio não tinha tamanha importância econômica a ponto de justificar a atenção legislativa[1]. Já em meados do século XX, no entanto, o fenômeno dos condomínios em edifícios ganhou relevo social, gerando reflexos legislativos por meio do Decreto n. 5.481, de 25 de junho de 1928 (posteriormente modificado pelo Dec.-Lei n. 5.234, de 8 de fevereiro de 1943, e pela Lei n. 285, de 5 de junho de 1948), que inicialmente regulou tal espécie de condomínio no direito brasileiro.

Esses diplomas legais, contudo, rapidamente se tornaram obsoletos e um novo regime jurídico dos condomínios edilícios fazia-se necessário. Com isso, em 16 de

Disciplina do condomínio edilício

---

[1] Caio Mário da Silva Pereira, *Condomínio e Incorporações*, Rio de Janeiro: Forense, 2016, p. 37.

dezembro de 1964, foi promulgada a Lei n. 4.591, cujo projeto fora elaborado por Caio Mário da Silva Pereira. Tal diploma legal vigeu por quase quarenta anos, sendo revogado, nessa matéria, com o advento do Código Civil de 2002, que passou a tratar do assunto, mantendo, porém, os princípios da lei anterior[2].

Conceito de condomínio edilício

O condomínio edilício, segundo o próprio Caio Mário, conceitua-se como a reunião orgânica e indissolúvel da propriedade exclusiva sobre a unidade autônoma e o condomínio sobre as partes comuns[3]. Há, portanto, verdadeira simbiose entre a propriedade individual e a copropriedade, na qual a parte comum está funcionalizada a fim de potencializar a utilidade da unidade autônoma, sendo impossível dissociá-las.

Nessa direção, critica-se a redação do artigo 1.331, *caput*, do Código Civil, segundo o qual "pode haver, em edificações, partes que são propriedade exclusiva, e partes que são propriedade comum dos condôminos". Na realidade, não só pode haver, mas necessariamente haverá partes exclusivas e partes comuns no condomínio edilício, sendo esta a sua própria essência[4]. Não por outra razão, o § 3º[5] deste mesmo dispositivo observa que a cada unidade autônoma corresponderá, de forma inseparável, uma fração ideal na propriedade comum. Assim, a alienação da unidade autônoma necessariamente será acompanhada da alienação da fração ideal correspondente nas partes comuns, tratando-se de elementos inseparáveis.

Controvérsia sobre a usucapião de partes comuns

A comunhão necessária entre as partes comuns e a unidade autônoma no condomínio edilício faz surgir questão relevante acerca da possibilidade de usucapir área da parte comum. Por conta dessa impossibilidade de alienação da parte comum, muitos defendem não ser possível a usucapião mesmo quando há situações de uso exclusivo e contínuo dessa área comum por apenas um dos condôminos.[6] A jurisprudência, por sua vez, também não é unânime, sendo possível encontrar tanto decisões favoráveis quanto decisões contrárias à usucapião da propriedade comum[7]. Como já analisado no Capítulo VII, ao se abordar o tema da aquisição de propriedade imóvel,

---

[2]   Caio Mário da Silva Pereira, *Condomínio e Incorporações*, Rio de Janeiro: Forense, 2016, p. 42.

[3]   Caio Mário da Silva Pereira, *Instituições de Direito Civil*, vol. IV, Rio de Janeiro: Forense, 2016, p. 166.

[4]   Gustavo Tepedino, Heloísa Helena Barboza, Maria Celina Bodin de Moraes, *Código Civil interpretado conforme a Constituição da República*, vol. III, Rio de Janeiro: Renovar, 2014, p. 689.

[5]   Art. 1.331, § 3º. "A cada unidade imobiliária caberá, como parte inseparável, uma fração ideal no solo e nas outras partes comuns, que será identificada em forma decimal ou ordinária no instrumento de instituição do condomínio."

[6]   Carlos Maximiliano, *Condomínio*, Rio de Janeiro: Freitas Bastos, 1961, p. 133: "admite-se, portanto, a usucapião de uma fração distinta do prédio pelo dono de outra ou por terceiro; porém, não das coisas comuns, isoladas; porquanto seriam acessórios sem principal".

[7]   Favorável à usucapião da propriedade comum, ver: TJSP, 7ª Câmara de Direito Privado, Apelação n. 0036383-77.2010.8.26.0114, Rel. Des. José Rubens Queiroz Gomes, julg. 28.06.2017, publ. *DJ* 28.06.2017: "Possível também a aquisição da propriedade por usucapião de área comum de condomínio edilício quando presentes as condições da ação". Contrário à usucapião da propriedade comum, ver: "Apelação Cível. Ação de usucapião especial urbana. A área comum do edifício que, embora utilizada com exclusividade por um dos condôminos, é insuscetível de ser usucapida. Trata-se de ato de mera tolerância por parte dos demais condôminos qualquer ocupação que se faça por condômino durante qualquer tempo que seja em área comum do condomínio, que não se converterá em domínio particular desse condômino. Mantida a improcedência da ação. Apelo

CAPÍTULO XII | CONDOMÍNIOS ESPECIAIS

parece que não se deve excluir *a priori* a possibilidade de usucapião extraordinária de parte comum do condomínio edilício na hipótese de posse exclusiva por um dos condôminos, desde que haja intenção clara e manifesta de ter o imóvel como seu, de modo a excluir os demais consortes – mostrando-se imprescindível, portanto, a transmudação do caráter da posse exercida pelo condômino.

O critério que distingue as unidades autônomas, de acordo com o § 1º do artigo 1.331 do Código Civil[8], é a possibilidade de utilização independente. Esse dispositivo exemplifica as unidades autônomas como apartamentos, lojas, escritórios e sobrelojas, sem excluir outras hipóteses. Tais unidades podem ser alienadas ou gravadas livremente por seus proprietários sem a necessidade de anuência dos demais condôminos, fazendo-se a ressalva apenas no que concerne aos abrigos de veículos,[9] cuja alienação ou locação dependerá de autorização expressa da convenção de condomínio.[10]

Distinção entre unidade autônoma e partes comuns

Observe-se, no entanto, que a exceção feita por esse parágrafo aos abrigos de veículos é aplicável apenas quando os abrigos não são unidades autônomas, mas um acessório delas, como ocorre num edifício de apartamentos que reserva uma vaga de garagem correspondente a cada unidade autônoma. Por outro lado, se as vagas de

---

desprovido" (TJSP, 8ª Câm. Dir. Priv., Ap. Cív. 10642681320188260100, Rel. Des. Silvério da Silva, julg. 25.9.2023).

[8] Art. 1.331, § 1º. "As partes suscetíveis de utilização independente, tais como apartamentos, escritórios, salas, lojas e sobrelojas, com as respectivas frações ideais no solo e nas outras partes comuns, sujeitam-se à propriedade exclusiva, podendo ser alienadas ou gravadas livremente por seus proprietários, exceto os abrigos para veículos, que não poderão ser alienados ou alugados a pessoas estranhas ao condomínio, salvo autorização expressa na convenção de condomínio."

[9] Nessa direção: STJ, 2ª T., REsp 2.008.627, Rel. Min. Assussete Magalhães, julg. 13.09.2022, publ. *DJ* 20.09.2022. Já decidiu a mesma Corte, todavia, que a vaga de garagem pode ser objeto de alienação por um condômino a outro, mesmo se não se constituir em unidade autônoma. O acórdão remete à dicção do art. 2º, parágrafo 2º da Lei n. 4591/1964, segundo o qual o direito à guarda de veículo na garagem do edifício "poderá ser transferido a outro condômino, independentemente da alienação da unidade a que corresponder, vedada sua transferência a pessoas estranhas ao condomínio". Nesses termos, a 3ª Turma do STJ reformou acórdão do TJRJ que havia considerado necessária a modificação da natureza da vaga de garagem, em procedimento no cartório de registro de imóveis, para que ela pudesse ser transferida onerosamente a outro condômino. De acordo com a relatora, Min. Nancy Andrighi, embora a vaga de garagem seja, em regra, bem acessório vinculado à unidade habitacional, o legislador admite, independentemente de lhe ser atribuída fração ideal específica de terreno, a sua separação para transferência ao condômino titular de outro apartamento do mesmo edifício. (STJ, 3ª T., REsp 954.861, Rel. Min. Nancy Andrighi, julg. 6.11.2008).

[10] Conforme decidiu a 4ª Turma do STJ, não é possível a alienação de vaga de garagem para pessoas estranhas ao condomínio, se não houver autorização expressa da convenção condominial, nos termos do art. 1.331, § 1º, do Código Civil. No caso, tratava-se de execução extrajudicial proposta por instituição financeira. Embora o imóvel fosse considerado bem de família, a vaga de garagem, objeto da execução, por ter matrícula própria, considera-se bem autônomo e escapa da impenhorabilidade, nos termos do enunciado n. 449 da Súmula do STJ. O Relator, Min. Antonio Carlos Ferreira, considerou aplicável a proibição da alienação a estranhos mesmo no caso de vagas autônomas, a menos que houvesse autorização expressa da convenção, de modo a evitar a circulação de não condôminos nas áreas comuns, com riscos para a segurança e conservação do imóvel. Por incidir a proibição inclusive em hasta pública, o acórdão admitiu a possibilidade de penhora de vaga de garagem, desde que a participação no leilão seja restrita aos condôminos (STJ, 4ª T., REsp 2.095.402, Rel. Min. Antonio Carlos Ferreira, julg. 6.8.2024, publ. *DJe* 8.8.2024).

veículo forem, em si, unidades autônomas, com matrícula própria, tal qual ocorre em edifícios-garagem, será perfeitamente possível aliená-la, gravá-la ou alugá-la a quem quer que seja mesmo sem autorização expressa da convenção de condomínio.

Características das partes comuns

As partes comuns, por outro lado, são as "coisas de uso coletivo, as instalações úteis ou necessárias a todos"[11]. Assim sendo, o artigo 1.331, § 2º, do Código Civil[12] exemplifica as partes comuns como sendo o solo, a estrutura do prédio, a rede geral de distribuição de água, esgoto, gás e eletricidade, a calefação e refrigeração centrais, bem como o acesso ao logradouro público, que possui especial importância tendo em vista a exigência legal de que todas as unidades autônomas tenham acesso à rua (CC, art. 1.331, § 4º)[13]. O terraço de cobertura, em princípio, é parte comum, mas a escritura de constituição do condomínio pode dispor de maneira contrária (CC, art. 1.331, § 5º)[14].

Condomínio e divisão em frações ideais das áreas comuns

Justamente devido à relevância dessas partes para a devida utilização de cada propriedade exclusiva é que a lei determina o condomínio dos proprietários das unidades autônomas sobre elas, sendo deles a responsabilidade de administrá-las em conjunto de acordo com o interesse de todos. A cada condômino é reservada uma fração ideal sobre essas partes comuns, existindo dois critérios possíveis para o cálculo do valor dessa fração ideal, cabendo à convenção condominial escolher qual deles adotar. O primeiro critério diz respeito à área da unidade autônoma, ou seja, quanto maior a unidade, proporcionalmente maior será a fração ideal a ela correspondente na propriedade comum. O segundo critério possível se relaciona ao valor da unidade autônoma, quanto mais valiosa ela for, na mesma proporção será maior a fração ideal a ela correspondente[15].

Principais distinções entre condomínio voluntário e condomínio edilício

Após a conceituação e a apresentação das principais características do condomínio edilício, três distinções entre essa espécie condominial e o condomínio voluntário sobressaem: (i) o condomínio sobre as partes comuns é indissolúvel, sendo permanente no tempo, ao contrário do condomínio voluntário, que é transitório; (ii) no condomínio edilício é possível ceder o uso e a fruição das partes comuns sem a anuência dos demais condôminos, sendo essa uma consequência necessária da cessão do uso e da fruição da unidade autônoma; e (iii) o condômino no condomínio edilício pode alienar a sua unidade autônoma – e, por consequência, a sua fração ideal nas partes comuns – sem que dê direito de preferência aos demais condôminos. Inevitável notar que todas essas distinções decorrem da

---

[11]   Carlos Maximiliano, *Condomínio*, Rio de Janeiro: Freitas Bastos, 1961, p. 147.

[12]   Art. 1.331, § 2º. "O solo, a estrutura do prédio, o telhado, a rede geral de distribuição de água, esgoto, gás e eletricidade, a calefação e refrigeração centrais, e as demais partes comuns, inclusive o acesso ao logradouro público, são utilizados em comum pelos condôminos, não podendo ser alienados separadamente, ou divididos."

[13]   Art. 1.331, § 4º. "Nenhuma unidade imobiliária pode ser privada do acesso ao logradouro público."

[14]   Art. 1.331, § 5º. "O terraço de cobertura é parte comum, salvo disposição contrária da escritura de constituição do condomínio."

[15]   Gustavo Tepedino, Heloisa Helena Barboza, Maria Celina Bodin de Moraes, *Código Civil interpretado conforme a Constituição da República,* vol. III, Rio de Janeiro: Renovar, 2014, pp. 690-691.

união necessária e inquebrantável entre propriedade exclusiva e propriedade comum existente no condomínio edilício[16].

Questão importante que ainda deve ser analisada sobre o condomínio edilício diz respeito à sua natureza jurídica. Sobre o tema há as mais diversas teorias, havendo aqueles que, recorrendo ao direito romano, qualificam o condomínio edilício como uma espécie de servidão[17] ou de direito de superfície[18]. Além disso, há ainda os que defendem ser o condomínio edilício uma pessoa jurídica[19] ou mesmo uma pessoa formal[20].

Natureza jurídica do condomínio edilício

As teorias que mais sobressaíram no direito brasileiro foram as duas últimas. A que afirma ser o condomínio edilício uma pessoa formal, isto é, um ente que, embora desprovido de subjetividade, possui capacidade processual, baseia-se no artigo 75, inciso XI, do Código de Processo Civil[21], segundo o qual o condomínio edilício poderá estar em juízo, desde que representado pelo administrador ou síndico. Por outro lado, os que consideram o condomínio edilício uma pessoa jurídica sustentam que a não atribuição de subjetividade acaba gerando entraves à realização de negócios jurídicos, por exemplo[22]. Esse posicionamento doutrinário tomou tamanha proporção que a III Jornada de Direito Civil alterou o Enunciado 90 e aprovou o Enunciado 246 com a seguinte redação: "deve ser reconhecida personalidade jurídica ao condomínio edilício."

Nenhuma dessas teses, no entanto, foi a adotada pelo direito brasileiro, no qual a melhor qualificação para o condomínio edilício é a de "direito real de propriedade marcado pela conjugação da propriedade coletiva com a propriedade individual das unidades autônomas"[23]. Nesta direção, a relação existente entre os condôminos é de natureza real e não pessoal, como ocorreria se o condomínio edilício fosse uma pessoa jurídica.[24] Além disso, são os próprios condôminos os titulares dos direitos sobre as partes comuns e não uma pessoa jurídica formada pelo edifício[25].

Qualificação do condomínio edilício no direito brasileiro

---

16 Milena Donato Oliva, Condomínio Edilício e Subjetividade. In: Gustavo Tepedino e Luiz Edson Fachin (orgs.), *Diálogos Sobre Direito Civil*, vol. II, Rio de Janeiro: Renovar, 2008, p. 84.

17 Caio Mário da Silva Pereira, *Instituições de Direito Civil*, vol. IV, Rio de Janeiro: Forense, 2016, p. 167.

18 Caio Mário da Silva Pereira, *Instituições de Direito Civil*, vol. IV, Rio de Janeiro: Forense, 2016, p. 167.

19 Milena Donato Oliva, Condomínio Edilício e Subjetividade. In: Gustavo Tepedino e Luiz Edson Fachin (orgs.), *Diálogos Sobre Direito Civil*, vol. II, Rio de Janeiro: Renovar, 2008, p. 73.

20 Milena Donato Oliva, Condomínio Edilício e Subjetividade. In: Gustavo Tepedino e Luiz Edson Fachin (orgs.), *Diálogos Sobre Direito Civil*, vol. II, Rio de Janeiro: Renovar, 2008, p. 77.

21 "Serão representados em juízo, ativa e passivamente: XI - o condomínio, pelo administrador ou síndico."

22 Washington de Barros Monteiro, *Curso de Direito Civil: Direito das Coisas*, São Paulo: Saraiva, 2003, p. 224.

23 Milena Donato Oliva, Condomínio Edilício e Subjetividade. In: Gustavo Tepedino e Luiz Edson Fachin (orgs.), *Diálogos Sobre Direito Civil*, vol. II, Rio de Janeiro: Renovar, 2008, pp. 83-84. No mesmo sentido, ver João Batista Lopes, *Condomínio*, São Paulo: Revista dos Tribunais, 2008, pp. 62-63.

24 Carlos Maximiliano, *Condomínio*, Rio de Janeiro: Freitas Bastos, 1961, p. 107.

25 Assim sendo, o Enunciado n. 596 da VII Jornada de Direito Civil da Justiça Federal, ao afirmar que "o condomínio edilício pode adquirir imóvel por usucapião", estabelece, na realidade, que todos

A rigor, o síndico, ao realizar negócios para a gestão daquele condomínio representa a coletividade determinável de condôminos. Trata-se de representação legal em que o representante do conjunto de proprietários – o síndico – é capaz de vincular cada um dos condôminos nos atos que pratica em favor da coletividade. A referência que se faz ao condomínio como um dos centros de interesse dos negócios jurídicos praticados pelo síndico apresenta-se apenas como elemento facilitador, tendo em vista a constante mutação que há no corpo de condôminos[26]. Entretanto, o fato de não possuir personalidade jurídica nem poder ser qualificado como pessoa formal não afasta a possibilidade de o condomínio, quando em juízo, ser dotado de capacidade processual, conforme previsão do artigo 75, inciso XI, do CPC, hipótese em que o síndico atua como representante legal da coletividade de condôminos, reunidos em condomínio.

Ao analisar a controvérsia, a 3ª Turma do STJ, no REsp 1.486.478[27], entendeu, por maioria, não consistir o condomínio em pessoa jurídica e afirmou que "após análise desse tratamento distinto que o legislador conferiu ao condomínio, pode-se concluir, ao menos sob o prisma legal, não ser ele dotado de personalidade jurídica".[28]

1.1. Constituição do condomínio edilício

Origem voluntária do condomínio edilício

O condomínio edilício terá sempre origem voluntária, podendo ser a declaração de vontade emitida por meio de negócio jurídico *inter vivos* ou *mortis causa*, tal qual dispõe o artigo 1.332, *caput*, do Código Civil. O mais comum é que o condomínio edilício se origine de negócio jurídico *inter vivos*, em especial por meio de incorporações[29], nas quais a pessoa física ou jurídica adquire o terreno e constrói o edifício com a finalidade de alienar as unidades autônomas e suas respectivas frações ideais, atividade ainda regida pela Lei n. 4.591/1964, que não foi revogada pelo Código Civil na parte em que trata da matéria. Também se admite a constituição por ato unilateral do proprietário do edifício, que converte o seu imóvel em condomínio edilício, de modo a poder, em seguida, alienar separadamente as diferentes unidades autônomas.

---

os condôminos, em conjunto, é que estariam a adquirir dito imóvel por usucapião, de modo que, após tal aquisição, o bem passará à propriedade comum.

[26] Milena Donato Oliva, Condomínio Edilício e Subjetividade. In: Gustavo Tepedino e Luiz Edson Fachin (orgs.), *Diálogos Sobre Direito Civil*, vol. II, Rio de Janeiro: Renovar, 2008, pp. 88-89.

[27] STJ, 3ª T., REsp 1.486.478/PR, Rel. Min. Paulo de Tarso Sanseverino, julg. 05.04.2016, publ. *DJ* 28.04.2016.

[28] Em outra ocasião, o STJ proclamou que o condomínio edilício, como ente despersonalizado, não é suscetível de sofrer danos morais. Embora com legitimidade para representar os condôminos, por intermédio do síndico, com poderes para vincular diretamente a coletividade de condôminos, são estes condôminos, e não o ente despersonalizado, a fazerem jus a indenização por danos morais em função de lesão perpetrada na convivência condominial. No caso concreto, condôminos promoveram uma festa para mais de 200 pessoas durante toda a madrugada, contrariando ordem judicial, e causando transtorno aos moradores. Segundo a Relatora, a ofensa ao condomínio representa "ofensa individualmente dirigida a cada um dos condôminos", de modo que a pretensão de obter indenização por danos morais cinge-se subjetivamente aos condôminos ofendidos (STJ, 3ª T., REsp 1.736.593/SP, Rel. Min. Nancy Andrighi, julg. 11.2.2020, publ. *DJe* 13.2.2020).

[29] Gustavo Tepedino, Heloisa Helena Barboza, Maria Celina Bodin de Moraes, *Código Civil interpretado conforme a Constituição da República*, vol. III, Rio de Janeiro: Renovar, 2014, p. 693.

Para a devida constituição do condomínio edilício, o artigo 1.332 do Código Civil exige que esse primeiro ato de vontade contenha: (i) a discriminação e individualização das unidades de propriedade exclusiva, estremadas umas das outras e das partes comuns; (ii) a determinação da fração ideal atribuída a cada unidade, relativamente ao terreno e partes comuns; e (iii) o fim a que as unidades se destinam, ou seja, se residencial, comercial ou mista. Por fim, deve o ato instituidor do condomínio edilício ser registrado no Cartório de Registro de Imóveis.

Muito se confunde o ato de vontade instituidor do condomínio edilício, a que se refere o artigo 1.332 do Código Civil, com a convenção de condomínio, o ato-regra que contém as normas de convivência no interior do condomínio. Devido a essa imprecisão, há autores que afirmam, com base no artigo 1.333, parágrafo único, do Código Civil, que não há a necessidade de registro do ato constitutivo do condomínio edilício para a sua constituição, mas apenas para que ele seja oponível contra terceiros[30]. Ocorre, porém, que esse parágrafo único do artigo 1.333 refere-se à convenção do condomínio, que, de fato, não precisará ser registrada no Cartório de Registro de Imóveis para que os condôminos tenham que respeitá-la, mas apenas para que seja exigível em face de terceiros[31].

> Ato instituidor do condomínio edilício não se confunde com a convenção de condomínio

Ademais, não teria cabimento admitir o surgimento do direito real de propriedade no regime de condomínio edilício, marcado pela simbiose orgânica entre propriedade exclusiva e propriedade comum, sem o devido registro do respectivo título constitutivo no Cartório de Registro de Imóveis. Trata-se de regra essencial atinente a todos os modos derivativos *inter vivos* de aquisição de direitos reais sobre bens imóveis[32]. Entretanto, a não qualificação como condomínio edilício dos empreendimentos que não tiveram seus atos constitutivos devidamente registrados não significa que não produzirão efeitos jurídicos. À luz do princípio da função social da propriedade, os condomínios de fato são merecedores de tutela do ordenamento jurídico tendo em vista seu enorme relevo social, especialmente considerando-se tratar-se de fenômeno frequente na realidade brasileira, registrando-se inúmeras comunidades vivendo em aparente condomínio edilício sem o devido registro[33].

> Necessidade de tutela dos condomínios de fato à luz do princípio da função social da propriedade

1.2. Convenção de condomínio

Após a instituição do condomínio edilício, torna-se essencial a redação e aprovação da convenção condominial, pois todos os edifícios devem tê-la[34]. Embora não

> Natureza da convenção como ato-regra

---

30 Ver, neste sentido, Luiz Edson Fachin, *Comentários ao Código Civil*, vol. 15, Rio de Janeiro: Saraiva, 2003, p. 234: "O registro, no caso, não é constitutivo, mas oferece a oponibilidade da convenção perante terceiros, como se verá mais adiante. Entre os condôminos, todavia, basta o ato constitutivo para que a situação de condomínio produza seus efeitos legais."

31 Pedro Elias Avvad, *Condomínio em edificações no novo Código Civil*, Rio de Janeiro: Renovar, 2007, p. 75.

32 Gustavo Tepedino, Heloisa Helena Barboza, Maria Celina Bodin de Moraes, *Código Civil interpretado conforme a Constituição da República,* vol. III, Rio de Janeiro: Renovar, 2014, p. 695.

33 Leonardo Mattietto, O condomínio de fato no direito brasileiro contemporâneo. In: *Revista Trimestral de Direito Civil*, vol. 29, Rio de Janeiro: Padma, 2000, p. 240.

34 Caio Mário da Silva Pereira, *Condomínio e Incorporações*, Rio de Janeiro: Forense, 2016, p. 100.

seja equivocada a atribuição de natureza contratual à convenção condominial[35], há quem procure, mais especificamente, caracterizar a convenção como típico ato-regra[36], isto é, negócio jurídico que estabelece regime de convivência comunitária, com eficácia real, oponível que é a terceiros. De fato, respeitados os princípios e as regras de ordem pública estabelecidas pelo Código Civil a respeito da matéria, a convenção especifica direitos e deveres dos condôminos e de qualquer outro que adentre o espaço daquele condomínio edilício, independentemente do consentimento dos terceiros alcançados por sua disciplina[37].

Aprovação e registro da convenção

Para que seja aprovada e passe a valer, a convenção de condomínio precisa ser subscrita por, pelo menos, dois terços das frações ideais, tornando-se, a partir de então, obrigatória para todos os titulares de direito sobre as unidades, bem como para quem mais tiver detenção ou posse sobre elas (CC, art. 1.333, *caput*), não sendo possível alegar que com ela não concordou, nem mesmo que a desconhecia[38]. Em consonância com tal disciplina, o artigo 1.351 do Código Civil estabelece que a alteração da convenção dependerá da aprovação de iguais dois terços das frações ideais.

O já mencionado parágrafo único do artigo 1.333 do Código Civil demonstra que o registro da convenção no Cartório de Registro de Imóveis tem por finalidade apenas a sua oposição *erga omnes*, sendo certo que ela obriga aqueles que integram a vida condominial desde o momento da sua aprovação. Assim, não é possível ao condômino ou a qualquer outro que participe da vida condominial, como possuidores, detentores ou visitantes, esquivar-se de suas obrigações para com a coletividade alegando a ausência de registro da convenção condominial. Este dispositivo consagrou na lei entendimento já encampado pelo STJ no enunciado n. 260[39] de sua Súmula.

Cláusulas essenciais a qualquer convenção condominial

O artigo 1.334 do Código Civil e seus incisos estabelecem quais cláusulas deverão, necessariamente, estar contidas na convenção de condomínio ao lado das que forem livremente estabelecidas pelos condôminos. Inicialmente, devem estar presentes na convenção as cláusulas que o artigo 1.332 do Código já havia exigido que estivessem presentes no ato constitutivo do condomínio, são elas: (i) a discriminação das unidades autônomas; (ii) a especificação das frações ideais das unidades; e (iii) o fim ao qual as unidades devem se destinar. Essas estipulações são estruturantes do condomínio, pois, sem elas a sua constituição seria impossível[40].

Além dessas cláusulas, o inciso I do artigo 1.334 do Código Civil exige que a convenção disponha sobre "a quota proporcional e o modo de pagamento das con-

---

[35] Neste sentido, ver Pedro Elias Avvad, *Condomínio em edificações no novo Código Civil*, Rio de Janeiro: Renovar, 2007, p. 74.

[36] Caio Mário da Silva Pereira, *Condomínio e Incorporações*, Rio de Janeiro: Forense, 2016, p. 96. No mesmo sentido, ver Nelson Kojranski, *Condomínio edilício: aspectos jurídicos relevantes*, São Paulo: Malheiros, 2015, p. 99.

[37] Caio Mário da Silva Pereira, *Condomínio e Incorporações*, Rio de Janeiro: Forense, 2016, p. 99.

[38] Caio Mário da Silva Pereira, *Condomínio e Incorporações*, Rio de Janeiro: Forense, 2016, p. 96.

[39] Súmula n. 260 do STJ: "A convenção de condomínio aprovada, ainda que sem registro, é eficaz para regular as relações entre os condôminos."

[40] Luiz Edson Fachin, *Comentários ao Código Civil*, vol. 15, Rio de Janeiro: Saraiva, 2003, p. 240.

tribuições dos condôminos para atender às despesas ordinárias e extraordinárias do condomínio". A responsabilidade de cada condômino no pagamento das despesas comuns, em regra, é proporcional à sua fração ideal, mas nada impede que se estipule de maneira diversa. Neste caso, deverá a convenção estipular como será a divisão.

Também deverá a convenção especificar o modo de pagamento das contribuições condominiais, isto é, se podem ser parceladas ou não, além da data e do lugar em que elas devem ser feitas. De modo geral, as convenções estabelecem que as contribuições são dívidas portáveis, de modo que cabe ao condômino prestá-la no local previamente acordado, mas, na ausência de estipulação convencional, aplica-se a regra geral do artigo 327 do Código Civil, cabendo ao síndico exigi-la de cada um dos condôminos, como ocorre nas dívidas quesíveis[41].

O inciso II do artigo 1.334 do Código Civil exige que a convenção condominial estabeleça a "forma de administração" do condomínio. Assim sendo, importante que conste na convenção as atribuições do síndico, se ele poderá ser alguém estranho ao condomínio e se ele será remunerado ou não. Também poderá a convenção, quanto à administração do condomínio, estabelecer a existência de um conselho fiscal a fim de dar pareceres a respeito das contas do síndico (CC, art. 1.356).

Segundo o inciso III do artigo 1.334, deverá a convenção estabelecer a competência das assembleias gerais de condôminos, "forma de sua convocação e quórum exigido para as deliberações". O voto na assembleia geral é direito de todos os condôminos, desde que estejam quites com suas obrigações perante o condomínio (CC, art. 1.335, III), assim, "a assembleia não poderá deliberar se todos os condôminos não forem convocados para a reunião" (CC, art. 1.354). Por conta disso, é importante que esteja especificado a forma como tais assembleias serão convocadas, se por publicação em jornal, carta, telegrama, e-mail ou qualquer outro meio.

Além disso, deverá a convenção definir o quórum especial para algumas deliberações. Ao fazê-lo, porém, não poderá estabelecer um quórum inferior aos quóruns ordinários para deliberações em primeira e segunda convocações previstos nos artigos 1.352 e 1.353 do Código Civil, vez que estes fixam regras quanto à participação mínima obrigatória dos condôminos para tomada de decisões.[42] Do mesmo modo, não poderá alterar, nem para mais nem para menos, os quóruns especiais já previstos em lei.[43]

O inciso IV do artigo 1.334 prevê que a convenção deverá definir "as sanções a que estão sujeitos os condôminos", possuidores ou detentores na hipótese de descumprimento de qualquer das regras convencionais. Essas sanções podem ser pecuniárias, por meio da estipulação de multas, ou podem se referir a proibições de utilização de áreas comuns[44]. Observe-se que tais sanções devem sempre respeitar os

---

[41] Gustavo Tepedino, Heloisa Helena Barboza, Maria Celina Bodin de Moraes, *Código Civil interpretado conforme a Constituição da República,* vol. III, Rio de Janeiro: Renovar, 2014, p. 699.

[42] Pedro Elias Avvad, *Condomínio Edilício,* Rio de Janeiro: Forense, 2017, p. 164.

[43] João Batista Lopes, *Condomínio,* São Paulo: Revista dos Tribunais, 2008, p. 93.

[44] Gustavo Tepedino, Heloisa Helena Barboza, Maria Celina Bodin de Moraes, *Código Civil interpretado conforme a Constituição da República,* vol. III, Rio de Janeiro: Renovar, 2014, p. 700.

mandamentos constitucionais, em especial os direitos fundamentais. Nesse sentido, violaria a dignidade da pessoa humana (CR, art. 1º, III) uma sanção que sujeitasse o condômino a constrangimentos ou proibisse-o de utilizar o elevador para ter acesso a sua unidade autônoma, localizada nos últimos pavimentos do edifício. Além disso, para a aplicação de sanções, deverão ser respeitados os direitos do condômino ao contraditório e à ampla defesa[45] (CR, art. 5º, LV) – podendo a convenção, inclusive, definir como serão exercidos.

Regimento interno do condomínio deve ser estabelecido pela convenção

Por fim, a convenção condominial deve, ainda, estabelecer o regimento interno do condomínio (CC, art. 1.334, V). O regimento interno tem como objetivo estabelecer as regras do cotidiano do condomínio, tal qual, a forma de utilização das áreas comuns e, em menor grau, das unidades autônomas a fim de evitar prejuízos aos demais condôminos, limitando, por exemplo, a utilização de aparelhos sonoros. Segundo o Enunciado n. 248 da III Jornada de Direito Civil, "o quórum para alteração do regimento interno do condomínio edilício pode ser livremente fixado na convenção", exigindo-se, em caso de omissão, a aprovação pela maioria.

Forma da convenção de condomínio

O § 1º do artigo 1.334 estabelece a forma da convenção condominial, que pode ser feita tanto por escritura pública como por instrumento particular. Disto se conclui que a convenção deverá sempre ser escrita para que seja válida[46]. Além disso, o § 2º do mesmo artigo esclarece que, salvo disposição em contrário, são equiparados aos proprietários "os promitentes compradores e os cessionários de direitos relativos às unidades autônomas". Tal equiparação, segundo Luiz Edson Fachin, mostra-se especialmente relevante nas hipóteses em que o condomínio edilício é constituído por meio de incorporação imobiliária tendo em vista que "será inviável o registro definitivo da convenção, uma vez que cabe à incorporadora arquivar a minuta da convenção, que só se torna definitiva pela sua aprovação pelos promitentes compradores das unidades autônomas."[47]

1.3. Direitos dos condôminos no condomínio edilício

Principais direitos dos condôminos previstos no Código Civil

Os incisos do artigo 1.335 do Código Civil listam os principais direitos dos condôminos em condomínio edilício, sendo eles: (i) usar, fruir e livremente dispor das suas unidades; (ii) usar das partes comuns, conforme a sua destinação, e contanto que não exclua a utilização dos demais compossuidores; e (iii) votar nas deliberações da assembleia e delas participar, estando quite. Direitos básicos dos condôminos, eles não podem ser afastados ou inviabilizados por convenção ou qualquer outro meio.

Os incisos I e II especificam como o condômino poderá exercer o conteúdo econômico de seu direito de propriedade, sendo que o primeiro se refere à propriedade exclusiva e, o segundo, à propriedade comum. A necessidade de distinguir essas duas

---

[45] Rubens Carmo Elias Filho, Condomínio Edilício: aspectos de direito material e processual, São Paulo: Atlas, 2015, p. 156.

[46] Roberto Barcellos de Magalhães, *Teoria e Prática do Condomínio*, Rio de Janeiro: José Konfino, 1970, p. 97.

[47] Luiz Edson Fachin, *Comentários ao Código Civil*, vol. 15, Rio de Janeiro: Saraiva, 2003, p. 244.

hipóteses dá-se em razão da dualidade de regime jurídico própria do condomínio edilício, sendo certo que o direito do condômino de usar a parte comum do edifício, limitada pelo direito de propriedade dos demais coproprietários, não pode ter a mesma extensão de seu direito sobre a unidade autônoma.

No que se refere à unidade autônoma, aplica-se o regime jurídico da propriedade exclusiva, podendo, portanto, o proprietário usar e fruir da coisa da forma que melhor lhe aprouver sem que precise de autorização dos demais condôminos, bem como alienar a coisa sem que dê direito de preferência aos demais. Observe-se que, embora o referido dispositivo utilize a palavra "livremente", o exercício do direito de propriedade sobre a unidade autônoma não é verdadeiramente ilimitado, já que o condômino deve respeitar a finalidade daquele edifício prevista na convenção condominial. Assim, não pode utilizar o bem como um fundo de comércio se está localizado em condomínio residencial.

Modo de exercício do conteúdo econômico das unidades autônomas pelos condôminos

Recentemente, com o desenvolvimento da economia do compartilhamento, os tribunais começaram a receber diversas demandas a respeito da possibilidade de os proprietários ofertarem suas unidades autônomas residenciais em aplicativos de hospedagem por temporada. O questionamento tem fundamento na aparente incompatibilidade desse tipo de locação, que se caracteriza pela alta rotatividade de hóspedes estranhos à comunidade condominial e aos padrões de sossego e segurança esperados por seus moradores.

Sobre o tema, o Superior Tribunal de Justiça tem se manifestado no sentido de que, em condomínios residenciais, não é possível esse tipo de locação caso inexista autorização expressa da Convenção. Conforme consignado em acórdão da 4ª Turma, "existindo na Convenção de Condomínio regra impondo destinação residencial, mostra-se indevido o uso de unidades particulares que, por sua natureza, implique o desvirtuamento daquela finalidade". No entanto, "ressalva-se a possibilidade de os próprios condôminos de um condomínio edilício de fim residencial deliberarem em assembleia, por maioria qualificada (de dois terços das frações ideais), permitir a utilização das unidades condominiais para fins de hospedagem atípica, por intermédio de plataformas digitais ou outra modalidade de oferta, ampliando o uso para além do estritamente residencial e, posteriormente, querendo, incorporarem essa modificação à Convenção do Condomínio".[48]

Ademais, a utilização da propriedade exclusiva também não pode se dar a ponto de prejudicar a saúde, o sossego e a segurança dos demais condôminos. Essas limitações ao exercício da propriedade sobre a unidade autônoma, contudo, não decorrem da copropriedade – que não existe nesse caso –, mas dos direitos de vizinhança, que são intensificados no contexto do condomínio edilício em razão da proximidade que há entre as unidades autônomas. Não por outro motivo, afirma-se que proprietários de apartamentos não têm direitos tão amplos como os donos de casas.[49]

Vizinhança no condomínio edilício

---

48   STJ, 4ª T., REsp 1.819.075/RS, Rel. p/ acórdão Min. Raul Araújo, julg. 20.4.2021.
49   Caio Mário da Silva Pereira, *Condomínio e Incorporações*, Rio de Janeiro: Forense, 2016, p. 132.

Questão interessante quanto ao direito de uso da unidade autônoma diz respeito à vedação da presença de animais domésticos prevista por algumas convenções condominiais. Proibição neste sentido deve sempre ser analisada à luz do caso concreto e eventual decisão judicial que determine a retirada do animal daquele condomínio deverá fundar-se em ameaça à segurança, sossego e saúde dos demais condôminos.[50] Esse foi o entendimento adotado pelo Enunciado n. 566, da VI Jornada de Direito Civil da Justiça Federal, segundo o qual: "A cláusula convencional que restringe a permanência de animais em unidades autônomas residenciais deve ser valorada à luz dos parâmetros legais de sossego, insalubridade e periculosidade".[51]

Modo de exercício do conteúdo econômico das partes comuns pelos condôminos

O exercício do direito de propriedade sobre as partes comuns, por outro lado, limita-se pelos demais direitos de propriedades que recaem sobre aquelas áreas, tal qual ocorre em qualquer espécie de condomínio. Nessa direção, estipula o inciso II do artigo 1.335 do Código Civil que podem os condôminos usar das partes comuns, conforme a sua destinação estabelecida na convenção, e desde que não exclua a utilização dos demais compossuidores.

Direito de participação e voto nas assembleias gerais

Ainda no que se refere aos direitos dos condôminos sobre as partes comuns, o *caput* do artigo 1.339 do Código Civil estabelece regra básica do condomínio edilício já mencionada anteriormente, segundo a qual eles são inseparáveis dos direitos sobre a propriedade exclusiva, assim como das frações ideais correspondentes. Disso decorre que, ao contrário do condomínio voluntário, no condomínio edilício o condômino pode repassar a terceiro seu direito de uso sobre coisa comum sem a anuência dos demais, tal qual ocorre quando há o aluguel de uma unidade autônoma. Do mesmo modo, ao alienar a sua propriedade exclusiva, o condômino é obrigado a alienar a sua fração ideal sobre a coisa comum (CC, art. 1.339, § 1º) sem que precise dar direito de preferência aos demais[52].

O inciso III do artigo 1.335 do Código Civil estabelece o terceiro direito básico dos condôminos no condomínio edilício: o direito de participar e de votar nas assembleias gerais, órgão deliberativo máximo do condomínio. Sendo assim, a assembleia não pode deliberar se todos os condôminos não foram devidamente convocados para dela participar (CC, art. 1.354). Tal regra tem por objetivo garantir a isonomia entre os condôminos[53].

---

[50] João Batista Lopes, *Condomínio*, São Paulo: Revista dos Tribunais, 2008, p. 166.

[51] Nesse sentido, a Terceira Turma do Superior Tribunal de Justiça entendeu ser ilegítima norma condominial que veda em absoluto a presença de animais nas unidades autônomas nos seguintes termos: "4. Se a convenção veda apenas a permanência de animais causadores de incômodos aos demais moradores, a norma condominial não apresenta, de plano, nenhuma ilegalidade. 5. Se a convenção proíbe a criação e a guarda de animais de quaisquer espécies, a restrição pode se revelar desarrazoada, haja vista determinados animais não apresentarem risco à incolumidade e à tranquilidade dos demais moradores e dos frequentadores ocasionais do condomínio. 6. Na hipótese, a restrição imposta ao condômino não se mostra legítima, visto que condomínio não demonstrou nenhum fato concreto apto a comprovar que o animal (gato) provoque prejuízos à segurança, à higiene, à saúde e ao sossego dos demais moradores". (STJ, 3ª T, REsp 1.783.076/DF, Rel. Min. Ricardo Villas Bôas Cueva, julg. 14.05.2019).

[52] Caio Mário da Silva Pereira, *Condomínio e Incorporações*, Rio de Janeiro: Forense, 2016, p. 141.

[53] Luiz Edson Fachin, *Comentários ao Código Civil*, vol. 15, Rio de Janeiro: Saraiva, 2003, p. 250.

Esse mesmo dispositivo, no entanto, condiciona o direito de voto ao pagamento das quotas condominiais, ou seja, se o condômino não estiver quite com as suas obrigações perante o condomínio, em regra, não poderá votar na assembleia. Nada impede, porém, que a convenção condominial disponha de forma diversa, tendo em vista o caráter supletivo de tal norma[54]. Além disso, há determinadas matérias que, por estarem intrinsecamente ligadas ao direito de propriedade do condômino, quando forem votadas, deverão envolver a participação de todos os condôminos, inclusive os inadimplentes, tal qual ocorre na votação para a alienação de partes comuns. Nestes casos, diante da gravidade da deliberação, que afetará diretamente um direito fundamental do condômino, mostrar-se-ia desproporcional – e, portanto, inconstitucional – alijá-lo do direito ao voto por conta de uma questão circunstancial tal qual o inadimplemento[55].

Questão controvertida e de extrema relevância diz respeito ao direito de voto de inquilinos de unidades autônomas. O regime anterior, previsto na Lei n. 4.591/1964, estabelecia, no artigo 24, § 4º, modificado pela Lei n. 9.267/1996, que o inquilino poderia votar nas assembleias que não envolvessem discussão a respeito de despesas extraordinárias desde que o condômino-locador não comparecesse. O Código Civil, porém, ao regular o condomínio edilício, não faz qualquer menção ao direito de voto dos inquilinos, razão pela qual parte da doutrina entende que tal direito não mais existe após a derrogação da Lei n. 4.591/1964[56]. Outros autores, entretanto, entendem que o Código Civil, justamente por não ter abordado a questão, não revogou o artigo 24, § 4º, da Lei n. 4.591/1964, de modo que a norma autorizativa do voto do inquilino ainda estaria em pleno vigor.[57]

Direito de voto dos inquilinos

A tendência atual é contrária à existência de direito *ex lege* de voto do inquilino, em razão da revogação do artigo 24, § 4º, da Lei n. 4.591/1964 após o advento do Código Civil. Contudo, nada obsta que a Convenção de Condomínio preveja a possibilidade de voto dos inquilinos ou mesmo que o proprietário locador expeça procuração ao inquilino autorizando-o a votar nas assembleias.

Um último direito dos condôminos encontra-se previsto no artigo 1.338 do Código Civil, segundo o qual, na hipótese de um dos condôminos resolver alugar seu abrigo para automóveis, os demais coproprietários terão preferência em relação a estranhos. Tal dispositivo aplica-se apenas aos condomínios cuja convenção autoriza expressamente o aluguel dos abrigos para automóveis a estranhos, conforme dispõe o artigo 1.331, § 1º, do Código Civil, e não se aplica aos edifícios-garagem, nos quais as vagas para automóveis configuram, em si, as unidades autônomas.

Preferência dos condôminos no aluguel do abrigo para automóveis

---

[54] Luiz Edson Fachin, *Comentários ao Código Civil*, vol. 15, Rio de Janeiro: Saraiva, 2003, p. 249-250.

[55] Gustavo Tepedino. Os direitos reais no novo Código Civil. In.: *Temas de Direito Civil*, tomo II, Rio de Janeiro: Renovar, 2006, p. 165.

[56] Francisco Eduardo Loureiro, *Código Civil Comentado*, São Paulo, 2009, p. 1.321.

[57] Neste sentido, ver Carlos Alberto Dabus Maluf e Márcio Antero Motta Ramos Marques, *Condomínio Edilício*, São Paulo: Saraiva, 2009, p. 133: "pode também votar o locatário na hipótese de não comparecimento do condômino locador, mas seu voto somente será computado nas deliberações que envolvam despesas ordinárias. Essa faculdade foi dada ao locatário pelo art. 83 da Lei n. 8.245/1991, que continua em vigor por força do art. 2.036 do atual Código Civil".

O interesse do condômino em alugar seu abrigo de automóvel deverá ser devidamente divulgado, conforme estiver disposto na convenção ou no regulamento 1.348, inciso III, do Código Civil, cabendo ao síndico dar conhecimento do aluguel, bem como as condições da oferta aos demais condôminos[58]. Não sendo respeitado o direito de preferência, propõe-se a aplicação, por analogia, da regra do artigo 504 do Código Civil, de modo que o condômino preterido teria assim o prazo de 180 (cento e oitenta) dias para exigir a locação mediante pagamento do valor correspondente a um mês do aluguel[59].

Critério de preferência

Esse artigo 1.338 estabelece, ainda, relação de preferência entre os condôminos para a hipótese em que mais de um se interessar em alugar a vaga de garagem. Nesse caso, preferir-se-á aquele que for possuidor. Deve-se entender, nessa hipótese, possuidor como possuidor direto, sendo preteridos, pois, aqueles condôminos que cederam sua unidade autônoma a terceiro ou mesmo que, embora não tenha cedido a terceiro a posse direta sobre a sua unidade autônoma, não frequente o condomínio. Se tal critério não for suficiente e houver mais de um possuidor direto interessado, poderá a convenção ou o regulamento interno definir outro critério subsidiário, tal qual a antiguidade, a maior fração ideal, o leilão, o sorteio, dentre outros[60].

1.4. Deveres dos condôminos no condomínio edilício

Contribuição para as despesas condominiais

O artigo 1.336 do Código Civil estabelece os deveres básicos dos condôminos em condomínio edilício. O inciso primeiro prevê o principal deles: contribuir para as despesas do condomínio, na proporção de suas frações ideais, salvo disposição em contrário na convenção.[61] Tal dever decorre do próprio direito de propriedade, uma vez que cabe ao proprietário, e a mais ninguém, assumir os custos da manutenção daquilo que lhe pertence. Trata-se, pois, de obrigação *propter rem*.

Em princípio, a contribuição de cada condômino será proporcional à sua quota parte na propriedade comum. Pode, porém, a convenção estipular de maneira diversa, prevendo, por exemplo, que as despesas devam ser divididas igualmente por todos os coproprietários. O artigo 1.340 do Código Civil trata de hipótese em que um ou alguns dos condôminos não podem utilizar determinada parte ou equi-

---

[58] Gustavo Tepedino, Heloisa Helena Barboza, Maria Celina Bodin de Moraes, *Código Civil interpretado conforme a Constituição da República,* vol. III, Rio de Janeiro: Renovar, 2014, p. 707.

[59] Luiz Edson Fachin, *Comentários ao Código Civil,* vol. 15, Rio de Janeiro: Saraiva, 2003, p. 264.

[60] Gustavo Tepedino, Heloisa Helena Barboza, Maria Celina Bodin de Moraes, *Código Civil interpretado conforme a Constituição da República,* vol. III, Rio de Janeiro: Renovar, 2014, p. 707.

[61] Sobre o tema, a 3ª Turma do STJ confirmou, recentemente, a dispensa de formalidades excessivas para execução extrajudicial de taxas condominiais. De acordo com a Corte, para comprovar o crédito na execução extrajudicial de taxas condominiais, o condomínio precisa apresentar apenas cópias da convenção e da ata da assembleia que fixou o valor das cotas ordinárias ou extraordinárias, além dos documentos que comprovem a inadimplência, afastando a obrigatoriedade de apresentação do registro da convenção condominial em cartório de imóveis e do orçamento anual aprovado em assembleia. (STJ, 3ª T., REsp 2.048.856, Rel. Min. Nancy Andrighi, julg. 23.5.2023).

pamento da coisa comum, dispondo que, nesse caso, este ou estes coproprietários não terão o dever de contribuir para a manutenção desta área ou equipamento. Caso paradigmático afigura-se a loja ou apartamento que se encontra no térreo e, portanto, não utiliza o elevador. Nessa hipótese, entende-se que, como o elevador em nada beneficia aquela unidade autônoma, o seu proprietário não precisará concorrer para com as suas despesas.[62]

Observe-se que o critério é objetivo, ou seja, o relevante é a serventia daquela área ou equipamento para a unidade autônoma, de modo que não se deve valorar a incidência do dispositivo à luz das idiossincrasias do indivíduo que, circunstancialmente, é o proprietário da unidade autônoma. Nesse sentido, se o condômino possui apartamento no terceiro andar de um edifício, mas, por ter fobia a elevadores, prefere utilizar apenas a escada, não lhe assistirá razão caso se recuse a contribuir para a manutenção do elevador que está sempre à sua disposição[63].

Além disso, pode ser que o uso exclusivo de uma área ou equipamento comum por apenas um ou alguns dos condôminos, em vez de decorrer da própria planta do edifício, decorra da convenção condominial ou do acordo entre condôminos. Nesse caso, também se aplica este artigo 1.340 para que apenas o condômino que dela se beneficia seja obrigado a preservá-la a fim de, em ambos os casos, evitar o seu enriquecimento sem causa[64]. Uso exclusivo de determinada área ou equipamento comum

Quanto ao terraço de cobertura, em regra, trata-se de área comum dos condôminos, embora a convenção possa estipular de outra forma (CC, art. 1.331, § 5º). Nesse caso, estabelece o artigo 1.344 que caberá ao condômino proprietário do terraço de cobertura as despesas para a sua conservação, de modo que não haja danos às unidades imobiliárias inferiores. Tal dispositivo apenas reforça a regra do direito de vizinhança segundo a qual cabe ao proprietário cuidar para que a sua propriedade não atrapalhe o sossego, a saúde e a segurança dos vizinhos. Despesas referentes ao terraço de cobertura

O artigo 1.345 do Código Civil, por seu turno, prevê a responsabilidade do adquirente pelas dívidas do alienante "em relação ao condomínio, inclusive multas e juros moratórios". Isso não decorre, contudo, do fato de as obrigações condominiais serem obrigações *propter rem*. Com efeito, embora este tipo de obrigação origine-se da relação entre o sujeito e a coisa, após o seu surgimento ela se fixa ao seu patrimônio, não se transferindo ao adquirente em caso de alienação da coisa (CC, art. 502), faltando-lhe, pois, ambulatoriedade. Transmissão da responsabilidade pelas dívidas condominiais ao adquirente

Assim sendo, a transferência para o adquirente das dívidas para com o condomínio representa exceção à regra geral das obrigações *propter rem* por conta da previsão específica do artigo 1.345. Tal dispositivo se justifica, pois "traduz política legislativa de reforço da tutela da propriedade comum, em homenagem à função social e econômica

---

62 Carlos Maximiliano, *Condomínio*, Rio de Janeiro: Freitas Bastos, 1961, pp. 149-150.
63 Gustavo Tepedino, Heloisa Helena Barboza, Maria Celina Bodin de Moraes, *Código Civil interpretado conforme a Constituição da República*, vol. III, Rio de Janeiro: Renovar, 2014, p. 710.
64 Pedro Elias Avvad, *Condomínio Edilício*, Rio de Janeiro: Forense, 2017, p. 97.

do condomínio edilício"[65], representando, portanto, garantia ao condomínio. De fato, a transferência da responsabilidade para o adquirente assegura ao condomínio que o obrigado terá ao menos um bem em seu patrimônio – a unidade autônoma – para garantir o seu crédito.[66]

Observe-se que o adquirente terá direito de regresso em face de quem o alienou. Tal direito demonstra que o débito, a rigor, permaneceu na titularidade do alienante – o que preserva, portanto, a característica própria das obrigações *propter rem* –, tornando-se o adquirente mero garantidor do pagamento daquela obrigação do alienante[67].

Multa

No que se refere às consequências do inadimplemento da obrigação de contribuir para as despesas do condomínio (CC, art. 1.336, I), elas também são tratadas pelo Código Civil. O § 1º do artigo 1.336, com redação dada pela Lei 14.905/2024, prevê que tal descumprimento sujeitará o condômino à correção monetária e aos juros moratórios convencionados ou, não sendo previstos, aos juros estabelecidos no art. 406 do Código Civil.[68] Além disso, o mesmo dispositivo estipula o pagamento de multa moratória não superior a dois por cento do valor do débito. O teto dessa multa foi consideravelmente reduzido com a entrada em vigor do Código Civil, haja vista que a lei anterior previa um teto de vinte por cento da dívida. Por conta disso, pondera-se que a nova previsão legal encoraja o inadimplemento das quotas condominiais ao retirar da multa moratória a sua capacidade de desestimular o descumprimento da obrigação[69].

---

[65]   Gustavo Tepedino, Heloisa Helena Barboza, Maria Celina Bodin de Moraes, *Código Civil interpretado conforme a Constituição da República,* vol. III, Rio de Janeiro: Renovar, 2014, p. 716.

[66]   Em curioso caso julgado pela 3ª Turma do STJ, afirmou-se que, se subsiste o regime de copropriedade sobre imóvel após a partilha de pessoa falecida, por ato voluntário dos coerdeiros, os sucessores e coproprietários respondem solidariamente pelas despesas condominiais, afastando-se, assim, a regra do art. 1.792 do Código Civil, que limita a obrigação de cada herdeiro, após a partilha, ao valor de seu quinhão hereditário. Segundo assinalou o Relator, Min. Marco Aurélio Bellizze, embora após a partilha a responsabilidade sobre a coisa seja repartida entre os herdeiros na proporção de suas cotas na herança, a natureza *propter rem* das obrigações condominiais do imóvel e a solidariedade resultante, segundo a Corte, do art. 1.345 do Código Civil, possibilitam a cobrança em face de quaisquer dos coproprietários atuais, da integralidade da dívida, incluindo as despesas anteriores à aquisição do bem, ressalvado o direito de regresso do condômino que pagou contra os demais codevedores, nos termos do art. 283 (STJ, 3ª T., REsp 1.994.565, Rel. Min. Marco Aurélio Bellizze, julg. 26.9.2023, publ. *DJe* 3.10.2023).

[67]   Milena Donato Oliva, Apontamentos acerca das obrigações propter rem. In: Revista de Direito da Cidade, vol. 9, n. 2, Rio de Janeiro, 2017, p. 591.

[68]   Eis a redação do atual art. 406, do Código Civil, dada pela Lei n. 14.905/2024: "Art. 406. Quando não forem convencionados, ou quando o forem sem taxa estipulada, ou quando provierem de determinação da lei, os juros serão fixados de acordo com a taxa legal. § 1º A taxa legal corresponderá à taxa referencial do Sistema Especial de Liquidação e de Custódia (Selic), deduzido o índice de atualização monetária de que trata o parágrafo único do art. 389 deste Código. § 2º A metodologia de cálculo da taxa legal e sua forma de aplicação serão definidas pelo Conselho Monetário Nacional e divulgadas pelo Banco Central do Brasil. § 3º Caso a taxa legal apresente resultado negativo, este será considerado igual a 0 (zero) para efeito de cálculo dos juros no período de referência."

[69]   Carlos Alberto Dabus Maluf e Márcio Antero Motta Ramos Marques, *Condomínio Edilício*, São Paulo: Saraiva, 2009, pp. 87-89.

Além do dever de contribuir para as despesas condominiais, o artigo 1.336, em seus incisos II a IV, prevê deveres negativos dos condôminos decorrentes da situação peculiar em que se encontram os proprietários de unidades autônomas em condomínios edilícios. A extrema proximidade e as inevitáveis interferências recíprocas existentes entre as unidades autônomas acabam por aguçar a relevância dos direitos de vizinhança dentro dessa espécie de condomínio[70]. A fim de garantir o pleno exercício da propriedade exclusiva a cada um dos condôminos, tal dispositivo prevê os seguintes deveres de abstenção: (i) não realizar obras que comprometam a segurança da edificação; (ii) não alterar a forma e a cor da fachada, das partes e esquadrias externas; e (iii) dar às suas partes a mesma destinação que tem a edificação, e não as utilizar de maneira prejudicial ao sossego, salubridade e segurança dos possuidores, ou aos bons costumes.

A sanção para o descumprimento desses deveres negativos também é prevista pelo artigo 1.336 do Código Civil, em seu § 2º. Estabelece este dispositivo que o condômino que desrespeitar os deveres a que se referem os incisos II a IV pagará multa, não superior a cinco vezes o valor de suas contribuições mensais, prevista ou no ato constitutivo ou na convenção condominial. Trata-se, nesse caso, de multa compensatória, muito embora referido dispositivo admita indenização suplementar ao condomínio, caso reste comprovada a ocorrência de perdas e danos[71]. Não havendo disposição a respeito da multa na convenção nem no ato constitutivo do condomínio, caberá à assembleia geral, com quórum de dois terços dos condôminos restantes, deliberar a respeito da cobrança da multa.

Ainda no que concerne às sanções aplicáveis aos condôminos, o artigo 1.337 do Código Civil estabelece as consequências do descumprimento reiterado dos deveres condominiais pelo condômino ou pelo possuidor. A existência desse dispositivo se justifica por conta de hipóteses em que as sanções ordinárias não são capazes de obstar o comportamento reprovável do condômino[72]. O *caput* do artigo 1.337 prevê que a assembleia geral, por três quartos dos condôminos, poderá constranger o condômino ou possuidor que descumpre reiteradamente seus deveres para com o condomínio a pagar multa de até cinco vezes o valor de sua contribuição para as despesas condominiais, na proporção da gravidade e da reincidência das faltas. Tal dispositivo não esclarece quais são os tipos de obrigações cujo descumprimento enseja a aplicação desta multa e, por isso, entende-se ser aplicável para qualquer descumprimento de dever perante o condomínio, seja ele previsto na lei, na convenção ou no regimento interno[73].

Questão controversa, no entanto, diz respeito à sua aplicação ao inadimplemento reiterado das contribuições condominiais. Aqueles que advogam contrariamente a essa hipótese sustentam que a incidência de tal penalidade ao descumprimento de obrigações pecuniárias frente ao condomínio importaria em *bis in idem*, vez que

---

[70] Carlos Maximiliano, *Condomínio*, Rio de Janeiro: Freitas Bastos, 1961, p. 113.

[71] Pedro Elias Avvad, Condomínio Edilício, Rio de Janeiro: Forense, 2017, p. 82.

[72] Luiz Edson Fachin, *Comentários ao Código Civil*, vol. 15, Rio de Janeiro: Saraiva, 2003, p. 260.

[73] Pedro Elias Avvad, Condomínio Edilício, Rio de Janeiro: Forense, 2017, p. 86.

o condômino já teria sido penalizado por tal inadimplemento ao pagar a multa de até dois por cento sobre o débito prevista no artigo 1.336, § 1º, do Código Civil.[74] A possibilidade de incidência também da multa do *caput* do artigo 1.337, contudo, tem sido aceita pela doutrina[75] e pelo Superior Tribunal de Justiça, conforme julgamento do REsp n. 1.247.020, que afastou a ocorrência de *bis in idem* em razão das naturezas distintas das multas do 1.336, § 1º, e do *caput* do 1.337 do Código Civil: enquanto a primeira tem natureza moratória, a segunda tem natureza sancionatória.[76]

Sanção para o reiterado comportamento antissocial por parte do condômino

O parágrafo único desse mesmo artigo, por outro lado, prevê que o condômino que, por conta de seu reiterado comportamento antissocial, gerar incompatibilidade de convivência com os demais poderá ser constrangido a pagar multa até o décuplo do valor de suas contribuições. As hipóteses de incidência do *caput* e do parágrafo único do artigo 1.337, portanto, não se confundem, sendo fundamental a incompatibilidade de convivência para a incidência da multa mais grave. Não por outra razão entende-se que a inadimplência reiterada de um dos condôminos, incapaz de gerar incompatibilidade de convivência, não atrai a aplicação do parágrafo único, mas apenas do *caput* do artigo 1.337 do Código Civil.

Quórum necessário para aplicação da multa prevista no parágrafo único do artigo 1.337

Embora o parágrafo único silencie a respeito do quórum necessário para a aplicação da multa ao condômino antissocial, entende-se serem os mesmos três quartos do *caput*[77]. Este quórum elevadíssimo justifica-se pela gravidade da sanção a ser imposta ao condômino nessas hipóteses.

Possibilidade de exclusão do condômino antissocial

A sanção pecuniária, contudo, não é a única possível de ser aplicada ao condômino antissocial. Não obstante o silêncio legislativo, doutrina e jurisprudência entendem ser possível a exclusão do condômino antissocial da utilização de certas áreas comuns, como áreas de lazer, quando as multas previstas pelo Código Civil não forem capazes de compelir o condômino a deixar de praticar os atos que impedem a convivência comum[78]. Além disso, na Apelação n. 0003122-32.2010.8.26.0079[79] o

---

[74] Destaque-se a redação dada ao dispositivo pela Lei n. 14.905/2024: "Art. 1.336. (...) § 1º O condômino que não pagar a sua contribuição ficará sujeito à correção monetária e aos juros moratórios convencionados ou, não sendo previstos, aos juros estabelecidos no art. 406 deste Código, bem como à multa de até 2% (dois por cento) sobre o débito. (Redação dada pela Lei nº 14.905, de 2024)".

[75] Carlos Alberto Dabus Maluf e Márcio Antero Motta Ramos Marques, *Condomínio Edilício*, São Paulo: Saraiva, 2009, p. 106. Para resenha dos argumentos contrários, confronte-se André Abelha Dutra, *Abuso do direito no condomínio edilício*, Porto Alegre: Sergio Antonio Fabris, 2013, pp. 135-140.

[76] STJ, 4ª T., REsp 1.247.020/DF, Rel. Min. Luis Felipe Salomão, julg. 15.10.2015, publ. *DJ* 11.11.2015: "Recurso especial. Direito condominial. Devedor de cotas condominiais ordinárias e extraordinárias. Condômino nocivo ou antissocial. Aplicação das sanções previstas nos arts. 1336, § 1º, e 1.337, caput, do Código Civil. Possibilidade. Necessidade de conduta reiterada e contumaz quanto ao inadimplemento dos débitos condominiais. Inexistência de bis in idem. Recurso não provido."

[77] Luiz Edson Fachin, *Comentários ao Código Civil*, vol. 15, Rio de Janeiro: Saraiva, 2003, p. 261.

[78] Gustavo Tepedino, Heloisa Helena Barboza, Maria Celina Bodin de Moraes, *Código Civil interpretado conforme a Constituição da República*, vol. III, Rio de Janeiro: Renovar, 2014, p. 706. Em sentido oposto, porém, ver Carlos Alberto Dabus Maluf e Márcio Antero Motta Ramos Marques, *Condomínio Edilício*, São Paulo: Saraiva, 2009, p. 108.

[79] TJSP, 2ª Câmara de Direito Privado, Apelação n. 0003122-32.2010.8.26.0079, Rel. Des. Flavio Abramovici, julg. 27.08.2013, publ. *DJ* 10.09.2013.

Tribunal de Justiça do Estado de São Paulo entendeu que, em situações excepcionais, é possível, inclusive, a exclusão do condômino antissocial do convívio condominial impedindo-o de utilizar diretamente a unidade autônoma da qual é proprietário: "a Requerida renite em manter o apartamento com péssimas condições de higiene, provocando incômodo aos demais condôminos (...), e colocando-os em risco, seja mediante a propagação de doenças, seja em decorrência do evidente risco de incêndio. Assim, (...) de rigor o provimento da apelação, para determinar à Requerida que desocupe o imóvel (limpo e higienizado)." Nessa mesma direção, o Enunciado n. 508 da V Jornada de Direito Civil reconheceu a possibilidade de exclusão do condômino antissocial, desde que condicionada a ulteriores deliberação assemblear e propositura de ação judicial pelo condomínio com esse fim.[80]

A aplicação de tais sanções, sejam as pecuniárias ou as de exclusão da convivência comum, poderá se dar apenas após serem garantidos o contraditório e a ampla defesa ao condômino, constitucionalmente tutelados. Nessa perspectiva encontra-se o Enunciado n. 92 da I Jornada de Direito Civil[81], em linha com a jurisprudência do Superior Tribunal de Justiça, segundo a qual, "por se tratar de punição imputada por conduta contrária ao direito, na esteira da visão civil constitucional do sistema, deve-se reconhecer a aplicação imediata dos princípios que protegem a pessoa humana nas relações entre particulares, a reconhecida eficácia horizontal dos direitos fundamentais, que também devem incidir nas relações condominiais para assegurar na medida do possível a ampla defesa e o contraditório."[82]

Garantia de contraditório e ampla defesa para aplicação de sanção a condômino

1.5. Administração do condomínio edilício

O órgão deliberativo próprio do condomínio edilício é a Assembleia Geral de Condôminos, que deverá ser convocada pelo síndico ao menos uma vez ao ano, "na forma prevista na convenção, a fim de aprovar o orçamento das despesas, as contribuições dos condôminos e a prestação de contas, e eventualmente, eleger o substituto e alterar o regimento interno" (CC, art. 1.350, *caput*). As deliberações da assembleia dar-se-ão por maioria, tendo-se como parâmetro, em regra, assim como ocorre na divisão das despesas condominiais, o número de frações ideias, embora seja possível à convenção estabelecer critério diverso,[83] conforme dispõe o artigo 1.352, parágrafo único, do Código Civil.

Assembleia Geral como órgão deliberativo próprio do condomínio edilício

---

[80] Enunciado n. 508 da V Jornada de Direito Civil: "Verificando-se que a sanção pecuniária mostrou-se ineficaz, a garantia fundamental da função social da propriedade (arts. 5º, XXIII, da CRFB e 1.228, § 1º, do CC) e a vedação ao abuso do direito (arts. 187 e 1.228, § 2º, do CC) justificam a exclusão do condômino antissocial, desde que a ulterior assembleia prevista na parte final do parágrafo único do art. 1.337 do Código Civil delibere a propositura de ação judicial com esse fim, asseguradas todas as garantias inerentes ao devido processo legal".

[81] "As sanções do art. 1.337 do novo Código Civil não podem ser aplicadas sem que se garanta direito de defesa ao condômino nocivo."

[82] STJ, 4ª Turma, REsp n. 1365279, Rel. Min. Luis Felipe Salomão, julg. 25.08.2015, publ. *DJ* 29.09.2015.

[83] Orlando Gomes, *Direitos Reais*, Rio de Janeiro: Forense, 2012, p. 248.

Síndico como administrador do condomínio e representante dos condôminos

O síndico, por sua vez, é o administrador do condomínio, sendo dele a responsabilidade de colocar em prática as regras previstas na convenção e no regulamento interno, bem como as deliberações da assembleia de condôminos. Conforme dispõe o artigo 1.347 do Código Civil, o síndico será escolhido pela assembleia e ele poderá ser condômino ou não, o que permite aos condomínios a contratação de administrador profissional remunerado. Ademais, a convenção poderá prever remuneração indireta ao síndico, como, por exemplo, a dispensa do condômino síndico ao pagamento das quotas condominiais.[84]

Nada impede, inclusive, que o síndico seja pessoa jurídica, uma vez que, segundo ensinamento doutrinário, a teoria geral do mandato permite que isso ocorra[85]. Exige-se, no entanto, que o síndico seja pessoa – física ou jurídica – idônea, sendo possível a impugnação do mandato concedido a pessoa com interesses diversos aos do condomínio ou a condômino que seja inadimplente contumaz das quotas condominiais.[86]

Deveres do síndico

O mesmo dispositivo impõe o prazo de dois anos ao mandato do síndico, ressalvando, no entanto, a possibilidade de sua renovação. Como a lei nada menciona a respeito do número máximo de reeleições, entende-se que não há limite, não obstante a convenção possa limitá-lo.[87] Devido à pandemia de Covid-19 e às regras de distanciamento social recomendadas pelas autoridades sanitárias, o artigo 12, parágrafo único, da Lei n. 14.010/2020 (Regime jurídico emergencial e transitório das relações jurídicas de direito privado), admitiu, excepcionalmente, a extensão do mandato do síndico para além de dois anos se, atingido seu termo final após o dia 20 de março de 2020, não foi possível realizar assembleia virtual para realização de eleição. Nesse caso, o mandato restaria automaticamente prorrogado até o dia 30 de outubro de 2020.

Os deveres básicos do síndico estão previstos no artigo 1.348 do Código Civil e são eles: (i) convocar a assembleia de condôminos; (ii) representar, ativa e passivamente, o condomínio, praticando, em juízo ou fora dele, os atos necessários à defesa dos interesses comuns; (iii) dar imediato conhecimento à assembleia da existência de procedimento judicial ou administrativo, de interesse do condomínio; (iv) cumprir e fazer cumprir a convenção, o regimento interno e as determinações da assembleia; (v) diligenciar a conservação e a guarda das partes comuns e zelar pela prestação de serviços que interessem aos possuidores; (vi) elaborar o orçamento da receita e da despesa relativa a cada ano; (vii) cobrar dos condôminos as suas contribuições, bem como impor e cobrar as multas devidas; (viii) prestar contas à assembleia; (ix) realizar o seguro da edificação. Ressalve-se, porém, que tal rol é meramente exemplificativo, cabendo à convenção prever os demais deveres e funções do administrador do condomínio.

---

[84] J. Nascimento Franco Nisske Gondo, *Condomínio em edifícios*, São Paulo: Revista dos Tribunais, 1987, pp. 120-121.

[85] Caio Mário da Silva Pereira, *Condomínio e Incorporações*, Rio de Janeiro: Forense, 2016, p. 162.

[86] Gustavo Tepedino, Heloisa Helena Barboza, Maria Celina Bodin de Moraes, *Código Civil interpretado conforme a Constituição da República*, vol. III, Rio de Janeiro: Renovar, 2014, p. 718.

[87] Antônio José Ferreira Carvalho, O condomínio na prática, Rio de Janeiro: Lumen Juris, 1990, p. 23.

O primeiro dever do síndico refere-se à convocação da assembleia de condôminos, ao menos uma vez ao ano, conforme dispõe o artigo 1.350, *caput*, do Código Civil. Essa, portanto, é função própria do síndico. Contudo, como a lei não autoriza a deliberação da assembleia sem a devida convocação de todos os condôminos (CC, art. 1.354), o § 1º do artigo 1.350 do Código prevê a alternativa para a hipótese de o síndico não os convocar: um quarto dos condôminos poderá fazê-lo. E, subsidiariamente, se nem o síndico nem um quarto dos condôminos realizar a convocação para a assembleia anual obrigatória, o juiz poderá determinar a sua realização "a requerimento de qualquer condômino" (CC, art. 1.350, § 2º).

No que se refere às assembleias extraordinárias – que se reúnem para a solução de questões de gravidade e urgência que não podem esperar a época da realização da assembleia ordinária[88] –, o artigo 1.355 do Código Civil estabelece que elas poderão ser convocadas tanto pelo síndico quanto por um quarto dos condôminos.

O segundo dever do síndico consiste na representação do condomínio, seja em juízo ou fora dele. Questão que surge é se o síndico é, de fato, representante do condomínio ou se, na realidade, é representante dos condôminos. Entende-se que o síndico não tem personalidade jurídica, como antes assinalado.[89] Quando em juízo, por conta do que dispõe o artigo 75, inciso XI, do CPC, o condomínio possui capacidade processual, o que significa dizer que, nessa hipótese, o síndico se apresenta como representante da coletividade de condôminos, designada pelo legislador de condomínio.

Entretanto, essa representação dos condôminos pelo síndico apresenta uma peculiaridade, vez que o representante não irá satisfazer os interesses pessoais de cada um dos condôminos, mas sim o interesse da coletividade, emanado da assembleia geral, da convenção ou do regulamento interno. Assim sendo, o ato do síndico, se realizado dentro de suas atribuições, vinculará a todos, inclusive aqueles que, eventualmente, discordarem da decisão tomada na assembleia geral ou da regra prevista na convenção ou no regulamento interno[90].

Pode ocorrer que não somente o síndico detenha poderes para representar os condôminos. O § 1º do artigo 1.348 do Código Civil permite à assembleia investir outra pessoa, que não o síndico, em poderes de representação. Ilustra tal situação a hipótese em que, durante a realização de obras no condomínio, outorga-se poder de representação a um condômino engenheiro para realizar a negociação específica com

Marginalia:
Dever de convocar a assembleia de condôminos ao menos uma vez ao ano

Dever do síndico de representar os condôminos judicial e extrajudicialmente

Possibilidade de outorgar poderes a terceiros

---

[88] Antônio José Ferreira Carvalho, O condomínio na prática, Rio de Janeiro: Lumen Juris, 1990, p. 35.

[89] Sobre o tema, v. Milena Donato Oliva, Condomínio Edilício e Subjetividade. In: Gustavo Tepedino e Luiz Edson Fachin (orgs.), *Diálogos Sobre Direito Civil*, vol. II, Rio de Janeiro: Renovar, 2008, p. 84. Cfr. tb, Luiz Edson Fachin, *Comentários ao Código Civil*, vol. 15, Rio de Janeiro: Saraiva, 2003, p. 294: "É possível dizer, nessa ordem de ideias, que o síndico é representante do condomínio, que, conquanto não seja dotado de personalidade jurídica, tem reconhecida, por uma ficção, capacidade extraordinária, que se manifesta na prática de cada ato jurídico."

[90] Milena Donato Oliva, Condomínio Edilício e Subjetividade. In: Gustavo Tepedino e Luiz Edson Fachin (orgs.), *Diálogos Sobre Direito Civil*, vol. II, Rio de Janeiro: Renovar, 2008, pp. 89-90; Caio Mário da Silva Pereira, *Condomínio e Incorporações*, Rio de Janeiro: Forense, 2016, p. 166.

o construtor em nome de todos os condôminos[91]. Além disso, também é possível que o síndico substabeleça seus poderes de representação a outrem, desde que haja aprovação da assembleia de condôminos (CC, art. 1.348, § 2º). Esta é uma inovação do Código Civil de 2002 em relação ao regime anterior, que autorizava a delegação, pelo síndico, apenas de funções meramente administrativas, mas não de seus poderes de representação[92].

Dever de comunicar sobre a existência de demandas envolvendo o condomínio

O terceiro dever do síndico é o de comunicar, imediatamente, a assembleia acerca de procedimento judicial ou administrativo envolvendo o condomínio. Isso porque caberá à assembleia discutir acerca de como será feita a defesa dos interesses do condomínio, devendo ser deliberado quanto do patrimônio condominial será destinado ao pagamento de honorários advocatícios, por exemplo. Tratando-se de litígio entre o condomínio e um dos condôminos, o condômino litigante não entrará no rateio para pagamento dos honorários advocatícios.

Dever de cumprir e fazer cumprir as regras condominiais

O quarto dever do síndico refere-se à obrigação de cumprir e fazer cumprir a convenção, o regimento interno e as determinações da assembleia. O desrespeito, pelo síndico, de qualquer dessas determinações ou regras poderá ensejar a destituição do síndico, pela assembleia, em reunião especialmente convocada para tal fim, se a maioria absoluta de seus membros votar nesse sentido (CC, art. 1.349). Deve-se, nesse caso, sempre se respeitar o direito de defesa do síndico[93].

Dever de conservação e a guarda das partes comuns

O quinto dever do síndico está associado ao dever de diligenciar a conservação e a guarda das partes comuns e zelar pela prestação dos serviços que interessem aos possuidores. Sendo assim, cabe ao síndico realizar a contratação e o pagamento de empregados do condomínio, como porteiros, vigias e faxineiros, que lhe auxiliarão na tarefa de guarda e manutenção da propriedade comum. Além disso, cabe ao síndico determinar a realização de benfeitorias necessárias de baixo custo (CC, art. 1.341, § 1º), bem como as necessárias de alto custo, se forem emergenciais, desde que dê ciência à assembleia, imediatamente, a respeito de sua realização (CC, art. 1.341, § 2º). Por outro lado, no caso de obras de manutenção não emergenciais de alto custo, deverá o síndico comunicá-las à assembleia, que deliberará a respeito (CC, art. 1.341, § 3º).[94] A omissão, a má execução ou o exercício abusivo dessas funções pode acarretar a destituição do síndico por meio do procedimento previsto no artigo 1.349 do Código Civil, bem como a sua responsabilização civil, caso tenha gerado danos ao condomínio ou a algum dos condôminos.

Dever de elaborar o orçamento de receitas e despesas anual

O sexto dever do síndico se refere à elaboração do orçamento de receitas e de despesas relativo a cada ano. Esse orçamento é imprescindível para a estabilidade financeira do condomínio, devendo ser aprovado pela assembleia geral de condômi-

---

[91]   Gustavo Tepedino, Heloisa Helena Barboza, Maria Celina Bodin de Moraes, *Código Civil interpretado conforme a Constituição da República*, vol. III, Rio de Janeiro: Renovar, 2014, p. 721.

[92]   Caio Mário da Silva Pereira, *Condomínio e Incorporações*, Rio de Janeiro: Forense, 2016, p. 170.

[93]   Rubens Carmo Elias Filho, Condomínio Edilício: aspectos de direito material e processual, São Paulo: Atlas, 2015, p. 216.

[94]   Caio Mário da Silva Pereira, *Condomínio e Incorporações*, Rio de Janeiro: Forense, 2016, p. 163.

nos, conforme dispõe o artigo 1.350, *caput*, do Código Civil. Qualquer gasto extraordinário, não previsto no orçamento anual e que surja no decorrer do ano, deverá ser levado para deliberação perante a assembleia, exceto se for o caso de benfeitorias necessárias de baixo custo (CC, art. 1.341, § 1º), que o síndico poderá realizar mesmo sem autorização. Ademais, os reparos emergenciais, mesmo que importem em despesas excessivas, poderão ser realizados independentemente de deliberação da assembleia, mas tal gasto deverá ser imediatamente comunicado a ela pelo síndico ou pelo condômino que o realizou (CC, art. 1.341, § 2º).[95]

Dever de cobrar o pagamento das contribuições condominiais

O sétimo dever do síndico refere-se à cobrança das contribuições condominiais em face dos condôminos, assim como a imposição e cobrança das multas devidas. Frise-se, porém, que nem todas as multas podem ser impostas diretamente pelo síndico, pois à imposição de algumas delas, de caráter punitivo, a lei exige quórum específico para aprovação na assembleia geral, tais quais as sanções do artigo 1.337 do Código Civil. Outras, porém, que possuem caráter meramente moratório, como a prevista no § 1º do artigo 1.336, deverão ser impostas pelo próprio síndico.

Dever de prestar contas, ao menos uma vez ao ano, à assembleia geral

O oitavo dever do síndico é o de prestar contas, ao menos uma vez ao ano, à assembleia geral. Trata-se de decorrência lógica dos poderes de representação outorgados ao síndico pelos condôminos, que têm o papel de fiscalizar os atos praticados por seu representante. Tanto a jurisprudência[96] quanto a doutrina[97] já consolidaram entendimento no sentido de que, como a destinatária da prestação de contas feita pelo síndico é a assembleia geral, não cabe ao condômino, individualmente exigi-la após a sua aprovação pela assembleia, sendo possível, apenas, eventual ação anulatória da deliberação que a aprovou.[98]

Dever de contratar o seguro obrigatório da edificação

O nono dever básico do síndico refere-se à contratação do seguro da edificação. Trata-se de seguro obrigatório contra o risco de incêndio ou destruição, total ou parcial, imposto pelo artigo 1.346 do Código Civil. Caso ele não seja contratado ou seja contratado aquém da exigência legal – isto é, cubra apenas o risco de ocorrência de uma espécie de sinistro ou apenas parte da edificação –, será o síndico responsabilizado por sua omissão. Discute-se a responsabilização do síndico na hipótese de a assembleia geral deliberar pela não contratação do seguro obrigatório. Entende a

---

[95] Luiz Edson Fachin, *Comentários ao Código Civil*, vol. 15, Rio de Janeiro: Saraiva, 2003, p. 295.

[96] STJ, 3ª T., REsp 1.393.640/DF, Rel. Min. João Otávio de Noronha, julg. 24.11.2015, publ. *DJ* 30.11.2015: "Falta interesse de agir para o ajuizamento de prestação de contas ao condômino/condomínio quando as contas do síndico tiverem sido previamente prestadas e aprovadas por assembleia."

[97] Caio Mário da Silva Pereira, *Condomínio e Incorporações*, Rio de Janeiro: Forense, 2016, p. 169.

[98] Gustavo Tepedino, Heloisa Helena Barboza, Maria Celina Bodin de Moraes, *Código Civil interpretado conforme a Constituição da República*, vol. III, Rio de Janeiro: Renovar, 2014, p. 724; TJRJ, 5ª C.C., Apelação n. 0011563-08.2004.8.19.0208, Rel. Des. Antonio Saldanha Palheiro, julg. 25.04.2006, publ. *DJ* 03.05.2006. Da mesma forma, já decidiu o STJ que o direito do condômino de acesso e exame dos livros e documentos relativos ao condomínio, que pode ser exercido individualmente quando assim disposto na convenção condominial, não se confunde com o direito, a ser exercido pela coletividade dos condôminos, de obter a prestação de contas da administração do condomínio. (STJ, 3ª T., REsp 2.050.372, Rel. Min. Nancy Andrighi, julg. 25.4.2023).

doutrina que, por ser nula tal deliberação, continua o síndico responsável por contratar o seguro, vez que este é seu dever legal.[99]

Possibilidade de destituição do síndico

O artigo 1.349 do Código Civil autoriza à assembleia, especialmente convocada para tal fim, destituir o síndico pelo voto da maioria absoluta de seus membros, isto é, em regra, pela metade mais uma das frações ideais. A destituição decorrerá da prática de irregularidade, da administração inconveniente do condomínio ou, ainda, da não prestação de contas. O mero fato de o síndico não apresentar as contas após solicitação da assembleia já enseja a sua destituição, sendo irrelevante a comprovação de alguma irregularidade na administração da coisa comum.[100]

Relevante observar, ainda, que o poder de destituir o representante a qualquer tempo é da própria natureza da relação jurídica existente na representação, que não se confunde com o vínculo empregatício. Nesse sentido, não há que se considerar o síndico como empregado do condomínio, de modo que nenhum dos direitos trabalhistas lhe caberá em caso de destituição.[101] Questão tormentosa, porém, relaciona-se ao cabimento da destituição do síndico, ou seja, se apenas os motivos listados no artigo 1.349 do Código Civil seriam hábeis a pôr fim à representação. Entende-se que seria justamente esse o caso, isto é, a partir do momento em que o síndico é eleito, a assembleia deixa de poder deliberar livremente a respeito de quem deva ser o síndico até o fim de seu mandato, a menos, é claro, que algum dos fatos ensejadores de destituição, previstos no artigo 1.349, ocorra.[102]

Analisadas as principais funções do síndico e a função ordinária da assembleia geral de se reunir anualmente para a aprovação do orçamento e das contas do condomínio, passa-se a analisar as demais funções da assembleia, que poderá ser convocada sempre que houver conveniência e necessidade,[103] bem como os respectivos quóruns para aprovação de cada matéria.

Preliminarmente, no entanto, vale mencionar questão que ganhou relevo com as recomendações de distanciamento social decorrentes da pandemia de Covid-19. Inicialmente em caráter transitório e emergencial, o artigo 12, *caput*, da Lei n. 14.010, de 2020 (Regime jurídico emergencial e transitório das relações jurídicas de direito privado no período da pandemia de Covid-19), passou a autorizar que a assembleia condominial – inclusive para os fins de destituição do síndico (CC, art. 1.349) e aprovação do orçamento (CC, art. 1.350) – e a respectiva votação poderiam ocorrer por meio virtual.

Todavia, mesmo após a superação das fases mais críticas da pandemia, notou o legislador que a virtualização das interações sociais e das deliberações impulsionada

---

[99] Luiz Edson Fachin, *Comentários ao Código Civil*, vol. 15, Rio de Janeiro: Saraiva, 2003, p. 286.

[100] Luiz Edson Fachin, *Comentários ao Código Civil*, vol. 15, Rio de Janeiro: Saraiva, 2003, p. 298.

[101] Caio Mário da Silva Pereira, *Condomínio e Incorporações*, Rio de Janeiro: Forense, 2016, p. 167.

[102] Gustavo Tepedino, Heloisa Helena Barboza, Maria Celina Bodin de Moraes, *Código Civil interpretado conforme a Constituição da República*, vol. III, Rio de Janeiro: Renovar, 2014, p. 725; e Caio Mário da Silva Pereira, *Instituições de Direito Civil*, vol. IV, Rio de Janeiro: Forense, 2016, p. 179.

[103] Caio Mário da Silva Pereira, *Condomínio e Incorporações*, Rio de Janeiro: Forense, 2016, p. 149.

pelo período de distanciamento social havia atingido ponto de não retorno. Diante disso, a Lei n. 14.309/2022, entre outras alterações, incluiu o artigo 1.354-A no Código Civil, a prever que a convocação, a realização e a deliberação de quaisquer modalidades de assembleia poderão dar-se de forma eletrônica, desde que tal possibilidade não seja vedada na convenção condominial e, além disso, sejam preservados os direitos de voz, debate e voto aos condôminos.

A promulgação da nova lei foi relevante para regulamentar as assembleias virtuais, que, na prática, já estavam sendo adotadas nos condomínios edilícios. O § 1º do artigo 1.354-A exige que já do instrumento de convocação conste que a assembleia será realizada por meio eletrônico, bem como indique as instruções sobre acesso, manifestação e forma de coleta dos votos. O § 2º, por sua vez, esclarece que a administração do condomínio não poderá ser responsabilizada por problemas decorrentes dos equipamentos de informática ou da conexão à internet dos condôminos ou de seus representantes nem por quaisquer outras situações que não estejam sob o seu controle. Assim, eventuais problemas de conexão não atribuíveis ao condomínio mostram-se incapazes de invalidar a assembleia. Por fim, também é digno de nota o § 4º do artigo 1.354-A, de acordo com o qual é possível a realização de assembleias híbridas, isto é, com a presença física e virtual de condôminos concomitantemente no mesmo ato.

Outra novidade introduzida pela Lei n. 14.309/2022 foi a possibilidade de realização de sessões permanentes de assembleia geral, que passaram a ser regulamentadas nos parágrafos do artigo 1.353 do Código Civil. O § 1º passou a prever que, quando a lei ou a convenção exigir quórum especial e este não for atingido, a reunião assemblear poderá ser convertida em sessão permanente por decisão da maioria dos presentes. Para que haja essa conversão, todavia, a lei exige a presença de quatro requisitos: (i) sejam indicadas a data e a hora da sessão em seguimento, que não poderá ultrapassar 60 (sessenta) dias, e identificadas as deliberações pretendidas, em razão do quórum especial não atingido; (ii) fiquem expressamente convocados os presentes e sejam obrigatoriamente convocadas as unidades ausentes, na forma prevista em convenção; (iii) seja lavrada ata parcial, relativa ao segmento presencial da reunião da assembleia, da qual deverão constar as transcrições circunstanciadas de todos os argumentos até então apresentados relativos à ordem do dia, que deverá ser remetida aos condôminos ausentes; e (iv) seja dada continuidade às deliberações no dia e na hora designados, e seja a ata correspondente lavrada em seguimento à que estava parcialmente redigida, com a consolidação de todas as deliberações.

A louvável inovação legislativa decorreu da percepção de que, quando há exigência de quórum especial para deliberar sobre determinado assunto, por vezes não se conseguia atingir, em uma única reunião, o número de votantes exigido. Com isso, a lei passou a autorizar que o mesmo assunto seja deliberado em duas ou mais reuniões, desde que o tópico seja deixado em aberto de acordo com o regramento descrito no parágrafo anterior. Caso isso ocorra, o § 2º do artigo 1.353 dispõe que os votos consignados na primeira sessão ficarão registrados, sem que haja necessidade de comparecimento dos condôminos para sua confirmação, os quais poderão, se estiverem presentes no encontro seguinte, requerer a alteração do seu voto até o desfecho da deliberação pretendida. Por fim, o § 3º do mesmo artigo não impõe limite ao número de sessões necessárias para a conclusão da deliberação sobre determinado assunto, contudo, impõe que a assembleia seja concluída no prazo total de 90 (noventa) dias, contado da data de sua abertura inicial.

Quórum ordinário

O primeiro ponto a ser abordado no que concerne às deliberações da assembleia geral diz respeito ao quórum ordinário, isto é, aquele necessário para a aprovação de qualquer matéria que nem a lei nem a convenção exija quórum especial. O artigo 1.352, *caput*, do Código Civil estabelece que, para a assembleia deliberar em primeira convocação, é necessário que os proprietários – ou seus representantes – de, ao menos, metade das frações ideais, estejam presentes e, sendo este o caso, a maioria dos votos presentes é suficiente para aprovar a matéria.

Se, porém, na primeira convocação, não comparecer ao menos metade dos proprietários das frações ideais, então haverá uma segunda convocação, na qual a assembleia poderá deliberar por maioria de votos dos presentes, independentemente da quantidade de condôminos que a ela compareceram (CC, art. 1.353). Trata-se, pois, de maioria simples, o que permite a maior celeridade das decisões assembleares, evitando que o descaso de alguns condôminos impeça a deliberação[104].

Quórum especial para a realização de obras na área comum

Quanto às deliberações da assembleia com quórum especial previsto em lei, a primeira delas diz respeito à realização de obras nas áreas comuns do condomínio. O quórum especial, neste caso, justifica-se, em primeiro lugar, porque diz respeito a alterações na propriedade de cada um dos coproprietários e, em segundo lugar, porque a realização delas significará, muitas vezes, contribuições extraordinárias a serem pagas pelos condôminos. Se, contudo, tais obras não importarem grande investimento, entende-se que não há a necessidade de aprovação pela assembleia, uma vez que seria contraproducente e excessivamente custoso convocar uma assembleia extraordinária para aprovar gastos que não onerariam os condôminos.[105]

Três artigos do Código Civil – 1.341, 1.342 e 1.343 – criam sistema normativo que pretende englobar todos os tipos de benfeitorias que podem ser realizadas no condomínio. O artigo 1.341 estabelece o quórum para a aprovação de obras voluptuárias, úteis e necessárias, sendo possível aplicá-lo, extensivamente, à aquisição de pertenças, paisagismo, decoração, dentre outros possíveis gastos[106].

Quóruns para aprovação de obra voluptuária e de obras úteis

Para a aprovação da realização de obras voluptuárias, o artigo 1.341, inciso I, do Código exige o voto de dois terços da totalidade de condôminos, ao passo que o inciso II exige o voto da maioria dos condôminos para obras úteis. A diferença de quórum justifica-se em razão das vantagens que os gastos para a realização de determinada obra gerarão para os condôminos. As benfeitorias úteis geram vantagens objetivas a todos os condôminos, como ocorre, por exemplo, com a construção de

---

[104] Luiz Edson Fachin, *Comentários ao Código Civil,* vol. 15, Rio de Janeiro: Saraiva, 2003, pp. 305-306.

[105] Gustavo Tepedino, Heloisa Helena Barboza, Maria Celina Bodin de Moraes, *Código Civil interpretado conforme a Constituição da República,* vol. III, Rio de Janeiro: Renovar, 2014, pp. 711-712.

[106] Gustavo Tepedino, Heloisa Helena Barboza, Maria Celina Bodin de Moraes, *Código Civil interpretado conforme a Constituição da República,* vol. III, Rio de Janeiro: Renovar, 2014, p. 711.

novos abrigos para veículos. As voluptuárias, por outro lado, embora aumentem o valor das partes comuns, geram apenas o embelezamento ou tornam mais agradáveis as áreas comuns, não trazendo nenhuma utilidade objetiva aos coproprietários. Sendo assim, maior quantidade de condôminos deverá concordar com a sua realização para que seja aprovada na assembleia geral.

Ainda no que concerne às benfeitorias úteis, o artigo 1.342 do Código Civil prevê quórum mais elevado se tal obra for apenas um acréscimo a benfeitorias já existentes, isto é, acessões que lhes facilitaria ou aumentaria a utilização. Nesse caso, será necessário o mesmo quórum previsto para as benfeitorias voluptuárias, ou seja, o voto de dois terços da totalidade de condôminos.

No que tange às benfeitorias necessárias, a regra geral é a de que sua realização não depende de aprovação prévia pela assembleia geral, podendo o síndico ou, em caso de sua omissão, qualquer condômino as iniciar por conta própria, conforme dispõe o § 1º do artigo 1.341 do Código Civil. Entretanto, há uma exceção a essa regra quando as obras necessárias importarem em despesas excessivas. Nesse caso, o código prevê duas hipóteses com soluções distintas: se a obra necessária e excessivamente dispendiosa for urgente, o síndico ou qualquer outro condômino poderá realizá-la de ofício, mas terá o dever de informar a existência de tal obra à assembleia geral, que será convocada imediatamente (CC, art. 1.341, § 2º). Se, contudo, ela não for urgente, a obra necessária e excessivamente dispendiosa apenas poderá ser realizada após autorização da assembleia, especialmente convocada para tal deliberação (CC, art. 1.341, § 3º).

Regras para a realização de benfeitorias necessárias

O artigo 1.341, § 4º, do Código Civil trata da hipótese em que um dos condôminos realiza obras ou reparos por conta própria. A opção legislativa, nesse caso, foi a de que ele terá o direito ao reembolso se as obras eram necessárias, mas não o terá se eram úteis ou voluptuárias, mesmo que de interesse comum. No referido dispositivo, fez o legislador ponderação entre a vedação ao enriquecimento sem causa dos demais condôminos e a primazia das decisões assembleares no condomínio edilício, dando prevalência à vedação ao enriquecimento sem causa quando for o caso de obras necessárias e às decisões assembleares no caso de obras úteis ou voluptuárias.

Há quem critique tal opção legislativa no que concerne às obras úteis, uma vez que elas aproveitariam e gerariam utilidade a todos os condôminos, que, ao não reembolsar o autor da obra, enriqueceriam às suas custas.[107] De fato, a previsão de não ressarcimento pelas obras úteis, contida neste § 4º do artigo 1.341, representa desvio do que o Código prevê, por exemplo, para a gestão de negócios, em seu artigo 869, que estabelece o reembolso do gestor pelas despesas necessárias e úteis que houver realizado. No entanto, regra diversa justifica-se quando se trata de condomínio, uma vez que, nesse regime de copropriedade, há o princípio de que as decisões que onerem a todos os condôminos deverão ser tomadas pela assembleia, órgão competente para

---

[107] Neste sentido, ver Luiz Edson Fachin, *Comentários ao Código Civil*, vol. 15, Rio de Janeiro: Saraiva, 2003, p. 273.

este tipo de deliberação. Portanto, afastar o ressarcimento pelas benfeitorias úteis, assim como pelas voluptuárias, é forma de desestimular o condômino a realizar obras na propriedade comum sem o consentimento dos demais.

Dificuldade em se classificar determinada benfeitoria como necessária, útil ou voluptuária

Embora o Código estabeleça o quórum para aprovação da obra de acordo com a sua categorização como necessária, útil ou voluptuária, nem sempre é fácil definir de qual espécie de benfeitoria se trata, especialmente porque a mesma obra poderá ser de categorias diferentes a depender do condomínio, de sua destinação, do padrão do edifício ou do padrão financeiro dos condôminos. Tal dificuldade mostra-se ainda de maior relevo no caso do § 4º do artigo 1.341, pois o condômino poderá deixar de ser reembolsado de acordo com a categoria da benfeitoria. Nesses casos, poderá o condômino pleitear judicialmente o reembolso ou a anulação da assembleia, se a discussão girar em torno do quórum necessário para a aprovação de determinada obra[108].

Unanimidade para aprovação de construção de novas unidades autônomas

Quanto à deliberação a respeito da construção de outro pavimento, ou de outro edifício no solo comum com o objetivo de conter novas unidades imobiliárias, a aprovação deverá ser unânime entre os condôminos, conforme dispõe o artigo 1.343 do Código Civil. A necessidade da concordância de todos decorre do fato de que o aumento de unidades autônomas sem o respectivo aumento da área comum significará, necessariamente, a redução das frações ideais e cada um dos condôminos.[109] Não seria possível, portanto, à luz do artigo 5º, inciso XXII, da Constituição da República, que consagra a propriedade como direito fundamental, a redução da propriedade de um dos condôminos, pela assembleia geral, sem o seu consentimento. Observe-se, ainda, que, nesse caso, todos os condôminos, sem exceção, deverão concordar, inclusive o inadimplente, que, a princípio, não teria direito de voto na assembleia por força do artigo 1.335, inciso III, do Código Civil.

Quórum para alterar a convenção

Compete à assembleia geral, ainda, deliberar a respeito da alteração da convenção, sendo o quórum, neste caso, de dois terços dos votos dos condôminos para aprovação (CC, art. 1.351), não sendo admitida estipulação em sentido contrário, por se tratar de quórum especial estabelecido em lei. O conteúdo da convenção, portanto, é mutável e a sua alteração pode justificar-se pela mudança dos interesses dos condôminos. A necessidade de quórum qualificado para alterá-lo, porém, tem como fundamento a necessidade de garantir segurança jurídica aos condôminos.[110]

Quórum para alteração da destinação do edifício ou de uma das unidades autônomas

Até a edição da Lei n. 14.405/2022, a segunda parte do artigo 1.351 do Código Civil exigia quórum diferenciado para alteração da destinação do edifício ou da unidade autônoma, impondo a aprovação unânime dos condôminos para que a mudança pudesse ser aprovada. O rigor para que houvesse tal aprovação se justificava, pois se considerava desarrazoada a possibilidade de a maioria dos condôminos impor a um ou a alguns deles a mudança de destinação da sua propriedade exclusiva, uma

---

[108] Gustavo Tepedino, Heloisa Helena Barboza, Maria Celina Bodin de Moraes, *Código Civil interpretado conforme a Constituição da República,* vol. III, Rio de Janeiro: Renovar, 2014, p. 712.

[109] Caio Mário da Silva Pereira, *Instituições de Direito Civil,* vol. IV, Rio de Janeiro: Forense, 2016, p. 168.

[110] Luiz Edson Fachin, *Comentários ao Código Civil,* vol. 15, Rio de Janeiro: Saraiva, 2003, p. 302.

vez que, alterando-se a destinação de um prédio residencial para comercial, todas as unidades autônomas também deverão mudar sua destinação.[111]

A Lei n. 14.405/2022, todavia, alterou a redação do artigo 1.351 do Código Civil de modo a permitir que também a mudança da destinação do edifício ou da unidade imobiliária possa ser aprovada com a concordância de apenas dois terços dos condôminos. Referida alteração legislativa ocorreu como reação aos impactos da pandemia de Covid-19 no mercado imobiliário. A expansão do teletrabalho reduziu significativamente a procura por imóveis comerciais e aumentou a busca por unidades residenciais, por exemplo. De igual forma, a redução do quórum em questão vem ao encontro da tendência atual de flexibilização das condições de alteração da destinação de unidades ou condomínios comerciais em residenciais, e vice-versa, facilitando, inclusive, os procedimentos de revitalização de construções antigas (retrofit). Tem-se assinalado, ainda, que a nova regra promoveria o princípio democrático, evitando que um único condômino imponha a sua vontade aos demais.[112]

Controverte-se acerca do quórum necessário para a realização de alteração na fachada em decorrência de alteração no próprio apartamento (trocas de esquadrias externas, fechamentos de varanda etc.) ou em todo o imóvel (troca do revestimento, acréscimo de varandas etc.). O artigo 1.336, III, do Código Civil proíbe ao condômino, individualmente considerado, "alterar a forma e a cor da fachada, das partes e esquadrias externas". Compreende-se o dispositivo, já que "as paredes externas do edifício constituem área comum e a unidade arquitetônica interessa a todos os condôminos, de modo que não podem ser mudadas a critério de um deles".[113] O Código Civil, contudo, não estabelece o quórum necessário para a aprovação dessas obras estruturais quando alcançarem a totalidade do imóvel.[114]

Alteração de fachada

Tem-se sustentado que, em razão da gravidade do ato, que modifica a harmonia do edifício, justifica-se a adoção do consenso unânime dos condôminos, conforme se extraía do art. 10, § 2º, da Lei 4.591/64, que ainda estaria, segundo tal entendimento, em vigor.[115] Nesta mesma linha, há decisão da 3ª Turma do Superior

---

[111] Paulo Lôbo, *Direito Civil – coisas*, São Paulo: Saraiva, 2015, p. 224

[112] Gustavo Tepedino, Autonomia privada (entre a vontade individual e coletiva) na convivência condominial. Editorial. In: *Revista Brasileira de Direito Civil – RBDCivil*, vol. 31, n. 2, abr./jun. 2022, pp. 11-13.

[113] Francisco Eduardo Loureiro, in Cezar Peluzo (coord.), *Código Civil Comentado*, São Paulo: Manole, 2019, 13ª ed., p. 1310. Prossegue o autor: "prevalece o entendimento de que o limite da proibição é o interesse coletivo. Toleram-se, assim, pequenas alterações na fachada, desse que ditadas por necessidade, como a colocação de grades de proteção ou a substituição de esquadrias obsoletas, originalmente feitas de material não mais existente no mercado", admitindo-se, ainda, "a colocação de equipamentos que visem ao conforto dos moradores e compatíveis com a vida moderna, como exautores e aparelhos de ar-condicionado, desde que a agressão à fachada não seja gritantes nem cause incômodo aos demais condôminos".

[114] Eis o teor do dispositivo: "Art. 1.336. São deveres do condômino: (...) III – não alterar a forma e a cor da fachada, das partes e esquadrias externas".

[115] Assim, Marco Aurélio Bezerra de Melo: "é grave o ato praticado por condômino ou ocupante que venha a repercutir na harmonia do edifício, pois a fachada de um edifício constitui parte comum deste, justificando-se a adoção do consenso unânime dos condôminos. Por tal motivo e em razão

Tribunal de Justiça: "É possível a modificação de fachada desde que autorizada pela unanimidade dos condôminos (art. 10, § 2º, da Lei nº 4.591/1946). Requisito não cumprido na hipótese. 5. Fachada não é somente aquilo que pode ser visualizado do térreo, mas compreende todas as faces de um imóvel: frontal ou principal (voltada para rua), laterais e posterior. 6. Admitir que apenas as alterações visíveis do térreo possam caracterizar alteração da fachada, passível de desfazimento, poderia firmar o entendimento de que, em arranha-céus, os moradores dos andares superiores, quase que invisíveis da rua, não estariam sujeitos ao regramento em análise. 7. A mudança na cor original das esquadrias externas, fora do padrão arquitetônico do edifício e não autorizada pela unanimidade dos condôminos, caracteriza alteração de fachada, passível de desfazimento, por ofensa aos arts. 1.336, III, do Código Civil e 10 da Lei nº 4.591/1964".[116] Em contrapartida, poder-se-ia objetar que o legislador, do ponto de vista sistemático, procura prestigiar a autonomia dos condôminos, e que a ausência de previsão específica de quórum, por isso mesmo, revelaria silêncio eloquente, autorizando-se assim a convenção, à falta de norma restritiva, estabelecer o quórum deliberativo. Além disso, a exigência de unanimidade, em termos práticos, costuma obstaculizar a modernização dos imóveis, contribuindo, frequentemente, para a sua depreciação ou deterioração ao longo do tempo.

Em tal perspectiva, sustenta-se a prevalência do quórum convencional, devendo-se distinguir as obras de modernização, como pintura da fachada, troca de revestimento, previsão de nichos para condicionadores de ar, sem substancial alteração estética, para as quais, em se tratando de benfeitoria úteis, bastaria o consenso da maioria simples dos condôminos; das alterações remodeladoras, que dão nova definição à fachada.[117] Neste caso, se a Convenção for silente, observar-se-ia o quórum de 2/3 dos condôminos, necessário para aprovar e modificar a Convenção (CC, art. 1351). Com tal argumentação, afirmou-se, no âmbito do AREsp 1.298.228: "Com efeito, tratando-se de obra útil e necessária, depende dos votos da maioria dos condôminos presentes em assembleia convocada para tal finalidade (CC, art. 1.341, II). Nesse sentido, segue elucidativa lição de Cristiano Chaves de Farias e Nelson Rosenvald: 'Concordamos com Vanderci Álvares em suas pertinentes observações sobre a distinção entre obras de inovação e de conservação de fechada. Explica que a alteração da fachada para fins de conservação (v.g., pintura para queda de reboco) demanda o quórum da maioria de condôminos (art. 1.341, II, do CC). Já a alteração para fins de embelezamento (v.g., colocação de mármore) requer 2/3 dos condôminos (art. 1.341, 1, do CC)'".[118]

---

do silêncio do C.C. é que nos parece cabível a aplicação do art. 10, § 2º da Lei 4.591/64" (Marco Aurélio Bezerra de Melo, *Direito Civil*: Coisas, Rio de Janeiro: Forense, 2018, p. 257).

[116] STJ, 3ª T., REsp 1.483.733/ RJ, Rel. Min. Ricardo Villas Bôas Cueva, julg. 25.8.2015, publ. *DJ* 1.9.2015.

[117] Nessa esteira, em outra sede, cf. Gustavo Tepedino, Autonomia privada (entre a vontade individual e coletiva) na convivência condominial. Editorial. In: *Revista Brasileira de Direito Civil – RBDCivil*, vol. 31, n. 2, abr./jun. 2022, pp. 11-13.

[118] STJ, Decisão Monocrática, AREsp 1.298.228, Rel. Min. Marco Buzzi, julg. 8.8.2018. Sobre o ponto, cfr. também Vanderci Álvares, Da alteração de fachada no condomínio horizontal. In: *Revista de Direito Privado*, vol. 23, jul./set. 2005, pp. 271-290.

O artigo 1.356 do Código Civil faz referência a um terceiro órgão administrativo dentro do condomínio além do síndico e da assembleia geral de condôminos: o conselho fiscal, cuja existência é facultativa, podendo existir se for essa a vontade do condomínio. A sua função é examinar as contas apresentadas pelo síndico e emitir pareceres que facilitarão a assembleia geral na deliberação a respeito delas. O mandato do conselho fiscal é, assim como o do síndico, de, no máximo, dois anos, podendo haver reeleição. Porém, não há a necessidade de haver coincidência entre os mandatos dos conselheiros e do síndico[119].

> Conselho fiscal como órgão facultativo e auxiliar da assembleia geral

1.6. Extinção do condomínio edilício

Quando se analisaram as diferenças entre o condomínio voluntário e o condomínio edilício, afirmou-se que o primeiro tinha por característica a transitoriedade, ao passo que o segundo, a perenidade. Entretanto, a lei prevê situações extraordinárias em que poderá ocorrer a extinção do condomínio edilício, como quando se dá a destruição total ou de parte considerável do edifício, quando ele ameace ruína, ou, ainda, quando houver a sua desapropriação pelo Poder Público. A doutrina menciona, ainda, uma terceira situação em que é possível a extinção: quando a unanimidade dos condôminos assim deliberar.[120]

Na hipótese de destruição total ou parcial do edifício, ou, ainda, da ameaça de sua ruína, surgem duas opções aos condôminos previstas no *caput* do artigo 1.357 do Código Civil: a venda do edifício ou a sua reconstrução. A decisão sobre qual caminho seguir deverá ser tomada pela assembleia geral com quórum de metade mais uma das frações ideais para aprovação. Observe-se que, havendo essa situação extraordinária de destruição física ou ameaça de destruição do edifício, o quórum para aprovação da extinção do condomínio diminui drasticamente, bastando apenas o voto da maioria dos condôminos para que ela ocorra. Se não houve qualquer dessas hipóteses, a extinção do condomínio dar-se-á apenas com a aprovação de todos os condôminos. Importante observação refere-se ao seguro obrigatório da edificação. Muito embora ele deva existir, "não é cogente a utilização dos valores obtidos a título de indenização para a sua reconstrução"[121], cabendo aos condôminos decidir o que fazer dentro das opções previstas na lei.

> Destruição total ou parcial do edifício e ameaça de ruína

O § 1º do artigo 1.357 estabelece que, decidindo-se pela reconstrução do edifício, os condôminos que foram vencidos na votação sobre o tema não estão vinculados a esta decisão, sendo possível que alienem seus direitos a outros condôminos, mediante avaliação judicial, para eximirem-se dos gastos com a reconstrução. Além disso, em caso de reconstrução, a nova edificação não terá, necessariamente, a mesma forma ou destinação da anterior à destruição, ficando revogado o artigo 14, § 2º, da Lei n. 4.591/1964.[122]

> Condôminos que votaram contrariamente à reconstrução

---

[119] Gustavo Tepedino, Heloisa Helena Barboza, Maria Celina Bodin de Moraes, *Código Civil interpretado conforme a Constituição da República*, vol. III, Rio de Janeiro: Renovar, 2014, p. 729.

[120] Paulo Lôbo, *Direito Civil – coisas*, São Paulo: Saraiva, 2015, p. 237.

[121] Luiz Edson Fachin, *Comentários ao Código Civil*, vol. 15, Rio de Janeiro: Saraiva, 2003, p. 314.

[122] Luiz Edson Fachin, *Comentários ao Código Civil*, vol. 15, Rio de Janeiro: Saraiva, 2003, p. 314.

Critério para a distribuição do valor apurado com a venda do edifício

Se, por outro lado, deliberar-se pela extinção do condomínio com a consequente alienação do edifício, § 2º do artigo 1.357 estabelece que o critério para a divisão do valor apurado na venda será o valor das unidades autônomas de cada um dos ex-condôminos. Tal critério mostra-se um desvio do que o legislador previu em outros dispositivos relativos à distribuição de direitos dentro do condomínio, quando se deu prevalência ao critério das frações ideais. Entende-se, no entanto, que se optou pelo valor das unidades autônomas como forma de não prejudicar o condômino cuja unidade autônoma estivesse mais bem conservada e mais valorizada, embora sua fração ideal fosse igual ou inferior a de outro condômino.[123]

O mesmo § 2º do artigo 1.357 prevê, ainda, a aplicação, no condomínio edilício, a regra geral do condomínio voluntário a respeito do direito de preferência dos condôminos: em condições iguais de oferta, o condômino preferirá a terceiros na compra do bem objeto da comunhão em caso de extinção do condomínio.

Extinção do condomínio edilício pela desapropriação do edifício pelo Poder Público

O artigo 1.358 do Código Civil prevê, por sua vez, a extinção do condomínio pela desapropriação do edifício pelo Poder Público. Observe-se que a extinção ocorrerá apenas se toda a edificação for desapropriada e não apenas um ou algumas unidades autônomas. Nesse caso, o condomínio edilício continuaria a existir e apenas os proprietários das unidades autônomas expropriadas seriam indenizados.[124] Se, por outro lado, a desapropriação recair apenas sobre parte da área comum, os condôminos repartiram a indenização referente à parte expropriada.[125]

Critério de divisão do valor da indenização pelos condôminos

Assim como no caso de venda do edifício por conta de sua destruição ou ruína, no caso de desapropriação, a indenização paga pelo Poder Público também será dividida na proporção do valor de cada unidade autônoma e não pelo das frações ideais. A justificativa para este critério, além do já mencionado objetivo de evitar o prejuízo do condômino que possui uma unidade autônoma mais bem conservada ou mais valorizada, é que o ente público utilizará o edifício como um todo, inclusive as unidades autônomas, e não apenas a área correspondente ao solo do edifício. Portanto, nada mais justo do que indenizar cada condômino de acordo com o valor de sua propriedade exclusiva.

Legitimidade passiva para figurar na ação de desapropriação

Por fim, vale fazer menção à legitimidade passiva para figurar na ação de desapropriação. Diferentemente do que acontece na regra geral do condomínio edilício, neste tipo de ação o síndico não poderá representar todos os condôminos no polo passivo da demanda, sendo fundamental a citação de todos os condôminos. Isso

---

[123] Gustavo Tepedino, Heloisa Helena Barboza, Maria Celina Bodin de Moraes, *Código Civil interpretado conforme a Constituição da República,* vol. III, Rio de Janeiro: Renovar, 2014, p. 731. Em sentido contrário, Caio Mário da Silva Pereira, *Instituições de Direito Civil,* vol. IV, Rio de Janeiro: Forense, 2016, p. 180: "o Código faz referência ao valor das unidades imobiliárias. É, sem dúvida, elemento de incerteza e gerador de litígio. Se o prédio está destruído, ou ameaça ruína, o único valor estável é a fração ideal. Adotá-la para decidir sobre a venda e rejeitá-la para a repartição do preço é utilizar duas medidas diferentes, além de instilar a insegurança e alimentar pretensões desarrazoadas".

[124] Caio Mário da Silva Pereira, *Instituições de Direito Civil,* vol. IV, Rio de Janeiro: Forense, 2016, p. 181.

[125] Paulo Lôbo, *Direito Civil – coisas,* São Paulo: Saraiva, 2015, p. 237.

porque, nesse caso, há a prevalência dos interesses particulares de cada condômino em relação à sua unidade autônoma a ser desapropriada e não do interesse coletivo em relação à propriedade comum.

2. CONDOMÍNIO DE LOTES E CONDOMÍNIO URBANO SIMPLES

A proliferação de empreendimentos fechados é fenômeno notório nas grandes cidades brasileiras nas últimas décadas por ser uma forma de se escapar da violência urbana e da má qualidade dos serviços públicos prestados.[126] Esses empreendimentos possuem como característica comum o cercamento por muros, guaritas com controle de entrada e segurança em vigília,[127] sempre com o objetivo de garantir tranquilidade e qualidade de vida para aqueles que optarem por morar em seu interior.

Empreendimentos fechados e suas características

No entanto, a figura jurídica por meio da qual esses empreendimentos se instituem e se estruturam varia, podendo ser por meio de um loteamento fechado, de um condomínio de casas ou de um condomínio de lotes. Por terem finalidade e arquitetura bastante parecidas, é quase impossível distinguir uma espécie da outra sem que se analisem seus atos instituidores. Contudo, determinar a figura jurídica a que se subsome um certo empreendimento é essencial para se definir o regime jurídico a ele aplicável, pois o condomínio de lotes não se confunde com o condomínio de casas e nem mesmo com o loteamento fechado.

Segundo Melhim Chalhub, o condomínio de lotes "caracteriza-se pela divisão de uma gleba de terra em quinhões autônomos (lotes); os lotes constituem unidades imobiliárias autônomas atribuídas à propriedade individual dos respectivos adquirentes, existindo ainda partes da gleba que pertencem em comum a todos os titulares dos lotes, e essas partes são as vias internas de circulação e outras coisas que, por sua natureza, destinam-se ao uso comum."[128]

Conceito de condomínio de lotes

Em primeiro lugar, essa figura distingue-se do condomínio de casas – controlado no artigo 8º da Lei n. 4.591/1964 – pelo fato de que a sua unidade autônoma é um lote sem construção, ao passo que, no condomínio de casas, é essencial que o instituidor comercialize, como unidade autônoma daquele empreendimento, uma casa ou um projeto de casa a ser construída que não poderá ser modificado.[129] Sendo assim, o condomínio de lotes dá ao proprietário uma maior liberdade, vez que ele poderá construir sobre seu lote a construção que melhor lhe aprouver, sem qualquer vinculação a um modelo pré-estabelecido pelo instituidor.[130]

Distinções entre condomínio de lotes e figuras similares

---

[126] Wanderli Acillo Gaetti, Condomínio de Lotes: viabilidade, benefícios e restrições. In: *Revista de Direito Imobiliário*, vol. 70, ano. 34, São Paulo, 2011, p. 176.

[127] Wanderli Acillo Gaetti, Condomínio de Lotes: viabilidade, benefícios e restrições. In: *Revista de Direito Imobiliário*, vol. 70, ano. 34, São Paulo, 2011, p. 176.

[128] Melhim Namem Chalhub, Condomínio de Lotes de Terreno Urbano. In: *Revista de Direito Imobiliário*, vol. 67, São Paulo, 2009, p. 110.

[129] Marinho Dembinski Kern, A Juridicidade dos Condomínios de Lotes. In: *Revista dos Tribunais*, vol. 972, São Paulo, 2016, p. 150.

[130] Marinho Dembinski Kern, A Juridicidade dos Condomínios de Lotes. In: *Revista dos Tribunais*, vol. 972, São Paulo, 2016, p. 150.

Loteamento de acesso controlado

Em segundo lugar, o condomínio de lotes difere-se do loteamento de acesso controlado, uma vez que, neste último caso, não há copropriedade. O loteamento é forma de parcelamento do solo previsto no artigo 2º, § 1º, da Lei n. 6.766/1979, na qual a gleba (terreno de grande extensão) é dividida em lotes (parcelas menores de terra) "com abertura de novas vias de circulação, de logradouros públicos ou prolongamento, modificação ou ampliação das vias existentes". Nesse caso, portanto, haverá propriedade particular sobre cada um dos lotes, mas não haverá propriedade comum sobre as vias que dão acesso aos lotes, que continuarão sendo vias públicas.

O fato de, muitas vezes, esses loteamentos tornarem-se fechados por meio de construção de muros ao seu redor não os transforma em condomínio, uma vez que, se tal fechamento se deu legalmente, houve autorização da municipalidade para tanto por meio da concessão do direito de uso sobre aquelas vias,[131] não havendo transferência de propriedade. Por outro lado, se tal fechamento se deu sem autorização da Administração Púbica, há apossamento privado de áreas de domínio público, o que é ilegal[132]. Portanto, diante da inexistência de áreas comuns no loteamento de acesso restrito, não há como confundi-lo com o condomínio de lotes, no qual as vias internas e os equipamentos comunitários pertencem, em copropriedade, aos proprietários dos lotes.[133]

Nessa direção, a Lei n. 13.465/2017, em tema de loteamento fechado, ou, como prefere, "loteamento de acesso controlado", acrescentou o § 8º ao artigo 2º da Lei n. 6.766, de 1979, com os seguintes dizeres: "constitui loteamento de acesso controlado a modalidade de loteamento, definida nos termos do § 1º deste artigo, cujo controle de acesso será regulamentado por ato do poder público Municipal, sendo vedado o impedimento de acesso a pedestres ou a condutores de veículos, não residentes, devidamente identificados ou cadastrados".

Debate sobre a obrigatoriedade de contribuição para o custeio de atividades de interesse comum

Aliás, questão recorrente nos tribunais e que evidencia a distinção entre condomínio de lotes e loteamento de acesso restrito consiste em saber se os moradores dos loteamentos estão obrigados a contribuir para o custeio da associação de moradores, muitas vezes constituída para prestar serviços que trazem comodidade e segurança à comunidade que vive naquela área. Diante da inexistência, nesses empreendimentos, de propriedade comum, apenas a associação voluntária, por parte do morador, justificaria, a princípio, a obrigação de contribuir.

Por outro lado, havia quem enxergasse no princípio da vedação ao enriquecimento sem causa fundamento suficiente a fazer surgir o dever de arcar com o custeio da associação, vez que os moradores do loteamento, independentemente de associação expressa, beneficiam-se dos serviços prestados pela associação. A questão, portanto,

---

[131] Melhim Namem Chalhub, Condomínio de Lotes de Terreno Urbano. In: *Revista de Direito Imobiliário*, vol. 67, São Paulo, 2009, p. 101.

[132] Melhim Namem Chalhub, Condomínio de Lotes de Terreno Urbano. In: *Revista de Direito Imobiliário*, vol. 67, São Paulo, 2009, p. 102.

[133] Wanderli Acillo Gaetti, Condomínio de Lotes: viabilidade, benefícios e restrições. In: *Revista de Direito Imobiliário*, vol. 70, ano. 34, São Paulo, 2011, p. 208.

CAPÍTULO XII | CONDOMÍNIOS ESPECIAIS   267

passou a ser tratada como hipótese de colisão entre o direito fundamental à liberdade associativa e o princípio da vedação ao enriquecimento sem causa.

Após manifestação de diversos tribunais locais e do próprio Superior Tribunal de Justiça, que, em julgamento repetitivo, decidiu no sentido de inexistir dever de contribuição com fundamento na liberdade associativa,[134] a Lei n. 13.465/2017 incluiu o artigo 36-A e seu parágrafo único na Lei de Loteamentos (Lei n. 6.766/1979), equiparando a atividade desenvolvida por essas associações à administração de imóveis e estabelecendo o custeio obrigatório das atividades associativas pelos moradores. Diante desse novo dado normativo, o Supremo Tribunal Federal julgou o Tema n. 492 de sua repercussão geral para finalmente pôr fim ao impasse e regular os efeitos da nova lei chegando à seguinte solução: "É inconstitucional a cobrança por parte de associação de taxa de manutenção e conservação de loteamento imobiliário urbano de proprietário não associado até o advento da Lei n. 13.465/17 ou de anterior lei municipal que discipline a questão, a partir do qual se torna possível a cotização de proprietários de imóveis, titulares de direitos ou moradores em loteamentos de acesso controlado, desde que, i) já possuidores de lotes, tenham aderido ao ato constitutivo das entidades equiparadas a administradoras de imóveis ou, ii) no caso de novos adquirentes de lotes, o ato constitutivo da obrigação tenha sido registrado no competente registro de imóveis".[135]

Em 2023, duas alterações significativas foram introduzidas na Lei de Loteamentos por meio da Lei n. 14.620/23. A primeira é a possibilidade de se submeter o loteamento ao regime de afetação, trazendo mais segurança ao empreendimento.[136] A segunda é a possibilidade da cessão de posse, por meio de instrumento particular, de imóvel no qual esteja imitido provisoriamente um ente federativo.[137] Tal disposição acaba traduzindo exceção expressa à regra geral prevista no artigo 108 do Código Civil, que prevê a necessidade de escritura pública para a transmissão de direitos reais de imóveis de valor superior a trinta salários mínimos.[138]

---

[134] STJ, 2ª S., REsp 1.280.871/SP, tema repetitivo n. 882, Rel. p/ acórdão Min. Marco Buzzi, julg. 11.3.2015, ocasião em que restou fixada a seguinte tese: "As taxas de manutenção criadas por associações de moradores não obrigam os não associados ou que a elas não anuíram".

[135] STF, Tribunal Pleno, RE 695.911/SP, Tema nº 492 da repercussão geral, Rel. Min. Dias Toffoli, julg. 15.12.2020. Mais recentemente, todavia, a 3ª Turma do STJ afirmou o entendimento de que, tendo havido a concordância do adquirente no momento da compra, é válida a cobrança de taxa de manutenção das áreas comuns pela administradora de loteamento, mesmo antes da promulgação da Lei n. 13.465/2017 (STJ, 3ª T., REsp 1.569.609, Rel. Min. Nancy Andrighi, julg. 02.08.2022, publ. DJ 05.08.2022).

[136] V. arts. 18-A a 18-F, da Lei n. 6.766/1979, incluídos pela Lei n. 14.620/2023.

[137] Lei de Loteamentos, "Art. 26, § 3º. Admite-se a cessão da posse em que estiverem provisoriamente imitidas a União, os Estados, o Distrito Federal, os Municípios e suas entidades delegadas, o que poderá ocorrer por instrumento particular, ao qual se atribui, no caso dos parcelamentos populares, para todos os fins de direito, caráter de escritura pública, não se aplicando a disposição do art. 108 da Lei nº 10.406, de 10 de janeiro de 2002 (Código Civil)."

[138] Código Civil, "Art. 108. Não dispondo a lei em contrário, a escritura pública é essencial à validade dos negócios jurídicos que visem à constituição, transferência, modificação ou renúncia de direitos reais sobre imóveis de valor superior a trinta vezes o maior salário-mínimo vigente no País."

Em relação ao condomínio de lotes propriamente dito, não obstante sua proliferação pelas cidades brasileiras e a aceitação desta espécie condominial pela doutrina com fundamento no artigo 3º do Dec.-Lei n. 271/1967, combinado com o artigo 8º, alínea *a*, da Lei n. 4.591/1964 e com os artigos 1.331 e seguintes do Código Civil,[139] fato é que alguma insegurança jurídica pairava em torno desses empreendimentos. Ainda estava arraigada a ideia de que o condomínio por unidades autônomas deveria, necessariamente, ter como propriedade exclusiva uma construção – um apartamento, uma casa, uma sala comercial, dentre outros – e não apenas o terreno.[140]

Regulamentação dos condomínios de lotes pela Lei 13.465/2017

Por esse motivo, veio em boa hora a Lei n. 13.465/2017, que acrescentou a Seção IV ao Capítulo dedicado ao condomínio edilício no Código Civil, com o objetivo de disciplinar tal espécie condominial. Sendo assim, o *caput* do novo artigo 1.358-A do Código prevê expressamente a possibilidade de haver, em terrenos, "lotes que são propriedade exclusiva e partes que são propriedade comum dos condôminos". Afastou-se, assim, qualquer dúvida a respeito da possibilidade de haver condomínio especial cuja unidade autônoma fosse um lote sem construções.

Divisão das frações ideais nos condomínios de lotes

O § 1º do artigo 1.358-A, por sua vez, prevê característica importante do condomínio de lotes. Sendo certo que, nessa espécie condominial, a unidade autônoma é o lote em si, as frações ideais serão divididas, em regra, de acordo com características daquele lote e não da eventual construção que será nele erguida. Nesse sentido, a fração ideal poderá ser proporcional à área do solo de cada lote, ao respectivo potencial construtivo ou a outros critérios indicados no ato de instituição. As construções serão meras acessões aos lotes, que serão as verdadeiras unidades autônomas, de modo que a construção de novas edificações dentro do condomínio não implicará a necessidade de modificação dos registros do condomínio no Registro Geral de Imóveis, como ocorre em condomínios de casas.[141]

Responsabilidade do incorporador pela construção da infraestrutura do condomínio de lotes

O § 3º do mesmo artigo 1.358-A do Código Civil traz uma segunda característica importante do condomínio de lotes. Como nessa espécie condominial a unidade autônoma é o próprio lote, cabendo a cada proprietário erguer a sua própria construção no modo e no tempo que desejar, a responsabilidade do incorporador restringe-se à construção da infraestrutura do condomínio, isto é, das áreas comuns, como as vias internas, as áreas de lazer e o que mais for de utilização coletiva por todos os condôminos. Por evidente, a responsabilidade pela infraestrutura continua a ser do incorporador, vez que é justamente essa a sua atividade fim: a construção de edificações compostas de unidades autônomas para alienação, conforme dispõe o artigo 28, parágrafo único, da Lei n. 4.591/1964.

---

[139] Melhim Namem Chalhub, Condomínio de Lotes de Terreno Urbano. In: *Revista de Direito Imobiliário*, vol. 67, São Paulo, 2009, p.110; Wanderli Acillo Gaetti, Condomínio de Lotes: viabilidade, benefícios e restrições. In: *Revista de Direito Imobiliário*, vol. 70, ano. 34, São Paulo, 2011, p. 208.

[140] Marinho Dembinski Kern, A Juridicidade dos Condomínios de Lotes. In: *Revista dos Tribunais*, vol. 972, São Paulo, 2016, p. 147.

[141] Wanderli Acillo Gaetti, Condomínio de Lotes: viabilidade, benefícios e restrições. In: *Revista de Direito Imobiliário*, vol. 70, ano. 34, São Paulo, 2011, p. 209.

Por fim, o § 2º do artigo 1.358-A, quando da promulgação da Lei n. 13.465/2017, previa, simplesmente, a aplicação ao condomínio de lotes, no que fosse cabível, do disposto no Código Civil sobre condomínio edilício, respeitada a legislação urbanística. Tratava-se de previsão legislativa de mero reforço, vez que, por ser o condomínio de lotes espécie do gênero condomínio edilício, as regras gerais previstas no Código Civil lhe são aplicáveis assim como o são ao condomínio de apartamentos, ao condomínio de casas, ao condomínio de vagas de garagem e a qualquer outra espécie de condomínio edilício que a criatividade humana for capaz de produzir.

A Lei n. 14.382/2022 – fruto da conversão da Medida Provisória n. 1.085/2021 –, no entanto, alterou a redação do referido § 2º e o dividiu em dois incisos. O inciso I manteve a disposição original ao prever que se aplica, no que couber, ao condomínio de lotes, "o disposto sobre condomínio edilício neste Capítulo, respeitada a legislação urbanística". A novidade, portanto, ficou por conta da inclusão do inciso II, no qual se lê que também se aplica aos condomínios de lotes "o regime jurídico das incorporações imobiliárias de que trata o Capítulo I do Título II da Lei n. 4.591, de 16 de dezembro de 1964, equiparando-se o empreendedor ao incorporador quanto aos aspectos civis e registrários".

Com a introdução do novo inciso, o Código Civil passou a prever expressamente que as responsabilidades do empreendedor que comercializa lotes em condomínio são as mesmas do incorporador das demais espécies de condomínio edilício. Aplica-se, com isso, a disciplina contida nos artigos 32 a 47 da Lei n. 4.591/64. Vale pontuar que, conquanto referido inciso II faça menção expressa somente ao Capítulo I do Título II da Lei n. 4.591/64, razão inexiste para concluir que apenas tal capítulo seja aplicável ao condomínio de lotes, devendo-se entender que todo o Título II do diploma mencionado, referente às incorporações imobiliárias, regule, quando cabível, os condomínios de lotes.

A Lei n. 13.465/2017 instituiu, outrossim, o chamado condomínio urbano simples. Trata-se de criação que se insere nos modelos mais amplos do Reurb – Regularização Fundiária Urbana, de inegável inspiração social. A nova espécie condominial pouco se distingue do condomínio edilício tradicional, na medida em que possui características tais como o respeito aos parâmetros urbanísticos locais, a existência de construções no âmbito de um mesmo prédio, e a existência de unidades imobiliárias com matrículas próprias, que discriminarão a parte do terreno ocupadas pelas edificações, bem como a respectiva fração ideal sobre as áreas comuns (art. 61 da Lei n. 13.465/2017). Inovação interessante, no entanto, foi introduzida pelo artigo 63 da citada lei e consiste na possibilidade de averbação das edificações a partir de mera notícia, a requerimento do interessado, da qual constem a área construída e o número da unidade imobiliária, dispensada a apresentação de habite-se e de certidões negativas de tributos e contribuições previdenciárias. Ao condomínio urbano simples aplica-se, no que couber, o regime do condomínio edilício do Código Civil.

3. CONDOMÍNIO EM MULTIPROPRIEDADE

Em 20 dezembro de 2018 foi promulgada a Lei n. 13.777, que regulamenta a multipropriedade imobiliária, dando nova redação ao artigo 1.358 do Código Civil e aos artigos 176 e 178 da Lei n. 6.015/1973, a Lei de Registros Públicos. Embora já fosse conhecida da prática imobiliária, a multipropriedade ainda era mal compreendida, cercada de incertezas. A nova lei regula, de forma minuciosa, os variados aspectos jurídicos do empreendimento, compatibilizando os interesses dos multiproprietários e do condomínio. Desse modo, trouxe a segurança jurídica necessária para a expansão desse importante produto imobiliário, abrindo a oportunidade para um novo ciclo de desenvolvimento do setor de imóveis para férias.

Conceito de multipropriedade
Designa-se como multipropriedade, ou *time sharing* na terminologia norte--americana, o fracionamento, no tempo, da titularidade do bem objeto da comunhão. A legislação brasileira prevê seja constituída a multipropriedade somente sobre imóveis. Cada multiproprietário adquire, assim, a sua casa de campo ou de praia em determinado período do ano. O legislador brasileiro adotou, acertadamente, o modelo de unidades autônomas, individualizadas no tempo e no espaço e inseridas no regime de condomínio especial (CC, art. 1.358-C). Na matrícula referente a cada unidade constam o local e o tempo que a individualizam (CC, art. 1.358-F), sendo de sete dias, seguidos ou intercalados, o período mínimo de cada fração de tempo (CC, art. 1.358-E, § 1º).

Utilidade econômica
Com a divisão do uso de imóveis em temporadas, e a consequente utilização alternada do mesmo local por numerosos proprietários, cada qual a seu turno, franqueia-se o mercado a novas camadas sociais, que de outra forma não teriam acesso à segunda casa. Assim ocorreu em diversos países europeus e nos Estados Unidos, desde a década de 1960, estendendo-se naqueles países o *time sharing* inclusive para bens móveis, como aviões, helicópteros e barcos. Em relação à multipropriedade imobiliária, famílias que pretendem adquirir o imóvel apenas para o período de férias anuais desembolsam quantia relativamente modesta, reduzindo-se, também, as despesas com a manutenção e a segurança do imóvel. Por outro lado, majora-se a margem de lucro para os empreendedores, dada a grande quantidade de unidades que, com a subdivisão temporal, são postas à venda. Com preços diferenciados ao longo do ano, a depender da valorização do mês escolhido (verão ou inverno; épocas de férias escolares ou período letivo), os adquirentes moldam o investimento segundo seu estilo de vida e poder aquisitivo, definindo-se assim também o planejamento estratégico do empreendedor e o calendário turístico da região.

Outro aspecto bastante promissor diz respeito à indústria turístico-hoteleira e de serviços, que se livra da sazonalidade típica desse segmento, preservando a atividade econômica da região de modo contínuo ao longo do ano. Ao se promover maior equilíbrio no comércio e serviços locais, fortalecem-se ao mesmo tempo a estabilidade das relações trabalhistas e a sustentabilidade, com a redução da proliferação indiscriminada de construções subutilizadas ou descuidadas. Com a gestão hoteleira, agregada aos empreendimentos, problemas frequentes ocasionados pelo mau uso de unidades ou a necessidade de suspensão da utilização para manutenção periódica foram resolvidos, fazendo-se uso do conjunto de unidades para suprir eventual indisponibilidade momentânea de determinados apartamentos, além de se oferecer à locação unidades não utilizadas diretamente por seus titulares (*pool* hoteleiro).

De outra parte, o investimento de multiproprietários permite a captação de recursos para a construção de novos hotéis em regime misto – hotelaria e multipropriedade –, nos quais apenas parte das unidades é posta à venda pelo instituidor, que destina à oferta hoteleira o restante dos apartamentos disponíveis. Ao mesmo tempo, constituir-se-iam atrativos bancos internacionais de *time sharing*, mediante os quais é franqueada ao multiproprietário a troca da utilização anual de sua unidade por outra situada em algumas das centenas de empreendimentos conveniados em diversos países.

Hotéis em regime misto

Anteriormente à recente Lei n. 13.777/2018, procurou-se instituir a multipropriedade no regime de condomínio ordinário, regulamento por convenção interna dos cotitulares de cada apartamento. A incompatibilidade funcional, entretanto, entre o modelo da copropriedade ordinária, cuja vocação é a utilização comum (acerca da qual, diziam os romanos, de modo eloquente: *communio est mater discordiarum*), e a multipropriedade, vocacionada à utilização exclusiva, explicam os problemas surgidos nos empreendimentos do gênero e o receio dos instituidores em relação ao fracasso do empreendimento.

Incompatibilidade com o condomínio ordinário

De fato, numerosos inconvenientes decorriam da fórmula do condomínio ordinário, que, entre outros problemas, impunha o direito de preferência dos multiproprietários-condôminos no caso de venda por qualquer titular e a divisibilidade do condomínio a qualquer momento, a pedido de um único condômino, após o prazo de cinco anos da indivisibilidade do condomínio ordinário prevista pelo Código Civil (art. 1.320, § 2º).

Preferência e divisibilidade

Outro problema prático relevante dizia respeito a inadimplentes que, perdendo interesse no investimento, renunciavam à propriedade (comum). Em consequência, por força do art. 1.316 do Código Civil, em decorrência da natureza jurídica do condomínio ordinário, a renúncia do coproprietário gerava o acrescimento da fração ideal dos demais ou a divisão do bem comum (art. 1.316). Nesses casos, aos demais multiproprietários, cotitulares do apartamento comum, era imposta a ampliação de sua participação e, conseguintemente, o ônus decorrente do inadimplemento dos condôminos renunciantes.

Renúncia à fração

Tal inconveniente (decorrente, convém repetir, da diversidade das funções desempenhadas pelo condomínio ordinário e pela multipropriedade) explica, provavelmente, a previsão do art. 1.358-T, segundo o qual "o multiproprietário somente poderá renunciar de forma translativa a seu direito de multipropriedade em favor do condomínio edilício". Entretanto, a solução legislativa, neste particular, não foi feliz, já que, sob o regime de unidade autônoma, a renúncia do multiproprietário, como qualquer proprietário de unidade autônoma de condomínio especial, não tem por consequência o acrescimento à fração ideal de outros condôminos. A rigor, por se tratar de unidade autônoma, o multiproprietário pode, como em qualquer condomínio edilício, dispor como bem entender de seu direito real de propriedade, de modo gratuito ou oneroso, desde que mantenha íntegro o liame visceral entre a propriedade individual (que lhe possibilita a utilização, com exclusividade, da fração semanal que lhe diz respeito) e a fração ideal a ela correspondente sobre as áreas comuns. Vale dizer: a renúncia abdicativa não gera acrescimento algum. Já para a renúncia translativa, como cessão bilateral, não haveria necessidade de autorização legislativa. Como negócio bilateral, depende da anuência do cessionário, evitando-se, assim, o aumento indesejado de taxas a serem compartilhadas pelos coproprietários, se estes não quisessem receber a unidade cedente.

Ainda no campo das controvérsias, o Superior Tribunal de Justiça, em decisão por maioria da 4ª Turma, reconheceu a natureza típica de direito real da multipropriedade, rejeitando a penhora do imóvel por dívida de um dos condôminos, de modo a preservar as frações ideais dos demais multiproprietários (REsp n. 1.546.165/SP). Não havia, contudo, unanimidade sobre o tema.

Autonomia da fração de tempo Todas essas incertezas foram resolvidas com o reconhecimento, pelo legislador brasileiro, da autonomia de cada unidade, individualizada no espaço (apartamento 101, por exemplo) e no tempo (primeira semana de agosto de cada ano, por exemplo) com sua respectiva matrícula no registro de imóvel, inserida em regime de condomínio edilício. Essa fórmula, agora normatizada, foi proposta na tese do Professor Gustavo Tepedino apresentada à Faculdade de Direito da UERJ em concurso para titular de Direito Civil em 1990.[142]

Responsabilidade pelos encargos A partir da Lei n. 13.777/2018, uma vez caracterizada a multipropriedade como unidade autônoma, o IPTU há de ser individualizado e cobrado de cada multiproprietário, assim como as despesas de luz, gás e água próprias da respectiva unidade, sendo repartidas por cada multiproprietário as taxas condominiais que, como obrigações *propter rem*, oneram o patrimônio pessoal de cada titular. Essa questão se torna relevante diante do veto presidencial a certos dispositivos (§§ 3º, 4º e 5º do art. 1.358-J do Código Civil) em cuja dicção se lia: § 3º: "Os multiproprietários responderão, na proporção de sua fração de tempo, pelo pagamento dos tributos, contribuições condominiais e outros encargos que incidam sobre o imóvel"; e § 4º: "Cada multiproprietário de uma fração de tempo responde individualmente pelo custeio das obrigações, não havendo solidariedade entre os diversos multiproprietários". Tal veto, contudo, não altera a autonomia das matrículas, inexistindo, portanto, a responsabilidade solidária dos multiproprietários quanto às referidas despesas individuais.

Inadimplemento do multiproprietário Com o propósito de preservar o empreendimento, o art. 1.358-S trata das medidas cabíveis em caso de inadimplemento das taxas condominiais. Além da adjudicação ao condomínio da fração de tempo correspondente, a ser realizada na forma

---

[142] Gustavo Tepedino, *A disciplina jurídica da multipropriedade imobiliária*. Tese (Concurso de professor titular) – Faculdade de Direito, Universidade do Estado do Rio de Janeiro, Rio de Janeiro, 1991. Posteriormente, o trabalho foi transformado na obra: Gustavo Tepedino, *Multipropriedade imobiliária*, São Paulo: Saraiva, 1993.

da lei processual, admite o parágrafo único do referido dispositivo que, nos casos em que haja no edifício sistema centralizado de locação (o chamado *pool* locativo), a convenção estabeleça espécie de anticrese. Cuida-se de arranjo negocial de garantia que, em vez de privar definitivamente o multiproprietário da sua fração, retira-lhe temporariamente o gozo, que se transfere ao administrador do sistema de locação até plena quitação da dívida. Todos os valores recebidos pelo administrador, em virtude da locação da fração de tempo, devem necessariamente ser imputados no pagamento do débito, cabendo-lhe, ainda, entregar eventual saldo excedente ao multiproprietário.

Destaque-se ainda a autorização legal para que o instituidor reserve fração de tempo adicional destinada à realização de reparos do imóvel, a qual constará da matrícula de cada unidade, como área (espaço-temporal) comum, sem matrícula específica (CC, art. 1.358-N). Desse modo, evita-se que a manutenção do imóvel ocorra durante a fração de tempo de algum dos multiproprietários, prejudicando-lhe a fruição da sua unidade.

Fração de tempo para manutenção

4. FUNDOS DE INVESTIMENTO

Os fundos de investimento são usualmente retratados como veículos de investimento, destinados a reunir os recursos de investidores sob os cuidados de um gestor profissional, que, em conformidade com o regulamento aprovado, se encarrega de aplicá-los em determinados ativos, com vistas a proporcionar rendimento ao capital investido.[143] Cuida-se de importante instrumento de intermediação financeira, responsável por facilitar o encontro entre poupadores e tomadores de recursos, que se desenvolveu extraordinariamente no Brasil, tornando-se das mais importantes indústrias no cenário internacional. Os fundos contribuem para a formação da poupança privada e o direcionamento de recursos para as mais variadas atividades econômicas.[144]

Conceito e função do fundo de investimento

Entre as razões comumente apontadas para o seu sucesso, destacam-se os benefícios que resultam da expertise do gestor profissional; o melhor gerenciamento de riscos por meio da diversificação da carteira do fundo em diferentes modalidades de investimento; e, ainda, os ganhos de escala proporcionados ao cotista, que tem acesso a instrumentos financeiros em condições que dificilmente lograria obter sozinho.[145] Além disso, por se submeterem à regulação financeira da Comissão de Valores

---

[143] No sentido exposto no texto, confira-se Pablo Renteria, Os fundos de investimento no Código Civil. In: André Gustavo Andrade; Cristina Tereza Gaulia; José Roberto Castro Neves; Marco Aurélio Bezerra de Melo (org.). *Lições de Direito Imobiliário*: homenagem a Sylvio Capanema, Salvador: Editora JusPodivm, 2020, pp. 462-472.

[144] "Os fundos de investimento correspondem a uma actividade de intermediação financeira que facilita a intersecção entre a procura e a oferta de capital. (...). A criação de fundos de investimento tem em vista a subtracção de recursos económicos ao consumo imediato e a sua destinação à produção de nova riqueza" (Maria João Romão Carreiro Vaz Tomé, *Fundos de investimento mobiliários abertos*, Coimbra: Almedina, 1997, p. 11).

[145] V. Alexandre Brandão da Veiga, *Fundos de investimento mobiliário e imobiliário*, Coimbra: Almedina, 1999, p. 20.

Mobiliários (CVM) – autarquia federal vinculada ao Ministério da Economia – e à autorregulação da Associação Brasileira das Entidades dos Mercados Financeiro e de Capitais (ANBIMA), os fundos de investimento oferecem proteção contra fraudes e desvios de conduta.

Evolução histórica

À exceção do fundo de investimento imobiliário, que conta com disciplina legal própria desde 1993 (Lei n. 8.668/1993), os demais fundos de investimento não dispunham, até 2019, de marco legal que traçasse, ainda que em linhas gerais, suas principais características, o que gerava incertezas sobre sua qualificação jurídica. Surgidos da prática negocial, em decorrência da livre-iniciativa das antigas sociedades de investimento, os fundos permaneceram por muito tempo relegados ao plano infralegal, com parcas referências na legislação.[146]

A Lei n. 3.470, de 1958, atinente ao imposto de renda, foi o primeiro diploma legal a mencionar expressamente a figura, estabelecendo, em seu revogado artigo 82, aquela que seria a sua característica mais conhecida: o fundo é um condomínio, desprovido de personalidade jurídica.[147] Em termos semelhantes, a Lei n. 4.728, de 1965, promulgada para modernizar o mercado de capitais brasileiro, referia-se a "fundos em condomínio", estabelecendo algumas poucas regras de cunho estritamente operacional, e concedendo ao Banco Central do Brasil competência para baixar a regulamentação pormenorizada.

Com a criação da CVM por meio da Lei n. 6.385, de 1976, introduziu-se no direito pátrio complexo sistema dualista de regulação dos fundos: parte deles continuou sob competência do Banco Central do Brasil, ao passo que outros migraram para a supervisão da nascente autarquia do mercado de valores mobiliários. Tal modelo só foi definitivamente superado com a promulgação da Lei n. 10.303, de 2001, que, ao qualificar as cotas dos fundos como valores mobiliários, consolidou na CVM a autoridade para regular a matéria.[148]

---

[146] Acerca do surgimento dos fundos de investimento no direito brasileiro, cf. Félix Ruiz Alonso, *Os Fundos de Investimento. Condomínios mobiliários* In: Revista da Faculdade de Direito, São Paulo, vol. 66, 1971, p. 223 e seguintes.

[147] "Art. 82. Para efeito de tributação do impôsto de renda, não são considerados pessoas jurídicas, (Vetado) os fundos constituídos em condomínio e administrados por sociedades de investimentos fiscalizadas pela Superintendência da Moeda e do Crédito, desde que não seja aplicada em uma só emprêsa importância superior a 10% (dez por cento) do valor do fundo e haja distribuição anual, pelos condôminos, dos resultados auferidos."

[148] As competências da CVM são, em larga medida, vinculadas à definição legal do que sejam valores mobiliários, os quais se encontram enumerados no art. 2º da Lei n. 6.385/1976. De acordo com a redação vigente desse dispositivo, são valores mobiliários as cotas dos fundos que investem em valores mobiliários (art. 2º, V). A seu turno, as cotas dos fundos que não investem em valores mobiliários (*e.g.*, fundos de investimento em direitos creditórios) também são valores mobiliários, em virtude do disposto no inciso IX do art. 2º, que considera valores mobiliários "quando ofertados publicamente, quaisquer outros títulos ou contratos de investimento coletivo, que gerem direito de participação, de parceria ou de remuneração, inclusive resultante de prestação de serviços, cujos rendimentos advêm do esforço do empreendedor ou de terceiros". V., nessa direção, a Decisão Conjunta nº 10, de 2 de maio de 2002, do Banco Central do Brasil e da Comissão de Valores Mobiliários.

No entanto, essa reforma legislativa não alterou a predominância do regramento infralegal dos fundos de investimento no ordenamento jurídico, uma vez que permaneceram tratados quase exclusivamente na regulamentação da CVM, que, em seu aspecto conceitual, continuou a reproduzir o conceito vago de "condomínio" herdado da legislação anterior.

Tal cenário só se modificou com a promulgação da Lei n. 13.874/2019, denominada Lei da Liberdade Econômica, que introduziu novas disposições no Código Civil (arts. 1.368-C a 1.368-F), que estabelecem disciplina dos fundos de investimento um pouco mais detalhada. Ao inserir a matéria no Título III do Livro III do Código Civil, dedicado ao direito de propriedade, o legislador reafirmou sua natureza de bem jurídico, objeto de direitos, afastando-se, desta feita, das opiniões que procuravam conceber o fundo de investimento como pessoa jurídica.[149]

> *Introdução no Código Civil*

De acordo com o disposto no art. 1.368-C, "o fundo de investimento é uma comunhão de recursos, constituído sob a forma de condomínio de natureza especial, destinado à aplicação em ativos financeiros, bens e direitos de qualquer natureza". Em linha com a orientação do direito anterior, o Código Civil continua a conceber o fundo como espécie de condomínio, tendo apenas acrescentado o qualificativo "de natureza especial" para diferenciá-lo dos demais condomínios previstos em lei. Preocupado em afastar qualquer assimilação, o legislador estabelece, no § 1º do artigo 1.368-C,[150] que não se aplica ao fundo de investimento nenhuma das disposições do Código sobre os condomínios. Chega-se, assim, à situação paradoxal do condomínio que não se sujeita a nenhuma regra típica da copropriedade.

> *Qualificação jurídica*

Isso reflete a diminuta utilidade da figura condominial para qualificar juridicamente o instituto. Por traduzir elemento externo e acidental da relação jurídica, referente ao número de titulares dos direitos incidentes sobre o fundo, a referência legal ao condomínio não se presta a esclarecer a natureza do bem jurídico a que corresponde o fundo de investimento. Nem se pode dizer que em todo fundo há condomínio, haja vista a existência de fundos exclusivos, com cotista único.

Nesse particular, mostra-se mais significativa a referência feita no preceito legal a "comunhão de recursos", expressão que remete ao conceito de patrimônio separado, de titularidade dos cotistas ou, no caso específico dos fundos imobiliários, da administradora.[151] Disso se segue que o fundo é universalidade de direito, isto é, objeto de

> *Natureza patrimonial do fundo*

---

[149] Sobre o tema, confira-se Milena Donato Oliva e Pablo Renteria, Responsabilidade civil do fornecedor por inadimplemento das obrigações de meio: o caso do gestor de fundos de investimento. In: Gisela Sampaio; Aline Terra (org.). *Inexecução das Obrigações*. Rio de Janeiro: Editora Processo, 2020, pp. 665-688.

[150] "Art. 1.368-C. O fundo de investimento é uma comunhão de recursos, constituído sob a forma de condomínio de natureza especial, destinado à aplicação em ativos financeiros, bens e direitos de qualquer natureza. § 1º Não se aplicam ao fundo de investimento as disposições constantes dos arts. 1.314 ao 1.358-A deste Código."

[151] Acerca da natureza jurídica dos fundos de investimento, v. Milena Donato Oliva, Indenização devida "ao fundo de investimento": qual quotista vai ser contemplado, o atual ou o da data do dano?, *Doutrinas essenciais obrigações e contratos*, vol. 6, Revista dos Tribunais, 2011, p. 1.303-1.328.

direito em si mesmo, independente dos elementos que o compõem. Por consubstanciar patrimônio separado, destina-se a um escopo específico, estipulado no regulamento, que servirá de parâmetro para os atos que podem ser praticados por aquele que gere o fundo.

Não assiste aos cotistas pretensão alguma sobre os bens individualmente considerados que compõem o fundo, justamente porque o seu direito recai sobre a universalidade patrimonial, não já sobre os elementos que a integram. Com efeito, o direito do cotista em relação ao fundo se materializa na titularidade das cotas, isto é, de frações ideais que expressam a sua participação na comunhão de recursos.

Segregação patrimonial — Além disso, por constituir universalidade patrimonial autônoma, o fundo não se confunde com o patrimônio geral dos cotistas ou da administradora. A Lei n. 13.874/2019 aprofundou tal perspectiva ao introduzir no art. 1.368-D dispositivo que autoriza o regulamento do fundo, observada a regulamentação da Comissão de Valores Mobiliários, a limitar a responsabilidade de cada investidor ao valor de suas cotas.[152] Antes do advento desse dispositivo, somente os cotistas dos fundos de investimento imobiliário gozavam, por força de expressa disposição legal, de igual limitação.[153]

Segregação perfeita ou imperfeita — Adotada a limitação, verifica-se a segregação patrimonial perfeita ou absoluta, ao passo que, subsistindo a responsabilidade subsidiária do cotista pelas dívidas do fundo, a segregação se afigura imperfeita. Nesse último caso, os bens do patrimônio geral do cotista podem ser excutidos pelos credores do patrimônio especial (*i.e.*, do fundo de investimento) em caso de insuficiência deste. Na separação patrimonial perfeita, a seu turno, o patrimônio geral do cotista não possui responsabilidade subsidiária. Ou seja, mesmo que os direitos integrantes do fundo não sejam suficientes à solução das dívidas existentes, os credores deste não podem excutir os direitos pertencentes ao patrimônio geral do cotista.[154]

O administrador do fundo — As atividades do fundo são desempenhadas por meio dos prestadores de serviço contratados para esse fim, entre os quais figuram o administrador e o gestor, denominados prestadores de serviço "essenciais" pela regulamentação da CVM. O administrador é o encarregado de efetuar diversos serviços de apoio e controle, tais como tesouraria, escrituração de cotas, custódia, controle e processamento de ativos financeiros, que podem ser prestados pessoalmente pelo administrador ou por terceiros por ele contratados, que estejam legalmente habilitados. A regulamentação da CVM ainda impõe ao administrador uma série de obrigações, notadamente com relação à prestação de informações sobre o fundo aos cotistas e ao mercado em geral.[155]

---

[152] Nesse sentido, a CVM editou a Resolução n. 175, de 2022, cujo art. 18 autoriza o regulamento do fundo a prever que a responsabilidade do cotista é limitada ao valor por ele subscrito.

[153] Cf. Lei n. 8.668/1993, art. 13, II, *in verbis*: "O titular das quotas do Fundo de Investimento Imobiliário: (...) II – não responde pessoalmente por qualquer obrigação legal ou contratual, relativamente aos imóveis e empreendimentos integrantes do fundo ou da administradora, salvo quanto à obrigação de pagamento do valor integral das quotas subscritas."

[154] Cf. sobre o ponto Milena Donato Oliva, *Patrimônio Separado*, Rio de Janeiro: Renovar, 2009, pp. 240-241.

[155] Cf. Resolução CVM n. 175/2022, art. 104.

Há atividades que devem ser obrigatoriamente desempenhadas pelo administrador, tais como a manutenção em ordem dos livros relativos ao fundo, a divulgação das informações requeridas pela CVM e manter o serviço de atendimento ao cotista, responsável pelo esclarecimento de dúvidas e pelo recebimento de reclamações.[156]

O gestor do fundo

A gestão do fundo de investimento pode ser desempenhada pelo próprio administrador ou por terceiro devidamente habilitado pela Comissão de Valores Mobiliários. O gestor é o profissional responsável por tomar as decisões de investimento com os recursos dos cotistas, dispondo para tanto de amplos para adquirir e alienar ativos para a carteira do fundo, observadas as normas do respectivo regulamento e da regulamentação da CVM. Assiste-lhe igualmente o exercício do direito de voto inerente aos ativos que compõem o fundo, como, por exemplo, as ações emitidas pelas companhias investidas.[157]

O auditor externo

Todo fundo de investimento também deve contratar obrigatoriamente auditor independente. A auditoria traduz a única atividade que não pode ser cumulada pelo administrador. O auditor independente deve ser *externo*, uma vez que lhe cumpre revisar as demonstrações financeiras do fundo, guardando sempre postura cética em relação às informações recebidas do administrador. A sua principal função consiste em conferir maior credibilidade aos dados contábeis divulgados junto ao público investidor, contribuindo, assim, para a maior transparência dos fundos e, por conseguinte, mitigando os riscos de inexatidão ou fraude informacional.

O cotista

Por fim, o investidor, ao subscrever ou adquirir cotas, torna-se cotista do fundo, passando a ser titular dos direitos e deveres inerentes a tal posição jurídica. Conforme previsto no artigo 1.368, III, do Código Civil, a regulamentação da CVM admite a criação de diferentes classes de cotas dentro do mesmo fundo, cada qual a constituir patrimônio segregado das demais.[158] Cada classe constitui centro autônomo de imputação de efeitos jurídicos, destinado a reunir investidores em torno de uma carteira de ativos e de uma política de investimentos próprias.

A regulamentação da CVM autoriza ademais a criação de subclasses dentro de uma mesma classe de cotas,[159] sendo que cada subclasse submete os respectivos titulares a *status jurídico* especializado, com direitos e deveres específicos.

Destacam-se, entre outros direitos dos cotistas, o de participar dos resultados do fundo na forma prevista no regulamento, bem como o direito à informação sobre o desempenho do fundo, do qual se ocupa minuciosamente a regulamentação vigente. Compete-lhe ainda o direito de participar e votar em assembleia geral de cotistas, à qual se reserva competência para determinadas deliberações, notadamente a alteração do regulamento e a substituição do administrador ou gestor do fundo.[160]

---

[156]   Cf. Resolução CVM n. 175/2022, art. 47 e seguintes.
[157]   Resolução CVM n. 175/2022, art. 94.
[158]   Cf. Resolução CVM n. 175/2022, art. 5º.
[159]   Cf. Resolução CVM n. 175/2022, art. 5º, §§ 5º e 6º.
[160]   Cf. Resolução CVM n. 175/2022, art. 70.

Constituição do fundo

Nos termos da regulamentação da Comissão de Valores Mobiliários, o fundo é constituído por deliberação conjunta do administrador e do gestor – denominados pela CVM "prestadores de serviços essenciais" do fundo –, a quem incumbe aprovar, no mesmo ato, o regulamento do fundo, observando o conteúdo mínimo exigido na regulamentação.[161] Em importante medida para a redução de custos, a Lei da Liberdade Econômica dispensou o registro do regulamento no Cartório de Títulos e Documentos. Segundo o artigo 1.368-C, § 3º, do Código Civil, mostra-se suficiente o registro na Comissão de Valores Mobiliários para que tenha oponibilidade perante terceiros. Caso o fundo tenha mais de uma classe de cotas, mostra-se necessária a obtenção do registro perante a CVM para cada uma delas.[162]

Não obstante a previsão regulamentar, a rigor, mostra-se mais consentâneo com o sistema jurídico o entendimento segundo o qual, por se tratar de universalidade patrimonial autônoma, a constituição do fundo só se aperfeiçoa com a primeira integralização de cotas. À míngua de qualquer elemento interno, não há a "comunhão de recursos" que caracteriza o fundo de investimento. Tal entendimento se encontra em linha com a concepção quantitativa das universalidades patrimoniais autônomas, adotada pela doutrina contemporânea.[163]

Constituição da relação negocial

Assim, o regulamento tem, em primeiro momento, valor de proposta contratual. Em seguida, ao subscrever cotas do fundo, o investidor adere voluntariamente aos termos convencionados, aperfeiçoando-se o negócio organizativo com a coletividade de cotistas, o administrador e o gestor. Desse modo, o cotista consente com que os seus recursos sejam aplicados discricionariamente pelo gestor, desde que respeitados os termos estipulados no regulamento.

Tutela da confiança

Nas relações entre os cotistas e os prestadores de serviços sobressai a confiança, haja vista os últimos se encarregarem de zelar pelos recursos que lhes foram confiados pelos cotistas. Por isso que a regulamentação editada pela CVM submete o administrador e o gestor a regime jurídico específico, tendo por finalidade promover o alinhamento de seus interesses com os dos cotistas. Nessa direção, destacam-se deveres fiduciários que lhes são impostos, de sorte que, mesmo em suas respectivas esferas de discricionariedade, encontram-se obrigados a agir no melhor interesse dos cotistas.[164]

Responsabilidade dos prestadores de serviço

As regras introduzidas no Código Civil dedicam especial atenção à responsabilidade dos diferentes prestadores de serviços do fundo de investimento. Nesse tocante, nota-se a reação do legislador à hesitante jurisprudência dos tribunais que, por vezes, a pretexto de proteger a parte tida como vulnerável, imputa ao gestor prejuízos financeiros decorrentes de riscos que haviam sido legitimamente assumidos pelos cotistas. As consequências dessa exagerada responsabilização são nocivas, uma vez que distorcem por completo a finalidade do serviço de gestão de recursos, criando um ambiente avesso ao risco, incompatível com o funcionamento do mercado de capitais.

---

[161] Cf. Resolução CVM n. 175/2022, art. 7º.

[162] Cf. Resolução CVM n. 175/2022, art. 8º, § 2º.

[163] Cf. Milena Donato Oliva, *Patrimônio Separado*, Rio de Janeiro: Renovar, 2009, pp. 202-208.

[164] Cf. Resolução CVM n. 175/2022, art. 106, I, e Resolução CVM n. 21/2021, art. 18, I e II.

A resposta veio no § 2º do artigo 1.368-D, segundo o qual "a avaliação de responsabilidade dos prestadores de serviço deverá levar sempre em consideração os riscos inerentes às aplicações nos mercados de atuação do fundo de investimento e a natureza de obrigação de meio de seus serviços".

Embora nem todas as obrigações dos prestadores de serviço sejam de meios (pense-se, por exemplo, no dever do administrador de publicar as demonstrações financeiras do fundo), o preceito tem ampla aplicação, em especial com relação ao gestor do fundo, que deve envidar seus melhores esforços para a obtenção dos rendimentos esperados, sem, contudo, se comprometer a alcançá-los. Por isso que a alocação do risco de desempenho da carteira recai sempre sobre o investidor.

Desse modo, ainda que se trate de relação de consumo, o gestor apenas responde se falhar na prestação do seu serviço, isto é, se o serviço for defeituoso, seja por deficiência na informação, seja por falha comprovada na gestão. Embora a responsabilidade civil no diploma consumerista seja objetiva, o dever de indenizar requer a presença de defeito, o qual, em virtude da natureza de *meios* do serviço prestado, pressupõe a demonstração da inobservância das regras e padrões profissionais de conduta, de forma equivalente, em termos funcionais, à comprovação da culpa normativa.[165]

Responsabilidade nas relações de consumo

De outra parte, o disposto no inciso II do artigo 1.368-D autoriza o regulamento do fundo, desde que observada a regulamentação da CVM, a estabelecer "a limitação da responsabilidade, bem como parâmetros de sua aferição, dos prestadores de serviços do fundo de investimento, perante o condomínio e entre si, ao cumprimento dos deveres particulares de cada um, sem solidariedade".

Especialização dos prestadores de serviço

A regra destaca a especificidade dos deveres de cada prestador de serviço do fundo, procurando, nesse tocante, afastar o risco de um responder por fato imputável exclusivamente a outrem. A sua introdução no Código Civil veio em resposta à regulamentação vigente da CVM que, por prolongado tempo, exigiu estipulação de solidariedade entre o administrador e os demais prestadores contratados para o fundo "por eventuais prejuízos causados aos cotistas em virtude de condutas contrárias à lei, ao regulamento ou aos atos normativos expedidos pela CVM".[166] Ademais, nos termos da atual jurisprudência, há o risco de os diferentes prestadores responderem solidariamente caso se configure a relação de consumo com o cotista.[167]

No entanto, a efetividade da norma enunciada no artigo 1.368-D, II, revela-se limitada, uma vez que se sujeita à regulamentação da CVM, que, desse modo, pode

---

[165] Sobre o ponto permita-se a remeter Milena Donato Oliva e Pablo Renteria, *Responsabilidade Civil do Fornecedor por Inadimplemento das Obrigações de Meio: O Caso do Gestor de Fundos de Investimento*. In: Aline de Miranda Valverde Terra e Gisela Sampaio da Cruz Guedes (coord.), *Inexecução das Obrigações – Pressupostos, evolução e remédios*, vol. I, São Paulo: Processo, pp. 696-705.

[166] V. Instrução CVM n. 555/2014, art. 79, § 2º., revogada em virtude da entrada em vigor da Resolução CVM n. 175/2022, que não impõe mais, no seu âmbito de aplicação, a estipulação de solidariedade entre os prestadores de serviço.

[167] V. nesse sentido STJ, 3ª T., REsp. 1.164.235/RJ, Rel. Min. Nancy Andrighi, julg. 15.12.2011, publ. *DJe* 29.2.2012.

exigir a solidariedade nos casos em que entender cabível.[168] De outra parte, como o Código Civil não exclui a aplicabilidade do Código de Defesa do Consumidor aos fundos de investimento,[169] não é certo que a faculdade prevista na norma – no sentido de autorizar o regulamento a afastar a solidariedade se isso não contrariar a regulamentação – conduza, por si só, à alteração da jurisprudência dominante.

Responsabilidade pelas obrigações do fundo

Por fim, o Código Civil cuida da responsabilidade dos prestadores de serviço pelas obrigações assumidas pelo fundo (*rectius*, pela coletividade de cotistas) perante terceiros. Nesse tocante, a parte final do artigo 1.368-E prevê que os referidos profissionais "não respondem por essas obrigações, mas respondem pelos prejuízos que causarem quando procederem com dolo ou má-fé".

O fundo de investimento, entendido como comunhão autônoma de recursos, não se confunde com os patrimônios gerais dos cotistas nem com aqueles dos prestadores de serviço. Esses últimos, portanto, não respondem, com os seus bens, pela satisfação das obrigações que gravam o fundo. O terceiro que contrata com o fundo só pode exigir do administrador ou do gestor o cumprimento de obrigação que este tenha assumido em seu próprio nome ou que a lei lhe imponha pessoalmente.

Tal regra tem especial importância nos fundos que se valem da faculdade prevista no artigo 1.368-D, que autoriza a limitação da responsabilidade do cotista ao valor de suas cotas. Constatada a incapacidade do fundo para solver as suas dívidas, é de se esperar o maior interesse dos credores em acionar os prestadores de serviço, notadamente o gestor, para satisfazer os seus direitos.

Em vista disso, o legislador optou, no artigo 1.368-E, por restringir a responsabilidade dos prestadores de serviços aos casos de dolo ou má-fé, afastando-se, assim, do sistema geral de responsabilidade baseado na culpa. Tal regime protetivo procura afastar a propositura de demandas judiciais que busquem responsabilizar o prestador sob a mera alegação de que a insolvência poderia ter sido evitada se ele tivesse agido com maior cuidado.

Extinção do fundo de investimento

A extinção do fundo de investimento ou de alguma das suas classes de cotas resulta da sua liquidação, isto é, da divisão dos ativos remanescentes de cada classe entre os respectivos cotistas, na proporção de suas cotas, depois de satisfeitos os credores. Tal se dá por efeito do implemento do termo final convencionado, de condição resolutiva,[170] de deliberação dos cotistas ou da insolvência decretada judicialmente.

---

[168] Nesse sentido, vale notar que a estipulação da solidariedade entre o administrador e os demais prestadores de serviço do fundo era exigida pela CVM com relação aos Fundos de Investimento em Participações – FIP (cf. Instrução CVM 578/2015, art. 33, § 4º). A Instrução, todavia, foi revogada pela Instrução CVM 578/2015, que não repetiu a exigência de solidariedade.

[169] Durante a tramitação do Projeto de Lei de Conversão nº 17, de 2019, que resultou na promulgação da Lei da Liberdade Econômica, apresentou-se emenda parlamentar destinada a afastar a aplicação do Código de Defesa do Consumidor do âmbito dos fundos de investimento. A proposta, contudo, não prosperou e foi retirada do texto final aprovado pelo Congresso Nacional.

[170] O art. 8º, § 3º, da Resolução CVM n. 175/2022 estabelece como *conditio juris* para a liquidação de determinada classe de cotas do fundo a verificação, em qualquer momento após noventa dias do início das atividades do fundo, de patrimônio líquido médio diário referente à classe inferior

O Código Civil, em seu artigo 1.368-E, cuida da última hipótese, enquanto as demais permanecem previstas na regulamentação da CVM. A iniciativa do Código veio na esteira da admissão da limitação da responsabilidade do cotista ao valor das suas cotas, sendo a insolvência o mecanismo escolhido pelo legislador para os casos em que os ativos integrantes de cada classe de cotas do fundo se revelarem insuficientes para satisfazer as dívidas que lhe são associadas. A insolvência segue o procedimento disciplinado nos artigos 955 a 965, do Código Civil e nos artigos 748 a 786-A, do Código de Processo Civil de 1973, podendo ser requerida pelo credor do fundo, por deliberação dos cotistas ou pela CVM.

PROBLEMAS PRÁTICOS

1. O condômino em condomínio edilício que, reiteradamente, não paga as contribuições condominiais pode sofrer, em razão do inadimplemento, apenas a multa de até 2%, prevista no artigo 1.336, § 2º, do Código Civil, ou é possível também aplicar a ele a penalidade prevista no artigo 1.337, *caput*, do Código Civil, consistente na multa de até cinco vezes o valor da sua contribuição?

2. Em que consiste e qual a natureza jurídica da multipropriedade? Quais as suas principais vantagens?

Acesse o *QR Code* e veja a Casoteca.
> https://uqr.to/1pc8l

---

a um milhão de reais pelo período de noventa dias consecutivos, salvo autorização em sentido contrário pela CVM.

Capítulo XIII
SERVIDÃO

Sumário: 1. Conceito – 2. Características – 3. Classificação – 4. Constituição – 5. Exercício – 6. Indivisibilidade – 7. Tutela – 8. Extinção – Problemas práticos.

1. CONCEITO

Consiste a servidão no direito real que restringe o uso ou gozo de determinado imóvel de modo a proporcionar utilidade ao imóvel vizinho, pertencente a dono diverso (Código Civil, art. 1.378). O imóvel beneficiado chama-se prédio dominante ao passo que o outro, que suporta o ônus real, é designado prédio serviente. Trata-se de figura conhecida desde a Lei das XII Tábuas e a sua disciplina jurídica guarda, até hoje, semelhança com as suas origens históricas. <small>Transferência de utilidade entre prédios vizinhos</small>

A servidão amplia o aproveitamento do prédio dominante, tornando-o mais útil ou agradável, mediante a obtenção do prédio serviente de uma vantagem, que pode consistir, por exemplo, no acesso a determinada riqueza natural, como uma fonte d'água, ou ainda no compromisso, assumido pelo dono do prédio serviente, de não erguer construção que possa embaraçar a vista ou a iluminação do prédio dominante. Por isso, a servidão é considerada o "meio de que se serve o direito para corrigir a desigualdade natural entre os prédios".[1] <small>Finalidade</small>

A servidão traduz direito real sobre coisa alheia, tendo por objeto apenas bem imóvel corpóreo. A doutrina mais tradicional empregava a denominação 'servidão <small>Servidão predial</small>

---

[1] San Tiago Dantas, *Programa de Direito Civil: Direito das Coisas*, vol. III, Rio de Janeiro: Editora Rio, 3ª ed., 1984, p. 316.

predial' para diferenciá-la dos direitos reais de usufruto, uso e habitação, que eram considerados espécies de servidão pessoal, porque se constituem em favor de uma pessoa, independentemente de ela ser proprietária de um imóvel vizinho.[2] Mas a terminologia foi considerada imprópria e logo caiu em desuso.[3] No direito atual, toda servidão é necessariamente predial haja vista corresponder à relação jurídica real por meio da qual se transfere uma utilidade de um imóvel a outro vizinho.

Caráter ambulatório

Em razão da sua natureza real, a servidão adere aos imóveis, estabelecendo vínculo jurídico ambulatório, dotado de estabilidade, vez que caminha junto com os imóveis e deles não se desprende.[4] Uma vez constituída, produz efeitos perante todo e qualquer possuidor do prédio dominante e do prédio serviente, independentemente de terem anuído com sua constituição. O adquirente do prédio serviente terá de observá-la assim como o terceiro adquirente do prédio dominante poderá desfrutá-la.[5]

Conservação pelo dono do prédio serviente do uso e gozo do seu imóvel

A constituição da servidão não afasta o proprietário do prédio serviente do uso e gozo do seu bem. Ele continua em condição de praticar, em relação ao seu imóvel, todos os atos dominiais que não prejudiquem o exercício da servidão pelo possuidor do prédio dominante.

Servidão e direito de vizinhança

As servidões não se confundem com os direitos de vizinhança, embora ambos os institutos sejam destinados a disciplinar relações entre vizinhos. O direito de vizinhança decorre da lei e restringe o domínio de determinado imóvel como forma de evitar prejuízos a outro vizinho. A servidão, por sua vez, é ônus de origem voluntária, que se constitui para proporcionar uma vantagem ou comodidade ao prédio dominante.[6]

A distinção pode ser ilustrada por meio da comparação entre o direito de passagem forçada e a servidão de trânsito. O primeiro, que se encontra previsto no art. 1.285 do Código Civil, assegura ao possuidor do imóvel encravado o direito de constranger o seu vizinho a dar-lhe passagem para a via pública.[7] Se o acesso existir, o direito de

---

[2]   Eduardo Espínola, *Os Direitos Reais no Direito Civil Brasileiro*, São Paulo: Editora Conquista, 1958, p. 73.

[3]   Gustavo Tepedino, Heloisa Helena Barboza, Maria Celina Bodin de Moraes, *Código Civil Interpretado Conforme a Constituição*, vol. III, Rio de Janeiro: Renovar, 2011, p. 768.

[4]   Ebert Chamoun, *Direito Civil: Aulas do 4º Ano Proferidas na Faculdade de Direito da Universidade do Distrito Federal*, Rio de Janeiro: Aurora, 1955, p. 179.

[5]   Lafayette Rodrigues Pereira, *Direito das Coisas*, vol. I, Rio de Janeiro: Editora Rio, edição histórica, 1977, pp. 375-376.

[6]   Carlos Edison do Rêgo Monteiro Filho, O direito de vizinhança no Código Civil. In: Carlos Edison do Rêgo Monteiro Filho (org.), *Rumos contemporâneos do direito civil: estudos em perspectiva civil-constitucional*, Belo Horizonte: Fórum, 2017, pp. 269-270.

[7]   A 3ª Turma do STJ entendeu que não só o proprietário, mas também o possuidor tem direito à passagem forçada na hipótese de imóvel encravado. Afirmou-se que, quanto à titularidade ativa do direito, uma interpretação literal do artigo 1.285 poderia conduzir à conclusão de que somente o proprietário teria direito à passagem forçada, na medida em que se refere ao "dono do prédio". Contudo, o instituto se encontra vinculado muito mais ao imóvel encravado do que propriamente ao seu titular, ou seja, almeja-se a manutenção do valor e da utilidade socioeconômica da própria coisa. (STJ, 3ª T., REsp 2029511/PR, Rel. Min. Nancy Andrighi, julg. 14.3.2023).

passagem deixa de ter cabimento, mas o dono do imóvel pode convencionar com o seu vizinho a constituição de uma servidão de trânsito de maneira a conseguir um caminho para a via pública que repute mais cômodo. Na primeira situação, como visto, a regra legal tutela a necessidade do proprietário, que, de outro modo, restaria impossibilitado de utilizar o seu imóvel. Na segunda situação, a lei faculta a celebração do acordo constitutivo de direito real de servidão como meio do prédio proporcionar vantagem destinada a melhorar o uso e o gozo de outro vizinho.

Cumpre mencionar ainda a chamada servidão administrativa, instituto de direito público que traduz o "ônus real de uso imposto pela Administração à propriedade particular para assegurar a realização e conservação de obras e serviços públicos ou de utilidade pública, mediante indenização dos prejuízos efetivamente suportados pelo proprietário".[8] Não se trata, a rigor, de direito real de servidão, pois a restrição ao domínio não se estabelece em benefício de um imóvel vizinho, sendo instituída, em vez disso, no interesse do serviço público.[9]

Servidão administrativa

2. CARACTERÍSTICAS

Do regime legal das servidões extraem-se determinadas características que devem ser observadas na sua constituição, sob pena de restar desfigurado o direito real e, por conseguinte, prejudicada a sua eficácia real. A primeira e mais importante é a predialidade. Como visto, só se admite servidão sobre bem imóvel corpóreo, excluindo-se os móveis e os intangíveis. Não cabe, por exemplo, servidão para afetar o emprego de certo animal ou equipamento às atividades desenvolvidas em determinada fazenda.

Predialidade

A predialidade também denota a natureza real do vínculo que se forma entre os prédios dominante e serviente. Traduz a servidão "o ônus imposto a um prédio em utilidade de outro prédio. Sem este vínculo real entre os prédios, não há servidão".[10] O seu fim é o de beneficiar diretamente o imóvel dominante, tornando-o mais útil ou agradável.

Por conseguinte, não existe servidão, se o direito constituído apenas proporciona vantagens pessoais para o possuidor do imóvel.[11] Assim ocorre, por exemplo, no caso de o dono do imóvel outorgar a um vizinho o direito de pescar, caçar ou colher frutos encontrados em seu terreno, porque "a utilidade da concessão é tão somente em proveito da pessoa e não do prédio a ela pertencente".[12] Daí por que se mostra imprescindível identificar ambos os prédios no ato constitutivo. Se faltar a indicação de um ou outro, mencionando-se apenas as partes contratantes, não haverá direito

---

[8]   Hely Lopes Meirelles, *Direito Administrativo Brasileiro*, São Paulo: Malheiros, 2001, 26ª ed., p. 586.

[9]   Marco Aurélio Bezerra de Melo, *Direito das Coisas*, Rio de Janeiro: Lumen Juris, 2018, 2ª ed., pp. 327-328.

[10] Lafayette Rodrigues Pereira, *Direito das Coisas*, vol. I, cit., p. 372.

[11] J. M. de Carvalho Santos, *Código Civil Brasileiro Interpretado*, vol. IX, Rio de Janeiro: Freitas Bastos, 1982, 14ª ed., pp. 127-130.

[12] Lafayette Rodrigues Pereira, *Direito das Coisas*, vol. I, cit., p. 372.

real de servidão, mas mero direito pessoal, que, como tal, não produz efeitos perante terceiros, sendo inoponível a quem vier adquirir o prédio serviente.

Por traduzir vínculo real em benefício da coisa, a servidão deve ser instituída para atender unicamente as necessidades do prédio dominante.[13] Não se admite o estabelecimento do ônus real para que sejam cedidos ou vendidos a terceiros determinados produtos naturais encontrados no prédio serviente (água, argila, madeira etc.). "Consentir que outrem partilhe a água do aqueduto por consenso do dominante e autorização do serviente é desnaturar a servidão".[14]

Tamanha é a importância da predialidade que se chega a dizer, impropriamente, que, na servidão, a relação jurídica se estabelece entre os próprios prédios. Trata-se, porém, de hipérbole destinada a enfatizar o caráter ambulatório do direito real, que não pode ser tomada ao pé da letra, pois que, a rigor, só há relação jurídica entre pessoas.[15]

No caso da servidão, o sujeito passivo é o possuidor do prédio serviente, que deve observar a restrição instituída sobre o domínio, ao passo que o sujeito ativo é o possuidor do prédio dominante que se aproveita da utilidade proporcionada. O exercício da servidão se dá entre possuidores, sendo reservada aos proprietários dos respectivos imóveis apenas a prática dos atos constitutivos, modificativos e extintivos da relação jurídica real.

Acessoriedade

Da predialidade decorre a segunda característica da servidão, que é a sua acessoriedade, vez que não existe *per se*, supondo necessariamente o prédio dominante e o serviente. A servidão segue os imóveis, sendo deles inseparável. Por isso não se admite que seja alienada apartadamente nem que o seu exercício seja transmitido a terceiro estranho ao prédio dominante. Tampouco pode ser, em separado, objeto de outro direito real. Não se admite a hipoteca de servidão nem a constituição de servidão sobre servidão (*servitus servitutis non potest*).[16]

Relação de vizinhança

De outra parte, a servidão só se constitui entre prédios vizinhos (*praedia debent esse vicina*), embora não necessariamente contíguos. Basta que os prédios guardem entre si uma proximidade tal que um deles possa, em razão da sua localização, tirar proveito da utilidade proporcionada pelo outro.[17]

Utilidade do prédio serviente

Também se exige que a servidão tenha ter por objeto uma utilidade do prédio serviente. Diferentemente do observado no direito romano, em que só se admitiam algumas poucas modalidades, as codificações modernas consagraram a atipicidade das servidões, que, desta feita, podem constituir-se sobre qualquer utilidade do pré-

---

[13] J. M. de Carvalho Santos, *Código Civil Brasileiro Interpretado*, vol. IX, cit., p. 131.

[14] Dídimo da Veiga, in Paulo Lacerda (coord.), *Manual do Código Civil Brasileiro*, vol. IX, parte 1, Rio de Janeiro: Typ. Do Jornal do Comercio, 1925, n. 250, p. 373.

[15] Caio Mário da Silva Pereira, *Instituições de Direito Civil*, vol. IV, Rio de Janeiro: Forense, 2017, 24ª ed., p. 257.

[16] Orlando Gomes, *Direitos Reais*, Rio de Janeiro: Forense, 2008, 19ª ed., p. 320; e Caio Mário da Silva Pereira, *Instituições de Direito Civil*, vol. IV, cit., p. 257.

[17] Eduardo Espínola, *Os Direitos Reais*, cit., p. 69; e Caio Mário da Silva Pereira, *Instituições de Direito Civil*, vol. IV, cit., p. 257.

CAPÍTULO XIII | SERVIDÃO   287

dio serviente. No direito brasileiro, tal orientação foi adotada pelo Código Civil de 1916 e mantida pelo Código Civil vigente (art. 1.378).[18]

Tal característica explica a extraordinária versatilidade do direito real de servidão, que, acompanhando a evolução das formas de aproveitamento dos imóveis, se amoldam aos concretos interesses dos vizinhos.[19] Prevalece, desse modo, a "liberdade de inventar servidões",[20] que "podem variar infinitamente, conforme as necessidades dos prédios e o desenvolvimento das indústrias".[21]

Na prática imobiliária são encontradas inúmeras espécies de servidão,[22] tanto nas zonas rurais como nos centros urbanos, valendo citar, além da servidão de trânsito, já referida acima, a servidão *aquae haustus*, que autoriza a retirada de água de uma fonte situada no prédio serviente. Mencione-se, também, a servidão *non aedificandi*, que impede que se erga edifício em parte do prédio serviente. Desta última se diferenciam a servidão *non altius non tollendi*, que proíbe construção acima de certa altura, e a servidão *ne luminibus officiatur*, que obsta qualquer plantação ou construção que possa perturbar a iluminação do prédio dominante.

> Exemplos usuais de servidão

A utilidade proporcionada pela servidão pode servir a diferentes fins. A finalidade, não raro, tem natureza econômica, como ocorre na servidão *aquae haustus* instituída para irrigar plantações ou dessedentar o gado, ou ainda na servidão de trânsito destinada à condução de carga. A servidão, porém, também pode visar o mero aformoseamento ou conforto do prédio dominante, como se verifica no caso de a água servir a uma piscina ou a um chafariz. E ainda, como menciona Carvalho Santos, "poderei adquirir a servidão *non altius non tollendi* ou *non aedificandi*, não somente para assegurar ao meu prédio toda luz necessária ao estudo da pintura ou escultura, mas igualmente para gozar a vista ou o panorama, do campo, do mar, os quais *praedii causam amoeniorem tantum facit*".[23]

A utilidade, em todo caso, há de ser perene, não se admitindo a constituição de servidão para oferecer, pontualmente, uma vantagem efêmera ao prédio dominante. A doutrina mais antiga costumava exigir uma utilidade perpétua, como a água ou a luz do sol, mas tal entendimento foi relativizado, haja vista as modalidades de servidão que recaem sobre a exploração de pedreiras ou de outras riquezas naturais esgo-

> Perenidade da utilidade

---

[18]   Ao tempo do Código Civil de 1916, a doutrina ressaltava que "as vantagens podem ser de qualquer natureza, os benefícios de qualquer espécie" (J. M. de Carvalho Santos, *Código Civil Brasileiro Interpretado*, vol. IX, cit., p. 126). V. também Rubens Limongi França, *Instituições de direito civil*, São Paulo: Saraiva, 1999, 5ª ed., p. 486.

[19]   Como observa a doutrina italiana, em lição aplicável ao direito pátrio, "a servidão é o direito real que reserva o maior campo de atuação à autonomia privada" (Marco Comporti, Diritti Reali in Generale. In: Antonio Cicu e Francesco Messineo (coord.), *Trattato di diritto civile e commerciale*, vol. III, t. 1. Milano: Giuffrè, 1980, p. 150.

[20]   San Tiago Dantas, *Programa de Direito Civil: Direito das Coisas*, vol. III, cit., p. 319.

[21]   Clovis Bevilaqua, *Código Civil dos Estados Unidos do Brasil Comentado*, Rio de Janeiro: Editora Rio, 1977, edição histórica, p. 1162.

[22]   Como ilustra a extensa lista de exemplos de servidão em Arnaldo Rizzardo, *Direito das Coisas*, Rio de Janeiro: Forense, 2004, pp. 922-932.

[23]   J. M. de Carvalho Santos, *Código Civil Brasileiro Interpretado*, vol. IX, cit., p. 127.

táveis, que não duram para sempre. Assim, nos dias atuais, admite-se tanto a servidão perpétua como também a limitada no tempo, subordinada a termo ou a condição resolutiva,[24] desde que constituída para a produção de efeitos duradouros.

Conteúdo negativo Outra característica da servidão é que seu conteúdo é essencialmente negativo. Isso significa que o dever principal há de consistir em abster-se (*non facere*) de praticar atos dominiais que, se não fosse pela existência da servidão, o serviente poderia livremente exercer, ou em tolerar (*pati*) que o senhor do prédio dominante faça no imóvel serviente o que não lhe seria permitido se não existisse a servidão.[25] Não se admite, em contrapartida, que a servidão se traduza na imposição de obrigação de fazer (*facere*) ao prédio serviente. Esse entendimento, que já era observado no direito romano, é lembrado ainda hoje por meio do brocardo *servitus in faciendo consistere nequit*.

Contudo, nada obsta a que "exista como conteúdo acessório da servidão uma pretensão consistindo num *facere* positivo", contanto que a obrigação de fazer não constitua o objeto principal da servidão, mas apenas "facilite ou torne possível o exercício do direito real sobre a coisa".[26] Assim se verifica quando o título constitutivo incumbe ao dono do prédio serviente a realização das obras necessárias à conservação e ao uso da servidão (CC, art. 1.381, *in fine*). Nessa hipótese, além do ônus real nuclear – a abstenção ou a tolerância –, assume o prédio serviente a obrigação secundária, de índole positiva, de custear as obras.

Afirma-se usualmente que o direito romano conhecia exceção à regra que proíbe que o conteúdo primordial da servidão seja positivo. Nessa direção, costuma-se mencionar a chamada servidão *oneris ferendi*, por meio da qual o prédio tinha o direito de escorar a sua construção no muro ou na pilastra do imóvel vizinho. Alega-se que, nesse caso, o prédio serviente assumia como obrigação principal um *facere*, uma vez que cabia a ele manter o muro ou a pilastra.

No entanto, examinada a questão à luz do direito vigente, não se mostra necessário ir ao ponto de reconhecer o caráter excepcional da servidão *oneris ferendi*. A realização das obras necessárias à manutenção do muro ou da pilastra constitui, a rigor, obrigação acessória e secundária do objeto principal da servidão, que consiste em *tolerar* que o imóvel dominante faça arrimar a sua construção no prédio serviente. A servidão *oneris ferendi*, portanto, não foge à regra geral segundo a qual a servidão traduz, em essência, a imposição de dever negativo ao prédio serviente.

---

[24] V. STJ, 3ª T., REsp. 425-RJ, Rel. Min. Claudio Santos, julg. 17.10.1989, publ. *DJ* 6.11.1989: "A perpetuidade da servidão predial não obsta sua constituição por tempo limitado ou sua subordinação a condição resoluta de sua existência". No mesmo sentido: "E, ainda, a servidão é perpétua no sentido de que possui duração indefinida, ou seja, por prazo indeterminado e nunca por tempo certo, perdurando enquanto subsistirem os prédios a que se adere. Porém, nada impede que se constitua, por convenção, servidão ad tempus, subordinada a termo determinado ou a condição. Vencido o prazo estabelecido para sua duração ou ocorrido o implemento da condição ela se extingue" (TJPR, 4ª C.C., Ap. Cív. 0002273-60.2009.8.16.0148, Rel. Des. Astrid Maranhão de Carvalho Ruthes, julg. 17.10.2018, publ. 17.10.2018).

[25] Lafayette Rodrigues Pereira, *Direito das Coisas*, vol. I, cit., p. 370 e 372.

[26] Eduardo Espínola, *Os Direitos Reais*, cit., p. 65.

Além das características acima mencionadas, sublinhe-se que os prédios domi- *Diversidade de proprietários* nante e serviente devem pertencer a proprietários diversos. Como em qualquer relação jurídica, a servidão supõe a pluralidade de sujeitos, não se concebendo que alguém assuma, em favor de si mesmo, o cumprimento de determinado dever jurídico (*nemini res sua servit*). Se os imóveis forem do mesmo dono, "este simplesmente usa o que é seu, sem que se estabeleça uma servidão".[27] Por consequência, se por alguma razão os dois prédios se reunirem no domínio da mesma pessoa, autoriza-se o cancelamento da servidão (CC, art. 1.389, I).

3. CLASSIFICAÇÃO

A doutrina apresenta diferentes classificações das servidões, sendo algumas delas relevantes para a compreensão do regime jurídico a que se submetem enquanto outras já perderam o interesse. Assim, costumavam-se diferenciar as servidões em *rústicas* e *urbanas*, conforme estivessem situadas em imóveis rurais ou urbanas, mas tal distinção não tem importância prática.

De outra parte, classificam-se as servidões em *positivas* ou *negativas* segundo a *Servidões* natureza do dever jurídico negativo imposto ao prédio serviente.[28] Consideram-se *positivas e negativas* as que obrigam o titular do prédio serviente a tolerar que, no seu imóvel, o dono ou possuidor do prédio dominante exerça determinado poder ou faculdade dominial (como, por exemplo, a servidão de trânsito ou ainda a *aquae haustus*, consistente em tirar água em prédio alheio).

Em contrapartida, dizem-se *negativas* as que exigem do dono do prédio serviente que se abstenha de exercer certa faculdade do domínio, que, a princípio, lhe seria lícito praticar.[29] É exemplo a servidão *non aedificandi*, que impede que se levante edifício no imóvel serviente.

Cumpre notar que, diferentemente das positivas, as servidões negativas não autorizam o prédio dominante a exercer qualquer poder imediato sobre o prédio serviente. A satisfação do interesse do dono ou possuidor do prédio dominante depende fundamentalmente do cumprimento do dever de *abstenção* a cargo do titular do prédio serviente. Em outras palavras, nas servidões negativas, o titular do prédio dominante satisfaz-se em virtude da cooperação do vizinho, e não em razão de suposto poder imediato sobre o imóvel vizinho. Dessa forma, a servidão *negativa* aproxima-se da obrigação de não fazer, em que o direito do credor se realiza mediante o adimplemento do débito.[30]

---

[27] Caio Mário da Silva Pereira, *Instituições de Direito Civil*, vol. IV, cit., p. 257.

[28] Ebert Chamoun, *Direito Civil: Aulas do 4º Ano*, cit., p. 183.

[29] V. Pontes de Miranda, *Tratado de Direito Privado: Parte Especial*, t. XVIII, São Paulo: Revista dos Tribunais, 2012, ed. atual. por Nelson Nery Jr. e Luciano de Camargo Penteado, pp. 346-347.

[30] Michele Giorgianni, *Contributo alla Teoria dei Diritti di Godimento su Cosa Altrui*, Milano: Giuffrè, 1940, p. 150. Confira-se, na mesma direção, Marco Comporti, *Contributo allo studio del diritto reale*, Milano: Giuffrè, 1977, p. 99.

Servidões negativas não aparentes

As servidões também se dividem em *aparentes* e *não aparentes*. As primeiras se manifestam por sinais exteriores permanentes, como se verifica, por exemplo, na servidão de aqueduto em que o prédio dominante faz passar água por meio de conduto externo instalado no prédio serviente.

Servidões aparentes e não aparentes

As segundas, por sua vez, são chamadas de *não aperentes* porque a sua existência não é identificada por nenhum sinal visível, como, por exemplo a servidão *altius non tollendi*, que impede o dono do prédio serviente de erguer construção acima de certa altura, convencionada no título constitutivo. De modo geral, todas as servidões negativas são não aparentes, visto que o cumprimento do dever de abstenção não se manifesta por nenhum fato público observável.[31]

Servidões positivas aparentes ou não aparentes

Em contrapartida, as servidões positivas podem ser aparentes ou não conforme as circunstâncias do caso. Por exemplo, a servidão de trânsito é tida como aparente se estiverem presentes no imóvel serviente obras permanentes, tais como a abertura de uma via ou a instalação de porteiras, que indiquem, de forma ostensiva, que o local serve de passagem para o possuidor do prédio dominante. No entanto, pode acontecer de o vizinho entrar no terreno vizinho sem que exista caminho algum pelo chão e, nesse caso, a servidão reputa-se não aparente.[32]

A esse respeito, a doutrina adverte que, para ser considerada aparente, os sinais exteriores da servidão devem ser inequívocos (não deixando dúvidas quanto à subordinação de um prédio ao outro), duradouros (na forma de um sinal externo constante, ou de sequência ininterrupta de sinais diversos) e intrínsecos ao exercício da servidão (não bastando, por exemplo, a inscrição em uma placa alertando sobre a existência da servidão).[33] Como se verá adiante, o interesse desta classificação reside em que somente o exercício das servidões aparentes configura o fato da posse, o que tem consequências relevantes em matéria de usucapião e de defesa possessória.

Servidões contínuas e descontínuas

A doutrina também diferencia as servidões *contínuas* e *descontínuas*. Reputa-se *contínua* a servidão que se exerce independentemente da ação humana, como se verifica na de aqueduto, em que as águas correm pelo conduto instalado no prédio serviente sem a necessidade de atuação pessoal.[34] O seu aproveitamento, por isso mesmo, pode ocorrer de forma ininterrupta.

De outra parte, considera-se *descontínua* a servidão cujo exercício é intermitente,[35] uma vez que depende da prática de determinado ato pelo possuidor

---

[31] J. M. de Carvalho Santos, *Código Civil Interpretado*, vol. VII, Rio de Janeiro: Freitas Bastos, 1984, 10ª ed., p. 138.

[32] San Tiago Dantas, *Programa de Direito Civil: Direito das Coisas*, vol. III, cit., p. 326.

[33] Tupinambá Miguel Castro do Nascimento, *Direito Real de Servidão*, Rio de Janeiro: AIDE, 1985, pp. 100-102.

[34] Caio Mário da Silva Pereira, *Instituições de Direito Civil*, vol. IV, cit., p. 245. Na mesma direção, v. ainda Orlando Gomes, *Direitos Reais*, cit., p. 322; e Darcy Bessone, *Direitos Reais*, São Paulo: Saraiva, 1996, 2ª ed., p. 279.

[35] San Tiago Dantas, *Programa de Direito Civil: Direito das Coisas*, vol. III, cit., p. 326.

do prédio dominante.[36] Assim, "a passagem é uma servidão descontínua, porque não está o titular permanentemente passando pelo prédio serviente; passa-se de vez em quando".[37] Do mesmo modo, a servidão de fazer lenha no prédio alheio (*silvae cedendae*) reputa-se descontínua, vez que se realiza pelo fato de ir alguém à mata para buscar a madeira.

Sublinhe-se que as duas classificações examinadas acima – aparentes e não aparentes; contínuas e descontínuas – não se confundem; ao reverso, podem combinar-se de diferentes maneiras. Segundo a lição clássica de Lafayette, a servidão pode ser "contínua e aparente, como a de levada d'água; contínua e não aparente, como a de não levantar o edifício mais alto; descontínua e aparente, como a de trânsito por caminho aberto no terreno; descontínua e não aparente, como a de trânsito, a de tirar água, sem caminho visível".[38]

Embora a doutrina mais tradicional lhe confira grande importância, fato é que a divisão das servidões em *contínuas* e *descontínuas* perdeu o interesse, por obra da doutrina e da jurisprudência que, ainda ao tempo do Código Civil de 1916, negaram-lhe os principais efeitos. Como se verá adiante, a classificação já não exerce influência nos modos de constituição (usucapião e destinação do proprietário) nem na tutela possessória das servidões.

4. CONSTITUIÇÃO

Constituem-se as servidões por três modos: *a)* o registro do título constitutivo no registro de imóveis, *b)* a usucapião, e *c)* a destinação do proprietário ou pai de família (*pater familias*).

O título, do qual se origina a servidão, pode ter diferentes naturezas. Cuida-se, comumente, de ato *inter vivos*, vale dizer, de contrato firmado entre os proprietários do prédio dominante e do serviente por meio do qual convencionam a criação da servidão, delimitando precisamente o serviço ou a utilidade que compõe o seu objeto. O negócio pode ser estipulado tanto a título gratuito como a título oneroso, prevendo-se, neste último caso, o pagamento de vantagem pelo dono do prédio dominante em favor do serviente.

Ato *inter vivos*

Cumpre sublinhar que o processo de qualificação do objeto da servidão não se restringe à dimensão espacial, abrangendo ainda a temporal, o que amplia o espectro de escolhas à disposição do titular do direito real. Dessa forma, admite-se a constituição, em favor de vizinhos distintos, de múltiplas servidões destinadas ao aproveitamento de uma mesma utilidade do prédio vizinho (o uso de um pasto ou de um canal d'água). Nessa situação, limita-se o objeto de cada servidão a

---

[36] Caio Mário da Silva Pereira, *Instituições de Direito Civil*, vol. IV, cit., p. 245. V. também Lafayette Rodrigues Pereira, *Direito das Coisas*, vol. I, cit., pp. 387-388; Orlando Gomes, *Direitos Reais*, cit., p. 322; e Darcy Bessone, *Direitos Reais*, cit., p. 279.

[37] San Tiago Dantas, *Programa de Direito Civil: Direito das Coisas*, vol. III, cit., p. 326.

[38] Lafayette Rodrigues Pereira, *Direito das Coisas*, vol. I, cit., pp. 113-114.

determinado período temporal, de modo que o seu exercício não seja conflitante com a de outro. Vale dizer, são estabelecidas servidões cíclicas cujo exercício se faz por turno, não em razão de restrições estabelecidas no título, mas em virtude da configuração do seu objeto.[39]

Ato mortis causa

A servidão também pode ser estabelecida *mortis causa* por meio de testamento, o qual, assim como o contrato, deve ser levado ao competente registro para que se constitua vínculo jurídico real entre os imóveis (CC, art. 1.378 *in fine*). Sendo a servidão direito real imobiliário, o registro afigura-se indispensável à sua aquisição (CC, art. 1.227), de sorte que, faltando o registro, o título não produz efeitos reais, mas apenas obrigacionais.

Capacidade de disposição

Para a celebração do negócio constitutivo da servidão, exige-se das partes não apenas a capacidade genérica para os atos da vida civil como também a aptidão específica de dispor dos imóveis. Por isso, como assinalado no art. 1.378 do Código Civil, cumpre, em regra, aos proprietários instituírem a servidão, embora se reconheça legitimidade também ao enfiteuta em relação aos prédios enfitêuticos.[40] Não se admite, porém, que o condômino sujeite o seu prédio à servidão sem o assentimento dos demais consortes, tampouco, no caso de usufruto, que o nu-proprietário conceda servidão que restrinja o uso ou o gozo do imóvel, sem autorização do usufrutuário.[41] No entanto, não se exige consentimento para determinadas servidões, como a *non aedificandi* ou *alitus non tollendi* que, por dizerem respeito à realização de construções, não se compreendem no conteúdo do usufruto e, por consequência, em nada prejudicam o direito do usufrutuário.[42]

Título judicial

Embora omisso o Código Civil, admite-se igualmente o estabelecimento de servidão por meio da sentença homologatória de divisão de imóvel, que põe termo ao condomínio.[43] O art. 596, parágrafo único, inciso II, do Código Processo Civil, ao tratar da ação de divisão, prevê a possibilidade de constituição de servidões entre quinhões. Cumpre aqui diferenciar as servidões propriamente ditas das chamadas "servidões naturais", expressão arcaica, abandonada há tempo pela doutrina civilista, mas ainda empregada pela lei processual para designar direitos de vizinhança. Esses últimos devem figurar obrigatoriamente no auto de divisão, sempre que presentes seus pressupostos fáticos, vez que tutelam necessidades essenciais, imprescindíveis ao aproveitamento econômico do quinhão, como, por exemplo, o acesso à via pública. Dada essa sua finalidade, a sua instituição, conforme prevê referido dispositivo do CPC, se afigura gratuita e não obriga o beneficiado a compensar o condômino

---

39   V. Gustavo Tepedino, *Multipropriedade Imobiliária*, São Paulo: Saraiva, 1993, pp. 101-102.

40   J. M. de Carvalho Santos, *Código Civil Interpretado*, vol. IX, cit., p. 140.

41   Caio Mário da Silva Pereira, *Instituições de Direito Civil,* vol. IV, cit., p. 247.

42   J. M. de Carvalho Santos, *Código Civil Interpretado*, vol. IX, cit., p. 143.

43   Pontes de Miranda menciona ainda a sentença que julga a partilha de bens hereditários e estabelece servidões entre dois ou mais imóveis, de maneira a assegurar a igualdade entre os quinhões e a comodidade dos coerdeiros (Pontes de Miranda, *Tratado de Direito Privado*, t. XVIII, cit., § 2.234, pp. 650-651). Essa modalidade de adjudicação de servidão, que tinha expressa previsão no CPC de 1939, não se encontra mencionada nem no CPC de 1973 nem no CPC vigente.

pela restrição sofrida em seu domínio, tal como, no exemplo acima mencionado, a imposição da passagem forçada.[44]

De outra parte, como já visto anteriormente, as servidões não visam evitar prejuízos, procuram, ao reverso, propiciar maior comodidade ou utilidade ao prédio dominante. Por isso que a sua previsão, nas ações de divisão, se afigura excepcional, só se justificando quando se revelar indispensável para assegurar a igualdade da partilha. Neste caso, conforme prevê a lei processual, o condômino que ficar com o prédio serviente faz jus à compensação, baseada no valor do ônus real apurado pelo perito judicial. Na folha de pagamento de cada condômino, constará "a declaração das servidões instituídas, especificados os lugares, a extensão e o modo de exercício" (CPC, art. 597, § 4º, III). Uma vez proferida, a sentença constitui título aquisitivo hábil para o registro no cartório de registro de imóveis.[45]

A servidão também pode constituir-se mediante usucapião (CC, art. 1.379). A usucapião de servidão obedece, em linhas gerais, ao mesmo regime jurídico da usucapião do domínio imobiliário (imprescritibilidade dos bens públicos, requisitos de configuração, regras de fluência do prazo etc.), de cujo estudo cuidou-se anteriormente e para o qual se remete o leitor (cf. Capítulo VII).

Usucapião de servidão

Em apertada síntese, exige-se, para sua configuração, a comprovação do exercício contínuo e incontestado da posse da servidão pelo prazo previsto em lei, que varia conforme a modalidade de usucapião. Sendo a ordinária, que exige do possuidor justo título e boa-fé (CC, art. 1.242), a servidão se adquire em dez anos (CC, art. 1.379, *caput*). Com relação à usucapião extraordinária, que dispensa o preenchimento dos aludidos requisitos, o parágrafo único do art. 1.379 do Código Civil estabelece, de forma surpreendente, o lapso temporal de vinte anos, superior ao maior prazo previsto no Código para a usucapião da propriedade de bens imóveis, que é de quinze anos (art. 1.238, *caput*).

A inconsistência entre os prazos, que se deve, provavelmente, ao descuido do legislador, vem sendo asperamente criticada pela doutrina, haja vista não existir justificativa para submeter a usucapião do direito real limitado a prazo mais extenso do que o previsto para a propriedade plena.[46] Melhor teria andado o Código se tivesse alinhado os prazos, reduzindo para quinze anos o aplicável à servidão, tal como feito em relação à usucapião extraordinária do domínio imobiliário. A esse respeito, aprovou-se o Enunciado n. 251 da III Jornada de Direito Civil da

---

[44] Nessa direção, já se manifestava J. M. de Carvalho Santos, *Código Civil Interpretado*, vol. IX, cit., pp. 159-160: "(...) não se trata de um favor, que mereça ser indenizado, mas, sim, de um elemento essencial para o aproveitamento do quinhão; por isso mesmo, em segundo lugar, exigir o pagamento da indenização equivaleria a prejudicar o condômino a favor de cujo quinhão foi instituída a servidão, de vez que ele iria pagar não o valor de uma vantagem, mas o que por necessidade indeclinável não lhe poderia ser negado (...)".

[45] San Tiago Dantas, *Programa de Direito Civil*, vol. III, cit., p. 328. V. também Sílvio de Salvo Venosa, *Direito Civil: Direitos Reais*, São Paulo: Atlas, 2014, 14ª ed., p. 483.

[46] V. Francisco Eduardo Loureiro, in Cezar Peluso (coord.), *Código Civil Comentado*, Barueri: Ed. Manole, 2013, 7ª ed., p. 1.438.

CEJ nos seguintes termos: "o prazo máximo para o usucapião extraordinário de servidões deve ser de 15 anos, em conformidade com o sistema geral da usucapião previsto no CC".

Assiste ao dono do prédio dominante o direito de propor ação declaratória de usucapião para que seja reconhecida judicialmente a aquisição da servidão. A sentença, que julgar consumada a usucapião, vale como título para o registro no Registro de Imóveis (CC, art. 1.379, *caput*). O registro não tem, nesse caso, eficácia constitutiva, pois que o direito real de servidão se encontra estabelecido desde o momento em que se ultimou a usucapião. Nada obstante, mostra-se aconselhável a realização do registro, vez que confere ampla publicidade à criação da servidão, provendo maior segurança ao direito do prédio dominante.[47]

Descabimento da usucapião nas servidões não aparentes Segundo o enunciado do art. 1.379 do Código Civil, somente as servidões aparentes se adquirem por usucapião. Tal modalidade aquisitiva não se aplica às servidões não aparentes porque o seu exercício, como mencionado linhas acima, não se manifesta por nenhum sinal exterior e, por consequência, não se mostra apto a configurar o fato da posse, essencial à caracterização da usucapião.[48] A propósito, San Tiago Dantas ressalta que, não sendo a servidão revelada por sinais visíveis, o seu exercício se confunde com "o estado de fato criado pela simples vontade livre do proprietário, e o exemplo do prédio ao lado do nosso, que se vê com um só pavimento, e não se sabe se assim está porque o deseja o seu proprietário ou porque está sujeito a uma servidão *altius non tollendi*, esclarece a questão".[49]

Cabimento da usucapião nas servidões descontínuas Ao tempo do Código Civil de 1916, discutia-se o cabimento da usucapião em relação às servidões aparentes que fossem descontínuas. Vozes autorizadas refutavam-na com o argumento de que, sendo a servidão exercida de forma intermitente, por intervalos, a sua posse também seria descontínua.[50] Prevaleceu, contudo, o entendimento de que a continuidade da posse, para efeito da usucapião, não se confunde com a continuidade da servidão, de modo que nada obsta que haja posse contínua de servidão descontínua.[51]

Com efeito, a posse, para ser contínua, não supõe o uso ininterrupto da coisa, podendo-se pensar no exemplo do dono que utiliza a sua casa de campo em determinados períodos do ano, mantendo-a fechada durante as suas ausências. A posse, nesse caso, é inegavelmente contínua, pois que o sujeito mantém por todo o tempo sob seu

---

[47] V. San Tiago Dantas, *Programa de Direito Civil: Direito das Coisas*, vol. III, cit., p. 329; e ainda Tupinambá Miguel Castro do Nascimento, *Direito Real de Servidão*, cit., p. 167.

[48] Nas palavras de Clovis Bevilaqua, a servidão não aparente "repele a ideia de posse" (Clovis Bevilaqua, *Código Civil dos Estados Unidos do Brasil Comentado*, cit., p. 1.165).

[49] San Tiago Dantas, *Programa de Direito Civil: Direito das Coisas*, vol. III, cit., p. 329.

[50] V. nesse sentido Darcy Bessone para quem "a descontinuidade da servidão acarreta a descontinuidade da posse" (Darcy Bessone, *Direitos Reais*, São Paulo: Editora Saraiva, 1996, 2ª ed., p. 281). Também contra a usucapião de servidão descontínua, Orlando Gomes, *Direitos Reais*, cit., p. 327.

[51] "É hoje ponto incontroverso que as servidões descontínuas são perfeitamente suscetíveis de uma posse contínua, no sentido em que se emprega o termo na teoria da usucapião" (Eduardo Espínola, *Os Direitos Reais*, cit., p. 145).

controle a destinação econômica do imóvel, sendo o único a ter a possibilidade de tirar proveito dele. Do mesmo modo, se o dono do prédio encontra-se em condição de percorrer, quando quiser, o caminho aberto pelo terreno do vizinho, a posse há de ser considerada contínua, pois o que importa é que o serviço objeto da servidão se mantenha à disposição do imóvel dominante.[52] Como esclarece Carvalho Santos: "a continuidade da posse, isto é, a sua conservação resulta da existência e conservação da coisa em estado de prestar o serviço objeto da servidão, pouco importando seja ela contínua".[53]

Em suma, todas as servidões aparentes, sejam contínuas, sejam descontínuas, são suscetíveis de aquisição por usucapião. Esse é o entendimento dos tribunais pátrios, que admitem a prescrição aquisitiva das servidões descontínuas, desde que tenham se tornado aparentes em virtude da existência de obras permanentes e ostensivas.[54]

Além do registro do título constitutivo e da usucapião, há uma terceira moda-lidade aquisitiva, que vem sendo admitida pela doutrina e pelos tribunais, não obs-tante a ausência de previsão legal. Cuida-se da servidão instituída *inter vivos* por ato de vontade unilateral e tácita do proprietário,[55] comumente designada de servidão por destinação do proprietário ou pai de família (*pater familias*). Verifica-se quando "o senhor de dois prédios estabelece sobre um serventias visíveis em favor do outro e posteriormente aliena um deles, ou um e outro passam por sucessão a pertencer a donos diversos, as serventias estabelecidas assumem a natureza de servidões salvo cláusula expressa em contrário".[56]

> Destinação do proprietário

Considere-se o caso de o proprietário de dois imóveis vizinhos destinar um deles a servir o outro com algum serviço ou utilidade, tal como a retirada de água, a insta-lação de tubos ou o trânsito por determinado caminho aberto no terreno. A doutrina faz notar que esse estado de dependência entre os prédios, chamado comumente de serventia, corresponde, do ponto de vista material, ao exercício de uma servidão, mas,

---

[52] V. Gustavo Tepedino, Heloisa Helena Barboza, Maria Celina Bodin de Moraes, *Código Civil Inter-pretado Conforme a Constituição da República*, vol. III, cit., p. 782.

[53] J. M. de Carvalho Santos, *Código Civil Brasileiro Interpretado*, vol. IX, cit., p. 173.

[54] "Ação de manutenção de posse. Servidão de passagem. Procedência. (...) É possível existir a ser-vidão de passagem em imóvel que não seja encravado. Desnecessidade de previsão da servidão de passagem no respectivo registro do imóvel serviente para a proteção possessória. Usucapião é modo originário de aquisição da propriedade" (TJ-SP, 21ª C.D.Pr., Ap. Cív. 0019186-32.2010.8.26.0269, Rel. Des. Virgílio de Oliveira Junior, julg. 23.9.2013, publ. *DJ* 1.10.2013). De acordo com o voto do Relator: "exige a lei que as servidões, para gerar usucapião, sejam apenas aparentes, não exigindo serem elas também contínuas. Podem as servidões descontínuas, que para seu exercício dependem de atos do titular do prédio dominante, gerar usucapião, se forem aparentes". V. ainda TJ-SP, 14ª C.D.Pr., Ap. Cív. 0006947-66.2009.8.26.0063, Rel. Des. Ronnie Herbert Barros Soares, julg. 22.5.2013, publ. *DJ* 24.5.2013.

[55] Orlando Gomes, *Direitos Reais*, cit., p. 326; Caio Mário da Silva Pereira, *Instituições de Direito Civil*, vol. IV, cit., p. 249.

[56] Lafayette Rodrigues Pereira, *Direito das Coisas*, vol. I, cit., pp. 431-432. Nas palavras de Caio Mário da Silva Pereira, "a servidão pode ser instituída por *destinação do pai de família ou destinação do proprietário*, no caso de a mesma pessoa ter dois prédios e, criada uma serventia visível de um em favor de outro, venham a mais tarde a ser donos diversos por alienação ou herança" (Caio Mário da Silva Pereira, *Instituições de Direito Civil*, vol. IV, cit., pp. 248-249).

do ponto de vista legal, não se constitui em servidão porque lhe falta a pluralidade de sujeitos indispensável à formação da relação jurídica real (*nemini res sua servit*).[57]

Tal situação, contudo, altera-se no momento em que os prédios passam a donos diferentes. Neste momento resta, enfim, instituída a servidão, em respeito àquele estado de coisas, que aderiu aos imóveis por vontade do antigo proprietário. Ao interessado cabe então propor a competente ação judicial para que seja declarada a criação do ônus real, valendo a sentença como título aquisitivo para o registro no Registro de Imóveis.[58]

O Código anterior era omisso sobre esse meio de constituição das servidões, o que deu lugar a intenso debate doutrinário, que, ainda hoje, vale a pena ser estudado, não apenas por razões práticas, mas também pela riqueza dos argumentos apresentados sobre questões fundamentais da dogmática dos direitos reais.

Fundamento da destinação do proprietário

Os partidários da servidão por destinação do pai de família defendem que, no caso de os imóveis virem a pertencer a donos diferentes, deve ser admitida a criação da servidão, porque a serventia, instituída por vontade do proprietário anterior, incorporou-se aos imóveis e com eles deve manter-se, pois que os bens se transmitem no estado em que se encontram, com suas qualidades e encargos.[59] "Entende-se que, tacitamente, o antigo proprietário dos dois prédios consentiu em que um deles continuasse a servir ao outro, pelo que, quem o adquire, o recebe com *ônus*, ou *vantagem*, decorrente da servidão".[60]

Sublinham, ademais, a importância de tutelar-se a confiança suscitada pela aparente existência da servidão, revelada pelo estado manifesto de interdependência em que se encontram os imóveis. Na síntese de San Tiago Dantas, a servidão por destinação do pai de família "corresponde a uma situação justa, a uma verdadeira disposição própria dos prédios, e a omissão da criação da servidão contraria certo estado de fato que as partes já conhecem e que, portanto, aceitavam no momento da translação do domínio".[61] Na mesma direção, Silvio Rodrigues ressalta que o instituto "se funda no propósito de proteger a boa-fé do adquirente do prédio dominante, que, vendo-o beneficiado pelas serventias estabelecidas pelo proprietário anterior, tem a justa expectativa de imaginá-lo titular daquelas vantagens, a título de servidão".[62]

Críticas à admissão da destinação do proprietário

As críticas que lhe foram dirigidas dizem respeito, principalmente, a três aspectos do regime legal das servidões.[63] A primeira objeção é a de que o direito real de servidão

---

[57] San Tiago Dantas, *Programa de Direito Civil: Direito das Coisas*, vol. III, cit., p. 330; Orlando Gomes, *Direitos Reais*, cit., p. 326; Darcy Bessone, *Direitos Reais*, cit., p. 282.

[58] Philadelpho Azevedo, *Destinação do Imóvel*, São Paulo: Max Limonad, 1957, 2ª ed., p. 81.

[59] "A servidão, assim constituída tacitamente, é um acessório, ou antes uma qualidade dos imóveis contíguos, e com eles se transmite por uma necessidade jurídica, quando em virtude do testamento ou do contrato passam a pertencer a proprietários diversos" (Alfredo Bernardes *apud* Philadelpho Azevedo, *Destinação do Imóvel*, cit., pp. 61-62).

[60] Darcy Bessone, *Direitos Reais*, cit., p. 282.

[61] San Tiago Dantas, *Programa de Direito Civil: Direito das Coisas*, vol. III, cit., p. 331.

[62] *Direito Civil: Direito das Coisas*, vol. V, São Paulo: Saraiva, 2003, 28ª edição, p. 289.

[63] Cf. Clovis Bevilaqua, *Servidão constituída por destinação do proprietário; sua inexistência no direito brasileiro*. In: *Revista Forense*, vol. 43, jul.-dez. 1924, p. 333. V. ainda a posição crítica de Pontes de

exige a diversidade de donos (Código Civil de 1916, art. 695, correspondente ao art. 1.378 do Código atual). A segunda consiste na afirmação de que as servidões não se presumem (conforme regra enunciada no art. 696 do Código de 1916 e contida no art. 1.231 do Código vigente). A terceira baseia-se na alegação de que todos os direitos reais se submetem ao princípio da inscrição, de modo que só se constituem mediante o registro do respectivo título aquisitivo no Registro de Imóveis (Código Civil de 1916, art. 676, correspondente ao art. 1.227 do Código vigente).

Em obra seminal sobre o tema, o Professor Philadelpho de Azevedo enfrentou cada um desses argumentos. À objeção de que não se admite servidão se os prédios estiverem reunidos na titularidade do mesmo dono replicou que a servidão por destinação do proprietário só se constitui no momento em que os imóveis passam a pertencer a donos diferentes.[64] Contra o segundo argumento sustentou que não há na destinação do proprietário presunção de servidão.[65] Como em qualquer outra modalidade de constituição de servidões, cumpre ao interessado comprovar a existência da servidão, ainda que indiretamente, por meio da reunião de indícios materiais que sejam aptos a demonstrar a vontade do proprietário em sujeitar um dos imóveis a prestar serviço ou utilidade ao outro.[66]

Argumentos favoráveis à sua admissão

Por fim, quanto ao argumento baseado no princípio da inscrição, Philadelpho Azevedo responde que a destinação do proprietário não ofende o sistema jurídico brasileiro, vez que o registro do título aquisitivo pode ser efetuado sem dificuldades.[67] O título, explica o autor, não consiste necessariamente em um escrito feito pelas partes, devendo, ao contrário, ser compreendido, em termos mais amplos, como fato jurídico apto a fundamentar a criação da servidão. Este, no caso da destinação do pai de família, reside no fato aparente da destinação do imóvel,[68] cujo reconhecimento, se não for possível por meio de acordo com o dono do prédio dominante, pode ser obtido judicialmente, servindo a sentença que confirmar a sua existência para o registro no Registro de Imóveis, tal como se verifica na aquisição mediante usucapião.[69]

Ainda durante a vigência do Código Civil de 1916, e a despeito da ausência de previsão legal, a jurisprudência firmou-se a favor da admissão da servidão por destinação do pai de família.[70] No sistema atual, poder-se-ia objetar que o Código Civil

Aceitação da destinação do proprietário no direito vigente

Miranda, segundo quem a questão depende exclusivamente da interpretação do negócio jurídico por meio do qual se convencionou a transmissão de um ou de ambos os imóveis, cabendo averiguar se nele se contém de forma implícita acordo para a manutenção da serventia existente por meio da constituição do direito real de servidão (Pontes de Miranda, *Tratado de Direito Privado*, t. XVIII, cit., § 2.204, pp. 391-397).

64 Philadelpho Azevedo, *Destinação do Imóvel*, cit., pp. 63 e 65.

65 Philadelpho Azevedo, *Destinação do Imóvel*, cit., p. 67.

66 V. sobre o ponto San Tiago Dantas, *Programa de Direito Civil: Direito das Coisas*, vol. III, cit., pp. 332-333.

67 Philadelpho Azevedo, *Destinação do Imóvel*, cit., p. 78.

68 Philadelpho Azevedo, *Destinação do Imóvel*, cit., p. 79.

69 Philadelpho Azevedo, *Destinação do Imóvel*, cit., p. 81.

70 Cf. STF, 2ª T., RE 10.192/DF, Rel. Min. Orozimbo Nonato, julg. 10.8.1951; STF, 2ª T., RE 21.027/SP, Rel. Min. Orozimbo Nonato, julg. 17.10.1952; STF, RE 22.656, Rel. Min. Nelson Hungria, julg.

não incluiu tal modalidade aquisitiva entre aquelas contempladas nos artigos 1.378 e 1.379. Ademais, o art. 1.378 requer declaração *expressa* dos proprietários para a constituição das servidões, o que poderia ser interpretado em sentido contrário à instituição do gravame por vontade *tácita* do dono dos imóveis. Nada obstante, a destinação do pai de família continua a ser amplamente acolhida pela doutrina[71] e pelos tribunais,[72] sendo comumente empregada para tutelar a legítima confiança suscitada pela aparente existência da servidão entre imóveis antes pertencentes ao mesmo dono.

Requisitos de configuração

A destinação do imóvel por vontade do proprietário configura-se na presença de determinados requisitos, que se encontram fixados, com maior ou menor precisão, na doutrina e jurisprudência dominantes. São eles: *a)* o estado visível da coisa; *b)* a passagem dos imóveis a proprietários diferentes, em virtude da transmissão por ato *inter vivos* ou *causa mortis* de um ou de ambos; e *c)* a falta de declaração contrária ao estabelecimento da servidão.[73]

Estado visível da coisa

Por estado visível da coisa compreende-se o estado de interdependência entre os prédios, revelada por sinais exteriores, como, por exemplo, a presença de obras em um ou em outro imóvel.[74] Não importa se tenha sido estabelecido pelo proprietário comum ou remonte a tempos anteriores,[75] contanto que perdure por ocasião da passagem dos imóveis a diferentes donos.[76]

Admissão em relação às servidões aparentes e descontínuas

É pacífico que somente as servidões aparentes podem constituir-se por destinação do proprietário. As não aparentes, por não serem perceptíveis, não denotam

---

28.5.1953; STF, RE 30.009/SP, 2ª T., Rel. Min. Antonio Martins Vilas Boas, julg. 13.5.1958; STF, 1ª T., RE 70.615, Rel. Min. Antonio Neder, julg. 11.11.1975; STJ, 4ª T., REsp. 2.403-RS, Rel. Min. Sálvio de Figueiredo Teixeira, julg. 28.8.1990.

[71] V. Marco Aurélio Bezerra de Melo, *Direito Civil: Coisas*, cit., p. 323; Arnaldo Rizzardo, *Direito das Coisas*, cit., p. 891; Cristiano Chaves de Farias e Nelson Rosenvald, *Curso de Direito Civil: Reais*, vol. V, São Paulo: Atlas, 11ª ed., p. 678.

[72] "Servidão. Chaminé de lareira por meio de duto retangular, que vai da sala do apartamento dominante, situado abaixo, até o telhado do edifício, passando pela sala do apartamento serviente, situado acima, instituída por destinação do proprietário anterior, que possuía os dois apartamentos, vendidos às partes demandante e demandada" (TJRS, 20ª CC, Ap. Cív. 70009681867, Rel. Des. Carlos Cini Marchionatti, julg. 22.09.2004).

[73] Orlando Gomes, *Direitos Reais*, cit., p. 326; Caio Mário da Silva Pereira, *Instituições de Direito Civil*, vol. IV, cit., p. 249. De acordo com Carvalho Santos, "o efeito atribuído à destinação do pai de família é independente da causa que operou a separação dos dois prédios", a qual pode corresponder à partilha, ao ato de alienação ou até mesmo à usucapião (J. M. Carvalho Santos, *Código Civil Brasileiro Interpretado*, vol. IX, cit., p. 153).

[74] J. M. de Carvalho Santos, *Código Civil Brasileiro Interpretado*, vol. IX, cit., pp. 152-153; e Arnaldo Rizzardo, *Direito das Coisas*, cit., p. 892.

[75] Porque em ambas as hipóteses a serventia terá sido preservada até a separação dos prédios por vontade do proprietário comum. V. nesse sentido J. M. de Carvalho Santos, vol. IX, cit., p. 155. Contra, Darcy Bessone, para quem a constituição da servidão por destinação do pai de família está condicionada a que a serventia tenha sido estabelecida pelo proprietário comum (*Direitos Reais*, São Paulo: Saraiva, 1996, 2ª ed., p. 282).

[76] J. M. de Carvalho Santos, *Código Civil Brasileiro Interpretado*, vol. IX, cit., p. 153; e Darcy Bessone, *Direitos Reais*, cit., p. 282.

CAPÍTULO XIII | SERVIDÃO 299

estado visível algum.[77] Em contrapartida, divergem os autores acerca do cabimento dessa modalidade aquisitiva em relação às servidões descontínuas. Argumenta-se, de uma parte, que as servidões descontínuas facilmente se confundem com atos de mera tolerância, de modo que faltariam provas para demonstrar a efetiva vontade do proprietário em destinar um dos prédios ao serviço permanente do outro, na forma de uma servidão.[78] Tal entendimento já foi acolhido em sede jurisprudencial, como se vê do seguinte acórdão: "A servidão de trânsito, por ser descontínua, embora aparente, não se constitui por meio de destinação do proprietário, devendo ser objeto de negócio jurídico e constar do registro imobiliário".[79] No entanto, mostra-se mais acertada a opinião dos autores que, em sentido oposto, não encontram óbice à aquisição de servidão descontínua por destinação do proprietário, contanto que ela seja aparente.[80] Com efeito, a averiguação da vontade do dono traduz questão estritamente probatória, de sorte que nada obsta a que se reconheça instituída a servidão descontínua no caso de restar evidenciado o estado visível de interdependência entre os imóveis, como se verifica no exemplo da servidão de trânsito tornada aparente em virtude da presença de obras permanentes no prédio serviente. Não haveria nesse caso ofensa ao princípio segundo o qual a propriedade se presume plena (CC, art. 1.231), já que a existência da servidão foi comprovada por quem invocou a sua constituição.[81]

---

[77] V. nesse sentido J. M. de Carvalho Santos, *Código Civil Brasileiro Interpretado*, vol. IX, cit., p. 152; Caio Mário da Silva Pereira, *Instituições de Direito Civil*, vol. IV, cit., p. 248; Washington de Barros Monteiro, *Curso de Direito Civil: Direito das Coisas*, vol. III, São Paulo: Saraiva, 2003, 37ª ed., p. 282; Marco Aurélio Bezerra de Melo, *Direito Civil: Coisas*, cit., p. 323.

[78] V. nessa direção Orlando Gomes, *Direitos Reais,* cit., p. 327. Cf. ainda a síntese do argumento apresentada por San Tiago Dantas, *Programa de Direito Civil: Direito das Coisas*, vol. III, cit., p. 332.

[79] TJRJ, 4ª C.C., Ap. Cív. 2003.001.06895, Rel. Des. Fernando Cabral, julg. 27.5.2003.

[80] V. nesse sentido Philadelpho Azevedo, *Destinação do Imóvel*, cit., p. 107; J. M. de Carvalho Santos, *Código Civil Brasileiro Interpretado*, vol. IX, cit., p. 157; e Arnaldo Rizzardo, *Direito das Coisas*, cit., p. 892.

[81] "Requeridos que fazem jus ao reconhecimento da alegada servidão de passagem Constituição da servidão mediante destinação do proprietário/pai de família no caso em tela. Modalidade de constituição que, embora não encontre expressa previsão legal, é amplamente reconhecida pela doutrina e pela jurisprudência. Existência de mera serventia quando ambos os imóveis pertenciam a um dos corréus, e que se transformou em servidão a partir do momento em que houve a transferência da propriedade de um dos prédios ao autor. Requisitos da aparência da servidão, da diversidade dominial e da falta de declaração contrária ao estabelecimento da servidão que foram preenchidos no caso concreto. Desnecessidade de registro da serventia. Provas dos autos a evidenciar que o autor tinha inequívoco conhecimento da utilização do imóvel para passagem quando de sua aquisição. Reconhecimento do direito dos réus à servidão que se limita, porém, à utilização do imóvel serviente para passagem dos moradores, visitantes e respectivos veículos do prédio vizinho, sendo vedado o uso para quaisquer outros fins, como passagem de estranhos e depósito de bens móveis Recurso parcialmente provido." (TJSP, 37ª C.D.Pr., Ap. Cív. 0252138-42.2009.8.26.0002; Rel. Des. Francisco Loureiro, julg. 10.11.2011). TJES, Ap. Cív. 0016823-13.2006.8.08.0011, 1ª C.C., Rel. Des. William Couto Gonçalves, julg. 13.8.2013. Admitindo a instituição de servidão de trânsito por destinação do pai de família, cf. STF, RE 21.027/SP, 2ª T., Rel. Min. Orozimbo Nonato, julg. 17.10.1952; STF, RE 22.656, Rel. Min. Nelson Hungria, julg. 28.5.1953; STF, 2ª T., RE 30.009/SP, Rel. Min. Antonio Martins Vilas Boas, julg. 13.5.1958; e STF, 2ª T., A.I. 23.660, Rel. Min. Victor Nunes, julg. 25.7.1961; STJ, 4ª T., REsp. 2.403-RS, Rel. Min. Sálvio de Figueiredo Teixeira, julg. 28.8.1990.

Ausência de declaração expressa contrária à instituição da servidão

No entanto, não subsiste a servidão pela destinação do pai de família se houver, no ato que promoveu a separação dos imóveis em mais de um proprietário, declaração expressa contrária a sua instituição, "o que se se justifica porque é o consentimento tácito dos interessados, resultante da conservação do estado da coisas encontrado, que estabelece a servidão".[82] Cumpre, desse modo, interpretar o ato jurídico como vistas a verificar se as suas disposições, expressa ou implicitamente, suscitam na parte contratante a legítima expectativa de preservação do estado de interdependência que se encontrava presente entre os prédios no momento em que foram separados.

5. EXERCÍCIO

Limites estabelecidos no título

O exercício da servidão deve ater-se aos limites definidos no título, às necessidades do prédio dominante e, ainda, ao cumprimento dos deveres de mútua colaboração que decorrem da boa-fé objetiva. Por se tratar de ônus restritivo ao domínio, cumpre ao titular do prédio dominante exercer o seu direito em conformidade com os termos precisos do seu título, não podendo modificar ou alargar o encargo sem o consentimento do dono do prédio serviente, ressalvada a hipótese legal de ampliação compulsória da servidão, de que se cuidará adiante.

Respeito ao fim da servidão

Como prevê o art. 1.385, § 1º, do Código Civil, instituída "para certo fim, a servidão não se pode ampliar a outro". Por vezes, tal finalidade é ínsita ao objeto da servidão, como ocorre, por exemplo, na servidão *non aedificandi* que se destina, invariavelmente, a impedir a construção acima do nível do solo. Em outros casos, ela se encontra definida no instrumento negocial constitutivo ou resulta do uso reiterado ao longo do tempo, capaz de conduzir à instituição da servidão por usucapião.

De todo modo, como enunciado na regra legal, não se mostra lícito ao titular do prédio dominante exercer seu direito tendo em vista finalidade diversa daquela para a qual foi instituído. Assim, por exemplo, a servidão de tirar água (*acquae haustus*) criada para atender o consumo humano não pode ser aproveitada para fins agrícolas ou industriais, sem o consentimento do dono do prédio serviente. No entanto, se o fim não se encontrar definido, entende-se que a servidão se destina a suprir todas as necessidades do prédio dominante.[83]

Definição do modo de exercício da servidão

O título também determina a extensão e o modo de exercício da servidão. Consente-se aos particulares estipular, no negócio constitutivo, as mais variadas regras destinadas a disciplinar o aproveitamento da utilidade proporcionada pelo prédio serviente, de modo a melhor atender aos seus interesses. Na servidão *aquae haustus*, por exemplo, pode-se definir o volume máximo de água a ser retirado ou, no caso da servidão de trânsito, pode-se restringir os horários em que se admite a circulação no prédio serviente.

---

82   J. M. de Carvalho Santos, *Código Civil Brasileiro Interpretado*, vol. IX, cit., p. 154.

83   J. M. de Carvalho Santos, *Código Civil Brasileiro Interpretado*, vol. IX, cit., p. 227.

No caso de servidão adquirida por usucapião, a sua extensão é determinada segundo a extensão da posse[84] – *quantum possessum, quantum praescriptum* – de sorte que o titular do prédio dominante somente pode exercer o seu direito em conformidade com o uso observado durante o tempo exigido para a consumação da usucapião. De outra parte, constituindo-se a servidão por destinação do pai de família, o seu exercício deve conformar-se ao estado visível de interdependência que se encontrava estabelecido entre os prédios ao tempo em que passaram para as mãos de proprietários distintos.

Ao prédio dominante mostra-se lícito fazer uso de todas as prerrogativas compatíveis com a extensão da servidão, sendo-lhe vedado, entretanto, a prática de atos que excedam o encargo instituído.[85] Em relação às servidões que admitem diferentes graus de ônus, essa regra conduz a uma consequência importante: as servidões de maior ônus contêm as de menor, e as de menor excluem as mais onerosas.

O Código Civil exemplifica com a servidão de trânsito (art. 1.385, § 2º), que comporta três modalidades, que, no direito romano, correspondiam ao *iter, actus* e *via*. A primeira dá o direito de atravessar a pé o imóvel alheio, a segunda autoriza a passagem de rebanhos, e a terceira permite a condução de veículos por estrada aberta no prédio.[86] Se o possuidor do prédio dominante tem o direito de passar conduzindo veículo, nada lhe impede de fazê-lo a pé, pois que a modalidade mais onerosa contém a menos onerosa. Em contrapartida, se a servidão se restringe ao trânsito de pedestres, não se pode tolerar a condução de veículos, já que isso resultaria no aumento do ônus imposto ao prédio serviente, contrariamente aos termos definidos no título constitutivo.

Servidões com diferentes graus de ônus

O legislador, contudo, admite a ampliação compulsória da extensão da servidão, à revelia do que dispuser o título, quando fundada nas necessidades da cultura ou da indústria (CC, art. 1.385, § 2º). Tal norma, que encontra seu fundamento na função social da propriedade,[87] mitiga o caráter voluntário da servidão, autorizando que se imponha ao prédio serviente ônus maior do que havia consentido suportar, com vistas a atender prioritariamente ao desenvolvimento da atividade econômica conduzida no prédio dominante.[88]

Ampliação compulsória da extensão da servidão

As necessidades, a que alude o dispositivo legal, podem decorrer da expansão física da cultura ou indústria, da introdução de novo meio de produção ou ainda da substituição de uma atividade por outra, desde que respeitado o fim da servidão.[89] San Tiago Dantas refere-se, exemplificativamente, à servidão *aquae haustus* constituída para fins agrícolas que, inicialmente, atendia a plantio pouco exigente em

---

[84] Orlando Gomes, *Direitos Reais*, cit., p. 329.

[85] Silvio Rodrigues, *Direito Civil: Direito das Coisas*, vol. V, São Paulo: Saraiva, 2003, 28ª ed., p. 290.

[86] J. M. de Carvalho Santos, *Código Civil Brasileiro Interpretado*, vol. IX, cit., p. 237.

[87] Francisco Eduardo Loureiro, in Cezar Peluso (coord.), *Código Civil Comentado*, cit., p. 1.445; e no mesmo sentido Marco Aurélio Bezerra de Melo, *Direito das Coisas*, cit., p. 328.

[88] San Tiago Dantas, *Programa de Direito Civil: Direito das Coisas*, vol. III, cit., p. 334.

[89] J. M. de Carvalho Santos, *Código Civil Brasileiro Interpretado*, vol. IX, cit., p. 239.

matéria de água, mas, posteriormente, substituído por outra lavoura, com maiores necessidades de consumo. Nesse caso, o prédio serviente há de sofrer o alargamento do direito de servidão, ainda que ultrapassado o limite máximo de retirada de água convencionado no título.[90]

Condições para a ampliação compulsória

No entanto, dada a sua natureza expropriatória, a ampliação compulsória da extensão da servidão condiciona-se ao preenchimento das condições legais. Em primeiro lugar, só é admitida, contra a vontade do dono do prédio serviente, na hipótese de revelar-se, comprovadamente, necessária ao incremento da atividade rural ou industrial. Cuida-se de matéria de fato que, na falta de acordo entre as partes, cabe ao juiz dirimir tendo em vista as provas que lhe forem apresentadas.[91]

Em segundo lugar, a expansão que se pretende impor ao prédio serviente não pode extrapolar o fim para o qual foi constituída a servidão. "Desta sorte, se no título constar a servidão da água para irrigação, não se converte em servidão para uma fábrica, um hotel, ou um edifício de apartamentos, sob pena de se tipificar uma nova finalidade. A ampliação seria em decorrência de outro uso. Não haveria amparo no § 3º do art. 1.385 do atual Código".[92]

Em terceiro lugar, como sublinhado pela doutrina, tal prerrogativa deve ser exercida com moderação,[93] não se admitindo que, por meio dela, se inflija ao dono do prédio serviente dano excessivo,[94] como se verificaria no caso de a ampliação da servidão de água ser de tal monta que prive o proprietário do necessário para as suas próprias necessidades.

Exige-se, por fim, que, em contrapartida à expansão da servidão, o dono do prédio dominante pague indenização ao dono do prédio serviente. Procura-se, desse modo, compensá-lo por ser obrigado a tolerar ônus mais largo do que o consentido. A verba indenizatória deve considerar o excesso de encargo em relação à extensão fixada no título constitutivo.[95]

Enfim, ressalvada a hipótese que se acabou de examinar, que se circunscreve às necessidades da cultura ou da indústria, não admite o Código Civil que o exercício da servidão ultrapasse o quanto estiver estipulado no título constitutivo. Por isso, sempre que, na vida prática, se quiser apurar se o prédio dominante está autorizado à prática de determinado ato, cumpre examinar, primeiramente, o título a fim de verificar a finalidade e a extensão que se deu à servidão.

Restrição da servidão às necessidades do prédio dominante

Averiguado o quanto dispõe o título, outros limites devem ser considerados. Por se tratar, como visto anteriormente, de relação jurídica predial, que se estabelece em utilidade da coisa imóvel, o exercício da servidão deve restringir-se às necessidades

---

[90] San Tiago Dantas, *Programa de Direito Civil: Direito das Coisas*, vol. III, cit., p. 334.
[91] J. M. de Carvalho Santos, *Código Civil Brasileiro Interpretado*, vol. IX, cit., pp. 239-240.
[92] Arnaldo Rizzardo, *Direito das Coisas* cit., p. 909.
[93] Clovis Bevilaqua, *Código Civil dos Estados Unidos do Brasil Comentado*, cit., p. 1171.
[94] San Tiago Dantas, *Programa de Direito Civil: Direito das Coisas*, vol. III, cit., p. 334.
[95] J. M. de Carvalho Santos, *Código Civil Brasileiro Interpretado*, vol. IX, cit., p. 241.

CAPÍTULO XIII | SERVIDÃO   303

do prédio dominante (CC, art. 1.385, *caput*). Ainda que o título autorize utilização mais intensa ou elevada, não podem ser excedidas as necessidades do imóvel,[96] porque "é da essência da servidão predial que beneficie o prédio e não a pessoa".[97]

Disso decorre que o possuidor do prédio dominante está impedido de ceder a terceiro o benefício que lhe proporciona a servidão assim como não lhe assiste o direito de extrair do prédio serviente mais do que o necessário para suprir o seu imóvel. Nessa direção, San Tiago Dantas esclarece que "não se pode, quando se tem sobre o imóvel vizinho uma servidão *silvae cedendae*, cortar mais lenha do que se necessita, para vendê-las a terceiros. Não se pode tirar mais pedra, ou mais areia, ou mais água com o fim de fornecê-la a outra pessoa ou com o de desperdiçá-la. As necessidades do prédio dominante marcam o teto deste direito real: mais alto do que as suas necessidades não pode ir o titular do prédio dominante".[98]

Ademais, cumpre-lhe exercer o seu direito do modo menos gravoso para o prédio serviente (CC, art. 1.385, *caput*). Segundo a tradicional fórmula do direito romano, invocada até hoje pela doutrina, o exercício das servidões deve fazer-se *civiliter*. Significa que o dono do prédio dominante deve ser moderado e adequado nos seus atos de exercício,[99] procurando conciliar, na melhor medida possível, os seus interesses com os do proprietário do imóvel serviente.[100] A lei não pretende, dessa maneira, tolher o dominante do pleno aproveitamento das vantagens legítimas que proveem da servidão. Procura tão somente fazer com que se abstenha de causar ao serviente prejuízos desnecessários, que poderiam ser evitados.[101]

Exercício do modo menos gravoso para o prédio serviente

Apesar de a doutrina não invocar expressamente o princípio, há de se reconhecer a incidência, na hipótese acima, da boa-fé objetiva para fins de limitação do exercício da servidão. A doutrina mais tradicional, porque assimilava os direitos reais na coisa alheia a fragmentos de propriedade, apenas percebia, no conteúdo desses direitos, o poder absoluto e imediato sobre a coisa. No entanto, já se observou que o fenômeno da cooperação social não se restringe ao âmbito das relações pessoais, espraiando-se igualmente na seara dos direitos reais. Em particular, nos direitos reais sobre coisa alheia, identificam-se dois centros de interesses individualizados – o dono da coisa gravada e o titular do direito real limitado – que devem, ao longo da relação jurídica real, colaborar mutuamente para a plena realização de seus interesses, agindo em conformidade com os ditames da boa-fé objetiva.[102]

---

96   Silvio Rodrigues, *Direito Civil: Direito das Coisas*, vol. V, cit., p. 289.
97   J. M. de Carvalho Santos, *Código Civil Brasileiro Interpretado*, vol. IX, cit., p. 225.
98   San Tiago Dantas, *Programa de Direito Civil: Direito das Coisas*, vol. IIIcit., p. 333.
99   San Tiago Dantas, *Programa de Direito Civil: Direito das Coisas*, vol. III, cit., p. 333.
100   J. M. de Carvalho Santos, *Código Civil Brasileiro Interpretado*, vol. IX, cit., p. 229.
101   J. M. de Carvalho Santos, *Código Civil Brasileiro Interpretado*, vol. IX, cit., p. 229.
102   Sobre a incidência da boa-fé objetiva nas relações de colaboração oriundas dos direitos reais sobre alheia, confira-se o texto seminal de Pietro Rescigno, Proprietà, Diritto Reale e Credito. In: *Jus – Rivista di Scienze Giuridiche*, 1965, p. 472 e seguintes. E ainda Marco Comporti, *Contributo allo studio del diritto reale*, cit., pp. 243-244; Pietro Perlingieri, *O Direito Civil na Legalidade Constitucional*. In: *Direito civil contemporâneo: novos problemas à luz da legalidade constitucional: anais do Congresso*

Desse modo, nos termos do aludido art. 1.385 do Código Civil, não se admite que o dono do prédio dominante agrave, sem necessidade, o ônus imposto ao prédio serviente. A doutrina menciona, exemplificativamente, que, na servidão de trânsito, a passagem do vizinho em horas impróprias pode caracterizar o exercício abusivo do direito.[103] Na mesma direção colhe-se na jurisprudência que "se, na servidão de trânsito, se permitiu a passagem de pedestres, não pode ser utilizada para automóveis e muito menos pode o beneficiário arrancar cercas ou deixar abertas partes móveis destas, sob pena de configurar abuso de direito, que deve ser coibido pela ordem jurídica".[104]

Dever de não embaraçar o exercício legítimo da servidão

Também o titular do prédio serviente deve pautar a sua conduta nos consectários da boa-fé objetiva, agindo, ao longo da relação jurídica de servidão, em conformidade com os deveres de lealdade, honestidade e colaboração. Nessa direção, prescreve o art. 1.383 do Código Civil que o dono do imóvel serviente não pode "embaraçar de modo algum o exercício legítimo da servidão". Desse modo, independentemente do que dispuser o título constitutivo, o dono do prédio serviente não pode "fazer inovações que diminuam ou prejudiquem o uso da servidão ou o tornem mais incômodo, tendo-se em vista o seu objeto e a sua natureza, ou, para usarmos da expressão legal, o seu uso legítimo".[105] Exemplo disso seria a constituição de nova servidão em detrimento da anterior,[106] ou a realização de obras que impeça ou dificulte o trânsito pelo imóvel serviente.[107] Nesses casos, asseguram-se ao titular prédio dominante os interditos possessórios para que seja restaurado, em sua extensão original, o direito violado.

No entanto, ressalvados os atos que possam embaraçar o uso legítimo da servidão, o senhor do prédio serviente conserva o exercício de todas as faculdades inerentes à propriedade. Desse modo, mostra-se lícito que conceda novas servidões, em favor de outros prédios, no mesmo local ou em lugar diferente da constituída anteriormente, desde que não prejudiquem esta última.[108] Entende-se, também, que lhe assiste o

---

Internacional de Direito Civil-Constitucional da Cidade do Rio de Janeiro, São Paulo: Atlas, 2008, pp. 758 e 892-893.

[103] Dídimo da Veiga, in Paulo Lacerda (coord.), *Manual do Código Civil Brasileiro*, vol. IX, parte 1, cit., n. 250, pp. 369-370.

[104] TJMG, 2ª C.C., Ap. Cív. n. 0218275-6, Rel. Des. Caetano Levi Lopes, julg. 25.6.1996.

[105] J. M. de Carvalho Santos, *Código Civil Brasileiro Interpretado*, vol. IX, cit., p. 212.

[106] Washington de Barros Monteiro, *Curso de Direito Civil: Direito das Coisas*, vol. III, cit., p. 287.

[107] "Ação de reintegração de posse com pedido liminar. Servidão. (...) Acesso à garagem. Realização de obras pelo requerido que promovem restrição de passagem pelo local Necessidade de desfazimento. Obra que promoveu embaraço ao uso da servidão. Dicção do artigo 1.383 do Código Civil. Sentença de procedência parcial mantida. Recurso não provido" (TJSP, 14ª C.D.Pr., Ap. Cív. 0063753-05.2012.8.26.0100, Rel. Marcia Dalla Déa Barone, julg. 11.3.2015). Na mesma direção: "Apelação Cível. Ação de obrigação de fazer. Servidão de passagem. Fechamento de porteira com corrente e cadeado. Criação de impedimento ao exercício pleno do direito de servidão. Retirada do mecanismo e manutenção da porteira aberta. Medida de rigor. Sentença confirmada" (TJMG, 20ª C.C., Ap. Cív. 1025118002253400 1, Rel. Des. Vicente de Oliveira Silva, julg. 5.5.2021, publ. *DJ* 11.5.2021). V. ainda TJRJ, 27ª C.C., Ap. Cív. 0000617-11.2008.8.19.0022, Des. Antonio Carlos dos Santos Bitencourt, julg. 30.1.2019. V. ainda STJ, 4ª T., REsp 94.852/SP, Rel. p/ Acórdão Min. Sálvio de Figueiredo Teixeira, julg. 17.6.1999.

[108] Washington de Barros Monteiro, *Curso de Direito Civil: Direito das Coisas*, vol. III, cit., p. 287.

direito de aproveitar a parte do imóvel gravada pela servidão.[109] Assim, por exemplo, pode ele, pessoalmente, passar pelo trecho do terreno por onde se abriu a servidão de trânsito, contanto que não crie, por seus atos, embaraço ao direito do dominante.[110] A jurisprudência, ademais, admite a construção de portão de acesso para preservar a segurança do prédio serviente, desde que se permita a entrada do titular do prédio dominante, por meio, por exemplo, da entrega de chave de acesso.[111]

A discussão a respeito dos limites do exercício da servidão é suscitada, não raro, em razão da evolução das necessidades do prédio dominante, que, com o passar do tempo, podem se alargar. A esse respeito, já se observou que, sendo o direito real duradouro ou até mesmo perpétuo, o dono do prédio serviente deve tolerar a extensão da servidão, em razão de novas necessidades do prédio dominante, ainda que o título seja omisso a esse respeito, pois de outro modo o direito por eles constituído não preencheria a sua finalidade. Sendo assim, e de volta ao exemplo da servidão de trânsito, admite-se que o seu exercício seja ampliado no caso de o prédio dominante vir a ser habitado por número maior de familiares. Já na hipótese de alteração da destinação do prédio, que deixa de ser uma moradia para se tornar um estabelecimento aberto ao público, a conclusão, à luz da boa-fé objetiva, seria oposta, uma vez que a passagem irrestrita de pessoas desconhecidas comprometeria a segurança dos possuidores do prédio serviente, acarretando-lhes, assim, prejuízo desmesurado.[112]

Evolução no tempo das necessidades do prédio dominante

Outra questão que se presta a diferenças diz respeito à remoção da servidão de um lugar para outro. Em princípio, tendo os donos do prédio dominante e do serviente acordado entre si sobre o local destinado à servidão, não assiste a nenhum deles alterá-lo sem o consentimento do outro. No entanto, mitigando o rigor dessa regra, o art. 703 do Código Civil de 1916 reconhecia em favor do dono do prédio

Remoção da servidão

---

[109] Clovis Bevilaqua, *Código Civil dos Estados Unidos do Brasil Comentado*, cit., p. 1.169.

[110] J. M. de Carvalho Santos, *Código Civil Brasileiro Interpretado*, vol. IX, cit., p. 213.

[111] "SERVIDÃO DE PASSAGEM – Arguição, pelo autor, de que a servidão foi fechada, vedando seu direito de ir até seu imóvel – Ação julgada improcedente – Insurgência – Descabimento – (…) Prova dos autos, que demonstrou que o cerceamento da entrada da servidão de passagem foi necessário por questão de segurança, considerando que o réu passou a criar cabeças de gado e a ter máquinas agrícolas em sua propriedade, já tendo sido vítima da ação de meliantes por duas vezes, uma antes e outra depois da sentença – Autor, ademais, que não ficou impossibilitado de ter acesso à sua propriedade, tendo apenas que se deslocar 100 metros do caminho original e abrir a porteira, que por certo também lhe trouxe maior segurança e valorização do imóvel – Réu, outrossim, que disponibilizou ao autor e aos demais confinantes chaves da mencionada porteira, fazendo incidir no caso os artigos 1.383 e 1.384/CC ao caso – Sentença de improcedência do pedido mantida" (TJSP, 12ª C.D.Pr., Ap. Cív. 0005046-07.2014.8.26.0025, Rel. Des. Jacob Valente, julg. 16.2.2016). V. ainda: "Colocação de portão pelos proprietários do bem serviente com fornecimento de chaves aos proprietários do bem dominante. Inexistência de conduta que caracterize o esbulho, considerando que se trata de questão de segurança." (TJRJ, 12ª C.C., Ap. Cív. 0249540-79.2010.8.19.0001, Rel. Des. Cherubin Helcias Schwartz Júnior, julg. 26.6.2018). V. ainda: "(…) A construção de porteira aberta e colchete de arame, necessários à proteção do gado do proprietário de terreno onde se situa servidão de passagem, sem prejuízo da mesma (passagem) não constitui ato ilegal, merecendo, por isso, a proteção do Estado – Apelo não provido" (TJMG, 12ª C.C., Ap. Cív. 1.0479.11.002499-5/003, Rel. Des. Nilo Lacerda, julg. 7.8.2013, publ. 14.8.2013).

[112] V. sobre a questão J. M. de Carvalho Santos, *Código Civil Brasileiro Interpretado*, vol. IX, cit., pp. 230-232.

serviente a prerrogativa de remover a servidão, contanto que o fizesse à sua custa, e não diminuísse em nada as vantagens do prédio dominante, "porque, não se alterando o gozo do dono da servidão, não há motivo para impedir o proprietário do serviente de tornar menos onerosa a sua sujeição".[113]

Remoção por iniciativa do dono do prédio serviente

O Código Civil vigente reproduziu tal preceito em seu art. 1.384, mantendo inalteradas as condições a serem preenchidas para a transferência da servidão, a saber, (i) o proprietário do prédio serviente deve assumir todas as despesas e (ii) escolher um local de igual comodidade para o exercício da servidão do que a sede primitiva. "Assim, por exemplo, uma servidão de passagem estabelecida sem limite e que, por isso, pode ser exercitada para todos os usos do prédio dominante, como seja o trânsito de animais e veículos, só pode ser transferida para outro local que se preste para todos esses serviços".[114]

No entanto, não se exige do prédio serviente que demonstre ser o novo lugar menos gravoso do que anterior, nem que justifique, de outro modo, a remoção.[115] Preenchidos os requisitos legais acima assinalados, cabe-lhe proceder, por sua exclusiva vontade, à transferência da servidão, independentemente do assentimento do proprietário do prédio dominante.[116] Este último somente pode opor-se provando, em juízo, que a mudança traz prejuízo ao exercício de seu direito.[117]

Ressalta a doutrina que a regra em comento, que autoriza a remoção da servidão por iniciativa do serviente, constitui norma cogente, vez que destinada a impor a menor restrição ao domínio serviente sem sacrificar os interesses do prédio dominante.[118] Por isso que não se admite a renúncia antecipada ao exercício da faculdade, reputando-se nula a cláusula estipulada nesse sentido.[119] Tampouco corre a prescrição pelo decurso do tempo, podendo o dono do prédio serviente promover a remoção a qualquer momento, ainda que a servidão se encontre estabelecida em determinado lugar há mais de vinte anos.[120] Com maior razão, mostra-se lícita a remoção ainda que o local original tenha sido expressamente ajustado no título constitutivo.[121]

Remoção por iniciativa do dono do prédio dominante

Por outro lado, inovando em relação à codificação anterior, o art. 1.384 do Código vigente admite igualmente a remoção por iniciativa exclusiva do titular do prédio dominante. Mas o exercício da faculdade da parte deste último subordina-se a condições mais estreitas, pois, além de exigir que o dominante assuma as despesas do deslocamento, o preceito legal requer que se verifique a ausência de prejuízos para o prédio serviente e o incremento considerável de utilidade para o prédio dominante.

---

[113] Clovis Bevilaqua, *Código Civil dos Estados Unidos do Brasil Comentado*, cit., p. 1.168.
[114] J. M. de Carvalho Santos, *Código Civil Brasileiro Interpretado*, vol. IX, cit., p. 219.
[115] Francisco Eduardo Loureiro, in Cezar Peluso (coord.), *Código Civil Comentado*, cit., p. 1.444.
[116] Tupinambá Miguel de Castro do Nascimento, *Direito Real de Servidão*, cit., p. 84.
[117] Clovis Bevilaqua, *Código Civil dos Estados Unidos do Brasil Comentado*, cit., p. 1.168.
[118] Pontes de Miranda, *Tratado de Direito Privado*, t. XVIII, cit., § 2.225, item 4, pp. 563-564.
[119] Francisco Eduardo Loureiro, in Cezar Peluso (coord.), *Código Civil Comentado*, cit., p. 1.443.
[120] J. M. de Carvalho Santos, *Código Civil Brasileiro Interpretado*, vol. IX, cit., pp. 220-221.
[121] J. M. de Carvalho Santos, *Código Civil Brasileiro Interpretado*, vol. IX, cit., p. 216.

Ainda a respeito do exercício das servidões, o Código Civil cuida das chamadas *adminicula servitutis*, isto é, das servidões acessórias, que se encontram implícitas naquela que constitui o objeto principal do direito concedido ao proprietário do prédio dominante. A este último se reconhece a faculdade de fazer tudo aquilo que se mostrar necessário ao uso e à conservação de sua servidão, pois de nada valeria conceder-lhe um direito sem lhe fornecer os meios apropriados para usufrui-lo em todo a sua extensão. São exemplos de servidão acessória: do titular da servidão de tirar água, o direito de passagem até a fonte; do titular da servidão de aqueduto, o de entrar no prédio serviente para fiscalizar a passagem das águas; e do titular da servidão de ter chaminé no muro do vizinho, o de subir no telhado da casa deste último para fazer a limpeza.[122]

Servidões acessórias

Dentre as *adminicula servitutis* se destacam as obras auxiliares necessárias ao uso e à conservação da servidão. Tais obras podem ser numerosas e até mesmo vultosas, como na hipótese da servidão de trânsito que requer o aterramento de zonas pantanosas ou a construção de uma ponte para atravessar o rio que corta o terreno alheio. Por isso se mostra importante saber a quem cabe suportá-las.

Obras auxiliares

Cuida-se de matéria dispositiva a respeito da qual as partes podem livremente dispor no título. Sendo esse omisso, prevalece a regra supletiva estabelecida no art. 1.381 do Código Civil, segundo a qual cabe ao dono do prédio dominante fazê-las. Se a servidão for instituída em favor de mais de um prédio, as despesas devem ser rateadas entre os respectivos proprietários (CC, art. 1.380, *in fine*).

Obras auxiliares a cargo do dono do prédio dominante

Como medida necessária à realização das obras, reconhece-se ao dono do prédio dominante o direito de entrar pessoalmente no prédio serviente bem como o de ali introduzir operários e depositar materiais, tomando, sempre, o cuidado de causar o menor incômodo possível ao titular do prédio serviente.[123] Se agir com excesso, causando danos que poderiam ser evitados, deve indenizar o serviente.[124] Como se vê, o direito do dominante de entrar no prédio serviente regula-se pelas mesmas normas que regem o direito de auxílio mútuo (CC, art. 1.313), de que se tratou por ocasião do estudo do direito de vizinhança.

Direito de ingresso no prédio serviente

Ainda que caiba ao proprietário do prédio realizar as obras auxiliares, o dono do prédio serviente pode ser chamado a concorrer com o custeio das despesas na hipótese de aproveitar-se, de algum modo, das instalações construídas pela dominante, como se verifica, por exemplo, no caso de ele aproveitar a servidão de trânsito para conduzir cargas pela estrada aberta em seu terreno. Também compete ao serviente realizar à sua custa as obras se a necessidade de fazê-las resultar de culpa sua.[125]

Participação nas despesas de conservação da servidão

O titular do prédio dominante tem o direito de realizar as obras necessárias à manutenção da servidão, mas, em princípio, não pode ser constrangido a executá-las,

Faculdade e obrigação de realizar as obras auxiliares

---

[122] J. M. de Carvalho Santos, *Código Civil Brasileiro Interpretado*, vol. IX, cit., p. 186.

[123] Clovis Bevilaqua, *Código Civil dos Estados Unidos do Brasil Comentado*, cit., p. 1.166.

[124] J. M. de Carvalho Santos, *Código Civil Brasileiro Interpretado*, vol. IX cit., p. 192.

[125] Clovis Bevilaqua, *Código Civil dos Estados Unidos do Brasil Comentado*, cit., p. 1.167.

pois que, sendo a servidão direito disponível a que poderia renunciar, nada obsta que cesse os atos de conservação, deixando, por exemplo de limpar a estrada, de cortar as árvores que obstruem a passagem ou, em se tratando de servidão de aqueduto, de providenciar os reparos no conduto que atravessa o prédio serviente.[126]

No entanto, estará o proprietário do prédio dominante obrigado a efetuar as obras auxiliares da servidão caso tenha assumido expressamente o compromisso no título constitutivo.[127] Também deve proceder ao reparo das instalações existentes caso ameacem danificar o imóvel serviente. Nesse caso, assiste ao dono deste exigir a reparação das instalações, bem como a prestação de caução pelo dano iminente.[128]

Obras auxiliares a cargo do dono do prédio serviente

Autoriza o art. 1.381 do Código Civil que se imponha ao dono do prédio serviente, por expressa disposição do título, o encargo de realizar as obras necessárias à conservação e ao uso da servidão. Trata-se de obrigação *propter rem* que tem por origem a titularidade do prédio serviente.[129] Desta feita, a sua fonte é ambulatória, impondo-se a obrigação a quem assumir a qualidade de proprietário do prédio serviente.

Abandono liberatório

No entanto, o art. 1.382 do Código Civil permite que o dono do prédio serviente se exonere do dever de conservar a servidão, abandonando, total ou parcialmente, a propriedade do imóvel ao dono do prédio dominante. O dispositivo deixa claro que o dono do prédio serviente não está obrigado a oferecer ao dominante toda a sua propriedade, podendo fazê-lo em relação apenas à porção que se encontra sujeita à servidão.[130]

Tem-se aí a figura do *abandono liberatório,* característica típica das obrigações *propter rem,*[131] que tem em vista "a possibilidade de que as obras sejam de tal modo caras que valha mais a pena abandonar a parte onerada do prédio serviente do que suportar as respectivas despesas".[132]

O abandono, segundo a dicção do dispositivo, deve reverter-se em favor do proprietário do prédio dominante, que, aceitando a oferta, torna-se proprietário do prédio serviente. O titular do imóvel dominante, contudo, não pode ser cons-

---

[126] J. M. de Carvalho Santos, *Código Civil Brasileiro Interpretado*, vol. IX cit., p. 190.

[127] J. M. de Carvalho Santos, *Código Civil Brasileiro Interpretado*, vol. IX, cit., p. 190.

[128] J. M. de Carvalho Santos, *Código Civil Brasileiro Interpretado*, vol. IX, cit., p. 190.

[129] Gustavo Tepedino, Heloisa Helena Barboza, Maria Celina Bodin de Moraes, *Código Civil Interpretado Conforme a Constituição da República*, vol. III, cit., pp. 785-786.

[130] Como defendia a doutrina ao tempo do Código Civil de 1916, cujo artigo 701 não deixava claro, em sua redação, se o abandono poderia restringir-se à parte do imóvel afeta ao exercício da servidão. V. nesse sentido Clovis Bevilaqua, *Código Civil dos Estados Unidos do Brasil Comentado*, cit., p. 1.167.

[131] V. Milena Donato Oliva, A Responsabilidade do Adquirente pelos Encargos Condominiais na Propriedade Horizontal. In: *Revista Trimestral de Direito Civil*, vol. 26, abr.-jun. 2006, pp. 80-82; e Bárbara Almeida de Araújo, As obrigações proter rem. In: Gustavo Tepedino (coord.), *Obrigações: estudos na perspectiva civil-constitucional*, Rio de Janeiro: Renovar, 2005, p. 105.

[132] Darcy Bessone, *Direitos Reais*, cit., p. 283.

CAPÍTULO XIII | SERVIDÃO 309

trangido a adquirir a propriedade do serviente, mas, caso se recuse a recebê-la, deverá arcar com as obras, liberando o dono do serviente do encargo (CC, art. 1.382, parágrafo único).

Já se observou que o legislador não empregou o termo abandono em seu senti- do técnico,[133] pois que, a rigor, o emprego desse vocábulo circunscreve-se à hipótese de renúncia tácita, na qual o proprietário, por meio de comportamento inequívoco, manifesta a vontade de abrir mão de seu direito. No caso em exame, contudo, verifi- ca-se a transmissão do domínio do prédio serviente, que só se aperfeiçoa com o acordo de vontades das partes e o respectivo registro no Registro de Imóveis. Como anota Francisco Loureiro, "há, na verdade, negócio de alienação do prédio serviente, tendo como causa liberação da obrigação de custear ou manter as obras necessárias ao exercício da servidão".[134]

Negócio translativo de propriedade

Também cumpre observar que, a rigor, a exoneração não se produz em con- sequência do abandono, ou melhor, da transferência do domínio, vez que o dono do prédio serviente se livra da obrigação, ainda que o prédio dominante se recuse a celebrar o negócio translativo. O efeito liberatório decorre, mais precisamente, da oferta irrevogável de alienação da propriedade, ou de parte dela, seja ela acolhida ou não pelo titular do prédio dominante.

6. INDIVISIBILIDADE

Como visto anteriormente, a servidão adere aos imóveis e deles não se despren- de, traduzindo, assim, vínculo jurídico ambulatório, dotado de estabilidade ao longo do tempo. Disso decorre, como exortado pela doutrina, o seu caráter indivisível, tanto no lado ativo quanto no passivo.

Aderência e indivisibilidade

A indivisibilidade significa que a servidão aproveita a todo o prédio dominante, compreendidas todas as suas partes, e, por outro lado, sujeita todo o prédio serviente, em sua integralidade. Não se trata, porém, de atributo essencial da servidão, pois, a depender das circunstâncias, esta pode constituir-se em favor de parte específica do prédio dominante ou recair sobre determinado local do serviente, como se verifica, por exemplo, na servidão de trânsito, que, em conformidade com o título constitutivo, grava somente certa faixa do terreno, por onde se abriu o caminho.[135]

A principal consequência da indivisibilidade é que a servidão não se adquire nem se perde por partes (*servitutes dividi no possunt*), independentemente da plura- lidade de sujeitos ativos ou passivos.[136] Assim, se o prédio dominante for parcelado

Divisão dos imóveis e indivi- sibilidade da servidão

---

[133] Gustavo Tepedino, Heloisa Helena Barboza, Maria Celina Bodin de Moraes, *Código Civil Interpretado Conforme a Constituição da República*, vol. III, cit., p. 786; e também Francisco Eduardo Loureiro, in Cezar Peluso (coord.), *Código Civil Comentado*, cit., p. 1.441.

[134] Francisco Eduardo Loureiro, in Cezar Peluso (coord.), *Código Civil Comentado*, cit., p. 1.441.

[135] Clovis Bevilaqua, *Código Civil dos Estados Unidos do Brasil Comentado*, cit., p. 1.172.

[136] Caio Mário da Silva Pereira, *Instituições de Direito Civil*, vol. IV, cit., p. 246; Eduardo Espínola, *Os Direitos Reais*, cit., p. 91 Orlando Gomes, *Direitos Reais*, cit., p. 322; Darcy Bessone, *Direitos Reais*, cit., p. 279.

em duas ou mais unidades, todos os imóveis resultantes da divisão tornam-se dominantes, sendo o dono de cada qual titular de servidão autônoma. Nessa direção, afirma-se na doutrina que "o prédio serviente é sujeito a tantas servidões quantas são as porções destacáveis do prédio dominante".[137]

Preservação da situação do prédio serviente

De todo modo, essa multiplicação de servidões não pode resultar no agravamento da situação do serviente, em desrespeito ao estipulado no título constitutivo. A questão é ilustrada por San Tiago Dantas com o seguinte exemplo: "se se estabelece, suponha-se, numa servidão *silvae cedendae*, que o prédio dominante pode fazer lenha, dia sim, dia não, no prédio serviente, e de cada vez levar um carro, os quatro dominantes devem se acomodar, de modo que cada um deles leve uma fração, de tal sorte que a soma seja um carro, mas cada um deles é titular de uma servidão autônoma; não existe entre eles condomínio na servidão".[138]

Por outro lado, ocorrendo a divisão do prédio serviente, a servidão não sofre desfalque algum, pois que passa a gravar todas as partes resultantes do parcelamento. Por exemplo, constituída servidão *altius non tollendi* para que não se erga construção acima de certa altura, e passando o prédio serviente a diversos donos, todos eles terão de observá-la.

Extinção parcial da servidão

No entanto, como já mencionado, a indivisibilidade não traduz princípio absoluto, devendo, ao contrário, ser interpretado, em termos funcionais, como instrumento destinado a preservar, no decurso da relação jurídica, a utilidade da servidão, a despeito da mutabilidade dos sujeitos ativos e passivos. Por isso, sempre que por sua natureza, ou destino, beneficiar a parte do prédio dominante ou gravar certa porção do prédio serviente, a servidão não subsistirá em sua integralidade, como, aliás, dispõe expressamente o art. 1.386 do Código Civil: "As servidões prediais são indivisíveis, e subsistem, no caso de divisão dos imóveis, em benefício de cada uma das porções do prédio dominante, e continuam a gravar cada uma das do prédio serviente, salvo se, por natureza, ou destino, só se aplicarem a certa parte de um ou de outro."

Carvalho Santos esclarece a questão com "o exemplo do prédio que tinha o benefício de servidão de aqueduto para irrigação de plantações, que nada vale para as demais partes consistentes em pedreiras e matas". Realizada a divisão do imóvel dominante, "a servidão de água não poderá subsistir para as partes das matas e pedreiras, por não haver utilidade alguma em se cancelar tal servidão para quinhões que, pela sua natureza, dispensam esse benefício".[139]

Do modo análogo, ocorrendo a divisão do prédio serviente, o gravame passará a recair apenas sobre as partes que se mostrarem necessárias ao exercício da servidão. Assim, em outro exemplo trazido por Carvalho Santos, se uma servidão de passagem é instituída sobre o terreno na direção leste-oeste e a divisão é feita seguindo a mesma

---

137   J. M. de Carvalho Santos, *Código Civil Interpretado*, vol. IX, cit., p. 245.
138   San Tiago Dantas, *Programa de Direito Civil*, vol. III, cit., p. 325.
139   J. M. Carvalho Santos, *Código Civil Interpretado*, vol. IX, cit., p. 253.

CAPÍTULO XIII | SERVIDÃO   311

linha, continuará sujeita ao ônus real apenas a porção do terreno em que o caminho se encontra estabelecido.[140]

Além da preservação do vínculo jurídico real em caso de divisão dos imóveis, a doutrina destaca outras consequências práticas da indivisibilidade da servidão, relacionadas à formação de condomínio sobre os imóveis, a saber: a) não se pode adquirir servidão sobre parte ideal de bem indiviso;[141] b) se o dono do prédio dominante não exerce a servidão, esta se extinguirá em favor de todos e de cada um dos condôminos do serviente;[142] c) se o proprietário do prédio dominante tornar-se condômino do serviente, a servidão subsistirá integralmente, uma vez que não se pode conceber a extinção da servidão em relação à parte ideal; e d) pela mesma razão, se os proprietários de dois prédios dominantes adquirirem, em condomínio, o serviente, a servidão também subsistirá integralmente.[143]

Servidão e condomínio

A isso se acrescenta que a sentença judicial proferida em ação versando sobre direito de servidão se afigura indivisível subjetiva e objetivamente, abrangendo a servidão por inteiro e produzindo efeitos em relação a todos os donos dos prédios serviente e dominante.[144] Segundo a processualista contemporânea, haveria, nessa situação, litisconsórcio necessário unitário, a exigir a prolação de decisão uniforme para todos os titulares da relação jurídica real, que devem figurar necessariamente no processo judicial, seja no polo passivo, seja no ativo (CPC, arts. 113, I, e 114).[145]

7. TUTELA

O titular do prédio dominante dispõe de diferentes instrumentos processuais para defender a sua servidão. Fundado no título que serve de fundamento à sua servidão, assiste-lhe pedir em juízo, por meio de ação de rito ordinário, os remédios admitidos na lei processual para fazer cessar a lesão praticada pelo prédio serviente.

A lesão pode afigurar-se total caso o serviente negue a existência da servidão, inviabilizando o seu exercício, como, por exemplo, por meio da proibição do trânsito por seu imóvel, ou parcial se o serviente embaraçar o exercício da servidão, mas sem impedi-lo por completo – *e.g.*, o titular do prédio serviente restringe a retirada de água a volume inferior ao autorizado no título. Essa ação do juízo petitório recebe da doutrina a denominação *ação confessória*. Ao autor cabe provar que

Ação confessória

---

[140] J. M. Carvalho Santos, *Código Civil Interpretado*, vol. IX, cit., p. 253.

[141] Washington de Barros Monteiro, *Curso de Direito Civil: Direito das Coisas*, vol. III, cit., p. 278.

[142] Lafayette Rodrigues Pereira, *Direito das Coisas*, vol. I, cit., p. 381.

[143] J. M. de Carvalho Santos, *Código Civil Interpretado*, vol. IX, cit, pp. 246-247.

[144] Lafayette Rodrigues Pereira, *Direito das Coisas*, vol. I, cit., § 117, pp. 381-382 ; Clovis Bevilaqua, *Código Civil dos Estados Unidos do Brasil Comentado*, cit., p. 212; J. M. de Carvalho Santos, *Código Civil Interpretado*, vol. IX, cit, p. 246; Caio Mário da Silva Pereira, *Instituições de Direito Civil*, vol. IV, cit., p. 246.

[145] Fernando da Fonseca Gajardoni, Luiz Dellore, Andre Vasconcelos Roque e Zulmar Duarte de Oliveira Jr., *Teoria Geral do Processo: comentários ao CPC de 2015*, São Paulo: Forense, 2015, pp. 376-387.

(i) a servidão lhe pertence de direito, exibindo, em juízo, o respectivo título bem como a prova da titularidade sobre o prédio dominante; e (ii) o fato que importa lesão ao seu direito.[146]

Na doutrina mais antiga, discutia-se longamente os limites da ação confessória e os casos em que se mostrava cabível. No entanto, no direito contemporâneo, tal questão perde em relevância, uma vez que a atual lei processual coloca à disposição do titular do prédio dominante diferentes instrumentos de tutela (preventiva, específica, reparatória etc.) destinados a proteger, da forma mais efetiva possível, a integridade do seu direito real de servidão.

Proteção da quase posse sobre servidão

Admite-se igualmente a proteção da posse (ou quase posse) sobre a servidão por meio da *ação de manutenção de posse* e do *interdito proibitório*. A primeira tem por finalidade remediar a perturbação da posse pelo ato do titular do prédio serviente que impede ou prejudica o exercício da servidão. O segundo constitui meio adequado para prevenir o possuidor da turbação iminente. A lesão ainda não é real, mas o possuidor tem justo receio de ela vir a ocorrer em futuro próximo.

De longa data prevalece o entendimento de que a *ação de reintegração de posse* não cabe em sede de tutela das servidões. Lafayette explica que a servidão é um atributo que se incorpora ao prédio dominante, de modo que o ato que impede ou embaraça o exercício da servidão interfere no aproveitamento desse imóvel, mas sem acarretar, contudo, a perda da sua posse. Daí por que não haveria esbulho propriamente dito, mas turbação, a justificar, portanto, o manejo da ação de manutenção de posse, em vez do interdito recuperatório.[147]

Há autores que contestam o acerto dessa opinião, admitindo, na defesa das servidões, ambas as espécies de interdito.[148] No entanto, até mesmo em razão da fungibilidade das ações possessórias, a controvérsia não suscita, em termos práticos, grande interesse.

Tutela possessória restrita às servidões aparentes

Somente as servidões aparentes podem ser protegidas por meio dos interditos possessórios (CC, art. 1.213, primeira parte). As servidões não aparentes, como já se mencionou, não se manifestam pelo exercício de nenhum poder dominial sobre a coisa e, por consequência, não se mostram aptas a configurar o fato da posse, pressuposto indispensável à proteção possessória.

Tutela possessória das servidões descontínuas

O Código Civil de 1916, por influência do Código Civil português da época,[149] também não admitia a tutela possessória em favor das servidões descontínuas, ainda que aparentes, salvo se fossem tituladas. O fundamento do dispositivo era a presumida precariedade dessas servidões que, por serem exercidas de forma intermitente,

---

[146] Arnaldo Rizzardo, *Direito das Coisas*, cit., p. 919.

[147] Lafayette Rodrigues Pereira, *Direito das Coisas*, vol. I cit., p. 446.

[148] Eduardo Espínola, *Os Direitos Reais no Direito Civil Brasileiro*, São Paulo: Editora Conquista, 1958, pp.157-159.

[149] Clovis Bevilaqua, *Código Civil dos Estados Unidos do Brasil Comentado*, cit., p. 991.

Capítulo XIII | Servidão **313**

poderiam confundir-se com atos de mera tolerância, que, nos termos do art. 497 (correspondente ao art. 1.208 do Código vigente), não induzem posse.[150]

O tema tinha especial relevo para as servidões de trânsito não tituladas – isto é, desprovidas de título jurídico hábil a justificar a sua constituição, tal como o instrumento contratual levado ao registro de imóveis –, espécie de servidão descontínua usualmente praticada nos centros urbanos e nas zonas rurais. A solução adotada textualmente pelo Código Civil de 1916 tinha por efeito afastar a proteção possessória do proprietário que, após usar seguidamente por dez, vinte ou quarenta anos, sem qualquer oposição, o caminho aberto no terreno do vizinho, era, repentinamente, impedido, pelo dono deste, de continuar a usar a passagem.

Em tese que faria sucesso junto aos tribunais, o Professor Francisco Mendes Pimentel, da antiga Universidade de Minas Gerais, repreendeu a flagrante contradição em que incorria o Código Civil de 1916 ao reconhecer, de um lado, a possibilidade de usucapião das servidões aparentes descontínuas (art. 698) e, de outro, negar a essas mesmas servidões a proteção dos interditos. Observou, nesse tocante, que, ao admitir a usucapião, o legislador havia inegavelmente reconhecido a presença, nessas servidões, do fato da posse, de modo que não poderia negar-lhes o efeito mais elementar do direito possessório, que é a tutela interdital.[151]

Por isso, segundo Mendes Pimentel, a única solução coerente com o sistema legal consistia em considerar a servidão de trânsito contínua – e portanto passível de proteção possessória – sempre que "o possuidor do prédio dominante faz obras visíveis e permanentes, nas quais concretiza o seu direito de passar através do prédio alheio". Desse modo, somente seria descontínua – por conseguinte, privada da tutela possessória – a servidão que "só se exterioriza com o ato humano de transitar pelo prédio serviente, no qual não existe sinal algum de materialização do direito de trânsito".[152]

O Supremo Tribunal Federal acabaria por firmar o entendimento de que, em sede de servidão, o fato da posse se caracteriza não pela ininterrupção, mas pela publicidade do seu exercício, de sorte que deve ser reconhecida a tutela possessória em favor de toda servidão aparente, independentemente de ser contínua ou descontínua, como se vê do seguinte julgado: "Servidão aparente. Independe de título bastando sinais exteriores como obras destinadas a completá-la. Pouco importa que seja descontínua, pois o ser aparente garante-lhe a proteção".[153] Tal evolução jurisprudencial culminaria

---

[150] Clovis Bevilaqua, *Código Civil dos Estados Unidos do Brasil Comentado*, cit., p. 991; San Tiago Dantas, *Programa de Direito Civil: Direito das Coisas*, vol. III, cit., p. 338.

[151] *Servidão de trânsito, sua constituição e sua proteção possessória*, in *Revista Forense*, vol. 40, jan.-jun. 1923, p. 301.

[152] Francisco Mendes Pimentel, Servidão de trânsito, sua constituição e sua proteção possessória. In: *Revista Forense*, vol. 40, jan.-jun. 1923, p. 297. V. também no mesmo sentido J. M. de Carvalho Santos, *Código Civil Interpretado*, vol. VII, cit, p. 194; e Arnaldo Rizzardo, *Direito das Coisas*, cit., p. 892.

[153] STF, 2ª T., RE 28.494/RJ, Rel. Min. Lafayette de Andrada, julg. 16.9.1955. No mesmo sentido: "(...) A servidão de caminho é descontínua e pode ser considerada aparente se deixar marcas exteriores de seu exercício, hipótese em que fará jus à proteção possessória ainda que não seja titulada, vez que a

na edição do enunciado n. 415 da Súmula do STF (1.6.1964) segundo o qual "servidão de trânsito não titulada, mas tornada permanente, sobretudo pela natureza das obras realizadas, considera-se aparente, conferindo direito à proteção possessória".

Seguindo a mesma orientação, o Código Civil de 2002, em seu art. 1.213, negou proteção possessória somente às servidões não aparentes (desde que não tituladas), suprimindo a referência às descontínuas. Dessa forma, manteve o entendimento de que a posse (ou quase posse) sobre a servidão não depende da continuidade, mas da visibilidade do seu exercício, o que, diga-se, por oportuno, mostra-se consentâneo com a teoria objetiva da posse adotada no direito brasileiro.

Tutela possessória das servidões não aparentes tituladas

Sublinhe-se, contudo, que o Código Civil, na parte final do art. 1.213, reconhece a proteção possessória em favor da servidão não aparente, desde que fundada no título constitutivo. Trata-se de expediente extraordinário, que rompe com o princípio da separação entre o juízo possessório e o petitório, na medida em que admite o emprego do interdito possessório, com base na titularidade do direito real. A regra, como observa a doutrina, justifica-se por motivos inteiramente pragmáticos,[154] tendo em vista a maior facilidade que as ações possessórias conferem à tutela judicial das servidões não aparentes.

Por outro lado, a ordem jurídica protege o proprietário em face do vizinho que pretenda, sem razão, ter direito de servidão sobre o seu terreno. Assiste-lhe ação de rito ordinário, comumente denominada de *ação negatória*, para obter a declaração judicial de inexistência de servidão sobre o seu imóvel.[155] A ação também cabe para a defesa em face do exercício abusivo[156] ou do uso que excede os limites fixados no título.[157] O possuidor do prédio serviente também pode defender-se por meio dos interditos possessórios, caso seja esbulhado ou turbado em sua posse.[158]

8. EXTINÇÃO

Fato extintivo e cancelamento

De ordinário, as servidões têm caráter perpétuo, mas há determinados fatos que autorizam a sua extinção. Em conformidade com a regra geral aplicável em matéria de direitos reais limitados, opera-se a extinção por meio da averbação, na matrícula do imóvel serviente, do cancelamento da servidão (LRP, art. 167, II, 2), que cabe ao oficial do Registro Geral de Imóveis promover ante a apresentação de título hábil a demonstrar a ocorrência de fato extintivo (LRP, art. 248).

Extinção por desapropriação

Como previsto no art. 1.387 do Código Civil, extingue-se a servidão independentemente de cancelamento na hipótese de desapropriação do prédio serviente,

---

aquisição dessa quase posse dá-se a partir do momento em que os atos que constituem a servidão são perpetrados com o intuito de exercer tal direito" (TJMG, 17ª C.C., Ap. Cív. 1.0322.07.002109-0/004, Rel. Des. Lucas Pereira, julg. 5.11.2009, publ. 2.12.2009).

[154] San Tiago Dantas, *Programa de Direito Civil: Direito das Coisas*, vol. III, cit., p. 339.

[155] J. M. de Carvalho Santos, *Código Civil Brasileiro Interpretado*, vol. IX, cit., p. 182.

[156] Orlando Gomes, *Direitos Reais*, cit., p. 331.

[157] Ebert Chamoun, *Direito Civil: Aulas do 4º Ano*, cit., p. 187.

[158] Darcy Bessone, *Direitos Reais*, cit., p. 284.

CAPÍTULO XIII | SERVIDÃO   315

visto tratar-se de modo originário de aquisição do domínio pelo Poder Público. Cumpre observar, contudo, que nada impede o Poder Público, ao proceder à desapropriação, de optar pela preservação da servidão, em vez de indenizar o titular do imóvel dominante.[159]

O Código Civil prevê, nos artigos 1.388 e 1.389, diversas hipóteses de extinção das servidões. A enumeração legal, contudo, não é exaustiva, tendo o legislador omitido certos fatos extintivos, como o implemento da condição resolutiva ou do termo estipulado no título constitutivo e, ainda, a resolução do domínio de quem institui a servidão.[160]

Enumeração legal não exaustiva

Também se menciona corriqueiramente a extinção da servidão em razão da destruição do prédio serviente, ou do dominante. No entanto, a rigor, não se trata de causa extintiva, mas de ineficácia temporária da servidão, cujo exercício mantém-se inviável enquanto não restituído o prédio ao seu estado original. Daí que, uma vez reconstruído o prédio, volta a servidão a produzir os seus efeitos, salvo se o período de paralização tiver perdurado por mais de dez anos, levando a extinção do direito pelo não uso (CC, art. 1.389, III).[161]

Tal como a codificação anterior, o Código Civil dividiu as causas de extinção em dois grupos. A literalidade dos artigos 1.388 e 1.389 poderia levar ao entendimento de que o primeiro cuidaria das hipóteses que, por apresentarem maior complexidade probatória, demandariam pronunciamento judicial ao passo que o segundo reuniria as causas mais objetivas e de fácil constatação, de sorte que assistiria ao dono do prédio serviente promover diretamente o cancelamento junto ao Registro Geral de Imóveis, mediante a apresentação da prova da extinção da servidão. No entanto, já se observou que "a necessidade ou não de demanda judicial dependerá da situação fática",[162] cabendo ao oficial do registro avaliar, em cada caso, se o documento que lhe foi apresentado evidencia, de forma segura, a ocorrência da causa extintiva do direito de servidão.

Necessidade de declaração judicial do fato extintivo

Em regra, a renúncia expressa, o resgate, a consolidação dos prédios nas mãos de um único proprietário e a supressão das obras em virtude de expressa disposição prevista em título dispensam a intervenção judicial, uma vez que correspondem a fatos que podem ser objetivamente demonstrados por meio de prova documental. Em contrapartida, o não uso do direito pelo prazo de dez anos e a cessação da utilidade ou da comodidade que justificou a constituição da servidão prestam-se a maiores controvérsias e, por conseguinte, depende de apreciação judicial, salvo se houver consenso entre os donos do prédio serviente e do dominante quanto à ocorrência da extinção do direito de servidão.

---

[159]   Francisco Eduardo Loureiro, in Cezar Peluso (coord.), *Código Civil Comentado*, cit., p. 1.447.

[160]   Sílvio de Salvo Venosa, *Direito Civil: Direitos Reais*, cit., p. 487.

[161]   Gustavo Tepedino, Heloisa Helena Barboza, Maria Celina Bodin de Moraes, *Código Civil Interpretado Conforme a Constituição da República*, vol. III, cit., p. 799.

[162]   Marco Aurélio Bezerra de Melo, *Direito das Coisas*, cit., p. 333. V. no mesmo sentido Francisco Eduardo Loureiro, *in* Cezar Peluso (coord.), *Código Civil Comentado*, cit., p. 1.448.

Renúncia

A *renúncia*, também designada como *remissão*, traduz ato jurídico unilateral por meio do qual o proprietário do prédio dominante abre mão do seu direito (CC, art. 1.388, I). A doutrina majoritária admite tanto a renúncia expressa, revestida da forma jurídica adequada (CC, art. 108), como a tácita, que decorre do comportamento do titular do prédio dominante incompatível com a manutenção da servidão.[163] A renúncia tácita depende de pronunciamento judicial para que o oficial do registro de imóveis possa proceder ao cancelamento.[164]

A renúncia, contudo, não se presume, devendo resultar da conduta inequívoca do senhor do prédio dominante, que não autoriza outra interpretação senão a de que tenha abdicado do seu direito. Segundo Carvalho Santos, só há renúncia tácita quando o dominante permite, por meio de atos positivos, a realização de obras que neguem o seu direito, como, por exemplo, se aprova ou auxilia o dono do prédio serviente na construção de edifício superior à altura estabelecida na servidão *altius non tollendi*.[165]

Desse modo, não perde o dominante o seu direito caso tolere, sem protestar, a realização de obra incompatível com a sua servidão, pois lhe é lícito reagir à lesão sofrida a qualquer tempo, exigindo a demolição da construção irregular, salvo se a irregularidade se perpetuar por dez anos, caso em que a servidão se extingue pelo não uso (CC, art. 1.389, III).[166] Também não há renúncia se o dominante suprimir as obras necessárias ao uso da servidão, pois que tal ato pode significar, tão somente, o desejo de suspender temporariamente o exercício do direito. Ademais, como será visto adiante, a supressão das obras só acarreta a extinção da servidão quando prevista em contrato ou outro título expresso, ou quando persistir por dez anos.

Cessação da utilidade ou comodidade

Também se extingue a servidão em razão da cessação, para o prédio dominante, da utilidade ou da comodidade que determinou a constituição da servidão (CC, art. 1.388, II). A servidão configura direito real que grava o prédio serviente de maneira a proporcionar vantagem ao prédio dominante. Por esse motivo, não se justifica mais a sua sobrevivência quando, desaparecida a vantagem, já não consiga atingir a finalidade para a qual foi instituída. Tal hipótese verifica-se comumente nas servidões que têm por objeto a exploração de riquezas naturais esgotáveis, como as pedreiras, matas e mananciais. No entanto, também pode ocorrer em outras situações, como na servidão de trânsito que, em razão da abertura de via pública, deixa de oferecer ao dominante a comodidade que motivou a sua constituição.[167]

---

[163] Nesse sentido, Caio Mário da Silva Pereira, *Instituições de Direito Civil*, vol. IV, cit., p. 251; J. M. de Carvalho Santos, *Código Civil Brasileiro Interpretado*, vol. IX, cit., p. 259; Arnaldo Rizzardo, *Direito das Coisas*, cit., p. 912. Em sentido contrário, Clovis Bevilaqua, *Direito das Coisas*, vol. I, Rio de Janeiro: Freitas Bastos, 1942, pp. 162-164; para quem a renúncia tácita se aproxima do não uso da servidão, que constitui modalidade autônoma de extinção da servidão; e ainda Silvio Rodrigues, *Direito Civil: Direito das Coisas*, vol. V, cit., p. 293.

[164] Arnaldo Rizzardo, *Direito das Coisas*, cit., p. 912; Francisco Eduardo Loureiro, *in* Cezar Peluso (coord.), *Código Civil Comentado*, cit., p. 1.449.

[165] J. M. de Carvalho Santos, *Código Civil Brasileiro Interpretado*, vol. IX, cit., p. 261.

[166] J. M. de Carvalho Santos, *Código Civil Brasileiro Interpretado*, vol. IX, cit., p. 260.

[167] V. Gustavo Tepedino, Heloisa Helena Barboza, Maria Celina Bodin de Moraes, *Código Civil Interpretado Conforme a Constituição da República*, vol. III, cit., p. 796.

Outra causa de extinção da servidão é o *resgate* (CC, art. 1.388, III), termo que designa o acordo por meio do qual se ajusta a liberação do prédio serviente do ônus real mediante pagamento ao dono do prédio dominante de determinada contrapartida.[168] De ordinário, o resgate se assemelha ao distrato,[169] mas também se admite a estipulação de opção de resgate, a ser exercida por iniciativa do dono do imóvel serviente, de acordo com as condições definidas no título constitutivo. Em todo caso, o resgate há de contar com a anuência do dono do prédio dominante.[170]

A servidão, como já examinado, pressupõe a pluralidade de titulares dos prédios (*nemini res sua servit*), de modo que se verifica a sua extinção no caso de os imóveis serem reunidos "no domínio da mesma pessoa" (CC, art. 1.389, I). Opera-se a chamada *confusão* extintiva da servidão, à semelhança do que ocorre quando o crédito e o débito se reúnem nas mãos de um só sujeito.[171] Ainda que um prédio continue a prestar serviço ao outro, não haverá servidão, mas mera serventia, pois o dono retira vantagem do que é o seu, na qualidade de proprietário, e não na de titular de direito real sobre coisa alheia.[172]

Cumpre ressaltar que a extinção não se dá automaticamente, operando-se apenas por meio da averbação do respectivo cancelamento junto ao Registro Geral de Imóveis. Não sendo o cancelamento providenciado, o ônus real se restabelece por ocasião da posterior alienação de um dos imóveis a terceiro.[173] Tal solução tem inegável interesse nas situações em que o proprietário pretende revender um dos prédios preservando o direito real que lhe valoriza.[174]

A servidão também se extingue em razão da "supressão das respectivas obras por efeito de contrato, ou de outro título expresso" (CC, art. 1.389, II). Não raro, o exercício do direito de servidão depende da presença de equipamentos ou estruturas físicas no imóvel serviente, ou dominante, como, por exemplo, a servidão de aqueduto, cujo uso só se faz possível com a instalação de conduto de água entre os prédios. Desse modo, o ato unilateral do prédio dominante ou o acordo entre os donos dos imóveis que autorize a supressão das obras necessárias ao exercício da servidão traduz, de forma inequívoca, a vontade de extinguir o ônus real.

Sublinhe-se que a servidão só se extingue se a supressão decorrer de expressa disposição estipulada em contrato ou outro título.[175] Se resultar de outra razão, a servidão se mantém, embora o seu exercício permaneça momentaneamente impossibilitado até que se restaurem as obras indispensáveis ao seu exercício. No entanto,

---

[168] V. Clovis Bevilaqua, *Código Civil dos Estados Unidos do Brasil Comentado*, cit., p. 1.174; San Tiago Dantas, *Programa de Direito Civil: Direito das Coisas*, vol. III, cit., p. 336.

[169] San Tiago Dantas, *Programa de Direito Civil: Direito das Coisas*, vol. III, cit., p. 336.

[170] Silvio Rodrigues, *Direito Civil: Direito das Coisas*, vol. V, cit., p. 293.

[171] Darcy Bessone, *Direitos Reais*, cit., p. 285.

[172] J. M. de Carvalho Santos, *Código Civil Brasileiro Interpretado*, vol. IX, cit., p. 262.

[173] Caio Mário da Silva Pereira, *Instituições de Direito Civil*, vol. IV, cit., p. 250.

[174] Gustavo Tepedino, Heloisa Helena Barboza, Maria Celina Bodin de Moraes, *Código Civil Interpretado Conforme a Constituição da República*, vol. III, cit., p. 798.

[175] Clovis Bevilaqua, *Código Civil dos Estados Unidos do Brasil Comentado*, cit., p. 1.175.

se esse estado de paralisia se prolongar por dez anos, extingue-se a servidão em razão do seu não uso (CC, art. 1.389, III).

Vale notar que a supressão das obras por efeito de título aproxima-se sobremaneira da renúncia e do resgate que foram acima examinadas, visto que, à semelhança dessas últimas, traduz modalidade extintiva voluntária, que pressupõe a anuência expressa do dono do prédio dominante.

Não uso da servidão

Por fim, a servidão também se extingue pelo não uso durante dez anos contínuos (CC, art. 1.389, III), ainda que continuem a existir as obras necessárias ao seu exercício, como, por exemplo, a estrada em que se assenta a servidão de trânsito ou o conduto de água utilizado na servidão de aqueduto.[176] A servidão, como já visto, tem por fundamento a utilidade proporcionada ao prédio dominante, de modo que, se o direito não é usado, presume-se a sua inutilidade, não se justificando, portanto, que se continue a restringir, desnecessariamente, o domínio do prédio serviente.[177]

A doutrina considera o não uso modalidade de prescrição extintiva, de modo que lhe seriam aplicáveis as normas sobre as causas impeditivas, interruptivas e suspensivas, que regem a fluência do prazo prescricional.[178]

Caracterização do não uso e contagem do prazo legal

O não uso corresponde a um estado de fato, que se averigua independentemente da sua causa. Para sua configuração, basta verificar, objetivamente, que a servidão permaneceu inativa por dez anos contínuos.[179] A caracterização da inatividade, contudo, varia conforme a natureza da servidão. Sendo ela negativa, configura-se no momento em que o titular do prédio serviente pratica o ato que lhe era proibido, violando o direito do dominante.[180] Na servidão *altius non tollendi,* por exemplo, constata-se o não uso no caso de o dono do prédio serviente levantar edifício além da altura permitida. O prazo flui a partir da lesão e, se por todo o período, o titular permanecer inerte, deixando de adotar as medidas necessárias à defesa do seu direito, extingue-se a servidão.

Sendo a servidão positiva, o não uso traduz-se na cessação dos atos que o dono do prédio serviente era obrigado a tolerar em razão do exercício do direito real. Se a servidão for positiva e contínua, inicia-se a contagem a partir do momento em que cessa o gozo do direito, como, por exemplo, a interrupção na condução da água, na servidão de aqueduto. Se ela for descontínua, o prazo legal conta-se do último ato de exercício, como, por exemplo, a passagem pelo terreno alheio na servidão de trânsito.[181]

Necessidade de autorização do credor hipotecário

Sublinhe-se que, "se o prédio dominante estiver hipotecado, e a servidão se mencionar no título hipotecário, será também preciso, para a cancelar, o consentimento do credor" (CC, art. 1.387, parágrafo único). A necessidade de anuência se

---

[176] Darcy Bessone, *Direitos Reais*, cit., p. 285.

[177] Orlando Gomes, *Direitos Reais*, cit., p. 330.

[178] Washington de Barros Monteiro, *Curso de Direito Civil: Direito das Coisas*, vol. III, cit., p. 290.

[179] J. M. de Carvalho Santos, *Código Civil Brasileiro Interpretado*, vol. IX, cit., p. 272.

[180] Caio Mário da Silva Pereira, *Instituições de Direito Civil*, vol. IV, cit., p. 251.

[181] Gustavo Tepedino, Heloisa Helena Barboza, Maria Celina Bodin de Moraes, *Código Civil Interpretado Conforme a Constituição da República*, vol. III, cit., p. 798.

justifica, vez que a servidão aumenta a utilidade do prédio dominante e a sua extinção, por consequência, reduz o valor da garantia oferecida ao credor.[182]

Embora seja omisso o Código Civil, o cancelamento também depende do consentimento do titular de outros direitos reais instituídos sobre o prédio dominante, como o usufrutuário e o superficiário, sempre que a extinção da servidão atingir o seu exercício.[183]

Necessidade de autorização dos titulares de direitos reais sobre coisa alheia

PROBLEMAS PRÁTICOS

1. Admite-se a tutela possessória de servidão de trânsito não titulada, mas aparente, em razão da presença de sinais exteriores e permanentes?
2. Pode o direito de servidão constituir-se mediante usucapião?

 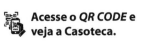

Acesse o *QR CODE* e veja a Casoteca.
> https://uqr.to/1pc8m

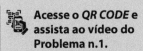

Acesse o *QR CODE* e assista ao vídeo do Problema n.1.
> https://uqr.to/owld

---

[182] Dídimo da Veiga, in Paulo Lacerda (coord.), *Manual do Código Civil Brasileiro*, vol. IX, parte 1, cit., n. 273, 274 e 275.
[183] Francisco Eduardo Loureiro, *in* Cezar Peluso (coord.), *Código Civil Comentado*, cit., p. 1.448.

Capítulo XIV
USUFRUTO, USO E HABITAÇÃO

SUMÁRIO: 1. Direito real de usufruto – 1.1. Origem e função do instituto – 1.2. Características – 1.3. Espécies, modos de constituição e objeto – 1.4. Direitos do usufrutuário – 1.5. Deveres do usufrutuário – 1.6. Extinção do usufruto – 2. Direito real de uso – 3. Direito real de habitação – Problemas práticos.

1. DIREITO REAL DE USUFRUTO

Nas palavras de Clovis Bevilaqua, consiste o usufruto no "direito real, conferido a alguma pessoa, durante certo tempo, que a autoriza a retirar, de coisa alheia, frutos e utilidades, que ela produz".[1] Trata-se de direito real de gozo ou fruição sobre coisa alheia no qual convivem os direitos do usufrutuário de usar e fruir do bem e os direitos do nu-proprietário de dispor da coisa.[2] <small>Conceito e classificação do usufruto</small>

Revelam-se, assim, os dois traços distintivos de sua natureza real. Por um lado, a relação imediata entre o bem gravado e o usufrutuário, o qual se satisfaz diretamente, aproveitando economicamente a coisa, sem que haja intermediações entre o sujeito e o objeto do direito. Por outro lado, a oponibilidade *erga omnes*, o que garante ao usufrutuário usar e fruir com exclusividade o bem gravado, sendo-lhe deferido, por conseguinte, a pretensão de impedir a intromissão de terceiros, afastando-os (inclusive o dono) de ingerências indevidas no aproveitamento econômico que lhe compete.

Cuidam do direito real de usufruto os artigos 1.390 a 1.411 do Código Civil, restando a disciplina legal dividida em: (i) disposições gerais; (ii) direitos do usufrutuário; (iii) deveres do usufrutuário, e (iv) extinção do usufruto, como se passa a ver. <small>Disciplina legal</small>

---
[1] Clovis Bevilaqua, *Direito das coisas*, vol. I, Rio de Janeiro: Freitas Bastos, 1941, p. 357.
[2] Caio Mário da Silva Pereira, *Instituições de direito civil*, vol. IV, Rio de Janeiro: Forense, 2017, p. 256.

1.1. Origem e função do instituto

Origem histórica do usufruto

Acredita-se, em doutrina, que o usufruto surgiu por obra da jurisprudência, no Direito Romano, na época republicana, entre o final do século III e o começo do século II a.C.[3] Profundas mutações ocorreram, naquele período, na economia e nos costumes da sociedade, em decorrência da expansão romana no Mediterrâneo. Tornou-se mais frequente o casamento não acompanhado da *conventio in manum*, pela qual, ingressando a mulher na família do marido, tornava-se sua herdeira. Com o progressivo abandono da *conventio in manum*, encontrava-se a mulher desprotegida na viuvez, reduzida muitas vezes à miséria. Surgiu, assim, o usufruto como mecanismo para garantir a subsistência da mulher, após a morte do marido.[4] Este, sem prejuízo de devolver a sucessão patrimonial de seus bens para a respectiva prole, assegura à mulher o aproveitamento econômico de certo patrimônio, de modo a prover-lhe o sustento.

A origem do usufruto encontra-se, pois, no direito sucessório e no direito de família, apresentando-se como meio de garantir a subsistência pela utilização e fruição de certo bem, sem a necessidade de se transferi-lo à propriedade do beneficiário.[5] Eis, portanto, a função originária do instituto: garantir à viúva não herdeira um padrão de vida compatível com o nível econômico que desfrutava anteriormente à morte do marido, o qual, instituindo-a usufrutuária vitalícia, evitava desfalcar o patrimônio dos filhos ou dos herdeiros instituídos.[6]

Função alimentar do instituto

No direito civil atual, a função econômica do usufruto, mantida desde sua criação, e por toda a sua história, delineia-se como precipuamente alimentar, instituído o usufruto, via de regra, para assegurar a alguém o meio de subsistência, auxílio pecuniário e determinado nível econômico.[7] Resulta geralmente de negócio gratuito, *inter vivos* ou *mortis causa*, no âmbito do direito familiar e sucessório, aos moldes originários, embora também ocorra fora dessas lindes, mediante negócio oneroso, "como uma simples operação comercial".[8]

Importa, ainda, pôr em relevo, a importância do usufruto sob o ponto de vista técnico, propiciando a separação das faculdades dominiais, o que enseja maior potencial de aproveitamento da coisa. Seria, conforme se afirmou, "a solução 'civilística' (isto é, a solução dada ao problema pelos ordenamentos da *civil law*) do problema de dividir no tempo a utilização de um bem".[9] Trata-se, pois, de poderoso instrumento, nas mãos do

---

[3] Giovanni Pugliese, Usufrutto (diritto romano), in *Novissimo digesto italiano*, vol. XX, Torino: Utet, 1975, p. 316.

[4] José Carlos Moreira Alves, *Direito romano*, vol. I, Rio de Janeiro: Borsoi, 1969, p. 368.

[5] Arnoldo Wald, *Curso de direito civil brasileiro*: direito das coisas, São Paulo: Revista dos Tribunais, 1985, p. 173.

[6] Nicola Stolfi, *Diritto civile*, vol. II, Torino: Utet, 1928, p. 12.

[7] Francisco Clementino de San Tiago Dantas, *Programa de direito civil,* vol. III, Rio de Janeiro: Editora Rio, 1979, p. 295.

[8] Arnoldo Wald, *Curso de direito civil brasileiro*: direito das coisas, São Paulo: Revista dos Tribunais, 1985, p. 173.

[9] Giovanni Pugliese, Usufrutto (diritto romano), in *Novissimo digesto italiano*, vol. XX, Torino: Utet, 1975, p. 331.

CAPÍTULO XIV | USUFRUTO, USO E HABITAÇÃO 323

legislador, para, coercitivamente, nas situações que julgar merecedoras de especial tutela, separar a propriedade em si dos poderes inerentes ao seu aproveitamento econômico.

1.2. Características

Na forma como estatuído no direito civil brasileiro, três são as características principais do usufruto: a) a conexão com a pessoa, vale dizer, a aderência à pessoa do usufrutuário; b) a conexão com a substância da coisa alheia; c) a temporariedade do direito.[10] A primeira característica, a conexão com o titular, decorre do caráter personalíssimo do usufruto, o qual, por sua vez, deriva da finalidade alimentar que lhe é tradicionalmente atribuída e já anteriormente examinada. Denominava-lhe o direito romano de servidão pessoal, no que foi seguido por larga parte da civilística e das legislações do século XIX, a caracterizar o vínculo pessoal da coisa ao seu titular, aquela a serviço deste, em contrapartida com as servidões prediais, que colocariam um imóvel a serviço de outro.

Aderência à pessoa do usufrutuário

Constituído para o favorecimento de determinado beneficiário, não tolera o usufruto substituições. Eis aí a tradição romana, seguida pelo legislador pátrio, desde o artigo 717 do Código Civil de 1916,[11] mantida pelo artigo 1.393 do Código Civil de 2002.[12] Em outras palavras, no ordenamento jurídico brasileiro, adere o usufruto à pessoa do usufrutuário, não podendo ser transferido por alienação, mas apenas seu exercício cedido por título gratuito ou oneroso. Não obstante se entenda majoritariamente ser essa orientação do legislador essencial para que o instituto atenda às suas finalidades, assegurando-se com a inalienabilidade o cumprimento dos "intuitos do instituidor",[13] parece excessiva a restrição, capaz de constituir-se em verdadeiro entrave à maximização do aproveitamento econômico do bem gravado com o usufruto.

Impossibilidade de transferência do usufruto por alienação

Ressalte-se que, em muitos casos, a melhor maneira de atender às intenções do instituidor, portando conforto e desafogo para o usufrutuário, seria a transferência onerosa do usufruto. De outra parte, não fosse este o pensamento do instituidor, bastaria que ele tornasse intransferível, por cláusula expressa, o usufruto. Ao reverso, pouco a pouco amesquinha-se sua utilidade econômica. Neste contexto compreende-se a frequente observação, anotada em doutrina, da diminuta importância econômica do usufruto, a constituir verdadeiro "entrave à circulação da riqueza".[14]

É possível, de todo modo, ainda nos termos do artigo 1.393 do Código Civil, a transferência do exercício das faculdades atribuídas ao usufrutuário, o que constitui, em realidade, forma corrente de exploração do bem, através da fruição que a cessão do exercício enseja. Pode-se proceder à cessão do exercício da faculdade de uso, do

Possibilidade de transferência do exercício das faculdades atribuídas ao usufrutuário

---

[10] Francisco Clementino de San Tiago Dantas, *Programa de direito civil,* vol. III, Rio de Janeiro: Editora Rio, 1979, p. 343.

[11] Art. 717, CC/1916. "O usufruto só se pode transferir, por alienação ao proprietário da coisa; mas o seu exercício pode ceder-se por título gratuito ou oneroso".

[12] Art. 1.393. "Não se pode transferir o usufruto por alienação; mas o seu exercício pode ceder-se por título gratuito ou oneroso".

[13] Clovis Bevilaqua, *Código Civil dos Estados Unidos do Brasil,* Rio de Janeiro: Editora Rio, 1977, art. 717.

[14] Orlando Gomes, *Direitos reais,* Rio de Janeiro: Forense, 1978, p. 295.

exercício da faculdade de fruição, ou do exercício de ambas as faculdades, constituin-do-se, assim, direitos obrigacionais, sujeitos aos limites e restrições que atingem o usufruto. De consequência, findo o usufruto, extinguem-se todos os direitos ao exercício de tais faculdades, adquiridos por terceiros.

A respeito da extinção do contrato de locação firmado pelo usufrutuário, o artigo 7º da Lei n. 8.245/1991[15] dispõe que, findo o usufruto, o nu-proprietário poderá denunciar o ajuste, com o prazo de trinta dias para desocupação, se não tiver havido sua aquiescência escrita na celebração do contrato. A respeito de tal previsão, já se alertou, em doutrina e jurisprudência, para os perigos de fraude à lei nas hipóteses em que o usufruto é instituído na vigência do contrato de locação. Imagine-se que o proprietário de determinado bem que se encontra locado aliena a coisa a terceiro, reservando para si o direito de usufruto. Nesse caso, findo o usufruto, o terceiro adquirente, nu-proprietário, poderia, com base no referido artigo 7º, denunciar o contrato de locação antes do advento do termo contratual, em nítida burla ao sistema.[16] Registre-se, por fim, que a possibilidade de cessão do exercício das faculdades atribuídas ao usufrutuário conduz à conclusão de admissibilidade de penhora (não já do direito real em si, mas) de tal exercício.[17]

Conexão do usufruto com a substância da coisa alheia

Quanto ao segundo caráter apontado, a conexão do usufruto com a substância da coisa, salienta a doutrina a indispensável coexistência do usufruto com a nua-propriedade, ou seja, com o direito de propriedade, despido das faculdades de uso e gozo, em mãos de outro titular. Da presença necessária e concomitante da propriedade, a cujo titular caberá receber os poderes de uso e gozo sobre a coisa, quando da extinção do usufruto, infere-se a necessidade lógica de preservação de suas qualidades essenciais, sem o que o mecanismo se torna impossível. A garantia da integridade do bem em usufruto resulta, pois, da perspectiva de reintegração ao domínio, das faculdades a ele inerentes, que constituem o usufruto. Dessa maneira atende, também, como salientou San Tiago Dantas, "ao desejo de que a fortuna do usufrutuário, garantida pelo nu-proprietário mediante o usufruto, não fique exposta às infelicidades de uma administração desvairada".[18]

---

[15]   Art. 7º, Lei n. 8.245/1991. "Nos casos de extinção de usufruto ou de fideicomisso, a locação celebrada pelo usufrutuário ou fiduciário poderá ser denunciada, com o prazo de trinta dias para a desocupação, salvo se tiver havido aquiescência escrita do nuproprietário ou do fideicomissário, ou se a propriedade estiver consolidada em mãos do usufrutuário ou do fiduciário. Parágrafo único. A denúncia deverá ser exercitada no prazo de noventa dias contados da extinção do fideicomisso ou da averbação da extinção do usufruto, presumindo-se, após esse prazo, a concordância na manutenção da locação".

[16]   Nesse sentido, aduziu o STJ que "no processo de renovação do contrato de locação, promovido pela locatária, descabe o rompimento da relação contratual, por alegada extinção do usufruto, principalmente se este foi instituído durante a vigência da locação, sem conhecimento daquela" (STJ, 6ª T., REsp. 158.858/SP, Rel. Min. William Patterson, julg. 2.5.2000, publ. *DJ* 5.6.2000).

[17]   Gustavo Tepedino, Heloisa Helena Barboza, Maria Celina Bodin de Moraes, *Código Civil interpretado conforme a Constituição da República*, vol. III, Rio de Janeiro: Renovar, 2014, pp. 825-826.

[18]   Francisco Clementino de San Tiago Dantas, *Programa de direito civil*, vol. III, Rio de Janeiro: Editora Rio, 1979, p. 345.

CAPÍTULO XIV | USUFRUTO, USO E HABITAÇÃO 325

A terceira característica indicada, a temporariedade do direito, apresenta-se como corolário da conexão com a pessoa. Destinando-se a propiciar meios de subsistência a alguém, repugna ao legislador pudesse o usufruto sobreviver posteriormente à morte do usufrutuário. Ressalta a doutrina que, tratando-se de direito real em benefício de um indivíduo, visando-se, no usufruto, apenas à proteção do usufrutuário, o direito só se justifica enquanto o protegido viver, sendo, portanto, necessariamente transitório.[19] Não se trata, convém precisar, de direito necessariamente vitalício, senão de direito essencialmente temporário, submetido em geral a termo ou condição, que o vincule ao período ou à fase da vida do usufrutuário que deseja o instituidor proteger, tendo, porém, como limite máximo de duração a morte do usufrutuário (CC, art. 1.410, I[20]) ou, no caso de pessoa jurídica, o prazo de trinta anos da data em que se começou a exercer (CC, art. 1.410, III).

Temporariedade do usufruto

1.3. Espécies, modos de constituição e objeto

Duas são as espécies de usufruto, o legal e o voluntário, segundo a orientação prevalente. Caracterizam-se de acordo com os quatro possíveis modos de constituição: a) por determinação legal; b) por ato *inter vivos*; c) por testamento; d) por usucapião.

Usufruto legal

Constitui-se o usufruto por determinação legal quando o impõe o legislador coercitivamente, visando à proteção e tutela de determinadas pessoas, em situações específicas, a despeito da autonomia privada. No direito brasileiro, cinco são as principais hipóteses de instituição legal: (i) "o usufruto legal do cônjuge supérstite sobre quota da herança, previsto no art. 1.611, § 1º, do CC/1916 e ora revogado, por ausência de previsão no CC"; (ii) "o usufruto dos pais no exercício do poder familiar sobre os bens dos filhos (art. 1.689, inciso I, do CC)"; (iii) "o usufruto do cônjuge administrador sobre os bens particulares do outro, se comuns os rendimentos (art. 1.652, inciso I, do CC)"; (iv) "o usufruto legal instituído em favor dos índios sobre as terras que ocupam (art. 231, § 2º, da CR)"; e (v) "o usufruto em que se converte o direito do fiduciário, por imposição da lei, nos casos em que, ao tempo da morte do testador, o fideicomissário já houver nascido (art. 1.952, par. ún. do CC)".[21]

O usufruto será, ao reverso, voluntário, quando for instituído por negócio jurídico. Em primeiro lugar, poderá decorrer de negócio *inter vivos*, por negócio a título gratuito ou, mais raramente, a título oneroso. Em ambas as hipóteses, poderá ocorrer a reserva de usufruto (*deductio*) quando o alienante, transferindo embora a propriedade, reserva para si o usufruto do bem por certo prazo, sob condição ou até a sua morte.[22]

Usufruto voluntário

---

19 Silvio Rodrigues, *Direito civil*, vol. V, São Paulo: Saraiva, 1986, p. 284.
20 Art. 1.410. "O usufruto extingue-se, cancelando-se o registro no Cartório de Registro de Imóveis: I – pela renúncia ou morte do usufrutuário".
21 Gustavo Tepedino, Heloisa Helena Barboza, Maria Celina Bodin de Moraes, *Código Civil interpretado conforme a Constituição da República*, vol. III, Rio de Janeiro: Renovar, 2014, p. 817.
22 Sobre o tema, remeta-se a Gustavo Tepedino, *Usufruto legal do cônjuge viúvo*, Rio de Janeiro: Forense, 1991, p. 27.

A segunda forma voluntária de constituição do usufruto decorre de testamento, seja através de legado, quando o ato *mortis causa* tem por objeto disposição específica, seja através de herança, dispondo o testador acerca do usufruto de parcela do ativo ou do patrimônio hereditário em sua integridade. Constituindo o usufruto herança ou legado, terá o testador que dispor acerca do domínio, em se tratando de direito real limitado sobre coisa alheia. Não o fazendo, omitindo-se sobre o destino da nua--propriedade, entende-se que o domínio se devolve aos legitimários.[23]

Usufruto constituído pela usucapião

Além dessas hipóteses, poderá constituir-se o usufruto pela prescrição aquisitiva. Nesse caso, faz-se mister a incidência, por analogia, do artigo 1.379 do Código Civil,[24] que disciplina a usucapião das servidões, de modo que o exercício incontestado e contínuo do usufruto autorize a aquisição por usucapião, observado o prazo de dez anos, se houver justo título e boa-fé, ou, não havendo, o prazo de vinte anos.

Usufruto constituído por decisão judicial

De mais a mais, previa o Código de Processo Civil de 1973, nos artigos 716 a 724, o usufruto de móvel ou imóvel por decisão judicial. De modo diverso, contudo, o Código de Processo Civil de 2015 substituiu, nos artigos 867 a 869, a referência ao usufruto pela disciplina da penhora de frutos e rendimentos de coisa móvel ou imóvel. Ainda no que se refere ao usufruto resultante de decisão judicial, o artigo 21 da Lei do Divórcio (Lei n. 6.515/1977)[25] autoriza que o juiz determine que a pensão alimentícia consista no usufruto de determinados bens do cônjuge devedor, caso assim o cônjuge credor prefira ou se este justificar a possibilidade do recebimento não regular da pensão.

Necessidade de registro para aquisição do usufruto sobre bens imóveis

Na forma como estatuído pelo artigo 1.390 do Código Civil,[26] o usufruto poderá recair sobre coisa imóvel ou móvel, individualmente considerada ou sobre uma universalidade de bens e sobre direitos. Com relação aos imóveis, prevê o artigo 1.391 do Código Civil que o usufruto, "quando não resulte de usucapião, constituir-se-á mediante registro no Cartório de Registro de Imóveis". O registro é exigido, portanto, como elemento de validade da constituição do usufruto que recai sobre bens imóveis. Já entendeu a 3ª Turma do STJ, contudo, que, ainda que na ausência do registro da escritura constitutiva no Cartório de Registro de Imóveis, a relação contratual estabelecida entre usufrutuário e o nu-proprietário é existente, válida e eficaz pelo simples acordo de vontade, na medida em que a publicidade seria a principal função

---

[23] Ebert Chamoun, *Apostila do curso de direito civil ministrado na Faculdade Nacional de Direito da Universidade do Brasil*, em 1968; impressa sem responsabilidade de cátedra, p. 169.

[24] Art. 1.379. "O exercício incontestado e contínuo de uma servidão aparente, por dez anos, nos termos do art. 1.242, autoriza o interessado a registrá-la em seu nome no Registro de Imóveis, valendo-lhe como título a sentença que julgar consumado a usucapião. Parágrafo único. Se o possuidor não tiver título, o prazo da usucapião será de vinte anos".

[25] Art. 21 da Lei n. 6.515/1977. "Para assegurar o pagamento da pensão alimentícia, o juiz poderá determinar a constituição de garantia real ou fidejussória. § 1º Se o cônjuge credor preferir, o juiz poderá determinar que a pensão consista no usufruto de determinados bens do cônjuge devedor. § 2º Aplica-se, também, o disposto no parágrafo anterior, se o cônjuge credor justificar a possibilidade do não recebimento regular da pensão".

[26] Art. 1.390. "O usufruto pode recair em um ou mais bens, móveis ou imóveis, em um patrimônio inteiro, ou parte deste, abrangendo-lhe, no todo ou em parte, os frutos e utilidades".

do registro, na constituição do direito real.[27] Dispensa-se, ademais, a hipótese de aquisição originária do direito de usufruto por usucapião, eis que, nesse caso, a sentença judicial mostra-se meramente declaratória, não tendo o condão de atribuir o direito real, mas de reconhecer situação jurídica preexistente. Tal decisão será levada a registro com a finalidade dar publicidade à aquisição por meio da usucapião.

Observe-se, ainda, que o artigo 715 do Código Civil de 1916[28] ressalvava da exigência de registro o usufruto resultante do direito de família. Embora tal previsão não tenha sido reproduzida pelo artigo 1.391 do Código Civil de 2002, permanece em vigor o artigo 167, I, 7, da Lei n. 6.015/1973, que dispõe que, no registro de imóveis, será feita a inscrição "do usufruto e do uso sobre imóveis e da habitação, quando não resultarem do direito de família". Com efeito, tais modalidades de usufrutos legais se diferenciam, em sua natureza, do usufruto propriamente dito, mais bem enquadradas no campo do direito de família. Por outro lado, tratando-se de bens móveis, a aquisição do direito real se dá com a tradição, nos termos do artigo 1.226 do Código Civil.[29-30]

Por outro lado, de acordo com o artigo 1.392 do Código Civil,[31] há a extensão do usufruto aos acessórios da coisa e seus acrescidos, segundo o princípio de que o acessório segue a sorte do principal (*accessorium sequitur principale*). De mais a mais, conforme o parágrafo primeiro do referido dispositivo, admite-se, ainda, por razões históricas de ordem prática, o chamado quase usufruto ou usufruto impróprio, que tem como objeto bens fungíveis ou consumíveis com o primeiro uso. Atribui-se sua criação a um *senatus consultus* romano, à guisa de evitar subtrair do usufruto de patrimônio hereditário, em favor de viúva ou de filhos, significativa parcela consumível, representada por gêneros alimentícios. Com efeito, difundiu-se, no direito romano, sempre sob a motivação originária de proteção à viúva e aos filhos, a

> Quase usufruto ou usufruto impróprio

---

[27] Na controvérsia em julgamento, a usufrutuária cobrava aluguéis decorrentes do uso exclusivo dos bens pela nua-proprietária. Entendeu-se, então, que o negócio jurídico entre a usufrutuária e a nua-proprietária produz efeitos interpartes, ainda que desprovido da natureza de direito real, que seria alcançada pelo registro da escritura no RGI. No caso, inclusive, a nua proprietária já vinha pagando parte dos valores dos aluguéis decorrentes do uso exclusivo dos bens. Por esse motivo, segundo a Corte, a alegação de ausência do registro para se esquivar do pagamento representaria enriquecimento sem causa e ofensa ao princípio do *venire contra factum proprium* (STJ, 3ª T., REsp 1.860.313-SP, Rel. Min. Marco Aurélio Bellizze, julg. 22.8.2023, publ. *DJe* 29.8.2023).

[28] Art. 715, CC/1916. "O usufruto de imóveis, quando não resulte do direito de família, dependerá de transcrição no respectivo registro".

[29] Art. 1.226. "Os direitos reais sobre coisas móveis, quando constituídos, ou transmitidos por atos entre vivos, só se adquirem com a tradição".

[30] Gustavo Tepedino, Heloisa Helena Barboza, Maria Celina Bodin de Moraes, *Código Civil interpretado conforme a Constituição da República*, vol. III, Rio de Janeiro: Renovar, 2014, pp. 818-819.

[31] Art. 1.392. "Salvo disposição em contrário, o usufruto estende-se aos acessórios da coisa e seus acrescidos. § 1º Se, entre os acessórios e os acrescidos, houver coisas consumíveis, terá o usufrutuário o dever de restituir, findo o usufruto, as que ainda houver e, das outras, o equivalente em gênero, qualidade e quantidade, ou, não sendo possível, o seu valor, estimado ao tempo da restituição. § 2º Se há no prédio em que recai o usufruto florestas ou os recursos minerais a que se refere o art. 1.230, devem o dono e o usufrutuário prefixar-lhe a extensão do gozo e a maneira de exploração. § 3º Se o usufruto recai sobre universalidade ou quota-parte de bens, o usufrutuário tem direito à parte do tesouro achado por outrem, e ao preço pago pelo vizinho do prédio usufruído, para obter meação em parede, cerca, muro, vala ou valado".

devolução de usufruto sobre patrimônio, dentro do qual se situavam bens de diversa natureza, consumíveis e inconsumíveis.[32]

Trata-se, a rigor, de instituto análogo ao usufruto que com ele não se confunde,[33] mais assemelhando-se com o contrato de mútuo, já que, consumível o objeto, este passa para a propriedade do usufrutuário, o qual se obriga à devolução do equivalente em dinheiro (pelo valor estimado ao tempo da restituição) ou em coisas da mesma espécie e quantidade. Assim é que, conforme salientado, "o quase usufrutuário parece muito mais um mutuário do que um usufrutuário, pois se apropria da coisa, a consome, a destrói e, apenas ficará sujeito àquela obrigação de recompor o patrimônio, no momento em que terminar o seu direito".[34]

De mais a mais, o parágrafo segundo do artigo 1.392 prevê, especificamente quanto ao usufruto que recaia sobre florestas ou recursos minerais, o dever de contratação prévia de limites, a fixar a extensão do gozo e o modo de exploração. Os recursos minerais de que trata o dispositivo consistem naqueles de emprego imediato na construção civil, desde que não submetidos a transformação industrial, nos termos do artigo 1.230, parágrafo único, do Código Civil.[35]

De outro turno, o parágrafo terceiro do artigo 1.392 cuida do usufruto que recai sobre universalidade ou quota-parte de bens. Diferenciam alguns autores o usufruto de direitos do usufruto de patrimônio. Este recai sobre cada bem que o compõe, vindo a incidir, de consequência, sobre os bens incorpóreos integrantes da massa, dentre os quais os créditos e as ações. "Assim, parte do usufruto de um patrimônio, e não todo ele, constitui usufruto de direitos".[36]

Objeta-se, contudo, que esta concepção pluralista, que vê no patrimônio usufrutos singulares, não se afina com o sistema positivo, onde o patrimônio constitui uma "pele" a cobrir os bens singulares. Em consequência, conforme se observou atentamente, "pode haver herança de usufruto e não só legado de usufruto", a qual independerá de registro, subsistirá ainda quando se extinguirem todos os bens singulares que a compõem e, como patrimônio que é, será administrada como um todo pelo usufrutuário.[37] Prossegue-se na crítica de maneira enfática: "Se alguém se apega à afirmação de que usufruto de patrimônio é a soma dos usufrutos sobre os bens singulares, caindo na superficialidade, com aparência analítica, da concepção pluralista, elimina o conceito mesmo de usufruto

---

[32]   Giovanni Pugliese, Usufrutto (diritto romano), in *Novissimo digesto italiano*, vol. XX, Torino: Utet, 1975, p. 333.

[33]   Lafayette Rodrigues Pereira, *Direito das coisas*, Rio de Janeiro: Ed. Rio, 1977, p. 356.

[34]   Francisco Clementino de San Tiago Dantas, *Programa de direito civil,* vol. III, Rio de Janeiro: Editora Rio, 1979, p. 349.

[35]   Art. 1.230. "A propriedade do solo não abrange as jazidas, minas e demais recursos minerais, os potenciais de energia hidráulica, os monumentos arqueológicos e outros bens referidos por leis especiais. Parágrafo único. O proprietário do solo tem o direito de explorar os recursos minerais de emprego imediato na construção civil, desde que não submetidos a transformação industrial, obedecido o disposto em lei especial".

[36]   Orlando Gomes, *Direitos reais,* Rio de Janeiro: Forense, 1978, p. 301.

[37]   Francisco Cavalcanti Pontes de Miranda, *Tratado de direito privado*, vol. XIX, Rio de Janeiro: Borsoi, 1971, p. 190.

de patrimônio", isentando, conseguintemente, o usufrutuário, malgrado sério prejuízo para os credores, da responsabilidade pelas dívidas que recaiam não sobre cada bem individualmente considerado, mas sobre o patrimônio como tal.[38]

Na hipótese de tesouro achado por outrem, o artigo 1.264 do Código Civil[39] dispõe que haverá a divisão "por igual entre o proprietário do prédio e o que achar o tesouro". Contudo, caso se trate de usufruto que recai sobre universalidade ou quota-parte de bens, a porção que pertenceria ao proprietário do prédio na divisão caberá ao usufrutuário.[40] No mesmo sentido, se o vizinho do prédio usufruído pagar determinado preço para obter meação em parede, cerca, muro, vala ou valado, tal valor pertencerá ao usufrutuário.[41]

1.4. Direitos do usufrutuário

Estabelece o artigo 1.394 do Código Civil que "o usufrutuário tem direito à posse, uso, administração e percepção dos frutos". Indica, assim, o legislador os poderes do usufrutuário. A posse do bem gravado, de regra direta e imediata, é o primeiro direito garantido ao usufrutuário para que possa aproveitar economicamente a coisa. O *ius possidendi* garante-lhe, primeiramente, que possa reclamar a imissão na posse contra o nu-proprietário ou contra quem esteja com a coisa. A esse respeito, o Superior Tribunal de Justiça já aduziu que "o usufrutuário – na condição de possuidor direto do bem – pode valer-se das ações possessórias contra o possuidor indireto (nu-proprietário)" e, ainda, "na condição de titular de um direito real limitado (usufruto) – também tem legitimidade/interesse para a propositura de ações de caráter petitório, tal como a reivindicatória, contra o nu-proprietário ou contra terceiros".[42]

Direito à posse direta e imediata

Se é verdade que o uso e a fruição constituem o conteúdo central do usufruto, deferindo ao titular o direito de tirar proveito econômico da coisa, o apossamento é apontado pela doutrina como condição *sine qua non* para que o usufrutuário possa usar a coisa: "se não recebeu a posse, não pode usar, e tem ação contra quem lhe prometeu ou está obrigado a lhe entregar. Tendo a posse, tem o poder fático de usar e o direito a isso, que preexistia à posse".[43]

Ao contrário do que ocorre nas relações contratuais de natureza pessoal – *v.g.*, na relação locatícia –, não assiste ao usufrutuário solicitar ao proprietário garantia para o uso pacífico da coisa. O locatário aciona o locador para que lhe assegure a

Direito de usar o bem

---

[38] Francisco Cavalcanti Pontes de Miranda, *Tratado de direito privado*, vol. XIX, Rio de Janeiro: Borsoi, 1971, p. 194.

[39] Art. 1.264. "O depósito antigo de coisas preciosas, oculto e de cujo dono não haja memória, será dividido por igual entre o proprietário do prédio e o que achar o tesouro casualmente".

[40] Gustavo Tepedino, Heloisa Helena Barboza, Maria Celina Bodin de Moraes, *Código Civil interpretado conforme a Constituição da República*, vol. III, Rio de Janeiro: Renovar, 2014, p. 823.

[41] Caio Mário da Silva Pereira, *Instituições de direito civil*, vol. IV, Rio de Janeiro: Forense, 2017, p. 264.

[42] STJ, 3ª T., REsp 1.202.843/PR, Rel. Min. Ricardo Villas Bôas Cueva, julg. 21.10.2014, publ. *DJ* 28.10.2014.

[43] Francisco Cavalcanti Pontes de Miranda, *Tratado de direito privado*, vol. XIX, Rio de Janeiro: Borsoi, 1971, p. 67.

utilização do bem locado.[44] Toca ao usufrutuário, ao revés, defender-se por si próprio, repelindo eventuais ingerências de terceiros, dentre os quais se inclui o nu-proprietário. Essas diferenças, com efeito, decorrem da natureza creditícia da locação, da qual resulta a obrigação pessoal do locador para com o inquilino, de fazê-lo usar o bem locado, enquanto o usufrutuário, sendo titular de direito real, terá que providenciar, ele próprio, imediata e diretamente, o aproveitamento da coisa gravada. O direito de uso garantido ao usufrutuário é, em princípio, ilimitado, sendo-lhe transferida a faculdade inerente ao domínio. Admite-se, contudo, que sofra limitações, impostas no título constitutivo pelo nu-proprietário. Pode, assim, o usufrutuário se valer das servidões, das aluviões, das máquinas, dos animais, dos foros e laudêmios, se o usufruto tiver por objeto o domínio direto.[45]

Direito de administrar o bem
Pela mesma ordem de motivos deduzida em relação à posse, insere-se, no âmbito do direito de usufruto, o direito de administrar o bem, de modo a permitir que o usufrutuário se utilize da coisa gravada. A administração, concedida, de ordinário, ao usufrutuário, visa, por um lado, à conservação da coisa e à destinação das vantagens da coisa a quem a usa; por outro, visa a maximizar a sua produtividade.[46] Permite-se, desta feita, que o usufrutuário possa alugar os bens, habitá-los ou cultivá-los.[47]

Direito de fruição
Quanto à fruição, observou-se que o direito do usufrutuário não se restringe à percepção dos frutos, como ocorre com o possuidor de boa-fé, mas lhe é dado o direito à aquisição dos frutos, automaticamente, vale dizer, independentemente de atividade sua, assim como ocorre com o dono, quando dispõe de idênticos poderes.[48]

Disciplina dos frutos
Estabelece, a propósito, o artigo 1.396 do Código Civil[49] que os frutos naturais pendentes ao começar o usufruto pertencem ao usufrutuário, sem que lhe seja imposto qualquer ressarcimento, vez que este recebe o bem no estado em que se encontra, assim como aqueles pendentes ao tempo da cessação integram o patrimônio do nu-proprietário, por se tratar de coisas futuras, excluindo-se, também aqui, qualquer indenização. Haverá direito à indenização, todavia, caso o usufrutuário se aproprie dos frutos pendentes que pertencem ao nu-proprietário ou se este impedir a colheita dos frutos maduros por aquele.[50]

---

44   Francisco Clementino de San Tiago Dantas, *Programa de direito civil,* vol. III, Rio de Janeiro: Editora Rio, 1979, p. 350.

45   Gustavo Tepedino, Heloisa Helena Barboza, Maria Celina Bodin de Moraes, *Código Civil interpretado conforme a Constituição da República*, vol. III, Rio de Janeiro: Renovar, 2014, p. 827.

46   Francisco Cavalcanti Pontes de Miranda, *Tratado de direito privado*, vol. XIX, Rio de Janeiro: Borsoi, 1971, p. 350.

47   João Manoel Carvalho Santos, *Código Civil Brasileiro Interpretado*, vol. IX, Rio de Janeiro, Freitas Bastos, 1961, p. 376.

48   Francisco Cavalcanti Pontes de Miranda, *Tratado de direito privado*, vol. XIX, Rio de Janeiro: Borsoi, 1971, *Tratado de direito privado*, vol. XIX, p. 68.

49   Art. 1.396. "Salvo direito adquirido por outrem, o usufrutuário faz seus os frutos naturais, pendentes ao começar o usufruto, sem encargo de pagar as despesas de produção. Parágrafo único. Os frutos naturais, pendentes ao tempo em que cessa o usufruto, pertencem ao dono, também sem compensação das despesas".

50   Gustavo Tepedino, Heloisa Helena Barboza, Maria Celina Bodin de Moraes, *Código Civil interpretado conforme a Constituição da República*, vol. III, Rio de Janeiro: Renovar, 2014, p. 831.

Pertencem ao nu-proprietário os frutos civis vencidos no tempo do início do usufruto, enquanto os frutos vencidos na data do término cabem ao usufrutuário (CC, art. 1.398[51]). É o caso, bastante frequente, dos alugueres de imóvel dado em locação, visto a possibilidade de cessão do exercício do usufruto, modo de fruição assegurado pelo artigo 1.393, antes examinado. Note-se, portanto, que enquanto os frutos naturais apenas pertencem ao usufrutuário se pendentes ao começar o usufruto, os frutos civis vencidos durante a vigência do direito real e na data de sua extinção lhe pertencerão. Isso ocorre, pois, enquanto os frutos naturais reputam-se colhidos e percebidos logo que separados, os frutos civis reputam-se percebidos dia por dia (CC, art. 1.215).[52]

De outra parte, cuida o artigo 1.397 do Código Civil[53] do usufruto de animais, estabelecendo que as crias que excederem o número de cabeças de gado existentes ao começar o usufruto pertencem ao usufrutuário. O usufruto de animais se dá de dois modos. Primeiramente, pode incidir sobre cada animal, individualmente considerado, caso em que a perda de um extinguirá o usufruto a ele relativo, permanecendo o direito concernente aos demais. Falecendo todo o gado, o usufrutuário deverá prestar contas do couro respectivo ou de seu valor, ocorrendo a extinção do usufruto quando restar apenas a carne ou o couro do animal. Pode, ainda, o usufruto recair sobre o rebanho, hipótese na qual os animais mortos ou que se tornarem improdutivos serão sub-rogados com as crias nascidas. Se as crias não bastarem para tanto, e houver culpa do usufrutuário, este ainda terá o dever de restituir as cabeças existentes ao começar o usufruto, vez que houve violação do dever de conservação. Por outro lado, inexistindo culpa, o prejuízo incidirá sobre ambas as partes.[54]

Disciplina do usufruto de animais

É admissível, ainda, o usufruto sobre títulos de crédito. Nesse caso, autoriza-se o usufrutuário a cobrar as respectivas dívidas e empregar as quantias auferidas, de imediato, em títulos da mesma natureza, ou em títulos da dívida pública federal, com cláusula de atualização monetária segundo índices oficiais regularmente estabelecidos, nos termos do artigo 1.395 do Código Civil.[55] A esse respeito, o artigo 719 do Código Civil de 1916[56] estipulava que a aplicação corria por conta e risco do usufrutuário, sendo facultado ao proprietário, findo o usufruto, recusar os novos títulos eventual-

Disciplina do usufruto sobre títulos de crédito

---

[51] Art. 1.398. "Os frutos civis, vencidos na data inicial do usufruto, pertencem ao proprietário, e ao usufrutuário os vencidos na data em que cessa o usufruto".

[52] Art. 1.215. "Os frutos naturais e industriais reputam-se colhidos e percebidos, logo que são separados; os civis reputam-se percebidos dia por dia".

[53] Art. 1.397. "As crias dos animais pertencem ao usufrutuário, deduzidas quantas bastem para inteirar as cabeças de gado existentes ao começar o usufruto".

[54] Gustavo Tepedino, Heloisa Helena Barboza, Maria Celina Bodin de Moraes, *Código Civil interpretado conforme a Constituição da República*, vol. III, Rio de Janeiro: Renovar, 2014, pp. 831-832.

[55] Art. 1.395. "Quando o usufruto recai em títulos de crédito, o usufrutuário tem direito a perceber os frutos e a cobrar as respectivas dívidas. Parágrafo único. Cobradas as dívidas, o usufrutuário aplicará, de imediato, a importância em títulos da mesma natureza, ou em títulos da dívida pública federal, com cláusula de atualização monetária segundo índices oficiais regularmente estabelecidos".

[56] Art. 719, CC/1916. "Quando o usufruto recai em títulos de crédito, o usufrutuário tem direito, não só a cobrar as respectivas dívidas, mas ainda a empregar-lhes a importância recebida. Essa aplicação, porém, corre por sua conta e risco; e, cessando o usufruto, o proprietário pode recusar os novos títulos, exigindo em espécie o dinheiro".

mente adquiridos, exigindo o dinheiro em espécie. Tal possibilidade de recusa não foi reproduzida pelo legislador de 2002 no referido artigo 1.395. Desse modo, findo o usufruto, somente poderá o proprietário se recusar a receber os novos títulos se expressamente prevista essa possibilidade no instrumento entre as partes.[57]

Alteração da destinação econômica do usufruto

Estabelece ainda o artigo 1.399 do Código Civil[58] o direito do usufrutuário de utilizar o imóvel em pessoa ou mediante arrendamento, vedando, contudo, que seja alterada a destinação econômica sem expressa autorização do proprietário. Trata-se do dever de preservação da substância no sentido da conservação do destino econômico da coisa, não podendo o usufrutuário modificá-lo. Tal obrigação, além de refletir a temporariedade do usufruto, atende à sua finalidade alimentar, acabando por resultar em benefício para o próprio usufrutuário, cujo poder de ação restringe. Observe-se que o legislador de 2002 não reproduziu a exigência prevista no artigo 724 do Código Civil de 1916[59] no sentido de que a autorização do proprietário para a modificação seja expressa no próprio título.

A esse respeito, interessante hipótese fática foi analisada pelo Tribunal de Justiça de São Paulo.[60] Na espécie, a destinação econômica originária do usufruto recaía sobre as atividades agrícola e pastoril. Na vigência do direito real, contudo, a usufrutuária arrendou parte do imóvel para a atividade de extração de areia. Ao examinar se a conduta da usufrutuária violava a prescrição do artigo 1.399 do Código Civil, considerou o Tribunal que não havia alteração prejudicial do destino econômico da coisa, vez que o arrendamento incidiu sobre área que, conforme laudo pericial, se afigurava inútil para as atividades originárias agrícola e pastoril. Em interessante aplicação do princípio da boa-fé objetiva nas relações reais, aduziu-se que a usufrutuária observou o dever de cooperação imposto pela cláusula-geral, na medida em que contribuiu para o maior aproveitamento econômico da coisa sem vulnerar sua finalidade original.[61]

1.5. Deveres do usufrutuário

Já no que se refere aos deveres do usufrutuário, costuma-se dizer que o usufruto se diferencia da propriedade pela obrigatoriedade de preservação da substância, ausente nessa e da índole daquele. A conservação da coisa gravada, respeitando-se o seu destino econômico estaria, assim, a cingir os poderes do usufrutuário, dentro da vocação econômica do bem. Eis, portanto, o conteúdo negativo do usufruto, a demarcar os poderes do usufrutuário.

---

[57] Caio Mário da Silva Pereira, *Instituições de direito civil,* vol. IV, Rio de Janeiro: Forense, 2017, p. 263.

[58] Art. 1.399. "O usufrutuário pode usufruir em pessoa, ou mediante arrendamento, o prédio, mas não mudar-lhe a destinação econômica, sem expressa autorização do proprietário".

[59] Art. 724, CC/1916. "O usufrutuário pode usufruir em pessoa, ou mediante arrendamento, o prédio, mas não mudar-lhe o gênero de cultura, sem licença do proprietário ou autorização expressa no título; salvo se, por algum outro, como os de pai ou marido, lhe couber tal direito".

[60] TJSP, 4ª C.D.Priv., Ap. Cív. 6210154100, Rel. Des. Maia da Cunha, julg. 9.2.2009, publ. *DJ* 18.3.2009.

[61] Eduardo Nunes de Souza. Autonomia privada e boa-fé objetiva em direitos reais. *Revista Brasileira de Direito Civil*, vol. IV, 2015, p. 78.

CAPÍTULO XIV | USUFRUTO, USO E HABITAÇÃO   333

A respeito de tais deveres, andou bem a doutrina que as considerou, todas, "a exteriorização concreta da *salva rerum substantia*, que rege toda a relação, algumas das quais atinentes à consignação da coisa, outras ao gozo, e outras, enfim, à sua restituição", distinguindo-as, cronologicamente, em relação aos três momentos do usufruto, representados pelo início, pela duração e pela extinção do direito,[62] a constituir três ordens de obrigações, respectivamente: "précautions, limitations, restitutions".[63]

Na fase de constituição, salientam-se dois deveres a cargo do usufrutuário, nos termos do artigo 1.400 do Código Civil:[64] o de proceder, à sua custa, ao inventário do bens recebidos, determinando o estado em que se encontra cada um deles, e o de dar "caução, fidejussória ou real, se lha exigir o dono". Ambas as obrigações direcionam-se à garantia da restituição dos bens em sua integralidade. O usufrutuário devolverá tantas coisas quantas recebeu e, por isso mesmo, as inventaria. Observa-se, ainda, em doutrina, que tal avaliação não tem "por objeto limitar o direito do nu-proprietário à cifra encontrada, uma vez que, em caso de se converter o seu direito no equivalente pecuniário, ter-se-á em conta o preço da coisa ao tempo da restituição".[65] Além disso, dispensa-se o inventário no caso de bem individual, vez que, nessa hipótese, a descrição do objeto constará do próprio ato institutivo do usufruto.[66]

> Deveres do usufrutuário na fase de constituição do usufruto

De outra parte, em garantia do cumprimento da obrigação de restituir, que vincula o titular e os herdeiros, o usufrutuário deve prestar caução se, é claro, o exigir o interessado, titular do domínio. Há, portanto, possibilidade de dispensa convencional da caução, já que se trata de matéria do exclusivo interesse privado. Embora não haja expressa previsão legal, também se autoriza a dispensa do inventário.

De mais a mais, o parágrafo único do dispositivo em análise dispensa o doador que se reservar o usufruto da coisa doada da obrigação de caução. Isso porque, nessa hipótese, presume-se que o doador pretendeu, com a reserva de usufruto, a fruição daquilo de que estava de posse, sem necessidade de acrescentar, à liberalidade, qualquer garantia de sua substância.[67] Registre-se que, embora o Código Civil de 2002 não tenha reproduzido o inciso II do artigo 731 do Código Civil de 1916,[68] segundo o qual eram dispensados da caução os pais, usufrutuários dos bens dos filhos menores, o usufruto legal, constituído no bojo do direito de família, permanece como ressalva à exigência de caução.

> Hipóteses de dispensa legal da caução

---

[62]   Roberto de Ruggiero, *Instituições de direito civil*, São Paulo: Saraiva, 1934, p. 415.

[63]   Jean Carbonnier, *Droit civil*, t. II, Paris: P.U.F., 1967, p. 109.

[64]   Art. 1.400. "O usufrutuário, antes de assumir o usufruto, inventariará, à sua custa, os bens que receber, determinando o estado em que se acham, e dará caução, fidejussória ou real, se lha exigir o dono, de velar-lhes pela conservação, e entregá-los findo o usufruto. Parágrafo único. Não é obrigado à caução o doador que se reservar o usufruto da coisa doada".

[65]   Caio Mário da Silva Pereira, *Instituições de direito civil*, vol. IV, Rio de Janeiro: Forense, 2017, pp. 264-265.

[66]   Francisco Clementino de San Tiago Dantas, *Programa de direito civil*, vol. III, Rio de Janeiro: Editora Rio, 1979, p. 353.

[67]   João Manoel Carvalho Santos, *Código Civil Brasileiro Interpretado*, vol. IX, Rio de Janeiro, Freitas Bastos, 1961, p. 428.

[68]   Art. 731, CC/1916. "Não são obrigados à caução: I – O doador, que se reservar o usufruto da coisa doada. II – Os pais, usufrutuários dos bens dos filhos menores".

Impossibilidade material do usufrutuário de prestar caução

O artigo 1.401 do Código Civil,[69] a seguir, tempera a exigência de caução em face da não rara impossibilidade material do usufrutuário de oferecer garantias. Cria-se, portanto, o impasse. O usufruto, cuja finalidade primacial, viu-se já, é alimentar, estaria obstado justamente pela falta de meios do beneficiário para adiantar recursos em garantia. Ele pode encontrar-se em tal estado de miserabilidade, que o usufruto pretende socorrer, que não tenha recursos para dar caução.[70] O legislador contornou o problema, prevendo a conservação do usufruto, nestes casos, ainda que sem garantia, tolhendo, no entanto, do usufrutuário, o direito de administração. O usufruto não se extinguirá, tomará posse o usufrutuário, poderá usar e fruir, sem, contudo, administrar o bem. Trata-se de maneira alternativa de se assegurar a preservação do seu destino econômico, entregando-se sua gestão a quem tem a expectativa de reavê-lo. O administrador, nesse caso, restará obrigado a entregar ao usufrutuário, mediante caução, os rendimentos proporcionados pelos bens, deduzidas as despesas de administração, entre as quais se incluirá a quantia fixada pelo juiz como remuneração do nu-proprietário.

Deveres do usufrutuário na fase de duração do usufruto

No período de duração do usufruto, ressaltam-se duas obrigações a cargo do usufrutuário: o dever de conservação da coisa no estado em que a recebeu, arcando com as despesas ordinárias para tal finalidade, e o de pagar as prestações e os tributos devidos pela posse ou rendimento da coisa usufruída, nos termos do artigo 1.403 do Código Civil.[71]

Quanto ao dever de conservação, impõe-se ao usufrutuário manter o destino econômico do bem e ainda administrá-lo, arcando com os dispêndios ordinários de manutenção além das despesas de reparação classificadas pela lei de "módicas", vale dizer, nos termos do parágrafo primeiro do artigo 1.404, aquelas inferiores a dois terços do rendimento líquido anual propiciado pelo bem.[72] Os reparos extraordinários, porque irregulares e imprevisíveis, e os superiores a tal quantia, incumbe ao dono efetuar. Nesta hipótese, caberá ao usufrutuário pagar ao nu-proprietário os juros do capital investido nas reparações que forem necessárias à conservação, ou aumentarem o rendimento da coisa usufruída. Por outro lado, o parágrafo segundo do artigo 1.404 assegura ao usufrutuário o direito de realizar as reparações indispensáveis à conservação da coisa que cabem ao proprietário, cobrando posteriormente do

---

[69] Art. 1.401. "O usufrutuário que não quiser ou não puder dar caução suficiente perderá o direito de administrar o usufruto; e, neste caso, os bens serão administrados pelo proprietário, que ficará obrigado, mediante caução, a entregar ao usufrutuário o rendimento deles, deduzidas as despesas de administração, entre as quais se incluirá a quantia fixada pelo juiz como remuneração do administrador".

[70] Ebert Chamoun, *Apostila do curso de direito civil ministrado na Faculdade Nacional de Direito da Universidade do Brasil*, em 1968; impressa sem responsabilidade de cátedra, p. 181.

[71] Art. 1.403. "Incumbem ao usufrutuário: I – as despesas ordinárias de conservação dos bens no estado em que os recebeu; II – as prestações e os tributos devidos pela posse ou rendimento da coisa usufruída".

[72] Art. 1.404. "Incumbem ao dono as reparações extraordinárias e as que não forem de custo módico; mas o usufrutuário lhe pagará os juros do capital despendido com as que forem necessárias à conservação, ou aumentarem o rendimento da coisa usufruída. § 1º Não se consideram módicas as despesas superiores a dois terços do líquido rendimento em um ano".

CAPÍTULO XIV | USUFRUTO, USO E HABITAÇÃO   335

nu-proprietário o seu valor, que tenha deixado de fazê-las. De mais a mais, nos termos do artigo 1.402 do Código Civil,[73] o usufrutuário não é obrigado a arcar com despesas decorrentes do exercício regular do usufruto, vez que se trata da natural deterioração da coisa. Entretanto, caso se verifique, no caso prático, dolo ou culpa do usufrutuário em tal deterioração, haverá direito à indenização.[74]

Matéria de grande relevo, regulada pelo artigo 1.405 do Código Civil,[75] versa sobre as dívidas que incidem sobre o bem gravado, que as garante. Tratando-se de usufruto sobre universalidade patrimonial, responde o usufrutuário pelos juros da dívida que o bem gravado garante, na proporção de sua quota. Isso porque, neste caso, ele detém parte-alíquota do patrimônio, que responde por parte correspondente do passivo.[76]

Usufruto e juros da dívida que o bem gravado garante

No que tange ao pagamento das prestações e dos tributos devidos pela posse ou rendimento da coisa usufruída, é natural que incumbam ao usufrutuário. Note-se que apenas recairão sobre o usufrutuário os impostos relativos à posse ou ao rendimento da coisa usufruída, inclusive o imposto predial territorial urbano (IPTU),[77] não já os extraordinários, a exemplo dos empréstimos compulsórios e das contribuições de melhoria.[78] Além disso, responde o usufrutuário por quaisquer taxas, foros, pensões, despesas de condomínio e prêmios de seguro, em conformidade com o artigo 1.407 do Código Civil,[79] se a coisa já estiver segurada. Do contrário, não é compelido o usufrutuário a segurar a coisa. Não responde, pois, o usufrutuário se ocorrer, sem sua culpa, a destruição fortuita da coisa gravada que não esteja no seguro. Responderá, ao avesso, por perdas e danos, se recebendo o bem segurado não manteve em dia as contribuições, seguindo-se eventual destruição da coisa.[80]

Usufruto e contribuições do seguro

Pagas as contribuições do seguro, ou contratado o seguro pelo usufrutuário, a indenização, na hipótese de sinistro, reverte-se para o nu-proprietário, restando, contudo, o direito do usufrutuário sub-rogado nela. A esse respeito, o Superior Tri-

Sub-rogação do usufrutuário no valor da indenização securitária

---

[73] Art. 1.402. "O usufrutuário não é obrigado a pagar as deteriorações resultantes do exercício regular do usufruto".

[74] Gustavo Tepedino, Heloisa Helena Barboza, Maria Celina Bodin de Moraes, *Código Civil interpretado conforme a Constituição da República*, vol. III, Rio de Janeiro: Renovar, 2014, p. 836.

[75] Art. 1.405. "Se o usufruto recair num patrimônio, ou parte deste, será o usufrutuário obrigado aos juros da dívida que onerar o patrimônio ou a parte dele".

[76] Clovis Bevilaqua, *Direito das coisas*, vol. I, Rio de Janeiro: Freitas Bastos, 1941, p. 379.

[77] "O usufrutuário, que colhe os proveitos do bem, é o responsável pelo pagamento do IPTU" (STJ, REsp 203.098/SP, 3ª T., Rel. Min. Carlos Alberto Menezes Direito, julg. 9.12.1999). V. ainda STJ, REsp 691.714/SC, 2ª T., Rel. Min. Franciulli Netto, julg. 22.3.2005; e STJ, 2ª T., REsp 1.832.321/SP, Rel. Min. Herman Benjamin, julg. 1.10.2019.

[78] Gustavo Tepedino, Heloisa Helena Barboza, Maria Celina Bodin de Moraes, *Código Civil interpretado conforme a Constituição da República*, vol. III, Rio de Janeiro: Renovar, 2014, p. 837.

[79] Art. 1.407. "Se a coisa estiver segurada, incumbe ao usufrutuário pagar, durante o usufruto, as contribuições do seguro. § 1º Se o usufrutuário fizer o seguro, ao proprietário caberá o direito dele resultante contra o segurador. § 2º Em qualquer hipótese, o direito do usufrutuário fica sub-rogado no valor da indenização do seguro".

[80] João Manoel Carvalho Santos, *Código Civil Brasileiro Interpretado*, vol. IX, Rio de Janeiro, Freitas Bastos, 1961, p. 446.

bunal de Justiça já reconheceu a legitimidade do usufrutuário para acionar a seguradora, nos seguintes termos: "havendo previsão legal da sub-rogação do usufrutuário à indenização, quando segurada a coisa, sem razão negar-se sua legitimidade para obter diretamente da seguradora o recebimento do *quantum* indenizatório". Destacou-se, ainda que, na espécie, o imóvel fora reconstruído e não havia notícia de "controvérsia entre os nu-proprietários do bem (seus filhos) e a usufrutuária".[81] Além disso, não sendo o usufrutuário compelido a proceder ao seguro, quando recebe a coisa não segurada, pode dar-se que o nu-proprietário venha, a suas expensas, a fazê-lo. Ainda neste caso se dá a sub-rogação prevista pelo § 2º do artigo 1.407.

Defesa da posse objeto de usufruto

Com relação à defesa da posse, prevê o artigo 1.406 do Código Civil[82] a obrigação de o usufrutuário comunicar ao nu-proprietário qualquer lesão produzida contra a posse da coisa ou aos seus direitos, em expressão do dever de mitigar danos decorrente do princípio da boa-fé objetiva, vez que, ciente da ameaça, poderá o nu-proprietário tomar medidas para conservar a coisa.[83]

Ruína do edifício sobre o qual recai o usufruto

De mais a mais, conforme o artigo 1.408 do Código Civil,[84] na hipótese de o usufruto recair sobre edifício que se arruína, não está obrigado o nu-proprietário a reconstruí-lo e, consequentemente, se não há seguro, extingue-se o usufruto. Caso o nu-proprietário reconstrua o prédio às suas custas, não se restabelecerá o usufruto. Por outro lado, se este for segurado, poderá o nu-proprietário optar entre embolsar a indenização, na qual se sub-roga o usufruto, ou empregá-la na construção de novo bem em que se restabelecerá o usufruto.[85]

Sub-rogação do usufrutuário no valor da indenização

O usufrutuário também se sub-rogará no valor da indenização paga se o bem for desapropriado ou se o dano sofrido pela coisa em caso de danificação ou perda for ressarcido pelo terceiro responsável (CC, art. 1.409[86]). Note-se que, extinto o usufruto, deverá o usufrutuário restituir a indenização recebida em virtude da desapropriação, a qual não incluirá, contudo, o valor referente à reparação dos prejuízos suportados pelo usufrutuário em razão da impossibilidade de perceber frutos no período compreendido entre a imissão estatal na posse e o pagamento integral da indenização devida. De mais a mais, fará jus o usufrutuário aos juros compensatórios pagos pelo Estado, eis que estes visam a compensar a prévia perda das faculdades de

---

[81]   STJ, 4ª T., REsp 317.504/RJ, Rel. Min. Sálvio De Figueiredo Teixeira, julg. 2.8.2001, publ. *DJ* 1.10.2001.

[82]   Art. 1.406. "O usufrutuário é obrigado a dar ciência ao dono de qualquer lesão produzida contra a posse da coisa, ou os direitos deste".

[83]   Gustavo Tepedino, Heloisa Helena Barboza, Maria Celina Bodin de Moraes, *Código Civil interpretado conforme a Constituição da República*, vol. III, Rio de Janeiro: Renovar, 2014, p. 840.

[84]   Art. 1.408. "Se um edifício sujeito a usufruto for destruído sem culpa do proprietário, não será este obrigado a reconstruí-lo, nem o usufruto se restabelecerá, se o proprietário reconstruir à sua custa o prédio; mas se a indenização do seguro for aplicada à reconstrução do prédio, restabelecer-se-á o usufruto".

[85]   Francisco Clementino de San Tiago Dantas, *Programa de direito civil,* vol. III, Rio de Janeiro: Editora Rio, 1979, p. 355.

[86]   Art. 1.409. "Também fica sub-rogada no ônus do usufruto, em lugar do prédio, a indenização paga, se ele for desapropriado, ou a importância do dano, ressarcido pelo terceiro responsável no caso de danificação ou perda".

usar e gozar do bem. Os juros moratórios, ao revés, pertencem ao nu-proprietário, porquanto destinam-se a recompor a perda decorrente do atraso no efetivo pagamento da indenização, preço este que cabe, em última análise, ao proprietário do bem, não havendo, como referido, percepção de frutos pelo usufrutuário desde o momento da imissão provisória na posse do Poder Público.[87]

Por fim, na fase de extinção do usufruto, uma única obrigação destaca-se para o usufrutuário: a restituição dos bens usufruídos ao nu-proprietário, na forma do inventário, em sendo infungíveis, ou de outros de igual valor e idêntica quantidade, se de coisas infungíveis se trata, na hipótese de quase usufruto.

Dever do usufrutuário na fase de extinção do usufruto

1.6. Extinção do usufruto

Enumera o artigo 1.410 do Código Civil[88] as formas de extinção do usufruto, devendo-se proceder ao cancelamento do registro junto ao RGI caso se trate de bem imóvel:

a) Renúncia do usufrutuário. Trata-se de forma de extinção comum a todos os direitos reais, a qual provoca a consolidação da propriedade nas mãos do nu--proprietário.

Hipóteses de extinção do usufruto

b) Morte do usufrutuário. Esta forma de extinção deriva do seu caráter personalíssimo. Por esse motivo, mesmo que a morte ocorra anteriormente ao período aprazado no título constitutivo, extingue-se o usufruto.

c) Termo de sua duração. Verificando-se o termo, extingue-se o usufruto. Idêntica solução se dá no caso de condição resolutiva. Na ausência de termo ou condição, o usufruto será vitalício.

d) Extinção da pessoa jurídica usufrutuária ou pelo decurso do prazo de trinta anos. Dá-se a cessação do usufruto, constituído em favor de pessoa jurídica, quando esta se extingue ou, em não se extinguindo, e inexistindo termo ou condição resolutiva, quando se expira o prazo de trinta anos, contado da data em que se começou a exercer o direito real em apreço. O legislador de 2002 procedeu à redução do prazo previsto pelo artigo 741 do Código Civil de 1916, que era de cem anos.[89]

---

[87] Gustavo Tepedino, Heloisa Helena Barboza, Maria Celina Bodin de Moraes, *Código Civil interpretado conforme a Constituição da República*, vol. III, Rio de Janeiro: Renovar, 2014, p. 843.

[88] Art. 1.410. "O usufruto extingue-se, cancelando-se o registro no Cartório de Registro de Imóveis: I – pela renúncia ou morte do usufrutuário; II – pelo termo de sua duração; III – pela extinção da pessoa jurídica, em favor de quem o usufruto foi constituído, ou, se ela perdurar, pelo decurso de trinta anos da data em que se começou a exercer; IV – pela cessação do motivo de que se origina; V – pela destruição da coisa, guardadas as disposições dos arts. 1.407, 1.408, 2ª parte, e 1.409; VI – pela consolidação; VII – por culpa do usufrutuário, quando aliena, deteriora, ou deixa arruinar os bens, não lhes acudindo com os reparos de conservação, ou quando, no usufruto de títulos de crédito, não dá às importâncias recebidas a aplicação prevista no parágrafo único do art. 1.395; VIII – pelo não uso, ou não fruição, da coisa em que o usufruto recai (arts. 1.390 e 1.399)".

[89] Art. 741, CC/1916. "O usufruto constituído em favor de pessoa jurídica extingue-se com esta, ou, se ela perdurar, aos cem anos da data em que se começou a exercer".

e) Cessação do motivo de que se origina. Quando é identificável o motivo do usufruto, constituído, por exemplo, para o atendimento de certo período de dificuldade ou para certa fase da vida do usufrutuário, ou, ainda, sobrevindo, no caso de usufruto gratuito, alteração substancial na fortuna do usufrutuário, extingue-se o usufruto. O Código Civil promoveu alteração na terminologia empregada pelo artigo 739, III, do Código Civil de 1916,[90] que se referia à "causa", não já ao "motivo". Diante de tal modificação, questiona-se a necessidade de que o motivo determinante da constituição do direito real conste expressamente no título. Posiciona-se a doutrina, contudo, no sentido de exigir que o motivo determinante seja inequívoco e comum às partes.[91]

f) Destruição da coisa, não sendo fungível. Trata-se de modo de extinção em que cessa o direito pelo perecimento do objeto. Observe-se, contudo, que "não sendo total a perda, poderá substituir o usufruto, se a parte restante puder suportá-lo, ainda que reduzido".[92] Haverá, igualmente, extinção do usufruto nas hipóteses em que a mudança na substância do bem impedir o atendimento de sua destinação econômica.[93] Ressalva o legislador as disposições dos artigos 1.407, 1.408, segunda parte e 1.409 do Código Civil, de modo que não haverá extinção do direito real nos casos em que o usufruto se sub-roga na indenização devida.

g) Consolidação, quando, na pessoa do usufrutuário se reúnem as qualidades de proprietário. Tem-se a confusão da titularidade do direito real sobre coisa alheia com a titularidade da propriedade sobre a mesma coisa, restaurando-se, assim, a plenitude do domínio. Dá-se, por exemplo, no caso de o usufrutuário adquirir a nua-propriedade.

h) Culpa do usufrutuário, quando aliena, deteriora, ou deixa arruinar os bens, não lhes acudindo com os reparos de conservação. Cuida-se, aqui, seja da transmissão indevida dos bens dados em usufruto, por transmissão *a non domino*, seja da negligência do usufrutuário quanto àquelas despesas de conservação do bem gravado que lhe cabem, consideradas módicas e ordinárias. Em ambas as hipóteses ocorrerá a extinção do usufruto, em face da inadequação do comportamento do usufrutuário. Idêntica solução encontra a hipótese em que não for dada às importâncias recebidas no usufruto de títulos de crédito a aplicação prevista no parágrafo único do art. 1.395 do Código Civil.

i) Não uso, ou não fruição, da coisa em que o usufruto recai. À falta de previsão específica, havendo o legislador omitido o prazo, tem-se discutido o modo de configuração dessa hipótese extintiva. Defende-se, de uma parte, a incidência do prazo

---

[90]   Art. 739, CC/1916. "O usufruto extingue-se: III – Pela cessação da causa de que se origina".

[91]   Gustavo Tepedino, Heloisa Helena Barboza, Maria Celina Bodin de Moraes, *Código Civil interpretado conforme a Constituição da República*, vol. III, Rio de Janeiro: Renovar, 2014, p. 847.

[92]   Caio Mário da Silva Pereira, *Instituições de direito civil*, vol. IV, Rio de Janeiro: Forense, 2017, pp. 267-268.

[93]   João Manoel Carvalho Santos, *Código Civil Brasileiro Interpretado*, vol. IX, Rio de Janeiro, Freitas Bastos, 1961, p. 461.

CAPÍTULO XIV | USUFRUTO, USO E HABITAÇÃO 339

prescricional de dez anos, estabelecido no art. 205 do Código Civil,[94] ou ainda o recurso ao prazo decenal por aplicação analógica do artigo 1.389, III, do Código Civil,[95] que disciplina a extinção das servidões pelo não uso. No entanto, em direção distinta, aprovou-se na III Jornada de Direito Civil do CJF (2004) o Enunciado n. 252 segundo o qual "a extinção do usufruto pelo não-uso, de que trata o art. 1.410, inc. VIII, independe do prazo previsto no art. 1.389, inc. III", operando-se imediatamente. Tem-se por desatendida, nesse caso, a função social do instituto. Em direção semelhante, o Superior Tribunal de Justiça já considerou que "a aplicação dos prazos de natureza prescricional não é cabível quando a demanda não tem por objetivo compelir a parte adversa ao cumprimento de uma prestação. Tratando-se de usufruto, tampouco é admissível a incidência, por analogia, do prazo extintivo das servidões, pois a circunstância que é comum a ambos os institutos - extinção pelo não uso - não decorre, em cada hipótese, dos mesmos fundamentos". Assim, a extinção do usufruto pelo não uso poderia "ser levada a efeito sempre que, diante das circunstâncias da hipótese concreta, se constatar o não atendimento da finalidade social do bem gravado".[96]

Observe-se, ainda, a previsão do artigo 1.411 do Código Civil,[97] frequentemente aplicada na hipótese de usufruto constituído em favor de mais de uma pessoa. A cada um dos usufrutuários que vier a falecer corresponderá a extinção de sua parte, recobrando, pouco a pouco, a propriedade a sua plenitude. Apresenta-se, então, visível a elasticidade do domínio. A regra, contudo, poderá ser contornada mediante disposição expressa, no título constitutivo, que estabeleça o acrescimento em favor dos usufrutuários sobreviventes dos quinhões pertencentes aos falecidos. Tal solução circunscreve-se aos atos *inter vivos*. Diversamente, na hipótese de legatários, haverá direito de acrescer, nos termos do artigo 1.946 do Código Civil, que dispõe: "legado um só usufruto conjuntamente a duas ou mais pessoas, a parte da que faltar acresce aos colegatários".[98]

Inexistência de direito de acrescer no usufruto

2. DIREITO REAL DE USO

Quando do seu surgimento, em Roma, o direito real de uso transferia ao usuário apenas a faculdade de usar o bem concedido, diferenciando-se, portanto, estruturalmente, do usufruto, que autorizava ao usufrutuário não só usar a coisa, mas também auferir seus frutos. Aos poucos, porém, a jurisprudência romana estendeu as fronteiras do uso até se admitir ao usuário a fruição do bem para as suas necessidades.[99]

História e estrutura do direito real de uso

---

94   V. Francisco Eduardo Loureiro, *Código Civil Comentado*, Barueri: Manole, 2019, pp. 1453-1.454.
95   Art. 1.389. "Também se extingue a servidão, ficando ao dono do prédio serviente a faculdade de fazê-la cancelar, mediante a prova da extinção: (...) III – pelo não uso, durante dez anos contínuos".
96   STJ, 3ª T., REsp 1.179.259/MG, Rel. Min. Nancy Andrighi, julg. 14.5.2013, publ. *DJ* 24.5.2013.
97   Art. 1.411. "Constituído o usufruto em favor de duas ou mais pessoas, extinguir-se-á a parte em relação a cada uma das que falecerem, salvo se, por estipulação expressa, o quinhão desses couber ao sobrevivente".
98   Gustavo Tepedino, Heloisa Helena Barboza, Maria Celina Bodin de Moraes, *Código Civil interpretado conforme a Constituição da República*, vol. III, Rio de Janeiro: Renovar, 2014, p. 850.
99   José Carlos Moreira Alves, *Direito Romano*, Rio de Janeiro: Forense, 2018, p. 350.

No período Justiniano, tal direito alargou-se ainda mais, atingindo as proporções atuais: concessão das faculdades de usar e fruir do bem, porém no limite das necessidades de subsistência do usuário e de sua família.[100] Esta é a exata dicção do *caput* do artigo 1.412 do Código Civil, segundo o qual "o usuário usará da coisa e perceberá os seus frutos, quanto o exigirem as necessidades suas e de sua família".[101]

Semelhanças e distinções em relação ao usufruto

Percebe-se, pois, que, no direito contemporâneo, as estruturas do direito real de uso e do usufruto são idênticas: a transferência das faculdades de usar e fruir da coisa. O que distingue cada um dos institutos é a função por eles exercida no ordenamento. O direito real de uso tem por função garantir a subsistência do usuário e de sua família por tempo determinado – na ausência de estipulação de prazo, dura a vida do usuário –, não lhe sendo autorizado auferir lucros do referido direito. Por outro lado, o usufrutuário pode servir-se da coisa com muito maior liberdade, não estando limitado a esta específica função de subsistência.[102]

Nessa perspectiva, Darcy Bessone, didaticamente, qualificou o direito real de uso como "usufruto em miniatura",[103] vez que mais restrito e destinado a escopo específico. No exemplo clássico de Lafayette, "se o objeto do uso é uma fazenda de cultura, o usuário, além do direito de habitar as casas, passear e se recrear nos terrenos (atos de uso), bem pode colher frutos, mas tão somente para as suas necessidades diárias".[104]

Regime jurídico

Como consequência das diferentes funções exercidas pelo direito real de uso e pelo usufruto, os regimes jurídicos incidentes em cada um deles também serão distintos, embora o artigo 1.413 do Código Civil[105] determine a aplicação das disposições relativas ao usufruto ao uso, no que for compatível com sua natureza. Algumas de tais disposições, porém, não são aplicáveis justamente por serem incompatíveis com o específico escopo de subsistência perseguido pelo direito real de uso.

A primeira importante distinção entre o uso e o usufruto reside na impossibilidade de transmissão do exercício do direito real de uso, afastando-se, portanto, a

---

[100] Ebert Chamoun, *Instituições de direito romano*, Rio de Janeiro: Editora Rio, 1977, p. 272.

[101] Na lição de Eduardo Espínola, "a extensão do direito de uso, no sistema romano, foi devida à consideração de que, ordinariamente, mas não exclusivamente, as coisas que constituem objeto de uso só se tornam úteis com o aproveitamento de seus frutos. Daí determinar-se que esses frutos serão colhidos quanto bastem para as necessidades do usuário e de sua família" (Eduardo Espínola, *Os direitos reais limitados ou os direitos reais sobre a coisa alheia e os direitos reais de garantia no direito civil brasileiro*, Rio de Janeiro: Conquista, 1958, p. 279).

[102] Manuel Ignacio Carvalho de Mendonça, *Do usufruto, do uso e da habitação*, Rio de Janeiro: Editora Conselheiro Cândido de Oliveira, 1922, p. 255: "Gozando este [o usufrutuário] por autoridade própria, tendo a posse da coisa, pode servir-se dela para suas necessidades e para seu recreio, seu capricho, tudo isso com a maior liberdade. Ora, no usuário tais faculdades são menos extensas, pois que ele deve medir o uso da coisa por suas necessidades e de sua família, sem ter direito de tirar quaisquer vantagens dos excessos por meio de transações lucrativas de qualquer espécie".

[103] Darcy Bessone, *Direitos reais*, São Paulo: Saraiva, 1988, p. 359.

[104] Lafayette Rodrigues Pereira, *Direito das cousas*, Rio de Janeiro: Baptista de Souza, 1922, p. 237.

[105] Art. 1.413. "São aplicáveis ao uso, no que não for contrário à sua natureza, as disposições relativas ao usufruto".

incidência do artigo 1.393 do Código Civil a este instituto.[106] Como o direito real de uso é instituído a fim de garantir a subsistência da pessoa do usuário e de sua família, natural que seja intransmissível.[107]

Segunda relevante característica do direito real de uso que o afasta do usufruto consiste na sua indivisibilidade, de modo que não pode ser constituído por partes em uma mesma coisa.[108] Em outras palavras, em virtude de a constituição do direito real de uso se dar *intuitu personae*, a mesma coisa não pode ser entregue para uso por mais de uma pessoa, afastando-se a incidência do artigo 1.411 do Código Civil.[109]

Quanto ao objeto do direito real de uso, pode tratar-se de bem móvel ou imóvel.[110] Doutrina majoritária, na esteira de Clovis Bevilaqua, considera não ser compatível com a natureza dos bens consumíveis a instituição do direito de uso,[111] vez que não seria possível a restituição da coisa findo o direito de uso. Para alguns autores, contudo, não haveria incompatibilidade conceitual que obste o uso de coisas consumíveis com a posterior devolução de bem equivalente, embora se reconheça que, neste caso, haveria evidente desvio de finalidade.[112] À semelhança do usufruto impróprio, como visto acima, ocorreria aqui uma requalificação do uso em outra figura análoga.

Objeto do direito real de uso

No que se refere à constituição do direito de uso, esta pode se dar *inter vivos* ou *mortis causa*, havendo necessidade, evidentemente, de registro do título no Registro de Imóveis, se recair sobre bem imóvel, a fim de que o direito real seja constituído e, com isso, o direito de uso seja oponível a terceiros.[113] Além disso, o direito real de uso pode ser adquirido por usucapião, hipótese na qual deverão ser preenchidos os mesmos requisitos, inclusive temporais, para a aquisição da propriedade por usucapião,[114] dispensando-se o registro imobiliário mesmo para bens imóveis. Tratando-se de bem móvel, a constituição do direito real de uso se dá a partir da transferência da posse da coisa ao usuário.

Constituição do direito real de uso

O direito de uso tem como fonte a convenção – *inter vivos* ou *mortis causa* – ou o decurso do tempo da prescrição aquisitiva,[115] jamais surgindo *ex lege*, como se dá em certas espécies de usufruto. Quanto à titularidade do direito real de uso, apenas pessoas físicas podem ocupá-la. Assim, diante da função restrita do direito real de

---

[106] Art. 1.393. "Não se pode transferir o usufruto por alienação; mas o seu uso pode ceder-se por título gratuito ou oneroso".

[107] Paulo Lôbo, *Direito civil – coisas*, São Paulo: Saraiva, 2015, p. 263.

[108] Lafayette Rodrigues Pereira, *Direito das cousas*, Rio de Janeiro: Baptista de Souza, 1922, p. 237.

[109] Art. 1.411. "Constituído o usufruto em favor de duas ou mais pessoas, extinguir-se-á a parte em relação a cada uma das que falecerem, salvo se, por estipulação expressa, o quinhão desses couber ao sobrevivente".

[110] Clovis Bevilaqua, *Direito das coisas*, vol. 1, Rio de Janeiro: Forense, 1961, p. 336.

[111] Gustavo Tepedino, Heloisa Helena Barboza, Maria Celina Bodin de Moraes, *Código Civil Interpretado à luz da Constituição da República*, v. III, Rio de Janeiro: Renovar, 2014, p. 853.

[112] Orlando Gomes, *Direitos reais*, Rio de Janeiro: Forense, 2012, p. 327.

[113] Melhim Namem Chalhub, *Curso de direito civil: direitos reais*, Rio de Janeiro: Forense, 2003, p. 208.

[114] Paulo Lôbo, *Direito civil – coisas*, São Paulo: Saraiva, 2015, p. 263.

[115] Marco Aurelio da Silva Viana, *Comentários ao novo Código Civil*, vol. XVI, Rio de Janeiro: Forense, 2004, p. 677.

uso, que se destina à subsistência do titular e de sua família, sua concessão em favor de pessoas jurídicas e entidades não personificadas representaria um desvirtuamento de sua finalidade.

Extinção do direito real de uso

Quantos aos modos de extinção, o direito real de uso extingue-se pelos mesmos modos extintivos do usufruto,[116] quais sejam, renúncia ao direito, termo final de sua duração, desvio de destinação do bem, destruição da coisa, culpa do usuário pela ruína, deterioração ou alienação da coisa, consolidação na mesma pessoa da proprie-dade e do direito de uso, desapropriação da coisa, não uso e morte do usuário (CC, art. 1.410). Note-se que, embora o bem objeto do direito real de uso sirva para a subsistência de toda a família do usuário, tal direito real é personalíssimo, tendo sido criado em razão de pessoa específica, razão pela qual não pode ser transmitido por sucessão hereditária, extinguindo-se com a morte do usuário.[117]

Conceitos rele-vantes ao direito real de uso

Importa, ainda, analisar quais seriam as necessidades do usuário, mencionadas pelo artigo 1.412 do Código Civil, que devem ser supridas pela coisa dada em uso. Segundo o parágrafo primeiro deste mesmo dispositivo, tais necessidades deverão ser avaliadas conforme a condição social e o local onde vive o usuário. Na lição de Clovis Bevilaqua, essas necessidades variam com as modificações da existência do indivíduo, de modo que devem ser aferidas no momento específico do uso da coisa.[118] O conceito de necessidade, porém, deve ser interpretado restritivamente, isto é, como subsistência, afastando-se a utilização da coisa no comércio ou indústria do usuário.[119]

O parágrafo segundo do artigo 1.412, por sua vez, esclarece como deve ser in-terpretado o conceito de família do usuário estabelecido no *caput*. Trata-se de noção ampliativa, incluindo-se o cônjuge, os filhos solteiros que com ele habitem e as pessoas de seu serviço doméstico. Daí se dizer que, ao contrário do conceito de necessidade, o conceito de família, no direito de uso, deve ser interpretado extensivamente.[120] Nesse sentido, se nascem novos filhos do usuário, o direito de uso da coisa amplia-se, do mesmo modo que, se algum de seus filhos vier e se casar e sair de sua dependência, restringe-se o direito de uso.[121] Por isonomia com o cônjuge, também se compreende o companheiro.

3. DIREITO REAL DE HABITAÇÃO

Função do direito de habitação

O direito de habitação distingue-se do usufruto e do uso, vez que ao habitador não é transferido o exercício da faculdade de fruição do bem. Portanto, o direito de

---

[116] Eduardo Espínola, *Os direitos reais limitados ou os direitos reais sobre a coisa alheia e os direitos reais de garantia no direito civil brasileiro*, Rio de Janeiro: Conquista, 1958, p. 277.

[117] Paulo Lôbo, *Direito civil – coisas*, São Paulo: Saraiva, 2015, p. 263.

[118] Clovis Bevilaqua, *Direito das coisas*, vol. 1, Rio de Janeiro: Forense, 1961, p. 336.

[119] Eduardo Espínola, *Os direitos reais limitados ou os direitos reais sobre a coisa alheia e os direitos reais de garantia no direito civil brasileiro*, Rio de Janeiro: Conquista, 1958, p. 282.

[120] Eduardo Espínola, *Os direitos reais limitados ou os direitos reais sobre a coisa alheia e os direitos reais de garantia no direito civil brasileiro*, Rio de Janeiro: Conquista, 1958, p. 282.

[121] Gustavo Tepedino, Heloisa Helena Barboza, Maria Celina Bodin de Moraes, *Código Civil Interpretado à luz da Constituição da República*, v. III, Rio de Janeiro: Renovar, 2014, p. 853.

habitação configura uso típico,[122] apresentando tal instituto a função específica de garantir ao habitador e à sua família moradia gratuita por tempo determinado – presumindo-se, assim como no direito de uso, que seu prazo equivale ao tempo de vida do habitador se nada for convencionado em sentido oposto.

Nos primórdios do instituto, porém, a disciplina se afigurava diversa. Em Roma, no período de Justiniano, admitia-se a locação, pelo habitador, da casa que lhe fora entregue gratuitamente para habitação.[123] Naquele tempo, pois, o direito de habitação transferia ao habitador tanto o uso quanto o gozo dos frutos civis oriundos da casa, o que o aproximava, estruturalmente, do usufruto e do uso. No direito civil contemporâneo, contudo, não há mais esta possibilidade em razão da vedação expressa do artigo 1.414 do Código Civil, segundo o qual se permite ao habitador simplesmente ocupar a casa com sua família.[124]

Por conta destes novos contornos assumidos pelo direito de habitação na modernidade, este "perdeu sua significação de usufruto restrito", tornando-se "simples modalidade" do direito de uso.[125] Tal entendimento foi encampado pelo legislador, que afirma haver direito de habitação "quando o uso consistir no direito de habitar gratuitamente casa alheia" (CC, art. 1.414). Limitando-se o direito do habitador ao uso específico de morar na casa com sua família, não se admite a transferência do bem a terceiro, seja gratuita seja onerosamente, o que demonstra tratar-se o direito de habitação de direito personalíssimo.[126] Nessa mesma linha restritiva, também não se autoriza o habitador a usar a casa para instalar comércio ou indústria, ressalvada a hipótese deste residir e desenvolver seu negócio no mesmo local.[127]

Direito de habitação como simples modalidade do direito de uso

Ressalte-se, porém, que, embora seja personalíssimo, diferentemente do que ocorre no direito de uso, o direito de habitação se afigura divisível. Tal divisibilidade, que autoriza a concessão do direito de habitar o mesmo bem a mais de uma pessoa, tem previsão expressa no artigo 1.415 do Código Civil.[128-129] Referido dispositivo esclarece que, havendo mais de um titular do direito de habitação e apenas um dos titulares habitar a casa sozinho, este não precisará pagar aluguéis àquele que não a habite, mas não poderá impedir que o outro, querendo, passe a exercer o direito de habitação que também lhe compete. Na hipótese de morte de um dos titulares da

Divisibilidade do direito de habitação

---

[122] Gustavo Tepedino, Heloisa Helena Barboza, Maria Celina Bodin de Moraes, *Código Civil Interpretado à luz da Constituição da República*, v. III, Rio de Janeiro: Renovar, 2014, p. 855.

[123] Ebert Chamoun, *Instituições de direito romano*, Rio de Janeiro: Editora Rio, 1977, p. 272.

[124] Art. 1.414. "Quando o uso consistir no direito de habitar gratuitamente casa alheia, o titular deste direito não a pode alugar, nem emprestar, mas simplesmente ocupá-la com sua família".

[125] Orlando Gomes, *Direitos reais*, Rio de Janeiro: Forense, 2012, p. 326.

[126] Melhim Namem Chalhub, *Curso de direito civil: direitos reais*, Rio de Janeiro: Forense, 2003, p. 209.

[127] Clovis Bevilaqua, *Direito das coisas*, vol. 1, Rio de Janeiro: Forense, 1961, p. 339.

[128] Art. 1.415. "Se o direito real de habitação for conferido a mais de uma pessoa, qualquer delas que sozinha habite a casa não terá de pagar aluguel à outra, ou às outras, mas não as pode inibir de exercerem, querendo, o direito, que também lhes compete, de habitá-la".

[129] Marco Aurelio da Silva Viana, *Comentários ao novo Código Civil*, v. XVI, Rio de Janeiro: Forense, 2004, p. 683.

habitação, não há a possibilidade de se reconhecer ao sobrevivente o direito de acrescer, extinguindo-se a habitação na parte referente ao *de cujus*.[130]

Objeto e constituição do direito de habitação

Tradicionalmente se afirma que o bem objeto do direito de habitação deve ser imóvel,[131] vez que apenas este seria capaz de servir de habitação ao ser humano. Entretanto, há bens móveis que podem ser usados para habitação, tais quais as casas sobre rodas. Nesse sentido, o termo "casa", empregado pelo artigo 1.414 do Código Civil, deve ser interpretado como "qualquer coisa que sirva para moradia ou estada duradoura", seja móvel seja imóvel.[132]

No que se refere à constituição do direito de habitação, esta pode se dar pela vontade das partes – seja *inter vivos* seja *mortis causa* – hipótese na qual, segundo a regra geral dos direitos reais, se a casa entregue para habitação for bem imóvel, o título deverá ser registrado no Registro de Imóveis para constituir o direito real e ter eficácia contra terceiros. Além disso, assim como o uso e o usufruto, a habitação pode constituir-se por usucapião.[133]

Registre-se, ainda, o direito real *ex lege*, previsto para que o cônjuge sobrevivente possa habitar o imóvel destinado à residência da família, desde que seja o único imóvel a inventariar (CC, art. 1.831).[134] Não há necessidade de registro para que este

---

[130] Manuel Ignacio Carvalho de Mendonça, *Do usufruto, do uso e da habitação*, Rio de Janeiro: Editora Conselheiro Cândido de Oliveira, 1922, pp. 270-271. Ademais, já entendeu a 3ª Turma do STJ que a copropriedade anterior à sucessão impede reconhecimento do direito real de habitação (STJ, 3ª T., REsp 1.830.080, Rel. Min. Paulo de Tarso Sanseverino, julg. 26.04.2022, publ. *DJ* 29.04.2022).

[131] Manuel Ignacio Carvalho de Mendonça, *Do usufruto, do uso e da habitação*, Rio de Janeiro: Editora Conselheiro Cândido de Oliveira, 1922, p. 258. Além disso, de acordo com a 4ª Turma do STJ, não se pode reconhecer o direito real de habitação ao companheiro supérstite sem a comprovação de que o imóvel onde residia o casal era de propriedade do falecido. Sem a propriedade do imóvel, não poderá ocorrer sua transmissão hereditária aos herdeiros e, em consequência, não se justificaria a imposição do direito real de habitação em favor do cônjuge sobrevivente sobre bem de terceiro. Tal conclusão em nada prejudica e não se confunde com a eventual continuidade da posse do companheiro viúvo sobre o imóvel onde já residia como copossuidor. (STJ, 4ª T., AgInt no AREsp 2036146/SP, Rel. Min. Raul Araújo, julg. 24.10.2022, publ. *DJe* 28.10.2022).

[132] Paulo Lôbo, *Direito civil – coisas*, São Paulo: Saraiva, 2015, p. 265.

[133] Orlando Gomes, *Direitos reais*, Rio de Janeiro: Forense, 2012, p. 328.

[134] Decidiu a 3ª Turma do STJ que o direito real de habitação não pode ser exercido por ex-cônjuge na hipótese de divórcio, já que o instituto tem natureza exclusivamente sucessória, tendo por finalidade preservar o direito de moradia ao cônjuge sobrevivente, nos casos em que o imóvel seja a única propriedade residencial da herança. Assim, a Corte negou provimento a recurso no qual uma mulher pleiteou a aplicação, por analogia, do direito real de habitação em imóvel no qual residia com a filha e que tinha servido de residência à família na época do matrimônio. Confirmando a decisão proferida pelo tribunal de segundo grau, afirmou-se que o fato de a recorrente e sua filha permanecerem morando no imóvel que antes serviu de residência para o casal "não é suficiente para que se cogite aplicar, analogicamente, o instituto do direito real de habitação". De todo modo, excluída a incidência do direito real de habitação, a atenção nesses casos deve se voltar para os deveres de mútua assistência e de pensionamento dos filhos menores, de modo a assegurar o respeito à solidariedade familiar. (STJ, 3ª T., REsp 2.082.385, Rel. Min. Nancy Adrighi, julg. 12.12.2023, publ. *DJe* 15.12.2023). Em outro caso julgado pela mesma Corte, entendeu-se que o direito real de habitação pode ser mitigado quando houver um único imóvel a inventariar entre os descendentes, e o cônjuge ou companheiro sobrevivente tiver recursos financeiros suficientes para assegurar sua subsistência e moradia em condições dignas. O entendimento foi fixado pelo colegiado ao dar provimento ao recurso especial em que dois irmãos pediam a exclusão do direito real de habitação

direito real seja constituído, cuidando-se de direito vitalício conferido ao cônjuge sobrevivente, enquanto este utilizar a casa como moradia.[135]

No que se refere à união estável, a Lei n. 9.278/96 previu no parágrafo único de seu artigo 7º a existência do mesmo direito real de habitação ao companheiro sobrevivente, enquanto não constituísse nova união ou casamento. Discutiu-se se o Código Civil, por ter regulado a sucessão na união estável sem referência ao direito real do companheiro sobrevivente, teria revogado o artigo 7º da Lei n. 9.278/96. O Superior Tribunal de Justiça, ao analisar o REsp 1.249.227,[136] solucionou a questão fazendo incidir o artigo 1.831 do Código Civil à união estável e reconhecendo, assim, o direito real de habitação vitalício ao companheiro sobrevivente. Há, portanto, direito real de habitação vitalício *ex lege* tanto para o cônjuge sobrevivente quanto para o companheiro.

<small>Direito real de habitação *ex lege* do companheiro sobrevivente</small>

No que tange à extinção do direito de habitação, esta se dá pelas mesmas causas capazes de extinguir o usufruto e o direito de uso (CC, art. 1.410). Nessa direção, dispõe o artigo 1.416 do Código Civil que "são aplicáveis à habitação, no que não for contrário à sua natureza, as disposições relativas ao usufruto". Observe-se, ainda, que o caráter personalíssimo do direito de habitação implica a sua temporariedade, razão pela qual não é passível de transferência via sucessão hereditária, extinguindo-se com a morte do habitador.

<small>Extinção do direito real de habitação</small>

PROBLEMAS PRÁTICOS

1. Conforme dispõe o artigo 1.689, I, do Código Civil, os pais são usufrutuários dos bens dos filhos menores enquanto durar o exercício do poder familiar. Indaga-se: é possível o controle dos atos praticados pelos pais em relação a esses bens e, em caso positivo, qual o parâmetro para esse controle?

2. De que maneira o direito real de habitação se distingue do usufruto e do uso? O direito real de habitação tem por objeto apenas bens imóveis?

Acesse o *QR Code* e veja a Casoteca.
> https://uqr.to/1pc8n

---

da viúva de seu pai sobre o único imóvel deixado por ele ao morrer. (STJ, 3ª T., REsp 2.151.939, Rel. Min. Nancy Andrighi, julg. 24.9.2024, publ. *DJe* 27.9.2024).

[135] Paulo Lôbo, *Direito civil – coisas*, São Paulo: Saraiva, 2015, p. 265.

[136] STJ, 4ª T, REsp 1.249.227/SC, Rel. Min. Luis Felipe Salomão, julg. 17.12.2013, publ. *DJ* 19.11.2014: "É bem verdade que o art. 1.790 do Código Civil de 2002, norma que inovou o regime sucessório dos conviventes em união estável, não previu o direito real de habitação aos companheiros. Tampouco a redação do art. 1.831 do Código Civil traz previsão expressa de direito real de habitação à companheira. Ocorre que a interpretação literal das normas conduziria à conclusão de que o cônjuge estaria em situação privilegiada em relação ao companheiro, o que não parece verdadeiro pela regra da Constituição Federal."

Capítulo XV

CONCESSÃO DE DIREITO REAL DE USO E CONCESSÃO DE USO ESPECIAL PARA OS FINS DE MORADIA

Sumário: 1. Concessão de direito real de uso – 2. Concessão de uso especial para fins de moradia – Problemas práticos.

1. CONCESSÃO DE DIREITO REAL DE USO

A concessão de direito real de uso encontra-se prevista, em âmbito federal, no Dec.-Lei n. 271 de 1967, posteriormente modificada, em alguns dispositivos, pela Lei n. 11.481/2007, e no artigo 1.225, XII, do Código Civil. Consiste em contrato administrativo pelo qual o poder público concede ao particular direito real resolúvel de uso de bem imóvel público ou espaço aéreo que o recobre, oponível *erga omnes*, conforme os fins previamente determinados no título constitutivo. Referido diploma autoriza igualmente a concessão do uso de terrenos particulares, embora a principal vocação do instituto seja a de servir de instrumento de maximização do aproveitamento econômico e social dos bens imóveis públicos.

Por intermédio da concessão de direito real de uso, o poder público procura fomentar a ocupação produtiva de bem público, a salvaguardar o patrimônio da administração, resguardando o interesse público que motivou a outorga do imóvel. Nos termos do artigo 7º do Dec.-Lei mencionado, com a nova redação que ampliou o campo de incidência do instituto, a concessão poderá ser remunerada ou gratuita, por tempo certo ou indeterminado, para fins específicos de regularização fundiária de interesse social, urbanização, industrialização, edificação, cultivo da terra, aproveitamento sustentável das várzeas, preservação das comunidades tradicionais e seus meios de subsistência ou outras modalidades de interesse social em áreas urbanas[1].

Objetivos

---

[1] Rafael Carvalho Rezende Oliveira. *Curso de direito administrativo*. Rio de Janeiro: Forense, 2017, p. 784.

Graças a tal instituto, permite-se ao particular dar melhor utilização a imóveis públicos, acrescendo-lhe valor com recursos privados, sem a perda do domínio público. Por isso, o sistema se mostra mais vantajoso em relação às alienações e às doações[2].

A regularização fundiária permite o acesso a terreno público para a moradia, ponto nodal da política urbana estabelecida pela Constituição da República (artigos 182 e 183 da Constituição da República)[3]. De igual modo, à luz do artigo 225 da Lei Maior[4], que prevê a proteção integral do meio ambiente, a exigência de sustentabilidade do aproveitamento das várzeas também possibilita a concessão de uso para fins de proteção ambiental. As comunidades tradicionais são igualmente preservadas, prevendo-se a permanência de povos já assentados há longo tempo em certas áreas por meio da concessão de uso, destas extraindo os meios de subsistência[5]. São diversos, portanto, os fins constitucionalmente tutelados capazes de serem promovidos por meio do instituto.

Licitação

Fiel à sua finalidade, a concessão de direito real de uso somente pode incidir sobre bens dominicais em que não existam benfeitorias. Por ser contrato administrativo, a concessão de direito real de uso exige, em regra, lei autorizativa[6] e prévia licitação, à exceção das hipóteses constantes no art. 76 da Lei 14.133/2021, que revogou a Lei n. 8.666/1993. O inciso I do art. 76 da Lei 14.133/2021 prevê as hipóteses em que se exige autorização legislativa e licitação relativamente aos bens imóveis, ao passo em que o inciso II as prevê em relação aos bens móveis. Por outro lado, os parágrafos do dispositivo legal preveem os casos em que se dispensam a autorização legislativa e licitação prévia.[7]

---

[2]   Diogo de Figueiredo Moreira Neto. *Curso de direito administrativo*. Rio de Janeiro: Forense, 2014, p. 483.

[3]   "Art. 182. A política de desenvolvimento urbano, executada pelo Poder Público municipal, conforme diretrizes gerais fixadas em lei, tem por objetivo ordenar o pleno desenvolvimento das funções sociais da cidade e garantir o bem- estar de seus habitantes (...)"; "Art. 183. Aquele que possuir como sua área urbana de até duzentos e cinquenta metros quadrados, por cinco anos, ininterruptamente e sem oposição, utilizando-a para sua moradia ou de sua família, adquirir-lhe-á o domínio, desde que não seja proprietário de outro imóvel urbano ou rural."

[4]   "Art. 225. Todos têm direito ao meio ambiente ecologicamente equilibrado, bem de uso comum do povo e essencial à sadia qualidade de vida, impondo-se ao Poder Público e à coletividade o dever de defendê-lo e preservá-lo para as presentes e futuras gerações."

[5]   José dos Santos Carvalho Filho. *Manual de direito administrativo*. São Paulo: Atlas, 2017, p. 675.

[6]   Em sentido contrário, afirmando que não é necessária lei autorizadora, exceto se o bem exceder dois mil e quinhentos hectares para fins de reforma agrária, v. Floriano de Azevedo Marques Neto. *Bens públicos: função social e exploração econômica: o regime jurídico das utilidades públicas*. Belo Horizonte: Fórum, 2014, p. 359.

[7]   Lei n. 14.133/2021, "Art. 76. A alienação de bens da Administração Pública, subordinada à existência de interesse público devidamente justificado, será precedida de avaliação e obedecerá às seguintes normas: I – tratando-se de bens imóveis, inclusive os pertencentes às autarquias e às fundações, exigirá autorização legislativa e dependerá de licitação na modalidade leilão, dispensada a realização de licitação nos casos de: a) dação em pagamento; b) doação, permitida exclusivamente para outro órgão ou entidade da Administração Pública, de qualquer esfera de governo, ressalvado o disposto nas alíneas 'f', 'g' e 'h' deste inciso; c) permuta por outros imóveis que atendam aos requisitos relacionados às finalidades precípuas da Administração, desde que a diferença apurada não ultrapasse a metade do valor do imóvel que será ofertado pela União, segundo avaliação prévia, e ocorra a torna de valores, sempre que for o caso; d) investidura; e) venda a outro órgão ou entidade da Administração Pública de qualquer esfera de governo; f) alienação gratuita ou onerosa, aforamento, concessão de direito real de uso, locação e permissão de uso de bens imóveis residenciais construídos, destinados

CAPÍTULO XV | CONCESSÃO DE DIREITO REAL DE USO E CONCESSÃO DE USO ESPECIAL

A concessão poderá ser contratada por instrumento público ou particular e, até Forma mesmo, por simples termo administrativo, sendo escrita e cancelada em livro especial (artigo 7º, § 1º, do Dec.-Lei n. 271 de 1967). Desde a formalização da concessão, o concessionário fruirá plenamente do terreno para as finalidades estabelecidas "no contrato e responderá por todos os encargos civis, administrativos e tributários que venham a incidir sobre o imóvel e suas rendas" (art. 7º, § 2º, do Dec.-Lei n. 271 de 1967).

Caso o concessionário dê destinação ao terreno diversa daquela "estabelecida Extinção e transferência no contrato ou termo, ou descumpra cláusula resolutória do ajuste", o contrato se resolverá perdendo o concessionário o direito às benfeitorias feitas no imóvel

---

ou efetivamente usados em programas de habitação ou de regularização fundiária de interesse social desenvolvidos por órgão ou entidade da Administração Pública; g) alienação gratuita ou onerosa, aforamento, concessão de direito real de uso, locação e permissão de uso de bens imóveis comerciais de âmbito local, com área de até 250 m² (duzentos e cinquenta metros quadrados) e destinados a programas de regularização fundiária de interesse social desenvolvidos por órgão ou entidade da Administração Pública; h) alienação e concessão de direito real de uso, gratuita ou onerosa, de terras públicas rurais da União e do Instituto Nacional de Colonização e Reforma Agrária (Incra) onde incidam ocupações até o limite de que trata o § 1º do art. 6º da Lei n. 11.952, de 25 de junho de 2009, para fins de regularização fundiária, atendidos os requisitos legais; i) legitimação de posse de que trata o art. 29 da Lei n. 6.383, de 7 de dezembro de 1976, mediante iniciativa e deliberação dos órgãos da Administração Pública competentes; j) legitimação fundiária e legitimação de posse de que trata a Lei n. 13.465, de 11 de julho de 2017; II – tratando-se de bens móveis, dependerá de licitação na modalidade leilão, dispensada a realização de licitação nos casos de: a) doação, permitida exclusivamente para fins e uso de interesse social, após avaliação de oportunidade e conveniência socioeconômica em relação à escolha de outra forma de alienação; b) permuta, permitida exclusivamente entre órgãos ou entidades da Administração Pública; c) venda de ações, que poderão ser negociadas em bolsa, observada a legislação específica; d) venda de títulos, observada a legislação pertinente; e) venda de bens produzidos ou comercializados por entidades da Administração Pública, em virtude de suas finalidades; f) venda de materiais e equipamentos sem utilização previsível por quem deles dispõe para outros órgãos ou entidades da Administração Pública. § 1º A alienação de bens imóveis da Administração Pública cuja aquisição tenha sido derivada de procedimentos judiciais ou de dação em pagamento dispensará autorização legislativa e exigirá apenas avaliação prévia e licitação na modalidade leilão. § 2º Os imóveis doados com base na alínea 'b' do inciso I do *caput* deste artigo, cessadas as razões que justificaram sua doação, serão revertidos ao patrimônio da pessoa jurídica doadora, vedada sua alienação pelo beneficiário. § 3º A Administração poderá conceder título de propriedade ou de direito real de uso de imóvel, admitida a dispensa de licitação, quando o uso destinar-se a: I – outro órgão ou entidade da Administração Pública, qualquer que seja a localização do imóvel; II – pessoa natural que, nos termos de lei, regulamento ou ato normativo do órgão competente, haja implementado os requisitos mínimos de cultura, de ocupação mansa e pacífica e de exploração direta sobre área rural, observado o limite de que trata o § 1º do art. 6º da Lei n. 11.952, de 25 de junho de 2009. § 4º A aplicação do disposto no inciso II do § 3º deste artigo será dispensada de autorização legislativa e submeter-se-á aos seguintes condicionamentos: I – aplicação exclusiva às áreas em que a detenção por particular seja comprovadamente anterior a 1º de dezembro de 2004; II – submissão aos demais requisitos e impedimentos do regime legal e administrativo de destinação e de regularização fundiária de terras públicas; III – vedação de concessão para exploração não contemplada na lei agrária, nas leis de destinação de terras públicas ou nas normas legais ou administrativas de zoneamento ecológico-econômico; IV – previsão de extinção automática da concessão, dispensada notificação, em caso de declaração de utilidade pública, de necessidade pública ou de interesse social; V – aplicação exclusiva a imóvel situado em zona rural e não sujeito a vedação, impedimento ou inconveniência à exploração mediante atividade agropecuária; VI – limitação a áreas de que trata o § 1º do art. 6º da Lei n. 11.952, de 25 de junho de 2009, vedada a dispensa de licitação para áreas superiores; VII – acúmulo com o quantitativo de área decorrente do caso previsto na alínea "i" do inciso I do *caput* deste artigo até o limite previsto no inciso VI deste parágrafo (...)".

(artigo 7º, § 3º, do Dec.-Lei n. 271 de 1967)[8]. Diz-se, então, que o direito real se afigura resolúvel, pois a manutenção da concessão se encontra diretamente condicionada ao cumprimento das finalidades previstas em lei.

A concessão, salvo disposição em contrário[9], "transfere-se por ato *inter vivos*, ou por sucessão legítima ou testamentária", registrando-se a transferência (art. 7º, § 4º, do Dec.-Lei n. 271 de 1967). A celebração da concessão de direito real de uso requer a anuência prévia do Ministério da Defesa e dos Comandos da Marinha, do Exército ou da Aeronáutica, quando se tratar de imóveis que estejam sob sua administração ou do Gabinete de Segurança Institucional da Presidência da República, que, nos termos do artigo 91, § 1º, III, da Constituição da República, deverá propor os critérios e condições de utilização de áreas indispensáveis à segurança do território nacional e opinar sobre seu efetivo uso, especialmente na faixa de fronteira e nas relacionadas com a preservação e a exploração dos recursos naturais de qualquer tipo.

Anote-se, ainda, que a concessão de direito real de uso é suscetível de hipoteca desde 2007, após a inserção, pela Lei n. 11.481/2007, do inciso IX ao artigo 1.473 do Código Civil. Caso a concessão seja outorgada por prazo determinado, a hipoteca ficará limitada à duração do referido prazo. De igual modo, se afigura cabível a alienação fiduciária da concessão de direito real de uso, nos termos do art. 22, § 1º, III, e § 2º, da Lei n. 9.514, de 20.11.1997, limitada também ao prazo da outorga pelo poder público.

2. CONCESSÃO DE USO ESPECIAL PARA FINS DE MORADIA

Conceito e requisitos

A concessão de uso especial para fins de moradia encontra-se prevista na Medida Provisória n. 2.220/2001. Segundo a redação de seu artigo 1º, nos termos conferidos pela Lei n. 13.465/2017, "aquele que, até 22 de dezembro de 2016, possuiu como seu, por cinco anos, ininterruptamente e sem oposição, até duzentos e cinquenta metros quadrados de imóvel público situado em área com características e finalidades urbanas, e que o utilize para sua moradia ou de sua família, tem o direito à concessão de uso especial para fins de moradia em relação ao bem objeto da posse, desde que não seja proprietário ou concessionário, a qualquer título, de outro imóvel urbano ou rural." Note-se que a alteração legislativa ocorrida em 2017 procurou ampliar o objeto da concessão de uso para fins de moradia, vez que a redação original do artigo 1º referia--se a imóveis situados em área urbana, ao passo que, na nova redação, qualquer imóvel público com características e finalidades urbanas torna-se suscetível de concessão.

O dispositivo, como se percebe, possui um requisito temporal e outro espacial: para fazer jus à concessão de uso para fins de moradia o adquirente deve comprovar a posse ininterrupta por 5 (cinco) anos, contados até o dia 22 de dezembro de 2016,

---

[8] A defender a impossibilidade de resolução da outorga por razão de conveniência administrativa, v. Marçal Justen Filho. *Curso de direito administrativo*. Rio de Janeiro: Revista dos tribunais, 2015, p. 1.021; Ricardo Pereira Lira. A concessão do direito real de uso. *Revista de Direito Administrativo*, v. 163, p. 26.

[9] Ricardo Pereira Lira atenta que, por se tratar de contrato, as características do negócio celebrado em contrato devem assumir importância. V. Ricardo Pereira Lira. A concessão do direito real de uso. *Revista de Direito Administrativo*, v. 163, p. 20.

de bem imóvel público de até 250 m² (duzentos e cinquenta metros quadrados) com características e finalidades urbanas. Além disso, o beneficiário não poderá ser proprietário a qualquer título ou concessionário de outro imóvel urbano ou rural. Trata-se, portanto, de ato de natureza vinculada. Preenchidos os requisitos dispostos na legislação, o beneficiário tem direito adquirido à concessão de direito real de uso, que deverá ser conferido de forma gratuita ao homem, à mulher, ou a ambos independentemente do estado civil, sendo certo que não será reconhecido ao mesmo cessionário mais de uma vez (art. 1º, §§ 1º e 2º, da MP 2.220/2001).

A legislação admite, ainda, que a transferência do bem público se aperfeiçoe por ato *inter vivos* ou *causa mortis*, continuando o herdeiro legítimo na posse de seu antecessor, desde que já resida no imóvel por ocasião da abertura da sucessão. Na hipótese de dissolução do vínculo conjugal, por sua vez, mostra-se cabível a partilha do direito sobre o imóvel.[10] Por sua natureza de direito real (artigo 1.225, XI, do Código Civil), a concessão de uso especial para fins de moradia deve ser registrada no RGI e será conferida, de forma gratuita, ao interessado que cumprir os requisitos acima descritos[11].

O uso especial para moradia poderá ser instituído administrativamente ou, na hipótese de recusa ou omissão da Administração, por via judicial, com posterior registro no Registro de Imóveis (artigo 6º da MP 2.220/2001). Cuida-se de tratamento legislativo estabelecido em razão da proibição constitucional de usucapião de bens públicos. Como não se afigura passível de usucapião, ou seja, de aquisição originária da propriedade de bem público, confere-se ao particular instrumento que permite a transmissão da posse, desde que preenchidos os requisitos legais. Os imóveis funcionais, isto é, os imóveis residenciais de propriedade da União destinados ao uso de agentes políticos e servidores públicos, escapam à regulamentação própria da concessão de uso, conforme previsão expressa do artigo 22-A, *caput* e § 1º, da Lei n. 9.636/1998.

Instituição administrativa ou judicial

A concessão se extingue nos casos em que o concessionário dá ao imóvel destinação diversa da moradia para si ou para sua família, ou adquira propriedade ou concessão de uso de outro imóvel urbano ou rural.

Extinção

---

[10] Assim, "Recurso especial. Ação de reconhecimento e dissolução de união estável. Partilha de direitos sobre concessão de uso de bem público. Possibilidade. 1. Na dissolução de união estável, é possível a partilha dos direitos de concessão de uso para moradia de imóvel público. 2. Os entes governamentais têm-se valido da concessão de uso como meio de concretização da política habitacional e de regularização fundiária, conferindo a posse de imóveis públicos para a moradia da população carente. 3. A concessão de uso de bens para fins de moradia, apesar de, por ela, não se alterar a titularidade do imóvel e ser concedida, em regra, de forma graciosa, possui, de fato, expressão econômica, notadamente por conferir ao particular o direito ao desfrute do valor de uso em situação desigual em relação aos demais particulares. Somado a isso, verifica-se, nos normativos que regulam as referidas concessões, a possibilidade de sua transferência, tanto por ato *inter vivos* como *causa mortis*, o que também agrega a possibilidade de ganho patrimonial ao mencionado direito. 4. Na hipótese, concedeu-se ao casal o direito de uso do imóvel. Consequentemente, ficaram isentos dos ônus da compra da casa própria e dos encargos de aluguéis, o que, indubitavelmente, acarretou ganho patrimonial extremamente relevante. 5. Recurso especial não provido" (STJ, REsp 1494302, 4ª T., Rel. Min Luis Felipe Salomão, julg. 13.06.2017).

[11] Rafael Carvalho Rezende Oliveira. *Curso de direito administrativo*. Rio de Janeiro: Forense, 2017, p. 785.

De forma mais detida, a primeira hipótese constante na legislação proíbe que o beneficiário descumpra os requisitos ou dê destinação diversa daquela objeto da concessão, de modo que o bem só poderá ser utilizado para fins de moradia do concessionário ou de sua família. De igual modo, prevê-se a extinção da concessão se o beneficiário adquirir outro imóvel, na medida em que a finalidade social da concessão de uso especial de moradia restará desnaturada. A extinção da outorga deverá ser averbada no cartório de registro de imóveis, por meio de declaração do poder público concedente (artigo 8°, parágrafo único, da MP 2.220/2001).

No caso de a ocupação acarretar risco à vida ou à saúde dos ocupantes, o Poder Público deverá garantir ao possuidor o exercício do direito de concessão especial para fins de moradia em outro local (art. 4° da MP 2.220/2001). Além disso, é facultado ao Poder Público assegurar o exercício do direito em outro local na hipótese de ocupação de imóvel: (i) de uso comum do povo; (ii) destinado a projeto de urbanização; (iii) de interesse da defesa nacional, da preservação ambiental e da proteção dos ecossistemas naturais; (iv) reservado à construção de represas e obras congêneres; ou (v) situado em via de comunicação (artigo 5° da MP 2.220/2001).

Concessão à coletividade

Outra peculiaridade da concessão de uso especial para fins de moradia é a possibilidade de ser outorgada a uma coletividade. A teor do artigo 2° da MP 2.220/2001, em redação dada pela Lei n. 13.465/2017, nos imóveis com mais de duzentos e cinquenta metros quadrados, "ocupados até 22 de dezembro de 2016, por população de baixa renda para sua moradia, por cinco anos, ininterruptamente e sem oposição, cuja área total dividida pelo número de possuidores seja inferior a duzentos e cinquenta metros quadrados por possuidor, a concessão de uso especial para fins de moradia será conferida de forma coletiva, desde que os possuidores não sejam proprietários ou concessionários, a qualquer título, de outro imóvel urbano ou rural." Os requisitos se mostram semelhantes aos do artigo 1°, porém com algumas peculiaridades. Neste particular se está diante de uma concessão outorgada a uma coletividade indefinida, que tenha a posse de imóvel público superior a 250 m² (duzentos e cinquenta metros quadrados), de forma ininterrupta e sem oposição para fins de moradia, com a ressalva de que não poderão ser beneficiados por essa concessão aqueles que sejam proprietários ou concessionários de outro imóvel urbano ou rural.

Na concessão coletiva de uso especial, atribui-se fração ideal de terreno a cada possuidor, independentemente da dimensão do terreno que cada um ocupe, salvo hipótese de acordo escrito entre os ocupantes, estabelecendo frações ideais diferenciadas (artigo 2°, § 2°, da MP 2.220/2001). Em qualquer hipótese, como forma de garantir certa isonomia entre possuidores coletivos e possuidores individuais e em atenção à razoabilidade, a fração ideal atribuída a cada possuidor não poderá ser superior a 250 m² (artigo 2°, § 3°, da MP 2.220/2001).

Distinção relevante entre a concessão coletiva e a individual diz respeito àqueles que estão legitimados a recebê-la. Isso porque constitui requisito essencial peculiar da concessão coletiva a vulnerabilidade da coletividade concessionária do bem cedido – "população de baixa renda", na dicção legal. A Medida Provisória 2.220/2001 não esclarece o conceito de população de baixa renda, entretanto, o artigo 6º-A da Lei dos Bens Públicos Federais (Lei n. 9.636/1998) estabelece que "no caso de cadastramento de ocupações para fins de moradia cujo ocupante seja considerado carente ou de baixa renda, na forma do § 2º do art. 1º do Dec.-Lei n. 1.876, de 15 de julho de 1981, a União poderá proceder à regularização fundiária da área, utilizando, entre outros, os instrumentos previstos no art. 18, no inciso VI do art. 19 e nos arts. 22-A e 31 desta Lei". Dessa forma, deve-se buscar a definição da expressão "população de baixa renda" no Dec.-Lei n. 1.876/1981, artigo 1º, § 2º, I e II,[12] segundo o qual se considera carente ou de baixa renda "o responsável por imóvel da União que esteja devidamente inscrito no Cadastro Único para Programas Sociais do Governo Federal (CadÚnico), ou aquele responsável, cumulativamente:" (i) "cuja renda familiar mensal seja igual ou inferior ao valor correspondente a cinco salários mínimos"; e (ii) "que não detenha posse ou propriedade de bens ou direitos em montante superior ao limite estabelecido pela Receita Federal do Brasil, para obrigatoriedade de apresentação da Declaração de Ajuste Anual do Imposto de Renda Pessoa Física."

Mais uma vez se observa aqui a aproximação com a usucapião, notadamente com aquela coletiva prevista no artigo 10 do Estatuto da Cidade (Lei n. 10.257/2001). De igual modo, diante da impossibilidade de usucapião de bens públicos, o ordenamento trouxe, vinculado à finalidade social específica, instituto semelhante à usucapião, com a peculiaridade de se tratar de posse para fins de moradia de imóvel público.

PROBLEMAS PRÁTICOS

1. Na hipótese de dissolução do vínculo conjugal de casal ao qual foi concedido uso especial para fins de moradia, mostra-se possível a partilha do direito sobre o imóvel público cedido?
2. A concessão de direito real de uso é passível de transferência? E suscetível de hipoteca?

---

[12] Thiago Marrara, Concessão de uso especial para fins de moradia (CUEM): o que mudou em seu regime jurídico desde a Constituição de 1988 até a Lei n. 13.465 de 2017? In: *Revista de Direito da Cidade*, vol. 11, n. 1, Rio de Janeiro, 2019, p. 325.

Capítulo XVI
SUPERFÍCIE E LAJE

Sumário: 1. Origens e evolução legislativa da superfície – 2. Conceito de superfície – 3. Constituição – 4. Objeto – 5. Propriedade superficiária – 6. Encargos do imóvel – 7. Transmissão do direito de superfície e do solo – 8. Extinção – 9. Direito real de laje – Problemas práticos.

1. ORIGENS E EVOLUÇÃO LEGISLATIVA DA SUPERFÍCIE

O direito real de superfície encontra suas origens no direito romano, tendo surgido no momento em que, em razão da escassez de terrenos privados disponíveis para exploração, tornara-se comum conceder a particulares o direito de edificar no solo público e gozar da construção, perpetuamente ou não.[1] Em virtude de sua ampla disseminação nas cidades romanas, o direito da superfície passou a receber proteção cada vez mais intensa, primeiramente por meio do interdito *de superficiebus*, que permitia defender a posse do superficiário das agressões de terceiro, e, mais tarde, por meio de ação real semelhante à reivindicatória. Desse itinerário histórico surge o direito de superfície como espécie de direito real provido de amplo conteúdo econômico, que pode ser alienado e transmitido aos herdeiros.[2]

<small>Origem no direito romano</small>

Mantido no direito intermédio, no qual servia de importante instrumento para o sistema econômico feudal, o instituto, todavia, não seria recepcionado pelas principais codificações do século XIX, que optaram por recuperar o conceito romano de domínio exclusivo, segundo a qual todas as construções e plantações acedem ao solo,

<small>Abandono nas codificações e ressurgimento</small>

---
[1] Ebert Chamoun, *Instituições de Direito Romano*, Rio de Janeiro: Forense, 1962, 4ª ed., pp. 277-278.
[2] *Idem*, p. 278.

pertencendo ao dono deste (*superficies solo cedit*). No entanto, em razão da rápida evolução das condições econômicas e sociais, a figura ressurgiria em diferentes ordenamentos de tradição romanista, seja por obra da jurisprudência, como ocorrido no direito francês,[3] seja por iniciativa do legislador, como verificado no Código Civil italiano de 1942 e no Código Civil português de 1966. O seu ressurgimento, nas sociedades contemporâneas, está associado à demanda por instrumentos jurídicos capazes de potencializar o aproveitamento econômico dos imóveis, especialmente nos grandes centros urbanos em que avulta a falta de espaço para novos empreendimentos. Quando o proprietário não tem os meios de construir em seu terreno, a concessão da superfície permite que outro o faça em seu lugar.

Evolução no direito brasileiro

No direito brasileiro, o instituto da superfície sobreviveu nas Ordenações até o advento da Lei Hipotecária de 1864 (Lei n. 1.237), que o retirou do rol dos direitos reais admitidos na ordem jurídica vigente. A propósito, Lafayette Rodrigues Pereira esclarece que, antes da promulgação da referida lei, "havia uma hipótese em que a casa podia ser hipotecada sem solo – quando a *superfície* do solo pertencia ao devedor. A *superfície* constituía um direito real (*jus superficii*) e o superficiário podia hipotecá-lo. Mas a citada lei aboliu a superfície, deixando de enumerá-la entre os direitos reais, cuja existência respeitou (Lei, art. 6, I). A superfície, sem a natureza de direito real, é incompreensível, e se confundiria plenamente com o arrendamento".[4]

Embora estivesse contemplado no projeto original de Clovis Bevilaqua, a superfície não ingressou no Código Civil de 1916, sob os aplausos da doutrina que a considerava fonte perigosa de controversas.[5] No entanto, diante do número crescente de ordenamentos estrangeiros que vinham recuperando o instituto, não tardou para que se discutisse a sua reintrodução no direito pátrio. A tramitação da proposta, contudo, não foi das mais tranquilas. Presente no Anteprojeto de Código Civil elaborado por Orlando Gomes em 1963, o direito real de superfície não se manteria no Projeto encaminhado pela Comissão Revisora ao Congresso Nacional em 1964 nem no segundo Anteprojeto, de autoria de Ebert Chamoun. No entanto, por decisão de Miguel Reale, supervisor da Comissão Elaboradora e Supervisora do Código Civil, o direito real de superfície seguiria contemplado na versão final do Anteprojeto remetida ao Congresso Nacional em 1975, a despeito das críticas de parte da doutrina, que recriminava, além da insegurança que o instituto criaria, a sua duvidosa utilidade prática.[6]

Ressurgimento no direito brasileiro

No entanto, antes mesmo da promulgação do Código Civil em de 2002, o direito real de superfície ressurgiria no direito brasileiro, previsto nos artigos 21 a 24 do

---

[3] Embora não se encontre expressamente mencionado no Código Civil francês, a jurisprudência daquele país firmou o entendimento de que o direito de superfície encontra fundamento em determinados dispositivos do Código. V. Maurice Picard, *Les Biens*. In: Marcel Planiol e Georges Ripert, *Traité Pratique de Droit Civil Français*, t. III, Paris: LGDJ, 1952, 2ª ed., p. 325.

[4] Lafayette Rodrigues Pereira, *Direito das coisas*, vol. II, Rio de Janeiro: Editora Rio, 1977, edição histórica p. 75, nota n. 115.

[5] J. M. de Carvalho Santos, *Código Civil Brasileiro Interpretado*, vol. IX, 1987, 11ª ed., p. 16.

[6] Para uma análise completa da tramitação da proposta legislativa, v. Ricardo Pereira Lira, *Elementos de direito urbanístico*, Rio de Janeiro: Renovar, 1997, pp. 86-100.

Estatuto da Cidade (Lei n. 10.257, de 2001) como instrumento de política urbana (art. 4º, V, *l*) destinado a estimular a utilização ordenada dos imóveis urbanos. Com a entrada em vigor do Código Civil, controverteu-se então a respeito da revogação das disposições do Estatuto da Cidade, tendo prevalecido o entendimento de que, em virtude da sua especialidade, as regras do Estatuto continuavam em vigor. Nessa direção, aprovou-se na I Jornada de Direito Civil, realizada em 2002, o Enunciado n. 93, segundo o qual "as normas previstas no Código Civil, regulando o direito de superfície, não revogam as normas relativas a direito de superfície constantes do Estatuto da Cidade (Lei n. 10.257/2001), por ser instrumento de política de desenvolvimento urbano".

Convivem, assim, no direito brasileiro, duas fontes normativas para o direito real de superfície. De uma parte, o regime ordinário ou comum, previsto no Código Civil para os prédios rurais, e o regime especial, estabelecido no Estatuto da Cidade para os prédios urbanos. Ademais, cuidando-se de superfície concedida por pessoa jurídica de direito público, aplicam-se as disposições previstas na lei de regência do respectivo ente administrativo (CC, art. 1.377). *Dualidade de regimes no direito brasileiro*

2. CONCEITO DE SUPERFÍCIE

Consiste a superfície em direito real que autoriza o titular a construir ou plantar em terreno alheio, conferindo-lhe a propriedade, destacada do solo, sobre as acessões – plantações e construções – ali presentes. Efeito característico consiste na suspensão temporária da regra da acessão imobiliária, prevista no art. 79 do Código Civil, segundo a qual os bens contidos na superfície – plantações e construções – se incorporam ao solo, formando, com este, bem jurídico único e indivisível, que, em razão do princípio da unicidade do domínio, pode ser objeto de um único direito de propriedade. *Conceituação*

Afastada a regra em razão da instituição do direito de superfície, os bens superficiários adquirem individuação e passam a constituir bem jurídico independente, passível de propriedade distinta da que recai sobre o solo. Dito diversamente, produz-se a separação da propriedade sobre as acessões, que se concede ao *superficiário*, também chamado *concessionário*, da propriedade do solo, que conserva o dono do imóvel, também denominado *concedente* ou *fundeiro*. *Separação dos bens superficiários*

O direito de superfície produz dois efeitos principais. De uma parte, concede ao superficiário a faculdade de construir ou plantar no terreno alheio, aproximando-se, nesse ponto, dos direitos reais de fruição, que autorizam o respectivo titular a extrair as utilidades e os frutos do bem pertencente a outrem. De outra parte, como já visto, suspende a eficácia da acessão imobiliária e divide o imóvel em dois bens jurídicos autônomos, que formam, cada qual, o objeto de direito de propriedade distinto: de um lado, a propriedade do solo e, de outro, a propriedade da superfície, que compreende as plantações ou construções existentes no terreno. Como conteúdo acessório do direito de superfície, reconhece-se em favor do superficiário a faculdade de usar o terreno na medida necessária à realização e ao aproveitamento das construções *Efeitos do direito de superfície* ou plantações.[7] Afinal, de nada lhe adiantaria a concessão da superfície se não lhe fossem assegurados os meios necessários ao seu exercício.

Utilidade social

A utilidade do direito de superfície está em potencializar o aproveitamento econômico do imóvel, autorizando terceiro a realizar e a manter construções ou plantações em terreno de outrem e a tirar pleno proveito econômico desses bens, sem, no entanto, exigir a alienação da titularidade do domínio do imóvel.

3. CONSTITUIÇÃO

Constituição inter vivos e mortis causa

Nos termos do art. 1.369 do Código Civil e do art. 21 do Estatuto da Cidade, constitui-se o direito real de superfície mediante o registro do título constitutivo no Registro Geral de Imóveis. Pela dicção dos dispositivos, a forma pública afigura-se, sempre, essencial à validade do negócio. A despeito do silêncio legislativo, tem-se admitido, igualmente, a constituição *mortis causa* da superfície, por disposição testamentária.[8]

Requisitos subjetivos

Exige-se do concedente não apenas a capacidade genérica para a prática de atos da vida civil como também a aptidão específica para dispor do bem. Assim, de ordinário, é o proprietário quem concede a superfície do imóvel a outrem, embora se deva reconhecer igualmente a legitimidade do enfiteuta em relação aos prédios submetidos a enfiteuse.

Finalidade da concessão

No mais das vezes, concede-se a superfície em vista de determinada finalidade, como, por exemplo, a construção de edifício destinado a abrigar um hospital ou a realização de determinada lavoura. A finalidade, definida no título constitutivo, vincula e delimita o exercício dos poderes atribuídos ao superficiário, que dela não pode afastar-se sob pena de o concedente promover a extinção do direito de superfície (CC, art. 1.374). Caso o título seja omisso, prevalece a liberdade do superficiário para exercer os seus direitos para qualquer fim legítimo, que não contrarie preceito de ordem pública.

Caráter temporário

O direito real de superfície há de ser necessariamente temporário, não se admitindo a concessão perpétua, uma vez que tal figura se prestaria a reproduzir, sob nova roupagem, a vetusta enfiteuse, espécie de ônus real de traços marcadamente feudais, que foi abolida pelo Código Civil, porque era vista como fonte perniciosa de privilégios e de entraves à livre circulação dos bens.

Prazo certo ou incerto

O *caput* do art. 21 do Estatuto da Cidade admite, expressamente, a concessão de superfície por tempo determinado ou indeterminado, caso em que se extingue pela denúncia unilateral feita por uma parte à outra, observado, todavia, prazo mínimo compatível com a natureza e o vulto dos investimentos feitos pelo superficiário (CC, art. 473). A seu turno, o art. 1.369 do Código Civil refere-se apenas

---

[7]   Ricardo Pereira Lira, *Elementos de direito urbanístico*, cit., p. 59.
[8]   Tupinambá Miguel Castro do Nascimento, *Direitos Reais Limitados*, Porto Alegre: Livraria do Advogado, 2004, p. 23.

a tempo determinado, de modo que, no âmbito desse diploma, a superfície somente pode ser constituída por termo final certo, não sendo possível a pactuação de termo incerto.

Não tendo o legislador estabelecido tempo máximo de duração da concessão, cabe às partes a definição do prazo que melhor atenda aos seus interesses e à função social do imóvel. Nada obstante, já se observou que constitui fraude à lei a estipulação, no título constitutivo, de período tão extenso que equivaleria, em seus efeitos, à perpetuidade.[9]

Conforme prevê o art. 1.370 do Código Civil, a concessão da superfície pode ser gratuita ou onerosa. Regra análoga estabelece o art. 21, § 2º, do Estatuto da Cidade. Autoriza-se, assim, a estipulação de contrapartida à concessão, que pode consistir, conforme dispuser o título, no desembolso de certa quantia, paga de um uma só vez ou em sucessivas prestações. Admite-se igualmente o ajuste de remuneração periódica, denominada *solarium* ou *pensio*, que, tendo natureza de obrigação *propter rem*, acompanha a coisa e se transmite ao adquirente do direito real de superfície.

Concessão gratuita ou onerosa

A vantagem a ser auferida pelo proprietário concedente pode consistir ainda na aquisição ao final da concessão, sem pagamento de indenização, das construções e plantações que o superficiário tiver feito em seu terreno. Com efeito, uma vez extinto o direito de superfície, opera-se a *reversão* dos bens superficiários em favor do dono do solo, que se torna, assim, proprietário deles.

Reversão como espécie de vantagem

Controverte-se na doutrina acerca da possibilidade de constituição do direito de superfície por usucapião. Ante o silêncio do Código Civil e do Estatuto Civil, sustenta-se que tal modo aquisitivo foi excluído por opção legislativa.[10] Em sentido oposto, defende-se que, a despeito da omissão legislativa, mostra-se admissível a usucapião da superfície, desde que o possuidor satisfaça os respectivos requisitos legais.[11]

Constituição mediante usucapião

No entanto, convém reconhecer que dificilmente se identificaria, na prática, o exercício autônomo da posse sobre os bens superficiários, separadamente da posse do solo subjacente, de modo que não se afigura viável a usucapião extraordinária das acessões desvinculada da propriedade do solo. Em contrapartida, parece possível conceber a usucapião ordinária em proveito do superficiário de boa-fé e provido de justo título, a quem o proprietário tenha concedido a superfície do imóvel por meio de negócio constitutivo levado a registro. Nesse caso, ainda que o registro seja cancelado em razão de vício encontrado no título, o superficiário que já tiver exercido a posse sobre os bens superficiários, pelo prazo exigido em lei para a prescrição aquisitiva, pode adquirir o direito de superfície, com fundamento na usucapião.

---

9   Francisco Eduardo Loureiro *in* Cezar Peluso (coord.), *Código Civil Comentado*, Barueri: Manole, 2019, 13ª ed., p. 1.407.

10   Silvio de Salvo Venosa, *Direito Civil: Direitos Reais*, vol. 5, São Paulo: Atlas, 2014, 14ª ed., p. 456.

11   Arnaldo Rizzardo, *Direito das Coisas*, Rio de Janeiro: Forense, 2004, p. 863.

4. OBJETO

Direito real imobiliário

O direito real de superfície recai exclusivamente sobre bens imóveis, podendo compreender parte ou a integralidade do terreno, conforme dispuser o título constitutivo. No primeiro caso, surgem diversos problemas de vizinhança (acesso à via pública, passagem de dutos etc.), os quais devem ser resolvidos pelas normas legais e, eventualmente, pelas servidões instituídas acessoriamente no título constitutivo.

Extensão do direito

Em conformidade com o § 1º do art. 21 do Estatuto da Cidade, "o direito de superfície abrange o direito de utilizar o solo, o subsolo ou o espaço aéreo relativo ao terreno, na forma estabelecida no contrato respectivo, atendida a legislação urbanística." Tal dispositivo autoriza, no âmbito urbanístico, a concessão de superfície para o aproveitamento autônomo do subsolo, de sorte a permitir, por exemplo, a construção de garagem subterrânea em terreno alheio. Também permite a instituição do direito de superfície sobre o espaço aéreo para que seja erguida construção superficiária sobre a laje de edifício já existente.[12]

Em termos mais restritivos, o parágrafo único do art. 1.369 do Código Civil estabelece que "o direito de superfície não autoriza obra no subsolo, salvo se for inerente ao objeto da concessão." Disso decorre que só se admite a utilização do subsolo de forma acessória às construções ou plantações que o superficiário pretenda sobre o terreno. Assim, no caso de superfície concedida para construção de determinado edifício, assiste ao superficiário o direito de instalar no subsolo os alicerces do prédio, dutos e tubulações, pavimentos subterrâneos, entre outras obras necessárias ou úteis à edificação.

Direito de sobrelevação

De outra parte, a doutrina vem admitindo, não obstante a ausência de expressa previsão legal no Código Civil e no Estatuto da Cidade, o chamado *direito de sobrelevação*, também chamado *superfície em segundo grau*, que consiste no direito de instituir direito de superfície sobre propriedade superficiária preexistente. Nesse sentido, aprovou-se na VI Jornada de Direito Civil, o Enunciado n. 568 segundo o qual "o direito de superfície abrange o direito de utilizar o solo, o subsolo ou o espaço aéreo relativo ao terreno, na forma estabelecida no contrato, admitindo-se o direito de sobrelevação, atendida a legislação urbanística".

Desse modo, autoriza-se o terceiro a construir acima da propriedade superficiária de primeiro grau, tornando-se dono das construções que fizer na segunda superfície. "Resultam, portanto, três níveis de propriedade: a do dono do solo, a do primeiro superficiário e a do segundo superficiário."[13] Cumpre sublinhar, todavia, que, não sendo formalizada a constituição da superfície em segundo grau, toda obra feita pelo terceiro pertence, por força da regra da acessão, ao proprietário superficiário.

---

12   Cf. nessa direção Ricardo Pereira Lira, *Direito de Superfície. Aquisição de espaço aéreo sobrejacente a prédio contíguo. Atendimento do afastamento lateral exigido pela legislação municipal, relativamente ao dito prédio contíguo.* In: *Revista Trimestral de Direito Civil*, vol. 11, Rio de Janeiro: Ed. Padma, jul.-set. 2002, p. 203.

13   Ricardo Pereira Lira, *A Aplicação do Direito e a Lei Injusta.* In: *Revista da Faculdade de Direito de Campos,* ano I, n. 1, jan.-jun. 2000, p. 22.

O exercício do direito de sobrelevação compete ao primeiro superficiário, que, limitando voluntariamente a extensão da sua propriedade superficiária no plano vertical, permite que o segundo superficiário erga novo edifício sobre o seu. Tem-se sustentado, ademais, a necessidade de anuência do dono do solo, salvo se o ato constitutivo da primeira superfície já houver outorgado ao superficiário o direito de estabelecer nova superfície em favor de terceiro.[14]

5. PROPRIEDADE SUPERFICIÁRIA

Como já se aludiu, ao suspender a eficácia da regra da acessão imobiliária (*superficies solo cedit*), o direito real de superfície tem por efeito atribuir ao titular a propriedade superficiária, separada da do solo, das acessões presentes no imóvel. Cuida-se de propriedade resolúvel, que se reverte em favor do proprietário do imóvel quando se extinguir a concessão da superfície. Nesse momento, a regra da acessão, até então em suspensão, volta a incidir imediatamente, de modo que todas as construções e plantações então existentes se incorporam ao solo, passando a formar, junto com este, bem imóvel unitário, que integra o domínio do proprietário.

Propriedade superficiária resolúvel

A propriedade superficiária, recaindo sobre bem jurídico independente, afigura-se plenamente autônoma, podendo ser alienada ou gravada separadamente da propriedade do solo. No entanto, uma vez resolvida, também se resolvem os direitos reais concedidos na sua pendência (CC, art. 1.359). Nessa direção, a Lei n. 11.481, de 2007, acrescentou o inciso X ao art. 1.473 do Código Civil, de modo a admitir expressamente, conforme já defendia a doutrina anterior,[15] a instituição de hipoteca sobre a propriedade superficiária, possibilidade reiterada pela Lei n. 14.620/2023. A duração da garantia, contudo, fica limitada ao tempo da concessão (CC, art. 1.473, § 2º).

Autonomia da propriedade superficiária

A autonomia da propriedade superficiária também é reconhecida no plano processual, estabelecendo o art. 791 do Código de Processo Civil que as construções e plantações respondem, exclusivamente, pelas dívidas do superficiário, ao passo que o terreno se sujeita à satisfação da execução movida em face do respectivo proprietário.

Adquire-se a propriedade superficiária de duas maneiras. Na primeira hipótese, chamada de *concreção*, a propriedade resulta do exercício da faculdade de construir ou plantar pelo concessionário, que, desta feita, torna-se dono das construções ou plantações que fizer no terreno alheio. Na segunda, designada de *cisão*, o superficiário adquire a propriedade das construções ou plantações preexistentes no imóvel ao tempo da constituição do direito real de superfície. Sublinhe-se que a cisão pode efetuar-se por diferentes arranjos negociais, sendo lícito ao proprietário do imóvel ceder os bens da superfície a outrem, conservando o solo, ou, em sentido inverso, alienar o solo, reser-

Meios de aquisição da propriedade superficiária

---

[14] Marco Aurélio Bezerra de Melo, *Direito Civil: Coisas*, Rio de Janeiro: Forense, 2018, 2ª ed., p. 311; Francisco Eduardo Loureiro *in* Cezar Peluso (coord.), *Código Civil Comentado*, cit., p. 1.407.

[15] Nesse sentido já havia sido aprovado na III Jornada de Direito Civil o Enunciado n. 249 segundo o qual "a propriedade superficiária pode ser autonomamente objeto de direitos reais de gozo e garantia, cujo prazo não exceda a duração da concessão da superfície, não se lhe aplicando o art. 1.474".

vando para si os bens superficiários. Também lhe assiste o direito de ceder o solo a uma pessoa e a superfície a outra, deixando de ter qualquer interesse no imóvel.[16]

6. ENCARGOS DO IMÓVEL

Distribuição dos encargos

De acordo com o art. 1.371 do Código Civil, "o superficiário responderá pelos encargos e tributos que incidirem sobre o imóvel", como o Imposto Territorial Rural (ITR) e, cuidando-se de imóvel enfiteutico, do pagamento do foro. Como normalmente o concessionário usa o imóvel para realizar e explorar as construções e plantações, a norma legal impõe-lhe responsabilidade não somente pelos ônus relativos à propriedade superficiária como também por aqueles relacionados ao solo. No entanto, a regra deixou de considerar a possibilidade de a concessão recair apenas sobre parte do terreno, mantendo-se o restante na posse do dono do imóvel, caso em que se mostraria mais adequada a repartição proporcional, entre o concessionário e o concedente, dos encargos relativos ao solo.

Nesse tocante, mostra-se mais acertada a redação do art. 21, § 3º, do Estatuto da Cidade, segundo o qual "o superficiário responderá integralmente pelos encargos e tributos que incidirem sobre a propriedade superficiária, arcando, ainda, proporcionalmente à sua parcela de ocupação efetiva, com os encargos e tributos sobre a área objeto da concessão do direito de superfície, salvo disposição em contrário no contrato respectivo."

Natureza dispositiva da regra legal

De todo modo, assim como a regra do diploma urbanístico, o preceito contido no art. 1.371 do Código Civil tem natureza dispositiva, aplicando-se supletivamente em caso de silêncio do título constitutivo. Cuida-se, com efeito, de matéria afeta à autonomia das partes contratantes, que podem estabelecer a forma de rateio das despesas que lhes parecer mais conveniente. Nessa direção, aprovou-se na I Jornada de Direito Civil o Enunciado n. 94 segundo o qual "as partes têm plena liberdade para deliberar, no contrato respectivo, sobre o rateio dos encargos e tributos que incidirão sobre a área objeto da concessão do direito de superfície".

7. TRANSMISSÃO DO DIREITO DE SUPERFÍCIE E DO SOLO

Transmissão da superfície e vedação ao laudêmio

O direito real de superfície afigura-se transmissível *mortis causa* ou por ato *inter vivos*, respeitados os termos do contrato constitutivo (CC, art. 1.372, *caput*; Estatuto da Cidade, art. 21, § 4º). Reconhece-se às partes autonomia para regular as condições de transmissão, tendo em vista os seus legítimos interesses e as particularidades da concessão. No entanto, nos termos do parágrafo único do art. 1.372, veda-se a estipulação, a qualquer título, de pagamento em favor do concedente em caso de transferência. A toda evidência, a regra tem por finalidade evitar o ressurgimento, no âmbito do direito de superfície, do *laudêmio*, instituto típico do antigo direito de enfiteuse, cuja constituição, como já se aludiu, o Código Civil proscreveu.

---

[16] Ricardo Pereira Lira, *Elementos de Direito Urbanístico*, cit., p. 56.

De sorte a estimular a consolidação do domínio na titularidade de uma única *Direito de preferência* pessoa, o art. 22 do Estatuto da Cidade, no que foi seguido pelo art. 1.373 do Código Civil, prevê que, em caso de alienação do terreno ou do direito de superfície, o superficiário e o proprietário, respectivamente, tem direito de preferência para adquirir o direito do outro, nas mesmas condições oferecidas pelo terceiro. Note-se, todavia, que o direito de preferência não se aplica quando a transmissão for gratuita ou tiver por objeto a permuta por bens infungíveis, uma vez que nessas hipóteses não se mostra viável igualar a oferta do adquirente.

Cumpre ao título constitutivo disciplinar a preferência, prevendo o prazo para manifestação bem como o modo de notificação (judicial ou extrajudicial), que deve conter, no mínimo, o preço e as condições de pagamento ofertadas pelo terceiro. Se omisso o contrato, mostra-se aplicável, por analogia, o prazo, previsto no art. 516 do Código Civil, de sessenta dias contados da notificação para o exercício da preferência.

Tem-se discutido na doutrina o cabimento da ação de preferência em favor do *Tutela do direito de preferência* dono do solo ou do superficiário a quem não se tiver dado a oportunidade de exercer a preferência. Tendo em vista a sequela de que gozam os direitos reais, deve prevalecer a oponibilidade da preferência frente ao terceiro adquirente, que, nesse caso, sequer pode alegar a sua boa-fé, uma vez que tinha plena condições de conhecer os direitos do superficiário ou do proprietário do terreno nos assentamentos públicos do registro de imóveis.

Justifica-se, portanto, a aplicação analógica do regime estabelecido do art. 504 do Código Civil, que disciplina a preferência entre condôminos de coisa indivisa, de modo a assegurar ao superficiário ou ao proprietário a aquisição do solo ou da superfície que tiver sido alienado a terceiro, mediante o depósito do respectivo preço no prazo decadencial de cento e oitenta dias. Nessa direção, aprovou-se na V Jornada de Direito Civil o Enunciado n. 510, segundo o qual "ao superficiário que não foi previamente notificado pelo proprietário para exercer o direito de preferência previsto no art. 1.373 do CC é assegurado o direito de, no prazo de seis meses, contado do registro da alienação, adjudicar para si o bem mediante depósito do preço".

8.   EXTINÇÃO

O Código Civil prevê expressamente a extinção do direito real de superfície em *Hipóteses de extinção* caso de: (i) advento do termo final previsto no título constitutivo, (ii) desvio de finalidade, entendido como a utilização da superfície para destinação diversa daquela para que foi concedida (CC, art. 1.374; Estatuto da Cidade, art. 24, § 1º), e (iii) desapropriação. Nesta última hipótese, a indenização recebida do Poder Público deve ser dividida entre o proprietário do solo e o superficiário expropriados, no valor correspondente ao direito real de cada um (CC, art. 1.376). Cumpre, portanto, avaliar a expressão econômica do direito de superfície separadamente da do terreno, levando em consideração, entre outros fatores, o prazo restante da concessão, o valor das construções ou plantações realizadas e as perspectivas de geração de caixa decorrentes da exploração da concessão.

Às hipóteses de extinção contempladas no texto legal acrescentam-se outras que decorrem da natureza do direito real de superfície, tais como a consolidação do domínio por meio da confusão das qualidades de dono do solo e superficiário na mesma pessoa, a renúncia e o resgate. Reconhece-se, ainda, liberdade às partes para disciplinar, no título constitutivo, as causas que ensejam a resolução da concessão antes do termo final, podendo ser prevista, por exemplo, em caso de inadimplência no pagamento da remuneração ajustada, de mora no início ou na conclusão das obras a serem realizadas, de destruição das construções ou plantações, de não uso da superfície por determinado período ou, ainda, de inobservância de obrigação estipulada no contrato constitutivo. O art. 23, II, do Estatuto da Cidade prevê, em termos abrangentes, a cessação do direito de superfície em razão do descumprimento das "obrigações contratuais assumidas pelo superficiário."

Oponibilidade perante terceiros Para que a extinção produza efeitos perante terceiros, cumpre requerer a averbação do respectivo título no competente cartório do registro de imóveis (Estatuto da Cidade, art. 24, § 2º). Embora silente o Código Civil, justifica-se a adoção da mesma providência em relação às superfícies rurais, tendo em vista o disposto no art. 172 da Lei de Registros Públicos, que prevê o registro e a averbação dos títulos extintivos de direitos reais sobre imóveis "para sua validade em relação a terceiros".

Reversão dos bens superficiários Como já se aludiu, com a extinção do direito real de superfície, a regra da acessão, que se encontrava em suspensão, volta a incidir imediatamente, de modo que as construções e plantações voltam a integram um único bem imóvel junto com o solo. Ocorre, assim, a resolução da propriedade superficiária e, por conseguinte, a *reversão* dos bens superficiários em favor do dono do imóvel, que passa a ter o pleno domínio sobre o terreno e tudo aquilo que nele estiver incorporado.

Direito de indenização pela reversão Como indicam o art. 1.375 do Código Civil e o art. 24, *caput*, do Estatuto da Cidade, o superficiário, via de regra, não faz jus à indenização em contrapartida à transferência dos bens superficiários ao proprietário concedente, salvo disposição em sentido contrário no título constitutivo. Como já mencionado, a reversão gratuita das construções ou plantações pode consistir na principal vantagem econômica que o proprietário busca perceber com a concessão temporária da superfície.

9. DIREITO REAL DE LAJE

Criação legislativa A Lei n. 13.465, de 2017, que resultou da conversão da Medida Provisória n. 759, de 2016, introduziu novo tipo real intitulado direito de laje. Não se trata de figura desconhecida do direito brasileiro, uma vez que, como aludido anteriormente, já se admitia a concessão do direito de superfície no espaço aéreo de modo a permitir a realização de construção sobre a laje de edifício pertencente a terceiro. O legislador, contudo, optou por criar direito real à parte, conferindo autonomia normativa ao instituto.

Finalidade social O direito real de laje tem por principal vocação servir de instrumento de regularização fundiária das moradias erguidas sobre edifícios alheios, comumente encontradas nas comunidades de baixa renda brasileiras. Tais edificações, denominadas coloquialmente de "puxadinhos", realizam-se, no mais das vezes, de maneira informal, por meio de acordo firmado entre o possuidor da construção original e o ocupante da laje, que não produz senão efeitos obrigacionais.

Atendendo a essa realidade, o novo direito real de laje procura remediar a precariedade fundiária dessas habitações, conferindo segurança e proteção aos moradores. Com a sua instituição, o andar superior ou inferior do edifício adquire existência jurídica própria, passando a constituir unidade imobiliária distinta do imóvel situado nos outros planos. O lajeário (como vem sendo chamado o titular da laje) torna-se proprietário da unidade assim constituída, tendo sobre ela todos os poderes inerentes ao domínio (proprietário sobre coisa própria).

O que se pode depreender das disposições do Código Civil é que a constituição do direito real de laje tem por principal efeito fracionar o imóvel em duas ou mais unidades imobiliárias autônomas, situadas em distintos planos horizontais: de um lado, a construção original que acede ao solo, chamada pelo legislador de *construção-base*, e, de outro, a laje, que pode situar-se no piso superior ou no subsolo (CC, art. 1.510-A, *caput*). Divisão do imóvel em planos horizontais

Além disso, o negócio constitutivo do direito real de laje serve de título hábil à aquisição da propriedade da laje pelo lajeário, conservando o dono do imóvel o domínio sobre a construção-base e todas as demais áreas não abrangidas pela laje (CC, art. 1.510-A, § 1º). A laje e construção-base formam, assim, unidades imobiliárias autônomas, objeto de propriedade exclusiva de seus respectivos titulares. Título hábil à aquisição da propriedade sobre a laje

No entanto, como a construção-base e a laje se encontram sobrepostas no mesmo edifício, há partes da edificação que servem, naturalmente, a ambas as unidades. Nessa situação, encontram-se, por exemplo, os alicerces, as colunas, os pilares, o telhado, as instalações gerais de água, esgoto e eletricidade e, de modo geral, os bens que sejam afetados ao uso de todo o edifício (CC, art. 1.510-C, § 1º). Essas partes do edifício, todavia, não constituem propriedade em comum dos titulares das unidades imobiliárias sobrepostas. Nesse particular, o art. 1.510-A, § 4º, do Código Civil afasta a existência de condomínio ao estabelecer que "a instituição do direito real de laje não implica a atribuição de fração ideal de terreno ao titular da laje ou a participação proporcional em áreas já edificadas". Tal regra, com efeito, contrapõe-se ao regime do condomínio edilício, cuja característica fundamental, prevista o § 3º do art. 1.331 do Código Civil, consiste na associação indissolúvel entre a unidade imobiliária e a fração ideal correspondente ao solo e às demais partes comuns da edificação. Partes do edifício de uso comum

Daí a se concluir que as referidas partes são de propriedade exclusiva do dono da construção-base, mas, por efeito da constituição do direito real de laje, encontram-se afetadas ao uso comum de todas as unidades. Esse uso compartilhado traduz, precisamente, o ônus que pesa sobre o domínio do titular da construção-base, que se vê obrigado a tolerar que os titulares das lajes se sirvam de partes do edifício que lhe pertencem.

Desde a promulgação da Lei n. 13.465, de 2017, a qualificação jurídica do direito real de laje vem suscitando ampla controvérsia doutrinária, que resulta, em grande Natureza jurídica controvertida medida, do fato de ter sido incluído em inciso próprio no rol dos tipos reais (CC, art. 1.225, XIII). Em vista disso, argumenta-se que o legislador optou por dotar o direito de laje de estrutura semelhante ao direito de superfície, concebendo-o como direito real que se projeta na edificação alheia e, ao mesmo tempo, confere ao titular a propriedade, destacada da construção-base, sobre a laje. Sob tal perspectiva, o direito real de laje produziria dois efeitos principais. De um lado, secciona o imóvel em unidades imobiliárias autônomas (a construção-base e a laje), cada qual objeto de propriedade distinta. De outro, autoriza o titular a servir-se das áreas de interesse comum do edifício, que pertencem exclusivamente ao dono da construção-base, de modo a poder tirar pleno proveito da sua laje.

Em direção oposta, sustenta-se que o direito de laje é direito de propriedade *tout court*, isto é, direito real sobre coisa própria, uma vez ter sido assegurado ao seu titular matrícula autônoma no Registro de Imóveis, em caráter perpétuo, e inteiramente desvinculada da propriedade alheia da qual provém. A sua inclusão em inciso distinto, como se fosse direito diverso da propriedade, constituiria, assim, atecnia do legislador, que, dessa forma, quis apenas ressaltar a sua natureza real, com ênfase ao seu modo constitutivo singular. Além disso, o fato de, ao lado das faculdades inerentes ao domínio conferidas ao seu titular, ter-lhe sido atribuído o poder de servir-se, em caráter perpétuo, das áreas comuns da propriedade alheia para o aproveitamento da sua própria laje se reduziria a problema de vizinhança, a justificar a instituição legal de diferentes direitos de vizinhança (passagem forçada, escoramento da construção etc.), sem alterar, todavia, a natureza de direito real sobre coisa própria.

De todo modo, o direito de laje aproxima-se do direito real de superfície porquanto tem por efeito secionar o imóvel, tomado na sua projeção vertical, em bens jurídicos autônomos, que passam a servir de objeto a propriedades separadas. No entanto, ambos os institutos se distanciam nos seguintes aspectos: *a)* o direito de laje pode ser perpétuo ao passo que o direito de superfície é necessariamente temporário; *b)* a laje tem matrícula imobiliária própria, diferentemente da superfície; e *c)* a constituição do direito de laje pressupõe, sempre, a existência no imóvel de construção alheia ao passo que o direito de superfície poder ser concedido em áreas não edificadas.

A instituição do direito real de laje dá origem à relação jurídica real entre o dono da construção-base e o titular da laje, da qual decorrem direitos e deveres para ambas as partes. Assim, o titular da laje deve concorrer, junto com o proprietário da construção-base, para o pagamento das despesas necessárias à conservação e fruição das partes que sirvam a todo o edifício e ao pagamento de serviços de interesse comum, segundo a proporção estipulada no contrato constitutivo (CC, art. 1.510-C, *caput*). O modo de aprovação das despesas deve obedecer o que dispuser o título constitutivo, aplicando-se, subsidiariamente, as normas atinentes aos condomínios edilícios. Em todo caso, se a reparação for urgente, o art. 1.510-C, § 2º, manda observar o parágrafo único do art. 249 do Código Civil, de sorte a autorizar qualquer interessado a promover imediatamente a obra para, depois, exigir do outro a sua parte na obrigação.

De outra parte, a instituição do direito real de laje cria restrições ao exercício do direito de propriedade sobre as unidades sobrepostas. Segundo o art. 1.510-B, veda-se ao titular da laje a realização de obras que possam prejudicar "a segurança, a linha arquitetônica ou o arranjo estético do edifício, observadas as posturas previstas em legislação local." O mesmo dispositivo impõe-lhe a realização das obras reparatórias necessárias à segurança do edifício. Embora aludido preceito legal mencione apenas o titular da laje, os mesmos deveres se impõem ao dono da construção-base. *Restrições à propriedade exclusiva*

Em termos mais gerais, há de serem respeitadas as normas de vizinhança, notadamente as vedações às interferências nocivas à segurança, à saúde e ao sossego dos habitantes da construção-base e da laje (CC, art. 1.277). Também devem ser observadas as posturas edilícias e urbanísticas editadas pelo Município ou pelo Distrito Federal onde se encontrar o imóvel (CC, art. 1.510-A, § 5º).

O título constitutivo pode ainda prever a instituição acessória de servidões destinadas a disciplinar as relações de interdependência existentes entre a construção-base e a laje. A título ilustrativo, pode-se instituir servidão para que o dono da laje permita a passagem de chaminé proveniente da lareira instalada no piso inferior. *Instituição acessória de servidões*

Não cuidou o legislador de indicar os modos pelos quais se institui o direito real de laje. A despeito da omissão legislativa, mostra-se admissível a constituição por meio do registro do título aquisitivo no registro de imóveis.[17] O título pode consistir em negócio *inter vivos* ou *mortis causa* em que figure como outorgante o dono do imóvel. A Lei n. 13.465, de 2017, acrescentou o parágrafo nono ao art. 176 da Lei de Registros Públicos, segundo o qual "a instituição do direito real de laje ocorrerá por meio da abertura de uma matrícula própria no registro de imóveis e por meio da averbação desse fato na matrícula da construção-base (...)." Ainda de acordo com o referido preceito, se houver no imóvel lajes preexistentes, a constituição de nova laje também será averbada em suas respectivas matrículas. *Constituição*

Como já se aludiu, o direito de laje afigura-se, em princípio, perpétuo, embora não haja óbice à sua concessão por tempo certo ou incerto, ou ainda sob condição resolúvel. Nesses casos, extinto o direito de laje pelo implemento da condição ou pelo advento do termo, resolve-se a propriedade separada sobre a laje, que se reverte em favor do dono do solo e da construção-base. *Perpetuidade*

Também se adquire o direito real de laje por meio de usucapião.[18] Aqui já não se encontram as dificuldades, examinadas anteriormente, que se antepõem à configuração da usucapião da superfície. Existindo diferentes andares em uma mesma *Usucapião*

---

[17] A propósito, aprovou-se na IX Jornada de Direito Civil o Enunciado n. 669, que assinala ser possível o registro do direito de laje ainda que a construção tenha sido edificada antes da entrada em vigor da lei que a instituiu, em 2017. Eis o teor do Enunciado: "É possível o registro do direito real de laje sobre construção edificada antes da vigência da lei, desde que respeitados os demais requisitos previstos tanto para a forma quanto para o conteúdo material da transmissão".

[18] Nessa direção, v. Enunciado 627 aprovado na VIII Jornada de Direito Civil do Conselho da Justiça Federal, que possui o seguinte teor: "O direito real de laje é passível de usucapião". V. ainda: "Apelação Cível. Ação de usucapião constitucional urbana – Direito real de laje (...) Possibilidade de reconhecimento da usucapião do direito real de laje, em qualquer de suas modalidades, inclusive

edificação, nada obsta a que se reconheça a prescrição aquisitiva em favor do possuidor que exerce posse autônoma sobre a laje – independentemente da posse sobre o solo e a construção-base – desde que preencha os demais requisitos legais.

Sobrelevação O § 6º do art. 1.510-A do Código Civil autoriza expressamente o *direito de sobrelevação*, por meio do qual o titular da laje cede a outrem a superfície da "sua construção para a instituição de um sucessivo direito real de laje." Desse modo, formam-se três unidades imobiliárias sobrepostas (construção-base, primeira laje e segunda laje), situadas em distintos planos horizontais da mesma edificação. A sobrelevação pode ser exercida tantas vezes quanto permitirem as posturas edilícias e urbanísticas vigentes, exigindo, a cada instituição, a autorização expressa dos titulares da construção-base e das lajes preexistentes.

Autonomia jurídica da laje Característica fundamental do direito real de laje consiste na plena autonomia da unidade imobiliária que resulta da sua instituição, a qual serve de objeto para a incidência de propriedade separada daquela existente sobre o solo e a construção-base. Indo além do que foi em matéria de direito de superfície, o legislador autorizou a abertura de matrícula própria para a laje no registro de imóveis, facilitando, assim, a prática dos atos dispositivos, tais como a alienação, a concessão de usufruto e a constituição de hipoteca.

Propriedade sobre a laje Para todos os efeitos, o titular da laje afigura-se dono dela, podendo, como esclarece o § 3º do art. 1.510-A, "usar, gozar e dispor" do bem. Embora não mencione o dispositivo, assiste-lhe também, como expressão do domínio, o poder de reaver a laje de quem injustamente a possua ou detenha. Em contrapartida, dada a sua condição de proprietário, responde por todos os encargos e tributos que incidem sobre a unidade que lhe pertence (art. 1.510-A, § 2º).

Direito de preferência Com vistas a promover a reunião das diferentes unidades sobrepostas na titularidade de uma mesma pessoa, o art. 1.510-D confere ao titular da construção-base direito de preferência para adquirir a laje nas mesmas condições oferecidas pelo terceiro. Igual direito assiste ao dono da laje em caso de alienação da construção-base.

Ordem de prioridade no exercício da preferência Caso exista mais de uma laje na edificação, cumpre observar a ordem estabelecida pelo legislador para o exercício da preferência. Segundo o disposto no § 2º do art. 1.510-D, a preferência reverte-se, sucessivamente, aos titulares das lajes ascendentes e aos titulares das lajes descendentes, cabendo, como critério de desempate, prioridade ao titular da laje mais próxima àquela a ser alienada. A preferência, portanto, segue a ordem de proximidade, de modo a facilitar as relações de vizinhança.

Modo de exercício da preferência Segundo estabelece o *caput* do art. 1.510-D, cumpre ao dono que pretender alienar a sua unidade a terceiro notificar por escrito os titulares das demais unidades sobrepostas para que manifestem, no prazo de trinta dias, o exercício do direito de preferência, ressalvada a possibilidade de o contrato estabelecer outro prazo, julgado mais conveniente pelas partes.

_____

a extrajudicial, desde que comprovado o preenchimento dos requisitos da prescrição aquisitiva" (TJSP, 1ª Câm. Dir. Priv., Rel. Des. Christine Santini, julg. 6.7.2020, publ. *DJ* 6.7.2020).

Caso alguma unidade seja alienada sem que se dê aos titulares das demais unidades a oportunidade de exercer o direito de preferência, cabe ação reipersecutória em favor dos prejudicados. Nessa direção, prevê o art. 1.510-D, § 1º, que "o titular da construção-base ou da laje a quem não se der conhecimento da alienação poderá, mediante depósito do respectivo preço, haver para si a parte alienada a terceiros, se o requerer no prazo decadencial de cento e oitenta dias, contado da data de alienação."

Tutela real do direito de preferência

No que diz respeito à extinção do direito real da superfície, ressente-se a falta de cuidado do legislador, que tratou de apenas uma hipótese extintiva – a ruína da construção base. Evidentemente, o direito real de laje se extingue por muitas outras razões, como a desapropriação, a renúncia, o advento do termo ou o implemento da condição resolutiva.

Extinção

Segundo o art. 1.510-E do Código Civil, a ruína da construção-base implica, via de regra, a extinção do direito real de laje. Cuida-se de hipótese extintiva que se vincula ao perecimento do objeto do direito, pois que a laje deixa de existir com a destruição da base material sobre a qual se encontrava erguida.

Ruína da construção-base

No entanto, o dispositivo admite a subsistência do direito real de laje, a despeito da ruína da construção-base, em duas hipóteses. A primeira verifica-se quando a laje tiver sido instituída no subsolo, caso em que a sua existência física não depende da construção existente na superfície. A segunda hipótese refere-se à reconstrução da construção-base no prazo de cinco anos, voltando o direito real de laje a produzir efeitos tão logo a sua base material se reconstitua. A Lei 14.382/2022 corrigiu o evidente equívoco da redação original do inciso II do artigo 1.510-E, que continha o advérbio de negação "não" imediatamente antes da exigência de reconstrução no prazo de cinco anos. Com o ajuste redacional, resta esclarecido que o direito real de laje persistirá após a ruína da construção-base se esta for reconstruída em até 5 anos.

Como se vê, o legislador introduziu modalidade extintiva de efeitos diferidos no tempo, que se sujeita ao implemento de condição suspensiva, consistente na ausência de reconstrução no prazo de cinco anos. A esse respeito já se observou que tal solução legal cria dificuldades práticas importantes, uma vez que "o direito do titular da laje fica subordinado a um comportamento positivo (reconstruir) do concedente, titular da construção-base. Basta supor a hipótese deste último aguardar o quinquênio para a reconstrução, com isso extinguindo direito alheio por omissão própria".[19] Daí a sustentar-se o direito do titular da laje de promover, por conta própria, a reconstrução da construção-base ou ao menos da estrutura necessária à instalação da nova laje, de maneira a evitar tempestivamente a extinção do seu direito. Em seguida poderia exigir do dono do imóvel a parte que lhe toca no custeio das obras, uma vez que a reconstrução também o beneficia.[20]

---

[19]   Francisco Eduardo Loureiro, *in* Cezar Peluso (coord.), *Código Civil Comentado*, cit., p. 1.577.
[20]   *Idem*, pp. 1.577-1.578.

PROBLEMAS PRÁTICOS

1. No caso de o proprietário ter alienado o imóvel a terceiro sem notificar o superficiário para exercer o direito de preferência previsto no art. 1.373 do Código Civil, assiste ao superficiário o direito de adjudicar o imóvel para si mediante depósito do preço?

2. Qual a natureza jurídica e o modo de constituição do direito de laje? Tal direito real é passível de ser adquirido por usucapião?

Capítulo XVII
DIREITO REAL DO PROMITENTE COMPRADOR

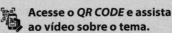

Acesse o *QR CODE* e assista ao vídeo sobre o tema.

> *https://uqr.to/1pc83*

SUMÁRIO: Problemas práticos.

O Código Civil inovou em relação ao diploma anterior, com a previsão, em seu artigo 1.225, inciso VII, do direito real do promitente comprador. A rigor, a introdução do direito real do promitente comprador na legislação brasileira remonta a 1937, ano da entrada em vigor do Dec.-Lei n. 58[1], muito embora, à época, referido direito fosse conferido apenas aos adquirentes de imóveis em loteamentos populares. Com o advento da Lei n. 649 de 1949, deu-se nova redação ao artigo 22 do Dec.-Lei n. 58 – posteriormente aperfeiçoado pela Lei n. 6.766 de 1979[2] – e o direito real do promitente comprador foi estendido para além das hipóteses de loteamento. Atualmente a matéria encontra-se disciplinada por diferentes leis especiais e pelos artigos 1.417 e 1.418 do Código Civil, que estabelecem os requisitos para se constituir o direito real do promitente comprador, a função e as consequências da constituição de tal direito. As disposições do Código constituem o regime geral do direito real do promitente comprador, que convive ao lado das regulamentações setoriais, estabelecidas na Lei

Histórico

---

[1] Artigo 5º do Dec.-Lei n. 58/1937: "A averbação atribui ao compromissário direito real oponível a terceiros, quanto à alienação ou oneração posterior, e far-se-á à vista do instrumento de compromisso de venda, em que o oficial lançará a nota indicativa do livro, página e data do assentamento."

[2] Artigo 22 do DL n. 58/1937 com redação dada pela Lei 6.766/1979: "Os contratos, sem cláusula de arrependimento, de compromisso de compra e venda e cessão de direitos de imóveis não loteados, cujo preço tenha sido pago no ato de sua constituição ou deva sê-lo em uma, ou mais prestações, desde que, inscritos a qualquer tempo, atribuem aos compromissos direito real oponível a terceiros, e lhes conferem o direito de adjudicação compulsória nos termos dos artigos 16 desta lei, 640 e 641 do Código de Processo Civil."

n. 4.591 de 1964 para as incorporações imobiliárias, na Lei n. 6.766 de 1979 para os parcelamentos urbanos, e no Dec.-Lei n. 58, de 1937, para os loteamentos rurais.

Requisitos para a eficácia real da promessa de compra e venda

O primeiro requisito para se constituir o direito real do promitente comprador consiste na celebração do contrato de promessa de compra e venda, isto é, o contrato preliminar que gera para as partes a obrigação de celebrar o contrato principal, nos moldes do que prevê o artigo 463 do Código Civil.[3] A promessa de compra e venda, no entanto, assim como qualquer outro contrato, produz efeitos meramente obrigacionais entre as partes que o celebraram. Diante do enorme desenvolvimento dos negócios imobiliários, surgiu a necessidade de se criar mecanismo de maior proteção aos adquirentes[4], o que acabou dando origem ao direito real do promitente comprador. Com isso, para além de os direitos que o promitente comprador tem em face do promitente vendedor, como o de exigir a celebração do contrato principal (CC, art. 463) ou, na recusa deste, de solicitar ao juiz que confira caráter definitivo ao contrato preliminar (CC, art. 464[5]), a partir da constituição do direito real poderá o promitente comprador, através da sequela própria das situações jurídicas subjetivas reais, exigir de terceiros, para quem o promitente vendedor tenha transferido o bem, o compromisso de contratar.

O segundo requisito previsto pelo artigo 1.417 do Código Civil para a constituição do direito real do promitente comprador é que a compra e venda prometida tenha por objeto a transferência da propriedade de bem imóvel, seja ele rural ou urbano. O terceiro requisito é a não pactuação de cláusula de arrependimento. Com efeito, a razão de ser do direito real do promitente comprador é possibilitar a execução específica do contrato preliminar em face de quem quer que seja. Nesse sentido, é essencial que a promessa de compra e venda firmada seja irretratável, vez que a possibilidade de arrependimento exclui a execução específica.

O quarto requisito exigido pelo artigo 1.417 do Código Civil é o registro do contrato preliminar de compra e venda junto ao Cartório de Registro de Imóveis, conforme a regra geral para aquisição de direito real sobre imóveis. Apenas com o registro surge o direito real, muito embora, antes dele, já existam os direitos obrigacionais oriundos do contrato preliminar.

O quinto requisito, conquanto não previsto no artigo 1.417, é a outorga conjugal. Não obstante a jurisprudência das cortes superiores terem se consolidado no sentido da desnecessidade da outorga conjugal para a celebração de promessa de compra e venda, já que essa gera apenas efeitos obrigacionais, fato é que, para o registro da promessa e a consequente constituição do direito real do promitente comprador, a

---

3 Artigo 463 do Código Civil: "Concluído o contrato preliminar, com observância do disposto no artigo antecedente, e desde que dele não conste cláusula de arrependimento, qualquer das partes terá o direito de exigir a celebração do definitivo, assinando prazo à outra para que o efetive."

4 Gustavo Tepedino, Heloisa Helena Barboza, Maria Celina Bodin de Moraes, *Código Civil interpretado conforme a Constituição da República*, vol. III, Rio de Janeiro: Renovar, 2014, p. 848.

5 Artigo 464 do Código Civil: "Esgotado o prazo, poderá o juiz, a pedido do interessado, suprir a vontade da parte inadimplente, conferindo caráter definitivo ao contrato preliminar, salvo se a isto se opuser a natureza da obrigação."

outorga conjugal é indispensável[6]. Isso se dá porque, segundo regra prevista no artigo 1.647, inciso I, do Código Civil, não é possível a qualquer dos cônjuges alienar ou gravar de ônus real os bens comuns imóveis sem a autorização do outro.

Aduza-se, ainda, que o artigo 1.417 do Código Civil sanou a divergência doutrinária a respeito da necessidade de forma específica para que a promessa de compra e venda seja registrada e dê origem ao direito real do promitente comprador[7]. Referido dispositivo admite expressamente que a promessa seja celebrada por instrumento público ou particular.

Controverte-se em doutrina acerca da natureza de tal direito real, persistindo, a esse respeito, três principais teorias. A primeira sugere tratar-se de direito real de garantia; a segunda, de direito real de gozo sobre coisa alheia, e a terceira, de uma nova espécie de direito real denominada direito real de aquisição. Os defensores da primeira corrente argumentam que o direito real do promitente comprador é de garantia "porque ele tem todas as características da espécie. Consiste em um poder jurídico direto e imediato (sem intermediação) sobre a coisa. É exercido sobre coisa alheia. É acessório de direito de crédito. É indivisível, certo que os pagamentos das prestações do preço não o reduzem. Produz efeitos *erga omnes*".[8] Nesse sentido, o direito real do promitente comprador teria como finalidade garantir a aquisição pelo promitente comprador em face de qualquer um que houvesse o bem.

Natureza jurídica do direito real

Por sua vez, aqueles que advogam a segunda corrente, sustentam tratar-se de direito real de gozo sobre coisa alheia. Nas palavras da doutrina, parece "indiscutível ter a promessa irretratável de venda o caráter de direito real de gozo, pois o que visou o legislador não foi afetar a coisa ao pagamento preferencial do credor, mas, sim, conferir ao promissário comprador uma prerrogativa sobre a coisa vendida"[9].

A terceira corrente foi difundida por Serpa Lopes sob a denominação de direito real de aquisição[10]. Nessa mesma linha, afirma Caio Mário da Silva Pereira: "É um direito real novo, pelas suas características, como por suas finalidades. E deve, consequentemente, ocupar um lugar à parte na classificação dos direitos reais. Nem é um direito real pleno ou ilimitado (propriedade), nem se pode ter como os direitos reais limitados que o Código Civil, na linha dos demais, arrola e disciplina. Mais próximo

---

[6]   STJ, 4ª T, REsp 1.125.616/BA, Rel. Min. Antonio Carlos Ferreira, julg. 16.06.2015: "Não há como subsistir o compromisso de compra e venda, firmado sem outorga uxória, senão em seus efeitos meramente obrigacionais, ou seja, com validade exclusivamente entre as partes dele signatárias, não afetando os direitos do consorte (condômino). Impõe-se a declaração de nulidade de registro imobiliário que padece de irregularidade por ausência de outorga uxória ou de consenso entre os condôminos, quanto à alienação prometida a terceiro, com o devido cancelamento."

[7]   Marco Aurelio da Silva Viana, *Comentários ao novo Código Civil: dos direitos reais*, vol. XVI, Rio de Janeiro: Forense, 2013, pp. 805-806.

[8]   Darcy Bessone, Direitos reais, São Paulo: Saraiva, 1996, p. 365.

[9]   Silvio Rodrigues, Direito civil: direito das coisas, vol. 5, São Paulo: Saraiva, 2003, p. 314.

[10] Miguel Maria de Serpa Lopes, *Curso de Direito Civil*, vol. VII, Rio de Janeiro: Freitas Bastos, 1998, p. 238.

de sua configuração andou Serpa Lopes, quando fez alusão a uma categoria de direito real de aquisição, ocupada pela promessa de venda."[11]

Direito à aquisição, com registro, torna-se real

Com efeito, o direito real do promitente comprador não se identifica com qualquer das espécies tradicionais de direito real. Além disso, embora a expressão *direito real de aquisição* seja alvo de críticas em razão de sua aparente contradição[12], fato é que contradição não parece haver. O direito à aquisição é, em regra, um direito pessoal oriundo do contrato preliminar, direito este que não se confunde com o direito real constituído a partir da averbação da promessa de compra e venda no Registro Geral de Imóveis. Portanto, ao passo que o direito pessoal de aquisição, surgido com a celebração do contrato preliminar, gera direitos obrigacionais do promitente comprador em face do promitente vendedor, o direito real de aquisição, surgido do ato do registro, gera o direito real do promitente comprador oponível a qualquer pessoa.

Função do direito real de aquisição

Não obstante a calorosa discussão histórica demonstrada a respeito da natureza do direito real do promitente comprador, a questão perdeu interesse prático[13]. De fato, uma vez consagrado tal direito real pela legislação brasileira no artigo 1.225, inciso VII, do Código Civil, tem-se como mais relevante identificar o conteúdo e a função de tal direito[14]. Segundo previsão do artigo 1.418 do Código Civil, "o promitente comprador, titular de direito real, pode exigir do promitente vendedor, ou de terceiros, (...) a outorga da escritura definitiva de compra e venda (...) e, se houver recusa, requerer ao juiz a adjudicação do imóvel." Ocorre, porém, que este dispositivo não pode ser lido literalmente, na esteira da interpretação consagrada pelo Enunciado 239 da Súmula do STJ, segundo o qual "o direito à adjudicação compulsória não se condiciona ao registro do compromisso de compra e venda no cartório de imóveis."[15]

Dito diversamente, a averbação da promessa de compra e venda junto ao Registro Geral de Imóveis e a consequente constituição do direito real de aquisição não gera o direito de o promitente comprador exigir do promitente vendedor a outorga definitiva da compra e venda e nem mesmo o de, em caso de recusa, ajuizar ação em face deste requerendo ao juiz supra a declaração de vontade do promitente inadimplente[16]. Tais direitos decorrem do contrato preliminar irretratável, conforme se retira dos já mencionados artigos 463 e 464 do Código Civil. O direito real, por outro lado, autoriza

---

[11]   Caio Mário da Silva Pereira, *Instituições de Direito Civil*, vol. IV, Rio de Janeiro: Forense, 2017, p. 387.

[12]   Gustavo Tepedino, Heloisa Helena Barboza, Maria Celina Bodin de Moraes, *Código Civil interpretado conforme a Constituição da República,* vol. III, Rio de Janeiro: Renovar, 2014, p. 849.

[13]   Gustavo Tepedino, Heloisa Helena Barboza, Maria Celina Bodin de Moraes, *Código Civil interpretado conforme a Constituição da República,* vol. III, Rio de Janeiro: Renovar, 2014, p. 849.

[14]   Antonio dos Reis Pereira da Silva Junior, *O inadimplemento da promessa de compra e venda de imóveis: uma releitura sob a perspectiva civil-constitucional.* Dissertação (mestrado). Universidade do Estado do Rio de Janeiro, Faculdade de Direito, 2014, p. 50.

[15]   No mesmo sentido, embora com redação mais detida, é o Enunciado 95, da I Jornada de Direito Civil da Justiça Federal: "O direito à adjudicação compulsória (art. 1.418 do novo Código Civil), quando exercido em face do promitente vendedor, não se condiciona ao registro da promessa de compra e venda no cartório de registro imobiliário (Súmula n. 239 do STJ)."

[16]   Gustavo Tepedino, Heloisa Helena Barboza, Maria Celina Bodin de Moraes, *Código Civil interpretado conforme a Constituição da República,* vol. III, Rio de Janeiro: Renovar, 2014, p. 863.

CAPÍTULO XVII | DIREITO REAL DO PROMITENTE COMPRADOR   375

que o promitente comprador ajuíze ação de adjudicação mesmo em face de terceiro com quem não celebrou qualquer contrato.

Sendo assim, a função do direito real de aquisição refere-se exclusivamente à extensão da oponibilidade dos direitos próprios do promitente comprador a terceiros[17]. O escopo funcional de tal direito real, portanto, dá-se na hipótese em que, após o registro da promessa de compra e venda, o promitente vendedor aliena o imóvel a terceiro. Nesse caso, se não houvesse o registro, teria o promitente comprador apenas o direito às perdas e danos em face do promitente vendedor. Entretanto, a partir do registro, qualquer um que adquira o imóvel recebê-lo-á onerado do direito real de aquisição e a ele será oponível o direito de receber a escritura definitiva a partir do momento em que estiverem cumpridas as condições constantes do instrumento de promessa inscrito no registro[18], como, por exemplo, o pagamento do preço avençado.

A propósito, embora o pagamento do preço acordado não seja necessário para a constituição do direito real do promitente comprador[19], para que este possa exercer tal direito e exigir a outorga da escritura em face de terceiro – ou mesmo do próprio promitente vendedor –, o cumprimento de suas obrigações contratuais é essencial. Por este motivo, o Superior Tribunal de Justiça, no REsp 1.501.549, reconheceu que o direito real do promitente comprador "se consubstancia em um direito à aquisição do imóvel condicionado ao cumprimento da obrigação de pagar a quantia contratualmente estabelecida."[20]

Quitação do preço como requisito ao exercício do direito

No que se refere à prescrição da pretensão do promitente comprador de exigir a outorga da escritura definitiva em face do promitente vendedor, aplica-se a regra geral dos direitos decorrentes de contrato prevista no artigo 206, § 5º, inciso I, do Código Civil[21]. Assim sendo, extingue-se em cinco anos[22], muito embora haja quem defenda aplicar-se o prazo geral de dez anos contido no artigo 205 do Código[23]. Observe-se, no entanto, que, de acordo com o julgado no REsp 1.216.568, a prescrição extintiva terá lugar apenas quando não houver direito real de aquisição, isto é, quando o direito do promitente comprador for meramente pessoal. Após a averbação da promessa de compra e venda no Registro Geral de Imóveis e a constituição do direito real, o direito, que antes era subjetivo em face do promitente vendedor, transforma-se, ainda segundo a citada decisão da Corte Superior, em potestativo, insuscetível de prescrição. Além disso, diante da ausência de previsão legal a respeito

Prescrição

---

[17] Enunciado 253 da III Jornada de Direito Civil da Justiça Federal: "O promitente comprador, titular de direito real (art. 1.417), tem a faculdade de reivindicar de terceiro o imóvel prometido a venda."

[18] Caio Mário da Silva Pereira, *Instituições de Direito Civil*, vol. IV, Rio de Janeiro: Forense, 2017, p. 392.

[19] Caio Mário da Silva Pereira, *Instituições de Direito Civil*, vol. IV, Rio de Janeiro: Forense, 2017, p. 390.

[20] STJ, 3ª T, REsp 1.501.549/RS, Relª. Minª. Nancy Andrighi, julg. 08.05.2018.

[21] Artigo 206 do CC: Prescreve: "(...) § 5º em cinco anos: I – a pretensão de cobrança de dívidas líquidas constantes de instrumento público ou particular".

[22] Gustavo Tepedino, Heloisa Helena Barboza, Maria Celina Bodin de Moraes, *Código Civil interpretado conforme a Constituição da República*, vol. III, Rio de Janeiro: Renovar, 2014, pp. 863-864.

[23] Neste sentido, ver: Marco Aurelio da Silva Viana, *Comentários ao novo código civil: dos direitos reais*, vol. XVI, Rio de Janeiro: Forense, 2013, p. 817: "A nosso ver a prescrição ocorre, afastando a obrigação do promitente vendedor de outorgar a escritura definitiva de compra e venda, prevalecendo a prescrição ordinária de dez anos (artigo 205)."

do prazo decadencial para se exercer tal direito potestativo – que seria capaz de fulminá-lo pelo decurso do tempo –, a ação de adjudicação compulsória do imóvel fundada em direito real de aquisição poderá ser ajuizada a qualquer tempo, exceto se outro direito real for constituído por meio de usucapião.[24]

A Lei n. 14.382/2022 promoveu diversas alterações na Lei de Registros Públicos e, entre elas, passou a prever a possibilidade de adjudicação extrajudicial de imóvel objeto de promessa de compra e venda. O artigo 216-B, incluído pela referida lei, estabelece que "sem prejuízo da via jurisdicional, a adjudicação compulsória de imóvel objeto de promessa de venda ou de cessão poderá ser efetivada extrajudicialmente no serviço de registro de imóveis da situação do imóvel, nos termos deste artigo". Trata-se de medida que veio ao encontro da tentativa de desafogar o Poder Judiciário, ao permitir que o titular do direito real de aquisição opte pela via administrativa, mediante a apresentação de certos documentos listados nos incisos do § 1º.

São legitimados para requerer a adjudicação compulsória perante o Registro de Imóveis o promitente comprador, bem como qualquer de seus cessionários, promitentes cessionários ou sucessores, e, ainda, o promitente vendedor, na hipótese de a mora ser do titular do direito real de aquisição. Em qualquer caso, muito embora se trate de adjudicação extrajudicial, a legislação exige que o requerente esteja representado por advogado. Ao final, constatada, pelo oficial do registro, a presença de todos os documentos essenciais ao reconhecimento do direito, deverá proceder ao registro do domínio em nome do promitente comprador, servindo de título a respectiva promessa de compra e venda ou de cessão ou o instrumento que comprove a sucessão – é o que dispõe o § 3º do artigo 216-B da Lei de Registros Públicos.

PROBLEMAS PRÁTICOS

1. Na ausência de registro do compromisso de compra e venda no cartório de imóveis, é possível a adjudicação compulsória do bem imóvel pelo promitente comprador em face do promitente vendedor? Qual a diferença funcional entre a promessa de compra e venda e o direito real do promitente comprador, que se constitui com o registro da promessa no cartório do RGI?

2. Quais as consequências jurídicas do não pagamento do preço acordado pelo promitente comprador?

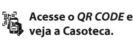

Acesse o *QR CODE* e veja a Casoteca.

> https://uqr.to/1pc8q

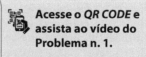

Acesse o *QR CODE* e assista ao vídeo do Problema n. 1.

> https://uqr.to/owlb

---

[24] STJ, 4ª T, REsp 1.216.568/MG, Rel. Min. Luis Felipe Salomão, julg. 03.09.2015. No mesmo sentido, STJ, 3ª T, REsp 1.584.461/GO, Rel. Min. Ricardo Villas Bôas Cueva, julg. 13.05.2019.

Capítulo XVIII
DIREITOS REAIS DE GARANTIA

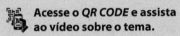

Acesse o *QR CODE* e assista ao vídeo sobre o tema.
> https://uqr.to/1pc84

SUMÁRIO: 1. Conceito e função – 2. Espécies e características – 3. Qualificação jurídica – 4. Constituição – 5. Efeitos da garantia real antes do vencimento – 6. Efeitos após o vencimento – 7. Vedação à cláusula comissória e tutela do pacto marciano – 8. Indivisibilidade – Problemas práticos.

1. CONCEITO E FUNÇÃO

Ao longo de importante processo civilizatório, consagrou-se o princípio da responsabilidade patrimonial do devedor. Superou-se a antiga ideia romana, prevista na Lei das XII Tábuas (450 a.C.), de que, pela satisfação das dívidas, o devedor responde com o seu próprio corpo.[1] Em sua formulação primitiva, a obrigação submetia fisicamente o titular do débito ao poder do credor, que, em caso de inadimplemento, poderia aprisioná-lo, vendê-lo como escravo ou até mesmo matá-lo.[2] Caindo o devedor em insolvência, previa-se "espécie de concurso creditório macabro",[3] por meio do qual o seu corpo era retalhado e repartido entre os diferentes credores na proporção de seus créditos. Foi somente no ano 326 a.C., com a promulgação da *Lex Poetelia Papiria*, que se proibiu a escravatura (*se nexum dare*) e a morte do devedor, mantendo-se, porém, o cárcere privado por dívidas.[4]

Origem histórica da responsabilidade patrimonial

---

[1] Ebert Chamoun, *Instituições de Direito Romano*, Rio de Janeiro: Forense, 1962, 4ª ed., p. 281.
[2] Luís Manuel Teles de Menezes Leitão, *Garantia das Obrigações*, Coimbra: Almedina, 2008, 2ª ed., p. 23.
[3] Caio Mário da Silva Pereira, *Instituições de Direito Civil*, vol. IV, Rio de Janeiro: Forense, 2016, 24ª ed., p. 281.
[4] Luís Manuel Teles de Menezes Leitão, *Garantia das Obrigações*, cit., p. 24.

Significado atual da responsabilidade patrimonial

Na ordem jurídica vigente, fundada na primazia da dignidade da pessoa humana, põem-se a salvo dos credores a integridade física, a vida, a privacidade e todos os demais atributos da personalidade do devedor. Só se admite a prisão civil na hipótese de descumprimento de obrigação alimentar, em consideração ao risco gerado à subsistência do alimentado. Em decisão histórica, o Supremo Tribunal Federal considerou ilegítima, à luz do disposto no art. 7º, § 7º, do Pacto de San José da Costa Rica (Convenção Americana sobre Direitos Humanos), a prisão do chamado depositário infiel, que permitiu, por muito tempo, que se privasse de liberdade o devedor inadimplente que houvesse empenhado ou transmitido determinado bem em garantia.[5] Nesse sentido, o enunciado n. 25 (2009) da Súmula Vinculante da jurisprudência dominante do STF declarou ser "ilícita a prisão civil de depositário infiel, qualquer que seja a modalidade de depósito".

O devedor, em definitivo, responde apenas com o seu patrimônio perante o credor (CC, art. 391 e CPC, art. 789), que, não sendo pago no vencimento, pode requerer, na forma da lei processual, a expropriação de bens do titular do débito para obter a realização do seu direito. Sublinhe-se, contudo, que nem todos os bens se sujeitam à constrição judicial, haja vista a proteção que a legislação brasileira reserva a alguns deles, como o bem de família, regulado pela Lei n. 8.009, de 1990, os bens gravados de inalienabilidade ou impenhorabilidade (CC, art. 1.911), o crédito alimentício (CC, art. 1.707), entre outros. Além disso, dada a primazia dos valores existenciais na atual ordem civil-constitucional, não se admite que a responsabilidade por dívidas reduza o executado à miséria, privando-o dos recursos indispensáveis a uma vida digna. Sustenta-se, nessa direção, o direito da pessoa ao *patrimônio mínimo*, destinado a garantir-lhe os meios de subsistência digna.[6]

Elasticidade do patrimônio

Por constituir-se em universalidade de direito (CC, art. 91), correspondente à unificação ideal do conjunto de direitos de uma pessoa suscetíveis de avaliação pecuniária,[7] o patrimônio traduz instrumento dúctil de tutela do crédito. Em razão da elasticidade do seu conteúdo, que pode alterar-se, expandindo-se ou comprimindo-se, sem que disso resulte a modificação da configuração unitária do conjunto, o titular pode alienar ou onerar os bens integrantes do patrimônio assim como nele incorporar outros, permanecendo o todo, considerado em si mesmo, inalterado, a despeito desses movimentos. Assim, se um bem sair da universalidade, não mais se sujeita ao poder de agressão estatal para satisfação do débito. Se um novo elemento nela ingressar, submete-se automaticamente.

Desse modo, todos os bens presentes no patrimônio do devedor no momento da execução judicial, com exceção daqueles resguardados pela lei, podem ser afetados à satisfação dos direitos do credor, pouco importando se foram adquiridos antes ou

---

5   STF, Pleno, RE n. 466.343, Rel. Min. Cezar Peluso, julg. 3.12.2008.

6   Luiz Edson Fachin, *Estatuto Jurídico do Patrimônio Mínimo*, Rio de Janeiro: Renovar, 2006, *passim*.

7   Acerca do conceito de patrimônio no direito pátrio, confira-se Milena Donato Oliva, *Patrimônio Separado: Herança, Massa Falida, Securitização de Créditos Imobiliários, Incorporação Imobiliária, Fundos de Investimento Imobiliário e Trust*, Rio de Janeiro: Renovar, 2009, pp. 184 e seguintes.

depois da constituição ou do vencimento do débito exigido.[8] De outra parte, e ressalvadas hipóteses legais específicas, não podem ser alcançados os direitos já egressos.

Essa atuação dinâmica, que decorre da elasticidade peculiar às universalidades, explica, em grande medida, a grandeza e também a fraqueza da responsabilidade patrimonial.[9] De um lado, torna-se instrumento de proteção do crédito simples e prático, capaz de acompanhar, permanentemente, a evolução da esfera econômica do devedor, sem, no entanto, tolher a sua liberdade. Como toda pessoa é apta a ter patrimônio, a responsabilidade patrimonial traduz técnica universal, que pode atuar na realização de qualquer crédito pecuniário, independentemente da causa de sua constituição e da qualidade do credor ou do devedor. Por isso, costuma-se dizer que o patrimônio é a *garantia geral* do credor.

Garantia geral dos credores

De outro lado, no entanto, o caráter dúctil do patrimônio é fonte de insegurança, pois não oferece aos credores proteção consistente contra a insolvabilidade do devedor, isto é, contra o risco de os bens contidos no patrimônio não serem suficientes para a satisfação integral de todas as dívidas.[10] Como anota Antonio Faria Carneiro Pacheco, "o devedor conserva, com o livre desenvolvimento da sua atividade patrimonial, a faculdade de os alienar e de constituir-se, quer ativa quer passivamente, em novos vínculos obrigatórios, alterando continuamente o seu patrimônio, todo jurídico abstrato, permanente apenas na sua unidade."[11]

Risco de insolvabilidade

Com efeito, a pessoa, pelo simples fato de ser devedora, não está impedida de dispor de seus bens. Por isso, entre a constituição e o momento da cobrança do crédito, o conteúdo do seu patrimônio pode passar por mutações significativas, inclusive de maneira a tornar-se insuficiente para fazer frente ao valor do débito. E, como já mencionado, não se admite, em regra, a agressão de bem que, por ter sido alienado, já não integra o patrimônio do devedor.

É certo que existem, no direito brasileiro, instrumentos destinados a preservar a efetividade da responsabilidade patrimonial, usualmente denominados *meios de conservação do patrimônio*,[12] que autorizam, de forma excepcional, a incidência da execução coativa sobre bens que foram transferidos a terceiros. É o que ocorre, por exemplo, na fraude aos credores (CC, art. 158 a 165), na fraude à execução (CPC, art. 792), na ação revocatória (Lei n. 11.101/2005, art. 130) e na declaração de ineficácia perante a massa falida (Lei n. 11.101/2005, art. 129). Mas também é certo que esses remédios têm alcance limitado, exigindo, em muitos casos, a prova, sabidamente

Meios de conservação do patrimônio

---

[8] Humberto Theodoro Júnior, *Curso de Direito Processual Civil*, vol. 2, Rio de Janeiro: Forense, 2007, p. 199.

[9] Nessa direção, seja permitido remeter a Pablo Renteria, *Penhor e Autonomia Privada*, São Paulo: Atlas, 2016, pp. 132 e seguintes.

[10] Nelson Abrão, Insolvência. In: *Enciclopédia Saraiva de Direito*, vol. 44, São Paulo: Saraiva, 1977, pp. 421-423.

[11] *Dos privilégios creditórios*, Coimbra: Imprensa da Universidade, 1913, pp. 3-4.

[12] Eduardo Espínola, *Garantia e Extinção das Obrigações: Obrigações solidárias e indivisíveis*, Campinas: Bookseller, 2005, pp. 289-317.

difícil, da má-fé do terceiro contratante. Por isso, o credor, no mais das vezes, deve contentar-se com os bens presentes no patrimônio do devedor ao tempo da execução.

Garantia comum dos credores

Além de dispor de seus bens, o devedor pode contrair débitos cujo montante ultrapassa o valor de todos os bens penhoráveis presentes em seu patrimônio. Como todos os credores encontram a solução para realização de seus direitos no patrimônio do devedor – por isso mesmo chamado de *garantia comum* dos credores –, todos correm o risco de não se satisfazerem plenamente. Isso pode conduzi-los a uma "corrida" em direção à execução judicial, procurando cada um se antecipar aos demais na realização da penhora dos bens do devedor, com vistas a ter prioridade no pagamento do seu crédito.[13] Nessa situação, conhecida como *concurso singular (ou particular) de credores*, os últimos, preteridos pela ordem das penhoras, saem prejudicados.

Par conditio creditorum

Em vez disso, mostra-se viável a decretação da insolvência civil ou da falência do devedor, levando, assim, à instauração do *concurso universal*, por meio do qual se procede ao rateio do acervo patrimonial entre todos os credores, recebendo cada qual valor proporcional ao montante de seus créditos, sem a observância da anterioridade do vencimento ou da cobrança judicial. Desse modo assegura-se tratamento isonômico aos credores – consagrado no conhecido adágio *par conditio creditorum* –, de tal maneira que, sendo o patrimônio do devedor insuficiente para solver todas as obrigações, nenhum deles recebe o valor integral de seu crédito. Na síntese de Enrico Liebman, "a aplicação do princípio da *par conditio creditorum* levará a satisfazer parcialmente todos os credores concorrentes na proporção da importância dos respectivos créditos".[14]

Vê-se, portanto, que o credor está sempre exposto, quer no concurso singular, quer no coletivo, ao risco da não satisfação do seu direito, em virtude da concorrência dos demais credores sobre o patrimônio do devedor. Dessa sorte, tendo em conta que o devedor – como toda e qualquer pessoa – permanece livre para dispor dos seus bens e também para contrair dívidas, a possibilidade de agressão do patrimônio, que se traduz na responsabilidade patrimonial, não se mostra hábil a proteger, plenamente, o credor do risco de insolvabilidade.[15]

Privilégios creditícios

Em face disso, a ordem jurídica admite diferentes instrumentos destinados a proporcionar segurança ao credor, tornando mais certa a realização do crédito, entre os quais se destacam os *privilégios* e as *garantias*. Os privilégios são concedidos pelo legislador em atenção à causa do crédito e, derrogando o princípio do *par conditio*

---

[13] CPC, art. 797: "Ressalvado o caso de insolvência do devedor, em que tem lugar o concurso universal, realiza-se a execução no interesse do exequente que adquire, pela penhora, o direito de preferência sobre os bens penhorados. Parágrafo único. Recaindo mais de uma penhora sobre o mesmo bem, cada exequente conservará o seu título de preferência." Por sua vez, o art. 908 prevê que, "havendo pluralidade de credores ou exequentes, o dinheiro lhes será distribuído e entregue consoante a ordem das respectivas preferências. (...) § 2º Não havendo título legal à preferência, o dinheiro será distribuído entre os concorrentes, observando-se a anterioridade de cada penhora."

[14] Enrico Tullio Liebman, *Processo de Execução*, São Paulo: Saraiva, 1980, p. 39.

[15] Ebert Chamoun, *Direito Civil*: aulas do 4º ano proferidas na Faculdade de Direito da Universidade do Distrito Federal. Rio de Janeiro: Aurora, 1955, p. 201.

creditorum, asseguram ao respectivo titular o direito de receber o seu débito com precedência a outros.[16] Assim, em vez de todos os credores participarem em pé de igualdade do rateio do acervo patrimônio do devedor, realizam-se os pagamentos segundo a ordem de preferência fixada pelos privilégios, de sorte que os credores *quirografários* – que não gozam de nenhum título de preferência legal – só recebem depois de satisfeitos os privilegiados.

Os privilégios dividem-se em *especiais* e *gerais*. Os primeiros recaem sobre determinados bens do devedor e asseguram ao respectivo titular prioridade para satisfazer o seu direito a partir do valor que, no concurso de credores, se obtiver com a alienação desses bens. De ordinário, a lei concede privilégio especial em atenção à estreita relação que mantém o credor com a coisa[17] – tal como se verifica, por exemplo, no privilégio sobre frutos agrícolas em favor de quem fornece "sementes, instrumentos ou serviços à cultura, ou à colheita" (CC, art. 964, V), ou naquele que se reconhece a quem tenha realizado benfeitorias necessárias e úteis na coisa (CC, art. 964, III).

Privilégios especiais

Por sua vez, os privilégios gerais têm por referência objetiva o patrimônio, assegurando ao respetivo titular o recebimento prioritário do produto apurado na realização do acervo de bens do devedor. Razões de diferentes ordens podem justificar o favor legal, tais como a tutela do interesse público fazendário, a proteção do trabalhador, parte vulnerável nas relações empresariais, e a solidariedade social, em que se funda a concessão do privilégio a quem tiver assistido o devedor com as despesas de seu funeral (CC, art. 965, I), com o tratamento da doença de que veio a falecer (CC, art. 965, IV), ou com a sua subsistência e de sua família, no trimestre anterior ao falecimento (CC, art. 965, V). Sendo o patrimônio do devedor a base comum de incidência dos diferentes privilégios gerais, a lei estabelece a gradação entre os créditos, indicando a ordem de preferência segundo a qual devem ser satisfeitos.

Privilégios gerais

Como consagra o aforismo *"pas de privilège sans texte"*, o privilégio só se estabelece por expressa determinação da lei, não se admitindo a sua instituição por negócio jurídico.[18] No entanto, o rigor dessa regra encontra-se relativizada no caso da chamada "garantia flutuante", que, com base na autorização prevista no art. 58 da Lei n. 6.404/1976, pode ser livremente pactuada na escritura de emissão das debêntures, conforme a conveniência da companhia emissora. Segundo estabelece o § 1º do aludido dispositivo legal, a referida garantia confere ao titular da debenture privilégio geral sobre o ativo da companhia.[19]

Fonte legal do privilégio

---

[16] Lafayette Rodrigues Pereira, *Direito das coisas*, vol. II, Rio de Janeiro: Editora Rio, 1977, edição histórica, p. 362.

[17] Gustavo Tepedino, Heloisa Helena Barboza, Maria Celina Bodin de Moraes, *Código Civil interpretado conforme a Constituição da República*, vol. III, Rio de Janeiro: Renovar, 2011, p. 893.

[18] Clovis Bevilaqua, *Código Civil dos Estados Unidos do Brasil comentado*, vol. V, Rio de Janeiro: Francisco Alves, 1954, pp. 262-263.

[19] V. sobre o tema Francisco José Pinheiro Guimarães, *in* Alfredo Lamy Filho e José Luiz Bulhões Pedreira, *Direito das Companhias*, Rio de Janeiro: Forense, 2017, 2ª ed., p. 437.

Natureza pessoal do privilégio

Diferentemente do que se observa em outros ordenamentos jurídicos, o privilégio não tem, no direito brasileiro, natureza real.[20] Constitui, conforme a dicção do art. 961 do Código Civil, direito pessoal, que, como tal, não adere à coisa que lhe serve de objeto e não a segue por onde ela for. Desta feita, o privilégio especial só prevalece se, ao tempo do concurso de credores, o bem sobre o qual incide ainda se encontrar no patrimônio do devedor.[21]

Garantais especiais do crédito

Além dos privilégios, a ordem jurídica também admite a constituição de garantias – comumente designadas de *garantias especiais* em contraposição à garantia geral que, como visto acima, corresponde ao patrimônio do devedor. O termo garantia é nesse contexto empregado em acepção mais restrita do que a usual, que alude genericamente aos mecanismos de tutela dos direitos subjetivos.[22] Denota, precisamente, as situações jurídicas subjetivas acessórias do crédito que tenham por finalidade proporcionar segurança ao credor quanto à satisfação do crédito, protegendo-o dos efeitos do inadimplemento e da insolvência do devedor.[23]

Natureza acessória

Nessa direção, a garantia apresenta três características fundamentais. Em primeiro lugar, traduz situação subjetiva acessória que desempenha função instrumental em relação à realização do crédito. Por isso que a execução da garantia deve, necessariamente, conduzir a resultado útil equivalente ao que seria alcançado por meio do adimplemento da obrigação. A obtenção pelo credor de vantagem superior àquela que resultaria do pagamento deturpa a finalidade da garantia e constitui enriquecimento sem causa, vedado pelo ordenamento. Daí decorrem importantes regras atinentes ao regime dos direitos de garantia, como a proibição ao pacto comissório (CC, art. 1.428), a proibição da fiança por valor superior ao da dívida (CC, art. 823) e a restituição ao proprietário do valor obtido com a venda do bem que excede à dívida e às despesas de cobrança (*superfluum*).

Meio de satisfação do crédito

Em segundo lugar, sendo instrumento de proteção contra o inadimplemento, a garantia oferece ao credor meio de extinção satisfativa do crédito cujo êxito não depende da cooperação do devedor. No caso dos direitos de penhor e hipoteca,

---

[20]   Clovis Bevilaqua, *Código Civil dos Estados Unidos do Brasil comentado*, vol. V, cit., p. 263.

[21]   J. M. de Carvalho Santos, *Código Civil brasileiro interpretado*, vol. X, Rio de Janeiro: Freitas Bastos, 1982, 12ª ed., p. 474.

[22]   Destaque-se a polissemia da palavra "garantia", podendo-se remeter, dentre outras compreensões, a uma acepção sua mais restrita, relativa ao que se denomina de "garantias especiais do crédito", em que estariam englobadas aquelas garantias que possibilitam a vinculação de determinado patrimônio (que não o do devedor da obrigação) ou de certo bem à satisfação da obrigação, para o caso de inadimplemento pelo devedor principal. Acerca da polissemia da palavra "garantia", assinalou Clovis Bevilaqua: "A expressão garantia é tomada, no direito, em vários sentidos. Umas vezes, é a responsabilidade imposta ao alienante pela integridade do direito, que elle transfere ou pelas qualidades da coisa alienada. (...) Outras vezes, a lei garante preferencia a certos credores sobre outros, com no caso dos privilégios geraes ou especiaes. E ainda, além dos casos particulares, assignalam-se a garantia real, que assegura a solução do credito, vinculando ao pagamento delle determinados bens, e a garantia pessoal da fiança" (Clovis Bevilaqua, *Direito das Coisas*, vol. 2. Rio de Janeiro: Freitas Bastos, 1942, pp. 9-10).

[23]   Quanto à investigação do conceito de garantia do crédito no direito pátrio, permita-se remeter a Pablo Renteria, *Penhor e autonomia privada*, cit., pp. 85-155.

alcança-se tal resultado por meio da possibilidade de aproveitamento do valor do bem na realização do crédito, caso a dívida não seja paga no vencimento. O mecanismo mais comum é a excussão do bem para apropriação do preço até o limite da dívida (CC, art. 1.422).

Em terceiro lugar, a garantia protege o titular contra a insolvência do devedor, isto é, contra a incapacidade patrimonial para solver as obrigações assumidas. Em outras palavras, o credor munido de garantia encontra-se menos exposto ao perigo de não conseguir obter, ainda que coativamente, a satisfação do seu direito.

Proteção contra a insolvência

As garantias podem ser constituídas em nome do credor ou de seu agente fiduciário. Nascida da prática negocial, tal figura foi disciplinada pela Lei n. 14.711, de 2023, que introduziu, no art. 853-A do Código Civil, novo tipo contratual atinente à administração fiduciária de garantias.[24] Trata-se de técnica contratual destinada a tornar mais eficiente a gestão de múltiplas garantias, reais ou pessoais, outorgadas pelo devedor em favor de um ou mais credores.

Agente fiduciário de garantias

De acordo com o art. 853-A do Código Civil, o agente é designado pelos credores para que pratique todos os atos atinentes à constituição, conservação e execução das garantias, inclusive no âmbito de litígios envolvendo a existência, a validade ou a eficácia dos atos jurídicos atinentes aos créditos garantidos. A substituição do agente de garantia é permitida, por decisão do credor único ou dos titulares que representarem a maioria simples dos créditos garantidos, mas a alteração só se torna eficaz após receber o mesmo meio de publicidade de que se revestiu a constituição da garantia (§ 3º).

O agente recebe a titularidade fiduciária das garantias outorgadas, devendo agir em benefício dos credores, sob pena de responder pelos prejuízos ocasionados (art. 853-A, § 2º). Uma vez recebido o produto da execução da garantia, o agente dispõe do prazo de dez dias para efetuar o pagamento aos credores (§ 6º). Enquanto não repassado, o produto constitui patrimônio separado do agente pelo prazo de cento e oitenta dias contados de seu recebimento, de modo a não se sujeitar, nesse período, à satisfação das dívidas pessoais do agente (§ 5º). No entanto, não cuidou o legislador de prever a constituição de patrimônio separado em relação aos bens conferidos em garantia enquanto estiverem na titularidade fiduciária do agente, o que teria propiciado ainda maior segurança aos credores.

Embora as garantias do crédito sejam assíduas no trânsito obrigacional, o seu exame sistemático não tem sido comumente praticado na tradição brasileira. Sob o ponto de vista legislativo, tanto o Código Civil de 1916, quanto o Código Civil atual, trataram de forma esparsa da matéria, regulando as diversas espécies de garantias, que visam assegurar o cumprimento de outras obrigações, em diferentes segmentos e dispositivos, de acordo com características eleitas como determinantes.[25] Ora sob

---

24 Sobre o tipo contratual, cf. também o volume 3: Contratos, desta coleção.

25 Bruno Miragem, *Direito das Obrigações*, Rio de Janeiro: Forense, 2021, 3ª ed., p. 338. Para o autor, "ao exame da constituição da obrigação, suas características fundamentais, modos e efeitos do inadimplemento, deve se somar a sistematização das garantias oferecidas ao credor, que sofre os efeitos do inadimplemento da obrigação". Há, ainda, quem defenda uma reforma do sistema, em

o título de garantias reais, ora sob o viés de específicos tipos contratuais que lhes representam,[26] sob o título de garantias pessoais – como o contrato de fiança ou as garantias autônomas, o tratamento das garantias tem se dado de modo fragmentado, isso quando não se negligenciam tais categorias de enorme relevo prático.

A regulamentação dispersa da matéria não pode, todavia, dar azo ao desestímulo de seu estudo ou a seu tratamento superficial, diante da fundamental relevância do tema para a autonomia privada.[27] Em tal cenário, há que se extrair o sentido funcional das aludidas garantias, afastando-se de sua análise exclusivamente estrutural e estática, levando-se especialmente em conta a pluralidade de fontes normativas na complexidade e unidade do sistema.

Garantias fidejussórias — Identificam-se na ordem jurídica, portanto, duas espécies de garantia. De uma parte, encontram-se as garantias *pessoais* ou *fidejussórias*, que consistem no compromisso que o terceiro, estranho à relação obrigacional, assume perante o credor de pagar débito equivalente ao prometido pelo devedor. Os principais exemplos são o contrato de fiança e o aval cambiário. No entanto, com base no princípio da atipicidade contratual, expressamente consagrado no art. 425 do Código Civil, prevalece a liberdade dos particulares para criar garantias pessoais atípicas, tais como as chamadas garantias "autônomas", que restringem as matérias de defesa que o garantidor pode opor à satisfação do débito, proporcionando, desse modo, proteção mais efetiva ao credor do que a fiança. A depender do convencionado, o acionamento da garantia autônoma pode até mesmo prescindir da comprovação do inadimplemento do devedor principal, de modo que o beneficiário da garantia pode exigir do garantidor o recebimento do valor garantido mediante simples demanda – eventualmente condicionada à apresentação de documentos específicos.[28]

O credor munido de garantia fidejussória permanece quirografário tanto em face do devedor como do terceiro garantidor, haja vista não dispor de título legal de preferência para, no concurso de credores, receber com precedência aos demais. Apesar de não atribuir prioridade creditícia, a garantia pessoal traduz efetivo mecanismo de proteção do crédito na medida em que conduz à diluição do risco de insolvência em

---

prol de um tratamento sistemático das garantias especiais das obrigações. Nesse sentido: Fábio Rocha Pinto e Silva, *Garantias das obrigações*: uma análise sistemática do direito das garantias e uma proposta abrange para a sua reforma, São Paulo: Editora IASP, 2017.

[26] Para exame das figuras, remeta-se ao vol. 3 destes *Fundamentos do Direito Civil*.

[27] Afinal, "[m]uitas vezes, é justamente em função da existência da garantia que a obrigação será efetivamente adimplida. Daí o interesse em conhecer mais detidamente as garantias de uma obrigação (...)" (José Roberto de Castro Neves, *Direito das Obrigações*, Rio de Janeiro: LMJ Mundo Jurídico, 2014, p. 246).

[28] Acerca do tema, confira-se Gustavo Tepedino, Danielle Tavares Peçanha, Contornos das garantias autônomas no direito brasileiro. *Revista Brasileira de Direito Civil*, vol. 28, 2021, p. 275-290. V também Luiz Mario Galbetti e Rafael Vanzella, Contratos de Garantia e Garantias Autônomas. In: *Revista de Direito Mercantil, Industrial, Econômico e Financeiro*, n. 157, jan.-mar. 2011, p. 57; Eduardo Heitor da Fonseca Mendes, *A Garantia Autônoma no Direito Brasileiro*. In: Gisela Sampaio da Cruz Guedes, Maria Celina Bodin de Moraes e Rose Melo Vencelau Meireles (coord.), *Direito das Garantias*, São Paulo: Saraiva, 2017, p. 105.

dois (ou mais) patrimônios. Em caso de inadimplemento, o credor pode se satisfazer com os bens de outrem, além daqueles do devedor, dispondo, assim, de maiores chances para realizar o seu crédito.[29]

De outra parte, encontram-se as *garantias reais*, que têm por efeito subordinar determinado bem, por meio de vínculo real, à satisfação do direito do credor. Tamanha a intensidade do vínculo que se forma entre a obrigação e a coisa oferecida em garantia que os romanos a tratavam como *res obligata,* como se ela, e não o devedor, fosse o titular do débito.[30]

Garantias reais

Esse estado de sujeição pode resultar da constituição de direito real de garantia na coisa oferecida pelo garantidor (*jus in re aliena*) ou da transmissão fiduciária de direitos sobre a coisa com o escopo de garantia (*fiducia*). Historicamente, essa forma de garantia real precede às demais, observando-se, ainda no direito romano pré--clássico, o surgimento da *fiducia cum creditore,* que consistia na transmissão de uma coisa do devedor para o credor, acompanhada da celebração do *pactum fiduciae,* que obrigava o credor a restituir a coisa quando fosse paga a dívida. O credor, portanto, tornava-se proprietário da coisa para fins de garantia e o devedor tinha o direito de recuperá-la desde que pagasse o débito.[31]

Fiducia cum creditore

Tal expediente era considerado excessivamente gravoso para o devedor, que não tinha senão ação pessoal para reobter a coisa ou o seu valor, na hipótese de ter sido vendida, e, pior ainda, corria o risco de nada receber em caso de insolvência do credor.[32] Por isso, ainda no direito romano pré-clássico, surgiu outra forma de garantia real, designada de *pignus,* que consistia na transferência da posse de coisa móvel ou imóvel, feita pelo devedor ao credor, a quem se reconhecia o direito de conservá-la em seu poder até o pagamento. O devedor, desse modo, mantinha a propriedade do bem e poderia reavê-la, por meio da ação real de propriedade, desde que houvesse quitado a dívida.[33]

Direito real de garantia na coisa alheia

No direito romano clássico, desenvolveram-se certos pactos acessórios ao penhor, que até hoje se encontram presentes nas legislações. Mencione-se, nessa direção, a *lex commissoria,* que, antes de ser proibida pelo imperador Constantino, autorizava o credor a apropriar-se da coisa empenhada caso o débito não fosse pago no vencimento. As partes também podiam estipular o *pactum de distrahendo,* por meio do qual consentia-se ao credor o direito de vender a coisa e de se pagar com o preço. Esse pacto, que, na sua origem dependia de expressa disposição, tornar-se-ia, na época de Justiniano, elemento essencial do penhor, podendo o credor exercê-lo ainda que houvesse cláusula em contrário. Por fim, podiam as partes convencionar o pacto de

Pactos acessórios do penhor

---

[29]   Laurent Aynès e Pierre Crocq, *Les Sûretés – La Publicité Foncière*, Paris: Defrénois Lextenso, 2008, p. 4.

[30]   San Tiago Dantas, *Programa de Direito Civil*, vol. III, Rio de Janeiro: Editora Rio, 1984, 2ª ed., p. 383.

[31]   Ebert Chamoun, *Instituições de Direito Romano,* cit., p. 282.

[32]   *Idem, ibidem.*

[33]   *Idem,* pp. 282-283.

anticrese com o fim de autorizar o credor a perceber os frutos geradas pela coisa imóvel em compensação dos juros da dívida.[34]

Conventio pignoris e hipoteca

A partir de certo momento, as fontes romanas passaram a mencionar, ao lado da *datio pignoris*, a *conventio pignoris*, que não pressupunha a transferência da posse das coisas empenhadas ao credor. Invertia-se, dessa maneira, o funcionamento do instituto, já que os bens permaneciam nas mãos do devedor, assistindo ao credor o direito de tomá-las apenas se a dívida não fosse paga.[35] Inicialmente, a coisa podia ser reclamada apenas do devedor ou de seus herdeiros, por meio do interdito Salviano. No entanto, com a introdução do interdito Serviano no início do Império, permitiu-se ao credor intentar a ação *erga omnes*, com o fim de obtê-la ainda que se encontrasse em poder de terceiro.[36] Estava, assim, firmada a ideia fundamental que levaria a doutrina, séculos depois, a identificar no *pignus* um direito real na coisa alheia, dotado de sequela.[37]

O surgimento da *conventio pignoris* também ilustra a preocupação, ainda relevante nos sistemas jurídicos contemporâneos, de se desenvolverem instrumentos de tutela do crédito capazes de conciliar, a um só tempo, a segurança do credor com a imposição do menor ônus para o devedor.[38] Como ensina San Tiago Dantas, "se um lavrador precisasse de crédito e oferecesse em *pignus* os seus instrumentos agrícolas, os seus escravos, os seus animais, e se esses objetos vários fossem entregues ao credor, sucedia que o devedor fica tolhido dos próprios meios de obter riqueza com que saldar a sua dívida. O próprio credor tinha interesse em que ele conservasse os objetos dados em garantia, para com eles trabalhar e com o produto do trabalho saldar a dívida e, então, em vez de uma *datio pignoris* fazia-se uma *conventio pignoris*".[39]

Surgem, assim, os dois principais arquétipos da garantia real: de um lado, a *datio pignoris*, que tem por característica a transferência da posse da coisa dada em garantia ao credor, e, de outro, a *conventio pignoris*, que se singulariza pelo fato de a coisa permanecer em poder do devedor. Essas são as duas figuras que se encontram na origem do penhor e da hipoteca, que, ao lado da anticrese, constituem as espécies de direito real de garantia admitidas no ordenamento vigente brasileiro (CC, art. 1.419).

2. ESPÉCIES E CARACTERÍSTICAS

Semelhanças e diferenças entre o penhor e a hipoteca

Em razão de sua origem histórica comum, o penhor e a hipoteca apresentam muitas semelhanças. Chega-se a dizer que constituem "quase um único instituto, que atende às mesmas necessidades, visa aos mesmos objetivos, *inter pignus et hypothecam*

---

[34]   *Idem*, p. 283.

[35]   San Tiago Dantas, *Programa de Direito Civil*, vol. III, cit., p. 385.

[36]   Ebert Chamoun, *Instituições de Direito Romano*, cit., p. 284.

[37]   San Tiago Dantas, *Programa de Direito Civil*, vol. III, cit., p. 386.

[38]   José Carlos Moreira Alves, *Da Alienação Fiduciária em Garantia*, Rio de Janeiro: Forense, 1979, 2ª ed., p. 1.

[39]   San Tiago Dantas, *Programa de Direito Civil*, vol. III, cit., pp. 385-386.

tantum nominis sonus differt.[40] No direito brasileiro vigente, diferentemente do que se observava no direito romano, diferenciam-se um do outro em razão do objeto. O penhor recai sobre bens móveis, inclusive direitos e títulos de crédito. A hipoteca, por sua vez, pode ter por objeto os bens discriminados no art. 1.473 do Código Civil, entre os quais estão compreendidas as coisas imóveis, direitos imobiliários, como o direito real de uso especial para fins de moradia, além dos navios e das aeronaves, que são móveis sujeitos a regime registral semelhante ao dos imóveis.

As principais características do penhor e da hipoteca são o caráter real, a preferência e a sub-rogação real. Nos termos do art. 1.422 do Código, ambas as garantias asseguram ao respectivo titular, em caso de inadimplemento do devedor, o direito de *excussão*, isto é, o de promover a alienação do bem recebido em garantia para, com o valor obtido, satisfazer o débito. E sendo providas de eficácia real, aderem à coisa e seguem-na por onde ela for, de modo que o credor, valendo-se da faculdade de sequela, pode exercer a excussão mesmo que o bem, alienado pelo devedor, se encontre no patrimônio de outrem.

Eficácia real e excussão

O caráter real, portanto, robustece a efetividade da garantia, evitando que a sua utilidade seja prejudicada pelo poder de disposição que o dono conserva sobre o bem.[41] Ainda que o devedor dilapide o seu patrimônio, tornando-o insuficiente para solver as suas dívidas, o credor conserva a segurança proporcionada pela hipoteca ou o penhor, porque a coisa, onde quer que se encontre, permanece subordinada, por vínculo real, à satisfação da dívida.[42] Por sua vez, a preferência denota a prioridade que, no concurso de credores, o titular da hipoteca ou do penhor tem sobre os demais credores para receber o seu crédito a partir do produto obtido com a venda do bem dado em garantia (CC, art. 1.422). A preferência rompe com a *par conditio creditorum*, colocando o titular em situação superior à do credor quirografário no concurso de credores.

Preferência creditícia

---

[40] Ebert Chamoun, *Instituições de Direito Romano,* cit., p. 284.

[41] Aliás, a 3ª Turma do STJ entendeu que, em concurso de credores, a caução locatícia averbada na matrícula do imóvel tem natureza de garantia real equiparada à hipoteca, apta a gerar preferência do credor caucionário sobre o produto da expropriação do imóvel. No caso, em ação de execução que visava à expropriação do imóvel do devedor, outro credor ingressou nos autos, como terceiro interessado, requerendo a preferência no recebimento, já que o bem penhorado lhe fora dado em caução locatícia, averbada na matrícula do imóvel. O acórdão de segunda instância considerou a caução locatícia espécie de garantia simples. Para o STJ, todavia, sob relatoria da Min. Nancy Andrighi, embora a caução não seja indicada no rol dos direitos reais do art. 1.225, caso esteja averbada na matrícula do imóvel, conforme previsto na Lei do Inquilinato, tem efeito de garantia real, tal qual uma hipoteca, conferindo ao "credor caucionário o direito de preferência nos créditos em situação de concurso singular de credores". Apesar da divergência doutrinária quanto à possibilidade de se constituir garantia real por averbação, a Ministra fundamentou-se no art. 108 do Código Civil, que admite hipóteses em que a lei possa dispor diversamente quanto à forma aquisitiva ou modificativa de direitos reais. Por isso, afirmou, "mesmo se tiver sido averbada apenas à margem da matrícula, o efeito da caução locatícia em bens imóveis deve ser o de hipoteca, a menos que seja expressamente indicado que se trata de anticrese" (STJ, 3ª T., REsp 2.123.225, Rel. Min. Nancy Andrighi, julg. 21.5.2024, publ. *DJe* 24.5.2024).

[42] Ebert Chamoun, *Direito Civil:* aulas do 4º ano proferidas na Faculdade de Direito da Universidade do Distrito Federal. Rio de Janeiro: Aurora, 1955, p. 201.

Pluralidade de hipotecas e ordem de prioridade — A parte final do art. 1.422 do Código Civil alude à hipótese em que se constituem mais de uma hipoteca sobre a mesma coisa, determinando que se observe, em atenção ao princípio da preferência temporal (*prior in tempore, potior in iure*), a prioridade no registro. Vale dizer que a gradação entre as hipotecas obedece à ordem cronológica de constituição no registro de imóveis, de modo que, em caso de excussão do imóvel hipotecado, o credor da hipoteca mais recente só recebe após a plena satisfação dos credores hipotecários precedentes. Embora o dispositivo legal não mencione a possibilidade de constituição de pluralidade de penhores sobre o mesmo bem, tal expediente afigura-se plenamente viável no direito pátrio, como será adiante exposto (v. Capítulo XIX).

Sub-rogação real — A doutrina também assinala a sub-rogação real como característica do penhor e da hipoteca, muito embora se reconheça que a figura não seja exclusiva desses direitos, fazendo-se presente em outras situações subjetivas reais, como, por exemplo, o usufruto (CC, arts 1.407 a 1409).[43] Significa a sub-rogação real que "em qualquer valor que a coisa vier a substituir-se sub-roga-se o direito do credor".[44] Traduz importante mecanismo de preservação da relação real de garantia, como visto à frente (item 5, *infra*).

Fragilidades do direito real de garantia — Por força de suas características, o penhor e a hipoteca protegem o titular dos efeitos da insolvência do devedor. No entanto, tal proteção não se afigura absoluta. A uma, porque o preço obtido com a venda do bem gravado pode se revelar inferior ao montante total do débito, especialmente em virtude das despesas judiciais e dos encargos moratórios que se avolumam durante a cobrança. É certo que, sendo a garantia insuficiente para a satisfação integral do crédito, os demais bens do patrimônio do devedor continuam a responder pela quitação do saldo remanescente (CC, art. 1.430), mas, em relação a essa quantia, o credor, que já não dispõe de garantia, fica reduzido à condição de quirografário.[45]

Existência de créditos preferentes — A duas, porque há créditos que, por força de lei, precedem ao crédito pignoratício e ao hipotecário. Assim, no concurso singular de credores, o crédito com garantia real cede diante do crédito tributário, em virtude do disposto no art. 186 do Código Tributário Nacional. A jurisprudência, ulteriormente, firmou a superioridade da contribuição condominial sobre o crédito hipotecário, em atenção à sua natureza *proter rem* e de sua importância para a conservação do bem e, por conseguinte, da higidez da própria garantia hipotecária.[46] Nesse sentido dispõe o enunciado n. 478 (2012) da Súmula da jurisprudência dominante do Superior Tribunal de Justiça: "na execução de crédito relativo a cotas condominiais, este tem preferência sobre o hipotecário".

No caso da falência, a que se submetem os devedores empresários, o crédito pignoratício e o hipotecário preferem ao tributário (CTN, art. 186, parágrafo único), mas sucumbem diante do crédito trabalhista, até certo valor, e daquele decorrente

---

[43] San Tiago Dantas, *Programa de Direito Civil*, vol. III, cit., p. 388.

[44] Ebert Chamoun, *Direito Civil*: aulas do 4º ano, cit., p. 203.

[45] Segundo o art. 83, inciso VI, alínea *b*, da Lei n. 11.101/2005 são créditos quirografários "os saldos dos créditos não cobertos pelo produto da alienação dos bens vinculados ao seu pagamento".

[46] Marco Aurélio Bezerra de Melo, *Direito Civil: Coisas*, Rio de Janeiro: Forense, 2018, 2ª ed., p. 405.

de acidente do trabalho, independentemente do montante (Lei n. 11.101/2005, com redação dada pela Lei n. 14.112/2020, art. 83). Há também os créditos extraconcursais (Lei n. 11.101/2005, art. 84), que são pagos pela massa falida com prioridade a quaisquer outros. Não se pode desprezar o risco de o pagamento desses créditos absorver parte considerável do valor apurado com a venda dos ativos disponíveis do devedor, inclusive dos bens empenhados e hipotecados, de tal modo que não remanesça o suficiente para, em seguida, satisfazer o titular da garantia real.[47]

Dessas razões – insuficiência do valor do bem e relatividade da preferência – resulta que o credor munido de penhor ou hipoteca não se encontra plenamente protegido do risco de insolvabilidade do devedor. Ele tem maiores chances (em comparação com o credor quirografário) de receber integralmente a quantia devida, mas não a certeza disso.

A terceira espécie de direito real de garantia é a anticrese, que subsiste no direito brasileiro, não obstante o desuso na prática jurídica e o desprestígio em que caiu na doutrina, em razão dos entraves que cria à circulação dos bens.[48] Seguindo o exemplo de outras codificações modernas, o Projeto de Código Civil Brasileiro de 1965 (de autoria de Orosimbo Nonato, Orlando Gomes e Caio Mário da Silva Pereira) propunha a sua supressão, mas o Projeto de 1975, que resultou no Código Civil, manteve-a. A anticrese difere substancialmente da hipoteca e do penhor, sujeitando-se a regras específicas, que se afastam dos princípios gerais que regem aquelas garantias reais.[49] Traduz direito real sobre imóvel alheio pelo qual o credor obtém a posse da coisa a fim de perceber os frutos e imputá-los no pagamento da dívida.[50] A principal faculdade atribuída ao titular anticrético consiste na retenção do coisa (CC, art. 1.423), entendida como a conservação da posse do imóvel com o fim de colher os frutos por ele gerados.

Subsistência da anticrese no direito pátrio

Cuida-se de figura que se aproxima dos direitos reais de fruição, como o usufruto, na medida em que atribui ao titular o gozo da coisa, mas que, a exemplo da hipoteca e do penhor, desempenha a função de garantia de crédito. Constitui, em síntese, direito real de gozo com escopo de garantia.[51] Provida de eficácia real, a anticrese é oponível aos terceiros que tenham pretensões sobre a coisa gravada. Mesmo que seja alienada a outrem, o titular, por força da sequela, pode mantê-la em sua posse e continuar a apropriar-se dos frutos por ela gerados até a plena realização do seu crédito (CC, art. 1.509).[52]

Natureza da anticrese

Diferentemente da hipoteca e do penhor, a anticrese não confere preferência ao seu titular nos casos de concurso de credores, o que denota importante deficiência

Ausência de preferência na anticrese

---

[47] Carlos Roberto Gonçalves, *Direito civil brasileiro: direito das coisas*, São Paulo: Saraiva, 2011, pp. 500-501.

[48] Caio Mário da Silva Pereira, *Instituições de Direito Civil*, vol. IV, cit., p. 363.

[49] San Tiago Dantas, *Programa de Direito Civil*, vol. III, cit., p. 381.

[50] Orlando Gomes, *Direitos Reais*, Rio de Janeiro: Forense, 2008, 19ª ed., p. 406.

[51] San Tiago Dantas, *Programa de Direito Civil*, vol. III, cit., pp. 415-416.

[52] Caio Mário da Silva Pereira, *Instituições de Direito Civil*, vol. IV, cit., p. 357.

na proteção contra a insolvência do devedor. Nada obstante, tal fragilidade é compensada, até certo ponto, pela faculdade que assiste ao credor anticrético de opor o seu direito de retenção a outro credor que esteja demandando o devedor comum, obstando, desta feita, que a execução incida sobre a coisa e seus rendimentos (CC, art. 1.509, § 1º).

Fragilidades da anticrese

Assim como se verifica na hipoteca e no penhor, a proteção decorrente da anticrese não é absoluta. Primeiro, porque o art. 1.423 do Código Civil fixa em quinze anos o prazo máximo de duração dessa espécie de garantia, que se extingue impreterivelmente uma vez transcorrido o lapso temporal, ainda que o débito garantido não tenha sido integralmente satisfeito. Ocorrendo tal eventualidade, o credor deve cobrar o saldo remanescente pelas vias ordinárias, expondo-se, como qualquer outro quirografário, ao risco de insolvabilidade do devedor. Segundo, porque, como já mencionado, o crédito anticrético é desprovido de preferência e, por consequência, há diversos créditos que devem ser satisfeitos antes dele, em caso de concurso de credores.

Superioridade da propriedade fiduciária

Sendo assim, também em relação ao crédito anticrético, e até mesmo com mais intensidade do que em relação ao pignoratício e ao hipotecário, a sua integral quitação pode frustrar-se, no concurso de credores, caso o pagamento de créditos prioritários absorva parte substancial do patrimônio do insolvente. Nesse particular, a propriedade fiduciária em garantia revela-se superior, sendo de todas as garantias reais a que oferece a mais efetiva proteção contra o risco de insolvabilidade, uma vez que a coisa conferida em garantia permanece no patrimônio do credor até a plena quitação do débito, sendo mantida, assim, fora do alcance dos demais credores do devedor.[53] Desse modo, a coisa se sujeita exclusivamente à satisfação do titular da garantia, que não precisa se preocupar com o esvaziamento do patrimônio nem com o endividamento do devedor. Ainda que decretada a insolvência ou a falência, a coisa – que lhe pertence – não é atingida pelo concurso dos credores sobre os bens do devedor (Lei n. 11.101/2005, art. 49, § 3º, e art. 85).

A proteção do credor fiduciário contra os efeitos da insolvência só não é completa porque o preço de venda do bem pode se revelar inferior à quantia devida. Nessa hipótese, como já visto a respeito da hipoteca, do penhor e da anticrese, o credor carece de garantia para o pagamento do saldo remanescente, ostentando, em consequência, a qualidade de quirografário.

3. QUALIFICAÇÃO JURÍDICA

Natureza real

Da qualificação jurídica da hipoteca e do penhor advém importantes controvérsias. De uma parte, discute-se o caráter real ou pessoal desses direitos. De outra, disputa-se se ambos seriam institutos de direito substancial ou processual. Em favor da sua natureza real, argumenta-se que, tal como os demais direitos reais, a hipoteca e o penhor são exercidos sem intermediários, atribuindo ao titular poder direto e

---

[53] V. Melhim Namem Chalhub, *Alienação fiduciária: negócio fiduciário*, Rio de Janeiro: Forense, 2019, 6ª edição, pp. 198-197.

CAPÍTULO XVIII | DIREITOS REAIS DE GARANTIA

imediato sobre o valor da coisa, que todos devem respeitar. Assim, em caso de inadimplemento, a lei assegura ao credor o direito de satisfazer o débito, independentemente da colaboração do proprietário, com o preço obtido com a expropriação do bem recebido em garantia.[54]

Contra esse entendimento, levantaram-se duas ordens de objeção. A primeira é que o direito ao valor da coisa não consubstanciaria espécie de poder imediato sobre coisa, correspondente a uma fração do direito de propriedade.[55] A isso se acrescentou que, na atualidade,[56] a expropriação traduz o poder soberano do Estado, e não do credor.[57] Desse modo, o poder de promover de alienação de bens do devedor para a satisfação do crédito não se inclui entre os atributos típicos da garantia real, constituindo-se, antes disso, em efeito da relação jurídica processual de execução.

Como esclarece Mário Neves Baptista, se fosse a hipoteca ou o penhor direito real por atribuir ao credor o poder de vender o bem sem a colaboração do devedor, "nenhuma diferença existiria entre eles e os direitos de obrigação, vez que a todo credor, mesmo ao simples credor quirografário, sendo o seu crédito exigível, se permite apreender os bens do devedor, por via de execução judicial, fazendo-os vender, para sua própria satisfação."[58]

Nem mesmo na hipótese de venda amigável do penhor, em que se admite a alienação extrajudicial do bem empenhado, a excussão traduziria o exercício de poder imediato sobre a coisa, pois que, nesse caso, o credor age em nome do proprietário do bem, com base nos poderes outorgados por este último (CC, art. 1.433).[59] Vale dizer, portanto, que o credor não dispõe da coisa em nome próprio, mas em nome do dono, agindo como seu representante.

A discussão, contudo, perde relevância na medida em que se reconhece que o poder imediato não se afigura imprescindível à qualificação dos direitos reais (v. Capítulo I). Dentre os direitos reais reconhecidos pelo legislador brasileiro, há alguns, como a propriedade e o usufruto, que atribuem tal poder ao titular ao passo que outros, como a servidão negativa, apresentam conteúdo diverso, colocando outros instrumentos a serviço da satisfação dos interesses do titular.

Aderência como elemento essencial da realidade

Desse modo, não obsta a qualificação da hipoteca e do penhor como direito real o fato de não se reconhecer, na estrutura desses direitos, o poder imediato e direto sobre a coisa oferecida em garantia. Na atual ordem jurídica, o traço característico da realidade reside na aderência, a qual traduz o vínculo especialmente intenso que se

---

[54]   Pontes de Miranda, *Tratado de Direito Privado: Parte Especial*, t. 20, São Paulo: Revista dos Tribunais, 2012, pp. 77-80.

[55]   Luiz da Cunha Gonçalves, *Tratado de Direito Civil em Comentário ao Código Civil Português*, vol. 5, t. I, São Paulo: Max Limonad, 1955, 1ª edição brasileira, p. 441.

[56]   Diferentemente do que se observava no direito romano, em que a fonte do direito de venda do bem era a própria garantia real. V. Planiol, *Traité Élémentaire de Droit Civil refondu et complété par Georges Ripert et Jean Boulanger*, t. 2, Paris: LGDJ, 1952, 4ª ed., p. 1.072.

[57]   Marco Comporti, *Contributo allo studio del diritto reale*, Milano: Giuffrè, 1977, pp. 98-99.

[58]   Mário Neves Baptista, *Penhor de créditos*. Recife: [s.n.], 1947, p. 36.

[59]   Caio Mário da Silva Pereira, *Instituições de Direito Civil*, vol. IV, cit., p. 300.

estabelece entre a situação subjetiva real e a coisa. O direito real, dito diversamente, adere à coisa e persegue-a por onde ela for, protegendo o titular das interferências que terceiros poderiam antepor ao exercício do seu direito. Assim ocorre no penhor e na hipoteca, que, sendo dotados de sequela, podem ser opostos ao terceiro adquirente da coisa gravada assim como aos credores do devedor comum. São direitos que, conforme a dicção legal, sujeitam a coisa, por vínculo real, à satisfação do crédito (CC, art. 1.419).

Doutrina processualista

A segunda objeção que se fez à natureza real do penhor e da hipoteca afirma cuidarem-se de institutos processuais. Sustentada inicialmente por Carnelutti, tal tese adentrou na doutrina brasileira por obra, sobretudo, de Enrico Liebman, segundo o qual "a configuração do direito de garantia como direito subjetivo material e mais especialmente como direito real, embora subsista ainda no direito positivo (CC/1916, arts. 674 e 755),[60] não representa nada mais do que resíduo histórico perfeitamente dispensável".[61]

Na esteira desse entendimento, os efeitos da garantia se manifestariam exclusivamente na fase de execução judicial do crédito, competindo ao juiz realizar a expropriação do bem e distribuir o produto da arrematação, observando a preferência do credor pignoratício ou hipotecário. A preferência, concebida dessa forma, seria uma qualidade da ação executória, destinada a reforçar a intensidade da tutela judicial concedida ao credor.[62]

A sequela, ainda segundo o raciocínio, constituiria hipótese de extensão da ação executiva, que passa a abranger, além dos bens do devedor, a coisa objeto do penhor ou da hipoteca, quem quer que seja o seu proprietário. Desse modo, o terceiro em cujo patrimônio se encontra o bem não teria obrigação alguma perante o credor, sendo apenas responsável perante o Estado, no sentido que o seu bem está sujeito ao poder executório do Judiciário. Por isso que a situação subjetiva por ele ocupada corresponderia a uma sujeição eminentemente processual.[63] Daí a se afirmar inexistir "vestígio de relação jurídica material nos efeitos dos direitos de garantia",[64] que, a rigor, "têm natureza puramente processual, consistindo em modalidades especiais de reforço e extensão da ação executória".[65]

Garantia real como instituto de direito material

A tese, contudo, não se afina com o direito brasileiro. Primeiro, porque a intervenção judicial não se mostra imprescindível à realização do penhor nem da hipoteca, haja visa a admissão, na ordem vigente, de modalidades extrajudiciais de execução da garantia. Além da venda amigável do penhor, a que se aludiu acima, tem-se a

---

[60] Referência aos dispositivos do Código Civil de 1916, correspondentes aos artigos 1.225 e 1.419 do Código vigente.

[61] Enrico Tullio Liebman, *Processo de Execução*, cit., p. 88.

[62] Alfredo Buzaid, *Do concurso de credores no processo de execução*, São Paulo: Saraiva, 1952, p. 269, nota 83.

[63] Enrico Tullio Liebman, *Processo de execução*, cit., pp. 87-88.

[64] *Idem*, p. 90.

[65] *Idem*, p. 88.

CAPÍTULO XVIII | DIREITOS REAIS DE GARANTIA

excussão da hipoteca por meio de leilão público promovido por agente fiduciário nomeado pelas partes, na forma do Dec.-Lei n. 70/1966.

Além disso, a alienação do bem nada mais representa do que um episódio ocasional na relação jurídica de penhor ou de hipoteca. Como ressalta Orlando Gomes, "o direito de promover a venda judicial do bem não se exerce fatalmente, mas tão só se o devedor não pagar a dívida. Feito o pagamento, no tempo devido, o direito real extingue-se, sem ter apresentado, em sua existência, qualquer grau de subordinação ao direito processual. Nenhum efeito processual se produz havendo pagamento voluntário".[66]

Alienação do bem como episódio acidental da garantia

Em definitivo, há de se abandonar as diferentes construções doutrinárias que exaltam seja o poder de alienar a coisa recebida em garantia, seja o direito de receber o seu valor pecuniário. Tal perspectiva, que antepõe, na análise da relação jurídica, o momento patológico ao fisiológico, só reconhece utilidade à garantia quando ela é empregada para remediar à violação do crédito. Enquanto não verificado o inadimplemento, a garantia permaneceria em estado de latência, *in fieri*, passando a produzir efeitos somente na hipótese de ser acionada pelo credor frente ao devedor em mora.[67] No entanto, ao privilegiarem o momento de execução da garantia, tais concepções acabam por distorcer a compreensão da função desempenhada pelo instituto, uma vez que identificam, erroneamente, a realização do valor do bem dado em garantia como o fim almejado pelas partes. Deixam, assim, de apreender que a garantia cumpre inteiramente o seu fim prático ainda que, em virtude do adimplemento ou da purgação da mora pelo devedor, não seja necessário acioná-la.[68]

Função de segurança da garantia real

Como já se disse, a alienação do bem representa episódio ocasional na relação real de garantia. O que de fato interessa às partes é a segurança que a garantia proporciona ao credor ao colocar à sua disposição instrumento de realização do crédito, do qual pode se valer em caso de inadimplemento. A garantia, com efeito, é eficaz e útil desde a sua constituição, induzindo o devedor a cumprir a sua obrigação e reforçando a expectativa do pagamento ocorrer.[69] Nas palavras de Mário Neves Baptista, "ambos os direitos de garantia podem implicar na realização do valor, mas nem esse é o objetivo do negócio pignoratício, nem dele é a consequência necessária e inelutável, porquanto, conforme vimos, frequentemente acontece preencher a garantia real integralmente a sua finalidade sem chegar ao extremo da venda, somente pela perspectiva da alienação ou desejo de reaver a coisa".[70]

Utilidade da garantia desde a sua constituição

Além disso, ao reforçar a probabilidade de satisfação do crédito, a garantia real torna o credor mais propenso a emprestar capital e a fazê-lo em condições menos

Função promocional da garantia

---

[66] Orlando Gomes, *Direitos Reais*, cit., p. 380.

[67] V. San Tiago Dantas, *Programa de Direito Civil*, vol. III, cit., p. 390.

[68] Mário Neves Baptista, *Penhor de créditos*, cit., p. 43. V., no mesmo sentido, na doutrina italiana, Enrico Gabrielli, *I diritti reali – Il pegno*, t. 5, Torino: UTET Giuridica, 2005, p. 11; Alberto Montel, Garanzia (Diritti reali di). In: *Novissimo Digesto Italiano*, vol. VI, Torino: UTET, 1957, p. 744; Michele Fragali, Garanzia. In: *Enciclopedia del Diritto*. Milano: Giuffrè, 1969, v. XVII, pp. 464-465.

[69] Albina Candian, *Le garanzie mobiliari: modelli e problemi nella prospettiva europea*, Milano: Giuffrè, 2001, pp. 62-63.

[70] Mário Neves Baptista, *Penhor de créditos*, cit., p. 41.

onerosas para o devedor. Favorece, assim, o acesso ao crédito, estimulando o financiamento das atividades econômicas. É de se reconhecer às garantias, portanto, não apenas a vocação repressiva, relacionada à sanção da violação do crédito, mas igualmente – e prioritariamente – sua finalidade promocional.

Sublinhe-se, igualmente, que as opiniões que concebem a alienação do bem como elemento essencial à garantia real se restringem ao exame da fase patológica, que se segue ao inadimplemento, negligenciando os importantes efeitos – de que se cuidará adiante (item 5, *infra*) – que são produzidos na fase (fisiológica) que antecede aquela. A propósito, já se observou na doutrina italiana, em lição aplicável ao direito brasileiro, que "na medida em que tanto o penhor como a hipoteca surgem em uma fase precedente àquela executiva, a determinação de seu conteúdo não pode prescindir da consideração acerca dessa primeira fase".[71] Em definitivo, a hipoteca e o penhor constituem, ao lado da anticrese, espécies de direito real que recaem sobre a coisa alheia oferecida em garantia do crédito. O valor da coisa, em si, não é o bem jurídico que serve de objeto à relação jurídica. Traduz, antes disso, uma qualidade do bem que o credor leva em consideração ao aceitá-lo em garantia.[72]

Direitos reais de gozo e de garantia

Os direitos reais de garantia diferenciam-se dos direitos reais de gozo pelo critério funcional, haja vista consubstanciarem direitos reais acessórios, que desempenham finalidade instrumental à realização do crédito. A sua finalidade consiste em proporcionar segurança ao credor, oferecendo-lhe proteção em face do inadimplemento e da incapacidade patrimonial do devedor para solver o débito. Em contrapartida, os direitos reais de gozo configuram direitos autônomos, que não supõem a existência de outra relação jurídica.[73]

4. CONSTITUIÇÃO

Os direitos reais de garantia decorrem da lei, como se verifica no penhor legal e na hipoteca legal, ou da convenção entre as partes. Em consonância com o sistema geral delineado nos artigos 1.226 e 1.227 do Código Civil, o contrato, por si só, não basta para criar o direito real de garantia, traduzindo, ao revés, o título aquisitivo, que expressa tão somente a vontade das partes de destinar o bem jurídico, objeto do negócio, à segurança do crédito. A garantia real só se constitui pelo modo previsto em lei.

Requisitos de validade do contrato constitutivo

O contrato de direito real de garantia submete-se aos requisitos de validade dos negócios jurídicos em geral estabelecidos na Parte Geral do Código Civil. Deve observar a forma escrita e, se a garantia hipotecária ou anticrética incidir sobre bem

---

71 Alberto Montel, Garanzia (Diritti reali di). In: *Novissimo Digesto Italiano*, vol. 7, Torino: UTET, 1957, p. 744, tradução livre. V., ainda nessa direção, Salvatore Pugliatti, *Esecuzione Forzata e Diritto Sostanziale*, Milano: Giuffrè, 1935, pp. 381-382.

72 Mário Neves Baptista, *Penhor de Créditos*, cit., pp. 36-39. Na doutrina italiana, v. Leonardo Coviello, *Ipoteche*, Roma: Foro Italiano, 1936, 2ª ed., p. 17 e seguintes; Gino Gorla, *Le Garanzie Reali delle Obbligazioni: parte generale*, Milano, Giuffrè, 1935, pp. 83-84.

73 Orlando Gomes, *Direitos Reais*, cit., pp. 381-382.

imóvel de valor superior a trinta vezes o maior salário mínimo vigente no País, a escritura há de ser pública (CC, art. 108).

Conforme enuncia a parte final do art. 1.420 do Código Civil, somente os bens suscetíveis de alienação podem "ser dados em penhor, anticrese ou hipoteca". Assim, não se admite a constituição da garantia sobre bem gravado com a cláusula de inalienabilidade estipulada em testamento ou doação (CC, art. 1.848 e art. 1.911). Justifica-se a restrição em relação à hipoteca e ao penhor em razão de a coisa hipotecada ou empenhada destinar-se à excussão no caso de a dívida não ser paga no vencimento. Por esse motivo, afigurar-se-ia inviável a realização da garantia se a coisa fosse inalienável. Nessa hipótese, em razão da impossibilidade jurídica do seu objeto, reputa-se nulo o negócio (CC, art. 104, II). *[Requisito objetivo do penhor e da hipoteca]*

A regra compreende também a anticrese, embora seja discutível o acerto da solução legal nesse caso, pois que, diferentemente da hipoteca e do penhor, a execução da aludida garantia real não se dá por meio da excussão, mas da retenção do bem, de modo que se mostra indiferente para o credor anticrético que a coisa seja ou não alienável.[74] Em verdade, o requisito objetivo que mais interessa ao negócio de anticrese, dada a utilidade que dele espera obter o credor, é o caráter frutífero do imóvel. *[Requisito objetivo da anticrese]*

A inalienabilidade não se confunde com a impenhorabilidade que, a princípio, não obsta a constituição da garantia real, haja vista não tornar a coisa indisponível. Se o dono pode alienar o bem impenhorável, também pode gravá-lo com o ônus real. Nesse sentido, a Lei n. 8.009, de 1990, que estabelece a impenhorabilidade do bem de família, ressalva expressamente a validade da "hipoteca sobre o imóvel oferecido como garantia real pelo casal ou pela entidade familiar". No entanto, a jurisprudência tem interpretado restritivamente a regra legal, reconhecendo efeito à hipoteca apenas quando constituída em benefício da própria família.[75] *[Inalienabilidade e impenhorabilidade]*

A eficácia do contrato constitutivo de direito real de garantia condiciona-se a determinados pressupostos fáticos. A criação da garantia real, por consubstanciar ato de disposição sobre a coisa, só pode ser praticada por quem puder aliená-la (CC, art. 1.420, primeira parte). Não há de ser necessariamente o devedor, afigurando-se possível que o terceiro garanta dívida alheia, desde que possa dispor da coisa a ser oferecida. *[Pressuposto de eficácia do contrato constitutivo]*

A constituição da garantia real supõe, portanto, a titularidade e a livre disposição do bem jurídico que se pretende dar em garantia. Por isso, não se encontra apto a instituir garantia real o mandatário com poderes de administração sobre o bem (CC, *[Titularidade e poder de livre disposição]*

---

[74] V. Orlando Gomes, para quem o negócio constitutivo da anticrese não se submete à exigência legal de alienabilidade do imóvel (Orlando Gomes, *Direito Reais*, cit., p. 407).

[75] STJ, 3ª T., AgInt nos EDcl no REsp. 2.010.555/SP, Rel. Min. Marco Aurélio Bellizze, julg. 21.8.2023, publ. *DJ* 23.8.2023; STJ, 4ª T., AgInt no REsp 2019107/GO, Rel. Min. Antonio Carlos Ferreira, julg. 15.5.2023, publ. *DJ* 18.5.2023; STJ, 4ª T., AgInt no AREsp n. 1.353.836/SP, Rel. Min. Marco Buzzi, julg. 12.12.2022, publ. *DJ* 16.12.2022; STJ, 4ª T., AgInt no Agr. em Resp. 1.551.138/SP, Rel. Min. Raul Araújo, julg. 18.2.2020, publ. *DJ* 3.3.2020; STJ, 2ª S., EAREsp n. 848.498/PR, Rel. Min. Luis Felipe Salomão, julg. 25.4.2018, publ. *DJe* 7.6.2018; STJ, 3ª T., REsp 1.413.717/PR, Rel. Min. Nancy Andrighi, julg. 21.11.2013, publ. *DJe* 9.12.2013.

art. 661), já que o ato de alienação excede os limites da mera gestão.[76] Além disso, nenhum dos cônjuges pode, sem permissão do outro, salvo no regime da separação absoluta, gravar de ônus real bem imóvel (CC, art. 1.647, I). Mas se um dos cônjuges nega autorização sem justo motivo, a vênia conjugal pode ser suprida judicialmente (CC, art. 1.648).

Imóveis de menores e curatelados

Os imóveis do menor sob poder familiar somente podem ser gravados em caso de "necessidade ou evidente interesse da prole, mediante autorização judicial" (CC, art. 1.691). Marco Aurélio Bezerra de Melo menciona o exemplo do pai que concede a garantia ao contrair empréstimo necessário ao custeio do tratamento médico do filho enfermo.[77] Quanto aos imóveis pertencentes aos curatelados ou aos menores sob tutela, controverte a doutrina. De uma parte, sustenta-se que a constituição da hipoteca não se compadece com as funções do tutor e do curador, que se limitariam à mera administração dos bens que lhe são confiados.[78] Argumenta-se, com razão, em contrapartida, que o Código Civil autoriza a venda dos imóveis dos tutelados e curatelados, desde que haja manifesta vantagem e seja obtida a aprovação judicial. Logo, se podem vender, também podem hipotecar, pois "quem pode o mais, pode o menos".[79]

Coisa indivisa

No caso de condomínio, a coisa comum "não pode ser dada em garantia real, na sua totalidade, sem o consentimento de todos" os proprietários. No entanto, cada condômino é livre para oferecer em garantia a sua parte ideal, conforme se depreende da leitura do art. 1.420, parágrafo segundo, e do art. 1.314, *caput*, que reconhece ao consorte a faculdade de gravá-la. Ao eliminar antiga controvérsia existente ao tempo da codificação anterior, o Código Civil reconhece ao condômino o direito de dar em garanta a sua parte ideal, independentemente da anuência dos demais, quer o bem seja divisível, quer seja indivisível.

Constituição a non domino

A constituição da garantia real *a non domino*, vale dizer, por quem não seja dono da coisa gravada, afigura-se ineficaz. No entanto, como prevê o parágrafo primeiro do art. 1.420 do Código Civil, cuida-se de ineficácia sanável *ex post facto*, mediante a aquisição ulterior da propriedade da coisa onerada. A propriedade superveniente convalesce a garantia real desde a sua constituição, produzindo efeitos retroativos (*ex tunc*) à data do registro do título constitutivo no cartório competente.[80] Cumpre notar que o preceito legal não condiciona a eficácia retroativa à boa-fé do credor, diferentemente do que prevê o art. 1.268, § 1°, em matéria de transmissão *a non domino* de bens móveis.

---

[76] J. M. Carvalho Santos, *Código Civil brasileiro interpretado*, vol. X, cit., p. 8.

[77] Marco Aurélio Bezerra de Melo, *Direito Civil: Coisas*, cit., p. 413.

[78] Clovis Bevilaqua, *Código Civil dos Estados Unidos do Brasil Comentado*, vol. III, Rio de Janeiro: Francisco Alves, 1955, 10ª ed., p. 256-257; Caio Mário da Silva Pereira, *Instituições de Direito Civil*, vol. IV, cit., p. 284.

[79] Azevedo Marques, *A Hypotheca: doutrina, processo e legislação*, São Paulo: Monteiro Lobato, 1925, 2ª ed., p. 29; Affonso Fraga, *Direitos Reaes de Garantia – Penhor, Antichrese e Hypotheca*, São Paulo: Saraiva, 1933, pp. 63-66; J. M. de Carvalho Santos, *Código Civil brasileiro interpretado*, vol. X, cit., p. 11; Marco Aurélio Bezerra de Melo, *Direito Civil: Coisas*, cit., p. 413; Francisco Eduardo Loureiro *in* Cezar Peluso (coord.), *Código Civil Comentado*, Barueri: Manole, 2013, 7ª ed., p. 1510.

[80] Caio Mário da Silva Pereira, *Instituições de Direito Civil*, vol. IV, cit., p. 286.

Nos termos do art. 1.424 do Código Civil, os contratos de penhor, anticrese e hipoteca submetem-se ao princípio da *especialização*, de sorte que deve figurar, no respectivo instrumento, a identificação tanto do crédito garantido como do bem dado em garantia. Conforme a dicção do dispositivo legal, a falta desses elementos acarreta a ineficácia do negócio, o que significa dizer que o direito real de garantia não se constitui. O contrato, nesse caso, permanece válido, produzindo efeitos obrigacionais entre as partes,[81] a menos que a omissão seja de tal monta que o objeto contratual se afigure indeterminável, ensejando a nulidade do negócio (CC, art. 166, II).

Especialização da garantia real

Ainda que se mantenha eficaz *inter partes*, a garantia perde grande parte de sua utilidade, pois ao credor interessava, justamente, os efeitos *erga omnes* associados ao tipo real, quais sejam, a sequela e, nos casos da hipoteca e do penhor, a preferência. Com efeito, o credor hipotecário e o pignoratício não poderão excutir a coisa no patrimônio de outrem nem receber o seu crédito com prioridade em caso de concurso de credores.[82]

Segundo ressalta a doutrina, a especialização, associada à publicidade, tem por finalidade proteger a coletividade, já que, por meio da individuação do crédito e do objeto da garantia no ato constitutivo (que é levado ao registro), permite-se que os terceiros com quem o devedor pretenda negociar tenham conhecimento do seu estado financeiro e da parcela do seu patrimônio comprometida com a satisfação de débitos anteriores.[83] Além disso, sendo a garantia real fonte de privilégio, a especialização procura evitar que o devedor e o credor, em conluio, aumentem ulteriormente o montante da dívida garantida[84] ou substituam (ou acrescentem) os objetos inicialmente gravados por outros mais valiosos, prejudicando a posição dos credores quirografários em eventual concurso.[85] A isso se acrescenta que a indefinição da dívida garantida ou dos bens afetados à sua satisfação se revelaria nociva ao próprio devedor, limitando sobremaneira o seu acesso ao crédito.[86]

Funções da especialização

---

[81]   Como já reconheceu o Superior Tribunal de Justiça ao interpretar o art. 761 do Código Civil revogado, correspondente ao art. 1.424 do Código vigente. Segundo decidiu a Corte, os requisitos de especialização da garantia real constituem "condições de sua plena eficácia no mundo jurídico, isto é, da validade de sua oponibilidade a terceiros. Assim, devem ser mantidas, porque válidas, as disposições firmadas entre as partes originárias" (STJ, 4ª T., REsp n. 226.041, Rel. Min. Hélio Quaglia Barbosa, julg. 12.6.2007, publ. *DJ* 29.6.2007).

[82]   Caio Mário da Silva Pereira, *Instituições de Direito Civil*, vol. IV, cit., p. 287. V. a propósito: "Ausência de precisão descritiva dos imóveis hipotecados. Afronta ao Princípio da Especialização. Exigência do inciso II do artigo 83 da Lei n. 11.101/2005. Crédito incluído no quadro geral de credores, como quirografário, com acerto pelo Juízo a quo. Apelo improvido." (TJRJ, 10ª C.C., Ap. Cív. 0121633-68.2003.8.19.0001, Rel. Des. Celso Luiz de Matos Peres, julg. 11.5.2016, publ. 16.5.2016).

[83]   Silvio Rodrigues, *Direito Civil: Direito das Coisas*, vol. V, São Paulo: Saraiva, 2003, 28ª ed., p. 339.

[84]   Affonso Fraga, *Direitos Reaes de Garantia – Penhor, Antichrese e Hypotheca*, cit., pp. 96-97.

[85]   Domenico Rubino, *La responsabilità patrimoniale – Il pegno*. In: *Trattato di Diritto Civile Italiano sotto la Direzione di Filippo Vassalli*, vol. 14, t. I, Torino: UTET, 1952, 2ª ed., p. 226; Gino Gorla e Pietro Zanelli, *Del pegno, delle ipoteche – art. 2784-2899*. In: *Commentario del Codice Civile Scialoja-Branca a Cura di Francesco Galgano*, Bologna: Zanichelli Editore, 1992, 4ª ed., p. 60.

[86]   Affonso Fraga, *Direitos Reaes de Garantia – Penhor, Antichrese e Hypotheca*, cit., pp. 96-97.

Em definitivo, a imposição da regra legal da especialização revela a aversão da ordem jurídica à constituição de garantias reais que, por terem objeto indeterminado, se revelam impróprias à realização dos fins a que se destinam – o acesso do devedor ao crédito e a segurança do credor quanto à satisfação do seu direito – e prejudiciais a terceiros – potenciais adquirentes da coisa e credores quirografários do devedor comum.

Identificação do valor do crédito garantido

Quanto à identificação do crédito garantido, exige o art. 1.424, I, que se declare, em primeiro lugar, o seu montante, estimação ou valor máximo. O preceito não supõe que se conheça, no momento da constituição da garantia, o montante certo da dívida, admitindo que se proceda, em relação aos débitos ilíquidos, como os de existência futura e incerta, à indicação de sua estimativa ou valor máximo. Nessa hipótese, a garantia protege o credor até o limite estabelecido, considerando-se o eventual excedente crédito quirografário.[87]

Contrato de abertura de crédito

Tal expediente é comumente utilizado no contrato de abertura de crédito, em que se institui garantia real em segurança dos diferentes débitos nascidos ao longo da relação contratual, até o montante máximo convencionado.[88] Sendo o credor instituição financeira, o contrato se submete às disposições da Lei n. 13.476, de 2017, que prevê que "as garantias constituídas abrangerão todas as operações financeiras derivadas nos termos da abertura de limite de crédito, inclusive as dívidas futuras" (art. 4º, parágrafo único, V).

Crédito futuro ou condicionado

O art. 1.487 do Código Civil regulamenta a hipoteca constituída em segurança de dívida futura ou condicionada. O regime ali estabelecido, por identidade de razão, estende-se ao penhor. Segundo aludido dispositivo, a execução da garantia condiciona-se à prévia e expressa concordância do devedor quanto à verificação da condição, ou ao montante da dívida. Havendo divergência, cabe ao credor fazer prova de seu crédito, mas, uma vez reconhecida a sua procedência, responde o devedor pelas perdas e danos que porventura decorrerem da superveniente desvalorização do bem dado em garantia.

Indicação do prazo de pagamento

Em segundo lugar, exige o art. 1.424, inciso II, que se identifique, no título constitutivo da garantia, o prazo fixado para pagamento. O Código vigente reproduziu tal exigência, que já se encontrava na codificação anterior, apesar da censura da doutrina, que criticava a sua ociosidade. Nessa direção, já ponderava Affonso Fraga ser desnecessária "a declaração do vencimento da dívida, atendendo-se a que não há obrigação jurídica sem termo para o vencimento; as que não o tem vencem-se imediatamente (…). Os terceiros prescindem desse elemento para ajuizar do estado do devedor, pois, se a declaração do vencimento não é ajustada pelas partes, é determinada por lei".[89]

---

[87] Gustavo Tepedino, Heloisa Helena Barboza, Maria Celina Bodin de Moraes, *Código Civil interpretado conforme a Constituição da República*, vol. III, cit., p. 861.

[88] Fábio Rocha Pinto e Silva, *Garantias das Obrigações: uma Análise Sistemática do Direito das Garantias e uma Proposta Abrangente para a sua Reforma*, São Paulo: IASP, 2017, p. 383.

[89] Affonso Fraga, *Direitos Reaes de Garantia – Penhor, Antichrese e Hypotheca*, cit., p. 99.

Por essa razão, afastando-se da interpretação literal do dispositivo legal, sustenta-se que a falta de indicação do termo de vencimento da obrigação não gera a ineficácia real da garantia constituída, porque, sendo omisso o instrumento contratual, considera-se exigível o pagamento imediatamente (CC, art. 331), levando-se em conta a natureza da obrigação, as circunstâncias do caso e a boa-fé objetiva.[90]

Ainda a respeito da especificação da obrigação garantida, cumpre às partes, em cumprimento ao disposto no art. 1.424, III, indicar, no contrato constitutivo, a taxa de juros, se houver sido estipulada. A sua falta, evidentemente, não libera o devedor do pagamento. A consequência consiste, tão só, na exclusão dos juros omitidos da proteção assegurada pela garantia, de modo que, por eles, o credor não terá preferência nem sequela. Além disso, como esclarece a doutrina, encontram-se amparados na garantia, independentemente de expressa menção no instrumento contratual, os juros legais, a atualização monetária, os honorários advocatícios e demais verbas decorrentes da lei, uma vez que a própria lei lhes confere publicidade.[91] *[Indicação da taxa de juros]*

Por fim, o inciso IV do art. 1.424 requer a especificação do bem dado em garantia. Em termos históricos, esta exigência representa conquista importante do direito moderno contra a disseminação nociva da hipoteca geral, figura herdada do direito romano[92] e resgatada no direito medieval, por meio da qual eram gravados todos os bens presentes e futuros do devedor.[93] De acordo com Tito Fulgêncio, os inconvenientes da hipoteca geral eram "*a)* não atender suficientemente ao crédito do devedor; *b)* complicar singularmente as ordens e acarretar despesas consideráveis, devido ao concurso sobre os mesmos bens por grande número de credores, *c)* entravar ou complicar a circulação dos bens, o que é contra o interesse geral".[94] No entanto, desde a Lei n. 169-A, de 1890, não se admite mais no direito brasileiro a constituição de garantia real sobre todo o patrimônio ou parte ideal dele, devendo-se, ao revés, proceder à delimitação dos bens gravados.[95] *[Especificação do bem gravado]*

Em relação à hipoteca e à anticrese, que recaem sobre imóveis, a especialização obedece ao princípio da especialidade do registro imobiliário, exigindo-se, portanto, a descrição do imóvel "como corpo certo, a sua representação escrita como individualidade autônoma, com o seu modo de ser físico, que o torna inconfundível e, portanto, heterogêneo em relação a qualquer outro".[96] Nos termos da Lei de Registros Públicos (Lei n. 6.015, de 1973), o título constitutivo deve fazer referência às informações constantes dos assentamentos do registro público, como número de matrí- *[Especificação de bem imóvel]*

---

90 Gustavo Tepedino, Heloisa Helena Barboza, Maria Celina Bodin de Moraes, *Código Civil interpretado conforme a Constituição da República*, vol. III, cit., p. 861.

91 Francisco Eduardo Loureiro *in* Cezar Peluso (coord.), *Código Civil Comentado*, cit., p. 1.517.

92 Ebert Chamoun, *Instituições de Direito Romano*, cit., p. 285.

93 Jacques Mestre, Emmanuel Putnam e Marc Billau, *Droit commun des sûretés réelles*. In: Jacques Ghestin, *Traité de Droit Civil*, Paris: LGDJ, 1996, pp. 299-300.

94 Tito Fulgêncio, *Direito Real de Hipoteca*, vol. I, Rio de Janeiro: Forense, 1960, 2ª ed. atual. por José de Aguiar Dias, p. 83.

95 Lafayette Rodrigues Pereira, *Direito das coisas*, vol. II, cit., pp. 49-51.

96 Afrânio de Carvalho, *Registro de Imóveis*, Rio de Janeiro: Forense, 1982, p. 247.

cula, natureza, localização, características e confrontações, que permitam individualizar o prédio e distingui-lo de qualquer outro (arts. 222 e 225).[97] Cuidando-se de imóvel urbano, o art. 2º da Lei n. 7.433, de 1985, autoriza que se omita no instrumento público a sua descrição e caracterização, desde que esses elementos constem de certidão emitida pelo cartório do registro de imóveis.

Bem imóvel futuro

O princípio da especialidade, associado ao princípio da continuidade do registro público, inibe a constituição de garantia real sobre imóveis futuros ou que ainda não pertençam ao outorgante, embora a doutrina aponte, como exemplo de hipoteca sobre coisa futura, a que incide sobre unidade imobiliária em construção no âmbito da incorporação imobiliária.[98] Nesse caso, o objeto da hipoteca forma-se gradualmente; incide inicialmente sobre o terreno e prossegue, à medida que avançam as construções, sobre as acessões até, finalmente, com a abertura das matrículas, gravar as unidades imobiliárias autônomas. De toda sorte, nada impede a celebração de contrato preliminar por meio do qual prometa o devedor a constituição da hipoteca tão logo se torne proprietário do imóvel.

Especificação de bens móveis

Por sua vez, com relação ao penhor, a especificação deve atender precisamente à natureza do bem dado em garantia.[99] A exata identificação de cada bem empenhado se ajusta às modalidades de penhor destinadas a incidir sobre bens infungíveis, revelando-se, contudo, inadequada em relação aos penhores especiais e de direitos – cada vez mais utilizados na prática – que recaem sobre bens fungíveis *massificados* ou futuros, por natureza incompatíveis com a sua singularização no ato constitutivo da garantia. Como ensina Clovis Bevilaqua, os bens fungíveis "não têm existência individual, existem como representativas do gênero, a que pertencem".[100]

Técnicas contratuais de especificação

Tendo a especificação a finalidade de assegurar a efetividade da garantia e de proteger devedor e terceiros da criação de privilégio de extensão indeterminada, é de se reconhecer que tal propósito pode ser atendido por técnicas diversas da singularização, mais afinadas com a realidade fática. Nessa direção, o Enunciado n. 667, aprovado na IX Jornada de Direito Civil, afirma que "no penhor sobre bens fungíveis, satisfaz o requisito da especificação de que trata o art. 1.424, IV, do Código Civil, a definição, no ato constitutivo, da espécie, qualidade e quantidade dos bens dados em garantia".

Concretiza-se, desse modo, a funcionalização do princípio da especialização, que, não se confundindo com a mera identificação da coisa, passa a significar, pre-

---

[97]   Walter Ceneviva, *Lei de Registros Públicos Comentada*, São Paulo: Saraiva, 2008, 18ª ed., pp. 507-510.

[98]   Como esclarece Caio Mário da Silva Pereira, "não tem cabimento a hipoteca de bens futuros. Posto que, em fase de construção, é lícito dar em hipoteca a fração ideal do terreno, caso em que o ônus hipotecário compreenderá com ela a edificação na medida e na proporção em que se desenvolva" (Caio Mário da Silva Pereira, *Instituições de Direito Civil*, vol. IV, cit., p. 325). V. na mesma direção Marco Aurélio Bezerra de Melo, *Direito Civil: Coisas*, cit., p. 415; Francisco Eduardo Loureiro *in* Cezar Peluso (coord.), *Código Civil Comentado*, cit., p. 1.517; Gustavo Tepedino, Heloisa Helena Barboza, Maria Celina Bodin de Moraes, *Código Civil interpretado conforme a Constituição da República*, vol. III, cit., p. 861.

[99]   Darcy Bessone, *Direitos Reais*, São Paulo: Saraiva, 1996, 2ª ed., p. 315.

[100]   Clovis Bevilaqua, *Código Civil dos Estados Unidos do Brasil Comentado*, vol. III, cit., p. 275.

CAPÍTULO XVIII | DIREITOS REAIS DE GARANTIA

cisamente, a suficiente individuação do bem jurídico para a realização dos fins do penhor.[101] Daí a se reconhecer à autonomia privada significativo espaço de atuação no desenvolvimento de técnicas contratuais destinadas a compatibilizar os fins almejados por meio do penhor com a natureza específica dos bens empenhados.

A questão apresenta especial relevância em relação ao penhor de créditos futuros, cujo valor e vencimento são desconhecidos ao tempo da constituição da garantia. Cuida-se de modalidade amplamente disseminada nas relações empresariais sob a denominação de penhor de recebíveis, incidindo sobre créditos que integram o futuro resultado econômico da atividade do devedor. Trata-se, no mais das vezes, de valores que o devedor pretende receber em razão de contratos celebrados ou em vias de serem celebrados com clientes.[102]

Especialização do penhor de créditos futuros

A exemplo do observado na experiência de outros ordenamentos, como o francês e o italiano,[103] assiste-se, no direito brasileiro, ao abandono da concepção rígida e formalista da especialização, que considerava indispensável para a eficácia da garantia real a menção, no ato constitutivo, do nome, da quantia devida e do prazo de vencimento de cada um dos créditos empenhados, o que, na prática, inviabilizaria a operação negocial pretendida pelas partes. Em seu lugar, firma-se o entendimento, mais alinhado às necessidades da sociedade contemporânea, de que satisfaz o requisito da especificação o objeto determinável a partir de critérios ou procedimentos estabelecidos no contrato constitutivo.[104] Nessa perspectiva, o Enunciado n. 666 aprovado na IX Jornada de Direito Civil estabelece que, no penhor de créditos futuros, a especialização pode ser feito por meio da "definição, no ato constitutivo, de critérios ou procedimentos objetivos que permitam a determinação dos créditos alcançados pela garantia".

5. EFEITOS DA GARANTIA REAL ANTES DO VENCIMENTO

Uma vez constituída a garantia real, o credor assume a posição jurídica de titular de direito real sobre a coisa recebida em segurança do crédito. O outorgante – que pode ser o devedor ou terceiro garantidor de dívida alheia – permanece sendo dono da coisa, mas o seu domínio sofre as restrições decorrentes do ônus real, que variam, em extensão, conforme a espécie de garantia instituída.

Sendo o direito real de garantia acessório ao crédito, examinam-se os seus efeitos segundo o estágio em que se encontra a relação jurídica obrigacional, separando-se o período anterior e o posterior ao vencimento da dívida. No primeiro

Preservação da garantia

---

[101] Enrico Gabrielli, Diritti Reali: Il pegno. In: SACCO, Rodolfo (org.). *Trattato di Diritto Civile*. Torino: UTET Giuridica, 2005, t. V, p. 133-136.

[102] José Vergílio Lopes Enei, *Project Finance: financiamento com foco em empreendimentos: (parcerias público-privadas, leveraged buy-outs e outras figuras afins)*, São Paulo: Saraiva, 2007, p. 364.

[103] Cf. Pablo Renteria, *Penhor e Autonomia Privada*, cit., pp. 203-204.

[104] Sobre o ponto, v. Pablo Renteria, *Penhor e Autonomia Privada*, cit., p. 187; e Gustavo Tepedino e Anderson Schreiber, Caução de créditos no direito brasileiro: possibilidades do penhor sobre direitos creditórios. In: Gustavo Tepedino, *Soluções Práticas de Direito – Pareceres – Novas Fronteiras do Direito Civil*, vol. I, São Paulo: Revista dos Tribunais, 2012, pp. 454-455.

momento, que antecede ao eventual descumprimento da obrigação, a teia de direitos e deveres que entrelaça o credor e o outorgante é polarizada pelo interesse, comum às partes, na preservação da utilidade da garantia, isto é, da aptidão da coisa gravada para satisfazer o crédito. Como observa Clovis Bevilaqua, "a garantia real é dada para assegurar o pagamento integral da dívida; se ela sofre degradação material ou desvalorização econômica, já não pode realizar a função, a que é destinada".[105]

Perecimento do bem e vencimento antecipado

Fala-se, nessa direção, no "princípio de conservação da garantia",[106] que inspira a adoção de diferentes remédios legais. Assim, na hipótese de o bem perecer, assiste ao credor, nos termos dos artigos 333, III, e 1.425, IV, do Código Civil, a faculdade de intimar o devedor para que proceda à sua substituição por outro de valor ao menos igual, e, caso não seja atendido, fica autorizado a exigir imediatamente o pagamento do crédito. Ao devedor impõe-se, portanto, o ônus de conservar a garantia. A isso não se obriga, mas, diante do interesse em evitar o vencimento antecipado da dívida, não lhe resta alternativa.[107]

Perecimento total ou parcial dos bens

Se recair a garantia real sobre mais de uma coisa e tendo todas elas sido destruídas, faculta-se o vencimento antecipado da integralidade da dívida. No entanto, nos termos do art. 1.425, § 2º, do Código Civil, se somente parte dos bens for atingida, autoriza-se a cobrança imediata de parcela da obrigação, proporcional à redução da garantia, subsistindo a dívida reduzida com a respectiva garantia sobre os demais bens. Embora o preceito aluda somente à hipoteca, justifica-se, por identidade de razão, a sua extensão às demais garantias reais.[108]

Deterioração ou desvalorização dos bens

Do mesmo modo, no caso de o bem se deteriorar ou se desvalorizar a ponto de se tornar insuficiente para a solução do débito, pode o credor intimar o devedor para que reforce ou substitua a garantia de maneira a restaurar a segurança do seu crédito. Caso assim não ocorra, assiste-lhe o direito de exigir, imediatamente, o pagamento do crédito. Sublinhe-se, contudo, que não é qualquer deterioração ou depreciação que autoriza a antecipação do vencimento da dívida, senão a superveniente à constituição da garantia que tenha tornado o valor da coisa insuficiente para satisfazer a dívida. Affonso Fraga ilustra a questão da seguinte forma: "se, por exemplo, um imóvel do valor de mil contos for hipotecado pela terça parte desse valor; e se, por efeito da inundação, ficar com a sua continência reduzida a metade, é claro que, apesar da deterioração, o seu valor cobre de sobra a responsabilidade hipotecária e daí resulta que o credor por esse fato não há fundamento para pedir reforço".[109]

Finalidade do vencimento antecipado

Nas hipóteses acima aludidas, a lei faculta a cobrança do crédito antes do termo ajustado em consideração ao fato de o credor não dispor mais da segurança que justi-

---

[105] Clovis Bevilaqua, *Direito das coisas*, vol. II, Rio de Janeiro: Freitas Bastos, 1942, reedição publicada em 2003 na Coleção História do Direito Brasileira do Conselho Editorial do Senado Federal, p. 34.

[106] Andrea Magazzù, *Surrogazione reale*, in *Enciclopedia del Diritto*, vol. XLIII, Milano: Giuffrè, 1990, p. 1.515.

[107] Tito Fulgêncio, *Direito Real de Hipoteca*, vol. I, cit., p. 89.

[108] Francisco Eduardo Loureiro *in* Cezar Peluso (coord.), *Código Civil Comentado*, cit., p. 1.519.

[109] Affonso Fraga, *Direitos Reaes de Garantia*, cit., p. 105.

CAPÍTULO XVIII | DIREITOS REAIS DE GARANTIA

ficou a concessão do crédito ao devedor. Desta feita, a lei procura prevenir maior prejuízo ao credor, autorizando-o a tomar imediatamente as medidas necessárias à satisfação do seu direito, em vez de mantê-lo exposto ao risco de deterioração da capacidade patrimonial do devedor enquanto aguarda o vencimento ajustado contratualmente.[110]

Ainda que a destruição ou o desfalque decorra de força maior ou caso fortuito, é lícito ao credor intimar o devedor para que substitua ou complemente a garantia.[111] Nessa perspectiva, "as causas da insuficiência são postas de lado",[112] pois o que interessa, objetivamente, é a manutenção da utilidade da garantia. Mas se o dano é causado pelo próprio credor, que se encontrava na posse da coisa, não lhe assiste, evidentemente, o direito de reclamar a restauração da garantia nem o de declarar o vencimento antecipado da dívida.[113]

Força maior ou caso fortuito

Se a coisa dada em garantia for destruída e o devedor, posto que intimado, não a substituir, o credor, como já se disse, fica autorizado a exigir o débito imediatamente. No entanto, conforme previsto no art. 1.426 do Código, a cobrança não pode compreender os juros compensatórios correspondentes ao prazo convencional ainda não decorrido. O preceito legal, de natureza cogente, se justifica na vedação ao enriquecimento sem causa. Afinal, os juros são frutos percebidos dia a dia, que remuneram o capital do credor pelo tempo que permanecer em poder do devedor. Desse modo, se os juros são rendimentos produzidos com o tempo, não podem se considerar devidos pelo período não transcorrido.[114] Impõe-se, portanto, a dedução proporcional dos juros referentes ao período vindouro de acordo com a taxa convencionada. Nada obstante, uma vez vencido e não pago o crédito, passam a incidir juros moratórios até plena satisfação do credor.[115]

Vencimento antecipado e desconto dos juros

Sublinhe-se, ainda, que o crédito passa a ser quirografário, porque, tendo perecido o objeto da garantia, também se extingue o direito real sobre ele instituído, a menos que tenha se sub-rogado em outro bem jurídico. Nesse particular, o Código Civil prevê a sub-rogação do penhor ou da hipoteca na hipótese de a coisa encontrar-se coberta por seguro, ou no caso de identificar-se o terceiro responsável por ressarcir o proprietário pelo perecimento da coisa. Nesses casos, o vínculo real não se extingue, mas se desloca da coisa para o crédito correspondente à indenização devida, tendo o credor sobre ele preferência até seu completo reembolso (art. 1.425, § 1º), sem prejuízo do direito de exigir imediatamente a dívida, sem aguardar o termo contratual.[116]

Vencimento antecipado e sub-rogação real

---

[110] Silvio Rodrigues, *Direito Civil: Direito das Coisas*, vol. V, cit., p. 344.

[111] Azevedo Marques, *A Hypotheca: doutrina, processo e legislação*, cit., p. 53; Tito Fulgêncio, *Direito Real de Hipoteca*, vol. I, cit., p. 89; J. M. de Carvalho Santos, *Código Civil Brasileiro Interpretado*, vol. 10, cit., p. 65.

[112] Clovis Bevilaqua, *Código Civil dos Estados Unidos do Brasil Comentado*, vol. III, cit., p. 266.

[113] Francisco Eduardo Loureiro, *in* Cezar Peluso (coord.), *Código Civil Comentado*, cit., p. 1.519.

[114] Washington de Barros Monteiro, *Curso de Direito Civil: direito das coisas*, vol. III, São Paulo: Saraiva, 2003, pp. 350-351.

[115] Francisco Eduardo Loureiro, *in* Cezar Peluso (coord.), *Código Civil Comentado*, cit., p. 1.520.

[116] Affonso Fraga, *Direitos Reaes de Garantia – Penhor, Antichrese e Hypotheca*, cit., p. 111. Em sentido diverso, entendendo que, nos casos de sub-rogação, não ocorre o vencimento antecipado da dívida,

Do mesmo modo, a desapropriação do bem recebido em garantia – que a doutrina trata como evento equiparável, em seus efeitos, ao perecimento da coisa[117] – acarreta o vencimento antecipado da dívida bem como a sub-rogação da garantia real na indenização devida pelo Poder Público, a quem cabe depositar a parte do preço que for necessária para o pagamento integral do credor (CC, art. 1.425, V). Nos termos do já examinado art. 1.425, § 2º, do Código Civil, se a desapropriação abranger todas as coisas oferecidas em garantia, faculta-se o vencimento antecipado da integralidade da dívida ao passo que, se somente parte delas for atingida, autoriza-se a cobrança imediata de parcela da obrigação, proporcional à redução da garantia.

Oponibilidade da sub-rogação perante o terceiro

Afirma-se na doutrina que, sendo a garantia real oponível *erga onmes*, o segurador, o causador do dano e o desapropriante não podem ignorar a ocorrência da sub-rogação real e, por conseguinte, devem observar o ônus real que recai sobre o crédito indenizatório. Desse modo, ficam obrigados a pagar diretamente ao credor a parte que lhe toca. Caso se desviem dessa conduta, entregando ao dono do bem toda a soma, não se exoneram perante o credor, a quem devem efetuar novo pagamento. Nada obstante, de maneira a evitar erros e disputas, recomenda-se ao credor que notifique os responsáveis de que devem pagar a ele, e não ao dono.[118]

Perda, deterioração ou desvalorização no caso do terceiro garantidor

No caso de a garantia real ter sido outorgada por terceiro, prevalece o comando previsto no art. 1.427 do Código Civil, segundo o qual "salvo cláusula expressa, o terceiro que presta garantia real por dívida alheia não fica obrigado a substituí-la, ou reforçá-la, quando, sem culpa sua, se perca, deteriore, ou desvalorize". Depreende-se de tal dispositivo que, em regra, não tem o credor o direito de exigir do terceiro garantidor a restauração ou a substituição da garantia, porque, não sendo parte na relação obrigacional, não responde com o seu patrimônio pela satisfação do débito nem pode ser obrigado a oferecer outra coisa em segurança do credor.[119] Segue-se, portanto, a regra geral, já examinada acima, cabendo ao credor intimar o devedor, único responsável pela solução da dívida, para que reforce ou substitua a garantia, sob pena de vencimento antecipado da dívida, a qual, nesse caso, se torna quirografária, a menos que haja sub-rogação na indenização devida pelo segurador ou o terceiro responsável pela destruição ou deterioração da coisa.[120]

Terceiro garantidor autor do ilícito

O preceito legal, contudo, prevê duas situações em que o terceiro está obrigado a substituir ou reforçar a garantia. Verifica-se a primeira quando, por culpa sua, a coisa se perde ou se torna insuficiente para a satisfação do débito. Esclarece a doutri-

---

v. Clovis Bevilaqua, *Código Civil dos Estados Unidos do Brasil Comentado*, vol. III, cit., p. 267; e Pablo Renteria, *Penhor e Autonomia Privada*, cit., p. 153. Como a sub-rogação viabiliza a perpetuação da garantia real, preservando, desse modo, a segurança que justifica a concessão de crédito ao devedor, entendeu-se que não haveria razão para o vencimento antecipado. No entanto, a sub-rogação, combinada com o vencimento simultâneo, afigura-se mais consentânea com o sistema, já que resta claro que, no caso da desapropriação (CC, art. 1.425, V), esta é a solução adotada pelo legislador.

[117] J. M. de Carvalho Santos, *Código Civil brasileiro interpretado*, vol. X, cit., p. 83.

[118] Azevedo Marques, *A Hypotheca: doutrina, processo e legislação*, cit., p. 74.

[119] Clovis Bevilaqua, *Código Civil dos Estados Unidos do Brasil Comentado*, vol. III, cit., p. 268.

[120] Affonso Fraga, *Direitos Reaes de Garantia – Penhor, Antichrese e Hypotheca*, cit., p. 117.

na que, em razão do ônus real que grava a sua coisa, deve o proprietário abster-se da prática de qualquer ato que possa desfalcar a garantia.[121] Caso descumpra tal dever, cumpre-lhe, na qualidade de autor do ilícito, reparar o dano causado mediante a substituição ou a complementação da garantia.[122] Assiste tanto ao credor como ao devedor mover ação de obrigação de fazer com esse fim.[123]

A segunda hipótese resulta da estipulação, no contrato constitutivo, de cláusula nesse sentido. A regra estabelecida no art. 1.427 tem natureza dispositiva, de modo que nada impede que o terceiro garantidor assuma contratualmente a obrigação de substituir ou reforçar a garantia, ainda que não seja o responsável pela sua deterioração ou destruição.[124] Dito diversamente, a preservação da segurança proporcionada pela garantia orienta o desenvolvimento da relação real de garantia durante a fase que antecede o vencimento da dívida. Como visto, a esse objetivo estão associados diversos e importantes efeitos, como o ônus do devedor de conservar o valor do bem gravado, a sub-rogação do penhor no valor do seguro ou da indenização e, ainda, a obrigação imposta ao terceiro proprietário de respeitar a integridade da garantia. A esses mecanismos podem ser acrescidos outros, estipulados pelas partes para o mesmo fim.

Responsabilidade decorrente de cláusula expressa

Assinale-se, por fim, que o Código Civil admite hipóteses de vencimento antecipado da dívida que não se relacionam com a conservação da garantia real. Nada obstante, algumas delas interessam diretamente ao exercício do direito de garantia. Assim, de acordo com o art. 333, II, assiste ao credor exigir o crédito antes do termo na hipótese de os bens, hipotecados ou empenhados, serem penhorados em execução por outro credor. A regra tem por finalidade viabilizar o exercício, pelo titular da garantia, da preferência no concurso singular de credores, de maneira a que possa receber o produto da venda do bem, com antecedência aos demais exequentes, independentemente da ordem das penhoras – ressalvados os créditos trabalhistas e tributários que, como já visto, preferem a quaisquer outros.

Outras hipóteses de vencimento antecipado

Mencione-se, igualmente, o vencimento antecipado em caso de insolvência ou falência do devedor (CC, art. 333, I, e art. 1.425, II), que se mostra necessário para a organização do concurso universal de credores, no qual se assegura ao credor hipotecário e pignoratício preferência no recebimento de seus direitos sobre o produto apurado com a venda dos bens gravados. O vencimento antecipado também se encontra previsto na Lei de Falências (Lei n. 11.101/2005), art. 77, e no Código de Processo Civil de 1973, art. 751, I, que continua a reger o procedimento judicial de insolvência, não obstante a promulgação, em 2015, do novo diploma processual.

---

[121] Mário Neves Baptista, *Penhor de Créditos*, cit., p. 44.

[122] J. M. de Carvalho Santos, *Código Civil brasileiro interpretado*, vol. X, cit., pp. 88-89; Tito Fulgêncio, *Direito Real de Hipoteca*, vol. I, cit., p. 110.

[123] Francisco Eduardo Loureiro, *in* Cezar Peluso (coord.), *Código Civil Comentado*, cit., p. 1.521.

[124] Marco Aurélio da Silva Viana, Dos Direitos Reais (arts. 1.225 a 1.510). In: Sávio de Figueiredo Teixeira (coord.), *Comentários ao Novo Código Civil*, vol. 16, Rio de Janeiro, Forense, 2003, p. 716; Marco Aurélio Bezerra de Melo, *Direito Civil: Coisas*, cit., p. 420.

6. EFEITOS APÓS O VENCIMENTO

Vencida a dívida, o devedor deve proceder ao pagamento, que conduz ao adimplemento da obrigação e, por efeito da acessoriedade, à extinção do direito real de garantia. Sendo o pagamento realizado por terceiro interessado, no lugar do devedor, verifica-se a sub-rogação legal no crédito e na garantia constituída (CC, art. 349). Mas se o terceiro for o dono da coisa que outorgou a garantia, a sub-rogação opera-se apenas no crédito, extinguindo-se o direito real de garantia em razão da confusão das qualidades de credor e proprietário na mesma pessoa. Em contrapartida, vencida e não paga a dívida, o credor fica autorizado a valer-se da garantia real para realizar o seu direito. Desse modo, o credor anticrético pode continuar a reter a coisa recebida em garantia e apropriar-se dos frutos engendrados em compensação da dívida. Por sua vez, o credor pignoratício e o hipotecário têm a faculdade de excutir o bem gravado de maneira a satisfazer o débito com o valor obtido.

Execução judicial ou extrajudicial da garantia

Promove-se a excussão pela via judicial, mediante o ajuizamento da ação de execução e a subsequente penhora e alienação do bem gravado, sendo lícito ao credor requerer, alternativamente, a adjudicação da coisa, caso em que adquire a propriedade por preço não inferior ao apurado em avaliação (CPC, art. 876). Também tem acolhida no direito brasileiro a excussão extrajudicial da coisa oferecida em garantia, que, no caso do penhor, recebe o nome de venda amigável (CC, art. 1.433, IV). Admite-se ainda, nos termos do art. 9º da Lei n. 14.711/2023, a execução extrajudicial de créditos garantidos por hipoteca.

Leilão extrajudicial de bem hipotecado

O procedimento previsto no art. 9º da Lei n. 14.711/2023 veio substituir o vetusto leilão extrajudicial da hipoteca de que tratava o Capítulo III do Dec.-Lei n. 70, de 1966, que autorizava o agente fiduciário, nomeado pelas partes no contrato, a realizar a alienação do imóvel dado em garantia, mediante leilão público, em consonância com os trâmites legais estabelecidos.

Constitucionalidade sub judice do procedimento extrajudicial

Tal expediente, que hoje se encontra revogado, foi objeto de intenso debate nos tribunais, tendo em vista a alegada incompatibilidade com os princípios constitucionais da inafastabilidade da tutela jurisdicional, do devido processo legal e da ampla defesa. Arguia-se que, em afronta ao texto constitucional, o legislador teria autorizado a substituição do magistrado pelo agente financeiro, assim como cerceado a defesa do devedor.[125]

Ao final da década de noventa do século passado, o Supremo Tribunal Federal firmou o entendimento de que o referido diploma não contraria a Constituição da República porquanto prevê o controle judicial, ainda que *a posteriori*, no momento da imissão de posse no imóvel arrematado.[126] Em favor da constitucionalidade do Dec.-Lei,

---

[125] Marco Aurélio Bezerra de Melo, *Direito Civil: Coisas*, cit., p. 407; e Cristiano Chaves de Farias e Nelson Rosenvald, *Curso de Direito Civil: Reais*, vol. V, São Paulo: Atlas, pp. 744-745.

[126] "Execução Extrajudicial. Decreto-Lei n. 70/66. Constitucionalidade. Compatibilidade do aludido diploma legal com a Carta da República, posto que, além de prever uma fase de controle judicial, conquanto a posteriori, da venda do imóvel objeto da garantia pelo agente fiduciário, não impede que eventual ilegalidade perpetrada no curso do procedimento seja reprimida, de logo, pelos meios

o STF ponderou ainda que o devedor poderia a qualquer momento recorrer ao Poder Judiciário para obter o imediato reparo à eventual ilegalidade cometida no curso do procedimento. Dessa decisão seguiram-se diversas outras proferidas pelo Supremo que confirmaram a recepção na ordem constitucional vigente dos dispositivos do Dec.-Lei n. 70, de 1966, que tratam do procedimento extrajudicial de execução hipotecário. Na esteira dessa jurisprudência, a questão parecia ter sido enfim pacificada.[127]

A discussão, contudo, foi renovada por ocasião dos julgamentos dos Recursos Extraordinários n. 556.520 e 627.106, com repercussão geral reconhecida.[128] Na oportunidade, objetou-se que o procedimento extrajudicial de execução hipotecária traduziria espécie de autotutela, isto é, de expropriação privada, incompatível com o devido processual legal. Também se arguiu que o procedimento inverteria a lógica do acesso à justiça, uma vez que colocaria o ônus de ingressar em juízo sobre o devedor, que se sente prejudicado por alguma ilegalidade perpetuada no curso do procedimento.

Na ocasião, o STF reafirmou a jurisprudência da corte sobre a matéria, mantendo o seu entendimento favorável à admissibilidade, na legalidade constitucional, dos arranjos extrajudiciais de execução de garantias reais, desde que previstos meios adequados para a defesa dos direitos do devedor ou garantidor. Nesse sentido, a corte destacou que aludido procedimento "não é realizado de forma aleatória, uma vez que se submete a efetivo controle judicial em ao menos uma de suas fases, pois o devedor é intimado a acompanhá-lo e pode lançar mão de recursos judiciais se irregularidades vierem a ocorrer durante seu trâmite". Ao colocar uma pá de cal na discussão, o STF fixou a seguinte tese de repercussão geral para o Tema 249: "É constitucional, pois foi devidamente recepcionado pela Constituição Federal de 1988, o procedimento de execução extrajudicial, previsto no Decreto-lei n. 70/66".

Por seus fundamentos, essa tese também milita em favor da constitucionalidade do procedimento de execução extrajudicial de hipoteca, atualmente previsto no art. 9º da Lei n. 14.711, de 2023. De forma semelhante ao observado na alienação fiduciária de bens imóveis, o referido art. 9º admite, mediante expressa previsão no ato constitutivo da hipoteca, a excussão do imóvel hipotecado em leilão público a ser promovido pelo credor, observados os trâmites estabelecidos no dispositivo legal.

---

processuais adequados. Recurso conhecido e provido" (STF, RE 223.075/DF, 1ª T., Rel. Min. Ilmar Galvão, julg. 23.6.1998, publ. *DJ* 06-11-1998).

[127] Cf. STF, RE 287.453/RS, 1ª T., Rel. Min. Moreira Alves, julg. 18.9.2001, publ. *DJ* 26.10.2001; STF, A.I. 509.379/PR, 2ª T., Rel. Min. Carlos Velloso, julg. 4.10.2005, publ. *DJ* 04-11-2005; STF, 2ª T., A.I. 514.565/PR, Rel. Min. Ellen Gracie, julg. 13.12.2005, publ. *DJ* 24.2.2006; STF, A.I. 312.004/SP, 2ª T., Rel. Min. Joaquim Barbosa, julg. 7.3.2006, publ. *DJ* 28.4.2006; STF, A.I. 600.876/SP, 2ª T., Rel. Min. Gilmar Mendes, julg. 18.12.2006, publ. *DJ* 23-02-2007; STF, RE 408.224/SE, 1ª T., Rel. Min. Sepúlveda Pertence, julg. 3.8.2007, publ. *DJe* 30.8.2007; STF, A.I. 600.257/SP, 1ª T., Rel. Min. Ricardo Lewandowski, julg. 27.11.2007, *DJe* publ. 18.12.2007; STF, RE 513.546/SP, 2ª T., Rel. Min. Eros Grau, julg. 24.6.2008, *DJe* publ. 14.8.2008; STF, A.I. 709.499/PR, 1ª T., Rel. Min. Cármen Lúcia, julg. 30.6.2009, *DJe* publ. 20.8.2009; STF, A.I. 678.256/SP, 2ª T. Rel. Min. Cezar Peluso, julg. 2.3.2010, publ. *DJe* 25.3.2010.

[128] STF, RE 627.106/PR, Tribunal Pleno, Rel. Min. Dias Toffoli, julg 8.4.2021, publ. *DJe* 14.6.2021; e STF, RE 556.520/SP, Tribunal Pleno, Rel. Min. Marco Aurélio, Rel. para o Acórdão Min. Dias Toffoli, julg. 8.4.2021, publ. *DJe* 14.6.2021.

Responsabilidade pessoal subsidiária

Uma vez consumada a execução da garantia, seja por meio da alienação do bem a terceiro, seja por meio de sua apropriação pelo credor – como ocorre nas hipóteses de adjudicação e de pacto marciano (v. Item 7, *infra*), extingue-se o direito real de garantia. A extinção ocorre ainda que o valor obtido pelo credor se revele insuficiente para a satisfação integral da obrigação, que abrange juros, encargos contratuais, custas processuais e honorários advocatícios.[129] Nesse caso, esgotada a garantia, o devedor permanece pessoalmente responsável pelo saldo remanescente (CC. Art. 1.430), tendo o credor contra ele crédito quirografário.

Ressalva-se, contudo, a hipótese da execução extrajudicial de hipoteca ou propriedade fiduciária constituída em garantia de financiamento para a aquisição ou a construção do imóvel residencial do devedor (excetuadas as operações compreendidas no sistema de consórcio). Nesse caso específico, o legislador estabelece medida de índole protetiva, prevendo que, na eventualidade de o produto da excussão da garantia hipotecária ser insuficiente para a satisfação do credor, a obrigação se extingue e o devedor resta exonerado de pagar o saldo remanescente (Lei n. 14.711, de 2023, art. 9º, § 10; e Lei 9.514/1997, art. 26-A, § 4º).

Entrega do *superfluum*

De outra parte, caso o produto obtido com a execução da garantia exceder o valor do débito acrescido das despesas de cobrança, cumpre ao credor restituir ao dono da coisa – que pode ser o devedor ou o terceiro garantidor de dívida alheia – o que sobejar (*superfluum*). Como já se disse, cuida-se de regra fundada no caráter acessório e instrumental da garantia real, cuja execução há de conduzir, necessariamente, a resultado útil equivalente ao que seria alcançado por meio do adimplemento da obrigação. A obtenção pelo credor de vantagem superior àquela que resultaria do pagamento deturparia a finalidade da garantia e constituiria enriquecimento sem causa, vedado pelo ordenamento.[130]

7. VEDAÇÃO À CLÁUSULA COMISSÓRIA E TUTELA DO PACTO MARCIANO

Conforme enuncia o art. 1.428 do Código Civil, reputa-se "nula a cláusula que autoriza o credor pignoratício, anticrético ou hipotecário a ficar com o objeto da garantia, se a dívida não for paga no vencimento." Proíbe-se, nesses termos, a cláusula comissória, também denominada pacto comissório ou *lex comissoria*, por meio da qual se consente ao credor a faculdade de apropriar-se da coisa recebida em garantia em caso de não ser cumprida a obrigação garantida.[131] A sanção cominada pelo legislador é a nulidade, que atinge apenas o pacto, mantendo-se incólumes as demais cláusulas estipuladas entre partes.

---

[129] Francisco Eduardo Loureiro, *in* Cezar Peluso (coord.), *Código Civil Comentado*, cit., p. 1.525.

[130] Cuida-se de regra praticamente universal, adotada nos mais variados ordenamentos, como destaca o comparatista alemão Ulrich Drobnig, *Towards a European Civil Code*. Alphen aan den Rijn: Wolters Kluwer, 2011, p. 1.029.

[131] Caio Mário da Silva Pereira, *Instituições de Direito Civil*, vol. IV, cit., p. 290.

CAPÍTULO XVIII | DIREITOS REAIS DE GARANTIA

A sua vedação remonta ao édito promulgado em 324 d.c por Constantino, *Origem da vedação* primeiro imperador romano a professar o cristianismo, em contexto de forte reprovação moral à usura e à exploração do mais fraco.[132] Até hoje prepondera na doutrina pátria o entendimento de que a proibição tem por fundamento a proteção do devedor débil frente à ganância do credor que lhe impõe condição leonina, esperando obter coisa de valor superior ao da dívida. O legislador, portanto, busca impedir o locupletamento do credor em detrimento do devedor.[133] Há que se destacar, ainda, o interesse social na prevenção de danos, diante dos efeitos nefastos ao sistema de garantias que poderiam ser ocasionados caso o pacto comissório se difundisse na prática negocial.[134]

Identificam-se nessa construção dois pressupostos. O primeiro, de ordem *Risco de desproporção e* objetiva, consiste no risco de desproporção entre o valor do bem conferido em *desvirtuamento da garantia* garantia e o da dívida garantida, do qual pode resultar prejuízo para o devedor.[135] Observa-se, nessa direção, que o pacto comissório "se contrapõe e inutiliza a finalidade legítima das relações de segurança real",[136] na medida em que transforma a garantia em fonte de lucro para o credor, desvirtuando, desse modo, a sua função, que, como já se viu, consiste em proporcionar ao credor resultado equivalente ao adimplemento da obrigação.

O segundo pressuposto, por sua vez, tem caráter subjetivo. Consiste este na *Vulnerabilidade do devedor* suposição de que, enquanto não vencida a dívida, o devedor se encontra vulnerável ao abuso do credor. Assim, em consideração à sua fragilidade, a ordem jurídica confere ao devedor especial proteção, negando efeito ao acordo que poderia causar-lhe sérios prejuízos.

Conclui-se, assim, que a proibição da cláusula denota fundamento complexo, resultado da combinação das três justificativas apresentadas: tutela da vulnerabilidade, vedação ao enriquecimento sem causa e interesse social na não difusão do pacto comissório. Tais embasamentos se aglutinam em torno do objetivo de se evitar o desvio funcional da garantia prestada. Isso porque o pacto comissório, ao autorizar a transferência da coisa com objetivo de pagamento, sem que ocorra o devido cotejo entre os valores da dívida e do bem, acaba por tornar o inadimplemento a verdadeira preferência do credor. Desse modo, a instrumentalidade funcional (acessória) da cautela cai por terra, desvirtuando, como resultado, o sistema de garantias, expressão do princípio da solidariedade nas relações patrimoniais. Transmuda-se a racionalidade da desejada função de garantia (proporcional e solidária) para algo muito diverso, e indesejado à luz dos valores do ordenamento, qual seja, a função de aquisição especulativa, pelo

---

[132]   Isabel Andrade de Matos, *O Pacto Comissório: contributo para o estudo do âmbito da sua proibição*, Coimbra: Almedina, 2006, pp. 37-39.

[133]   Clovis Bevilaqua, *Código Civil dos Estados Unidos do Brasil Comentado*, vol. III, cit., p. 269.

[134]   C. Massimo Bianca, *Il divieto del patto commissório*, Napoli: Edizioni Scientifiche Italiane, 2013, p. 218.

[135]   Ugo Carnevali, *Patto Commissorio*. In: *Enciclopedia del Diritto*, vol. 32, Milano: Giuffrè, 1982, p. 501.

[136]   Affonso Fraga, *Direitos Reaes de Garantia – Penhor, Antichrese e Hypotheca*, cit., p. 121.

credor, da coisa.[137] Daqui a invalidade da cláusula comissória, independentemente de sua pactuação ocorrer no mesmo momento ou posteriormente à concessão do crédito.

Proibição da cláusula in continenti

Dito por outros termos, reputa-se nula, em primeiro lugar, a cláusula *in continenti, isto é*, contemporânea à concessão do crédito. Presume-se que, nesse momento, premido pela necessidade de conseguir dinheiro, o devedor se encontra pressionado a aceitar as condições impostas pelo credor, por mais iníquas que sejam.[138] A isso se acrescenta que o devedor nem sempre tem consciência das graves consequências que podem advir do pacto comissório. Iludido quanto à possibilidade de pagar a dívida, não avalia corretamente o risco de perder a coisa na hipótese de configurar-se o inadimplemento, aceitando irrefletidamente a estipulação da cláusula comissória.[139]

Proibição da cláusula ex intervallo

A proibição legal compreende igualmente a cláusula *ex intervallo*, estipulada posteriormente à obtenção do crédito. Argumenta-se, a propósito, que, mesmo após receber o numerário de que necessitava, o devedor permanece constrangido pelo "temor de ser acionado pelo credor, ao ver aproximar-se o vencimento, sem ter recursos para pagar".[140] Observa-se, a propósito, que o devedor pode permanecer em posição de dependência perante o credor em razão da necessidade de renegociar os termos do acordo ou de celebrar novos contratos. Dessa maneira pode acontecer de o pacto comissório *ex intervallo* ser exigido pelo credor em contrapartida à dilação do prazo de pagamento.[141] Além disso, já se advertiu que, se a vedação alcançasse apenas o pacto *ab initio*, as partes poderiam facilmente contorná-la por meio da sua celebração pré-datada.[142]

Fraude à proibição do pacto comissório

Aliás, na vida forense, são conhecidos os contratos destinados a elidir a proibição à estipulação da cláusula comissória. Exemplo comum é o contrato de compra e venda celebrado com pacto de retrovenda, por meio do qual o vendedor recebe a título de preço a quantia que precisava tomar emprestada. Para conseguir recuperar o bem alienado, cumpre-lhe exercer o retrato no prazo ajustado, sob pena de perder a coisa definitivamente para o comprador (mutuante). Nas hipóteses em que houver desproporção entre o valor do bem alienado e o do preço, restará caracterizado negócio fraudulento, cominado de nulidade (CC, art. 166, VI), vez que

---

[137] Carlos Edison do Rêgo Monteiro Filho, *Pacto comissório e pacto marciano no sistema brasileiro de garantias*. Rio de Janeiro: Processo, 2017, p. 64.

[138] Raymond-Théodore Troplong, *Droit Civil Expliqué – Du nantissement, du gage et de l'antichrèse*, t. 29, Paris: Charles Hingray, 1847, p. 368.

[139] Silvio Rodrigues, *Direito Civil: Direito das Coisas*, vol. V, cit., p. 346; Washington de Barros Monteiro, *Curso de Direito Civil: direito das coisas*, vol. III, cit., p. 352. V. ainda Laurent Aynès e Pierre Crocq, *Les sûretés – la publicité foncière*, Paris: Défrénois Lextenso, 2008, p. 6; Angelo Luminoso *Alla Ricerca degli Arcani Confini del Patto Commissorio*, in *Rivista di Diritto Civile*, 1990, I, pp. 221 e 234.

[140] J. M. de Carvalho Santos, *Código Civil Brasileiro Interpretado*, vol. X, cit., p. 90.

[141] Isabel Andrade de Matos, *O Pacto Comissório: contributo para o estudo do âmbito da sua proibição*, cit., pp. 90-91.

[142] Cesare Massimo Bianca, Patto Commissorio. In: *Novissimo Digesto Italiano*, vol. 12, Torino: UTET, 1957, p. 717.

voltado à produção de resultado prático equivalente ao proscrito pela norma jurídica imperativa.[143]

O parágrafo único do art. 1.428 autoriza que, após o vencimento, o devedor dê a coisa gravada pela garantia em pagamento da dívida. Na esteira do entendimento consolidado pelos tribunais ainda ao tempo do Código Civil de 1916,[144] o dispositivo consagra a validade da dação em pagamento do bem conferido em garantia, uma vez vencida a dívida. Embora seja possível por meio desse acordo liberatório atribuir ao credor bem superior à importância devida, entende-se que, uma vez ocorrido o vencimento, não persistem as razões da fragilidade do devedor frente ao credor.[145]

Dação em pagamento da coisa objeto de garantia

A cláusula comissória não se confunde, contudo, com o *pacto marciano*, assim denominado em homenagem ao jurisconsulto romano Marciano, autor do fragmento do Digesto onde tal ajuste é mencionado (D. 20, 1, 16, 9). Consiste na cláusula que autoriza o credor a apropriar-se do bem conferido em garantia pelo seu valor justo, na hipótese de verificar-se o inadimplemento do devedor. Sendo o valor aferido superior ao da dívida, incumbe ao credor entregar a diferença (*superfluum*) ao proprietário.[146]

Pacto marciano

Seguindo a orientação proveniente do direito romano, o pacto foi expressamente acolhido nas Ordenações portuguesas.[147] No entanto, o Código Civil de 1916, em seu art. 765, limitou-se a prescrever a nulidade da "cláusula que autoriza o credor pignoratício, anticrético ou hipotecário a ficar com o objeto da garantia, se a dívida não for paga no vencimento". Em razão disso surgiu o entendimento segundo o qual o Código, rompendo com a orientação do direito anterior, teria considerado o pacto marciano espécie de pacto comissório, fulminado pela vedação legal.[148]

Evolução do pacto marciano no direito brasileiro

No entanto, ainda ao tempo da codificação anterior, autores como Affonso Fraga, Pontes de Miranda e José Carlos Moreira Alves levantaram-se em favor da validade do

---

[143] São abundantes as decisões nessa direção. Confiram-se, entre outros muitos, STJ, REsp 1076571/SP, 4ª T., Rel. Min. Marco Buzzi, julg. 11.3.2014, publ. *DJe* 18/03/2014; TJSP, Ap. Cív. 0930600-96.2012.8.26.0506, 6ª C.D.Priv., Rel. Des. Vito Guglielmi, julg. 18.10.2018; TJSP; Ap. Cív. 0145683-45.2012.8.26.0100, 12ª C.D.P, Rel. Des. Tasso Duarte de Melo, julg. 5/8/2015; TJRJ, Ap. Cív. 0005101-25.2003.8.19.0061, 11ª C.C., Rel. Des. Roberto Guimarães, julg. 28.1.2009; TJRS, Ap. Cív. 70007927890, 19ª C.C., Rel. Des. Mário José Gomes Pereira, julg. 10.1.2006.

[144] V. STJ, 3ª T., REsp. 10.952-MG, Rel. Min. Eduardo Ribeiro, julg. 29.10.1991, publ. *DJ* 25.11.1991; STJ, 3ª T., REsp. 41.233-SP, Rel. Min. Eduardo Ribeiro, julg.22.3.1994, publ. *DJ* 25.4.1994; TJRJ, 2ª C.C., Ap.Cív. 10740/2002, Rel. Des. Leila Mariano, julg. 28.8.2002.

[145] Gladston Mamede, Direito das Coisas. Penhor. Hipoteca. Anticrese. In: Álvaro Villaça Azevedo (coord.), *Código Civil Comentado*, vol. 14, São Paulo: Atlas, 2003, p. 116; e Marco Aurélio da Silva Viana, Dos Direitos Reais (arts. 1.225 a 1.510). In: Sávio de Figueiredo Teixeira (coord.), *Comentários ao Novo Código Civil*, cit., p. 718.

[146] J. M. de Carvalho Santos, *Código Civil Brasileiro Interpretado*, vol. X, cit., pp. 92-93; José Carlos Moreira Alves, *Da Alienação Fiduciária em Garantia*, Rio de Janeiro: Forense, cit., p. 107; Francisco Cavalcanti Pontes de Miranda, *Tratado de Direito Privado*, t. 20, cit., pp. 95 e 97.

[147] V. Isabel Andrade de Matos, *O Pacto Comissório: contributo para o estudo do âmbito da sua proibição*, cit., pp. 45-47; e Visconde de Ouro Preto, *Crédito Movel pelo Penhor e o Bilhete de Mercadorias*, Rio de Janeiro: Laemmert & Cia Editores, 1898, 2ª ed., p. 30.

[148] Clovis Bevilaqua, *Direito das coisas*, vol. II, cit., p. 43; e João Manuel de Carvalho Santos, *Código Civil Brasileiro Interpretado*, vol. X, cit., p. 92.

pacto marciano.[149] Com a renovação da dogmática dos direitos reais, que se encontra em curso desde a promulgação da Constituição da República de 1988, tal ideia tem ganhado cada vez mais força na doutrina brasileira, reunindo-se número crescente de defensores da legitimidade da referida cláusula na atual ordem jurídica.[150]

Tal movimento conduziu à aprovação na VIII Jornada de Direito Civil do Enunciado n. 626, nos seguintes termos: "não afronta o art. 1.428 do Código Civil, em relações paritárias, o pacto marciano, cláusula contratual que autoriza que o credor se torne proprietário da coisa objeto da garantia mediante aferição de seu justo valor e restituição do supérfluo (valor do bem em garantia que excede o da dívida)."

Validade do pacto marciano

Com efeito, as diferenças entre o pacto comissório e o pacto marciano são marcantes. As razões que justificam a nulidade do primeiro – a desnaturação da função desempenhada pela garantia e a proteção do devedor vulnerável diante de acordo potencialmente lesivo aos seus interesses – não se aplicam ao segundo. Afinal, sendo a coisa transmitida pelo seu valor justo e tendo o credor o dever de entregar ao garantidor a eventual diferença entre esse valor e o do crédito, o resultado alcançado por meio do ajuste em caso de inadimplemento do devedor é rigorosamente equivalente ao que o credor teria obtido por meio do adimplemento.

Utilidade do pacto marciano

De outra parte, a utilidade social do pacto marciano vem sendo reconhecida de toda parte, inclusive em outros ordenamentos jurídicos, haja vista consubstanciar expediente destinado a proporcionar às partes meio eficiente de execução da garantia – poupando-os da morosidade e dos custos usualmente associados à venda do bem – sem, no entanto, sacrificar os interesses do devedor. Nesse sentido, na doutrina italiana, Ugo Carnevali destaca que o pacto marciano se mostra "não apenas admissível como também vantajoso para o devedor na medida em que o valor alcançado por meio da expropriação e da alienação coativa se mostra, via de regra, inferior ao efetivo valor do bem".[151]

Modalidades de pacto marciano

Esclareça-se que se afigura lícita a estipulação do pacto marciano *in continenti* como *ex intervallo*. A cláusula pode atribuir ao credor a faculdade de apropriar-se da coisa ou obrigá-lo a tanto.[152] No primeiro caso, se quiser, o credor pode preferir a alienação do bem, de modo a pagar-se com o preço obtido. No segundo, não lhe resta alternativa senão adquirir o bem, o que, diga-se, por oportuno, pode ser efetuado mediante tradição ficta. Desse modo, uma vez constituído em mora o devedor, o

---

[149] Affonso Fraga, *Direitos Reaes de Garantia – Penhor, Antichrese e Hypotheca* cit., pp. 123-124; Francisco Cavalcanti Pontes de Miranda, *Tratado de Direito Privado*, t. 20, cit., p. 95; e José Carlos Moreira Alves, *Da Alienação Fiduciária em Garantia*, cit., p. 107.

[150] V. Carlos Edison do Rêgo Monteiro Filho, *Pacto comissório e pacto marciano no sistema brasileiro de garantias*, Rio de Janeiro: Processo, 2017, *passim*; Pablo Renteria, *Penhor e Autonomia Privada*, cit., pp. 176-181; Gisela Sampaio da Cruz Guedes e Aline de Miranda Valverde Terra, Pacto Comissório vs. Pacto Marciano: estruturas semelhantes com repercussões diversas. In: Gisela Sampaio da Cruz Guedes, Maria Celina Bodin de Moraes e Rose Melo Vencelau Meireles (coord.), *Direito das Garantias*, São Paulo: Saraiva, 2017, pp. 171-214.

[151] Ugo Carnevali, *Patto Commissorio*. In: *Enciclopedia del Diritto*, vol. 32, cit., p. 505.

[152] José Carlos Moreira Alves, *Da Alienação Fiduciária em Garantia*, cit., p. 157.

credor se tornaria automaticamente dono da coisa. Ainda no que tange ao momento de transmissão do domínio, as partes podem condicioná-la à realização da avaliação pelo terceiro contratado ou ao pagamento do *superfluum* pelo credor.[153]

A apuração do valor justo do bem conferido em garantia deve ser fundamentada e realizada a salvo da influência das partes contraentes, sob pena de recair na nulidade estabelecida para o pacto comissório.[154] De ordinário, cabe a terceiro independente, escolhido de comum acordo pelas partes, proceder à mensuração do valor justo, com base nas técnicas profissionais disponíveis. No entanto, em determinados casos, como, por exemplo, o do bem negociado em mercado ativo, a nomeação do avaliador se mostra dispensável, uma vez que a apuração do valor justo não suscita maiores dificuldades, podendo ser colhida, de maneira simples e objetiva, a partir das cotações publicamente disponíveis.[155] Cuida-se de solução louvável, vez que traduz expediente confiável de precificação, que não impõe às partes os custos usualmente associados à contratação do perito.[156]

Apuração do valor justo

8. INDIVISIBILIDADE

Em matéria de garantias reais, a indivisibilidade compreende duas acepções. De uma parte, significa que o vínculo real adere à coisa por inteiro e a cada uma das suas partes, inclusive acessórios (*totum in toto et qualibet parte*).[157] De outra, expressa que o direito real de garantia é indivisível, ainda que a obrigação garantida e o objeto da garantia sejam divisíveis.[158] Disso decorre que as coisas oferecidas em garantia ficam sujeitas ao pagamento de toda a dívida e de cada uma das suas frações.[159] O credor não pode ser constrangido a devolver parte dos bens recebidos em garantia, antes de ser integralmente satisfeito, como prevê o art. 1.421 do Código Civil ao estabelecer que "o pagamento de uma ou mais prestações não importa exoneração correspondente da garantia, ainda que esta compreenda vários bens, salvo disposição expressa no título ou na quitação".

Dupla acepção da indivisibilidade

Como ressalta a doutrina, a regra traduz favor legal ao credor, que se justifica não só na proteção do crédito como também na dificuldade, de ordem prática, de

---

[153] Francine Macorig-Venier, Le pacte commissoire (et les sûretés réelles mobilières). In: *Revue Lamy Droit des Affaires*, Paris, n. 14, pp. 79-85, mar. 2007, p. 84.

[154] Fulvio Mastropaolo, *I Contratti di Garanzia*, tomo 2, *in* Pietro Rescigno ed Enrico Gabrielli (org.), *Trattato dei Contratti*, Torino: UTET Giuridica, 2006, p. 1.806; Cesare Massimo Bianca, *Patto Commissorio*. In: *Novissimo Digesto Italiano,* vol. XII, cit., p. 718.

[155] Pablo Renteria e Diego Brainer de Souza André, Admissibilidade do Pacto Marciano no Direito Brasileiro. In: Gustavo Tepedino e Joyceane Bezerra de Menezes, *Autonomia Privada, Liberdade Existencial e Direitos Fundamentais*, Belo Horizonte: Fórum, 2019, pp. 794-797.

[156] Para uma recente e densa análise do pacto marciano, sua evolução histórica e jurisprudencial, defendendo amplamente a sua admissibilidade no direito brasileiro, v. Carlos Edison do Rêgo Monteiro Filho, *Pacto comissório e pacto marciano no sistema brasileiro de garantias*, Rio de Janeiro: Processo, 2017, *passim*.

[157] Caio Mário da Silva Pereira, *Instituições de Direito Civil*, vol. IV, cit., p. 289.

[158] Clovis Bevilaqua, *Código Civil dos Estados Unidos do Brasil Comentado*, vol. III, cit., p. 260.

[159] Francisco Cavalcanti Pontes de Miranda, *Tratado de Direito Privado*, t. 20, cit., p. 103.

operar a redução da garantia proporcionalmente ao abatimento da dívida.[160] A indivisibilidade, contudo, não é ontológica à garantia real, sendo possível afastá-la por disposição expressa, seja no título constitutivo, seja na quitação parcial concedida pelo credor, que indique, de forma precisa, os bens liberados do ônus real antes da completa satisfação do débito.[161]

Indivisibilidade na sucessão causa mortis

A indivisibilidade também se manifesta nos casos de sucessão *mortis causa* do devedor. Cada sucessor responde apenas por uma fração da dívida proporcional à parte que lhe toca na herança, não sendo pessoalmente obrigado a solvê-la por inteiro. No entanto, se tiver interesse em *remir* a garantia real, de sorte a libertar o bem ou os bens do risco de excussão, cumpre-lhe pagar toda a dívida, pois, do contrário, o direito real de garantia subsiste integralmente (CC, art. 1.429). E o herdeiro que assim proceder fica sub-rogado nos direitos do credor (art. 1.429, parágrafo único). Como esclarece Clovis Bevilaqua, o sucessor que pagou a dívida integralmente "torna-se credor com privilégios da garantia real, para exigir o pagamento de cada um dos coobrigados e excutir a parte do responsável".[162]

📝 PROBLEMAS PRÁTICOS

1. Tem validade a compra e venda com pacto de retrovenda em que se verifica a desproporção entre o preço e o valor do bem?
2. Qual a consequência jurídica da constituição *a non domino* da garantia real?

 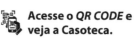
Acesse o *QR CODE* e veja a Casoteca.
> https://uqr.to/1pc8r

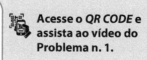
Acesse o *QR CODE* e assista ao vídeo do Problema n. 1.
> https://uqr.to/owlf-1

---

[160] Lafayette Rodrigues Pereira, *Direito das coisas*, vol. II, cit., p. 59.
[161] Caio Mário da Silva Pereira, *Instituições de Direito Civil*, vol. IV, cit., p. 289.
[162] Clovis Bevilaqua, *Código Civil dos Estados Unidos do Brasil Comentado*, vol. III, cit., p. 270.

Capítulo XIX
PENHOR

Sumário: 1. Noções gerais – 2. Constituição do penhor comum – 3. Efeitos do penhor comum – 4. Extinção do penhor comum – 5. Penhor sem entrega da coisa ao credor – 5.1. Penhor rural – 5.2. Penhor industrial e mercantil – 5.3. Penhor de veículos – 6. Penhor de direitos e títulos de crédito – 7. Penhor de segundo grau – 8. Penhor legal – Problemas práticos.

1. NOÇÕES GERAIS

Depois de examinadas as normas gerais aplicáveis aos direitos reais de garantia, passa-se ao estudo das regras específicas atinentes ao penhor. Cuida-se, em apertada síntese, de direito real que sujeita determinado bem móvel, dado em garantia pelo devedor ou pelo terceiro garantidor, à satisfação de certa dívida. O penhor proporciona segurança ao credor, chamado de credor pignoratício, que, em caso de inadimplemento, pode pagar-se com o valor do bem, preferindo, no pagamento, aos demais credores do devedor comum, ressalvados os credores que, nos termos da legislação vigente, gozam de prioridade. *Conceito*

Na atual ordem jurídica, a característica fundamental do penhor, que o diferencia dos demais direitos reais de garantia, refere-se ao seu objeto, que pode consistir em bem móvel de qualquer espécie (que por metonímia também se denomina penhor), fungível ou infungível, corpóreo ou incorpóreo, singular ou coletivo, abrangendo, entre outros, pertences pessoais (joias, obras de arte etc.), mercadorias, créditos, valores mobiliários e direitos intelectuais econômicos. A única restrição, enunciada no art. 1.420 do Código Civil, e reproduzida na parte final do art. 1431, diz respeito *Mobilidade do bem* ao caráter disponível do bem, que, como visto no capítulo anterior, afigura-se indispensável para o penhor desempenhar a sua finalidade.[1]

Distinção da hipoteca e da anticrese

Dessa maneira, o penhor distingue-se da anticrese, que recai exclusivamente sobre coisas imóveis, e da hipoteca, cujo objeto compreende, além das coisas móveis e dos direitos imobiliários, apenas os bens móveis previstos taxativamente no artigo 1.473, incisos VI e VII, do Código Civil, a saber, os navios e as aeronaves.

Fontes e espécies do penhor

A constituição do direito real de penhor pode resultar da lei, dando origem ao penhor legal, ou da convenção pignoratícia, firmada entre o credor e o proprietário do bem empenhado, também denominada de contrato de penhor ou simplesmente de penhor. Por sua vez, o penhor convencional apresenta diferentes espécies. Além do penhor comum, que, fiel às origens romanas do instituto, requer, para sua constituição, a entrega da coisa apenhada ao credor, admite o Código Civil diversas modalidades de penhor especial, assim denominadas porque se submetem a normas específicas, que se afastam do regime geral aplicável ao penhor comum.[2]

Penhores especiais

Mencionem-se, primeiramente, os penhores rural, industrial e mercantil e de veículos, que se reputam especiais porque dispensam a entrega ao credor das coisas empenhadas, que, desta feita, continuam em poder do devedor ou do terceiro garantidor (CC, art. 1.432, parágrafo único). Assinale-se também o penhor de direitos, cuja especialidade se revela no caráter incorpóreo do objeto, a justificar regulamentação específica. Por fim, há o penhor de títulos de créditos, que se aproxima do penhor comum, mas deste se distingue em razão da incidência das regras típicas do direito cambiário.

Organização da disciplina legal do penhor

Na disciplina das diferentes espécies de penhor, o Código Civil privilegia o penhor comum, dedicando-lhe corpo organizado de normas que regulamentam, de maneira pretensamente completa, a constituição, os direitos e as obrigações das partes e a extinção da garantia. Em relação aos penhores especiais, entretanto, o texto legal prevê algumas regras tópicas, atinentes a aspectos pontuais, cabendo, portanto, ao intérprete integrar a sua disciplina jurídica por meio da aplicação subsidiária das normas do penhor comum que não forem incompatíveis com a sua natureza peculiar.

Assim, por razões históricas, o penhor comum continua a representar, no direito vigente, o modelo paradigmático de garantia pignoratícia, muito embora se tenha assistido à diminuição da sua relevância prática, sendo a sua adoção residual nos dias atuais, residual frente à ampla disseminação dos penhores especiais.

2. CONSTITUIÇÃO DO PENHOR COMUM

Título e modo de constituição

Consoante a regra geral em matéria de direitos reais sobre bens móveis (CC, art. 1.226), a constituição do penhor comum supõe, além do título aquisitivo, a prática

---

[1] Caio Mário da Silva Pereira, *Instituições de Direito Civil*, vol. IV, Rio de Janeiro: Forense, 2016, 24ª ed., pp. 297-298.

[2] San Tiago Dantas, *Programa de Direito Civil*, vol. III, Rio de Janeiro: Editora Rio, 1984, 2ª ed., p. 393.

do modo previsto em lei, qual seja, a tradição do bem ao credor ou a quem o representa (CC, art. 1.431).

O título há de ser formalizado por escrito, por instrumento público ou particular que satisfaça os requisitos de especificação estabelecidos no art. 1.424 do Código Civil. A forma escrita é indispensável para que se proceda ao registro no Cartório de Títulos e Documentos, como determina o artigo 1.432, *in fine*, do Código Civil. O dispositivo reconhece a legitimidade de qualquer dos contratantes para levar o título ao registro. Na prática, todavia, o maior interessado é o credor, pois, enquanto não realizado o registro, não lhe assiste o direito de preferência para satisfazer o seu crédito com o valor do bem empenhado, prioritariamente aos demais credores.[3]

Forma do título e registro

No entanto, o penhor comum não se constitui senão depois de transferida a posse da coisa empenhada ao credor ou a quem o represente (CC, art. 1.431). Afigura-se, portanto, essencial ao surgimento da garantia o desdobramento da posse entre o credor, possuidor direto, e o dono da coisa, possuidor indireto.

Tradição da coisa empenhada

Como ensina a doutrina, a transmissão da posse guarda íntima relação com a natureza mobiliária do bem objeto do penhor, desempenhando função análoga ao registro imobiliário dos ônus reais instituídos sobre os imóveis.[4] Na hipoteca, com efeito, a entrega da coisa ao credor não se faz necessária, porque o imóvel, que constitui o objeto da garantia, não muda de lugar, sendo facilmente encontrado em caso de execução da dívida. Além disso, em virtude da publicidade organizada pelo registro de imóveis, o credor não enfrenta dificuldades para exercer a sequela na hipótese de o imóvel ser transferido a outrem. O terceiro adquirido encontra-se, desse modo, igualmente protegido, já que, antes de firmar o negócio aquisitivo, pode recorrer aos assentamentos públicos a fim de verificar se pesa sobre o imóvel alguma hipoteca.

Função da tradição

As mesmas razões justificam a extensão da hipoteca a determinados bens móveis, como aeronaves e navios, que, por sua natureza, não podem se furtar à sequela do credor, submetendo-se a regime registrário semelhante ao dos imóveis.[5]

No penhor, em contrapartida, cumpre colocar o bem empenhado fora do alcance do proprietário até o pagamento integral do débito, porque a coisa, sendo móvel, pode facilmente se dissipar.[6] Se não mantivesse a coisa sob sua guarda, o credor correria o risco de não a encontrar no momento em que pretendesse executar a garantia. Segundo a lição de San Tiago Dantas: "no penhor, a posse pertence ao credor porque a coisa é móvel e, de outro modo, não haveria garantia, não haveria estabilidade para o vínculo; na hipoteca, a posse pode ficar em mãos do proprietário da coisa porque,

---

[3] J. M. de Carvalho Santos, *Código Civil brasileiro interpretado*, vol. X, Rio de Janeiro: Freitas Bastos, 1982, p. 125.

[4] San Tiago Dantas, *Programa de Direito Civil*, vol. III, cit., p. 391.

[5] Ebert Chamoun, *Direito Civil*: aulas do 4º ano proferidas na Faculdade de Direito da Universidade do Distrito Federal. Rio de Janeiro: Aurora, 1955, pp. 205-206.

[6] Affonso Fraga, *Direitos Reaes de Garantia – Penhor, Antichrese e Hypotheca*, São Paulo: Saraiva, 1933, p. 164.

como é imóvel, pode-se, portanto, através do registro público, colimar a mesma segurança que a posse oferece ao credor pignoratício".[7]

Proibição do constituto possessório

A transferência da posse da coisa empenhada traduz, portanto, medida de segurança para o credor, que, de outro modo, não disporia de garantia efetiva, e também meio de publicidade para os terceiros, que, encontrando o bem fora das mãos do devedor, tomam ciência de que ele foi oferecido em penhor de certa dívida.[8] Tamanha a sua importância para o bom funcionamento da garantia que não se admite, no penhor comum, o constituto possessório, modalidade de tradição ficta, que dispensa a entrega da coisa para que ocorra a transmissão da posse.[9]

Penhor irregular

Da exigência de entrega efetiva da coisa ao credor (ou a quem o represente), decorre que, no penhor comum, o objeto há de ser necessariamente não fungível. Admite-se, como se sabe, o chamado *penhor irregular*, por meio do qual são entregues ao credor coisas fungíveis. Costuma ser empregado sob o nome de *caução* ou de *depósito em caução* para a garantia de débitos futuros e eventuais.[10] Trata-se, a rigor, de instituto análogo ao penhor que com ele não se confunde, mais se aproximando de negócio de alienação celebrado com escopo de garantia,[11] já que o objeto passa para a propriedade do credor, o qual, na hipótese de configurar-se o inadimplemento do devedor, fica autorizado a reter tanto quanto necessário à satisfação da dívida, restituindo o (eventual) saldo excedente ao garantidor.[12] Vencida e paga a dívida, compete-lhe então devolver o equivalente em coisas da mesma espécie e quantidade. Assim é que, conforme ressalta a doutrina, "o credor pode, consequentemente, alienar a coisa fungível empenhada; a sua obrigação é entregar coisa do mesmo gênero".[13]

3. EFEITOS DO PENHOR COMUM

Examinam-se os efeitos do penhor comum conforme a fase em que se encontra a relação obrigacional garantida, distinguindo-se o período que antecede o vencimento da dívida daquele que lhe sucede.

Aquisição e conservação da posse pelo credor

Constituído o penhor, torna-se o credor possuidor direto da coisa empenhada e assiste-lhe o direito de conservar a posse até a integral satisfação do débito (CC, art. 1.433, I). O credor, em outras palavras, tem o direito de posse (*ius possessionis*) e o direito à posse (*ius possidendi*). Cuida-se, todavia, de posse *ad interdicta*, e não *ad usucapionem*, de sorte que o credor tem direito a manejar os interditos (ação de

---

[7]   San Tiago Dantas, *Programa de Direito Civil*, vol. III, cit., p. 392.

[8]   Washington de Barros Monteiro, *Curso de Direito Civil: direito das coisas*, vol. III, São Paulo: Saraiva, 2003, 37ª ed., p. 357.

[9]   J. M. de Carvalho Santos, *Código Civil brasileiro interpretado*, vol. X, cit., p. 115.

[10]   Caio Mário da Silva Pereira, *Instituições de Direito Civil*, vol. IV, cit., p. 297.

[11]   Fulvio Mastropaolo, *I Contratti di Garanzia*, tomo II. In: Pietro Rescigno e Enrico Gabrielli (org.), *Trattato dei contratti*, Torino: UTET Giuridica, 2006, p. 1.348.

[12]   Federico Martorano, *Cauzione e pegno irregolare*. In: *Rivista del Diritto Commerciale e del Diritto Generale delle Obbligazioni*, Padova, v. 3-4, 1960, p. 95.

[13]   Clovis Bevilaqua, *Código Civil dos Estados Unidos do Brasil comentado*, vol. III, Rio de Janeiro: Francisco Alves, 1955, 10ª ed., p. 275.

manutenção, reintegração e interdito proibitório), seja em face do terceiro, seja em face do próprio devedor pignoratício, mas não pode adquirir o domínio do bem por usucapião.[14]

Dever de custódia do credor

O credor, em contrapartida, está obrigado à custódia da coisa enquanto permanecer em sua posse, haja vista a legítima expectativa do dono em recuperá-la uma vez quitada a dívida garantida. O credor é equiparado, para esses fins, ao depositário (CC, art. 1.435, I), incumbindo-lhe a guarda e a conservação da coisa, conforme previsto no art. 629 do Código Civil, atinente ao contrato de depósito. Por guarda entende-se a proteção do bem contra ofensas de origem estranha, externas à coisa, como o acidente ou o furto.[15] Desse modo, incumbe ao credor defender a posse da coisa empenhada e dar ciência, ao dono dela, das circunstâncias que tornarem necessário o exercício da ação possessória (CC, artigo 1.435, II). A conservação, a seu turno, significa a preservação da integridade do bem contra o intrínseco ou que pode se tornar intrínseco,[16] a exigir a adoção dos cuidados que a coisa, pela sua natureza, exige.[17] Assim, por exemplo, recaindo o penhor sobre bens perecíveis sensíveis a variações térmicas, cumpre ao credor mantê-las refrigeradas.

Responsabilidade do credor

O credor deve guardar e conservar a coisa com diligência, respondendo, segundo a dicção do art. 1.435, I, pela perda ou deterioração de que for culpado. Cuida-se, assim, de modalidade subjetiva de responsabilidade, que não alcança os casos de força maior, caso fortuito ou ausência de culpa. Nessas hipóteses, prevalece a regra geral segundo a qual o risco é do proprietário (*res perit domino*).

No entanto, se houver relação de consumo, a responsabilidade afigura-se objetiva, nos termos do Código de Defesa do Consumidor, podendo ser excluída apenas pelo rompimento de nexo de causalidade, diante de força maior ou fortuito externo, estranho à atividade do credor. Nessa direção, o Superior Tribunal de Justiça decidiu que a instituição financeira credora pignoratícia responde objetivamente pelo furto ou roubo da coisa empenhada que lhe foi confiada, por se tratar de fortuito interno, inerente à sua atividade empresarial.[18] Além disso, de acordo com o entendimento sedimentado no enunciado n. 638 da Súmula do STJ (27.11.2019), reputa-se "abusiva a cláusula contratual que restringe a responsabilidade de instituição financeira pelos danos decorrentes de roubo, furto ou extravio de bem entregue em garantia no âmbito de contrato de penhor civil". Daí a não se admitir a estipulação que prefixa, com base em avaliação unilateral, o valor da indenização correspondente ao bem empenhado.[19]

---

[14] Ebert Chamoun, *Direito Civil*: aulas do 4º ano proferidas na Faculdade de Direito da Universidade do Distrito Federal, cit., p. 208.

[15] Pontes de Miranda, *Tratado de Direito Privado*, t. 42, São Paulo: Revista dos Tribunais, 2012, p. 393.

[16] *Idem, ibidem*.

[17] San Tiago Dantas, *Programa de Direito Civil*, vol. III, cit., p. 397.

[18] STJ, 3ª T., REsp. 1.133.111/PR, Rel. Min. Sidnei Beneti, julg. 6.10.2009.

[19] STJ, 4ª T., REsp. 1.155.395/PR, Rel. Min. Raul Araújo, julg. 1.10.2013; e ainda STJ, 3ª T., REsp. 1.227.909/PR, Rel. Ministro Ricardo Villas Bôas Cueva, julg. 15.9.2015.

Apropriação dos frutos pelo credor

O credor, de outra parte, tem direito a apropriar-se dos frutos gerados pela coisa empenhada (CC, art. 1.433, V), contanto que o valor percebido seja imputado no pagamento das "despesas de guarda e conservação, nos juros e no capital da obrigação garantida, sucessivamente" (CC, art. 1.435, III). Em sintonia com a origem romana do penhor, que, como visto, admitia a estipulação do pacto acessório de anticrese, tais preceitos conferem ao credor pignoratício o direito de fruir a coisa até o limite do que lhe é devido. O mecanismo pode revelar-se vantajoso tanto para o credor, que nele encontra meio seguro de receber antecipadamente o débito, como para o devedor, que, no vencimento da dívida, está obrigado a solver apenas o saldo remanescente. No entanto, nada obsta a que as partes afastem contratualmente tal direito, caso em que os frutos devem ser restituídos junto com a coisa ao seu dono, uma vez satisfeita a dívida (CC, art. 1.435, V).

Venda antecipada da coisa empenhada

A princípio, o credor pignoratício tem o direito de promover a venda do bem empenhado apenas na hipótese de a dívida não ser paga no vencimento. No entanto, segundo o disposto no artigo 1.433, VI, do Código Civil, o credor pignoratício encontra-se autorizado a proceder à venda antecipada, antes do termo contratual, sempre que haja fundado receio de que a coisa dada em garantia se perca ou deteriore. Para tanto, cumpre-lhe notificar o proprietário, que, se preferir, pode impedir a imediata alienação do bem seja substituindo-o por outro de valor ao menos igual, seja oferecendo, no lugar do penhor, outra garantia real, que, na expressa dicção do dispositivo legal, deve ser idônea, vale dizer, apta a preservar a segurança prometida ao credor.

Ao mencionar a necessidade de prévia aprovação judicial, o preceito alude à hipótese em que o proprietário do bem não se prontifica a substituir a garantia nem consente com a imediata alienação do bem. Nesse caso, mostra-se indispensável a intervenção do juiz, a quem cabe autorizar a venda se as provas dos autos demonstrarem a existência de risco sério e iminente de dano à coisa. No entanto, se houver acordo quanto à imediata alienação do bem empenhado, não se faz necessária a autorização judicial, uma vez que tal medida se revelaria, além de ociosa, onerosa, acarretando custos desnecessários. O consentimento, todavia, há de ser manifestado *ad hoc*, em vista de cada caso, não sendo suficiente a autorização genérica inserida no título constitutivo, já que, desse modo, não poderia o proprietário avaliar a existência de perigo real e iminente de dano à coisa.

Realizada a venda antecipada, o direito real de penhor sub-roga-se no preço obtido, que deve ser mantido depositado até o vencimento da dívida no termo previsto no contrato. Nesse momento, verificando-se o adimplemento, restitui-se a importância ao dono do bem. Caso contrário, tem o credor o direito de levantar o depósito até a quantia correspondente ao débito, cabendo o excedente ao proprietário da coisa.

Venda antecipada da coisa e vencimento antecipado da dívida

Cumpre esclarecer que a venda antecipada não se confunde com a faculdade de declarar a dívida vencida antes do termo contratual, que se reconhece ao credor na hipótese de o devedor não proceder à substituição ou ao reforço da coisa empenhada que se perdeu ou deteriorou-se (CC, art. 1.425, I e IV). Enquanto esta medida pressupõe a efetiva ocorrência de dano à coisa e visa restaurar a segurança do credor, a venda antecipada traduz instrumento preventivo, que intervém antes de consumada a perda ou a deterioração da coisa empenhada. Dessa forma, procura-se impedir não só o abalo à garantia do credor como também o prejuízo ao dono da coisa (*res perit domino*).

Vencida a dívida no termo contratual, o devedor deve proceder ao pagamento da integralidade do débito, inclusive as despesas de guarda e conservação devidamente justificadas, vale dizer, que decorrem comprovadamente dos cuidados adotados na custódia do bem empenhado.[20] Não lhe assiste, contudo, reembolso pelas despesas ocasionadas por culpa sua (CC, art. 1.433, II).

Direitos do credor no vencimento da dívida

O credor também tem direito ao ressarcimento dos danos resultantes do vício da coisa empenhada (CC, art. 1.433, III), como se verifica, por exemplo, no caso das roupas empenhadas que, por estarem infestadas, contaminam as demais peças mantidas no armazém do credor. Sublinhe-se, todavia, que a indenização só é devida se o vício fosse oculto ao tempo em que a posse da coisa foi transferida ao credor. Se, informado do vício, consentir em receber a coisa, nada pode reclamar.[21]

Por outro lado, nos termos do art. 1.435, I, do Código Civil, admite-se a compensação, no valor do débito, da importância que por acaso deva o credor pela perda ou deterioração da coisa. Assim, no momento do vencimento da dívida principal, procede-se ao acerto de contas, apurando-se, mediante o confronto dos créditos recíprocos, a quem beneficia o saldo remanescente. Se o valor da indenização pela perda ou deterioração for superior ao da obrigação garantida, o credor pignoratício transforma-se em devedor. Caso contrário, assiste-lhe o direito de cobrar o restante, inclusive por meio da excussão do penhor, ressalvado o caso de perda da coisa, em que seu crédito se converte em quirografário.

Compensação entre créditos recíprocos

Realizado o pagamento e verificado o adimplemento da obrigação, o direito de penhor se extingue por efeito da acessoriedade. Cumpre então ao credor restituir a coisa empenhada, com os respectivos frutos e acessões (CC, art. 1.435, IV). Note-se, contudo, que não pode o credor ser constrangido a devolver o bem empenhado ou parte deles, se forem vários, antes de ser integralmente pago. Cuida-se de regra atinente à indivisibilidade dos direitos reais de garantia, que se encontra enunciada no art. 1.421 do Código Civil, e reproduzida, especificamente em relação ao penhor, na primeira parte do art. 1.431 do Código Civil. No entanto, como já se aludiu, a indivisibilidade não é da essência da garantia real, sendo possível afastá-la por disposição expressa, seja no título constitutivo, seja na quitação parcial concedida pelo credor, que indique, de forma precisa, os bens liberados do ônus real antes da completa satisfação do débito.

Extinção da obrigação e restituição da coisa empenhada

Vencida e não paga a dívida, faculta-se ao credor o exercício de duas prerrogativas. De uma parte, assiste-lhe o direito de reter a coisa até que o seu direito seja

Direito de retenção

---

20   Clovis Bevilaqua, *Código Civil dos Estados Unidos do Brasil Comentado*, vol. III, cit.

21   J. M. de Carvalho Santos, *Código Civil brasileiro interpretado*, vol. X, cit., p. 134.

integralmente satisfeito, inclusive as despesas, devidamente comprovadas, de guarda e conservação da coisa empenhada que não resultarem de culpa sua (CC, art. 1.433, II). Embora não se encontre mencionado no dispositivo legal, o direito de retenção alcança igualmente a indenização a que fizer jus o credor em razão dos prejuízos ocasionados pelo vício oculto do bem empenhado.

Sublinhe-se que a retenção não conduz, por si só, à satisfação do crédito, servindo, antes disso, a pressionar o devedor, desejoso de recuperar a sua coisa, a cumprir o débito. Trata-se de instrumento de autotutela cautelar, que se presta a compelir o devedor a realizar a prestação devida.[22]

Excussão judicial ou extrajudicial do penhor

De outra parte, o credor tem o direito de promover a excussão do bem empenhado para, com o preço, satisfazer o crédito, inclusive encargos moratórios, despesas de cobrança, dispêndios com a conservação e a guarda da garantia, e eventual indenização por vício oculto dos bens empenhados. Nos termos do art. 1.433, IV, do Código Civil, admite-se a execução judicial, regida pelas normas processuais, assim como a venda amigável, desde que consentida pelo outorgante da garantia. Embora o dispositivo mencione textualmente o devedor, a alienação há de ser aprovada pelo dono da coisa – que pode ser terceiro garantidor –, único legitimado a outorgar ao credor poderes para dispor do bem que lhe pertence, em caso de inadimplemento. A autorização pode ser conferida a qualquer momento, antes ou depois do vencimento, por meio de cláusula expressa inserida no contrato de penhor ou de procuração a parte, com poderes especiais ao credor.

Sublinhe-se que a venda amigável atende não apenas aos interesses do credor, mas também aos do devedor e do proprietário do bem, a quem interessa que se obtenha o maior preço possível. O dono, com efeito, tem o direito de receber a eventual diferença entre o preço de venda e o montante do crédito a ser satisfeito (CC, art. 1.435, V) e o devedor, ainda que não seja o proprietário da coisa, espera que o preço alcançado seja suficiente para quitar a dívida, de modo a não responder pessoalmente por eventual saldo remanescente. Por isso, como ensina a doutrina, o credor deve agir *bona fide*, cuidando para que o bem seja vendido em condições de mercado, sob pena de ser responsabilizado pelo dano que ensejar.[23] Afirma-se, na mesma direção, que o credor tem o dever de prestar contas ao outorgante da garantia,[24] e, se for pessoa diversa, ao devedor também.

Proibição da venda amigável consigo mesmo

A doutrina adverte ainda que o credor não pode vender o bem para si mesmo, uma vez que tal operação consubstanciaria pacto comissório, que, como já se viu, encontra-se vedado *ex vi* o disposto no art. 1.428 do Código Civil.[25] Nada obstante, admite-se a apropriação da coisa empenhada pelo credor com fundamento no pacto marciano (cf. capítulo XVIII) ou por meio da adjudicação judicial, na forma da lei processual (CPC, arts. 876 ao 878).

---

[22] Olavo de Andrade, *Notas sobre o Direito de Retenção*, São Paulo: Saraiva & C Editores, 1922, p. 38.

[23] Affonso Fraga, *Direitos Reaes de Garantia – Penhor, Antichrese e Hypotheca,* cit., p. 284.

[24] Caio Mário da Silva Pereira, *Instituições de Direito Civil*, vol. IV, cit., p. 300.

[25] Clovis Bevilaqua, *Código Civil dos Estados Unidos do Brasil Comentado*, vol. III, cit., p. 279.

CAPÍTULO XIX | PENHOR 423

Além disso, em conformidade com o disposto no parágrafo único do aludido art. 1.428, uma vez vencida a dívida, pode o credor adquirir a coisa empenhada em pagamento da dívida, desde que obtenha do proprietário o seu consentimento. O credor, todavia, não pode aquiescer em nome do dono, valendo-se dos poderes de representação que lhe foram outorgados, porque haveria nisso negócio celebrado consigo mesmo, passível de anulação, nos termos do art. 117 do Código Civil.

Dação em pagamento

O cuidado com os interesses do dono do bem empenhado também se manifesta no preceito contido na parte final do art. 1.434 do Código Civil, segundo o qual o juiz, a requerimento do proprietário, pode "determinar que seja vendida apenas uma das coisas, ou parte da coisa empenhada, suficiente para o pagamento do credor". A regra, em sintonia com o princípio processual da menor onerosidade na execução,[26] procura evitar que se imponha ao dono dos bens oferecidos em garantia sacrifício maior do que o necessário à satisfação dos direitos do credor. Embora o dispositivo aluda apenas à hipótese de execução judicial, a regra se aplica igualmente à venda amigável, como expressão do princípio da proporcionalidade nas relações de garantia.

Proporcionalidade da excussão

Realizada a excussão do penhor, destina-se o preço à satisfação do crédito pignoratício. Se o preço obtido for inferior ao valor da dívida, o devedor permanece pessoalmente obrigado pelo restante (CC, art. 1.430). Caso contrário, sendo o preço superior à quantia devida, cabe ao credor entregar o excedente (*superfluum*) ao dono do bem (CC, art. 1.435, V). No caso de execução judicial, o juiz encarrega-se de controlar a distribuição do produto da expropriação, autorizando o proprietário dos bens excutidos a levantar o saldo que sobejar. Se a alienação for realizada por meio de venda amigável, cumpre ao credor notificar o dono para que receba a quantia remanescente.[27]

Responsabilidade pessoal subsidiária e devolução do superfluum

4. EXTINÇÃO DO PENHOR COMUM

O penhor extingue-se por diversas causas, tendo o Código Civil, em seu artigo 1.436, cuidado, de forma não exaustiva, das mais importantes. Além das hipóteses contempladas no aludido dispositivo legal, a doutrina destaca a extinção do penhor por efeito da resolução do domínio e do escoamento do prazo, quando a garantia tiver sido dada a termo certo.[28]

Enumeração exemplificativa dos fatos extintivos

Constituindo-se por meio do registro do respectivo título no cartório de títulos e documentos (CC, art. 1.432), a extinção do penhor efetua-se pela averbação do cancelamento do registro, a ser realizada pelo oficial à vista da prova do fato extintivo (CC, art. 1.437). Tal medida mostra-se necessária para tornar oponível perante terceiros a cessação do ônus real, que pesava sobre a coisa empenhada.[29] Dessa ma-

Cancelamento do registro

---

26 Gladston Mamede, Direito das Coisas. Penhor. Hipoteca. *Anticrese*. In: Álvaro Villaça Azevedo (coord.), *Código Civil Comentado*, vol. 14, São Paulo: Atlas, 2003, p. 157.

27 Francisco Eduardo Loureiro, *Código Civil Comentado*, Barueri: Manole, 2019, 13ª ed., p. 1.504.

28 J. M. de Carvalho Santos, *Código Civil brasileiro interpretado*, vol. X, cit., p. 225.

29 Pontes de Miranda, *Tratado de Direito Privado*, t. 20, São Paulo: Revista dos Tribunais, 2012, p. 119.

neira, protege-se o terceiro de boa-fé, como, por exemplo, o cessionário do crédito pignoratício, que, confiando nas informações do registro, aceita o crédito por desconhecer que a garantia deixou de existir.[30] No entanto, entre as partes contratantes, a extinção produz-se seus efeitos no momento em que se verifica o fato extintivo, independentemente da averbação do respectivo cancelamento.

Extinção ou invalidação da obrigação

Os fatos extintivos do penhor diferenciam-se conforme digam respeito a vicissitudes ocorridas na relação obrigacional garantida ou na própria relação pignoratícia. Na primeira hipótese, contemplada no art. 1.436, I, do Código Civil, o penhor se extingue, segundo a regra *accessorium sequitur principale*, sempre que cessar de existir a dívida garantida. Não importa a causa, que pode consistir no pagamento do débito ou em qualquer um dos modos que se conhece de extinção das obrigações (compensação, remissão, impossibilidade superveniente). Do mesmo modo, a declaração de nulidade ou a anulação do negócio jurídico principal também acarreta a extinção da garantia.[31]

Prescrição da dívida

Discute-se na doutrina se a prescrição da dívida também conduz à extinção do penhor. Embora tenham razão os autores que salientam a diferença fundamental que separa a paralisação da pretensão do credor (*Anspruch*) do fato extintivo da obrigação,[32] prevalece o entendimento de que, prescrita a dívida, torna-se inexigível a garantia real do credor,[33] que, desta feita, não pode reter nem excutir o bem empenhado.

Perecimento da coisa empenhada

De outra parte, há fatos que, por serem intrínsecos à relação pignoratícia, extinguem a garantia, e não a obrigação principal. Assim, conforme previsto no art. 1.436, II, do Código Civil, perecendo a coisa empenhada, deixa de existir o penhor. No entanto, persiste o crédito quirografário, desprovido de garantia.[34] O perecimento decorre da perda ou da destruição total da coisa. Se a destruição for apenas parcial, resultando na deterioração da coisa, subsiste o penhor sobre a parte remanescente, em atenção ao princípio da indivisibilidade das garantias reais.[35]

Sub-rogação real do penhor

Há casos, todavia, em que o penhor não se extingue em virtude do perecimento da coisa, porque a garantia se sub-roga em outro bem jurídico, preservando-se a relação jurídica pignoratícia, a despeito da mutação objetiva. É o que se verifica quando o devedor substitui a coisa desaparecida por outra, de maneira a evitar o vencimento antecipado da dívida. Como já se viu, o Código Civil também prevê a sub-rogação do penhor na hipótese de a coisa encontrar-se coberta por seguro, ou no caso de identificar-se o terceiro responsável por ressarcir o proprietário pelo perecimento da coisa. Nesses casos, o vínculo real não se extingue, mas se desloca da coisa para o crédito correspondente à indenização devida.

---

[30] Francisco Eduardo Loureiro, in *Código Civil Comentado*, cit., p. 1.507.

[31] Clovis Bevilaqua, *Código Civil dos Estados Unidos do Brasil Comentado*, vol. III, cit., p. 299.

[32] Pontes de Miranda, *Tratado de Direito Privado*, t. 21, São Paulo: Revista dos Tribunais, 2012, § 2.611, pp. 179-180.

[33] Caio Mário da Silva Pereira, *Instituições de Direito Civil*, vol. IV, cit., p. 313.

[34] STF, 2ª T., RE 107.115/SP, Rel. Min. Cordeiro Guerra, julg. 16.12.1985.

[35] J. M. de Carvalho Santos, *Código Civil brasileiro interpretado*, vol. X, cit., p. 222.

Mostra-se lícito ao credor renunciar ao penhor, pondo fim à garantia, mas sem abrir mão do crédito (CC, art. 1.436, III). Interpreta-se restritivamente a renúncia (CC, art. 114), que, desta feita, deve resultar de manifestação de vontade expressa ou tácita, contanto que, neste último caso, o comportamento do credor revele, de forma inequívoca, a intenção de abdicar da garantia. Sendo expressa, a vontade deve ser consignada por escrito, porque, de outro modo, não seria possível proceder ao cancelamento do registro do penhor.

Renúncia ao penhor

Nos termos do parágrafo primeiro do art. 1.436 do Código Civil, presume-se a renúncia tácita em três situações. A primeira se verifica quando o credor consente na venda particular da coisa empenhada sem reserva de preço. A princípio, o dono do bem é livre para vendê-lo independentemente do consentimento do credor, mas, sendo dotado de sequela, o direito real de penhor acompanha a coisa, que, mesmo nas mãos do terceiro adquirente, continua vinculada ao crédito. Nada obstante, se o credor anuir com a venda, sem exigir a parte do preço suficiente para a quitação da dívida, entende-se que tenha livrado o bem da garantia real. Cuida-se, todavia, de presunção relativa, que pode ser elidida se as circunstâncias a desautorizarem,[36] como, por exemplo, no caso de o credor ter ressalvado, ao manifestar a sua anuência, a preservação da garantia pignoratícia.

Renúncia tácita por consentimento à venda da coisa

A segunda hipótese, típica de renúncia tácita, ocorre quando o credor restitui voluntariamente a posse da coisa ao seu dono. Sendo o desdobramento da posse essencial à configuração do penhor comum, a devolução do bem evidencia a vontade do credor em pôr fim à garantia. Nesse caso, como explicita o art. 387 do Código Civil, extingue-se o penhor, e não a dívida. Ressalve-se, todavia, que essa modalidade de renúncia não tem cabimento nos penhores especiais em que a tradição do bem ao credor é dispensada.

Renúncia tácita pela restituição da coisa

A terceira hipótese, a seu turno, verifica-se quando o credor anui com a substituição do penhor por outra garantia real ou fidejussória. Assiste-se, nesse caso, à novação da relação jurídica pignoratícia, operando-se a extinção do penhor e o concomitante surgimento da nova garantia em favor do credor.

O penhor também se extingue se as qualidades de credor e de dono da coisa se confundirem na mesma pessoa (CC, art. 1.436, IV). Como direito real na coisa alheia, o penhor pressupõe que a coisa dada em garantia pertença a pessoa diversa da do credor. Por isso, vindo o credor a adquirir a coisa empenhada, a garantia desaparece, inexistindo "interesse jurídico ou econômico em intentar a excussão do penhor sobre coisa sua".[37]

Extinção pela consolidação do domínio

Por fim, o inciso V do art. 1.436 do Código Civil cuida da extinção do penhor em decorrência da cobrança da dívida. O dispositivo alude a três diferentes hipóteses de execução do penhor (adjudicação judicial, venda amigável e "remissão" da dívida), às quais se acrescentam a alienação judicial e a apropriação do bem pelo credor em

Exaurimento da garantia

---

[36]   Sílvio de Salvo Venosa, *Direito Civil: Direitos Reais*, São Paulo: Atlas, 2014, 14ª ed., p. 586.

[37]   Caio Mário da Silva Pereira, *Instituições de Direito Civil*, vol. IV, cit., p. 315.

virtude do pacto marciano. Em todos esses casos, a garantia real se exaure e, por consequência, se extingue, ainda que o credor não tenha conseguido satisfazer plenamente o seu crédito com o valor do bem empenhado. Em relação ao saldo remanescente, tem apenas crédito quirografário em face do devedor.

Remissão da dívida e remição do penhor

Sublinhe-se que, por *remissão*, designa-se, usualmente, o perdão da dívida pelo credor (CC, art. 385), hipótese de extinção do penhor em decorrência da cessação da obrigação principal, que, como visto, já se encontra contemplada no inciso I do art. 1.436. Desse modo, mostra-se mais correto entender que, no inciso V do mesmo dispositivo, o legislador tenha se referido à *remição* do bem empenhado, termo empregado pelo legislador para designar diferentes instrumentos, mas que se associa, no mais das vezes, ao ato de resgate do ônus real mediante pagamento ao credor do valor da coisa empenhada.[38] Cuida-se, em outras palavras, de liberar o bem da garantia real que pesa sobre ele. A remição mostra-se vantajosa se o valor do bem for inferior ao do débito garantido, pois, do contrário, mais valeria efetuar o pagamento da obrigação.

Como visto, em virtude do princípio da indivisibilidade, não pode o credor ser constrangido a restituir a coisa empenhada antes de quitado integralmente o débito, de modo que, sem a sua concordância, a remição por valor inferior ao da dívida só tem cabimento se autorizada pela lei. Se não houver aquiescência do credor ou permissão legislativa, o proprietário só recupera a sua coisa pagando todo o crédito, mas, nesse caso, há pagamento da dívida, e não remição propriamente dita.[39]

A atual legislação, contudo, não prevê a remição do penhor, admitindo o resgate da hipoteca em duas hipóteses. A primeira ocorre por iniciativa do adquirente do bem hipotecado nos trintas dias seguintes ao registro do título aquisitivo (CC, art. 1.481) e a segunda verifica-se no caso do executado que, no curso do processo de execução, oferece preço igual ao da avaliação, se não houver licitantes, ou ao da maior lance realizado (CPC, art. 877, § 3º). Há ainda a figura da remição da primeira hipoteca pelo credor da segunda hipoteca (CC, art. 1.478), que mais se aproxima, todavia, do instituto do pagamento com sub-rogação do que do resgate do ônus hipotecário propriamente dito.

Ressalvadas essas hipóteses, a lei processual autoriza apenas a remição da execução (e não do bem dado em garantia), que, a rigor, nada mais é do que o pagamento da quantia devida, acrescida de juros, custas e honorários advocatícios (CPC, art. 826). Nesse caso, a execução judicial da dívida não chega a ultimar-se, porque o devedor logra satisfazer o direito do credor antes de realizada a adjudicação ou alienação judicial. A obrigação, em outras palavras, extingue-se por meio da purgação da mora, ensejando a extinção do penhor, como direito acessório, nos termos do já examinado inciso I do art. 1.436 do Código Civil.

---

[38] Arnaldo Rizzardo, *Direito das Coisas*, Rio de Janeiro: Forense, 2004, p. 1.043.

[39] Affonso Fraga, *Direitos Reaes de Garantia – Penhor, Antichrese e Hypotheca*, cit., p. 281.

5. PENHOR SEM ENTREGA DA COISA AO CREDOR

Na segunda metade do século XIX, para fazer frente à crescente demanda por instrumentos de garantia mais adequados ao fomento do crédito, diversos países passaram a admitir, em sua legislação, modalidades de penhor que se afastam do modelo romano na medida em que prescindem da entrega do bem empenhado ao credor.[40] As vantagens desse arranjo em relação ao penhor comum são manifestas tanto para o devedor, que, permanecendo com a coisa, pode empregá-la na sua atividade profissional, inclusive para obter os recursos necessários à quitação da dívida, como para o credor, que deixa de assumir as responsabilidades associadas ao dever de custódia.[41]

Vantagens do penhor sem entrega da coisa

A experiência brasileira nesse particular iniciou-se com a introdução no Código Comercial, promulgado em 1850, do penhor mercantil, destinado, exclusivamente, à garantia das obrigações comerciais, tendo por objeto "bens móveis, mercadorias e quaisquer outros efeitos, títulos da Dívida Pública, ações de companhias ou empresas e em geral quaisquer papéis de crédito negociáveis em comércio". Embora exigida para a outorga do penhor (art. 271), a entrega podia ser "real ou simbólica, e pelos mesmos modos por que pode fazer-se a tradição da coisa vendida" (art. 274). Com base nesse preceito, as partes recorriam à estipulação do constituto possessório no contrato de penhor, modalidade de tradição ficta que dispensa a entrega da coisa para que ocorra a transmissão da posse. O dono da coisa empenhada permanecia exclusivamente com o dever de guarda da coisa.

Penhor mercantil mediante constituto possessório

O cabimento do constituto possessório no penhor mercantil foi, contudo, rechaçado por parte da doutrina, que considerava excepcional tal modalidade de tradição e, por conseguinte, sujeita a expressa autorização legal. Argumentou-se, nessa direção, que o art. 274 do Código Comercial teria admitido, além da tradição real, apenas a simbólica, a qual não se confundiria com o constituto possessório, espécie de tradição ficta.[42]

Controvérsia sobre o constituto possessório no penhor mercantil

Nos tribunais, a questão suscitou acesa controvérsia, formando-se jurisprudência oscilante "como os ventos que sopram o quadrante"[43], que apenas se estabilizou

---

[40] Ulrich Drobnig, The law governing credit security. In: EUROPEAN PARLIAMENT, *The private law systems in the EU: Discrimination on grounds of nationality and the need for a European Civil Code*. DG Research. Working Paper, Legal Affairs Series, JURI – 103 EN, Oct. 1999 – Jun. 2000, pp. 71-72. Disponível em www.europarl.europa.eu/workingpapers/juri/pdf/103_en.pdf.

[41] Inocêncio Galvão Teles, O penhor sem entrega no direito luso-brasileiro. In: *Revista da Faculdade de Direito da Universidade de São Paulo*, vol. 55, São Paulo: Faculdade de Direito da Universidade de São Paulo, 1955, p. 19.

[42] V. José Xavier Carvalho de Mendonça, *Tratado de direito comercial brasileiro*, vol. 8, livro 5, Rio de Janeiro: Freitas Bastos, 1959, 6ª ed., p. 162. Nessa direção, o Supremo Tribunal Federal decidiu que: "não confundem os tratadistas da posse o constituto possessório com a tradição simbólica, reminiscência supérflua do direito romano (...). Consiste o constituto possessório, sem alteração exterior na relação possessória, na conversão de uma posse em detenção por via de dois atos jurídicos simultâneos – um, de transferência da posse e outro em que esta se degrada em detenção. Consiste a tradição simbólica na entrega de uma coisa representativa daquela cuja posse se pretende transferir" (STF, 2ª T., RE 14.235-MG, Rel. Min. Orosimbo Nonato, julg. 8.9.1950).

[43] Affonso Fraga, *Direitos reaes de garantia*, cit., p. 165.

com a promulgação do Decreto n. 5.746, de 1929, referente ao direito falimentar. Tal diploma sepultou a admissão do constituto possessório no penhor mercantil ao prever, em seu art. 92, inciso I, o privilégio especial dos credores pignoratícios "sobre as cousas entregues em penhor, salvo no caso do penhor agricola ou pecuario, em que os objetos continuam em poder do devedor, por effeito da clausula constituti".[44] Tal preceito conduziu o Supremo Tribunal Federal a consolidar o entendimento de que era necessário, para aludido privilégio, a tradição real dos bens empenhados ao credor, ressalvados apenas o penhor agrícola e o pecuário, por força de expressa disposição da lei. Fora dessas hipóteses legais, portanto, a estipulação do constituto possessório excluía a preferência creditícia, descaracterizando, assim, a garantia pignoratícia.[45]

Tal quadro normativo reverteu-se, porém, com a revogação do aludido Decreto pela Lei de Falências promulgada em 1945 (Dec.-Lei n. 7.661/1945), que admitiu irrestritamente a preferência do credor pignoratício.[46] Disso resultou a mudança de entendimento da doutrina[47] e da jurisprudência, tendo o Supremo Tribunal Federal, em julgamento realizado em 1958, firmado a seguinte posição:[48] "(…) não tendo sido reproduzido pela atual Lei de Falência, o art. 92, I, da antiga, já não está subordinada a validade do penhor mercantil, no juízo falimentar, à efetiva *traditio rei*, voltando a imperar, irrestritamente, o art. 274 do Código Comercial (não valendo invocar o Código Civil, pois o art. 121 do Código Mercantil, na espécie, o impede)". Nessa direção manteve-se a jurisprudência do Supremo Tribunal Federal[49] e, após a Constituição Federal de 1988, a do Superior Tribunal de Justiça.[50]

Constituto possessório no penhor rural

De outra parte, no que concerne às relações civis, a Lei Hipotecária de 1864 (Lei n. 1.237) autorizou que os donos dos imóveis agrícolas empenhassem os escravos, conservando-os em seu poder, mediante a estipulação da cláusula *constituti* (art. 6º,

---

[44] V. sobre o ponto Waldemar Ferreira, *Tratado de Direito Comercial*, vol. 11, cit., p. 449.

[45] V. STF, 1ª T., RE 2.872-PR, Rel. Min. Laudo de Camargo, julg. 14.11.1940; STF, 2ª T., RE 9.655-MG, Rel. Min Barros Barreto, julg. 4.10.1948; e STF, 2ª T., RE 14.235-MG, Rel. Min. Orosimbo Nonato, julg. 8.9.1950.

[46] Em sua redação original, antes da alteração introduzida pela Lei n. 3.726/1960, assim dispunha o Dec.-Lei n. 7.661/1945, art. 102, inciso II: "Ressalvada a preferência dos credores por encargos ou dívidas da massa (art. 124), a classificação dos créditos, na falência, obedece à seguinte ordem: I - créditos com direitos reais de garantia; (…)".

[47] V., por todos, Trajano de Miranda Valverde, *Comentários à lei de falências (Decreto-Lei nº 7.661, de 21 de junho de 1945)*, vol. 2, Rio de Janeiro: Forense, 2001, p. 126.

[48] STF, 1ª T., RE 36.470-SP, Rel. Min. Nelson Hungria, julg. 5.5.1958.

[49] STF, 1ª T., RE 72.500-SP, Rel. Min. Rodrigues Álckmin, julg. 30.4.1974; STF, 2ª T., RE 90765-RJ, Rel. Min. Djaci Falcão, julg. 28.6.1984, publ. *DJ* 30.11.1984; STF, 1ª T., RE 66.102-5, Rel. Min. Moreira Alves; STF, 1ª T., HC 71.097-PR, julg. 13.2.1996, publ. *DJ* 29.3.1996.

[50] "Penhor mercantil. Tradição simbólica. Precedentes da Corte. 1. Na linha de precedentes da Corte, possível é a tradição simbólica no penhor mercantil, tratando-se de bens fungíveis e consumíveis" (STJ, REsp 337.842-SP, 3ª T., Rel. Min. Carlos Alberto Menezes Direito, 28.5.2002, publ. *DJ* 5.8.2002). V. também, entre outros julgados, STJ, REsp 7.187-0-SP, 4ª T., Rel. Min. Sálvio de Figueiredo Teixeira, julg. 12.5.1992, publ. *DJ* 8.6.1992; STJ, REsp 10.494-SP, 4ª T., Rel. Min. Barros Monteiro, julg. 14.9.1992, publ. *DJ* 26.10.1992; STJ, REsp 66.930/RS, 3ª T., Rel. Min. Eduardo Ribeiro, julg. 13.6.1995, publ. *DJ* 4.9.1995; STJ, 4ª T., REsp 1.377.908/RJ, Rel. Min. Luis Felipe Salomão, julg. 21.5.2013, publ. *DJe* 1.7.2013.

CAPÍTULO XIX | PENHOR 429

§ 6º). Seguindo a mesma orientação, o Decreto n. 2.687, de 1875, admitiu, em termos amplos, o penhor rural sobre "instrumentos aratórios, frutos pendentes, e colheita de certo e determinado ano, bem como de animais e outros acessórios, não compreendidos em escritura de hipoteca" (art. 1º, § 9º).

A matéria foi, em seguida, regulada por sucessivas leis[51] até ser contemplada no Código Civil de 1916, que diferenciou, no âmbito do penhor rural, as subespécies agrícola e pecuária, prevendo que, em ambas as hipóteses, os objetos continuariam em poder do devedor, "por efeito da cláusula *constituti*" (art. 769). As leis posteriores, que complementaram a regulamentação do penhor rural,[52] mantiveram a mesma orientação, equiparando o proprietário do bem empenhado – seja o devedor ou o terceiro garantidor – ao depositário, a quem competia guardar e conservar a coisa em nome e no interesse do credor pignoratício.[53]

Ainda na primeira metade do século XX, com a promulgação do Dec.-Lei n. 1.271/1939, surge nova espécie de penhor sem entrega da coisa ao credor, denominada *penhor industrial*. Incidia inicialmente sobre máquinas e aparelhos utilizados na indústria. Posteriormente, ampliou-se a outros bens, como os produtos da suinocultura, banha, carnes de porco salgadas, congeladas, fiambres, presuntos e outros derivados (Dec.-Lei n. 1.697/1939); o sal e as coisas destinadas à exploração de salinas (Dec.-Lei n. 3.169/1941); animais e materiais utilizados na industrialização de carnes (Dec.-Lei n. 4.312/1942).[54] Por sua vez, a Lei n. 2.666, de 1955, veio a admitir, em termos mais amplos, o penhor, sem tradição efetiva, de produtos agrícolas existentes em estabelecimentos destinados ao seu benefício ou transformação. A matéria voltaria a ser disciplinada por meio do Dec.-Lei n. 413, de 1969.

> Constituto possessório no penhor industrial

Foi assim que, na esteira da intensa atividade legislativa e jurisprudencial ocorrida na segunda metade do século XIX e ao longo do século XX, o penhor sem entrega expandiu-se no direito brasileiro, passando a desempenhar papel relevante no financiamento das principais atividades econômicas conduzidas na agricultura, na indústria e no comércio. O instituto construído ao cabo desse itinerário histórico apresentava duas características.

A primeira é o caráter possessório. Assim como no penhor comum, a constituição do penhor especial também exigia a aquisição pelo credor da posse do bem empenhado, por meio do constituto possessório, e não por meio da entrega efetiva da coisa. Dessa maneira, manteve-se a orientação do direito romano, segundo a qual a transferência da posse é essencial ao penhor.[55]

> Caráter possessório do penhor sem entrega

---

[51] V. Decreto n. 3.272, de 1885 (art. 10), Decreto n. 9.549, de 1886 (arts. 106 a 118) e Decreto n. 370/1890 (arts. 362 a 374).

[52] V. Lei n. 492, de 1937, Dec.-Lei n. 1.003, de 1938, Dec.-Lei n. 2.612, de 1940, Dec.-Lei n. 4.360, de 1942, e Dec.-Lei n. 167, de 1967.

[53] San Tiago Dantas, *Programa de Direito Civil*, vol. III, cit., p. 402.

[54] V. sobre a evolução do penhor industrial Pontes de Miranda, *Tratado de direito privado*, t. 21, cit., pp. 123-127.

[55] Inocêncio Galvão Teles, O penhor sem entrega no direito luso-brasileiro. In: *Revista da Faculdade de Direito da Universidade de São Paulo*, vol. 55, cit., p. 24.

Insuficiência do constituto possessório para a proteção do credor

Nada obstante, permanecendo a coisa em poder de seu proprietário, a transferência da posse, por meio do constituto possessório, já não cumpre aquela importante função, a que se aludiu anteriormente, de proteger o credor pignoratício contra o risco de dissipação do bem empenhado. Se esse problema não se mostra tão agudo em relação a coisas que não podem ser prontamente removidas de onde se encontram, tais como colheitas pendentes e maquinários instalados ao estabelecimento industrial, o risco, em contrapartida, avulta em relação a mercadorias e animais destinados a revenda, que podem ser facilmente dissimulados, transformados ou transferidos a outrem, sem que seja possível ao credor encontrá-los no momento em que pretender excutir a garantia.

Instrumentos legais de proteção do credor no penhor sem entrega

Nesses casos, portanto, a posse do credor perde em grande medida a sua utilidade, tornando-se mero resquício histórico da importância funcional que desempenhava na concepção romana do penhor. E por isso mesmo, a lei lança mão de outros mecanismos legais para assegurar ao credor a segurança que a sua posse já não é capaz de proporcionar. Como adiante examinado, não pode o dono, sem prévia autorização do credor, alienar, transformar ou retirar as coisas empenhadas da circunscrição em que estão situadas. O proprietário que aliena as coisas sem a anuência do credor comete o crime de defraudação de penhor, tipificado no art. 171, § 2º, inciso III, do Código Penal.

De outra parte, assiste ao credor o direito de verificar o estado das coisas, inspecionando-as onde se acharem. Se não forem encontradas ou se não estiverem em bom estado, faculta-se ao credor exigir antecipadamente o pagamento, sem prejuízo do exercício da sequela em face do terceiro adquirente. Além disso, admitia-se no passado a prisão civil do outorgante da garantia, que, não logrando apresentar as coisas empenhadas sob a sua custódia, era tido como depositário infiel.[56] No entanto, em julgamento histórico, o Supremo Tribunal Federal censurou a medida como incompatível com a proteção à pessoa humana prevista na ordem constitucional brasileira, tendo nesse sentido editado o Enunciado n. 25 da Súmula Vinculante (2009), segundo a qual se reputa "ilícita a prisão civil de depositário infiel, qualquer que seja a modalidade de depósito".

Caráter excepcional do penhor sem entrega

A segunda característica, que decorre da primeira, prende-se à percepção do penhor especial como instituto excepcional, cuja aplicação se restringia aos agentes econômicos e aos objetos contemplados na legislação. Justamente em razão dos abusos a que se prestava a tradição ficta, permitindo ao comerciante desonesto vender ou onerar novamente o bem empenhado, o legislador restringia a liberdade para estipular o constituto possessório no contrato de penhor, de tal sorte que, fora das hipóteses expressamente admitidas na lei, apenas se consentia aos particulares a celebração do penhor comum, a respeito do qual prevalece a regra da entrega efetiva da coisa empenhada.[57]

Configuração atual do penhor sem entrega

O Código Civil vigente, afastando-se da codificação anterior, não alude à cláusula *constituti* para justificar a manutenção do bem empenhado em poder

---

[56] V. sobre o ponto Marco Aurélio Bezerra de Melo, *Direito Civil: Coisas*, Rio de Janeiro: Forense, 2018, 2ª ed., p. 432.

[57] Caio Mário da Silva Pereira, *Instituições de Direito Civil*, vol. 4, cit., pp. 297 e 306.

do proprietário. Nesse particular, o parágrafo único do art. 1.431 limita-se a estabelecer que "no penhor rural, industrial, mercantil e de veículos, as coisas empenhadas continuam em poder do devedor, que as deve guardar e conservar." Tal orientação mostra-se louvável, já que, pelas razões acima indicadas, a transmissão da posse, pelo constituto possessório, não apresentava utilidade para a segurança do credor. Além disso, como já apontava a doutrina, "a introdução da cláusula *constituti* no contrato de penhor é, realmente, chocante".[58] Afinal, a figura não parece coerente com a estrutura do direito de penhor, uma vez que pretende reunir na pessoa do garante duas qualidades dissonantes, a de proprietário e a de detentor da coisa empenhada. O primeiro, que conserva o domínio e a posse indireta, não pode, por razões lógicas, ser também aquele que exerce a posse em nome de outrem.

Diante da supressão do texto legal da referência à *cláusula constituti*, discute-se a atual configuração do penhor especial. De um lado, afirma-se que continua a basear-se na tradição ficta e no desdobramento da posse entre o credor pignoratício, possuidor indireto, e o proprietário, possuidor direto.[59] De outra parte, observa-se que, a rigor, o penhor especial prescinde da figura do desdobramento, pois que, além de ociosa para explicar os efeitos jurídicos da garantia pignoratícia, não se mostra consentânea com a divisão de poderes que se estabelece entre o credor e o dono do bem. Isso porque não há, no penhor especial, autorização para o titular do direito real limitado usar ou conservar o bem, que, desta feita, não pode ser considerado possuidor direto nem muito menos possuidor indireto, posição que, na bipartição possessória, se reserva a quem outorga a outrem direito real ou pessoal sobre a coisa. Segundo tal opinião doutrinária, com a promulgação do Código Civil, o penhor especial se aproximou da hipoteca, tornando-se espécie de hipoteca mobiliária,[60] dispensando a aquisição pelo credor da posse do bem oferecido em segurança.[61]

De outra parte, o Código Civil manteve o caráter excepcional do penhor sem entrega da coisa empenhada ao credor, admitindo-o apenas nas situações expressamente contempladas no texto legal. Três espécies encontram-se previstas. Duas já existiam no direito anterior e consistem no penhor rural, que se desdobra nas subespécies agrícola e pecuária, e no penhor mercantil e industrial, que resulta da conso-

Taxatividade do penhor sem entrega

---

[58]   Trajano de Miranda Valverde, *Comentários à lei de falências (Decreto-Lei n. 7.661, de 21 de junho de 1945)*, vol. 2, cit., p. 125.

[59]   Francisco Eduardo Loureiro, in *Código Civil Comentado*, cit., p. 1.499; Marco Aurélio Bezerra de Melo, *Direito Civil: Coisas*, cit., pp. 423 e 431 V. também nessa direção: "em que pese o Diploma civilista não dispor textualmente acerca da possibilidade de fazer-se a tradição simbólica, isso ressai nítido da leitura de seu art. 1.431, parágrafo único, (...)" (STJ, REsp 1.377.908/ RJ, 4ª T., Rel. Min. Luis Felipe Salomão, julg. 21.5.2013, publ. *DJ* 1.7.2013.

[60]   A doutrina anterior já ressaltava que o penhor especial era figura "intermediária entre o penhor e a hipoteca, é como que uma quase hipoteca e um quase penhor" (San Tiago Dantas, *Programa de Direito Civil*, vol. III, cit., p. 403).

[61]   Para uma análise do tema, cf. Pablo Renteria, *A configuração do penhor no direito brasileiro, in* Gisela Sampaio da Cruz Guedes, Maria Celina Bodin de Moraes e Rose Melo Vencelau Meireles (coord.), *Direito das Garantias*, São Paulo: Saraiva, 2017, p. 261-267.

lidação, em uma só figura, do penhor mercantil e do industrial, que até então eram disciplinados separadamente. A terceira e nova espécie é o penhor de veículos.

O Código estabelece taxativamente as coisas sobre as quais podem recair cada penhor especial, de sorte que, em relação às demais, que não figuram nas enumerações legais, admite-se apenas a constituição do penhor comum, exigindo-se, por conseguinte, a efetiva entrega do bem empenhado. É certo, contudo, que o efeito excludente dessa técnica legislativa é, em larga medida, compensado pelo conjunto expressivo de bens alcançados pelos penhores especiais, os quais abrangem, praticamente, toda a riqueza gerada pelas atividades produtivas.

De todo modo, é de se questionar por que o direito brasileiro continua a tratar o penhor sem entrega da coisa ao credor como instituto excepcional em vez de permitir, a exemplo de outros ordenamentos,[62] a sua ampla e irrestrita constituição pelos particulares em relação a qualquer bem móvel suscetível de alienação. Como visto, justificava-se tal solução no risco de abusos a que se submetia o credor em razão de o bem permanecer em poder do devedor ou do proprietário. No entanto, haja vista a plena admissão, no âmbito da propriedade fiduciária em garantia, da manutenção de todo e qualquer bem móvel na posse do devedor, a recalcitrância do legislador, em relação à generalização do penhor especial, não parece mais se justificar.

5.1. Penhor rural

A primeira espécie de penhor que prescinde da entrega do bem ao credor é o penhor rural, que se encontra disciplinado nos artigos 1.438 a 1.446 do Código Civil, bem como nas disposições das Leis n. 492/1937, n. 2.666/1955 e do Dec.-Lei n. 167, de 1967, que permanecem em vigor na medida em que não conflitarem com as normas do Código.

Função econômica do penhor rural Tendo surgido, como já visto, na segunda metade do século XIX, o penhor rural representa, ainda hoje, importante instrumento para o fomento do crédito rural. O seu desenvolvimento está intimamente relacionado ao caráter intermitente da produção agrícola, que exige dispêndios ao longo de todo o ano, mas só produz receita ao final do ciclo da lavoura. O crédito, portanto, afigura-se indispensável ao agricultor, que precisa antecipadamente dos recursos financeiros que só lhe seriam proporcionados com a venda da safra. O penhor rural cumpre exatamente essa função econômica, permitindo ao produtor oferecer em garantia a colheita pendente ou em via de formação de maneira a financiar a sua atividade no período da entressafra.[63]

---

[62] Por exemplo, a Alemanha e os Países Baixos admitem, em termos amplos, a constituição do penhor não possessório (Ulrich Drobnig, "The law governing credit security", cit., p. 72). No direito francês, a reforma do *Code civil* introduzida pela *Ordonnance* de 23 de março de 2006 conferiu aos particulares liberdade de escolha entre a constituição do penhor com desapossamento (*gage avec dépossession*) e do penhor sem desapossamento (*gage sans dépossession*). V. Philippe Simler e Philippe Delebecque, *Les sûretés – la publicité foncière*, Paris: Dalloz, 2009, p. 605.

[63] V. nessa direção Ebert Chamoun, *Direito Civil: aulas do 4º ano proferidas na Faculdade de Direito da Universidade do Distrito Federal*, cit., pp. 212-212.

CAPÍTULO XIX | PENHOR   433

Constitui-se o penhor rural mediante o registro do título aquisitivo no "Cartó- *Constituição* rio de Registro de Imóveis da circunscrição em que estiverem situadas as coisas empenhadas" (CC, art. 1.438). O contrato pode ser feito por instrumento público ou particular, que, além de satisfazer os requisitos de especificação do art. 1.424 do Código Civil, deve indicar o imóvel rural ou o depósito nos quais se encontram os bens empenhados (Dec.-Lei n. 167/1967, art. 14, V).[64] Sendo a tradição dispensada, o registro traduz o modo de instituição da garantia pignoratícia. Caso não seja providenciado, o direito real de garantia não se constitui e o credor não goza de sequela nem de preferência no pagamento do seu crédito.

Nos termos do art. 1.438, parágrafo único, "prometendo pagar em dinheiro a *Cédula rural* dívida, que garante com penhor rural, o devedor poderá emitir, em favor do credor, *pignoratícia* cédula rural pignoratícia, na forma determinada em lei especial". Aludida legislação especial refere-se à Lei n. 492/1937 e ao Dec.-Lei n. 167/1967, que concebem a cédula rural pignoratícia como espécie de título de crédito representativo de dívida líquida garantida por penhor rural, decorrente de financiamento concedido por instituição integrante do Sistema Nacional de Crédito Rural (SNRC) ao produtor rural. Sendo facilmente negociável por meio de endosso, cuida-se de importante instrumento de mobilização do crédito rural, como enaltece a doutrina.[65]

A sua emissão, conforme o art. 178, II, da Lei de Registros Públicos, sujeita-se a registro no Cartório do Registro Geral de Imóveis da circunscrição em que esteja situado o imóvel onde se encontrem os bens empenhados. Transferida a propriedade do título por meio do endosso, transmitem-se ao endossatário os direitos decorrentes do crédito pignoratício. Ao devedor rural compete realizar o pagamento a quem se apresentar com o título, exigindo, em contrapartida, a sua restituição. O título, em seguida, deve ser apresentado ao oficial do Registro Geral de Imóveis para que proceda ao cancelamento do penhor.

De acordo com o art. 69 do Dec.-Lei n. 167/1967, uma vez expedida a cédula *Impenhorabili-* rural pignoratícia, os bens empenhados tornam-se imunes a penhora, arresto ou *dade dos bens* sequestro por outras dívidas do devedor emitente ou do terceiro garantidor. A *cédula* princípio, a proteção legal prevista em tal dispositivo se mostraria mais intensa do que a preferência que, de ordinário, se reconhece à garantia real, vez que, a rigor, tem por efeito impedir a incidência de outras execuções sobre os mesmos bens, não se limitando a assegurar a satisfação prioritária do crédito real em caso de concurso de credores.

No entanto, a jurisprudência do STJ já relativizou em diferentes situações a força da proteção estabelecida no aludido art. 69. Assim, a impenhorabilidade ali prevista não prevalece frente ao exequente titular de privilégio legal superior à garantia real,

---

[64]   Conforme julgamento do STJ, "a norma do art. 2º, § 2º, VI, da Lei nº 492, de 30.8.1937, foi derrogada pelo art. 14, V, do Decreto-Lei nº 167, de 14.2.1967. Basta, assim, a menção do local em que os bens empenhados podem ser encontrados" (4ª T., REsp. 109.280/RS, Rel. Min. Barros Monteiro, julg. 23.4.2002).

[65]   Caio Mário da Silva Pereira, *Instituições de Direito Civil*, vol. IV, cit., p. 305.

tais como o crédito tributário[66], o trabalhista[67] e a pensão alimentar. Neste último caso, o Tribunal entendeu que, apesar da ausência de previsão legal, o privilégio decorre da supremacia dos valores existências na ordem constitucional, devendo o crédito alimentar vir antes dos outros "porque é vital para a sobrevivência".[68] De outra parte, a Corte admite a penhora quando promovida por terceiro com autorização do titular da cédula[69] ou por este último para assegurar a execução de outras dívidas que tenha frente ao mesmo devedor.[70]

No entanto, em decisão unânime proferida em 21.5.2019, a 4ª Turma do STJ afastou-se da jurisprudência dominante, firmando o caráter absoluto da impenhorabilidade prevista no art. 69 do Dec.-Lei n. 167/1967. No caso, decidiu a Corte que o direito do titular da cédula sobre os bens conferidos em garantia deveria prevalecer sobre o crédito trabalhista.[71]

De outra parte, em conformidade com a jurisprudência do STJ, a proteção estabelecida no art. 69 do Dec.-Lei n. 167/1967 está funcionalmente vinculada à proteção do crédito contido na cédula.[72] Desse modo, a impenhorabilidade só perdura até o vencimento da cédula, sendo lícito a qualquer credor, após esse momento, requerer a penhora dos bens empenhados, desde que o titular da cédula seja intimado da execução para exercer o seu direito de preferência.[73] Mesmo antes do vencimento, mostra-se possível a penhora contanto que ao exequente sejam destinados apenas os recursos da alienação judicial que sobejarem a importância necessária à plena satisfação do crédito contido na cédula. Segundo o Tribunal, sendo o valor dos bens superior ao da dívida cedular, não haveria risco de esvaziamento da garantia nem de prejuízo ao respectivo credor.[74]

---

[66] "A impenhorabilidade das cédulas de crédito, prevista no Decreto-Lei nº 167/67 e do Decreto-Lei nº 413/69, não prevalece diante de execução fiscal" (STJ, 4ª T., REsp. 360080/MG, Rel. Min. Ruy Rosado de Aguiar, julg. 17.8.1994, publ. *DJ* 12.9.1994). V. ainda STJ, 1ª T., AgRg no REsp 1403662/CE, Rel. Min. Regina Helena Costa, julg. 20.10.2015, publ. *DJe* 6.11.2015. Ainda na mesma direção: "Os bens gravados com hipoteca oriunda de cédula de crédito podem ser penhorados para satisfazer o débito fiscal, pois a impenhorabilidade de que trata o art. 57 do Decreto-lei 413/69 não é absoluta, cedendo à preferência concedida ao crédito tributário pelo art. 184 do CTN" (STJ, 4ª T., AgInt no REsp 1.318.181/PR, Rel. Min. Luis Felipe Salomão, julg. 21.8.2018, publ. *DJe* 24.8.2018).

[67] STJ, 3ª T., REsp 236.553/SP, Rel. Min. Humberto Gomes de Barros, julg. 22.2.2005, publ. *DJ* 30.5.2005.

[68] STJ, 4ª T., REsp. 451.199/SP, Rel. Min. Ruy Rosado de Aguiar, julg. 15.4.2003, publ. *DJ* 26.6.2003. V. ainda STJ, 4ª T., REsp. 410.254/RO, Rel. Min. Barros Monteiro, julg. 15.4.2005, publ. *DJ* 9.5.2005.

[69] STJ, 4ª T., AgRg no Ag 1.006.775/SE, Rel. Min. Aldir Passarinho Junior, julg. 2.12.2010, publ. *DJe* 15.12.2010; STJ, 3ª T., AgRg no AREsp 285.586/SP, Rel. Min. Sidnei Beneti, julg. 16.4.2013, publ. *DJe* 3.5.2013.

[70] STJ, 4ª T., REsp 532.946/PR, Rel. Min. Cesar Asfor Rocha, julg. 21.8.2003, publ. *DJ* 13.10.2003.

[71] V. STJ, 4ª T., REsp 1.327.643/RS, Rel. Min. Luis Felipe Salomão, julg. 21.5.2019, publ. *DJe* 6.8.2019.

[72] STJ, 1ª T., REsp 643.091/DF, Rel. Min. Luiz Fux, julg. 23.11.2004, publ. *DJ* 28.2.2005.

[73] STJ, 4ª T., REsp 87869/ES, Rel. Min. Sálvio de Figueiredo Teixeira, julg. 18.3.1997, publ. *DJ* 2.6.1997.

[74] STJ, 3ª T., AgInt no REsp 1.872.896, Rel. Min. Marco Aurélio Bellizze, julg. 28.9.2020, publ. *DJe* 7.10.2020; STJ, 4ª T., AgInt no REsp 1.470.352, Rel. Min. Marco Buzzi, julg. 25.9.2018, publ. *DJe* 1.10.2018; STJ, 3ª T., AgRg no AREsp 128.211/MT, Rel. Min. Paulo de Tarso Sanseverino, julg. 6.8.2013, publ. *DJe* 15.8.2013; STJ, 3ª T., REsp 220.179/MG, Rel. Min. Vasco Della Giustina, julg. 6.4.2010, publ. *DJe* 14.4.2010.

CAPÍTULO XIX | PENHOR

A principal característica do penhor rural reside na dispensa de tradição dos bens empenhados. Estes permanecem em poder de seu dono, que os deve guardar e conservar de sorte a manter incólume a garantia do credor. Daí decorre que não pode o proprietário, sem o consentimento escrito do credor, dispor das coisas (Lei n. 492/1937, art. 3º). Também não pode, sem a autorização daquele, retirar os bens oferecidos em garantia do local onde se encontram (Dec.-Lei n. 167/1967, art. 18). Tais restrições se justificam pelo receio de o devedor esvaziar a garantia prestada, vendendo ou ocultando os bens empenhados sem satisfazer o credor pignoratício, que enfrentaria enormes dificuldades para localizar os bens no momento da excussão.[75]

Deveres de guarda e conservação dos bens empenhados

A exigência de prévia autorização, portanto, permite ao credor condicionar a venda dos bens ao direcionamento dos recursos obtidos ao pagamento de seu crédito. Com a anuência do credor, libera-se a coisa alienada do vínculo pignoratício, o qual subsiste em relação aos bens remanescentes. Se todos forem vendidos, extingue-se a garantia por falta de objeto.[76] Se consentir com a venda sem reservar para si parte do preço e sem fazer outra espécie de ressalva, presume-se a renúncia ao penhor sobre os bens alienados (CC, art. 1.436, III e § 1º).

Prévia autorização da venda dos bens

Caso o proprietário, sem estar autorizado, alienar os bens empenhados, cabe ao credor, nos termos do art. 1.425, V, do Código Civil, intimar o devedor para que os substitua, sob pena de declarar vencida antecipadamente a dívida. Além disso, por força da sequela inerente à eficácia real do penhor, o credor pode perseguir as coisas para promover a excussão, ainda que se encontrem no patrimônio de outrem.[77]

A princípio, remanescem os deveres associados à guarda das coisas até que sejam alienadas a outrem, com autorização do credor. No entanto, nos termos do art. 8º da Lei n. 492/1937, mostra-se lícito estipular, no título constitutivo, que os frutos, assim que colhidos, sejam remetidos ao credor. Desse modo, o proprietário se exonera dos referidos deveres, que se transferem ao credor. O título pode ainda encarregar o credor de vender os frutos, por conta e segundo as instruções do devedor ou os usos e costumes da praça. A relação contratual assim estabelecida rege-se pelas normas do contrato de comissão, conforme a dicção do parágrafo único do aludido art. 8º, cabendo ao credor, na qualidade de comissário, prestar contas ao dono dos frutos acerca das vendas realizadas.

Transferência contratual dos deveres de guarda e conservação ao credor

Tem o credor, nos termos do art. 1.441 do Código Civil, "o direito de verificar o estado das coisas empenhadas, inspecionando-as onde se acharem". Se não forem encontradas ou se não estiverem em bom estado, o credor pode exigir antecipadamente o pagamento. Caso o dono dos bens se recuse a permitir a inspeção, assiste ao credor, conforme previsto no art. 3º, § 3º, a Lei n. 492, de 1937, o direito de declarar

Direito de inspecionar os bens empenhados

---

[75] Aldemiro Rezende Dantas Júnior, Direito das Coisas (arts. 1.390 a 1.510). In: Arruda Alvim e Thereza Alvim, *Comentários ao Código Civil Brasileiro*, Rio de Janeiro: Forense, 2004, p. 288.

[76] Affonso Fraga, *Direitos Reaes de Garantia – Penhor, Antichrese e Hypotheca*, cit., pp. 202-203.

[77] Pontes de Miranda, *Tratado de Direito Privado: Parte Especial*, t. 21, cit., p. 103.

o vencimento antecipado da dívida e de exigi-la imediatamente. Pode, igualmente, recorrer ao Judiciário para que cesse o embaraço ao exercício do seu direito.[78]

Legitimidade para a constituição do penhor rural

Encontra-se legitimado a constituir penhor rural o proprietário dos bens oferecidos em garantia, podendo ser o devedor ou terceiro que garante dívida alheia (Lei n. 492/1937, art. 3º). O outorgante da garantia não há de ser, necessariamente, o dono do imóvel, admitindo-se igualmente o penhor rural celebrado pelo possuidor que, em virtude de título jurídico, se encontra autorizado a explorar economicamente o imóvel, como, por exemplo, o arrendatário, o comodatário, o parceiro agricultor e o usufrutuário, contanto que seja proprietário dos bens empenhados. Nesses casos, constitui-se a garantia pignoratícia independentemente da anuência do titular do imóvel (Lei n. 2.666/1955, art. 3º).

Colheitas plantadas em imóvel hipotecado

Situação peculiar se verifica na hipótese em que o penhor rural incide sobre colheitas plantadas em imóvel gravado por hipoteca. Nesse caso, as duas garantias se sobrepõem, haja vista constituir a safra pendente acessório do imóvel, abrangido pelo objeto da hipoteca (CC, art. 1.474). Em vista disso, o Código Civil de 1916, em seu artigo 783, só permitia a constituição do penhor rural com a anuência do credor. Tal exigência, contudo, foi criticada pela doutrina, por traduzir sério entrave ao desenvolvimento do crédito rural. Observou-se a propósito que, antes de vencida a hipoteca, o proprietário permanece no pleno gozo do imóvel, podendo constituir novas hipotecas e apropriar-se dos frutos colhidos para vendê-los a terceiro, independentemente de autorização do credor hipotecário. Assim, tendo ele o poder de disposição sobre os frutos, tem igualmente o direito de empenhá-los. E depois de vencida a hipoteca, não haveria risco de prejuízo ao credor hipotecário, pois que a garantia pignoratícia não poderia tolher, em nenhuma hipótese, a extensão da hipoteca, que, sendo constituída em primeiro lugar e dotada de preferência, abrange o imóvel e todas as acessões (inclusive plantações pendentes) existentes ao tempo da execução.[79]

Em atenção à crítica doutrinária, a legislação especial (Lei n. 492/1937, art. 4º), dispensou o assentimento do credor hipotecário, ressalvando-se, todavia, a intangibilidade de seus direitos. Nessa mesma orientação, o art. 1.440 do Código Civil vigente assevera que, "se o prédio estiver hipotecado, o penhor rural poderá constituir-se independentemente da anuência do credor hipotecário, mas não lhe prejudica o direito de preferência, nem restringe a extensão da hipoteca, ao ser executada". Assim, sendo acionada a hipoteca, a excussão recairá sobre o imóvel, suas acessões e seus acessórios, inclusive as colheitas pendentes que tiverem sido oferecidas em penhor a outro credor.

---

[78] Francisco Eduardo Loureiro, *Código Civil Comentado: doutrina e jurisprudência*, Cezar Peluso (Coord.), cit., p. 1.512.

[79] Affonso Fraga, *Direitos Reaes de Garantia – Penhor, Antichrese e Hypotheca*, cit., pp. 196-197. A questão se mostrava mais complexa em relação aos maquinários e utensílios do estabelecimento agrícola, haja vista constituírem, ao tempo do Código Civil de 1916, acessões intelectuais integrantes do imóvel (Cf. J. M. de Carvalho Santos, *Código Civil brasileiro interpretado*, vol. X, cit., p. 177). No entanto, na codificação vigente, tais bens consubstanciam pertenças, que, a princípio, não aderem ao imóvel e tampouco se incluem no objeto do negócio constitutivo de hipoteca (CC, art. 94).

De modo a evitar embaraço excessivo para a atividade do produtor rural,[80] o legislador submetia o penhor rural a prazo máximo de vigência, que não poderia ser ultrapassado pelas partes contratantes, sob pena de nulidade. Em sua redação original, o art. 1.439 do Código Civil fixava três anos para o penhor agrícola e quatro anos para o penhor pecuário, prorrogáveis uma única vez por igual período.

Prazo de duração do penhor rural

No entanto, a restrição temporal imposta à garantia acabava por limitar a concessão de crédito rural por prazos mais extensos. Diante dos efeitos nocivos que daí decorriam para o financiamento das atividades rurais, a Lei n. 12.873, de 2013, alterou a redação do aludido art. 1.439 de maneira a excluir a imposição de prazo máximo para o penhor rural. Assim, em sua redação atual, o dispositivo legal prescreve que "o penhor agrícola e o penhor pecuário não podem ser convencionados por prazos superiores aos das obrigações garantidas." Tal regra mostra-se mais simples e menos onerosa do que a anterior, permitindo às partes contratantes a escolha do prazo contratual mais conveniente aos seus interesses. Caso decidam estender o vencimento da obrigação principal, cumpre-lhes prorrogar igualmente o prazo de vigência da garantia pignoratícia, promovendo a averbação do respectivo instrumento no competente cartório do registro de imóveis (CC, art. 1.439, § 2º). Como assinalou o Tribunal de Justiça de São Paulo, não podem as partes cominar ao penhor rural prazo superior ao da dívida garantida, de maneira a já contemplar possível prorrogação do financiamento.[81]

O penhor rural se subdivide em duas espécies: o penhor agrícola e o penhor pecuário. O primeiro pode ter por objeto as coisas mencionadas no art. 1.442 do Código Civil, a saber, "I – máquinas e instrumentos de agricultura, II – colheitas pendentes, ou em via de formação; III – frutos acondicionados ou armazenados; IV – lenha cortada e carvão vegetal; V – animais do serviço ordinário de estabelecimento agrícola".

Penhor agrícola

Ao tempo do Código Civil de 1916, alegava-se que o surgimento do penhor agrícola havia estremecido a pureza do tipo real, haja vista incidir sobre bens que, acedendo ao solo, seriam inegavelmente imóveis, como máquinas e instrumentos de agricultura, colheitas pendentes ou em via de formação, e animais empregados no serviço ordinário do estabelecimento agrícola.[82] Tal posição, que era corroborada pelo comando do art. 44, I, do diploma revogado, segundo o qual seriam bens imóveis, para os efeitos legais, "os direitos reais sobre imóveis, inclusive o penhor agrícola", não mais se justifica. Em ruptura à orientação do direito anterior, o Código Civil não recepcionou a categoria dos bens imóveis por acessão intelectual, de sorte que não se

Natureza do objeto do penhor agrícola

---

[80]   Caio Mário da Silva Pereira, *Instituições de Direito Civil*, vol. IV, cit., p. 306.

[81]   TJSP, Conselho Superior de Magistratura, Ap. Cív. 1000824-94.2016.8.26.0352, Rel. Des. Pinheiro Franco, julg. 31.8.2018.

[82]   De acordo com Clovis Bevilaqua, o penhor agrícola constituía "forma anormal ou mista entre o penhor comum e a hipoteca", "discrepante da pureza dos princípios" (Clovis Bevilaqua, *Direito das Coisas*, vol. 2, Rio de Janeiro: Freitas Bastos, 1942, p. 91). No mesmo sentido, v. Washington de Barros Monteiro, *Curso de direito civil: direito das coisas*, vol. III, cit., pp. 366-367.

qualificam como imóveis as máquinas, instrumentos e animais que, não sendo partes integrantes do solo, se destinam ao serviço permanente do estabelecimento agrícola. Constituem, ao revés, bens móveis reputados, em razão do vínculo instrumental mantido com o imóvel rural, pertenças.[83]

De outra parte, colheitas pendentes ou em via de formação integram o imóvel e não existem *per se*. Não obstante, em atenção à sua eventual e futura existência – iniciada no momento em que são destacadas do bem principal – podem ser, na qualidade de bens móveis, objeto de negócio constitutivo de garantia pignoratícia. Cuida-se de espécie de negócio sobre coisa móvel futura, expressamente acolhida pelo Código Civil, *ex vi* o disposto no artigo 95: "apesar de ainda não separados do bem principal, os frutos e produtos podem ser objeto de negócio jurídico".

Em definitivo, o penhor agrícola recai, sempre, sobre bens móveis, presentes ou futuros. Por isso mesmo, a sua constituição obedece ao regime dos direitos reais sobre coisas móveis, não se sujeitando, portanto, à exigência de vênia conjugal, própria dos direitos reais incidentes sobre os imóveis (Lei n. 497/1937, art. 11, parágrafo único).

Quebra da safra

Nessa espécie de garantia avulta a álea incorrida pelas partes contratantes, que têm a expectativa – mas não a certeza – de que a colheita futura será suficiente para satisfazer o débito. Com efeito, diversos fatores, como alterações meteorológicas e infestações, podem conduzir à quebra da safra, reduzindo significativamente o seu valor. Tal situação mostra-se prejudicial não só para o credor como também para o devedor, que contava com a colheita para levantar os recursos necessários ao pagamento da dívida.

Com o propósito de conciliar os interesses de ambas as partes, o art. 1.443 do Código Civil prevê que, no caso de a colheita empenhada frustrar-se ou ser insuficiente para garantir o débito, o penhor agrícola abrange a imediatamente seguinte. Opera-se, desta feita, a sub-rogação real da garantia pignoratícia na safra subsequente, independentemente do consentimento do devedor, de maneira a mitigar os riscos incorridos pelo credor. A este último mostra-se lícito solicitar ao juiz que faça expedir mandado para averbação da extensão do penhor no competente registro de imóveis (Lei n. 492/1937, art. 7º, § 2º).

Constituição de novo penhor e inversão da ordem das prelações

Note-se que o credor não está obrigado a aguardar a próxima safra para exigir o pagamento da dívida não totalmente satisfeita pela primeira colheita. No entanto, se quiser cobrá-la imediatamente, deverá fazê-lo na qualidade de credor quirografário, satisfazendo-se no patrimônio do devedor.[84] Em contrapartida, em consideração à necessidade de o produtor agrícola obter os recursos necessários ao preparo da nova safra, sem o que a sua lavoura restaria paralisada,[85] o parágrafo único do aludido art.

---

[83] V. nesse sentido Francisco Amaral, *Direito civil: introdução*, Rio de Janeiro: Renovar, 2008, p. 356; e Marcelo Junqueira Calixto, Dos bens. In: Gustavo Tepedino (coord.), *O Código Civil na perspectiva civil-constitucional – Parte Geral* – pp. 165-193, Rio de Janeiro: Renovar, 2013, pp. 181-189.

[84] Ebert Chamoun, *Direito Civil: aulas do 4º ano proferidas na Faculdade de Direito da Universidade do Distrito Federal*, cit., p. 213.

[85] Washington de Barros Monteiro, *Curso de Direito Civil: direito das coisas*, vol. III, cit., p. 375.

1.443 prevê que, se o credor original não quiser financiá-la, o devedor pode constituir com outrem novo penhor, em quantia máxima equivalente à do primeiro crédito pignoratício, com preferência sobre este.

A regra, como se vê, afasta-se do princípio da preferência temporal, segundo o qual o direito real mais antigo tem precedência sobre os mais recentes. A ordem das prelações é invertida, de sorte que o produto da colheita é destinado prioritariamente à satisfação do segundo credor pignoratício e somente o excedente, se houver, é revertido em favor do credor do primeiro penhor. Justifica-se a exceção no interesse público de fomentar a produção agrícola, pois, se a preferência permanecesse com o primeiro credor pignoratício, o produtor enfrentaria dificuldades em encontrar outro financiador disposto a receber em garantia a safra já empenhada. Sublinhe-se que, ao se recusar a financiar a nova colheita, o primeiro credor não fica privado da garantia pignoratícia, mas perde a preferência na ordem das prelações em favor do segundo credor. Em face dos credores quirografários, o credor original continua a ter prioridade para pagar-se com o produto da safra, depois de satisfeito o segundo credor pignoratício.

A segunda modalidade de penhor rural é o penhor pecuário, que pode ter por objeto "os animais que integram a atividade pastoril, agrícola ou de lacticínios" (CC, art. 1.444). Em observância ao princípio da especificação, o título constitutivo deve identificar com precisão os animais empenhados e indicar o local onde se encontram (Lei n. 492/1937, art. 10, parágrafo único). O penhor pecuário pode ser convencionado isoladamente ou em conjunto com o penhor agrícola, sujeitando-se, neste caso, à disciplina deste último (Lei n. 492/1937, art. 11). Penhor pecuário

No penhor pecuário, sobressai o risco de esvaziamento da garantia, já que os animais empenhados, mantidos em poder do proprietário, podem ser facilmente ocultados, transformados ou transferidos a outrem, sendo impossível ao credor encontrá-los para promover a excussão. Por isso, encontram-se aqui os mesmos instrumentos protetivos enunciados em relação ao penhor agrícola: o direito de inspeção (CC, art. 1.441) e exigência de prévia autorização por escrito à alienação dos animais empenhados (CC, art. 1.445, *caput*). Adicionalmente, a lei franqueia ao credor a adoção de medidas cautelares, destinadas a prevenir prejuízo à garantia. Nos termos do parágrafo único do art. 1.445 do Código Civil, quando houver provas de que o devedor alienar o gado empenhado ou, por negligência, ameace prejudicar o credor, este último pode optar entre exigir o imediato pagamento da dívida, antes de vencido o termo contratual, ou requerer que as coisas sejam depositadas sob a guarda de terceiro. A negligência, a que alude o dispositivo legal, verifica-se, por exemplo, no caso de o pecuarista não cuidar do gado, deixando-o sem água ou sem pasto.[86] Medidas de proteção contra a dissipação dos bens

Característica singular do penhor pecuário diz respeito ao caráter dinâmico de seu objeto, que se expande com as crias do rebanho e diminui pela morte ou o extravio dos animais empenhados. Nessa perspectiva, o art. 1.446 do Código Civil autoriza sub-rogação do vínculo pignoratício nos "animais da mesma espécie, comprados Renovação do objeto das coisas empenhadas

---

[86]   J. M. de Carvalho Santos, *Código Civil brasileiro interpretado*, vol. X, cit., p. 183.

para substituir os mortos." Embora o dispositivo aluda apenas aos animais falecidos, a doutrina observa que, por identidade de razão, a sub-rogação também ocorre em relação aos extraviados, uma vez que o extravio, assim como a morte, traduz hipótese de perecimento da coisa.[87]

Oponibilidade perante terceiros

De acordo com o parágrafo único do aludido dispositivo, entre as partes contratantes vale a presunção de que os animais tenham sido adquiridos em substituição aos mortos ou extraviados, mas, para surtir efeitos perante terceiros, a troca deve ser declarada em aditivo contratual, a ser levado ao registro competente, identificando-se nesse instrumento os animais incluídos no objeto do penhor (CC, art. 1.446, parágrafo único).[88] A mesma providência deve ser efetuada para que se torne oponível a inclusão das crias do rebanho no objeto da garantia, (Lei n. 497/1937, art. 12, §§ 2º e 3º).[89]

Rotação e conservação do penhor pecuário

A sub-rogação orienta-se à conservação da garantia pignoratícia, evitando, por um lado, o seu desfalque, sem conduzir, por outro, ao ingresso de bens de maior valor, em prejuízo dos credores quirografários. Por isso, via de regra, como prevê o art. 1.446 do Código Civil, a substituição se dá por meio da aquisição de animais da mesma espécie que aqueles falecidos. Desse modo, considerando a natureza fungível e perecível dos bens empenhados, admite o legislador a sua reposição à medida que forem se perdendo. Assim, configurado o inadimplemento do devedor, a excussão recai sobre animais então existentes, e não necessariamente sobre aqueles identificados ao tempo da constituição da garantia. O que significa que o objeto não se define estaticamente, apresentando, ao reverso, feição dinâmica, relacionada à rotação das coisas empenhadas.

Natureza do objeto do penhor pecuário

Justifica-se usualmente esse traço do penhor pecuário sustentando que o seu objeto constitui universalidade de fato, isto é, o rebanho, a manada ou a tropa.[90] Tal construção, contudo, não se coaduna com a figura em apreço, já que os animais são considerados em si, sendo singularizados nos instrumentos contratuais levados ao registro. Além disso, na medida em que os animais não podem ser alienados sem autorização do credor, não se opera o traço característico da universalidade, qual seja, a autonomia dos elementos em relação à coletividade, que se traduz, precisamente, na possibilidade de serem objeto de relações jurídicas próprias, independentemente do destino da coletividade (CC, art. 90).[91]

Por tais circunstâncias, mostra-se mais correto qualificar o penhor pecuário como direito incidente sobre pluralidade de coisas que podem ser substituídas por outras da mesma natureza, por meio da técnica da sub-rogação real, a que alude, textualmente,

---

[87] Affonso Fraga, *Direitos Reaes de Garantia – Penhor, Antichrese e Hypotheca,* cit., p. 201.

[88] Aldemiro Rezende Dantas Júnior, Direito das Coisas (arts. 1.390 a 1.510). In: Arruda Alvim e Thereza Alvim, *Comentários ao Código Civil Brasileiro,* cit., p. 303-304.

[89] Clovis Bevilaqua, *Código Civil dos Estados Unidos do Brasil Comentado,* vol. III, cit., p.289.

[90] Affonso Fraga, *Direitos Reaes de Garantia – Penhor, Antichrese e Hypotheca,* cit., p. 201.

[91] V., a propósito, Inocêncio Galvão Teles, *Das universalidades.* Lisboa: Minerva, 1940, pp. 97-9; e, na doutrina pátria, Milena Donato Oliva, *Patrimônio Separado: Herança, Massa Falida, Securitização de Créditos Imobiliários, Incorporação Imobiliária, Fundo de Investimento Imobiliário e Trust,* Rio de Janeiro: Renovar, 2009, p. 121 e seguintes.

CAPÍTULO XIX | PENHOR 441

o art. 1.446 do Código Civil. Entende-se por sub-rogação real a mutação objetiva da situação jurídica subjetiva, por meio da qual se substitui a coisa contida em seu objeto, com vistas à preservação da função desempenhada por aquela situação.[92] Diferencia-se da novação, uma vez que não acarreta a extinção da situação subjetiva e o surgimento de outra. Assegura, em vez disso, a continuidade do penhor inicialmente constituído, não obstante as sucessivas reposições que o garantidor tenha de fazer.

Cumpre sublinhar que a sub-rogação não modifica o objeto da situação subjetiva nem altera o regulamento de interesses subjacente à relação jurídica. Produz, mais precisamente, a substituição da coisa contida no objeto por outra igualmente apta a satisfazer o interesse humano, em relação ao qual é qualificada a situação jurídica subjetiva preexistente. A sub-rogação pressupõe, portanto, a fungibilidade da coisa objeto da relação jurídica, tendo em conta a utilidade que o titular dela espera obter.[93] Por isso mesmo, como observa a doutrina, a regra do art. 1.446 do Código Civil não vale para animais infungíveis, como campeões e reprodutores.[94]

Sub-rogação real e fungibilidade

5.2. Penhor industrial e mercantil

Outra espécie de penhor especial, em que os bens empenhados prosseguem em poder de seu proprietário, é o penhor industrial e mercantil, que se encontra disciplinado nos artigos 1.447 a 1.450 do Código Civil, bem como nas disposições do Dec.-Lei n. 413/1969 e da Lei n. 2.666/1955, que continuam em vigor na medida em que não conflitem com as normas do Código. O parágrafo único do art. 1.447 do Código Civil, todavia, ressalva o penhor sobre mercadorias depositadas em armazéns-gerais, o qual permanece sob a regência do Decreto n. 1.102, de 1903. Podem ser objeto do penhor industrial e mercantil "máquinas, aparelhos, materiais, instrumentos, instalados e em funcionamento, com os acessórios ou sem eles; animais, utilizados na indústria; sal e bens destinados à exploração das salinas; produtos de suinocultura, animais destinados à industrialização de carnes e derivados; matérias-primas e produtos industrializados" (CC, art. 1.447, *caput*).

Fonte normativa

Incidência objetiva

A sua constituição efetua-se mediante o registro do título aquisitivo no Cartório de Registro de Imóveis da circunscrição em que estiverem situadas as coisas empenhadas (CC, art. 1.448). O contrato pode ser feito por instrumento público ou particular, que, além de satisfazer os requisitos de especificação do art. 1.424 do Código Civil, deve indicar o local ou depósito nos quais se encontram os bens empenhados (Dec.-Lei n. 413/1969, art. 14, V). Por dispensar-se a tradição, o registro traduz o modo de instituição da garantia pignoratícia. Caso não seja providenciado, o direito

Constituição

---

92   V. Andrea Magazzù, Surrogazione reale. In: *Enciclopedia del Diritto*, vol. XLIII, Milano: Giuffrè, 1990, pp. 1503-1504; Lucio Valério Moscarini, *Surrogazione reale*, in *Novissimo Digesto Italiano*, t. XVIII, Torino: UTET, 1971, p. 969; Véronique Ranouil, *La subrogation réelle en droit civil français*, Paris: LGDJ, 1985, p. 25.

93   V. nesse sentido Andrea Magazzù, Surrogazione reale. In: *Enciclopedia del Diritto*, vol. XLIII, cit., pp. 1503-1504.

94   Francisco Eduardo Loureiro, *in* Cezar Peluso (coord.), *Código Civil Comentado*, cit., p. 1.515.

real de garantia não se constitui e o credor não goza de sequela nem de preferência no pagamento do seu crédito.

Cédula pignoratícia mercantil ou industrial

O parágrafo único do art. 1.448 do Código Civil autoriza a emissão de cédula pignoratícia mercantil ou industrial quando o devedor prometer pagar a dívida em dinheiro. Submete-se a referida cédula às disposições do Dec.-Lei n. 413, de 1969, cabendo observar adicionalmente, com relação à mercantil, as regras estabelecidas na Lei n. 6.840/1980. De modo análogo à cédula rural pignoratícia, acima examinada, trata-se de título de crédito, representativo de dívida líquida garantida por penhor, decorrente de financiamento concedido por instituição financeira a pessoa física ou jurídica que se dedique a atividade industrial, comercial ou a prestação de serviços (Dec.-Lei n. 413, de 1969, art. 1º e Lei n. 6.840/1980, art. 1º). O título circula por meio de endosso e os direitos nele mencionados são deferidos ao legítimo portador, último endossatário. A sua expedição efetua-se por meio de registro da cédula no Cartório do Registro Geral de Imóveis da circunscrição do local de situação dos bens objeto do penhor (Dec.-Lei n. 413, de 1969, art. 30).

O art. 57 do aludido Dec.-Lei torna os bens hipotecados ou empenhados vinculados à cédula insuscetíveis de penhora ou sequestro por outras dívidas do emitente ou do terceiro garantidor, cumprindo a qualquer deles informar à autoridade judiciária a existência da cédula para que seja afastada a constrição judicial. No entanto, tal como visto em relação à cédula rural, o Superior Tribunal de Justiça reconhece diversas exceções à dita impenhorabilidade, como retrata o seguinte acórdão: "Nos termos da jurisprudência desta Corte Superior, são impenhoráveis por outras dívidas os bens hipotecados por força de cédula de crédito industrial, sendo que tal impenhorabilidade somente pode ser relativizada: a) em face de execução fiscal; b) após a vigência do contrato de financiamento; c) quando houver anuência do credor; d) quando ausente risco de esvaziamento da garantia, tendo em vista o valor do bem ou a preferência do crédito cedular; e) em se tratando de dívida alimentar ou trabalhista; e f) quando os créditos forem do mesmo credor".[95] No entanto, diante da já mencionada decisão proferida pela 4ª Turma do STJ, em 21.5.2019, que fez prevalecer a impenhorabilidade frente ao crédito trabalhista (v. item 5.1. *supra*), mostra-se lícito estender tal interpretação também à cédula industrial ou mercantil.

Permanência dos bens em poder do proprietário

Por se cuidar de bens dos quais o empresário necessita para o desempenho de sua atividade, a constituição do penhor não os retira da posse do devedor, a quem

---

[95] STJ, AgInt no REsp 1.636.034/MG, 4ª T., Rel. Min. Raul Araújo, julg. 6.4.2017, publ. *DJe* 27.4.2017. V. também STJ, AgRg no REsp 1327595/BA, 2ª T., Rel. Min. Herman Benjamin, julg. 19.3.2015, publ. *DJe* 6.4.2015; STJ, REsp 835.431/RS, 3ª T., Rel. Min. Sidnei Beneti, julg. 17.3.2009, publ. *DJe* 1.4.2009. STJ, REsp 874.983/RS, 1ª T., Rel. Mini. Luiz Fux, julg. 12.2.2008, publ. *DJe* 03/04/2008; STJ, REsp 87.869/ES, 4ª T., Rel. Min. Sálvio de Figueiredo Teixeira, julg. 18.3/1997, *DJ* 2.6.1997; STJ, REsp 55.196/RJ, 3 ª T., Rel. Min. Cláudio Santos, julg. 6.6.1995, publ. *DJ* 9.10.1995; STJ, 2ª T., AgInt nos EDcl no AREsp 1.153.634/PR, Rel. Min. Assusete Magalhães, julg. 9.5.2022, publ. *DJ* 12.5.2022; STJ, decisão monocrática, AREsp 2.259.347/SE, Rel. Min. Raul Araújo, julg. 27.2.2023, publ. *DJ* 2.3.2023; STJ, 4ª T., EDcl nos EDcl no AgRg no Ag 1.138.777/PB, Rel. Min. Maria Isabel Gallotti, julg. 21.2.2022, publ. *DJ* 25.2.2022.

compete, nos termos do mencionado art. 1.431, parágrafo único, do Código Civil, guardá-los e conservá-los.

Em vista disso, a exemplo do que se passa no penhor rural, estabelece o legislador instrumentos protetivos contra o risco de esvaziamento da garantia. Nessa direção, assiste ao credor, no penhor industrial e mercantil, "o direito de verificar o estado das coisas empenhadas, inspecionando-as onde se acharem, por si ou por pessoa que credenciar" (CC, art. 1.450).

Além disso, nos termos do art. 1.449 do Código Civil, não pode o devedor, "sem o consentimento por escrito do credor, alterar as coisas empenhadas ou mudar-lhes a situação, nem delas dispor". De modo semelhante ao que se observa no penhor pecuário, tal regra protege a efetividade da garantia real contra o devedor que vende, transforma ou move as coisas empenhadas para local desconhecido do credor, frustrando a execução, em caso de inadimplemento.

Penhor sobre ativos permanentes da empresa

De outra parte, o mencionado dispositivo estabelece que "o devedor que, anuindo o credor, alienar as coisas empenhadas, deverá repor outros bens da mesma natureza, que ficarão sub-rogados no penhor". Admite-se, desta feita, a celebração de acordo por meio do qual se ajusta a substituição dos bens gravados pelo penhor por outros da mesma natureza, quando o devedor houver de vendê-los. Os efeitos desse pacto se assemelham àqueles examinados por ocasião do estudo do penhor pecuário, já que se baseiam igualmente na técnica da sub-rogação. Lembre-se, portanto, que a rotação das coisas empenhadas não constitui novação, traduzindo, ao revés, mera mutação objetiva do direito pignoratício preexistente, que conserva, assim, a sua data de constituição e o seu direito de preferência.

Rotação dos bens empenhados

Além disso, a substituição deve ser realizada de modo a respeitar o valor da garantia, o que, de acordo com a regra do Código Civil, é alcançado por meio da reposição no vínculo pignoratício de coisas da mesma natureza e quantidade daquelas que foram alienadas. Caso as partes decidam sujeitar ao penhor coisas mais valiosas do que as anteriores, desvirtua-se a sub-rogação real, operando-se, ao revés, verdadeira novação, da qual resultará novo direito de preferência para o credor.

Caso o devedor descumpra a sua obrigação, dispondo dos bens empenhados sem prévia autorização do credor, assiste a esse último o direito de declarar o vencimento antecipado da dívida e de exigi-la imediatamente. Embora lhe assista igualmente o direito de sequela para perseguir as coisas nas mãos de terceiros, o exercício dessa faculdade, quanto a bens móveis de fácil circulação, se mostra, na prática, de reduzida efetividade. Desse modo, para evitar que o devedor, por sua própria torpeza, consiga exonerar-se da garantia concedida, admitem os tribunais a tutela específica do direito do credor à reposição dos bens empenhados que foram indevidamente alienados, mediante a incidência da garantia pignoratícia sobre bens da mesma natureza e quantidade que os indicados no contrato constitutivo, que estejam em poder do devedor ao tempo da execução.[96]

Tutela específica do direito de reposição

---

[96] Cf., nesse sentido, TJSP, 12ª Câm. Dir. Priv., A.I. 991.09.053975-4, Rel. Des. Jacob Valente, julg. 3.2.2010.

Caráter dispositivo da norma do art. 1.449

Sublinhe-se que a exigência de prévia anuência do credor para o devedor alterar, remover ou alienar os bens empenhados constitui norma dispositiva, que pode ser afastada ou alterada em razão das circunstâncias ou de expressa disposição contratual, em favor de regime diverso, mais afinado com os legítimos interesses das partes, presentes na concreta relação jurídica. Assim, por exemplo, não haveria óbice a que o credor concedesse ao devedor, no próprio contrato constitutivo, ampla autorização para realizar, sempre que quisesse a venda de bens empenhados, desde que se comprometesse a providenciar prontamente a sua substituição por outros da mesma qualidade e quantidade.

Penhor sobre ativos

Além disso, matérias-primas ou mercadorias, por sua própria natureza, são incompatíveis com o dever de prévia autorização para sua alienação, uma vez que, sendo destinados à alienação ou à transformação industrial, reputam-se consumíveis, nos termos do art. 86 do Código Civil.

Inexigibilidade do dever de guarda

Mais do que isso, tais bens se inserem no espectro de atividade do devedor, que deles deve dispor para dar continuidade à sua empresa e, assim, obter recursos para si e para o pagamento do credor. Daí por que, nessas circunstâncias, não se mostra condizente com a finalidade do penhor a aplicação da regra do art. 1.449, que submete à prévia autorização do credor a alteração e a alienação dos bens apenhados. A propósito, ao enfrentar caso em que se discutia a eficácia do penhor mercantil, o Superior Tribunal de Justiça ressaltou que "isso decorre da própria essência das coisas, pois o comerciante ou o produtor rural que têm os bens dados em garantia para a venda não podem ficar privados da sua atividade negocial, indispensável à sua sobrevivência econômica. Por isso, não se pode dizer que tenham sido infiéis à garantia ao tê-los alienado".[97]

Incidência sobre bens da mesma qualidade e quantidade

Diante disso, a solução preconizada pelo art. art. 44 do Dec.-Lei n. 413/1969 para viabilizar a constituição do penhor sobres esses bens, compondo o interesse do devedor – ao máximo aproveitamento do seu patrimônio para fins de acesso ao crédito – com aquele do credor – à obtenção de efetiva garantia do seu direito – consiste em obrigar o devedor a manter em estoque, na vigência da garantia, "uma quantidade desses mesmos bens ou dos produtos resultantes de sua transformação suficiente para a cobertura do saldo devedor por ela garantido".

Desse modo, em caso de inadimplemento, a garantia pignoratícia incide sobre bens da mesma natureza e quantidade que os mencionados no contrato constitutivo, que estejam em poder do devedor no momento da execução. No julgado acima aludido, o Superior Tribunal de Justiça asseverou que "se os bens fungíveis e comerciáveis já não existem ao tempo do vencimento e da execução do débito, a garantia pode se estender sobre outros bens da mesma natureza e qualidade. (...) é preciso reconhecer que a venda permitida não pode prejudicar o credor, que continua com a garantia sobre outros bens da mesma natureza. Do

---

[97] STJ, 4ª T., REsp.230.997-SP, Rel. Min. Ruy Rosado de Aguiar Junior, julg. 23.11.1999, publ. *DJ* 17.12.1999, trecho do voto proferido pelo relator.

CAPÍTULO XIX | PENHOR

contrário, o ato do devedor, alienando os bens, seria causa de sua exoneração, em prejuízo do credor".[98]

É de se notar que o interesse do credor, que qualifica o objeto da relação jurídica, não se prende às coisas individualizadas no contrato constitutivo da garantia, mas, antes, ao conjunto de bens definidos pela qualidade e a quantidade. Desse modo, preserva-se o funcionamento da atividade do devedor, que permanece livre para dispor de seus estoques de produtos e matérias-primas, ao mesmo tempo em que se assegura a efetividade da garantia real do credor, admitindo-se, na hipótese de configurar-se o inadimplemento do devedor, a incidência da execução sobre quaisquer bens da mesma natureza que estejam em poder do devedor. Cuida-se, portanto, de expediente ao mesmo tempo seguro e flexível, que se amolda plenamente ao ciclo produtivo da empresa.

Natureza coletiva do objeto do penhor

Dadas essas características, chega-se à constatação de que, a rigor, o penhor industrial e mercantil sobre coisas consumíveis (destinadas à alienação ou transformação) constitui penhor sobre *universalidade de fato*, uma vez que se encontram presentes todos os elementos de qualificação desse bem jurídico, estabelecidos no já invocado art. 90 do Código Civil. São eles (i) a pluralidade de bens concebidos unitariamente, (ii) pertencentes ao mesmo titular, e (iii) com a já mencionada autonomia jurídica em relação à coletividade.[99]

Com efeito, nessa modalidade de penhor, os bens pertencem à mesma pessoa – o devedor garantidor – e se destinam ao mesmo fim, a garantia do crédito pignoratício. Além disso, na medida em que se reconhece ao devedor o poder para dispor das coisas empenhadas, caracteriza-se a aludida autonomia. Sublinhe-se, ainda, que se a garantia permanece inalterada a despeito da livre circulação das coisas empenhadas é porque o seu objeto consiste, precisamente, no todo unitário (universalidade) composto por determinada quantidade de bens da mesma qualidade.

Sendo este o seu objeto, verifica-se que a segurança proporcionada pelo penhor ao credor supõe que o devedor mantenha permanentemente em seu estabelecimento a quantidade e a qualidade de bens convencionadas. Conserva-se, assim, o valor da garantia e, por conseguinte, a sua aptidão a satisfazer o interesse do credor. Daí resulta que, na hipótese de o estoque reduzir-se a ponto de não ser suficiente para a satisfação do débito, o valor do bem (a universalidade) sofre depreciação, desfalcando a garantia. Assiste, portanto, ao credor a faculdade de intimar o devedor para que, nos termos do art. 1.425, inciso I, do Código Civil, restabeleça a quantidade inicialmente determinada, sob pena do vencimento antecipado da dívida.

Dever de manutenção de estoque

---

[98] V. ainda STJ, 4ª T., AgRg no AgRg no Ag 740680/RJ, Rel. Min. Raul Araújo, julg. 27.8.2013, publ. *DJe* 23.9.2013; STJ, 4ª T., REsp. 199.671-SP, Rel. Min. Luis Felipe Salomão, julg. 21.8.2008, publ. *DJ* 1.9.2008; STJ, 4ª T., REsp 169.963-SP, Rel. Min. Ruy Rosado de Aguiar Junior, julg. 25.6.1998, publ. *DJ* 9.11.1998; STJ, 3ª T., AgRg no Ag 199761-SP, Rel. Min. Waldemar Zveiter, julg. 8.6.1999, publ. *DJ* 2.8.1999.

[99] V. Milena Donato Oliva, *Patrimônio Separado: Herança, Massa Falida, Securitização de Créditos Imobiliários, Incorporação Imobiliária, Fundos de Investimento Imobiliário e Trust*, cit., pp. 139-140.

Universalidade de fato e especificação da garantia

Note-se, ainda, que, sendo definida pela quantidade e qualidade dos bens abrangidos, a universalidade de fato satisfaz o requisito da especificação do objeto do penhor. A uma, porque a universalidade, como todo unitário, resta inalterada ao longo do desenvolvimento da relação jurídica pignoratícia, a despeito da flutuação dos elementos que a compõem. Cuida-se, portanto, de bem determinado e imutável. A duas, porque por meio dela se delimita exatamente, no patrimônio do devedor, a base material de incidência do direito pignoratício. Com efeito, verificando-se o inadimplemento do devedor, a garantia recairá necessariamente sobre coisas da qualidade e da quantidade estabelecidas no contrato constitutivo.

Universalidade de fato e sub-rogação real

Sublinhe-se, por fim, que a técnica da universalidade não se confunde com a substituição dos bens empenhados mediante o emprego da sub-rogação real, de que se cuidou ao se examinar o penhor industrial e mercantil sobre as ferramentas e as máquinas do devedor. Como visto, esta traduz a mutação objetiva da situação jurídica subjetiva mediante a substituição da coisa contida em seu objeto. Em contrapartida, quando se alteram os elementos da universalidade, nada se passa no âmbito do objeto da relação jurídica, que permanece sendo a própria universalidade.[100]

Vale dizer, sub-rogação real e universalidade de fato constituem técnicas jurídicas distintas, que, no âmbito do direito de penhor, são destinadas a solucionar o mesmo problema prático, qual seja, a necessidade de viabilizar a constituição da garantia real sobre ativos que o devedor tenha de dispor antes de transcorrido o prazo de vencimento do crédito pignoratício. No entanto, divergem em seus efeitos jurídicos, notadamente no que concerne ao nível de ingerência reservado ao credor sobre a circulação dos bens empenhados. Enquanto no penhor rotativo – baseado na sub-rogação real – o credor controla a alienação dos bens, podendo condicioná-la à satisfação do seu crédito, no penhor de universalidades, o devedor pode livremente dispor dos elementos que compõem a coletividade, obrigando-se, todavia, a manter em seu estabelecimento determinado estoque – definido pela quantidade e pela qualidade dos bens. Nesta perspectiva, a técnica da universalidade se revela mais afinada com o atual dinamismo das atividades produtivas, proporcionando solução jurídica atenta à natureza consumível dos bens que, de ordinário, compõem o ativo circulante das empresas.

5.3. Penhor de veículos

Objeto do penhor

A terceira espécie de penhor especial, em que as coisas empenhadas permanecem em poder do outorgante da garantia, é o penhor de veículos, que foi introduzido no ordenamento brasileiro pelo Código Civil vigente. Podem ser objeto dessa modalidade de penhor "os veículos empregados em qualquer espécie de transporte ou condução" (CC, art. 1.461).

---

[100] V. nesse sentido Francesco Santoro-Passarelli, *La Surrogazione Reale*, Roma: Attilio Sampaolesi, 1926, p. 46; e Véronique Ranouil, *La subrogation réelle en droit civil français*, cit., pp. 31-32 e 147.

CAPÍTULO XIX | PENHOR   447

A sua constituição, nos termos do artigo 1.462 do Código Civil, efetua-se por *Constituição* meio do registro do título aquisitivo no Cartório de Títulos e Documentos do domicílio do devedor, bem por meio de sua anotação no certificado de propriedade do veículo. O título aquisitivo pode ser feito por instrumento particular ou público. Por dispensar-se a tradição, o penhor deve receber a mais ampla publicidade, de maneira a precaver terceiros acerca do ônus real que pesa sobre o veículo. Nesse sentido, aludido dispositivo legal requer a realização cumulativa de duas providências: o registro cartorário e a anotação no certificado. Se faltar uma delas, não se constitui o direito real de garantia real e o credor fica privado da sequela e da preferência, que lhe são inerentes.

Nos termos do parágrafo único do art. 1.462, quando prometer pagar em di- *Cédula pignoratícia* nheiro a dívida garantida pelo penhor, mostra-se lícito ao devedor emitir cédula de crédito na forma e para os fins que venham a ser previstos em lei especial.

O penhor de veículos somente pode ser convencionado pelo prazo máximo de *Prazo de duração* dois anos, prorrogável até o limite de igual tempo. Trata-se de norma cogente, inafastável pela vontade das partes, que, segundo a doutrina, se justifica na natureza do bem empenhado, que se encontra permanentemente sujeito ao processo de depreciação, bem como a riscos relevantes de perda e avaria.[101] Desse modo, ao final do biênio, cumpre às partes renovar o prazo do penhor, após verificar que o veículo empenhado continua em condição de servir como garantia do débito remanescente. A prorrogação, firmada entre as partes, deve ser averbada à margem do respectivo registro (CC, art. 1.466) e, apesar do silêncio da lei, também anotada no certificado de propriedade do veículo.[102]

Como já se observou, a permanência do bem empenhado nas mãos do seu *Manutenção do bem em poder do proprietário* proprietário fragiliza a garantia, aumentando o risco de a excussão tonar-se impossível ou insuficiente para a satisfação do crédito em razão da perda ou deterioração da coisa. Diante disso, o legislador lança mão de outros mecanismos para proteger o credor pignoratício. Assim, a exemplo do que se viu no estudo dos penhores rural e industrial e mercantil, o credor, no penhor de veículos, tem o direito de verificar o estado do bem empenhado, "inspecionando-o onde se achar, por si ou por pessoa que credenciar" (CC, art. 1.464).

No entanto, diferentemente do que se verifica nos demais penhores especiais *Dever de comunicação da alienação ou alteração do veículo* sem desapossamento, a lei não condiciona a alienação do veículo à prévia autorização do credor pignoratício. Em vez disso, o art. 1.465 do Código Civil prevê o dever do proprietário de comunicar previamente ao credor a alienação ou a mudança do veículo, isto é, a alteração do local no qual o veículo é guardado quando não se encontra em uso. Se a comunicação não for realizada, assiste ao credor o direito de exigir imediatamente a dívida, antes mesmo de vencido o termo estipulado no contrato para o pagamento.

---

[101] Francisco Eduardo Loureiro *in* Cezar Peluso (coord.), *Código Civil Comentado*, cit., p. 1.530.
[102] Caio Mário da Silva Pereira, *Instituições de Direito Civil*, vol. IV, cit., p. 309.

Ao que tudo indica, o dever, a que se refere o dispositivo, tem por finalidade manter o credor pignoratício informado quanto à titularidade do veículo e ao local onde ele se encontra, de maneira a facilitar o exercício da sequela, no caso de excussão da garantia. Trata-se de medida menos restritiva para a liberdade do proprietário do que a exigência, prevista em relação aos penhores rural e industrial e mercantil, de prévia anuência do credor para a alienação ou a mudança de local. Em contrapartida, mostra-se menos efetiva para a proteção do credor, que poderia se valer do poder de autorização para exigir o recebimento do débito com os recursos provenientes da venda do bem. Sublinhe-se, todavia, que nada impede as partes de adotar essa solução contratualmente, prevendo, no título constitutivo, o vencimento antecipado da dívida na hipótese de o veículo ser alienado sem prévia autorização do credor.

Contratação de seguro O art. 1.463 do Código Civil, por outro lado, indicava ser obrigatória a cobertura do veículo por seguro "contra furto, avaria, perecimento e danos causados a terceiros", tendo sido revogado pela Lei n. 14.179/2021.

De todo modo, o seguro, uma vez contratado, preserva a integridade da garantia pignoratícia, que, no caso de perecimento ou furto, se sub-roga no valor da indenização, nos termos do art. 1.425, § 1º, evitando-se, desse modo, a extinção do penhor. Além disso, em caso de avaria, o credor tem a tranquilidade de que o veículo será devidamente restaurado.

A apólice, ademais, deve abranger o risco de dano causado a terceiro por meio do veículo empenhado. Embora não se trate de evento diretamente relacionado à integridade da garantia, a cobertura securitária, nesse caso, serve para prevenir a deterioração da situação financeira do devedor, pois que, sendo obrigado a suportar o pagamento de indenização à vítima do acidente, pode ser privado dos recursos necessários à satisfação do crédito pignoratício.

6. PENHOR DE DIREITOS E TÍTULOS DE CRÉDITO

O Código Civil cuida ainda do penhor de direitos e títulos de crédito. Ao tempo do Código de 1916, também recebia o nome de *caução*, muito embora tal denominação gerasse confusão, vez que empregada igualmente para designar o gênero das garantias do crédito, do qual são espécies as garantias reais e as fidejussórias.[103]

Em conformidade com o disposto no art. 1.451 do Código Civil, qualquer espécie de bem incorpóreo pode ser empenhado, desde que seja suscetível de cessão e tenha natureza mobiliária. São, assim, abrangidos créditos, valores mobiliários, títulos públicos, marcas, patentes, entre outros direitos.

Constituição Nos termos do art. 1.452 do Código Civil, sendo o bem empenhado insuscetível de posse, a constituição do penhor efetua-se, exclusivamente, mediante o registro do ato constitutivo no cartório do Registro de Títulos e Documentos. É bem verdade que o parágrafo único do aludido dispositivo diz que "o titular de direito empenhado

---

[103] Marco Aurélio Bezerra de Melo, *Direito Civil: Coisas*, cit., p. 437.

deverá entregar ao credor pignoratício os documentos comprobatórios desse direito, salvo se tiver interesse legítimo em conservá-los." Procura-se, dessa maneira, subtrair o direito empenhado do poder de disposição do garantidor, evitando-se a prática de ato incompatível com a garantia constituída, e munir o credor de documentos que podem ser úteis ao exercício do direito pignoratício. Não se trata, contudo, de requisito indispensável à constituição do direito pignoratício, como se infere da permissão, contida na regra legal, para o garantidor guardar consigo os documentos.

Como observa a doutrina,[104] a natureza descentralizada do serviço registral representa sério entrave à publicidade que se pretende conferir à constituição da garantia, uma vez que dificulta sobremaneira a consulta aos assentamentos e, por conseguinte, a identificação dos gravames. Em razão disso, o legislador brasileiro tem estabelecido, para certos bens incorpóreos, sistema de publicidade mais eficiente. Assim, o penhor de ações sujeita-se à averbação do respectivo instrumento no livro de registro de ações nominativas da companhia ou, na hipótese de ações escriturais, no livro da instituição financeira que presta o serviço de escrituração (Lei n. 6.404/1976, art. 39). Na mesma direção, o art. 26 da Lei n. 12.810, de 2013, com a redação introduzida pela Lei n. 13.476/2017, prevê que a constituição de penhor sobre valores mobiliários e ativos financeiros será realizada, exclusivamente, nas entidades registradoras ou nos depósitos centrais em que os ativos financeiros ou valores mobiliários estejam registrados ou depositados.

Sistemas de publicidade

Na prática negocial, destaca-se, entre as diferentes modalidades de penhor de direitos, o penhor de crédito, por meio do qual determinado crédito é empenhado em garantia de outro crédito, designado crédito pignoratício. Identificam-se, nesse arranjo, três posições jurídicas distintas: (i) o credor pignoratício, que recebe o crédito empenhado em garantia do seu direito; (ii) o titular do crédito empenhado, que se apresenta simultaneamente como outorgante da garantia e, em regra, também como devedor da obrigação garantida, embora possa ser terceiro garantidor de dívida alheia; e (iii) o devedor do crédito empenhado em garantia do crédito pignoratício.[105]

Penhor de crédito

De forma análoga à cessão de crédito, a eficácia do penhor de crédito condiciona-se à notificação do devedor do crédito empenhado de modo a dar-lhe conhecimento da constituição da garantia real. A medida faz-se necessária para que o devedor não realize mais o pagamento ao credor original, mas apenas ao credor pignoratício.[106] A notificação pode efetuar-se por qualquer meio hábil a comprovar a ciência do devedor e se considera suprida pela declaração do devedor, formalizada em instrumento público ou privado, de que tem conhecimento da existência do penhor (CC, art. 1.453).

Notificação do devedor do crédito empenhado

---

[104] V. Daniela Trejos Vargas, *O princípio da publicidade*. In: Maria Celina Bodin de Moraes (coord.), *Princípios do direito civil contemporâneo*, Rio de Janeiro: Renovar, 2006, pp. 410-411.

[105] Pontes de Miranda, *Tratado de Direito Privado*, t. 20, cit., p. 631.

[106] Caio Mário da Silva Pereira, *Instituições de Direito Civil*, vol. IV, cit., p. 310.

Efeitos do pagamento ao titular do crédito

Como já se mencionou, após tomar ciência da existência do penhor, o devedor do crédito empenhado encontra-se obrigado a efetuar o pagamento do débito ao credor pignoratício. O pagamento efetuado ao titular do crédito, a despeito da notificação, reputa-se ineficaz em face do credor pignoratício, que pode constranger o devedor a satisfazer novamente a prestação. Assegura-se, porém, a ação de repetição do indébito ao devedor que tiver efetuado o pagamento em duplicidade.

No entanto, caso não se tenha dado ciência ao devedor acerca do penhor, o pagamento que fizer de boa-fé ao titular do crédito reputa-se eficaz, nos termos do art. 309 do Código Civil. Também é tido como eficaz o pagamento recebido pelo titular do crédito com autorização do credor pignoratício. Nesse caso, como esclarece o art. 1.457 do Código Civil, a anuência importa renúncia ao penhor, visto ter o credor abdicado de direito essencial ao exercício da garantia. Em consequência, extingue-se o penhor, mas subsiste o crédito, com natureza quirografária.

Poderes e responsabilidades do credor pignoratício

De outra parte, a constituição do penhor autoriza o credor pignoratício a exercer todas as pretensões inerentes ao crédito empenhado. Cuida-se de situação subjetiva complexa, a ser desempenhada pelo credor pignoratício não só no seu próprio interesse como também no do titular do crédito, a quem responde pelo prejuízo a que der causa, caso não seja diligente na preservação e na cobrança do direito empenhado.

Assiste, assim, ao credor pignoratício o poder-dever de praticar os atos necessários à conservação e à defesa do direito empenhado (CC, art. 1.454), como, por exemplo, o requerimento das medidas cautelares de arresto ou sequestro. Também lhe compete, de acordo com os artigos 1.454 e 1.455 do Código Civil, cobrar o crédito empenhado, assim que se torne exigível, inclusive os juros e demais prestações acessórias, como multas contratuais. Compreendem-se na cobrança as diferentes medidas judiciais e extrajudiciais, como o protesto do título, o ajuizamento de execução por quantia certa, destinadas a satisfazer o crédito. Se, por negligência, deixar o crédito prescrever, no todo ou em parte, deve ressarcir o respectivo titular pelos danos ocasionados. Admite-se a compensação do valor da indenização com o do crédito garantido.[107]

Penhor e cessão de crédito

Esclareça-se que o penhor de crédito se aproxima da cessão de crédito, sujeitando-se a regras semelhantes, mas com esta não se confunde. Enquanto a cessão conduz à transmissão do crédito, que passa do cedente ao cessionário, o penhor não altera a titularidade do crédito empenhado.[108] O credor pignoratício, com efeito, não adquire o crédito conferido em garantia; torna-se, em vez disso, titular do direito real de penhor, constituído sobre o crédito de outrem. O artigo 1.455 do Código cuida dos efeitos do pagamento do crédito empenhado feito ao credor pignoratício. O dispositivo assume, como premissa, que o referido crédito vence antes da dívida garantida – hipótese mais usual na prática, uma vez que, de outro modo, o penhor não proporcionaria ao credor pignoratício meio de satisfazer imediatamente o débito.

Efeitos do pagamento ao credor pignoratício

---

[107] Francisco Eduardo Loureiro *in* Cezar Peluso (coord.), *Código Civil Comentado*, cit., p. 1.521.

[108] Silvio Rodrigues, *Direito Civil: Direito das Coisas*, vol. V, São Paulo: Saraiva, 2003, 28ª ed., p. 380.

CAPÍTULO XIX | PENHOR   451

Uma vez realizado o pagamento, extingue-se o crédito empenhado, mas sub-siste a garantia pignoratícia, que se sub-roga no resultado útil do adimplemento obrigacional. Sendo a obrigação pecuniária, o penhor passa a incidir sobre a quantia recebida, que deve ser depositada na conta bancária designada no título constitutivo ou, sendo este omisso, naquela determinada pelo juiz. Se, no entanto, a obrigação consistir na entrega de determinada coisa, nesta se sub-roga o penhor, que passa a regular-se pelas disposições do penhor comum, de modo que cabe ao credor pignoratício conservar a posse da coisa empenhada até que seja satisfeita a dívida garantida.

Sub-rogação no resultado útil do adimplemento

Sublinhe-se que, enquanto não se vencer a obrigação garantida, o credor pignoratício não tem direito a satisfazer-se com o objeto do penhor. Somente se vencida e não paga a dívida, assiste-lhe o direito de executar a garantia, seja para se apropriar da quantia depositada até o limite da importância que lhe é devida, seja para promover a excussão da coisa recebida e, com o preço, liquidar a dívida. Se a quantia recebida for superior ao crédito, cabe ao credor pignoratício entregar o excedente ao titular do crédito empenhado, sob pena de configurar-se enriquecimento sem causa. No entanto, caso seja inferior, o devedor continua pessoalmente obrigado pelo saldo remanescente, mas o direito do credor, nesse tocante, é quirografário (CC, art. 1.430).

Efeitos do penhor antes e depois de vencido o crédito pignoratício

Como reconhece o artigo 1.456 do Código Civil, nada obsta a que o mesmo crédito seja empenhado em segurança de vários créditos, pertencentes a credores distintos. No entanto, surge nessa situação a necessidade de disciplinar o exercício concorrente dos diferentes penhores, incidentes sobre o mesmo bem. A regra fundamental a ser observada é a intangibilidade da posição do credor pignoratício, que não pode ser prejudicada pela criação de outro penhor sobre a mesma coisa. À semelhança do que estabelece o legislador para a disciplina de múltiplas hipotecas constituídas sobre o mesmo imóvel, as prelações dos diversos credores pignoratícios são graduadas de acordo com o princípio da preferência temporal, ou seja, segundo a ordem de constituição dos penhores,[109] a qual pode ser aferida com base na data do registro de cada instrumento contratual no cartório competente. Desse modo, assiste ao credor do penhor mais recente prioridade apenas sobre o valor remanescente do direito empenhado, após satisfação dos credores precedentes.

Pluralidade de penhores sobre o mesmo crédito

Além disso, haja vista a pluralidade de credores pignoratícios, mostra-se necessário definir a qual deles se autoriza o exercício das pretensões inerentes ao crédito empenhado. O referido artigo 1.456 estabelece que somente o primeiro credor pignoratício está legitimado a embolsar a dívida. Aos demais credores pignoratícios a lei não reconhece senão o direito de instar o primeiro a exigir a dívida que já estiver vencida. O pagamento feito a qualquer outro reputa-se ineficaz em face do credor titular do primeiro penhor, que pode exigir do devedor que cumpra novamente a prestação.[110]

Poderes do primeiro credor pignoratício

---

[109]   Pontes de Miranda, *Tratado de Direito Privado*, t. 20, cit., pp. 612-614.

[110]   Gustavo Tepedino, Heloisa Helena Barboza e Maria Celina Bodin de Moraes, *Código Civil interpretado conforme a Constituição da República*, vol. 3, Rio de Janeiro: Renovar, 2011, p. 900.

O credor preferente assume, portanto, a condição de representante comum dos demais credores pignoratícios, respondendo pelos prejuízos que, por sua negligência, causar a qualquer deles, como se verifica, por exemplo, na hipótese considerada no referido art. 1.456, em que, apesar de notificado por qualquer outro, deixa de promover oportunamente a cobrança, permitindo que o crédito prescreva ou se torne de difícil realização, em virtude da deterioração superveniente da situação financeira do devedor.

Sub-rogação no resultado útil do adimplemento

Como já visto acima, uma vez recebido o pagamento, o penhor sub-roga-se no resultado útil do adimplemento obrigacional. Sendo a obrigação pecuniária, cumpre ao primeiro credor, de acordo com o disposto no art. 1.455, depositar a importância e, uma vez vencido o seu crédito, apropriar-se da quantia que lhe é devida. O saldo remanescente é então destinado aos demais credores pignoratícios, seguindo a ordem das preferências. Ao final, uma vez satisfeitos todos os credores pignoratícios, o que sobrar no depósito deve ser restituído ao titular do crédito. No entanto, consistindo a obrigação empenhada na entrega de determinada coisa, nesta se sub-roga o penhor e, caso a dívida garantida não seja paga no vencimento, faculta-se a excussão, rateando-se o preço entre os diferentes credores pignoratícios, respeitada a ordem das prelações.

Penhor de título de crédito

Modalidade peculiar de penhor é encontrada no caso em que recai sobre título de crédito. Cuida-se de direito pignoratício híbrido, que se aproxima, em alguns aspectos, do penhor de crédito e, em outros, do penhor comum, haja vista incidir sobre coisa corpórea, a saber, a cártula que contém o crédito.[111] Por essa razão, submete-se a disciplina jurídica específica, que conjuga as regras do direito cambiário com aquelas do penhor comum.

Constituição

De ordinário, conforme prevê o art. 1.458 do Código Civil, constitui-se por meio de instrumento público ou particular, ou por meio do endosso pignoratício, lançado na cártula com a assinatura do respectivo titular, e da tradição do título ao credor pignoratício. Neste último caso, não se faz necessária a celebração de qualquer instrumento contratual entre as partes, tampouco a prática de qualquer ato junto ao Registro de Títulos e Documentos, uma vez que a publicidade da garantia decorre, exclusivamente, da posse do título pelo credor pignoratício. No entanto, se o título for nominativo, o penhor só produz efeito perante o emitente, após efetuada a averbação no respectivo registro (CC, art. 926).

Conservação do título pelo credor pignoratício

Ao credor, titular do penhor, assiste, nos termos do art. 1.459, I, do Código Civil, o direito de conservar a posse do título até que seja satisfeito o débito garantido, podendo valer-se das ações possessórias e petitórias para defendê-la de terceiros, inclusive do proprietário do título que, antes de extinto o penhor, procure retomá-lo.

Intimação do devedor do título empenhado

O artigo 1.459, III, do Código Civil prevê em favor do credor pignoratício o direito de fazer intimar o devedor do título para lhe dar ciência da existência do penhor. A esse respeito o art. 1.460 esclarece que o devedor, que receber a intimação ou de outro modo se der por ciente da garantia constituída, não pode pagar ao dono

---

[111] V. Pontes de Miranda, *Tratado de Direito Privado*, t. 20, cit., p. 573.

do título, sob pena de responder solidariamente, ao lado do proprietário, pelas perdas e danos sofridas pelo credor pignoratício. Além disso, se o dono do título receber o pagamento e der quitação ao devedor, fica o credor pignoratício autorizado a declarar antecipadamente o vencimento da dívida garantida e a cobrá-la imediatamente, uma vez que a sua garantia real restou esvaziada.

No entanto, há de observar que, sendo a cartularidade característica típica do título de crédito, a apresentação da cártula afigura-se indispensável ao exercício do direito nele contido, de modo que o devedor só deve pagar ao legítimo portador do título, que se oferecer a restitui-lo em contrapartida ao recebimento do pagamento. A princípio, portanto, a intimação do devedor para que não pague ao proprietário do título mostra--se supérflua, pois, ainda que não tenha ciência da existência do penhor, só pode pagar ao credor pignoratício, que se encontra na posse do documento cambiário. Desse modo, de acordo com a melhor doutrina, a intimação só se faz necessária "quando se trate de títulos de crédito sem vinculação por escrito do devedor, como as duplicatas por indicação, que podem ser substituídas por triplicatas, colocando em risco o devedor, uma vez que mais de um credor pode apresentar a cártula para pagamento".[112]

Caráter facultativo da intimação

O penhor, uma vez constituído, autoriza o respectivo titular a praticar os atos de defesa e cobrança do título de crédito (CC, art. 1.459, II e IV). Desse modo, cumpre-lhe exigir a dívida cambiária no seu vencimento, e, uma vez satisfeita integralmente, restituir o título ao devedor. A exemplo do que se viu em matéria de penhor de crédito, cabe-lhe agir não só no seu interesse como no do proprietário do título empenhado, respondendo pelo prejuízo que, por sua negligência, causar a este último.

Atos de defesa e cobrança do título

Daí em diante seguem-se as mesmas regras já examinadas por ocasião do penhor de crédito. O penhor sub-roga-se na importância recebida em pagamento do título empenhado, a qual deve ser depositada em conformidade com o que dispõe o art. 1.455 do Código Civil. Somente depois de vencido o crédito garantido, tem o credor pignoratício o direito de apropriar-se do depósito até o limite do que lhe é devido, restituindo o que se sobejar ao proprietário do título de crédito.

Sub-rogação na soma recebida

7. PENHOR DE SEGUNDO GRAU

Diferentemente do que se observa em relação à hipoteca, o legislador mostra--se tímido ao tratar da possibilidade de constituição de pluralidade de penhores sobre o mesmo bem. Nesse particular, o Código procedeu de maneira obscura, limitando-se a enfrentar o assunto em dois dispositivos esparsos. Como já visto, o primeiro é o parágrafo único do art. 1.443, que cuida da constituição de segundo penhor agrícola na situação especialíssima da quebra da safra empenhada. O segundo, por sua vez, encontra-se no art. 1.456, que disciplina a pluralidade de penhores sobre um mesmo crédito.[113]

Quadro legislativo atual

---

[112]   Francisco Eduardo Loureiro *in* Cezar Peluso (coord.), *Código Civil Comentado*, cit., p. 1.526.

[113]   Assim prescreve o art. 1.456 do Código Civil: "Se o mesmo crédito for objeto de vários penhores, só ao credor pignoratício, cujo direito prefira aos demais, o devedor deve pagar; responde por perdas e

Fora isso, na legislação especial, tem-se o disposto no art. 4º, § 1º, da Lei n. 492/1937, que autoriza a constituição do penhor rural de segundo grau, nos seguintes termos: "pode o devedor, independentemente de consentimento do credor, constituir novo penhor rural se o valor dos bens ou dos animais exceder ao da dívida anterior, ressalvada para esta a prioridade de pagamento". De outra parte, o art. 49 do Dec.-Lei n. 413/1969, que trata da cédula industrial pignoratícia, possibilita a instituição de nova garantia sobre os bens já vinculados à satisfação de cédula anterior.

Crítica à posição doutrinária

Diante desse quadro legal, a doutrina dominante se mantém refratária à admissão de múltiplos penhores sobre o mesmo bem fora das hipóteses especificamente contempladas na legislação vigente. Tal postura se explica, provavelmente, em razão da importância exagerada ainda reconhecida aos princípios da taxatividade e da tipicidade dos direitos reais, o que teve por efeito a disseminação da falsa ideia segundo a qual as regras que regem os tipos reais seriam de ordem pública, de maneira que os particulares não poderiam agir senão dentro dos limites do texto legal.

Contra isso, contudo, cumpre ressaltar que o silêncio do legislador quanto à possibilidade de as partes procederem a determinado ajuste não deve ser presumido a favor nem contra sua admissão. Somente a interpretação sistemática e axiológica do ordenamento com um todo é apta a revelar se o arranjo é merecedor de tutela e compatível com a tipicidade do direito real em apreço.

Procedendo-se dessa maneira, dissipam-se as dificuldades que se antepõem ao reconhecimento do penhor de segundo grau como expediente técnico de amplo alcance, aplicável a qualquer modalidade de penhor. Afinal, o penhor de segundo grau (ou de grau mais elevado) não se desfigura por incidir sobre bem já empenhado, nem mesmo no penhor comum.

Nessa modalidade, sendo exigida do proprietário a transferência efetiva da posse, pode parecer inviável conferi-la, ao mesmo tempo, a mais de um credor.[114] No entanto, a observação da experiência estrangeira sobre o tema, notadamente a francesa, indica que tal dificuldade é contornável, haja vista as legislações admitirem, via de regra, que o bem seja entregue a terceiro, e não ao credor. Dessa maneira, no caso de pluralidade de penhores comuns, os credores podem consentir com a atribuição da posse a um terceiro que, agindo a conta de todos, torna-se depositário da coisa.[115]

Tal solução mostra-se plenamente compatível com o direito pátrio, já que, nos termos do art. 1.431 do Código Civil, o penhor comum se constitui mediante a transferência da posse da coisa empenhada "ao credor ou a quem o represente". Nada

---

danos aos demais credores o credor preferente que, notificado por qualquer um deles, não promover oportunamente a cobrança".

[114] V. nessa direção Pontes de Miranda, *Tratado de direito privado*, t. 21, cit., pp. 108-109. E ainda Paulo Nader, *Curso de Direito Civil – Direito das Coisas*, vol. 4, Rio de Janeiro: Forense, 2008, 2ª ed., p. 416.

[115] No direito francês, v. Marcel Planiol, *Traité élémentaire de droit civil refondu et complété par Georges Ripert et Jean Boulanger*, t. II, Paris: LGDJ, 1952, 4ª ed., p. 1066. No direito argentino, cf. Ricardo Papaño *et alli*, *Manual de derechos reales*, Buenos Aires: Astrea, 2007, p. 632.

obsta, assim, a criação de diversos penhores em favor de credores distintos, mediante a nomeação de representante comum, que deve guardar e conservar a coisa até que se extinga a última das garantias incidentes sobre o bem.[116]

Em definitivo, o penhor de segundo grau (ou de grau mais elevado), qualquer que seja a sua modalidade, preserva a natureza de penhor. Significa dizer que a liberdade para sua constituição tem por fundamento a própria tipicidade reconhecida a essa espécie de direito real na ordem jurídica vigente. Por isso que, apesar da ausência de específica regulamentação no Código Civil, afigura-se viável a constituição de pluralidade de penhores comuns, rurais, industriais, mercantis, de veículos e de direitos.

Alcance do penhor de segundo grau

De outra parte, é inegável que a constituição de outro penhor sobre bem já empenhado traduz arranjo socialmente útil e, por isso mesmo, merecedor de tutela. Como já se destacou, é por meio dele que o dono do bem pode tirar pleno proveito da sua propriedade para ter amplo acesso ao crédito. Se não lhe fosse autorizada a prática do segundo penhor, ficaria limitado a conferir o bem em garantia uma única vez, por mais elevado que seja o seu valor, em claro desperdício de sua utilidade econômica.

Utilidade do penhor de segundo grau

Além disso, não haveria razão para se restringir a constituição de múltiplos gravames sobre um mesmo bem ao âmbito das hipotecas. Talvez em passado remoto, quando os imóveis representavam os bens de maior valor e, portanto, mais propensos a serem utilizados em garantia de diversos créditos, se poderia admitir uma tal disparidade de regimes. No entanto, o que se verifica nos dias atuais é que são os móveis, como créditos, valores mobiliários, marcas e patentes, que formam parte considerável da riqueza humana. Desse modo, não se justifica mais qualquer diferenciação entre imóveis e móveis no que concerne às potencialidades de aproveitamento econômico para fins de garantia do crédito. Daí a se concluir que a admissão em termos amplos do penhor de segundo grau traduz não só a solução normativa mais eficiente como também a mais coerente com o sistema jurídico.

8. PENHOR LEGAL

Como indica o nome, o penhor legal tem origem na lei, e não na vontade das partes. De modo a proteger determinados credores, especialmente expostos ao risco de inadimplência, o legislador autoriza a constituição da garantia real independentemente do assentimento do proprietário dos bens móveis tomados em garantia.[117]

Definição

O penhor legal não se confunde com o direito de retenção. Segundo a lição de Clovis Bevilaqua,[118] os dois institutos apresentam as seguintes diferenças: (i) a retenção pressupõe a posse anterior do credor sobre a coisa ao passo que o penhor legal se constitui por meio da tomada de posse, seguida da homologação judicial; (ii) a retenção, ao contrário da garantia pignoratícia, não requer a intervenção da autoridade judicial; (iii) a retenção não conduz à satisfação do débito, limitando-se à con-

Penhor legal e direito de retenção

---

[116] V. sobre o ponto Darcy Bessone, *Direitos Reais*, São Paulo: Saraiva, 1996, 2ª ed., p. 327.

[117] Washington de Barros Monteiro, *Curso de Direito Civil: direito das coisas*, vol. III, cit., p. 362.

[118] Clovis Bevilaqua, *Código Civil dos Estados Unidos do Brasil Comentado*, vol. III, cit., pp. 280-281.

servação da coisa em poder do credor enquanto não for paga a dívida, ao passo que o penhor legal traduz meio hábil à realização do crédito, autorizando a excussão das coisas empenhadas, tão logo seja feita a sua homologação judicial; (iv) em contraposição ao conteúdo negativo do *ius retentionis*, que se manifesta exclusivamente na recusa em entregar a coisa, o penhor legal apresenta conteúdo positivo, pressupondo a iniciativa do credor em se apossar dos bens do devedor, (v) o penhor legal só é admitido nos casos expressamente previstos em lei, enquanto o direito de retenção, dotado de maior amplitude, pode ser exercido por qualquer credor que, embora adstrito a restituir a coisa, tenha crédito conexo à guarda desta; e, finalmente, (vi) o penhor legal incide apenas sobre bens móveis, ao passo que o direito de retenção tem por objeto, indistintamente, tanto as coisas móveis como as imóveis.

Hipóteses legais

O art. 1.467 do Código Civil admite o penhor legal em duas situações. Além delas, o art. 31 da Lei n. 6.533/1978 e o art. 61 do Decreto n. 82.385/1978 concedem penhor legal aos artistas e auxiliares cênicos sobre todo o material cênico da empresa teatral utilizado na realização do programa, espetáculo ou produção, pelo valor das obrigações não cumpridas pelo empregador.

Penhor legal dos fornecedores de pousada e alimento

A primeira hipótese admitida pelo Código Civil verifica-se em favor dos hospedeiros ou fornecedores de pousada ou alimentos pelas despesas efetuadas por seus clientes, recaindo sobre as bagagens, os móveis, as joias e o dinheiro que esses últimos tiverem consigo nos respectivos estabelecimentos. Todavia, afastam-se da incidência da garantia os bens inalienáveis e os considerados impenhoráveis pela lei,[119] o que se justifica em razão do penhor legal não traduzir ato voluntário de disposição, mais se aproximando dos meios legais de preservação da responsabilidade patrimonial.

Função do penhor legal

A referida hipótese contempla diferentes profissionais dos setores de hospedagem (hotéis, pousadas, albergues etc.) e de alimentação fora de casa (restaurantes, bares etc.), que, em razão das particularidades do ofício, não conseguem, "no mais das vezes, certificar-se da solvabilidade de seus clientes, antes de procederem ao fornecimento que lhes é solicitado".[120] A medida serve, assim, de estímulo à condução dessas atividades econômicas, facilitando a admissão de fregueses sem a exigência de medidas adicionais de segurança.[121]

Abrangência

Sublinhe-se que o penhor só se presta a garantir as despesas relativas à hospedagem ou à refeição recém-servida, não cobrindo débitos contraídos pelo consumidor frente ao mesmo credor, em oportunidades pretéritas.[122] A garantia, de outra parte, abrange os gastos dos acompanhantes do devedor, podendo atingir, igualmente, os seus pertences. Mas não se admite que incida em bens de propriedade de terceiro, ainda que estejam na posse de algum dos clientes atendidos no estabelecimento.[123]

---

[119] J. M. de Carvalho Santos, *Código Civil brasileiro interpretado*, vol. X, cit., p. 140.

[120] Silvio Rodrigues, *Direito Civil: direito das coisas*, vol. V, cit., p. 340.

[121] Caio Mário da Silva Pereira, *Instituições de Direito Civil*, vol. IV, cit., p. 347.

[122] J. M. de Carvalho Santos, *Código Civil brasileiro interpretado*, vol. X, cit., p. 147.

[123] Pontes de Miranda, *Tratado de Direito Privado*, t. 20, cit., p. 601.

CAPÍTULO XIX | PENHOR

A segunda hipótese de penhor legal, prevista no art. 1.467, opera-se em favor do locador de prédio urbano ou rural para a garantia dos aluguéis, tendo por objeto os bens móveis do inquilino que guarnecem o imóvel. No entanto, como observa a doutrina, o preceito encontra diminuta aplicação prática,[124] pois que, de ordinário, a celebração do contrato de locação vem acompanhada da constituição de garantia em favor do locador, que, desse modo, não precisa recorrer ao penhor legal para assegurar a satisfação do seu crédito.[125]

Penhor legal nas relações locatícias

Tal realidade, que já era observada ao tempo do Código Civil de 1916, acentuou-se sob a vigência da codificação atual, que, inovando em relação ao diploma anterior, estabeleceu, em seu art. 1.472, que o inquilino pode "impedir a constituição do penhor mediante caução idônea", entendida como qualquer modalidade de garantia, fidejussória e real, apta a dar segurança ao pagamento dos aluguéis. Desta feita, o penhor legal, nas relações locatícias, apresenta aplicação residual, tendo cabimento apenas quando as partes não tiverem instituído consensualmente alguma garantia. E ainda neste caso, a sua constituição poderá ser obstada, nos termos do aludido art. 1472, se, antes de ultimada a homologação judicial, o locatário tomar a iniciativa de oferecer ao locador outra garantia.

Esvaziamento de sua aplicação prática

Em relação à locação residencial, a relevância do penhor legal mostra-se praticamente virtual, pois que, via de regra, os bens móveis pertencentes ao inquilino, que guarnecem o imóvel alugado, são impenhoráveis, nos termos do parágrafo único do art. 2º da Lei n. 8.009/1990. Nesse tocante, encontra-se assentado na jurisprudência do STJ o entendimento segundo o qual "são impenhoráveis todos os móveis guarnecedores de um imóvel de família, recaindo a proteção do par. ún. do art. 1º da L. 8.009/1990 não só sobre aqueles indispensáveis à habilidade de uma residência, mas também sobre os usualmente mantidos em um lar comum. Excluem-se do manto legal apenas os veículos de transporte, objetos de arte e adornos suntuosos."[126]

Como esclarece San Tiago Dantas, identificam-se três momentos no desenvolvimento do penhor legal: a "fase potencial, em que as coisas estão na posse do hospedeiro, apenas sujeitas a uma eventual apreensão com o fim pignoratício; o momento da apreensão seguindo do pedido de homologação, em que o penhor se torna efetivo e, depois, a execução, a qual só pode ser feita se a autoridade judicial homologar o penhor".[127]

Desenvolvimento do penhor legal

A constituição do penhor traduz, portanto, ato complexo, que se inicia com a apreensão e se completa a homologação judicial. Nos termos do art. 1.469 do Código Civil, assiste ao credor o direito de tomar para si, em garantia da dívida, a posse de

Constituição em duas etapas

---

[124] Sylvio Capanema de Souza, *Da Locação do imóvel urbano*, Rio de Janeiro: Forense, 1999, p. 234.

[125] San Tiago Dantas, *Programa de Direito Civil*, vol. III, cit., p. 413.

[126] STJ, 6ª T., REsp. 439.395/SP, Rel. Min. Fernando Gonçalves, julg. 24.9.2002; STJ, 1ª T., AgRg no Ag 822.465/RJ, Rel. Min. José Delgado, julg. 17.4.2007, publ. *DJ* 10.5.2007; STJ, 2ª T., REsp 691.729/SC, Rel. Min. Franciulli Netto, julg. 14.12.2004, publ. *DJ* 25.4.2005.

[127] San Tiago Dantas, *Programa de Direito Civil*, vol. III, cit., pp. 413-414.

um ou mais objetos que o cliente ou inquilino tiver no imóvel ou estabelecimento, dando a este último comprovante dos bens de que se apossar (CC, art. 1.470).

Proporcionalidade do penhor legal

Como expressão do princípio da proporcionalidade, aludido preceito legal restringe o exercício de tal prerrogativa ao valor do débito, não podendo o credor apropriar-se de mais do que bastar para a satisfação do seu direito. No entanto, por não dispor naquele momento dos meios apropriados para fazer a avaliação dos objetos, não se pode exigir dele rigor impraticável. A norma, com efeito, deve ser compreendida à luz da boa-fé objetiva, de sorte a impor ao credor que proceda, com lealdade e cuidado razoável, à separação dos bens que serão conservados em garantia, sendo-lhe defeso agir com exagero manifesto. Em todo caso, se foram tomadas coisas de valor superior ao do débito, cabe ao juiz, na fase subsequente de homologação judicial do penhor, resguardar os interesses do devedor, excluindo o excesso da garantia legal.[128]

Liquidez da dívida

Note-se também que a constituição do penhor legal pressupõe a liquidez da dívida garantida, cujo montante deve ser certo e de fácil conhecimento pelo devedor.[129] Tal requisito, no caso da locação de imóvel, não suscita maiores dificuldades, por ser elemento essencial do contrato.[130] No entanto, nas relações de hospedagem e de consumo de alimentos, marcadas por uma dinâmica mais informal, pode acontecer de o freguês solicitar os serviços sem certificar-se dos respectivos preços. Diante disso, para evitar abusos por parte do credor, determina o art. 1.468 do Código Civil que o valor da dívida, a ser coberta pela garantia legal, seja extraído de "tabela impressa, prévia e ostensivamente exposta na casa, dos preços de hospedagem, da pensão ou dos gêneros fornecidos, sob pena de nulidade do penhor". A tabela, note-se, pode ser afixada em qualquer lugar, desde que possa ser conhecida por todos que ingressem no estabelecimento, antes de prestado o serviço.[131] Assim, por exemplo, cuidando-se de hotel, a lista pode ser exibida tanto na portaria quanto nos quartos. No caso dos restaurantes, mostra-se suficiente indicar os preços dos pratos nos cardápios.

Autotutela e publicidade do penhor legal

A "tomada de posse", a que alude o art. 1.469 do Código Civil, traduz o exercício da autotutela pelo credor, que, por seus próprios meios, pode tomar posse de tantos objetos do devedor quanto bastem para assegurar o recebimento da dívida pendente. A apropriação material cumpre, no penhor legal, função análoga à tradição no penhor comum,[132] conferindo publicidade à garantia que se pretende constituir e tornando mais segura a excussão dos bens.

Homologação judicial

Em seguida, uma vez tomados os bens em garantia, cumpre ao credor, na forma prevista no art. 1.471 do Código Civil, requerer, ato contínuo, a sua homologação judicial. Cuida-se de procedimento judicial especial, disciplinado nos artigos 703 a 706 do Código de Processo Civil, que tem por finalidade consolidar a posse tomada

---

[128] J. M. de Carvalho Santos, *Código Civil brasileiro interpretado*, vol. X, cit., p. 161.

[129] Ebert Chamoun, *Instituições de Direito Romano*, Rio de Janeiro: Forense, 1962, 4ª ed., p. 217.

[130] Clovis Bevilaqua, *Código Civil dos Estados Unidos do Brasil Comentado*, vol. III, cit., p. 281.

[131] J. M. de Carvalho Santos, *Código Civil brasileiro interpretado*, vol. X, cit., p. 161.

[132] Clovis Bevilaqua, *Código Civil dos Estados Unidos do Brasil Comentado*, vol. III, cit., p. 282.

pelo credor e completar a constituição do direito real de penhor.[133] Deferido o pedido, torna-se efetiva a garantia real, sendo lícito ao credor promover a excussão dos objetos empenhados. No entanto, indeferida a homologação, os bens devem ser restituídos ao réu, ressalvado ao autor, na condição de credor quirografário, o direito de cobrar a dívida pelo procedimento comum, salvo se o indeferimento tiver por fundamento a extinção da obrigação (CPC, art. 706, § 1º).

Sob a vigência do Código Civil de 1916, a doutrina majoritária[134] entendia possível a execução antes mesmo de obtida a homologação judicial na hipótese então contemplada no art. 779, correspondente ao art. 1.470 do diploma vigente, que autoriza os credores a fazerem "efetivo o penhor, antes de recorrerem à autoridade judiciária, sempre que haja perigo na demora, dando aos devedores comprovante dos bens de que se apossarem". Execução antes da homologação

Contudo, em atenção ao caráter excepcional da autotutela no sistema jurídico, a doutrina mais atual[135] confere interpretação diversa ao aludido dispositivo, que, conforme sustentado, estaria a autorizar o apossamento dos bens do devedor por força própria do credor, e não já a excussão dos bens. Nessa direção, defende-se que o *periculum in mora*, a que alude o preceito, não se refere à realização da homologação judicial, mas à apreensão material, que poderia frustrar-se em razão da possibilidade de o devedor partir repentinamente do estabelecimento ou do imóvel, retirando os seus pertences do alcance do credor. No entanto, caso não exista tal risco, não se justificaria o exercício da autotutela, cumprindo ao credor, em vez disso, requerer em juízo as medidas adequadas para assegurar a satisfação do seu crédito no patrimônio do devedor.

📝 PROBLEMAS PRÁTICOS

1. No caso do penhor mercantil, se os bens empenhados não forem encontrados ao tempo da execução da dívida, pode a excussão da garantia recair sobre bens da mesma natureza, qualidade e quantidade?

2. Qual a natureza jurídica da responsabilidade do credor pela perda ou deterioração da coisa? Responde ele pelo caso fortuito e força maior? A resposta se alteraria tratando-se de relação de consumo?

Acesse o *QR Code* e veja a Casoteca.

> https://uqr.to/1pc8s

---

[133] Washington de Barros Monteiro, *Curso de Direito Civil: direito das coisas*, vol. III, cit., p. 366.
[134] V, entre outros, Clovis Bevilaqua, *Código Civil dos Estados Unidos do Brasil Comentado*, vol. III, cit., p. 282; e Affonso Fraga, *Direitos Reaes de Garantia – Penhor, Antichrese e Hypotheca*, cit., p. 187.
[135] Gladson Mamede, *Direito das Coisas. Penhor. Hipoteca. Anticrese*, in Álvaro Villaça Azevedo (coord.), *Código Civil Comentado*, vol. 14, cit., pp. 310-314; e Francisco Eduardo Loureiro, *in* Cezar Peluso (coord.), *Código Civil Comentado*, cit., p. 1.532.

Capítulo XX
HIPOTECA

Sumário: 1. Noções gerais – 2. Objeto da hipoteca – 3. Constituição da hipoteca convencional – 4. Duração da hipoteca convencional – 5. Efeitos da hipoteca – 6. Hipoteca de segundo grau – 7. Remição hipotecária – 8. Abandono do imóvel hipotecado – 9. Indivisibilidade e fracionamento da hipoteca – 10. Hipoteca legal – 11. Extinção da hipoteca – Problemas práticos.

1. NOÇÕES GERAIS

A hipoteca, cujo étimo provem do nome grego *hypotheke*, encontra suas origens mais remotas no direito hebraico e egípcio, de onde os gregos a teriam recebido.[1] No entanto, o direito brasileiro herdou a hipoteca do direito romano, no qual, como já aludido anteriormente (cf. Capítulo XVIII), nasceu como espécie de penhor, denominado originalmente *conventio pignoris*, que se empregava nas locações de imóveis rurais. Por meio dela, o locatário concedia ao locador, em garantia do aluguel, as *invecta et illata* (escravos, gado, utensílios e máquinas agrícolas), permanecendo, contudo, na posse deles de maneira a conseguir trabalhar a terra e obter os recursos necessários ao pagamento do débito. Eis precisamente a diferença em relação ao penhor clássico (*datio pignoris*): os objetos conferidos em garantia continuavam nas mãos do devedor, assistindo ao credor o direito de tomá-los apenas em caso de inadimplemento.[2]

(Origem histórica)

---

[1] Affonso Fraga, *Direitos Reaes de Garantia – Penhor, Antichrese e Hypotheca*, São Paulo: Saraiva, 1933, p. 442, nota n. 987.
[2] Ebert Chamoun, *Instituições de Direito Romano*, Rio de Janeiro: Forense, 1962, 4ª ed., pp. 283-284.

Na hipoteca romana já se identificava o conceito fundamental, a partir do qual se desenvolveriam os sistemas hipotecários modernos, do direito real na coisa alheia, dotado de sequela e preferência, cuja constituição dispensa a transferência ao credor da posse da coisa conferida em garantia. Por outro lado, o funcionamento do instituto ainda se afigurava naquele momento histórico bastante rudimentar, porque a hipoteca podia constituir-se de forma puramente convencional, sem qualquer publicidade, e recair sobre a generalidade dos bens do devedor. Proliferavam, assim, as hipotecas ocultas e as hipotecas gerais, que se mostravam especialmente perniciosas à segurança do crédito e do mercado imobiliário.[3]

Evolução dos sistemas hipotecários modernos
O regime hipotecário só se completaria ao termo de longa evolução, intimamente relacionada ao aperfeiçoamento do sistema de registro imobiliário. No direito brasileiro, tal movimento tem início na Lei n. 137, de 21 de outubro de 1843, que criou o registro imobiliário, e conclui-se com a Lei Hipotecária de 1890 (Decreto n. 169-A, de 1890), que assentou a disciplina da hipoteca sobre dois grandes pilares: a publicidade e a especialização do objeto da garantia. Desconhecidos do direito romano, esses princípios são responsáveis, nos sistemas hipotecários modernos, pela segurança do comércio imobiliário e o desenvolvimento do crédito imobiliário.

Princípio da publicidade
A publicidade consiste na exigência de levar o título constitutivo no registro geral de imóveis para que a hipoteca produza efeitos. Historicamente, foram as hipotecas que fomentaram o desenvolvimento do sistema de registro imobiliário, porque, sem a publicidade registrária, não havia o credor meios para se acautelar de que o devedor fosse mesmo o proprietário do imóvel oferecido em garantia nem para saber se o bem já havia sido hipotecado anteriormente. Tampouco o terceiro que pretendesse adquirir o imóvel estava seguro de não existir uma hipoteca oculta.

Funções do registro imobiliário
Somente com o aperfeiçoamento do registro imobiliário a hipoteca pôde florescer, tornando-se poderoso instrumento de acesso ao crédito. Tamanha a relevância do registro para o bom funcionamento do instituto que, segundo San Tiago Dantas, "sem registro público não há hipoteca".[4] Isso porque o registro imobiliário permite alcançar as seguintes finalidades, imprescindíveis à segurança do tráfego jurídico: *a)* dar conhecimento de quem seja o proprietário do imóvel e, portanto, de quem possa hipotecá-lo; *b)* dar ciência acerca da incidência de hipotecas anteriores no imóvel; e *c)* dar divulgação a qualquer outro direito real limitado constituído sobre o bem. Essas informações mostram-se relevantes não apenas para o credor, a quem se ofereceu a hipoteca, como também para o terceiro, que, ao adquirir o imóvel, deseja saber se algum ônus real pesa sobre a propriedade do alienante.[5]

Prioridade temporal do registro
O registro imobiliário tem, ainda, por função definir a prioridade da hipoteca frente aos demais direitos reais incidentes sobe o mesmo objeto. A prioridade obe-

---

[3] San Tiago Dantas, *Programa de Direito Civil*, vol. III, Rio de Janeiro: Editora Rio, 1984, 2ª ed., p. 432.

[4] San Tiago Dantas, *Programa de Direito Civil*, vol. III, cit., p. 429.

[5] Ebert Chamoun, *Direito Civil*: aulas do 4º ano proferidas na Faculdade de Direito da Universidade do Distrito Federal, Rio de Janeiro: Aurora, 1955, p. 224.

CAPÍTULO XX | HIPOTECA

dece a ordem temporal de constituição dos direitos reais (*prius in tempore potior in iure*), sendo determinada pelo "número de ordem" que o título recebe no protocolo do cartório imobiliário (CC, art. 1.493). De modo a evitar dúvidas, a lei não admite que, no mesmo dia, sejam registrados mais de um título constitutivo de direito real sobre o mesmo imóvel, salvo se as escrituras, do mesmo dia e apresentadas na mesma data, indicarem a hora da sua lavratura (LRP, arts. 191 e 192). Como se verá mais adiante, no caso do mesmo imóvel ser dado em hipoteca diversas vezes, a prioridade temporal afigura-se fundamental para disciplinar a preferência entre os diferentes credores hipotecários.

Por sua vez, a especialização do objeto da garantia significa a individualização, no título constitutivo da hipoteca, do imóvel gravado, por meio de referência a informações que permitam distingui-lo de qualquer outro. A sua consagração, como princípio geral do regime hipotecário, pôs fim às hipotecas gerais, que permitiam gravar todo o patrimônio do devedor. No direito vigente, o direito do credor hipotecário recai exclusivamente no imóvel ou nos imóveis descritos no título levado ao registro, sem alcançar qualquer outro pertencente ao devedor.[6]

Princípio da especialização

O Código Civil de 1916 manteve o sistema do direito anterior, no que foi seguido pela Lei de Registros Públicos (Lei n. 6.015, de 1973), que regulamenta atualmente o registro imobiliário. O Código Civil de 2002 não trouxe mudanças profundas, embora tenha introduzido inovações pontuais na disciplina do instituto. Assim, a hipoteca continua a traduzir, no direito vigente, o direito real de garantia que, constituindo-se por meio do registro imobiliário, oferece ao credor bem imóvel sem a transferência da posse, a fim de assegurar preferencialmente o cumprimento de determinada obrigação.[7]

Conceito de hipoteca no direito vigente

A hipoteca apresenta características semelhantes às do penhor. Assim como este, cuida-se de direito acessório, dotado eficácia real, que autoriza o credor a excutir o bem recebido em garantia e a receber o valor obtido em pagamento do seu débito, preferindo a qualquer outro credor em caso de concurso, ressalvados os créditos – como o tributário, o trabalhista e o condominial – que, nos termos da legislação vigente, precedem o hipotecário (CC, art. 1.422). Sendo dotada de eficácia real, a hipoteca adere à coisa e segue-a por onde ela for, de sorte que o credor, valendo-se da sequela, pode excutir o bem ainda que tenha sido transferido pelo devedor a outrem.

No entanto, penhor e hipoteca diferenciam-se um do outro em razão do objeto. O penhor recai exclusivamente sobre os bens móveis ao passo que a hipoteca, como se examinará adiante, incide, preponderantemente, sobre bens imóveis, corpóreos e

Diferenças em relação ao penhor

---

[6] Orlando Gomes, *Direitos Reais*, Rio de Janeiro: Forense, 2008, 19ª ed., p. 413.

[7] Cf. Lafayette Rodrigues Pereira, *Direito das coisas*, vol. II, Rio de Janeiro: Editora Rio, 1977, edição histórica, pp. 53-54; Clovis Bevilaqua, *Código Civil dos Estados Unidos do Brasil Comentado*, vol. III, Rio de Janeiro: Francisco Alves, 1955, 10ª ed., p. 307; Affonso Fraga, *Direitos Reaes de Garantia – Penhor, Antichrese e Hypotheca*, cit.; Azevedo Marques, *A Hypotheca: doutrina, processo e legislação*, São Paulo: Monteiro Lobato, 1925, 2ª ed., p. 18; J. M. de Carvalho Santos, *Código Civil brasileiro interpretado*, vol. X, Rio de Janeiro: Freitas Bastos, 1982, pp. 260-261; Caio Mário da Silva Pereira, *Instituições de Direito Civil*, vol. IV, Rio de Janeiro: Forense, 2016, 24ª ed., p. 322.

incorpóreos. Admite, contudo, certos móveis, como as aeronaves e os navios, que, por sua natureza, se amoldam ao regime hipotecário. A isso costuma-se acrescentar que as duas espécies de garantia real se distinguem em razão de a coisa hipotecada permanecer na posse do devedor, diferentemente do penhor, que exige, para sua constituição, a tradição do bem ao credor. Posto que verdadeira com relação ao direito romano, tal afirmação, contudo, perdeu boa parte da sua validade com o desenvolvimento dos penhores especiais, que, como visto, autorizam o devedor a conservar consigo a coisa empenhada.

Fontes e espécies de hipoteca

Identificam-se duas espécies de hipoteca conforme a sua fonte seja legal ou voluntária. A constituição do direito real de hipoteca pode resultar da lei, dando origem à hipoteca legal, ou do contrato hipotecário, firmada entre o credor e o proprietário do bem hipotecado. Alude-se ainda à hipoteca judicial, constituída em garantia da obrigação pecuniária reconhecida em decisão judicial condenatória (CPC, 495), mas que, a rigor, constitui modalidade específica de hipoteca legal.[8]

2. OBJETO DA HIPOTECA

Numerus clausus do objeto da hipoteca

Os bens que podem ser hipotecados encontram-se discriminados nos diversos incisos do art. 1.473 do Código Civil.[9] Prevalece na doutrina a opinião de que o rol é taxativo, só se admitindo a constituição da hipoteca sobre os bens previstos em lei,[10] nada obstante defender-se, em sentido contrário, que outras situações jurídicas, não expressamente contempladas pelo legislador, também possam servir de objeto à hipoteca, desde que plenamente compatíveis com a natureza do instituto. Seria o caso, por exemplo, do direito real do promitente comprador, com preço pago e título levado a registro.[11]

Bens imóveis

A hipoteca incide preponderantemente sobre bens imóveis. Cuida-se da espécie de bem que melhor se ajusta ao regime hipotecário, porque, permanecendo a coisa em poder do devedor, a imobilidade assegura o credor de que a sua garantia não se frustrará pelo extravio ou a ocultação do bem. Tem a segurança de encontrá-lo caso seja necessário promover a excussão.[12]

---

[8] Caio Mário da Silva Pereira, *Instituições de Direito Civil*, vol. IV, cit., p. 352.

[9] CC/2002, "Art. 1.473. Podem ser objeto de hipoteca: I – os imóveis e os acessórios dos imóveis conjuntamente com eles; II – o domínio direto; III – o domínio útil; IV – as estradas de ferro; V – os recursos naturais a que se refere o art. 1.230, independentemente do solo onde se acham; VI – os navios; VII – as aeronaves; VIII – o direito de uso especial para fins de moradia; IX – o direito real de uso; X – a propriedade superficiária; XI – os direitos oriundos da imissão provisória na posse, quando concedida à União, aos Estados, ao Distrito Federal, aos Municípios ou às suas entidades delegadas e a respectiva cessão e promessa de cessão".

[10] Cf. nessa direção Washington de Barros Monteiro, *Curso de Direito Civil: direito das coisas*, vol. III, São Paulo: Saraiva, 2003, 37ª ed., p. 407.

[11] V. José Osório Francisco, *Compromisso de compra e venda*, São Paulo: Saraiva, 1983, 2ª ed., p. 100; e Francisco Eduardo Loureiro, *in* Cezar Peluso (coord.), *Código Civil Comentado*, Barueri: Manole, 2019, 13ª ed., pp. 1.534-1.535.

[12] Ebert Chamoun, *Direito Civil*: aulas do 4º ano proferidas na Faculdade de Direito da Universidade do Distrito Federal, cit., p. 224.

Os acessórios dos imóveis podem ser hipotecados, desde que com eles conjun- *Acessórios dos bens imóveis* tamente (CC, art. 1.473, I). Não se admite que os acessórios, por si só, sejam conferidos separadamente em hipoteca, salvo se houver sido instituído no imóvel direito real de superfície ou direito real de laje, caso em que a superfície ou a laje, respectivamente, constituem bens autônomos frente ao solo, passíveis de hipoteca própria. Do mesmo modo, se houver no imóvel condomínio edilício, cada unidade imobiliária, acompanhada da sua fração ideal no solo e nas demais partes comuns, constitui objeto de hipoteca autônoma.

Sublinhe-se que a hipoteca traduz vínculo jurídico indivisível, que adere à coisa *Abrangência da hipoteca* por inteiro e a cada uma das suas partes (*totum in toto et qualibet parte*). Esse princípio, comum a todos os direitos reais de garantia, tem especial importância em relação ao direito hipotecário, haja vista incidir sobre bem imóvel, cujas características físicas podem evoluir com o tempo, em razão, por exemplo, da realização de construções ou benfeitorias. Nesse particular, o art. 1.474 do Código Civil destaca que a hipoteca atinge o imóvel em sua totalidade, compreendendo "todas as acessões, melhoramentos ou construções". Desse modo, abrange, além do solo, todas as acessões, as benfeitorias e os frutos pendentes no momento da excussão hipotecária, independentemente de expressa menção no título constitutivo.[13] Mostra-se indiferente se já existiam ao tempo da constituição da hipoteca ou se foram acrescidas posteriormente ao imóvel, porque, em qualquer caso, a hipoteca alcança, ao tempo da execução, o imóvel por inteiro e todas as suas partes integrantes.[14] No entanto, uma vez uma vez separados, os acessórios assumem o caráter de coisas móveis e, dessa forma, se desligam da hipoteca.[15]

As acessões a que alude o dispositivo legal compreendem tanto as naturais, como as árvores e os acréscimos aluviais, que acedem ao imóvel pela força da natureza, quanto às artificiais, isto é, plantas, sementes e construções, que se incorporam ao solo pelo trabalho humano. Os "melhoramentos", por sua vez, referem-se às benfeitorias realizadas no imóvel, as quais são abrangidas pela hipoteca, independentemente da natureza da obra (necessária, útil ou voluptuária), ressalvado o direito das partes de indicar no título constitutivo os bens acessórios que ficam excluídos do gravame hipotecário.[16]

A hipoteca abrange inclusive as acessões e benfeitorias que tenham sido reali- *Acessões e benfeitorias de terceiros* zadas por terceiro, porque, uma vez incorporadas ao imóvel, passam a integrar, junto com este, bem jurídico unitário e inseparável. No entanto, controverte-se na doutrina acerca do direito que cabe ao autor das obras frente ao credor hipotecário. Na lição de Clovis Bevilaqua, perfilhada por muitos autores, "quando as benfeitorias úteis e necessárias são devidas a terceiro, com direito de indenização contra o pro-

---

[13] V. nesse sentido STJ, 3ª T., REsp n. 1.399.143/MS, Rel. Min. Paulo de Tarso Sanseverino, publ. *DJe* 13.6.2016.

[14] Arnaldo Rizzardo, *Direito das Coisas,* Rio de Janeiro: Forense, 2016, 8ª ed., p. 1.063-1.064.

[15] Lafayette Rodrigues Pereira, *Direito das coisas*, vol. II, cit., p. 79.

[16] Sílvio de Salvo Venosa, *Código Civil Interpretado*, São Paulo: Atlas, 2013, 3ª ed., p. 1.706.

prietário, o credor exequente, que as lucra, deve descontar-lhes o valor no preço do imóvel, para pagamento das benfeitorias. O autor destas está armado com o direito de retenção contra o credor hipotecário".[17] Significa dizer que, uma vez realizada a excussão do imóvel hipotecado, o produto obtido deve ser destinado, primeiramente, à satisfação do credor por benfeitorias, cabendo, em seguida, ao credor hipotecário o saldo remanescente até a importância do seu crédito.

A isso objetou-se, todavia, que o credor hipotecário, não tendo consentido com a sua realização, não responde pela benfeitoria. O único responsável pelo pagamento da indenização é o proprietário do imóvel, contra quem o autor da obra tem crédito pessoal, cujo privilégio especial (CC, art. 964, III), na ordem das preferências legais, vem depois do crédito com garantia real (CC, art. 961). Disso decorre, como ensina Azevedo Marques, que "o credor hipotecário, que a nada se obrigou pessoalmente e goza de um direito real *erga omnes*, com preferência sobre quaisquer direitos pessoais, não pode ser obrigado a coisa alguma perante terceiros não inscritos".[18]

Desse modo, em caso de concurso entre o autor da benfeitoria e o credor hipotecário na distribuição do produto da alienação judicial do imóvel hipotecado, deve prevalecer o direito do segundo de receber prioritariamente a quantia que lhe é devida, com antecedência sobre o autor da benfeitoria, que tem direito apenas sobre as sobras, depois de satisfeito o crédito hipotecário. A solução oposta, consistente em descontar do produto entregue ao credor hipotecário o valor da benfeitoria, não pode ser aceita, pois que significaria conceder primazia ao crédito pessoal sobre o real, contrariamente à ordem legal estabelecida no art. 961 do Código Civil ("o crédito real prefere ao pessoal de qualquer espécie").

Do mesmo modo, não assiste ao credor por benfeitorias necessárias ou úteis opor o seu direito de retenção em face do credor hipotecário ou do arrematante, porque, do contrário, se estaria malferindo a oponibilidade *erga omnes* e a preferência da hipoteca, que passaria, assim, a ter uma eficácia subalterna ao do crédito pessoal. Nessa direção decidiu o Superior Tribunal de Justiça, em cujo acórdão restou consignado que "eventual direito de indenização por benfeitorias construídas por terceiro de boa-fé deve ser direcionado contra o proprietário do imóvel, não sendo oponível ao titular do direito real de garantia. Admitir que terceiros possam exercer direito de retenção sobre benfeitorias erguidas em imóveis dados em hipoteca equivaleria a retirar a eficácia do próprio direito real de garantia e a tornar letra morta a disposição contida no art. 1.474 do Código Civil".[19]

---

[17] Clovis Bevilaqua, *Código Civil dos Estados Unidos do Brasil Comentado*, vol. III, cit., p. 311. Nessa direção já se posicionava Lafayette Rodrigues Pereira, *Direito das coisas*, vol. II, cit., p. 91. V. ainda Orlando Gomes, *Direitos Reais*, cit., p. 416.

[18] Azevedo Marques, *A Hypotheca: doutrina, processo e legislação*, cit., p. 86. V. na mesma direção J. M. de Carvalho Santos, *Código Civil brasileiro interpretado*, vol. X, cit., pp. 309-313.

[19] STJ, 3ª T., REsp 1.361.214/MG, Rel. Min. Ricardo Villas Bôas Cueva, julg. 27.11.2018, publ. *DJe* 6.12.2018. V. ainda: TFR-4, 4ª T., Ap. Cív. 50107375420124047001, Rel. Des. Cândido Alfredo Silva Leal Junior, julg. 6.5.2020.

CAPÍTULO XX | HIPOTECA 467

Em contrapartida, na falta de expressa disposição contratual, a hipoteca não *Pertenças e imóveis contíguos* alcança as pertenças do imóvel, isto é, os bens, como máquinas, animais de serviço e alfaias, que, não constituindo parte integrantes do imóvel, se destinam, de modo duradouro, ao uso ou aformoseamento deste (CC, art. 93). Embora reputam-se bens acessórios, as pertenças não se incluem no negócio jurídico atinente ao bem principal, salvo se o contrário resultar da lei, da manifestação de vontade ou das circunstâncias do caso (CC, art. 94). Sendo assim, a hipoteca só alcança determinada pertença que guarnece o imóvel se ela estiver expressamente mencionada no título constitutivo. Excluem-se também as aquisições posteriores de imóveis contíguos, ainda que anexados ao imóvel hipotecado, porque não são acessões, mas coisas distintas, que conservam a sua individualidade.[20]

O art. 1.473 do Código Civil admite ainda a instituição de hipoteca em relação *Domínio direto e domínio útil* aos imóveis foreiros, isto é, gravados de enfiteuse. Embora tenha o Código Civil proibido a criação de novas enfiteuses ou subenfiteuses (CC, art. 2.308), remanescem aquelas constituídas anteriormente, com duração perpétua. O direito real de enfiteuse produz o desmembramento da propriedade, conservando o dono do imóvel a *nua propriedade*, também denominada *domínio direto*, ao passo que o titular da enfiteuse, o chamado *enfiteuta*, recebe o *domínio útil*, cujo conteúdo se afigura extremamente amplo, absorvendo as três faculdades dominiais sobre o imóvel (uso, gozo e disposição). Ao proprietário do imóvel, titular do domínio direito, só assistem os direitos de receber a pensão anual ajustada no título – chamada de *foro* – e um percentual do valor do negócio, designado de *laudêmio*, sempre que o enfiteuta quiser alienar o domínio útil. Admite-se que tanto o proprietário dê em hipoteca o seu domínio direto quanto o enfiteuta grave com a garantia real o seu domínio útil (CC, art. 1.473, II e III).

A hipoteca pode recair ainda sobre a propriedade superficiária, vale dizer, sobre *Propriedade superficiária* os bens superficiários (plantações ou construções) que, como já se mencionou, constituem bem jurídico autônomo e destacado do solo enquanto vigorar a concessão do direito real de superfície. Como visto em outra sede (cf. Capítulo XVI), sustentava a doutrina, mesmo na ausência de expressa disposição legal, que os bens superficiários podiam ser hipotecados, independentemente do solo, vez que consubstanciavam espécie de bem imóvel, objeto de propriedade separada. Alertava, contudo, que, por ser a propriedade superficiária resolúvel, a hipoteca concedida na sua pendência também era temporária, cessando de existir sempre que se extinguisse o direito real de superfície.

Tal posição doutrinária veio a ser consagrada no texto legal pela Lei n. 11.481, de 2007, que acrescentou o inciso X ao art. 1.473 do Código Civil, de modo a reconhecer textualmente a possibilidade de a propriedade superficiária ser objeto de hipoteca. A referida Lei incluiu ainda o § 2º no art. 1.473, prevendo que a hipoteca instituída sobre os bens superficiários tem eficácia limitada à duração do direito de superfície.

---

[20] Clovis Bevilaqua, *Código Civil dos Estados Unidos do Brasil Comentado*, vol. III, cit., p. 310.

Recursos naturais

Nos termos do art. 1.473, V, do Código Civil, pode ainda ser objeto de hipoteca recursos naturais, tais como minas e jazidas, independentemente do solo onde se acham. No entanto, na atual ordem constitucional, tais riquezas, que formam propriedade distinta da do solo, pertencem à União (CR, art. 20, IX, e art. 176) e somente podem ser exploradas por terceiro mediante autorização ou concessão daquela (CR, art. 176, § 1º). Por isso que, a rigor, o que o Código Civil autoriza é a hipoteca do direito de aproveitamento da mina ou jazida, o chamado *direito de lavra*, acompanhado do complexo de instalações, como edificações, máquinas, instrumentos e veículos, vinculadas ao desempenho dessa atividade econômica.[21]

Estradas de ferro

As estradas de ferro também são passíveis de hipoteca (CC, art. 1.473, IV), que se rege por normas especiais, estabelecidas nos artigos 1.502 a 1.505 do Código Civil. Por estrada de ferro entende-se a universalidade de fato, composta dos diferentes elementos afetados à exploração da ferrovia, compreendendo o material fixo (trilhos assentados, oficinas, estações etc.) e o material rodante (locomotiva e carros).[22] Como ensina San Tiago Dantas, "a estrada de ferro apresenta uma estabilidade tal, satisfaz de tal maneira o requisito da imobilidade do bem",[23] que se justifica plenamente a sua submissão ao direito hipotecário.

Navios e aeronaves

O legislador admite igualmente a hipoteca de navios e aeronaves (CC, art. 1.473, VI e VII). Embora constituam bens móveis, navios e aeronaves sujeitam-se a regime jurídico semelhante ao dos imóveis, fundado em registro público, no qual se realizam obrigatoriamente a abertura de matrícula individual e a inscrição de todos os ônus reais. A matrícula registrária, associada aos sinais ostensivos de identificação de cada aparelho, permite neutralizar os riscos advindos de seu constante deslocamento, facilitando a sua localização pelo credor em caso de excussão e tornando, por conseguinte, mais segura a garantia hipotecária.[24] A hipoteca de navios e aeronaves rege-se por leis especiais (CC, art. 1.373, § 1º). À hipoteca de navios aplica-se o disposto nos artigos 12 a 14 da Lei n. 7.652, de 1988. Por sua vez, a hipoteca de aeronaves encontra-se disciplinada no artigo 138 do Código Brasileiro de Aeronáutico (Lei n. 7.565/1986).

Direitos reais no imóvel alheio

A hipoteca pode ter ainda por objeto os direitos reais sobre coisa imóvel alheia previstos nos incisos VIII e IX do art. 1.473 do Código Civil, a saber, o direito real de uso especial para fins de moradia, de que trata a Medida Provisória n. 2.220/2001, e a concessão de direito real de uso, que encontra a sua disciplina no Dec.-Lei n. 271/1967. Ambos os incisos foram incluídos no art. 1.473 por força da Lei n. 11.481, de 2007, diploma que se inscreve no âmbito maior das políticas públicas de desenvolvimento dos programas habitacionais e de regularização fundiária dos moradores de terrenos públicos. A permissão legal para a hipoteca desses direitos imobiliários constituiu

---

[21] V. nessa direção Tupinambá Miguel Castro do Nascimento, *Hipoteca,* Rio de Janeiro: Aide, 1996, p. 45.

[22] Caio Mário da Silva Pereira, *Instituições de Direito Civil*, vol. IV, cit., p. 327.

[23] San Tiago Dantas, *Programa de Direito Civil*, vol. III, cit., p. 429.

[24] Caio Mário da Silva Pereira, *Instituições de Direito Civil*, vol. IV, cit., p. 328.

medida importante para estimular a concessão do crédito para construções e benfeitorias nessas moradias.

Sublinhe-se que a concessão de uso traduz direito real na coisa alheia que atribui ao respectivo titular, por prazo certo ou indeterminado, a plena fruição do imóvel desde que respeitada a finalidade para a qual foi constituído (Dec.-Lei n. 271/1967, art. 7º). Sendo o direito real concedido por tempo limitado, a hipoteca que nele se instituir também se afigura temporária, extinguindo-se conjuntamente à concessão (CC, art. 1.473, § 2º). *Duração da hipoteca da concessão do direito real de uso*

A Lei n. 13.465, de 2017, que introduziu o direito real de laje no ordenamento pátrio, não acrescentou tal direito real na enumeração, prevista no art. 1.473 do Código Civil, dos bens que podem ser gravados de hipoteca. Não o fez nem precisava fazê-lo, pois que a laje constitui unidade imobiliária autônoma, dotada de matrícula própria no registro de imóveis (CC, art. 1.510-A, § 3º). Sendo assim, a laje enquadra-se no inciso I do art. 1.473, que admite, em termos amplos, a hipoteca sobre "os imóveis e os acessórios dos imóveis conjuntamente com eles". *Hipoteca da laje*

A Lei n. 14.620, de 2023, incluiu o inciso XI no art. 1.473, passando a admitir a constituição de hipoteca sobre direito oriundo da imissão provisória na posse e da sua respectiva cessão ou promessa de cessão, instituto objeto de análise supra (Capítulo IX, item 6). *Hipoteca sobre a imissão provisória na posse*

3. CONSTITUIÇÃO DA HIPOTECA CONVENCIONAL

Em capítulo anterior já foram examinados os requisitos de validade e eficácia do negócio constitutivo de hipoteca. Quanto à forma, observou-se que a escritura pública é da essência do ato na hipótese de a garantia hipotecária recair sobre imóvel de valor superior a trinta vezes o maior salário mínimo vigente no País (CC, art. 108). Também foram analisados na oportunidade os requisitos subjetivos do negócio, valendo aqui reiterar que, além da capacidade em geral para os atos da vida civil, exige-se do outorgante da garantia que tenha o poder de alienar o bem jurídico oferecido em hipoteca (CC, art. 1.420, primeira parte). No mais das vezes, há de ser o dono da coisa, mas no caso de recair a hipoteca sobre direito real incidente na coisa imóvel alheia (domínio útil, direito real de especial para fins de moradia, concessão de direito real de uso), cabe ao respectivo titular conceder a garantia real. *Requisitos formais e subjetivos*

Foram examinados igualmente os requisitos objetivos da convenção hipotecária, que, como visto, deve recair obrigatoriamente sobre bem jurídico suscetível de alienação (CC, art. 1.420, segunda parte), sob pena de nulidade. Também se mencionou na ocasião que, em razão do princípio da especialização, o contrato deve identificar a dívida garantida e o bem gravado de hipoteca (CC, art. 1.424). *Requisitos objetivos*

Pode suceder de a coisa hipotecada estar gravada de algum direito real, como o usufruto ou a servidão. Na medida em que o ônus real não torna o bem inalienável nem priva o proprietário do poder de aliená-lo, não há óbice à constituição da hipoteca. No entanto, como enuncia a parte final do art. 1.474 do Código Civil, subsistem os ônus *Subsistência dos ônus reais preexistentes* reais previamente constituídos, que, em virtude do princípio da preferência temporal, prevalecem sobre a hipoteca. Assim, sendo promovida a excussão hipotecária, transfere-se ao arrematante o imóvel tal como se encontra, como todos os seus ônus reais, sem qualquer prejuízo à continuidade dos direitos do usufrutuário ou do titular do prédio dominante. Solução diversa, contudo, verifica-se na hipótese de o imóvel já ter sido prometido à venda por seu dono, mediante promessa de compra e venda irretratável levada ao registro imobiliário. Nesse caso, não se admite a constituição da hipoteca, porque incompatível com o direito real preexistente do promitente comprador.

Natureza constitutiva do registro

Em consonância com o sistema geral delineado no artigo do Código Civil, o contrato, por si só, não basta para criar o direito real de hipoteca, traduzindo, ao revés, mero título aquisitivo, que expressa tão somente a vontade das partes de destinar o bem jurídico, objeto do negócio, à segurança do crédito. A hipoteca só se constitui pelo registro do título no cartório do registro de imóveis da circunscrição onde se encontra o imóvel. Se o título fizer referência a mais de um imóvel, mostra-se necessário o seu registro em cada um dos respectivos cartórios (CC, art. 1.492).

Realização do registro

Qualquer interessado pode requerer o registro, mediante a exibição do título hipotecário (CC, art. 1.492, parágrafo único). No mais das vezes, é o credor quem providencia o registro, pois, enquanto este não for realizado, não existe hipoteca e, por conseguinte, não lhe assiste direito de preferência nem de sequela. Em uma palavra, sem o registro, o título hipotecário não tem serventia. Não há prazo para proceder ao registro, sendo possível requerê-lo a qualquer tempo. No entanto, como a ordem de registro determina a prioridade, o credor costuma fazê-lo o quanto antes, de modo a assegurar a preferência da sua hipoteca sobre as posteriores, que o devedor possa vir a constituir sobre o mesmo imóvel.

Cédula hipotecária

Nos termos do art. 1.486 do Código Civil, "podem o credor e o devedor, no ato constitutivo da hipoteca, autorizar a emissão da correspondente cédula hipotecária, na forma e para os fins previstos em lei especial." Constitui a cédula hipotecária título de crédito representativo de dívida garantida por hipoteca, cuja transmissão efetua-se por meio de endosso. Continua a regular-se por leis especiais, que disciplinam, entre outros aspectos, os sujeitos autorizados a emiti-la e as espécies de financiamento que podem lastrear a sua emissão. As principais espécies são o crédito rural hipotecário (Dec.-Lei n. 70/1966) e o crédito industrial hipotecário (Dec.-Lei n. 413/1969). Ambos os diplomas preveem que, até o vencimento da cédula, o bem hipotecado se mantém imune a penhora, arresto ou sequestro por outras dívidas do devedor ou do terceiro garantidor. No entanto, como já se aludiu por ocasião do estudo da cédula rural pignoratícia, tal proteção legal encontra-se relativizada pela jurisprudência (cf. Capítulo XIX).

4. DURAÇÃO DA HIPOTECA CONVENCIONAL

Limite legal de duração

Por se tratar de direito acessório, a hipoteca tem a sua existência vinculada ao da obrigação principal. Nada obstante, o art. 1.485 do Código Civil estabelece o limite máximo de trinta anos para a validade da hipoteca, contados, conforme expressa dicção legal, da data de celebração do contrato hipotecário (e não do registro). O texto original do dispositivo fixava o prazo em vinte anos, mas a Lei n. 10.931/2004 alterou a sua redação de modo a restabelecer o limite de trinta anos, que vigorava ao tempo do Código Civil de 1916 (art. 817). A estipulação de prazo superior não induz a invalidade do contrato principal nem da hipoteca, mas a sua duração se reduz até o limite estabelecido em lei.[25] Na lição de Carvalho Santos, justifica-se a limitação porque "a perpetuidade ou a longa duração das inscrições acarretaria graves inconvenientes, dentre os quais se destaca a dificuldade da pesquisa dos registros para conhecer o estado da propriedade imobiliária, o que, em última análise, redundaria em quase nulificar a sua finalidade, pela incerteza que trariam os resultados de qualquer indagação nesse sentido".[26]

Findo o prazo máximo, extingue-se a hipoteca por perempção (também denominada de *usucapio libertatis* – a usucapião da liberdade da coisa), salvo se for renovada por meio de novo título e novo registro. Essa reconstituição conserva a prioridade originária da hipoteca, definida pelo número de ordem do registro primitivo. Nessa esteira, o art. 238 da Lei de Registros Públicos deixa claro que "o registro da hipoteca convencional valerá pelo prazo de 30 (trinta) anos, findo o qual só será mantido o número anterior se reconstituída por novo título e novo registro". No entanto, caso a renovação não seja providenciada tempestivamente, antes do decorrido o prazo máximo legal, a hipoteca perime, subsistindo a dívida principal. Nessa hipótese, o crédito passa a ser quirografário, desprovido de garantia real.

> Perempção da hipoteca

Pode suceder de as partes desejarem estender o vencimento da obrigação principal, prorrogando, por igual prazo, o termo da hipoteca. O disposto no art. 1.485 do Código Civil autoriza ambas a requererem, de comum acordo, a averbação da prorrogação da hipoteca à margem do seu registro. O requerimento pode ser formulado por simples escrito dirigido ao oficial do registro, dispensada a forma pública. Mostra-se lícito às partes prorrogar a hipoteca tantas vezes quanto quiserem, desde que não ultrapassem, dessa forma, o limite legal de trinta anos. Se quiserem estender a validade da garantia para além desse prazo máximo, cumpre-lhes renovar a hipoteca por meio de novo título e novo registro, na forma já vista acima.

> Prorrogação da hipoteca

Para ter eficácia perante terceiros, a prorrogação deve ser averbada no registro competente antes de vencida a dívida garantida pela hipoteca.[27] Tal questão mostra-se especialmente importante no caso de o imóvel estar gravado por sucessivas hipotecas. Isto porque o vencimento da primeira hipoteca faz nascer certos direitos em favor do

---

25 Orlando Gomes, *Direitos Reais*, cit., p. 422.
26 J. M. de Carvalho Santos, *Código Civil brasileiro interpretado*, vol. X, cit., p. 366. Na mesma direção, afirma San Tiago Dantas que "a publicidade só se efetiva através da possibilidade que todos têm de consultar o registro público e saber qual a situação em que se encontram as propriedades imóveis. (…) Ora, isso jamais seria possível, se a pesquisa se tivesse de levar até uma época recuada, de um modo indefinido. É preciso conceder-se um prazo, além do qual toda a busca se torna inútil, e o prazo que então se concede é o de 30 anos que, como se sabe, é o prazo de usucapião extraordinário" (*Programa de Direito Civil*, vol. III, cit., pp. 447-448). Note-se que o autor se referia ao prazo da usucapião extraordinária previsto no Código Civil de 1916, o qual, com o advento do Código Civil de 2002, reduziu-se para quinze anos.
27 Orlando Gomes, *Direitos Reais*, cit., p. 421.

credor sub-hipotecário, como o de promover a excussão do bem hipotecado (CC, art. 1.477), o qual, uma vez adquirido, não pode ser subtraído pelo acordo firmado entre o devedor e o primeiro credor.

Renovação da especificação da hipoteca

A reconstituição do título e do registro da hipoteca, de que se tratou acima, não se confunde com a exigência, prevista no art. 1.498 do Código, de renovação da especificação dos bens hipotecados. Como já mencionado, o texto original do Código Civil reduziu o prazo da perempção hipotecária, que no regime do Código anterior era de trinta anos (art. 817), para vintes anos e, nos mesmos termos, diminuiu o prazo de validade da especificação. No entanto, a Lei n. 10.931/2004, que restituiu a duração do registro hipotecário para trinta anos, não alterou o da especificação, que permanece, assim, em vinte anos. Desse modo, sem razão aparente, o regime da hipoteca convencional tornou-se mais complexo, obrigando as partes a cumprir, em momentos distintos, duas providências que, na vigência do Código Civil de 1916, podiam ser satisfeitas em uma única oportunidade.

A renovação da especialização tem por finalidade atualizar a descrição dos imóveis hipotecários, porque, como esclarece Carvalho Santos, "presume a lei que tenha havido alteração do valor dos imóveis, ou, melhor, que tenha havido alterações que precisam ser constatadas em benefício dos interessados, por meio de nova avaliação".[28] Sendo a renovação averbada no registro imobiliário dentro do prazo legal, a hipoteca preserva o seu número de ordem original e a preferência sobre os demais ônus reais incidentes no imóvel, inscritos posteriormente. Do contrário, se as partes não agirem tempestivamente, a hipoteca perde a sua especialização e, consequentemente, a sua eficácia, autorizando o proprietário a promover o seu cancelamento. Nesse caso, só resta às partes a constituição de nova hipoteca, com novo número de ordem, alterando a sua preferência.

Extensão da hipoteca

Nada obstante a hipoteca traduzir direito acessório, vinculado ao crédito garantido, o art. 1.487-A, acrescido ao Código Civil por efeito da Lei n. 14.711, de 2023, autoriza, mediante requerimento do proprietário, a extensão da hipoteca para garantir novas obrigações. Trata-se de figura conhecida como *hipoteca recarregável*, amplamente utilizada em outros ordenamentos.

Tal expediente permite o aproveitamento da mesma hipoteca para outros créditos de titularidade do mesmo credor, por meio de simples averbação na matrícula do imóvel, desde que não seja excedido o prazo e o valor máximo garantido, indicados no contrato constitutivo original. Além disso, o dispositivo legal põe a salvo a prioridade de outros direitos reais que tenham sido levados a registro antes de efetuada a extensão.

5. EFEITOS DA HIPOTECA

Preservação da garantia antes do vencimento

A hipoteca produz efeitos desde o momento em que se constitui por meio de registro do respectivo título no registro imobiliário. Como já se aludiu em outro momento (v. Capítulo XVIII), no período que antecede o vencimento da dívida, o

---

[28]   J. M. de Carvalho Santos, *Código Civil brasileiro interpretado*, vol. X, cit., p. 444.

CAPÍTULO XX | HIPOTECA **473**

desenvolvimento da relação jurídica orienta-se à preservação da utilidade da garantia real. A esse objetivo associam-se diferentes institutos, como o ônus do devedor de substituir ou reforçar o bem destruído, deteriorado ou depreciado (CC, artigos 1.425 e 1.426) e a sub-rogação da garantia no valor da indenização devida pelo segurador, o terceiro causador do dano ou o poder público, no caso da desapropriação. Além disso, o ônus hipotecário restringe o exercício do domínio, impondo ao proprietário o dever de abster-se da prática de atos que, de algum modo, prejudiquem a capacidade do bem em solver o crédito.[29] Assim é que não se admite que constitua servidão predial ou altere a substância da coisa, destruindo edificações ou modificando o gênero de cultura, se desse modo puder diminuir o seu valor.[30]

Ressalvada essa restrição ao direito de propriedade, que se justifica na preservação da garantia, o proprietário mantém todos os elementos do domínio sobre a coisa onerada, como a posse, a administração, o gozo e o poder de disposição.[31] Tem direito a manejar os interditos possessórios para defender a sua posse contra terceiros, inclusive o credor hipotecário.[32] Assiste-lhe, também, o direito de perceber os frutos engendrados pela coisa bem como o de alterar as construções existentes e desfazer-se de partes acessórias que não lhe convenham mais.

Poderes do proprietário

As coisas, dessa maneira separadas do imóvel, assumem a qualidade de bem móvel e se desligam da garantia real. Se forem alienadas a terceiro, transmitem-se ao adquirente livres do ônus hipotecário. No entanto, como já mencionado, o proprietário não pode agir contrariamente aos interesses do credor hipotecário, desfalcando o bem hipotecado a ponto de torná-lo insuficiente para a garantia da dívida. Nesse caso, embora a coisa mobilizada fique excluída da hipoteca, o credor pode pedir reforço da hipoteca, sob pena de considerar a dívida vencida antecipadamente.[33]

Mobilização dos acessórios

O dono conserva o *ius disponendi*, podendo alienar a qualquer tempo o bem hipotecado, o qual, todavia, em virtude da sequela, transmite-se ao adquirente junto com o gravame hipotecário. Por isso que a transferência de titularidade não causa qualquer prejuízo ao credor hipotecário, que, desta feita, não tem legítimo interesse em opor-se à sua consumação. A cláusula que proíbe ao proprietário alienar o imóvel hipotecado reputa-se nula, nos termos do art. 1.475 do Código Civil, porque tal restrição prejudicaria a circulação da riqueza imobiliária sem, contudo, proporcionar vantagem ao credor. Nada obstante, o parágrafo único do referido preceito legal autoriza que se estipule, por meio de expressa disposição contratual,[34] o vencimento antecipado do crédito hipotecário em caso de alienação do bem. Oferece-se, nesse

Alienação do imóvel hipotecado

---

29 Darcy Bessone, *Direitos Reais*, São Paulo: Saraiva, 1996, 2ª ed., p. 339.
30 V. Affonso Fraga, *Direitos Reaes de Garantia – Penhor, Antichrese e Hypotheca*, cit., p. 411; e Silvio Rodrigues, *Direito Civil: Direito das Coisas*, vol. V, São Paulo: Saraiva, 2003, 28ª ed., p. 398.
31 Affonso Fraga, *Direitos Reaes de Garantia – Penhor, Antichrese e Hypotheca*, cit., p. 645.
32 Caio Mário da Silva Pereira, *Instituições de Direito Civil*, vol. IV, cit., p. 338.
33 Lafayette Rodrigues Pereira, *Direito das coisas*, vol. II, cit., pp. 79-81.
34 Na ausência de expressa disposição, a transferência do imóvel não se constitui em causa de vencimento antecipado da dívida. Nessa direção, v. STJ, 1ª T., Ag. Reg. no REsp. 838.127/DF, Rel. Min. Luiz Fux, julg. 17.2.2009; e STJ, 4ª T., REsp. 117.675/SP, Rel. Min. Ruy Rosado de Aguiar, julg. 30.4.1998.

caso, ao credor a oportunidade de favorecer a satisfação do seu débito pelo acesso ao preço recebido pelo devedor alienante.

Efeitos da hipoteca após o vencimento

Vencida a dívida, o devedor deve proceder ao pagamento, que conduz ao adimplemento da obrigação e, por efeito da acessoriedade, à extinção do direito real de hipoteca. Em contrapartida, vencida e não paga a dívida, o titular da hipoteca fica autorizado a promover a excussão do bem gravado com vistas a satisfazer o seu crédito.

De ordinário, efetua-se pela via judicial, por meio de ajuizamento da ação de execução e a subsequente expropriação do bem hipotecado, sendo admitida, mediante expressa previsão contratual, a realização por meio do procedimento extrajudicial estabelecido no art. 9º da Lei n. 14.711, de 2023.

Avaliação do bem no título

No intuito de simplificar a excussão, o artigo 1.484 do Código Civil autoriza o credor e o proprietário, de comum acordo, a ajustar, na escritura da hipoteca, o valor do imóvel hipotecado, o qual, atualizado, servirá de base para arrematações, adjudicações e remições, dispensando, assim, a avaliação. Podem as partes estabelecer preço fixo ou definir os parâmetros com base nos quais se apura, mais adiante, o valor.[35] O acordo, porém, não tem força absoluta e não impede que uma das partes, em consenso com a outra, submeta o bem à nova avaliação no momento da execução ou requeira ao juiz, mesmo sem a anuência da outra, a realização de nova avaliação, nas hipóteses previstas no art. 873 do Código de Processo Civil, por exemplo, quando houver evidências de que a cifra constante do contrato não reflete o valor justo da coisa.[36]

Já no âmbito do procedimento extrajudicial de que trata o art. 9º da Lei n. 14.711, de 2023, a avaliação prevista na escritura da hipoteca constitui uma das referências para a excussão do imóvel hipotecado. Nos termos do § 5º do referido art. 9º, não se admite que, no primeiro leilão público, o imóvel seja arrematado por valor inferior ao constante do título constitutivo da hipoteca ou à avaliação realizada pelo órgão público competente para cálculo do imposto sobre transmissão *inter vivos*, o que for maior.

Sendo infrutífero o primeiro leilão público, procede-se ao segundo, quando se admite lance mínimo equivalente ao valor da dívida acrescida de encargos e despesas de cobrança e, se tal valor não for alcançado, o credor hipotecário pode autorizar a arrematação por lance que corresponda a, pelo menos, metade do valor de avaliação do bem (Lei n. 14.711, de 2023, art. 9º, § 6º). Ainda na hipótese de insuficiência do valor após a realização do segundo leilão, é facultado ao credor, por fim, apropriar-se do imóvel em pagamento da dívida, pelo valor desta, acrescido das despesas de cobrança (Lei 14.711/2023, art. 9º, § 9º).

Execução em face do terceiro adquirente

Por ser dotada de eficácia real, a hipoteca adere à coisa e segue-a por onde ela for, de sorte que o credor pode excutir o bem ainda que este se encontre nas mãos de

---

[35]   J. M. de Carvalho Santos, *Código Civil brasileiro interpretado*, vol. X, cit., p. 369.

[36]   Nesse sentido, Clovis Bevilaqua, *Código Civil dos Estados Unidos do Brasil Comentado*, vol. III, cit., p. 322.

terceiro. Se não efetuar a remição, não pagar a dívida nem abandonar o imóvel, o adquirente se sujeita à execução hipotecária. Eis a sequela, característica importantíssima dos direitos reais de garantia, que faz da hipoteca direito exercitável *adversus quemcumque possessorem.*[37]

No entanto, como toda situação subjetiva, o direito real de garantia também é relativo, admitindo-se o seu exercício perante terceiros apenas quando se revelar digno de tutela à luz dos valores inscritos no ápice do ordenamento. Exemplo eloquente do necessário controle da legitimidade da garantia real encontra-se no enunciado n. 308 da Súmula da jurisprudência do Superior Tribunal de Justiça, que trata da hipótese em que a unidade imobiliária autônoma é objeto de hipoteca que garante a dívida contraída pela construtora perante o agente financeiro para viabilizar a incorporação imobiliária. De acordo com a sua dicção: "a hipoteca firmada entre a construtora e o agente financeiro, anterior ou posterior à celebração da promessa de compra e venda, não tem eficácia perante os adquirentes do imóvel". *(Controle de merecimento de tutela da hipoteca)*

De um lado, em consonância com o princípio da preferência temporal, o Enunciado consagra o entendimento de que a hipoteca, sendo posterior à promessa de compra e venda, não é oponível ao promitente adquirente. Ainda que a promessa não tenha sido levada a registro, prevalece o direito pessoal do promitente de adquirir o imóvel tão logo tenha quitado o preço, porque o credor hipotecário tinha, ou ao menos deveria ter, conhecimento de que as unidades do empreendimento já tinham sido comercializadas. Uma vez caracterizada, portanto, a má-fé (no sentido técnico do termo), não pode excutir hipoteca, sabendo que provocaria de tal modo o inadimplemento da promessa já celebrada pelo incorporador, frustrando o direito do promitente comprador. *(Ineficácia da hipoteca posterior à promessa de venda)*

Tampouco se admite a inserção, no contrato preliminar, da chamada "cláusula mandato" por meio da qual o promitente autorizaria a constituição, em seu nome, de hipoteca sobre sua unidade.[38] Além de incorrer na vedação expressa contida no art. 51, VIII, do Código de Defesa do Consumidor, que considera nula a cláusula abusiva que "imponha representante para concluir ou realizar outro negócio jurídico pelo consumidor", tal disposição contratual suscita flagrante conflito de interesses, incompatível com o desempenho da representação.

De outra parte, refletindo a jurisprudência formada no rumoroso caso Encol,[39] o Enunciado reputa ineficaz perante o promitente comprador a hipoteca celebrada entre *(Ineficácia da hipoteca anterior à promessa de venda)*

---

[37] Washington de Barros Monteiro, *Curso de Direito Civil: direito das coisas*, vol. III, cit., p. 415.

[38] V. STJ, 3.ª T., REsp 296.453/RS, Rel. Min. Carlos Alberto Menezes Direito, julg. 5.6.2001. V. também STJ, 4.ª T., REsp 329.968/DF, Rel. Min. Sávio de Figueiredo Teixeira, julg. 9.10.2001 e STJ, 3ª T., REsp 296.453/RS, Rel. Min. Carlos Alberto Menezes Direito, julg. 5.6.2001.

[39] Importante sociedade do ramo da incorporação imobiliária, a Encol entrou em colapso financeiro no final do século passado, deixando inacabados diversos empreendimentos imobiliários. Dentre outros problemas ocasionados, a construtora deixou de quitar os financiamentos vinculados ao Sistema Financeiro Habitacional (SFH) contraídos junto a credores que, dessa forma, procuraram executar as hipotecas constituídas em seu favor sobre as unidades imobiliárias comercializadas pela construtora. No entanto, quando da excussão, tais unidades já tinham sido prometidas à venda a

a construtora e o agente financeiro previamente à celebração da promessa de compra e venda. Embora, em uma primeira leitura, possa gerar a impressão de que o STJ rompeu com a sequela e a preferência temporal, típicas dos direitos reais de garantia, o entendimento da Corte, em verdade, baseia-se na aplicação circunstanciada da boa-fé objetiva ao direito real de hipoteca. Com efeito, entre outros argumentos, destacou-se que a incidência da hipoteca na unidade imobiliária prometida à venda colocava o adquirente em posição de desvantagem exagerada, uma vez que, além de responder pela sua dívida, via-se obrigado a pagar a dívida da incorporadora de modo a não perder o imóvel em caso de excussão da hipoteca. O arranjo se afigurava manifestamente desproporcional porque, em contrapartida ao agravamento da sua responsabilidade, o promitente comprador não obtinha a redução do preço do imóvel, que, ao reverso, era fixado no contrato em seu valor cheio de mercado. Daí a configurar-se a transferência abusiva dos riscos do empreendimento, em detrimento da parte vulnerável que adere ao contrato elaborado unilateralmente pelas outras.[40]

Controle da abusividade da sequela hipotecária

Disso decorre o caráter contrário à boa-fé objetiva da sequela hipotecária nessas circunstâncias, que, privilegiando excessivamente a posição do incorporador e a do financiador, não leva em devida consideração o legítimo interesse do promitente comprador em manter o imóvel pelo qual pagou a integralidade do preço devido. O enunciado da Súmula n. 308 do STJ, desta feita, longe de desrespeitar as regras mais comezinhas da hipoteca, significa apenas que todo direito, mesmo um direito real, é relativo, e não absoluto, devendo ser exercido de acordo com as suas finalidades sociais e segundo os ditames da boa-fé objetiva.[41]

Em atenção mais à função do que à estrutura dos negócios, o Superior Tribunal de Justiça vem estendendo o entendimento exarado no referido Enunciado a outras situações, sempre que presentes os seus pressupostos fáticos e axiológicos. Assim decidiu em relação a contratos de aquisição de imóveis realizados fora do Sistema Financeiro da Habitação, mesmo que financiados por agente que não seja instituição financeira,[42] e em relação à alienação fiduciária em garantia.[43] A orientação sumulada não se aplica, porém, à aquisição de imóveis comerciais, uma vez que se presume, nessa seara, a paridade entre as partes contratantes.[44]

---

terceiros que, em muitos casos, ali residiam há tempo. Tal situação gerou grande quantidade de litígios opondo os credores aos promitentes compradores das unidades imobiliárias.

[40] Cf., entre outros precedentes que levaram à edição do enunciado n. 308, STJ, 4.ª T., REsp 187.940/SP, Rel. Min. Ruy Rosado de Aguiar, julg. 18.02.1999; e STJ, 2.ª S., Emb. Divergência no REsp 415.667/SP, Rel. Min. Castro Filho, julg. 26.05.2004.

[41] Permita-se remeter sobre o ponto a Milena Donato Oliva e Pablo Renteria, Tutela do Consumidor: a cláusula geral de boa-fé objetiva nas situações jurídicas obrigacionais e reais e os enunciados 302 e 308 da súmula da jurisprudência predominante do Superior Tribunal de Justiça. In: *Revista de Direito do Consumidor,* vol. 101, set.-out. 2015, pp. 101.136.

[42] STJ, 3ª T., AgInt no REsp 1.432.693, Rel. Min. Marco Aurélio Bellizze, julg. 27.09.2016.

[43] STJ, 3ª T., REsp 1.576.164/DF, Rel. Ministra Nancy Andrighi, julg. 14.05.2019.

[44] Nesse sentido: "Segundo a orientação deste Superior Tribunal de Justiça, o entendimento consolidado nessa súmula aplica-se exclusivamente às hipotecas que recaiam sobre imóveis residenciais, não incidindo nas hipóteses de hipoteca constituída sobre imóvel comercial" (STJ, Decisão Monocrática,

6. HIPOTECA DE SEGUNDO GRAU

A constituição de múltiplas hipotecas sobre o mesmo encontra-se disciplinada nos artigos 1.476 a 1.478 do Código Civil, que reproduzem, substancialmente, as regras estabelecidas na codificação anterior. Consente-se ao dono do imóvel hipotecado o poder de gravá-lo de nova hipoteca, por meio de novo título hipotecário, em favor do mesmo ou de outro credor, de maneira a tirar máximo proveito econômico do seu bem. Nas palavras de Clovis Bevilaqua, a sub-hipoteca "procura dar expressão às necessidades econômicas e às riquezas territoriais, desenvolvendo o crédito".[45]

Liberdade do dono para sub-hipotecar

Não obstante o art. 1.476 do Código Civil empregar o singular, referindo-se a "outra hipoteca", mostra-se pacífico o entendimento de que a lei autoriza a constituição de duas ou mais hipotecas. Discute-se, todavia, a extensão desse poder. De acordo com a opinião majoritária, só se pode constituir novas garantias até o valor do bem, pois que, superado esse limite, a hipoteca já não cumpriria a sua finalidade de garantir a satisfação do crédito.[46] De outro lado, observa-se que, não tendo a lei estabelecido referido limite, não haveria razão para se negar ao credor o direito de aceitar a sub-hipoteca mesmo ciente de que, em razão dos ônus precedentes, o valor do bem pode revelar-se insuficiente para satisfazer o seu crédito.[47] Nem por isso a garantia deixaria de ter utilidade, porque o devedor pode conseguir solver os créditos hipotecários anteriores, elevando, assim, a preferência da sub-hipoteca. Caberia, assim, ao credor avaliar a capacidade de solvência do devedor e decidir se aceita a garantia, assumindo o risco de tornar-se quirografário na eventualidade de as hipotecas anteriores consumirem todo o valor do bem.

Limites à constituição de múltiplas hipotecas

Não se admite que o contrato hipotecário proíba o proprietário de instituir outra sobre o seu bem, porque, como ressalta a doutrina, tal cláusula obstaria o dono de tirar "de sua propriedade toda a utilidade jurídica que pode produzir, estancando-lhe uma fonte de crédito ainda em plena capacidade de produção",[48] sem proporcionar, em contrapartida, vantagem alguma ao credor hipotecário, que, de resto, não se vê prejudicado com a criação de nova hipoteca. No entanto, a criação de nova hipoteca pode ser inibida pela previsão contratual de vencimento antecipado da dívida no caso de o devedor sub-hipotecar o imóvel.[49]

Nulidade da proibição à sub-hipoteca

AREsp 1.806.521, Min. Paulo de Tarso Sanseverino, julg. 15.4.2021, publ. 22.4.2021). V. ainda STJ, 3ª T., REsp 651.323/GO, Rel. Min. Carlos Alberto Menezes Direito, julg. 7.6.2005; e STJ, 4ª T., AgInt no REsp 1.682.442/RS, Rel. Min. Raul Araújo, julg. 2.4.2019.

[45]   Clovis Bevilaqua, *Código Civil dos Estados Unidos do Brasil Comentado*, vol. III, cit., p. 312.

[46]   Clovis Bevilaqua, *Código Civil dos Estados Unidos do Brasil Comentado*, vol. III, cit.; Orlando Gomes, *Direitos Reais*, cit., p. 422; Silvio Rodrigues, *Direito Civil: Direito das Coisas*, vol. V, cit., p. 397; Washington de Barros Monteiro, *Curso de Direito Civil: direito das coisas*, vol. III, cit., pp. 411-412.

[47]   V. Affonso Fraga, *Direitos Reaes de Garantia – Penhor, Antichrese e Hypotheca*, cit., p. 556; Gladston Mamede, Direito das Coisas. Penhor. Hipoteca. Anticrese. In: Álvaro Villaça Azevedo (coord.), *Código Civil Comentado*, vol. XIV, São Paulo: Atlas, 2003, p. 344; e Gustavo Tepedino, Heloisa Helena Barboza, Maria Celina Bodin de Moraes, *Código Civil Interpretado Conforme a Constituição da República*, vol. III, Rio de Janeiro: Renovar, 2011, p. 929.

[48]   J. M. de Carvalho Santos, *Código Civil brasileiro interpretado*, vol. X, cit., p. 315.

[49]   Cf. Azevedo Marques, *A Hypotheca: doutrina, processo e legislação*, cit., p. 93-94; e Orlando Gomes, *Direitos Reais*, cit., p. 423.

Proteção do credor hipotecário perante a sub-hipoteca

O princípio que domina o direito vigente é o da plena proteção do credor hipotecário frente aos efeitos das hipotecas subsequentes. Como ensina San Tiago Dantas, "(…) seria injusto que, hoje, oferecêssemos a alguém a hipoteca de um bem e, amanhã, lhe diminuíssemos a garantia, constituindo outra hipoteca sobre ele. Podemos constituir as outras hipotecas, mas não diminuindo a garantia dos credores hipotecários anteriores".[50]

Prioridade do registro

Essa proteção apoia-se em duas regras. A primeira consiste na prioridade do registro. Como já referido, em observância ao princípio da preferência temporal – *prior in tempore, potior in iure*–, o parágrafo único do art. 1.493 do Código Civil estabelece que a numeração no protocolo do Cartório de Registro de Imóveis "determina a prioridade, e esta a preferência entre as hipotecas". Essa graduação orienta o concurso entre os credores hipotecários na hipótese de excussão da coisa, de modo que ao credor da hipoteca mais recente assiste prelação apenas sobre o valor que remanescer após a plena satisfação das hipotecas precedentes. Se o saldo acabar antes de satisfeitos todos os credores hipotecários, os últimos saem frustrados e, como já não dispõem da garantia hipotecária, passam à condição de credores quirografários, devendo buscar no patrimônio do devedor a satisfação de seus direitos.

A lei impõe ao oficial do registro determinadas cautelas destinadas a evitar dúvidas sobre a ordem das preferências. Assim, como já referido, não se admite que sejam registradas no mesmo dia duas hipotecas sobre o mesmo imóvel, protelando-se o registro do título apresentado posteriormente para, ao menos, o dia útil seguinte (LRP, art. 191). O registro de duas hipotecas no mesmo dia só se mostra possível se as escrituras, da mesma data e apresentadas no mesmo dia, indicarem a hora de sua lavratura, prevalecendo, nesse caso, a prioridade daquela que foi lavrada em primeiro lugar (LRP, art. 192). Além disso, quando se apresentar ao oficial do registro título de hipoteca que mencione a constituição de anterior, não registrada, sobrestará ele na inscrição da nova, depois de a prenotar, até trinta dias, aguardando que o interessado inscreva a precedente. Esgotado o prazo, sem que se requeira a inscrição desta, a hipoteca ulterior será registrada e obterá preferência (CC, 1.495).

Proibição da excussão antes de vencida a primeira hipoteca

A segunda regra, prevista no art. 1.477 do Código Civil, proíbe o credor da hipoteca subsequente de excutir a coisa antes de vencida a hipoteca antecedente. Desse modo, evita-se que o credor da segunda hipoteca deflagre o vencimento antecipado do crédito da primeira hipoteca, obrigando o credor desta última a ingressar no concurso e a receber a sua prestação antes do prazo que havia combinado com o devedor.[51] Assim, colocam-se a salvo os interesses do credor hipotecário que, tendo emprestado dinheiro por certo tempo, espera que o seu dinheiro frutifique por todo o prazo convencionado, sem ser constrangido, em razão do surgimento de hipoteca posterior a sua, a receber valor inferior ao que faria jus no vencimento pactuado, haja

---

50   San Tiago Dantas, *Programa de Direito Civil*, vol. III, cit., p. 387.

51   V. Clovis Bevilaqua, *Código Civil dos Estados Unidos do Brasil Comentado*, vol. III, cit., p. 313.

CAPÍTULO XX | HIPOTECA

vista serem descontados os juros correspondentes ao período não transcorrido, como manda o art. 1.426 do Código Civil.

Em definitivo, ainda que a sua dívida já esteja vencida, o credor da hipoteca subsequente encontra-se obrigado a aguardar o vencimento da hipoteca anterior para promover a excussão. Nesse ínterim, o devedor já se encontra em mora, sujeitando-se às suas consequências (juros moratórios, cláusula penal etc.), mas a garantia real ainda não pode ser acionada, em respeito à primeira hipoteca. Como esclarece a doutrina, não há injustiça em retardar-se o direito de excussão do segundo credor, porque, quando aceitou a sua garantia, já sabia da existência da primeira hipoteca e dos efeitos que daí decorreriam.[52]

O art. 1.477 do Código Civil excepciona o caso de insolvência do devedor, haja vista ocorrer, nessa hipótese, o vencimento de todas as dívidas (CC, art. 333, I) e a instauração do concurso universal de credores, observadas as regras do processo de insolvência civil (CPC de 1973, arts. 748 a 786-A, aplicáveis por previsão expressa do art. 1.052 do CPC de 2015, que não regulou com disposições específicas a matéria) ou da lei falimentar, no caso do devedor empresário (Lei n. 11.101/2005). O § 1º ressalva que o devedor não pode ser havido como insolvente apenas por faltar ao pagamento das obrigações garantidas por hipotecas posteriores à primeira. A regra procura evitar que o titular da segunda hipoteca, cujo crédito não foi pago no tempo devido, proceda à decretação da insolvência do devedor como meio de não aguardar o vencimento da primeira hipoteca.

Insolvência do devedor

Nada obstante, tem-se sustentado que, por meio do acréscimo do § 2º ao art. 1.477 do Código Civil, bem como da reforma da remição da hipoteca (como se verá adiante), a Lei n. 14.711, de 2023 teria autorizado o credor da hipoteca posterior, cuja dívida não foi paga no vencimento, a excutir o imóvel antes do vencimento da primeira hipoteca. Nessa direção, o credor da segunda hipoteca poderia remir a primeira hipoteca antes de vencido o respectivo crédito, de maneira a sub-rogar-se no referido direito e, assim, tornar-se titular de ambas as hipotecas. Ato contínuo, com base no que dispõe o referido § 2º do art. 1.477 poderia declarar o vencimento antecipado de todas as dívidas garantidas pelo imóvel, inclusive daquela garantida pela primeira hipoteca, com vistas a promover a execução do imóvel.

Vencimento cruzado das garantias constituídas sobre o mesmo imóvel

Na hipótese inversa, vencendo-se a primeira hipoteca antes da segunda, autoriza-se ao titular da primeira a promover a excussão da coisa hipotecada se a dívida não lhe for paga, ensejando, em consequência, o vencimento antecipado do crédito da segunda hipoteca (CC, art. 333, II). Desse modo, ambos os credores hipotecários participam do concurso e recebem o produto da excussão, observada a ordem das preferências. No entanto, o titular da segunda hipoteca pode ter interesse em aguardar momento mais oportuno para a execução e, para esse fim, a lei confere o direito de remir a primeira hipoteca, conforme se verá mais adiante.

Vencimento da primeira hipoteca antes da segunda

---

[52] San Tiago Dantas, *Programa de Direito Civil*, vol. III, cit., p. 450.

Autonomia negocial sobre a ordem das preferências

Sublinhe-se que a preferência temporal não traduz norma de ordem pública, sendo consentido às partes envolvidas – proprietário e credores – estabelecer de maneira diversa a graduação das prelações.[53] Isso porque a ordem das preferências é questão pertinente exclusivamente aos interesses dos credores hipotecários, sem relevância para os credores quirografários. Desse modo, mostra-se lícito pactuar, mediante um único título, pluralidade de hipotecas, em favor de distintos credores, e definir livremente a ordem dos pagamentos em caso de excussão do bem. Também se mostra possível colocar os credores em pé de igualdade, por meio da constituição de um direito de hipoteca comum a todos. Nessa hipótese, sendo executada a garantia, procede-se ao rateio do valor da coisa entre eles, na proporção de seus respectivos créditos.[54]

Admite-se ainda o *pacto de reserva prelatícia*,[55] por meio do qual o dono da coisa, ao constituir a primeira hipoteca, conserva o direito de conceder a outrem hipoteca prioritária àquela até determinado valor. Veja-se o seguinte exemplo: A outorga a B hipoteca em garantia de dívida de R$ 100.000,00, mas se reserva o direito de conferir a outrem uma segunda hipoteca, que será preferencial até R$ 30.000,00. Se A não se valer da prerrogativa, a primeira será a única hipoteca. Se, no entanto, A outorgar a C uma segunda hipoteca para garantir empréstimo no valor de R$ 50.000,00, o valor apurado com a excussão do bem hipotecado será destinado, em primeiro lugar, a C até R$ 30.000,00, em seguida, a B até R$ 100.000,00 e, por fim, a C novamente para satisfação do saldo remanescente. Ressalta-se que se afigura indispensável para a validade do pacto a indicação, no contrato constitutivo da primeira garantia, da importância máxima a ser contemplada, preferencialmente, pela segunda garantia.[56]

7. REMIÇÃO HIPOTECÁRIA

Polivalência do termo remição

Autoriza a lei, em determinadas hipóteses, a chamada *remição* da hipoteca, também denominada *redenção, purgação* ou *resgate*. Por esse nome, contudo, o legislador refere-se a três técnicas jurídicas diversas, que dão lugar a três procedimentos diferentes, quer nos seus pressupostos, quer nos seus efeitos.[57]

Remição da primeira hipoteca

Em primeiro lugar, admite-se a remição da primeira hipoteca pelo credor da segunda hipoteca, mediante pagamento ao titular daquela da importância do seu crédito, acrescida dos acessórios. Nessa hipótese, o exercício da remição produz a sub-rogação do titular da segunda hipoteca nos direitos do credor da primeira hipoteca, afastando este último da concorrência sobre a coisa hipotecada.[58] Ao devedor não prejudica nem beneficia, uma vez que permanece sujeito às mesmas dívidas, mas

---

[53] V. Pontes de Miranda, *Tratado de Direito Privado*, t. X, São Paulo: RT, 2012, p. 210.
[54] V. Affonso Fraga, *Direitos Reaes de Garantia – Penhor, Antichrese e Hypotheca*, cit., pp. 557-558.
[55] Cf. J. M. de Carvalho Santos, *Código Civil brasileiro interpretado*, vol. X, cit., p. 269; Pontes de Miranda, *Tratado de Direito Privado*, t. X, cit., pp. 210-211.
[56] J. M. de Carvalho Santos, *Código Civil brasileiro interpretado*, vol. X, cit., p. 269.
[57] San Tiago Dantas, *Programa de Direito Civil*, vol. III, cit., p. 450.
[58] Caio Mário da Silva Pereira, *Instituições de Direito Civil*, vol. IV, cit., p. 344.

aos credores hipotecários se mostra vantajosa: o primeiro credor recebe o pagamento do seu crédito, sem sofrer as delongas e os custos do processo executivo, ao passo que o segundo se torna titular do primeiro crédito hipotecário, passando, assim, a ocupar a primeira posição na ordem das preferências.[59]

Em vista de seus traços característicos, conviria qualificar tal figura como espécie de sub-rogação legal, reservando-se o termo remição aos casos examinados adiante, em que o legislador, em exceção à indivisibilidade da garantia real e da prestação obrigacional (CC, art. 314), autoriza o resgate da hipoteca obrigando o credor a receber importância equivalente ao valor da coisa, ainda que inferior ao do crédito garantido.

Antes da reforma promovida pela Lei n. 14.711, de 2023, tal modalidade de remição efetuava-se por meio do procedimento de consignação em pagamento, disciplinado no art. 1.478 do Código Civil e nos artigos 270 a 273 da Lei de Registros Públicos. Assim, uma vez vencida a primeira hipoteca, o credor da segunda poderia consignar a importância devida e citar o primeiro credor para recebê-la e o devedor para pagá-la. Caso o devedor não comparecesse ou não quitasse a dívida e, por sua vez, o primeiro credor não impugnasse o depósito, a remição era então julgada procedente, autorizando o juiz que o segundo credor se sub-rogasse nos direitos da hipoteca anterior.

Consignação em pagamento

No entanto, a Lei n. 14.711, de 2023, procurou simplificar tal modalidade de remição, cuja rigidez acabava por desestimular a constituição de novas hipotecas sobre o mesmo imóvel para a garantia de dívidas com prazo de vencimento inferior ao da dívida garantida pela hipoteca inicial.

Qualificação do instituto

Em sua nova redação, o art. 1.478 não mais impõe procedimento algum, prevendo, em termos mais sucintos, que "o credor hipotecário que efetuar o pagamento, a qualquer tempo, das dívidas garantidas pelas hipotecas anteriores sub-rogar-se-á nos seus direitos, sem prejuízo dos que lhe competirem contra o devedor comum." Se no momento da remição o primeiro credor já estiver promovendo a excussão judicial da coisa hipotecada, o credor da segunda depositará a importância do débito e as despesas judiciais (CC, art. 1.478, parágrafo único).

Vale observar que o art. 1.478 não mais condiciona expressamente a remição ao vencimento da hipoteca anterior, referindo-se, em vez disso, ao credor hipotecário que efetua, *a qualquer tempo*, o pagamento da dívida garantida pela hipoteca anterior. Tal redação permite sustentar que o legislador teria autorizado a remição mesmo antes do vencimento da hipoteca anterior, no intuito de assegurar a máxima utilização do imóvel para a constituição de hipotecas sucessivas para a garantia de créditos com vencimento inferior ao do crédito garantido pela hipoteca anterior.

Remição antes do vencimento

No entanto, ante a falta de clareza do texto legal, pode-se discutir se a remição antes do vencimento seria admitida em qualquer caso, mesmo quando o termo é esti-

---

[59] Silvio Rodrigues, *Direito Civil: Direito das Coisas*, vol. V, cit., p. 412.

pulado em benefício do credor ou de ambos os contratantes (CC, art. 133), ou apenas nas hipóteses em que o devedor pode, ele próprio, pagar a dívida antes do termo, o que autorizaria o terceiro interessado a fazer o mesmo. Assim ocorreria quando o termo é estipulado em benefício do devedor ou, ainda, no âmbito das relações de consumo (Lei n. 8.078, de 1990, art. 52, § 2º).

Remição pelo adquirente

A segunda modalidade de remição, de que trata o art. 1.481 do Código Civil, compete ao adquirente do imóvel hipotecado, ao qual se reconhece a faculdade de expurgar o vínculo hipotecário mediante o pagamento, aos credores hipotecários, do valor justo do bem, ainda que se afigure inferior à importância do crédito hipotecário. Por adquirente entende-se todo aquele a quem foi transferido o direito de propriedade por ato gratuito ou oneroso, *inter vivos* ou *mortis causa*, tal como o comprador, o donatário, o permutante e o legatário, desde que não tenha se obrigado pessoalmente pela dívida principal. O herdeiro que sucede o devedor na dívida hipotecária só libera o bem do ônus hipotecário pagando o débito por inteiro (CC, art. 1.429).[60]

Fundamentos da remição

Como visto anteriormente, o direito real de hipoteca adere à coisa e com ela se transmite ao adquirente, que, desse modo, se expõe ao risco da execução hipotecária e da consequente perda da coisa adquirida. Por conta dos inconvenientes que daí decorreriam para a segurança do tráfego imobiliário, a lei autoriza o adquirente a prevenir a excussão por meio do resgate da hipoteca. Pelo fato de permitir a liberação do vínculo hipotecário antes do vencimento da obrigação principal, essa hipótese de remição atraiu críticas no passado, que denunciavam a violência cometida contra os direitos do credor hipotecário, que se via obrigado a receber antecipadamente o seu dinheiro. Argumentava-se que, sendo a hipoteca provida de ampla publicidade, não poderia o adquirente, sem grave prejuízo à ordem civil e econômica, desrespeitar o prazo contratual ajustado entre as partes.[61]

No entanto, prevaleceu a opinião, amparada na lição de Lafayette,[62] de que a remição se afigura benéfica à circulação dos imóveis, uma vez que proporciona ao adquirente meio ágil de consolidar o seu domínio, livrando-se da hipoteca e dos percalços do processo de execução, sem desembolsar a totalidade das dívidas hipotecárias, mas o valor justo do imóvel que adquiriu. Também se mostra favorável ao devedor que pretenda alienar o seu imóvel, porque, se não fosse pela possibilidade da remição, enfrentaria dificuldades em encontrar alguém interessado em adquirir o bem. Por outro lado, o fato de o resgate poder consumar-se por valor inferior ao da dívida hipotecária não prejudica os credores hipotecários, porque recebem, justamente, aquilo que lhes tocariam se excutissem a hipoteca.[63]

Importância prática

Assim, e a despeito das opiniões que defendiam a sua supressão, a remição sobrevive no direito brasileiro, desde a sua criação na Lei Hipotecária de 1864 (Lei n.

---

[60]   Clovis Bevilaqua, *Código Civil dos Estados Unidos do Brasil Comentado*, vol. III, cit., pp. 316-317.

[61]   V. nesse sentido Azevedo Marques, *A Hypotheca: doutrina, processo e legislação*, cit., pp. 105-106.

[62]   Lafayette Rodrigues Pereira, *Direito das coisas*, vol. II, cit., pp. 336-337.

[63]   V. Clovis Bevilaqua, *Código Civil dos Estados Unidos do Brasil Comentado*, vol. III, cit., p. 316; e Affonso Fraga, *Direitos Reaes de Garantia – Penhor, Antichrese e Hypotheca*, cit., p. 603.

CAPÍTULO XX | HIPOTECA

1.237, de 24 de setembro de 1864). No entanto, a sua aplicação mostra-se rarefeita, porque limitada a sua utilidade aos casos menos frequentes em que o valor do imóvel é inferior ao da obrigação principal. Se, ao revés, o valor do bem superar o da dívida, mais vale ao adquirente livrar a hipoteca efetuando o pagamento do que remindo. De outra parte, o risco de impugnação e de licitação torna o resultado da remição demais incerto para as partes, que, por essa razão, preferem, no mais das vezes, entrar previamente em acordo com os credores hipotecários, destinando-lhes o preço estipulado. Nesse caso, anuindo os credores com os termos do contrato, dispensa-se a realização da remissão (LRP, art. 276).[64]

Iniciação da ação de remissão

A remição segue o procedimento previsto no art. 1.481 do Código Civil e nos artigos 266 a 269 da Lei de Registros Públicos. No prazo de trintas dias, contados do registro do título aquisitivo, deve o adquirente requerer a citação dos credores hipotecários, informando-os acerca dos termos da alienação e propondo-lhes importância não inferior ao preço porque adquiriu o imóvel. Cuidando-se de doação, legado ou de título gratuito diverso, a remissão tem por base o valor estimado pelo adquirente.[65] Sendo a transmissão *causa mortis*, efetuada *ope legis* independentemente do registro, conta-se o prazo da partilha.[66]

Procedimento de remição

Se os credores, citados, não se manifestarem no prazo que lhes for assinalado ou não se opuserem ao montante ofertado, tem-se por fixado o valor da remição, que produz efeito a partir do pagamento ou depósito do preço (CC, art. 1.481, § 2º). Com isso, o juiz ordena, por sentença, o cancelamento de todas as hipotecas, consolidando o domínio do adquirente sobre a coisa. Havendo impugnação, apresentada por qualquer dos credores, procede-se à licitação do bem, admitida a participação de qualquer interessado. Adquire o imóvel quem oferecer o maior lance, assegurada preferência ao adquirente do imóvel, em igualdade de condições (CC, art. 1.481, § 1º). Sendo o bem arrematado pelo adquirente, o seu título de propriedade continua a ser aquele que já se encontra registrado e em vista do qual requereu a remição. No entanto, sendo a licitação vencida por terceiro, a arrematação constitui o título aquisitivo do bem e, por conseguinte, deve ser levada ao registro imobiliário para operar a transmissão do domínio. Nesse caso, o título primitivo do adquirente perde eficácia, devendo o respectivo registro ser cancelado. Por conseguinte, resolvem-se todos os ônus reais que, por ocaso, tivesse instituído no imóvel.[67]

Efeitos da remição e sobras

Pago ou depositado o preço ofertado ou o valor pelo qual foi arrematado o bem, o juiz ordena, por sentença, o cancelamento de todas as hipotecas, ainda que a importância não seja suficiente para satisfazer a todos os credores hipotecários. Os credores que ainda tiveram valores a receber passam à condição de quirografá-

---

[64] Tito Fulgêncio, *Direito Real de Hipoteca*, vol. I, Rio de Janeiro: Forense, 1960, 2ª ed., p. 175.

[65] J. M. de Carvalho Santos, *Código Civil brasileiro interpretado*, vol. X, cit., p. 350.

[66] Tito Fulgêncio, *Direito Real de Hipoteca*, vol. I, cit., p. 175; Arnaldo Rizzardo, *Direito das Coisas*, Rio de Janeiro: Forense, 2006, 2ª ed., p. 1.069.

[67] Clovis Bevilaqua, *Código Civil dos Estados Unidos do Brasil Comentado*, vol. III, cit., p. 319; e Affonso Fraga, *Direitos Reaes de Garantia – Penhor, Antichrese e Hypotheca*, cit., p. 617.

rios, podendo buscar no patrimônio do devedor a satisfação de seus direitos. No entanto, controverte-se na doutrina a quem caiba o excesso (*superfluum*) na hipótese de terceiro arrematar o bem por valor superior ao das dívidas hipotecárias. Na esteira da lição de Lafayette, argumenta-se que, nesse caso, os direitos do adquirente resolvem-se *ex tunc*, como se nunca tivesse adquirido o imóvel, de modo que qualquer sobra deva ser paga ao devedor e primitivo proprietário, de quem o arrematante recebeu o seu direito de propriedade.[68] A isso se objetou que os direitos do adquirente não estão subordinados à condição *ex tunc*, mas somente se resolvem sem nenhuma retroatividade no dia em que se verificar a adjudicação. Desse modo, no momento da licitação, o antigo proprietário já não tem domínio sobre o imóvel e, por consequência, não lhe assiste fundamento jurídico para ficar com as sobras da alienação. Estas caberiam ao adquirente, por ser ele quem transmite o imóvel ao arrematante.[69]

Mostra-se mais correta a posição sustentada por Lafayette, haja vista a arrematação tornar sem efeito o negócio primitivo firmado pelo adquirente, passando a constituir o novo título aquisitivo do bem, que se transmite diretamente do antigo proprietário para o arrematante. Desta feita, qualquer excesso apurado cabe ao dono alienante. O entendimento contrário, que vislumbra no caso duas sucessivas transmissões – do devedor hipotecário para o adquirente e deste para o arrematante, deixa de apreender que, com a arrematação, o adquirente sofre a evicção e, por conseguinte, não pode transmitir um direito que não lhe pertence. Tal entendimento, ademais, colocaria o adquirente em condição de indevida vantagem em relação aos demais participantes da licitação, uma vez que tudo aquilo que se oferecesse pela coisa acima do valor da dívida seria destinado ao seu próprio bolso.

Direito de regresso

O art. 1.481, § 4º, do Código Civil[70] cuida do direito de regresso do adquirente em face do vendedor. Embora o dispositivo se refira à figura do vendedor, a ação regressiva tem alcance mais amplo. Sendo a aquisição a título oneroso, assegura-se ao adquirente o direito de exigir do transmitente devedor a restituição do preço, se a coisa lhe for tirada na licitação, ou o reembolso da importância que tiver desembolsado para resgatar a hipoteca.[71] Em ambos os casos, assiste-lhe o regresso para reaver as custas e despesas judiciais incorridas no processo de remição. Se a aquisição for a título gratuito, o adquirente faz jus a exigir do alienante devedor o reembolso da

---

68 Lafayette Rodrigues Pereira, *Direito das coisas*, vol. II, cit., p. 352.
69 J. M. de Carvalho Santos, *Código Civil brasileiro interpretado*, vol. X, cit., p. 364; e Affonso Fraga, *Direitos Reaes de Garantia – Penhor, Antichrese e Hypotheca*, cit., pp. 624-625.
70 CC/2002, "Art. 1.481. (...) § 4º Disporá de ação regressiva contra o vendedor o adquirente que ficar privado do imóvel em consequência de licitação ou penhora, o que pagar a hipoteca, o que, por causa de adjudicação ou licitação, desembolsar com o pagamento da hipoteca importância excedente à da compra e o que suportar custas e despesas judiciais."
71 Como esclarece San Tiago Dantas, "está claro que se o adquirente redime dívida alheia, a menos que já fosse um compromisso constante do ato de aquisição da coisa imóvel, tem regresso contra o devedor, regresso puro e simples, não cabendo falar aqui em sub-rogação. Tem regresso para haver do devedor a dívida alheia, dentro dos limites em que a remissão foi dada" (*Programa de Direito Civil*, vol. III, cit., p. 454).

quantia dispensada com a remição da hipoteca, de modo a não se configurar enriquecimento sem causa.[72]

O adquirente que não ingressa, no prazo legal, com a ação de remição mantém o imóvel sujeito ao risco da excussão hipotecária. A partir desse momento, se quiser evitar o processo de execução, não tem alternativa senão pagar a dívida na sua totalidade ou abandonar o bem ao credor. Mas iniciada a execução, a lei processual confere-lhe nova oportunidade de remir a hipoteca, conforme examinado adiante. Pelas despesas judiciais e demais verbas sucumbenciais (CC, art. 1.481, § 3º), responde o adquirente perante os credores hipotecários, mas tem direito de regresso em face do devedor alienante (CC, art. 1.481, § 4º). Também lhe assiste o direito de exigir a restituição do preço, se for privado do bem em razão da execução judicial, ou o reembolso da quantia que tiver dispendido para livrar o bem da excussão.[73] Assume ainda o dever inerente ao ônus hipotecário, de que se cuidou em momento anterior, de preservar o valor do bem, abstendo-se da prática de atos que possam causar a sua depreciação. Se, por culpa sua, a coisa desvaloriza-se a ponto de tornar-se insuficiente à satisfação integral dos créditos hipotecários, responde pelo prejuízo perante os credores (CC, art. 1.481, § 3º).

Efeitos da ausência de remição

A terceira modalidade de remição, como já aludido, intervém no curso do processo de execução. Cuida-se da remissão processual da hipoteca, que pode ser exercida pelo executado até a assinatura do auto de adjudicação ou arrematação, mediante oferta aos credores hipotecários de preço igual ao da avaliação, se não houver licitantes, ou ao do maior lance realizado. Na hipótese de falência ou de insolvência do devedor hipotecário, o direito de remição defere-se à massa ou aos credores em concurso. Tal espécie de remição, que estava contemplada nos revogados artigos 1.482 e 1.483 do Código Civil, encontra-se atualmente disciplinada nos artigos 877, §§ 3º e 4º,[74] e 902[75] do Código de Processo Civil. Diferentemente do que previa o Código Civil, o diploma processual não estende o direito de remir aos cônjuges, aos descendentes ou ascendentes do executado, mas, em contrapartida, concede-lhes o direito de requerer a adjudicação da coisa hipotecada (CPC, art. 876, § 5º) bem como o de participar da licitação com preferência sobre os demais pretendentes (CPC, art. 876, § 6º).

Remição processual da hipoteca

---

[72]   Clovis Bevilaqua, *Código Civil dos Estados Unidos do Brasil Comentado*, vol. III, cit., pp. 319-320.

[73]   *Idem, ibidem*.

[74]   CPC/2015, "Art. 877. (...) § 3º No caso de penhora de bem hipotecado, o executado poderá remi-lo até a assinatura do auto de adjudicação, oferecendo preço igual ao da avaliação, se não tiver havido licitantes, ou ao do maior lance oferecido.
§ 4º Na hipótese de falência ou de insolvência do devedor hipotecário, o direito de remição previsto no § 3º será deferido à massa ou aos credores em concurso, não podendo o exequente recusar o preço da avaliação do imóvel".

[75]   CPC/2015, "Art. 902. No caso de leilão de bem hipotecado, o executado poderá remi-lo até a assinatura do auto de arrematação, oferecendo preço igual ao do maior lance oferecido. Parágrafo único. No caso de falência ou insolvência do devedor hipotecário, o direito de remição previsto no *caput* defere-se à massa ou aos credores em concurso, não podendo o exequente recusar o preço da avaliação do imóvel".

Efeitos da remição processual

Efetuada a remição, o bem fica livre da hipoteca, ainda que o valor do depósito seja inferior ao valor total do crédito do exequente. Pelo saldo, tem este último, na qualidade de credor quirografário, o direito de prosseguir na execução em face do devedor, mas não lhe assiste o direito de penhorar o bem já remido. Como observa a doutrina, se fosse possível ao exequente perseguir o bem hipotecado após a remição, esta se revelaria inútil. Além disso, se o devedor continuasse a responder com o imóvel pelo remanescente da dívida, a remição que fora criada para favorecer ao devedor se converteria em sistema protetor do credor, proporcionando-lhe o pagamento parcial com a remição e recolocando o bem ao alcance da execução pelo saldo da dívida.[76]

Remição da execução

Sublinhe-se, por fim, que a remição processual da hipoteca não se confunde com a chamada *remição da execução*, segundo a qual, "antes de adjudicados ou alienados os bens, o executado pode, a todo tempo, remir a execução, pagando ou consignando a importância atualizada da dívida, acrescida de juros, custas e honorários advocatícios" (CPC, art. 826). Nesse caso, o devedor logra realizar o pagamento da dívida, promovendo a extinção satisfativa do direito do credor exequente, antes de ultimada a expropriação dos seus bens.

Remição da execução extrajudicial

O procedimento de execução extrajudicial da hipoteca, delineado no art. 9º da Lei 14.711, de 2023, não autoriza a remição processual da hipoteca, mas apenas a remição da execução. Nessa direção, o § 7º do referido art. 9º assegura ao devedor e ao terceiro outorgante da garantia hipotecário o direito de remir a execução, antes de o bem ser alienado em leilão, "mediante o pagamento da totalidade da dívida, cujo valor será acrescido das despesas relativas ao procedimento de cobrança e leilões, autorizado o oficial de registro de imóveis a receber e a transferir as quantias correspondentes ao credor no prazo de 3 (três) dias".

8. ABANDONO DO IMÓVEL HIPOTECADO

Diferentemente do direito anterior, o artigo 1.479 do Código Civil autoriza o adquirente do imóvel hipotecado, que não tenha se obrigado pessoalmente pela satisfação da dívida hipotecária, a exonerar-se da hipoteca mediante o "abandono do imóvel" (CC, art. 1.479). Assim como a remição, de que se cuidou anteriormente (CC, art. 1.481), constitui mecanismo legal destinado a livrar o adquirente da execução hipotecária. No entanto, diferentemente da remição, que permite conservar o bem livre do ônus hipotecário, o abandono produz a perda da propriedade da coisa, em favor do alienante e dos credores hipotecários. Como apenas a coisa gravada se sujeitava ao cumprimento do débito, o adquirente, ao entregá-la, libera o seu patrimônio de qualquer responsabilidade pela dívida hipotecária.

Favor legal excepcional

O abandono obriga o credor hipotecário a receber o imóvel e a imputar o seu valor no da dívida, extinguindo a hipoteca, mas não necessariamente a obrigação principal, que subsiste pelo saldo remanescente se o valor do bem for insuficiente

---

[76] V. Caio Mário da Silva Pereira, *Instituições de Direito Civil*, vol. IV, cit., p. 348.

CAPÍTULO XX | HIPOTECA 487

para quitar integralmente o montante devido. Traduz, assim, favor legal que excepciona a indivisibilidade da garantia real como também a identidade e a indivisibilidade do pagamento da prestação obrigacional (CC, arts. 313 e 314), haja vista compelir o credor a receber coisa diversa da prometida em pagamento de parte da dívida.

Caso o adquirente tenha se obrigado pessoalmente pela dívida hipotecária, não lhe assiste o direito de remir nem o de abandonar o bem hipotecado. Não pagando o débito no vencimento, sujeita-se à execução, respondendo com todos os seus bens pela satisfação dos direitos do credor hipotecário. Se a alienação do imóvel hipotecado for insuficiente para o pagamento da dívida, prossegue a execução, pelo saldo remanescente, nos demais bens do seu patrimônio. *Adquirente devedor*

Já se observou na doutrina que o Código Civil empregou de forma atécnica o termo abandono, que, a rigor, designa a renúncia tácita ao direito de propriedade, e não o ato por meio do qual se transmite o domínio a outrem. Nessa direção, sustenta-se que, em realidade, o legislador teria criado em favor do adquirente o direito de resolução unilateral (resilição) do negócio aquisitivo, mediante a entrega da coisa adquirida ao alienante ou aos credores hipotecários.[77] *Qualificação jurídica*

Tal prerrogativa, conforme previsto no art. 1.480 do Código Civil, pode ser exercida antes ou depois de iniciado o processo executivo. Na primeira hipótese, assiste ao adquirente notificar, judicial ou extrajudicialmente, o alienante e os credores para assumirem em conjunto a posse do imóvel. Se estes, notificados, recusarem o recebimento, o adquirente deposita o imóvel em juízo, valendo a sentença que julga a consignação como título para o cancelamento da hipoteca e a transmissão do imóvel no registro imobiliário. Não cuidou o legislador de indicar claramente a parte que cabe a cada credor hipotecário e ao alienante na coisa abandonada. Salvo acordo entre as partes, preservam-se os direitos dos credores hipotecários de modo a que venham a receber fração ideal correspondente ao valor que lhes tocaria na excussão da hipoteca. Desse modo, calculam-se as quotas segundo a ordem das preferências, de sorte que o credor sub-hipotecário só adquire parte do condomínio se os credores anteriores já tiverem recebido quinhão que satisfaça plenamente seus créditos. Com maior razão, só cabe alguma parte ao alienante depois satisfeitos todos os credores hipotecários. Uma vez transferido o bem no RGI e constituído o condomínio, extingue-se a hipoteca. *Abandono antes da execução*

Instaurado o processo executivo, o adquirente pode exercer a faculdade de abandonar o imóvel hipotecado no prazo decadencial de vinte e quatro horas, contados da sua citação (CC, art. 1.480, parágrafo único). Se deixar transcorrer o prazo *in albis*, permanece como executado até o final do processo. Manifestando-se tempestivamente, livra-se do bem hipotecário e do processo de execução. Com isso, o juiz ordena a transmissão da coisa em favor dos credores e do alienante, constituindo-se o condomínio na forma já descrita acima. A decisão que julga procedente o abandono vale como título para o cancelamento da hipoteca e a transmissão do do- *Abandono subsequente à execução*

---

[77] Francisco Eduardo Loureiro *in* Cezar Peluso (coord.), *Código Civil Comentado*, cit., p. 1544.

mínio no RGI. Os credores podem prosseguir na execução em face do devedor, mas na condição de quirografários, abatida da dívida o valor pelo qual o bem hipotecado foi abandonado.[78]

9. INDIVISIBILIDADE E FRACIONAMENTO DA HIPOTECA

Como examinado anteriormente, o princípio da indivisibilidade, segundo o qual as coisas oferecidas em garantia ficam sujeitas ao pagamento de toda a dívida e de cada uma das suas frações, constitui importante instrumento de proteção do credor. Manifesta-se em diferentes dispositivos normativos, como, por exemplo, na regra prevista no art. 1.421 do Código Civil, que resguarda o direito do credor de manter por inteiro a sua garantia real até que seja plenamente satisfeito, ou ainda no preceito contido no art. 1.429 do Código Civil, que, em relação aos casos de sucessão *mortis causa* do devedor, condiciona a remição da garantia real ao pagamento integral da dívida.

Função social da propriedade e divisão da hipoteca

No entanto, em consideração a outros interesses, merecedores de tutela prioritária na ordem jurídica vigente, o legislador admite exceções ao princípio da indivisibilidade, tal como visto, precedentemente, ao se examinar o abandono e a remição do imóvel hipotecado pelo terceiro adquirente. O Código Civil estabelece, em seu art. 1.488, outra exceção que, concretizando os princípios da função social da propriedade e do contrato, visa promover a realização de loteamentos ou de condomínios edilícios em imóveis hipotecados. Atendendo aos sérios entraves que a indivisibilidade da hipoteca colocaria à conclusão desses empreendimentos, uma vez que vincularia cada unidade autônoma ou lote à satisfação integral da dívida hipotecária, autoriza o referido dispositivo legal a divisão do ônus hipotecário entre os diferentes lotes ou unidades, observada a proporção entre o valor de cada um deles e o valor do crédito. Desse modo, cada lote ou unidade passa a responder pela solução de parte do crédito hipotecário, proporcional ao seu valor, tornando, assim, menos oneroso para o adquirente o resgate da hipoteca.

Eficácia da regra no tempo

Tal regra, que foi introduzida no ordenamento pátrio pelo atual Código Civil, aplica-se, inclusive, às relações hipotecárias constituídas anteriormente à sua vigência, haja vista constituir preceito de ordem pública destinado a assegurar o máximo aproveitamento econômico e social dos imóveis. Nessa direção, o Superior Tribunal de Justiça decidiu que "o art. 1.488 do CC/2002, que regula a possibilidade de fracionamento da hipoteca, consubstancia uma das hipóteses de materialização do princípio da função social dos contratos, aplicando-se, portanto, imediatamente às relações jurídicas em curso, nos termos do art. 2.035 do CC/2002".[79]

---

[78] Francisco Eduardo Loureiro *in* Cezar Peluso (coord.), *Código Civil Comentado*, cit., p. 1544.

[79] STJ, 3ª T., REsp 691.738/SC, Rel. Min. Nancy Andrighi, julg. 12.5.2005. No mesmo sentido: "A divisão da hipoteca constitui, assim, direito potestativo de qualquer interessado e, por dizer respeito à função social dos contratos, aplica-se imediatamente às relações jurídicas em curso, nos termos do artigo 2.035 do mesmo Diploma Legal" (TJMG, 15ª C.C., A.I. 1.0324.96.001981-2/004, Rel. Des. Maurílio Gabriel, julg. 2.10.2014, publ. 10.10.2014).

CAPÍTULO XX | HIPOTECA 489

O desmembramento da hipoteca pode efetuar-se por meio de acordo entre as partes envolvidas – o credor hipotecário, o devedor e os donos das unidades ou lotes – ou pela via judicial por requerimento de qualquer uma delas. Equipara-se ao dono, para esses efeitos, o promitente comprador, titular de direito real.[80] Ajuizada a ação, o credor só pode se opor ao pedido, provando que o fracionamento da hipoteca acarretará a diminuição da sua garantia (CC, art. 1.488, § 1º). Estabelece o § 2º do art. 1.488 que, "salvo convenção em contrário, todas as despesas judiciais e extrajudiciais necessárias ao desmembramento do ônus correm por conta de quem o requerer". No entanto, a doutrina vem temperando a regra, que deve ser interpretada em cotejo com as normas processuais que disciplinam a sucumbência. Defende-se, nessa direção, que, vencido o credor que resistiu ao pedido de divisão, compete-lhe arcar com as despesas judiciais, na forma prevista na legislação processual. Nesse caso, aquele que requereu o fracionamento da hipoteca suporta apenas as despesas extrajudiciais (escrituras, registros etc.).[81]

Procedimento de divisão

O desmembramento, de outra parte, em nada altera a responsabilidade pessoal do devedor, que continua obrigado pessoalmente pelo restante da dívida se, com a execução de todas as hipotecas resultantes da divisão do ônus, o produto não bastar para a satisfação integral do débito. Somente com a anuência do credor hipotecário, o devedor se exonera de responder pelo saldo remanescente (CC, art. 1.488, § 3º).

Responsabilidade pessoal do devedor

Sublinhe-se, por fim, que a introdução, no Código Civil, do desmembramento do ônus hipotecário não substituiu o entendimento consagrado no enunciado n. 308 da Súmula da jurisprudência predominante do STJ, de que se cuidou anteriormente. Como visto naquela oportunidade, a ineficácia da hipoteca incidente sobre unidade imobiliária prometida à venda funda-se em determinados pressupostos fáticos e axiológicos, como a vulnerabilidade da parte adquirente e a ausência de proporcionalidade do arranjo contratual. Ausentes tais pressupostos, prevalece, em razão da sequela, a oponibilidade da hipoteca perante o adquirente, ao qual se reconhece, todavia, o direito de requerer o desmembramento da hipoteca, na forma prevista no art. 1.488 do Código Civil.

Ineficácia e divisão da hipoteca

10. HIPOTECA LEGAL

Hipoteca legal é a instituída por lei, independentemente de convenção. A sua origem remonta ao direito romano pós-clássico, tendo origem no *pignus tacitum* geral, termo que se refere à garantia real tácita, nascida sem acordo entre as partes, e incidente sobre todos os bens do devedor. Era reconhecida a certos credores, tais como ao fisco sobre os bens dos devedores inadimplentes, aos municípios sobre os bens de seus administradores e aos filhos sobre os bens dos seus pais ou tutores.[82]

Origem histórica

---

80 Francisco Eduardo Loureiro *in* Cezar Peluso (coord.), *Código Civil Comentado*, cit., p. 1551.

81 Gladston Mamede, *Direito das Coisas. Penhor. Hipoteca. Anticrese*. In: Álvaro Villaça Azevedo (coord.), *Código Civil Comentado*, vol. 14, cit., p. 416.

82 Ebert Chamoun, *Direito Civil*: aulas do 4º ano proferidas na Faculdade de Direito da Universidade do Distrito Federal, cit., p. 227.

Proibição das hipotecas gerais

Por muito tempo, a hipoteca legal manteve o seu caráter genérico. Como decorria *ipso facto* da lei, que não indicava quais bens do devedor deveriam ser afetados à segurança do crédito, admitia-se que recaísse sobre todo o seu patrimônio. No entanto, como já se aludiu, as hipotecas gerais causavam grave insegurança ao desenvolvimento do crédito e do comércio imobiliário e, por essa razão, ao termo de um longo processo evolutivo, foram proibidas. Nos sistemas jurídicos modernos, toda hipoteca legal afigura-se especial, só incidindo sobre os imóveis individualizados no título levado ao registro imobiliário (CC, art. 1.497, *caput*).[83]

Momento inicial e definitivo de constituição

Tal evolução trouxe mudanças significativas à estrutura dogmática da hipoteca legal, que, deixando de nascer automaticamente com a ocorrência da hipótese fática prevista em lei, passou a exigir, para sua constituição, a ulterior especialização e inscrição no registro de imóveis. Desse modo, no direito vigente, identificam-se dois estágios no processo de formação da hipoteca legal: i) o momento inicial, em que se verifica o fato gerador (casamento, delito, arrematação etc.) que autoriza a constituição do ônus real; e ii) o momento definitivo, em que surge o vínculo hipotecário em virtude da especialização dos imóveis gravados e da inscrição do título no registro imobiliário. No primeiro momento, adquire-se o direito à constituição da hipoteca, mas ela ainda não existe, porque ainda falta individualizar os bens que ficarão vinculados ao cumprimento da obrigação e proceder ao competente registro imobiliário. Somente com o cumprimento dessas providências, nasce a hipoteca legal.[84]

Modo de constituição

A especialização pode se dar por meio de acordo firmado entre o devedor e o beneficiário, desde que ambos sejam capazes, ou de ação judicial, que segue o procedimento comum (CPC, art. 1.049).[85] Com base na estimação do tamanho da responsabilidade e do valor dos imóveis do devedor, o juiz profere a sentença discriminativa dos bens gravados, que serve como título para o registro da hipoteca legal no registro de imóveis.[86] No entanto, a constituição da hipoteca legal pode ser obstada se o devedor oferecer, em seu lugar, "caução de títulos da dívida pública federal ou estadual, recebidos pelo valor da sua cotação mínima no ano corrente; ou por outra garantia" considerada idônea pelo juiz (CC, art. 1.491).

Legitimidade para constituição

A princípio, a especialização e o registro incumbem ao devedor obrigado a prestar a garantia, o qual responde perante o credor hipotecário pelos prejuízos que resultarem de sua omissão (CC, art. 1.497, § 2º). No entanto, também podem ser promovidas por qualquer interessado ou pelo Ministério Público, se for provocado a agir (CC, art. 1.497, § 1º). Atendendo ao constrangimento de certas pessoas em exigir a especialização, como o filho do pai que contrai novas núpcias, e ainda ao inte-

---

[83] San Tiago Dantas, *Programa de Direito Civil*, vol. III, cit., p. 437.

[84] *Idem*, pp. 437-438.

[85] O Código de Processo Civil vigente não reproduziu o procedimento especial de especificação de hipoteca legal, que se encontrava previsto no diploma processual anterior (CPC/1973, arts. 1.205 a 1.210).

[86] Caio Mário da Silva Pereira, *Instituições de Direito Civil*, vol. IV, cit., p. 350.

CAPÍTULO XX | HIPOTECA 491

resse público na constituição de certas hipotecas legais, o legislador não limitou a legitimidade ao credor beneficiário.[87]

Depois de constituída a hipoteca legal, o credor, ou quem o represente, pode exigir do devedor o reforço da garantia, desde que comprove que a insuficiência dos bens especializados (CC, art. 1.490). A insuficiência pode resultar de diferentes razões, inclusive *a)* da falta de bens do devedor no momento em que se fez a especialização; *b)* do avultamento do débito garantido pela hipoteca; ou *c)* da depreciação dos imóveis hipotecados. O reforço pode se dar por meio da concessão de hipoteca suplementar ou substitutiva, recaindo sobre outro imóvel, ou de outra espécie de garantia, como a caução ou a fiança.[88]

Reforço da hipoteca legal

A hipoteca legal não se submete ao prazo de perempção (CC, art. 1.485), exclusivo das hipotecas convencionais, mas a sua especialização deve ser renovada em se completando vintes anos do registro (CC, art. 1.498).

Renovação da especificação

Fiel às suas origens romanas, a hipoteca legal, assim como o penhor legal, tem a finalidade de proporcionar segurança a certas obrigações que, pela sua natureza ou condição do credor, merecem proteção especial.[89] Por traduzir favor legal, só se constitui nas hipóteses expressamente contempladas no texto legal, vedando-se a interpretação extensiva ou analógica.[90] Em primeiro lugar, como medida voltada a assegurar o ressarcimento do erário público, o art. 1.489, I, confere hipoteca legal em favor das pessoas de direito público interno "sobre os imóveis pertencentes aos encarregados da cobrança, guarda ou administração dos respectivos fundos e rendas". A seu turno, o inciso II do mesmo dispositivo autoriza a instituição do ônus hipotecário, em benefício dos filhos, sobre imóveis do pai ou mãe que se casa antes de inventariar os bens do casamento anterior. Cuida-se de medida destinada a acautelar os interesses dos filhos frente ao perigo de confusão patrimonial, que se soma à imposição do regime da separação obrigatória de bens do casal (CC, art. 1.641, I).

Taxatividade e hipóteses legais

Nos termos do inciso III do aludido dispositivo, também se reconhece a hipoteca legal em favor do ofendido ou de "seus herdeiros, sobre os imóveis do delinquente, para satisfação do dano causado pelo delito e pagamento das despesas judiciais". No entanto, a hipótese circunscreve-se aos atos ilícitos tipificados como crimes que tenham ocasionado prejuízo ao ofendido ou aos seus herdeiros, não alcançando, assim, os ilícitos reprimidos unicamente no âmbito civil. Pode o ofendido ser pessoa física ou jurídica, e o dano patrimonial ou extrapatrimonial.

Dano decorrente de crime

O inciso IV do mesmo artigo trata da hipoteca legal em favor do "co-herdeiro, para garantia do seu quinhão ou torna de partilha, sobre o imóvel adjudicado ao herdeiro reponente". A hipótese se refere aos casos de partilha que recaia sobre imó-

Torna de partilha

---

[87] Ebert Chamoun, *Direito Civil:* aulas do 4º ano proferidas na Faculdade de Direito da Universidade do Distrito Federal, cit., p. 227; e San Tiago Dantas, *Programa de Direito Civil*, vol. III, cit., p. 439.

[88] Francisco Eduardo Loureiro *in* Cezar Peluso (coord.), *Código Civil Comentado*, cit., p. 1.554.

[89] Washington de Barros Monteiro, *Curso de Direito Civil*, vol. III, cit., p. 426.

[90] Affonso Fraga, *Direitos Reaes de Garantia – Penhor, Antichrese e Hypotheca*, cit., p. 698.

vel que não admite divisão cômoda nem caiba no quinhão de um só herdeiro. Para evitar a sua venda a terceiro e a divisão do preço, adjudica-se o imóvel a um dos herdeiros, que, em contrapartida, obriga-se a repor aos outros, em dinheiro, as partes que lhes tocavam no bem e, pela satisfação de crédito, constitui-se a hipoteca legal sobre o imóvel adjudicado.[91] A regra abrange os herdeiros legítimos e testamentários, bem como o cônjuge ou companheiro meeiro beneficiado na partilha.

Pagamento da arrematação

Por último, o inciso V autoriza a concessão da hipoteca legal sobre o imóvel arrematado em favor do credor que tem a receber o restante do preço da arrematação. Via de regra, o preço da arrematação do imóvel deve ser satisfeito de uma só vez, de imediato ou no prazo assinalado pelo juiz (CPC, art. 892). No entanto, a lei processual admite o pagamento em prestações, com o acerto de mínimo vinte e cinco por cento à vista e o restante garantido de hipoteca sobre o próprio bem (CPC, art. 895, § 1º).

Hipoteca judicial

Mencione-se por fim a hipoteca judicial, modalidade peculiar de hipoteca legal que se encontra disciplinada no art. 495 do Código de Processo Civil.[92] Tem por finalidade garantir o cumprimento de obrigação pecuniária reconhecida em decisão judicial condenatória, evitando que ocorra fraude à eventual execução enquanto pendente o exame do recurso de apelação.[93] Assiste à parte credora o direito de constituir o ônus hipotecário ainda que *i)* a condenação seja genérica, *ii)* o credor possa promover o cumprimento provisório ou esteja pendente arresto sobre bem do devedor, ou mesmo que *iii)* impugnada por recurso dotado de efeito suspensivo (CPC, art. 495 § 1º). A hipoteca judiciária proporciona ao titular não apenas o direito de sequela, assegurado, no plano processual, por meio da ineficácia da alienação do bem gravado em face do exequente (CPC, art. 792, III e § 1º), como também a preferência em relação aos demais credores, observada a prioridade do registro (CPC, art. 495, § 4º).

Procedimento de constituição

Com vistas a conferir maior robustez ao instituto, o diploma processual autorizou a parte credora a promover a constituição da hipoteca por meio da apresentação, ao cartório do registro imobiliário, de cópia da sentença, independentemente de ordem judicial, declaração expressa do juiz ou demonstração de urgência (CPC, art. 495, § 2º). Como se depreende do § 3º do dispositivo, a parte vencida só toma ciência do gravame imposto aos seus bens *a posteriori*, quando já realizada a hipoteca.

Controle judicial da proporcionalidade

Embora seja louvável a intenção do legislador de promover a maior efetividade do processo civil, a disciplina legal da hipoteca judiciária deve ser compatibilizada com os princípios do devido processo legal, do contraditório e da proporcionalidade, de modo a permitir o controle judicial da adequação da especificação dos bens afe-

---

[91] Tito Fulgêncio, *Direito Real de Hipoteca*, vol. I, cit., pp. 335-336.

[92] Sobre a hipoteca judicial, já decidiu a 3ª Turma do STJ que a sua existência não isenta o devedor do pagamento da multa e dos honorários de advogado previstos no art. 523, § 1º, do Código de Processo Civil. Segundo o colegiado, a isenção não é possível porque a hipoteca judiciária assegura futura execução, mas não é equivalente ao pagamento voluntário da dívida (STJ, 3ª T., REsp 2.090.733, Rel. Min. Nancy Andrighi, julg. 17.10.2023, publ. *DJe* 27.10.2023).

[93] Francisco Eduardo Loureiro *in* Cezar Peluso (coord.), *Código Civil Comentado*, cit., p. 1.553.

CAPÍTULO XX | HIPOTECA **493**

tados pelo gravame hipotecário. Na atual ordem jurídica, comprometida com a proteção integral dos direitos dos indivíduos, a tutela jurisdicional deve intervir tempestivamente de maneira a inibir comportamentos abusivos, e não apenas depois de consumados os prejuízos decorrentes da instituição de ônus real manifestamente excessivo em relação ao valor potencial da responsabilidade do devedor.

11. EXTINÇÃO DA HIPOTECA

A hipoteca extingue-se em razão de fatos variados, tendo o Código Civil, em seu artigo 1.499, elencado as hipóteses mais usuais. A lista, contudo, não é exaustiva, deixando de mencionar, por exemplo, a perempção, ou seja, extinção da garantia hipotecária decorrido o prazo de trinta anos (CC, art. 1.485), a falta de renovação da especificação em se completando vintes anos do registro (CC, art. 1.498), a confusão das qualidades de credor e o dono da coisa na mesma pessoa, a invalidação decorrente da fraude aos credores (CC, art. 158), a desapropriação e a usucapião extraordinária do bem hipotecado.

> *Rol legal não exaustivo*

Assim como se requer, para a constituição do gravame, que se leve a registro o respectivo título, também a sua extinção depende da averbação no registro imobiliário do cancelamento do registro da hipoteca. Diferentemente do que sugere a redação defeituosa do art. 1.500 do Código Civil, não constitui o cancelamento hipótese à parte de extinção da hipoteca, mas o modo pelo qual se confere a qualquer fato extintivo oponibilidade perante terceiros. Entre as partes, todavia, o ônus hipotecário cessa a produção de efeitos no momento em que ocorre a hipótese legal de extinção.

> *Averbação do cancelamento do registro*

O cancelamento é realizado pelo oficial do registro à vista da respectiva prova, a qual pode consistir em *a)* autorização expressa ou quitação outorgada pelo credor ou seu sucessor, em instrumento público ou particular; *b)* em decisão judicial transitada em julgada que reconheça a extinção da garantia; *c)* em decisão administrativa proferida pelo juiz corregedor permanente do registro imobiliário, que declare a invalidade do registro da hipoteca em razão de vícios cometidos durante o procedimento registrário; *d)* a cédula hipotecária em poder do devedor (LRP, art. 251).[94]

> *Procedimento de cancelamento*

Classificam-se as causas de extinção da hipoteca em diretas e indiretas conforme digam respeito a vicissitudes ocorridas na relação real hipotecária ou na relação obrigacional principal. Na primeira hipótese, contemplada no art. 1.499, I, do Código Civil, a hipoteca se extingue, segundo a regra *accessorium sequitur principale*, sempre que cessar de existir a dívida garantida. Não importa a causa (pagamento, remissão, compensação etc.), desde que se verifique o completo desaparecimento da obrigação, uma vez que, persistindo parte da dívida, a garantia se mantém íntegra, em virtude da sua indivisibilidade (CC, art. 1.421). A declaração de nulidade ou a anulação do negócio jurídico principal também acarreta a extinção da hipoteca. Tal

> *Causas indiretas de extinção*

---

[94] Francisco Eduardo Loureiro, in *Código Civil Comentado*, cit., p. 1.562.

como visto por ocasião do estudo do penhor, a prescrição da dívida conduz igualmente à extinção da hipoteca.[95]

Novação da obrigação

No entanto, a regra segundo a qual a extinção da obrigação acarreta a da hipoteca não se mostra absoluta, pois que, na novação, as partes podem acordar expressamente a continuidade da hipoteca (CC, art. 364), que conserva, assim, o seu número de ordem e a preferência em relação aos ônus reais instituídos posteriormente sobre o mesmo imóvel.

Causas diretas de extinção – perecimento

De outra parte, há as causas que, por serem intrínsecas à relação hipotecária, extinguem diretamente a garantia real, mantendo incólume a obrigação principal. Assim, conforme previsto no art. 1.499, II, do Código Civil, a hipoteca deixa de existir se perecer a coisa hipotecada, mas o crédito continua a existir. Nesse caso, assiste ao credor hipotecário o direito de intimar o devedor para substituir a garantia sob pena de declarar o vencimento antecipado da dívida (CC, art. 1.424, IV). Caso o imóvel esteja coberto de seguro ou se identifique o terceiro responsável pelo perecimento da coisa, a garantia hipotecária sub-roga-se no valor da indenização, assegurada a preferência ao respectivo titular (CC, art. 1.424, § 1º). Sendo a destruição apenas parcial, resultando na deterioração da coisa, subsiste a hipoteca sobre a parte remanescente, em atenção ao princípio da indivisibilidade das garantias reais, cabendo ao credor pedir o reforço da garantia ou considerar o débito vencido por antecipação (CC, art. 1.424, I).

Resolução da propriedade

O inciso III do art. 1.499 trata da extinção da hipoteca por efeito da resolução da propriedade incidente sobre o bem hipotecado. Com efeito, nada impede que o titular da propriedade sujeita a termo ou condição resolutiva ofereça-a em garantia, sendo exemplo a concessão de hipoteca sobre a propriedade superficiária, a que se aludiu anteriormente (CC, art. 1.473, X e § 2º). No entanto, com o implemento da condição ou advento do termo resolve-se o domínio e, com ele, todos os direitos reais constituídos na sua constância (CC, art. 1.359). Nesse caso, como a causa extintiva constava do título, a resolução produz efeitos retroativos (*ex tunc*), de modo que o adquirente, em cujo favor se dá a resolução, recebe a coisa livre dos ônus que a gravavam. No entanto, conforme preceitua o art. 1.360 do Código Civil, se o fato extintivo decorrer de causa superveniente, que não conste do título, como, por exemplo, no caso de revogação da doação por ingratidão (CC, art. 555), a resolução produz apenas efeitos futuros (*ex nunc*), preservando os direitos adquiridos por terceiros. Desse modo, subsiste a hipoteca previamente constituída em favor do credor hipotecário.[96]

Renúncia à hipoteca

Nos termos do art. 1.499, IV, do Código Civil, também se extingue a hipoteca em virtude da renúncia praticada do credor. Trata-se, aqui, de renúncia à garantia, e não ao crédito principal, a qual se encontra compreendida na hipótese de extinção da obrigação, prevista no inciso I do mesmo dispositivo, conforme examinado acima.

---

95   Nesse sentido, J. M. de Carvalho Santos, *Código Civil brasileiro interpretado*, vol. X, cit., p. 518.

96   Clovis Bevilaqua, *Código Civil dos Estados Unidos do Brasil Comentado*, vol. III, cit., p. 355.

Abrindo mão da hipoteca, o credor conserva o seu crédito, mas com natureza quirografária. Admite-se a renúncia à hipoteca convencional e a certas hipotecas legais, constituídas em garantia de direitos patrimoniais disponíveis, como se verifica nos casos do coerdeiro, do arrematante e do ofendido (CC, art. 1.489, III, IV e V).

A renúncia requer capacidade para a prática dos atos da vida civil e o poder de disposição sobre o crédito, mas não se mostra necessária a outorga conjugal à luz do que dispõe o art. 1.647 do Código Civil. Interpreta-se restritivamente (CC, art. 114), devendo resultar de manifestação inequívoca da vontade. Sendo expressa, cumpre observar a forma pública, nos termos previstos no art. 108 do Código Civil. **Requisitos da renúncia**

Por sua vez, a renúncia tácita só se verifica em casos tais que o comportamento do credor não comporta outra interpretação racional senão a vontade de abdicar da garantia. Clovis Bevilaqua admitia a figura com reservas, por lhe parecer dificilmente harmonizável com o direito hipotecário (que, de ordinário, requer a prática de ato formal junto ao registro imobiliário), mas reconhecia ao menos uma hipótese de renúncia tácita: o credor que, em conjunto com o devedor, solicita o cancelamento da hipoteca, sem estar pago.[97] A isso se pode acrescentar o caso do credor hipotecário que, notificado da execução judicial que recai sore o bem hipotecado, permanece inerte, deixando o processo correr sem manifestar o interesse em exercer a sua preferência.[98] **Renúncia tácita**

O inciso V do art. 1.499 do Código Civil alude à extinção da hipoteca por efeito da remição, da qual já se cuidou anteriormente. Nos casos de remição pelo adquirente do imóvel hipotecado ou pelo executado, livra-se o bem da garantia real, ainda que insuficiente o valor da remição para solver integralmente o débito. A obrigação subsiste com natureza quirografária. Na hipótese de sub-rogação do credor sub-hipotecário na hipoteca anterior, impropriamente denominada de remição, não se produz a extinção da hipoteca, alterando-se apenas a sua titularidade.

Por outro lado, o inciso VI do art. 1.499 cuida da extinção da hipoteca em decorrência de sua excussão, quer por meio da adjudicação, quer por meio de sua arrematação. A hipótese compreende tanto a execução judicial ou extrajudicial promovida pelo titular da hipoteca, que, não recebendo o pagamento no vencimento, promove a cobrança da dívida, como aquela efetuada por outro credor em face do devedor comum. Neste caso, cumpre cientificar todos os credores hipotecários, na forma da lei processual (CPC, art. 799, I, e art. 889, V), para que possam exercer o seu direito de preferência, observada a ordem de prioridade entre as hipotecas.

O credor hipotecário, parte na execução ou dela intimado, pode requerer a adjudicação do bem por preço não inferior ao da avaliação (CPC, art. 876, *caput* e § 5º). Sendo a adjudicação requerida por outro credor, cumpre ao titular da hipoteca exigir daquele que deposite o valor do seu crédito de modo a satisfazer a sua preferência. Se, em vez da adjudicação, realiza-se a venda judicial, a preferência se satisfaz **Modos de realização da preferência**

---

97   Clovis Bevilaqua, *Código Civil dos Estados Unidos do Brasil Comentado*, vol. III, cit., p. 356.
98   V. nessa direção STJ, 4ª T., REsp. 36.757-3/SP, Rel. Min. Barros Monteiro, julg. 24.5.1994.

no preço obtido (CPC, art. 908). Em qualquer caso, sendo o valor do bem adjudicado ou o produto da arrematação superior ao do crédito hipotecário, a importância que sobejar deve ser restituída ao proprietário (CPC, art. 903). No entanto, se for insuficiente para solver integramente a dívida, subsiste o crédito com natureza quirografária em relação ao saldo (CC, art. 1.430).

Ineficácia da expropriação

Considera-se ineficaz a arrematação ou adjudicação em relação aos credores hipotecários que não tenham sido devidamente intimados nem sejam, de algum modo, partes na execução (CPC, art. 804). Significa dizer, como evidencia o disposto no art. 1.501 do Código Civil, que, nesses casos, não se extinguem os ônus hipotecários, que se transmitem junto com a coisa ao arrematante ou adjudicante, que, desta feita, se sujeita ao risco de futura execução hipotecária. Cabe ao oficial do registro imobiliário solicitar a prova da intimação prévia para proceder à averbação do cancelamento das hipotecas. Na falta dessa prova, procede ao registro da respectiva carta de adjudicação ou arrematação como título de transmissão da propriedade, mas o bem permanece gravado das hipotecas.[99]

No âmbito do procedimento de execução extrajudicial da hipoteca, previsto no art. 9º da Lei n. 14.711, de 2023, assiste ao credor hipotecário, na hipótese de não ser oferecido, no primeiro leilão nem no segundo, lance igual ou superior ao valor mínimo admitido, o direito de apropriar-se do imóvel pelo "referencial mínimo", isto é, pelo valor correspondente ao da dívida garantida pela hipoteca, acrescida de encargos e despesas de cobrança (art. 9º, § 9º, I). Alternativamente, o credor pode realizar, no prazo de até 180 (cento e oitenta) dias, contado do último leilão, a venda direta do imóvel a terceiro, dispensado novo leilão, por valor não inferior ao referencial mínimo acima mencionado.

PROBLEMAS PRÁTICOS

1. No caso de a execução de hipoteca recair sobre imóvel no qual terceiro tenha realizado benfeitorias necessárias e úteis, o produto obtido com a arrematação deve ser destinado prioritariamente ao ressarcimento do terceiro ou à satisfação do crédito hipotecário?

2. Pode o dono do bem hipotecado aliená-lo a terceiro? A resposta se alteraria diante da existência de cláusula proibindo o proprietário de alienar o imóvel hipotecado?

Acesse o *QR Code* e veja a Casoteca.
> https://uqr.to/1pc8t

---

[99] Francisco Eduardo Loureiro *in* Cezar Peluso (coord.), *Código Civil Comentado*, cit., p. 1.563.

Capítulo XXI
ANTICRESE

Sumário: 1. Conceito e elementos configuradores – 2. Constituição – 3. Direitos do credor anticrético – 4. Limites do direito anticrético – 5. Deveres do credor anticrético – 6. Direitos do proprietário – 7. Extinção – Problemas práticos.

1. CONCEITO E ELEMENTOS CONFIGURADORES

Nos termos do art. 1.506 do Código Civil, a anticrese consiste em modalidade de garantia real por meio da qual o devedor, ou outrem por ele, entrega determinado imóvel ao credor, cedendo-lhe o direito de perceber, para o gradual pagamento da dívida, os frutos e rendimentos. Na definição de Clovis Bevilaqua, a anticrese traduz o "direito real sobre imóvel alheio, em virtude do qual o credor obtém a posse da coisa, a fim de perceber-lhe os frutos e imputá-los no pagamento da dívida (…)".[1]

Conceito

Como visto anteriormente (cf. Capítulo XVIII), a anticrese aproxima-se dos direitos reais de fruição, como o usufruto, porquanto atribui ao titular o gozo da coisa, mas deles se distancia pelo critério funcional. Diferentemente do usufruto, que cumpre finalidade autônoma, associada ao aproveitamento, pelo titular da *ius in re aliena*, das utilidades econômicas da coisa, a anticrese, assim como o penhor e a hipoteca, desempenha função acessória ao crédito, servindo de instrumento de proteção do credor frente ao risco de inadimplemento. Traduz, em apertada síntese, direito real de gozo com escopo de garantia.

Qualificação jurídica

---

[1] Clovis Bevilaqua, *Código Civil dos Estados Unidos do Brasil Comentado*, vol. III, Rio de Janeiro: Francisco Alves, 1955, 10ª ed., p. 301.

Histórico   A anticrese surgiu, no direito romano, como pacto acessório que se apunha ao *pignus* de maneira a autorizar o credor a perceber os frutos gerados pela coisa imóvel em compensação dos juros da dívida. No entanto, por influência do direito canônico, passou a ser reprimida, vez que se prestava a encobrir a usura. No Brasil, restou proibida pelas Ordenações (ressalvada a sua admissão nas relações entre o senhorio direto e o enfiteuta), mas, com a promulgação da Lei de 24 de outubro de 1832, que consagrou a liberdade de estipulação de juros, cessariam de existir as razões que justificaram a sua proscrição.[2] A Lei Hipotecária de 1864 (Lei n. 1.237) introduziu a anticrese no direito brasileiro como direito real autônomo, que podia ser instituído independentemente da hipoteca. A mesma orientação seguiu a Lei Hipotecária de 1890 (Decreto n. 169-A, de 1890) e o Código Civil de 1916, que deu ao instituto a sua estrutura definitiva,[3] mantida praticamente inalterada na codificação vigente.

O instituto caiu em desuso na prática jurídica brasileira em razão dos inconvenientes que apresenta. A anticrese, além de dificultar a circulação dos bens, mostra-se onerosa tanto para o credor, que se vê obrigado a cuidar da administração e da conservação do imóvel, como para o devedor, que fica privado da posse do bem.

Objeto Pacto anticrético no penhor   A anticrese recai exclusivamente sobre bem imóvel, exigindo-se, também, que este seja frutífero, pois, de outro modo, não serviria ao fim da garantia, consistente na imputação dos frutos gerados pela coisa à amortização da dívida.[4] Cuida-se, com efeito, de qualidade essencial ao objeto da relação jurídica real, de sorte que, na eventualidade de o imóvel tornar-se estéril, a anticrese se extingue, autorizando o credor a intimar o devedor para que a substitua por outra garantia idônea, sob pena de declarar o vencimento antecipado do débito.[5] No direito brasileiro, portanto, a anticrese não incide sobre bem móvel. Nada obstante, convém sublinhar que se reconhece ao credor pignoratício o direito de apropriar-se, em pagamento da dívida, dos frutos gerados pela coisa empenhada (CC, art. 1.433, V). Pode-se dizer, em vista disso, que, em relação aos bens móveis, admite-se o pacto anticrético como elemento acessório do penhor.

Anticrese comum e a termo   Diferenciam-se na doutrina a anticrese comum daquela estipulada a termo. Nesta última, somente imite-se o credor na posse do imóvel se a dívida não for paga no vencimento, ao passo que, na modalidade comum, o credor entra na posse da coisa tão logo convencionado o acordo anticrético, passando a perceber os frutos.[6] Nessa hipótese, a anticrese passa a produzir a amortização da dívida, antes mesmo do vencimento, de modo que, no termo ajustado no contrato, o credor pode ter recebido parte do débito, se não todo ele.

---

[2]   San Tiago Dantas, *Programa de Direito Civil*, vol. III, Rio de Janeiro: Editora Rio, 1984, 2ª ed., p. 416.

[3]   Clovis Bevilaqua, *Código Civil dos Estados Unidos do Brasil Comentado*, vol. III, cit., p. 302.

[4]   Orlando Gomes, *Direitos Reais*, Rio de Janeiro: Forense, 2008, 19ª ed., p. 408.

[5]   Ebert Chamoun, *Direito Civil*: aulas do 4º ano proferidas na Faculdade de Direito da Universidade do Distrito Federal. Rio de Janeiro: Aurora, 1955, p. 219.

[6]   J. M. de Carvalho Santos, *Código Civil brasileiro interpretado*, vol. X, Rio de Janeiro: Freitas Bastos, 1982, p. 231.

CAPÍTULO XXI | ANTICRESE 499

Note-se, todavia, que a anticrese se diferencia do acordo por meio do qual o devedor entrega *in solutum* determinada coisa ao credor para que este receba, em contrapartida ao empréstimo concedido, os frutos a serem gerados ao longo de determinado período.[7] Neste caso, a cessão temporária da coisa consubstancia o próprio modo escolhido pelas partes para o pagamento da dívida ao passo que a anticrese, por traduzir espécie de garantia, desempenha função acessória ao crédito, servindo de meio adicional à satisfação do débito. Por isso que, na anticrese, o devedor permanece pessoalmente obrigado perante o credor pela satisfação do crédito, devendo, no vencimento, solver o saldo remanescente, caso os frutos apropriados não tenham sido suficientes para amortizar a dívida por inteiro.[8]

Anticrese e entrega dos frutos in solutum

2. CONSTITUIÇÃO

A anticrese tem sempre origem no contrato,[9] cujo instrumento deve observar a forma pública quando o valor do imóvel for superior a trinta vezes o maior salário mínimo vigente no país (CC, art. 108). No entanto, em consonância com o disposto no art. 1.227 do Código Civil, só se reputa constituído o direito real anticrético com o registro do título aquisitivo no Cartório do Registro Geral de Imóveis da circunscrição onde se encontra o imóvel gravado.[10] Além disso, a imissão do credor na posse direta do imóvel afigura-se essencial ao surgimento do direito real.[11]

Constituição

O negócio constitutivo deve satisfazer os requisitos de especialização da dívida garantida e do imóvel dado em garantia (CC, art. 1.424). Em sua origem, a anticrese tinha por único propósito compensar os frutos com os juros da dívida. Falava-se em acordo de uso recíproco (*reciproci usus*), por meio do qual o devedor recebia o uso do dinheiro, conferindo em contrapartida, ao credor, os frutos e rendimentos da coisa anticrética.[12]

Especialização

Ao tempo da vigência da Lei de 24 de outubro de 1832, quando imperava a liberdade irrestrita em matéria de juros, admitia-se convencionar que toda a renda, qualquer fosse o seu vulto, fosse percebida pelo credor à conta exclusivamente dos juros. No entanto, se o contrato definisse determinada taxa de juros ou fosse omisso a

---

7   Vittorio Tedeschi, *Anticresi*. In: *Novissimo Digesto Italiano*, Torino: UTET, 1957, pp. 656 e 658. O autor ressalta a necessidade de se diferenciar a anticrese – em que a apropriação dos frutos tem função de garantia – do acordo no qual tal atividade constitui a contraprestação devida em razão do empréstimo obtido pelo devedor.

8   Luiz da Cunha Gonçalves, *Tratado de Direito Civil*, vol. V, t. 1, São Paulo: Max Limonad, 1955, pp. 320-323.

9   Orlando Gomes, *Direitos Reais*, cit., p. 409.

10   V. nesse sentido STJ, 6ª T., AgRg no Ag 1185129/SP, Rel. Min. Alderita Ramos de Oliveira, julg. 19.2.2013; publ. *DJe* 12.3.2013; e TJPR, 17ª C.C., Ap. Cív. 1.674.987-2, Rel. Des. Rui Portugal Bacellar Filho, julg. 31.1.2018, publ. *DJ* 22.2.2018.

11   Caio Mário da Silva Pereira, *Instituições de Direito Civil*, vol. IV, Rio de Janeiro: Forense, 2016, 24ª ed., p. 364.

12   Washington de Barros Monteiro, *Curso de Direito Civil: direito das coisas*, vol. III, São Paulo: Saraiva, 2003, 37ª ed., p. 395.

esse respeito (caso em que prevalecia a taxa legal), o excesso dos rendimentos devia ser imputado no capital, de maneira a preservar a comutatividade do acordo anticrético.[13]

Com a promulgação da Lei de Usura (Decreto n. 22.626, de 1933), limitou-se a liberdade dos particulares para estipular a taxa de juros, de modo que, independentemente do que tivesse sido convencionado, o montante dos frutos percebidos pelo credor que ultrapassasse a taxa máxima legal deveria ser imputado na amortização do capital. Tal orientação foi mantida pelo Código Civil vigente, cujo art. 1.506, § 1º, esclarece ser possível "estipular que os frutos e rendimentos do imóvel sejam percebidos pelo credor à conta de juros." No entanto, o mesmo dispositivo ressalta que se o valor dos frutos apropriados "ultrapassar a taxa máxima permitida em lei para as operações financeiras, o remanescente será imputado ao capital". No direito vigente, os juros convencionais encontram limite no disposto nos artigos 591 e 406 do Código Civil, cujas redações foram alteradas pela Lei n. 14.905/2024,[14] ressalvadas as instituições financeiras, que são livres para contratar juros de acordo com as condições de mercado.

Sublinhe-se que a anticrese pode ser empregada no pagamento de outras verbas além do capital e dos juros, tais como a multa convencional, as despesas administrativas e o reembolso das benfeitorias realizadas na coisa pelo credor, porque todas elas se compreendem no conceito de dívida, a que alude o art. 1.506 do Código Civil.[15]

Capacidade para constituição
A validade do negócio constitutivo requer, além da capacidade em geral, a capacidade específica para alienar o bem conferido em garantia (CC, art. 1.420). Desta feita, nenhum dos cônjuges pode, sem autorização do outro, constituir anticrese sobre imóvel seu, exceto se casados no regime da separação de bens (CC, art. 1.647, I). Não há de ser necessariamente o proprietário, admitindo-se também a sua constituição pelo enfiteuta e o superficiário. Igual direito se reconhece ao usufrutuário, uma vez que lhe assiste o poder de dispor livremente dos frutos da coisa.[16]

Constituição cumulada com a hipoteca
Como se mencionou acima, a anticrese traduz direito real autônomo, que pode surgir desligado de outro direito real. No entanto, nada impede a sua constituição

---

[13] Lafayette Rodrigues Pereira, *Direito das coisas*, vol. II, Rio de Janeiro: Editora Rio, 1977, edição histórica, p. 35-36.

[14] A Lei n. 14.905/2024, sobre atualização monetária e juros moratórios em ações de responsabilidade civil contratual e extracontratual, deu nova redação aos dois dispositivos legais, fixando que os juros moratórios serão fixados de acordo com a taxa Selic (divulgada pelo Banco Central), deduzido o índice de atualização monetária. Caso o resultado reste negativo, este será considerado igual a zero. Eis a nova redação dos dois dispositivos legais, atribuída pela Lei n. 14.905/2024: "Art. 591. Destinando-se o mútuo a fins econômicos, presumem-se devidos juros. Parágrafo único. Se a taxa de juros não for pactuada, aplica-se a taxa legal prevista no art. 406 deste Código"; e "Art. 406. Quando não forem convencionados, ou quando o forem sem taxa estipulada, ou quando provierem de determinação da lei, os juros serão fixados de acordo com a taxa legal. § 1º A taxa legal corresponderá à taxa referencial do Sistema Especial de Liquidação e de Custódia (Selic), deduzido o índice de atualização monetária de que trata o parágrafo único do art. 389 deste Código. § 2º A metodologia de cálculo da taxa legal e sua forma de aplicação serão definidas pelo Conselho Monetário Nacional e divulgadas pelo Banco Central do Brasil. § 3º Caso a taxa legal apresente resultado negativo, este será considerado igual a 0 (zero) para efeito de cálculo dos juros no período de referência."

[15] J. M. de Carvalho Santos, *Código Civil brasileiro interpretado*, vol. X, cit., p. 237.

[16] V. Darcy Bessone, *Direitos Reais*, São Paulo: Saraiva, 1996, 2ª edição, p. 349.

cumulada com a da hipoteca sobre o mesmo imóvel. Ambas as garantias, por meio de uma única escritura, podem ser conferidas, simultaneamente, ao mesmo credor. Como esclarece o art. 1.506. § 2º, do Código Civil, o imóvel gravado de anticrese pode, em segundo momento, ser hipotecado ao mesmo credor ou a terceiro, assim como o imóvel hipotecado pode ser dado em anticrese.

Prevaleceu, assim, no Código Civil a opinião de quem defendia a plena admissão do duplo gravame em favor de credores distintos, independentemente do assentimento do titular da garantia original.[17] Tal solução justifica-se na medida em que a constituição da segunda garantia, em nenhuma hipótese, pode prejudicar a posição do primeiro credor, que se encontra plenamente protegido pela preferência temporal do seu direito. Assim, em caso de conflito entre as duas garantias reais, prevalece, sempre, a precedente. Desse modo, recaindo a hipoteca sobre imóvel gravado de anticrese, assiste ao credor anticrético a faculdade de opor o seu direito de retenção ao credor hipotecário, de maneira a conservar a posse direta do imóvel mesmo depois de realizada a excussão (CC, art. 1.509). Na situação inversa, a execução hipotecária não sofre qualquer restrição em razão da anticrese constituída posteriormente, abrangendo os frutos pendentes ao tempo da excussão.

Preferência temporal entre os gravames

3. DIREITOS DO CREDOR ANTICRÉTICO

O conteúdo do direito real de anticrese compõe-se de certos poderes. Primeiramente, cabe ao credor anticrético a posse direta sobre o imóvel. Cuida-se de posse *ad interdicta,* e não *ad usucapionem,* que não autoriza a aquisição do domínio pelo credor pela usucapião.

Direito à posse direta da coisa

Como já mencionou, a imissão do credor anticrético na posse direta da coisa traduz elemento essencial ao tipo real, tendo por finalidade tornar mais fácil e segura a apropriação dos frutos gerados pela coisa.[18] O credor tem o direito de retê-la em seu poder até que se extinga a dívida ou pelo tempo máximo de quinze anos, contado da data de constituição da anticrese (CC, art. 1.423). Ciente dos entraves que cria à circulação dos bens, o legislador limita a duração da garantia anticrética, que se extingue uma vez findo o prazo legal, ainda que remanesça o débito.

Sublinhe-se que o credor se encontra autorizado a manejar os interditos para defender a sua posse da agressão de terceiro, inclusive do proprietário, que, por força própria, procure retomá-la antes de extinta a garantia. Também assiste ao credor ação petitória, espécie de reivindicatória fundada no título anticrético, para recuperar o imóvel de quem injustamente a possua ou detenha.[19]

Defesa da posse

---

[17] V. J. M. de Carvalho Santos, *Código Civil brasileiro interpretado,* vol. X, cit., p. 239. Em sentido contrário, defendo que as duas garantias reais somente poderiam ser cumuladas em favor do mesmo credor, v. Clovis Bevilaqua, *Código Civil dos Estados Unidos do Brasil Comentado,* vol. III, cit., p. 302.

[18] San Tiago Dantas, *Programa de Direito Civil,* vol. III, cit., p. 417.

[19] Ebert Chamoun, *Direito Civil:* aulas do 4º ano proferidas na Faculdade de Direito da Universidade do Distrito Federal, cit., pp. 220-221.

Direito aos frutos e à administração do imóvel

O titular da anticrese também tem o direito de administrar o bem e de apropriar-se dos frutos por ele engendrados (CC, art. 1.507). Compete-lhe fruir pessoalmente o imóvel ou arrendá-lo a terceiro, para, em contrapartida, receber o aluguel convencionado. Admite-se, contudo, que se afaste no título constitutivo a possibilidade de arrendamento, de maneira a obrigar o credor anticrético a explorar diretamente a coisa frutífera (CC, art. 1.507, § 2º, primeira parte). Se o contrato for omisso, o credor é livre para dar o bem em locação, a qual, todavia, não pode estender-se por prazo superior à duração da anticrese. Afinal, sendo celebrado pelo credor com fundamento no seu poder temporário de fruição, o arrendamento não vincula o proprietário, terceiro estranho ao ajuste, a quem se reconhece o direito de, uma vez extinta a anticrese, retomar a posse do seu imóvel (CC, art. 1.507, § 2º, parte final).

Direito de sequela

Além disso, em virtude da sua natureza real, a anticrese adere à coisa e persegue-a onde quer que esteja. A sequela, típica dos direitos reais, autoriza o credor anticrético a vindicar os seus direitos frente ao adquirente do bem, ao credor quirografário e ao hipotecário cujo direito seja posterior ao registro da anticrese (CC, art. 1.509). Quanto ao adquirente, mostra-se pacífico o entendimento de que a anticrese não obsta a alienação da coisa, embora sobreviva a garantia real, em razão da aderência, característica dos direitos reais. Desse modo, munido da sequela real, o credor mantém a coisa em seu poder, só tendo de devolvê-la ao proprietário uma vez extinta a garantia.

Oponibilidade ao adquirente

Oponibilidade ao credor

De outra parte, discute-se na doutrina se o credor anticrético pode se opor a que o imóvel seja penhorado pelo credor quirografário ou hipotecário com registro posterior ao da anticrese. De uma parte, argumenta-se o credor anticrético, notificado da execução, pode opor embargos de terceiro para livrar o bem da constrição judicial.[20] Em sentido contrário a esse entendimento, argumenta Carvalho Santos que a anticrese não tem por efeito tornar a coisa inalienável, de modo que, sendo possível a sua venda, não haveria razão para impedir a execução judicial, que, em última análise, não é senão uma modalidade de alienação. Observa ainda o autor que a constrição judicial, em nenhuma hipótese, pode prejudicar o credor anticrético, uma vez que se encontra plena protegido em virtude da sequela e da prioridade temporal de que goza o seu direito real. Não haveria, assim, óbice ao prosseguimento da execução, pois que a propriedade se transfere ao arrematante no estado em que se encontra, isto é, gravada de anticrese, de sorte que, mesmo depois de consumada a alienação judicial, subsiste íntegro o direito do titular da anticrese de conservar o imóvel em seu poder até que o seu crédito seja plenamente solvido.[21]

---

[20]   Clovis Bevilaqua, *Código Civil dos Estados Unidos do Brasil Comentado*, vol. III, cit., p. 305; Affonso Fraga, *Direitos Reaes de Garantia – Penhor, Antichrese e Hypotheca*, São Paulo: Saraiva, 1933, p. 348; e Washington de Barros Monteiro, *Curso de Direito Civil: direito das coisas*, vol. III, cit., p. 401.

[21]   J. M. de Carvalho Santos, *Código Civil brasileiro interpretado*, vol. X, cit., pp. 256-259. V. também nesse sentido Francisco Eduardo Loureiro, *in* Cezar Peluso (coord.), *Código Civil Comentado*, Barueri: Manole, 2019, 13ª ed., p. 1.568.

4. LIMITES DO DIREITO ANTICRÉTICO

Examinados acima os principais poderes reconhecidos ao credor anticrético *Ausência do ius distrahendi* (retenção, fruição e sequela), convém destacar os limites do conteúdo da anticrese. Nesse tocante, mencione-se em primeiro lugar que o credor anticrético não tem o direito de preferência para obter o pagamento prioritário do seu crédito, com base no produto da excussão do bem. A esse respeito, afirma-se usualmente que o credor anticrético não tem o *ius distrahendi*, característico do penhor e da hipoteca. Mas por aí não se deve entender literalmente que não lhe assiste o direito de promover a penhora dos bens do devedor, inclusive do bem gravado de anticrese, para obter judicialmente a satisfação do seu crédito, porque tal direito o legislador reconhece a qualquer credor, sem exceção. Significa, em vez disso, que, sendo destinada a transferir coativamente o bem a terceiro, a alienação judicial mostra-se incompatível com a anticrese, garantia eminentemente estática, que se manifesta pela conservação da coisa em poder de seu titular. A excussão, em outras palavras, importa renúncia à anticrese.[22] Vale dizer, o credor anticrético pode promover a excussão do imóvel objeto do gravame, mas, se o fizer, abre mão da garantia e assume a qualidade de credor quirografário, não tendo privilégio algum sobre o produto da alienação judicial (CC, art. 1.509, § 1º).

A rigor, a faculdade de uso não se afigura essencial ao direito de anticrese. Não *Uso do imóvel* obstante, já se observou que não se pode evitar o uso do bem na medida do necessário ao gozo do imóvel, porque de nada adiantaria conferir ao credor o direito de perceber os frutos sem lhe fornecer os meios apropriados para exercer esse direito. Encontra-se, portanto, implícito no objeto da anticrese, o uso do bem, que preenche função acessória, servindo de instrumento ao desfrute do imóvel. Daí San Tiago Dantas considerar esse uso "quase um adminículo do gozo".[23] Segundo Ebert Chamoun, se o credor usar o imóvel além do imprescindível ao exercício da anticrese, "transforma-se o instituto numa locação, cabendo aqui a cobrança dos aluguéis por parte do devedor".[24]

5. DEVERES DO CREDOR ANTICRÉTICO

De outra parte, a anticrese vem acompanhada da imposição de certos deveres *Deveres de guarda e* ao titular. A primeira obrigação compreende a guarda e a conservação do bem com *conservação da coisa* vistas a restitui-lo ao proprietário, uma vez quitada a dívida, no mesmo estado em que foi recebido. Disso decorre que não pode o credor anticrético alterar a destinação econômica do imóvel,[25] não lhe sendo lícito, por exemplo, transformar uma fazenda de criação de gado em uma fazenda agrícola, ou um estabelecimento industrial em residência.

---

22 Affonso Fraga, *Direitos Reaes de Garantia – Penhor, Antichrese e Hypotheca*, cit., pp. 349-351.

23 San Tiago Dantas, *Programa de Direito Civil*, vol. III, cit., p. 421.

24 Ebert Chamoun, *Direito Civil*: aulas do 4º ano proferidas na Faculdade de Direito da Universidade do Distrito Federal, cit., p. 221.

25 Darcy Bessone, *Direitos Reais*, cit., p. 350.

Realização das benfeitorias necessárias Também resulta do dever de conservação que ao credor anticrético incumbe realizar as benfeitorias necessárias (pagamento de tributos e foros, obras reparatórias etc.) que a coisa exigir, tendo por tais despesas o direito de ressarcir-se com os frutos percebidos. Se provar que os frutos não forem suficientes para solver a quantia desembolsada, tem ação contra o devedor para reclamar o restante, salvo disposição em contrário no título constitutivo.[26]

Responsabilidade subjetiva pelas deteriorações Nos termos do art. 1.508 do Código Civil, responde o credor anticrético pelas deteriorações que, por culpa sua, o imóvel vier a sofrer, o que compreende os danos que resultarem da omissão na realização de manutenções e obras reparatórias necessárias à boa conservação do bem. Em contrapartida, não tem responsabilidade pelas deteriorações decorrentes do uso normal da coisa nem por aquelas que se produzirem sem culpa sua, as quais correm por conta do proprietário (*res perit domino*).[27]

Responsabilidade por fato próprio e de terceiro A responsabilidade do credor anticrético não se circunscreve aos casos de fruição direta do bem, abrangendo, igualmente, os danos provocados pelo terceiro a quem se tiver confiado o arrendamento do imóvel, assegurando-se ao credor anticrético, nesta última hipótese, direito de regresso contra o arrendatário. Carvalho Santos sustenta, todavia, que, no caso de o terceiro ter sido escolhido de comum acordo entre o proprietário e o credor, a responsabilidade recairia exclusivamente sobre o terceiro.[28]

Dever de zelar pela frutificação da coisa A segunda obrigação do titular da anticrese consiste em cuidar diligentemente da frutificação do imóvel, zelando para que não haja desperdício no aproveitamento econômico do bem. O gozo, portanto, traduz não somente um poder, mas igualmente um dever do credor anticrético, que se estabelece em respeito ao devedor, a quem interessa que se obtenha o maior rendimento possível de modo a extinguir o mais rapidamente o ônus real que pesa sobre o seu imóvel. Por isso, conforme prevê a parte final do art. 1.508 do Código Civil, o credor responde pelos frutos que, por sua negligência, deixar de perceber, o que significa dizer que o valor correspondente a esses frutos deve ser imputado na solução da dívida, como se tivessem sido percebidos.

Prestação de contas Em terceiro lugar, como administrador de coisa alheia, cumpre ao titular da anticrese prestar contas ao devedor anticrético, devendo apresentar anualmente balanço, exato e fiel, da administração do imóvel recebido em garantia (CC, art. 1.507, *in fine*). Desse modo, permite-se ao devedor fiscalizar a produtividade do imóvel e o modo pelo qual o credor vem amortizando os juros e o capital da dívida. Se o devedor não concordar com o que se contém no balanço, por ser inexato, ou ruinosa a administração, poderá impugná-lo, e, se o quiser, requerer a transformação em arrendamento, fixando o juiz o valor mensal do aluguel, o qual poderá ser corrigido anualmente (CC, art. 1.507, § 1º).

---

[26] Clovis Bevilaqua, *Código Civil dos Estados Unidos do Brasil Comentado*, vol. III, cit., p. 304.

[27] Francisco Eduardo Loureiro *in* Cezar Peluso (coord.), *Código Civil Comentado*, cit., pp. 1.567-1.568.

[28] J. M. de Carvalho Santos, *Código Civil brasileiro interpretado*, vol. X, cit., p. 251.

6. DIREITOS DO PROPRIETÁRIO

Examinados os principais direitos e deveres que incumbem ao credor anticré- *Limitação do direito de propriedade* tico, convém mencionar os efeitos da anticrese em relação ao titular do imóvel no qual recai a garantia. A anticrese limita sobremaneira o direito do proprietário, que fica despojado da posse direta e do gozo da coisa. No entanto, ele não perde o poder de disposição, sendo-lhe lícito alienar o bem, mas, em razão da sequela, típica do direito real, o adquirente recebe o bem gravado de anticrese, cabendo-lhe, portanto, observar os direitos do credor anticrético. O proprietário também pode instituir novo ônus real sobre a coisa, contanto que seja compatível com a posse do credor anticrético.[29] Assim, como já visto, nada impede que ofereça o bem em hipoteca, respeitada, contudo, a preferência temporal da anticrese.

7. EXTINÇÃO

Vejam-se, por fim, os modos pelos quais se extingue a anticrese. A extinção pode *Extinção e restituição da coisa* resultar de eventos relacionados à dívida garantida, à coisa gravada ou ao direito real de garantia.[30] Qualquer que seja o fundamento jurídico, uma vez extinta a anticrese, cumpre ao credor restituir a posse da coisa ao legítimo proprietário.

No primeiro grupo, encontram-se reunidos os fatos, tais como o pagamento, a *Extinção da obrigação principal* dação em pagamento, a remissão e a invalidação, entre outros, que, ensejando a extinção da obrigação principal, provocam, em razão do vínculo de acessoriedade, o desaparecimento da garantia real.

O art. 1.510 do Código Civil autoriza o terceiro adquirente do bem dado em *Remição* anticrese a remi-lo, antes do vencimento da dívida, mediante pagamento ao credor do valor total do débito. Cuida-se de expediente destinado a facilitar a extinção da garantia anticrética, que, como já mencionado, representa importante entrave à circulação dos bens. Note-se que o adquirente livra a coisa do gravame desembolsando ao credor o valor da dívida – e não o valor de aquisição do bem. Desse modo, tal modalidade de remição traduz modalidade extintiva da dívida – e da anticrese, por efeito da acessoriedade – aproximando-se do pagamento, mas dele se diferenciando na medida em que intervém antes do vencimento da dívida. O adquirente, que realiza a remição, sub-roga-se no crédito, mas não na garantia anticrética, que se extingue em virtude de se confundirem, na mesma pessoa, as qualidades de credor e dono do bem.

A anticrese também se extingue por fatos concernentes à coisa onerada, quando, *Fatos concernentes à coisa* por exemplo, ela perece, sofre desapropriação ou se torna estéril, incapaz de produzir frutos. Nesses casos, a garantia cessa de existir, mas subsiste o crédito.

Vale notar, a propósito que, diferentemente da hipoteca e do penhor, a anticrese não se sub-roga na indenização em que se converte a coisa perdida. Como esclarece o

---

[29] San Tiago Dantas, *Programa de Direito Civil*, vol. III, cit., p. 422.
[30] Ebert Chamoun, *Direito Civil:* aulas do 4º ano proferidas na Faculdade de Direito da Universidade do Distrito Federal, cit., p. 221.

art. 1.509, § 2º, do Código Civil, não assiste ao credor anticrético nenhum direito sobre o valor devido em caso de desapropriação ou de sinistro seguro. A regra se justifica na medida em que a anticrese tem por efeito autorizar a retenção, inviabilizada em razão do desaparecimento do bem, e não já dotar o credor da preferência creditícia, típica da hipoteca e do penhor.

Substituição da garantia

Em definitivo, sempre que a coisa perecer ou se revelar infrutífera, extingue-se o direito de anticrese, sem que seja possível a perpetuação da garantia por meio da sub-rogação. Diante disso, faculta-se ao credor intimar o devedor para que proceda à substituição da garantia, sob pena de cobrar imediatamente o débito, antes do termo de vencimento ajustado contratualmente.

Fatos concernentes ao direito real

Sublinhe-se, por fim, que a anticrese se extingue em virtude de fatos que fulminam o direito real. Nesses casos, a garantia deixa de existir, mas sobrevive o crédito quirografário, desprovido da garantia real. Nesse diapasão, cumpre mencionar o exaurimento da garantia pelo decurso do prazo legal de quinze anos (CC, art. 1.423), a consolidação do domínio em razão da confusão das qualidades de credor e de dono da coisa na mesma pessoa, e a renúncia à anticrese.

Renúncia

A renúncia, diga-se, por oportuno, pode ser expressa ou tácita, resultando, neste último caso, da prática de ato incompatível com a manutenção da garantia. Nessa perspectiva, o art. 1.509, § 1º, do Código Civil prevê duas hipóteses de renúncia tácita. Verifica-se a primeira quando o credor anticrético decide executar os bens recebidos em anticrese por falta de pagamento da dívida. A segunda, por sua vez, ocorre quando o credor anticrético, notificado da penhora promovida por outro credor sobre os bens conferidos em anticrese, deixa de opor o seu direito de retenção ao exequente.

Cancelamento do registro

A despeito da ausência de regra específica no Código Civil, a extinção só produz efeitos perante terceiros após o cancelamento do registro da anticrese no competente Cartório do Registro de Imóveis.

PROBLEMAS PRÁTICOS

1. Admite-se que a coisa imóvel gravada de anticrese seja, posteriormente, hipotecada em favor de outro credor?
2. É possível afastar, no título constitutivo da anticrese, a possibilidade de arrendamento, impondo-se que o credor anticrético explore diretamente a coisa?

Capítulo XXII
ALIENAÇÃO FIDUCIÁRIA EM GARANTIA

Sumário: 1. Noções gerais – 2. Qualificação da alienação fiduciária em garantia – 3. Alienação em garantia de coisa móvel infungível – 4. Efeitos da propriedade fiduciária antes do vencimento – 5. Efeitos da propriedade fiduciária depois do vencimento – 6. Efeitos da propriedade fiduciária perante a falência e a recuperação judicial – 7. Extinção da propriedade fiduciária em garantia – Problemas práticos.

1. NOÇÕES GERAIS

As origens históricas da alienação fiduciária remontam à longínqua *fiducia* romana, pacto de efeito moral, sem força coercitiva, que se baseava exclusivamente na confiança que uma das partes, o fiduciante, depositava na lealdade e honestidade da outra parte, o fiduciário. Em termos simplificados, identificava-se nesse negócio a conjugação de dois elementos, a saber: *a)* a transmissão de determinado direito (de propriedade ou de crédito) do fiduciante ao fiduciário, e *b)* a obrigação assumida por este último de restitui-lo ao fiduciante ou de (re)transferi-lo a terceiro depois de alcançada a finalidade ajustada contratualmente.[1] Origens no direito romano

As duas modalidades mais importantes eram a *fiducia cum amico* e a *fiducia cum creditore*. A primeira não tinha finalidade de garantia; ao reverso, permitia a uma pessoa que se encontrava diante de circunstancias adversas (ausência prolongada, risco de guerra, perturbações políticas) transferir seus bens a um amigo em quem Fiducia cum amico e cum creditore

---

[1] Pontes de Miranda, *Tratado de Direito Privado: Parte Geral,* t. III, Rio de Janeiro: Revista dos Tribunais, 2012, p. 188; José Carlos Moreira Alves, *Direito Romano,* vol. II, Rio de Janeiro: Forense, 1998, 6ª edição, p. 125.

confiasse para que fossem restituídos depois de cessada a situação de perigo.[2] A segunda, que interessa mais diretamente ao tema deste capítulo, traduz a primeira forma de garantia real de que se tem conhecimento no direito romano e consistia na transmissão de uma coisa do devedor para o credor, acompanhada da celebração do *pactum fiduciae*, que obrigava o credor a restituir a coisa quando fosse paga a dívida.[3]

Desaparecimento no direito romano

Considerada excessivamente gravosa para o devedor, que não dispunha de meios para defender o seu direito de reaver a coisa depois de satisfeita a dívida, o seu uso entrou em declínio, sendo substituída paulatinamente pelo *pignus*, espécie de garantia real que se constituía sem a transmissão do domínio e da qual, como visto, resultariam as figuras do direito real de penhor e de hipoteca (Cf. Capítulo XX). A supressão da *fiducia* no *Corpus Iuris Civilis* do século VI fez que não tivesse acolhida nos ordenamentos de tradição romanista, passando ao largo das codificações do século XIX, inclusive da brasileira de 1916.[4]

Ressurgimento doutrinário

No entanto, diante da insuficiência das garantias reais tradicionais para atender à demanda crescente das sociedades industrializadas por instrumentos mais eficazes de segurança do crédito, a doutrina alemã do final do século XIX, secundada pela italiana, resgatou a *fiducia* romana para desenvolver o conceito moderno do negócio fiduciário. A partir daí proliferaram os debates doutrinários acerca da validade dos meios indiretos de garantia, tal como o contrato de retrovenda celebrado para fins de garantia, que se baseavam na transmissão da propriedade ao credor. No direito brasileiro, tal movimento ganharia força em meados do século XX, em um momento em que já se discutia o enfraquecimento dos direitos reais de penhor e de hipoteca, em razão não só do custo e da morosidade em executá-los como também por serem preteridos em favor de certos créditos, como o trabalhista e o tributário, aos quais a lei confere prioridade nos concursos de credores.[5]

Introdução no direito brasileiro

Foi assim que, no âmbito maior das políticas públicas de estímulo às atividades econômicas, o legislador introduziu no direito pátrio, por meio da Lei n. 4.728, de 1965, a figura da alienação fiduciária em garantia. Por meio dela, transfere-se a propriedade resolúvel e a posse indireta de certo bem móvel ao credor, que as conserva até que o seu crédito seja satisfeito. Uma vez quitado o débito, resolve-se a propriedade em favor do devedor ou do terceiro que tenha conferido o bem em garantia. Ocorrendo, contudo, o inadimplemento, a posse direta do devedor torna-se injusta e o credor tem o direito de reaver a (sua) coisa para, em seguida, vendê-la, judicial ou extrajudicialmente, a terceiro de modo a satisfazer o seu crédito com o preço obtido.

---

[2] Nestor José Foster, *Alienação Fiduciária em Garantia*, Porto Alegre: Sulina, 1976, 2ª edição, p. 10.

[3] Ebert Chamoun, *Instituições de Direito Romano*, Rio de Janeiro: Forense, 1962, 4ª edição, p. 282.

[4] Caio Mário da Silva Pereira, *Instituições de Direito Civil*, vol. IV, Rio de Janeiro: Forense, 2016, 24ª edição p. 370.

[5] V. José Carlos Moreira Alves, *Da Alienação Fiduciária em Garantia*, Rio de Janeiro: Forense, 1979, 2ª edição, p. 3.

CAPÍTULO XXII | ALIENAÇÃO FIDUCIÁRIA EM GARANTIA   509

Enquanto a hipoteca, o penhor e a anticrese são direitos reais constituídos na *Alienação em garantia e direitos reais de garantia* coisa alheia, cujo dono permanece sendo o outorgante da garantia, a alienação fiduciária em garantia transfere a propriedade ao credor. Tal característica faz dessa espécie de garantia real o mais efetivo instrumento de proteção contra o risco de insolvência, uma vez que a coisa conferida em garantia permanece no patrimônio do credor até a plena quitação do débito, sendo mantida, assim, fora do alcance dos demais credores do devedor comum. De fato, a coisa se sujeita exclusivamente à satisfação do titular da garantia, que não precisa se preocupar com a deterioração da situação patrimonial do devedor nem com a existência de credores privilegiados. Ainda que decretada a insolvência ou a falência, a coisa – que lhe pertence – não é atingida pelo procedimento concursal que se instala sobre os bens do devedor (Lei n. 11.101/2005, art. 49, § 3º, e art. 85; Lei n. 9.514/1997, art. 22, § 10). Nessa hipótese, assiste ao credor fiduciário o direito de pedir a restituição do bem para promover a sua venda, satisfazendo o seu crédito com o preço e restituindo o eventual saldo remanescente em proveito do concurso de credores.

Por outro lado, cuidou o legislador de tutelar os interesses do devedor fiducian- *Proteção legal do devedor fiduciante* te dos abusos do credor, submetendo a alienação fiduciária em garantia a regras legais de índole protetiva. Assim é que a posse direta da coisa há de permanecer com o devedor fiduciante, que, desta feita, pode usá-la, inclusive, na sua atividade profissional, de modo a levantar os recursos de que necessita para solver a dívida. Além disso, os poderes do credor se restringem à medida necessária à realização do escopo de garantia, não lhe sendo permitido extrair da coisa outra utilidade senão a satisfação do seu crédito. A principal limitação advém do caráter resolúvel da propriedade, que o devedor adquire *ipso iure* ao efetuar o pagamento da dívida.

Admitida, inicialmente, pela Lei n. 4.728/1965, para os bens móveis, a proprie- *Expansão no direito brasileiro* dade fiduciária obteria, pelas razões acima apontadas, rápido sucesso, o que levaria à paulatina extensão de seu âmbito de aplicação. A expansão, contudo, operou-se de forma tópica, por meio da edição de sucessivas leis especiais, que acrescentaram novas hipóteses de aplicação do instituto e introduziram aperfeiçoamentos às regras preexistentes, conforme as necessidades e as pressões do momento. Disso resultou a formação de um cenário legislativo fragmentado, onde diferentes espécies de alienação fiduciária em garantia se submetem a regimes jurídicos díspares, que nem sempre guardam coerência entre si.

O Código Civil pouco fez a favor da sistematização da matéria. Inicialmente, a sua promulgação suscitou debate acerca da sua compatibilização com a legislação anterior, tendo a Lei n. 10.931/2004 resolvido a questão por meio do acréscimo do art. 1.368-A, que prevê a aplicação subsidiária das suas disposições às demais espécies de propriedade fiduciária ou de titularidade fiduciária, naquilo que não conflitarem com as respectivas leis especiais. Desta feita, os dispositivos contidos no Código Civil enunciam preceitos gerais, que convivem com as normas especiais da legislação extravagante.

No momento atual, identificam-se as seguintes modalidades de propriedade ou *Modalidades gerais* titularidade fiduciária, que variam conforme a natureza do bem alienado e o seu âmbito de vigência. As de ordem geral, que podem ser constituídas em favor de qualquer credor, admitem por objeto: *a)* coisa móvel infungível (Código Civil, artigos 1.361 a 1.368-B); *b)* bem imóvel e direitos imobiliários (Lei n. 9.514/1997, art. 22 a 33); *c)* direitos creditórios decorrentes de contratos de alienação de imóveis (Lei n. 9.514/1997, art. 19 e 20); e *d)* aeronaves (Código Brasileiro de Aeronáutica – Lei n. 7.565/1986, artigos 148 a 152).

Modalidades especiais

De outra parte, a Lei n. 4.728/1965 estabelece modalidades especiais para a garantia de créditos tributários, previdenciárias e das instituições financeiras que realizam operações creditícias no âmbito dos mercados financeiro e de capitais. A alienação fiduciária em garantia, celebrada nesse âmbito específico, pode ter por objeto *i)* coisa móvel infungível (art. 66-B, *caput*); *ii)* coisa fungível (art. 66-B, § 3º); e *iii)* direitos sobre coisas móveis, inclusive créditos, bem como títulos de crédito (art. 66-B, §§ 3º e 4º). Mencionem-se, ainda, a cessão fiduciária de quotas de fundos de investimento para garantia de locação (Lei n. 11.196/2005, art. 88) bem como a cessão fiduciária de créditos decorrentes dos contratos de alienação das unidades habitacionais celebrados com entidades integrantes do Sistema Financeiro da Habitação (Lei n. 4.864/1965, art. 22).[6]

2. QUALIFICAÇÃO DA ALIENAÇÃO FIDUCIÁRIA EM GARANTIA

Negócio fiduciário de tipo romano e de tipo germânico

A alienação fiduciária em garantia se aproxima da concepção germânica de negócio fiduciário, na medida em que se baseia na técnica da transmissão da propriedade resolúvel. Vozes autorizadas, fiéis à origem romana da fidúcia, sustentam que, ao proceder dessa maneira, o legislador brasileiro deturpou a real natureza fiduciária do instituto, uma vez que teria eliminado o seu elemento característico, a saber, o *risco de abuso* a que se submete o fiduciante por não dispor de instrumento de tutela apropriado para reaver a coisa no caso de o fiduciário tê-la transmitido a terceiro, contrariamente à finalidade ajustada no contrato. Conforme sustentado, afigura-se essencial à qualificação desse negócio que o fiduciante não tenha nenhum meio de defesa, cabendo-lhe apenas confiar na honestidade e na vontade do fiduciário em cumprir o acordado. No entanto, na versão germânica, já não existiria essa possibilidade de abuso, uma vez que o poder outorgado ao credor é limitado pela condição resolutiva, cujo implemento produz efeitos *erga omnes* e assegura ao fiduciante a aquisição *ipso jure* da propriedade plena.[7]

Crítica ao caráter fiduciário

A isso se acrescenta que o legislador brasileiro teria regulamentado de forma tão minuciosa os poderes do credor fiduciário que a confiança do fiduciante já se mostraria dispensável à celebração do contrato. Nessa direção, Darcy Bessone ressal-

---

[6] V. Melhim Namem Chalub, *Alienação Fiduciária: negócio fiduciário*, Rio de Janeiro: Forense, 2019, 6ª edição, p. 405 e seguintes.

[7] V. nesse sentido José Carlos Moreira Alves, *Da Alienação Fiduciária em Garantia*, Rio de Janeiro: Forense, 1979, 2ª edição, pp. 22-24. Ainda de acordo com o autor, não se trataria de verdadeira condição suspensiva, mas de condição legal (*conditio juris*), que resulta de imposição legal à estrutura típica da propriedade fiduciária (p. 119 e seguintes).

ta em tom crítico que "a alienação em garantia, tal como se encontra regulamentada no Brasil, não se baseia no elemento subjetivo *confiança*. O negócio, que se insiste em qualificar de *fiduciário*, é, em todos os seus aspectos, comandado pela lei ou, melhor dito, por um esquema legal rígido, ao qual as partes devem submeter-se. O devedor não transfere ao credor o domínio e a posse indireta do bem móvel por confiar nele, até mesmo porque frequentemente nem o conhece. Faz tal transferência por confiança em si mesmo, o que quer dizer que, ao celebrar o contrato de garantia, está certo de que terá condições para solver o débito e, por consequência, reaver o domínio e a coisa, por efeito de condição resolutiva, que a lei estabelece".[8]

Nada obstante a autoridade dessas opiniões, prevalece na doutrina concepção do negócio fiduciário que, despindo-se de seus vestígios romanistas, assume significado renovado, em consonância com a dinâmica das relações contratuais. Nessa perspectiva, o efeito característico do negócio fiduciário residiria na atribuição da titularidade sobre determinado bem à conta de outrem ou para a realização de certa finalidade.[9] Desse modo, entende-se por negócio fiduciário aquele por meio do qual se transmite certo direito a uma das partes contratantes para que seja exercido em consonância com o escopo avençado contratualmente. Assim se verifica na alienação fiduciária em garantia, haja vista adquirir o credor a propriedade resolúvel de determinado bem para assegurar a satisfação da obrigação principal. Torna-se dono da coisa, mas os seus poderes dominiais encontram-se funcionalizados à realização da finalidade de garantia do crédito.

Qualificação como negócio fiduciário

A alienação fiduciária em garantia e a propriedade fiduciária designam institutos jurídicos distintos, embora relacionados. Assim como se verifica na hipoteca e no penhor, há, de um lado, o título aquisitivo e, de outro, o direito outorgado ao credor, que cumpre a função de garantia do débito. A alienação traduz o contrato que serve de título à constituição da propriedade fiduciária, direito real sobre coisa própria, que configura a garantia real constituída em favor do credor. Consiste em contrato bilateral, oneroso e acessório, que tem por finalidade a transferência do direito de propriedade fiduciária, limitado pelo escopo de garantia. A bilateralidade denota o sinalagma, isso é, o vínculo de correspectividade que entrelaça as obrigações atribuídas a ambas as partes, sendo umas a razão jurídica das outras. Entende-se por onerosidade que cada parte obtém vantagem econômica – para o alienante, o acesso ao crédito em condições mais vantajosas e, para o adquirente, a maior segurança quanto à satisfação do seu direito. Ressalva-se, contudo, a alienação feita por terceiro em garantia da dívida alheia, que pode se afigurar gratuita ou onerosa, no caso de obtenção de vantagem em troca da concessão da garantia.

Alienação fiduciária e propriedade fiduciária

---

[8] Darcy Bessone, *Direitos Reais*, São Paulo: Saraiva, 1996, 2ª edição, p. 389, grifos no original.

[9] Como esclarece Milena Donato Oliva: "O que caracteriza o negócio fiduciário é a titularidade à conta de outrem ou para a promoção de certa finalidade, ou seja, a titularidade fiduciária. Essa é a função perseguida pelas partes com o negócio fiduciário: a transmissão de um direito para que ele seja exercido de determinada maneira, com vistas ao alcance de escopo comumente avençado" (Milena Donato Oliva, *Do negócio fiduciário à fidúcia*, São Paulo: Atlas, 2014, pp. 17-18).

A alienação fiduciária também se afigura acessória ao contrato do qual decorre o débito que a propriedade fiduciária visa a garantir. Com efeito, dada a sua função de garantia, supõe necessariamente a constituição de relação jurídica principal. Por isso que, sendo constituída para assegurar a satisfação de crédito futuro, a sua eficácia fica condicionada ao nascimento da obrigação a ser garantida. Em virtude do princípio *acessorium sequitur principale*, a alienação segue a sorte do contrato principal, invalidando-se quando este for nulo ou anulável.[10]

Qualificação da propriedade fiduciária

Por sua vez, a propriedade fiduciária traduz propriedade limitada, cujo conteúdo se restringe à medida necessária à realização do escopo de garantia. A principal limitação decorre do seu caráter resolúvel, de sorte que o credor fiduciário perde *ipso iure* o domínio no momento em que o fiduciante realiza o pagamento da dívida. A propriedade fiduciária, de outra parte, constitui direito acessório, vinculado à satisfação da obrigação principal. Daí por que que se resolve, retornando à titularidade do fiduciante, sempre que a dívida se extinguir.

Propriedade fiduciária recarregável

Nada obstante a sua natureza acessória, o art. 4º da Lei n. 14.711/2023 acrescentou os artigos 9º-A a 9º-D na Lei n. 13.476/2017, de maneira a autorizar a extensão da propriedade fiduciária sobre coisa imóvel para garantir novas obrigações. Desse modo, o legislador introduziu, no direito brasileiro, a figura da propriedade fiduciária *recarregável*, por meio da qual se mostra possível aproveitar a propriedade fiduciária já constituída para garantir outros créditos, sob condição de que sejam de titularidade do mesmo credor e de que, antes da extensão, o imóvel não tenha sido oferecido em garantia em favor de credor diverso (art. 9º-A). Além disso, a extensão não pode exceder ao prazo final de pagamento e ao valor máximo garantido especificados no título da garantia original (art. 9º-B, § 4º).

Aplicação subsidiária do regime dos direitos reais de garantia

No ordenamento vigente, em que prevalece o perfil funcional sobre o estrutural na qualificação dos institutos jurídicos, a propriedade fiduciária submete-se à disciplina jurídica que, em muitos aspectos, se aproxima mais do regime dos direitos reais de garantia (na coisa alheia) do que da normativa típica do direito de propriedade. Nessa direção, o art. 1.367 do Código Civil, em sua redação original, já admitia a incidência de algumas normas próprias do penhor, da hipoteca e da anticrese. Aprofundando tal orientação, a redação atual do dispositivo, introduzida pela Lei n. 13.043/2014, prevê que a propriedade fiduciária em garantia, em qualquer das suas diferentes modalidades, sujeita-se às disposições gerais dos direitos reais de garantia (CC, arts. 1.419 a 1.430) e, no que for específico, à legislação especial pertinente. Desse modo, naquilo que não forem incompatíveis com a natureza peculiar da propriedade fiduciária – que traduz direito real na coisa própria, e não na coisa alheia – aplicam-se as referidas disposições, que formam, assim, o quadro normativo geral e subsidiário das garantias reais no direito brasileiro.

---

[10]   José Carlos Moreira Alves, *Da Alienação Fiduciária em Garantia*, Rio de Janeiro: Forense, 1979, 2ª edição, p. 65.

3. ALIENAÇÃO EM GARANTIA DE COISA MÓVEL INFUNGÍVEL

O Código Civil disciplina a alienação fiduciária em garantia de coisa móvel infungível. A sua celebração submete-se às regras específicas previstas nos artigos 1.361 e 1.362, bem como, em virtude da remissão contida no art. 1.367, aos requisitos gerais de constituição dos direitos reais de garantia, enunciados no art. 1.420, de que se cuidou em outra oportunidade (cf. Capítulo XVIII). *Âmbito de incidência do Código Civil*

Figuram como partes no contrato de alienação fiduciária o *fiduciante* — alienante da coisa transmitida em garantia — e o *fiduciário* — credor que lhe adquire a propriedade fiduciária. Exige-se de ambas as partes capacidade para a prática de atos na vida civil. Os absolutamente incapazes somente podem figurar no negócio se estiverem devidamente representados ao passo que os relativamente incapazes devem ser assistidos. *Requisitos subjetivos*

Qualquer pessoa, física ou jurídica, pode alienar em garantia, desde que seja o dono com poder para dispor livremente da coisa (CC, art. 1.420, primeira parte). Embora o art. 1.361 do Código Civil se refira apenas ao caso mais usual em que o alienante é o *devedor*, nada impede, consoante o regime geral das garantias reais, que o terceiro garanta dívida alheia, alienando fiduciariamente coisa própria ao credor.

A alienação fiduciária *a non domino*, feita por quem não é proprietário da coisa, afigura-se, a princípio, ineficaz, haja vista não ser dado a ninguém transferir mais direito do que tem. No entanto, como prevê o § 3º do art. 1.361, tal ineficácia pode ser sanada *ex post facto*, mediante a aquisição ulterior do domínio do bem, a qual produz efeitos retroativos (*ex tunc*), contados da data do registro do instrumento contratual no cartório competente. Tal regra também dá respaldo jurídico à alienação em garantia de coisa futura, ainda não existente ao tempo de celebração do negócio. Nesse caso, a eficácia da garantia real se subordina ao ingresso da propriedade da coisa no patrimônio de quem a alienou fiduciariamente. Sublinhe-se que o preceito legal não condiciona a *eficacização* da alienação à boa-fé do credor adquirente, diferentemente da regra geral estabelecida no art. 1.268, § 1º, em relação à tradição a *non domino* de bens móveis. *Alienação a non domino*

Se estiver submetida a condomínio, a coisa não pode ser transmitida em garantia, na sua totalidade, sem o consentimento de todos os proprietários. No entanto, cada condômino é livre para alienar em garantia a sua parte ideal, sem a anuência dos demais, conforme faculta o § 2º do art. 1.420 do Código Civil. Tampouco assiste aos consortes o direito de preferência de que trata o art. 504 do Código Civil, pois que se trata de alienação com escopo de garantia, que se aproxima funcionalmente do regime próprio de constituição dos direitos reais de garantia, afastando-se, portanto, das normas típicas da compra e venda. O direito de preferência só surge em caso de inadimplemento do devedor quando o credor fiduciário colocar a parte ideal à venda para se pagar com o preço.[11] *Alienação de coisa indivisa*

---

[11] José Carlos Moreira Alves, *Da Alienação Fiduciária em Garantia*, Rio de Janeiro: Forense, 1979, 2ª edição, p. 77.

As normas do Código Civil admitem como credor fiduciário toda e qualquer pessoa, física ou jurídica, independentemente da natureza do crédito a ser garantido. Em termos diversos, a alienação em garantia de coisa móvel infungível, prevista no *caput* do art. 66-B da Lei n. 4.728/1965, restringe-se aos créditos tributários, previdências e das instituições financeiras que operam nos mercados financeiro e de capitais.

Os artigos 3º e seguintes do Decreto-Lei n. 911/1969 disciplinam o procedimento judicial de busca e apreensão do bem alienado fiduciariamente, que se reconhece em favor do credor fiduciário, em caso de inadimplemento do devedor.[12] Por força do que dispunha o artigo 8º-A do referido Decreto-Lei, referido procedimento se aplicava apenas às alienações fiduciárias realizadas com base no art. 66-B da Lei n. 4.728/1965, mas, após a revogação do mencionado art. 8º-A pela Lei n. 14.711/2023, o seu âmbito de aplicação foi ampliado de modo a que seja igualmente utilizado nas alienações fiduciárias regidas pelos art. 1.361 e seguintes do Código Civil.

Requisitos objetivos A alienação fiduciária em garantia supõe, ainda, que a coisa seja alienável (CC, art. 1.420, parte final), haja vista constituir título para a transmissão da propriedade fiduciária ao credor. Sendo a coisa inalienável, o contrato afigura-se nulo, por impossibilidade jurídica do seu objeto (CC, art. 104, II).[13] A inalienabilidade, todavia, não se confunde com a impenhorabilidade, instituto de direito processual destinado a proteger o bem da ação executiva dos credores, sem, todavia, subtrair do proprietário o seu poder de disposição. Nessa direção, o Superior Tribunal de Justiça já decidiu que a impenhorabilidade do bem de família, instituída na Lei n. 8.009/1990, não obsta a que o imóvel que serve de residência à família seja alienado em garantia de mútuo contraído junto à instituição financeira. Na ementa do acórdão lê-se que "não pode o devedor ofertar bem em garantia que é sabidamente residência familiar para, posteriormente, vir a informar que tal garantia não encontra respaldo legal, pugnando pela sua exclusão (vedação ao comportamento contraditório). (...) Ademais, tem-se que a própria Lei 8.009/1990, com o escopo de proteger o bem destinado à

---

[12] Ao propósito do dito procedimento, a 3ª Turma do STJ já proferiu interessante decisão, girando em torno do que dispõe o art. 3º, § 6º, do Decreto-Lei 911/1969, a saber: "§ 6º Na sentença que decretar a improcedência da ação de busca e apreensão, o juiz condenará o credor fiduciário ao pagamento de multa, em favor do devedor fiduciante, equivalente a cinquenta por cento do valor originalmente financiado, devidamente atualizado, caso o bem já tenha sido alienado". Ao interpretar o teor do dispositivo, entendeu-se que a multa em favor do devedor, equivalente a cinquenta por cento do valor financiado, na hipótese de venda antecipada pelo banco credor do bem alienado fiduciariamente, não pode ser aplicada quando a sentença de improcedência da ação de busca e apreensão é revertida em recurso, tendo o devedor purgado a mora quando o bem já havia sido alienado a terceiro pelo banco. Ao reformar a decisão do Tribunal de Justiça de Alagoas, o Relator, Min. Marco Aurélio Bellizze, afirmou que, para aplicar a multa, nos termos do dispositivo legal, deve-se observar cumulativamente: a improcedência da sentença da ação de busca e apreensão e a alienação prematura do bem. Como, no caso, o tribunal estadual julgou a busca e apreensão procedente, visto que o devedor, ao purgar a mora, teria reconhecido implicitamente a procedência da ação, embora a alienação tenha ocorrido sem autorização judicial, seria inaplicável a multa de 50% em favor do devedor (STJ, 3ª T., REsp 1.994.381, Rel. Min. Marco Aurélio Bellizze, julg. 12.12.2023, publ. DJe 14.12.2023).

[13] José Carlos Moreira Alves, *Da Alienação Fiduciária em Garantia*, Rio de Janeiro: Forense, 1979, 2ª edição, p. 89.

residência familiar, (...) em nenhuma passagem dispõe que tal bem não possa ser alienado pelo seu proprietário. Não se pode concluir que o bem de família legal seja inalienável e, por conseguinte, que não possa ser alienado fiduciariamente por seu proprietário, se assim for de sua vontade, nos termos do art. 22 da Lei n. 9.514/1997."[14]

Usualmente, na prática negocial, a alienação fiduciária em garantia vincula-se ao financiamento da compra de bens duráveis, como automóveis ou máquinas. Nesse arranjo, o financiador entrega ao vendedor, em nome do comprador, o preço estipulado, recebendo, em contrapartida, a propriedade fiduciária do bem vendido como garantia do pagamento do financiamento concedido ao comprador.[15] No entanto, a alienação fiduciária tem vocação mais ampla, podendo intervir em variados contextos negociais. Nessa direção, segundo o entendimento do Superior Tribunal de Justiça consolidado no enunciado n. 28 de sua Súmula (1991), "o contrato de alienação fiduciária em garantia pode ter por objeto bem que já integrava o patrimônio do devedor", de modo que a dívida garantida pela alienação fiduciária não precisa ter sido contraída para viabilizar a aquisição do bem que se aliena em garantia.

Abrangência objetiva

Navios e aeronaves, embora equiparados aos imóveis para efeito de servirem de objeto de hipoteca, constituem bens móveis infungíveis e, por conseguinte, são passíveis de alienação fiduciária em garantia. Quanto às embarcações, a constituição da garantia fiduciária submete-se às disposições estabelecidas nos artigos 12 a 14 da Lei n. 7.652, de 1988, enquanto a transmissão em garantia de aeronaves encontra disciplina específica no Código Brasileiro de Aeronáutica (Lei n. 7.565/1986, artigos 148 a 152).

Navios e aeronaves

A Lei n. 4.728/1965, art. 66-B, § 3º, admite, no âmbito específico dos mercados financeiro e de capitais, a alienação em garantia de coisas fungíveis. O dispositivo faculta a atribuição da posse plena ao credor ou, mediante expressa previsão contratual, o seu desdobramento em posse direta e indireta entre o fiduciante e o credor. Na primeira hipótese, não se cuida mais de propriedade fiduciária propriamente dita, uma vez que o credor adquire a propriedade plena do bem, sem condição resolutiva, obrigando-se, em caso de pagamento da dívida, a restituir coisa equivalente. A figura, portanto, mais se aproxima do penhor irregular.

Bens fungíveis

---

[14] Nessa direção, veja-se, a decisão proferida pela 4ª Turma do STJ, em cuja ementa se lê: "A regra de impenhorabilidade aplica-se às situações de uso regular do direito. O abuso do direito de propriedade, a fraude e a má-fé do proprietário devem ser reprimidos, tornando ineficaz a norma protetiva, que não pode tolerar e premiar a atuação do agente em desconformidade com o ordenamento jurídico. (...) Sendo a alienante pessoa dotada de capacidade civil, que livremente optou por dar seu único imóvel, residencial, em garantia a um contrato de mútuo favorecedor de pessoa diversa, empresa jurídica da qual é única sócia, não se admite a proteção irrestrita do bem de família e esse amparo significar o alijamento da garantia após o inadimplemento do débito, contrariando a ética e a boa-fé, indispensáveis em todas as relações negociais" (STJ, 4ª T., REsp. 1.559.348/DF, julg. 18.6.2019, *DJe* 5.8.2019). v. também STJ, 3ª T., REsp. 1-560.562/SC, Rel. Ministra Nancy Andrighi, julg. 2.4.2019, publ. *DJe* 4.4.2019; STJ, 2ª T., AgInt nos EDv nos EREsp 1.560.562/SC, Rel. Min. Luis Felipe Salomão, julg. 2.6.2020, publ. *DJe* 9.6.2020; STJ, 3ª T., AgInt no AREsp 2.071.640, Rel. Min. Marco Aurélio Bellizze, julg. 8.8.2022, publ. *DJe* 10.8.2022; STJ, 2ª S., EREsp 1.559.348/DF, Rel. Min. Moura Ribeiro, julg. 24.5.2023, publ. *DJe* 6.6.2023.

[15] V. Melhim Namem Chalub, *Alienação Fiduciária: negócio fiduciário*, Rio de Janeiro: Forense, 2019, 6ª edição, p. 206.

Na segunda hipótese, a propriedade fiduciária recai sobre universalidade de fato definida pela qualidade e quantidade dos bens fungíveis abrangidos. O devedor, nesse caso, conserva o direito de dispor das coisas, consideradas individualmente, desde que reponha outras em seu lugar. Em caso de inadimplemento, assiste ao credor o direito reclamar do fiduciante a entrega da quantidade ajustada de coisas da mesma espécie daquelas que formavam inicialmente o objeto do negócio fiduciário. A garantia permanece inalterada a despeito da livre circulação das coisas fungíveis, porque o seu objeto consiste, precisamente, no todo unitário (universalidade) composto por determinada quantidade de bens da mesma qualidade. José Carlos Moreira Alves menciona o exemplo da editora que aliena fiduciariamente cinco mil exemplares, não numerados, de uma obra que imprimiu. "E como esses exemplares não se identificam por número, marca ou sinal, poderá vendê-los a terceiro, desde que os substitua por outros, de que disponha, do restante da edição. Para não violar o direito do credor, basta manter em estoque cinco mil volumes da obra, ainda que não sejam aqueles que foram alienados fiduciariamente".[16]

Requisitos formais

O contrato de alienação fiduciária em garantia requer forma escrita, podendo seu instrumento ser público ou particular, conforme faculta o § 1º do art. 1.361 do Código Civil. Não se mostra necessário que o contrato seja firmado em instrumento à parte, bastando que se celebre por meio de pacto aposto ao contrato no qual se estipulou o crédito a ser garantido. A alienação pode ser realizada simultaneamente ou depois do contrato principal, desde que previamente ao vencimento da dívida.

Especialização da propriedade fiduciária

Em observância ao art. 1.362 do Código Civil, o instrumento contratual deve conter a descrição da coisa objeto da transferência e da dívida garantida, por meio da indicação do seu valor certo ou estimado, assim como da taxa de juros, se houver, e do prazo ou da época do pagamento. Com relação à alienação em garantia realizada no âmbito da Lei n. 4.728/1965, cumpre mencionar adicionalmente "a cláusula penal, o índice de atualização monetária, se houver, e as demais comissões e encargos" (art. 66-B, *caput*). Considerando que, no mais das vezes, a alienação é celebrada por meio de cláusula inserida no instrumento pelo qual se estabelece a obrigação principal, não se faz necessário repetir os elementos de identificação do crédito garantido, bastando individualizar o bem a ser transmitido em garantia.

Tais dispositivos, de maneira análoga ao art. 1.424 do Código Civil, que se aplica aos contratos constitutivos dos direitos reais de garantia, consagram, no âmbito da propriedade fiduciária, o princípio da especialização, que, como visto em outro momento, traduz importante instrumento de proteção dos interesses de terceiros (cf. Capítulo XVIII). Conforme prevê o aludido art. 1.424, a ausência dos elementos necessários à especialização da garantia real tem por consequência a ineficácia do contrato, que, desta feita, não se mostra apto a servir de título para a transmissão da propriedade fiduciária em garantia. Por consequência, o seu registro não deve ser acolhido pelo

---

[16] José Carlos Moreira Alves, *Da Alienação Fiduciária em Garantia*, Rio de Janeiro: Forense, 1979, 2ª edição, p. 90.

Oficial do Registro de Títulos e Documentos ou o departamento de trânsito, em se tratando alienação de veículos. Ainda que inadvertidamente venha ser registrado, o título, por ser ineficaz, não transfere a propriedade fiduciária para o credor.[17]

Nos termos do art. 1.365 do Código Civil, também se proíbe o pacto comissório na alienação fiduciária, de modo análogo ao art. 1.428 no âmbito dos direitos reais de garantia. Desta feita, não se pode autorizar contratualmente o proprietário fiduciário a ficar com a coisa alienada em garantia, se a dívida não for paga no vencimento. A sanção cominada pelo legislador é a nulidade, que atinge apenas o pacto, mantendo-se incólumes as demais cláusulas estipuladas entre partes.

Proibição do pacto comissório

O pacto comissório apresenta, na alienação fiduciária em garantia, feição específica, vedando-se não a *apropriação* do bem em caso de inadimplemento – como verificado nos direitos reais de garantia – mas a *manutenção* do bem na titularidade do credor após o vencimento da dívida. Tal particularidade rendeu críticas de parte da doutrina, que considera a proibição à cláusula comissória incompatível com a alienação fiduciária em garantia. De acordo com Pontes de Miranda, "o que a lei proíbe é que ao outorgado da segurança se dê o direito formativo gerador ou o direito expectativo, ou a pretensão a adquirir o bem sobre que recai o direito real de garantia. Mas o outorgado em pacto de transmissão em segurança já é o proprietário: não se poderia negar tornar-se aquilo que ele já é. Pode-se vedar o vir a ser, não o ser".[18]

Por meio de análise exclusivamente estrutural, tal opinião reduz o pacto comissório a mecanismo contratual de aquisição da propriedade condicionada ao adimplemento do devedor, deixando, contudo, de atentar para a função desempenhada pela proibição ao aludido pacto, que consiste em evitar o desvirtuamento da garantia real em fonte de enriquecimento ilícito para o credor. Sendo assim, do mesmo modo verificado em relação aos direitos reais de garantia, justifica-se a proibição ao pacto comissório no âmbito da alienação fiduciária como medida destinada a assegurar a comutatividade do negócio celebrado entre as partes.[19]

Antes das alterações promovidas pela Lei n. 10.931, de 2004, o § 6º do art. 66 da Lei n. 4.728/1965 vedava textualmente o pacto comissório nas alienações celebradas em garantia dos créditos previdenciários, tributários ou decorrentes de operações

Vedação do pacto comissório na Lei n. 4.728/1965

---

[17] José Carlos Moreira Alves, *Da Alienação Fiduciária em Garantia*, Rio de Janeiro: Forense, 1979, 2ª edição, p. 105.

[18] *Tratado de direito privado: parte especial*, t. XXI. São Paulo: Revista dos Tribunais, 2012, p. 450. Na mesma direção, Orlando Gomes sustenta que se o credor "continua proprietário, é uma extravagância sujeitá-lo ao ônus de vender a coisa própria", pois "é próprio do mecanismo de tal propriedade que, não se realizando a condição resolutiva consolida-se o domínio na pessoa do fiduciário" (*Alienação Fiduciária em Garantia*, São Paulo: Revista dos Tribunais, 1972, 3ª edição, p. 87 e 89). V. ainda Caio Mário da Silva Pereira, *Instituições de Direito Civil*, vol. IV, Rio de Janeiro: Forense, 2016, 24ª edição, p. 383.

[19] Como ressalta Paulo Restiffe Neto: "Quanto à proibição do pacto comissório, (...) não colide, mas, pelo contrário, integra-se, como preceito salutar, nos propósitos que levaram o legislador a instituir a garantia da alienação fiduciária como meio assecuratório do pagamento de que lança mão, sem permitir o locupletamento do credor em detrimento do devedor, ou vice-versa" (*Garantia Fiduciária*, São Paulo: Revista dos Tribunais, 1976, 2ª edição, pp. 196-197).

realizadas no âmbito dos mercados financeiro e de capitais. O art. 66-B, em sua redação, não reproduz dispositivo semelhante, mas a cláusula permanece ilícita por força da proibição contida no art. 1.365 do Código Civil, que se aplica subsidiariamente a essa espécie de alienação em garantia, conforme determina o art. 1.368-A. Não se identifica particularidade alguma nessa modalidade de garantia fiduciária que possa justificar, sem grave prejuízo à unidade e à coerência do ordenamento jurídico, exceção à nulidade do pacto comissório, a qual traduz, no atual sistema brasileiro de garantias, expressão maior do princípio da vedação ao enriquecimento sem causa.

Pacto marciano

Ressalve-se, contudo, conforme já aludido anteriormente (cf. Capítulo XVIII), a validade do chamado pacto marciano, que, em caso de inadimplemento, autoriza o credor a apropriar-se do bem conferido em garantia pelo seu valor justo. Sendo o valor aferido superior ao da dívida, incumbe ao credor entregar a diferença (*superfluum*) ao proprietário. Nessa direção, aprovou-se na VIII Jornada de Direito Civil o Enunciado n. 626, nos seguintes termos: "não afronta o art. 1.428 do Código Civil, em relações paritárias, o pacto marciano, cláusula contratual que autoriza que o credor se torne proprietário da coisa objeto da garantia mediante aferição de seu justo valor e restituição do supérfluo (valor do bem em garantia que excede o da dívida)."[20]

Natureza constitutiva do registro

De modo a pôr fim a antiga polêmica que agitou por muito tempo os tribunais brasileiros sobre a natureza constitutiva ou probatória do registro do contrato de alienação sob a vigência da Lei n. 4.728/1965, o art. 1.361, § 1º, do Código Civil enuncia de forma clara que a propriedade fiduciária *se constitui* com o registro do contrato. Assim, o contrato de alienação fiduciária em garantia, por si só, não transmite a propriedade fiduciária ao credor. Traduz, ao reverso, título aquisitivo, que atribui ao credor o direito de instituir a garantia real mediante o registro do respectivo instrumento contratual no Cartório de Títulos e Documentos do domicílio do devedor (CC, art. 1.361, § 1º). Enquanto não realizado o registro, não nasce a propriedade fiduciária, restringindo-se os efeitos da relação entre fiduciante e fiduciário ao campo obrigacional.[21]

Com a reforma promovida pela Lei n. 10.931/2004, a controvérsia também se dissipou no âmbito dos mercados financeiro e de capitais. Em sua redação atual, a Lei n. 4.728/1965 não trata mais do modo de constituição da propriedade fiduciária, que, desse modo, submete-se à disciplina estabelecida no Código Civil, por efeito do disposto no art. 1.368-A, que determina a aplicação subsidiária das disposições do Código naquilo que não for incompatível com a legislação especial. Desse modo, também na esfera da Lei n. 4.728/1965, o registro tem natureza constitutiva, sendo

---

[20] Sobre o tema, confira-se Carlos Edison do Rêgo Monteiro Filho, *Pacto Comissório e Pacto Marciano no Sistema Brasileiro de Garantias*, Rio de Janeiro: Processo, 2017, *passim*.

[21] Decidiu a 2ª Seção do STJ que a falta de registro do contrato de compra e venda de imóvel com alienação fiduciária em garantia não dá ao devedor fiduciante o direito de promover a sua rescisão por meio diverso do pactuado, nem impede o credor fiduciário de, fazendo o registro, promover a alienação do bem em leilão, para só então entregar eventual saldo remanescente ao devedor, descontadas a dívida e as despesas comprovadas. (STJ, 2ª Seção, EREsp 1.866.844, Rel. p/ acórdão Min. Ricardo Villas Bôas Cueva, julg. 27.9.2023).

indispensável à transmissão da propriedade ao credor fiduciário. Nada obstante, em relação à cessão fiduciária de direitos creditórios e títulos de credor, realizada nos termos do § 3º do art. 66-B, já decidiu o Superior Tribunal de Justiça que a transmissão da titularidade fiduciária se considera perfeita, vinculando as partes contratantes, com a celebração do contrato, sendo o registro apenas relevante para a produção de efeitos perante terceiros.[22]

No que toca à alienação em garantia de veículos automotores, a redação do § 1º do art. 1.361 do Código Civil afigura-se dúbia uma vez que parece facultar ao interessado a possibilidade de promover o registro, alternativamente, no Cartório de Títulos e Documentos ou na repartição competente de licenciamento de veículos. No entanto, prevalece o entendimento, sedimentado na jurisprudência do Superior Tribunal de Justiça, de que o registro deve ser realizado exclusivamente nas repartições de trânsito, mediante a anotação do título constitutivo da propriedade fiduciária no certificado do respectivo veículo. Não há, portanto, necessidade do registro cartorário, como se vê do seguinte acórdão do Superior Tribunal de Justiça: "a exigência do registro em cartório do contrato de alienação fiduciária de veículo automotor não é requisito de validade do negócio jurídico, bastando constar tal alienação no certificado de registro expedido pelo DETRAN".[23]

Constituição da propriedade fiduciária sobre veículos

Assim como os direitos reais de garantia, a propriedade fiduciária afigura-se, a princípio, indivisível. Como já se referiu em outro momento (cf. Capítulo XVIII), a indivisibilidade compreende duas acepções. De uma parte, significa que o vínculo real adere à coisa por inteiro e a cada uma das suas partes, inclusive acessórios (*totum in toto et qualibet parte*). De outra parte, expressa que a garantia persiste em sua integralidade mesmo em caso de pagamento parcial. Nessa direção, o art. 1.421 do Código Civil, aplicável à propriedade fiduciária em virtude do disposto no art. 1.367,

Indivisibilidade da propriedade fiduciária

---

[22] Veja-se nesse sentido: "A Terceira Turma assentou o entendimento de que a exigência de registro, para efeito de constituição da propriedade fiduciária, não se faz presente no tratamento legal ofertado pela Lei n. 4.728/1995, em seu art. 66-B (introduzido pela Lei n. 10.931/2004), à cessão fiduciária de direitos sobre coisas móveis, bem como de títulos de crédito, tampouco com ela se coaduna. Ficou assente, na oportunidade, que a constituição da propriedade fiduciária, oriunda de cessão fiduciária de direitos sobre coisas móveis e de títulos de crédito, dá-se a partir da própria contratação, afigurando-se, desde então, plenamente válida e eficaz entre as partes (...)" (STJ, 3ª T., AgInt nos EDcl no AgInt no REsp 116.67/PR, Rel. Min. Marco Aurélio Bellizze, julg. 31.8.2020, publ. *DJe* 8.9.2020). V. ainda STJ, 3ª T., REsp. 1.559.457/MT, Rel. Ministro Marco Aurélio Bellizze, julg. 17.12.2015, *DJe* 3.3.2016; STJ, 3ª T., REsp 1.592.647/SP, Rel. Min. Nancy Andrighi, julg. 24.10.2017; STJ, 3ª T., AgInt no REsp 1.932.780/SP, Rel. Min. Marco Aurélio Bellizze, julg. 29.11.2021, publ. *DJe* 2.12.2021; STJ, 4ª T., AgInt no AREsp 946.884/SP, Rel. Min. Raul Araújo, julg. 22.5.2023, publ. *DJe* 25.5.2023.

[23] STJ, REsp. 875.634/PB, 2ª T., Rel. Min. Eliana Calmon, julg. 3.2.2009. Na mesma direção, STJ, 2ª T., REsp. 278.993/SP, Rel. Min. Laurita Vaz, julg. 15.10.2002; 2ª T., e REsp 770.315/AL, Rel. Min. Francisco Peçanha Martins, julg. 4.4.2006, *DJ* 15.5.2006; e STJ, 1ª T., REsp 686.932-PR, Rel. Min. Luiz Fux, julg. 1.4.2008; TJSP, 27ª C. Dir. Priv., A.I. 2172731-36.2021.8.26.0000, Rel. Des. Alfredo Attié, julg. 21.9.2021, publ. 21.9.2021. V. também o julgamento do Supremo Tribunal Federal, com repercussão geral reconhecida, que considerou compatível com o art. 236 da Constituição a dispensa do registro em cartório para a constituição da propriedade fiduciária sobre veículos automotores (Tribunal Pleno, RE 611639, Rel. Min. Marco Aurélio, julg. 21.10.2015).

estabelece que "o pagamento de uma ou mais prestações não importa exoneração correspondente da garantia, ainda que esta compreenda vários bens, salvo disposição expressa no título ou na quitação". O credor, portanto, não pode ser constrangido a devolver parte dos bens recebidos em garantia antes de ser totalmente satisfeito. No entanto, como indicado o referido dispositivo, a indivisibilidade não se afigura essencial à propriedade fiduciária, sendo possível afastá-la por disposição expressa, seja no título constitutivo, seja na quitação parcial concedida pelo credor, que indique, de forma precisa, os bens desligados da garantia real antes da completa solução do débito.

Também se aplica à propriedade fiduciária o disposto no art. 1.429 do Código Civil, que enuncia a indivisibilidade da garantia real na hipótese de sucessão *mortis causa* do devedor. Cada sucessor responde apenas por uma fração da dívida proporcional à parte que lhe toca na herança, não sendo pessoalmente obrigado a solvê-la por inteiro. No entanto, em conformidade com o referido dispositivo, se tiver interesse em libertar o bem ou os bens da garantia real, cumpre-lhe pagar toda a dívida, pois, do contrário, o direito real de garantia subsiste integralmente. O herdeiro que satisfaz todo o débito sub-roga-se nos direitos do credor fiduciário (CC, art. 1.429, parágrafo único).

4. EFEITOS DA PROPRIEDADE FIDUCIÁRIA ANTES DO VENCIMENTO

Desdobramento da posse e atribuição da propriedade fiduciária

Examinam-se os efeitos da propriedade fiduciária conforme a fase em que se encontra a relação obrigacional garantida, distinguindo-se o período que antecede o vencimento da dívida daquele que lhe sucede. Constituída a propriedade fiduciária, por meio do competente registro, promove-se o desdobramento da posse da coisa alienada em garantia (CC, art. 1.361, § 1º). O credor, desta feita, torna-se proprietário fiduciário e possuidor indireto.

Caráter limitado da propriedade fiduciária

O direito de propriedade fiduciária, como já se mencionou, afigura-se bastante limitado, em virtude do escopo de garantia que molda o seu conteúdo. De fato, encontra-se restringido não apenas em razão da condição resolutiva, mas também por lhe faltarem as faculdades de uso e fruição, que se conservam com o alienante fiduciante. Enquanto não vencido o débito, tampouco compete ao credor o *ius disponendi* para livremente transferir a propriedade fiduciária a terceiro. Por se tratar de direito acessório, a propriedade só se transfere por efeito da cessão do crédito garantido, transmitindo-se junto com este ao novo credor. Nesse caso, para que se opere a transmissão, cumpre levar o instrumento de cessão ao registro competente, tal como o contrato originário.[24] Em contrapartida, embora seja limitado o seu domínio, dispõe o credor da ação reivindicatória e, por ser possuidor indireto, dos interditos possessórios para defender o bem das agressões de terceiros, inclusive do alienante que descumpre a obrigação de entregar a coisa em caso de inadimplemento da dívida.

---

[24] Orlando Gomes, *Alienação Fiduciária em Garantia*, São Paulo: Revista dos Tribunais, 1972, 3ª ed. p. 145.

De outra parte, o alienante permanece na posse direta da coisa alienada em garantia, sendo-lhe lícito usá-la segundo sua destinação (CC, art. 1.363, *caput*). Também faz jus a percepção dos frutos da coisa enquanto a sua posse não se tornar injusta em razão do descumprimento do débito (CC, art. 1.214). Assiste-lhe ainda os interditos possessórios para defender a sua posse da ameaça de lesão ou da agressão praticada por terceiro, inclusive pelo credor fiduciário que procure, antes de configurado o inadimplemento, tomar a coisa para si.

Posição jurídica do alienante

No entanto, por não ser mais o proprietário, o fiduciante não está legitimado a praticar atos de disposição sobre a coisa mantida em sua posse. A alienação ou a constituição de nova garantia sobre o bem já transmitido em garantia afigura-se ineficaz, uma vez que não é dado a ninguém transmitir mais direto do que tem.[25] Nesse caso, conforme enunciado no § 2º do art. 66-B da Lei n. 4.728/1965, o fiduciante se expõe à pena prevista no art. 171, § 2º, I, do Código Penal para o crime de estelionato. Embora tal dispositivo se encontre previsto apenas na lei especial, mostra-se possível a responsabilização criminal também no âmbito do Código Civil, desde que configurados todos os elementos do referido tipo penal.

De outra parte, enquanto pendente o vencimento do crédito garantido, o alienante afigura-se titular do *direito eventual* ou *expectativo* à aquisição da propriedade da coisa transmitida em garantia, subordinada ao pagamento da dívida.[26] O art. 1.368-B, introduzido no Código Civil pela Lei n. 13.043, de 2014, qualifica-o como "direito real de aquisição", oponível *erga omnes*, que se confere ao fiduciante e, em caso de transmissão, ao seu cessionário ou sucessor.

Direito expectativo de aquisição

No sistema jurídico pátrio, a posição de quem espera a aquisição de um direito, sujeitando-se ao implemento de fato futuro e incerto, traduz, em si mesma, situação subjetiva jurídica.[27] Ou seja, antes mesmo da verificação do fato, o sujeito é titular de direito cuja função é instrumental e preparatória à aquisição do direito *expectado* (no caso da alienação fiduciária, o pleno domínio do bem).[28] Nessa direção, o art. 130 do Código Civil estabelece que o direito eventual assegura ao respectivo titular a prática de atos destinados a resguardar o exercício futuro do direito que ainda não nasceu.

---

[25] A propósito, a 3ª Turma do STJ já decidiu que na alienação fiduciária, o imóvel não pode ser penhorado em execução de débito condominial do devedor fiduciante, já que, o imóvel, enquanto se encontra pendente a garantia, não integra o seu patrimônio. No caso examinado, o condomínio residencial executava cotas condominiais em atraso do condômino e devedor fiduciante. (STJ, 3ª T., REsp 2.036.289/RS, Rel. Min. Nancy Andrighi, julg. 18.4.2023, publ. *DJe* 20.4.2023).

[26] V. José Carlos Moreira Alves, *Da Alienação Fiduciária em Garantia*, Rio de Janeiro: Forense, 1979, 2ª ed. pp. 129-132.

[27] Cf. Vicente Ráo, *Ato Jurídico*, São Paulo: Revista dos Tribunais, 1997, 4ª edição atualizada por Ovídio Rocha Barros Sandoval, p. 281; e Pontes de Miranda, *Tratado de Direito Privado: Parte Geral*, t. V, Rio de Janeiro: Borsoi, 1971, p. 349.

[28] Como esclarece Eduardo Espínola: "O titular dum direito eventual é autorizado, em regra, a praticar os atos que assegurem a formação do direito esperado e que lhe facilitem o reconhecimento integral no momento que se verificar a plena aquisição, isto é, em que fique perfeito o fato aquisitivo complexo" (Eduardo Espínola, *Manual do Código Civil Brasileiro*, vol. 3, Primeira Parte, Rio de Janeiro: Jacintho Ribeiro dos Santos, 1923, p. 100).

Além disso, como qualquer outra situação subjetiva patrimonial, o direito expectativo pode ser transmitido *inter vivos* ou *mortis causa*, como reconhece a parte final do art. 1.368-B do Código Civil ao aludir ao cessionário ou sucessor do fiduciante. Admite-se inclusive, como prevê o art. 1.365, parágrafo único, do Código Civil, a dação do direito eventual em pagamento da dívida, mediante acordo celebrado entre o fiduciante e o credor após o vencimento.[29] No entanto, tal ajuste não se afigura lícito antes de vencida a dívida, vez que consubstanciaria espécie de pacto comissório, vedado pelo ordenamento jurídico.

O direito eventual do fiduciante também pode ser conferido em garantia, seja por meio da instituição de penhor, seja por meio de sua cessão fiduciária em favor de outro credor para assegurar a satisfação de um segundo crédito. Note-se que da cessão fiduciária surgirá novo direito eventual, de conteúdo semelhante ao primeiro, que, a seu turno, poderá ser atribuído em garantia. Torna-se viável desse modo a constituição de sucessivas garantias a partir de um único bem, de modo análogo ao que se verifica na sub-hipoteca ou no sub-penhor.[30]

Obrigação de custódia

No entanto, no âmbito específico da alienação fiduciária em garantia de coisa imóvel, a Lei n. 14.711/2023 viabilizou a constituição de múltiplas garantias fiduciárias sobre o mesmo bem por meio da previsão, nos novos parágrafos 3º a 10 do art. 22 da Lei n. 9.514/1997, da técnica da alienação fiduciária da propriedade superveniente, isto é, da propriedade que o fiduciante tem direito a recuperar caso o crédito garantido seja satisfeito e, por consequência, a propriedade fiduciária resolvida. Note-se que tal operação pode ser realizada repetidas vezes, constituindo-se, assim, sucessivas alienações fiduciárias da propriedade superveniente.

A alienação fiduciária da propriedade superveniente é suscetível de registro no registro de imóveis desde a data de sua celebração, mas, por se sujeitar a condição suspensiva, só se torna eficaz a partir do cancelamento da propriedade fiduciária anteriormente constituída (Lei n. 9.514/1997, art. 3º). Nesse momento, o credor, até então titular de um direito expectativo, se torna o efetivo proprietário fiduciário do imóvel.

Desse arranjo decorre que, enquanto não cancelada a propriedade fiduciária anterior, o fiduciário é titular de uma garantia reputada ineficaz e, por consequência, não lhe é dado promover a excussão do imóvel, ainda que vencida e não paga a sua dívida. Somente o credor titular da propriedade fiduciária pode promover a execução do imóvel para satisfazer o seu crédito e, nesse caso, vencem-se todas as demais dí-

---

[29] V. Gleydson Kleber Lopes de Oliveira, Da Propriedade, da Superfície e das Servidões (arts. 1.277 a 1.389), *in* Arruda Alvim e Thereza Alvim (coord.), *Comentários ao Código Civil Brasileiro*, vol. 12, Rio de Janeiro: Forense, 2004, p. 246; e Luiz Edson Fachin, Do Direito das Coisas (arts. 1.277 a 1.368), *in* Antonio Junqueira de Azevedo (coord.), *Comentários ao Código Civil*, vol. 15, cit., p. 361-362.

[30] Cuida-se de técnica amplamente disseminada no direito alemão. V. sobre o tema Rolf Serick, *Les sûretés réelles mobilières en droit allemand – Vue d'ensemble et principes généraux*, Paris: LGDJ, 1990, p. 31-32; e Claude Witz, *Le droit des sûretés réelles mobilières en République Fédérale d'Allemagne*, in *Revue Internationale de Droit Comparé*, n. 1, jan.-mar. 1985, p. 27-68, especialmente p. 39.

vidas garantidas pelo mesmo imóvel, organizando-se, a partir daí, concurso singular em que o produto da execução é distribuído entre os credores fiduciários, observada a prioridade do titular da alienação anterior sobre o da alienação posterior (§ 3º).

Em contrapartida à posse direta que lhe é reconhecida, o fiduciante encontra-se obrigado à custódia da coisa, cabendo-lhe, dessa forma, empregar, na preservação da garantia constituída em favor do credor fiduciário, a diligência que costuma ter com o que lhe pertence. Embora o art. 1.363, inciso I, do Código Civil mencione apenas o dever de guarda, que se volta contra as ofensas de origem estranha, como o acidente ou o furto, a custódia também compreende o dever de conservação, a exigir do fiduciante a adoção dos cuidados necessários em razão da natureza da coisa ou de eventuais disposições contratuais.

Mantendo-se a orientação vinda da redação original da Lei n. 4.728/1965, o art. 1.363, *caput*, equipara a posição do fiduciante ao do depositário, embora já se tenha observado, de forma crítica, a incompatibilidade entre as duas figuras. Isso porque, no contrato de depósito, não se autoriza o uso do bem pelo depositário, sob pena de desnaturação do tipo contratual, ao passo que, na alienação em garantia, atribui-se a posse direta ao fiduciante justamente para que possa usar a coisa. No passado, tal equiparação já se prestou a permitir a prisão civil do fiduciante que não entregasse a coisa ao credor no caso de inadimplemento da dívida. No entanto, no momento atual, em que a prisão se encontra proscrita, tem por único propósito estender ao fiduciante a obrigação de custódia típica do depositário, sem que ambas as figuras se confundam (CC, art. 629).

Equiparação com o depositário

De acordo com o *caput* do art. 1.363 do Código Civil, os riscos da utilização da coisa alienada correm por conta do alienante, não se aplicando, portanto, a regra *res perit domino*. Disso decorre que, perecendo ou deteriorando-se a coisa, ainda que em virtude de caso fortuito, o devedor permanece obrigado ao pagamento do débito, tal como se verifica em relação aos direitos reais de garantia. Nesse particular, o art. 4º do Dec.-Lei n. 911/1969,[31] que regulamenta a alienação em garantia no âmbito dos mercados financeiro e de capitais, autoriza o credor, na hipótese de não ser encontrado o bem, "a requerer, nos mesmos autos, a conversão da ação de busca e apreensão em ação executiva".

Assunção dos riscos da coisa

Além disso, independentemente das razões que levaram ao perecimento ou à deterioração do bem, compete ao credor, nos termos do art. 1.425, I e IV (aplicável à propriedade fiduciária em razão do art. 1.367), intimar o devedor para que substitua ou reforce a garantia, sob pena, ao não ser atendido, de declarar o vencimento antecipado da dívida. A mesma prerrogativa lhe assiste no caso de a coisa depreciar-se, em virtude dos dispositivos legais acima mencionados. No entanto, não é qualquer deterioração ou depreciação que autoriza o vencimento da dívida antes do termo contratual, senão a superveniente à constituição da garantia que tenha tornado o valor da coisa insuficiente para satisfazer a dívida. Além disso, em caso de vencimento

---

[31] Com a redação alterada pela Lei n. 13.043/2014.

antecipado, devem ser descontados os juros compensatórios correspondentes ao prazo convencional ainda não decorrido (CC, art. 1.426).

Sub-rogação real

Na hipótese de a coisa perecer e não ser substituída, o crédito passa a ser quirografário, a menos que a propriedade fiduciária tenha se sub-rogado em outro bem jurídico. Com efeito, aplica-se, em virtude do já referido art. 1.367, o disposto no art. 1.425, § 1º, do Código Civil, que prevê a sub-rogação na indenização do seguro ou no ressarcimento devido pelo terceiro responsável pelo dano causado à coisa. No entanto, aludida regra, concebida originalmente para a hipoteca e o penhor, deve ser compatibilizada com a natureza da propriedade fiduciária. Desse modo, por efeito da sub-rogação, assiste ao credor a titularidade fiduciária do crédito correspondente à indenização, e não apenas a preferência sobre o seu valor.[32]

Se a coisa houver sido alienada em garantia de dívida alheia, prevalece o comando previsto no art. 1.427 do Código Civil, de sorte que, em caso de perecimento, deterioração ou depreciação, o terceiro só se encontra obrigado a substituir ou reforçar a garantia se houver cláusula expressa nesse sentido ou tiver concorrido para o dano. Em qualquer outro caso, compete ao próprio devedor proceder à substituição ou ao reforço de modo a evitar o vencimento antecipado da dívida.

Expensas relacionadas à coisa

Ainda de acordo com o *caput* do art. 1.363 do Código Civil, o devedor deve arcar com todas as expensas relacionadas à coisa alienada em garantia. Incluem-se não somente os gastos com a guarda e conservação, como também qualquer despesa decorrente da posse ou da titularidade da coisa, como, por exemplo taxas, impostos e contribuições condominiais.[33] No âmbito da alienação fiduciária de bens imóveis, o art. 27, § 8º, da Lei n. 9.514/1997 estabelece expressamente que responde o fiduciante "pelo pagamento dos impostos, taxas, contribuições condominiais e quaisquer outros encargos que recaiam ou venham a recair sobre o imóvel".[34]

Nada obstante, determinados entes da federação preveem, em suas respectivas legislações locais, a responsabilidade do credor fiduciário pela quitação do imposto territorial urbano ou do imposto veicular. A questão foi enfrentada pela 1ª Turma do STJ, que, por decisão unânime, julgou a lei municipal de São Paulo incompatível com o Código Tributário Nacional. Lê-se na ementa do acordão que "a jurisprudência desta Corte, interpretando o art. 34 do CTN, também orienta não ser possível a sujeição

---

[32] Altera-se, desse modo, entendimento, contrário à aplica-se do art. 1.425, § 1º, do Código Civil à propriedade fiduciário, manifestado anteriormente em Gustavo Tepedino, Heloisa Helena Barboza e Maria Celina Bodin de Moraes, *Código Civil Interpretado Conforme a Constituição*, Rio de Janeiro: Renovar, 2014, p. 745. Defendendo a aplicação do referido dispositivo, confira-se José Carlos Moreira Alves, *Da Alienação Fiduciária em Garantia*, cit., p. 137; Nestor José Foster, *Alienação Fiduciária em Garantia*, cit., p. 109.

[33] V. Francisco Eduardo Loureiro, *in* Cezar Peluso (coord.), *Código Civil Comentado*, Barueri: Manole, 2019, 13ª edição, p. 1387.

[34] Sobre o ponto, a 4ª Turma do STJ já entendeu que, na execução de cotas de condomínio de um prédio de apartamentos (ou de qualquer outro condomínio edilício), é possível a penhora do imóvel que originou a dívida, mesmo que ele esteja financiado com alienação fiduciária, em razão da natureza *propter rem* do débito condominial, prevista no artigo 1.345 do Código Civil. (STJ, 4ª T., REsp 2059278/SC, Rel. Min. Marco Buzzi, julg. 23.5.2023).

passiva ao referido imposto do proprietário despido dos poderes de propriedade, daquele que não detém o domínio útil sobre o imóvel ou do possuidor sem ânimo de domínio. (...) O credor fiduciário, antes da consolidação da propriedade e da imissão na posse no imóvel objeto da alienação fiduciária, não pode ser considerado sujeito passivo do IPTU, uma vez que não se enquadra em nenhuma das hipóteses previstas no art. 34 do CTN".[35]

De ordinário, pelos encargos dominiais, responde o proprietário, mas, na alienação fiduciária em garantia, cumpre atentar para o fato de o direito do credor fiduciário ter o seu conteúdo funcionalizado e limitado ao escopo de garantia. Embora seja o dono, a sua situação jurídica mais se aproxima da do titular de direito real de garantia, que, como se sabe, não responde por nenhum ônus da coisa. Nessa direção, reconhecendo a singularidade da posição do credor fiduciário, o art. 1.367 do Código Civil, com a redação que lhe foi dada pela Lei n. 13.043, de 2014, estabelece que a propriedade fiduciária não se equipara, para quaisquer efeitos, à propriedade plena.

> *Responsabilidade pelos encargos dominiais*

De fato, na alienação fiduciária em garantia, quem tem direito a tirar proveito da substância da coisa é o fiduciante, possuidor direto e titular do direito real expectativo de aquisição, que, por essa razão, deve responder pelas despesas e os encargos dominiais incidentes sobre a coisa. Tal responsabilidade só cessa quando, em razão do inadimplemento da dívida, entregar a coisa ao credor fiduciário.

5. EFEITOS DA PROPRIEDADE FIDUCIÁRIA DEPOIS DO VENCIMENTO

Vencida a dívida, o devedor deve proceder ao pagamento, que conduz ao adimplemento da obrigação e, por consequência, à resolução da propriedade fiduciária. Desse modo, o credor deixa de ser titular da propriedade fiduciária e o fiduciante – devedor ou terceiro garante – volta a ser *ipso jure* titular do domínio pleno sobre a coisa que fora alienada fiduciariamente. Com o pagamento, extingue-se, também, o desdobramento da posse em direta e indireta, tornando-se o fiduciante possuidor pleno da coisa.

> *Pagamento da dívida no vencimento*

Pode suceder de o pagamento ser realizado por terceiro, no lugar do devedor. De ordinário, segundo o disposto no art. 346 do Código Civil, só se verifica a sub-rogação em favor do terceiro interessado na extinção da dívida, a quem se transfere todos os direitos, ações, privilégios e garantias do credor primitivo (CC, art. 349). Ao não interessado cabe apenas o direito ao reembolso. No entanto, afastando-se do regime geral, o art. 1.368 dispõe que "o terceiro, interessado ou não, que pagar a dívida, se sub-rogará de pleno direito no crédito e na propriedade fiduciária". Assim, na alienação em garantia disciplinada pelo Código Civil, a sub-rogação legal se estende ao terceiro não interessado. Em contrapartida, com relação à alienação fiduciária realizada no âmbito dos mercados financeiro e de capitais, continua a prevalecer o disposto no art. 6º do Dec.-Lei n. 911, que, em consonância com a regime geral

> *Pagamento com sub-rogação*

---

[35] STJ, 1ª T, AREsp 1.796.224/SP, Rel. Min. Gurgel de Faria, julg. 16.11.2021, publ. *DJe* 9.12.2021.

do Código Civil, restringe a sub-rogação legal ao terceiro interessado. Sendo o pagamento realizado pelo terceiro que alienou o bem em garantia da dívida alheia, a sub-rogação opera-se apenas no crédito, resolvendo-se, todavia, a propriedade fiduciária. Nesse caso, o terceiro garantidor recupera a propriedade plena do bem, mas se torna credor quirografário em face do devedor.

Inadimplemento e mora

No entanto, caso a dívida não seja solvida no vencimento, verifica-se a *mora debitoris*, que, por ser *ex re*, não depende de interpelação judicial ou extrajudicial, resultando do simples decurso do prazo para o pagamento. Apesar disso, para a busca e apreensão do bem, de que cuida o Dec.-Lei n. 911/1969, exige-se a comprovação da mora, a qual pode ser feita por meio de carta registrada com aviso de recebimento, sendo dispensado que a assinatura constante do referido aviso seja a do próprio destinatário (art. 2º, § 2º).[36]

O Superior Tribunal de Justiça, no julgamento do Recurso Especial 1.622.555, decidiu pela inaplicabilidade da teoria do adimplemento substancial à hipótese de obrigações garantidas por alienação fiduciária em garantia. Entenderam os Ministros da Segunda Seção ser a teoria incompatível com a previsão legal que exige quitação integral do débito como condição imprescindível para que o bem alienado fiduciariamente seja remancipado. Nos termos do julgado da Corte Superior, "para que o bem possa ser restituído ao devedor, livre de ônus, não basta que ele quite quase toda a dívida; é insuficiente que pague substancialmente o débito; é necessário, para esse efeito, que quite integralmente a dívida pendente".[37]

Direito à posse plena

Configurado o inadimplemento do devedor, reconhece-se ao credor o direito à posse plena da coisa, impondo-se, por consequência, ao devedor o dever de entregá-la (CC, art. 1.363, II). Se não cumprir tal obrigação, assiste ao credor o direito de ingressar com a ação de busca e apreensão disciplinada no art. 3º do Decreto-Lei n. 911/1969[38] ou, se houver previsão contratual, efetuar o procedimento extrajudicial de consolidação do domínio, introduzido pela Lei n. 14.711/2023 no art. 8º-B do

---

[36] Na alienação fiduciária em garantia, a 4ª Turma do STJ considerou válida e eficaz a notificação por e-mail, para a constituição do devedor em mora e a deflagração da busca e apreensão do bem financiado. A Corte reformou o entendimento das instâncias anteriores, que consideraram necessária a notificação por carta registrada com aviso de recebimento. No entendimento do Relator, Ministro Antonio Carlos Ferreira, o banco só precisa provar que o e-mail foi enviado para o endereço eletrônico que consta no contrato e que foi recebido por alguém. A orientação valoriza a natureza instrumental da notificação, enfatizando que o surgimento de novos meios de comunicação, com a evolução da sociedade e das tecnologias, não pode ser ignorado pelo direito. Ainda segundo a Corte, trata-se apenas da ampliação das possibilidades de notificação extrajudicial estabelecida em sede de recurso repetitivo pelo STJ no sentido de que, para comprovar a mora, basta o envio de notificação extrajudicial ao devedor por carta registrada com aviso de recebimento no endereço indicado no contrato, independentemente de quem o receba (STJ, 4ª T., REsp 2.087.485, Rel. Min. Antonio Carlos Ferreira, julg. 23.4.2024, publ. *DJe* 2.5.2024).

[37] STJ, REsp 1.622.555/MG, 2ª Seção, Rel. p/ acórdão Min. Marco Aurélio Bellizze, julg. 22.2.2017. Na mesma direção: "(...) para que o bem possa ser restituído ao devedor é insuficiente que este pague substancialmente o débito, sendo necessária a quitação integral da dívida" (TJRJ, 17ª C.C., Ap. Cív. 0032882-59.2015.8.19.0042, Rel. Des. Edson Vasconcelos, julg. 30.1.2019, publ. *DJ* 1.2.2019).

[38] Segundo já decidiu o STF, o artigo 3º do Decreto-Lei n. 911/69 foi recepcionado pela Constituição Federal, sendo igualmente válidas as sucessivas alterações efetuadas no dispositivo (STF, Tribunal

referido Decreto-Lei. Tal procedimento deve ser realizado perante o competente cartório de títulos e documentos, sendo facultado, no caso de veículos automotores, que seja efetuado, alternativamente, perante os órgãos executivos de trânsito dos Estados (art. 8º-E).

A Lei n. 14.711/2023 também introduziu, no art. 8º-C do Decreto-Lei n. 911/1969, a controversa "busca e apreensão extrajudicial", que autoriza, dentre outras medidas, o credor a realizar diligências para a localização do bem, inclusive por meio de empresas especializadas, bem como, no caso de veículos, o lançamento de restrição de circulação na base de dados do Registro Nacional de Veículos Automotores – RENAVAM.

Os dispositivos previstos no referido 8º-C foram objeto de veto presidencial, sob o fundamento ponderoso de que incorreriam em vício de constitucionalidade na medida em que permitiriam a realização da medida coercitiva da busca e apreensão "pelos tabelionatos de registro de títulos e documentos, sem que haja ordem judicial para tanto, o que violaria a cláusula de reserva de jurisdição e, ainda, poderia criar risco a direitos e garantias individuais, como os direitos ao devido processo legal e à inviolabilidade de domicílio, consagrados nos incisos XI e LIV do *caput* do art. 5º da Constituição". Nada obstante, o veto foi derrubado pelo Congresso Nacional.

Uma vez obtida a posse da coisa, seja pela sua entrega espontânea pelo fiduciante, seja pela busca e apreensão, fica o credor obrigado, nos termos do art. 1.364 do Código Civil e do art. 2º do Decreto-Lei n. 911/1969, a vendê-la, judicial ou extrajudicialmente, a terceiros para, com o preço, satisfazer o seu crédito, inclusive encargos moratórios, despesas de cobrança, cláusula penal e atualização monetária. Ressalve-se, contudo, como já mencionado, a possibilidade de o credor permanecer com o bem pelo seu valor justo, caso estipulado o pacto marciano.

Em relação à alienação fiduciária em garantia de bens imóveis, os artigos 26-A, 27 e 27-A da Lei n. 9.514, de 1997, autorizam a venda da coisa transmitida em garantia por meio de leilão público extrajudicial,[39-40] tendo o Superior Tribunal de

---

Pleno, RE 382.928, Rel. Min. Marco Aurélio, julg. 22.9.2020, publ. *DJ* 13.10.2020). V. ainda STF, RE 599.698, Rel. Min. Menezes Direito, julg. 4.8.2020, publ. *DJe* 1.9.2009

[39] Os artigos 26-A e 27-A foram introduzidos na Lei n. 9.514/1997 por ocasião da reforma promovida pela Lei n. 14.711/2023, que, ademais, promoveu diversos ajustes no art. 27. Assim, a Lei n. 9.514/1997 passou a prever três procedimentos extrajudiciais: (i) o primeiro aplicável às garantias fiduciárias decorrentes de operações de financiamento para aquisição ou construção de imóvel residencial do devedor, exceto as operações de sistema de consórcio (art. 26-A); (ii) o segundo restrito às operações de crédito garantidas por alienação fiduciária de dois ou mais imóveis (art. 27-A), e, por fim, (iii) o procedimento geral e subsidiário, aplicável a todas as demais hipóteses (art. 27).

[40] A 3ª Turma do STJ, por unanimidade, já decidiu que, após a constituição do devedor em mora, o credor fiduciário pode ajuizar a ação de reintegração de posse mesmo sem a prévia realização dos leilões públicos previstos no artigo 27 da Lei n. 9.514/1997. Segundo o colegiado, o único requisito para a ação de reintegração de posse é a consolidação da propriedade em nome do credor, conforme o art. 30 da mesma lei (STJ, 3ª T., REsp 2.092.980, Rel. Min. Nancy Andrighi, julg. 20.2.2024, publ. *DJe* 27.2.2024).

Justiça decidido que as disposições dessa lei especial afastam a aplicação do Código de Defesa do Consumidor.[41]

A conformidade da excussão extrajudicial com a ordem constitucional foi objeto de análise pelo Supremo Tribunal Federal, por meio do Recurso Extraordinário n. 860.631, com repercussão geral reconhecida, do que resultou a fixação do Tema 982: "É constitucional o procedimento da Lei nº 9.514/1997 para a execução extrajudicial da cláusula de alienação fiduciária em garantia, haja vista sua compatibilidade com as garantias processuais previstas na Constituição Federal."

Se o preço obtido for superior à dívida, incumbe ao credor restituir o excedente (*superfluum*) ao fiduciante. Embora se refira o art. 1.364 à figura do *devedor*, por ser o caso mais usual, o excedente, a rigor, compete ao alienante fiduciante, que pode ser também terceiro garantidor. Caso contrário, sendo o preço inferior à dívida, o devedor permanece pessoalmente obrigado pelo restante (CC, art. 1.366). Ressalve--se, contudo, o perdão legal da dívida instituído, no âmbito da alienação fiduciária de bens imóveis em garantia de financiamento para a aquisição ou construção de imóvel residencial do devedor, pelo art. 26-A, § 4º, da Lei n. 9.514, de 1997. De acordo com esse dispositivo, de índole protetiva do devedor, considera-se extinta a dívida ainda que, no segundo leilão do imóvel, não se alcançar lance ao menos igual ao valor do débito acrescido de encargos e despesas de cobrança,[42] hipótese em que o credor ficará investido na livre disponibilidade do imóvel.

Purgação da mora   Questão relevante diz respeito ao momento até o qual assiste ao fiduciante o direito de pagar a dívida vencida com vistas a resolver a propriedade fiduciária e, assim, recuperar o pleno domínio do bem. No caso de bens móveis, tal matéria encontra-se regulamentada no Decreto-Lei n. 911/1969. Assim, no caso de o credor optar pelo procedimento judicial de busca e apreensão, os §§ 1º e 2º do art. 3º do Dec.-Lei 911/1969 preveem que, no prazo de cinco dias contados do cumprimento da liminar de busca e apreensão do bem alienado em garantia, o devedor pode pagar a integralidade da dívida pendente de modo a receber o bem livre de qualquer ônus. Já no caso de o credor seguir o procedimento extrajudicial de consolidação de domínio, o referido prazo é fixado, no § 2º do art. 8º-B do referido diploma legal, em 20 dias contados da notificação expedida ao fiduciante pelo competente cartório de títulos e documentos ou pelo órgão executivo de trânsito dos Estados, no caso de veículos.

Encerrado referido prazo, consolidam-se a propriedade plena e a posse do bem no patrimônio do credor fiduciário, extinguindo-se, por consequência, o direito expectativo do devedor de recuperar o domínio. Doravante, o credor encontra-se livre para recuperar a posse do bem e alienar o domínio a terceiro ou para ficar com a coisa, caso estipulado o pacto marciano.

---

[41]   STJ, REsp 1.891.498/SP, 2ª S., Rel. Min. Marco Buzzi, julg. 26.10.2022.

[42]   Tal dispositivo, todavia, foi afastado da alienação fiduciária em garantia de imóvel vinculada a operações envolvendo abertura de limite de crédito (Lei n. 13.476/2017, art. 9º).

A jurisprudência tem reconhecido em favor do fiduciante, como proteção mínima que não depende de previsão expressa, o direito de ser previamente comunicado da venda para que possa fiscalizá-la,[43] bem como o de exigir do credor a prestação de contas, depois de consumada a execução da garantia.[44] Cumpre ao credor agir em conformidade com os ditames da boa-fé objetiva, zelando não só por seus próprios interesses mas também pelos do devedor e do alienante, se for outra pessoa, sob pena de ser responsabilizado pelo dano que ensejar. Nessa direção, valendo-se da definição de preço vil constante art. 891 do CPC,[45] o Tribunal de Justiça de São Paulo decidiu que "a venda do veículo por valor correspondente a 33,55% do valor de mercado à época da venda, sem a existência de laudo de avaliação ou de quaisquer elementos que justificassem a venda por esse preço, caracteriza preço vil dado que inferior a 50% do valor de mercado do veículo". Em compensação aos prejuízos, o Tribunal determinou "o recálculo do débito do saldo de financiamento, abatido do saldo devedor o valor equivalente a 50% do valor de venda do veículo no mercado da época do leilão".[46]

Procedimento de venda extrajudicial

Não tem mais cabimento, no direito brasileiro, a prisão civil do fiduciante que, em caso de inadimplemento, descumpre a obrigação de restituir a coisa alienada ao credor. Por muito tempo, e a despeito das críticas vigorosas que lhe eram dirigidas, justificava-se a sanção com base na assimilação, prevista na Lei n. 4.728/1965 e no Dec.-Lei n. 911/1969, do fiduciante ao depositário infiel, que, ao lado do devedor de alimentos, traduz as duas únicas exceções à vedação da prisão por dívida previstas no texto constitucional (CR, art. 5º, LXVII). A isso se objetava, todavia, que a equiparação feita pelo legislador ordinário era inadmissível, pois que tinha por efeito criar uma terceira hipótese de cárcere civil, sem amparo constitucional. Aduzia-se também que o Pacto de San José da Costa Rica (Convenção Americana de Direitos Humanos),

Proibição da prisão civil do fiduciante

---

[43] V. STJ, REsp. 209.410, 4ª T., Rel. Min. Ruy Rosado de Aguiar, julg. 9.11.1999; e STJ, REsp. 327.921, 3ª T., Rel. Min. Nancy Andrighi, julg. 20.9.2001. No mesmo sentido: "Na aplicação do art. 2º do Decreto 911/96, a jurisprudência do Superior Tribunal de Justiça se encontra consolidada no sentido da necessidade de intimação pessoal do devedor acerca da data da realização do leilão extrajudicial, de modo a proporcionar-lhe a defesa de seus interesses, especialmente ante a possibilidade de o credor vir a lhe cobrar eventual saldo remanescente posteriormente" (STJ, 4ª T., AgInt no REsp 1.800.044/PR, Rel. Min. Luis Felipe Salomão, julg. 11.6.2019, publ. *DJe* 14.6.2019). Além disso, a 4ª Turma do STJ definiu que a intimação do devedor fiduciante sobre a data de realização do leilão extrajudicial do imóvel objeto de alienação fiduciária somente passou a ser obrigatória a partir da entrada em vigor da Lei 13.465/2017. Isso porque, no momento do leilão, o bem já não pertence mais ao devedor. (STJ, 4ª T., REsp 1.733.777, Rel. Min. Maria Isabel Gallotti, julg. 17.10.2023).

[44] V. STJ, 3ª T., REsp 67.295/RO, Rel. Min. Eduardo Ribeiro, julg. 26.8.1996; STJ, 4ª T., REsp 1.678.525/SP, Rel. Min. Antonio Carlos Ferreira, julg. 5.10.2017. Ainda nesse sentido: "Em se tratando de alienação extrajudicial de bem regulada pelo art. 2º do Decreto-Lei 911/1969, tem o devedor interesse de agir na propositura da ação de prestação de contas, no tocante aos valores decorrentes da venda e quanto à correta imputação destes no débito" (STJ, 3ª T., AgInt no REsp 1.828.249/RJ, Rel. Min. Paulo de Tarso Sanseverino, julg. 16.11.2020, publ. *DJe* 19.11.2020).

[45] "Art. 891. Não será aceito lance que ofereça preço vil. Parágrafo único. Considera-se vil o preço inferior ao mínimo estipulado pelo juiz e constante do edital, e, não tendo sido fixado preço mínimo, considera-se vil o preço inferior a cinquenta por cento do valor da avaliação".

[46] TJSP, 31ª Câmara de Direito Privado, Apelação Cível 1002367-34.2018.8.26.0071, Rel. Des. Adilson de Araujo, julg. 15.8.2018.

incorporado à ordem jurídica brasileira pelo Decreto n. 678/1992, havia restringido, em seu art. 7º, § 7º, a prisão civil ao único caso do inadimplemento da obrigação alimentar.[47] Desse modo, em virtude de seu *status* hierárquico privilegiado, o tratado internacional teria revogado os dispositivos legais com ele conflitantes, que autorizavam a medida coercitiva em face do depositário.

Ainda nos primeiros anos de vigência da Constituição de 1988, o Superior Tribunal de Justiça acolheu os referidos argumentos, firmando jurisprudência em sentido contrário à prisão civil do devedor fiduciante.[48] Em contrapartida, o Supremo Tribunal Federal manteve a sua posição favorável à legitimidade da medida, que havia formado sob a égide da ordem constitucional anterior. Somente em 2008 o STF reviu o seu entendimento e aboliu a prisão civil do depositário infiel, reconhecendo o caráter supralegal do diploma normativo internacional.[49] A decisão teve amplo alcance, fulminando a medida coercitiva em qualquer espécie de depósito, e não apenas nas garantias reais. Como consagrado no enunciado n. 25 da Súmula Vinculante da Jurisprudência do STF, publicado em 2009: "é ilícita a prisão civil do depositário infiel, qualquer que seja a modalidade de depósito".

6. EFEITOS DA PROPRIEDADE FIDUCIÁRIA PERANTE A FALÊNCIA E A RECUPERAÇÃO JUDICIAL

Falência
Como já se mencionou, em caso de falência do fiduciante, assiste ao credor fiduciário o direito de pedir a restituição do bem alienado em garantia de modo a separá-lo da massa falida. Desse modo, a coisa – que lhe pertence – não é atingida pelo procedimento concursal que se instala sobre os bens do devedor (Lei n. 11.101/2005, art. 49, § 3º, e art. 85).

Recuperação judicial
O legislador estende a proteção conferida ao credor fiduciário para o caso de o devedor fiduciante ingressar em recuperação judicial. Cuida-se da chamada *trava bancária*, como é conhecida na linguagem forense, que assegura ao titular da garantia fiduciária a exclusão do seu crédito dos efeitos da recuperação judicial, *ex vi* o disposto no § 3º do art. 49 da Lei n. 11.101, de 2005: "tratando-se de credor titular da posição de proprietário fiduciário de bens móveis ou imóveis, (...), seu crédito não se submeterá aos efeitos da recuperação judicial e prevalecerão os direitos de propriedade sobre a coisa e as condições contratuais, observada a legislação respectiva." A parte final do dispositivo ressalva, todavia, a possibilidade de se impedir por certo período, a critério do juízo da recuperação, a retirada do estabe-

---

47 Seja consentido remeter a Gustavo Tepedino, A Incorporação dos Direitos Fundamentais pelo ordenamento brasileiro: sua eficácia nas relações jurídicas privadas, p. 54. In: Gustavo Tepedino, *Temas de Direito Civil, t. II,* Rio de Janeiro: Renovar, 2009, pp. 41-64.

48 V. STJ, REsp. 7.943/RS, 4ª T., Rel. Min. Athos Gusmão Carneiro, julg. 30.4.1991; STJ, RHC 1.163/SC, Rel. Cid Flaquer Scartezzini, julg. 3.6.1991; STJ, REsp. 192.043/SP, 4ª T., Rel. Min. Barros Monteiro, julg. 3.12.1998. No mesmo sentido: STJ, REsp. 198.191/MG, 4ª T., Rel. Min. Ruy Rosado de Aguiar, julg. 4.3.1999.

49 STF, Pleno, RE 466.343/SP, Pleno, Rel. Min. Cezar Peluso, julg. 3.12.2008.

lecimento do devedor dos bens de capital essenciais à sua atividade empresarial, ainda que tenham sido alienados em garantia. Tal restrição temporária, baseada no princípio da preservação da empresa, não se aplica, contudo, aos créditos cedidos fiduciariamente, uma vez que não se trata de bens de capital, como já decido pelo Superior Tribunal de Justiça.[50]

A jurisprudência do STJ, de outra parte, confere ampla interpretação ao disposto no aludido art. 49, ressaltando que a exclusão ali estabelecida frente aos efeitos da recuperação não se restringe à propriedade fiduciária de coisas corpóreas infungíveis, mas se estende a toda sorte de propriedade ou titularidade fiduciária de bens fungíveis, direitos sobre coisas móveis e títulos de crédito.[51] No entanto, no âmbito dos tribunais estaduais, ainda se observa alguma oscilação quanto ao alcance da proteção legal, encontrando-se alguns julgados que, em nome da preservação da empresa, limitam a *trava bancária* a determinado percentual dos créditos futuros que haviam sido cedidos em garantia.[52]

Alcance da trava bancária

7. EXTINÇÃO DA PROPRIEDADE FIDUCIÁRIA EM GARANTIA

Em sua redação original, o art. 1.367 do Código Civil determinava a aplicação à propriedade fiduciária, no que couber, do disposto no art. 1.436 do mesmo diploma, que trata das hipóteses de extinção do penhor. Embora a remissão não exista mais, em razão da alteração promovida pela Lei n. 13.043/2014 no texto do art. 1.367, certo é que a extinção da propriedade fiduciária traduz fenômeno próximo à do penhor, a justificar, portanto, a analogia naquilo que for pertinente. Aliás, no âmbito do mercado financeiro e de capitais, a extinção da propriedade fiduciária continua a reger-se com base no art. 1.436 do Código Civil, em virtude do art. 66-B, § 5º, da Lei n. 4.728/1965.

Disciplina aplicável à extinção

Tal como visto em relação ao penhor (cf. Capítulo XIX), os fatos extintivos da propriedade fiduciária diferenciam-se conforme digam respeito a vicissitudes ocorridas na relação obrigacional garantida ou na própria relação jurídica real. Na primeira hipótese, ocorrendo a extinção da obrigação, por qualquer razão admitida em lei, resolve-se a propriedade fiduciária, porque, sendo direito acessório, segue a sorte do principal. A resolução opera-se em favor do alienante (devedor ou terceiro garante), que, desta feita, recupera o pleno domínio da coisa que transmitira em garantia.

Causas indiretas de extinção

De outra parte, há fatos que, por serem intrínsecos ao direito real, extinguem a propriedade fiduciária, e não a obrigação principal. Assim, admite-se que o credor renuncie, expressa ou tacitamente, à propriedade fiduciária. Nesse caso, persiste o

Causas diretas de extinção

---

50 V. STJ, 3ª T., AgInt no REsp 1475258/MS, Rel. Min. Paulo de Tarso Sanseverino, julg. 7.3.2017.
51 V. STJ, 3ª T., REsp 1412529/SP, Rel. Min. Marco Aurélio Belizze, julg. 17.12.2015.
52 V. nessa direção TJRJ, 1ª CC, AI 0059541-03.2016.8.19.0000, Rel. Des. Custodio de Barros Tostes, julg. 25.4.2017, que fixou em 60% o percentual dos recebíveis que o credor fiduciário poderia levantar. Em direção oposto, confira-se a seguinte decisão do Tribunal de Justiça de São Paulo, que exclui da recuperação judicial a integralidade dos recebíveis cedidos fiduciariamente: TJSP, AI 2251736-83.2016.8.26.0000, Rel. Des. Carlos Alberto Garbi, julg. 3.7.2017.

crédito quirografário, desprovido da garantia. O mesmo ocorre se a coisa alienada perecer, por ter sido perdida ou totalmente destruída. Ressalve-se, contudo, os casos de sub-rogação real em que, a despeito do perecimento da coisa, a propriedade fiduciária não se extingue, mas se desloca para outro bem jurídico, como, por exemplo, a indenização do seguro. Também se extingue a garantia fiduciária se vierem a confundir-se, na mesma pessoa, as qualidades de credor fiduciário e de titular do direito expectativo de aquisição da coisa, como se verifica no caso já aludido acima do terceiro alienante que, pagando a dívida, se sub-roga apenas no crédito e não na propriedade fiduciária, porque esta cessa de existir em razão da consolidação do domínio.

Extinção por execução da garantia — Mencionem-se, por fim, as hipóteses extintivas que resultam da execução da garantia fiduciária em caso de inadimplemento do devedor. Compreendem-se a venda extrajudicial, a arrematação, a adjudicação judicial e a sua apropriação em virtude do pacto marciano ou, no âmbito específico da alienação fiduciária de coisa imóvel, de sua apropriação quando o primeiro e o segundo leilões se revelaram infrutíferos, por não ter sido oferecido lance equivalente ao valor mínimo admitido para a arrematação (Lei n. 9.514, de 1997, art. 27, §§ 5º e 6º-A).[53] Em todos esses casos, desaparece a propriedade fiduciária e o adquirente se torna proprietário pleno da coisa.[54]

Consolidação do domínio e responsabilidade do credor — O parágrafo único do art. 1.368-B, acrescentado ao Código Civil por efeito da Lei n. 13.043/2014, estabelece que o credor que se torna proprietário pleno do bem passa a responder pelo pagamento dos tributos sobre a propriedade e a posse, taxas, despesas condominiais e quaisquer outros encargos, tributários ou não, incidentes sobre o objeto da garantia, a partir da data em que vier a ser imitido na posse direta do bem. Desse modo, passa a ter a responsabilidade que cabia ao fiduciante enquanto conservava o bem em seu poder. O comando legal afigura-se amplo, alcançando qualquer modo de aquisição da propriedade plena pelo credor, como a dação em pagamento, a adjudicação judicial e o pacto marciano.

Cancelamento do registro — Constituindo-se por meio do registro do respectivo título no cartório de títulos e documentos ou na repartição de licenciamento de veículos (CC, art. 1.361, § 1º), a extinção da propriedade fiduciária efetua-se pelo cancelamento do registro, a ser realizada à vista da prova do fato extintivo. Tal medida mostra-se necessária para tornar oponível perante terceiros a cessação da garantia real, que pesava sobre a coisa alienada fiduciariamente. No entanto, entre as partes contratantes, a extinção produz-se seus efeitos no momento em que se verifica o fato extintivo, independentemente da averbação do respectivo cancelamento.

---

[53] A 3ª Turma do STJ possui o entendimento de que o credor de dívida garantida por alienação fiduciária de imóvel não está obrigado a promover a execução extrajudicial do seu crédito, podendo optar pela execução judicial integral, desde que o título que dá lastro à execução seja dotado de liquidez, certeza e exigibilidade (STJ, 3ª T., REsp 1.965.973, Rel. Min. Ricardo Villas Bôas Cueva, julg. 15.02.2022, publ. *DJ* 22.02.2022).

[54] O deferimento da busca e apreensão do bem alienado fiduciariamente não opera a extinção da propriedade fiduciária, uma vez que se trata de etapa preliminar da execução da garantia. V. STJ, 3ª T., REsp 1.779.751, Rel. Min. Villas Bôas Cueva, julg. 16.6.2020, publ. *DJe* 19.6.2020.

PROBLEMAS PRÁTICOS

1. Caso o devedor fiduciante deixe de pagar a última parcela do financiamento, pode ele alegar o adimplemento substancial da obrigação de modo a obstar o prosseguimento da ação de busca e apreensão movida pela instituição financeira credora?
2. Antes do vencimento do crédito garantido, tutela-se, de alguma forma, o direito do alienante?

Acesse o *QR Code* e veja a Casoteca.

> https://uqr.to/1pc8v

Capítulo XXIII
BENS COMUNS

Sumário: 1. Bens comuns e superação da lógica proprietária – 2. A contestação da "tragédia dos comuns" – 3. A água – 4. A saúde – 5. Conflitos urbanos, a cidade democrática e o patrimônio cultural – 6. Desafetação de bens públicos e proteção dos bens privados de interesse público – 7. Instrumentos de atuação no Judiciário: novas funções para as ações coletivas – 8. A teoria dos bens comuns – Problemas práticos.

1. BENS COMUNS E SUPERAÇÃO DA LÓGICA PROPRIETÁRIA

Assiste-se, contemporaneamente, à ascensão dos debates relacionados aos bens comuns (*commons*). Na experiência brasileira, o aprofundamento da teoria dos bens comuns parece representar oportunidade para a retomada da agenda – ainda crucial após quase trinta anos da Constituição de 1988 – relacionada à efetividade dos direitos fundamentais, notadamente no que se refere à garantia de acesso aos bens essenciais para o exercício desses direitos.

A ausência de definição legal dos bens comuns no sistema jurídico brasileiro pode ser considerada um dos fatores que justificam a escassez do debate acadêmico sobre o tema. Só recentemente o assunto foi introduzido nos debates jurídicos, com fundamento em argumentos desenvolvidos alhures, especialmente na Itália e nos Estados Unidos. A partir da experiência italiana sobre o assunto, intensificada pela reação à privatização do serviço de distribuição de água, decidida em 2002, intensificou-se naquele país a discussão sobre os bens comuns, despertando, com a gestão da água, os primeiros estudos da doutrina brasileira. Na doutrina brasileira, ressaltou-se a importância de "estabelecer bases teóricas necessárias para a formulação de novos arranjos institucionais para o uso econômico de bens que, por sua relevância

<small>Origem do debate sobre bens comuns</small>

social, não pode estar sujeito ao poder de iniciativa de um único proprietário privado".[1] Em perspectiva diversa, resgatando argutamente o debate desenvolvido pela doutrina norte-americana, destacou-se a importância e eficiência da regulamentação legal que levaria à adoção de uma nova teoria geral de bens, valendo-se da decomposição do núcleo proprietário em feixes de poderes, atribuíveis pelo legislador em conformidade com prioridades de políticas públicas.[2]

Conceito de Rodotà

De modo geral, pode-se associar a noção de bens comuns ao conjunto de bens essenciais cujo acesso deve ser garantido a todos, independentemente do título proprietário, superando-se, assim, a lógica da apropriação (privada ou pública), que se apresenta como obstáculo à efetividade dos direitos fundamentais. Nesta direção, Stefano Rodotà aludia aos bens comuns como a negação do individualismo proprietário: o "oposto da propriedade".[3] O acesso aos bens independentemente

Superação da lógica proprietária

do sistema de titularidades rompe a lógica da propriedade como instrumento indispensável à realização das liberdades fundamentais. Daqui decorre o imprescindível desenvolvimento de instrumentos institucionais de acesso, a partir da identificação de bens diretamente necessários à satisfação de necessidades vitais, os quais, portanto, devem ser admitidos como insuscetíveis de apropriação privada ou pública.[4]

Acesso e propriedade como categorias autônomas

Surge assim a noção de acesso não necessariamente instrumentalizada à aquisição do título de propriedade. Acesso e propriedade se tornam categorias autônomas, potencial ou efetivamente em conflito. Advoga-se o acesso a bens essências, para o aproveitamento de sua utilidade, sem atribuição da titularidade proprietária. Nessa direção, o acesso pode ser compreendido como instrumento que permite satisfazer o interesse ao uso do bem independentemente da sua apropriação exclusiva. Abre-se o que se tem designado como "terceira via" entre propriedade privada e pública. Mais: os bens comuns criam condição institucional de indiferença em relação ao sujeito que é o seu titular.

Bens comuns e tutela da pessoa humana

Tais considerações implicam alteração cultural profunda, de modo a tornar as necessidades da pessoa humana o verdadeiro limite à abstração proprietária. Assim, ao se falar em acesso a bens essenciais à sobrevivência (água, alimento) e à garantia de igualdade e livre desenvolvimento da personalidade (conhecimento) como direito fundamental da pessoa, realiza-se dupla operação, argutamente entrevista, há 40 anos, por Stefano Rodotà. Vincula-se a construção da *pessoa constitucionalizada* a

---

[1] Pablo Renteria e Marcus Dantas, Notas sobre os bens comuns. In: *O direito civil entre o sujeito e a pessoa: estudos em homenagem ao Professor Stefano Rodotà*. Belo Horizonte: Fórum, 2016, pp. 131-146.

[2] Calixto Salomão Filho, *Teoria crítico-estruturalista do direito comercial*, São Paulo: Marcial Pons, 2015, pp. 105-119. V. também Miguel Said Vieira, *Bens comuns: uma análise linguística e terminológica*. Acta Media XI: Simpósio Internacional de Arte mídia e Cultura Digital, São Paulo, 2014. Disponível em: https://ssrn.com/abstract=2670751. Acesso: 6.6.2017; Ronei Danielli, *A judicialização da saúde no Brasil: do viés individualista ao patamar de bem coletivo*, Belo Horizonte: Fórum, 2017.

[3] Stefano Rodotá, *Il terribile diritto. Studi sulla proprietà privata e i beni comuni*, Bologna: Il Mulino, 2013, p. 464.

[4] *Idem*, p. 469.

lógicas diversas daquela proprietária, portanto fora da dimensão puramente mercantil; e supera-se o acesso como situação puramente formal (a chave que, ao abrir a porta, leva apenas a uma sala vazia), franqueando a utilização do bem por parte dos interessados sem outras mediações.[5] Com base nesses fundamentos defende-se, na experiência brasileira, a necessidade de proibir-se o uso exclusivo e a comercialização de determinados bens. Por estarem voltados à satisfação das necessidades primárias da coletividade, os bens comuns servem para efetivar os direitos fundamentais; sua essência não é a da apropriação, mas do seu uso e funcionamento.[6]

Não se trata de mera revisão das categorias tradicionais, mas da emergência de nova racionalidade, que tem seu fundamento na conexão sempre mais intensa entre a pessoa e suas necessidades vitais. Assim, os bens comuns exigiriam forma diferente de racionalidade, capaz de incorporar as profundas mudanças vividas contemporaneamente, as quais afetam a dimensão social, econômica, cultural e política. A relação entre o mundo das pessoas e o mundo dos bens, portanto, seria redefinida a partir das noções de direitos fundamentais, de acesso e de bens comuns. Levanta-se, então, a inovadora perspectiva de ativismo associativo, isto é, o empoderamento pessoal e social com propósitos de efetividade que supere a mera contemplação do elenco de direitos fundamentais, por vezes inatingíveis ou irrealizáveis. Afirma-se nessa esteira que "a ligação entre bens comuns e direitos fundamentais produz o enriquecimento da esfera dos poderes pessoais, que por sua vez realizam precondições necessárias para a efetiva participação no processo democrático".[7]

2. A CONTESTAÇÃO DA "TRAGÉDIA DOS COMUNS"

Encontra-se fortemente arraigada nas ciências sociais a ideia segunda a qual a lógica proprietária, baseada na apropriação exclusiva, se mostra superior aos arranjos institucionais fundados no uso compartilhado de bens jurídicos. Um dos precursores dessa corrente de pensamento foi o britânico William Forster Lloyd que, em 1833,

Tragédia
dos comuns

---

[5]   *Idem, ibidem.*

[6]   Veja-se Erouths Cortiano Junior, *O discurso jurídico da propriedade e suas rupturas*, Rio de Janeiro: Renovar, 2002, p. 153, para o qual "A propriedade passa a ter uma função central de redistribuição de rendas. A titularidade da situação proprietária passa a implicar, para o seu titular, no concomitante respeito a crescentes situações não proprietárias. A proteção à dignidade humana e o propósito da redução das desigualdades exigem a proteção do excluído, e esta proteção leva à discussão da acessibilidade aos bens. Nessa esteira, passa-se a entender que esse direito subjetivo tem destinatários no conjunto da sociedade, de modo que o direito e propriedade também começa a ser um direito à propriedade".

[7]   Stefano Rodotá, *Il terribile diritto. Studi sulla proprietà privata e i beni comuni*, cit., p. 479. Como afirma Eroulths Cortiano Junior, os "bens comuns ocupam uma posição central entre as categorias do jurídico e do político: os bens comuns são um instrumento político e constitucional para a satisfação direta das necessidades e dos direitos fundamentais. Se é na Constituição que o sistema político coloca as escolhas de longo prazo, de maneira a retirar as escolhas arbitrárias de governos (é o caso dos direitos fundamentais), é nela que devem ter lugar os bens comuns, instrumentos funcionais da realização de tais direitos". (Eroulths Cortiano Junior e Rodrigo Luís Kanayama, Notas para um estudo sobre os bens comuns, p. 487. In: *Revista da Academia Brasileira de Direito Constitucional*, Curitiba, vol. 15, n. 15, jul./dez. 2016, pp. 480-491).

publicou uma das suas aulas sobre política econômica, lecionadas na Universidade de Oxford, com o título *Two Lectures on the Checks to Population*, no qual defende a transformação dos pastos comuns em privados, uma vez que o uso compartilhado e irrestrito cria fortes incentivos para que cada pastor aumente ao máximo o seu rebanho, de modo a elevar o seu ganho. No entanto, a ação de cada pastor, somada à dos demais, conduz ao sobrepastoreio e ao esgotamento das terras, levando, assim, a ruína de todos os pastores. Ou seja, cada produtor, movido por sua racionalidade individual, produz uma situação em que todos saem prejudicados. O mesmo problema, contudo, não seria observado no pasto privado, já que, nesse caso, o dono não tem incentivo para aumentar o seu rebanho para além da capacidade produtiva da sua pastagem.

A análise conduzida por Lloyd seria, mais de um século depois, retomada pelo ecologista americano Garrett Hardin, em artigo que se tornaria referência no assunto, publicado em 1968 na Revista *Science*, com o título sugestivo "A tragédia dos bens comuns". Nas palavras de Hardin, "aí está a tragédia. Cada indivíduo encontra-se aprisionado a um sistema que o compele a aumentar o seu rebanho ilimitadamente – em um mundo que é limitado. A ruína é o destino em direção ao qual todos os indivíduos se apressam, cada um perseguindo o seu melhor interesse em uma sociedade que acredita na liberdade dos bens comuns. A liberdade em um bem comum traz a ruína para todos."[8]

Superação da tragédia dos comuns — No entanto, estudos mais recentes de economia contestam a validade da "tragédia dos comuns". Destaca-se, nesse ponto, a extraordinária contribuição de Elinor Ostrom, ganhadora do prêmio Nobel de Economia, ao comprovar empiricamente que a gestão eficiente e a fruição dos bens não está condicionada ao fracionamento proprietário ou à titularidade do Estado.[9]

A partir de então, novas abordagens pautadas na ideia de "bens comuns" ou *commons* começaram a se desenvolver. O desafio atual seria estabelecer novas formas de interação entre pessoas e bens com fundamento na prevalência das situações existenciais sobre as patrimoniais. Principalmente da experiência italiana extraem-

---

[8] Garrett Hardin, *The Tragedy of the Commons: The population problem has no technical solution; it requires a fundamental extension in morality*. In: *Science*, vol. 162, dezembro 1968, p. 1244, tradução livre. Referindo-se à obra de Gardin, David Bollier esclarecer que: "Durante décadas, os economistas convencionais suspeitaram que qualquer sistema de administração compartilhada teria como resultado inevitável uma 'tragédia dos bens comuns'. Esse mito foi popularizado pelo economista Garret Gardin em seu famoso artigo de 1968, em que afirma que as pessoas que compartilham uma terra num regime comunal inevitavelmente irão sobrecarregá-la. Citando o exemplo de um pasto comum onde qualquer um pode levar mais gado para pastar sem restrições, Hardin afirma que quando um agricultor pode obter benefícios privados dos recursos comuns sem considerar sua "capacidade de uso geral", o recurso compartilhado necessariamente se arruinará. Daí a metáfora da "tragédia". (David Bollier, Os bens comuns: um setor negligenciado da criação de riqueza, pp. 45-46. In: *Revista Lugar Comum*, n. 31, p. 43-54).

[9] Para Ostrom, "*Institutions are rarely either private or public – 'the market' or 'the state'. Many successful CPR [common pool resources] institutions are rich mixtures of 'private-like' and 'public-like' institutions defying classification in a sterile dichotomy*". (Elinor Ostrom, *Governing the Commons: The evolution of institutions for collective action*, Cambridge University Press, 1990, p. 14).

-se construções jurídicas que, partindo da noção de "bens comuns", propõem nova dogmática para a teoria dos bens, que promova formas de interação entre pessoas e bens considerando a prevalência das situações existenciais sobre as patrimoniais.

Tais propostas, embora inspiradas nas pesquisas pioneiras de Ostrom, propõem problemas e soluções absolutamente diversos. Segundo o entendimento atual, não seria a natureza do bem a determinar sua qualificação como "bem comum", mas sua aptidão para satisfazer necessidades coletivas e tornar possível o exercício dos direitos fundamentais.[10] Como já destacado, a importância do desenvolvimento da dogmática jurídica dos bens comuns associa-se à construção de instrumentos de tutela da pessoa em sua relação com o mundo dos bens. Nessa direção, "os bens comuns pertencem a todos e a ninguém, no sentido de que todos devem poder acessá-los e ninguém pode postular pretensão exclusiva. Devem ser administrados com base no princípio da solidariedade. A cada um deve ser atribuída a condição de defendê-los, inclusive em juízo, na tutela de um bem situado em local distante daquele em que vive".[11]

Doutrina italiana dos bens comuns

Busca-se, como acima anunciado, criar ambiente subtraído à lógica do uso exclusivo, promovendo-se a cultura do compartilhamento, na qual se manifesta com nova força a conexão social, a possibilidade de iniciativas coletivas das quais a *internet* fornece contínuo testemunho. No direito brasileiro, verifica-se que esta racionalidade subjacente aos bens comuns se encontra difusamente presente, tanto em normas dispersamente positivadas, quanto na jurisprudência, merecendo análise à luz da unicidade do sistema jurídico.

Cultura do compartilhamento

3. A ÁGUA

A água merece especial destaque, como bem cuja disciplina jurídica tangencia a definição dos *commons*.[12] A Lei n. 9.433/1997, que institui a Política Nacional de Recursos Hídricos, prevê que "a água é um bem de domínio público". Estabelece, nessa esteira, que "a gestão dos recursos hídricos deve sempre proporcionar o uso múltiplo das águas"[13]. O Superior Tribunal de Justiça, em recente jurisprudência, embora valendo-se da sistemática do direito de vizinhança para a resolução de ques-

Água como bem comum

---

[10]   Ilustrativamente, o "conhecimento em rede", embora seja obviamente objeto de direitos fundamentais, não seria, na perspectiva econômica, um bem comum, tendo em vista que admite uso não rival e não é escasso.

[11]   Stefano Rodotá, *Il terribile diritto. Studi sulla proprietà privata e i beni comuni, cit*, p. 472.

[12]   V. a propósito Milena Petters Melo; Andrea Gatto. Água como bem comum no quadro da governança democrática: algumas reflexões críticas a partir das bases da economia ecológica e sobre a necessidade de um novo direito público. In: *Revista Novos Estudos Jurídicos* – Eletrônica, vol. 19, n. 1, 2014, pp. 95-121.

[13]   Dispõe o art. 1º da Lei n. 9.433/1997: "A Política Nacional de Recursos Hídricos baseia-se nos seguintes fundamentos: I – a água é um bem de domínio público; II – a água é um recurso natural limitado, dotado de valor econômico; III – em situações de escassez, o uso prioritário dos recursos hídricos é o consumo humano e a dessedentação de animais; IV – a gestão dos recursos hídricos deve sempre proporcionar o uso múltiplo das águas; V – a bacia hidrográfica é a unidade territorial para implementação da Política Nacional de Recursos Hídricos e atuação do Sistema Nacional de

tão analisada, afirmou o caráter "comum" da água, que não se submete ao domínio do particular ou do Estado. No caso, discutia-se o direito de acesso à água situada em propriedade vizinha, mediante passagem de aqueduto voltado à atividade agrícola de sociedades empresárias.

A Corte associou o direito em questão à expressão da função social da propriedade, determinando limitações legais ao exercício desse direito, o qual possuiria viés notadamente recíproco e comunitário. Assim, entendeu que "o direito à água é um direito de vizinhança, um direito ao aproveitamento de uma riqueza natural pelos proprietários de imóveis que sejam ou não abastecidos pelo citado recurso hídrico. (...) se não existem outros meios de passagem de água, o vizinho tem o direito de construir aqueduto no terreno alheio independentemente do consentimento de seu vizinho; trata-se de imposição legal que atende ao interesse social e na qual só se especifica uma indenização para evitar que seja sacrificada a propriedade individual."[14]

Direito de acesso à água   Nessa perspectiva, o artigo 1.293 do Código Civil estabelece que "é permitido a quem quer que seja, mediante prévia indenização aos proprietários prejudicados, construir canais, através de prédios alheios, para receber as águas a que tenha direito, indispensáveis às primeiras necessidades da vida, e, desde que não cause prejuízo considerável à agricultura e à indústria, bem como para o escoamento de águas supérfluas ou acumuladas, ou a drenagem de terrenos". O artigo 1.291 também afirma que "o possuidor do imóvel superior não pode poluir as águas indispensáveis às primeiras necessidades da vida dos possuidores dos imóveis inferiores; as demais, que poluir, deverá recuperar, ressarcindo dos danos que estes sofrerem, se não for possível a recuperação ou o desvio do curso artificial das águas". A proibição legal, se interpretada à luz dos direitos fundamentais, deve ser capaz de proteger todos os proprietários das propriedades inferiores que têm o exercício do direito à água prejudicado pelos atos abusivos do possuidor da propriedade superior.

Direito de acesso aos serviços essenciais   De outra parte, a interrupção da prestação de serviços públicos essenciais, como é o caso do fornecimento de água, em razão do descumprimento do pagamento pelos serviços, já foi analisada pela Primeira Seção do Superior Tribunal de Justiça. O Tribunal declarou que é legal ao prestador de serviços públicos interromper o fornecimento de bens essenciais se, após notificação prévia, o consumidor continuar descumprindo sua obrigação.[15] É importante ressaltar, no entanto, a declaração de voto do então Ministro do STJ Luiz Fux, que, ao acompanhar a posição do Tribunal de Justiça para padronizar a jurisprudência, expressou sua opinião contrária. Afirmou que "interromper a oferta de serviços essenciais – água e energia – como forma de obrigar o usuário a pagar as contas vai além dos limites da legalidade e desafia o princípio anterior de respeito à dignidade humana". Segundo destacado, esse tipo de

---

Gerenciamento de Recursos Hídricos; VI – a gestão dos recursos hídricos deve ser descentralizada e contar com a participação do Poder Público, dos usuários e das comunidades".

[14]   STJ, REsp 1.616.038/RS, 3ª T., Rel. Min. Nancy Andrighi, julg. 27.9.2016.

[15]   STJ, 1ª S., REsp 363.943/MG, Rel. Min. Humberto Gomes de Barros, julg. 10.12.2003; e STJ, 1ª S., EREsp 337.965/MG, Rel. Min. Luiz Fux, julg. 22.9.2004.

CAPÍTULO XXIII | BENS COMUNS 541

caso exige "distinguir entre a inadimplência de uma grande corporação e a de uma pessoa natural que vive no limite da sobrevivência biológica".

O mesmo Tribunal, no entanto, afirmou que não é legal interromper o fornecimento de água sempre que tal interrupção inviabilize a prestação de outros serviços essenciais. Segundo a Corte, a interrupção não será legal quando afetar "a prestação de serviços públicos essenciais, por exemplo, hospitais, postos de saúde, escolas". Em tais circunstâncias, a Corte entende que a "cobrança da dívida deve se dar por outros meios executórios, de modo que não se coloque em risco valores mestres do ordenamento jurídico".[16] O entendimento, portanto, sinaliza que, em certas circunstâncias, seria justificável a vedação à interrupção do serviço, tendo por fundamento a necessidade de se garantir o acesso aos bens essenciais à vida humana.

4. A SAÚDE

A preocupação do legislador com o acesso à saúde resta evidente em diversos diplomas normativos. Destaque-se a Lei n. 9.279/1996 sobre a licença compulsória. Também o Dec. 3.201/1999, dentre outros, evidencia o interesse público no tratamento da saúde pública.[17] De uma forma ou de outra, o acesso à saúde vem suscitando inquietação em diversos setores da sociedade brasileira. O direito fundamental à saúde no afastamento (ainda que temporário) do paradigma proprietário (na mediação do acesso) é tema que se situa na pauta de discussões jurisprudenciais. Trata-se de compatibilização do acesso à saúde à tutela patrimonial dos titulares de patentes de medicamentos,[18] flexibilizando-se a propriedade em prol da promoção da tutela

Direito de acesso à saúde

---

[16] STJ, 2ª T., AgRg no REsp 1.201.283/RJ, Rel. Min. Humberto Martins, julg. 16.9.2010. Na decisão, sublinha-se que "(...) admitir a suspensão do fornecimento de água a um hospital e colocar em risco a vida e a saúde dos internos, sob o argumento de que se vive em uma sociedade capitalista, é inverter a lógica das prioridades e valores consagrados em um sistema jurídico onde a ordem econômica está condicionada ao valor da dignidade humana".

[17] Art. 71 da Lei n. 9.279/1996: "Nos casos de emergência nacional ou internacional ou de interesse público declarados em lei ou em ato do Poder Executivo federal, ou de reconhecimento de estado de calamidade pública de âmbito nacional pelo Congresso Nacional, poderá ser concedida licença compulsória, de ofício, temporária e não exclusiva, para a exploração da patente ou do pedido de patente, sem prejuízo dos direitos do respectivo titular, desde que seu titular ou seu licenciado não atenda a essa necessidade". Art. 2º, § 2º, do Dec. 3.201/1999: "Consideram-se de interesse público os fatos relacionados, dentre outros, à saúde pública, à nutrição, à defesa do meio ambiente, bem como aqueles de primordial importância para o desenvolvimento tecnológico ou sócio-econômico do País".

[18] O Superior Tribunal de Justiça discutiu recentemente se o prazo de vigência de determinada patente concedida seria de 10 anos contados de sua concessão ou 20 anos contados da data do depósito. A discussão se assenta nas divergências existentes entre o tratamento da matéria pela lei interna e por tratado internacional. Entendeu-se que, em se tratando de "medicamentos, adiar a entrada em domínio público das inovações significa retardar o acesso ao mercado de genéricos, causando, como consequência, o prolongamento de preços mais altos, o que contribui para a oneração das políticas públicas de saúde e dificulta o acesso da população a tratamentos imprescindíveis". Sobre o suposto conflito envolvendo tratado internacional e lei interna, afirmou-se: "o Supremo Tribunal Federal assentou que vigora no Brasil um sistema que lhes atribui paridade hierárquica, daí resultando que eventuais dicotomias devem ser solucionadas pelo critério da especialidade ou pelo critério cronológico". O voto da Min. Nancy Andrighi asseverou: "Desse modo, devidamente

da saúde. Também aqui se fala em gestão democrática e universalização do acesso, ganhando espaço no debate político-jurídico brasileiro as figuras do orçamento participativo e investimentos no SUS (Sistema de Universalização da Saúde).

Também em cenário internacional vislumbra-se o tema do acesso à saúde, tal como ocorre na Declaração de Doha sobre TRIPS e saúde pública, ao reconhecer que: "o Acordo TRIPS não deve e não impede os Membros de adotar medidas para proteger a saúde pública (...) o Acordo pode e deve ser interpretado e implementado de forma favorável ao direito dos Membros da OMC de proteger a saúde pública e, em particular, de promover o acesso a medicamento para todos"[19].

Em novembro de 2001, portanto, a Declaração de Doha sobre TRIPS e saúde pública foi responsável por evidenciar que a licença compulsória constitui instrumento legítimo a ser utilizado para se promover o acesso à saúde.

5. CONFLITOS URBANOS, A CIDADE DEMOCRÁTICA E O PATRIMÔNIO CULTURAL

Os conflitos urbanos são alvo de acirrado debate em sede doutrinária e jurisprudencial. O Estatuto da Cidade, Lei n. 10.257/2001, estabelece importantes diretrizes para os conflitos urbanos, de modo a evidenciar o direito a cidades sustentáveis e à gestão democrática por meio de participação popular.[20] Além disso, discute-se o uso social dos recursos na cidade, com especial destaque à temática da revitalização de espaços ociosos, em cenário de bens comuns acessíveis à sociedade como um todo.[21] Pretende-se nessa direção a tutela dos bens públicos urbanos independentemente da

---

sopesados os interesses em conflito, não se afigura razoável impor pesados encargos à coletividade em benefício exclusivo dos interesses econômicos da empresa recorrente, sendo certo que eventual prejuízo causado ao titular da patente pela demora do INPI não autoriza que tal ônus seja transferido à sociedade". Assim, prevaleceu o diploma legal interno, em atenção ao direito à saúde (STJ, 3ª T., REsp 1721711/RJ, Rel. Min. Nancy Andrighi, julg. 17.4.2018).

[19] No original: "*We agree that the TRIPS Agreement does not and should not prevent members from taking measures to protect public health. Accordingly, while reiterating our commitment to the TRIPS Agreement, we affirm that the Agreement can and should be interpreted and implemented in a manner supportive of WTO members' right to protect public health and, in particular, to promote access to medicines for all*". Declaration on the TRIPS agrément and public health. Acessado em: <https://www.wto.org/english/thewto_e/minist_e/min01_e/mindecl_trips_e.htm>. Acesso em 24.5.2018.

[20] Dispõe o art. 2º da Lei. n. 10.257/2001 sobre os objetivos da política urbana: "I – garantia do direito a cidades sustentáveis, entendido como o direito à terra urbana, à moradia, ao saneamento ambiental, à infraestrutura urbana, ao transporte e aos serviços públicos, ao trabalho e ao lazer, para as presentes e futuras gerações; II – gestão democrática por meio da participação da população e de associações representativas dos vários segmentos da comunidade na formulação, execução e acompanhamento de planos, programas e projetos de desenvolvimento urbano; (...) VI – ordenação e controle do uso do solo, de forma a evitar: (...) e) a retenção especulativa de imóvel urbano, que resulte na sua subutilização ou não utilização".

[21] A propósito, ressaltou-se: "*According to 'the right to the city' (...) the law should enable inhabitants to 'generate' urban spaces starting from their own needs: empty spaces become an opportunity, and urban care a collective 'generative' task. This approach, now shared by a broad international network of scholars and activists, assumes the logic of the commons, which reclaims a new paradigm based on inclusion, participation, and social and ecological use of resources. According to many scholars, urban spaces are also commons*" (Ugo Mattei; Alessandra Quarta, Right to the City or Urban Commoning?

titularidade, com destaque para o patrimônio cultural brasileiro, conforme disposto no art. 216, § 1º, da Constituição da República.

Com efeito, a regulamentação de tutela do patrimônio histórico e artístico nacional guarda relação com os *commons*, em virtude da instituição de mecanismos de proteção que limitam, em alguma medida, o poder proprietário, independentemente da titularidade pública ou privada.[22] A Constituição da República estabelece que "constituem patrimônio cultural brasileiro os bens de natureza material e imaterial, tomados individualmente ou em conjunto, portadores de referência à identidade, à ação, à memória dos diferentes grupos formadores da sociedade brasileira" (C.R., art. 216), determinando, ainda, que "o Poder Público, com a colaboração da comunidade, promoverá e protegerá o patrimônio cultural brasileiro, por meio de inventários, registros, vigilância, tombamento e desapropriação, e de outras formas de acautelamento e preservação" (CR, art. 216, § 1º).

Patrimônio histórico e artístico

No âmbito infraconstitucional, o Dec.-Lei n. 25/1937, que organiza a proteção do patrimônio histórico e artístico nacional, estabelece que integram o patrimônio histórico e artístico nacional "o conjunto dos bens móveis e imóveis existentes no país e cuja conservação seja de interesse público, quer por sua vinculação a fatos memoráveis da história do Brasil, quer por seu excepcional valor arqueológico ou etnográfico, bibliográfico ou artístico" (Dec.-Lei n. 25/1937, art. 1º). O parágrafo único do mesmo artigo equipara a estes bens "os monumentos naturais, bem como os sítios e paisagens que importe conservar e proteger pela feição notável com que tenham sido dotados pela natureza ou agenciados pela indústria humana".

A qualificação do bem como integrante do patrimônio cultural, por sua vez, permite seu tombamento. O tombamento constituiria, conforme afirmado pela doutrina do direito administrativo, espécie de intervenção do Estado na propriedade, na qual o Poder Público tem como objetivo a proteção do patrimônio cultural brasileiro.[23] O bem tombado não sofre alterações quanto à sua titularidade, mas deverá se submeter às restrições impostas pela Administração Pública. O tombamento teria, pois, fundamento na necessidade de adequação do uso da propriedade à sua correspondente função social, notadamente quanto à proteção ao patrimônio cultural, histórico e artístico.[24]

Tombamento e função social da propriedade

Se o bem tombado é de titularidade da União, dos Estados ou dos Municípios, veda-se a transferência de propriedade a entidades privadas (Dec.-Lei n. 25/1937, art. 11). Sendo de titularidade privada, impõe-se regime de preservação do bem, a

---

Thoughts on the Generative Transformation. In: *The Italian Law Journal*, vol. 1, n. 2, 2015, pp. 304-305).

[22] O artigo 2º do Dec.-Lei n. 25/1937 estabelece: "A presente lei se aplica às coisas pertencentes às pessoas naturais, bem como às pessoas jurídicas de direito privado e de direito público interno".

[23] José dos Santos Carvalho Filho, *Manual de Direito Administrativo*, Rio de Janeiro: Lumen Juris, 2012, p. 679. Na mesma direção, embora referindo-se ao tombamento como "manifestação autônoma e diferenciada das restrições aos direitos privados", v. Marçal Justen Filho, *Curso de Direito Administrativo*, São Paulo: Saraiva, 2006, p. 420.

[24] José dos Santos Carvalho Filho, *Manual de Direito Administrativo*, cit., p. 681.

impor restrições ao proprietário, que não poderá, por exemplo, promover reparações, pinturas ou restaurações no bem sem prévia autorização da autoridade competente. Exige-se, ainda, que o proprietário promova as obras necessárias à conservação do bem, sob pena de desapropriação (Dec.-Lei n. 25/1937, art. 19, § 1º).

Como se vê, o sistema de proteção ao patrimônio cultural, embora se aproxime da lógica dos *Commons,* dada a prevalência do interesse coletivo sobre o individual, encontra-se limitado ao escopo da norma, voltada à preservação do bem. Com isso, não se reserva à matéria espaço de reflexão sobre o acesso aos bens, tampouco sobre a necessidade de submissão a regime diverso do proprietário.

Creative commons

Destaque-se, ainda, os novos modelos de licenciamento, notadamente no âmbito das licenças *creative commons*, desenvolvidos e disponibilizados por organização sem fins lucrativos, que permitem o compartilhamento e o uso da criatividade e do conhecimento através de licenças jurídicas gratuitas. Grande é o impacto desses novos modelos sobre o acesso ao conhecimento, com enfoque na função promocional do direito e nos mecanismos de incentivo comportamental.[25]

6. DESAFETAÇÃO DE BENS PÚBLICOS E PROTEÇÃO DOS BENS PRIVADOS DE INTERESSE PÚBLICO

Bens públicos e bens comuns

O Código Civil apresenta três categorias de bens que tangenciam, em alguma medida, da noção funcional dos comuns: (i) bens de uso comum do povo, (ii) bens de uso especial e (iii) bens dominicais (Código Civil, artigo 99). Das três categorias apresentadas, a noção de "bens de uso comum do povo" é a que mais se aproxima de "bens comuns". O artigo 99, I, do Código Civil fornece exemplos destes bens, tal como os rios, mares, estradas, ruas e praças, constituindo domínio público *stricto sensu*, assemelhando-se, por sua natureza e por seu destino, à *res communes*, não sujeita à apropriação. O acesso a tais bens, portanto, poderia ser visto como um direito da "coletividade concreta". No entanto, mesmo diante da aproximação das duas noções, os "bens de uso comum do povo" não equivalem aos "*commons*", vez que a primeira categoria ainda se funda na racionalidade proprietária expressa pela dicotomia "propriedade pública" e "propriedade privada", além de não se dirigir necessariamente a maior eficácia dos direitos fundamentais.

Desafetação de bens públicos de uso comum do povo

Como se sabe, a transferência de bens públicos a particulares somente pode ocorrer em relação aos bens dominicais,[26] observando-se, para tanto, procedimentos específicos previstos na legislação administrativa. Desse modo, restam excluídos da

---

[25] Ilustrativamente, a Licença "CC BY-NC-SA" permite que outros remixem, adaptem e criem a partir do trabalho para fins não comerciais, desde que atribuam ao autor o devido crédito e que licenciem as novas criações sob termos idênticos, enquanto a Licença "CC BY-NC-ND": permite que outros façam download dos trabalhos e os compartilhem desde que atribuam crédito ao autor, mas sem que possam alterá-los de nenhuma forma ou utilizá-los para fins comerciais.

[26] Gustavo Tepedino, Regime jurídico dos bens no Código Civil, In: Sílvio de Salvo Venosa; Rafael Villa Gagliardi; Paulo Magalhães Nasser (coords.), *10 anos do Código Civil: desafios e -perspectivas*, São Paulo: Atlas, 2012, pp. 75-76.

privatização os bens públicos de uso comum do povo e os bens públicos de uso especial, os quais se sujeitam, contudo, à desafetação, convertendo-se em bens dominicais e, portanto, passíveis de alienação.[27]

Esse sistema, levado aos Tribunais, não se mostra imune a controvérsias. Em interessante precedente, o Superior Tribunal de Justiça analisou ação civil pública promovida pelo Ministério Público do Estado do Rio Grande do Sul que questionava o ato de desafetação realizado pelo ente municipal, que pretendia converter em bem dominical determinada praça (bem de uso comum do povo), com o objetivo de alienar o imóvel a determinada autarquia federal. A Corte Superior afirmou que "não se justifica, nos dias atuais, que praças, jardins, parques e bulevares públicos, ou qualquer área verde municipal de uso comum do povo, sofram desafetação para a edificação de prédios e construções, governamentais ou não, tanto mais ao se considerar, nas cidades brasileiras, a insuficiência ou absoluta carência desses lugares de convivência social. (...). Retirar da praça a natureza de *loci communes*, *loci publici* não é um banal ato de governo municipal. Significa grave opção administrativa reducionista do componente público, de repercussões imediatas, mas também com impactos, normalmente irreversíveis, no futuro próximo e remoto da evolução da cidade". Segundo a Corte, a desafetação de bem público transforma-se em vandalismo estatal sempre que "efetivada sem critérios objetivos e tecnicamente sólidos, adequada consideração de possíveis alternativas, ou à míngua de respeito pelos valores e funções nele condensados".[28]

De outra parte, tem-se observado a evolução da jurisprudência no sentido de reconhecer a impenhorabilidade dos bens privados afetados à destinação pública. Nesse particular, afirmou o STJ, ao reformar acórdão do Tribunal de Justiça da Minas Gerais, que a penhora de bens privados afetos à destinação pública "causa, a um só tempo, grave lesão à ordem administrativa, à saúde e à segurança públicas, pois tem o potencial de inviabilizar a prestação, por duas secretarias municipais, de serviços essenciais à população do Município de Governador Valadares, tais como o recolhimento do lixo urbano e hospitalar, o planejamento, execução e fiscalização de obras de infraestrutura, a organização do transporte coletivo e o gerenciamento do sistema de iluminação pública. Nessas condições, a imissão de particular na posse de área já afetada ao serviço público, com o imediato desalojamento de órgãos da administração, não pode subsistir".[29]

Na mesma linha de entendimento, o Tribunal de Justiça do Rio de Janeiro considerou que "a categoria dos bens privados de interesse público, se admitida de forma mais restrita, teria, por aqui, uma utilidade residual justamente para que nela

Bens privados de interesse público

---

[27] "A desafetação é o mecanismo, de que se vale o direito administrativo, para se alterar a destinação do bem público, de modo a inseri-lo na categoria dos bens dominicais" (Gustavo Tepedino, Regime jurídico dos bens no Código Civil, In: *10 anos do Código Civil desafios e perspectivas*, cit, p. 76).

[28] No caso, a Corte chegou a reconhecer que o Ministério Público poderia "ingressar com Ação Civil Pública contra o Município recorrido, visando obter compensação pelo espaço verde urbano suprimido, de igual ou maior área, no mesmo bairro em que se localizava a praça desafetada" (STJ, 2ª T., REsp 1.135.807/RS, Rel. Min. Herman Benjamin, julg. 15.4.2010).

[29] STJ, Corte Especial, AgRg na SLS 2.000/MG, Rel. Min. Francisco Falcão, julg. 20.5.2015.

se pudesse definir, com maior clareza um regime próprio para enquadrar a situação dos bens privados afetados a fins ou usos públicos. Na verdade, embora nesses casos não seja razoável determinar a aplicação integral do regime público, se mostra perfeitamente possível cogitar de algumas derrogações em circunstâncias predeterminadas". O acórdão defende "um regime misto aplicável aos bens *formalmente privados, mas substancialmente públicos*. Tal regime seria resultante da coordenação de instrumentos e institutos de direito privado e de regras de direito público, *enquanto perdurar a funcionalização do bem a uso coletivo ou administrativo*".[30]

7. INSTRUMENTOS DE ATUAÇÃO NO JUDICIÁRIO: NOVAS FUNÇÕES PARA AS AÇÕES COLETIVAS

Tutela dos bens comuns

Revelam-se importantes os instrumentos de tutela coletiva dos direitos, entre os quais assume particular relevância a ação civil pública, cuja promoção se encontra prevista na Constituição da República como uma das funções institucionais do Ministério Público, voltada à "proteção do patrimônio público e social, do meio ambiente e de outros interesses difusos e coletivos".[31]

No que concerne os atos de desafetação dos bens de uso comum do povo, por exemplo, a ação civil pública se apresenta como instrumento privilegiado para o exercício coletivo da cidadania. A Constituição da República atribui ao Ministério Público a função de promover a ação civil pública para a defesa do patrimônio público e social, além de outros interesses difusos e coletivos (C.R., art. 129, III).[32] O art. 1º

---

[30] No mesmo sentido: "Por fim, a doutrina e a jurisprudência acolhem o posicionamento de que bens particulares quando afetos as atividades típicas estatais são impenhoráveis. A eventual hasta pública do imóvel onde funciona escola municipal prejudicará o direito fundamental à educação das crianças daquela localidade. Ponderação de interesses. Supremacia do interesse público sobre o particular" (TJRJ, 19ª C.C., Ap. Cív. 0006671-07.2000.8.19.0011, Rel. Des. Ferdinaldo do Nascimento, julg. 20.7.2010). Por sua vez, o TRF da 5ª Região se manifestou sobre o assunto, rejeitando a aplicação do regime público para suspender a penhora de um bem de sociedade de economia mista federal ocupado por órgão da Polícia Civil do Estado de Alagoas. A Justiça Federal entendeu que a penhorabilidade do bem apenas estaria excluída se ele se achasse afetado a serviço público prestado pela própria empresa. Dessa forma, o uso do bem por órgão público estadual, fora das finalidades do ente titular, configuraria destinação anômala e não permitiria a exclusão de sua penhorabilidade, mas, apenas eventualmente, a concessão de prazo mais elástico para desocupação pelo Poder Público. (TRF-5, Ap. Cív. 0009017-09.2001.4.05.8000, Rel. Des. Federal Emiliano Zapata, julg. 27.8.2009).

[31] "Art. 129. São funções institucionais do Ministério Público: (...) III – promover o inquérito civil e a ação civil pública, para a proteção do patrimônio público e social, do meio ambiente e de outros interesses difusos e coletivos". Lei n. 7.347/1985, art. 1º: "meio ambiente"; "bens e direitos de valor artístico, estético, histórico e paisagístico"; "qualquer outro interesse difuso e coletivo"; "ordem urbanística"; "patrimônio público e social". Lei n. 7.347/1985, art. 3º: "A ação civil poderá ter por objeto a condenação em dinheiro ou o cumprimento de obrigação de fazer ou não fazer".

[32] Segundo Luís Roberto Barroso, o Direito Moderno, sem minimizar a importância das situações jurídicas individuais, vem sendo marcado pela progressiva acentuação das exigências de ordem social. A nova gama de interesses a serem atendidos, denominados interesses difusos, envolvem relações que se afastam do esquema rotineiro de contraposição entre um credor e um devedor, voltando-se para o aprimoramento da qualidade de vida, em sua expressão material e espiritual, afetando uma pluralidade indeterminada de pessoas, que os desfruta em comum, sem que possam dividir. (Luís Roberto Barroso, *O direito constitucional e a efetividade de suas normas*: limites e possibilidades da Constituição brasileira, Rio de Janeiro: Renovar, 2006, 8ª ed., pp. 132-133).

da Lei n. 7.347/1985, que regula a ação civil pública, possui dicção deliberadamente ampla: "regem-se pelas disposições desta lei, sem prejuízo da ação popular, as ações de responsabilidade por danos morais e patrimoniais causados: I – ao meio ambiente; II – ao consumidor; III – a bens e direitos de valor artístico, estético, histórico e paisagístico; IV – a qualquer outro interesse difuso e coletivo; V – por infração da ordem econômica; VI – à ordem urbanística; VII – à honra e à dignidade de grupos raciais, étnicos ou religiosos; VIII – ao patrimônio público e social".

Como se percebe, o legislador, ao lado da previsão específica de interesses a serem resguardados com a ação civil pública, utiliza-se da cláusula geral do inciso IV, de modo a que qualquer interesse de dimensão coletiva possa ser tutelado pela Lei n. 7.347/1985. Além disso, a dicção do art. 3º, segundo o qual "a ação civil poderá ter por objeto a condenação em dinheiro ou o cumprimento de obrigação de fazer ou não fazer", associada à previsão do fundo de defesa dos interesses difusos (regulado pela Lei n. 9.008, de 21 de março de 1995), faz com que se possa cogitar de formulação de pedido bastante amplo e variado, desde que compatível e necessário à obtenção da tutela pretendida. Ao lado da ação popular, regulamentada pela Lei n. 4.717/1965,[33] a ação civil pública possibilita, portanto, que cidadãos e instituições exerçam o controle social sobre a gestão dos bens públicos.[34]

Nessa perspectiva, ilustrativamente, o Superior Tribunal de Justiça, no REsp 1.135.807/RS, analisou situação de desafetação de praça municipal para a categoria de bem dominical, viabilizando a doação do imóvel ao Instituto Nacional do Seguro Social – INSS, com fins de instalação de nova agência do órgão. Afirmou-se que o Ministério Público poderia "ingressar com Ação Civil Pública contra o Município recorrido, visando obter compensação pelo espaço verde urbano suprimido, de igual ou maior área, no mesmo bairro em que se localizava a praça desafetada"[35].

8.   A TEORIA DOS BENS COMUNS

Convém alertar, contudo, para o uso indiscriminado da expressão "bens comuns", capaz de comprometer sua eficácia expressiva e banalizar seu sentido, diante da reprodução de posições puramente retóricas, em prejuízo à construção de instrumentos jurídicos efetivos de promoção do acesso a bens essenciais. Conforme suscitado

Risco de banalização

---

[33]   Como já afirmado em outra sede, "a distinção entre os dois tipos de ação se encontra no plano subjetivo, distinguindo-se ambas pela legitimidade processual, sendo a ação popular o instrumento privilegiado para o exercício jurisdicional da cidadania, e a ação civil pública a expressão maior da tutela da sociedade organizada, ora no âmbito associativo, ora através do Ministério Público, como tradução de sua antes enunciada função promocional" (Gustavo Tepedino, A questão ambiental, o Ministério Público e as Ações Civis Públicas. In: *Temas de Direito Civil*, t. I, Rio de Janeiro: Renovar, 2008, p. 366).

[34]   Eis o teor do art. 129, C.R.: "São funções institucionais do Ministério Público: (...) III – promover o inquérito civil e a ação civil pública, para a *proteção do patrimônio público e social, do meio ambiente e de outros interesses difusos e coletivos*". Sobre a legitimidade associativa trata a Lei n. 7.347/1985, art. 5º, V.

[35]   STJ, 2ª T., REsp 1.135.807/RS, Rel. Min. Herman Benjamin, julg. 15.4.2010.

por Stefano Rodotà, mostra-se indispensável buscar os traços comuns presentes nos usos heterogêneos do termo para, então, compreender em que medida é possível construir uma categoria unitária em torno da definição "bens comuns".[36] Caberá à doutrina definir as balizas para a utilização do conceito, tendo em vista as novas existências da realidade econômica e social.

Construção em curso da teoria dos bens comuns

Da água ao conhecimento, dos alimentos à gestão dos espaços urbanos, da proteção ao meio ambiente à tutela da saúde, augura-se que os bens comuns possam fortalecer o feixe de poderes pessoais que configuram precondições necessárias à efetiva participação no processo democrático. Na esteira das conquistas alcançadas pela função social da posse e da propriedade, afigura-se possível aperfeiçoar a tutela privilegiada das situações existenciais mediante o reconhecimento de bens – constitutivos da pessoa e de sua cidadania – cuja acessibilidade não se subordina à técnica proprietária.

PROBLEMAS PRÁTICOS

1. De que maneira a categoria dos bens comuns representa a superação da lógica proprietária?
2. Quais são as três categorias de bens públicos dispostas no Código Civil e de que maneira eles se associam à noção de bens comuns?

Acesse o *QR Code* e veja a Casoteca.
> https://uqr.to/1pc8w

---

[36] Stefano Rodotà, *Il terribile diritto. Studi sulla proprietà privata e i beni comuni*, cit., p. 472.

REFERÊNCIAS BIBLIOGRÁFICAS

A. Iannelli, *Sul terribile diritto*. "Id., Intervento". In: *Crisi dello stato sociale e contenuto minimo della proprietà*, Atti del Convegno, Camerino, Napoli, 1983.

A. Tizzano, in *Crisi dello stato sociale e contenuto minimo della proprietà*, Atti del Convegno, Camerino, 27-28 maggio 1982, Napoli, 1983.

Adolfo Mamoru Nishiyama, "A inconstitucionalidade do art. 1.276 do Novo CC e a Garantia do Direito de Propriedade". In: *Revista de Direito Privado*, nº 18, São Paulo: Renovar, 2004.

Adroaldo Furtado Fabrício *in* Teresa Arruda Alvim Wambier *et alli* (coord.), *Breves comentários ao novo Código de Processo Civil*, São Paulo: Editora Revista dos Tribunais, 2016.

Affonso Fraga, *Direitos Reaes de Garantia – Penhor, Antichrese e Hypotheca*, São Paulo: Saraiva, 1933.

Afrânio de Carvalho, *Registro de Imóveis*, Rio de Janeiro: Forense, 1982.

Agostinho Alvim, *Da Compra e Venda e da Troca*, Rio de Janeiro: Forense, 1961.

Alberto Montel, Garanzia (Diritti reali di). In: *Novissimo Digesto Italiano*, vol. VII, Torino: UTET, 1957, pp. 742-750.

Alberto Trabucchi, *Istituzioni di diritto civile*, Padova: Cedam, 1985, 27ª ed.

Albina Candian, *Le garanzie mobiliari: modelli e problemi nella prospettiva europea*, Milano: Giuffrè, 2001.

Aldemiro Rezende Dantas Júnior, Direito das Coisas (arts. 1.390 a 1.510). In: Arruda Alvim e Thereza Alvim, *Comentários ao Código Civil Brasileiro*, Rio de Janeiro: Forense, 2004.

Alessandro Natucci, *La tipicità dei diritti reali*, Padova: Cedam, 1988.

Alfredo Buzaid, *Do concurso de credores no processo de execução*, São Paulo: Saraiva, 1952.

Anderson Schreiber, *A Proibição de Comportamento Contraditório: tutela da confiança e venire contra factum proprium*, Rio de Janeiro: Renovar, 2007, 2ª ed.

André Osório Gondinho, Função Social da Propriedade. In: Gustavo Tepedino (coord.), *Problemas de Direito Civil Constitucional*, Rio de Janeiro: Renovar, 2000.

Andrea Magazzù, Surrogazione reale. In: *Enciclopedia del Diritto*, vol. XLIII, Milano: Giuffrè, 1990, pp. 1497-1519.

Andreas Von Tuhr, *Derecho Civil: teoria general del derecho civil aleman*, Buenos Aires: Depalma, 1946.

Angelo Belfiore, *Interpretazione e dommatica nella teoria dei diritti reali*, Milano: Giuffrè, 1979.

Angelo Luminoso, Alla Ricerca degli Arcani Confini del Patto Commissorio. In: *Rivista di Diritto Civile*, 1990, I.

Anna De Vita, in *Crisi dello stato sociale e contenuto minimo della proprietà*, Atti del Convegno, Camerino, 27-28 maggio 1982, Napoli, 1983.

Antonio dos Reis Pereira da Silva Junior, *O inadimplemento da promessa de compra e venda de imóveis: uma releitura sob a perspectiva civil-constitucional*. Dissertação (mestrado). Universidade do Estado do Rio de Janeiro, Faculdade de Direito, 2014.

Antonio Faria Carneiro, *Dos privilégios creditórios*, Coimbra: Imprensa da Universidade, 1913.

Antonio Gambaro, *Il diritto di proprietà*, in *Trattato di Diritto civile e commerciale*, vol. III, t. 2, diretto da Antonio Cicu, Francesco Messineo e Luigi Mengone, Milano: Giuffrè, 1995.

Antonio Jeová Santos, *Direito Intertemporal e o Novo Código Civil*, Rio de Janeiro: Revista dos Tribunais, 2004.

Antônio José Ferreira Carvalho, *O condomínio na prática*, Rio de Janeiro: Lumen Juris, 1990.

António Manuel Hespanha, *Panorama Histórico da Cultura Jurídica Europeia*, Lisboa: Publicações Europa-América, 1997.

António Menezes Cordeiro, *Direitos Reais*, Lisboa: Lex, 1979, reimpressão de 1993.

Antonio Menezes Cordeiro, Os Dilemas da Ciência do Direito no Final do Século XX. In: Claus-Wilhem Canaris, *Pensamento Sistemático e Conceito de Sistema na Ciência do Direito*, Lisboa: Fundação Calouste Gulbenkian, 1996, 2ª ed.

Antunes Varela e Pires de Lima, *Código Civil Anotado*, vol. III, Coimbra: Coimbra Editora, 1987, 2ª ed.

Aquila Villella, *Per un Diritto Comune delle Situazioni Patrimoniali*, Napoli: ESI, 2000.

Arnaldo Rizzardo, *Direito das Coisas,* Rio de Janeiro: Forense, 2016, 8ª ed.

Arnoldo Medeiros da Fonseca, *Caso Fortuito e Teoria da Imprevisão*, Rio de Janeiro: Forense, 1943, 2ª ed.

Arnoldo Medeiros da Fonseca, *Direito de Retenção*, Rio de Janeiro: Forense, 1957.

Arnoldo Wald, *Curso de direito civil brasileiro*: direito das coisas, São Paulo: Revista dos Tribunais, 1985.

Arnoldo Wald, *Direito Civil: Direito das Coisas*, vol. IV, São Paulo: Saraiva, 2009, 12ª ed.

Astolpho Rezende, *A Posse e a sua Proteção*, São Paulo: Lejus, 2000, 2ª ed.

Azevedo Marques, *A Hypotheca: doutrina, processo e legislação*, São Paulo: Monteiro Lobato, 1925, 2ª ed.

Bárbara Almeida de Araújo, *A Proteção Funcional da Posse dos Bens Públicos*, Dissertação (mestrado). Universidade do Estado do Rio de Janeiro, Faculdade de Direito, Rio de Janeiro, 2004.

Bárbara Almeida de Araújo, As obrigações proter rem. In: Gustavo Tepedino (coord.), *Obrigações: estudos na perspectiva civil-constitucional*, Rio de Janeiro: Renovar, 2005, 99-120.

Baudry-Lacantinerie, *Trattato teorico-pratico di diritto civile: dei beni*, vol. único, Milano: Francesco Vallardi.

Benedito Silvério Ribeiro, *Tratado de Usucapião*, vol. I, São Paulo: Saraiva, 2007, 5ª ed.

Benedito Silvério Ribeiro, *Tratado de Usucapião*, vol. II, São Paulo: Saraiva, 2007, 5ª ed.

Bernhard Windscheid, *Diritto delle pandette* (trad. italiana de C. Fadda e P. E. Bensa), vol. I, 2ª parte, Torino: UTET, 1925.

Bruno Lewicki, *Panorama da boa-fé objetiva*. In: Gustavo Tepedino (coord.), *Problemas de Direito Civil-Constitucional*, Rio de Janeiro: Renovar 2001, 2ª ed.

Bruno Miragem, *Direito das Obrigações*, Rio de Janeiro: Forense, 2021, 3ª ed.

Caio Mário da Silva Pereira, *Condomínio e Incorporações*, Rio de Janeiro: Forense, 2016.

Caio Mário da Silva Pereira, Crítica ao anteprojeto de Código Civil. In: *Revista Forense*, vol. 242, Rio de Janeiro: Forense, abr.-jun./1973.

Caio Mário da Silva Pereira, *Direito civil: alguns aspectos de sua evolução*, Rio de Janeiro: Forense, 2001.

Caio Mário da Silva Pereira, *Instituições de Direito Civil*, vol. I, Rio de Janeiro: Forense, 2016, 29ª ed.

Caio Mário da Silva Pereira, *Instituições de direito civil*, vol. IV, Rio de Janeiro: Forense, 2016, 24ª ed. rev. e atualizada por Carlos Edison do Rêgo Monteiro Filho.

Caio Mário da Silva Pereira, *Instituições de Direito Civil*, vol. III, Rio de Janeiro, Forense: 2007.

Calixto Salomão Filho, *Teoria crítico-estruturalista do direito comercial*, São Paulo: Marcial Pons, 2015.

Carlos Alberto Dabus Maluf e Márcio Antero Motta Ramos Marques, *Condomínio Edilício*, São Paulo: Saraiva, 2009.

Carlos Edison do Rêgo Monteiro Filho, O direito de vizinhança no Código Civil. In: Carlos Edison do Rêgo Monteiro Filho (org.), *Rumos contemporâneos do direito civil: estudos em perspectiva civil--constitucional*, Belo Horizonte: Fórum, 2017, pp. 269-284.

Carlos Edison do Rêgo Monteiro Filho, O direito de vizinhança no novo Código Civil. In: *Revista da EMERJ*, número especial 2004. Anais dos Seminários EMERJ Debate o Novo Código Civil, parte II, julho/2002 a abril/2003.

Carlos Edison do Rêgo Monteiro Filho, *Pacto comissório e pacto marciano no sistema brasileiro de garantias,* Rio de Janeiro: Processo, 2017.

REFERÊNCIAS BIBLIOGRÁFICAS 551

Carlos Edison do Rêgo Monteiro Filho, Usucapião familiar: um olhar sobre o novo instituto. In: *Rumos contemporâneos do direito civil*: estudos em perspectiva civil-constitucional, Belo Horizonte: Fórum, 2017.

Carlos Edison do Rêgo Monteiro Filho, Usucapião imobiliária urbana independentemente de metragem mínima: uma concretização da função social da propriedade. In: *Rumos contemporâneos do direito civil*: estudos em perspectiva civil-constitucional. Belo Horizonte: Fórum, 2017.

Carlos Edison do Rêgo Monteiro Filho; Luiza Lourenço Bianchini, Breves considerações sobre a responsabilidade civil do terceiro que viola o contrato (tutela externa do crédito). In: Gustavo Tepedino e Luiz Edson Fachin (coord.), *Diálogos sobre Direito Civil*, vol. 3, Rio de Janeiro: Renovar, 2012, pp. 453-471.

Carlos Mário da Silva Velloso, *Da Retrocessão nas Desapropriações*. In: Arnoldo Wald (org.), *O Direito na Década de 80: Estudos jurídicos em homenagem a Hely Lopes Meireles*, São Paulo: Revista dos Tribunais, 1985.

Carlos Maximiliano, *Condomínio*, Rio de Janeiro: Freitas Bastos, 1961.

Carlos Nelson Konder, *A Proteção pela Aparência como Princípio*. In: Maria Celina Bodin de Moraes (coord.), *Princípios do Direito Civil Contemporâneo*, Rio de Janeiro: Renovar, 2006.

Carlos Roberto Gonçalves, *Direito civil brasileiro: direito das coisas*, São Paulo: Saraiva, 2011.

Carlos Roberto Gonçalves, *Direito Civil Brasileiro*: direito das coisas, vol. V, São Paulo: Saraiva, 2019, 19ª ed.

Carmine Donisi, Verso la 'depatrimonializzazione' del diritto privato. In: *Rassegna di diritto civile*, n. 80, 1980.

Carvalho Santos, *Código Civil Brasileiro Interpretado*, vol. II, Rio de Janeiro: Freitas Bastos, 1982, 11ª ed.

Carvalho Santos, *Código Civil Brasileiro Interpretado*, vol. IX, Rio de Janeiro: Freitas Bastos, 1982, 14ª ed.

Carvalho Santos, *Código Civil Brasileiro Interpretado*, vol. VII, Rio de Janeiro: Freitas Bastos, 1984, 10ª ed.

Carvalho Santos, *Código Civil brasileiro interpretado*, vol. X, Rio de Janeiro: Freitas Bastos, 1982, 12ª ed.

Celso Antônio Bandeira de Mello, *Curso de Direito Administrativo*, São Paulo: Malheiros, 2019, 34ª ed.

Cesare Massimo Bianca, *Il divieto del patto commissório*, Napoli: Edizioni Scientifiche Italiane, 2013.

Cesare Massimo Bianca, Patto Commissorio. In: *Novissimo Digesto Italiano*, vol. 12, Torino: UTET, 1957, pp. 711-721.

Claude Witz, *Le droit des sûretés réelles mobilières en République Fédérale d'Allemagne*, in *Revue Internationale de Droit Comparé*, n. 1, jan.-mar. 1985, pp. 27-68.

Clovis Bevilaqua, *Código Civil dos Estados Unidos do Brasil Comentado*, vol. III, Rio de Janeiro: Paulo de Azevedo, 1958, 11ª ed.

Clovis Bevilaqua, *Código Civil dos Estados Unidos do Brasil comentado*, vol. V, Rio de Janeiro: Francisco Alves, 1954.

Clovis Bevilaqua, *Código civil dos Estados Unidos do Brasil*, Rio de Janeiro: Editora Rio, 1977.

Clovis Bevilaqua, *Direito das coisas*, Rio de Janeiro: Editora Rio, 1976.

Clovis Bevilaqua, *Direito das Coisas*, vol. I, Rio de Janeiro: Freitas Bastos, 1942.

Clovis Bevilaqua, *Direito das coisas*, vol. II, Rio de Janeiro: Freitas Bastos, 1942, reedição publicada em 2003 na Coleção História do Direito Brasileira do Conselho Editorial do Senado Federal.

Clovis Bevilaqua, Servidão constituída por destinação do proprietário; sua inexistência no direito brasileiro. In: *Revista Forense*, vol. 43, jul.-dez. 1924.

Clovis Paulo da Rocha, *Das Construções na Teoria Geral da Acessão*, Rio de Janeiro: Jornal do Commercio, 1943.

Cristiano Chaves de Farias e Nelson Rosenvald, *Curso de Direito Civil: Reais*, vol. V, São Paulo: Atlas, 11ª ed.

Cristiano Chaves de Farias, O calvário do § 2º do art. 1.276 do Código Civil: vida e morte de um malfadado dispositivo legal a partir de uma interpretação constitucional. In: *Revista Trimestral de Direito Civil*, vol. XXX, abr-jun/2007.

Daniela Trejos Vargas, O princípio da publicidade. In: Maria Celina Bodin de Moraes (coord.), *Princípios do direito civil contemporâneo*, Rio de Janeiro: Renovar, 2006, pp. 387-412.

Darcy Bessone, *Da Posse*, São Paulo: Saraiva, 1996.

Darcy Bessone, *Direitos Reais*, Rio de Janeiro: Saraiva, 1996, 2ª ed.

David Bollier, Os bens comuns: um setor negligenciado da criação de riqueza. In: *Revista Lugar Comum*, n. 31, pp. 43-54.

Dídimo da Veiga, in Paulo Lacerda (coord.), *Manual do Código Civil Brasileiro*, vol. IX, parte 1, Rio de Janeiro: Typ. Do Jornal do Comercio, 1925.

Diego Leonardo Machado de Melo, Usucapião ordinária tabular do parágrafo único, do CC/2002: questões controvertidas. In: Mario Luiz Delgado e Jones Figuerêdo Alves (coords.), *Novo Código Civil: Questões Controvertidas: Direitos Reais*, vol. VII, São Paulo: Método, 2008.

Digesto de Justiniano, Liv. L, Tít. 17, fr. 54.

Digesto de Justiniano, Liv. XLI, Tít. 1, fr. 3, pr.

Diogo de Figueiredo Moreira Neto, *Curso de direito administrativo*, Rio de Janeiro: Forense, 2014.

Domenico Rubino, La responsabilità patrimoniale – Il pegno. In: *Trattato di Diritto Civile Italiano sotto la Direzione di Filippo Vassalli*, vol. 14, t. I, Torino: UTET, 1952, 2ª ed.

Durval Ferreira, *Posse e Usucapião*, Coimbra: Almedina, 2003, 2ª ed.

Ebert Chamoun, *Apostila do curso de direito civil ministrado na Faculdade Nacional de Direito da Universidade do Brasil*, 1968; impressa sem responsabilidade de cátedra.

Ebert Chamoun, *Da Retrocessão nas Desapropriações: Direito Brasileiro*, Rio de Janeiro: Forense, 1959.

Ebert Chamoun, *Direito Civil: Aulas do 4º Ano Proferidas na Faculdade de Direito da Universidade do Distrito Federal*, Rio de Janeiro: Aurora, 1955.

Ebert Chamoun, *Instituições de direito romano*, Rio de Janeiro: Editora Rio, 1977.

Ebert Chamoun, *Instituições de Direito Romano*, Rio de Janeiro: Forense, 1962, 2ª ed.

Ebert Chamoun, Justo Título. In: Rubens Limongi França (org.), *Enciclopédia Saraiva do Direito*, vol. XLVII, São Paulo: Saraiva, 1977, pp. 378-384.

Eduardo Espínola e Eduardo Espínola Filho, *A Lei de Introdução ao Código Civil Brasileiro*, vol. I, Rio de Janeiro: Renovar, 1999, 3ª ed. atualizado por Silva Pacheco.

Eduardo Espínola, *Manual do Código Civil Brasileiro*, vol. 3, Primeira Parte, Rio de Janeiro: Jacintho Ribeiro dos Santos, 1923.

Eduardo Espínola, *Os direitos reais limitados ou os direitos reais sobre a coisa alheia e os direitos reais de garantia no direito civil brasileiro*, Rio de Janeiro: Conquista, 1958.

Eduardo Espínola, *Os Direitos Reais no Direito Civil Brasileiro*, São Paulo: Editora Conquista, 1958.

Eduardo Espínola, *Posse, Propriedade, Compriedade ou Condomínio, Direitos autorais*, Campinas: Bookseller, 2002, ed. atualizada por Ricardo Gama.

Eduardo Espínola, *Posse, propriedade, compropriedade ou condomínio, direitos autorais*, Rio de Janeiro: Conquista, 1956.

Eduardo Heitor da Fonseca Mendes, A Garantia Autônoma no Direito Brasileiro. In: Gisela Sampaio da Cruz Guedes, Maria Celina Bodin de Moraes e Rose Melo Vencelau Meireles (coord.), *Direito das Garantias*, São Paulo: Saraiva, 2017, pp. 105-122.

Eduardo Nunes de Souza. Autonomia privada e boa-fé objetiva em direitos reais. In: *Revista Brasileira de Direito Civil*, vol. IV, 2015.

Elinor Ostrom, *Governing the Commons: The evolution of institutions for collective action*, Cambridge University Press, 1990.

Emilio Betti, *Teoria Geral do Negócio Jurídico*, Campinas: Servanda, 2008.

Enrico Gabrielli, *I diritti reali – Il pegno*, t. 5, Torino: UTET Giuridica, 2005.

Enrico Tullio Liebman, *Processo de Execução*, São Paulo: Saraiva, 1980.

Ernane Fidélis dos Santos, *Comentários ao Novo Código Civil*, vol. XV, Rio de Janeiro: Forense, 2007.

Eros Grau, *A Ordem Econômica na Constituição de 1988: Interpretação e Crítica*, São Paulo: Revista dos Tribunais, 1990.

Eroulths Cortiano Junior e Rodrigo Luís Kanayama, Notas para um estudo sobre os bens comuns, In: *Revista da Academia Brasileira de Direito Constitucional*, Curitiba, vol. 15, n. 15, jul./dez. 2016, pp. 480-491.

Eroulths Cortiano Junior, *O Discurso Jurídico da Propriedade e suas Rupturas – Uma análise do Ensino do Direito de Propriedade*, Rio de Janeiro: Renovar, 2002.

Fábio Caldas de Araújo, *Posse*, Rio de Janeiro: Forense, 2007.

Fábio Rocha Pinto e Silva, *Garantias das Obrigações: uma Análise Sistemática do Direito das Garantias e uma Proposta Abrangente para a sua Reforma*, São Paulo: IASP, 2017.

Fábio Ulhoa Coelho, *Curso de Direito Civil*, vol. IV, São Paulo: Saraiva, 2006.

Federico Martorano, Cauzione e pegno irregolare. In: *Rivista del Diritto Commerciale e del Diritto Generale delle Obbligazioni*, Padova, v. 3-4, 1960.

Fernando da Fonseca Gajardoni, Luiz Dellore, Andre Vasconcelos Roque e Zulmar Duarte de Oliveira Jr., *Teoria Geral do Processo: comentários ao CPC de 2015*, São Paulo: Forense, 2015.

Fernando da Fonseca Gajardoni, Luiz Dellore, Andre Vasconcelos Roque e Zulmar Duarte de Oliveira Jr., *Processo de Conhecimento e Cumprimento de Sentença: comentários ao CPC de 2015*, Rio de Janeiro: Forense, 2016.

Fernando Luso Soares, Ensaio sobre a Posse. In: Manuel Rodrigues, *A Posse: Estudo de Direito Civil Português*, Coimbra: Almedina, 1996, 4ª ed.

Flávio Tartuce e José Fernando Simão, *Direito Civil: Direito das Coisas*, vol. IV, São Paulo: Método, 2009.

Flávio Tartuce, *Direito Civil: direito das coisas*, vol. 4, Rio de Janeiro: Forense, 2019, 11ª ed.

Floriano de Azevedo Marques Neto, *Bens públicos: função social e exploração econômica: o regime jurídico das utilidades públicas*. Belo Horizonte: Fórum, 2014.

Francesco Santoro Passarelli, Proprietà e lavoro in agricoltura. In: *Justitia*, 1953.

Francesco Santoro-Passarelli, *La Surrogazione Reale*, Roma: Attilio Sampaolesi, 1926.

Francine Macorig-Venier, Le pacte commissoire (et les sûretés réelles mobilières). In: *Revue Lamy Droit des Affaires*, Paris, n. 14, mar. 2007, pp. 79-85.

Francisco Amaral, *Direito civil: introdução*, Rio de Janeiro: Renovar, 2008.

Francisco de Paula Lacerda de Almeida, *Direito das Coisas*, Rio de Janeiro: J. Ribeiro dos Santos, 1908.

Francisco Eduardo Loureiro, Coisas. In: Cezar Peluso (coord.), *Código Civil Comentado: doutrina e jurisprudência*, Barueri (SP): Manole, 2019, 13ª ed.

Francisco Loureiro, Usucapião Individual e Coletivo no Estatuto da Cidade. In: *Revista Trimestral de Direito Civil*, vol. IX, jan-mar./2002.

Francisco Mendes Pimentel, Servidão de trânsito, sua constituição e sua proteção possessória. In: *Revista Forense*, vol. 40, jan.-jun. 1923.

Franz Wieacker, *História do Direito Privado Moderno*, Lisboa: Fundação Calouste Gulbenkian, 1980, trad. de António Manuel Hespanha da 2ª ed. de 1967.

Friedrick Kessler, in *Il futuro del contratto: intervista con F. Kessler*, coordenado por Guido Alpa. In: *Pol. dir.*, 1980.

Fulvio Mastropaolo, I Contratti di Garanzia, tomo 2. In: Pietro Rescigno ed Enrico Gabrielli (org.), *Trattato dei Contratti*, Torino: UTET Giuridica, 2006.

G. Gilmore, *The death of contract*, Ohio, 1974.

Gaio, *Institutionum Commentarius*, 2: 73.

Garrett Hardin, The Tragedy of the Commons: The population problem has no technical solution; it requires a fundamental extension in morality. In: *Science*, vol. 162, dezembro 1968.

Getúlio Targino Lima, Cláusula Constituti. In: Rubens Limongi França (org.), *Enciclopédia Saraiva do Direito*, vol. XV, São Paulo: Saraiva, 1977, pp. 26-29.

Gino Gorla e Pietro Zanelli, Del pegno, delle ipoteche – art. 2784-2899. In: *Commentario del Codice Civile Scialoja-Branca a Cura di Francesco Galgano*, Bologna: Zanichelli Editore, 1992, 4ª ed.

Gino Gorla, *Le Garanzie Reali delle Obbligazioni: parte generale*, Milano, Giuffrè, 1935.

Giovanni Pugliese, Diritti reali. In: *Enciclopedia del Diritto*, vol. 12, Milano: Giuffrè, 1964, pp. 755-776.

Giovanni Pugliese, Usufrutto (diritto romano). In: *Novissimo digesto italiano*, vol. XX, Torino: Utet, 1975.

Gisela Sampaio da Cruz Guedes e Aline de Miranda Valverde Terra, Pacto Comissório vs. Pacto Marciano: estruturas semelhantes com repercussões diversas. In: Gisela Sampaio da Cruz Guedes, Maria Celina Bodin de Moraes e Rose Melo Vencelau Meireles (coord.), *Direito das Garantias*, São Paulo: Saraiva, 2017, pp. 171-214.

Giuseppe Capograssi, Agricultura, diritto, proprietà. In: *Opere*, V, Milano, 1959.

Gladston Mamede, Direito das Coisas. Penhor. Hipoteca. Anticrese. In: Álvaro Villaça Azevedo (coord.), *Código Civil Comentado*, vol. 14, São Paulo: Atlas, 2003.

Gleydson Kleber Lopes de Oliveira, Da Propriedade, da Superfície e das Servidões (arts. 1.277 a 1.389). In: Arruda Alvim e Thereza Alvim (coord.), *Comentários ao Código Civil Brasileiro*, vol. 12, Rio de Janeiro: Forense, 2004.

Guido Alpa, *Crisi dello statuto sociale e contenuto minimo della proprietà*, Atti del Convegno, Camerino, 27-28 maggio 1982, Napoli, 1983.

Guido Alpa, La morte del contratto. Dal principio dello scambio eguale al dogma della volontà nella evoluzione della disciplina negoziale del 'common law'. In: *Pol. dir.*, 1976.

Gustavo Binenbojm, *A constitucionalização do Direito Administrativo no Brasil: um inventário de avanços e retrocessos*. In: Luís Roberto Barroso (org.), *A reconstrução democrática do direito público no Brasil*, Rio de Janeiro: Renovar, 2007.

Gustavo Tepedino, Autonomia privada (entre a vontade individual e coletiva) na convivência condominial. Editorial. In: *Revista Brasileira de Direito Civil – RBDCivil*, vol. 31, n. 2, abr./jun. 2022.

Gustavo Tepedino, A tutela dos direitos humanos e sua tormentosa convivência com o paradigma proprietário (o art. 21 da Convenção Interamericana). In: Luis Felipe Salomão; Rodrigo Mudrovitsch. (org.). *Convenção Americana de Direitos Humanos Comentada,* Rio de Janeiro: Forense, 2024.

Gustavo Tepedino e Anderson Schreiber, Caução de créditos no direito brasileiro: possibilidades do penhor sobre direitos creditórios. In: Gustavo Tepedino, *Soluções Práticas de Direito – Pareceres – Novas Fronteiras do Direito Civil*, vol. I, São Paulo: Revista dos Tribunais, 2012, pp. 445-464.

Gustavo Tepedino e Danielle Tavares Peçanha, A autonomia da posse no Código Civil. In: Heloisa Helena Barboza (coord.), *20 anos do Código Civil:* perspectivas presentes e futuras, Rio de Janeiro: Processo, 2022, pp. 331-360.

Gustavo Tepedino e Danielle Tavares Peçanha, Contornos das garantias autônomas no direito brasileiro. In: *Revista Brasileira de Direito Civil – RBDCivil*, vol. 28, 2021.

Gustavo Tepedino e Danielle Tavares Peçanha, Notas sobre a usucapião extraordinária. *Revista Cartório*, v. 15, 01 jun. 2021.

Gustavo Tepedino, A Incorporação dos Direitos Fundamentais pelo ordenamento brasileiro: sua eficácia nas relações jurídicas privadas, In: Gustavo Tepedino, *Temas de Direito Civil*, t. II, Rio de Janeiro: Renovar, 2009, pp. 41-64.

Gustavo Tepedino, A questão ambiental, o Ministério Público e as Ações Civis Públicas. In: *Temas de Direito Civil*, t. I, Rio de Janeiro: Renovar, 2008, pp. 351-392.

Gustavo Tepedino, A Teoria da Imprevisão e os Contratos de Financiamento à Época do Chamado Plano Cruzado. In: *Revista Forense*, vol. 301, Rio de Janeiro: Forense, 1988.

Gustavo Tepedino, *Comentários ao Novo Código Civil*, vol. X, Rio de Janeiro: Forense, 2008.

Gustavo Tepedino, Contornos Constitucionais da Propriedade Privada. In: *Temas de Direito Civil*, t. I, Rio de Janeiro: Renovar, 2004, 3ª ed.

Gustavo Tepedino, Heloisa Helena Barboza, Maria Celina Bodin de Moraes, *Código Civil Interpretado conforme a Constituição da República*, vol. I, Rio de Janeiro: Renovar, 2007, 2ª ed.

Gustavo Tepedino, Heloisa Helena Barboza, Maria Celina Bodin de Moraes, *Código Civil Interpretado conforme a Constituição da República*, vol. II, Rio de Janeiro: Renovar, 2006.

Gustavo Tepedino, Heloisa Helena Barboza, Maria Celina Bodin de Moraes, *Código Civil Interpretado Conforme a Constituição*, vol. III, Rio de Janeiro: Renovar, 2011.

Gustavo Tepedino, Heloisa Helena Barboza, Maria Celina Bodin de Moraes, *Código Civil interpretado conforme a Constituição da República*, vol. III, Rio de Janeiro: Renovar, 2014.

Gustavo Tepedino, *Multipropriedade Imobiliária*, São Paulo: Editora Saraiva, 1993.

Gustavo Tepedino, O Regime da Especificação e seus Reflexos na Transferência de Propriedade em Contrato de Empreitada. In: Gustavo Tepedino, *Soluções práticas de direito: pareceres* – relações obrigacionais e contratos, 2012.

Gustavo Tepedino, O retorno às categorias fundamentais do direito privado. Editorial. In: *Revista Brasileira de Direito Civil – RBDCivil*, Belo Horizonte, vol. 33, n. 1, jan./mar. 2024.

Gustavo Tepedino, Propriedade: um terrível direito? Editorial. In: *Revista Brasileira de Direito Civil – RBDCivil*, vol. 31, n. 1, jan./mar. 2022.

Gustavo Tepedino, Os direitos reais no novo Código Civil. In: *Temas de Direito Civil*, t. 2, Rio de Janeiro: Renovar, 2006.

Gustavo Tepedino, Regime jurídico dos bens no Código Civil. In: Sílvio de Salvo Venosa; Rafael Villa Gagliardi; Paulo Magalhães Nasser (coords.), *10 anos do Código Civil: desafios e perspectivas*, São Paulo: Atlas, 2012, pp. 47-78.

Gustavo Tepedino. In: Antônio Junqueira de Azevedo (coord.), *Comentários ao Código Civil: direito das coisas*, vol. 14, São Paulo: Saraiva, 2011.

Gustavo Tepedino, *Usufruto legal do cônjuge viúvo*, Rio de Janeiro: Forense, 1991.

Hedemann, *Tratado de Derecho Civil: Derechos Reales*, vol. II, trad. ed. alemã, Madrid: Editorial Revista de Derecho Privado, 1955.

Hely Lopes Meirelles, *Direito Administrativo Brasileiro*, São Paulo: Malheiros, 2001, 26ª ed.

Hely Lopes Meirelles, *Direito Administrativo Brasileiro*, São Paulo: Malheiros, 2018, 43ª ed.

Henri Capitant, *Introduction à L'étude du Droit Civil – Notions Générales*, Paris: A. Pedone Éditeur, 4ª ed.

Henri de Page, *Traité Élémentaire de Droit Civil Belge*, t. 7, vol. II, Bruxelles: Émile Bruylant, 1943.

Henri Mazeaud, Léon Mazeaud e Jean Mazeaud, *Leçons de Droit Civil*, t. 1, Paris: Montchrestien, 1963, 3ª ed.

Henri Mazeaud, Léon Mazeaud e Jean Mazeaud, *Leçons de Droit Civil*, vol. II, t. 2, Paris: Montchrestien, 1994, 8e. éd.

Henri Mazeaud, Léon Mazeaud e Jean Mazeaud, *Leçons de Droit Civil*, t. 1, Paris: Montchrestien, 1994, 8e. éd.

Humberto Theodoro Júnior, Ações Possessórias. In: *Revista Brasileira de Direito Processual*, vol. 44, 1984.

Humberto Theodoro Júnior, *Curso de Direito Processual Civil*, vol. II, Rio de Janeiro: Forense, 2019, 53ª ed.

Humberto Theodoro Júnior, *Curso de Direito Processual Civil*, vol. III, Rio de Janeiro: Forense, 2007, 38ª ed.

Humberto Theodoro Júnior. In: *Revista Síntese de Direito Civil e Processual Civil*, n. 23, Porto Alegre: Síntese, 2003.

Inocêncio Galvão Teles, *Das universalidades*. Lisboa: Minerva, 1940.

Inocêncio Galvão Teles, O penhor sem entrega no direito luso-brasileiro. In: *Revista da Faculdade de Direito da Universidade de São Paulo*, vol. 55, São Paulo: Faculdade de Direito da Universidade de São Paulo, 1955.

Isabel Andrade de Matos, *O Pacto Comissório: contributo para o estudo do âmbito da sua proibição*, Coimbra: Almedina, 2006.

J. M. de Carvalho Santos, *Código Civil brasileiro interpretado*, vol. VII, Rio de Janeiro: Freitas Bastos, 1987.

J. M. de Carvalho Santos, *Código Civil brasileiro interpretado*, vol. VIII, Rio de Janeiro: Freitas Bastos, 1987.

J. M. de Carvalho Santos, *Código Civil brasileiro interpretado*, vol. IX, Rio de Janeiro: Freitas Bastos, 1961.

J. Nascimento Franco Nisske Gondo, *Condomínio em edifícios*, São Paulo: Revista dos Tribunais, 1987.

Jacques Mestre, Emmanuel Putnam e Marc Billau, *Droit commun des sûretés réelles*. In: Jacques Ghestin, *Traité de Droit Civil*, Paris: LGDJ, 1996.

Jean Carbonnier, *Droit civil*, t. II, Paris: P.U.F., 1967.

João Batista Lopes, *Condomínio*, São Paulo: Revista dos Tribunais, 2008.

Joel Dias Figueira Júnior, *Liminares nas Ações Possessórias*, São Paulo: Revista dos Tribunais, 1999.

José Carlos de Moraes Salles, *A desapropriação à luz da doutrina e da jurisprudência*, São Paulo: Revista dos Tribunais, 2000.

José Carlos de Moraes Salles, *Usucapião de Bens Imóveis e Móveis*, São Paulo: Editora Revista dos Tribunais, 1999, 5ª ed.

José Carlos Moreira Alves, *Da Alienação Fiduciária em Garantia*, Rio de Janeiro: Forense, 1979, 2ª ed.

José Carlos Moreira Alves, *Direito romano*, vol. I, Rio de Janeiro: Borsoi, 1969.

José Carlos Moreira Alves, *Direito Romano*, vol. II, Rio de Janeiro: Forense, 1998, 6ª ed.

José Carlos Moreira Alves, O problema da vontade possessória. In: *Revista do Tribunal Regional Federal*, vol. 8, out-dez/1996, pp. 17-26.

José Carlos Moreira Alves, Posse de direitos no Código Civil brasileiro de 2002. In: *V Jornada de Direito Civil*, Brasília: Conselho de Justiça Federal, Centro de Estudos Judiciários, 2012, pp. 13-20.

José de Oliveira Ascensão, *A Tipicidade dos Direitos Reais*, Lisboa: Livraria Petrony, 1968.

José dos Santos Carvalho Filho, *Manual de Direito Administrativo*, Rio de Janeiro: Lumen Juris, 2012.

José dos Santos Carvalho Filho. *Manual de direito administrativo*, São Paulo: Atlas, 2017.

José Edwaldo Tavares Borba, *Direito Societário*, São Paulo: Atlas, 2015, 14ª ed.

José Joaquim Calmon de Passos, *Comentários ao Código de Processo Civil*, vol. III, Rio de Janeiro: Forense, 2005.

José Osório Francisco, *Compromisso de compra e venda*, São Paulo: Saraiva, 1983, 2ª ed.

José Puig Brutau, *Fundamentos de Derecho Civil*, t. 3, vol. I, Barcelona: Bosch, 1994.

José Roberto de Castro Neves, *Direito das Obrigações*, Rio de Janeiro: LMJ Mundo Jurídico, 2014.

José Rogério Cruz e Tucci, Da Posse de Boa-fé e os Embargos de Retenção por Benfeitorias. In: Yussef Said Cahali (coord.), *Posse e Propriedade: doutrina e jurisprudência*, São Paulo: Saraiva, 1987.

José Vergílio Lopes Enei, *Project Finance: financiamento com foco em empreendimentos: (parcerias público-privadas, leveraged buy-outs e outras figuras afins)*, São Paulo: Saraiva, 2007.

José Xavier Carvalho de Mendonça, *Tratado de direito comercial brasileiro*, vol. 8, livro 5, Rio de Janeiro: Freitas Bastos, 1959, 6ª ed.

Judith Martins-Costa, *Diretrizes teóricas do novo Código Civil brasileiro*, São Paulo: Saraiva, 2002.

Justus Wilhelm Hedemann, *Tratado de Derecho Civil: Derechos Reales*, vol. II, Madrid: Revista de Derecho Privado, 1955.

Karine Monteiro Prado, Usucapião imobiliária: o debate que não se esgota. Análise hermenêutica à luz da legalidade constitucional. In: *Revista Brasileira de Direito Civil – RBDCivil*, Belo Horizonte, vol. 33, n. 1, jan./mar. 2024.

L. Ammannanti, Proprietà. In: Donati (coord.), *Dizionario critico del diritto*, Milano: Savelli, 1980.

Lafayette Rodrigues Pereira, *Direito das Coisas*, vol. I, Rio de Janeiro: Rio, 1977, edição histórica.

Lafayette Rodrigues Pereira, *Direito das coisas*, vol. II, Rio de Janeiro: Editora Rio, 1977, edição histórica.

Lafayette Rodrigues Pereira, *Direito das cousas*, Rio de Janeiro: Baptista de Souza, 1922.

Laurent Aynès e Pierre Crocq, *Les Sûretés – La Publicité Foncière*, Paris: Defrénois Lextenso, 2008.

Leonardo Coviello, *Ipoteche*, Roma: Foro Italiano, 1936, 2ª ed.

Leonardo Mattietto, Preempção do expropriado (art. 519 do Código Civil): direito de preferência e caráter pessoal da retrocessão. In: *Revista Trimestral de Direito Civil*, n. 20, Rio de Janeiro: Padma, out./dez.- 2004.

Leonardo Mattietto, O condomínio de fato no direito brasileiro contemporâneo. In: *Revista Trimestral de Direito Civil*, vol. 29, Rio de Janeiro: Padma, 2000.

Lígia Cristina de Araújo Bisogni, Turbação e esbulho. In: *Revista de Direito Civil Imobiliário, Agrário e Empresarial*, nº 43, São Paulo: Revista dos Tribunais, 1988, pp. 42-51.

Lodovico Barassi, *I diritti reali nel nuovo codice civile*, Milano: Giuffrè, 1943.

Lodovico Barassi, *La proprietà nel nuovo codice civile*, Milano: Giuffrè, 1943, 2ª ed.

Lucio Valério Moscarini, *Surrogazione reale*, in *Novissimo Digesto Italiano*, t. XVIII, Torino: UTET, 1971, pp. 969-975.

Luigi Cariota Ferrara, Crisi della proprietà privata? In: *Riv. Giur Edil.*, vol; II, 1961.

Luís Manuel Teles de Menezes Leitão, *Garantia das Obrigações*, Coimbra: Almedina, 2008, 2ª ed.

Luís Roberto Barroso, *O direito constitucional e a efetividade de suas normas*: limites e possibilidades da Constituição brasileira, Rio de Janeiro: Renovar, 2006, 8ª ed.

Luiz da Cunha Gonçalves, *Tratado de Direito Civil em Comentário ao Código Civil Português*, vol. 5, t. I, São Paulo: Max Limonad, 1955, 1ª edição brasileira.

Luiz Edson Fachin, *A Função Social e a Propriedade Contemporânea*: Uma Perspectiva da Usucapião Imobiliária Rural, Porto Alegre: Fabris, 1988.

Luiz Edson Fachin, *Comentários ao Código Civil*, vol. 15, Rio de Janeiro: Saraiva, 2003.

Luiz Edson Fachin, Do Direito das Coisas (arts. 1.277 a 1.368). In: Antonio Junqueira de Azevedo (coord.), *Comentários ao Código Civil*, vol. 15, São Paulo: Saraiva, 2003.

Luiz Edson Fachin, *Estatuto Jurídico do Patrimônio Mínimo*, Rio de Janeiro: Renovar, 2006.

Luiz Edson Fachin, O Estatuto Constitucional da Proteção Possessória. In: Cristiano Chaves de Farias (org.), *Leituras Complementares de Direito Civil: o direito civil-constitucional em concreto*, Salvador: JusPodivm, 2007, pp. 269-271.

Luiz Edson Fachin, *Teoria Crítica do Direito Civil*, Rio de Janeiro: Renovar, 2000.

Luiz Mario Galbetti e Rafael Vanzella, Contratos de Garantia e Garantias Autônomas. In: *Revista de Direito Mercantil, Industrial, Econômico e Financeiro*, n. 157, jan.-mar. 2011, pp. 44-69.

M. Costantino, Intervento. In: *Crisi dello stato sociale e contenuto minimo della proprietà*, Atti del Convegno, Camerino, 27-28 maggio 1982: Napoli, 1983.

Manuel Domingues de Andrade, *Teoria Geral da Relação Jurídica*, vol. I, Coimbra: Almedina, 1983.

Manuel Ignacio Carvalho de Mendonça, *Do usufruto, do uso e da habitação*, Rio de Janeiro: Editora Conselheiro Cândido de Oliveira, 1922.

Marçal Justen Filho, *Curso de direito administrativo*, Rio de Janeiro: Revista dos Tribunais, 2015.

Marcel Planiol, *Traité Élémentaire de Droit Civil*, t. 1, Paris: LGDJ, 1950, 5ª ed. rev. e atualizada por Georges Ripert e Jean Boulanger.

Marcelo Junqueira Calixto, Dos bens. In: Gustavo Tepedino (coord.), *O Código Civil na perspectiva civil-constitucional – Parte Geral*, Rio de Janeiro: Renovar, 2013, pp. 165-193.

Marco Aurélio Bezerra de Melo, *Comentários ao Código de Processo Civil*, vol. VIII, t. 3, Rio de Janeiro: Forense, 2001.

Marco Aurélio Bezerra de Melo, *Direito Civil: Coisas*, Rio de Janeiro: Forense, 2018, 2ª ed.

Marco Aurélio Bezerra de Melo, *Direito das Coisas*, Rio de Janeiro: Lumen Juris, 2009, 2ª ed.

Marco Aurélio Bezerra de Melo, *Legitimação de posse dos imóveis urbanos e o direito à moradia*, Rio de Janeiro: Lumen Juris, 2008.

Marco Aurelio da Silva Viana, *Comentários ao novo Código Civil: dos direitos reais*, vol. XVI, Rio de Janeiro: Forense, 2013.

Marco Aurélio da Silva Viana, Dos Direitos Reais (arts. 1.225 a 1.510). In: Sávio de Figueiredo Teixeira (coord.), *Comentários ao Novo Código Civil*, vol. 16, Rio de Janeiro, Forense, 2003.

Marco Comporti, *Contributo allo studio del diritto reale*, Milano: Giuffrè, 1977.

Marco Comporti, Diritti reali in generale. In: Antonio Cicu e Francesco Messineo (orgs.), *Trattato di diritto civile e commerciale*, vol. 8, t. I, Milano: Dott. A. Giuffrè Editore S.p.A., 1980.

Marcus Vinicius Rios Gonçalves, *Dos Vícios da Posse*, São Paulo: Juarez de Oliveira, 2003, 3ª ed.

Maria Sylvia Zanella di Pietro, *Direito Administrativo*, Rio de Janeiro: Forense, 2019, 32ª ed.

Marinho Dembinski Kern, A Juridicidade dos Condomínios de Lotes. In: *Revista dos Tribunais*, vol. 972, São Paulo, 2016.

Mario Bessone *et alii*, *Lineamenti di diritto privato*, Torino: Giappichelli, 2001.

Mário Neves Baptista, *Penhor de créditos*. Recife: [s.n.], 1947.

Martin Wolff *et alii*, *Tratado de Derecho Civil: Derecho de Cosas*, t. 3, vol. I, Barcelona: Bosch, 1994.

Maurice Picard, *Les Biens*. In: Marcel Planiol e Georges Ripert, *Traité Pratique de Droit Civil Français*, t. III, Paris: LGDJ, 1952, 2ª ed.

Melhim Namem Chalhub, *Alienação fiduciária: negócio fiduciário*, Rio de Janeiro: Forense, 2019, 6ª ed.

Melhim Namem Chalhub, Condomínio de Lotes de Terreno Urbano. In: *Revista de Direito Imobiliário*, vol. 67, São Paulo, 2009.

Melhim Namem Chalhub, *Curso de direito civil: direitos reais*, Rio de Janeiro: Forense, 2003.

Menezes Cordeiro, *Direitos Reais*, Lisboa: Lex, 1993.

Michele Fragali, Garanzia. In: *Enciclopedia del Diritto*, vol. XVII, Milano: Giuffrè, 1969, pp. 446-466.

Michele Giorgianni, *Contributo alla Teoria dei Diritti di Godimento su Cosa Altrui*, Milano: Giuffrè, 1940.

Miguel Maria de Serpa Lopes, *Curso de Direito Civil*, vol. VII, Rio de Janeiro: Freitas Bastos, 1998.

Miguel Maria de Serpa Lopes, *Curso de Direito Civil: Direito das Coisas*, vol. VI, Rio de Janeiro: Freitas Bastos, 1996.

Miguel Maria de Serpa Lopes, *Tratado dos Registros Públicos*, vol. I, Rio de Janeiro: Jacintho Ed., 1938.

Miguel Said Vieira, *Bens comuns: uma análise linguística e terminológica*. Acta Media XI: Simpósio Internacional de Arte mídia e Cultura Digital, São Paulo, 2014. Disponível em: https://ssrn.com/abstract=2670751.

Milena Donato Oliva e Pablo Renteria, Tutela do Consumidor: a cláusula geral de boa-fé objetiva nas situações jurídicas obrigacionais e reais e os enunciados 302 e 308 da súmula da jurisprudência predominante do Superior Tribunal de Justiça. In: *Revista de Direito do Consumidor*, vol. 101, set.-out. 2015, pp. 101-136.

Milena Donato Oliva e Vinícius Rangel Marques, Notas sobre a usucapião no direito brasileiro. In: Heloisa Helena Barboza (coord.), *20 anos do Código Civil:* perspectivas presentes e futuras, Rio de Janeiro: Processo, 2022, pp. 391-411.

Milena Donato Oliva, A Responsabilidade do Adquirente pelos Encargos Condominiais na Propriedade Horizontal. In: *Revista Trimestral de Direito Civil*, vol. 26, abr.-jun. 2006, pp. 67-105.

Milena Donato Oliva, Apontamentos acerca das obrigações *propter rem*. In: Revista de Direito da Cidade, vol. 9, nº. 2, Rio de Janeiro, 2017.

Milena Donato Oliva, Condomínio Edilício e Subjetividade. In: Gustavo Tepedino e Luiz Edson Fachin (orgs.), *Diálogos Sobre Direito Civil*, vol. II, Rio de Janeiro: Renovar, 2008.

Milena Donato Oliva, *Do negócio fiduciário à fidúcia*, São Paulo: Atlas, 2014.

Milena Donato Oliva, *Patrimônio Separado: Herança, Massa Falida, Securitização de Créditos Imobiliários, Incorporação Imobiliária, Fundos de Investimento Imobiliário e Trust,* Rio de Janeiro: Renovar, 2009.

Milena Petters Melo, Andrea Gatto, Água como bem comum no quadro da governança democrática: algumas reflexões críticas a partir das bases da economia ecológica e sobre a necessidade de um novo direito público, In: *Revista Novos Estudos Jurídicos* – Eletrônica, vol. 19, n. 1, 2014, pp. 95-121.

Natal Nader, *Usucapião de Imóveis*, Rio de Janeiro: Forense, 1995, 5ª ed.

Nelson Abrão, Insolvência. In: *Enciclopédia Saraiva de Direito*, vol. 44, São Paulo: Saraiva, 1977, pp. 421-423.

Nelson Kojranski, *Condomínio edilício: aspectos jurídicos relevantes*, São Paulo: Malheiros, 2015.

Nestor José Foster, *Alienação Fiduciária em Garantia*, Porto Alegre: Sulina, 1976, 2ª ed.

Nicola Stolfi, *Diritto civile*, vol. II, Torino: Utet, 1928.

Nicolau Balbino Filho, *Direito Imobiliário Registral*, São Paulo: Saraiva, 2001.

Novo Código Civil: exposição de motivos e texto sancionado, Brasília, Senado Federal, Subsecretaria de Edições Técnicas, 2005.

Olavo de Andrade, *Notas sobre o Direito de Retenção*, São Paulo: Saraiva, 1922.

Orlando Gomes, *Alienação Fiduciária em Garantia*, São Paulo: Revista dos Tribunais, 1972, 3ª ed.

Orlando Gomes, *Contratos*, Rio de Janeiro: Forense, 2007.

Orlando Gomes, *Direitos Reais*, Rio de Janeiro: Forense, 2007, 19ª ed. atualizada por Luiz Edson Fachin.

Orlando Gomes, *Direitos Reais*, Rio de Janeiro: Forense, 2012, 21ª ed.

Orlando Gomes, Memória justificativa do Anteprojeto de reforma do Código Civil. In: Código Civil: Anteprojetos, Brasília: Senado Federal, Subsecretaria de Edições Técnicas, 1989.

REFERÊNCIAS BIBLIOGRÁFICAS 559

Pablo Renteria e Diego Brainer de Souza André, Admissibilidade do Pacto Marciano no Direito Brasileiro. In: Gustavo Tepedino e Joyceane Bezerra de Menezes, *Autonomia Privada, Liberdade Existencial e Direitos Fundamentais*, Belo Horizonte: Fórum, 2019, pp. 777-801.

Pablo Renteria e Marcus Dantas, Notas sobre os bens comuns. In: *O direito civil entre o sujeito e a pessoa: estudos em homenagem ao Professor Stefano Rodotà*, Belo Horizonte: Fórum, 2016, pp. 131-146.

Pablo Renteria, A aquisição da propriedade imobiliária pela acessão invertida social: análise sistemática dos parágrafos 4º e 5º do artigo 1.228 do Código Civil. In: *Revista trimestral de direito civil*, vol. 34, abr./jun. 2008, Rio de Janeiro: Padma, 2000.

Pablo Renteria, A configuração do penhor no direito brasileiro. In: Gisela Sampaio da Cruz Guedes, Maria Celina Bodin de Moraes e Rose Melo Vencelau Meireles (coord.), *Direito das Garantias*, São Paulo: Saraiva, 2017, pp. 241-303.

Pablo Renteria, *Penhor e Autonomia Privada*, São Paulo: Atlas, 2016.

Paulo Lôbo, *Direito Civil: coisas*, São Paulo: Saraiva, 2015.

Paulo Lôbo, Direitos e conflitos de vizinhança. In: *Revista Brasileira de Direito Civil*, vol. 1, jul/set./2014.

Paulo Nader, *Curso de Direito Civil – Direito das Coisas*, vol. 4, Rio de Janeiro: Forense, 2008, 2ª ed.

Paulo Restiffe Neto, *Garantia Fiduciária*, São Paulo: Revista dos Tribunais, 1976, 2ª ed.

Pedro Elias Avvad, *Condomínio em edificações no novo Código Civil*, Rio de Janeiro: Renovar, 2007.

Pedro Marcos Nunes Barbosa, *Direito Civil da Propriedade Intelectual: O caso da usucapião de patentes*, Rio de Janeiro: Lumen Juris, 2012.

Philadelpho Azevedo, *Destinação do Imóvel*, São Paulo: Max Limonad, 1957, 2ª ed.

Philippe Simler e Philippe Delebecque, *Les sûretés – la publicité foncière*, Paris: Dalloz, 2009.

Pietro Perlingieri, *Introduzione alla probematica della proprietà*, Napoli: Scuola di perfezionamento in diritto civile dell'Università di Camerino, 1970.

Pietro Perlingieri, *Manuale di diritto civile*, Napoli: ESI, 1997.

Pietro Perlingieri, Note sulla crisi dello stato sociale e sul contenuto minimo della proprietà. In: *Legal. e giust.*, 1983.

Pietro Perlingieri, *O Direito Civil na Legalidade Constitucional*, Rio de Janeiro: Renovar, 2008.

Pietro Perlingieri, O Direito Civil na Legalidade Constitucional. In: *Direito civil contemporâneo: novos problemas à luz da legalidade constitucional: anais do Congresso Internacional de Direito Civil- -Constitucional da Cidade do Rio de Janeiro*, São Paulo: Atlas, 2008, pp. 1-11.

Pietro Perlingieri, *Perfis do Direito Civil – Introdução ao Direito Civil Constitucional*, Rio de Janeiro: Renovar, 2002, 2ª ed.

Pietro Perlingieri, *Perfis do Direito Civil: Introdução ao Direito Civil Constitucional*, Rio de Janeiro: Renovar, 2007, 3ª ed.

Pietro Rescigno, Disciplina dei beni e situazioni della persona. In: *Quad. fiorentini*, 1976-77, II.

Pietro Rescigno, *Introduzione in Crisi dello statuto sociale e contenuto minimo della proprietà*, Atti del Convegno, Camerino, 27-28 maggio 1982, Napoli, 1983.

Pietro Rescigno, Proprietà, Diritto Reale e Credito. In: *Jus – Rivista di Scienze Giuridiche*, n. 5, Milano, Milano, 1965, pp. 472-480.

Pinto Ferreira, *Comentários à Nova Constituição Brasileira*, vol. I, São Paulo: Atlas, 1989.

Pontes de Miranda, *Comentários à Constituição de 1967*, t. VI, Rio de Janeiro: Revista dos Tribunais, 1987, 3ª ed.

Pontes de Miranda, *Tratado de Direito Privado*, t. 10, São Paulo: Revista dos Tribunais, 2002.

Pontes de Miranda, *Tratado de Direito Privado*, t. 11, Rio de Janeiro: Borsoi, 1971.

Pontes de Miranda, *Tratado de Direito Privado*, t. 14, Rio de Janeiro: Borsoi, 1971.

Pontes de Miranda, *Tratado de Direito Privado*, t. 15, Rio de Janeiro: Borsoi, 1971.

Pontes de Miranda, *Tratado de Direito Privado*, t. 18, São Paulo: Revista dos Tribunais, 2012.

Pontes de Miranda, *Tratado de Direito Privado*, t. 19, Rio de Janeiro: Borsoi, 1971.

Pontes de Miranda, *Tratado de Direito Privado*, t. 20, São Paulo: Revista dos Tribunais, 2012.

Pontes de Miranda, Tratado de Direito Privado, t. 21, São Paulo: Revista dos Tribunais, 2012.

Pontes de Miranda, *Tratado de Direito Privado*, t. 42, São Paulo: Revista dos Tribunais, 2012.

Pontes de Miranda, *Tratado de Direito Privado: Parte Geral*, t. 3, Rio de Janeiro: Revista dos Tribunais, 2012.

Pontes de Miranda, *Tratado de Direito Privado: Parte Geral*, t. 5, Rio de Janeiro: Borsoi, 1971.

Rafael Carvalho Rezende Oliveira, *Curso de direito administrativo*, Rio de Janeiro: Forense, 2017.

Raymond-Théodore Troplong, *Droit Civil Expliqué – Du nantissement, du gage et de l'antichrèse*, t. 29, Paris: Charles Hingray, 1847.

Ricardo Papaño *et alli*, *Manual de derechos reales*, Buenos Aires: Astrea, 2007.

Ricardo Pereira Lira, A concessão do direito real de uso. In: *Revista de direito administrativo*, vol. 163.

Ricardo Pereira Lira, *Campo e Cidade no Ordenamento Jurídico Brasileiro*, Rio de Janeiro: Gráfica Riex Editora, 1991.

Ricardo Pereira Lira, Direito de Superfície. Aquisição de espaço aéreo sobrejacente a prédio contíguo. Atendimento do afastamento lateral exigido pela legislação municipal, relativamente ao dito prédio contíguo. In: *Revista Trimestral de Direito Civil*, vol. 11, Rio de Janeiro: Ed. Padma, jul.--set. 2002, pp. 193-205.

Ricardo Pereira Lira, *Elementos de direito urbanístico*, Rio de Janeiro: Renovar, 1997.

Roberta Mauro Medina Maia, *Teoria Geral dos Direitos Reais*, São Paulo: Revista dos Tribunais, 2013.

Roberta Mauro, A Propriedade na Constituição de 1988 e o Problema do Acesso aos Bens. In: Gustavo Tepedino e Luiz Edson Fachin (orgs.), *Diálogos sobre Direito Civil*, vol. II, Rio de Janeiro: Renovar, 2008.

Roberto Barcellos de Magalhães, *Teoria e Prática do Condomínio*, Rio de Janeiro: José Konfino, 1970.

Roberto de Ruggiero, *Instituições de direito civil*, São Paulo: Saraiva, 1934.

Roberto de Ruggiero, *Istituzioni di diritto civile*, vol. I, Messina – Milano: Casa Editrice Giuseppe Principato, 1934.

Rodrigo da Guia Silva, Notas sobre o cabimento do direito de retenção: desafios da autotutela no direito privado. In: *Civilística*, a. 6, n. 2, 2017.

Rolf Serick, *Les sûretés réelles mobilières en droit allemand – Vue d'ensemble et principes généraux*, Paris: LGDJ, 1990.

Ronei Danielli, *A judicialização da saúde no Brasil: do viés individualista ao patamar de bem coletivo*, Belo Horizonte: Fórum, 2017.

Rose Melo Vencelau, O negócio jurídico e suas modalidades. In: Gustavo Tepedino (org.), *A Parte Geral do Novo Código Civil: Estudos na Perspectiva Civil-Constitucional*, Rio de Janeiro: Renovar, 2003, 2ª ed., pp. 179-228.

Rubens Carmo Elias Filho, *Condomínio Edilício*: aspectos de direito material e processual, São Paulo: Atlas, 2015.

Rubens Limongi França, *A Posse no Código Civil: Noções Fundamentais*, São Paulo: José Bushatsky, 1964.

Rubens Limongi França, *Instituições de direito civil*, São Paulo: Saraiva, 1999.

Rudolf von Jhering, *O Fundamento dos Interdictos Possessórios*, Rio de Janeiro: Francisco Alves, 1908, 2ª ed.

Rudolf von Jhering, Teoria Simplificada da Posse. In: *Clássicos do Direito Brasileiro*, vol. VI, São Paulo: Saraiva, 1986.

Rui Barbosa, *Posse dos Direitos Pessoais*, Rio de Janeiro: Olympio de Campos, 1900.

Salvatore Pugliatti, *Esecuzione Forzata e Diritto Sostanziale*, Milano: Giuffrè, 1935.

Salvatore Pugliatti, La proprietà e le proprietà. In: *La proprietà nel nuovo diritto*, Milano: Giuffrè, 1954.

Salvatore Pugliatti, La proprietà nel nuovo diritto (com riguardo particolarmente alla proprietà terriera). In: *La proprietà nel nuovo diritto* (1954), Milano: Giuffrè, 1954.

San Tiago Dantas, *O conflito de vizinhança e sua composição*, Rio de Janeiro: Forense, 1972, 2. ed.

San Tiago Dantas, *Programa de Direito Civil*, Rio de Janeiro: Forense, 2001, 3ª ed. atualizada por Gustavo Tepedino et al.

San Tiago Dantas, *Programa de direito civil*, vol. III, Rio de Janeiro: Editora Rio, 1984.

REFERÊNCIAS BIBLIOGRÁFICAS 561

San Tiago Dantas, *Programa de Direito Civil: Direito das Coisas*, vol. III, Rio de Janeiro: Rio, 1979.

Savigny, *Traité de Droit Romain*, vol. I, Paris: Librairie de Firmin Didot Frères, 1855.

Savigny, *Traité de la Possession en Droit Romain*, Paris: Auguste-Durand Libraire Editeur, 1866.

Sílvio de Salvo Venosa, *Código Civil comentado*: direito das coisas, posse, direitos reais, propriedade, artigos 1.196 a 1.368, vol. XII, São Paulo: Atlas, 2003.

Sílvio de Salvo Venosa, *Direito Civil: Direitos Reais*, vol. V, São Paulo: Atlas, 2014, 14ª ed.

Silvio Rodrigues, *Direito civil*: direito das coisas, vol. 5, São Paulo: Saraiva, 2003.

Silvio Rodrigues, *Direito Civil: Direito das Coisas*, vol. V, São Paulo: Saraiva, 2007, 28ª ed.

Soares de Oliveira Ortolan, Prescrição. Os prazos prescricionais e o Direito Intertemporal à luz do princípio constitucional da isonomia: interpretação do artigo 2.028 do novo Código Civil. In: *Revista Síntese de Direito Civil e Processual Civil*, n. 27, Porto Alegre: Síntese, 2004.

Stefano Rodotá, *Il terribile diritto. Studi sulla proprietà privata e i beni comuni*, Bologna: Il Mulino, 2013.

Stefano Rodotá, *Il terribile diritto*: studi sulla proprietà privata, Bologna: Il Mulino, 1981.

Stefano Rodotà, La logica proprietaria tra schemi ricostruttivi e interessi reali. In: *Quad. Fiorentini*, 1976-77.

Stefano Rodotà, Palestra Professor Stefano Rodotà. Tradução de Myriam de Filippis. Rio de Janeiro, 11 de março de 2003. Disponível em: http://www.rio.rj.gov.br/dlstatic/10112/151613/DLFE-4314.pdf/GlobalizacaoeoDireito.pdf. Acesso em 4.12.2021.

Stefano Rodotà, Proprietà (diritto vigente). In: *Novissimo digesto italiano*, vol. XIV, Diretto da Antonio Azara e Ernesto Eula, Torino: UTET, 1967.

Sylvio Capanema de Souza, *Da Locação do imóvel urbano*, Rio de Janeiro: Forense, 1999.

Teori Albino Zawaski, A tutela da posse na Constituição e no projeto do novo Código Civil. In: *Direito e Democracia*, vol. 5, n. 1, Canoas, 1º sem. 2004.

Tito Fulgêncio, *Da Posse e das Ações Possessórias*, vol. I, Rio de Janeiro: Forense, 1994, 8ª ed.

Tito Fulgêncio, *Direito Real de Hipoteca*, vol. I, Rio de Janeiro: Forense, 1960, 2ª ed. atual. por José de Aguiar Dias.

Tito Lívio Pontes, *Da Posse*, São Paulo: EUD, 1977, 2ª ed.

Trajano de Miranda Valverde, *Comentários à lei de falências (Decreto-Lei nº 7.661, de 21 de junho de 1945)*, vol. 2, Rio de Janeiro: Forense, 2001.

Tupinambá Miguel Castro do Nascimento, *Direito Real de Servidão*, Rio de Janeiro: AIDE, 1985.

Tupinambá Miguel Castro do Nascimento, *Direitos Reais Limitados*, Porto Alegre: Livraria do Advogado, 2004.

Tupinambá Miguel Castro do Nascimento, *Hipoteca*, Rio de Janeiro: Aide, 1996.

Tupinambá Miguel Castro do Nascimento, *Posse e Propriedade*, Porto Alegre: Livraria do Advogado, 2003.

Tupinambá Miguel Castro do Nascimento, *Usucapião (Comum e Especial)*, Rio de Janeiro: Aide, 1992.

Ugo Carnevali, Patto Commissorio. In: *Enciclopedia del Diritto*, vol. 32, Milano: Giuffrè, 1982, pp. 499-506.

Ugo Mattei, *I diritti reali: la proprietà*, vol. I, Editore Utet, 2003.

Ugo Mattei; Alessandra Quarta, Right to the City or Urban Commoning? Thoughts on the Generative Transformation. In: The Italian Law Journal, vol. 1, n. 2, 2015 pp. 303-325.

Ugo Natoli, *La proprietà: appunti delle lezioni*, I, Milano: Giuffrè, 1980, 2ª ed.

Ulrich Drobnig, The law governing credit security. In: European Parliament, *The private law systems in the EU: Discrimination on grounds of nationality and the need for a European Civil Code*. DG Research. Working Paper, Legal Affairs Series, JURI – 103 EN, Oct. 1999 – Jun. 2000. Disponível em: www.europarl.europa.eu/workingpapers/juri/pdf/103_en.pdf.

Ulrich Drobnig, *Towards a European Civil Code*. Alphen aan den Rijn: Wolters Kluwer, 2011.

Véronique Ranouil, *La subrogation réelle en droit civil français*, Paris: LGDJ, 1985.

Vicente Ráo, *Ato Jurídico*, São Paulo: Max Limonad, 1961.

Vicente Ráo, *Ato Jurídico*, São Paulo: Revista dos Tribunais, 1997, 4ª ed.

Vicente Ráo, *O Direito e a Vida dos Direitos*, São Paulo: Revista dos Tribunais, 2004.

Vincenzo Cantelmo, Le forme attuali di propretà privata: la forma agricola. In: *Rass. dir. civ.*, 1985.

Vincenzo Cantelmo, Proprietà e crisi dello Stato sociale. In: *Democrazia e diritto*, 1983.

Virgílio de Sá Pereira, *Manual do Código Civil Brasileiro*, vol. VIII, Rio de Janeiro: Forense, 2007, 2ª ed.

Visconde de Ouro Preto, *Crédito Movel pelo Penhor e o Bilhete de Mercadorias*, Rio de Janeiro: Laemmert & Cia Editores, 1898, 2ª ed.

Vittorio Tedeschi, *Anticresi*. In: *Novissimo Digesto Italiano*, Torino: UTET, 1957, pp. 654-666.

Waldemar Ferreira, *Tratado de Direito Comercial*, vol. 11, São Paulo: Saraiva, 1963.

Walter Ceneviva, *Lei de Registros Públicos Comentada*, São Paulo: Saraiva, 2008, 18ª ed.

Walter Ceneviva, *Lei dos Registros Públicos Comentada*, São Paulo: Saraiva, 2010, 20ª ed.

Wanderli Acillo Gaetti, Condomínio de Lotes: viabilidade, benefícios e restrições. In: *Revista de Direito Imobiliário*, vol. 70, ano. 34, São Paulo, 2011.

Washington de Barros Monteiro, *Curso de Direito Civil: Direito das Coisas*, vol. III, São Paulo: Saraiva, 2003, 37ª ed.